国家出版基金项目
NATIONAL PUBLICATION FOUNDATION

文化人类学百科全书

Encyclopedia of Cultural Anthropology

王建民　纳日碧力戈　主编

上卷

北京出版集团公司
文 津 出 版 社

图书在版编目（CIP）数据

文化人类学百科全书：全2册／王建民，纳日碧力戈主编. — 北京：文津出版社，2018.12
ISBN 978-7-80554-618-6

Ⅰ. ①文… Ⅱ. ①王… ②纳… Ⅲ. ①文化人类学—百科全书 Ⅳ. ①C958-61

中国版本图书馆CIP数据核字(2017)第012000号

文化人类学百科全书

WENHUA RENLEIXUE BAIKE QUANSHU

王建民　纳日碧力戈　主编

*

北京出版集团公司
文津出版社　出版

（北京北三环中路6号）

邮政编码：100120

网　址：www.bph.com.cn

北京出版集团公司总发行

新华书店经销

北京建宏印刷有限公司印刷

*

787毫米×1092毫米　16开本　49.25印张　1357千字

2018年12月第1版　2018年12月第1次印刷

ISBN 978-7-80554-618-6

定价：698.00元（全2册）

如有印装质量问题，由本社负责调换

质量监督电话：010-58572393

《文化人类学百科全书》编辑委员会

主　编：王建民　纳日碧力戈

编　委（按拼音音序排列）：

艾　斌　陈　刚　范　可　高丙中　关　凯　郭　锐　哈正利　何　明　胡鸿保
金　力　康　敏　李　辉　刘　琪　罗红光　麻国庆　纳日碧力戈　潘　蛟
潘守永　邵　京　谭婧泽　王曷灵　王建民　王铭铭　翁乃群　巫　达　袁　剑
张江华　张　曦　赵旭东　周大鸣　周永明　朱晓阳

撰稿人（按拼音音序排列）：

阿迪娜　艾　斌　蔡芳乐　曹　静　曹　锐　单慧玲　车延芬　陈　刚　陈　立
陈　凌　陈　蕊　陈祥军　陈雪英　陈玉柱　陈越柳　陈泽伟　褚颖婵　揣振宇
代心运　杜　辉　额日古娜　冯　莎　冯　珊　冯　燕　耿　静　龚文娟　郭　锐
郭晏然　国曦今　哈　彬　哈正利　海力波　胡鸿保　黄　娟　黄　煦　黄雪萌
黄志辉　贾云龙　蒋　萍　金　力　金　怡　康　敏　兰世辉　雷喜斌　雷小卉
李　飞　李　耕　李　航　李　辉　李　玲　李　胜　李飏飏　李索菲　李文睿
李晓婵　李晓敏　李　亚　连　煦　凌　珠　刘　芳　刘　柳　刘　琪　刘　青
刘　荣　刘姝曼　刘　爽　刘统霞　娄梦玲　罗士泂　吕琰琰　马丹丹　马　威
毛雪彦　苗雨露　纳日碧力戈　倪珊珊　聂麒赟　牛忠光　彭雅琦　齐　钊
邱　韩　邵朱帅　舒　瑜　宋　荣　宋　潇　孙　畅　孙笑非　谭婧泽　唐莉霞
田　广　田夏萌　佟欣竹　王晨娜　王戈柳　王昊午　王建民　王　静　王乐逍
王凌翔　王　璐　王莎莎　王天津　王　微　王玉珂　魏琳琳　吴　丹　吴　桦
习建勋　夏　懿　谢奕君　熊　兵　徐业鑫　薛其龙　杨　笛　杨　慧　杨修业
银兴贵　尹　明　余　歌　袁　剑　翟晓华　张春娥　张嘉馨　张　洁　张进一
张　娟　张丽梅　张铭心　张墨北　张青仁　张文潇　张　曦　张猷猷　张　玉
赵金虎　赵珽健　郑佳佳　周海韵　周　莹（大）　周　莹（小）　朱靖江
朱天谱　庄晨燕　邹宇灵　左振廷

工作组秘书：聂麒赟

工作组成员：聂麒赟　刘　柳　蒋　萍　吕琰琰　陈越柳　宋　潇

前　言

《文化人类学百科全书》是一项由国家出版基金资助的学科基础研究和编纂成果。文化人类学自学科引进起，已在中国经历了100多年曲曲折折的发展历程，受到不同学术传统的影响，甚至一度被作为“资产阶级学科”取缔和中断。改革开放后，学科得以恢复，重建和新建了研究和教学机构，人类学专业架构、教学体系和课程框架逐渐形成，学科知识体系重新得到建立和发展。20世纪90年代中期以后，又进行了新一轮的知识引进与体系建设，学科建设更趋规范。随着知识界和社会公众通过各种途径接触和了解到人类学，人类学相关概念已经有了更为广泛的使用，众多以人类学之名的言说越来越多地展现在各种媒体平台上。然而，斑斓纷杂，泥沙俱下，文化人类学从概念到内涵的认识、诠释、理解和应用呈现出某种混乱状态。在学术需求和乱象两方面的倒逼之下，亟待开展相应研究并编纂具有“学科知识树”作用的专业工具书，以保证文化人类学学科能够在与国际学术界较为一致并具有相对规范的知识体系中进行表述和传播。

文化人类学学科自19世纪中期产生以来，陆续地产生并且不断重新定义着一批概念。这些学科的重要概念既是人类所在的社会文化制度和学术知识生成、延续、发展、变化的产物，又为文化人类学及人类社会文化的不断重新定义、重新组织、重新结构提供了一种参考性的框架。学科从业者对于这些概念自身的渊源和流变以及概念的内涵和外延的生成和变化有较为清楚的认识和判断，才可能产生一种基本的学术规范和指导性的理论与方法论范式，学科才能够成为一个学科。甚至可以说，对于学科及其学术流派的认同也正是建立在这些概念基础之上的。

因此，学科的概念体系是学科形成和逐渐成熟的基本标志之一，较为系统而完备的知识树使得学科知识不再是零星的技巧和经验性的堆积，而是互相支撑的一个体系，于是就构成了学科不断发展和完善的必备基础。美国人类学和现代语言人类学的奠基人博厄斯和美国人类学家克虏伯都先后做过学科知识的整理工作。也正是基于这样的考虑，在20世纪上半叶，中国著名社会学家孙本文就曾经将编纂专业辞书视为社会学中国化的一个重要组成部分，对于今天在国家学科分类目录中归属于社会学一级学科的人类学来说也是如此。辞书的编纂与学科的发展和成熟度有很大程度的关联性。中国学术界以往的前辈们已经编纂了许多至今依然具有相当参考价值的辞书，如王云五主编的《云五社会科学大辞典·人类学》（台湾商务印书馆股份有限公司，1975）、陈永龄主编的《民族词典》（上海辞书出版社，1987）、陈国强主编的《简明文化人类学词典》（浙江人民出版社，1990）、吴泽霖总纂的《人类学词典》（上海辞书出版社，1991）以及黄平、罗红光主编的《当代西方社会学·人类学新词典》（吉林人民出版社，2003）等。

中国大百科全书出版社出版的《中国大百科全书·民族卷》和《中国大百科全书·社会学卷》是和文化人类学学科直接相关的，其中《中国大百科全书·民族卷》由林耀华、费孝通、翁独健、傅懋勣等主编，涵盖了文化人类学的许多内容。但遗憾的是，由于学科分类的羁绊，这两个卷本都不是文化人类学学科的专卷。1998年，由华夏出版社组织编纂出版的《简明华夏百科全书》也有一个民族研究与文化人类学卷。学科专门性百科全书是作为特定知识门类的学科的概述性工具书，在规模和内容上均超过专业性词典。学科百科全书的主要作用是供人们查检与学科有关的详细知识和资料，使读者特别是专业知识学习者和研究者对于学科有一个整体的把握，比较词典更讲求体系完整性和完备性。

在国际学术界，除了《不列颠百科全书》（*Encyclopedia Britannica*）、《美国百科全书》（*Encyclopedia Americana*）、《科利尔百科全书》（*Collier' Encyclopedia*）这些著名的综合性和覆盖范围较宽的百科全书之外，也有很多专业性学科百科全书，如在人类学方面的当代著名百科全书英文版方面就有《人类学百科全书》（*Encyclopedia of Anthropology*, H. James Birx ed., Sage Publications Inc. 2006）、《劳特利奇社会文化人类学百科全书》（*The Routledge Encyclopedia of Social and Cultural Anthropology*, Alan Barnard & Jonathan Spencer eds., The Routledge 2006, 2010）、《社会文化人类学百科指南》（*Companion Encyclopedia of Anthropology,* Tim Ingold ed., Routledge 1994, 2003）、《社会科学百科全书》（*The Social Sciences Encyclopedia,* Adam Kuper & Jessica Kuper eds., Routledge, 1996）等。日本也出版了一些文化人类学工具书，如祖父江孝男编著的《文化人类学事典》等。在专业性百科全书的翻译方面，目前也主要是两本日文辞书的译本，如《文化人类学事典》（祖父江孝男著，乔继堂译，陕西人民出版社，1992）和《文化人类学百科辞典》（祖父江孝男等编著，山东大学日本研究中心译，青岛出版社，1989），再加上《社会科学百科全书》（上海译文出版社，1989）是最初英文版的一个译本。不得不说，我们学术界和出版界在国际学术界工具书的编译引介方面做得还不够。

从中国文化人类学相关出版物来看，我们经常为这一领域曾经的阙如感到遗憾和无奈。正是在这样一种背景下，在明了了专业性百科全书的重要性和基本编纂原则之后，我们开始了《文化人类学百科全书》的编纂工作。国外上述具有较高学术性的工具书为我们的编纂工作提供了非常重要的参考资料，但也存在着学术概念的中文表述及重新定义的挑战，特别是相对应的中文概念的翻译、使用、表述语境都需要重新辨识和确认。所以，我们不能简单地编译，而是不仅根据编纂体例有所取舍，更应当强调和中国文化人类学学术实践相结合，注意追溯概念在中国的流变和中国学术的发展。

我们将条目分为长、中、短3类，包括人类学学科架构、分支学科、研究领域、基础理论、学术概念、学术流派、研究方法、学术伦理，构成文化人类学知识框架的生计方式、家庭类型、亲属称谓制度、社会组织、社会制度、法律制度、宗教与信仰体系、艺术类别和艺术形式以及文化人类学著名学者、学术著作、学术机构、学术团体、国际学术会议等条目。我们强调要研究百科全书条目的特点，了解百科全书条目与教科书、科普读物和论文的区别；要明确所编写条目在学科及其分支学科中所处的地位和层次以及与上下左右条目之间的衔接和交叉关系，注意彼此互相呼应与互相协调，着重叙述主题的核心内容，避免重大的遗漏和不必要的重复；注重体现中国学术特点，处理好国际学术与中国学术的关系；选择资料时，注意其权威性，在知识稳定性的基础上反映最新的成就；力争客观介绍和评价，不以个人或某一学派的观点加以褒贬和论断；对有争议的问题或不同说法，尽量客观介绍，兼容并蓄，不贴政治标签，不辍空泛的、一般化的政治性导语或结语。我们也将对于文化人类学非常重要的生物人类学适当地纳入其中。这要感谢我在延安干部学院的同组同学中国科学院院士、上海复旦大学副校长金力教授和他的学术团队谭婧泽、李辉教授的鼎力相助，使得我们与人类学科学的这一重要部分能够很好地衔接在一起，确保了知识体系的完整性。通过对于学科已有知识体系的系统检阅和整理，我们力求全面梳理文化人类学学科的主要构成部分，以为未来的研究提供更大的便利。也是为了这样的目标，而非只是完成一部书稿，我们数次推翻已有书稿。历时数年，经过不断修订、不断改进，这部中国文化人类学学科的开拓性工具书才得以最终完成。

在此，我衷心地感谢我的搭档纳日碧力戈教授和编委会各位编委以及每一位撰稿人。国内文化人类学界的同人也积极参与这项编纂工作，不少教授不仅拨冗组织了中青年撰写者，还亲自撰写了条目。一批中青年学者积极认真地承担了条目撰写工作，将这项任务视为学术成长中的一次检阅和锻炼。正是大家的齐心努力，才使得这部百科全书历经数年终于编纂完成。作为学科建设中具有重要标志意义的一个举措，希望这部百科全书可以填补中国文化人类学学科建设的空白，以求为学科建设依然不够完备的中国文化人类学的建设发展提供强力支撑。

然而，文化人类学百科全书的编纂是一项巨大工程，万事开头难，目前书稿对于学科架构到每个条目的研究还有着诸多不足，也留下了不少遗憾。我希望能够在未来进一步完善，并由此带动和进一步推进中国文化人类学研究在不断地查疑补缺和重新检讨中迈出更为坚实的步伐。

2018年12月6日

目 录

D

E

F

G

H

J

K

L

M

N

O

P

Q

R

S

T

W

X

Y

Z

A

阿 艾 爱 安 奥

阿波罗型（Apollo type） 体现出阿波罗主要特征的人或物，又称日神型。阿波罗是古希腊神祇之一，众神之王宙斯（Zeus）和勒托（Leto）的儿子，月亮女神阿耳忒弥斯（Artemis）的孪生兄弟。阿波罗主管光明、健康、音乐和预言等，是光明之神、造型力量之神和预言之神。

德国哲学家弗里德里希·威廉·尼采（Friedrich Wilhelm Nietzsche）在《悲剧从音乐精神中诞生》（*The Birth of Tragedy from the Spirit of Music*，1872）中对阿波罗型进行了深入诠释。他认为古希腊悲剧来源于阿波罗精神与狄俄尼索斯精神的结合，它们体现了宇宙的两种原始力量和人类的两种基本的冲动。他将阿波罗型定位为光明、静观、素朴，认为其象征着美的外观的幻觉力量，是个体化原理的壮丽的神圣形象和守护神，强调适度和有自知之明。在日常生活中，阿波罗型表现为“梦”的形象世界，不违背梦象的柔和轮廓：适度地克制、免受强烈的刺激、静穆。他指出，造型艺术和史诗属于阿波罗型艺术，因为二者皆沉浸于对形象的纯粹静观之中。在尼采看来，日神因素以形象、概念、伦理教训、同情心的激发等巨大力量，把人从秘仪纵欲的自我毁灭中拔出。

人类学家露丝·本尼迪克特（Ruth Benedict）在《文化模式》（*Patterns of Culture*，1934）中借鉴尼采的分类，对新墨西哥的普韦布洛人（Pueblo），特别是其中的祖尼人（Zuni）文化进行描述和分析，认为他们遵循传统，保持中庸之道，适度又具有节制，属于阿波罗型文化模式。具体而言，他们讲究礼仪，把庄重和不与人为害的价值看得高于所有别的德行；他们非常重视仪式，并严守仪式的形式和程序；他们避免破坏性、无节制或使他们出圈儿的经历和体验，也不诉诸禁食、折磨、饮酒、吸毒或舞蹈等来寻求幻觉、出神或从中汲取超自然的力量；他们不崇尚个人的权威性，一个渴望权力的人只能受到非难，他们坚决要求个人融入团体中，对于一切行为来说，其神圣的力量来自形式上的结构，而非来自个人；他们提倡克制，不主张极端、激烈、竞争或暴力，无论哪种情感，适度皆为第一美德。

（陈雪英）

阿尔塔米拉洞穴（A Hamira Cave Painting） 史前人类活动遗址，属于欧洲旧石器时代文明，1985年被列入世界遗产名录。阿尔塔米拉洞穴位于西班牙北部桑坦德西部约30千米处，该洞穴长约300米，洞内有史前人类睡觉的地方及烧烤食物、御寒取暖的石灶。该洞穴最为著名的是洞穴内的壁画，壁画是西班牙工程师、业余考古学家马塞里诺·德·图拉（Marcelinho de Tula）及其次女玛丽亚（Mariah）于1879年在偶然间发现的。由于壁画绘画艺术高超、造型出众、保存完好，曾一度引起专家们的怀疑，西班牙有关方面也并未引起重视。直到后来世界各地陆续有洞穴岩画的发现以及考古技术的进一步发展才确认了阿尔塔米拉洞穴及其壁画的价值，而阿尔塔米拉洞穴也因丰富的壁画被称为史前西斯廷小教堂。壁画主要集中于洞穴入口处，在长约12米、宽约6米的洞壁上，旧石器时代的洞穴主人用木炭、赭石、赤铁矿等材料绘制了各种动物形象，如野牛、野马、野猪、山羊、野鹿、猛犸等，具有很高的历史、考古、社会和艺术价值。特别是洞顶壁画《受伤的野牛》，造型基本写实但略带夸张，通过四肢蜷缩、头部深埋、背部隆起的姿态生动地刻画了野牛因受伤而痛苦不堪的样子，反映了原始艺术家敏锐的观察力、丰富的想象力和高超的艺术表现力。2008年，

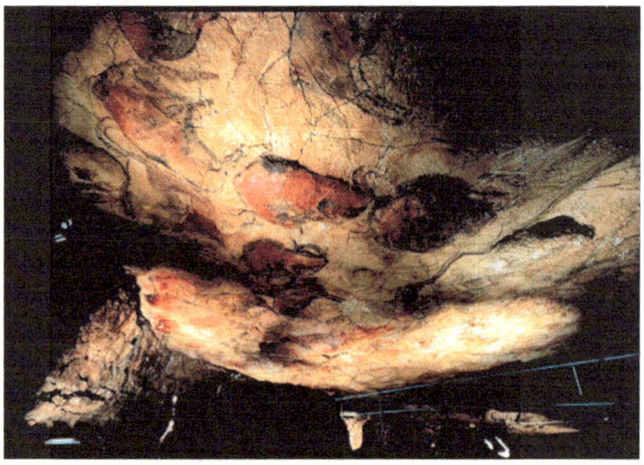

阿尔塔米拉洞穴

研究人员利用铀钍定年发现，画作的创作期长达两万年，并不是在相对短暂的时期内完成，而是陆续创作完成。2012年，进一步铀钍定年研究结果表明部分艺术品十分古老，有的已经存在了35600年。阿尔塔米拉洞穴壁画在20世纪60—70年代曾因大量游客带来的二氧化碳而遭受破坏，曾几度关闭。本着保护世界遗产的目的，重新对公众开放后每周仅允许5个人进去，参观时间缩短为37分钟。

（唐莉霞）

《阿赞德人的巫术、神谕和魔法》（*Witchcraft, Oracles and Magic Among the Azande*） 埃文思·普里查德（Evans-Pritchard）的第一部民族志代表作，民族志经典中最精致的作品之一。首次出版于1937年。中译本于2006年由商务印书馆出版。全书由导论、巫术、巫医、神谕、魔法5个部分组成，共26章。着重叙述苏丹阿赞德人生活的一个方面，即与巫术、巫医、神谕和魔法有关的神秘信仰与行为。埃文思·普里查德认为，阿赞德人的这些信仰互相关联，组成了一个自足的体系，并与弗雷泽、马林诺夫斯基一样坚持神秘性的信仰、行为与经验性的信仰、行为之间的对立。但该书一反马林诺夫斯基谈巫术就得囊括相关活动的做法，发展一种相对抽象的论点，较好地实现了描述和阐释的融通。最值得重视的是，书中提出了从数学函数的角度来看待“功能”的主张，突破了马林诺夫斯基基于功利观点的功能观。一般认为，这本书一方面标志着埃文思·普里查德对马林诺夫斯基功能分析的反叛以及向拉德克利夫·布朗的结构分析的靠拢，但另一方面，该书也蕴含了埃文思·普里查德后来反叛拉德克利夫·布朗的种子，在书中他特别强调阿赞德人用巫术理解信仰、用信仰解释社会现象，这预示着一种不同于实证主义和对功能之制度解释的唯心论倾向。

（张丽梅）

参考书目

埃文思·普里查德. 阿赞德人的巫术、神谕和魔法. 覃俐俐. 北京：商务印书馆，2006.

艾滋病（AIDS） 全称是获得性免疫缺陷综合征，中文音译为艾滋，中国香港、台湾地区和海外报刊也有译作爱滋病、爱之病、爱死病的，是一种死亡率极高的慢性传染病。疾病最初发生在男同性恋者身上，最初名为男同性恋相关免疫缺陷综合征(GRID)，1982年，美国疾病控制中心将其命名为AIDS。病原体为人类免疫缺陷病毒HIV（旧称艾滋病病毒），HIV的遗传物质是RNA而不是DNA，是逆转录酶病毒，艾滋病诊断标准之一即是HIV抗体呈阳性。由于HIV具有高度变异性，目前还没有治愈的药物和疫苗，但可以预防。自1988年开始，每年的12月1日为世界艾滋病日，显著标志是红绸带。

艾滋病最早发现于美国、法国等发达国家，后在非洲泛滥，逐渐形成全球趋势。1981年6月5日,美国亚特兰大市疾控中心在当天的《发病率与死亡率周刊》中介绍了5名特殊的病人，后来被确认得了艾滋病。1985年6月6日，中国境内发现了首例艾滋病病人（美籍阿根廷旅游者）。艾滋病病毒主要存在于感染者的体液中，破坏人体自身免疫防卫系统，科学家一直力图解开艾滋病病毒来源之谜，目前主要有自然说、医源说、人为说3种说法。1986年，世界卫生组织将HIV命名并分为HIV-1和HIV-2。科学家已经发现动物身体中的似艾滋病病毒——猴免疫缺陷病毒（SIV）、猫免疫缺陷病毒等。HIV感染数年后（7～10年）才发展为艾滋病。艾滋病临床症状包括持续低烧，呼吸、消化、皮肤疾病等一系列机会性感染和肿瘤。艾滋病与性、毒品、献血输血相连，传播途径主要是性接触传播，还包括血液和母婴传播、器官移植等。艾滋病是性病的一种，预防艾滋病必须控制一般的性病。联合国发布《2012全球艾滋病疫情报告》中指出，2011年全球艾滋病病毒感染者仍有3400余万人。中国提出艾滋病“四免一关怀”、《艾滋病防治条例》等政策措施。

艾滋病不仅是一种生物性疾病，更是与文化、宗教、道德相关的社会性疾病。人类学关注艾滋病与妇女儿童、污名、歧视、族群差别、异文化旅游想象等，相关影视作品包括《在一起》《中原纪事》《最爱》《回声》《颍州的孩子》《长期伙伴》等。医学人类学针对艾滋病的研究经历3个阶段：20世纪80年代，关注个体行为；20世纪90年代，关注社会结构与文化因素；21世纪，理论与实践结合关注艾滋病防治。人类学者主要发挥政策倡导、项目评估、社区动员、文化干预、行动研究等作用。

（夏鍌）

参考书目

王陇德. 艾滋病学. 北京：北京出版社，2009.

爱斯基摩式亲属制度（Eskimo kinship system） 英裔美国人以及包括因纽特人在内的一些采集狩猎民族所采用的亲属称谓制度。美国人类学家默多克（George Peter Murdock）在《社会结构》（*Social Structure*, 1949）中划分的6种亲属制度之一。在全世界范围内采用这种亲属称谓制的人群不多。因纽特人曾经被叫作爱斯基摩人，故名。其特点是堂表同称，姑姨和叔舅一般也同称，但核心家庭成员如父亲、母亲、兄弟、姊妹与其他亲属称谓不同。爱斯基摩亲属制度或者直系制强调核心家庭，特别分出母亲、父亲、兄弟和姊妹，而把其他的所有亲属都归入一些宽泛的范畴之下。例如，父亲和父亲的兄弟（叔叔）得到明确区分，但是父亲的兄弟和母亲的兄弟则不加区分，他们都被称作叔叔（uncle）。母亲的姊妹和父亲的姊妹得到相同的称谓，都被称作阿姨（anut）。此外，所有叔叔和阿姨的所有儿子和女儿都被称作老表（cousin），通过这种方式就造成一种代际区别。

这种亲属称谓制一般存在于双边亲属关系亲属群中。而后者是一种以自我为中心的群体，在这种群体中，核心家庭的成员被认为是最亲的亲属，因而对他们的称谓与其他亲属有区别。与其他的亲属称谓制度不同，爱斯基摩亲属制度为核心家庭的成员提供了单独而明确的称谓。这特别符合现代北美社会的特点，在那里，家庭是独立的，除了仪式性的场合，他们总是和其他亲属分开居住，也不直接和后者发生联系。这样，美国人区分他们最亲密的亲属（父母和同胞兄弟姊妹)，而把家庭双方的其他亲属都归到一起（称谓叔叔、阿姨、老表）。

（刘荣）

《安达曼岛人》（*The Andaman Islanders*） 英国社会人类学家拉德克利夫·布朗基于1906—

1908年的安达曼群岛实地调查写就的一部结构功能主义人类学力作，也是他唯一的一部民族志专著。出版于1922年，中译本于2005年由广西师范大学出版社出版。全书共6章，另有导论和两个附录，共46.4万字。分章探讨安达曼岛人社会组织、仪式习俗、宗教和巫术信仰，呈现出原始部落的社会生活全貌，并注意从社会功能的角度来解释仪式与信仰，注重它们对于整体社会而非个体成员的价值，展示出最初的结构功能论观点。该书深受涂尔干思想，尤其是《宗教生活的基本形式》的影响。从拉德克利夫·布朗的理论发展脉络来看，该书主要体现的是结构功能论的“功能”部分，“结构”概念的发展主要是20世纪30年代后的事情。

学界在谈及现代社会人类学田野工作和民族志写作模式及其确立时，往往将该书和马林诺夫斯基的《西太平洋的航海者》相提并论。但《安达曼岛人》在民族志材料的获取途径、精细程度等方面一直面临着一些批评。比如，库珀（Adam Kuper）指出拉德克利夫·布朗对安达曼岛人的调查仅仅使用了极少量的土语，且主要依赖于“一位聪明而又会说英语的报道人”，资料收集方法也不完善，《安达曼岛人》的“真正重要性”在于为拉德克利夫·布朗的分析方法“提供了一个实例”。

《安达曼岛人》

（张丽梅）

参考书目

［1］拉德克利夫·布朗. 安达曼岛人. 梁粤. 桂林：广西师范大学出版社，2005.

［2］Adam Kuper. 英国社会人类学——从马林诺夫斯基到今天. 贾士蘅. 中国台北：联经出版事业公司，1988.

奥马哈式亲属制度（Omaha kinship system） 亲属称谓制之一。因首先发现于美国内布拉斯加州奥马哈（Omaha）印第安部落中而得名。在实行父系继嗣的社会中通常使用这种称谓制。其特征是：父亲和父亲的兄弟同称，母亲和母亲的姊妹同称，男性平表（父亲兄弟的儿子和母亲姊妹的儿子）和自己的姊妹同称。母亲一方的交表兄弟姊妹提高了一个辈分，而父亲一方的交表兄弟姊妹则等同于“自我”的子女的一辈。这样，一个父系世系群的女子为另一个父系世系群的男子所生的子女，就降低一个辈分。奥马哈人视婚姻为继嗣群之间的联盟，而不是个人之间的关系。

奥马哈人对母亲的兄弟的称谓是“母亲”一词的变体，直译即是“男母亲”。奥马哈人亲属称谓与易洛魁人亲属称谓的差别在于对母亲兄弟的子女的称谓上。一个奥马哈人称母亲兄弟的女儿为“母亲”，称母亲兄弟的儿子为“男母亲”，或者“舅舅”。这与对母亲和母亲的兄弟的称呼是相同的。这种称谓的使用表明奥马哈人把母亲所属继嗣群的成员视为一体。他在母亲所属继嗣群中的一个亲属的继嗣群成员身份，远比其辈分与谱系关系更有实际意义。所谓“母亲”和“男母亲”的更好译法应是“我母亲继嗣群的女成员”和“我母亲继嗣群的男成员”。基于这种观念，对于母亲兄弟的子女也称为“母亲”“男母亲”。甚至对于母亲的父母的兄弟，也用同类称谓相称。他把父亲的姊妹称为“姑”，把父亲姊妹的子女视为另一父系继嗣群的成员，并把他们与自己姊妹的子女归入一类，以一种称谓相称。

（刘荣）

奥瑞纳文化（Aurignacian） 奥瑞纳文化存在于34000～29000年前的旧石器时代晚期或者石器时代晚期的文化。奥瑞纳艺术品长期以来被认为是现代人类（晚期智人）迁徙到欧洲的文化代表，这一论断引起了争议，一些考古学家认为奥瑞纳文化可能是迁入的现代人类文化与当地的穴居人文化互相融合的结果。

与旧石器时代早期相比，奥瑞纳石器有端刮器的数量增加、石叶工具的总数量减少、脊状刮削器的出现等特点。

典型的奥瑞纳文化发现于欧洲大陆，尤其是法国西南部，奥瑞纳文化的雏形最初发现于法国勒旺、伊朗扎格罗斯、高加索地区以及中亚地区。历史学家认为奥瑞纳文化很可能起源于这些东部核心地区的其中一处，然后在最近的一次人口运动中形成。

早期奥瑞纳文化艺术品主要用驯鹿和石头制作，后期更多地使用小型哺乳动物和鱼类等各种动物，石头的使用量减少。考古数据证明

奥瑞纳文化

了奥瑞纳文化前期的狩猎采集形式高度专业化，同理推测出，奥瑞纳文化后期流动性比较大。

艺术表现在奥瑞纳文化中占据重要位置，在西班牙和法国西南部的奥瑞纳文化遗址中，发现了一些骨头、鹿茸以及石头装饰品；在法国的洞穴还发现有V形、十字形和平行线等几何图纹的装饰品；在德国的福格尔赫德遗址中发现了动物和人形图纹。虽然这些图纹的意义还是一个谜，但这些数据都是奥瑞纳文化的有力证据。奥瑞纳文化在29000年前开始消亡，最终被旧石器中晚期的格拉维特文化代替。

（刘青）

B

半偶族（moiety） 按照世系关系将整个社会划分为两个主要的继嗣群体，根据法语“一半”命名这种分类制度，因而得名。每个半偶族包含这个社会的一半氏族或者其他社会组织层次，半偶族成员相信他们拥有一个共同的祖先，但通常无法通过确切的系谱加以清晰地证明。在仪式中两个半偶族通常发挥着互补的作用，如果一个半偶族办丧事，就会请另一个半偶族的成员来参加仪式。半偶族也可以在族外直接婚姻交换体系中发挥作用，一个半偶族中的男子与另外一个半偶族中的女子结婚，反之亦然。半偶族之间的这种相互依赖性有助于这种亲属制度所在社会的整合。

（陈玉柱）

帮派（gangs） 一种社会组织方式。在不同的社会中，年轻人都会形成一些结构以及或松散，或严密的组织或是网络，在这其中大家的利益和爱好相互影响又相互竞争，这对于成长中的年轻人来说再正常不过。但是，团体或组织外的成员却常常看不惯这些，将他们贴上标签或将其放在对立面。

尽管这一术语是18世纪欧洲流行的社会学词汇的一部分，但直到19世纪，英国和美国的城市都因大规模移民和工业革命而重组，这一术语才真正确立并被收录在城市词典中。这时，这一术语用来指流浪汉、小偷以及其他被认为有碍于社会秩序和进步的无家可归者。的确，当弗雷德里克·思拉舍、埃默里·鲍格达斯以及郝伯特·艾斯拜瑞试图通过分析来说明“帮派”这一术语指的是与边缘化青年群体有关的许多不良行为，意识到这些群体主要居住在芝加哥、洛杉矶和纽约的贫民区时，他们发现这一术语已经根深蒂固地存在于执法词汇和大众思维中了。正如这些帮派实体一样，这一术语似乎也占据了一定空间，同时象征着当时流行的、准法律性质的以及分析理论的指示对象。思拉舍根据他们独特的语言、规则、集体行为、标志和符号来对帮派加以文化描述。这些境况相似、身处僻所，带有某种文化意义但又深受困顿的群体更加被异化了。

在美国，经济大萧条的出现、第二次世界大战的爆发以及南方黑人拥入北方的主要城市都带来了深刻的社会结构转型，随之而来的还有愈演愈烈的贫困和毒品泛滥。日益突出的城市边缘化滋生大量犯罪团体。到了20世纪下半叶，许多分析学家在政府资助下开始对社会犯罪和青少年失足现象展开“帮派研究”。城市政策发展极大地改变了研究问题的方向，研究者们注重帮派活动中的年轻男孩是如何产生挫败感的。罗伯特·金·默顿和艾伯特·科恩强调说，这种挫败感是“机会受限”的结果。因此，曾有过“身份挫败”经历的帮派成员会寻求另一种价值观和文化行为，可以使其与社会其他成员分开，并能带给他们渴望的身份和地位。这个时期的研究问题开辟了帮派研究的一条新路线，即将亚文化的概念作为分析策略的中心，例如，沃尔特·密勒认为较低层次的亚文化为犯罪现象提供了非常合适的环境。

其后更深入的研究表明，帮派的内部和外部结构与主流社会的联系都是富于变化的，没有任何预先确定的模式可循，帮派也不是对外部社会无动于衷的。

人类学的研究方法将帮派研究开辟出性别、男性主义的作用、种族划分、文化及成员资格等更多新内容，也更加注重帮派现象的复杂性。

在美国，帮派作为一种社会现象吸引了大众以及教育、政治和社会机构的注意力。现在，南美洲、澳大利亚、加勒比地区、欧洲以及东南亚地区也出版了大量关于帮派生活的文献，但中国对帮派的民族志研究还十分薄弱。

（李亚）

报道人（informant）　人类学家在田野调查中结识的，能够帮助他们了解当地文化的当地人。在田野调查过程中，人类学家能够在自然的环境中与报道人进行半结构式访谈，或以非正式的方式进行深入交流。

报道人谙熟所在群体的文化规则，经历过完全地濡化。参与社会生活且表达能力出色，擅长细腻描述。明了人类学家的意图，可以进行良好的沟通，并且有足够的时间。依据不同的调查目的，人类学家会选择不同种类的报道人。如果只是进行一般的文化描述，社会中各种性别、阶层、年龄的人都可能成为报道人。通过一系列的访谈，人类学家将这些人口中的普通知识转化为文化的解释。如果人类学家想搜集某种由专家掌握的知识，如萨满教的信仰与习俗，只有那些拥有这种知识的人才能成为报道人。有时人类学家的研究话题可能只会吸引社会中的某些人，而不是所有人。例如，如果人类学家试图研究社会中的性别差异与女性经验，男性可能会不予理会这种话题，人类学家便需要加强与女性报道人之间的关系。

在田野调查之初，许多人类学家会和某个当地人建立友好关系，这个人就会成为他的关键报道人，在之后的田野工作中会起到重要作用。在田野工作期间，报道人与人类学家会逐渐发展出信任、互惠、合作的关系。随着关系的深入，报道人不仅扮演信息提供者的角色，还可以协助人类学家进行信息的解读与分析。例如，20世纪中叶，查尔斯·威廉·默顿·哈特（Charles William Merton Hart）在对澳大利亚相对隔绝的蒂维人（Tiwi）的研究中，首先结识了一个名叫马里亚诺（Mariano）的蒂维人，在建立关系之后，这个人成为哈特此后研究的翻译与向导。再如，20世纪90年代，米切尔·杜奈尔（Mitchell Duneier）在试图开展对美国纽约第六大道研究的时候，得以与关键报道人哈克姆（Hakim）接触并进入街头社会。在此后长达7年的田野调查中，哈克姆帮助作为犹太白人的杜奈尔扩大交际圈，获得街头人员的接纳、认可和尊重，并使他能够以一种局内人的眼光看待步行道上的社会结构与行为机制。

确保报道人提供的数据的准确性和有效性，是田野调查中一个重要的方法论问题。以问卷为基础的调查，具有可复制性，可以与外部数据对比，但以报道人为基础的深度访谈则完全不同。报道人可能会避开敏感问题，或某些问题他们根本不了解。报道人会有意识地选择性提供信息，而且他们被动提供的信息可能并不符合研究者的标准。不过，相较于一般的社会调查，田野工作提供了重复采访的可能性，这便使得信息可以被验证或推翻。此外，通过多个报道人的回应，人类学家也可以检测信息的真实性。并非人类学家与报道人的关系越好，得到的信息准确性就越高。有时候，报道人会为了迎合人类学家的需要，将信息进行夸大、渲染或修改，因此，人类学家需要时刻注意报道人的话语，在某些情况下，报道人的掩饰或回避，也可以向人类学家提供不少的文化信息，值得人类学家深究和思考。

虽然报道人会用许多方法来转述他们的信息，例如肢体语言、绘制图案等，但是，在绝大多数情况下，信息都是通过口述的方法提供的。因此，从事田野工作的人类学家应当学会当地的语言，这样才能够与报道人进行更好的交流。

相较于临时性的访谈，人类学家与报道人之间的关系是长期的、开放式的。人类学家与报道人之间往往存在着多种层次的关系，如学生与老师、新成员与老成员、雇用者和被雇用者、分析者与被分析者、朋友与朋友等。根据具体语境的不同，双方的关系会不断转换。近年来，出现了替代“报道人”的术语，如“咨询人”（consultant）或“合作者”等，这意味着被调查者能够以更为重要的角色参与到人类学家的工作之中，也呼吁人类学家与其建立更为平等的关系模式。

（刘琪、金怡）

参考书目

王建民. 人类学研究方法. 未刊稿，2015.

暴力（violence） 使用武力侵害他人人身、财产或精神的主观故意行为。一种激烈而强制性的力量，基本特征为充满张力、不受约束、不守规矩等，意味着对一切既定的、权威的社会规约和价值系统的反叛。马克思主义者将暴力视为一种施加于他人之上的毁灭性、粗暴的力量，其目的是通过身体或象征的途径，实现对于他人的控制与管理。暴力往往依赖于身体、技术、设备、武器等，施行暴力者总要将他人压制在物的状态或者彻底消灭。暴力事件的恶性后果与恐怖场面使人们对它的理解多是消极的，对它的界定越来越趋于政治化或功利主义，暴力的行为在法律上或道德上基本是不予鼓励的，并且通常受到禁止与惩罚，但是若能提出证据证明暴力手段的使用是出于正当防卫的目的，则暴力造成的责任会被减免。从辩证的角度看，暴力革命在造成破坏的同时，也间接推动了社会的发展与时代的进步，比如在无产阶级对抗资产阶级的斗争中，广大的劳动人民在长期的压迫与剥削下，在经济、文化等方面处于劣势的情况下奋勇抵抗，用暴力革命的手段推翻了资本主义统治，建立了无产阶级政权，成为推动社会进步的利器。从一定意义上说，暴力是革命的火车头。

暴力与社会具有相互构成、相互依赖的关联，暴力作为一种特殊的社会现象，一方面对社会秩序起到破坏作用；另一方面，引起一种新的社会平衡和友好局面。作为社会关系固有的本质，暴力是其延伸的手段和方法，同时也是其表达的风格和模式。对暴力行为、表达方式或者暴力事件的分析有利于我们加深对社会文化秩序的理解。总之，它是人类社会的一种特殊原型文化表述，是维持人类社会的集体记忆、社会秩序和潜意识心理平衡的重要的社会实践。在人类学家看来，暴力的存在具有合理性，学界关于暴力的研究通常关注社会力量、政治组织与经济单位如何控制或预防暴力事件的发生，而不是试图通过研究找到根除暴力的良方。

暴力概念的内涵在人类文明的历史进程中随着社会的发展在不断地变化，并且在不同类型的社会共同体中有不同的表现。比如说，在政治等级划分与经济上贫富差异不甚明显的小型社会中，公开的挑衅或者直接的武力行为比较少见，但这并不是说小型社会没有暴力事件，因为与现代的复杂社会相比，小型社会中的居民会因为互惠模式的打破、情敌的出现或者食物分配的不公发生摩擦，冲突的升级通常导致更为公开的报复行为，如杀人灭口。虽然小型社会中并不存在政治性或政府性的军事活动，但是他们的行为并不比现代社会中暴力行为轻微多少。并且，每个社会对什么是暴力、什么不是暴力的界定也存在很大差异。比如说，中国古代女性幼时便被强迫裹小脚，这在西方医学中是一种对儿童的身体虐待，而在中国传统社会中却被合理化，至少在不用受裹脚之苦的男性看来，拥有三寸金莲的女性才可以成为美丽贤惠的妻子。同一个社会中的男性和女性对同一种社会规范的不同看法表明，暴力的范畴与类别可能是由社会中最具有合法地位的阶层决定的。

暴力通常分为直接暴力与非直接暴力两种类型，前者主要指战争，后者指种族歧视、性别歧视、人种偏见等价值判断上的态度。对族群暴力的研究表明，兄弟般利益群体的存在与社会发展水平、政局复杂性程度一道，是造成暴力行为频发的重要因素。这些利益群体通常由男性组成，他们居住在同一个空间中，并且拥有同样的血脉系统。尤其是在没有中央集权的社会中，称兄道弟的利益群体对社会稳定造成一定威胁，而在政治权力集中、政权力量掌控诸多血缘群体的社会中，这种利益群体能够发挥的作用并不明显。也有学者指出，虽然血缘性的利益群体在暴力事件中扮演主要角色，但是这种利益群体出现的原因根源于社会化过程的不当，养育方式会影响到孩童的性格特征与行为活动，影响他在面对问题时选择智斗、武斗还是其他方式来解决。因此，社会环境是暴力事件的孵化器，一个冷漠的、内部竞争激烈的社会比和谐友爱的社会拥有更高的暴力发生率。

（孙笑非）

参考书目

奈杰尔·拉波特，乔安娜·奥弗林. 社会文化人类学的关键概念. 鲍雯妍，张亚辉. 北京：华夏出版社，2005.

北京猿人（Homo erectus pekinensis） 又称北京人、北京直立人，是生活在距今大约70万～23万年前的已灭绝的古人类物种。北京猿人化石遗址位于北京市西南约50千米处的房山区周口店镇龙骨山。1929年，正式将此遗址编号为周口店第一地点。该遗址是中国最早发现的一个直立人遗址，也是中国古人类化石最多且最重要的地点。

在周口店第一地点发现的人类化石，按照发现时间可分为3个时段：1921年和1923年的试掘，获得人类牙齿4枚，现保存在瑞典乌普萨拉大学古生物博物馆；1927—1931年的系统发掘，发现的人类化石最多，包括完整和较完整的头骨5件以及若干牙齿、肢骨、下颌骨、面骨和头骨碎片等。但遗憾的是，由于1931年日本侵华战争的爆发，周口店的发掘和研究工作被迫停止，更令人痛心的是这一时期发掘的所有人类化石都在战争中遗失；1949年以后的多次发掘，发现了2件头盖骨残片、1件下颌骨、部分肢骨和牙齿。其中，1966年发现的1件额骨和1件枕骨残片，与1934年和1936年各发现的颞骨等头骨残片（石膏模型）巧妙地拼合在一起，形成一个近乎完整的头盖骨，即第六个头盖骨化石，这也是现在仅存的北京直立人头盖骨。1949年之后发现的化石都保存在中国科学院古脊椎动物与古人类研究所。周口店第一地点发现的人类化石材料共代表了40多个个体。

周口店第一地点发现人类化石后，步达生（Black）、魏敦瑞（Weidenreich）、吴汝康、贾兰坡等学者先后对发现的人类化石做了描述和研究。尤其是魏敦瑞对北京猿人研究的系列专著，指出了直立人的主要典型特征，确定了直立人的演化地位。

北京猿人头骨低矮，骨壁较厚，额骨低平明显后倾。眉脊非常粗壮，左右两侧眉脊被粗壮的眉间隆起连成一体，形成眶上圆枕结构。头骨有发达的矢状脊，从额结节一直延续到顶孔区。枕部有发达的枕骨圆枕，横贯整个枕骨，向外向前延伸至乳突部。北京猿人眉脊粗壮可能与咀嚼时由面部向上传导的力量较大有关；枕骨圆枕粗壮是由于附着其上的顶部肌肉很发达；矢状脊上没有肌肉附着，其成因还不清楚。眶上圆枕、矢状脊和枕骨圆枕合起来形成一套加固头骨的框架。

北京猿人的平均脑量为1088毫升，小于现代人（现代人平均脑量为1400毫升）。研究发现北京猿人的脑量有逐渐增大趋势，时代较早期的4个头骨的平均脑量为1075毫升，而时代较晚的5号头骨的脑量达到1140毫升。颅内模显示，北京猿人的脑总体形态非常相似，脑高度及最大宽位置较低，额叶和顶叶平坦，外侧裂区凹陷，枕叶强烈向后突起，枕叶小脑位置靠前等，但时代偏晚的5号头骨的额叶和枕叶宽度呈增大趋势。

北京猿人的面骨也比较粗大，眶部深而宽阔，无泪腺窝。鼻骨很宽，鼻梁扁平。梨状孔矮而宽，无鼻前嵴。颧骨很高，颧面朝向前方。上面部较矮而扁平。上颌突出明显，为突颌型。下颌骨大而粗壮，下颌体前部明显向下后方倾斜。下颌骨外面有发达的缘脊和边缘脊，内面有条纹状或结节状的下颌圆枕。下颌枝很宽，表面的咬肌和翼肌附着痕迹十分发达。无颏隆突，多颏孔。

北京猿人的牙齿比现代人的大且粗壮，釉质表面具有复杂的结构。上颌门齿舌面呈铲形，有发达的底结节和指状突。上犬齿大，呈圆锥形。上臼齿常有第五尖，下臼齿常有6个齿尖。前臼齿和臼齿齿冠基部釉质增厚，形成发达的齿带。最新研究发现，下颌牙齿尺寸呈现一定的时序性变化，时代较晚的下颌门齿偏大，而犬齿及其后的各齿偏小，呈现出向早期智人牙齿尺寸格式的演变。

北京猿人的肢骨与现代人接近，肢骨各项特征显得比头骨进步。但也有一些特征呈现较原始的性质，如股骨较短、略向前弯曲，肢骨的骨壁厚、髓腔小等。魏敦瑞曾根据几段股骨长度推算北京猿人的身高，男性约156厘米，女性约144厘米，但吴汝康等学者结合脑量分析，认为这个身高数值显然偏低。

根据动物群分析，周口店第一地点的时代为更新世中期。20世纪70年代以来，采用各种同位素年代测定方法获得的年代数据差别较大，但一般认为，出产人类化石的上部地层的年代在30万～20万年前，下部地层的年代不早于60万年前，最早和最晚生存时间差约为30万年。但是最近采用铝铍埋葬法测定第7—10层石英样品的年代结果为距今77万年。

除了人类化石外，北京猿人遗址还发现了反映当时人类生存活动的其他证据，包括石制品、骨角制品、用火遗迹等。石制品以石英为主要原料，种类丰富，包括砍砸器、刮削器、尖状器、钻具、雕刻器等。此外，还发现上百件骨角制品。在周口店堆积中还发现几处大的灰烬层，从中发现大量的烧骨、烧石、烧过的果核等。多年来，这些燃烧遗迹一直被当作人类用火的证据。但也有学者对生活在周口店的古人类是否具有控制性用火的能力持怀疑态度。根据对在周口店第一地点发现的动物化石破碎情况及表面痕迹的分析，有学者认为当时人类已经具备了狩猎能力。

一些学者认为，在约180万年前直立人走出非洲，扩散到世界各地后，分别进化成各地区的现代人，而北京猿人就是中国现代人的祖先，即“多地区连续进化假说”。这个假说是基于中国地区出土的古人类化石与现代人的骨骼具有连续变化的独特体质特征而推测的，例如铲形门齿。然而遗传学的证据显示，解剖学现代人都是20万年以内重新起源于非洲的，与北京猿人及其他亚洲直立人处在不同的进化支系上，即“现代人非洲起源假说”。这个假说认为北京猿人并没有演化成现代人，而在进化上位于直立人支系的末端。

（谭婧泽、佟欣竹）

参考书目

［1］刘武，吴秀杰，邢松，张银运. 中国古人类化石. 北京：科学出版社，2014.

［2］吴汝康，吴新智，黄蔚文，祁国琴. 中国古人类遗址. 上海：上海科技教育出版社.1999.

本土主义运动（Nativistic Movement） 在研究社会文化变迁时，通过考察两种或多种文化在接触和碰撞的过程中，出现的客位文化对主位文化实施改造而引起的反弹行为。形成本土主义运动的共性原因，就是相互撞击的文化之间存在某种不平等关系。

美国人类学家林顿（R. Linton）在研究文化涵化（acculturation）的代表性成果中对“本土主义运动”（Nativistic Movement）进行分析，认为本土主义运动是社会成员在复兴或永久保持其文化精华方面，所表现出的有意识、有组织的努力。因此，他将本土主义运动定义为两个文化接触之时，某一文化的部分成员（因感于外来文化的压力）企图保存或恢复其传统文化的若干形象之有意地及有组织的行动。总而言之，本土主义运动即是一个主位文化因客位文化的冲击而引起的重整反应。在林顿看来，本土主义运动可以分为4种类型：①信仰复兴型，以复兴已灭绝或濒临灭绝的文化；②永久保持型，即寻求保持现有的文化；③巫术型，即以巫术或超自然的手段拯救本土传统文化；④理性型，即以理性的观点吸收客位文化以重振本土传统文化。

本土主义运动在人类历史上并不鲜见，它曾具有强烈的排他主义性质。例如，本土主义运动是美国历史上一场以排外思想为根基，以反对天主教、犹太教、亚洲和拉丁美洲移民为主要目的，以一些兄弟会性质的组织为骨干，以维护美国白人主流文化为主要目标的运动，其中掺杂着政治经济文化等各种复杂因素，因此持续多年至今余波未平。

中国人类学家早就关注本土主义运动的发展。1943年，一位人类学家定义本土主义运动为“土著文化在西方文化影响之下，感觉到自己的文化濒临破产过程当中，所引起来的一种有组织、有意识，同时想把自己的文化复兴起来，以便抵抗外来文化压力的一种运动”。在19—20世纪前后的中国，由于西方帝国主义的入侵，中国的文化精英也掀起过本土主义运动，最为典型的案例就是五四运动。第二次世界大战结束后，台湾回归中国，在政治和文化强制同化的压制下本省人与外省人产生了极大的矛盾冲突，20世纪70年代出现的中华文化复兴运动、教会本地化运动、社会科学中国化之风等，都是本土主义运动的表现。

自从资本主义生产方式产生以来，便产生了全球化、现代化与本土化的矛盾问题。随着全球化的深入，本土化已经具有与全球化相对应的意义，例如，跨国公司的海外企业也强调企业文化的本土化，以适应（期望达到）企业对当地人文环境的适应和融入。现代社会由于交通发达，旅游、参访，甚至移民频繁，想要融入当地生活环境，学习当地的语言，接受当地风俗习惯，本土化就成为必要的条件。因此，当今的本土主义运动的趋势已不再是狭隘的地域观念，更不是族群的对立，而是放眼全球、展望未来、“各美其美，美美与共”的一个文化愿景。

（刘芳）

参考书目

［1］金耀基. 从传统到现代. 北京：中国人民大学出版社，1999.

［2］殷海光. 中国文化的展望. 上海：上海三联书店，2009.

本质论（Essentialism）　又称本质主义、唯本主义、本质先于存在论。该哲学学说认为，每一个事物都有其之所以存在的本质。“本质”是指事物的全部特征，该事物的特殊存在必定是拥有这些本质特征的缘故。

“本质论”这一术语由现代哲学家卡尔·波普尔在20世纪30年代提出。但是，本质论思想可追溯到古希腊哲学，是由亚里士多德创立的一种哲学理论。亚里士多德认为，事物的本质既是由于该事物的存在，又是界定该事物特性的全部特征。只要事物存在，或者只要它属于某一特殊种类，它便无法改变其基本特征。非本质的、偶然性特征的丧失不会影响事物的存在以及该事物的种属。对于亚里士多德而言，本质对于本体论与认识论是同样重要的，因为事物之真知便意味着，要使用语词以所谓“定义”的方式去揭示事物的本质。“定义”便是对于本质的解释和指代。但是，“定义”不是事物的含义，而是事物之所以成为事物的内容。亚里士多德认为，科学与个体们无关，而是与界定其自身的种类和本质相关，因为科学是与偶然的、随意的特性无关的。本质是同一种类成员的共同特征，就其种类本身而言是不可改变的、永恒的。这便使真知成为可能，即一旦真正的本质被发现，而后所有的修正都无法改变真知。这一观点也常被称为“亚里士多德式本质论”。

在许多方面，亚里士多德本质论与柏拉图的形式论相似，但是差异之处在于前者认为，本质栖息在物质世界的事物而非是互不依存的非物质世界形式之中。柏拉图形式论与亚里士多德本质论的融合，开启了新柏拉图主义学派，并且被一些中世纪学者们进行详细地阐释，以与基督教神学相适应。经院哲学家们将本质看作是栖息在上帝头脑之中的永恒形式，万物创始于本质，即本质先于存在，因而本质理所当然是不可改变、永恒的。而近现代以来，本质论由于模态逻辑（modal logic）哲学的兴起，而形成了与亚里士多德式本质论有很大区别的现代本质论思想，其最根本区别是后者采用了模态逻辑的“可能世界”语义学来分析事物的本质。

从思想发展史来看，本质论作为西方社会所坚持的一种精神诉求，主要有3种表现形式：一是“绝对主义”，相信世界万物存在某种唯一的、超历史的、永恒不变的本质；二是“基础主义”或“原子主义”，相信世界可被分解为最终可作为基础的东西，人类的知识和信仰可建立在这一稳定不变的基础之上；三是“科学主义”，强调一切可用科学方法去处理，科学之任务便是要发现和描述隐藏在事物背后的本质。

一切事物具有永恒不变的本质，这是本质论的核心理念，却也是遭受后世批评之处。18世纪英国经验主义哲学家洛克（John Locke）便反对亚里士多德式的本质论。洛克认为，物质的“真正的本质”在于其深层的、隐藏于人视觉之外的原子结构，它们不同于亚里士多德式的本质，因为它们不是永恒的，不是不可改变的；同时，也存在一种“名义上的本质”。人们基于各种可察觉的特性，通过事物分类，而从经验之中产生复杂的观念，名义本质便是与这些复杂观念相关的一般名称。而在20世纪至今的现代主义和后现代主义哲学思潮中，出现了“反本质论”思潮，可以说无论是以尼采、海德格尔、萨特等为代表的存在主义，以罗蒂等为代表的新实用主义，还是以福柯、德里达等为代表的结构主义，都表现出了对本质论思想的否定和反动。

另外，当代人文社会科学家们在对种族、族群、民族主义和性别的经验性研究中，也一般秉持反本质论的态度。譬如，实验的确表明，我们大多对动物和植物存在认识上的偏见，对水和黄金等自然物质、种族和性别等社会类别也是如此。但是，我们不会对桌子或袜子等人造品存在认知偏见。当代人类学也将种族看作是社会文化建构，族群认同更多是后天建构的而非原生的、本质不变的。与这些反本质论观点相对照，本质论本身也更像西方哲学这样历史偶发事件的文化建构。

（牛忠光）

参考书目

［1］张家龙. 论本质主义. 哲学研究，1999（11）：50—60.

［2］和磊. 反本质主义. 国外理论动态，2006（11）：57—58.

比较语言学（Comparative Linguistics） 历史语言学的一个分支，主要通过比较不同的语言来证明语言间的历史相关性，即不同的语言可能从某种共同的原始母语分化出来。

历史语言学有3项主要任务。第一，确立两种或多种语言的亲缘关系。这意味着寻找它们的共性，即说明它们对同一祖先的继承。共性的其他可能性阐释有通用的特征或倾向性、借用和偶然性。建立亲缘关系，则需要说明语言的所有主要成分，包括语音、语法和基础词汇，可以追溯到同一祖先。第二，确定两种或多种有亲缘关系的语言的从属关系。这是通过确定语系中那些语言共同的创新点、排除那些具有偶然或历史变化倾向性的创新点来确立的。树状图和波状图都可以描述语言亲缘关系。树状图精确地呈现了语言的继承关系，却无法体现语言在分化后可能存在的接触和融合。波状图将变化从中心往外扩散，导致的结果是对语言总体轮廓和显著特征的描述不够清晰。第三，重构原始母语。这首先要确定所有语言的共同特征并为原始母语构建这一特征，其次要从非共同特征中推断出这一特征在原始母语中所占有的分值。但是，因为承续语言可能没有充分展示原始母语的特征，所以重构可能是片面的。 虽然这3项任务有逻辑上的先后顺序，但实际上是同时进行的。

比较语言学的基本技巧是通过比较等方法比较两种或更多语言的语音系统、形态系统、句法及词汇。它的两个主要研究方法是比较法和“大规模比较法”。比较法是对词汇表进行细致的研究，在19世纪发展到了顶峰。但它也被认为是主观的，且缺少可验性。20世纪出现的词汇统计学，也属于这一类方法，由它产生了兴起于20世纪50年代的语言年代学。“大规模比较法”同样具有争议性。它由约瑟·格林伯格创制，目的仅仅是展现语言间联系的紧密程度，因为回避了语言的规律变化而为历史语言学家所坚决反对。近来，还出现了计算机化的统计假设测试法以及树状和网状的系统方法，但都因方法论问题被诟病。

（宋荣）

臂行（brachiation） 灵长类动物使用前肢在

树上移动的一种行进方式。灵长类动物使用左手和右手交替摆动，从而实现从一个树枝到另一个树枝的运动。这种行进方式在人科动物中较为常见，特别是长臂猿和合趾猴。为了能够实现臂行，动物需要有长于后肢的前肢，宽而短的胸腔，位于背部的肩胛骨，强壮的肩部、肘部、腕部以及钩子状的手。合趾猴是专业的臂行动物，它们能够在丛林中完成各种跳跃动作，在树枝间飞行。

臂行这个词最初被用于描述长臂猿科动物在丛林中用手臂荡来荡去的行进方式，后来被越来越多地用于形容一些猿类用手臂在树枝上交替悬吊摆动的行进方式。20世纪60年代，臂行又被用于形容新世界猴和叶猴的行进方式。该行进方式与长臂猿科的行进方式比较相似，但并非是唯一的行进方式，因此被称为半臂行。类似的，在化石中发现的早期猿类的悬吊行为被称为前臂行。通过解剖学研究以及对动物的行为进行观察，研究者普遍认为臂行指的应该是长臂猿科和猿的行进方式。

用臂行来简单概括灵长类动物的行进方式显然是有局限的，并不能包含所有灵长类动物的行进特点。因此，研究者倾向于说明动物行进时所有的姿态和行为特点，并用频率来量化各个姿态和行为。从这个角度来说，长臂猿在行进过程中使用臂行的时间超过了80%，而非洲的猿类（如黑猩猩和大猩猩）使用的时间不到5%。

（李辉、余歌）

边疆（frontier） 在一般地理学意义上指某个政治实体控制范围的边缘地带，所体现的是一种处于与中心较为疏离的地理位置，它是一种比边界（boundary）更具历史感、纵深感和区域感的概念。从广义上来说，边疆有着具体而丰富的内涵和外延，它在特定的语境中会展现出不同的意义，存在着一种从“有形界线”到“无形区隔”再到“认同位置”的逐级发展过程。它是变动的，也是多元的，并正在形成一种新的“想象共同体”。

边疆具有其结构性位置。它所体现的正是一种基于权力配置的中心与边陲间的结构性关系，在这种结构当中，中心具有支配性地位，边疆则服从于中心；一旦两者间的结构性位置发生转变，边疆就转变为中心，中心则退化为边疆。两者始终处在一种竞争性的关系当中，并在当代的世界体系、大国结构和民族国家内部鲜明地体现出来。当代世界格局中的南北发展问题、陆权—海权争夺问题以及大国内部的权力与资源分配等都鲜明体现着边疆的结构性位置。

边疆也具有其历史性位置。由于世界各国在不同历史时期，其边疆状况也存在着差异，进而形成了关于边疆的不同分类与话语。以美国为代表的西方边疆话语是目前世界的主流和强势边疆话语。美国历史学家弗雷德里克·特纳（Frederick Jackson Turner）在考察了美国西进运动之后认为，美国的边疆与之前所认识到的贯穿于稠密人口居住地域的构筑层层防御工事的疆界线不同，它是美国文明浪潮的外缘，是野蛮和文明的交会点，而美国社会的发展一直不断地在边疆地区周而复始进行着，而这种周而复始的过程，在某种程度上提供了决定美国特性的力量。在德国地缘政治学家弗里德里希·拉采尔（Fredcrich Ratzel）看来，边疆是国家、经济及民族领域的边缘区域，各类物质资料，使得一个民族与国家得以生存。而边疆地区的防卫设施与贸易据点相互间形成了非常奇特的边缘机体，进而在与所环绕的国家空间任一点的联系中形成了特殊的边疆风格。而在曾担任过英属印度总督的寇松爵士（George Nathaniel Curzon）眼里，边疆可以分为自然疆界和人为疆界。中国由于自身历史背景与现实的特殊性，边疆在中国历史话语和国家型构过程中具有至关重要的地位，因此具有自身悠久的本土边疆叙述话语，而随着近代西式民族国家结构在中国的运用，以欧文·拉铁摩尔（Owen Lattimore）为代表的西式中国边疆阐释话语逐渐形成影响。在《中国的亚洲内陆边疆》（*Inner Asian Frontiers of China*）一书中，拉铁摩尔突破了本土话语将中国边疆地区统称为藩部的传统，而将其划分为满洲

（今属东北）、内蒙古、新疆和西藏这一被广泛沿用的中国边疆地区基本划分框架。当然，在这过程中，中国本土边疆知识与话语和西式边疆知识与话语之间一直存在着某种内在紧张和竞争关系，而随着近代国际关系和国际法体系的最终确立，中国本土边疆知识与话语逐渐被内化到西式边疆知识与话语当中。

当然，在具体的边疆政治实践中，基于特定的内外语境，人们越来越倾向于置自然因素于不顾，而强调其他方面的因素，比如那些历史比较悠久的国家往往会从种族、语言层面来加以划界，或者以纯粹的政治分界线来加以分隔，而那些新诞生的国家则会利用各种临时性的权宜之计来处理和解决边疆问题。正是因为边疆本身的多元性，因此，即便是在当代全球化趋势迅猛发展的情况下，世界各国之间的边疆问题始终存在，并且不断以新的形式爆发出来。

（袁剑）

参考书目

［1］Tureer, Frederick Jackson. *The Frontier in American History*. New York: Holt, 1920.

［2］Lattimore, Owen. *Inner Asian Frontier of China*. New York: National Geographic Society, 1940.

《边政公论》（*Frontier Affairs*） 抗日战争时期中国重要的民族学人类学刊物。由中国边政学会于1941年9月在重庆编行，初为月刊；从第五卷第一期改为半年刊，在南京发行；第六、第七卷为季刊，至1949年停刊，创办时间达9年，共发表7卷58期274篇文章。其“发刊词”中道出创刊宗旨，即“盖欲藉以集合对于边事夙具热望，边政饶有兴趣之士，以研究边疆政治及其文化，介绍边疆实际情况，促进边疆建设，加强中华民国之团结为宗旨，上以襄赞政府之政治设施，下以建立国人之正确舆论，期于边政前途，有所裨益。”主办者中国边政学会隶属于蒙藏委员会，作为会刊，专门研究边疆地区民族、自然环境与文化，体现了学会工作成效及学术水平。文章作者多是当时及以后中国历史学界、社会学界、民族学人类学界、地理学界翘楚，该刊“边疆与民族并重：边疆研究部分特注重于边疆政策之确立、边政机构之联系、充实与改进；民族研究部分分民族、自然环境、文化3项，均注重于调查与研究”，涵盖边政建设中政治、经济、交通、教育、宗教、民族、语言、史地诸多方面，分为论著、译述、书评、边地通讯、边政资料、文艺6个栏目，发刊区域包括中国内地和港澳地区、国外3个方向，在抗战时期产生了深远影响，成为国家及民众了解边疆社会、边疆民族、制定边疆政策的重要参考资料。同时，该刊田野考察材料扎实，资料丰富，信息量大，既有学术理论与方法讨论，又涉及边疆政治的形势分析和国策建议，为后学者的研究创造了丰厚的学术积淀，对中国边政学的兴起、中国人类学及边疆史地研究的发展都有积极的推动作用。

1984年，台湾大通书局把《边政公论》作为“影印中国期刊50种”中的第二十三种，另命名为《中国边疆民族学杂志》按7卷全部进行了影印。

（耿静）

辩护人类学（Advocacy Anthropology） 隶属于法律人类学，是法律人类学中的人权研究和生态人类学交叉所产生的新兴学科。辩护人类学广泛意义上讲是从生态人类学的角度研究人权，呼吁两者平衡。

法律人类学中的人权常被认为是人的最基本、最普通的权利。人权的普遍性指的是禁止奴役、法律面前人人平等、出版自由。人权的普遍性表示的是一种理想，一种目标，而不表示人权的现有性质。虽然对于个别权利和个别自由的认可以及对它们的遵守，已随着文化的不同和时间的推移而大不相同，而且将继续不同。在国际化趋势的背景下，在国家之间就导致出现一种共同的政治目标：在全世界逐步实现把关于行为和行政管理的规定、准则减少到最低限度，制定国际公约。相对于“法律面前人人平等”这一基本权利和自由，在许多国家制度中受宪法条款和程序的保护。而国家制度和国际文件所涉及的基本权利，实际上具有权利均衡的性质。

环境科学和环保主义包括环境保护，可追溯到20世纪60年代，生态学在人类学的应用已成为这一历史进程的一部分。人类生态学的每个分支都逐渐趋于完善：考古学中的古生态学、灵长类动物生态学、人类适应能力或更为严谨的生理人类学、生物人类学中的人类行为生态学、文化生态学以及后来的文化人类学中的系统生态学、语言学中的民族生态学。

20世纪上半叶，斯图尔德（Julian Steward）等人开创了对文化生态学的研究，之后，旺达和罗伊·拉帕波特开发了一个系统的方法来研究在人口适应环境过程中的文化与生态间的相互影响，系统地将生物生态的概念应用于人类生态系统，包括将人口作为分析单元、生态系统作为研究背景，适应性作为人口和生态系统的动态相互作用过程。他们在技术上分析能量输入与输出技术和收集与生产食物的社会组织分工。这些假设都限定在生物限制因素框架和承载能力范围内。文化组成部分比如宗教、战争，被认为是有助于维持人口与资源之间的平衡调节机制。这种“生态化”的生态方法导致标签“生态人类学”取代管家标签的“文化生态”，两个词有时用作同义词。

哈里斯通过开发一个更明确、系统的科学研究策略推进了生态解释和文化描述，称为“文化唯物主义”。在这种策略里，他优先分析了人类最基本的生存和适应能力。哈里斯和他的学生将这一研究策略应用于解释许多令人费解的风俗习惯。哈里斯集中精力于可观察到的行为，面向生态的语言人类学家强调关于环境现象的本土精神的调查。理想情况下，民族生态学包括当地环保知识、信仰、价值观、态度，加上环境思想与行为和自身适应或适应不良的后果。实际上，民族生态学经常仅局限于本地分类的一些环境域或仅仅是描述性的名称和使用库存的子集动植物物种。

之后的一些人类学家开始尝试超越某些局限性的方法，该方法以往是通过添加一个历时维度来讨论随着时间的推移，文化和环境间的相互影响与改变，即“历史生态学”。威廉将历史生态应用在整合民族生态、文化生态、生物生态、政治生态、区域生态过程框架方面。

上述人类学的人类环境交互方法基本上局限于基础研究，而很少注意到应用的问题，更不用说采取行动或宣传。人们越来越认识到环境破坏现象往往与各种形式的暴力相联系，包括人权的滥用。卡罗琳·麦茜特认为激进生态学存在错误的观念，人们可以以牺牲别的利益为代价，责任意识寻求关于自然与人的培养的一个新的伦理，使人们做出在世界上符合新的社会愿景和新的理念的改变。激进生态学的另一个组成部分是生态女权主义，但在生态人类学以及环境发展中，妇女的作用仍被严重地忽视。

亚诺玛米人自20世纪80年代中期入侵巴西和委内瑞拉，因此产生了一个人们共同关心的领域——生态人类学和倡导人权。生态人类学的实际贡献之一是展示生态的或环境的基本原理方面的土著社会的文化，否则外界会由于自己的种族优越感和种族主义进行负面的评价。

最后，生态神学或精神生态，近年来已经成为一个跨学科的领域。社会的深层或最终导致破坏应归因于西方的世界观及其相关的价值观和态度，包括物质主义和消费主义，这种世界观不再局限于西方地理，殖民主义的综合征已蔓延全球，随着工业化、现代化和全球化，必定带来螺旋式的生态和社会不平衡。

宗教被视为应对环境危机的另一个组成部分，为人对本质问题的研究提供道德价值观，激励信徒个人有情感地和智慧地生活。从教义中提取相关的成分为其宗教团体构建一个可持续发展的环境的伦理，然而，宗教理想和实际行为之间的差异仍然是促成一个可持续的社会的最大障碍。

当代生态人类学可对世界上环境科学及其应用做出相当大的贡献。然而，由于大多数人类学家所写的主要是为了彼此，他们还没有更广泛地影响公共团体和政府机构。生态人类学家的未来挑战是把信息传递给非职业的观众，在所有研究的阶段将团体作为积极的合作者参与实地考察活动。

(吴丹、马艳超)

辩证唯物主义（dialectical materialism） 一种哲学思想和方法，是关于世界普遍联系和永恒发展的科学，是对形而上学世界观和唯心主义辩证法的合理扬弃。

首先，辩证唯物主义的首要核心是全面性，这种全面性不同于一般意义上的整体论，而是将世界看作相互联系的整体，因而要求用全面、联系的观点来看整体与部分的关系。也就是说，尽管全面性视角也意味着全部、整体，但是它首要强调的是“联系性”。人们关注于具体的、受约束的事物，并将它们置于相互分析关系之中，从关系本身出发，通过事物本身理解事物，即理解“事物的联系”而非是“联系中的事物”（objects in relation）。

其次，辩证唯物思想强调过程性，其目的不是对凝固在时间中的事物和联系进行静态分析，而是去考察形成过程中的联系和事物、捕捉这一过程的方向性以及理解联系与事物的潜在可能性。换言之，它是用发展变化的眼光看世界，认为整个世界的发展是从混沌到有序、从低级到高级，以自己特有的运动方式，不断变化、不断新陈代谢地向前发展的。

最后，辩证思想强调矛盾性，而这一矛盾性必须通过联系性和过程性这两个阶段进行理解。其目的是要辨别内在于总体性之中的各种关系，这些关系相互对立，并且其内部蕴含着相互对立、相互依存的可能性。辩证唯物主义承认矛盾是世界普遍联系和永恒发展的根源，推动着旧事物向新事物的飞跃、质变。

总的来说，联系的普遍性和发展的方向性是辩证唯物主义区别于形而上学的总特征。辩证唯物主义的基本规律即对立统一、质量互变、否定之否定规律，构成了其科学体系的主体。这些规律和范畴，归根结底是从各个方面揭示事物的普遍联系和永恒发展。与此同时，马克思主义哲学强调人类劳动力的创造性和变革性，强调从社会和历史角度阐明劳动力的形式和关系特征，也就是说，通过形式和关系的内在联系，通过它们与其他形式和关系整体的历史联系，来考察劳动力被占有和动员的形式和关系整体。因而，辩证唯物主义与历史唯物主义一起构成了马克思主义哲学的基石。

有学者研究指出，中国的辩证法基本范畴和概念形成于商周时期，而古代较为完备的辩证法理论系统则主要形成于春秋战国时期，其中所形成的儒家、墨家、道家、兵家、名家、法家和阴阳家的理论从不同层面反映了中国辩证法思维的早期发展状况，特别是像墨家的主张中还体现了朴素的辩证唯物主义思想。此后，历朝历代的古代哲学先贤们对中国的辩证法理论也有不同程度的发展。而20世纪30年代随着西方辩证法在中国的传播，最终马克思主义唯物辩证法被中国革命大众所接受，与中国实践相结合，成为毛泽东思想体系的重要内容，并至今在中国现代化进程中居于核心主导地位。

（牛忠光）

参考书目

［1］田文军，吴根友. 中国辩证法史. 郑州：河南人民出版社，2004.

［2］李秀林，王于，李淮春. 辩证唯物主义和历史唯物主义原理. 北京：中国人民大学出版社，2004.

波普尔（Karl Raimund Popper, 1902—1994） 20世纪最著名的学术理论家、哲学家之一，在社会学上亦有建树。奥地利维也纳（当时属于奥匈帝国）人。1928年，获授哲学博士学位，1930—1936年，在中学任教。1937年，移民新西兰，在坎特伯雷大学任哲学讲师。1946年迁居英国，在伦敦经济学院讲解逻辑和科学方法论，1949年获得教授职衔。1965年，他经女皇伊丽莎白二世获封爵位，1976年当选皇家科学院院士。1969年从教坛退休后，仍活跃于知识界。1982年，获荣誉侍从勋章。1994年逝于英国伦敦。

波普尔是批判理性主义的创始人。他认为经验观察必须以一定理论为指导，但理论本身又是可证伪的，因此应对之采取批判的态度。在他看来，可证伪性是科学的不可或缺的特征，科学的增长是通过猜想和反驳发展的，理论不能被证实，只能被证伪，因而其理论又被称为证伪主义。波普尔主张，科学理论之为科学，就在于其可错性，亦即有被驳倒的可能性。一种理论，唯其可能是错误的，才能在检验和批评中继续生存。波普尔据此试图通过比较爱因斯坦物理学一类的科学理论，与他所拒绝的马克思主义、科学社会主义以及心理分析学之类的伪科学之间的区别，来揭示支撑科学的哲学基础。可见，他的政治哲学和科学哲学与他早年所接触的马克思主义和精神分析学有很深的关联。

波普尔把批判理性主义应用于政治领域，鼓吹开放社会中的零碎社会工程——我们无法确定我们是否获得了真理，但经过努力，我们可以矫正那些可以被确认的种种问题，从而得以推动社会进步。在波普尔看来，哲学和政治学的出发点应该是解决具体的问题。改良方案和政策可以通过创造性的推测和主体间的批评过程获得，这一过程要求我们展开论据，并使政策尽可能地明晰、清楚。为使此一过程很好发挥，我们就必须维系自由和批评性的制度，保持个人自由，我们也需要一套服膺和平改革的政府体制（民主），我们之所以青睐这套制度，在一定程度上乃是这套制度允许不同的观点在观念的市场上进行竞争。

20世纪50年代后，他的研究重点转向本体论，提出了“三个世界”的理论。著有《历史决定论的贫困》《开放社会及其敌人》《科学发现的逻辑》等。

（冯珊）

剥削（exploitation） 意指“利用”“不公平地从另一方受益”“利用他人壮大自己”等。但是这个术语有一个更具体、更专业的含义，其源自卡尔·马克思（Karl Marx）的著述：当一类人或一个阶级的人创造了比他们获取的用于维持正常生存水平更多的经济价值（剩余价值）时，就产生了剥削。上述意义上的剥削具有很强烈的道德寓意。因此，人们认为剥削就是从具有道德权利的人们手中循环地有规律地挪用其享有的经济物品。在工业资本主义社会中，举例来说，工人被认为创造了比他们获得的工资更多的经济价值，这些剩余价值被资本主义企业家们以收益的形式挪用。对剥削的解释，同样暗指无论资本主义企业家们使用何种组织技巧、知识以及创新理念，都不能以任何方式对所生产的商品的经济价值做出任何贡献。在资本主义经济中，根据这一观点，剥削隐藏在关于工资和价值的安排之中，而此类安排是能够在市场中自由协商确定的；在资本主义出现之前的各种农业社会制度中，下层阶级有义务将它们的剩余生产物交由某些上层经济阶级，而那时的剥削是公开和有形的。

针对剥削概念的批评家道尔顿（John Dalton）指出，这一术语与其说是客观分析，不如说是一个关于评价的和意识形态的术语。即使是分析性地使用这一概念，也会产生一些无法解答的问题：例如，当农业社会中的生产者们被要求将他们的剩余生产物交给某些中央政治机构时，他们会收到何种传统政府服务，如维护法律和秩序？此外，这些批评家表示，难道所有工业社会中的公民都有义务向某些中央政府支付吗？难道这就不是剥削吗？实际上，就算是在小规模的社会中，诸如采集狩猎的布须曼人，成年的生产者仍必须向其亲属承担特定的义务，如新女婿可能会被要求为他妻子的家庭工作8～10年的时间，这种义务又何尝不是强制性的呢？简而言之，正如批评家们所说，真正不存在剥削的社会，是生产者消费或控制百分之百的生产成果的社会。那么，这种社会是否真实存在呢？

（陈蕊）

伯克制（Burke System） 清政府采取因俗而治的方法对部分新疆地区进行统治的社会政治制度，主要在新疆天山以南的维吾尔族、回族、柯尔克孜族以及塔吉克族等民族中实行这一制度。“伯克”是唐宋时期回鹘的官位职称，而在突厥语中的“伯克”之意为“统治者”“头领”“王”。自明末以后，在新疆以及部分中亚的定居民族中，“伯克”一词成为对官吏的泛称。

清代的新疆地区，除札萨克制以外，伯克制是十分重要的地方统治制度。尤其是在清政府平定准噶尔、大小和卓叛乱后，特别是在南疆的维吾尔地区，对原地方首领“伯克”进行治理，并加以改革，之后纳入清朝总体官制之中。在推行伯克制的过程中，清政府对伯克采取“因地制宜、因俗而治”的限制和约束，使伯克制逐渐纳入清地方官制的轨道。1864年，回民叛乱之后，伯克的权威受损，伯克制也岌岌可危。左宗棠再次收复新疆之后，清政府开始以郡县为主要的地方管理形式代替伯克制。至1884年，清政府废除了各级伯克，在全国推行普世的郡县制度。

清政府辖下的伯克制度主要在南疆8城实行：喀喇沙尔（焉耆）、库车、阿克苏、乌什为东4城；喀什噶尔、英吉沙尔、叶尔羌（莎车县）、和阗为西4城。在这些不同的城区，不同的伯克具有不同的权力。据《清高宗实录》记载，伯克主要可以归为18种，但在历史中出现的伯克远不止这些。在高层级伯克中，“阿奇木”伯克职品最高，总办地方一切事务，“伊什罕”伯克其次，协助阿奇木伯克；中间存在各种管理不同事务的伯克官僚；在较低级别的伯克中，“玉孜”伯克能够管理100人左右的百姓片区，“巴克玛塔尔”伯克管理田园事务等。而在不同的城区，伯克数量又有所不同。

在清政府的官僚系统中，伯克不准世袭，其任命与职位的升降由清政府管辖。后者为了防止伯克专权而推行了伯克“回避”制度，一方面体现在伯克应该回避宗教事务，专心政务；另一方面体现在本地伯克需要回避本城职务，而应在其他城区执掌政令。至清晚期，伯克制度逐渐退出历史舞台。

（黄志辉）

参考书目

［1］清高宗实录. 北京：中华书局, 1987.

［2］张明山. 伯克制略考. 新疆地方志. 2006（4）：61–62.

［3］苗普生. 伯克制度. 乌鲁木齐：新疆人民出版社，1995.

博物馆人类学（Museum Anthropology） 人类学及博物馆学的跨学科研究领域，指在博物馆中的人类学实践，或者是关于博物馆的人类学。前者囊括人类学的各分支学科，尤其是文化人类学及考古学；后者强调自20世纪70年代逐渐兴起的新视角下的博物馆学研究。博物馆与人类学有着深厚渊源，它不仅成为收藏和展示人类学、民族学标本的场所，也成为人类学探究的对象。

从词源学角度来说，“museum”一词源于希腊语“mouseion”，意为“缪斯的圣地”。古罗马时代的“mouseion”主要指供哲学讨论的场所。公元前3世纪由托勒密一世建造的亚历山大图书馆成为保存、翻译经典的机构。现代的人类学博物馆发端于欧洲的地理大发现时期，伴随对自然史以及人类的浓厚兴趣，大量与其相关的奇珍异宝被运至欧洲并保存在“珍宝室”中，此种百科全书式的收藏场所成为现代人类学博物馆的雏形。1683年，阿什莫林博物馆的成立标志着作为公共机构的博物馆的诞生。18—19世纪殖民力量在世界范围内扩张，随之而来的是国家博物馆在欧洲大规模兴建并进入博物馆时代，在此影响下私人收藏逐渐转型为以教育和研究为目的的永久性公共机构。与此同时，博物馆与逐渐兴起的人类学合流，尤其在人类学发展的早期阶段，人类学家往往依托于博物馆从事研究。

作为学科的博物馆人类学研究大致存在两种取向。其一，人类学在博物馆中的实践。人类学家借助田野工作广泛收集与“他者”文化有关的人类学标本，将其视为社会事实、习俗的客观物质表现，并在不同的人类学叙事下对物品进行阐释与展示。19世纪末至20世纪初，斯宾塞、泰勒、哈顿以及摩尔根等人倡导的文化进化论主导着博物馆物品研究及展示。在该范式下，博物馆藏品成为学者探寻普遍法则的物质载体，通过类型学对物品分类并区分出落后与先进、原始与文明，进而建立完整的文化演进序列。博厄斯则通过对民族学博物馆分类的批评表达他对科学研究方法的不同见解。他反对通过现象演绎的研究倾向，坚持研究个体对象，并且认为不应将其归入任何一类的顺序来被展示。在博厄斯看来，民族学物品从相对意义上来说是文明传播的事实，展示的内容应当是每一种文明是如何受到地理的、历史环境的影响。可见博物馆不仅呈现了人类学知识谱系，也成为不同学术主张交锋的场所。

其二，关于博物馆的人类学。人类学博物馆与人类学学科发展存在共生关系，它成为收藏、展示有关“他者”物质文化，以及保存人类学物质证据的机构。19世纪末20世纪初，人类学逐渐采用了田野作业的方法，这种方式极大地丰富了数据，同时也打破了人们固有的研究及思考方式。另外，在许多情况下，理论家和调查者开始合二为一，田野取代了博物馆成为人类学的实验室。由于田野作业可以为藏品提供更翔实的记录，这项改革对博物馆人类学相当有益。事实上，博厄斯、斯宾塞和哈顿等在博物馆中工作的早期人类学家都倡导过这种做法。然而，随着英美人类学家在日益深入的田野调查中从物质文化研究转向文化观念探索，20世纪，博物馆人类学与人类学这一更广泛的概念有逐渐分离的倾向，博物馆人类学的重心主要放在了记录和展出收藏品上。这些藏品远离了孕育它们的社会环境，被作为纯粹的物质产品展现在世人眼前。

20世纪60年代后，在现代主义、后殖民主义思潮的冲击下，人类学博物馆内部兴起对其暗含的话语霸权与不平等的权力关系加以反思。20世纪80年代，彼得·弗格提出新博物馆学的概念，旨在于过分强调博物馆方法，忽视博物馆目的与本质的旧博物馆学区分。批判的博物馆学研究视博物馆为文化现象，揭示博物馆的政治学本质，并以批判的人类学视角审视博物馆内部的实践活动。自反式的再评估将博物馆置于学术争论的中心，激发了一系列颇具争议的学术话题，如批判性地理解作为殖民主义遗产的人类学博物馆；博物馆内部表现出知识与权力之间的关系；从政治学、意识形态、美学维度探讨博物馆收集实践；作为竞技场的博物馆如何表述“他者”以及后殖民语境下藏品归还问题。博物馆人类学家认识到自己在各种文化展示中扮演的角色，随即意识到需要开展有关代表性的对话。他们非常清醒地意识到自己的殖民遗产，认识到需要将他们的收藏品与其来源地重新建立联系。在澳大利亚和加拿大等地民族学博物馆开始与当地的原住民社会建立更紧密的联系，原住民社会也更为积极地参与博物馆工作。如今博物馆逐渐由一元话语向多元话语过渡，成为展现文化多样性和与地方社区、公众协商的空间，从而实现跨文化之间对话和彼此互通。

反观中国的博物馆人类学，在引进西方现代博物馆及人类学学科的同时，亦保留了史学的传统并在中国语境下实现本土化。20世纪初，现代博物馆的概念被引入中国，与人类学理论传播与实践同步发展。1916年，蔡元培在北京通俗教育会上曾倡导人类学博物馆的发展。20世纪20—30年代，中央研究院、中央博物院及高校陆续设立，主导了一系列边疆地区的人类学调查和民族文物征集工作，一些机构成立陈列室用于收藏民族志物品，这为中国人类学及人类学博物馆的发展奠定了基础。20世纪50—60年代，在中国大陆及台湾地区分别展开了大规模的人类学田野调查工作，并建立和重组了一批民族博物馆。

纵观20世纪80年代之前的中国博物馆人类学发展历程，古典进化论、文化传播学派以及传统文化史的学术范式成为博物馆物品阐释和展示的基本逻辑，三者或有交叉。20世纪50年代于中国大陆陆续成立的民族博物馆基本遵循了古典进化论，在该学术体系下民族文物被视为历史、社会形态、习俗信仰的物质证据，通过分类进而建立文化、社会演进的序列。凌纯声、林惠祥等学者从民族史和文化传播论的角度阐释民族志物品，试图发现中国东南地区与东南亚人群的内在联系与文化相似性，进而探索东南地区民族的族源和文化传播的路径。在此影响下，博物馆展示将南岛语系作为文化区，结合语言学以及人类学、考古学物质资料的类型学分析呈现该区域文化特质及文化移动。直至20世纪80年代在新博物馆学影响下，批判的博物馆人类学研究在中国逐步展开，在反思博物馆叙事和政治学本质的同时，也积极探索多元、互动、协商、合作的博物馆实践模式。

（杜辉、黄雪萌）

参考书目

Peter Vergo. *The New Museology*. London: Reaktion Books,1990.

博弈论（Game Theory）　在中国又被称为对策论，是系统研究决策主体的行为在发生直接相互作用情况下的决策以及这种决策均衡的理论。博弈一般发生在个人、群体、企业或他们的任何组合之间。这些行为者的行动在相互依赖的情况下，便可以借助博弈论进行分析。博弈论思想的主要特征是每个参与者所实施的行为方案或策略相互依存，各方在冲突或合作后所实现的损益得失结果不仅取决于自己所采取的行为方案，同时也依赖于其他参与者所实施的行为方案，是各参与者行为方案组合的函数。博弈论一般包括3个基本假设，即参与者们是理性的、参与者们有这些理性的共同知识、参与者们知晓博弈规则。

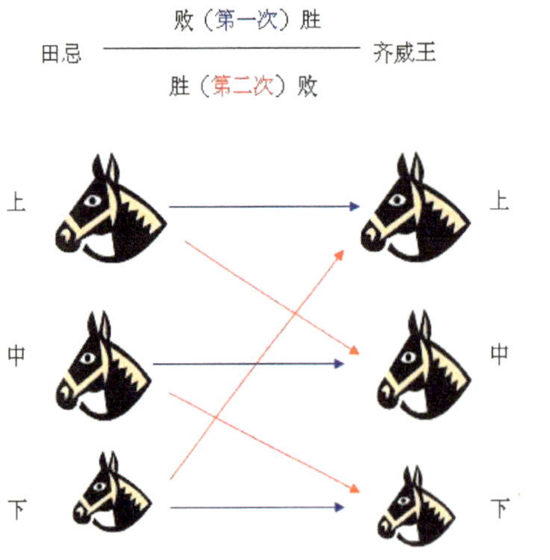

田忌赛马

根据人们行为相互作用时当事人能否达成一个具有约束力的协议，可以将博弈分为合作博弈和非合作博弈。合作博弈是一种非对抗性博弈，有时又称为正和博弈。该博弈论思想研究联盟博弈关于不同参与人拥有的势力大小，或者一个成功的联盟应该怎样分配它的收益。通常而言，在合作博弈或正和博弈中，博弈各方的收益和损失相加总和大于零，而且每一方的利益都不受损害，这种情况不是损人利已，而是强调集体行为的团结理性以及效率、公平和公正，简单而言便是双赢。非合作博弈关注策略选择分析，其中参与者选择的顺序和时间对博弈的均衡结果起到关键的作用。非合作博弈论强调的是个体行为理性、个人最优决策，所谓个体行为理性是指决策主体的行为始终都是在给定约束下最大化自己的效用，除非为了实现自身利益最大化的需要，否则不会考虑其他决策主体的利益。非合作博弈的结果可能是有效率的，也可能是无效率的，其具体涵盖零和博弈和负和博弈两种形式。零和博弈是利益对抗程度最高的博弈，在该博弈中各方的收益和损失相加总和永远为零，这是把己方的收益建立在他人的损失之上，这是损人利己的博弈。负和博弈中，各方的收益和损失相加总和小于零，虽非损人利己，但结果是各方都有不同程度的损失、两败俱伤的博弈。

中国古代历史文献中所记载的“田忌赛马”是早期博弈论思想的典范，现代博弈论思想的理论发展产生于20世纪早期的西方经济学界，即经济学家们以博弈思想来构建模型，分析经济问题，其中的经典范例是“囚徒困境”。20世纪50年代，经济学家纳什提出了“纳什均衡”，后来他与另外两位经济学家泽尔腾和哈萨尼凭借博弈论研究，共同荣获1994年诺贝尔经济学奖，从此博弈论在经济学界得到了前所未有的迅速发展。与此同时，博弈论思想也逐渐被引入到管理学、政治学、社会生物学等其他学科领域，但是，博弈论对人类学的影响较小，只是在20世纪60年代曾经影响到政治人类学研究。然而，博弈论强调理性的个体或群体行动者的互动，因而比其他机械模式更能够有效地分析各种社会情景中的利益结构，反映出社会现实，具有广泛的现实应用空间。

（牛忠光）

参考书目

［1］迈克尔·曼. 国际社会学百科全书. 袁亚愚. 成都：四川人民出版社，1989.

［2］王则柯，李杰. 博弈论教程. 北京：中国人民大学出版社，2004.

［3］肖条军. 博弈论及其应用. 上海：上海三联书店，2004.

捕鱼（fishing） 人类运用各种技术捕捉鱼类的行动，运用鱼叉、网、钩等工具抓捕和围捕。据统计，全世界商业捕捞的渔民和养殖可食用鱼的渔民总数将近3800万人。

渔猎是人类获取食物的方式之一，其历史可以追溯到大约4万年前的旧石器时代，根据对距今4万年前生活在东亚地区的一个天缘人骨骼残存物质进行的同位素测定发现，他经常食用淡水鱼。考古学家根据古粪便堆、鱼骨和石壁画的研究认为，水产在旧石器时期就已经成为人类获取食物的重要来源，巴尔干半岛中部塞尔维亚的Lepenski Vir遗址证明，鱼已经成为当地人的主要食物。

古尼罗河孕育有丰富的鱼类，无论是新鲜的还是风干的鱼都是当时大多数古埃及人餐桌上的主要食物。坟墓内的壁画、植物和纸莎草上，鱼的形象无处不在，一些作品还将鱼作为对逝去光阴的隐喻。水产品在古希腊的饮食文化中同样扮演重要角色，与埃及不同，鱼的形象并不出现在古希腊的艺术作品中，这说明古希腊人将鱼作为等级较低的食物。古罗马渔猎历史可以在其马赛克艺术中寻觅踪迹，古罗马神话中海王尼普顿（Neptune）的形象被描绘为手握三叉戟的壮士。早在维京时代（8—11世纪），欧洲就形成了从挪威罗弗敦群岛到南欧意大利、西班牙、葡萄牙的海上贸易通道，主要行进鳕鱼干的贸易，直到1000年后的现在，这条线路仍作为欧洲重要的海上贸易通道发挥重要作用。

分布于中国东北部松花江、黑龙江、乌苏里江三江流域的赫哲族自古江河，在饮食结构上以食鱼为主，拥有发达的渔猎文化，其生产生活、生活习俗、文学艺术、宗教信仰都与渔猎文化密切相关。因赫哲族拥有用鱼皮制衣的独特技艺，清政府又称赫哲族为“鱼皮部”。凌纯声在《松花江下游的赫哲族》中，充分展示了食鱼部落的丰富传统。与赫哲族共同分享一套文化体系的俄罗斯远东地区的吉利雅克人，也有“食鱼民族”之称，其手工艺品中大量地呈现鱼的形象。

随着渔业生产方式的专门化，以渔猎为生的人群会聚群而居，形成相对固定的居住领域，拥有属于自己的宗教、传说、社会组织方式，营造出形形色色的渔猎文化。在中国，有文字记载从唐代始，东南沿海地区就分布着以舟居水处及水上作业为主要生活生产特征的族群，被称为疍民。在长期的社会分工、生活劳作及地域传统的变迁过程中，疍民形成了有别于陆上社会的习俗和文化认同，受到陆居人群的排斥和歧视，被呼之为疍民贼。1934年，陈序经根据自己的长期调研撰写了《疍民的研究》一书，详细描述了广州沙南疍民的生活与生产状况，关注疍民在婚姻（兄终弟及、子终父及）、宗教（崇拜蛇）等方面习俗的独特性，并消除陆地居民对疍民的歧视。

参考书目

［1］黄任远. 赫哲族风俗志. 北京：中央民族学院出版社. 1992.

［2］凌纯声. 松花江下游的赫哲族. 国立中央研究院历史语言研究所单刊甲种之十四. 1934.

［3］陈序经. 疍民的研究. 北京：商务印书馆. 1948.

布隆伯斯洞穴（Blombos Cave） 位于南非南部海岸，距开普敦东部321余千米。该洞穴能

布隆伯斯洞穴

证明，现代人类行为早在75000年前就已出现。

考古学家认为，现代智人约15万年前开始进化，但是直到5万～4万年前才掌握现代技术、行为和思维过程。这种“现代行为”在欧洲地区最为知名，西班牙北部和法国南部的许多地方发现了洞穴壁画、装饰艺术、精致的葬礼、专门的工具以及具有不同功能的居住区。

1991年，开普敦南非博物馆的克里斯托弗·罕什伍德教授考察布隆伯斯洞穴时，发现了一些75000年前制作精美的双面石器，这些叶形矛尖被称为“斯第尔拜尖头”，它们和保存完好的动物遗体放在一起，之前只在欧洲发现过类似的工具，有2万～3万年的历史。罕什伍德在洞穴进行了多次挖掘，引发国际历史学家对人类文化发展的再思考。

中石器时代（25万～4万年前），布隆伯斯洞穴就陆陆续续地有人居住，其间有7万年的时间是无人居住的，随着海岸线的降低，洞穴里堆满了风沙，洞口被40米高的沙丘堵住。直到全新世中期结束（5000—3000年前），海岸线再一次上升，将沙丘冲刷掉，该洞穴才再一次出现。

中石器时代的洞穴居民生产了一系列的艺术品，除了双面叶形矛尖石器，罕什伍德还发现了75000年前的石器，这种石器只在2000年前的欧洲发现过。这一时期，另一种惊人的技术发明就是骨器，骨器在旧石器时代几乎没有，但是在布隆伯斯洞穴发现了30件。大小哺乳动物、海豹、海鲜、贝类的骨头都得到了复原，这些动物遗骨说明了人类各异的饮食。考古学家发现了数千块中石器时代的赭色骨头，大部分都有被刮过的痕迹，一些被故意压扁，并进行雕刻。还发现了一小具人类遗骨，长有7颗牙齿，因此判断是一名儿童，这也说明此处曾经有女性居住。从解剖学来讲，遗骨齿冠的尺寸说明布隆伯斯洞穴人属于现代人。

或许争议最大的发现就是41个红色穿孔的蜗牛壳，有着统一的钻孔、统一的图案，罕什伍德认为是作串珠用的。但是一些学者表示怀疑，因为附近遗址缺少这样的串珠，这一点动摇了大家普遍认为的串珠意义。

人类现代行为的起源还是备受争议的，现代人类行为的证据还不够具体，因此人们认为人类现代行为出现在5万年前的欧洲。最近几年，考古学家在非洲许多遗址发现了7万年前的文物，都证明在中石器时代，人类的现代思维和文化开始慢慢进化。

（刘青）

部落酋长制（tribal chief system） 以部落作为社会基本单位的社会制度。中华人民共和国成立前，云南省以西盟县为主的阿瓦山中心地区和班洪地区的佤族还保留着以地域联系为主，尚存在一些家族血统关系的社会组织形式。

西盟佤族部落一般由涅（家庭）、如布（家族）、永（小寨）、干及（大寨）4级组成。这4级的总和就是一个勐，即部落。如大马散部落是由1个马散大寨和45个小寨及10余个家族所属的1000余户的家庭所组成的。每个部落都有一个大头人，称为“窝朗木依吉”，“窝朗”是头人的意思，“木依吉”是最大的鬼，连起来就是祭大鬼的头人，反映了在部落阶段政治首领与宗教祭司二位一体的特点。各个家族都有家族长，称为“如布”，有些家族长同时也就是村寨头人。大窝朗和村寨头人由部落成员推选并有权将其罢免。落部每隔5～6年定期召开一次部落头人会议，共同商讨部落内部各项事宜及与其他部落的关系。

部落成员及家族成员内部还保存着共耕关系。共耕由部落或家族成员按传统习惯自愿组成。在中华人民共和国成立前夕，已经出现了土地私有。但由于生产力低下，不得不通过原始协作关系自愿组合起来形成共耕。

在佤族聚居的班洪地区，有比西盟佤族部落头人制更为先进一些的部落酋长制，班洪地区曾有18个部落1500户，班洪部落在政治上已经形成了一套比较完整的酋长制政权组织。大酋长的行政机关称为“达示”，下设5个管理行政、军事、财政、交涉等事务的衙门。这5个衙门的官员都由大酋长的亲族、贵族成员担任并实行世袭继承。同时大酋长设置有军队武装，这种部落酋长制度下，已有明显阶级分化。人们已经按照政治地位和经济地位划分为官家（贵族）、大户（部落头人）、斯埃提（最富裕户）、着米（富裕户）、着寨（中等户）、着长（贫困户）及奴隶等级。班洪大酋长是最大的土地所有者，他的收入带有奴隶主的剥削性质。但从整个社会来看，每个村寨仍然是一个村落公社，有自己的公有地、部落及村寨在得到头人许可之下自由开垦边远山林土地，虽有阶级分化，但没有人身束缚，可以自由迁徙等，仍具有浓厚的原始农村公社的特点。

（王戈柳、揣振宇）

C

采集渔猎经济文化类型（The Pattern of collecting fishing and hurting Economic Culture） 以狩猎、采集、渔业为主要经济生产方式以及相应的一套狩猎、渔业、采集的经济文化模式。这一类型曾被林耀华视作经济文化类型下的一个子类型，用以支撑其经济文化类型理论。在采集渔猎经济文化类型之下，林耀华又划分了两个子类型，分别是以鄂伦春族为代表的山林狩猎型和以赫哲族为代表的河谷渔捞型。林耀华认为，采集渔猎经济文化类型主要分布于中国东北部的大小兴安岭和三江平原东北角地区。但实际上，在不同的历史时期，采集渔猎经济文化类型不仅在这两大区域中广泛存在，而且在各流域、山地乃至牧区地带之中也有零星的分布，从作为整体的中国来看，它与农耕经济文化、采集渔猎经济文化是互为补充的。

值得注意的是，在当代工业化、城市化以及市场化、现代化的急速进程中，采集渔猎经济文化类型正在演变为“博物馆里”的经济文化类型。许多中国民族学、人类学研究者一直十分关注采集渔猎经济文化类型的演变进程，并希望在人类学家所谓的“国家视角”与“地方性知识”的保全之间寻找一条合适的文化出路。

（黄志辉）

参考书目

林耀华. 民族学通论. 北京：中央民族大学出版社，1991.

彩礼（bet rothal gifts bride price） 亦称财礼、聘礼、聘金、聘财，被称为“新娘身价”，在婚姻形式里十分普遍，在有明确的婚姻经济交易形式的社会中，44%存在彩礼。彩礼是指新郎及其家庭给新娘家庭金钱、物品作为礼物。一些最常见的彩礼包括金钱、工具、衣物、牲畜及食物等。虽然彩礼的具体内容在不同地域有一定的差异但基本上都是被这个群体认为有社会和经济价值的物品。例如，牛在非洲许多地区是人们生存的基本，因此牛成为彩礼很重要的一部分。乌干达人传统上会用牛做彩礼，也会包括衣物、现金和消费品，比如啤酒和烟草。相反，在巴布亚新几内亚，贝壳、猪和山药是最被看重的彩礼。尼日尔的马拉迪地区的豪萨彩礼包括玛瑙、贝壳，因为它们与女性生育及好运有关。近些年，在很多社会中，现金和钱大量地作为传统礼物物品的补充，在一些情况下甚至完全代替。不仅礼物的具体类型在变化，而且其所期待的货币价值也不同家庭与社会中有所差异。例如，内罗毕基库尤人会支付价值25～2500美金的彩礼。在一些社会中，男子和他的家庭被期待支付彩礼，结婚之前或结婚后支付均可，彩礼对男人和女人的影响不同，它会加强男女婚姻权利和责任的差别。彩礼会降低女性在动产中的地位，而是将此交易视为男子家庭对新娘家庭失去女儿及其劳动力的补偿。因此，彩礼也被视为后代钱。在多数实行彩礼的社会中，孩子因其对家庭的经济贡献而被高度重视。因此，一个已婚的女性将常常被期待有尽可能多的孩子。但是在一些群体中，例如巴布亚新几内亚，新郎的家庭可能会一直被要求付彩礼，即使这对夫妻没有孩子。这对夫妻可能就会从其他的家庭成员，如堂表兄弟姐妹那里领养孩子。一个女性的家庭如果不能给新郎家族偿还彩礼，他们可能会阻止她离开一段不幸福的婚姻。就男子和他的婚姻义务而言，彩礼的支付是他获得资源的能力以及能照顾他的新娘及未来子女能力的证明。彩礼在世界很多地区都存在，但是最普遍的是在非洲。有彩礼的社会倾向于园艺实践在园艺社会中，女性对生存显著的贡献，常常多于男人。对新娘家庭因失去劳动力的补偿的规则尤其适应这样的背景。彩礼社会的其他特征则是以父系计算，并且表现出父系的居住模式（婚后，女子移至其丈夫及丈夫亲属群体生活）。一个女性及其子女，在某种意义上，是永久的被转移至新郎的亲属群体。她除了会生育将成为新郎亲属群体而不是自己亲属群体成员的孩子，还将对新郎家庭的生存做出更大的贡献，这就使得新郎的亲属群体要对新娘的亲属群体的损失给予补偿的期待变得可以理解。彩礼也被用于联合亲属群体，使得互相获得一个扩张的亲属网络。不仅新郎和新娘的亲属群体因经济交换而联合，而且新郎及新娘亲属群体内部也会为了分配和聚集彩礼而与其他亲属群体相联合。

（哈彬）

参与观察（participant-observation）　由英国人类学家马林诺夫斯基创立的，被视为传统人类学田野调查的特征之一，也是人类学研究中搜集第一手资料的最基本方法。它要求观察者在较长时间内置身于被观察者的社区中，通过参加他们的日常活动尽可能地成为其中一员。

参与观察的优点：①它实际上是对无文字民族进行民族志调查的唯一途径；②由于调查者长期置身于该社区当中，他就会对当地所发生的事情了如指掌；③融入社区生活可以提高调查者的信用度，还可以使调查者对社区成员的行为更加宽容；④调查者可以更加容易地了解当地人的生活方式和风俗习惯；⑤观察所得不是他人的叙述而是第一手的资料；⑥在社区中生活，学习当地的语言可以使调查者更好地从当地人的角度去了解他们赋予文化的意义。通过参与观察，调查者可以了解到被调查社会的结构以及社会文化中各因素间的功能联系。

参与观察的不足之处：①它需要投入大量的时间，而其中一部分的效率并不是很高；②人类学家不停提问的行为很可能会引起当地人的反感；③向他人解释参与观察比较困难；④人类学家的出现有时会影响被观察者的行为；⑤要证明观察者的结论是否正确事实上也是不太可能的，所以在参与观察中，通常还要采用其他方法，例如统计学、家谱学、问卷法、访谈等。

参与观察是一种矛盾的方法，因为在一定程度上，当人类学家参与当地人的活动时，他就不再是进行纯粹地观察了。大量的人类学作品就此进行了讨论。最为理想的是人类学家在这一过程中扮演了两种角色：通过小心控制不停变换着的位置，他们明智地在参与和观察之间来回移动。

（邹宇灵）

岑家梧（1912—1966）　中国民族学家、艺术史学家。生于广东澄迈县（今属海南省），1931年考入中山大学社会学系，师从许地山、何思敬、胡体楷等。1934年赴日本，先后求学于立教大学和东京帝国大学，研究考古学和人类学。抗日战争爆发后回国，先后执教于南开大学社会经济研究所、大夏大学、国立艺术专科学校、国立社会教育学院、中山大学、岭南大学、珠海大学和中南民族学院，并担任大夏大学社会研究部主任、岭南大学副教务长等职。1951年以后，先后任中央民族访问团第二分团副团长、广东民族学院筹备委员会副主任、中央民族学院中南分院及中南民族学院副院长、全国少数民族社会历史调查广东组组长等职。他长期从事民族学的教学与研究，在艺术史、中国南方少数民族历史与文化、史前史等方面贡献尤为显著，是中国史前艺术史研究的主要开拓者。曾先后到云南、四川、贵州、广东、海南等地进行田野调查，在全国少数民族社会历史调查中，对海南岛五指山中部地区保亭县毛道乡、乐东县番阳乡、白沙县毛贵乡等地黎族的“合亩制”的调查，引发了中国民族学界有关“合亩制”父系家庭公社社会性质的争论。他针对民族学中国化问题提出，因为国情不同，中国所需要的民族学与欧美殖民地式的民族学应当有本质区别。需要建立中国民族学，在观点、方法和内容上都与西方的民族学有别，成为中国独立的民族学，中国民族学唯一的出路是综合。他将历史学与民族学结合起来的传统成为现代中国民族学学术发展的特

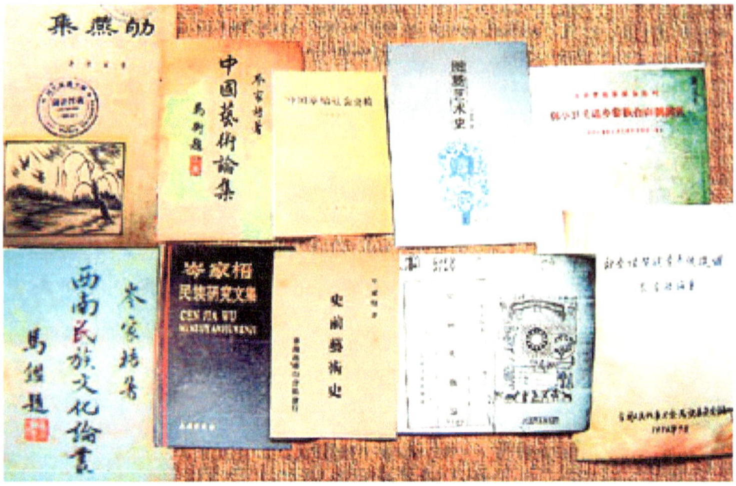

岑家梧已出版的主要学术著作

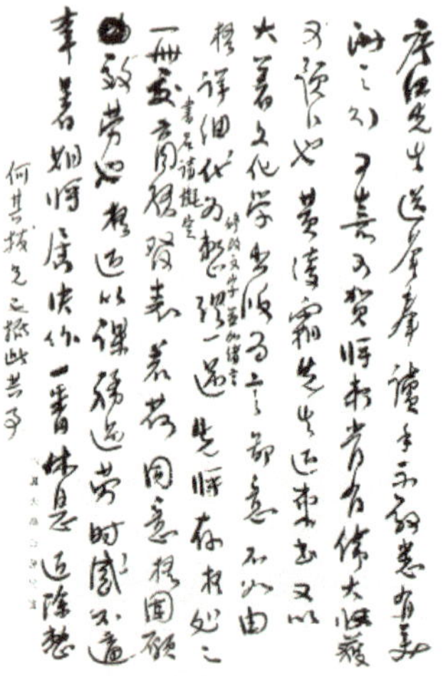

岑家梧致陈序经函

点之一。著有《史前史概论》《史前艺术史》《图腾艺术史》《西南民族文化论丛》《中国艺术论集》以及《中国原始社会史稿》（遗著）等，所发表的重要论文被辑为《岑家梧民族研究文集》一书出版。

（刘姝曼）

参考书目

［1］王建民．中国民族学史（上卷）．昆明：云南教育出版社，1997.

［2］岑家梧．岑家梧民族研究文集．北京：民族出版社，1992.

柴尔德（Vere Gordon Childe, 1892—1957） 维尔·戈登·柴尔德是20世纪的一位考古学家，他的研究方向主要是欧洲史前史、社会进化及古代国家的起源。柴尔德1892年出生于澳大利亚悉尼市，于1914年去了英国开始他在牛津大学的学习。在短暂地被牵连进澳大利亚本土的左翼政治后，他回到英格兰在皇家人类学研究所的图书馆工作，出版了他的第一本书《欧洲文明的开端》（1925）。1927年接受爱丁堡大学阿伯克龙比主席的邀请，专心关于欧洲和近东史前史的写作。这一时期，他在苏格兰大量出版著作，较为著名的是《苏格兰史前史》（1935）。1946年离开爱丁堡去做伦敦大学考古所欧洲考古学的主任和教授。1956年退休，回到澳大利亚。1957年在做关于岩石构造研究期间离世。

柴尔德以其对欧洲史前史的系统研究，确立了自己的学术地位。与将欧洲文明看作是种族和文化的“纯净”的流行概念相争辩。柴尔德认为，欧洲从外部的影响中收益，而这些影响颠覆了现状并被引介的新文化实践到各地区。欧洲已接受近东的先进，并以一种类似学生很快就超过他的老师的方式重新配置它们。

直到20世纪30年代，考古学家们已不再满足于文化相对论及特殊历史主义，并寻求解释文化为何会变迁原因的代替选择。柴尔德介绍了一种已经改善的社会进化框架——多线进化主义。在这其中，一种文化遵循着一个关于社会复杂性（通常是队群、部落、酋邦和国家）的增长或降低种类的轨道。他并不轻视传播论，柴尔德想要寻求更广泛的政治的和经济的背景并在其中去解释文化实践中的转变。发生改变是因为政治和经济研究所在社会中扮演的角色导致进步和传统实践之间的紧张关系。柴尔德所受到的马克思主义的影响，特别是历史唯物主义，成为对他将变迁的解释为冲突的产物的一个证明。

越是在他研究生涯的末期，柴尔德越是寻求对古代国家起源的解释。他认为，随着更多有效的农业实践，社会生产出超出他们所需的财富，创造出一种来管理和分配这些富余的需要。农业生产上的效率创造出一种全职专家，如手艺人和官僚角色。

援引对监督如灌溉渠道这样的更大量的公共事务的需要，以解决社会冲突。柴尔德提出一个针对中心起源论的要求去有效地并列复杂的基础结构。柴尔德列出了10个古代国家的特征：①定居规模的扩大；②城市公寓，全职专家；③对剩余建造目的征税；④纪念碑式的建筑风格；⑤阶级特质的社会的出现；⑥记录体系；⑦计算、测量和历法体系的发展；⑧在艺术表现方面的进步；⑨奢侈品远距离贸易的增长；⑩一种基于领土而非亲属关系而组织起来的政治性社会。

（哈彬）

产权（property）　特定法律主体对某物（财产）具有排他性的权利和义务。产权包含法律主体、权利、义务、物、排他性5个要素，其中法律主体可以是个人、世系、家户、社区、民族国家或公司等多种形式；权利包括所有权、占有权、支配权、使用权、收益权和处置权；义务则包括维修、保护、纳税及投入劳动力等。事实上，几乎所有商品、服务或行为都可以成为产权法的对象。比如说，土地、地里的树、地上的草、地里每年的农作物收成、水、道路、矿藏、宝石、工具、建筑、衣服、武器、器皿、拐杖以及多种形式的服务，如治疗、占卜、歌舞、维修、仪式等，都可以成为产权法的对象。

人类学界对于产权的关心肇端于亨利·梅因爵士在19世纪60年代的研究。19世纪70–80年代，路易斯·杜蒙对于人类社会何以转型为私有制的问题进行过讨论。

对于产权的起源，目前并没有统一的看法。通常认为，城市在人类发展中成为重要的经济中心之后，城市居民，尤其是商人，需要对其财产权利加以保障，以应对贵族、教会和政府。随着地主和资本家世界眼光的扩展，他们对传统的公共土地和其他财产的使用权和转让权进行持续不断地掠取和圈占。人们通常主要从法律层面来理解产权，因为目前对财产的研究由法学家主导。法学研究通常关心的是如何用一套行为规范来保证财产的占有、使用及流转有序进行。然而，战争或盗窃这种获取财产的强迫性方式虽然也很常见，却很少有人进行研究。

不同文化对于产权概念有不同的界定，财产可分为私人所有、国家所有、集体所有和公共所有。私有一般指在市场经济中，财产由个人或法人所有。国有指生产资料（土地、工厂、农场、工具、原材料和制造工艺等）基本为主权国家所有，使用权也由国家分配。在这种情况下，所有权是不可流转的，使用权的流转也不由市场机制调控。集体所有是指一个小型的法律单位（如农民协会或宗族）占有和管理财产，所有权一般也不可流转，而使用权只在单位成员之间分配。公共所有财产一般指无主物，如公海里的鱼和无人认领的森林等。不过，这一概念常常被误用来指“共同体所有”，即某群体对某物有清晰的权利义务，并在内部管理此财产以防外人介入的所有权。私有财产中的“私有”在深层含义上有着文化上的细微差别，“国家”“集体”“公共”的内涵也受到文化界定和制度安排的限定。因此，由个体利益最大化而造成的“公共体悲剧”最可能发生在真正意义上的公共所有的情况下，而不太可能发生在共同体所有的情况下。在亚洲许多地方，土地交易几乎都发生在土地产权人的亲属内部或较小规模的共同体内部，并不需要动用按揭和抵押贷款等法律机器来实现产权转换。产权交易及转换的机制及其实现过程因此成为人类学的关注重点。

人类学家对于财产权与社会及经济的其他方面的关系提出了一些普遍性的规则。财产的交换离不开某种产权法规。社会分层要建立在不能让某些人占有重要资源的基础上，许多分析者都把产权法视为这种排斥的关键。在由市场主导的经济体中，产权的法律主体一般是个人或极小型的团体，由这些主体完成市场交易。共同体内部往往会采用某种方式使产权得到保障，但共同体之间却经常发生强势者对于弱势者的产权剥夺。马克思和恩格斯及其追随者们建立了一个资本主义模型，资本主义模型的基础是生产资料私有制，而生产资料私有制必然会导致异化和剥削。新制度经济学派，如道格拉斯·诺斯和奥利弗·威廉姆森等人试图把私有制解释成是经济发展追求效率的结果。20世纪末的“私有化运动”也是出于私有制比其他所有制更能带来经济效率的信念。但有人认为，私有制的高效只是一种基于意识形态的假设，并没有系统的比较和历史研究提供经验证据作为支撑。当代全球贸易并不取决于不同文化的“产权”界定，而是取决于交易以及各方都能理解的契约。

（彭雅琦）

阐释人类学（Interpretive Anthropology） 文化人类学的一种学术范式。既从内部对他者的文化世界给以描述，同时又对其描述的认识论依据进行反思。这一范式与20世纪60–70年代的芝加哥学派以及象征人类学的变化紧密相连。由于阐释人类学坚持认为意义的积极协商、符号的发展与衰亡、语言隐喻的丰富性都极其重要，所以它通常与纯粹行为主义的统计数据的及语言形式的社会研究方法相对。在阐释人类学中，文化被当作意义的各种系统来进行解读，这导致了对阐释过程的兴趣。一方面，它非常强调文化内部的差异化竞争话语、霸权和反霸权的过程以及批评的人类学；另一方面，它也强调把民族志本身当作阐释的过程。

将文化比喻为文本是由克利福德·格尔兹推广开来的，它一开始只意味着人类学家像当地的行动者一样来解读文化的意义，因为社会行动留下的痕迹可以像文本一样被解读。格尔兹的民族志特别重视再现一些场景，比如当行动者对如何构造一个仪式感到茫然的时候，或者当意义需要被重新协商和建立起来才能完成特定互动的时候。认知人类学希望获得意义的客观性栅格，但栅格中却充满了分析者自身的文化范畴和文化假定。阐释人类学对此提出了批评，结构主义也因为被认为远离了行动者的意图和经验而受到类似的批评，只是批评的程度没有如此激烈而已。依次地，阐释人类学自身也成为批评的对象，其分析者被指缺乏客观的方法或评价的标准，不管在哪里都按照自己的意愿来解读意义。

阐释人类学对此批评的一种回应是，将跨文化理解设想为通过对话所得到的近似结果：对话双方为了特定的互动目的都对各自的理解进行纠正直至达成某种程度的一致。格尔兹对此争论的回应则是：民族志是在“远经验”语言和“近经验”语言之间的一种翻译。这种主位和客位的相对性理解避免和杜绝了人们将意义的客观性栅格与各种被测量的文化定义相互对立起来，更加关注意义在交流过程中的建立方式——既包括相对稳定意义的长期建立过程，也包括意义在每一次互动中都被重新建立起来的过程。其他一些学者则将对话视为经验性的记录、从社会语言学的磁带录音到解释学的文化叙述、行动者如何交流他们之间的理解以及行动者如何与文化意义上的局外人进行互动。仍在争论中的问题不仅有韦伯所呼吁的社会学要重视行动者自身的理解，而且还有方法论个人主义的标准，即要求任何社会理论都能够从原则上解释个体行动者的意图和目的。

关于对话概念的理解，社会语言学的记录和分析方法提供了一个方向，而另一个方向则是解释学。人类学范畴内的解释学已经成为一种标签，被主要用来反思当地人如何解读自身的复杂文化形式。这部分地实现了狄尔泰所坚持的观点，即社会科学中的解释学方法就像自然科学中的方法一样客观，而且它始终关注允许行动者自我纠正和改变其行动所带来的意义。对于马林诺夫斯基所说的“当地人的观点”以及英国社会人类学所关注的社会系统如何被组织起来保护和复制自身的信仰体系及解释结构而言，解释学也是一种延伸。就像埃文思·普里查德在《阿赞德人的巫术、神谕和魔法》一书中的经典分析那样，解释学也非常重视推理的规则、关联的模式、暗示的逻辑以及审美、认知和道德的判断在文化表达上的批评工具。同时，解释学也对文化逻辑的心理动力学感兴趣，并密切关注当地文化的解释程序。第三个方向是把对话比喻为民族志作者与其研究的文化之间的复杂交换。更为有益的做法是将对话的隐喻转变为一种分析，分析的对象可以包括表征的往复循环、交流的各种设计、修辞和辩论的风格、制度化且具有区分效果的文化逻辑等。曾经有一段时间，解释学的兴趣主要在于地方性阐释对霸权所产生的抵抗力，但现在它已经让位于阐释学的多重复杂政治立场，它们在各个异质性社会的相同社会空间内进行竞争。

阐释人类学有很多兴趣点，包括“当地人的观点”、社会场域内的竞争话语、意义的协商、文化构造的变化、社会行动的阐释和对话过程以及民族志田野工作及写作的阐释和对话过程等，这些都使阐释人类学在围绕功能主义民族志的讨论与围绕后现代问题的讨论之间形成了过渡。格尔兹本人就是人类学的各种功能主义以及帕森斯社会学理论的叛逆者，对于那些受到后现代理论挑战的民族志作者，格尔兹也扮演了导师和护卫者的角色。事实上，阐释人类学所提出、界定和阐述的哲学问题总在循环往复地不断出现。

（连煦）

参考书目

［1］Geertz, Clifford. 1973, *The Interpretation of Cultures*. New York: Basic Books.

［2］Geertz, Clifford. 1983, *Local Knowledge: Further Essays in Interpretive Anthropology*. New York: Basic Books.

［3］Fischer, Michael. 1977, *Interpretive Anthropology*. Reviews in Anthropology 4（4）: 391–404.

［4］Marcus, G. E. & Fischer, M. J. 1986, *Anthropology as Cultural Critique: An Experimental Moment in the Human Sciences*. Chicago: University of Chicago Press.

长屋（longhouses） 由一系列单个家庭连接在一起而形成的长形或环状的住宅社区。在世界范围内，长屋在不同的部落里形成了各自的特点。这样的房屋通常聚合了家庭和群体的空间，承担了家庭和社区的功能。有利于平衡经济、社会和族群的政治利益。

北美印第安易洛魁人长屋的长度可以达到数十米，房屋用木杆和树皮搭成，有一个尖的或圆的屋顶，一个母系大家族共同生活居住在一个长屋里。在马来西亚东部地区沙捞越州热带雨林中伊班人等一些族群的长屋往往沿河而建，短则数十米，长则超过百米。长屋多为竹木结构，以木板或者椰树叶覆盖屋顶，由高架木桩支起，上面住人，下面饲养家禽牲畜。长屋分为3部分：一是居室。房间和卧室用木板作墙壁隔开，居住者一般都席地而睡；二是长廊。上有屋顶遮盖，是家庭开会场所、会客地点和活动中心；三是晒棚。用于晾晒谷物等。住在同一个长屋里的人互有亲戚关系，每当添丁进口，就不断增盖。家族兴旺繁盛程度可以由长屋呈现出来。长屋由推选出的屋长负责管理事务。多个长屋聚在一起形成村寨。中国西南地区一些父系大家族采用共居、共耕、共食的生活方式，一个大家族居住在一个长屋中，这种长屋也被称为“大房子”。聚居云南景洪悠乐山的基诺族村寨有一些一般长20余米，宽15米，为用竹、木和茅草修建的干栏式长方形竹楼。村寨“以两个阿珠或内珠的成员为基础组成，阿珠或内珠即为一种由血缘关系组成的氏族或家族”，“每个阿珠之下，又以血缘关系为基础分别组成大小不一的玛，玛为一种共同居住在一幢公共长房的大家庭”。

在世界各地原本存在“大房子”的地方，随着国家和政府的介入，变得越来越少，因为它们承载的功能与现代政府希冀的是正相反且不和谐的，而这往往不利于长屋的发展和生存。在一些地方，长屋成为一种地方旅游资源。

（蒋萍）

参考书目

宋恩常. 人类学研究. 北京：中国社会科学出版社，1984.

场所（place） 描述人类与其周边环境的概念，在某个特定空间被人类活动赋予意义之后，便成了地方。作为“有意义的区位”，地方通常包括地理位置、场所、地方感3个基本面向，大部分关于地方的研究，都把重点放在意义与人类体验之上。地方是我们使世界变得有意义以及体验世界的方式，也是在权力脉络中被赋予意义的空间。

最初，社会科学界在研究人类行为的时候，并没有把周边环境的因素考虑进去。直到20世纪70年代，学者才将“自然情境”纳入到社会研究之中，并开始意识到人类的生活世界首先是地方世界，他们总是在地方之间移动，不存在没有地方的世界。地方不仅是当地文化的一部分，它也为所有文化设定了情境。

段义孚的《恋地情节》《空间与地方：经验的视角》两书深刻地影响了地方概念的发展。段义孚指出，透过人类的感知与经验，我们得以透过地方来认识世界。他阐述了“地方之爱”的概念，意指人与地方的情感联系，这种联系和依附感，使地方成为“关照场域”。段义孚认为，空间适合空间科学与经济理性的抽象概念考察，而地方则适用于诸如“价值”与“归属”这类事项的讨论。在各种尺度上创造地方的行为，都是创造了某种居家感受，家即是地方的典范，人们会有情感依附和植根的感觉。类似的，雷尔夫也在《地方与无地方性》一书中指出，我们对地方有着基于实际生活经验的知识，我们住在某地，在另一处工作，又在另一个地方踢足球，这些都是我们日常生活经验的一部分。我们愿意保护我们的地方，使其免遭那些不属于此地的人侵害，我们也经常留恋我们离开的地方。这些人类经验都透露出地方对于人类的存在有着深刻的意义。

到今天，地方已经成为社会科学的中心主题之一。人类学对地方的研究，主要着重于不同文化中的人们对于地方的不同感受，以及赋予地方的意义。1996年，菲尔德（Steven Feld）与巴索（Keith H. Basso）合编的《地方感》便是其中的典型代表。这本书选取了来自世界不同地方的6个民族志案例，如巴布亚新几内亚岛上的土著通过声音形成的对热带雨林的感知、北卡罗来纳州的本土印第安人对其居住地的依恋、东英吉利人的传统农业在其地方认同中的重要作用及工业化为当地带来的变迁等，集中讨论了地方与归属、地方与认同、地方感等话题。在编后记中，格尔兹指出，在当今世界，虽然地方经常成为权力斗争的场所，但人们对于地方的情感仍旧没有消失。地方的居住者对于地方的感受可能来自视觉、听觉、音乐、言语与书写，人类学若能看到习以为常的概念，如家庭、村落或社区背后的东西，便可能获得对于地方的深刻认识。

关于全球化与现代性对于地方的影响，哈维有着更加详尽的论述。哈维指出，在时空压缩的现代社会，地方处于来自多方面的威胁之中，全球层次的经济空间关系再结构化，生产、资本、商务与销售与日俱增的移动性，都会对地方造成巨大的冲击。归根结底，地方是一种固定化的资本，与其他流动资本之间有着紧张关系。对地方的认同与对自我的认同息息相关，地方往往是集体记忆的所在，地方感的保存与建构，是一种从记忆到希望、从过往到未来的旅途中的积极时刻。因此，人们并不会轻易放弃地方，而是会将对地方的热爱转化为积极的行动，与全球资本主义的流动性进行对抗。

总之，在关于人类与其他生物如何在地球上居住的研究中，地方已经成为绕不开的概念。它包含了人类鲜活的生活经验，承载了人类厚重的情感。虽然现代社会的流动性与种种“去地方化”的行为对地方造成了冲击，但只要人类始终持有对归属的强烈渴望，地方便不会消失，也会始终成为人文社会科学重要的研究对象。

（刘琪）

参考书目

［1］Tim Cresswell. 地方：记忆、想象与认同. 徐苔玲，王志弘. 台北：群学出版有限公司，2004.

［2］Feld, Steven and Basso. Keith H. eds. 1996, *Senses of Place*, Santa Fe: School of American Research Press.

［3］Harvey, David. 1996, *Justice, Nature and the Geography of Difference*, Cambridge: Blackwell Publishers.

场域（field）　当代法国社会学、人类学家布迪厄等人提出的概念。布迪厄认为，一个场域可以被定义为在各种位置之间存在的客观关系的一个网络或一个构型。正是在这些位置的存在和它们强加于占据特定位置的行动者或机构之上的决定性因素之中，这些位置得到了客观的界定，其根据是这些位置在不同类型的权力（或资本），占有这些权力就意味着把持了在这一场域中利害攸关的专门利润的得益权的分配结构中实际的和潜在的处境以及它们与其他位置之间的客观关系（包括支配关系、屈从关系、结构上的对应关系等）。

布迪厄是从人类学领域迈入社会学领域的，在早期对于阿尔及利亚的研究中，他已经注意到了社会行动者积极实施与参与文化生产的能力，在转向社会学之后，他进一步将实践理论应用到对当代社会的研究之中。布迪厄指出，在高度分化的社会里，社会世界是由大量具有相对自主性的社会小世界构成的，这些社会小世界就是具有自身逻辑和必然性的客观关系的空间，而这些小世界自身特有的逻辑和必然性也不可化约成支配其他场域运作的那些逻辑和必然性。例如，艺术场域、宗教场域或经济场域都遵循着它们各自特有的逻辑；艺术场域正是通过拒绝或否定物质利益的法则而构成自身场域的；而在历史上，经济场域的形成，则是通过创造一个我们平常所说的“生意就是生意”的世界才得以实现的，在这一场域中，友谊与爱情这种令人心醉神迷的关系在原则上是被摒弃的。

布迪厄提出的场域的概念，是与资本、惯习、实践等概念联系在一起的。布迪厄认为，可以小心地将场域比作一种游戏，卷入游戏的游戏者彼此敌对，有时甚至残酷无情，但只有在他们都对游戏及其胜负关键深信不疑、达成共识时，这一切才有可能发生。社会行动者一旦进入场域，即是获得这个场域所特有的行为和表达的特殊代码，这是他进入场域的必须交纳的“入场费”。入场之后，不同的游戏者会有自己的“主牌”，而正如不同牌的大小是随着游戏的变化而变化的，不同种类资本（经济的、社会的、文化的、符号的资本）之间的等级次序也会随着场域的变化有所不同。一种资本的价值，取决于某种游戏的存在，某种使这项技能得以发挥作用的场域的存在：一种资本总是在既定的具体场域中灵验有效，既是斗争的武器，又是争夺的关键，使它的所有者能够在所考察的场域中对他人施加权力，运用影响，从而被视为实实在在的力量。在这里，场域又与游戏产生了区别，后者是深思熟虑的创造行为的产物，而场域则是不断变化的，是永恒斗争的场所，它所遵循的规则也并不是明确的、编纂成文的，而是在社会游戏者的行动与竞争过程中不断被重新定义、重新创造的。

布迪厄提出了这样一个公式：（惯习×资本）+场域=实践。从这个公式中，我们可以直观地发现惯习、场域和实践的关系，即实践是惯习、资本和场域相互作用的产物。惯习为实践提供规则，场域为实践提供场所，资本则作为场域内斗争的武器。惯习和资本相互作用与场域一起为实践提供了可能。反之，实践又产生新的原则作用于惯习，形塑场域的结构，并导致资本的转化或获得。因此，它们之间是一个循环往复、相互作用的有机整体。布迪厄指出，在对场域进行研究的时候，需要关注3个必不可少并内在关联的环节。首先，是对于权力场域相对的场域位置的分析；其次，必须勾画出行动者或机构所占据的位置之间的客观关系结构；最后，必须分析行动者的惯习，亦即千差万别的性情倾向系统。

布迪厄指出，根据场域概念进行思考，就是从关系的角度进行思考。在学术生涯早期，布迪厄曾深受列维·斯特劳斯结构主义的影响，而到了后期，他则对结构主义的思维方式提出了批评。布迪厄提出的场域理论不仅是一些抽象的信条，他也运用这一概念开展了大量的经验研究，包括文学、艺术与知识分子场域研究，以及阶级生活方式场域、名牌高校场域、民居场域、法律场域、科学场域、权力场域等。

（刘琪）

参考书目

［1］皮埃尔·布迪厄，华康德. 实践与反

思——反思在社会学导引. 李猛，李康，邓正来. 北京：中央编译出版社，1998.

［2］周冬霞. 论布迪厄理论的三个概念工具——对实践、场域、惯习概念的解析.《改革与开放》，2010（2）：192-193.

［3］朱国华. 场域与实践：略论布迪厄的主要概念工具（下）.《东南大学学报（哲学社会科学版）》，2004（2）.

超有机体（Superorganic） 社会学家赫伯特·斯宾塞在19世纪末最先使用的概念，用来与无机物或有机体进行对比。在斯宾塞、迪尔克姆（又译为杜尔克姆、涂尔干）、孔德等持文化决定论的学者看来，人类社会是一种超有机体，因为它要比物理世界和生物体更为复杂。从斯宾塞的社会进化论角度看，超有机体是指文化是一个实体，它高于且超越于创造了它的个人。也就是说，就像是无机的实体（如石头）和有机的生物体（如植物）都有其现实的本体存在一样，文化也有一种超级的或形而上的力量。

超有机体这一概念引入人类学界，始于1917年发表在人类学顶级期刊《美国人类学家》上的一次讨论，讨论双方是鼎鼎有名的克鲁伯和萨丕尔。他们都是美国人类学之父博厄斯的学生。博厄斯毕生致力于研究个人与文化的关系，他认为个体是首要的，个体既是文化的接受者和受益者，也是文化的承载者和创造者。

克鲁伯与所有的博厄斯门徒一样，反对文化是一种生物学事物或人类可以遗传的某种东西的观念。从智识潜能和社会进步来看，既没有什么高一级的文化，也没有什么低一级的文化。但他与博厄斯的分歧在于，他认为人类要受历史的和文化的力量束缚，而非人类能高于文化创造文化。克鲁伯在一篇论文中写道：从个人心智跳跃到文化社会是很诱人的，但我们有正当的理由这么做吗？今天，每个学童都要比亚里士多德懂得更多，但1000个人也抵不上他1个人的影响。这是因为所有知识都是社会性的，是因为“知识的积累，而不是一两个人的巨大成就，冰河时代里再伟大的智者也造不出火枪和电报机来”。克鲁伯的观点明显是在反驳人类学界的“伟人创造历史”论。但对他而言，超有机体论实际上使人类学成为一门科学，因为其主体成了由历史和文化力量调节的人类行为的普遍性和规律。同时，超有机体概念通过排除繁杂的个体决策问题，极大地简化了人类学的任务。

萨丕尔不同意排除个体的做法，也质疑整个超有机体的假设。首先，萨丕尔认为，不能将社会现象类比为从无机物到有机物的发展。我们称为社会的，只不过是一个可化约为无机或有机过程的“选择”现象，不是什么新的抽象力量。文化终究只是从对个体行为的观察中挑选出来的抽象概念。其次，萨丕尔认为，所谓的历史规律或社会学理论缺乏普遍性，根本无法预测未来。最后，萨丕尔质问：超有机体的规律适用于何处？是适用于个体还是群体？如果是群体，那么是哪种群体？

时至今日，超有机体理论仍是人类学界的热门话题，尽管经常以别的话语形式出现。一个有名的例子就是莱斯利·怀特的文化学理论。在文化的后现代理论影响下，这一对话无疑还将继续。2011年，中国中央美术学院举办首届双年展，即以“超有机”命名。

（彭雅琦）

参考书目

［1］Kroeber, A. L. 1917, The Superorganic. *American Anthropologist*, 19（2）, 163-213.

［2］Sapir, E.1917, Do We Need a “Superorganic?” *American Anthropologist*, 19（3）, 441-447.

［3］Spencer, H. 1988, The Evolution of Society. In P. Bohannan& M. Glazer（Eds.）, *High points in anthropology*（2nd ed.）. New York: Alfred A. Knopf.

［4］White, L. 1987, *Ethnological Essays*. *Albuquerque*: University of New Mexico Press.

陈奇禄（1923—2014） 中国著名人类学家、考古学家。台湾台南人。1947年毕业于上海圣约翰大学政治系，1966年获日本东京大学社会学博士学位。早期曾担任《公论报》副刊编务。历任台湾大学考古人类学系教授、系主任、文学院院长，美国密歇根州立大学人类学客座教授，“中央研究院”民族学研究所研究员，“中央研究院”美国文化研究所研究员兼所长，国民党中央委员会副秘书长，台湾“行政院”政务委员，“中央研究院”院士、评议员，中国民族学学会理事长，台湾美国研究学会理事长，“行政院”文化建设委员会主任委员。

著有《北美洲印第安人》《民族与文化》《台湾土著文化研究》《文化与生活》《日月潭邵族调查报告》《台湾排湾群诸族木雕标本图录》《从帝大到台大》《台湾风土》《台湾风土台湾原住民诸族的传统工艺陈奇禄书画集》《陈奇禄书画集》等。

（额日古娜）

陈序经（1903—1967） 中国文化学家、历史学家、社会学家、民族学家、教育家。字怀民，广东文昌县（现属海南省）人。幼年侨居东南亚。1925年毕业于上海复旦大学，后入美国伊利诺伊大学并获博士学位。回国后历任岭南大学、南开大学、中山大学教授，先后任西南联大法商学院院长、南开大学经济研究所所长、南开大学教务长、岭南大学校长、中山大学副校长、南开大学副校长、暨南大学校长、全国政协委员等。他对政治学、文化学、历史学、经济学、教育学、法学、民族学等学科均有着深厚的造诣和独到的见解。他的学术观点曾在国内学术界引起3次大讨论：第一次是有关文化问题中关于“全盘西化论”的讨论，第二次是关于乡村建设的讨论，第三次是关于教育问题的争论。作为中国文化学派的代表人物，他史无前例地开设了“文化学”课程，其讲授的社会学更加侧重于文化层面，针对民族学中国化问题，他提出的“全盘西化论”，主张把西方文化看作一个整体，不加分析地将精华和糟粕一起引进，成为东西文化论争史上的路碑。针对乡村建设和教育问题的探讨，归根结底还是对“全盘西化论”的深化和对中国文化现代化的思考。同时，他填补了中国匈奴史研究的空白，成为中国学术界全面研究东南亚古史的开拓者，受到历史学界的赞誉。他长期从事社会学的教学与研究，重视实地的调查研究，曾主持并参与沙南、西江一带疍民调查；并与东南亚各国的华侨有广泛联系，致力促进中国与东南亚各国的文化交流。著有《中国文化的出路》《文化学概观》《疍民的研究》《南洋与中国》《社会学的起源》《乡村建设运动的未来》《农村文化与都市文化》《乡村建设理论的检讨》《乡村建设一途径》等。

（刘姝曼）

参考书目

［1］王建民. 中国民族学史（上卷）. 昆明：云南教育出版社，1997.

［2］余定邦，牛军凯. 陈序经文集. 广州：中山大学出版社，2004.

陈永龄（1918—2011） 中国历史学家、民族学家，中央民族大学民族学与社会学学院教授、博士生导师。生于北京，江苏淮阴人。1937年考入燕京大学，初学新闻学，继转入社会学系就读。1941年毕业后考入该校研究院社会学系攻读硕士学位。后辗转至重庆，经吴文藻举荐，远赴新疆开拓民族学研究阵地。1942年起在新疆学院（今新疆大学）任教，1944年8月遭军阀盛世才的迫害被捕入狱。次年初，出狱回到成都，复入燕京大学社会学系，师从林耀华，兼任助教。1947年获硕士学位，次年任燕京大学社会学系讲师，1951年起任燕京大学民族学系副教授，次年调入中央民族学院研究部，任部务秘书。1956年参与组建中央民族学院历史系，先后任民族志研究室主任、系副主任。1979年升任教授。1980年任民族学院民族研究所副所长，后又担任中央民族学院（大学）民族学系、民族学与社会学学院教授、博士生导师，并获国务院颁发的具有突出贡献的专家政府津贴。

1980年，陈永龄在加拿大里贾纳大学做访问研究学者，讲授“中国少数民族和民族政策”课程。1988—1990年，作为美国富布赖特访问学者，他先后在华盛顿大学讲授“中国民族学的实践”“中国的内亚民族”等课程；在美国斯坦福大学从事新疆现代史研究。他曾多次参加世界社会学会、哈佛大学伊斯兰教国际论坛、印度统计学会等国际学术会议，对中外民族学、人类学的文化交流和学科振兴做出积极贡献。陈永龄还先后担任中国社会学会和中国民族学会顾问，北京市社会学会副会长、顾问，中国民族学学会、人类学会理事，中国少数民族文化艺术基金会学术委员会委员，国家教委文科文献信息中心学术咨询顾问，国际影视人类学委员会委员。2011年在美国辞世，享年93岁。

陈永龄研究领域广阔，涉猎民族学、社会学、人类学和民族史学等学科，尤精于新疆民族史志研究、中国民族学史和中国少数民族志等方面研究。他几十年来坚持以田野调查作为研究的必由之路，足迹遍及中国西北、东北、西南、中南等许多少数民族地区以及加拿大印第安人社区，先后对汉、藏、蒙古、维吾尔、哈萨克、土、东乡、撒拉、回、彝、瑶等民族进行调查。

作为亲历者，陈永龄长期聚焦民族学在中国的发展史。他认为，任何民族学问题的研究绝不能脱离一个民族整体的、全面的研究。他与王晓义合作撰写的《二十世纪前期的中国民族学》堪称党的十一届三中全会之后研究20世纪前期中国民族学发展最重要的论著。该文对民族学各个流派对中国的影响和在中国的发展做了回顾，并对1949年前中国民族学的活动领域、研究范围等进行了翔实介绍和开创性的讨论，他的观点后被学界多次提及和引用，并成为后辈研习中国民族学史的着力最深的经典论文。1985年，陈永龄在《社会学与社会心理学》上发表文章，对民族学引入中国的历史做了详尽的追溯。1988—1989年，陈永龄为华盛顿大学人类学系开设了“民族学在中国的实践”课程，根据先前的讲义和多年研究成果用英文编写了《中国民族学史》，这是对中国民族学史进行概括总结的第一部专论，资料翔实，论述严谨，评价中肯，尊重事实，填补了学界空白，并产生了一定的国际影响。此外，《民族学》《谈谈我国民族学的几个问题》《论中国民族学在新时期面临的新课题》《探索汉族民族学研究的几个问题》等一系列著作都反映了陈永龄先生对中国民族史的凝神关注和独到见解。在他看来，民族史绵延不绝，民族问题纷繁复杂，自己的一生自与民族学结缘，便循着中国民族学的发展之路而行，有多远行多远。

（马丹丹）

称谓语（address terms） 是指说话人在语言交际中用于称呼对方而使用的人称指示语，是人们由于亲属、性别、身份、职业等多方面的关系而得来的名称。称谓语既是一种独特的语言现象，同时也是一种社会现象和文化现象。

一般而言，称谓可以分为亲属称谓和社会称谓两大类。亲属称谓指的是以本人为中心确定亲族成员和本人关系的名称，是基于血亲姻亲基础上的亲属之间相互称呼的名称、叫法。所谓亲属称谓语包括父、母、夫、妻、子、女、兄弟、姐妹、伯父、叔父、伯母、婶母等。社交称谓是指除去亲属称谓以外的，反映人们在社会生活中相互关系的称谓习俗。社会称谓语主要包括职业称谓语、职称称谓语、职务称谓语、身份及友邻关系称谓语、泛称称谓语等。职业称谓语包括医生、教师、记者邮递员等。职称称谓语包括教授、副教授、高级工程师、研究员、主任医师等。职务称谓语包括总书记、书记、主席、副主席、主任、县长等。而身份及友邻关系称谓语则相对地较为烦琐和庞杂，身份及友邻关系称谓语主要有以下几种：①学衔、学历系列，如博士、硕士、学士、研究生、本科等；②友邻系列，如情人、恋人、对象、朋友、知音等；③级属、主客系列，如上级、上司、顶头上司、领导、负责人、下属；④社会评价系列，又可分为3种类型：一是肯定的、颂扬的评价，从而形成褒扬称谓语，如英雄、好汉、烈士、壮士、义士等；二是否定的、贬斥的评价，从而形成詈骂称谓语，如懦夫、孬种、软骨头、缩头龟、狐狸精等；三是不做褒贬的评价，可以称为性状称谓语，如少年、少女、大姑娘、处女、妇女、家庭妇女等。泛称称谓语，主要有3类：一是表示第一人称和第二人称的泛称称谓语，如在下、鄙人、不才、足下等；二是反映社交关系的泛称称谓语，如同志、师傅、先生、女士、小姐等；三是由亲属称谓语转化来的泛称称谓语，如大爷、大娘、伯父、伯母、叔叔、阿姨等。

（陈凌）

成分分析法（Componential Analysis） 是一种源自语言学（Linguistics）的分析技术。它是由人类学家在一个相对有界的词语（词汇）中进行语义分析，用于一个特定的文化来指定感兴趣的领域的项目。它试图解释母语是如何将一个特定词汇的术语应用于个别的项目中。这个过程包括正确地识别那些母语中的术语，那些术语被认为足够相似而归类在一个单个的术语当中。在语言学中，成分分析法被用于大量的任务当中，包括对一个给定语言的音位（phoneme）进行定义。这是这样被完成的，即通过识别一系列假定的基础部件（特征，属性，尺寸，变量）的组合，从每个其他因素到至少一个维度区分在语言中的每个音素。在简单的情况下，使用每个只有两个值的变量，两个变量将会产生4个独特的术语，3个将会产生8个，4个产生16个，5个产生32个等。

人类学成分分析法的典型领域是亲属关系（kinship）。例如，英文中4个指代这些血缘（consanguine）亲属的术语为阿姨、叔叔、侄女、侄子，假定血缘亲属的定义域是基于亲子关系和兄弟关系（母亲、父亲、兄弟、姐妹），然后母语会很正确地指的是“阿姨”，即他/她母亲的姐妹，父亲的姐妹，并判别母亲的兄弟和父亲的兄弟为“叔叔”，兄弟的女儿和姐妹的女儿为“侄女”，而兄弟的儿子和姐妹的儿子会是“侄子”。一组可能的潜在变量，可以解释这些亲属称谓的词汇，这可能包含代际（+1，−1）和亲属（而不是讲话者）的性别（M，F）。这4个术语可以通过以下两个组件的组合来定义：阿姨（+I，F）、叔叔（+I，M）、侄子（−I，M）、侄女（−I，F）。

人类学的成分分析法最早是由古迪纳夫（Ward H. Goodenough）（1956）和劳恩斯伯里（Floyd G. Lounsbury）（1956）各自独立工作而同时开创的。在20世纪60年代存在广泛的争辩（Goodenough, 1964, 1967, 1970；Scheffler & Lounsbury, 1971；Hammel, 1965），首当其冲的激烈批评是因为经常有多种方式获得类似的结果［Burling, 1964；Spradley, 1972］。成分分析也有助于所谓的新民族志（new ethnography）和更广泛的民族科学（ethnoscience）领域的出现，它也为认知人类学（Cognitive Anthropology）的最近研究奠定了基础（D'Andrade, 1995）。

（罗士泂）

成年礼（puberty rite） 为承认年轻人具有进入社会的能力和资格而举行的生命礼仪（rites of passage）。为标明少年男孩或女孩已成长为成年男子或女子而在许多人中间举行的割礼，是成年礼的典型例子。然而，这种象征性的仪式常常不是在真正的青春期举行的，而是根据有无礼仪专家或受礼青年的社会价值的大小或支付仪式费用的能力而定的。在许多非洲部落中，每隔几年青年男子的群体就可能会一起举行一次成年礼仪式。这些新加入的青年之间产生的内聚力，能够形成一个同龄组群的政治单位，其稳固性也许能切断亲缘上的联系。

对于阿帕切族（又称阿帕契族）女子来说，成年礼是日出仪式，标志着女子进入成年期，这种礼仪通常在女子第一次来月经后的那个夏天举行。传统上来说，成年礼持续四天时间，在这期间，女子象征性地担任善变女人的角色，善变女人即是指地球上第一位女性和阿帕切族女子的母亲。

拉丁美洲人也庆祝成年礼，这种仪式通常在女子15岁时举行，标志着女子进入成年期，已经能够结婚了。与此类似，中国人的成年礼分为冠礼和笄礼。冠礼是为男子举行的成年礼，而笄礼则是为女子举行的成年礼。

生命礼仪（rooites of passage）是由人类学家阿诺德·范盖纳普（Arnold Van Gennep，又译为阿诺尔德·范热内普）在《生命礼仪》（*The Rites of Passage*）一书中首先应用的一个术语，指在任何社会中，个人的生活从一年龄到另一年龄、从一个职业到另一个职业的一系列迁移，即指一种特殊的礼仪，此礼仪标志着个体在文化上被承认的相对固定和稳固的等级、身份、职务、行业或职业地位等方面所取得的进步。

范盖纳普把生命礼仪过程区分为3个阶段：①分离阶段。在这一阶段中象征性行为标志着个人从前一地位中分离出来；②过渡阶段。即处在新旧身份之间的、临界的或模糊的地位；③聚集阶段。在这一阶段，个人接受新的稳定身份的权利和义务的集成或完成。分离的礼仪表演象征死亡，这种礼仪先把个体从社会以及他过去的社会地位中移出；然后让他在接着进行的转变礼仪中得到改造；最后，重新诞生于一个新的社会位置，并在达到最高潮的聚集礼仪中返回共同体。相应地，成年礼也分为这3个阶段。

根据范盖纳普的观点，成年礼作为生命仪式的一种，既标志着人们将要从少年时期分离出来过渡到成年时期，又标志着人们即将承担新的社会角色、获得新的社会地位。当然，对范盖纳普的理论也存在批评，即在两种稳定身份之间的不稳定的阈限时期，充满了特定的神圣性质。这种注重秩序和混乱相联系的观点把范盖纳普和迪尔克姆在社会学上所关心的东西连接起来。最近，其他一些人类学家探讨了阈限时期内新加入者的模糊性。例如维克多·特纳（Victor Turner）在东非恩登布人（Ndernbu）对礼仪和象征的考察，玛丽·道格拉斯（Mary Douglas）在《洁净与危险》（*Purity and Danger*）一书中对神圣和渎神的研究。

（单慧玲）

参考书目

［1］Van Gennep, Arnold. *The Rites of Passage*, translated by M. B. Vizdon and G. L. Caffee. Chicago, IL: University of Chicago Press, 1960.

［2］Turner, Victor. *The Ritual Process: Structure and AntiStructure*. Ithaca, NY: Cornell University Press, 1969.

［3］玛丽·道格拉斯. 洁净与危险. 黄剑波，柳博赟，卢忱. 北京：民族出版社，2008.

城市化（Urbanization） 社会人口比例日益集中于城镇和城市的过程，该过程既可能是也可能不是与工业化相联系的。在中国，城市化也称为城镇化，特指国家或地区社会生产力的发展、科学技术的进步以及产业结构的调整，其社会由以农业为主的传统乡村型社会向以工业（第二产业）和服务业（第三产业）等非农产业为主的现代城市型社会逐渐转变的历史过程。

城市化过程主要包括人口职业、产业结构、土地及空间等方面的变化。国内外学者对于这一概念分别从人类学、地理学、社会学、经济学等角度予以阐述。2011年12月，中国社会蓝皮书发布，中国城镇人口占总人口的比重将首次超过50%，标志着中国城市化首次突破50%。

作为一种全球性的现象，城市化真正开始是在工业革命之后。从1800年至今，世界人口增长了6倍，其中世界城市人口增长了近六十倍，世界城市化水平不断提高。城市化发展包括4个连续的过程：①城市化。人口向城市集中，乡村转变为城市，此为城市化进程的起步阶段。大多数发展中国家处于此阶段；②郊区城市化。部分城市人口向城市近郊流动，城市附近的郊区开始变成城市。此现象在新兴工业化国家中较为普遍；③逆城市化。随着城市的发展，大型城市中心开始出现交通拥堵、犯罪率升高等问题，因此城市人口开始向郊区流动，市中心则出现衰退，即“城市空心化”。许多发达国家的大城市已经出现了此现象。逆城市化还会造成城市人口的“钟摆式”移动，比如伦敦老城区里白天的人口超过100万，而夜间则只剩十几万。④再城市化。政府和其他社会机构开始针对出现逆城市化的城市采取整治措施，使人口重新向市区回流。目前再城市化主要发生在发达国家的少数大城市中。

人类学对于城市化问题的关心主要围绕在这一过程对于文化的影响，而非完全量化的数据统计。路易斯·沃斯（Louis Wirth）将作为生活方式的城市文化称为“城市主义”（Urbanism），他认为城市化意味着从农村生活方式向城市生活方式发展、质变的全部过程。这一观点在很长一段时间内影响了以芝加哥学派为主的人类学、社会学城市研究理论。尽管如今对于作为一种生活方式的城市主义这一观点有着诸多对话与批评，人类学家在研究城市化问题时仍然更多的关注文化方面，如文化适应与文化转型、族群关系、生计方式等。

（王昊午）

参考书目

［1］马克·戈特迪纳，雷·哈奇森. 新城市社会学. 上海：上海译文出版社，2011.

［2］Wirth, Louis. 1938. Urbanism as a Way of Life. *The American Journal of Sociology*, 44（1）：1-24.

［3］祝影. 城市化的人类学分析.《城市发展研究》，2001（04）：34-37+50.

城乡二元结构（the urban-rural dual structure） 城市和乡村因文化、社会环境、经济发展水平差异而导致的一种结构，在管理体系较为全面覆盖的国家，城乡二元对立还包含了户籍、土地产权等制度性的差异。城市和乡村处在不同的经济发展水平上，城乡居民生活在不同的社会环境中，城乡分属不同经济社会状况的社会结构。这种结构中出现的严重矛盾状态被称为城乡二元对立。

近代以来，随着工业化与城市化的发展，城市与乡村这两种人类聚落形式之间的差别越发明显。早期的学者从社会结构、群体组织方式、文化与精神生活等不同方面论述了这种差异，如迪尔克姆的《社会分工论》、滕尼斯（Ferdinand Tönnies）的《共同体与社会》、齐美尔（Georg Simmel）的《大都会与精神生活》等。在这些经典论述中，“现代—传统”的二分法被用来理解城市与乡村之间的差异，城乡二元结构也成为一种被广泛使用的模型。

20世纪中后期以来，城乡二元对立成为发展中国家存在的普遍现象。中国的城乡二元结构特征对立显著，主要表现在：一部分比较发达的现代工业与大量的传统农业并存，一部分现代化城市与广阔的传统农村并存，一部分现代工业企业与大量的落后手工劳动或半机械化的企业并存，一部分较发达的地区与广大不发达和贫困地区并存。改革开放以来，随着市场经济的发展，沿海和大中城市周围地区及经济较发达地区的城乡分割、城乡对立的矛盾有所缓解，但总体上城乡矛盾和地区矛盾仍然较为明显和突出，特别是在土地、消费、文化以及户籍管理方面的矛盾不容忽视。

随着工业化、城市化和现代化步伐的加快，城乡二元结构将会逐步消失。

（王昊午）

参考书目

[1] 厉以宁. 论城乡二元体制改革.《中国城市经济》，2008（3）：92.

[2] 潘九根，钟昭锋，曾力. 中国城乡二元结构的形成路径分析.《求实》，2006（12）：68-70.

城乡连续体（rural-urban continuum） 又称城乡连续统一体，指其社会特点同其特殊地理位置相联系的一种社区类型。这一概念主要体现了20世纪30—60年代，城市和乡村社会学与地理学的学科经验资料编纂的主要形式。城乡连续体概念的起源来自于滕尼斯的“共同体与社会”的二元分类，而其正式提出则来自于索罗金（Pitirim A. Sorokin）和齐默尔曼（Carle C. Zimmerman）合著的《乡村—城市社会学原理》（*Prnciples of Rural-Urban Sociology*，1929）一书，后被雷德菲尔德（Robert Redfield）在其民俗—都市连续统一体的概念中加以延伸。

从20世纪50年代起，经验研究逐渐对城乡连续体的大前提——共同生活方式所联系的聚居模式——的实在性产生了质疑。20世纪60年代起，甘斯（Herbert J. Gans）和帕尔（Phal）提出，把社会关系模式和特殊的地理环境相联系是错误的，聚居模式与生活方式的一致，应归因于与住宅市场范围内的选择相关联的变量。

这一概念被应用于对中国城市的研究。施坚雅、牟复礼（Frederick W. Mote）等人使用城乡连续统一体这一概念表明，中国城乡差别不明显，它们是一个渐进的统一体。19世纪以前的中国，处于不同的地理区域，行政管理、商业经营水平完全不同的城市和乡村，呈现出一片和谐相融的景象，尤其在社会文化方面，城乡之间并没有明显的差异和鲜明的对照。

（王昊午）

城中村（urban village） 是一种中国在改革开放后城市化进程中的特有现象，是在城市规模快速扩张过程中形成的一种特殊社区。城中村既不是城市社区，也不是传统意义上的农村社区；从地域角度上讲，它属于城市的范畴，从社会性质的角度上说，仍保留了传统农村的因素，处于一种城市与农村的边缘状态。这种现象多见于较发达的大城市，如北京、天津、重庆、上海、武汉、广州、深圳等城市的城中村问题较为突出。

中国学界对于城中村问题的研究始于20世纪90年代，起初的叫法并不统一，2000年后逐渐统一称为城中村。张建明的《广州都市村庄形成演变机制分析——以天河区、海珠区为例》（1998）是国内第一篇关于城中村的博士论文，此后的研究者分别从地域、景观、经济、思想观念、社会组织网络、管理制度特征等不同方面对于城中村进行了定义。尽管现有的定义存在表述的差别，但基本的认识是一致的。总的来说，城中村不是一个简单的地理空间概念，而是一个经济社会概念，是村庄因政府征地而被划入城市，但仍然实行农村体制，从城乡二元体制角度来看，城中村仍属于农村，是一种制度上的农村，实质是在同一城市地域内的城乡二元体制并存。

城中村的特征包括以下5个方面：①因缺乏公共基础设施以及管理不力，城中村的公共环境呈现“脏、乱、差”的景观特征；②由于保留了农村的土地所有制，城中村普遍存在村民在宅基地上增盖房屋的现象，出租房屋是这类社区的经济特征；③农村的土地制度、管理制度以及二者相联系的“村籍”制度是城中村的制度特征；④大量的出租屋、低廉的生活成本吸引了大量的外来务工者在城中村聚居，形成了城中村以低收入流动人口为主的人口特征；⑤尽管城中村地处城市，但保留了农村生活的氛围，同时大量的流动人口也与本地城市居民有较大的差距，因此形成了一种与本地城市居民交往甚少的断裂性、边缘性文化特征。

（王昊午）

参考书目

［1］刘梦琴，傅晨. 城中村国内研究文献评述.《城市观察》，2010（6）：177–185.

［2］马星. “城中村”问题的形成与更新改造.《特区经济》，2007（1）：150–152.

重婚（bigamy） 有配偶者与他人结婚或以夫妻名义共同生活或没有配偶的人结婚或以夫妻名义共同生活的行为。这种婚姻方式与一妻一夫制相对，在不同时期，不同地域，人们对待重婚的看法有所不同。就目前而言，包括中国、日本在内的大多数国家都禁止重婚。

（哈彬）

重组家庭（reconstituted family） 由于核心家庭的鳏寡或离婚，导致因再婚而重新组合的混合式家庭，即夫妻一方再婚或者双方再婚组成的家庭。

论文《对重组家庭中俄狄浦斯情结可能进化的反思》讨论了与重组家庭俄狄浦斯情结精心再加工有关的复杂问题和观点在这些家庭中，从“破碎”家庭中脱离的家长与新家庭中的家长联系在一起。作者寻求解答的问题包括：新“成员”—新“父亲”—拥有自身情感经历的人如何在这种复杂情形中反应；孩子在青春期的各阶段如何发展；“力比多”如何受到影响；儿童如何进行认同和对谁进行认同。获得认同，包括性别认同，实质上是产生关系变化的一个过程，它从与自己亲生父亲和母亲的关系开始。因此作者也反思了代与代之间通过记忆传递幻想的形式，这些幻想还没有得到详尽阐述或不能阐述，导致了“沉默和悄悄认同”。这篇文章展示和讨论了对一个有跨性别问题的青春期少女的治疗过程，同时合并对父亲、母亲和母亲伴侣的治疗。作者确定“俄狄浦斯情结形成发展受挫”的事实对儿童的将来产生了重要影响（Gaddiin ，1985 ）。同时考察了家庭中“新父亲”的到来对青春期患者的可能影响。作者也考虑到新伴侣的出现一方面可能被亲生父母和孩子体验为一种能激发竞争，困惑和丧失代际界限感觉的因素，在另外一方面也代表了儿童处理已存在的前俄狄浦斯和俄狄浦斯期问题的一个机会 。

家庭重组引发的家庭系统重新排列不完善致使非血缘的亲子教育问题尤为敏感和突出，继父母与继子女的关系微妙而脆弱，易造成重组家庭儿童的性格发生一系列的变化，催生各种心理问题，使这类儿童容易成为学校中的“问题学生”。 重组家庭儿童的心理健康，已成为全社会不容忽视的问题。家长必须重视此类儿童的家庭教育，用爱、公平、理解、尊重和关注，为他们创造一个良好的学习、生活环境，使他们健康成长。

在已有研究中，关于再婚家庭和重组家庭的界定极其混乱，并认为二者并不等同。再婚家庭是指由于婚姻双方中的一方死亡后，另一方再婚产生的家庭，或者双方离婚后，一方或双方再婚产生的家庭。而重组家庭则仅仅是指婚姻双方离婚后，一方或双方再次结婚产生的家庭。所以，重组家庭应当属于再婚家庭中的一种特殊形式。按照家庭结构进行划分，有子女的重组家庭可以分为3种类型，即生母—继父家庭、生父—继母家庭和继父—继母家庭。

参考书目

谢巍. 重组家庭青春期子女的家庭教育.《鸡西大学学报》，2013（1）：27−28.

仇外（xenophobia） 指对于外部族群、外国人、外地人或陌生人等恐惧或不满，产生排斥情绪。英文概念来源于希腊语xenos（意指“外来者”）和phobos（意指“恐惧、隔离”）。它不仅是一种个人的内在心态，而且还可以形成一个民族、国家和社会与优越感伴随的对外文化心态。一些社会生物学家认为，仇外是对于基因不同群体存在憎恶或者陌生感，这种生物反应反映了人类不同群体间的相互竞争。在实践方面，仇外往往与种族主义、种族歧视及相关的不容忍现象结合在一起，在一定条件会形成规模不等的排外行为。

1993年6月14日至25日，在奥地利维也纳召开世界人权会议，通过了《维也纳宣言和行动纲领》，其中指出：“世界人权会议促请各国政府立即采取措施和制定得力的措施，防止和打击一切形式的种族主义、仇外或与之相连的不容忍及其表现，必要时应颁布适当的立法，包括刑法措施，并设立打击这些现象的国家机构。”2001年联合国在南非德班召开反对种族主义、种族歧视、仇外心理和有关不容忍行为世界会议，会后通过的《德班宣言和行动纲领》指出：“我们认识到，不平等的政治、经济、文化和社会条件可以滋生和加剧种族主义、种族歧视、仇外心理和相关的不容忍现象，这些反过来又会加剧不平等。我们认为所有领域中，包括发展领域，所有人的真正平等机会对于铲除种族主义、种族歧视、仇外心理和相关的不容忍现象是极为重要的”；“我们申明，不同文明之间的对话是一个进程，可实现各种文明之间找到和发展共同点、承认和促进所有人的固有尊严和平等权利，以及遵守正义的基本原则；可借之消除建立在种族主义、种族歧视、仇外心理和相关的不容忍现象基础上的文化优越的思想，促进建立和谐的世界人类家庭”。

总体而言，仇外作为一种与世界文明和谐交流背道而驰的现象，在世界各国的表现形式有所差异，其中一些值得引起国际社会的关注。

（袁剑）

出神（Trance）　在人类学研究领域中，往往被认为是由精神生理学和文化意义两个层面的内容组成的一种意识状态。这种状态往往存在于一些含有鼓乐、舞蹈、诵经或持续反复背诵咒文等行为的巫术或神灵附身仪式中。出神者在仪式进行前可能需要预先遵守一些禁忌，如禁食等。而在仪式进行过程中，出神者可能会出现一系列不可控的剧烈的身体动作及反应，可能存在自己身体的感知能力或意识被剥夺的现象，亦有可能呈现出一种冥想状态等。美国人类学家艾丽卡·布尔吉尼翁（Erika Bourguignon）认为，广义上的出神，指的是某些与生俱来的人类体质，随着个体在后天或多或少的发展，而形成的一种精神生理状态；出神的表现形式是五花八门的，这主要取决于文化的多样性，或者说，出神表现形式的多样化，在某种程度上来说，是文化形塑的结果。有关出神的描述，早期常见于一些宗教人类学的研究著作中。而在当代人类学界，对出神表现形式的考察分析，又成为一些跨学科人类学家的研究重心。这一类的研究，又常见于心理人类学、认知人类学、医学人类学和精神分析人类学以及音乐和舞蹈人类学等文化人类学交叉学科的理论研究成果中。法国人类学家吉尔伯特·罗吉（Gilbert Rouget）在《音乐与迷幻》（*La Musique et la Transe*）书中定义了出神者可被辨认出来的5种表现：①他（她）不在惯常状态；②他（她）和周围世界的关系被打乱了；③他（她）被某些神经生理学紊乱折磨着；④他（她）的才能在实际上或是在想象中被提升了；⑤这些才能的提升是通过一些可从外部观察到的动作或行为表现出来的。

值得一提的是，在以往的西方人类学文献中，对于出神这种状态的描述，除了使用trance一词外，人类学家往往还会使用到与其词义相近的ecstasy一词。该词在中文里亦常被译为“狂喜”。事实上，这两个词除了在词源学和在西方医学语汇里有一定区别外，无论是在西方人类学理论研究或是在一些与之相关的民族志文本中，却都鲜有差别。二者通常都可被用来指代出神，且常常被人类学家用于同义的互相替换。如英国人类学约安·迈尔丁·刘易斯（Ioan Myrddin Lewis）在1971年出版的《出神宗教》（*Ecstatic Religions*）中就同时使用到了这两个词，然而，他并未在书中对这两个词加以区分。不过，通过阅读那些描述非洲社会的神灵附身仪式和相关灵媒现象的民族志，我们会发现，较之ecstasy，trance一词更为常见。艾丽卡·布尔吉尼翁基于多年来在海地对附身仪式所进行的田野观察，综合了人类学、心理学和精神分析学的研究发现，如若硬是要从概念上去区分ecstasy和trance的话，我们可以认为，ecstasy可以用来指“那些宗教和情感的明显出神”（the religious and emotional markedtrances）。在这种语境下，ecstasy指的是出神的爆发状态，或者说是出神时所到达的“情感极点”（the paroxysm of trance）。

中国人类学界对出神现象的研究成果相对集中在对中国北方少数民族的萨满研究中，如郭淑云的《中国北方民族萨满出神现象研究》（2008）就是一本专门研究萨满出神的中文人类学著作。此外，台湾的一些人类学家，如林富士等人，在他们通过综合历史学和人类学的比较研究方法，对比中国古代社会中的巫术与灵媒现象来研究台湾当代社会中的乩童及其相关仪式的论著中，亦有对出神的相关描述。

（谢奕君）

参考书目

［1］Bourguignon Erika. “The Self, the

Behavioral Environment, and the Theory of Spirit Possession", in Melford E. Spiro (Ed.), *Context and Meaning in Cultural Anthropology*, New York: The Free Press, 1965.

[2] Collier Macmilan Ltd. *Religion, Altered States of Consciousness and Social Change*, Colombus: Ohio State University Press, 1973.

[3] Lewis Ioan Myrddin.*Ecstatic Religions. An Anthropological Study of Spirit Possession and Shamanism*. Harmondsworth: Penguin Books, 1971.

[4] Rouget Gilbert.*La musique et la transe, esquisse d'une théorie générale des relations de la musique et de la possession*. Paris: Gallimard, 1990.

[5] 郭淑云. 中国北方民族萨满出神现象研究. 北京：民族出版社，2008.

《初民社会》（*Primitive Society*） 美国人类学家罗伯特·罗维（Robert H. Lowie，又译罗伯特·路威）的著作。英文原著于1920年由何瑞斯利夫莱特出版社出版，并多次由利夫莱特出版公司重印。继1961年哈珀火炬图书之后，有了多家出版社版本。1935年，上海商务印书馆将吕叔湘翻译的该书汉译本列入“汉译世界名著”中出版，商务印书馆1987出版了影印本。江苏教育出版社2006年再次出版该译本，该译本亦收入辽宁教育出版社《吕叔湘文集》第十五卷。

全书含绪论和结论共15章，作者从历史特殊论观念出发，从婚姻制度、家庭结构、亲属制度、氏族的起源和组织、妇女在社会中的地位、财产分配制度、社会组织和政治地位、原始法等方面，论证了古典进化论的学术误区，倡导种族平等和民族平等的观念。例如，罗维批评摩尔根及古典进化论的信奉者，如果按进化论者所说，原始社会是一种分子集合体，一个部族包含由氏族观念产生的若干单位，一切氏族都功能相似、地位相等，每一氏族内的成员都享受民主精神的平等地位，个人和个人之区别只是在隶属不同氏族而已。但初民部族并非进化论者想象的那样简单，他们也会依据年龄、性别、婚姻地位而排定层次，个人生活会受到社群的影响。除了氏族组织之外，会社或社团等各种各样的非血缘组织早就存在，并不依赖于亲属关系，在与亲属团体完全不同的范围内活动，且都能够很容易获得政治性。基于当时人类学家的田野考察个案，罗维确信，人类社会即使在初期，也比进化论者所说的要更加复杂些。人们会同时以人身和空间两种关系为基础，既有亲属关系义务，又有地域关系义务，而不一定只能选择其一。血缘原则与非血缘原则二者无论如何对立，却并不一定互相排斥。

此书是对于此前在人类学界占统治地位的古典进化论的全面清算，产生了很大的学术影响。列维·斯特劳斯（Claude Lévi-Strauss）就是1934年在阅读了英文版《初民社会》后，开始将兴趣转向人类学研究的。20世纪80年代中期，人类学家对于人类学中的西方中心主义展开了更为深刻的批判，亚当·库珀（Adam Kuper）就“原始社会是如何被发明的”这个当年罗维已初涉的问题从理论和方法两方面进行挑战，剖析了人类学家是如何力求认定人类社会和宗教的起源和最初形式的，对于人类学与后殖民主义研究产生了很大的影响。亚当·库珀在其后的研究中，通过对于人类学经典文本和研究的重新阐释，追溯野蛮人、野蛮、初民、原始等概念的演变，揭示学术研究和政治进程间的联系，挑战初民社会的神话，也是对于《初民社会》经典研究的新回应。

（曹静）

参考书目

[1] Adam, Kuper. 1988, *The Invention of Primitive Society: Transformations of an Illusion*, London: Routledge.

[2] Adam, Kuper. 2005, *The Reinvention of Primitive Society: Transformations of a Myth*, London: Routledge.

传播论（diffusionism） 传播论形成于19世纪末20世纪初，主要流行于德国、奥地利等德语国家学术圈以及英国学术圈。它反对古典单线进化论思想，主张文化的相似性不是因为人类心理的一致性，而是随着人类的迁徙和接触，文化元素在不同社会文化间传播的结果。人类的发明和创造能力是有限的，传播是历史发展过程的主要内容，全部人类文化史归根结底是文化传播和借用的历史。文化的迁徙、接触和传播是造成文化相似性的主要因素。人类文化的差异性不是由于处在不同社会阶段的缘故，而是由不同的地理环境造成的。

从理论发展史来看，以拉采尔、弗洛贝纽斯、格雷布纳和施密特为代表的德奥学派是传播论思想的正统。其中，德国人文地理学鼻祖拉采尔是传播论的先驱，他反对德国进化论学者巴斯蒂安的心理一致说和独立发明说，认为文化研究必须置于具体的地理环境中，并且根据文化特质的地理分布对世界进行了文化分区，以此来寻找文化的全球迁移和传播路线。拉采尔的学生弗洛贝纽斯接受了文化传播论，首先提出了文化圈理论，并且第一次对非洲进行了文化圈的划分。在文化和地理环境关系方面，弗洛贝纽斯认为文化是从自然条件中诞生的，相同的地理环境条件会产生相同的文化，人类只是文化的搬运工，而不是创造者。博物馆学家格雷布纳第一次对文化圈做了系统的理论和方法论论述，并且认为在澳大利亚和大洋洲地区存在6～8种独立的文化圈，每一个文化圈都包括一定数量的文化特质。并且，他发现文化圈在空间上是部分重叠的，从而形成了文化层，他对文化圈和文化层的研究被认为是传播论发展的顶峰。另外，他提出了区分文化亲缘关系的两个标准，即质的标准和量的标准，前者指用来比较的文化现象在本质特征上的相似性，后者指相似事物的量的增加。奥地利“维也纳民族学派”的领袖施密特则丰富了格雷布纳鉴别文化亲缘关系的标准，另外增加了连续标准和关系程度标准。他继承和发展了格雷布纳的文化圈理论，提出了“文化圈进化论”，将人类社会发展区分为原始、第一级、第二级和第三级等4个阶段，认为每一个阶段都包括几个文化圈。与弗洛贝纽斯和格雷布纳不同，施密特不仅确定各种文化要素属于哪一个文化圈，而且试图确定各个文化圈出现的先后顺序，不去比较各个文化圈的水平高低。施密特的文化圈进化顺序实际上反映了世界历史的发展顺序，即从狩猎采集到园艺种植、畜牧，再到农业文明的完整进化图式。

而以里弗斯、史密斯和佩里为代表的英国人类学家持一种极端传播论思想，即埃及中心论或太阳中心论，认为埃及是人类所有文化之源，世界各地文化都是从埃及传播而来的，从而彻底否认了人类对文化的创造性，这种极端观点早已被学界抛弃，仅构筑了人类学发展史的一页。

传播论也存在一些不足，一方面，它虽然强调用实证材料来确定文化的起源和传播途径，但是缺乏被证实和证伪的证据，也只是对历史的拟构；另一方面，它对文化的推动力和迁移的历史溯源容易使人将它与种族主义联系在一起，即认为特定民族的天才和某些民族的落后都是其生物能力的一种功能体现。另外，传播论者以分散特质和机械组合来解释文化或构建文化史的做法不科学。

然而，总的来看，传播论的一些观点至今依然被艺术史学家们所采用，文化圈分析法依然是考古学的重要研究方法。人类学家们对研究观念与革新的传播，特别是主要工业力量向世界各地的传播，依旧很感兴趣。另外，传播论者们也将相对主义思想悄无声息地渗入了美国人类学界，并且，他们强调详细的经验性调查与比较方法，而这两点被认为是现代人类学的标志特征，影响至今。

（牛忠光）

参考书目

［1］卢克·拉斯特. 人类学的邀请. 王媛，徐默. 北京：北京大学出版社，2008.

［2］夏建中. 文化人类学理论学派：文化研究的历史. 北京：中国人民大学出版社，1997.

［3］庄孔韶. 人类学通论. 太原：山西教

育出版社，2004.

传说（legend） 指讲述者认为属实的故事。大部分传说都基于真实的经历或观察，采用传统的方式被叙述出来，并确立某些观点。传说不需要有确切的时间、人物姓名或地点来证明自己，它们作为事件已经成为过去，但由于传说中蕴含的人情味，它们总是在我们的记忆里栩栩如生。传说象征着某种普遍而持久的兴趣、人性的理想典型和放之四海而皆准的生活真谛。

传说一词源自于中世纪拉丁语“legenda”，原意为收集或阅读，这意味着故事或传说来源于一些古籍。就此而言，神话、民间传奇和传说是截然不同的。神话始于文字出现以前，涉及超自然存在、祖先和英雄等，反映了人们的原始世界观；民间传奇则是民间口头传承的信仰、行为和传闻；传说通常是关于某个特定人物或地点的一个或一组传统故事。最早的传说主要讲述圣徒和神的事迹，有特定宗教和神话背景的故事，比较著名的有中美洲阿兹特克和玛雅人的创世传说。除了神和圣人，传说的主题也涉及一些神话学元素、超自然存在和对自然现象的解释。虽然传说的真实性不能被检验和证实，但它们往往被认为是历史上曾经真实发生过的。

在相当多的古代传统、文化和文学中都可以找到表现人类与动物的关系的传说。为人们生活中的善恶负责的英雄人物经常在不同场合以动物或人的形象出现，如埃及、希腊和印度的古代神明。除了包含神或类神的元素，传说也经常与历史人物密切相关。一方面，传说与历史这两个概念很容易被混淆；另一方面，后现代史学强调要把传说接纳为史学的重要资料来源。至于传说的可信度和接受度，反结构主义者们认为，信与不信之间的界限是非常含糊和细微的，不同文化乃至不同个人的看法都会有所不同。即使是在受教育程度高、见多识广、成熟老练的社会里，关于奇人异事的传说也一直为人们所深信并流传着。有时候，真实的历史人物在其有生之年或者死后也会成为传说。那些为反抗压迫而英勇起义的部落领袖经常成为传说的主人公。大多数杰出的民族英雄，如印度的甘地（Gandhi）、欧洲的拿破仑（Napolèon）和美国的乔治·华盛顿（George Washington）都成为历史传说。遍布世界的还有许多社会文化传说，例如以贝多芬（Ludwig van Beethoven）、米开朗琪罗（Michelangelo）、达·芬奇（Leonardo da Vinci）、拉维·香卡（Ravi Shankar）等人为主角的传说。

近年来，都市传说成为传说发展的新趋势。这些传说虽然后来往往被证明是虚假的，但其还是能反映出一定的社会信息，包括社会政策和人们的价值观。

（黄雪萌）

船货崇拜（Cargo Cult） 指人们相信举行某种专门仪式将会带来自己所关心的物质报偿、优质的人工制品以及更美好的生活。船货是指由欧洲殖民者所带来的工业社会的产品。南太平洋的船货崇拜是第二次世界大战后人类学的一大谜团。第二次世界大战后，人类学的关注点从殖民者对其属民的管理和记录快速灭亡的文化转向了社会变迁、现代化、发展及其影响等问题。在美拉尼西亚，对日益扩大的全球体系的反应之一是千禧年运动，它后来又被称为船货崇拜。自1945年以来，人类学家们确定的船货崇拜有数百种之多，其中绝大多数都发生在美拉尼西亚。有一些运动一直保持活跃，并且日益融入当地的教会和政党制度之中。

从20世纪50年代起，船货崇拜现象催生了大量进行描述或比较的民族志作品，从而引发了关于人类学理解的本质的重要讨论。让·吉亚尔（Jean Guiart，1956）和玛格丽特·米德（Margaret Mead，1956）比较早地分别描述了约翰·弗鲁姆运动和帕里奥运动；凯内尔姆·伯里奇（Kenelm Burridge）的《曼布：美拉尼西亚的千禧年》（*Mambu：A Melanesian Millennium*.1960）和彼得·劳伦斯（Peter Lawrence）的《船货之路》（*Road Belong Cargo*，1964）是关于船货的两部重要作品；彼得·沃斯利（Peter Worsley）著名的《号角即将吹响》（*The Trumpet Shall Sound*，1957）则对船货崇拜作品进行了梳理。

人类学者研究船货崇拜有两种方向：一是有些人把船货崇拜当作在社会危机与瓦解时期普遍发生的千禧年运动的美拉尼西亚版本，这种解释试图找到船货崇拜的心理功能和社会功能；二是另一些人类学家把船货崇拜解释成是从美拉尼西亚文化本身兴起的，不是对社会变迁和压力发生反应的普遍化形式，而是富有创造性和文化想象力的美拉尼西亚人特有的形式。虽然船货崇拜如今在太平洋地区已经不再那么常见，但它们已经在生机勃勃的标签政治学中喷涌出现，欧洲的迪士尼、澳大利亚的派拉蒙影院、日本人对好莱坞电影的痴迷、东欧的资本主义、第三世界的发展成果，还有其他冒险事业的盛况都被称为“船货崇拜”。（参见**千禧年运动**。）

（康敏）

参考书目

［1］Kenelm, Burridge. 1960, *Mambu: A Melanesian Millennium*. London: Methuen.

［2］Norman, Cohn. 1970, *The Pursuit of the Millennium: Revolutionary Millenarians and Mystical Anarchists of the Middle Ages*, Revised and Expanded Edition. Oxford: Oxford University Press.

［3］Jean, Guiart. 1956, *Un Siecle et demi de Contacts Culturels a Tanna*, Nouvelles–Hebrides. Paris, Musee de l'Homme.

［4］Peter, Lawrence. 1964, *Road Belong Cargo: A Study of the Cargo Movement in the Southern Madang District*, New Guinea, Manchester: Manchester University Press.

［5］L., Lindstrom. 1993, *Cargo Cult: Strange Stories of Desire from Melanesia and Beyond*, Honolulu: University of Hawaii Press.

［6］Margaret, Mead. 1956, *New Lives for old: Cultural Transformation-Manus*, 1928—1953. New York: William Morrow.

［7］Peter, Worsley. 1957, *The Trumpet Shall Sound: A study of "Cargo Cults in Melanesia*, London: MacGibbon & Kee.

从夫居（virilocal residence） 婚后居住模式之一，亦称夫方居住婚。由于生产力不断发展，男子在生产中占据主导地位，妇女沦于从属地位的结果。

（刘荣）

从父居（patrilocal residence） 婚后居住模式之一，指一对配偶定居在丈夫的父亲家或其父系亲属的聚落、村庄等地域范围中。与从夫居强调按照父系原则居住略有差异，从夫居更多强调婚后到丈夫家居住，从父居是现代大多数人的居住方式。在默多克（George Peter Murdock）所做的565个社会抽样调查中，这种模式在部分犁耕农业社会、所有畜牧业社会、部分采集—狩猎社会皆可看到，行此居住方式的社会约占67%，世系一般都依照父系计算，财产按父系继承。大部分妇女与其丈夫一起到丈夫长大的家户中居住，这种安排在于男性在维持生计中起主导地位的作用。因为货币经济发展有限，许多社会服务需要通过亲属之间的互助来解决，是男性的群体合作。

选择与夫妇哪一方的亲属成员生活，传统看法是，如果男子对经济的贡献比妇女大，居住形式往往是从父居；如果妇女的贡献更大，则往往实行从母居。但不是在所有男人从事主要生计活动的地方都存在从父居。古典进化论的观点认为，这种居住模式始于对偶婚向一夫一妻制、母权制向父权制的过渡时期，随着农业和畜牧业的发展，繁重的劳动由男子承担。男子在谋取生活资料的劳动生产中占据了主导地位，使他们逐渐取代了妇女在生产和生活中的支配地位，母系社会逐渐变成父系社会。男子要确认属于他的儿子来继承自己的财产，从而需要妻子迁到自己的氏族公社来居住。妇女只限于从事家务劳动而沦于从属地位。然而，在男子从事大多数生计工作的地方，从父居的可能性并不比从母居的大。反之，在妇女从事的升级工作量与男子同等甚至更多的地方，从母居的可能性也不比从父居的大。因此，人类学家认为，除了与生计方式有关之外，从父居还与争斗类型有关。在人类学家所知的大部分社会中，邻近地区或社区通常是敌对关系。使用同一种语言的群体间偶尔会爆发的战争可以称为内战；在另外一些社会中，战争在不同的社会中进行，使用不同的语言的群体之间进行战争。从父居与内战有关，是因为人们把儿子留在家里或附近是出于协助防御的考虑。在内战频繁的地区，为了家庭或家族群体的内部安全，从父居成为首选的居住模式。如果纯粹是对外战争的话，人们就不大可能把儿子留在家中，因为各个家庭不必惧怕来自邻近地区或群体的攻击。

（刘荣）

从舅居（avunculocal residence）　指一对已婚夫妇与丈夫的舅舅住在一起，这只在母系社会实行，可保证一个母系继嗣群的男性成员住得很近。它是一种比较少见的婚后居住模式，约占社会的5%。

在母系社会中的从舅居形式中，儿子和女儿一般都搬离家，但儿子及其妻子安家于儿子的母亲的兄弟家内或与其住得很近，要从母系继嗣的角度去考虑和理解。支持从舅居的因素与促成从父居的因素一样，但它只发生在人们认为女性继嗣对于重要权利和财产的转移至关重要的社会中。如特罗布里恩德群岛民就是采取这种居处方式。在那里，每一个人生来就是一个亲属群体的成员，这些亲属可以追溯衍生了所有后代的女性，从而来追溯他们的祖先。每一继嗣群都有财产，群体中的每一个成员都有享用权。这些财产每一代由一名男子首领控制，他继承了这些权利和义务。但因为继嗣只通过女系传承，所以男子无法从他的父亲那里继承。首领位置的继承是由男性传给他外甥的。由于这个原因，一个村社的女子嫁到男方的村社中，其子婚后则回到母亲的村社居住，并继承其母亲兄弟的财产。在这种状况下，一村社中的男子为保证其财产不流入他人之手，往往把其女嫁与姐妹之子，从而造成姑舅表婚姻和其外孙继承其子之财产现象的盛行。在美国西南部阿帕奇部落中也存在这种居住模式，舅舅会向外甥传授社会价值和行为规范，虽受现代生活的影响但没有完全消失。

（刘荣）

从居制（residence）　夫妇婚后的居住模式，又译婚后居所。从居制的意义部分取决于选择居处场所的安排，部分取决于亲属关系改变后的重新安排和调整。从居制安排的改变，是整个亲属制度变化的第一步。婚后从居制不仅表现了人们如何划分亲属，也与所在社会亲属群体的类型有关。从社会的内在组织看，最常见的亲属群是继嗣群，它要求其成员必须是从某一特定的真实或传说的祖先繁衍下来的直系后代，并得到公众承认的社会实体。为了有效地发挥作用，继嗣群体的成员资格应当得到清楚的限定；否则，成员资格之间就会互相交叉，而对认同谁这个问题产生混乱。确定婚后生活的居处就是限定成员资格的方法之一。

婚后居住安排完全不是任意的，而是适应式的。人类学家们几乎一致认为，决定继嗣规则的一个重要因素就是婚后从居模式，居住原则与继嗣原则之间具有相关性。居住模式虽然不能直接决定继嗣群的形式，但却深深地影响了继嗣群的组成法则。大致说来，人类的居住模式大致分为从父居、从夫居、从母居、从妻居、从舅居、两可居、新居制等。不同社会有不同的处理方式，但通常一个社会内部的主要从居模式仅有少数几种。由于人类学者对于不同社会民族志理解的差异，在模式划分和术语使用上会有差异。

因为乱伦禁忌，社会要求人们与核心家庭之外的人结婚，几乎所有社会的夫妇婚后都住在一起（只有少数例外），所以，整个社会不可能实行某种从居制，使已婚子女全都与自己的父母生活在一起。至于哪些已婚孩子留在家中或者住到他处，以前，居住模式因对社会生活贡献程度而决定，而现在，选择与夫妇哪一方的亲属成员生活，基于血缘关系的社会关系在不同的文化模式中有着不同的表现。如果男性对一个社会的食物供给贡献突出，他们可能会采取从父居的形式，同丈夫的父亲居住，或者近亲彼此就近生活，这样女性就会从外来社区被娶进。这种模式在部分犁耕农业社会，所有畜牧业社会，部分采集—狩猎社会皆可看到，占所有社会的一半以上；如果女性对生活贡献更大，就可能采取从母居，婚后她们的丈夫就会搬来同住。在对生活贡献和居住选择时，父系优势和母系优势之间的关系并不适合所有社会。在食物采集社会，生活贡献和居处模式仅仅有适度的联系，居住模式对于单系亲属群体的发展仅是必要不充分的条件。如在采集社会，女性从事大多工作，所以采取从母居；在渔猎社会男性劳动为主，但多数社会并没有采取从父居，从母居略多。居住模式被认为会影响单系继嗣群的出现，从父居导致了父系群体的形成，而从母居则导致了母系群体的形成。居处模式的规则和单系继嗣群的组成会对亲属称谓系统的语义形式产生，也与特殊的亲属分类和命名实践有着实实在在的联系。居住模式虽然不能直接导致继嗣群的形成，但在继嗣群存在的情况下，会影响继嗣群体的构成法则。

新婚夫妇的居住地点会对他们的社会生活产生影响，因而一些学者由从居制入手讨论家庭和社会生活的变化。居住模式决定了个人与谁一起生活或者和近亲彼此就近生活，也在一定程度上决定了哪些人必须依靠以及哪些人对个人有相互影响。如果一对夫妇在丈夫的亲属家中或附近居住，那么这些亲属将在他们未来生活中起到重要作用，妻子就会成为“外人”；如果丈夫到妻子的父母家或附近居住，妻子和她的亲属就可能会更为重要，丈夫则成了“外人”。如果新婚夫妇与双方的父母或近亲都不住在一起或者附近时，情况又完全不同。不同的居处模式在聚拢某类亲属的目标上会产生影响，成为建构地方群体时极为重要的因素。不过，与从居制的规范模式不同，很多民族志个案说明，人们对于从居制的选择在很大程度上是策略性的。

（刘荣）

从母居（matrilocal residence）　婚后居住模式之一，指已婚男子离开父母家和新娘一起定居于新娘父母的居所或与女方的亲戚共同居住的居处模式。从母居约占所有社会的15%。这种居处模式在园艺农业社会中最常见，那里的政治组织相对来说比较松散，而妇女之间的合作很重要。它以母系继承财产，以母系计算世系，受制于母系的统属。如果生态环境使女性在维持生计中占据主导地位，从母居就是一种可能的结果。霍皮印第安人提供了一个实例，尽管从事农耕的是男子，但土地使用权和收获物却是由妇女控制，甚至不允许男子进入谷仓。在从母居模式下，男子通常并不远离生养他们的家庭，因此婚姻缔结过程中通常不会对新郎的家庭做出补偿。

跨文化研究的部分证据表明，在经常爆发内部战争或内部纷争较多的社会中，居住模式几乎是从父居。而在那些战争总是对外的社会中，从母居的居处模式成为可能。争斗若纯粹是对外的，各个家庭就不必惧怕来自邻近地区的攻击，也就不必把儿子留在家中。在仅有纯粹对外战争的社会中，居住模式就要考虑经济贡献这一变量。战争类型是对外的社会时，如果男子从事主要的经济活动，居住模式可能还是从父居；但如果妇女是主要的经济生产者时，人们就有可能把已婚的女儿留在家里，从母居的居住模式便被选择。

（刘荣）

从妻居（uxorilocal residence）　又称从母居、从妇居，是群婚制转变到个体婚过程中的对偶婚制度下的一种婚后居住方式。盛行于原始时代的母系制社会中，随着妇女地位的提高由望门居演变而来，随着母权制向父权制的过渡，已为从居制取代。进入阶级社会后，男子在婚后一段时间暂居住妻方，然后再带妻子回自己家。在母系氏族制繁荣时期，社会通常是以母系继承财产，以母系计算世系，夫妻双方分别与自己的母系大家庭保持着财产关系，无自己独立经济，母系方面的权力较大。由于这种婚姻仍然是暂时的结合，夫妻并未组成独立的经济单位，因而无论结合或离异都十分容易，在有的氏族中，只要妻方或妻方成员不满意，就可命令男子离去，而男子无权反抗。到了父系制社会，妻方居住婚逐步过渡到夫方居住婚，但其残余一直保留到阶级社会。如亚洲的米南卡保人、北美洲的易洛魁人和海达人、南美洲的查科印第安人和亚马孙河印第安人、大洋洲的美拉尼西亚人和查莫罗人、西南美洲的纳马人等，直至近代还流行从妻居的习俗。在中国，部分拉祜族地区亦实行从妻居模式。在已基本实行一夫一妻制的汉、布朗、哈尼、景颇、佤、傣、瑶族、达斡尔、高山等民族的某些地区，也还保留着短期或长期妻方居住婚的残余，短者居住1～3年，长者居住10余年。这些民族的妻方居住婚，有的具有买卖婚的性质，赘婿在妻家居住，如汉族的入赘，男人改姓女方姓，子女随母姓，实际上是以劳动作为聘礼，偿付妻子的身价钱。

（刘荣）

村落（village）　主要指大的聚落或多个聚落形成的群体，常用作现代意义上人口集中分布的区域，包括自然村落、自然村、村庄区域。村落是一个相当稳定的人们共同体，有着明确的地理位置和内部构成，一般来讲其规模介于分散的小村庄和城镇之间。“村落”一词在中国历史上出现比较早，如《三国志·魏志·郑浑传》有言：“入魏郡界，村落齐整如一。”在考古学和其他学科的语言汉译中，“村落”和“聚落”也常混合使用来表示同一概念，含义类似于日语的集落，属于地理学、人类学和社会学相关的概念词汇。村落常常存在于从事小农生产的共同体当中，但也有一些从事渔业、手工艺生产以及混合经济的地方形成村落。因此，由于这种多样性，试图明确区别村落和其他形式的社区常常并不容易。

关于村落的起源和发展在人类学上有过很长时间的争论。这些争论有如村落的出现是否是因为农业经济某种程度上的专门化、土地私有权的出现以及领主权力的发展，或者是为了巩固共同的防御、村落是否是由一些小的村庄合并而形成的等。戈登·柴尔德（Vere Gordon Childe）认为村落是与新石器革命（大约10000～12000年前）一起到来的。他指出人类从狩猎采集时期到学会生产食物和驯化动物之后才变得稳定下来，村落是定居农业的产物。但之后的许多考古学家通过对一些田野点新的探索和研究，发现这一结论并不确切。如位于亚洲西南部约11000年前的纳吐夫村落遗址和土耳其中部约10000年前的加泰土丘遗址，就为存在于农业社会之前基于狩猎和采集生计方式的村落生活提供了很好的证据。因此，虽然可以确定定居生活和农业生产有关，但它们之间却并不一定有直接的联系。同时，虽然定居点由小村庄到村落的扩张与提高农业生产水平的要求大致相符，但目前尚不清楚这一过程是否与燃料需求增长或者其他因素也存在相关性。

19世纪的许多社会科学家都把村落作为人类普遍进化的阶段。此一时期关于村落的研究多集中在欧洲封建时期土地使用的规则、村落的法律地位、农村集贸市场以及城镇的发展过程这些议题上。如亨利·梅因（Sir Henry James Sumner Maine）就认为村落的出现更多是因为政治结构的复杂化，而这反过来又改变了土地所有权制度。当代人类学家的注意力集中在对村落共同体的结构、功能、内部关系网络以及村落与区域、国家和全球政治、经济、社会过程的联系方面。他们花了大量时间讨论村落内部以及村落与外部世界关系的本质。这些研究往往建立在传统村落和现代化村落的比较基础之上。他们认为，传统的村落生活是生计经济的、平等的、虔诚的、平静的和相互熟识的。而受商品经济影响的村落生活的特点则充满了依赖、分层、个人主义、竞争、忌妒和纷争。这种两分法的观点没有摆脱对早期农村生活的浪漫想象，认为由于农村人口密度较低的特点，可以允许在产生冲突和矛盾是进行裂变。而这在罗伯特·雷德菲尔德（Robert Redfield）早期在墨西哥特波次兰的研究中，遭遇了困境。因此，在他后期的研究中，村落都不再是一个自治和孤立的概念，而是一个人类社会从简单到复杂演化的民间—城市连续体。按照雷德菲尔德后来的观点，在这个范围内的社区文化特质和文化交流协调着不同类型的社区和传统之间的关系。然而，雷德菲尔德的理论缺少了宏观的政治和经济进程如何形塑了各种各样的社区形式这一视角。斯图尔德（Juliar Haynes Steward）的《波多黎各人》受雷德菲尔德文化生态观的影响，也把村落作为社会系统理解，认为村落的类型与当地的生态因素和国家的垂直整合程度有关。埃里克·沃尔夫（Eric Robert Wolf）受雷德菲尔德和斯图尔德研究的影响，同样也构造了一种强调与外界交往程度的农民村庄类型，他认为农民在全球经济的影响下变得更加形式多样。沃尔夫把农村社区主要分为两种：封闭的村落和开放的村落。封闭的村落是一个内部团结和同质的共同体，土地公有，人们努力劳动是为了维持生计而不是为了交换；而开放的村落，农民被卷入市场，土地私有，个人主义和冲突因素显著。总之，村落并不是一个孤立的单位，对村落的研究应该放在一个更大的场景中进行。

中国人类学家在学科发展初期就开始关注村落研究。任教于沪江大学的美国社会学家葛学溥（Daniel Kulp）在华南凤凰村开始了村落研究；费孝通的江村、林耀华的黄村、杨懋春的台头村、燕京大学社会学系的平郊村、费孝通与魁阁的云南三村等成为中国人类学发展史中耳熟能详的著名村落；日本南满洲铁道株式会社"中国农村惯行调查"中涉及的华北地区6个村落也备受关注。杨懋春认为，家庭是初级群体，村庄是次级群体，集镇代表一个大地区。在这样的层级关系中能够更好地揭示乡村社会日常生活的结构轮廓。

21世纪，大部分村庄与城市中心或全球市场保持着更强的联系。电视机、收音机、手机、电脑、游客、商人各种现代化的因素维持着这些连接。基于这些，一些学者认为现代化实际上可能会导致农村更高水平的政治和经济参与。经济分化和专业化的发展，虽然产生了依赖性，却也可以促进合作。总之，现代化并不一定能破坏村落的共同价值，相反却可能加强或创造它。在工业和后工业时代国家，村落的概念仍然很重要，即使它不再是日常生活的一部分。

村落概念的内涵有了很大的延伸，也泛指城市内由具有相似文化背景或利益的人们组成的住宅区。如纽约市的格林威治村，甚至还有庞克村庄等。也有人认为，由于计算机和互联网技术的广泛使用，新型的"电子村"已经出现。当代人类学迫切需要了解这些电子村庄对当地的政治和经济行为以及更广泛的国际趋势

《云南三村》

《凤凰村的变迁》

《近代中国农村社会之演变》

的影响。

（陈玉柱）

存在主义（existentialism） 又称生存主义，当代西方哲学的主要流派之一。存在主义强调个人的存在，以人为中心，尊重人的个性和自由。

一般认为，克尔恺郭尔（Kierkegaard，1813—1855）是第一个存在主义哲学家，尽管他并没有使用“存在主义”这个概念。存在主义最有力的倡导者是法国哲学家让·保罗·萨特。根据萨特的说法，无论对于个体还是一般意义上的人，都不存在固定的自我认同标准。他说，根本没有“人性”这样的东西，而我们是什么样的人，成为一个人意味着什么，永远是选择的问题。但是，没有唯一正确的选择，只有诸多选择。总的来说，存在主义流派认为人不是绝对精神或某种无限物质的表现形式，因而反对把人看作某种既定的或完全的现实，也反对客观主义和唯科学主义这类强调外在事实的理论；存在主义认为存在充满了各种可能性，个体能够自主选择以塑造自我，因而它反对必然论；存在主义还认为存在的本质就是与其他事物之间的关系，它往往超出个体之外，向其他实体延伸，因而反对唯我论或任何认识论上的唯心主义。

在第二次世界大战之后，存在主义变得流行起来，在内部形成了多个方向和派别，在外部则强烈地影响了多个学科，如神学、戏剧、艺术、文学和心理学等。著名的存在主义哲学家还包括尼采、卡尔·雅斯贝尔斯（Karl Jaspers，1883—1969）、加布里埃尔·马塞尔（Gabriel Marcel，1889—1973）、海德格尔和梅洛·庞蒂。

（郭晏然、康敏）

参考书目

萨特. 存在主义是一种人道主义. 汤永宽，周煦良. 上海：上海译文出版社，2005.

D

达罗毗荼式亲属制度（Dravidian kinship system） 达罗毗荼人泛指说达罗毗荼语系诸语言的人，主要分布在印度南部、中部和斯里兰卡北部，少数分布在巴基斯坦俾路支省和信德省，称布拉友人。包括泰卢固人、泰米尔人、坎纳达人、马拉雅姆人、冈德人、托达人等。美国人类学家弗洛伊德·劳恩斯伯里（Floyd Glenn Lounsbury, 1914–1998）发现的第七种亲属称谓制度。这种亲属称谓制已经与摩尔根亲属称谓制分类中的易洛魁式合并，因为两者皆是通过世系亲属的婚姻来区分亲属群体的。而不是通过生物世系来区分，基本思路是把偶数—奇数的区分应用到亲属的划分，任何人的每一亲属都要考虑到关系“自我”的亲属关系中的性别区分。例如，母亲的父亲的兄弟的女儿的孩子，如果每一女性亲属当作0，每一男性亲属当作1，那么1's可能是偶数或奇数。然而，在这种情况下会存在不同的标准。达罗毗荼式亲属制度是一种父系模2计数系统（0's和1's），禁止偶数亲属婚配，可以婚配的亲属必须是模2计数系统的奇数者。这是一个倾向母系的逻辑版本。在南亚、澳大利亚、非洲等世界许多地方都有采用这种亲属制度的，这对于理解与欧洲人使用的亲属关系及称谓语的差异有一个很大的提升。

达罗毗荼亲属制度涉及选择性的表兄弟关系。某人父亲的兄弟的孩子和某人母亲的姐妹的孩子不是表兄弟姐妹，而是兄弟与姊妹，是禁止婚配的。他们被认为是近亲，相互间的婚姻被认为是乱伦而严加禁止。但是，某人父亲的姐妹的孩子和某人母亲的兄弟的孩子被认为是表兄弟姐妹和潜在的婚配对象。这样的表兄弟姊妹之间的婚姻是被允许和鼓励的。在交表兄弟姊妹和平表兄弟姊妹之间有很清晰的区分。和易洛魁人一样，达罗毗荼人把他们父亲的姐妹当作岳母，把他们母亲的兄弟当作岳父。

（刘荣）

大爆炸理论（big bang theory） 关于宇宙起源的理论。按照这一理论，所有空间和时间都曾经被压缩在小到难以置信的维度中，它在140亿年前发生了剧烈爆炸，并以超出想象的速度迅速膨胀，结果形成了最初的宇宙。初期的宇宙主要由强辐射构成，它们导致了物质的形成，并最终生成了银河系、太阳系、恒星、行星和卫星。此后宇宙又经过亿万年的演化，地球上才具备了适合生命形成的条件，最后出现了拥有思考能力的人类。

在宇宙起源研究从宗教取向转向自然取向的过程中，希腊的哲学家亚里士多德（Aristotle, 前384–前322）曾起到过关键作用，他的思想对西方哲学家和科学家的影响长达几个世纪。此后，哥白尼（Nicolaus Copernicus, 1493–1543）、伽利略（Galileo Galilei, 1564–1642）、开普勒（Johannes Kepler, 1571–1630）和牛顿（Newton, 1642–1727）等人不断将宇宙起源的研究一步一步向前推进。1905年，阿尔伯特·爱因斯坦（Albert Einstein, 1879–1955）开启了现代宇宙学的时代。爱因斯坦指出能量和质量是密切相关的，能量等于物体的质量乘以光速的平方，那会是一个难以想象的庞大数字。因此，巨大的能量完全可以来自少量的质量。

直到20世纪末，越来越多的科学家才开始接受大爆炸的理论或其理论的变体。根据大爆炸理论，140亿年前宇宙被密集地挤在一个极为狭小和炙热的维度里，或可称其为“种子”，所有的物质、能量、空间和时间都包含在这颗“种子”里面。出于某种原因，这颗“种子”爆炸了，它的内含物迅疾向外膨胀，生成了原子、恒星、行星、卫星，并最终繁衍出生物。

1974年，布兰登·卡特（Brandon Carter，

1942- ）提出了人择原理，它有一强一弱两个版本，前者称宇宙中维持生命的区域进行演化的目的就是为了产生智能生命，后者称因为宇宙容纳了人类生命，所以它就一定是能维持人类生命的一个地方。对于前一个版本，大多数科学家并不相信我们的宇宙是被专门设计出来用以维系智能生命的演化。后面一个版本则是不证自明的：宇宙一定是能够维系生命的地方，否则生命也就不会存在了。假如早期宇宙的膨胀速度稍有改变，那么星系可能永远都不会形成；如果重力作用稍弱，行星可能根本不会出现或者无法持久地存在而为行星提供热量；宇宙中各种作用力稍有变化也许就不能产生氢，而氢既是构成水的成分，也为太阳提供源源不断的燃料。宇宙如此微妙地调节着人类在地球上生存的环境，这一切是否都是偶然？我们太阳系的大多数行星，既没有生命也不具备生命存在的实际条件。如果真有无限数量的宇宙存在，我们可能会比较容易相信其中一个宇宙刚好包含了一个太阳系，而这个太阳系又刚好包含了一颗行星，这颗行星上拥有智能生命演化所需的一切要素。事实上，一个具有无限可能性的多元宇宙中假如没有智能生命的存在才是令人吃惊的。

地球生命的自我繁衍是分阶段进行的。最初的生物体很可能就像今天的病毒、细菌或真菌。当时没有足够的氧气供它们呼吸，所以它们通过发酵过程分解海洋中的化学物质。发酵过程的一个典型副产品就是二氧化碳。富含二氧化碳的环境为含有叶绿素的生命提供了新的起点。在光合作用中，二氧化碳、水和阳光被转化成糖，为含有叶绿素的生命提供食物。氧气是光合作用的另一个产物，它从水中渗出并在环境中积聚，同时水里面也长出了最早的植物。最后，适合吸氧生物进化的条件成熟了，海洋中和陆地上先后出现了呼吸氧气的有机生命。再后来，很可能发生了基因突变，部分突变的个体生存下来，成功地演化成繁殖者，并替代了它们的祖先。慢慢地，鱼类、两栖动物、爬行动物、哺乳动物、人类等高等生命开始演化。

人类学的近期发现表明，始祖地猿和南方古猿在500万年前放弃了树上的生活，开始在东非大草原上直立行走，这也就是原始人类的起点。直立行走的姿态、复杂的大脑结构、成功的繁殖能力、 使用工具的能力、文化的创新和变革、群居生活的安排、高级的认知和情感能力、发明创造的能力、使用符号和语言的能力——这些都是人类在地球上赖以生存的保障。从此，人类的足迹遍布整个地球，他们对所处的自然环境和社会环境都显现出巨大的适应性和灵活性。人类不断探索着宇宙和生命的起源，大爆炸的理论或许对他们有所帮助。

（连煦）

参考书目

［1］Brian, D. *Einstein: A Life*. New York: Wiley, 1996.

［2］Fox, K. *The Big Bang Theory: What It Is, Where It Came from, and Why It Works*. New York: Wiley, 2002.

［3］Greene, B. *The Elegant Universe*. New York: Norton, 1999.

［4］Guth, A. *The Inflationary Universe: The Quest for A New Theory of Cosmic Origins*. MA: Helix, 1997.

［5］Hawking, S. *A Brief History of Time: From the Big Bang to Black Holes*. *Toronto*: Bantam, 1988.

［6］Kragh, H. *Cosmology and Controversy*. Princeton, NJ: Princeton University Press, 1996.

［7］Livio, M. *The Accelerating Universe: Infinite Expansion, the Cosmological Constant, and the Beauty of the Cosmos*. New York: Wiley, 2000.

［8］Siegfried, T. *Strange Matters: Undiscovered Ideas at the Frontiers of Space and Time*. Washington, DC: Joseph Henry Press, 2002.

［9］Silk, J. *The Big Bang* (3rd ed.). New York: Freeman, 2001.

［10］Stachel, J. *Einstein's Miraculous Year*. Princeton, NJ: Princeton University Press, 1998.

戴维斯（William Allison Davis, 1902–1983） 美国人类学家。1924年从威廉姆斯学院获得学士

学位，1925年从哈佛大学获得英语与比较文学硕士学位。1925—1931年，任汉普顿学院辅导员。

1931年，戴维斯回到哈佛学习社会人类学及其应用师从威廉·劳埃德·沃纳（William Lloyd Warner）。博士期间，他获得了朱利叶斯罗森瓦德奖学金（Julius Rosenwald Fund）的资助，前往伦敦经济学院学习。1932—1933年，他参加了马林诺夫斯基和霍格本的人类学研修班和赫胥黎举办的生物进化论研修班。1933—1935年，他获得了洛克苏勒基金会对田野作业的资助和来自哈佛大学工业心理学委员会的资助，和伯利（Burlergh）、玛丽·加德纳（Mary Gardner）在密西西比的纳齐兹（Natchez）开展了一项对卡斯特和阶级的多层次研究。在两年的田野作业和五年的数据分析之后，于1941年由芝加哥大学出版社出版著作《南部腹地》（*Deep South*）《深海》。1935年完成田野作业之后，戴维斯在新奥尔良的迪拉德大学任职，并成为社会研究部的主任。任职期间，他还担任了美国教育理事会美国青年委员会资助的一个研究项目主任（1938—1939年）。这项研究关注的是新奥尔良和纳齐滋的城市黑人青少年的心理学家约翰·唐纳德（John Dollard）合作，试图将人类学的方法与不断扩展的社会心理学理论技术结合起来。

1939年，戴维斯以访问学者的身份与多纳德同返耶鲁，并在此结项。广受赞誉的《被奴役的儿童》（*Children of Bondage*）于1940年出版。

此时戴维斯的导师沃纳离开哈佛，前往芝加哥大学任教，戴维斯也于1939年转入芝加哥大学，并于1942年获人类学博士学位。他的论文题目是《两个黑人种植园区县中的肤色卡斯特和经济发层的关系》（*The Relation Between Color Cast and Economic Stratification in Two 'Black' Plantation Counties*），由沃纳、弗雷德·伊根（Fred Eggan）和菲·库珀·科尔（Fay-Cooper-Cole）指导，用了一半深南的数据。

1940—1942年戴维斯担任美国教育理事会儿童发展与教工部门的工作人员，还曾短期担任亚特兰大教育系主任。

1942年戴维斯最终冲破因肤色的重重阻力获得了芝加哥大学教育系的职位，成为第一个在主要由白人组成的美国大学中担任全职教师职务的非裔美国人，并在此度过职业生涯。他也是第一个获得终身教职的非裔美国人。

1942年戴维斯和哈维赫斯特（Havighurst）在芝加哥合作开展了一项关于中下层白人和黑人家庭抚养孩子的研究。这项研究最终引导戴维斯及其同事来研究在社会化和教育过程中，肤色和阶级差异得以强化的方式，并推动了对标准智力测试的信度及效度的开创性研究。这些工作产生了一些重要成果，例如出版于1947年的《人类之父》（*Father of the Man*），与哈维赫斯特合著；《英格利斯讲座：社会阶层对学习的影响》（*The Inglis Lectwe Social-class Influences Upon Learning*）（1948）；《智力和文化差异》（*Intelligence and Wltwal Differences*）（1951），与肯尼思·艾尔斯（Kenneth Ells）、哈维赫斯特、维吉尔·赫里克（Virgil Herrick）和拉尔夫·泰勒（Ralph Tyler）合著。他们的努力使许多大城市和教育区取消了传统的智力测试。

20世纪50年代初，戴维斯和罗伯特·赫思（Robert Hess）开始对青春期少年和年轻人进行纵向研究。1963年出版了《青少年和年轻人的成就感》，结论是虽然身份危机始于青春期，但直到成年早期才能得到解决的方法，且依赖于一个强大的自我肯定的自我的出现。

1971年戴维斯被《教育》杂志评为“二十世纪六十年代金牌教育家”之一。1972年他成为美国人文与科学院第一位来自教育领域的院士。1978年他从芝加哥大学退休，成为名誉教授。之后他利用斯宾塞基金会和约翰·麦克阿瑟基金会的资助，从事黑人领导力和攻击性的社会建设性运用的研究，于1983年出版《领导力、爱与攻击性》。

（哈彬）

戴裔煊（1908—1988）　广东阳江人。1927年入中山大学预科，1929年升入中山大学历史系本科学习，1934年毕业后在中学任教数年，1940年再度入中山大学攻读硕士学位，学位论文题目是《宋代钞盐制度研究》。1942 年在重庆北碚中山文化教育馆研究部民族组任研究员。1945—1949 年，在中山大学地理系和广东省立法商学院担任民族学教学工作。1948年9月起在中山大学人类学系工作，后转入历史系工作，直到退休。

戴裔煊以其300多万字的著述，在中国民族学史上留下厚重的一笔。他长期在中国民族学南派阵营中学习与工作，长期和黄文山合作从事民族学研究，他的著述较多地涉及华南、西南和国外民族。他的研究思想和方法，对于了解中国南派民族学的传统和特点，推动中国民族学的发展大有裨益。

戴裔煊的治学方法论有时代感和使命感、实事求是的精神、纵横两面研究、中西合璧和融会贯通、注重考据5个特点。

他的研究领域涉及西方民族学史研究、民族学研究和澳门史研究。

西方民族学史研究　《民族学史》写作于1942—1945 年，原稿30万字，因故未能印行。中华人民共和国成立后打算修改，作为中华人民共和国第一部民族学教科书出版，由于院系调整，人类学被撤销而流产。2001年定名为《西方民族学史》正式出版，27.5万字，虽然是旧作，仍堪称中文世界了解西方人类学最权威、最翔实的著作之一。

民族学研究　该领域的主要成果有《僚族研究》《中国民族文化由来的理论与实际》《干兰——西南中国原始住宅的研究》《棉种棉织流传入中国与西南民族的关系》《种族歧视产生发展的由来及其阶级本质》等论著。

澳门史研究　20世纪70年代先后完成《〈明史·佛郎机传〉笺正》和《明代嘉隆间的倭寇海盗与中国资本主义的萌芽》两部著作，为澳门史研究事业做出了重要贡献。他的著作分别由中国社会科学出版社出版，《关于澳门历史上所谓赶走海盗问题》由澳门星光出版社出了单行本。他被港澳报刊和国内学术界称为澳门史专家。

（马丹丹）

单边居（unilocal residence）　指已婚夫妇选择一种同妻子的亲属或者同丈夫的亲属居住的居住模式，例如从夫居或者从妻居。从妻居亦称从母居、从妇居，母系制社会中流行的一种婚后居住形式。母系社会通常是以母系继承财产，以母系计算世系，而夫妇没有自己独立的经济，因而母系方面的权力较大。在有的氏族中，只要妻方或妻方成员不满意，就可命令男子离去，而男子无权反抗。到了父系制社会，妻方居住婚逐步过渡到夫方居住婚，但其残余一直保留到阶级社会。而从夫居亦称从父居、夫方居住婚。父权制时代流行的女嫁男、居夫家的婚姻习俗，是父系制社会流行的一种婚姻居住形式。始于母权制向父权制的过渡时期，随着农业和畜牧业的发展，繁重的劳动由男子承担。男子在谋取生活资料的劳动生产中占据了主导地位，使他们逐渐取代了妇女在生产和生活中的支配地位，母系社会逐渐变成父系社会。男子劳动地位的改变，要确认属于他的儿子来继承自己的“财产”，从而需要妻子迁到自己的氏族公社来居住。只限于从事家务劳动的妇女于是沦于从属地位。行从夫居的民族的世系一般都依照父系计算，财产按父系继承。这已是一夫一妻制的前奏，父权制家庭是对偶婚向一夫一妻制的过渡。在某些民族的母系制转化为父系制的早期阶段，往往还保留着从妻居的残余。在现代，已婚的配偶定居于夫家的从夫居已然成为许多民族主要的居住形式。

（刘荣）

单源论和多源论（Monogenesis Versus Polygenesis）是关于人类起源问题的两种截然相反的理论。关于现代人类的起源，也长期存在着这两种假说。单源论认为，所有的现代人共享同一起源；多源论则宣称至少有一些人种有着独立的起源，并且不同的种族有着不同的起源、特点和历史。

单源论在基督教欧洲地区的多数历史时期都被广泛地接受。这主要是因为《圣经》中说，所有人类都是亚当和夏娃的后代，他们有着共同的起源。19世纪中叶，多源论信仰在美国开始流行，部分原因是《圣经》中的叙述与新的科学证据越来越难以调和。

早期的多源论主要源于科学证据，而忽视了单源论所引用的《圣经》说辞。有一段时期，多源论的信仰占据了主流。在美国，有人认为多源论被用来推动种族歧视。查尔斯·达尔文（Charles Darwin）是单源论的信徒，认为多源论只不过是种族主义的一个借口。当人们对多源论的兴趣在美国达到顶峰的时候，一些多源论的引领者转移了他们所信奉理论的焦点。他们不再热衷于证明不同种族有不同的来源，而是开始集中精力证明现存的种族差异将继续保持不变。

在20世纪80年代之前，单源论这个概念还属推测性质，此后随着考古遗传学的问世，再加上体质人类学的化石标本证据，而获得确切证实。现代人类非洲起源说是古人类学描述解剖学意义上的现代人类的起源与早期迁徙时，最广为接受的模型。这套理论在普及书籍中称为晚近源出非洲模型，在学术上称为晚近单一起源假说、替代假说和晚近非洲起源模型。现代人类的非洲起源的意思即为单一起源，并已在各种情况下，被当成多重起源的反义词。

学者从基因与化石证据中，发现距今20万~15万年前的非洲早期智人逐渐演化成为解剖学上的现代智人。而其中的一支现代智人在距今12.5万~6万年间离开非洲，经过一段时间的长途迁徙，替代了先前存在于非洲以外地区的早期人类群体，例如尼安德特人和直立人。根据遗传学研究，最早成功“源出非洲”的迁徙（最早具有存活子嗣的迁移者），普遍发生在距今约6万年前。然而，依据阿拉伯地区的考古学研究发现，早在距今12.5万年前，这一地区就已经开始上演“出非洲记”。目前，现代人类起源于东非（单一起源），已成为科学界的主流观点。但是，他们向外迁徙究竟是一次完成或是多次完成，则有多种不同理论。

非洲起源说的主要竞争假说是现代人类多地区起源说，其猜想有少量现代智人从非洲迁徙至欧亚大陆，而且与欧亚大陆的当地直立人或早期智人发生了部分混血。大多数主张多区域起源的学者依然将非洲视为人类遗传多样性的主要源头，但是赋予了混血，即基因交流的角色。

语言学家们也在讨论单源论和多源论，以试图确定语言的起源。今天，世界上存在5000多种语言。难道所有这些语言都起源于一种原始的语言？或者众多语言在许多不同的地方发展而来？语言学家们分析各种语言，试图找到系统性的异同。他们认为，具有相似结构的语言可能从一个共同的祖先进化而来。甚至关于某些语言是否应该被归类为一个语系，语言学家中也存在争论。目前，可以将语言学家分为两大派系：粗分派和细分派。粗分派认为，只有20多种语言；细分派则相信，基本语言分组要比这些多得多。

斯坦福大学的约瑟夫·格林伯格（Joseph H. Greenberg, 1915—2001）坚信，原始语言诞生于非洲的早期智人之中。他认为，作为“母语”的原始语言，随着时间的推移最终分化成为今天世界上讲的几千种语言。

争论仍在继续，到底单源论还是多源论才是完成正确的。

（谭婧泽、王凌翔）

《当代人类学》（Current Anthropology） 收录人类学期刊之一，是一本跨国界、致力研究人类，包含对全方位的人类文化的知识和其他灵长类的物种的研究刊物。刊物设有许多不同的栏目，包括社会、文化、体质人类学、人种学、民族史、考古学、史前史、民俗学和语言学等。《当代人类学》由人类学家索尔·泰克思（Sol Tax, 1907—1995）于1959年创刊，是一本同行评议的人类学学术期刊，由芝加哥大学出版社出版，并受温纳·格林基金会（the wenner-Gren Foundation）资助。

（蒋萍）

刀耕火种（Slash-and-burn Agriculture） 是一种包括对森林和草场砍伐和焚烧以获得可耕土地的农耕技术方式。世界上绝大多数地方的农耕都曾经历此种阶段，在世界范围内大约有2亿~5亿人口采用刀耕火种的方式经营土地。

据统计，在2004年巴西仍有50万农民每年都要平均从森林中清理出大约1公顷土地。当地球上人口并不密集的时候，人们通过轮耕的方式让森林进行休憩恢复，而该种方式所用工具简单，消耗能源非常少，刀耕火种是一种可持续性农业方式。但是当人口非常密集，不断地砍伐森林让土壤退化，人们必须不断加快对森林的烧畲，所以该种方式会对森林资源和生态造成不可逆转的破坏。

新石器时期，狩猎采集部落的人们通过驯化使可供人类使用的植物和动物种类增加，使定居成为可能，而定居又推动了人类积极探索农业技术成为可能。在埃及和美索不达米亚河谷，人口大量增加，对食物的需求扩大，农业能够稳定地为人类提供收成，所以，农业生产方式逐渐占据主流。河谷地带的人们可以顺利耕作播种，林地人们就只能通过烧畲来获得平整的土地，而焚烧林地的同时可以使周边的野兽不会侵犯人的领地，增加了人们的安全性，于是，新石器时期，刀耕火种规模不断扩大。

通过烧畲开垦出来的土地会在一段时间属于一个家庭或一个氏族直到地力耗尽，土地使用者们会迁徙到下一片林地重新开垦。若干年后，这片土地会重新生长植被，人们也会再返回进行重新利用。

在埃及河谷地带，考古学家发现，人们通常是在旱季来临的几个月前砍伐树木，然后在旱季到来的时候进行焚烧，草木灰为土地提供养分，下一个雨季开始时，这片土地就可以耕耘播种。被烧畲开垦的地块在接下来的几十年间都会被反复利用。在茂密的林地中，人们以家庭或氏族为单位不定期地开垦迁徙，农业与采集、狩猎相互配合，运用手工和简单的斧子进行劳作，这就是早期人类农业形态的图景。最大的威胁来自于洪水，一旦洪水泛滥，就会吞噬了大片开垦好的农田。

与埃及、美索不达米亚地区同时或稍晚，欧洲的部分地区也经历了刀耕火种农业。但是由于纬度和植被差异，北欧与南欧的情况大相径庭。南欧地中海地带、气候温润，森林覆盖面积辽阔，大多是常绿森林和松林。由于这些森林生长期长，树种多样性丰富，这些森林一旦经过烧畲之后，就较难恢复。尤其是公元前后，随着人口大量增加，伴随刀耕火种而必须遵循的轮耕被迫放弃，人们无法等待森林的恢复，而是不断地对土地进行精耕。根据考古学资料，8—11世纪，位于现在意大利地区的人们频繁迁徙，证明了人们加速地对森林进行烧畲以扩大耕地面积，地中海地区的森林最早消失。

而北欧森林植被品种较单一，其间夹杂大片草原，相对容易恢复。所以，南欧的刀耕火种农业很快就消失了，大片森林也因此永远消失。而在北欧，刀耕火种农业经常与畜牧业一起并存。公元前330年，古希腊探险家、商人皮西亚斯（Pytheas）进入北欧进行航行探险，当进入英格兰以北地区时，他这样描述古希腊传说中的极北地区的人："他们土地肥沃，种植的果树一年收获一次，足以酿造充足的美酒。冬天来临之前，他们在大房子中存储谷物。春天来到，他们驱赶牛群到山区草场，一直在那里停留到夏天。"

如今，在南亚山区，刀耕火种农业部分仍然存在，如位于印度东北部的梅加拉亚邦和那加兰邦还存在着此种农业形态。在山坡上用火清理出土地，平整之后，种植旱稻、蔬菜和果树。并砍削树梢，以使阳光能够照进林间土地。若干年之后，地力耗尽，人们弃耕转移，寻觅下一块林地。

中国的滇西南与越南、老挝、缅甸接壤的边境环形地带仍存在刀耕火种。按照地貌差异，又分为高地和低地两个类型，高地主要是在中低山地，低地是在河谷坝子。高地居住的彝、独龙、怒、傈僳、景颇、佤、布朗、拉祜、基诺、瑶、苗等民族都曾经以刀耕火种农业为主要生产手段。滇西南刀耕火种带地处南亚热带，少部分地处北亚热带，属于海洋季风气候，海洋季风给该地带来充沛的雨量，并形成明显的干湿两季分明的气候。在冬春备耕季节为5—10月的干季，人们砍伐树木晒干，烧透。4—5月则有充沛降雨，种子入土后，经过灌溉，有充分的生长条件。而且该地区气候温暖，高温多雨，有利于山地季雨林和常绿阔叶林的生长繁殖。林地砍种一年后，地中残留的树桩已经发芽，七八年又可恢复成森林。一些速生树种如水冬瓜树、短命树等，三四年即可成材，为当地刀耕火种提供丰富的植被条件。

配合刀耕火种，当地少数民族形成了一套相应的生产技术，其核心体现在烧而不耕上：即以烧为主，烧得透彻，肥料多，草死虫灭，土壤疏松；不耕则指不用锄犁耕田，减少了表层灰肥损耗，不会损伤地里树桩的树根。烧而不耕则生产工具简单，只需要砍刀和点播棒。生产工序也只有4个步骤，冬春之际砍地，暮春烧地，初夏播种，入秋收粮。其生产技术极为粗放，特别省力。

为了不造成绝收，人们都不会单种，而是套种、间种不同的作物。李凌在20世纪80年代对德宏景颇族自治州盈江县卡场公社草坝寨进行调查时，统计当时人们在火地上播种的作物种类，包括龙爪稷（红米）、粟、高粱、黄豆、饭豆、菜豆、绿豆、茄子、辣椒、南瓜、黄瓜、青菜、萝卜、白菜、芋头、向日葵、姜、蒜、薄荷等10余种作物。

进行20世纪50年代之后，由于人口大量增加，林地面积减少，许多村落不得不减少抛荒休耕年限。以往需要休耕7～10年的林地，休耕时间缩短到1～2年，地力难以更新，植被退化为草地，农业生态系统严重退化。到了80年代之后，绝大部分地方已经放弃刀耕火种，改为定耕。事实上，世界上大部分刀耕火种模式都濒临消失，其主要原因还是在于如今的森林资源不足以支撑该模式持续下去。

（马威）

道德观（morality）　道德是日常生活中习俗的行为准则，所谓道德观就是人们对于道德的一种总体的认识和看法。道德对社会进步的重要性要远远高于民间的行为要求，它们具有重要的行为引导价值。通常情况下，道德表现为强烈的对与错、是与非、善与恶、好与坏等。很多时候，违背道德的举动，将威胁到人们行为规范的稳定性，会导致人们强烈的心理冲突，甚至受到某些惩罚。在西方社会，乱伦禁忌、儿童性别歧视、谋杀等违反道德的人或事将不被社会接受，可能会面临被驱逐、流放、入狱的危险。在一些国家，违背道德的人也许会遭受致命的惩罚。也正是因为如此，道德才能经由公众情感的认可而得到确立，并由人们不断地保持与践行。

耶鲁大学政治与社会学教授威·萨姆纳（William Graham Sumner, 1840−1910）借用拉丁语“mos”造就了mores字词，它通常被译成习俗，他把道德解释为一种民间行为方式，因此我们甚至可以将道德称为“民德”。之所以人们把道德视为生活中理所当然的行为准则，萨姆纳认为其中的缘由是：人们并不质疑道德，道德规范着人们的行为，并且让违反道德的人接受严峻的审判惩罚。人们精心设计和修订道德行为规范，因为他们需要基本的道德准则；人们尽可能使自己适应民间的行为规范，因为那些规范可以使人们获得生存和发展，并使他们避免遭受困境和苦难。可以说，道德与传统是并存的，如果说道德决定了人们的行为举止，传统则固化了道德的存在基础，从而使人们遵守道德。萨姆纳曾经在文章中指出，由于道德的稳定性，唯有统治者才能改变道德的内容和程度，这就使得社会道德观念的转变变得尤为困难，他同时也指出人们想通过法律的实施来推广道德。为了在著作中进一步解释道德含义，萨姆纳举了世界众多事例。那些论述实际上已经与20世纪初的人类学著作中的论述大同小异了。

从上可见，道德在人们的日常生活中发挥着重要的作用，小到影响一个人在他人眼中的形象，大到使一个人面临苦难甚至死亡的惩罚。人类学家对道德观的研究正是基于这样的视角，由浅入深，针对某一特定时空范围内的特定群体进行解析，从而提升我们对自我和他者道德观更深的认识。

（海力波）

道教（Taoism）　发源于中国的传统哲学和宗教信仰。其核心概念强调和谐。“道”是道教思想中最高的哲学范畴，可以解释为方法、途径、原则。在道教中，“道”意指存在于万物之中，使万物获得动力的规律和源泉。道教思想创始人——老子所谓之道，兼有宇宙的本原、万物存在的根据、事物发展的规律、修养的最高境界等多重含义，它最终是不可言说

白云观

的，所谓《道德经》中所言："道可道，非常道。"

道教思想来源于战国时代的楚国、齐国及燕国流传的许多神仙传说和哲学思想，如《庄子》中提到至人、真人、神人，都具有飘逸世外、来去自如的神力；《楚辞》中也有许多神游故事。而燕国、齐国等地处海滨，海上活动常引发人们丰富的想象，有三神山（蓬莱、方丈、瀛洲）传说。神仙传说推动了方仙道的发展。这些神仙方士推崇黄帝长生成仙，并寻找仙人及不死之药，探求各种修炼成仙的方术，如炼丹、行气、辟谷等，其中尤以炼丹最为重要。方仙道的内容后来为道教所吸收，成为道教的主要特色。

在道教的长期发展过程中，不断吸纳各个地方的民间信仰，形成了多元包容的宗教体系。中国远古时代的泛灵信仰，将天体、气象、山川、土地等自然现象加以神化，形成自然崇拜，崇奉着天地日月山川等神祇；再加上从鬼魂崇拜所发展而来的祖先崇拜，遂逐渐形成天神、地祇、人鬼并存的神灵崇拜系统。奉老子为道祖，尊称太上老君。以三清为最高尊神，同时承袭祀神敬祖传统，敬拜其他古代神仙和中国古代圣贤人杰。如太上老君、玉皇大帝属于天神；城隍爷属于地祇；被尊为关圣帝君的关羽即属于人鬼等。古代的鬼神观念是道教神灵系统的重要来源。

作为普及性宗教，道教形成于东汉末年。张道陵在蜀中称得太上老君（老子）"授以三天正法，命为天师"，并造作道书25篇，创立了天师道（俗称五斗米道）。张角在中原地区创立太平道，宣称"苍天已死，黄天当立"，组织民众举行反抗东汉王朝的起义。天师道和太平道使道教开始成为有严密思想体系和组织制度的教团，人们多视其为成熟宗教形态的道教正式形成的标志。后来，张角遭镇压后，其余绪逐渐融入天师道；蜀中的天师道则因受制于曹操大军而被迫迁出西南，并从此开始分布天下。

两晋南北朝时期，涌现出大批新的道经，并出现了许多新兴的道派，如崇"灵宝经"的灵宝派、崇"上清经"的上清派、崇"三皇经"的三皇派以及推崇外丹烧炼的金丹道等。当时还涌现出了葛洪、陆修静、寇谦之、陶弘景等一大批杰出的人物，对道教思想学说的发展、经典文书的整理、组织制度的完善、神仙谱系的制定等做出了很大贡献。

唐宋时，道教信徒众多、宫观广布、倍受尊崇，在教理教义、修行方法、科仪制度等方面也进一步完善。传统道派在很大程度上得到了继续发展，由上清派衍化而来的茅山宗颇为显跃，由灵宝派衍化而来的阁皂宗于北宋初在江西阁皂山兴起；天师道虽在三国以后影响衰微，但至北宋时开始在江西龙虎山显露声势，被称为龙虎宗。第三十五代天师张可大得南宋理宗诏命，提举三山符箓兼御前诸宫观教门公事，龙虎宗遂成为"三山符箓"（龙虎宗、茅山宗、阁皂宗）领袖。

唐宋时，北魏时期嵩山道士寇谦之改革创立的"北天师道"与南宋时的道士陆修静所创的"南天师道"及上清、灵宝、净明各派逐渐合流，至元时皆归于正一派。以后道教正式分为正一、全真两大教派，道教重生贵生，以成仙得道为最终目的。从修炼方法上分，主要有丹鼎、符箓两派，全真偏重于丹鼎，正一偏重于符箓。

道教组织制度以授箓仪式为典型。入道时举行授箓仪式。箓有两个意义，一是道民户籍名册，二为记录诸神名讳及功能的秘册。道民入道而得授箓，即意味着已经在天庭中注册，可受天神护佑；同时，由于箓与符合用则可"诏令天地万灵随功役使"，因而也是道士行法的重要凭据。记录诸神名讳及功能的箓有多种，功能和威力各不相同，用之者相应有不同修养。拥有不同的箓往往代表着道士在道门中的阶位。据北宋孙夷中《三洞修道仪》言，道门中之阶次"自正一至大洞"可分7等，道士在传授仪式上所得之符箓与经戒不同。如，童子满7岁后可得授"太上童子一将军箓"和"太上童子十将军箓"等，并可召使北一上官部诸神吏功曹力士，称"箓生弟子"（男）或"南生弟子"（女）；男子成年后，可诣请"三师"授"正一盟威箓"而为"太上正一盟威弟子"，并需修习《正一法文经》等经书，持守"正一五戒"；由正一盟威弟子升迁为"太上洞神法师"，则须受"金刚洞神箓"，参究12部洞神经书等。

道教用以规范组织成员行为的制度最重要者莫过于戒律与清规。戒之意为解、界、止，而律之意则为率、直、栗，如《道教义枢·十二部义》以为戒"能解众恶之缚，能分善恶之界，又能防止诸恶"，律能"率计罪衍，直而不枉，使惧栗也"。律通常是戒的延伸，系用以惩罚触犯戒规者的条例；后来，戒律在使用中往往成为以戒为中心的词语，而律的本义则被清规一词代替。

在汉末天师道和太平道中，戒多以神之诰谕方式出现，称诫或道诫，但内容并不丰富。魏晋南北朝时，戒律内容才逐渐增多，出现三品戒、老君五戒、斋者八戒、初真十戒、元始天尊二十七戒及老君一百八十戒等，具体内容虽有不同，但实质都是要求防非止恶、行善积德。全真道兴起后，道教戒律得到了进一步发展。清代全真道王常月曾将戒律比作降魔之杵、护命之符、升天之梯和引路之灯，"实系仙真之要路通衢"，并制定了各种烦琐的戒律，用以约束道徒行为。与此同时，全真道"清规"也得到了很大充实。《全真清规》即定有数十条用以处罚违戒道士的条文，内容有"凡不拜师长、不知宗派者，逐出"及"凡私自募缘不通众、不入常住者，迁单"等。

斋醮是道教特有的宗教祭祀仪式，也是道士所从事的主要宗教活动。斋醮的内容有清洁身心、设坛摆供、焚香、化符、存想、念咒、掐诀、叩齿、上章、诵经、赞颂，并配以音乐、灯烛和禹步等仪范程序。斋醮的目的是使人与神灵沟通，祈祷神仙保佑，赐福消灾度厄。

（哈正利）

参考书目

［1］黄海德. 道家、道教与道学.《宗教学研究》，2004（4）.

［2］傅勤家. 中国道教史. 北京：商务印书馆，2011.

［3］卿希泰，唐大潮. 道教史. 南京：江苏人民出版社，2006.

德奥人类学（Germany and Austrian anthropology）

因其自身特有的学术传统，也被称为“德奥民族学”，是指以德国和奥地利为主体部分的德语区域的人类学思想、组织及发展脉络。从更早的历史来说，德语地区启蒙时期的创新性语言学成果以及早期的浪漫主义人类学通过民族志与文化变异方面翔实的经验描述，产生了持续性的影响，为后来的国际人类学设定了相应的标准与思辨性特质。在德奥民族学的后续发展中，形成了更具学术标签意义的“德奥传播学派”“德奥历史学派”“文化圈学派”，这是文化人类学的早期流派之一。该派主张运用文化圈（kulturkreise）和文化层（kulturschichten）等概念，以重构人类的文化史。其重要代表人物有安卡曼、格雷布内尔、施密特、科佩尔斯等。其中，施米特、科佩尔斯等进一步把文化圈学说推广到全世界的研究中，从而形成了维也纳学派。总体而言，这一学派倾向于从“传播”与“借用”的角度，解释早期人类文化史的发展过程，认为每一种文化现象或文化元素，都是在某地一次性地产生并向周边传播的，而文化圈则是由传播所产生的结果。第二次世界大战结束后，这一学派迅速走向衰落，而德奥人类学本身则受到英美人类学传统的影响，在研究旨趣和路径方面有所变化。

从历史的角度来看，德奥人类学的发展历程，经历了与民俗研究的分离以及德国—奥匈/奥地利的逐步分流过程。从1848年欧洲革命的失败，一直到1871年由普鲁士主导完成德国统一，这一时期也正是德奥民俗研究（德语：volkskunde，英语：folklore studies）独立出现的阶段，在这一时期，民俗研究与后来的民族学（德语：voelkerkunde，英语：ethnology/ethnography）逐渐分离。而在正式和相关机构的层面上，德国民族学（Voelkerkunde）的构建是与统一的德意志帝国同步形成的。1867年，柏林人类学、民族学和史前史协会成立，同时还创办了《民族学学刊》（*Zeitschrift fuer Ethnologie*），该刊至今依然是德国民族学的重要刊物之一。1873年，德国首都柏林成立了皇家民族学博物馆。在德奥人类学发展的最初阶段的两位中心人物是民族学家巴斯蒂安以及体质人类学家威超。在这一时期，绝大多数的德奥民族学家和人类学家都是帝国时期文化多元论的拥护者。

到了19世纪末20世纪初，文化传播理论开始在德奥占据优势，弗里德里希·拉采尔（Friedrich Ratzel, 1844—1904）是一个具有奠基性的学者。1911年，格雷布纳（Fritz Graebner, 1877—1934）《民族学研究方法》（*Methode der Ethnologie*）一书的出版，标志着德奥人类学开始了一个新的阶段，这个阶段与社会文化人类学领域中的国际主流发展逐渐分离，最终投入到服务于纳粹德国的政治与社会实践当中。第二次世界大战之后，德奥人类学尤其是社会文化人类学在国际上陷入默默无闻的境地，国内相关学术研究也止步不前。这不能简单归结为第二次世界大战后政治与语言霸权的转变，也并不仅仅是资金缺乏的结果，战后的研究人员流失以及学术思想转型上的困境是造成这一局面的更重要原因。

总体而言，德奥人类学的历史发展一直与政治社会的变迁密切相关。在纳粹德国兴起之时，为了符合当时国家的利益以及提高人类学本身在现实社会的重要性，德奥人类学曾经一度成为当时纳粹实行种族主义和对外扩张的学术帮手。第二次世界大战结束之后，随着德奥传播学派影响力的消歇，德奥人类学走到了新的发展岔口，并正在国家利益与学术旨趣之间寻找新的平衡。

（袁剑）

参考书目

［1］Zimmerman, Andrew. 2002. *Anthropology and Antihumanism in Imperial Germany*. Chicago and London: University of Chicago Press.

［2］Evans, Andrew D. 2010. *Anthropology at War: World War I and the Science of Race in Germany*. University of Chicago Press.

等位基因频率数据库（the Allele FREquency Database，简称ALFRED）　是一个收集、储存人类等位基因多态性频率分布的网络数据库，由美国自然科学基金会资助。截至2017年12月，等位基因频率数据库已拥有664377个基因多态性、744个样本人群和54146163张频率表（每个点的人群类型一张）。

ALFRED中的数据从文献中摘录或由研究者提交。不管由哪一种渠道获得，数据都要经过仔细的检验。数据库中的样本人群按地区来划分，每一个人群都附有详细的人口样本信息，包括其地理位置、语言、语系、族群等，而且还提供了其他语言学、民族学数据库的外部链接。基因多态性主要是根据它们的位点和等位基因来界定。位点根据染色体来组织，每个位点记录都标注了别名、染色体位置、有效的位点记号和外部数据库链接。多态性和单体性根据位点来组织，每一个基因多态性记录都标注有单核苷酸多态性数据库的编号、别名、祖先等位基因和可获得其分子信息的外部数据库链接。这样，ALFRED就与分子数据和人类学数据库连接在一起，每一条等位基因频率记录都可以链接到样本人口信息、多态性信息、分类方法和从中析出频率的公开出版物。所有出版物的条目都链接到PubMed文献数据库。ALFRED的每一条记录都有一个特殊的标识符，可以在发表时指示具体数据。

等位基因频率数据库中的所有数据已经免费向公众开放，可用于体质人类学、人口遗传学和其他领域的研究和教学。

（黄雪萌、康敏）

狄奥尼斯型（Dionysian）　指体现出狄奥尼斯（Dionysus）主要特征的人或物，又称酒神型。狄奥尼斯是宙斯（Zeus）和塞墨勒（Semele）的儿子。相传他流浪于希腊各地，到处传播种植葡萄和酿酒的技术，是酒神和植物神。在古代世界的许多地方，都存在以癫狂的放纵为核心的酒神节，通过纵酒狂欢的方式来祭祀狄奥尼斯。

德国哲学家弗里德里希·尼采（Friedrich Nietzsche, 1844–1900）在《悲剧从音乐精神中诞生》（*The Birth of Tragedy from the Spirit of Music*，1871）中对狄奥尼斯型进行了深入诠释。他认为狄奥尼斯型象征着欲望的放纵力量，对应着迷狂、野性、沉醉和激情等，试图冲破现实生活中的种种约束和规范，在无节制的宣泄中化入浑然忘我之境。与阿波罗型的“梦”的状态相对照，尼采将狄奥尼斯型比拟为“醉”，是个体化原理崩溃之时，从人的最内在基础即天性中升起的充满幸福的狂喜。它试图将个体从自身的局限性中解脱出来，引导其与宇宙中最原始的欢乐融为一体。在酒神的魔力之下，不但人与人重新团结了，而且疏远、敌对、被奴役的大自然也重新同人类和解了。尼采将音乐、抒情诗、民歌等划入狄奥尼斯型艺术的范畴，因为它们表现为纯关照、无意志的审美情绪的对立面。在他看来，悲剧必定随着音乐精神的消失而消亡，正如它只能从音乐精神中诞生一样。

人类学家露丝·本尼迪克特（Ruth Benedict, 1887—1948）在其《文化模式》（*Patterns of Culture*，1934）中借鉴尼采的理论，对狄奥尼斯型文化进行了深入分析。她发现，除了西南部的普韦布洛人之外，北美各地的印第安人中都可以看到有关带来超自然力量的梦幻的酒神狄奥尼斯式的教义和实践，多用禁食、折磨、饮酒、吸毒或舞蹈来寻求幻觉，他们所追求的最高境界是出神入化。她以温哥华岛上的夸克特尔人（Kwakiutl）为重点，对美洲西北海岸各部落进行了描述和分析，指出狄奥尼斯型倾向不仅在他们的种种入会仪式和礼仪舞会上，而且在他们的经济生活、战争和丧事中都表现得很激烈。他们崇尚一切极端的体验，崇尚一切人类可以据以突破日常感性规则的手段，并对这些体验赋予了最高的价值。具体而言，他们以多种手段谋取特权、崇尚竞争和征服、喜欢显示优越感、富有攻击性、嘲弄并羞辱他人、做事没有节制、狂妄自大，显示出与阿波罗型文化不一样的特征。（参见**酒神型**。）

（陈雪英）

地理决定论（Geographic Determinism）　是认为地理决定性格和文化的观念。这一观念产生于古希腊时期，即将地理和性格特征连接起来。这种认为地理环境决定人类社会发展的理论产生于18世纪，主要代表人物有法国的孟德斯鸠（Montesquieu）、英国的巴克尔（Henry Thomas Buckle）、德国的拉采尔（Friedrich Ratzel）和美国的森普尔（Ellen Churchill Semple）等。欧洲作家认为新大陆有害的气候创造出了在规模和活力方面低于旧大陆的有机体生命，因此到美洲的移民会受体力和智力衰退的折磨。更近时期，地理决定论由拉采尔（Friedrich Ratzel, 1844—1904）投上了社会达尔文主义的形式，他将国家设想为有领土冲动和驱力的有机体，并使用了一个词“lebensraum”来描述国家扩张的规律，受人口的增长或资源的枯竭驱动。由卡尔·豪斯霍费尔（Karl Haushofer, 1869—1946）领导的一代德国地理政治理论家将lebensraum塑造为一个受希特勒欣赏的领土规则。由维达尔·白兰士（Paul Vidal de la Blache, 1845—1918）创立的法国地理学通过“pays”的概念发展出一种地理决定论的更灵活的形式（称为可能论）。作为自然的微型地区概念化，其文化适应其环境，并通过它来理解。

对地理决定论的拒斥在美国人类学的创立上发挥了导火线的作用。因为博厄斯（Franz Boas, 1858—1942）虽然受训于地理学家，但是明确与地理学主导的单因果解释决裂。博厄斯的弟子克鲁伯（A.L.Kroeber, 1876—1960）提到“地理，或者自然环境，是被文明所利用的物质，而不是塑造或解释文明的因素”。

（黄娟）

地理神话学（Geomythology）　是地质学的分支，旨在发现不同的古代人的神话和他们的早期文明发展的地质环境的关系。在人类的历史长河中，以书写的发明作为分界线。对于地理神话学而言，史前时期进一步分为两个阶段，一是人类仍然处于狩猎和采集阶段（食物采集者），二是后来人类逐渐成为食品生产者，也就是说，随着农业社会的开始和小麦种植以后。

神话时期的史前时期，常常指的是神、神灵和英雄的行为广为传颂的时期。这些行为可能没有书面记录，但仍然存活在不同人的记忆里，无论是通过传统或由后来的不同的作者所记录。这些文本构成不同的神话。其中非常有代表性的是“吉尔伽美什史诗”，指的是史前的美索不达米亚人的神话，以及赫西俄德的神谱，所代表的是古希腊的神话。

大多数人认为，一个地方的现代地质环境，特别是沿海地区，几乎是保持不变的。这意味着，在地球上无论哪个地方，当代人看到周围的一切景观和他们的前辈看到的是一样的。这个观点是不准确的，因为环境不一样了，而且还在不断变化中。事实上，我们可以看到的地质环境，大概生成于距今5000～6000年前。这一时期被称为全新世气候最适宜期。在这之前，一切都是不同的，特别是在高纬度地区，陆地以及沿海地区的古地理条件完全不同。相反，在低纬度地区，古地理的变化是非常显著的。主要是在沿海地区，在大陆及陆内地区，变化相对较少，当然仍然是一直存在的。

从地球的不同地区的例子可以看到，史前地理形态的变化非常剧烈，和现在相比是完全不同的。例如：波斯湾直到最近12000年才存在；5000年前，撒哈拉地区才变成了沙漠。在此之前，撒哈拉沙漠的气候更利于该地区的史前原住民，在距今4500～8500年还存在大量的水甚至存有湖泊。

在文字发明以前的人们发明和他们的生活息息相关的神灵。例如，在斯堪的纳维亚神话中，冰常常和神话相关，而冰在热带非洲人民的神话里是不存在的。然而，一些神几乎在所有的古代神话里存在。例如，几乎所有的史前神话里太阳和月亮都被神化了。在古老的宗教里，太阳属于神的后代；希腊神话中的太阳神属于第四代而不是更老的前三代。

跟古代神话相关的主要物理和地质因素是一些地球动力学现象，特别是火山和地震。另一个因素是气候，在过去的18000年里，产生了主要的气候波动。气候变化的影响是多方面的，但在人类文化发展中起重要作用的是被

D

冰川覆盖的土地范围的变化、海平面变化和海岸线位移。3个后果都与水有关，我们这个星球的气候条件下，水以3种不同的形式呈现：作为气体［云、气、水（g）］、固态［冰、雪、水（s）］和液体［盐水、淡水、地表或地下水、水（1）］在特定时间段内，存在于各种化学化合物的水的总量是与全球平均气温直接相关的。另一方面，一般公认为，至少在新生代，水在我们的星球上的总数量是稳定的。这意味着不同的气候条件下，在局部阶段的数量可能会有所不同，这3个阶段的总和保持不变：H_2O（s）+ H_2O（g）+ H_2O（1）=常数，而H_2O（s）/ H_2O（g）/水（1）=变量。

但是，气候周期性变化的主要原因与天文有关。根据米氏理论，地球的气候取决于地球接收的太阳辐射，而这又取决于地球围绕太阳自转和周转的轨道。所以，最后，数量取决于太阳辐射到达地球地轴的进动，倾角（轴向倾斜的变化）和偏心。因为这些参数不是常数而是呈现周期性的，气候的变化也有类似的周期，这是部分的综合结果。

这些环境的变化是如此重要，以至于史前地理剧变时期是史前人的宗教意识进化的最关键的时期，这是从食物采集阶段向食品生产阶段转变的过渡时期。一个民族的神话及其地质环境在某些情况下有直接或间接的关系。

（蒋萍）

参考书目

［1］D. A. , Leeming and M. A. Leeming, *A Dictionary of Creation Myths*. New York: Oxford University Press, 1995.

［2］I.and Mariolakos, D Mariolakos., *The Argon Field in Arcadia, the Sinkhole of Nestani Village, the God Poseidon and the Submarine Dini Springs in the Argolic Gulf（Peloponnisos, Greece）: A Geomythological Approach of the Poseidon's Birth*. 10th Geol. Soc. Greece Congress, Thessaloniki, Greece, 2004（4）.

［3］I. Mariolakos, and D Theocharis, *.Asopos River and the Creation of Aegina and Salamis Islands（Saronic Gulf, Greece）*: A Geomythological Approach. In E. Fouache（Ed.）, The Mediterranean World Environment and History. Paris: Elsevier, 2003.

［4］D Neev. , and K. O. Emery, *The Destruction of Sodom, Gomorrah, and Jericho: Geological, Climatological, and Archaeological Background*. New York: Oxford University Press, 1995.

［5］W. Ryan, and W. Pitman, *Noah's Flood. The New Scientific Discoveries About the Event That Changed History*. New York: Simon and Schuster, 1999.

帝国主义（Imperialism）　指一个国家为了经济剥削和民族荣耀，通常采取军事力量把统治权扩张到其他国家的一种实践。帝国主义亦称“垄断资本主义”，是资本主义发展中的一个特殊阶段。殖民主义是帝国主义的一种特殊形式。在这种形式下，征服国和其殖民地的疆域是严格分开的；殖民地居民的政治和法律权利皆比较低。在古代社会，帝国主义和奴隶制是携手并进的，但被征服者的国土则保持正常的完整性，并不存在殖民地。从资本主义早期起，西欧的帝国主义开始向全球大部分地区进行扩张，而且一般都采用了殖民地形式（最典型的是英帝国和荷兰帝国）。全世界大多数人民，曾一度变成了帝国主义和殖民主义统治的牺牲品而很少有受益者。

对于在其他方面大致相同的不同民族实行独裁统治，这一点最终至少要追溯到亚历山大大帝的印欧帝国。但是在今天，对于马克思主义者来说，帝国主义还意味着19世纪末（主要是西欧的）垄断金融资本对于更大的一批非欧民族的胜利，这确实是一种完全不同的帝国。在某些持“不发达学说”的理论家看来，帝国主义这个术语一般说来无非就是资本主义的同义语，而并不只是资本主义的垄断阶段。

英国经济学家霍布森（John Atkinson Hobson）在其1902年出版的《帝国主义》（Imperialism）和德国经济学家希尔法亭（Rudolf Hilferding）在其1910年出版的《金融

资本》（*Finance Capital*）等著作中试图系统阐述自己关于帝国主义的观点。

罗莎·卢森堡（Rosa Luxemburg）在《资本的累积》（*Die Akkumulation des Kapitals*）（1913）中提出了对帝国主义的分析，她率先探索了正在发展中的资本主义与欧洲以外的前资本主义的社会结构之间的连接关系。然而，在1914—1918年战争期间以及战后，激起人们更为直接的关注是卢森堡所倡导的群众性的革命罢工，这种罢工旨在加速资本主义的最终崩溃，否则的话，帝国主义的扩张就会延缓资本主义的最后覆灭。列宁在1917年出版的《帝国主义是资本主义的最高阶段》中，批判、继承和发展了他们的思想，第一次对作为资本主义特殊阶段的帝国主义作了系统的马克思主义的理论分析。列宁认为，如果必须给帝国主义下一个尽量简短的定义，那就应当说，帝国主义是资本主义的垄断阶段。”列宁在该书中指出，资本主义从自由竞争阶断向垄段阶段的过渡是在19世纪末20世纪初最后完成的。指出当时的帝国主义有如下的经济特征：①在生产和资本集中高度发展的基础上形成的垄断统治，是它的基本特征；②银行资本和工业资本融合为一，形成金融资本，并在此基础上产生金融寡头；③和商品输出不同的资本输出具有特别重要的意义；④瓜分世界的资本主义国际垄断同盟业已形成；⑤最大资本主义列强已把世界领土分割完毕。列宁还从帝国主义是寄生的或腐朽的资本主义，帝国主义是过渡或垂死的资本主义，论述了帝国主义的历史地位。

资本主义在其中心地带以外扩张的现象，在马克思本人看来不像卢森堡所认为的那么重要、那么有害：至少在两种意义上，这种扩张是一个不甚重要的问题。然而，在卢森堡看来，资本主义只有不断扩张自己的领地才能免遭灭顶之灾。但是，正如毛姆森（Wolfgang Justin Mommsen, 1930—2004）已经指出的那样，这个观点存在着一个问题：罗莎·卢森堡基本上信奉马克思的那种复杂的、引起争论的剩余价值学说，根据这种学说的定义，剩余价值只有对于资本主义来说才是自然成长的，这种见解使她不去思考下述问题：如果群众的消费能力成长了，国内市场是否就不能为未被消费的（可以重新投资的）剩余价值提供适当的机会以进行有力的投资？卢森堡的另一个不足之处在于，她误解了20世纪初蓬勃兴起的海外投资的意义。和以前的霍布森、后来的列宁一样，卢森堡假定：这种海外投资的现象是与殖民地的吞并密切联结在一起的。实际上，正如罗宾森和盖拉格尔已经提醒过我们的那样，海外投资与殖民地吞并是风马牛不相及的。希尔法亭曾有不同观点，在《金融资本》（*Das Finanzkapital*）中他更加专注于解释为什么资本主义的危机近年来变得不那么频繁了。他认为，自由贸易已经被金融资本所取代，而金融资本的统治以及金融资本借助于国家而对全世界进行干预的能力已经暂时地延缓了资本主义的最后毁灭。

20世纪80年代，在英国，帝国主义成了主要的政治论题。这导致了相当多的论述帝国主义的著作的产生。J.A.霍布森（Hobson）的《帝国主义论》（*Imperialism*）一书是其中的精华之作，列宁的《帝国主义——资本主义的最高阶段》（*Imperialism, the Highest Stage of Capitalism*）就受到了他的影响。从列宁开始，马克思主义者依据资本主义由于国内利润率下降而需要向外扩张这一事实，提出了各种关于帝国主义的理论。这些理论，有时特别是以资本输出的需要为依据。对这种观点仍然存有争议，因为它往往忽视帝国主义的其他方面：民族主义、种族主义以及国家扩张的悠久历史过程。自第二次世界大战末苏联军队驻扎东欧以来，西方帝国主义列强对苏联在欧洲和其他地区的类似行径进行了谴责。从这里还进一步发展了关于帝国主义的理论，它特别表现在中国人提出的社会帝国主义的概念中，这一概念把苏联国内的经济、政治、意识形态状况同其国外政策联系了起来。

熊彼特（Joseph Alois Schumpeter, 1883-1950）写了《论帝国主义的社会学》（*Zur Soziologie der Imperialismen*）一文，明确地批判马克思主义的帝国主义理论。按照他的观点，实际上就本质而言，资本主义本身就是反帝国主义的；他把垄断和扩张主义的倾向看成是1914年以前资本主义的特征，把这种倾向归咎于一种不合时代的军国主义的恶劣影响，它是从欧洲过去的封建制度中幸存下来的。熊彼特把帝国主义定义为："由某个国家体现出来的、进行无限暴力扩张的、无目标的倾向。"这个特殊公式的基本困难在于：19世纪末、20世纪初的欧洲殖民地吞并有时确实如此，但并非始终如此。

帝国主义概念在当代发展社会学中起着重要作用，而对政治社会学的影响则相对较小。许多作者更愿意使用新帝国主义这个术语，来表示"富国"在不采用直接的军事干涉条件下对"穷国"的经济剥削。能帮助人们了解围绕这一题目争论的相关文献有：T.肯普（Kemp）的《关于帝国主义的各种理论》（*Theories of Imperialism*，1967）；R.欧文（Owen）和B.萨克利弗（Sutcliffe）的《帝国主义理论之研究》（*Studies in Theory of Imperialism*，1972）；D.K.菲尔德豪斯（Fieldhouse）的《经济学和帝国》（*Economics and Empire*，1973）。

（李索菲）

东方学（Orientalism）　是由西方学者传播的，包括中东和亚洲在内的东方的思想、信仰、理论和话语系统。东方学描述西方想象中的东方的表征和结构。

作为西方的沉思和反省，东方学反映了殖民主义和帝国主义的历史。在西方学者的想象中，东方是未开化的、野蛮的、不发达的、弱小的、女性化的，而西方则被视为优越的、文明的、强大的、男性化的。就这一点而言，东方学代表了一种过于简化的分类或人们对于东方的刻板印象。

东方学产生于16—17世纪欧洲资本主义对外扩张时期，18—19世纪以来随着古文字译解的成功，该学科有新的发展，并出现了埃及学亚述学等专门学科。西方人把这些著作视为控制和殖民化东方的必要知识，认为关于东方的知识将有助于西方的帝国和殖民计划。在这个意义上，东方通常是东方学家研究的客体。

作为爱德华·萨义德（Edward Said）强大的同名论战的结果，东方学已经指的是学术工作的一个与众不同的分支。在欧洲帝国的正式结构终止很久以后，东方学在19世纪殖民统治的阴影下逐渐建立并持续发展。自从萨义德的《东方学》（*Orientalism*）出版以来，几乎所有的人类学家都不得不接受这样一个论点，它连接着老一套非欧洲民族学的理论表征和殖民主义与新殖民主义政治经济统治的结构。事实上，人类学相对较好地走到了萨义德原来的说法上（尽管他后来提出了一个更具批评性的行动方针）。萨义德的论点集中在伊斯兰教和中东地区的学术著作上，从20世纪50年代、60年代和70年代开始，他明确地把亲以色列、反阿拉伯的区域研究工作的偏见作为目标。结论包含着一个将最大限度地打击人类学的自鸣得意的论点：

一方面，这与后现代主义关心的民族志作品中的表述问题有关，但另一方面它也严重破坏了一个这样的假设，这个假设认为自由主义者关于文化差异的谈论本质上是良性的、宽容的。就像本质论的批评者一次又一次地指出的那样，文化的理念也可以用作成见和诋毁的来源，以及提供一个种族基础上的、站在自由主义者对立面的争论。

萨义德的论点响应了其他非欧洲民族学术代表的评论，如费边（Johannes Fabian）的建议，在人类学的著作中，放置在不同时间框架中的另一种人类学，通过否认共享的历史来呈现不同。萨义德的论点也超出了中东范围去评议南亚，例如，作为一个有价值的复查方式的一部分，殖民知识和殖民假设已经构成了人类学的调查和生活在后殖民主义社会中的人民的自我认识。萨义德的论点甚至超出东方，应用于西洋崇拜者对于西方老套的审查。

然而，萨义德对于东方学的评论本身并不是没有问题的。作为一场论战，它包含公平的简化和夸大的衡量，而且经常使他恶意攻击的中东专家愤怒，甚至赞同的读者也觉得有问题。就像詹姆斯·克利福德（James Clifford）在一篇尖锐的评论文章中指出的那样，借用米歇尔·福柯（Michel Foucault，1926—1984）的著作，萨义德的论点在相当传统进步派的人文主义和更令人不安的立场之间摇摆不定。克利福德明显发觉萨义德在致力于福柯的方法研究时太胆小，然而，也可以认为是福柯为萨义德较弱的论点提供了正当性。当然，萨义德用福柯的观念论述的目的在于使他自己建立一个累加和未分化的东方学的画像，而这几乎没有给研究不同历史时刻和不同政治环境的东方专家的特点留下空间。此外，萨义德笔下的东方人变得出奇的沉默，而且被动地面对西方知识力量轴。

（单慧玲）

参考书目

［1］Edward Said,. 1978, *Orientalism*. London: Routledge and Kegan Paul.

［2］Edward Said, 1989, *Representing the Colonized: Anthropology's Interlocutors, Critical Enquiry*15: 205–25.

［3］Edward Said,. 1993, *Culture and Imperialism*. London:Chatto & Windus.

［4］James G.Carrier（Editor）1996, *Occidentalism: Images of the West*. Oxford: Oxford University Press.

［5］J. Clifford, 1988 [1980], 'On Orientalism', in J. Clifford, *The Predicament of Culture: Twentieth-Century Ethnography, Literature, and Art*, Cambridge. MA: Harvard University Press.

［6］J. Fabian, 1983, *Time and the Other: How Anthropology Makes Its Object*. New York: Columbia University Press.

［7］R. Inden, 1986, '*Orientalist Constructions of India. Modern Asian Studies* 20: 401–446.

《东非酋长》（*East African Chiefs: A Study of Political Development in Some Vganda and Tanganyika Tribes*） 是一本研究东非14个部落政治发展历程的著作。该书初版于1959年，编者为英国女社会人类学家理查兹（Audrey Isabel Richards, 1899–1984）。尽管该书是10多位东非社会研究所成员以及在相关东非部落工作过的学者集体智慧的结晶，但理查兹做出的贡献无疑是最大的：她不仅提供了该项研究的整体设想和思路，为该书撰写“引论”和“一些结论”，还撰写或者改写了一些具体章节的内容。

中译本于1992年由商务印书馆出版，全书446页，除“引论”外，共16章，35.6万字。该书聚焦于“间接统治”背景下东非部落的政治发展，对东非地区14个不同类型部落的传统政治制度以及英国殖民政府致力于提高效率而实施的改革情况进行了比较研究，同时对来自各个部落的1156位各级酋长的履历进行了描述性分析和讨论。通过对各部落改革前后情况的对比和分析，理查兹发现，以迈向现代化管理为目标的政治改革实际上有可能导致传统制度的巩固，因为“对地方社会事业行使新的监督权的往往就是取得新权力的传统参议会……参议会被赋予这种新权力后，实际上往往会助长部落的忠诚感和部落分离主义，并巩固传统的特权”。另外值得一提的是，该书在政治人类学的比较研究方面进行了非常有益的尝试，尽管囿于客观条件依然算不上理想意义上的、精确的比较研究范例，但预先设定、相对统一的研究计划、调查表格和行文结构足以使该书区别于福蒂斯（Meyer Fortes, 1906–1983）和埃文思·普里查德（Edward Evan Evans–Pritchard, 1902—1973）合编的《非洲的政治制度》（*African Political Systems*）（1940）、拉德克利夫·布朗（Alfred peginald Radcliffe–Broun, 1881—1955）和福德（Daryll Forde）合编的《非洲的政治制度》（*African Political Systems*）《非洲的亲属制度和婚姻体系》（*African Systems of Kinship and Marriage*）（1950）等有关社会结构比较的论文集。

（张丽梅）

参考书目

理查兹编. 东非酋长. 蔡汉敖，朱立人译. 北京：商务印书馆，1992.

动态完整性（Dynamic integrity） 启蒙思想家精确地知道深度空间、深度时间、演化进度和心理学深度。但是，不幸的是，当代哲学已经被不可思议的重大发现以及令人敬畏的现代科学视角所分离。有机物进化的过程源于那些DNA模型的生物化学复合物的随机变异之中；无意识的活动激发了人类行为。如何理解和欣赏在发展进化的自然界是必然需求，人类无数的进化之下展现了一个深刻的价值：整体的价值。动态完整性囿于这一需求呈现出来，它致力于启蒙教化和探索世界，整合科学的发现成果、宇宙过程论以及进化论自然主义整合成为一套完整的可供理解并加以应用的哲学人类学，鼓励创造和评估人类价值。动态完整性，这样的学科间的态度培养了一个整体性，它补充了社会变迁、批判性对话以及广泛的社会调查。

相对简单的生存论、伦理观或者整体生活的道德一致性而言，动态完整性具有更大意义。首先，动态完整性承担对于科学、理性、热情、新颖视角以及具有优越性的人类的开放思维的承诺效应。其次，动态完整性建立在进化论基础之上，例如，它承认自我一致性、人类一致性、生命一致性、宇宙一致性。再次，动态完整性需要思维与行动的创造性结合。一个具有动态完整性的人，其行为不仅建立在经验验证和逻辑反应的基础上，也有助于人类的变迁、生存、丰富和自我实现。最后，在伦理道德层面，动态完整性是在自然界中义务论的和目的论的，接受科学的检验，知识增长、实现自由、追求幸福和延长寿命等命题，实现人类的责任与义务。

总之，动态完整性就是关于人类思维的态度和生活方式，承认宇宙的广泛性、人类使用知识生存的简洁性以及对于通过科学知识、批判性思维以及坚决的努力来提升人类种族的当前需求。

（张洁）

动物行为学（Ethology） 根据康拉德·洛伦兹（Konrad zacharias Lorenz, 1903−1989）的定义，动物行为学是一门“将自从查尔斯·达尔文（Charles R. Darwin）时代以来出现的所有其他生物学分支理所当然地提出的所有问题和使用的所有方法，运用于动物和人类行为研究的学科”。它以行为的发生原因和功能为研究对象，试图确定遗传、生理和生态等方面的变数对行为的影响，还研究个体发生条件下动物的行为形式与环境交互作用而获得发展的方式和原因以及在种系发生的条件下动物行为又会如何发展。如此，行为就被解释成对特定环境做出适应性变化的一个方面。

其主要研究方法是：在自然环境中，观察某一动物物种的活动情况；在收集资料之后，行为学家制订出相对应的行为表，即某一动物行为的归类资料，随后的一个步骤则是系统的实验和物种间的比较。

动物行为学作为一门学科发源于欧洲，流行于在20世纪初。动物行为学的起源可以追溯到达尔文时期，达尔文所著的《物种起源》奠定了本能概念的基础。更重要的是他的如下结论：自然选择不仅是动物形态和生理的基础，而且也是动物行为的基础。

洛伦兹于1931年发表的《社会性亚科动物行为学研究的要点》，代表着现代动物行为学的开端。这篇论文和其随后发表的其他文章，综合了行为学先前取得的孤立的研究成果，提出了动物行为的新模式。他强调，只有在自然环境之中仔细观察动物，才有可能正确地解释动物行为。此外，他还强调对不同动物的行为进行比较的必要性。

作为对动物行为的研究学，动物行为学也研究先天与后天之间的关系问题，关注自然环境和这一环境的生理层面。与主要致力于学习的行为研究的动物行为主义者不同，动物行为学者专注于先天的行为，即在个体发育过程中发展的行为。

早期知名的动物行为学者包括斯宾塞（Herbert Spencer）、达尔文（Charles R. Darwin）、罗曼斯（G. J. Romanes）和威廉·詹姆斯（William James）。现代主要的动物行为学者有洛伦兹、Nikolaas Tinbergen 和 Karl Von Frisch。这些现代动物行为学者揭示出4个基本策略，即信号刺激、动力程序、驱动力和铭记，基因程序通过这些策略指导动物的生活。信号刺激是一种引发内在特定行为（固定行动模式）的外在感官刺激，它让动物认识它们第一次碰到的重要物体或个体并做出适当的反应；动力程序是协调完成单一任务的特定力量的连锁结果，如求偶舞蹈、叮咬行为和筑巢等。动力程序有两种类别，一种完全是天生的，另一种是通过学习获得的；驱动力大体被定义为欲望或下意识的本能，其启动和关闭取决于先天的定时装置和化学物释放装置；铭记是程序学习的例子，它被描述为在成长的特定关键时期学习特定类别的信息的能力。

现代动物行为学的新研究领域包括比较动物行为学、行为模式分析和人类动物行为学；比较动物行为学试图找到有共同祖先的动物的共同行为的关系，其主要任务是调查两种不同的类别在生物和行为方面的相似点和不同点，建立联系并解释为什么其中一项会发生；行为模式分析不仅在动物中流行，也在人类中流行。这种分析建立在观察的、神经的和分子的层面上，并提出和检验感官学习能力，求偶行为和攻击行为同样得到详尽的研究和解释；人类动物行为学将我们自己的行为与最近的进化亲属做比较，以间接地理解我们自己的行为。人类动物行为学同时与比较心理学紧密相关，探讨非言语交流、社会行为和修饰行为的起源。人类动物行为学的新层面包括人类行为、基因心理学、心理生物学和行为进化。人类行为的进化基础和如何观察和记录人类行为的方法也是这一主题涉及的方面。因此，人类动物行为学与心理学紧密相关，但有一个生物学连接。它关注种群特有的进化和基因特点，及其他人类与动物相同的行为。

动物行为学在研究人类行为方面的独创性，在于它所使用的系统观察方法和定性描述方法，它对种系发生根源的探索及从比较的观点演绎出行为的功能。人类行为学又依次影响到人类学、心理学和社会学。然而，构筑一个适当的理论架构，仍然是人类行为学需要解决的问题。

人类行为学已经跨步离开了描述性的开端，它的研究也不再囿于行为种系发生的适应作用：在注意适应作用的同时，文化方式也得到相对的重视。跨文化比较已使人们观察到多种具有普遍性的社会互存策略。

人类行为学的研究结果可能对社会问题产生重要影响，忽视人的本性的危险自然不言而喻。人类行为学所确认的普遍法则，尤其在人的交往和团体的内聚和隔离的机能方面，可以作为共同关心和普遍理解的基础，为克服种族中心论的政治策略提供一个有益的手段。

（黄娟）

参考书目

［1］Eibl-Eibesfeldt, I. 1975, *Ethology: The Biology of Behavior* (2nd ed.). New York: Holt, Rinehart & Winston.

［2］Hailman, J.P. 1967, *An Introduction to Animal Behavior: Ethology's First Century*. Englewood Cliffs, N. J., Prentice-Hall: Prentice Hall.

［3］Lorenz, K.Z. 1981, *The Foundations of Ethology*. New York: Springer-Verlag.

［4］Lorenz, K.Z. 1996, *The Natural Science of the Human Species: An Introduction to Comparative Behavioral Research*. Cambridge: MIT Press.

［5］德斯蒙德·莫里斯. 裸猿. 上海：文汇出版社，2003.

［6］德斯蒙德·莫里斯. 人类动物园. 上海：文汇出版社，2002.

都市人类学（Urban Anthropology） 人类学的分支之一。该分支主要关注城市化、贫困、城市空间、社会关系和新自由主义等议题。都市人类学研究始于20世纪20年代，从20世纪50–60年代开始，它成为一个独立的社会文化人类学的分支学科。与早期的都市研究及都市主义不同，都市人类学将都市作为城市人口的研究背景而非一种现象，同时试图将人类学的概念和田野研究的方法应用于研究之中。

都市人类学的倾向之一是研究城市中“小社会”的社会组织，并从更大的权力结构角度分析其社会生活。其中一些研究基于地缘组织，如邻里；另一些研究则分析由居住或不居住在一起的人们所组成的社会关系网络。城市中的社会网络往往是非本地化的，由农村或某一族群移民群体所组成。

都市人类学也探讨社会问题，如犯罪、大城市特色的社会疾病、贫穷和无家可归等。这些研究通常包括治理手段、城市政治、福利管理、城市更新系统以及形塑当地社区的经济条件。此外还有一些研究关注于正式的社会控制手段，如警察、法院和监狱系统。此外，都市人类学研究者广泛关注城市中的农村移民以及贫困问题。

20世纪90年代至今，都市人类学家关心的问题是普通人（包括少数族裔和本地人、精英群体与非精英群体）与他们的管理者、治理的合法性、社会空间与治理、政治意识形态对都市计划的影响、暴力和冲突等，同样进入关注范围的还有历史资料、国家的形成和族群—民族复兴的合法化过程、都市象征系统、对都市空间的利用、多元文化主义、都市环境、都市化和移民的适应等议题。

中国的都市人类学始于20世纪80年代，起初主要进行城市民族关系的研究，而其作为一门独立学科则是在1989年召开第一届国际都市人类学会议以后。在这一会议上，时任中国社会科学院院长的胡绳提出，都市中的不同民族文化和民族关系应该是都市人类学的研究课题，同时也指出汉族也应属于中国都市人类学研究的范畴。1992年，中国都市人类学学会成立时，明确把汉族研究列入研究内容。李德洙会长在第十三届国际人类学与民族学会联合会世界大会上的发言，进一步明确汉族研究是中国都市人类学学会的重要任务。

（王昊午）

参考书目

阮西湖. 都市人类学学科的建立与中国都市人类学的发展.《民族研究》，1996（3）.

独裁（Dictatorship） 由统治者个人独揽国家最高权力、以专制残暴的手段实行统治的方式。在欧洲源于古罗马共和国。当国家处于紧急状态时，元老院可任命独裁官，赋予处理一切事务的全权。罗马共和国末期出现终身的独裁官。随着罗马共和国向帝国转变，独裁遂成为一种确定的政治制度。古代东方的君主专制政体也属独裁统治性质。近现代，实行民主制度已成时代潮流，但仍出现独裁统治。20世纪见证了很多独裁者，如巴拿马的诺列加（Manuel Antonio Noriega Moreno, 1934–2017）、古巴的卡斯特罗（Fidel Alejandro Castro Ruz, 1926–2016）、罗马尼亚的齐奥塞斯库（Nicolae Ceau sescu, 1918–1989）、海地的让·克洛德·杜瓦利埃（Francois Duvalier, 1907–1971）、菲律宾的马科斯（Ferdinand Edralin Marcos, 1917–1989）、柬埔寨的波尔布特（Pol Pot, 1925–1998）、利比亚的卡扎菲（Muammar Mohammed Abu Minyar Gaddefi, 1924–2011）等。不过历史上最著名的3个人还要数意大利的贝尼托·墨索里尼（Benito Amilcare Andrea Mussolini, 1883–1945）、德国的阿道夫·希特勒（Adolf Hitler, 1889–1945）和苏联的约瑟夫·斯大林（Joseph Vissarionvich Stalin, 1878–1953）。墨索里尼和希特勒代表了法西斯式的独裁，斯大林则代表共产主义式的独裁。对于美国、西方民主国家和试图践行公平原则的国家来说，这两种形式都代表着威胁。

然而并非所有人都将这些人视为独裁者，这也许说明了公民看待独裁者的视角各有不同。举例来说，尽管美国人通常认为斯大林是独裁者，但在苏联，斯大林拥有大批支持者；墨索里尼和希特勒如果不是过早死亡或者输掉战争的话，或许相同情况也会发生在他们身上。

独裁所涉及的不止一人，它也指一国被一小部分人控制。无论是一个人的独裁还是一群人的独裁，都有一些相关特性。卡尔·弗里德里希（Carl Joachim Friedrich, 1901–1984）和布热津斯基（Zbigniew Kazimierz “zbig” Brzezinski, 1928–2017）在其著作《极权主义专政和独裁统治》（*Totalitarian Dictatorship and Autocracy*, 1956）中提出以下6点：①官方的意识形态；②单一的大规模政党；③恐怖的警察控制系统；④成熟的垄断控制；⑤对有效武装力量的绝对控制；⑥中央对经济的控制和领导。因此，独裁主义可以用来形容以下状况：由一个或一些领导者掌控社会，限制反对执政者的力量，以及用严厉惩罚来要求人民遵守行为规范。

独裁在一个国家内并不总是持续现象。有些国家的独裁政权被建立而后又被废除。有一些因素能够抑制独裁的发展，例如，反对党或持不同政见的多个政党的存在可以降低独裁产生的概率，在这一基础上，允许民众自由表达、传达对国家政策的不同意见并且引起多数民众的注意。另外，美式的文官治军也是防止军事政变的好方法。此外，民众较高的满意度也有助于防止独裁。当大众意识到每个人的生活水平都有机会提升，而且不用担心种族、宗教信仰、政治偏见的问题时，这一优势尤其明显。其他抑制独裁发展的因素包括健康的经济形势以及远离可能战败的国际冲突。如果第一次世界大战后德国的局势有所不同，那么希特勒这样的人要想获取权力就会困难得多。

独裁主义对非独裁主义可能构成潜在的或现实的威胁，因此必须持续防范独裁威胁。然而，保持独裁国家与非独裁国家的交流畅通也很重要，因为定期沟通会减少独裁的负面影响。独裁国家并非对外部影响免疫，且这种影响可以通过多种渠道施加。例如对它们来说，国际舆论就很重要。当独裁者的举动将在世界范围内产生消极影响时，国际舆论可能会削弱其在国际活动中的地位。此外，持续监测独裁国家的活动和其军事能力有助于防止独裁主义将其政治影响扩散至其他国家。

在21世纪仍会有独裁主义存在。在理想的情况下，独裁或许会被民主代替。然而现实情况是已经存在的独裁政权还将继续，新的独裁主义正在发展，另外一些独裁主义的形式则会变得更容易被接受。（参见专制。）

（贾云龙）

多点民族志（Multi-Sited Ethnography） 传统意义上的人类学是选择一个田野点：单点民族志可以追溯到19世纪末，这种做法延续至整个20世纪，都是单一的"进去—出来"模式。多点民族志由乔治·马库斯（George E. Marcus）在1995年提出，意指至少在两个地点以上进行田野调查。然而多点民族志的实践早在马林诺夫斯基（Malinowski）已经出现，他的作品《西太平洋的航海者》（*Argonauts of the Western Pacific*, 1922）便是追寻库拉圈这个经济活动在特罗布里恩德群岛的多个岛屿进行田野调查。另一个经典案例是埃文思·普里查德（E. E. Evans-Pritchard）的《努尔人》（The Nuer, 1940）。

在20世纪80年代后期，一方面关于单点整体论文本的争论，另一方面越来越多的人关注全球之间的联系，无论是人口流动模式，还是新马克思主义。大家认为，要理解地方就得关注"世界体系"或"全球政治经济"赋予当地的意义和政治意义。因此对于一个社区或社群的理解不能仅局限于当地，而需要顾及流动至各地的人以及相关的事件。对此，马库斯提出了"多点民族志"作为研究本地和全球系统模式的名称，从而适应劳动分离的多个"田野点"，民族志学者从更抽象的"语境"中理解地方社会，所以也就要求诸如经济学和政治学等的不同分析手法。

多点民族志受到了众多的质疑，最普遍的是所谓的多点，即人类学者频繁地穿梭于各个空间，不利于人类学的深描。最近的讨论甚至认为多点民族志深描不仅需要考虑空间问题，而且应该发现时间的复杂性。其他的批评倾向于关注概念，而不只是实践的或道德的问题，特别侧重于多视角的部分和整体之间的关系。

（邹宇灵）

多偶婚（Polygamy/Plural Marriage） 多偶婚与单偶婚相对应，非一夫一妻的婚姻形式，主要有多妻婚和多夫婚。一夫多妻的英文名称为Polygyny，一妻多夫的英文名称为Polyandry。多妻婚形态很多，最松懈的定义是：凡是社会允许或默认一个男人娶一个以上的妻子，我们即认为其为多妻婚制度的存在。世界上有712

个民族，约有83%的民族不同程度地允许多妻婚。从同居者的构成来看，又可以分为3种形态：其一，妻子们同居于一个屋内；其二，如在非洲通常见到的，妻子们和各自的孩子同居于一个院子（场地）内，但又分别居住在各自的房间里；其三，妻子们分别住在各自村子里。多夫婚：世界上有13个民族有多夫制，世界上现存的一妻多夫制主要集中在喜马拉雅地区，主要为藏缅语族诸民族（藏、门巴、珞巴、夏尔巴）以及周边受藏文化影响的其他少数民族。

多偶婚制度允许个人拥有一个以上的配偶。它包括一妻多夫制和一夫多妻制。一妻多夫制是允许一个女人同时拥有一个以上的丈夫，或是相对于多个男人来说共享一个妻子。它通常是采用兄弟共妻的形式，即一群兄弟共享一个妻子。一夫多妻制则是允许一个男人同时拥有超过一个以上的妻子。

（徐业鑫）

E

俄 恶 恩 儿 二

俄罗斯人类学（Russian anthropology） 就其学科构建而言，形成于19世纪下半叶，并在19世纪50-60年代产生第一批学术性的人类学机构和团体，并开始出版专门的人类学著作。但俄国关于人类学知识、资料、文献的收集积累则远早于这一时期，主要沿两条基本轨迹展开：一方面是研究俄国境内各民族的体制类型特点，另一方面则是发展关于人类起源的一般理论观念。值得注意的是，与研究人体各系统、各器官的构造变异以及研究年龄变化、特质发展等相关的一些比较专门性的人类学问题（体质人类学）进入俄国人类学研究领域的时间比较晚，并且长期没有越出解剖学家和医务工作者的兴趣范围。

在中世纪的俄国文献和涉及各民族风俗习惯的相关作品中，就已有关于各民族体质类型特点的相关描述。而随着俄国向西伯利亚的扩张，关于俄国各民族的人类学知识也大为增长。从18世纪初开始，出现了第一批真正的民族学著作，这些作品论述了诸多西伯利亚民族，其中包括关于当地居民的体质类型的报道。

在18世纪前半叶的俄国科学家中，塔季谢夫（Vasily Nikitich Tatishchev, 1686-1750）位居前列，他在俄国人类学知识的发展中留下了浓墨重彩的一笔。此外，有关俄国和外国各民族体质类型的材料随着民族学调查的展开而日渐积累，与此同时，人类学中探讨人类起源及其在动物界中的地位等问题的领域也随着与“博物学”（natural history）的密切联系而日益发展起来，其中值得关注的是彼得大帝（пёТР AnekceeBNH PomaHOB, 1672-1725，又称“彼得一世”，1721年称帝。）建立的珍奇物品陈列馆（现为俄罗斯民族学人类学博物馆，Kunstkamera），该馆是俄国博物馆的摇篮。

19世纪初，人类学尚未成为一门独立的学科。在俄国，它在这个过程中迈出的最初几步都是同俄国科学院院士贝尔（Karl Ernst Ritter Von Baer, 1792-1876）的活动联系在一起的。贝尔是当时最伟大的俄国人类学家，同时又是在俄国进行人类学和民族学研究的组织者。1834年，他应俄国科学院之邀从哥尼斯堡来到彼得堡，进行他在俄国的人类学研究活动。1842年，他出任俄国科学院解剖研究室主任，通过不懈努力，为该研究室逐渐转型为未来的大型人类学博物馆奠定了基础。他认为，各民族在体质类型的文化上的差异是由地理环境特点、气候和地形影响等因素决定的，这个论点与其所坚信的人类起源一源论有着直接的关联。

与欧洲其他国家人类学发展历程不同的是，19世纪末的革命民主主义者，如赫尔岑（Александр Иванович Герцен, 1812-1870）、杜勃罗留波夫（николай але ксандрович добролюбов, 1836-1861）、车尔尼雪夫斯基（Николай Гаврилович Чернышевский, 1828-1889）、皮萨列夫（Дмитрий Иванович Писарев, 1840-1868）等在推动俄国人类学发展方面也起到了重要的作用。他们对自然科学问题深感兴趣，力图利用自然科学材料来论证唯物主义，广泛宣传生物学成就。而专业动物学家米克鲁霍·马克莱（Nikolai Miklouho-Maclay, 1846-1888）则通过他对新几内亚和南太平洋其他地区的民族所做的杰出的民族学和人类学研究，为俄国人类学界赢得了世界性声誉。1988年，在他百年诞辰之际，为纪念他的伟大成就，苏联政府通过决议，当时的苏联科学院民族学研究所以其名字命名。

1863年莫斯科大学自然科学爱好者协会的成立，是俄国人类学史上最重要的事件之一，时任莫斯科大学教授波格丹诺夫（Anatdi Petrovich Bogdanov, 1834-1896）是该协会的发起者和组织者，并长期领导着这个协会的工作。1864年在协会内部成立了人类学分会，负责进行包括人类学、民族学和考古学方面的调查研究工作。也正是在这一年，波格丹诺夫提出了开设普通人类学课程的计划草案，是俄国大学内讲授人类学课程的第一人。可以说，19世纪60–70年代可以称为俄国人类学的“波格丹诺夫时期”，而之后的40年则因阿努钦（АНуЧИН. ДМИТРИЙ НИколаеВИЧ Anuqin, D. N, 1843–1923）的杰出成就而成为俄国人类学的“阿努钦时期”。阿努钦在协助波格丹诺夫组织1879年的人类学展览会方面做出不小贡献，后来他在这次展览会的基础上组建了莫斯科大学人类学博物馆。进入19世纪80年代，除了莫斯科，在俄国其他城市中也开始建立人类学机构，其中1887年在彼得堡大学、1893年在彼得堡军事医学院先后成立了人类学会。在阿努钦领导下，出版了“人类学分会著作”系列丛书，并于1900年创办《俄国人类学》杂志，主要刊登民族人类学著作。

（袁剑）

参考书目

Knight, Nathaniel. 2008. *Nikolai Kharuzin and the Quest for a Universal Human Science*: Anthropological Evolutionism and the Russian Ethnographic Tradition, 1885—1900. In Kritika: *Explorations in Russian and Eurasian History*, vol. 9, no. 1. 2008: 83–111.

《恶的人类学》（*The Anthropology of Evil*） 英国社会人类学家大卫·帕金（David Parkin, 1940–）主编的《恶的人类学》所要回答的问题是恶从何而来，关于恶的论述是否是唯一的。除犹太—基督教之外，书中的数位作者用民族志为我们描述了不同宇宙观之下的“恶”的概念。如在霍巴特（Mark Hobart）笔下的巴厘世界，与犹太—基督教“万物本于一”的观念不同，在巴厘，生命的不同形式都拥有自己形而上学的预设，并且由此产生不同的知识、理性及生存目标，它们之间的碰撞构成了巴厘的主旋律。善恶在其中没有一致的标准，对于同样的事情，不同的人也可能做出不同的判断。印度教、佛教、古老的爪哇宗教以及巴厘社会自身的宗教观念糅合在了一起，形成了多种多样的“恶”。秩序和规范不是由一位至高的上帝所制定，也不是普遍性的，而是对于每一种存在都各不相同，并且会随着时间、地点、情景而变化。这些“恶”或多或少都与犹太—基督教图式下的“恶”有所不同，甚至从根本上南辕北辙。

如果说多样性是人类学一直以来的追求，这本书就把多样性的视角投向了通常认为理所当然的道德规范，把比较研究的领域推广到了伦理的层面。从罪恶的来源和表现到“必要的恶”，再到社会德行的无上体现，曾经被视为“万恶之根”的个人欲望所经历的正当化过程，正是恶在西方历史命运的缩影。但是，对于个体的恶，社会的态度又是矛盾的：一方面，它高举欲望的价值；另一方面，它又想方设法要将个体欲望限制在自己的控制范围以内。从个人为了避免无休止的欲望所引发的争斗而形成社会的时候开始，社会和个人就一直处于对抗性的关系之中。

（刘荣）

恩格斯（Friedrich Engels, 1820–1895） 无产阶级革命导师，马克思主义创始人之一，马克思的亲密战友。德国巴门市（时属普鲁士王国，今伍珀塔尔市）人。父亲是纺织厂主，曾强迫恩格斯辍学前往不来梅当商业学徒，在不来梅恩格斯成为青年德意志运动的追随者。1841年恩格斯离开不来梅前往柏林服兵役，在柏林期间撰文批判谢林的神秘主义哲学，这标志着他在青年时代与宗教的最后决裂。1942年10月服兵役结束后，恩格斯去科隆旅行期间与《莱茵报》的编辑见面，由此决定通过前往他父亲在曼彻斯特的工厂工作一段时间，将他的商业生涯和政治兴趣结合起来。他在前往曼彻斯特的途中再次在科隆停留的时候，遇到了《莱茵报》的年轻主编——卡尔·马克思。

1842—1844年住在曼彻斯特的这段时间对恩格斯学术思想的发展是决定性的。他将两篇文章寄给了《德法年鉴》，这是马克思在《莱茵报》遭到查封之后去巴黎主编的刊物。其中一篇题为《国民经济学批判大纲》（Outlines of a Critique of Political Economy）的文章. 以鲜明而简洁的语言宣告了这一思想：工人阶级的穷困和随之而来的革命是不可避免的。它直接导致马克思关注经济学的主题。

1844年8月底恩格斯从英国回国，途径巴黎时会见了马克思，两人在一切理论领域都显出意见完全一致，从此并肩战斗终生。恩格斯回到巴门后将他在曼彻斯特搜集的材料写成一篇谴责英国早期资本主义的经典文本——《英国工人阶级状况》（The Condition of theWorking Class in England），于1845年出版。随后恩格斯前往布鲁塞尔与马克思汇合，1846年二人前往英国旅行，回来后合著《德意志意识形态》（The German ldeology）和《神圣家族》（The Holy Family），前者进一步批判青年黑格尔派的唯心史观，揭露德国“真正的社会主义”的假社会主义面目及其哲学基础，指出费尔巴哈唯物主义的不彻底性，第一次系统地阐述了唯物主义历史观。1947年二人加入主要的流亡者组织——正义者同盟，1847年6月恩格斯作为巴黎代表到伦敦参加同盟大会同年11月，他和马克思参加了最后一次会议，会上委托他们起草一份共产党宣言——同盟同时更名为共产主义者同盟。恩格斯创作了最初的草稿，马克思创作了最终版本，即1848年2月问世的《共产党宣言》（The CommunistManifest）。《共产党宣言》是科学社会主义的第一个纲领性文献，标志着马克思主义的诞生。但在发布之前，1848年欧洲大革命爆发，他们从巴黎迁往科隆，共产主义者同盟解散。德国三月革命爆发，恩格斯和马克思拟定了《共产党在德国的要求》作为共产主义者在这次革命中的行动纲领。二人把注意力转向了新闻事业，筹办《新莱茵报》，马克思担任主编，恩格斯则是这份销路广泛且订量不断增加的报纸的激进记者。因德国政府对恩格斯发出了逮捕令. 他逃往法国和瑞士开始了徒步之方旅。1849年5月《新莱茵报》被查封，恩格斯回到家乡参加起义部队，决战失败后经热那亚乘船前往伦敦，与在流亡中的马克思会合。恩格斯在伦敦住了一年，协助马克思在共产主义者同盟重组后的中央委员会开展政治活动。1850年到1852年，为总结1848年革命的经验写了《德国农民战争》（The Peasant War in Germany）和《德国的革命和反革命》（Germany: Revolution and Counterrevolution）两本书。因为政见不同和缓解资金压力，恩格斯接受父亲的建议加入在曼彻斯特的家族企业，并在此居住了20年，在商业和共产主义之间一分为二，过着双重生活。在这20年中，恩格斯同马克思保持频繁的书信往来，商讨各种政治和学术问题，并为马克思提供了极大的经济支持。他常以马克思的名义为《纽约每日论坛》撰稿，因为马克思没有足够的时间和英语写作能力。恩格斯撰写的主要是关于克里米亚战争和近东远东事件的文章，并花了不少时间研究军事理论，奠定了马克思主义军事科学的基础。

1870年恩格斯搬回伦敦，当选为第一国际总委员会委员，直接参与国际的领导。1870年7月普法战争爆发后，发表了一系列军事评论文章，对战争进程作了科学预测。1871年3月巴黎公社成立后，同马克思一起捍卫公社事业，总结公社经验。为维护国际内部思想上组织上的统一，积极参加了反对蒲鲁东派、工联派、拉萨尔派、巴枯宁派的斗争。1872-1873年，写了《论住宅问题》《论权威》《行动中的巴枯宁主义者》等著作，批判了蒲鲁东主义和无政府主义，丰富发展了科学社会主义。1875年2月德国社会民主工党（爱森纳赫派）同全德工人联合会（拉萨尔派）召开合并预备会议，并拟定了准备提交哥达合并大会通过的纲领草案。他同马克思一起，批判了爱森纳赫派向拉萨尔派的无原则妥协，批判了纲领草案中的拉萨尔主义观点。1876-1878年，写了《反杜林论》（Anti-D ü hring）一书，对杜林的哲学、经济学和社会主义观点进行了全面的批判，对马克思主义的哲学、政治经济学和科学社会主义作了系统的科学阐述。1880年又将该书《引论》第一章和第三编《社会主义》第一、二章改编为《社会主义从空想到科学的发展》，马克思称之为“科学社会主义的入门。”1879年，同马克思合写了《给奥·倍倍尔、威·李卜克内西、威·白拉克等人的通告信》，批判赫希伯格、伯恩施坦、施拉姆（“三个苏黎世人”）妄图把德国党变成改良主义政党的机会主义观点。

1873–1882年间恩格斯致力于研究自然科学和数学，对史前史和人类学有持久的兴趣，撰写了广受欢迎的著作《家庭、私有制和国家的起源》（The Origin of the Family, Private Property and the State）并于1884年出版，一些札记和论文在他逝世后被编成《自然辩证法》（Dialectics of Nature）一书出版。1886年写了《路德维希·费尔巴哈和德国古典哲学的终结》（Ludwig Feuerbach and the Outcome of Classical German Philosophy），论述了马克思主义哲学同黑格尔哲学和费尔巴哈哲学的关系，提出思维和存在的关系问题是全部哲学的最重大的基本问题，并深入阐释了辩证唯物主义和历史唯物主义的基本原理。1889年在他的直接关怀和帮助下，各国工人政党采取联合行动，成立第二国际。1891年初排除重重阻力，公开发表了马克思的《哥达纲领批判》，给机会主义以沉重打击。同年3月再版马克思的《法兰西内战》，并写了导言，进一步总结了巴黎公社经验。6月写了《一八九一年社会民主党纲领草案批判》，批判了德国党内否定暴力革命的机会主义言论。1894年针对德国社会民主党和法国工人党在农民问题上的错误观点，写了《法德农民问题》，阐述了农民问题和工农联盟对无产阶级革命的重要意义以及无产阶级取得政权后对农民进行社会主义改造的正确途径。1895年写了《卡·马克思〈一八四八年至一八五〇年的法兰西阶级斗争〉一书导言》。

1883年马克思逝世后，恩格斯担负了整理和发表马克思的文献遗产和继续领导国际工人运动的重任，并写了许多重要著作。经他整理的马克思的《资本论》（Das Capita）第一卷英文版于1887年出版，第2卷和第3卷分别在1885年和1894年出版。

1895年8月恩格斯因喉癌逝世。

（王建民）

参考书目

［英］戴维·麦克莱伦著. 恩格斯传. 臧峰宇译. 北京：中国人民大学出版社. 2017.

儿童（Children） 关于儿童的人类学研究包括儿童在社会中的地位、儿童的文化概念、文化语境中儿童的发展和社会化、儿童福利和儿童生存4个方面。这4个方面不是互相孤立的，儿童是社会和经济体系的一部分，正如儿童在生理和心理发展过程中和在文化学习中体验到的一样。

在人类学中，儿童研究理论最初主要来自弗洛伊德（Sigmund Freud, 1856–1939）的发展概念。早期文化和人格学派研究者认为针对孩子的训练技术对成人人格有预测作用，可以解释人格的文化差异。后来研究者惊讶地发现童年体验与成年后的性格联系假设缺乏证据，童年期的经历与人格的关联性从很大到几乎没有。因此，作为集体性格论的主要构成部分，童年期决定论受到了批评。然而，儿童发展文化生长的问题已成为理论和实践中的一个重要问题。

玛格丽特·米德（Margaret Mead，1901–1978）研究了文化在儿童发展过程中的作用。尽管米德对文化传播非常感兴趣，米德不仅在成人世界中研究儿童，将他们视为社会化进程中的被动主体，她也意识到儿童常常“基于与成人生活的不同前提，活在自己的世界里”。米德得出了一个结论：看似普遍的心理历程在某些情况下其实是具有特定文化内涵的发展历程。虽然米德的理论一直以来备受争议，但她强调的问题至今还是重要的议题，而且人类学家也继续质疑儿童发展的普遍模式。

不是所有的研究人员都认为儿童有一个自己的世界：很多工作需要以成人世界作为其出发点，并在教育和管控方面用成人的思虑来看待儿童，以应对将来的成人生活。但是文化各有不同，因给予多少明确的关注或受到多少必要的培训而不同。虽然某些父母的目标代表了或接近普遍父母的目标，不同的文化对在塑造儿童发展的过程中家长扮演的角色有着不同的观点：在某些文化中，孩子受到了成人非常大的干涉；而在另一些文化中，孩子则很少受到成人的干涉。这两种观点都考虑到了复杂的社会化实践，但是可能会影响塑造成人与孩子关系的发展。

虽然它提供了一个必要的视角，但是成人世界和成人世界的要求并没有为理解儿童提供最好的基础。就如任何家长所知，尽管孩子在社交和情感方面依赖于成人，但孩子常常不是被动接受成人的需求。当孩子在学习方面被认为是主要为大人学习，那么他们就会表现得更被动。当然，不能忽视孩子对自己的生活相对缺乏知识和控制力这一点。但是仅将他们视为成人知识的被动接受者不能为他们的生活或发展呈现一个完整图像。相比较，以儿童为中心的研究将他们视为动态因素：儿童是在潜移默化中学习大多数文化的，而且通过交流对话来传达他们所学到的东西。

（李索菲）

二元论（Dualism）　来自拉丁语中表示“二”的词“duo”，指事物由两个部分构成。二元论最初是哲学本体论中的一支，即认为世界的本原有两个，与一元论相对立，与多元论相区别，如笛卡儿的身心二元论、中国的阴阳学说等。二元论概念后来得到推广，被用来指那种由两个基本部分构成的系统，如神学二元论（Theistic dualism）、道德二元论（Moral dualism）、物理学中的波粒二象性（Wave-particle duality）、科学哲学中的主客二分（Subject and object）等。

宗教二元论认为世界由善与恶两种力量统治。善是精神，是灵魂，是善的力量创造的一切东西；恶是物质，是肉体，是恶的力量创造的一切。严格的二元论者（如摩尼教）认为善恶的力量分别对应两个神，他们地位等同，力量相当。温和二元论者（如塞特派）则认为，只有一个上帝，即善的力量，恶的力量是比上帝低一个档次的路西法（Lucifer），力量也次之。

在社会学和经济学中，社会二元论是由经济学家玻克（Julius Herman Boeke, 1884-1956）最先提出的一种理论，论及的是输入的社会制度与另一类型的土生土长的社会制度之间的一种冲突。玻克在对荷属东印度（现印度尼西亚）进行分析时指出，在南亚和东亚的不发达社会中，同时存在一种现代的、资本输出的因素和一种传统的、前资本主义的、残存的因素。二者之间几乎没有任何直接联系。前者是出现在东方土地上的“外国领地”，它“在任何一点上都不触及本土生活”。资本和雇佣劳动力都不是土生土长的，土地是未开垦的，本地的产品被输出，而本地工人的生活必需品则要从别的地方输入。造成这种情况的缘由就在于西方和东方的经济活动迥然不同，二者无法和谐一致：前者是被无限制的需要所促进的，而后者则为有限的需求和需要所限定；前者追逐利润，而“东方人”则力求避免风险，不喜投资且仅在满足中等需求的限度内付出自己的劳动。这就导致了劳动力供应曲线反向倾斜的难以捉摸的现象，即工资越高，“东方人”愿意劳动的时间则越短。玻克得出结论说，西方的边际生产率理论不适用于二元经济（Dual economy）。任何试图将西方的经济市场、生产技术和工业组织强加给东方社会的政策，都将遭到失败并引起倒退和衰败。（参见*Economics and Economics Policy of Dual Societies*，1953修订版）

尽管玻克的观点是悲观的，他对于西方的经济理论也缺乏信心，但二元论激励了数代西方经济发展专家，直到1967年弗兰克（Andre Gunder Frank, 1929-2005）对这一概念提出批评才使他们的热情冷却下来。在摈弃了玻克的解释后，这些人又将二元论由因变量转变为自变量，以解释当地经济市场和生产技术发展的迟缓。论点是从边际生产率理论推导出来的。他们认为二元经济中的传统部门和现代部门之间的边际效率差别如此之大，以致传统部门成了现代部门的拖累，而把整个经济都拖垮。这一理论后来也遭到了依附论代表弗兰克的批评。

（康敏）

F

发展人类学（Anthropology of Development）是应用人类学的一个分支，研究人类社会发展的问题（如贫穷、环境恶化、饥饿），并应用人类学知识去解决这些问题。发展人类学的起源可以追溯到第二次世界大战结束到20世纪60年代，世界殖民体系完全崩溃时期。为在新独立的新兴民族国家推广西方现代资本主义发展模式和对抗以苏联为首的社会主义阵营，以美国为首的西方国家向经济落后的国家提供直接的经济援助项目，如杜鲁门的"四点计划"。这些项目把经济增长作为社会发展的目标，但在实践中并未取得预期的效果，反而引发了许多社会、经济和文化问题，如通货膨胀、分配不公、两极分化、文化冲突等。到20世纪70年代，一些发展机构，如美国国际开发署（United States Agency for International Development）和联合国开发计划署（United Nations Development Programme）等，开始重视受援国的社会文化因素，把目光转向人类学家，利用人类学家的专长和知识修订发展计划，把社会问题而不仅仅是经济增长指标包括进他们的政策和规划里。这些发展机构对人类学家的需求正好填补了西方20世纪70年代高校对人类学家需求减少的空缺。同期，发展人类学研究机构也建立起来，如建于1976年的美国的发展人类学研究所、英国的海外发展研究所、丹麦的发展研究中心、法国的海外科学和技术研究办公室和肯尼亚的发展研究所等。以发展人类学为题的论文或书籍也相继出版，这些都是发展人类学诞生的标志。

在这一时期，国际上的发展项目出现了4个新的投向：①城市基础设施建设项目；②社会方面的发展项目（如健康、教育、医疗、住房等）；③乡村发展项目；④新的发展意识：发展要适应于当地的自身资源/技术水平。到20世纪80年代，可持续性发展概念出现并得到普及，自然环境成为发展项目必须关注的内容。在90年代初期，妇女与发展问题成为发展项目关注的重点。90年代中期以后，国际发展项目直接投向最贫困群体，并让其参与社会经济发展项目的设计、传递、决策过程。目前，国际上对发展项目达成几点共识：关注农村地区的发展；以人为本，关注就业和收入的提高，而不是单纯的资本积累；关注妇女在发展中的特殊需求和地位；关注可持续发展，防止以生态环境破坏为代价的经济发展；关注农村地区最贫困人群对发展过程的参与。

发展人类学随国际发展计划而壮大。发展牵涉方方面面，如住房、卫生设施、身体健康、饮水、教育、农业、旅游业、环境保护、就业、政治权力、消除贫困、可持续性发展、食品保障等，为发展人类学提供了很大的舞台。发展人类学成为"传统"社会向"现代"社会过渡时，连接文化和发展的桥梁。每年有众多新的学术著作出版，更多的人类学家投身于发展领域，使发展人类学更好地融入人类学学科中。

作为应用人类学的一个分支，发展人类学立足于服务发展项目，实地解决或缓解发展项目中因文化引起的社会、政治和经济问题，探索利用本土文化提高发展项目实施效果的可能性；它把发展视为一种文化、经济和政治的过程，关注和分析在这一过程中出现的经济和权力不平等关系。格瑞洛（Ralph D. Grillo）在1997年把发展人类学的研究主题归纳为7个方面，分别是人类学家在发展中处于何种地位、人类学的"异文化"研究到底能为发展研究带来什么贡献、反对在发展实践和研究中把第三世界国家的普通人民及其知识边缘化、倡导自下而上的参与式发展，促使赋权模式的实施、讥讽现有的发展实践和目标、批判发展和发展过程、寻找有效处理发展的人类学研究中权力关系的另类途径。

在理论上，经济学家和其他社会科学家提出的各种发展理论和方法，如现代化理论、依附理论（Dependency Theory）、马克思主义理论、平民主义理论（Populist-inspired theories）、利益相关者理论、社区整合方法（Community Integration Approach）和欣赏式探询法（Appreciative Inquiry）等，为发展人类学家解释发展或发展不足提供了理论基础。近二十年来，人类学对家庭、家庭内部关系（Household/Intrahousehold relations）和对公共财产制度（Common property systems）的研究也为发展人类学提供了研究理论和方法。

在实际研究中，发展人类学强调理论、方法和实践有机结合。发展人类学常用参与（Participation）和赋权（Empowerment）两个概念，既是理论也是方法。一些地方发展项目采用了这两种理论和方法，结果表明当社区和社区成员参与发展项目的计划和决策过程、被授权管理和控制他们自己的资源和未来时，平等发展最有可能实现。这也是发展人类学的发展趋势之一，而另一趋势是加强同其他学科合作，学习其他学科新的发展理论，不仅进行当地社区研究，还研究对发展计划影响更大的政治和经济组织势力。

发展人类学被引入中国较晚，20世纪90年代，才有学者对发展人类学做了零星介绍， 如云南大学陈庆德1998年在《思想战线》期刊发表了《发展理论与发展人类学》。但进入21世纪后，发展人类学在中国无论在理论还是实践上都得到新发展，相关专著和论文陆续出版，如陈庆德2001年出版《发展人类学引论》、周大鸣、秦红增2005年出版《参与式社会评估：在倾听中求得决策》、罗康隆2006年出版《发展与代价》、潘天舒2009年出版《发展人类学概论》、杨小柳2007年在《社会学研究》上发表论文《发展研究：人类学的历程》、陈刚2009年在《广西民族研究》上发表论文《发展人类学视野中的文化生态旅游开发——以云南泸沽湖为例》。但发展人类学在中国还是处于起步阶段，主要学习和借鉴西方的研究成果，少数民族地区社会经济发展和参与式发展研究是当今中国发展人类学的研究主题。

（陈刚）

参考书目

［1］陈庆德. 发展人类学引论. 云南：云南大学出版社，2001.

［2］潘天舒. 发展人类学概论. 上海：华东理工大学出版社，2009.

［3］杨小柳. 发展研究：人类学的历程.《社会学研究》，2007（4）.

［4］陈刚. 发展人类学视野中的文化生态旅游开发——以云南泸沽湖为例.《广西民族研究》，2009（3）.

［5］Little, Peter D. 2005, Anthropology and Development. In Satish Kedia and John van Willigen (eds.) *Applied Anthropology: Domains of Application*, Westport, CT.: Praeger.

［6］Michael M. Horowitz, Introduction: Development and the Anthropological Encounter in the 21st Century. *Development Anthropologist* V16 (1-2), 1998.

发展周期（Development Cycle）　“周期”一词来源于天文学、物理学，指天体或物体再度回到某一相对位置或恢复同一状态所需的时间。发展周期是一个宏观的发展概念，反映一个国家或地区发展与增长幅度的变化的规律。这一概念源自发展理论中的世界体系理论。

世界体系理论（World System Theory）是20世纪70年代在美国兴起的一种有广泛影响的发展理论。美国纽约州立大学的伊曼纽尔·沃勒斯坦（Immanuel Maurice Wallerstein, 1930-）1974年出版其4卷本的《现代世界体系》第一卷《16世纪的资本主义农业与欧洲世界经济体的起源》，标志着世界体系理论的基本形成。沃勒斯坦将世界体系和世界文明分为10个方面进行考察：其中，首先他认为它们具有发展周期性和趋势。沃勒斯坦认为，世界体系具有生物有机体一样的特征，即它也具有生命周期或者说是发展周期，只不过它的生命力由冲突的各种力量（聚合的力量和分裂世界体系的潜能）

构成。沃勒斯坦认为，在大部分历史时期中，我们看到的世界体系主要以“世界帝国”的形式存在，只是到了“延长的16世纪”（1450—1640），才在欧洲产生了稳定的世界经济体雏形，即建立在互补性地区劳动分工基础上的一体化的欧洲经济体。此前的世界经济体都极不稳定，要么转变成帝国，要么解体了。此后，在西欧发达国家的推动下，欧洲经济体这一体系不断向外扩张，将美洲、非洲、亚洲各个国家、地区纳入体系中，最终形成了覆盖全球的一体化资本主义世界经济体。在沃勒斯坦那里，“世界经济体”和资本主义是一枚硬币的正面和反面，是一种不可分割的现象，而且，“现代世界体系”中的劳动分工、多种文化制度和经济剩余的转移等都是由资本主义造成的。因此，资本主义是现代世界体系的内核。

世界体系的运行存在周期性，也就是资本主义的发展经历着停滞和扩张的长周期运动；扩张期经济增长从中心向边缘扩散，停滞期首先损害的是边缘地区的利益，所以也被沃勒斯坦称为霸权周期。资本主义世界体系经历了3个霸权周期，产生了3个霸权国家，即17世纪的荷兰、19世纪的英国和20世纪的美国。因周期性发展变化而产生的霸权国家有这样一些共同特征：它们只有将自己的经济优势从农业—工业生产领域开始，逐步扩大到商业、金融业，并维持在此3个领域的全面优势时才能建立霸权；它们都力主门户开放的自由贸易；它们的军事力量主要体现在海上。但是，在资本主义世界体系内始终存在“反体系运动”。对居于核心的霸权国家来说，问题在于称霸是短暂的，一个国家一旦成为霸权国，它也就开始衰落。

沃勒斯坦的世界体系理论在理论和方法上都突破了传统社会科学的研究范式，主张从世界体系的角度对资本主义历史进程进行长时段和大范围的研究，全面揭露资本主义制度的不平等性，指出当代社会发展的根源在于资本主义世界体系。

发展周期概念就是他在理论和方法上借鉴了全球史观和年鉴学派长时段研究方法的具体体现。

（雷小卉）

参考书目

［1］刘海霞. 评沃勒斯坦的“世界体系”论.《首都师范大学学报》（社会科学版），2002（4）.

［2］刘志明. 依附论和世界体系论述评.《开放导报》，2010（1）.

［3］安德烈·冈德·弗兰克. 依附性积累与不发达. 高戈译. 南京：译林出版社，1999.

［4］卡多佐. 拉美的依附性及发展. 单楚译. 北京：世界知识出版社，2002.

［5］多斯桑托斯. 帝国主义与依附. 北京：社会科学文献出版社，1992.

［6］萨米尔·阿明. 不平等的发展. 高铦译. 北京：商务印书馆，1990.

［7］缪尔达尔. 亚洲的戏剧——南亚国家贫困问题研究. 方福前译. 北京：首都经济贸易大学出版社，2001.

［8］斯塔夫里亚诺斯. 全球分裂：第三世界的历史进程. 迟越等译. 北京：商务印书馆，1993.

［9］俞新天. 机会与限制：发展中国家现代化的条件比较. 上海：上海社科院出版社，1998.

法国结构主义（French Structuralism） 法国结构主义的兴起和发展在很大程度上得益于结构主义大师列维·斯特劳斯（Claude Lévi-Strauss, 1908-2009）。第二次世界大战中，他在纽约流亡时遇见了语言学家雅各布逊（Roman Osipovich Jakobson, 1896-1982），后者向其介绍了结构语言学。在这一启发下，列维·斯特劳斯发展了他的结构主义版本，学者们有时称为“结构人类学”，但普遍称之为“法国结构主义”。

列维·斯特劳斯的主张是用语言的隐喻来理解文化，文化是一种语言。同语言一样，文化是由一系列不同的规训行为和信息编码的互相转化所组成的。在人类学课堂上，他常举的例子是吃早餐，人们在早上起床会感觉到肚子饿，但是什么食物才是餐桌上的早餐食品却是文化所规定的，不同的文化会会使人选择咖啡或者是红茶，在有些文化里面包是必不可少的，而在有些文化中，人们更青睐于面食或昆虫。同样，人类的文化如同有机体一样也对自身的基本需求有一定的满足，比如说，“吃”或者是“自我繁殖”，只不过它们是以不同的方式进行罢了。

对于结构主义者来说，要想掌握文化的规律仅仅只对早餐进行研究是远远不够的，这只是研究的第一步。他们更倾向于从早、中、晚三餐的横向比较来发现规律，这一方法被视为文化的语法。列维·斯特劳斯也经常使用管弦乐的隐喻来阐释结构主义者如何对文化的意义进行解码。文化就像是一部交响乐，从左到右，每个音符都有着自身的意义，乐器从开始到结束的演奏过程，在任何特定的时段音乐是有其特定意义的，它们被乐器和谐地演奏出来。

结构主义著和存在主义著所共同关注的对象是行为研究，但是对于如何研究行为，在他们之间却产生了较大的分歧。结构主义者认为行为绝对不是个体意识的表达，行为是被外部力量也就是集体力量所建构的。人类的表达与行为是一个系统模式，而不是个体自由意志所决定的，对意识的产生或多或少有影响的因素是语言结构、权力、文化、心灵等因素。

法国结构主义特别是列维·斯特劳斯的结构神话学对亚马孙区域研究的影响十分深远。神话与管弦乐之间存在着特殊的联系，两者在纵向聚合与横向联合方面存在着连续性与隐喻的类比关系，它显示了人脑的二元对立及其转化特征。法国结构主义在文化人类学方面的贡献主要集中在使用“二元关系”来研究神话的演变过程和结构。但是有些学者认为，法国结构主义真正的贡献是拓展了人类学一种新的研究方法，从此人类学开始更多地关注文化背后的意义世界，人类学家以一种更为主位而不是客位的视角来理解地方文化。

当然，法国人类学也时常遭受诟病，认为过多地在文化不同方面进行比较研究所产生的意义，而没有注意到象征形式自身所产生的意义。结构主义者对此回应称，研究的重点是在于行为方式，而不是被研究者所特意展现的行为。行为研究是结构主义者善于入手之处，他们倾向于将结构视为社会行为中特定的因素来进行研究。对于这一问题的不同理解和不同思路，人类学学术史学家也对其贴上了不同的标签：一个称为解释人类学，一个称为象征主义。前者的代表人物是格尔茨（Clifford Geertz, 1926–2006），后者则是特纳（Victor Witter Turner, 1920–1983）。

（张猷猷）

法国人类学（French Authropology） 法国人类学诞生于20世纪初，最初的研究仅限于博物馆展览，20世纪中期发展为独立学科，冷战时期走向成熟。涂尔干（Emile Durkheim, 1858–1917）是法国社会学的奠基人，也是人类学的创始人。他将人类学定义为研究异域原始社会的学科，通过研究人类共同体的原始形式揭示社会生活的基本结构，从而参与构建一门关于社会的普遍科学。涂尔干的《原始分类》《宗教生活的基本形式》都是这一理念的体现。除涂尔干外，莫斯（Marcel Mauss, 1872–1950）和列维·斯特劳斯对法国人类学初期的发展做出了决定性贡献。莫斯继承了涂尔干对人类学的定位，确立了人类学的研究方法（《民族志手册》（*The Manual of Ethnology*）），提出了馈赠交换、整体社会事实等重要理论（《礼物》（*The Gift*）《社会学与人类学》），并于1925年成立巴黎民族学研究院。列维·斯特劳斯借鉴索绪尔（Ferdinand de saussure, 1857–1913）的结构语言学，创立了结构主义理论，著有结构主义代表作《亲属关系的基本结构》（*The Elementary structures of kinchip*）《结构人类学》（*Structural Anthropdogy*）。他还将莫斯后期提出的超越具体社会的人的研究设想予以落实，在前述代表作及《野性的思维》（*La Pensée sauvage*）《神话学》（*Mythdogiques*）等著作中，通过比较方法探索人类深层思维结构。1959年，列维·斯特劳斯入职法兰西学院，建立社会人类学研究所，并创办了《人类》（*L'Homme*）。法国人类学进入全盛时期。

20世纪80年代中期，随着支撑学科发展的主要理论范式——结构主义和马克思主义的衰落，法国人类学陷入彷徨。关于学科发展的讨论主要围绕两大问题展开。首先，涂尔干定义的人类学研究对象——异域原始社会在新形势下是否依然有效？人类学的宗旨在于通过不同社会的民族志研究理解社会中的人的基本特征。今天，人类学创立初期的所谓异域原始社会日益稀少，因此需要对异域社会重新定义，究竟是时间还是空间维度上的他者？其次，既然人类学具有普遍性的诉求，本土社会不应被排斥。20世纪70年代开始的本土化趋势如今成为法国人类学研究的重要组成部分，异域研究获得的概念和理论模型有助于更好地理解法国社会。随着本土研究的兴起，人类学和社会学之间的界限越来越模糊。

近二十年是法国人类学从传统到现代的艰难转型期。田野地点的本土化带来了研究对象、方法、概念乃至民族志写作等方面的重大变革。人类学家的本土研究从农村的传统转型发展到现代城市生活的热点问题。举例而言，亲属制度研究逐渐演变为现代家庭重组创新形式研究，游行、演出、体育这些此前主要是社会学家关注的领域也成为人类学家从文化、仪式角度观察的对象。研究方法方面，参与观察、去中心化等都需要在反思性原则指导下被赋予全新含义，反思性要求研究者充分考虑自身的文化背景、认识论框架甚至政治观点等因素。

法国人类学的特点可以概括为“学科规模小，社会影响大”。法国全国大学和科研机构中人类学职位仅有400个左右，主要集中在科研机构。55所设有社会科学专业的高等教育机构开设人类学课程的只占一半，作为社会学学科内的专业方向，14所院校能够颁发人类学硕士和博士学位。法国公立科研机构的运作模式造成了人类学研究的“各自为政”，核心理论范式的缺失导致研究方向过于分散，而国家垄断资源分配的模式也影响了学科的健康发展。尽管在学术界影响有限，法国人类学研究的社会传播渠道良好，人类学的专业刊物以及刊登人类学研究的人文综合刊物在主要城市的书店都公开发售，因此产生了广泛的社会影响。

中国第一代人类学家杨堃（1901–1998）曾在法国里昂中法大学、巴黎大学留学，师从葛兰言（Marcel Granet, 1884–1940）等学习人类学。20世纪30年代先后向中国学界介绍了涂尔干、莫斯、列维·布留尔（Lucien Lévy-Bruhl, 1857–1939）等人的学说，将法国人类学引介到中国。改革开放之后，特别是20世纪末以来，中法人类学界互动较为频繁。

（庄晨燕）

参考书目

［1］爱弥尔·涂尔干，马塞尔·莫斯. 原始分类. 汲喆译. 北京：商务印书馆，2012.

［2］爱弥尔·涂尔干. 宗教生活的基本形式. 渠东、汲喆译. 北京：商务印书馆，2011.

［3］马塞尔·莫斯. 论馈赠——传统社会的交换形式及其功能. 卢汇译. 北京：中央民族大学出版社，2002.

［4］马塞尔·莫斯. 社会学与人类学. 佘碧平译. 上海：上海译文出版社，2014.

［5］克洛德·列维·斯特劳斯. 野性的思维. 李幼蒸译. 北京：中国人民大学出版社，2006.

［6］克洛德·列维·斯特劳斯. 神话学：生食和熟食. 周昌忠译. 北京：中国人民大学出版社，2007.

［7］克洛德·列维·斯特劳斯. 结构人类学. 张祖建译. 北京：中国人民大学出版社，2006.

［8］Cadoret, Anne. 1995, Parent é plurielle. *Anthropologie du placement familial*, Paris: L' Harmattan.

［9］Bromberger, Christian. 1995, Le match de football. *Ethnologie dűne passion partisane à Marseille, Naples et Turin*, Paris: mission du Patrimoine ethnologique/Ed. de la Maison des sciences de l' homme.

［10］Lévi-Strauss, Claude. 2002, *Les Structures élémentaires de la parenté*, Paris: Mouton de Gruyter.

［11］Ab élè s, Marc. 2000, *Un ethnologue à l'Assemblée*, Paris: Odile Jacob.

［12］Mauss, Marcel. 2002, Manuel d' ethnographie, Paris: Payot.

［13］Beau, St éphane &Pialoux, Michel.

1999, Retour sur la condition ouvri è re. *Enquête aux usines Peugeot de Sochaux-Montbéliard*, Paris: Fayard.

[14] Verdier, Yvonne. 1979, Façons de dire, façons de faire. *La laveuse, la couturière, la cuisinière*, Paris: Gallimard.

法兰克福学派（Frankfurt School） 当代西方的一种社会科学流派。法兰克福学派之所以得到这个名称，是因为德国的法兰克福市在希特勒接管德国之前为左派知识分子提供了避难所。法兰克福是批判理论的发源地，而这一理论则是高深的马克思主义思想、哲学、心理分析、文学思考和社会研究的复杂集成。法兰克福学派的参与者包括批评家瓦尔特·本雅明（Walter Benjamin，1892–1940）、心理分析学家埃里希·弗洛姆（Erich Seligman Fromm, 1990–1980）和哲学家赫伯特·马尔库塞（Herbert Marcuse, 1898–1979）。今天法兰克福学派的继承者是尤尔根·哈贝马斯（Jürgen Habermas, 1929–），但哈贝马斯的立场距离该学派早期领军人物马克斯·霍克海默尔（Max Horkhelmer, 1895–1973）和特奥多·阿多诺（Theodor Wiesengrund Adorno, 1903–1969）已经相去甚远。

法兰克福社会研究所成立于1923年，是第一个以马克思主义为方向的研究中心。20世纪20年代，研究所在第一任所长卡尔·格龙贝格（Carl Grünberg, 1861–1940）的主持下，倾向于经验地、历史地、定向地研究欧洲工人阶级运动的问题。1930年，霍克海默尔继任研究所所长，试图发展一种跨学科的社会理论作为社会改革的工具，并对权威加以系统的研究。30年代，法西斯主义是研究所关注的主要问题。从1936年至今，研究所将他们的工作称为“批判的社会理论”，它根植于黑格尔—马克思的辩证法、历史唯物主义以及马克思的政治经济学批判和革命理论，阐述了关于自由资本主义转变成垄断资本主义和法西斯主义的各种观点，并希望成为社会主义取代资本主义这一历史过程的构成部分。因此，批判理论产生的动机是要求解放，它是一种为未来而奋斗的社会实践哲学。第二次世界大战期间，研究所由于战争的压力趋于分裂，直到1949年才在德国的法兰克福得以重建。

法兰克福学派形成的主要障碍来自纳粹主义，后者要求对正统的马克思主义学说进行重新思考。法兰克福学派的学者们为社会的唯物主义模式添加了文化维度和心理维度，并开发了至今仍在广泛使用的F量表，用于测量将家族势力与政治态度联系在一起的独裁主义。部分地由于这个测试所带来的结果，法兰克福学派的大多数成员被迫迁至纽约，其间成立了社会研究新学院（New School for Social Research）。法兰克福学派的后期作品严肃审视了大众文化中的诸多悖论，并尝试在自我颠覆的现代艺术审美和性解放的可能性二者基础上发展出解放性的否定辩证法。

由于法兰克福学派反对工具理性和实证主义，它通常被看作是浪漫后现代主义的前身，但法兰克福学派的学者们坚信：严格的学术工作、充分了解人类的矛盾、以及艰苦卓绝的文化批评是通往人类自由的唯一可能途径。在今天的社会理论中，批判理论仍然十分活跃，法兰克福学派正在继续发挥着它的影响力。

法兰克福学派在中国也产生了很大的影响，尤其是在马克思主义文论、哲学、文学等领域中，法兰克福学派对现代性的批判为中国学术界提供了宝贵的理论资源，被中国的知识分子用来分析、批判改革开放后的中国所出现的新问题；与此同时，将包括中国在内的非欧洲现代化进程纳入研究视野之内也有助于深化对于法兰克福学派思想的讨论。2008年9月25—28日，歌德大学与中山大学在法兰克福合作召开了“批判—理论—批判理论：法兰克福学派在中国的影响”国际学术研讨会，并出版了论文集《法兰克福学派在中国》（*Die Rezeption Der Frankfurter Schule In China*, 2009）。内容涉及批判理论在中国等东亚国家的历史、启蒙和批判之间的现代中国、中国公共领域的结构转型、法兰克福学派的文化和艺术理论等论题，展示了法兰克福学派思想与中国的互动，以及深化文化交流的需求。

（连煦）

参考书目

［1］Hughes, H. Stuart. 1975, *The Sea Change: The Migration of Social Thought* 1930—1965. New York: Harper & Row.

［2］Jay, Martin. 1973, *The Dialectical Imagination: A History of the Frankfurt School and the Institute for Social Research 1923—1950. Boston*, MA: Little, Brown.

［3］Wiggershaus, Rolf. 1994, *The Frankfurt School: Its History, Theories, and Political Significance*. Cambridge: Polity.

［4］［德］阿梅龙，［德］狄安涅，刘森林主编. 法兰克福学派在中国. 北京：社会科学文献出版社，2011.

法理社会（Gesellschaft） 是由人类基于人们自私的意愿之间的冲突创造出来的一种社会安排。法理社会以独立个人的存在为前提，是人们为了实现自己的目的而建构的。人与人之间的关系转瞬即逝，十分陌生。该词与礼俗社会的意思相反。

法理社会中的人们追求个人主义，如果不能从别人身上得到至少是等量的回报的话，那么没人愿意为他人做事。商人和资本家成为法理社会的主人和领导者。没有钱，就等于没有权利，如同奴仆。各种关系形态都是为了私利的原因才结成的。

法理社会也是交换社会，一切事物，包括人们的作品，都成为商品。人们购买劳动、雇佣劳动、出卖劳动。金钱成为规范交换的方式，交换法则至关重要。在交换过程中，每个人以自我为中心，脱离了血缘、地域等礼俗社会的关系。如果商品处于交换双方的共同支配之下，那么双方之间就产生了法理社会所需要的社会关系。契约是促成交易的基础，联结了两个独立的意愿或个体。人们总是需要放弃自己的一些权利，与他人订立契约，最终实现交换。如果没有契约的约束，人们都会重新陷入对彼此的敌视和对立中。

当今的西方社会更像法理社会，而不是礼俗社会。资本主义控制了西方社会，传统家庭的重要性逐渐衰落，人们变得越发国际化，并失去或放弃了传统的有机联系。法理社会中也存在许多习俗和自然法，但是它们并非传统的遗物，而是为了维护个人的利益才形成的。

费孝通先生将法理社会描述为“是为了要完成一件任务而结合的社会”。有学者认为，费孝通对于“礼俗社会”和“法理社会”的划分，有着明显的现代化论倾向。

（张墨北）

参考书目

［1］李培林，谢立中. 社会学名著导读. 北京：学习出版社，2012.

［2］费迪南·滕尼斯. 共同体与社会：纯粹社会学的基本概念. 林荣远. 北京：北京大学出版社，2010.

［3］费孝通. 乡土中国. 上海：上海人民出版社，2006.

法律（Law） 通常是指由社会认可、国家确认、立法机关制定规范的行为规则，并由国家强制力（主要是司法机关）保证实施的，以规定当事人权利和义务为内容的，对全体社会成员具有普遍约束力的一种特殊行为规范（社会规范）。法律是一种不证自明的制度化存在物，它集中体现于司法制度的实践、法律职业、或多或少系统化了的法律规则体系（章程及判例法）和各种强制机构（警察、监狱、法庭等）之中。文献表明，关于法律是什么的种种概念是文化上和历史上的特定概念，对于法律的定义已经经历了长期的争论。古汉语和白话文运动早期将法律称为律法。古代“法”和“律”都有“法律、法令”义，古代“法”所指范围大，既指法律，也指制度；“律”所指范围小，多指具体的，如刑法条文。

法律是一种社会控制的工具，不同时代、不同文化群体有各自的社会控制规则。它随着人际关系的复杂性、各成员间冲突而增加，因社会对控制性工具的需要的增强而产生和发展。法人类学家霍贝尔（E. Adamson Hoebel, 1906−1993）指出，“人类越文明，对法的需求就越大，人类创造的法也就越多。法只是社会需要的产物”。

法律是一系列的规则，通常需要经由一套制度来落实。但在不同的地方，法律体系会以不同的方式来阐述人们的法律权利与义务。其中一种区分的方式便是分为欧陆法系和英美法系两种。有些国家则会以他们的宗教法条为其法律的基础。法学家们从许多不同的角度来研究法律，包括从法制史、哲学、经济学与社会学等社会科学的方面来探讨。法律的研究来自于对何为平等、公正和正义等问题的讯问，这并不都总是简单的。如阿纳托尔·法朗士（Anatole France, 1894–1924）所言，在其崇高的平等之下，法律同时禁止富人和穷人睡在桥下、在街上乞讨和偷一块面包。

西方法学理论研究中，19世纪乃至更早时候起，法学家、哲学家、社会学家和法人类学家等分别从各个不同侧面对法律的定义进行了阐述，近代法学研究形成了各具特色的分析实证法学派（法律实证主义）、自然法学派、社会法学派、历史法学派和法人类学等思想学派。几大学派对法的含义、特征、源起等都做了相对全面的分析与描述。

法律实证主义强调作为社会事实的法律规则的鉴别与实施，认为法律是服从的对象，关注作为一种规则体系的法律的内部功能。汉斯·凯尔逊（Hans Kelsen, 1881–1973）、杰里米·边沁（Jeremy Bentham, 1748–1832）等为代表，集中体现了分析实证法学派思想。自然法理论（Natural Law Theory）对实在的法采用客观的标准与之进行比较，从而使实在法能予以评估，以神授法作为与人类实在法相比较的基础，成了自然法神学形态的特征。以卢梭（Jean-Jacques Rousseau, 1712–1778）的社会契约论和约翰·罗尔斯（John Bordley Rawls, 1921–2002）的道德契约论为代表。法律社会学又叫法社会学，是从社会学角度研究法律的法社会学视角，是在最一般和普通的层次上坚持把法律纳入广阔的社会背景之内来看待和研究的。法律社会学与其他社会学分支不同，并非出自普通社会学，主要出自法律研究和法律理论。历史法学派又称进化论学派，主要侧重于社会意识和文化意识，将法律视为特定地域人群的生存智慧与生活方式的规则形式，认为习惯是法律的基本形式，法律起源于一个民族的基本生活，经由立法程序制定的法律只有立足于民众的自觉才有意义，它是一种已经存在于民众意识中的法律思想的法典化和精练。法人类学分析者们提出仅仅致力于对西方法律的研究，使得所进行的研究仅仅局限于成千上万种法律可采用的形式中的一种，是远远不够的，应对法律进行普遍而有效的概括，并且应试图理解与关注法律制度的本质。因此，法学人类学家从不同角度运用人类学分析法对西方法学进行普遍的概括式判断分析。关于法律的思想流派还有如美国的法律实在论、马克思主义法律理论、新保守主义和新自由主义理论、普通法和平衡法等法学思想派别。

（习建勋）

参考书目

胡昌明. 法律的一种人类学解释. 北京：北京大学出版社，2004.

法律人类学（Legal Anthropology） 文化人类学的重要分支，是人类学和法学科之间的交叉研究领域。又称法人类学、法律的人类学研究，也有法民族志学等相关概念。它立足于文化人类学的理论与方法，通过对社会法律文化的研究，寻求对社会规范、社会秩序、法律多元文化和地方性知识等法律现象的理解和解释。

法律人类学产生于19世纪中期，利用人类学的理论与方法，通过研究无文字、无国家权力社会的法律问题来探索对人类社会秩序的解释和理解。梅因爵士（Sir Henry James Sumner Maine, 1822–1888）是法律人类学的创始人，1861年出版的《古代法》（*Ancient Law*）整理了众多不同形式的法律，在进化模式框架内推进了法律发展的理论。巴霍芬（Johann Jakob Bachofen, 1815–1887）和摩尔根（Lewis Henry Morgan, 1818–1881）也对早期法律人类学研究做出过重要贡献。

马林诺夫斯基（Bronislaw K. Malinowski,

1884−1942）在1926年出版的《原始社会的犯罪与习俗》（*Crime and Custoom in Savage Society*）被认为是现代法律人类学的开始。他提出在原始社会的人们是基于道德、情感或注重事实的理性服从不成文法，互惠构成了原始社会的基本原则，这一观点被看作是法律人类学的研究经典。此外，在此书中他提出了一种研究法律问题的民族志方法，要求进行长期的田野调查，细致观察风俗习惯规则在实际生活中如何运行。

霍贝尔（E. Adamson Hoebel）和卢埃林（Karl N. Llewellyn, 1893−1962）合著的《夏延人的方式》（*The Cheyenne Way*, 1941），被认为是法律人类学的典型文本。该书以案例为基本分析单位的研究，确定了案例研究方法作为原始部落法律研究的一种模式。

20世纪50−60年代，法律人类学发生了以法律和人类学方法之间的关系为主题的辩论，内容围绕英美国家的法律范畴是否能够应用于非西方社会。70年代，西方法律人类学开始了一场以法律规则为中心的研究到程序研究方法的运动。80年代以后，法律人类学从研究原始社会的法律，转变到研究不同文化背景下的争端纠纷解决机制。90年代，法律人类学家在不同的理论框架内阐述对现代社会的法律过程的研究，把规范、概念和社会控制过程置于具体的历史和社会场景之中。

在20世纪80年代前，法律人类学的传统中有两个方向：①人类学者遵循人类学的知识传统所做的法律研究，注重过程比较；②法学者以及其他学者运用人类学的知识所做的法律研究，注重制度和结构比较和应然与实然比较。此后，两个方向对话与融合的趋势明显，法律意识、生活样式和世界看法等观念经过克里福德·格尔茨（Clifford Greetz）的倡导成为两类学者共同关注的重点。90年代以后，法律人类学关注法律的国家和国际语境，重新关注法律多元主义、权力和法律之间的建构与解构关系等内容。

人类学的研究方法主要有田野调查研究法、跨文化比较研究法、整体研究法等，法律人类学的研究方法就是这些人类学的研究方法在法学科中的运用。法律人类学就是通过田野民族志研究，运用参与观察和访谈，对语言、地域、宗教、习俗等不同法律文化群体间进行比较研究。法律人类学注意整体性研究，不再只关注法律本身，而是对与法律有关的政治、经济、社会结构和控制等进行整体性研究，既关注现时的法律问题，也关注历史的法律问题，既关注国家法，也关注非国家法。

中国法律人类学的研究始于20世纪80年代中后期，在对国外法律人类学知识的引介和理论梳理与归纳、研究问题的中国语境化、相关学科围绕法律人类学开展的交流和对话等方面取得了相当的学科成就，但也存在着缺乏系统的法律人类学理论与方法的问题。总的来看，中国的法律人类学既有理论分析和方法研讨，也有个案经验研究。法律人类学在中国的引进与发展，必将对中国的传统人类学、法学和法治化道路发挥越来越大的推动作用。

（薛其龙）

参考书目

［1］Hoebel, E. Adamson, & Llewellyn, Karl N. 1941: *The Cheyenne Way*, Norman, OK: University of Oklahoma Press.

［2］梅因. 古代法. 沈景一. 北京：商务印书馆. 2010.

［3］马林诺夫斯基. 原始社会的犯罪与习俗. 原江. 昆明：云南人民出版社，2007.

［4］张冠梓. 法律人类学. 济南：山东人民出版社，2011.

［5］郑林. 法律人类学研究综述.《前沿》，2005（8）.

法律制度（Legal Institution） 指在法律调整各种社会关系时所形成的表现社会的制度。人类学者认为法律制度具有多重性，一个社会法律制度的发展演变和构建深受其内在的社会文化和民族习惯的影响。

梅因的《古代法》专注于原始社会法律制度的研究。他在该书中对雅利安民族的各个不同支系，尤其是罗马人、英国人、爱尔兰人、斯拉夫人以及印度人的古代法律制度进行了比较研究，指出法律制度是时代轨迹的演化和发展。摩尔根（Lewis Henry Morgan, 1818－1881）的《古代社会》对原始社会的诸多法律制度进行了细致描述，依据生产技术的发展，论述了人类社会从蒙昧到文明的历程。他把人类社会的发展分为蒙昧时代、野蛮时代和文明时代，阐明了财产、婚姻家庭、复仇、赔偿等法律制度的演变过程。马克思、恩格斯对摩尔根的研究成果给予了高度评价。这些法律人类学家持简单的单线进化论观点，将所发现的初民社会的各种法律制度，以西方法律制度为参照，按照从低级到高级的进化顺序加以排列，招致了后来尖锐的批评。此外，他们以西方的法律制度作为社会进步的标志，也带有浓厚的欧洲中心主义色彩。不可否认，他们对原始社会无国家、无政府状态下特殊法律制度的关注，奠定了法律人类学的学科基础。西方法律制度外的非正式的法律制度的存在导致了法律人类学后来的发展。马林诺夫斯基（Bronislaw K. Malinowski）对原始社会法律研究的成果集中体现在1926年出版的《原始社会的犯罪与习俗》中，根据他对美拉尼西亚的特罗布里恩群岛岛民（trobriands）的研究指出，土著居民所遵守的法律制度贯串于原始种族的部落习惯中，是基于道德、情感和注重事实的理性。功能学派的另一位创始人拉德克利夫·布朗（A.R.Radcliffe-Brown, 1881－1955）受美国社会法学的代表人物庞德（R.Pound, 1870－1964）的影响，主张法律制度应限定在有组织的制裁的范畴内。埃文斯·普理查德（Evans-Pritchard）在《努尔人》中提出，法律指一种通过习俗惯例的方法来解决争端的道德义务，如果按照西方法律程序或法律制度的标准，努尔人的社会是没有法律的。马林诺夫斯基之后，法律制度的研究大多采用个案研究的描述方法，描画出特定人群或社会的法律制度。例如，一些学者则立足自身或他人的个案研究，对不同社会的法律进行跨文化比较，其中霍贝尔的《原始人的法》（*The Law of Primitive Man, 1954*）堪称典范。在该书中，霍贝尔（E.Adamson Hoebel）按照从低级到高级的不同发展程度，详细介绍了北极的因纽特人，菲律宾的伊富高人，北美平原印第安人中的科曼奇（Comanche）、凯欧瓦（Kiowa）和夏延（Cheyenne）部落，南太平洋的特罗布里恩岛人、阿散蒂人（Ashanti）等不同原始社会的法律制度。20世纪初期，法律人类学主张开展异文化研究、跨文化比较研究，主张多种法律制度和文化共存，尤其要重视对非主流法律文化的研究。法律多元主义研究是两种或更多种法律制度在同一社会领域中共存的状况。法律多元主义有“古典法律多元主义”和“新法律多元主义”之分。“古典法律多元主义”产生于受西方影响的广大非洲和拉丁美洲的殖民社会。殖民者坚持欧洲中心论，强行在殖民地推行西方法律文化，建立与西方一致的法律制度。同时，广大殖民地人民实际上并不完全接受被强加的法律文化与制度，他们仍然习惯于他们自己的原有法律文化与制度。因此在这些国家同时存在两种或者多种完全不同的法律文化与制度。20世纪70年代后，法律人类学把法律多元主义的理论运用于西方工业化国家的研究，认为不同文化背景的种族、群体之间同样适用法律多元主义，产生了“新法律多元主义”，以区别于研究殖民地和后殖民地社会的“古典法律多元主义”。

中国的一些法律制度是直接从西方国家移植而来，更多的是改变一些西方国家的法律制度模式。中国是一个地域庞大，民族众多的国家，不同民族群体的传统法律心理差异较大。如何在研究各个民族文化的基础上建构一个统一的法律体系关系到国家的长久稳定，而少数民族地区更值得中国法律人类学的学者进行研究。如果我们用法律人类学的视角来看，会发现这个社会的法律是多元的，它应该存在于各行各业、各个层次之中。中国学界在对西方法律人类学的引介之后也开始法律人类学的尝试。法学界有学者就以文化和法律的关系作为切入点进行法律和人类学的对话。

（薛其龙）

参考书目

［1］梅因. 古代法. 沈景一. 北京：商务印书馆，2010.

［2］路易斯·亨利·摩尔根. 古代社会. 杨东莼等译. 北京：中央编译出版社，2007.

[3] 马林诺夫斯基. 原始社会的犯罪与习俗. 原江. 昆明：云南人民出版社，2002.

[4] 霍贝尔. 原始人的法. 严存生译. 贵阳：贵州人民出版社，1992.

[5] 张冠梓. 法律人类学. 济南：山东人民出版社，2011.

法显洞（Fa Hien Cave） 位于斯里兰卡西部省卡卢特勒区。相传中国高僧法显曾于公元5世纪前往斯里兰卡，并在此洞穴中停留，故洞穴名为“法显洞”。20世纪60—80年代，于法显洞内发现更新世晚期的人类遗骸及细石器，使其成为一处重要的考古学遗址。

1968年，考古学家首次于法显洞发现墓葬，并于1988年进行了两次发掘，发现细石器、用火遗迹，植物遗存以及人类骨骼。经过碳十四测定发现该洞穴在33000年前的更新世晚期到4750年前的全新世中期均有人类活动的痕迹。其中时代较早的人类骨骼分别属于不同个体，一个五六岁的儿童，两名幼儿，一名少年以及两个成年人，骨骼表面附着着一层红、黄色赭石，并且为二次葬。时代较晚的人类骨骼分别属于一名儿童（距今约6850年）以及一名妇女（距今约5400年）均为二次葬。通过对保存情况较好的牙齿进行检测，发现臼齿较之时代较晚的史前人群及现代人群更大。分析咬合面情况可知，其较大的牙齿更适于咀嚼坚果、果实及谷类等食物。在全新世早期种植与牲畜畜养已经出现，但是斯里兰卡的全新世人类仍然维持狩猎—采集的生计方式。

除了法显洞之外，斯里兰卡南部亦分布着洞穴遗址。这些早期人类与欧洲的克鲁麦农人（Cro-Magnon）以及非洲、亚洲和澳洲的更新世晚期人群处于同一时代，这对斯里兰卡史前考古学和古生物学研究具有重要的学术价值。

（杜辉）

法尤姆文化（Fayoum Culture） 也译为Fayum或Faiyum，法尤姆位于开罗西南60千米处，该地的考古遗址距今12000年。最有特点当属米瑞斯湖（Lake Moeris/Mariut/Mariout），是埃及唯一的淡水湖，占地面积215千米。在法老时代，该地因生存大量的鳄鱼而催生了对当地鳄鱼神索贝克（Sobek）的崇拜。法尤姆聚居地一直都与湖水位息息相关，遗址主要集中在3个时期：旧石器时代末期至中石器时代初期、新石器时期和古希腊罗马时期。

许多考古学家曾在法尤姆考察。法尤姆遗址最初于19世纪初期拿破仑调研中发现，19世纪后期，B. P.格兰菲尔（B. P. Grenfell, 1869-1926）、D. G.贺加斯（D. G. Hogarth）和A. S.亨特（A. S. Hunt, 1871-1934）David George Hogarth, 1862-1972先后负责这次调研。G. 卡顿-汤普森（G. Caton-Thompson ）于20世纪20年代发现了法尤姆“A”城和“B”城文化。20世纪80年代至90年代，F.温多夫（Denver Fred Wendorf, 1924-2015）和他的团队研究了法尤姆早期居住者以及与尼罗河流域的关系。

法尤姆最初是尼罗河的一个分支，它的兴衰受洪水泛滥的影响。在法尤姆最早发现的文物可以追溯到公元前10000年。早期居民（公元前5500—前6500年）以在湖边沼泽和森林钓鱼、狩猎、畜牧为生。大约在公元前5500年，法尤姆人逐渐被外地人取代，有些转变为新石器时代人，开始种植小麦、谷物和大麦，并驯养牛羊。其他的发源地还有东北约旦河谷、苏丹以及撒哈拉沙漠文化，当地的资源环境有利于他们打猎、捕鱼。这个时期出现的法尤姆“A ”城和“B”城文化也被称为“法尤姆新石器时代”（公元前4000—前5200年）。大约公元前4000年， 由于人类依赖的自然资源受湖水位的季节变化影响，法尤姆成为边缘地区。尼罗河谷地区耕地的增加，使尼罗河沿岸也变成了贸易路线。

法老时期，米瑞斯湖分南湖和大湖。埃及前王朝时期（公元前3000—前3700 年）的法尤姆文化分布范围有限，而且有格尔赛文化入侵。中央王国时期，该地区农业不断进步，公元前1970年，大量土地得到开垦利用。当时聚居区位置反映了湖水位的高低变化，湖水位在旧石器时代末期中石器时代初期、新石器时代、中央王国、和新王国后期很高，在古王国时期较低。G. 卡顿–汤普森（G. Caton-Thompson, 1888–1985）在考察中发现了托勒密灌溉渠道，证明后期的居民聚居区开始增多。

在法尤姆地区还发现了数百处古希腊罗马时期的遗址，出土了大量文献和文物。大多数城镇遗址都建于托勒密二世统治期间，位于米瑞斯湖周边。法尤姆保存最完整的小镇遗址是东北部的卡拉尼斯（Kom Aushim Karanis/Kom Ushim），内有成千上万建于公元6—7世纪的建筑。法尤姆最著名是罗马时期的木乃伊肖像，大多数位于哈瓦拉金字塔北部。

随着城市发展，法尤姆越来越脆弱，许多考古遗址面临着消失的风险，因此相关的考察工作迫在眉睫。

（刘青）

翻译（Translation）　是以符号转换为手段、意义再生为任务的一种跨文化的交际活动。被翻译的语言称为原语或源语，翻译成的语言称为目的语或目标语，二者有时又分别称为译出语和译入语。翻译具有社会性、文化性、符号转换性、创造性和历史性5个特性。

在不同的历史语境下，人们对翻译的认识是不同的。在传统与文学研究阶段，人们对翻译的认识是经验式、随感式、非系统化的，以整体直观的方式反映翻译的某些特征。在现代语言学研究阶段，对翻译的核心认识是翻译是用译语语言对等地再现或替代源语文本信息。在当代多学科研究阶段，人们对翻译的界定从关注语言层面的转换走向了文化反思，从原文中心的关系模式走向了译文中心或功能中心模式。翻译被视为一种文化互动模式，是权力话语斗争的场所，是受意识形态、诗学、赞助人等因素影响的“重写”，是基于原文生成功能性的目标语文本的生产过程等。

翻译有多种分类方式。根据翻译的手段，翻译可分为口译和笔译。根据符号学的理论，翻译可分为语内翻译、语际翻译和符际翻译3种类型。语内翻译是指在同一种语言内部语言符号间的解释；语际翻译是指两种语言间的翻译，即用一种语符来解释另一种语符；而符际翻译则是指用非语言的符号解释语言符号，或用语言符号解释非语言符号。

翻译是一项历史悠久的实践活动，与人类文明史结伴而行。一般认为，中西方的口译活动大约始于公元前2000多年。法国翻译理论家米歇尔·巴拉尔（Michel Ballard）指出，西方口译活动的最早记载见于公元前2000多年上埃及埃利潘蒂尼岛的古王国王子的石墓铭文；中国的口译活动据推测始于夏商时代。中西方的笔译活动，可追溯到2000多年前，而且均与宗教典籍的翻译有关。西方的翻译史上前后出现过6次高潮或可分为6个大的阶段：一是公元前3世纪中叶罗马对希腊古典作品的译介；二是罗马帝国的后期至中世纪初期，以形形色色的《圣经》译本的出现为标志；三是中世纪中期，西方翻译家们把大批典籍从阿拉伯语译成拉丁语；四是14—16世纪欧洲的文艺复兴运动时期；五是文艺复兴之后；六是第二次世界大战结束后至今。中国历史上出现过3次翻译高潮，即从东汉到宋的佛经翻译以及明末清初和从鸦片战争到清末的两次西学翻译。

人类学主要关注的是翻译的社会属性和其意义的多义性。第一，人类学家的任务是从一种文化到另一种文化的翻译，这是一个哲学、伦理学和政治学及实践上的有问题和争议的过程。因为，在人类学的历史上有许多学者明确或隐晦地进行文化翻译研究。第二，许多人类学家意识到了翻译的复杂性，因而研究不同的有关语言和交流本质的理论，即什么是被翻译的。第三，翻译的社会过程是人类学研究的对象，这是一个有待更多研究的领域。

翻译集3种含义于一身，即翻译活动的主体、翻译的行为和过程及翻译的结果即译文。以上讨论的是翻译的行为。

（宋荣）

参考书目

［1］许钧. 翻译论. 南京：译林出版社，

2014.

[2] 谭载喜. 西方翻译简史. 北京：商务印书馆，2004.

繁衍（Reproduction） 繁衍包括生物体生命过程中的生理性活动，如对女性而言的初潮、结婚、怀孕、生育和绝经以及这些生理活动相对应的社会基础。

对生物体繁衍能力的研究，传统上分为生物人类学和社会人类学两大分支。通过对工业化之前，主要是采集和渔猎时期的社会研究，研究者可以探讨生理状态以及荷尔蒙水平与人类繁衍能力的关系。内分泌系统的变化可以通过研究日常饮食、环境变化、行为特点来获取，其对繁衍能力的影响则可以通过群体生态学来研究。使用社会生物学和进化生物学的一些概念和方法，研究者可以研究人类以及灵长类群体的婚配策略、父亲对后代的投入、杀婴现象以及母子间的联系等。

生物体繁衍的准则以及行为特点一直是文化人类学所关注的问题。从马林诺夫斯基（Malinowski）和米德（Mead）的传统研究开始，研究人员记录了大量的与生物性行为相关的差异性，包括是否允许婚外性行为以及性行为与繁衍之间联系的认同感等。对女性月经的关注也是由来已久，一方面是因为它与一些宗教仪式有关，另一方面则是一种矛盾心理。月经既被认为是女性排泄的污物，又被认为是女性生殖能力的象征。父母与子女的联系也同样被广泛研究，通过对不同文化的比较，婚姻被认为是一种普遍存在的社会组织形式。但是，在具体的形式上，如婚姻的人数、个人的分工、亲属关系、父亲的角色等，不同文化中存在着不同差异。同时，研究表明，传统社会也存在着一些避孕以及其他调整繁衍速率的方法，包括一些宗教服饰、护身符、巫术、哺乳、禁欲等方法，同时还有堕胎以及杀婴等行为。与怀孕、分娩、哺乳等相关的行为一直受到研究者的关注。大量研究表明，许多传统经验有助于婴儿的出生和存活。最后，对孕龄期晚期妇女的研究表明，女性在这个年龄段能够体会到绝经与其社会地位变化之间的关系。

为了研究人类繁衍的决定性因素，人类学家引入了一些其他学科的研究方法，主要是人口统计学的一些方法。人类学家与人口统计学家从20世纪50年代开始合作研究文化与人类繁衍之间的关系。研究主要集中在自然繁衍和人口过度这两个观点上面，人口过度理论主要是为了解释繁衍与死亡减少这些现象。研究者尝试应用统计学方法来量化人种学中的一些微观问题。近年来，研究者又开始关注繁衍决策的复杂性以及家庭备孕计划与所处社会、经济、政策之间的关系。

随着性科学与政治经济学的广泛研究，一些研究者开始重构与繁衍相关的人类学研究。尽管马克思主义的社会学与人类学思想在这个重构过程中起了很重要的作用，但主要影响还是源于女权主义者的兴起。女权主义者质疑母亲是女性的主要角色，维护女性的权益，并反对对女性的控制。她们同时批判对女性的身体机能及其繁衍能力的科学研究以及与避孕、怀孕、分娩和抚养等相关的医学研究。随着医疗条件的发展，控制生育的议题变得尤为激烈，因为新的医疗技术既能提高女性的生活条件，也能使分娩过程变得更加安全。

人类学在人类繁衍方面的另一个重要发展，就是考虑了现代社会的人口调节措施和公共医疗发展能够提高婴幼儿或婴童的成活率，以及国家发展和社会经济政策会降低婴儿的出生率。因此，人类繁衍越来越受到多方面的人为因素的影响，这种影响主要取决于家庭的综合能力，在一些情况下，往往会缺少对女性健康的考虑。过去一些年，通过对不同地区的比较研究发现，繁衍被定义为一种智力竞争行为，这也是人类学研究的重要课题。

（谭婧泽、余歌）

反思人类学（Reflexive Anthropology） 20世纪80年代美国出现的社会科学学术倾向。反思是学术批评中的关键词，也译为“自反的”。反思是指一个通过回顾自身并且依靠自身力量而达到既定目标的能力的重要途径。作为社会科学中的实践，反思既是一种思维模式也是写作的策略。当反思被用于修正人类学的田野工作和民族志时，它的意识形态功能更加突出。20世纪70—80年代的后现代主义运动对人类学的影响主要有两个评价方式：一是反思在研究过程中的作用和目的，二是反思对民族志文本形式的改变。直到80年代以后，反思才在人类学中成为一种自觉的和主流的工作方式，成为知识生产的学科原则。

20世纪60年代末，美国人类学家开始公开关注对自身学科的批评。批评主要表现在理论和方法的两个维度上，其本质具有政治性，因为3个诱因都与政治相关：一是美国国内对越战的抵制，二是欧洲殖民主义扩张语境下对人类学发展的讨论，三是对马克思主义理论领域新进展的兴趣。与此同时，格尔兹（Clifford Geertz）也从哲学解释学方面为文化人类学打下了坚实的理论基础，从而为反思在人类学方法中的讨论提供了背景并发挥了影响力。但由于60年代的政治化氛围，反思在人类学的批评性分析中所起的实际作用很小。其中一个例外是斯科尔特（Bob Scholte）所发表的论文，它对这一时期的学术批评进行了综述。

20世纪60—80年代，出现了大量袒露田野经验的民族志作品，它们为人类学的反思提供了重要材料。这些民族志以1967年出版的马林诺夫斯基（Bronislaw Malinowski）的日记为代表，还包括一批年轻人类学家的作品。它们非常关注田野工作中的反思，理论线索更加清晰，并最终改变了民族志的形式。

20世纪80年代的反思性批评主要审视了学科中的核心实践，通过聚焦人类学的文本产品—民族志—特别关注了阐释学的特征。随后，从这些批评中产生了关于反思的全面讨论。人类学家受到多样化复杂理论的影响，开始前所未有地透彻研究知识的反思模式、批评意识和伦理意识、调查的政治语境、实践的各种可能性等与人类学之间的关系。反思主要围绕人类学家和报道人，即自我与他者之间关系的讨论而展开。事实上，人类学知识的生产也有赖于二者之间的关系，但常常被此前的民族志写作抹去了。呼唤表征他者的替代性模式、质疑表征行为的本身、倡导从合作与对话中获得民族志的知识、探究政治条件的限定性——此时的反思性批评既推进了关于民族志写作形式的实验，又鼓励了以批评为目的的人类学分析的深入讨论。因此，在思考过往的民族志、未来的可能性以及人类学知识的形式和目的时，反思性的实践就成为一个共同的框架。

这一时期的反思性批评所带来的直接影响是民族志的书写和讨论方式都被改变了。反思性批评既关注文本，也关注人类学家如何通过修辞建立文本的权威性，但最为关键的是如何证明文本在理论上和伦理上的正当性，从而真正把人类学扩展为一个批评性反思的研究领域。几乎毫无疑问的是，这些努力至少为批评性反思成为人类学的一个主流趋势奠定了基础。这样的趋势也让人类学比其他社会科学领域更能接近同样根植于反思的一些学科，如媒体研究、女性主义研究、后殖民主义研究和最为广泛的文化研究。

进入20世纪90年代，关于反思的讨论在人类学话语中已经非常普遍，甚至不可或缺。现在，几乎每一部民族志里都有某种程度的反思性评论。与“写文化”批评相关，大量的人类学作品都受到反思的鼓舞，对自我与他者之间的关系进行了细致观察。尽管有些人认为这样的作品只是自我陶醉，但其中一些非常成功地讨论了自我、人格、身份等概念在当代的变化。人类学学科的长期目标是深入了解和批评主观性和他者性在西方知识话语中的复杂建构，反思对此是大有助益的。反思不仅为人类学带来了新形式的客观性，而且重新定义了民族志的范畴，曾经局限于地方化的民族志讨论被大大扩展了。自20世纪90年代起，人类学的反思趋势被纳入了反思性现代化的概念中。工业社会的现代性特征被另一些现代性特征所替代：这个世界变得更加复杂、更难控制，并且充满了偶然性。更为重要的是，反思作为对机构和个人的自我监控过程，不仅存在于社会的方方面面，而且也是社会思想自身的一个关键着眼点。

反思对于人类学的关切性不仅在于它为人类学家所处理的社会事实提供了更为真实和强大的解释模式，而且也在于反思被区别性地广泛应用于他者社会的实践。这意味着人类学的传统学术工作框架被突破，反思不仅是学科批评中的一个重要时刻，而且也成为社会和文化分析的目标及介质。

中国大陆学术界在20世纪90年代以后，开始受到国际学术界反思人类学相关理论和实践的影响，就此开展了积极探索。反思性如何也已经开始成为中国人类学界的重要学术水准衡量尺度之一。

（连煦）

参考书目

[1] Beck, Ulrich Beck, Anthony Giddens, Scott Lash, S. 1994, *Reflexive Modernization: Politics, Tradition and Aesthetics in the Modern Social Order*, Stanford, CA: Stanford University Press.

[2] Bourdieu, P. 1990, *The Logic of Practice*, Stanford, CA: Stanford University Press.

[3] James Clifford George E. Marcus. 1986, *Writing Culture: The Poetics and Politics of Ethnography*, Berkeley, CA: University of California Press.

[4] G. E. Marcus, ed., 1999, *Critical Anthropology Now: Unexpected Contexts, Shifting Constituencies, Changing Agendas*, Santa F é , NM: School of American Research Press.

[5] G. E. Marcus, & Fischer, M.J. 1999, *Anthropology as Cultural Critique: An Experimental Moment in the Human Sciences*, Chicago: University of Chicago Press.

[6] Myerhoff, B. & Ruby, J. 1982, "Introduction" , in Ruby J. ed., *A Crack in the Mirror: Reflexive Perspectives in Anthropology*. Philadelphia: University of Pennsylvania Press.

[7] Scholte, B. 1969, "Toward A Reflexive and Critical Anthropology" , in Hymes, D. ed., *Reinventing Anthropology*. New York: Random House.

反思性（Reflexivity） 又译为自反性。指的是在人类学知识生产过程中，不能忽略这套知识背后的认识论与政治背景。人类学自诞生之日起，便以描写异地人群的民族志作为学科基础，大致来看，民族志的发展可以分为3个阶段：第一个阶段的民族志是自发性的、随意性的和业余性的；第二个阶段是民族志的科学时代，用学科规范与田野工作准则支撑起“科学”之名；第三个阶段则是反思人类学的阶段。从20世纪60年代开始，人类学开始遭受广泛的批评，认为这门学科表面上制造出“科学真实”的民族志，实际上却与殖民主义、帝国主义、欧洲中心主义有着密切的联系。此外，人类学家也并非看起来那样客观冷静，而是会与田野对象之间产生情感性的联结，最终呈现在民族志中的材料，也是在与当地人的互动中得到的，这些过程往往并没有受到足够的重视。在这个背景下，反思人类学开始兴起。

事实上，在此之前，已有其他社会科学的学者注意到了反思性的重要。例如，布迪厄（Pierre Bourdieu）便将自己的社会学研究定义为“反思社会学”研究，认为社会学家必须在进行任何研究的时候，都有意识地注意到他们自己的位置、他们内在的思维结构所具有的影响，以及这些影响可能会扭曲或损害他们的客观性。因此，学者在从事研究时，应该用一只眼睛不断反思自己的惯习，亦即他们透过长期的社会和制度训练形成的性情，唯有透过这种持续不断的警觉，才能尽量避免将自己的偏见纳入作品之中的谬误。这样的反思性浪潮，也影响到了人类学界。1972年，海姆斯（Dell Hathaway Hymes）主编的《再造人类学》（*Reinrenting Anthropology*）出版，以认真严肃的态度，检视了美国人类学与殖民主义之间千丝万缕的关系以及当代人类学所受到的国际与国内权力的影响。人类学的知识生产从来不像人类学家所宣称的那样“客观”与“中立”，人类学也不是孤立的、真空式的科学，而是会深嵌于自身所处的时代。1973年，阿萨德（Talal Asad, 1932– ）主编出版《人类学与殖民遭遇》（*Anthropology & Colonial Encounter*）一书，对英国人类学界也进行了类似的反思。

20世纪70年代末，人类学界相继出版了一系列的“半自传式”民族志，将田野工作的过程置于反思性的维度中加以审视。在拉比诺（Paul Rabinow, 1944－）出版的《摩洛哥田野作业反思》（*Reflections on Fieldwork in Morocco*）中，民族志不再被视为通过田野工作单方面的记叙作为研究对象的群体的故事，而是把田野工作本身视为研究对象。长期以来，作为保证民族志“科学性”的田野工作，对于圈外人而言始终是秘而不宣的，拉比诺却把这个神秘的过程展现了出来，让读者看到，他在调查中并非客观的观察者，而是作为一个活生生的人在行动，甚至像当地的混混一样接受性招待；那些被他研究的人，也并非只是被动的被观察者，而是会主动利用他，并且也有着自己复杂生动的性格。

到了20世纪80年代，反思人类学的相关讨论进一步走向纵深。1986年，克利福德（James Clifford, 1945－）与马库斯（George E. Marcus）主编出版《写文化》（*Writing Culture*），呼吁人类学家在承认自身限制的基础上，更加开放地探索实验民族志的各种可能。此后，受到文艺批评、比较文学与文化研究的影响，民族志写作的论题、条件与风格都发生了剧烈的变化。田野工作中的合作过程成为民族志中更为明确的部分，人类学家也开始更多地参与新的主题的讨论，如媒体、科学、技术、市场、广告与公司等，而不再受到传统主题惯用的民族与地方的模式。今天，任何民族志的写作，都无法回避“为什么要写”“在哪里写”“怎么写”等问题，这并不意味着人类学知识已经彻底失去了存在的价值，而是意味着，人类学家需要以谦虚、真诚、审慎的态度，讲述“部分的真理（partial truth）”。

犯罪（Crime）　严格意义上的犯罪是指忽略了社会、国家或文化中已确定的法律而导致的有意义的服役。非正式的理解犯罪则定义为被大众禁止了的行为，而群体对犯罪的衡量标准则是指已经被公众确立了的与规范、习俗和价值观相匹配的原则。为此，犯罪一般决定了集权政府和公共的或者抽象的受害者仪式以及具体执法机构的工作存在的必要。犯罪被广泛地认定为是一种现象，当社区的成员进攻其他公民或者其他国家时，这种现象和行为即构成犯罪。

对犯罪的研究从本质上讲可以从以环境学为基础和以生物学为基础的两种不同视角来展开，其中以环境学为基础的理论研究所涉及的是有关社交环境中可能潜在外部影响。

社会阶层的划分带来的必定是对社会结构的影响。社会结构论划分为应变论、文化异常行为论和社会瓦解论3个领域。应变论强调当平民阶级由于经济上的局限无法达到期望价值，产生压力并拒绝社会行为标准从而导致犯罪的发生；文化异常行为论认为犯罪行为是源于平民社会的价值观与主流文化之间的差异；社会瓦解论认为，在城市中心建立以轻工业为主、以平民阶层居多的过渡时期社区，这种处于恶化和混乱状态下的社区环境最终导致犯罪率的提升。

社会干预论从社会学习论、社会调控论、符号互动论以及分类4方面来评述犯罪。社会学习的观点主张犯罪行为是社会化的结果，同行所教授的犯罪行为不仅可以接受而且是被社会认可的行为；社会控制的观点认为犯罪行为是犯罪动因推动的结果。某些形式的社会控制是人可接受范围内的社会行为。然而，在缺乏合适的社会控制之下，成员被允许从事犯罪行为；符号互动论强调对知觉和情境的解读，这些都影响着响应的结果。据推测，人类将在角色或行为上，具有响应他人的特点。在这一理论范围内，所有的行为都基于个人的自我感知，如同人们之间的互相感知一样。

生物学的犯罪理论是从家庭环境的影响因素解释犯罪行为。理查德·道金斯（Richard Dawkins）于1877年开始从生物学的角度解释犯罪行为。意大利医生Cesare Lombroso，完善了这一理论，认为犯罪行为是隔代遗传，导致后代出生的时候会有犯罪行为的倾向。在美国生物学家威廉·谢尔登（William Herbert Sheldon, 1898－1977）的努力下，对生物学犯罪的研究有了重大进展，第一次开辟了用量化评分系统评估犯罪者的体貌特征，但是因为这种解释方法是基于评估员的个人主观意识而不可信。之后又有智力测验评分和染色体异常对犯罪行为的影响，但都无法证实与犯罪行为之间有任何关系。

（吴丹）

泛神论（Pantheism） 泛神论认为上帝与万物共存，万物皆模拟上帝的形象。不同于泛灵信仰的是，泛神论承认上帝存在，上帝的旨意弥散于万物之中，而泛灵论则认为上帝并不存在。泛神论一般仅在具有充分发达的宗教生活的社会中才会兴起。

从思想渊源来看，泛神论有两个互相关联的流派。前者趋向将神圣性作为宇宙普遍现象存在的虔敬宗教精神，万物为其载体；而后者则是发现整体本质的哲学思考，将所有事物都进行彼此联系思考的思维方式。这两类思想元素存在于所有的泛神信仰中间，奠定了泛神论的基础。

泛神论分为东西方两大流派。印度吠陀经籍中的泛神论是婆罗门教和现代印度教最重要和最根本的经典，是泛神论东方学派的代表。吠陀意思是知识、启示。吠陀泛神信仰中所崇拜的诸多神明最终转化成为一个整体的体现，或者说是一个“婆罗门”的概念，“婆罗门”代表着永恒不变，完美的整合和一元性，无边无际，无所局限。婆罗门永恒不变的本质为万物万象提供了本相的皈依，因为变化中蕴含着不完美，支撑着幻化背后的是完美存在的逻辑规律，这两者互为因果，化生出两个结论，第一，物质世界之上一定会有更高的存在；第二，物质世界本身是一个幻象。婆罗门具有非常自然本真的一面，必须透过发生于世界上的万物变幻而存在。

改变并没有真的发生，改变也是幻象。假设所有的真都只能唯一，所有的都是一体，所有的都是完美，那么婆罗门就是所有，所有也是婆罗门，婆罗门不会改变，因为婆罗门是完美的，改变则是不完美的一个信号。加入改变是真实的，改变也是婆罗门的一部分，所谓真实就是婆罗门，那么这意味着婆罗门是可以改变的，并且注定会以一个不完美去接替另一个不完美。在吠陀经典哲学中，这种反复不断的推理似乎成了该哲学的特点，同时也是诅咒。一般感知经验都是具有幻象的特点，只有迷幻和沉思体验才能够让悟道者超越幻象的蒙蔽，达到真正理解婆罗门的境界。

西方的泛神论信仰以发源于公元前6世纪前苏格拉底时代的一元论哲学——巴门尼德（Parmenides of Elea，公元前6世纪晚期至公元前5世纪早期）及弟子芝诺（Zeno of Elea，公元前5世纪）为代表，现存的巴门尼德著作残篇是被称为《论自然》（*On Nature*）的一首不完全的长诗，共19条残篇154行，包括《序诗》《真理之路》和《意见之路》3个部分。序诗32行完整无缺，以女神启示的形式提出两条道路，一条是通向真理之路，另一条是不包含真理的意见之路。

巴门尼德及其弟子将“全部即是独一”作为论述泛神论的基本真理，他们声称，知识是唯一不会改变的，当人们宣称自己发现了知识却在随后予以抛弃，人将会发现他自己在一个明显荒谬的处境中。他们认为，真正的知识是不会随着标准的变化而发生改变的。《真理之路》是全诗的主体，其基本思想是对于存在和非存在有两种不同的回答。一种认为，存在者存在，它不可能不存在；另一种认为，存在者不存在，非存在必然存在。前者是通向真理的、实在的途径，后者则是不可设想的；前者靠健全的理智来判断，凭思想来推论，后者以茫然的眼睛、轰鸣的耳朵以及舌头为准绳。从“存在者存在”这一前提出发，沿着前一条途径推论，就可以得到关于存在的真理：①存在是永恒的，不生不灭的；②存在是一，是连续的，不可分的；③存在是不动的；④存在是有界限的，形如球体；⑤只有存在可以被思想、被表述，也只有存在才有真实的名称。

斯宾诺莎（Baruch Spinoza, 1632–1677）是西方泛神论的另一重要代表，斯宾诺莎认为宇宙间只有一种实体，即作为整体的宇宙本身，上帝与宇宙同一，决定着万物规律，上帝主宰着万物运行的“内在因”，通过自然法则来主宰世界，所以物质世界中发生的每一件事都有其必然性；世界上只有上帝拥有法则、拥有完全自由，人虽可以试图去除外在的束缚，却永远无法获得自由意志。如果人们能够将事情看作是必然的，那么人们就越容易与上帝合为一体。因此，斯宾诺莎提出应该“在永恒的相下”认识事物。

西方泛神论哲学流派众多，然而，事实上，“泛神论”这一词汇直到1705年才被使用，这一词的使用与哲学家托兰（John Toland, 1670–1722）有关具有讽刺意味的是，最早人们用这一词来嘲笑托兰的哲学，但是却被人们广泛运用，逐渐成为欧洲知识精英调和信仰与真知之间——他们既不想盲从于天主教、基督教教义，又不想成为无神论者——的思想寄托之所。

（哈正利）

参考书目

［1］约翰·托兰德. 泛神论要义. 陈启伟译. 北京：商务印书馆，1997.

［2］斯宾诺莎. 简论上帝、人及其心灵健康. 顾寿观译. 北京：商务印书馆，2010.

范式（Paradigm）　是科学哲学家托马斯·库恩（Thomas samuel Kuhn, 1922–1996）提出的概念。在《科学革命的结构》（*The Structure of Scientific Revolutions*）中，库恩系统阐述了范式的概念，认为它指常规科学所赖以运作的理论基础和实践规范，是从事某一科学的研究者群体所共同遵从的世界观和行为方式。通俗地讲，范式就是一群科学团体所遵循的一个基本思路：什么是已知的？什么是被理解的？仍需进一步深入认识的是什么？

库恩指出，范式是科学诞生的标志。范式产生之前的科学只能称作前范式科学，而范式一旦产生，就进入了常规科学。常规科学意味着科学共同体在范式指导下不断积累知识的过程，它会不断解决难题，消除反常，扩充范式的应用范围，提高其精确程度，从而使范式得以逐步完善。与人们日常的想象相反，科学家并不是个人英雄主义者，也不会不断地去证伪已有的理论。他们是保守主义者与循规蹈矩者，绝大多数时候，都是在现有的理论框架下开展研究。只有当一种现成的理论出现许多异常情况时，一种在“科学革命”的突变中产生的替代范式才可能应运而生。库恩也指出，在培养一个科学家的过程中，从大学一年级到博士，他/她可能都在依照某种范式的概念观察与参与这些概念，某些情况下已经根深蒂固，成为思维的牢笼和偏见，习惯于选择相信某种特定而排他的结论。结果，对于原范式不熟悉的局外人，反而可能提出解决一揽子问题的方案，从而引发范式革命。

库恩提出的范式概念，主要针对的是自然科学领域。对于社会科学，库恩认为，它仍旧处于“前范式”的状态之中，各种各样的理论方向仍旧处于相互对峙的情况下，没有形成统一的框架。

人类学诞生以来，经历了数个“范式转换”的过程。19世纪中叶，进化论与传播论逐渐成为当时人类学的最主要的理论范式。进化论相信，人类文化无论在任何社会，都遵从同一规律，向同一方向（现代欧洲文明所代表的方向）发展；传播论者则重视文化在地理空间上的分布，认为人类文化固然是共通的、类似的，但其原因不在于人类心智方面的一致性，而是由于历史上的接触交流而发生的文化传播所致。20世纪初期兴起的功能主义则对进化论与传播论同时持批判态度，其代表人物马林诺夫斯基（Bronislaw Malinowski）强调，文化的同一性，不在于它的形式而在于它的功能，文化是建筑在满足人类基本需要之上的社会结构诸要素之间的“功能一体性”。

大致在两次世界大战期间，人类学的范式

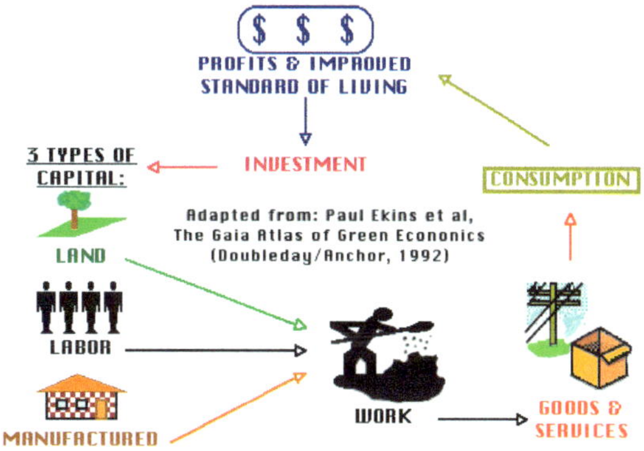

范式（绿色经济学）

开始从“普同论”向“特殊论”转化，其中，最有代表性的学派是文化模式理论。这种理论不再以建构共同人性或寻找人类的基本需要为前提，也不再单纯将文化视为一种“存在于有机体之外”的超验的、绝对客观的外部对象来加以探讨，而是开始引入相对主义与心理学的立场，将文化视为社会与个体互动的一个过程，肯定由不同的价值秩序所制约的文化的多样性。

第二次世界大战结束后，人类学的理论范式沿着两个不同的方向前进。在法国，列维·斯特劳斯（Claude Lévi-Strauss）开创了人类学的结构主义时代。在某种意义上，结构主义回到了对人类共性的追求，只不过在列维·斯特劳斯看来，这种共性不会存在于表面的社会制度与社会现象之中，而是存在于“深层的思维结构”。列维·斯特劳斯将语言学的转换定律应用到人类学的研究之中，认为人们一切社会活动与社会生活都深藏着一种内在的、支配着表面现象的结构，而社会科学的任务就在于寻找这种内在结构。几乎与之同时，象征主义在英美兴起。这一范式延续了文化模式理论的立场，进一步淡化了文化理论的抽象性与社会规律的普遍性，而强调在特定社会中，对于文化的象征作用于意义世界的理解。这种理解的关键，不在于科学的分析与解剖，而在于对当地人生活世界的“深描（thick description）”。

20世纪70年代，反思人类学兴起，人类学的知识生产过程受到很大的质疑，人类学的“科学”色彩也越来越淡化。在后反思时代，虽然人类学内部仍然没有达到范式的统一，但在很多方面，人类学家也有着心照不宣的共识，如以探索人类本性为基本追求，以田野调查为基本方法，以对“他者”的尊重为基本伦理等。这些共识塑造了人类学基本的学科面貌。

（刘琪）

参考书目

［1］马林诺夫斯基. 文化论. 费孝通等译. 北京：中国民间文艺出版社，1987.

［2］托马斯·库恩. 科学革命的结构. 金吾伦，胡新和译. 北京：北京大学出版社，2003.

［3］仪平策. 论人类学思维范式及其从“古典”到“现代”的发展.《民俗研究》，2004（3）.

方国瑜（1903—1983） 社会科学家、教育家，九三学社成员。字瑞丞。云南丽江纳西族自治县人。纳西族， 1922年毕业于丽江六属联合中学。1924年考入北京师范大学预科。1933年北京大学研究所国学门研究生毕业。之后曾在京师大学研究院、私立民国大学、洛阳师范学院和云南大学历史系从事教学与研究工作。历任编辑、教授、系主任、文法学院院长和云南通志馆的编审、审定、续修委员及云南省民委委员、全国人大民委委员、省博物馆筹委会副主任、云南省民族研究所副所长、云南省少数民族社会历史调查组副组长、九三学社云南省工委副主任等职。

方国瑜先生一生从事云南地方史和西南民族史研究，曾经多次到云南各少数民族聚居的地区从事实地调查，尤精于地方文献考据和研究，开创了云南少数民族历史的研究和教学，开拓了中国西南历史地理的研究。人才培养和著述成果丰硕，被史学界誉为“云南地方史和西南民族史研究的拓荒者和奠基人”。方国瑜先生第一个向西方学术界发起了挑战。1939年，他在《益世报》发表《僰人与白子》一文，以令人信服的缜密考究，用历史事实有力地戳穿了西方汉学家们编造的谎言。在英法帝国主义觊觎云南，民族危机日益严重的关头，毅然改变研究方向转而考究云南史地。方国瑜先生在导师刘半农的支持下怀着发掘、整理传统文化的志向，不畏山高水险深入到金沙江边的石鼓、巨甸等地考察，首次发现了纳西标音哥巴文摩崖。他虚心向东巴经师求教，并翻译了东巴文记录的纳西传说《人类起源》及若干经书的章节。经过近半年的努力，终于于1981年出版了。《纳西象形文字谱》，这不仅是一本语言文字学的工具书，也是一部关于纳西族社会历史的学术专著，获首届国家图书奖提名奖。并著有《元代云南行省傣族史料编年》（1958年）、《云南史料目录概说》（1984年）、《彝族史稿》（1984年）、《中国西南历史地理考释》（1987年）、《滇西边区考察记》（1943年）以及《旅边杂著》等。

（额日古娜）

方言（Dialect） 是一种语言的地域性或社会性变体。根据性质，方言可分社会方言和地域方言。社会方言是使用同一种语言的社会成员因职业、阶层、年龄、性别、文化教养等方面的社会差异而形成的社会变体。社会方言没有独立的语言结构系统，它的语音系统、语法规则等与共同语或当地方言基本相同，主要是在语汇或表达习惯上有不同于其他社群的特点。社会方言主要有阶层语、行业语、隐语、宗教和帮会用语等。地域方言是语言在不同地域所形成的变体，是语言发展不平衡性在地域上的反映。地域方言的形成往往经历复杂的历史过程，受多种因素的影响，如由大规模人口迁徙、社会割据、地理屏障等原因造成的交际障碍，异族语言的影响等。地域方言在语音、语汇、语法上都有差异。

人们通常所说的方言一般指的是地域方言。方言学主要指的是对地域方言的系统研究，或称语言地理学、方言地理学。传统的方言学研究始于19世纪后叶，方法是用询问表和采访录音做详尽调查，绘制编纂方言地图集或“语言地图集”。方言测量学是方言分析的一种统计方法，20世纪70年代发展起来，用来测量一个方言区内若干个方言点之间在语言学上的“距离”，具体做法是在大量的语言特征取样中计算对立的数目。

（宋荣）

房屋（House） 过去，房子经常出现在民族志里，或作为物质文化的一项，或充满了象征意义，或作为国内产业和家庭生产系统的所在。各种研究揭示建筑是如何象征着社会关系和范畴。同时，一些研究则以房屋为蓝本，通过对家庭空间的划分和妇女在家庭经济中的作用来看性别是如何表征。最近，一种旨在统一这些不同元素的“房屋人类学”出现了。将房子作为建筑环境来分析与“房子”的类别和思想的核心概念和实践的社会关系。

这项工作的一些趋势试图反思人类学的亲属关系研究，采用一种专注于本地类别作为分析本土一个更好的基础关系的理解的方法，在这个过程中，批判理论的各种要素建立起关系。例如来自非洲的研究，使用“房屋”的概念去质疑血统理论的有效性，而运用这个概念已经对东南亚和南美低地地区进行了充分的探索。虽然很多灵感来源于列维·施特劳斯的作品，有些人看到了一个需要超越的“房子的社会”的社会模式，这可以说是最近的工作一直试图克服的问题。

最近的研究试图汇集各种领域的、通常是相互独立的人类学调查，“房子”已经加入了一个更广泛的批评人类学的比喻。已经有部分研究开始从一套以血统和联姻为核心的结构化亲属关系偏离，并着重于强调分析持续的本地分类作为实践和概念化的理解的基础。在许多情况下，“家”成为一个比我们自己更适合这种分析的“血统”和“家族”范畴。“房子”常常作为一种社会关系的比喻出现也许并不奇怪，因为房子通常是构成亲属关系实践的所在地。卡斯滕（Janet Carsten）和休·琼斯（Stephen Hugh-Jones）指出，亲属关系就是“睡在一起……一起生活，一起吃饭，一起死去，不只是床，还有房子、壁炉和坟墓”。而这些关系更加鲜明地体现于南岛语族的一些地区。在那里，房子是一个突出的范畴和社会关系的隐喻，他们在埋葬死者的地方建造居住的房屋。

（蒋萍）

参考书目

[1] Blier, S.P. 1987, *The Anatomy of Architecture: Ontology and Metaphor in Batammaliba Architectural Expression*, Cambridge: Cambridge University Press.

[2] Carsten, J. and S. Hugh-Jones 1995, (eds). *About the House*: *Lévi-Strauss and Beyond*, *Cambridge*: Cambridge University Press.

[3] Fox, J. (ed.). 1993, *Inside Austronesian Houses*: *Perspectives on Domestic Designs for Living*, *Canberra*: *Research School of Pacific and Asian Studies*, Australian National University.

[4] Stephen Gudeman and A. Rivera. 1990, *Conversations in Colombia*: *The Domestic Economy in Life and Text*, *Cambridge*: Cambridge University Press.

[5] Kuper, A. The House and Zulu Political Structure in the Nineteenth Century', *Journal of African History*, 1993, 34: 469-87.

[6] Leach, E. 1954, *Political Systems of Highland Burma*, London: Athlone Press.

[7] Lévi-Strauss, C. 1982, *The Way of the Masks*, *trans. S. Modelski*, Seattle: University of Washington Press. ——(1987) *Anthropology and Myth*: *Lectures* 1951- 1982, trans. R.Willis, Oxford: Blackwell.

[8] Macdonald, C.(ed.). 1987, *De la Hutte au Palais*: *Sociétés'à Maison'en Asie du Sud-Est Insulaire*, Paris: Editions du CNRS.

[9] Saul, M. 'The Bobo "House" and the Uses of Categories of Descent', 1991, *Africa* 61(1): 71-97.

[10] Schneider, D. 1984, *A Critique of the Study of Kinship*, Ann Arbor: University of Michigan Press.

[11] Waterson, R. 1990, *The Living House: An Anthropology of Architecture in South-East Asia*, Singapore: Oxford University Press.

访谈（Interview） 又称访问法，是指研究者对知情者或报道人进行访问、交谈、提问，了解研究对象的内心世界的调查方法，是田野调查者获取第一手资料的基本方法。田野调查者参与当地人的日常生活，观察当地人的行为，但不能真正理解所参与的和所观察到的事情，无法获悉当地人对于本地文化的理解和心理活动，此时需要通过访谈法向知情者提出问题，与之对话交谈，了解通过参与观察法无法观察到的事实，包括仪式、神话、信仰、谱系材料、价值观念等。研究者通过访谈、问卷、笔记，去伪存真，将自己访问的材料与参与观察的结果进行比较，获得真实可靠的田野材料，进一步撰写田野民族志。

访谈法是民族志建构的源泉，是获取本土第一手材料的基本途径。20世纪60年代，美国人类学家格尔茨提出了阐释民族志的深描法。在《文化的解释》（*The Interpretation of Cultures*）中，格尔茨（Geertz）论述了阐释主义人类学的核心就是深描，提倡从文化的各个微观层面揭示它们，而非大规模地比较，从研究对象出发的、主位的、对行动者或研究对象的行为意义进行深入的、细致的描写，强调民族志不是仅仅通过参与观察对经验现象的描述，而是通过对当地人、本土人的理解的阐释，即"解释理解的阐释"。因此，田野调查者除了要对当地的文化现象进行参与观察外，还要对地方知识和局内人进行深入、细致、主观、微观的理解和阐释。

访谈可分为正式访谈和非正式访谈两种。正式访谈也称结构性访谈，是访谈者事先设计问题、约定时间、拟定提纲、形成问卷，按照一定的计划程序，有目的地访谈，被访者按部就班地回答问题。优点是预设问题、针对性强、所选问题经过筛选和实验，答案规范标准，可进行比较和评价，而缺点是问题是经过人为设定、严格控制的，报道人可自由发挥空间小，答案死板僵化，具有局限性；非正式访谈也称非结构性访谈，是指不规定访谈问题，不限定标准答案，不拘泥于刻板僵化的形式，让受访者和知情者自由发挥，无拘无束，畅所欲言。优点是被访者可自主展示自己认为重要并且感兴趣的话题和材料，而缺点是无标准化问题，针对性较弱，易偏离主题，难以进行比较评价，调查者难以抓取有效信息。

作为被访问对象的受访者的当地人称为报道人或知情者，就是对当地的文化传统了解并能够帮助研究者尽快了解本土文化，获取调查资料的本地人。访谈包括选择报道人、访谈报道人、做民族志记录3个步骤：确立合适的报道人，就是寻找能够帮助研究者学习报道人所持有的文化，融入当地社会，获知调查资料的当地人；访谈报道人要有明确的目标，向报道人提出问题，引导他回答自己预设的问题，有目标地获知信息材料，做出详细、准确、真实的记录。在访谈过程中，鼓励报道人尽可能多地阐述，自由发挥，无拘无束，亲切善意的交谈、彼此尊重是访谈需要遵守的田野伦理原则；民族志记录是形成田野笔记的重要来源，记录工具包括录音笔、照相机、手工制品、笔记本、照片素描以及聊天对话记录。民族志的记录遵循语言辨别原则、文字记录原则以及去伪存真原则。

访谈法是田野调查的基本方法，是民族志架构的源泉，是田野调查的核心。它与参与观察法同等重要，在田野调查中，两者相辅相成，互为补充。

（张洁）

参考书目

[1]拉德克利夫·布朗. 社会人类学方法. 夏建中译. 济南：山东人民出版社，1988.

[2]庄孔韶. 人类学通论. 太原：山西教育出版社，2007.

[3]孙秋云. 文化人类学教程. 北京：民族出版社，2004.

[4]阿兰. 巴纳德. 人类学历史与理论. 王建民，刘源，许丹等译. 北京：华夏出版社，2006.

非对称性联盟（Asymmetric Alliance） 联盟系统是在不同血统、宗族或其他婚姻阶层之间定期进行配偶交换的过程中产生的。在这样一种关系中，血统可以说具有永久的姻亲关系。如果在一个联盟系统中婚姻伴侣的交换涉及血统等级，这个联盟系统就叫作“非对称性联盟”。在这些系统中，可以是女方的血统等级更高（下嫁婚姻系统），也可是男方的血统等级更高（上层结亲系统）。由于血统在传统的亲属关系理论中始终占据主导地位，大量作品的联姻理论强调的是这种永恒的交换关系在维持社会关系中的重要性（Levi-Strauss 1969a）。

1949年，默多克（G.P. Murdock, 1897–1985）的《社会结构》（*Social Structure*）和列维·斯特劳斯（Levi-Strauss, 1908–2009）的《亲属关系基本结构》（*The Elementary Structures of kinship*）问世，这两部作品对研究社会组织起着至关重要的作用。默多克的大作对他的另一部作品《世界人种志地图》（*World Ethnoyraphic sample*）中的亲属关系材料进行了双变数交叉分析，发现婚姻住所对亲属称谓的产生影响最大。这一发现似乎破坏了血统论的基本前提，即血统是决定亲属称谓和相关社会实践的最重要因素。然而，由于统计方法有问题，而且据传样本中使用的部分人种学数据不准确，默多克的研究很快受到了攻击。与此同时，列维·斯特劳斯进行了同样伟大的研究，他回答了Tylor于1878年提出的关于异族通婚和表亲婚姻意义的问题。在分析澳大利亚、美拉尼西亚和亚洲社会时，他关注的不是血统，而是婚姻交换的形式。列维·斯特劳斯通过高度系统化（和理想化的）图表展现出指定的父系表亲婚姻（新娘是父亲姐妹的女儿）产生了对称性联盟，在这里，交换女性的世系群在世代交替的过程中既能嫁女又能娶妻。而对于母系表亲婚姻（新娘是母亲兄弟的女儿），虽然它看起来只是父系表亲婚姻的反转，但却形成了完全不同的系统，即非对称性联盟，在这里，交换女性的世系群从一个世系群中娶妻，而向另一个世系群嫁女，世系群一代一代地变得越来越不同。这一理论称为联姻理论，据说能够解释进行相反形式的指定表亲婚姻的世系群实际社会组织的形成。而且，列维·斯特劳斯建议将他的方法通过数学分析进行扩大，以便分析与CROW和OMAHA称谓有关的复杂非指定婚姻结构，甚至是现代西方社会的婚姻系统。

可是，诸如血统理论之类的联姻理论带来的问题是定义涉及的基本单元以及书中描述的女性交换形式是否真的发生过。例如，罗德尼·尼达姆（Rodney Needham, 1923–2006）认为，母系表亲婚姻是选择性的而不是指定性的，而且统计意义不大，因此不足以对社会组织造成影响（Needham 1963）。为了维护联姻理论，大卫·梅伯利·路易斯（David Maybury-Lewis, 1929-2007）称，纵使婚姻交换系统在社会团体中的个人层面上是选择性的，但在“样本层面上”是指定性的（Maybury-Lewis 1965b）。

（陈蕊）

非物质文化（Non-material Culture） 文化的一种分类，与“物质文化”相对，它不是实体的物质或人工制品，而是人类在社会历史实践过程中所创造的各种精神文化，有助于形塑社会，如规范、语言、信仰、态度、价值、技能、艺术、宗教、法律等。人们更通常提到的是“非物质文化遗产”，指被各群体、团体、有时为个人视为其文化遗产的各种实践、表演、表现形式、知识和技能及其有关的工具、实物、工艺品和文化场所。各个群体和团体随着其所处环境、与自然界的相互关系和历史条件的变化不断使这种代代相传的非物质文化遗产得到创新，同时使他们自己具有一种认同感和历史感，从而促进了文化多样性和激发人类的创造力。非物质文化大体上可分为3个部分：①与自然环境相配合和适应而产生的，如自然科学、宗教、艺术、哲学等；②与社会环境相配合和适应而产生的，如语言、文字、风俗、道德、法律等；③与物质文化相配合和适应而产生的，如使用器具、器械或仪器的方法等。它们是无形的、无法触摸的、世代相传而积累保存下来的文化特质，对人类的思想、行为模式、生活方式等往往产生决定性的、历史性的影响。

20世纪50年代，许多人类学家就西方工业文化对非西方传统文化的影响和破坏进行过研究，并且就这种影响和破坏的后果提出过警告，更多的人类学家则通过田野工作，记录下了即将消失的许多“原始文化”事项。由于极其复杂的原因，特别是近百年来西方工业化思想和实践在全球的广为传播和接受，世界文化多样性遭受到的破坏是空前的。现存的大量非物质文化遗产，主要存在于处在全球化边缘的弱势群体之中。由于经济发展落后和西方文化的侵蚀，这些弱势群体正在被强迫融入一体化的进程中。而在这个进程中，在他们中存在的非物质文化事象被侵蚀和改造乃至消失。在这样的背景下，近年来非物质文化遗产及其保护问题日渐引起人们的注意和重视。正是在包括人类学在内的多个学科持久不懈的努力下，联合国教科文组织1972年在巴黎制定并开始实施《保护世界文化和自然遗产公约》（Convention Concerning the Protection of the world cultural and Natural Heritage，简称《世界遗产公约》），人类学家提出的“文化多样性”的概念，得到教科文组织的认同，为此专门召开了国际性的大会讨论和制定保护文化多样性的公约问题。2003年10月17日，联合国教科文组织大会第32届会议通过了《保护非物质文化遗产公约》，其界定了非物质文化遗产的5个方面：①口头传说和表述，包括作为非物质文化遗产媒介的语言；②表演艺术；③社会风俗、礼仪、节庆；④有关自然界和宇宙的知识和实践；⑤传统的手工艺技能。非物质文化遗产文化空间，是以文化的空间性质为主要研究和表述对象的一个新兴的重要概念。在1998年10月举行的联合国教科文组织第155次大会上，将“文化空间”定义为“具有特殊价值的非物质文化遗产的集中表现”“一个集中举行流行和传统文化的场所，也可定义为一段通常定期举行特定活动的时间，这一时间和自然空间是因空间中传统文化表现形式的存在而存在的”。人类学被认为是与非物质文化遗产关系最为密切的学科，从文化人类学的一般概念来看，非物质文化遗产学的研究，是文化人类学的一个新的重要的应用性质的研究学科，而对非物质文化遗产文化空间的研究更是一个全新的有待开拓和发现的领域。

在人类学看来，非物质文化形式中隐藏的哲学、价值观、道德尺度、思考方式构成了一个社会生活的基础，作为一个族群和个人认同的文化，其核心是价值观念系统，它与其存在形式成为文化多样性的深层内涵。文化功能的多层次性及文化的政治性决定了对非物质文化遗产进行人为保护的必要性，文化变迁的常态性使动态保护成为必要，信仰的社会功能决定了民间信仰类文化遗产的历史地位和保护价值。非物质文化遗产的最大的特点是不脱离民族特殊的生活生产方式，是民族个性、民族审美习惯的“活”的显现。它依托于人本身而存在，以声音、形象和技艺为表现手段，并以身口相传作为文化链而得以延续，是以人为本的活态文化遗产，强调以人为核心的技艺、经验、精神，特定的人类群体是其赖以存在的基础。其特点是活态流变，涉及个人、群体、文化、传承和人类行为规则，对维护人类文化多样性有着重大意义，并发挥着不同的价值功能，如认同功能、人文资源、民俗资源等。人类学的田野研究和民族志方法对于保护口头和非物质文化遗产具有特殊意义。人类学“自观”和“深描”的民族志方法致力于搜寻当地人对自己文化及其意义系统的理解和阐释，对文化事象进行主客位结合的描写，这对非物质文化遗产的调查发挥了其特有的作用。人类学家主张在对异文化研究中应该有被研究文化族群的人员和传承者参与，以免造成文化的误读，使跨文化交流保护理念得到广泛应用，使非物质文化遗产保护和利用不致出现偏离。总之，依据人类学分析，应将非物质文化遗产保护置于文化的整体生态中实施动态的、参与式的保护，并防止因保护而出现的“文化筛选”与“文化阶层化”问题。由于非物质文化遗产的保护牵涉众多的“利益相关者”， 国际力量、国家、社区和个人纠结着政治利益、商业利益和公共利益， 因此， 最基本的保护制度还是法律制度。

（田夏萌）

参考书目

[1] 崔延虎. 社会文化人类学视野中的非物质文化遗产保护.《新疆师范大学学报》，2005（4）.

[2] 高丙中. 非物质文化遗产：作为整合性的学术概念的成型.《河南社会科学》，2007（2）.

[3] 刘锡诚. 非物质文化遗产：理论与实践. 北京：学苑出版社，2009.

[4] 王文章. 非物质文化遗产概论. 北京：文化艺术出版社，2006.

[5] 乌丙安. 非物质文化遗产保护中文化圈理论的应用.《江西社会科学》，2005（1）.

[6] 中国艺术人类学学会. 内蒙古大学艺术学院. 非物质文化遗产传承与艺术人类学研究. 北京：学苑出版社，2013.

非裔美国人思想（African American Thought）

非裔美国人思想受到多方面因素的影响，包括非洲人对自然的热爱、西方人残酷的侵略性以及非洲人创造性地适应不同于自身传统观念的新的世界、文明与生活方式等。在非裔美国人思想的传承中始终贯串着对反奴役、反文化灭绝的斗争和反抗以及确保黑人在各方面公共事务与制度上的合法权力。

早期的非裔美国人思想代表是弗雷德里克·道格拉斯（Frederick Douglass, 1878–1895）、玛丽亚·斯图尔特（Maria W.Stewart, 1803–1879）等，他们在美国社会中不屈不挠地为黑人争取社会公正、解放、团结与尊严。早期非裔美国人思想受到宗教精神领袖的极大影响，比如泛非主义的建立者、倡导非洲人自给自足的马库斯·加维（Marcus Garvey, 1887–1940）；伊斯兰民族组织的建立者以利亚·穆罕默德（Elijah Muhammad, 1897–1975），他教育黑人他们是上帝的孩子；诺贝尔和平奖获得者、南方基督教会的领导者马丁·路德·金（Martine Luther King, 1929–1968）率领百万民众发起了争取黑人公民权的运动，他告诫人们要看一个人的品格，而不是肤色。

当代非裔美国人思想由非裔美国人思想家们代代传承与发展，其中黑人思想解放学派最为知名，该学派将黑人解放与社会主义哲学相结合来追求公民权力与平等享受美国生活的民主。如今，适应新世界、有效地达到社会公平与争取妇女权益成为非裔美国人思想的主流，并进一步影响了国际上的社会公正与妇女解放。代表人物与代表观点主要有布克·华盛顿（Booker T. Washington，1856–1915）的“妥协迁就”哲学；弗雷德里克·道格拉斯（Frederick Douglass）倡导的将教会布道与政治活动相融合的方式；首位从哈佛大学毕业的黑人博士杜波伊斯（DuBois，1868–1963）发展了道格拉斯的多方位实践理论；当代非裔美国人思想流派“非洲中心论”很大程度上受益于黑人思想家们对非洲文化遗产的坚持以及努力提升黑人在意识形态、政治经济生活中的处境。

（徐薇）

参考书目

［1］庞好农. 非裔美国文学史. 北京：中央编译出版社，2013.

［2］Maulana Karenga 2002, *Introduction to Black Studies*. Los Angeles: University of Sankore Press.

非语言交流（Nonverbal Communication） 在一定交际环境中语言因素以外的，对输出者或接收者有信息价值的因素。它可伴随语言行为发生，能重复、描述、强调或反对所说的言语，参与、配合或接续言语行为；它也可以不与语言行为发生联系。对非语言交流的阐释，要在语境中按约定俗成的方式进行。

非语言交流的形式有很多，如面部表情、姿势、手势、人际距离、时间利用等，可依据类型学分为5类：①象征。可直接翻译的特定文化成员熟知的非语言动作；②描述。伴随言语的身体动作，既能强调所说的文字也能展示对文字信息的反对、嘲讽等态度；③效果展示。基本上是传达情感状态或态度的面部表情；④调节者。保持或调节听和说的往来本质，通常发生在面对面的互动过程中；⑤适应者。通常是指无意识的身体动作，以帮助说话人在社会互动中感觉更舒适，或应对紧张情绪，或使自我适应在场的他人。

（宋荣）

非政府组织（Non-Governmental Organization） 非政府组织是一个相对于政府组织的概念。在国际社会，非政府国际组织则是相对于政府间国际组织而言。非政府组织没有一个标准统一的概念，1952年联合国经社理事会在其决议中将非政府组织定义为“凡不是根据政府间协议建立的国际组织都可被看作非政府组织”。在当时，这主要是指国际性的民间组织。在1996年决议则进一步承认了在各国和各地区活动的非政府组织。非政府组织与非政府国际组织并不是一个可以绝对区分开的概念，非政府国际组织是非政府组织的外延，在20世纪后期，无论是非政府组织还是非政府国际组织都得到飞速发展，在解决地区乃至国际事务中发挥着不可替代的作用。1948年联合国成立不久，联合国经济与社会理事会给予41个非政府组织以顾问地位，1998年经过联合国确认的有参加其会议资格的国际性非政府组织有1350个。在这些可以统计的非政府国际组织外，各国内还有大大小小不计其数的非政府组织。

非政府组织相对于政府组织，其自身尤具独特的特点与优势。非政府组织往往更加贴近生活，更加深入群众。政府组织由于自身制度的规定，往往在许多领域无法更加人性化、更加灵活，相比之下的非政府组织往往享有社会权力，非政府组织往往通过自身的社会权力影响社会经济、政治、文化等方面。

非政府组织保持与政府组织的密切联系。政府组织在国家事务管理过程中无法面面俱到，在国家不同的发展阶段，政府组织会在不同阶段适当调整关注的重点，同时，政府组织在管理国家事务中有许多工作是不适合、不能够进行管理的，这些工作往往由非政府组织承担。在民主化国家和多元社会中，政府往往会针对国家和社会某一方面的问题提出发展项目，由相关领域的非政府组织通过申请后，由政府划拨专项资金，非政府组织利用项目资金针对某一方面的问题进行处理，并最终进行评估。

非政府组织与联合国保持密切联系。1946年，联合国成立专门辅助机构——非政府组织委员会，负责批准和接纳非政府组织，认可非政府组织在联合国的咨询地位和观测员身份。

经过联合国批准后的组织，可以以咨询者和观察者的身份参与理事会并参加联合国的各项会议，有权在会上做出口头和书面发言（那力2002）。

非政府组织的迅速发展得益于通信技术的发展。随着网络、邮件以及脸书等通信技术的更新，世界的各种问题不再受到地理与国家的限制。各国间的非政府组织得以交流与学习，各国间的非政府组织得到飞速发展。面对全球化的今天，许多全球性的问题单单依靠一政府组织为主体的治理方法难以真正的解决，许多国际性的问题也难以攻克，在新的国际治理体制下，迫切需要非政府国际组织的参与（唐兴霖，周幼平 2010）。

有数据显示，截至2016年底，中国共有社会组织70.2万个，民办非企业单位36.1万个，各类基金会5559个，其中民政部登记的基金会245个。这些非政府组织的活动范围很广，包括教育、卫生、扶贫、帮助弱势群体等各个领域。但总体上看，与国外许多成熟的非政府组织相比较，中国的非政府组织无论在数量和影响力上都存在很大差距，尚有潜力巨大的发展空间。

（郭锐）

参考书目

［1］那力．非政府国际组织发展现状．《国际资料信息》，2002（3）．

［2］唐兴霖、周幼平．中国非政府组织研究：一个文献综述．《学习论坛》，2010（1）．

非洲社会主义学派（Socialist Schools in Africa）　非洲人民在摆脱殖民统治后，为了发展本国政治与经济而必须要考虑是走资本主义道路还是社会主义道路，引发了人类学领域有关社会组织的前资本主义形式、殖民者政策如何改变社会以及后独立时代新兴的非洲国家如何实施可持续性发展等问题的研究与讨论。非洲社会主义思潮把非洲人的超自然信仰以及伊斯兰或基督教信仰融进了社会主义思想中。加纳独立后首位总统恩克鲁玛（Nkrumah, 1909–1972）即把马克思社会主义与基督教信仰完美地结合在一起；塞内加尔总统利奥波德·桑格尔（Leopold Senghor, 1906–2001）坚持协调基督教与穆斯林之间的关系；埃及总统纳赛尔（Nasser, 1918–1970）认为伊斯兰信仰作为埃及人生活的重要组成部分，会推动社会的变革。

20世纪50—60年代，整个非洲大陆都在反抗殖民统治的权威及资本主义发展路径，然而在面对城市与农村不断增长的人口以及随之而来的对教育、医疗、卫生等方面的需求增长，人们都迫切渴望发展农业、工业，摆脱经济萧条的困境，结果却是大多数非洲国家以失败告终。有些非洲国家在冷战后经历了巨大的社会变革，对于广大的穷苦百姓来说，社会结构并未发生根本的变革；也有一些非洲国家在政治、土地改革、健康、教育领域发生了重大变革，使得农民工人在国家政体中占据了一定位置。

社会主义思潮强调国家统一和动员大众，有效地推动工人、农民参与反抗斗争，然而社会主义在一些非洲国家也容易造成独裁统治与官僚腐败，削弱公民权利与公众自由。20世纪80年代之前，很多非洲社会主义者倡导自由民主是实现社会主义的最佳路径。理论上看，非洲社会主义国家希望能够提升民主在国家决策中的参与度，但现实中却很难实现。

（徐薇）

参考书目

［1］Arhin, K. (Ed.). 1993, *The Life and Work of Kwame Nkrumah. Trento*, NJ: African World Press.

［2］Rawson, D. 1994, *Democracy, socialism, and decline*. In A. I. Samatar (Ed.)., *The Somali Challenge: From Catastrophe to Renewal?* Boulder, CO: Lynne Rienner.

［3］马丁·梅雷迪思．非洲国：五十年独立史．亚明译．北京：世界知识出版社，2011．

非洲思想家（African thinkers）　非洲表达各族群思想和智慧的先贤哲人。在人类文化的摇篮中，非洲思想创造性地将丰富的自然环境与多样的人类文化融为一体。不同的语言、艺术作品、碑刻、洞穴壁画以及宏伟的灌溉系统设计、宏大的历史遗迹等无不说明非洲人的伟大智慧和能力。在非洲人的灵魂深处，非洲思想通过许多的神明、仪式与信仰实践表达出来。

自古以来，非洲思想家使用的语言被大致分为撒哈拉、苏丹语、科尔多瓦语等，有些语言用古埃及象形文字、努比亚文字、埃塞俄比亚文字或阿拉伯文书写。非洲思想家是最早在神学与一神论上建立宇宙学说的人。非洲思想家在艺术与科学方面做出了杰出的贡献，比如，建筑师英霍蒂普（Imhotep）是第一座埃及金字塔的建造者，同时也是一位政治家、哲学家以及医学家。中世纪的非洲大陆诞生了很多思想领袖，在马里和桑海帝国，从廷巴克图（Timbuktu）与杰内（Janne）开始了他们漫长的神学与法律思想的传播生涯，最远还传到了亚洲的伊斯兰国家。突尼斯的阿卜杜·拉赫曼·伊本·赫勒敦（Abd al Rahman ibn Khaldun, 1332–1406）是一位研究教育与心理的学者、政治活动家、法学家与法官。他创造性地革新了自传文学以及研究科学史的方法，在他严谨的治学生涯中，他建立了科学的社会学以纠正对历史事件的报道。伊本·赫勒敦在古兰经上的造诣非常深刻渊博，包括先知的语录和事迹、一神论、法律体系、语言学、诗歌、玄学、自然科学、数学、艺术与外国语言等方面，他用了8年时间写成7卷本的鸿篇巨制《阿拉伯人、非阿拉伯人、柏柏尔人的日常生活》。他用严谨科学的方法来考证历史事件，解析“社会密码”，他对柏柏尔人的历史研究是最权威、丰富和独具特色的。

当代非洲涌现出很多优秀的思想家，他们的研究拓宽了我们对非洲社会生活与现实的理解。苏丹作家贾马尔（Jamal），1962年《非洲百科全书》的著作者之一，曾写作《萨利·夫·哈马尔》（*Sali Fu Hamar*，非洲神话集）以及很多有关非洲文化与政治事务的文学作品。非洲作家中第一位获得诺贝尔文学奖的是尼日利亚作家沃尔·索因卡（Wole Soyinka），他以糅混民族色彩的作品批判尼日利亚的政治和社会现实，肯定非洲本土文化的价值，超越种族、文化的隔阂，得到欧美文坛的肯定，进而成为全球瞩目的作家。

塞内加尔的历史学家和文化人类学家迪奥普（Cheikh Anta Diop, 1923–1986）以严谨的人类学田野调查为基础研究地理环境对人类行为的影响，发展出一系列有关欧洲文明与非洲文明一北一南两个中心的理论。迪奥普发现“古埃及的法老文明是黑人文明”，“欧洲长期以来的严酷寒冷气候产生了父权制的家庭体系”，他还说明了世界上最早的国家都是母系社会。埃及女性主义活动家及精神科医生纳瓦勒埃尔·萨阿达维（Nawal El-Saadawi, 1931–）是一位多产的作家，大多作品被翻译成多国语言，细致分析了当代非洲与阿拉伯国家妇女的现实处境和状态。她的作品揭示出现代与传统生活方式上的冲突，尤其是在男权与国家统治下的女性的矛盾与痛苦。作为社会活动家，她创立并担任阿拉伯妇女团结协会主席，也是阿拉伯人权协会的创始人之一。

非洲思想深深植根于传统，同时也反映最真实的现实，进而促进事物向最好的方向转变，这种特质来自于自古以来非洲大陆就拥有的丰富辽阔与非洲人民日常生活的多姿多彩、乐观豁达，而这种丰饶与多元亦促成了多种多样非洲思想的产生。

（徐薇）

参考书目

［1］Diop, C. A. 1996, *Towards the African Renaissance, Essays in Culture & Development* (1946–1960), Egbuna P.Modum, trans. London: Karnak House.

［2］Karenga, M. 2002, *Introduction to Black Studies*, 3rd ed., Los Angeles: Sankore University Press.

［3］Ferraro, G. 2003, *Cultural Anthropology: An Applied Perspective*, Belmont, CA: Wadsworth.

非洲研究（African Study） 以现代学术模式对非洲的研究。非洲研究的诞生与英、法、德等欧洲国家对非洲大陆的占领和瓜分有关，最早的成果是欧洲探险家、传教士以及外派官员在17世纪登陆非洲之后开展的人类学研究，旨在为即将开始的殖民统治服务。1884年柏林会议召开，欧洲列强基本确立了各自在非洲大陆的势力范围。为了更好地巩固对非统治，非洲研究进入制度化阶段，有关非洲社会的知识构建逐渐列入高等学府和科研机构的工作范畴。第二次世界大战之前，英国是非洲研究的大本营。英国在海外殖民地实施间接统治，需要在充分了解非洲社会的基础上大量培养本地精英，一方面推动英国学者对非洲社会开展历史和人类学研究，另一方面英国政府也着手在殖民地建立大学和科研机构。1926年，欧洲主要殖民强国决定在伦敦建立国际非洲研究会，初衷是通过语言和民族志研究积累有关非洲社会的知识，用于对未来殖民地工作人员的培训。国际非洲研究所（The international African Institute）出版非洲研究季刊《非洲》（*Africa*），主要刊登人类学研究论文。1939年，伦敦大学东方研究学院正式更名为东方与非洲研究学院（School of Oriental and African Studies）。英国社会人类学功能主义以及新功能主义曼彻斯特学派的诸多经典研究均以非洲社会为田野，例如福蒂斯（Meyer Fortes, 1906–1983）和埃文思·普里查德（Edward Evan Evans-Pritchard, 1902–1973）的《非洲的政治制度》（*African Political Systems*）（撒哈拉以南非洲），埃文思·普里查德的《努尔人——对尼罗河畔一个人群的生活方式和政治制度的描述》（*The Nuer: A Cescription of the Modes of Livelihood and Political In stitutions of a Nilotic people*），格拉克曼的《现代祖鲁地区的一个社会情境的分析》（*Analysis of a Social Situation in Modern Zululand*）等。虽然非洲研究的兴起与殖民扩张紧密关联，但它对于人类学理论和方法进步的贡献不容否认。而且，今天非洲一些知名大学的前身正是殖民时期建立的非洲研究机构，例如西部非洲的达喀尔大学和南非的开普敦大学，一度被殖民宗主国和西方学者控制的国际非洲研究会在第二次世界大战之后也向从事非洲研究的非洲学者敞开大门。

第二次世界大战结束后，国际政治格局发生重大变化，与政治紧密相关的国际非洲研究随之改变。第二次世界大战让美国深刻感受到了解世界的重要性，这一愿望在战后由于国家实力的增强和对全球霸权的觊觎而变得更加紧迫。1946年，卡内基基金会率先发起地区研究计划，其他主要私营基金会以及美国国防部、情报部门纷纷效仿，鼓励美国最主要大学设立地区研究院系，第一批非洲研究学者主要从欧洲招募，特别是英国和比利时籍的学者，这一领域的领军人物是美国人类学创始人博厄斯的学生——赫斯科维茨（Melville Herskovits）。由于15—19世纪的非洲奴隶贸易，美国人口中非洲裔占据相当比例。20世纪50年代非洲大陆掀起的反殖民主义浪潮波及美国国内，广大非洲裔发起反对种族隔离与歧视、争取平等权利的民权运动，在学术领域则出现了黑人研究，与之前非洲研究被白人学者垄断的局面针锋相对。赫斯科维茨认为，深入了解非洲社会与承认非洲裔美国人在文化、社会和经济方面的贡献之间存在必然联系，因此非洲研究应当与黑人研究合二为一，这也是美国社会最终摆脱种族歧视原罪的必经之路。但他的努力没有成功，20世纪60年代末，美国非洲研究会一分为二，控制非洲研究的白人学者和主导美国黑人研究的非洲裔学者分别自立门户。美国非洲研究从20世纪60年代中期开始大量借鉴法国理论特别是结构马克思主义，后来占主导地位的理论范式是多元文化主义和文化相对主义。近三十多年间，白人学者垄断非洲研究的局面正在被打破，非洲裔学者的比例逐年上升。“911”事件之后，美国对地区研究的支持力度进一步加大。如何保证研究的独立性和客观性一直是美国非洲研究以及其他地区研究面临的挑战。

美国同样是战后欧洲非洲研究的主要推动者，战后法国凭借自身在人文社科领域的领导地位成为欧洲非洲研究的翘楚。法国社会科学高等研究院在美国大基金会的支持下成立了各个地区研究中心，非洲研究中心就是其中之一，非洲研究中心的刊物《非洲研究学刊》是法国最重要的非洲研究期刊，其他重要机构还包括巴黎一大和七大的非洲研究中心。成立于1943年、隶属法国政府的“海外科学技术研究局”是战后非洲田野研究的主要资助方。20世纪80年代之前，人类学在非洲研究领域独领风骚，最著名的学者是乔治·巴朗迪耶（Georges Balandier）。巴朗迪耶认为，非洲研究主要有两大任务：对当代非洲社会面临挑战的深描，基于非洲案例的普遍性阐释，殖民时期则是理解黑非洲的关键。60—70年代占主导地位的理论范式是结构马克思主义，相关学者在法国和非洲政治领域的介入引发政府部门的不满，甚至无法继续获得官方资助，被迫放弃田野研究。80年代开始，政治学在非洲研究领域的影响日益扩大，政治科学国家基金会下属的国际关系研究中心成为重要的非洲研究基地，中心刊物《非洲政治》影响力很大。与此前人类学研究不同，以政治学为背景的非洲研究突出历史和比较的视野，对法国非洲政策的制定提出批评和意见。法国对非洲研究的贡献不仅体现在理论和方法上，而且也为非洲国家培养了大量知识精英、帮助非洲国家建立了最初的高等学府和研究机构。其不足之处则是片面强调政治和理论建构，对非洲的文化、哲学、艺术等缺乏足够的重视，从根本上没有彻底摆脱殖民时代盛行的种族主义意识形态。

20世纪60年代非洲各国结束殖民统治、赢得独立之后，发展教育、培养民族精英成为各国政府的重要任务之一，今天非洲最著名的综合性大学都是在这个时期建立的。随着在欧洲学成归来的知识精英的加盟，非洲大学逐渐具备了独立培养本土精英的能力，从不同学科入手研究自己的国家和社会成为本土知识精英的重要使命，非洲本土学者从20世纪80年代起逐渐成为非洲研究的重要组成部分，西方学者在这个领域一统天下的局面已经改变。仅以社会科学为例，非洲主要大学都配备社会研究院系，总部位于达喀尔的非洲社会科学发展理事会负责整合非洲大陆的社会研究力量，建立非洲社会研究学者共同体，通过资助研究、协助“刊文”、组织培训、专题研讨等形式培养人才、提高研究水平。

2000年中非合作论坛正式成立后，中非关系迅速发展，越来越多的中国学者开始从事非洲研究。2010年开始，中非合作论坛启动“中非联合研究交流计划”，鼓励中非学者和科研机构合作开展有关中非关系和非洲社会的研究。如今，随着中非交往的日益深入，中国对非研究的学科也从传统的政治学、历史学和国际关系发展到社会学、人类学等，深入非洲社会的田野研究逐渐成为发展趋势。

（庄晨燕）

参考书目

［1］埃文思·普里查德. 努尔人——对尼罗河畔一个人群的生活方式和政治制度的描述. 北京：华夏出版社，2001.

［2］Kitereza, A. 1996, *Les enfants du faiseur de pluie*, Paris: L' Harmattan/Unesco.

［3］Ricard, A. 1972, *Théâtre et nationalisme*, Paris: Pr é sence africaine.

［4］Ricard, A. 1995, *Littératures d'Afrique noire: des langues aux livres*, Paris: CNRS/Karthala.

［5］Waterman, C. 1990, Juju, *A social history and ethnography of an African popular music*, Chicago: Chicago University Press.

［6］Coplan, D. 1994, *In the time of cannibals. The word music of South Africa's Basotho migrants*, Chicago： Chicago University Press.

［7］Balandier, G. 1955, *Sociologie actuelle de l'Afrique noire. Dynamique des changements sociaux en Afrique centrale*, Paris: PUF.

［8］Balandier, G. 1967, *Anthropologie politique*, Paris: PUF.

［9］Balandier,G.1973, Sens et puissance, Paris: PUF.

［10］Bayart, J.–F. 1989, *L'Etat en Afrique. La politique du ventre*, Paris: Fayard.

［11］Copans, J. 1998, *La longue marche de la modernité africaine*, Paris: Karthala.

[12] Fabian, J. 1971, Jama. *A chariamatic movement in Katanga*, Evanston: Northwestern University Press.

[13] Askew, K. 2002, *Performing the nation: Swahili music and cultural politics in Tanzania*, Chicago: Chicago University Press.

[14] Fortes, M. and Evans, E.E. 1940, –Pritchard, *African Political Systems*, London: Oxford University Press.

[15] Gluckman, M. 1965, *Politics, law and ritual in tribal society*, Chicago: Aldine.

[16] Herskovits, M. 1940, *The economic life of primitive peoples*, New York: Alfred A. Knopf .

[17] Herskovits, M. and Herskovits, F. 1958, *A Dahomean narrative*, Evanston: Northwestern University Press.

[18] Ranger, T. 1975, *Dance and society in Eastern Africa, 1890—1970: The Beni Ngoma*, London: Heinemann Educational Books .

[19] Sonyinka, W. 1963, *A dance of the forests, Londres/Ibadan*: Oxford University Press.

[20] Sonyinka, W. 1976, *Myth, literature and the African world*, Cambridge: Cambridge University Press.

费孝通（1910—2005） 中国著名社会学家、人类学家、民族学家、社会活动家，中国社会学人类学的奠基人之一。江苏吴江人。1928年进入东吴大学医学预科学习，后受进步思想影响，于1930年转入燕京大学社会学系学习，获学士学位。1933年考入清华大学社会学及人类学系研究生，师从俄罗斯籍人类学教授史禄国。1935年获得公费留学机会，出国前赴广西大瑶山从事人体测量和社会调查，出版《花蓝瑶社会组织》后赴英国伦敦政治经济学院学习。所著《江村经济》第一次将人类学方法用于研究中国现代农村，获博士学位。回国后，先后在云南大学、清华大学、中央民族学院、北京大学等校任教授。历任中央民族学院副院长、中国社会科学院民族研究所副所长、中国社会学研究会会长、中国社会科学院社会学研究所所长、北京大学社会学人类学研究所名誉所长、国务院学位委员会委员、国家民族事务委员会顾问、全国人大常委会副委员长、法制委员会委员、中国民主同盟中央委员会主席等职。

费孝通长期从事社会学、人类学和民族学的教学和研究工作，坚持深入实际从事社会调查，为重建中国社会学、摸索中国城市化道路，做出了重要贡献。1938年回国后，他继续在内地农村开展社会调查、研究农村、工厂、少数民族地区各种不同类型的社区，出版了调查报告《禄村农田》。1944年参加中国民主同盟，投身爱国民主运动，著有《生育制度》《乡土中国》及译著《文化论》《人文类型》《工业文明的社会问题》等。曾获国际应用人类学学会1980年度马林诺夫斯基名誉奖、英国皇家人类学学会1981年度赫胥黎奖，1982年被英国伦敦经济政治学院选为荣誉院士。1988年当选为第七届全国人大常委会副委员长，同年获“大英百科全书”奖。曾在加拿大做《中国的现代化和少数民族》演讲。1992年发表《行行重行行——乡镇发展论述》，就中国乡镇企业的发展及其在改革和国民经济中的位置提出了精辟的见解。对于江村和云南三村的研究推动了中国人类学的发展，并翻译了马林诺夫斯基的《文化论》、梅岳的《工业文明的社会问题》等。

（额日古娜）

分类（Classification） 一般意义上讲，分类是按照种类、等级、形状或性质等通过分别归类进行事物安排。人类学家所谈论的分类是涂尔干和莫斯在《分类的几种原始形式：集体表现之研究》中专门讨论的概念。

涂尔干和莫斯认为，“所谓分类，是指人们把事物、事件以及有关世界的事实划分成类和种，使之各有归属，并确定它们的包含关系或排斥关系的过程”。他们关注的是具有道德和宗教性质的符号分类，而非技术分类。在他们看来，一方面，所谓的原始人的分类图式不是抽象理解的自发产物，是社会本身形塑了这种观念安排。尽管每个社会都有分类，但人类心灵天生并不具备建构这种复杂分类的能力，分类是文化的产物，表达了它们建构于其中的那个社会。另一方面，原始人的分类所依据的也不是纯粹知性的法则，因为一种事物并不是单纯的知识客体，而首先对应的是一种特定的情感态度。在对事物形成的表现中，组合着他们各种各样的情感要素。尤其是宗教情感，不但会使事物染上一层独特的色彩，而且也赋予了事物构成其本质的最重要的属性。决定事物分类方式的差异性和相似性，在很大程度上取决于情感，而非理智。涂尔干和莫斯也对中国的天文、星象和罗盘方位的分类进行了探究，认为中国的分类能够呈现分类的所有基本特征。因此他们指出，原始分类与原初的科学分类是一脉相通的，虽然两者在某些方面有很大差别，但前者已经具备了后者的所有本质特征。

虽然在逻辑和研究方法上存在对于涂尔干和莫斯有关分类论断的挑战，但正如其主要批评者罗德尼·尼达姆（Rodney Needham）在原法文著作的英译本《原始分类》（*Primitive Classification*）导言中所说："对社会学研究中'分类'这一分析性观念的构想，仍是涂尔干和莫斯这篇文章最主要的成就。……如果社会人类学能够唯精唯一，心无旁骛，那么，它必将成为人类知性中最壮丽的事业。"

涂尔干和莫斯所开辟的分类研究对人类学的重要分支领域有着重要而深远的影响。象征人类学的鼻祖罗伯特·赫兹（Robert Hertz）探讨了有关左与右的符号分类的二元形式，并以二元论作为思想与社会组织的原始形式所共有的基本原则，试图对符号分类的二元形式的共同特征做出解释。另外，以列维·斯特劳斯（Claude Lévi-Strauss）为代表的法国结构主义、以罗德尼·尼达姆等代表的荷兰结构主义（莱顿学派）乃至认知人类学研究都直接或间接受益于涂尔干和莫斯分类研究的启发。

在亲属关系、继嗣制度等人类学的具体研究课题中，也能看到"分类"知识谱系的脉络及其延伸。摩尔根（Lewis Henry Morgan）把亲属关系称谓分为分类性的称谓和描述性的称谓两类；克虏伯（Alfred Kroeber）则认为，所有的亲属关系都是分类性的称谓。利奇（Edmund Leach）把亲属关系术语当成"范畴词语"来看待，认为只有联系当地的社会结构才能理解亲属关系；他还认为，只有把继嗣制度看作是社会分类的形式，才能真正理解当地的继嗣制度。在这些研究中，强调的是跨文化检视分类的可比较性以及语义学领域中的跨文化比较。

时至今日，涂尔干和莫斯所假设的符号分类与社会结构之间的关系，依然是人类学中极富学术价值的值得继续深入研究的重要问题。

（杨慧）

参考书目

爱弥尔·涂尔干，马塞尔·莫斯. 原始分类. 汲喆. 上海：上海人民出版社，2000.

坟墓（Grave）　把死者存放进坟墓始于智人和穴居人。坟墓属于最早、最重要的人类文化见证。但在最近的许多文化中，墓葬并不意味着一定作为坟墓。与仪式实践相关联的行为是人类文化的一个普遍要素，是超越个体生命、对来世认识的维度。它体现了生者与死者之间的情感依附。墓葬的普遍性是所有的人类存在共同祖先的一个有力的论据，从70000年前的中东开始就有这种现象出现，埋葬的做法似乎有可能在这一时间之前发生。

坟墓被定义为一个或数个死者遗体的沉积，可以靠近在洞穴或在离聚居地较为偏远的田野。丧葬中通过尸体的姿势、装饰物或陪葬物来确定其地位。用石头或石板来保护死者，也"阻止"他们回到生者身边。然而，这些标准在以前的发掘中有很多未见报道。

在最近的许多文化中，身体的位置是丧葬程序的一个重要组成部分。尸体躺下时主要有两类姿势，多为仰卧位或低头屈膝，屈曲的程度可能不同。之所以低头屈膝有各种解释：它可能采取自然状态下人在睡眠过程中的姿态，它可能受周围条件限制，也可以防止死者再回来。后一种假设是基于在合墓中发现的尸体。

（蒋萍）

参考书目

[1] Akazawa, T. Aoki, K. & Bar Yosef, O. (Eds.). 1998, *Neandertals and modern humans in Western Asia*. New York: Plenum Press.

[2] Riel-Salvatore, J. & Clark, G.A. 2001, Middle and Early Upper Paleolithic burials and the use of chronotypology in contemporary Paleolithic research. *Current Anthropology*, 42(August-October), 449-479.

封建主义（Feudalism） 封建主义这一术语一般用来描述从黑暗时代（Dark Ages）到现代早期统治欧洲的贵族的、军事的和神学的社会秩序的特征。19世纪以来，对封建主义是用以一种政治制度、还是一种经济制度或一种法律制度，一直存有争议。封建主义的“发明”需归功于查理·马特（Charles Martel，689-741），奥斯特拉西亚法兰克王国的宫相，需要对付入侵的撒拉逊人，为奖励他的骑兵，马特给他们分发土地，这些土地一部分来自皇家领域，但大部分来自教堂的土地。为了补偿教堂，虽然土地事实上在士兵手上，但是，当土地持有者去世后，土地将归还教堂，除非军事情况不允许。在这种情况下，国王将土地赐予其他的诸侯，教堂会得到什一税。这样一来，最初的土地赠送变成了封地。

关于封建主义的定义，目前尚有不同的意见。这一名词可以非常笼统地用来描述中世纪欧洲社会和其他地方的相类似社会里的一切政治和经济关系。提及封建主义，人们通常总是强调在封闭式经济或自然经济的形态下，以强迫劳役的形式对农民阶层进行剥夺。庄园制度在其中占有极其重要的地位；主要的社会关系以对人和土地两者实施领有的方式反映出来。这样下定义往往太空泛了，以至于差不多跟“中世纪”等同起来，而失去了任何真实的意义。但是，即使是小心谨慎地来使用它，也还是存在不少问题。

在13世纪和14世纪充分发展的封建主义具有以下特征：①由国王所领导的金字塔形等级权力结构，国王的权力被认为是天赋予的，他的地位具有神圣的合法性。在国王下面是封建君主，他们的权力来自国王，并由国王赐予其合法地位。等级更高的封建君主可以具有自己的诸侯，也间接由国王赐予其合法地位。向封建君主提供服务的包括管家、郡治安官、士兵和仆人，其中一些人获得君主授权，代替其实施权力。最后，还有下层劳动人民，这些人耕种土地，并需向君主缴纳食物、产品和服务。相应地，君主应向他们提供保护。②封建等级成员之间的关系是非对称、垂直、正式、二元、个人和互惠的。在对君主表示效忠时，会充满仪式感地把双手置于君主的双手之中，并宣誓效忠。从此刻起，他们之间就存在了封建关系。通过效忠来确定封建关系，可以明确说明君主的臣民在封建体系之外。至于仆人和君主之间是否存在封建关系，还不确定。但是，仆人和臣民均不可避免地和封建体系紧密地联系在一起。③在封建体系中，主要通过成就来获得地位，但是，随着时间推移，世袭制扮演越来越重要的角色。随着封建君主收到土地作为其服务的补偿，他就在经济上独立于国王。这就使统治者很难保持对君主的控制，这是封建体系的主要弱点。到了15世纪，封建体系逐渐失去了其主导地位。贵族在战争的重大失败、金钱经济不断增长的影响力、城镇和城镇居民越来越重要的角色以及新的权力平衡是导致欧洲新的社会和政治形势的一些因素。

封建主义对政治人类学构成一个特定的问题。一方面，它表面上跟亚洲和非洲的前现代状态极为相似，依赖君主和追随者之间的二元关系，或者使用重叠的土地保有的权利表明可以作为单个类型的变种进行比较。但是，另一方面，欧洲形势的一些特征是欧洲独有的。例如，强调为更高阶层的君主当兵和提供军事服务。在欧洲，封建主义具有作为资本主义萌芽的政治—经济前身的历史地位，而这让形势变得更加不清晰。在俄罗斯和苏联人类学盛行多年的教条马克思主义中，所有资本主义前的状态形势都被定义为“封建的”，不管这在实践上有多别扭。

从来没有一个社会是彻底封建化的。英国的情况是国王从未单独依赖过他的封建骑兵，而是广泛地依靠佣兵和招募的步兵。最后一批有效的封建召集令是1327年下达的，但是在此前一个世纪的上半叶封建军役的规模已急剧消减了，造成骑士的名额已不再与封建土地的占有结构密切相关。城堡原先是该国封建体制中不可分割的一部分，但当13世纪末爱德华一世在威尔斯动工建造一些巨大的城堡时，他使用雇用的工匠，同时又雇佣领取报酬的军队来作为驻防的卫兵。这类城堡很难说是封建的，在中世纪晚期推行以订契约的形式雇佣士兵的制度及向士兵发放制服被说成是“冒牌”封建主义，但是土地采邑的授予、世袭继承权和忠孝式那样真正的封建因素也全部消失。然而在英国，封建主义在法律方面远比它在军事上的应用长久，甚至在17世纪初，以封建方法来募集钱财的做法一度死灰复燃。

如果说封建主义这个名词严格地说只有十分谨慎地使用，才能应用于一个中世纪时期的西欧国家，那么，只是在极为勉强的情况下它才能被用以指不同的地区和时代。中世纪的拜占庭和回教国家具有与采邑大同小异的土地授予形式，分别有普罗尼亚和伊克塔两种土地制度。伊克塔的土地只有在例外的情况下才能由持有者传给他的子嗣，但是至12世纪拜占庭的制度正在向带有西欧封建主义特征的世袭制靠拢。在这些类似的制度中大都缺少欧洲封建主义的法定结构。日本时常被说成发展了一种与西欧军事封建主义非常相像的形式，但是一种以稻米生产为基础的经济与完全不同的文化和法律传统使它与其他封建制度又相似又有差异。但是，对那些受马克思主义理论影响的史学家来说，封建主义代表一个社会阶级，大部分社会在发展过程中必然要经过这一阶段——这样一种观点涉及使用了极其普遍通用的封建主义的定义及其相伴随的难点。

（李索菲）

冯汉骥（1899—1977）　中国人类学家、民族学家、考古学家。湖北宜昌人。字伯良。10岁考入美国教会办的宜昌美华书院学习，后入安庆圣保罗高等中学，并以第一名的成绩免费进入武昌文华大学，在大学时攻读文科，兼图书馆科。1923年毕业后任厦门大学图书馆襄理、主任。1931年赴美国留学，入哈佛大学研究院人类学系。后转入费城宾夕法尼亚大学人类学系，1936年获人类学哲学博士。次年回国。先后任四川大学历史系教授、四川省博物馆筹备主任、华西大学社会学系教授、西南博物院副院长、四川博物馆馆长兼四川大学历史系考古研究室主任。

冯汉骥曾对四川西部羌族、藏族等进行实地调查。主持发掘前蜀王建墓及四川其他墓葬、考古遗址，并对成都平原进行考古调查，发现资阳人头骨化石。对中国民族史、文化史、工艺美术史、建筑史、音乐史等均有研究。1938年往岷江上游地区考察羌族现状，并发表《岷江上游的石棺葬文化》，首次科学地报道了此类墓葬，开创了川西高原考古发掘研究之先声。1964年编写的《前蜀王建墓发掘报告》出版，此书的出版不但是考古学上的重要成绩，也对中国工艺美术史、建筑史和音乐史做出了贡献，同时也是中国现当代考古学上的一座丰碑 。冯汉骥运用对中国古代典籍的研究，解释某些民族学和民俗学的现象，引起了国内外广泛的关注。发表《中国亲属制》，探索中国古代亲属制名称之由来，旁及交表婚、姊妹同婚及收继婚3种婚姻制度在历史上的反映，使若干千古集讼的问题得到科学而合理的解释，在当时学术界有较大的影响，从而也奠定了他在中国考古学中的地位。另著有《由中国亲属名词上所见之中国古代婚姻制》《玉皇的起源》，与希洛克合著有《倮倮之历史起源》等。

（额日古娜）

冯家升（1904—1970）　山西孝义人，满族。6岁入本乡私塾读书，小学毕业后，到山西省汾阳县河汾中学读书，半年后因家境困难而辍学，回本村小学教书以谋生，直到1921年入汾阳的铭义中学学习。后考入燕京大学史学系，结业后继续攻读研究生，于1934年毕业得到硕士学位。毕业后先后执教于燕京大学、北京大学、东北大学，曾与顾颉刚合办刊物《禹贡》。1939年赴美深造，曾任哥伦比亚大学中国历史研究室研究员。1947年归国后，历任北平研究院、中国科学院考古研究所研究员、中央民族学院研究部教授。1958年中国科学院民族研究所成立，任研究员，后又兼任少数民族社会历史研究室副主任。

1964年被选为第三届人民代表大会代表，主要从事辽史、中国科技史、维吾尔族史和中国少数民族古文字学等专业研究，精于考证。1959年5月，根据中国科学院和苏联科学院的合作计划，他参加了苏联科学院民族学研究所组织的中亚调查队，撰有《民族研究方面的中苏合作——中亚调查三月纪略》（载于《民族研究》1958年第二期）冯家升用功极勤，除精通古汉语、英语外，对于日语也有极深造诣。其他如法语、俄语也都能运用，特别是对于古回鹘文、突厥文也有研究。早年所著《辽代源流与辽史初校》，开创了从校勘入手全面研究《辽史》的工作。在美国工作时，曾与美国人卡尔·奥古斯特·魏特夫（Karl A Witfogel）合著《辽代社会史》（*History of Chinese Soaety Liao*），1949年于费城出版，后二人又合写了《辽代宗教》（*The Riviewt of Religion*），载于《宗教评论》。冯家升很早提出，中国首先发明火药并向西传，他在美国曾与富善（又名富路德 L.C. Goodrich）合写了《关于中国火药之西传》，回国后又写了《中国火药的发明和西传》。由于研究辽、金史的原因，撰写了许多关于东北地区古代历史的文章并刊发于《燕京学报》上，受到国内外学术界重视。同时他也翻译了许多日本名著，如羽田亨的《西辽建国始末及其纪年》及松井的《契丹可敦城考》等。主编有《维吾尔族史料简编》，此为研究维吾尔族史的著名资料书，并开创了对回鹘文和突厥文的研究。译有《东胡民族考》。

（额日古娜）

夫兄弟婚 是一种要求或允许一个男人与他已故兄弟的妻子或妻子们结婚的规则。它常常被视为父系系统中为使死时没有子女的故者的世袭不断线的一种办法。夫兄弟婚结合所生的子孙会被社会性地定义为他死去父亲而不是他们亲生父亲的子孙。

弗里曼（Freeman，Derek 1916—2001） 新西兰人类学家。在本科学习期间，费里曼对博厄斯派文化人类学产生兴趣，随后去萨摩亚做教师。在参加完第二次世界大战后，他在英国伦敦政治经济学院师从英国社会人类学家弗蒂斯和弗斯学习人类学，并在剑桥大学获得博士学位。之后他回到新西兰，1957年起任职于澳大利亚国立大学，直至逝世。

弗里曼曾于1949—1951年在婆罗洲做有关伊班人的田野工作，并撰写了探讨伊班人农业和亲属关系实践的博士论文，但他最让人熟知的是所谓的“米德—弗里曼之争”。弗里曼不同意米德所说的萨摩亚社会没有青春期危机，并于米德逝世的5年后（1983年）出版《米德与萨摩亚人的青春期：一个人类学神话的形成与破灭》。弗里曼在书中对米德的萨摩亚研究的方法论、具体研究条件和方法提出了质疑，并认为米德的经验证据和结论存在着根本性的错误。之后，弗里曼还撰文和发表专著强调米德受到了其信息提供者的愚弄。

但这本著作的出版只是拉开了“米德—弗里曼之争”的帷幕，它逐渐演化为一场激烈的社会科学大论战，被定义为是人类学历史上从未见过的大规模、高知名度和凶猛的辩论。历时1/4个世纪，但至今仍没有定论。许多学者发表了大量作品，弗里曼本人更是撰写了诸多论文和专著，来探讨各自论点和这场争论本身。事实上，这场论战真正引人思考的是对于培育和启动学科甚至是所有软科学的反思性思维的贡献。

弗雷泽（Frazer，Sir James 1854—1941） 英国著名古典人类学家。他出生于苏格兰，受教于格拉斯哥大学，1879年到剑桥大学三一学院学习，1908年他在利物浦大学度过5个月，但最终回到剑桥并一直生活至逝世。他在1914年被封为爵士。

弗雷泽最初是一个古典主义者并编辑希腊

文、拉丁文本和18世纪文学著作，以研究古代文化史为主。在东方学学者W. 罗伯逊·史密斯和人类学家E. B. 泰勒的影响下，转向人类学研究，对神话和宗教的研究成为他的专业领域。弗雷泽是第一位详细描述神话和仪式的关系的学者，并以比较宗教学的研究而享誉学术界。他的田野工作室要集中在意大利和希腊，他进行研究工作的主要来源是史料文献，以及来自世界各地的调查表。弗雷泽是一位多产的作家，包括《金枝》《图腾崇拜》（1887）、《图腾崇拜与外婚》（1910）等。《金枝》于1890—1915年连续发行了3个版本，从2卷增加到12卷，至今该书仍在出版。受英国唯理论和进化论的影响，弗雷泽在学术上持宗教进化观，汲取了孔德所说的巫术、宗教、科学这一进步序列标示着人类智力的发展。巫术思想建立在错误的因果理论基础上，人们认为物体是互相影响的，原因在于物体的互相接触（交感巫术）或者物体之间的某种表面上的相似性（模拟巫术）。

弗雷泽的作品隐含着“基督教正是另一种原始的崇拜（虽然他对于引出这样的结论持谨慎态度）”的思想。《金枝》对20世纪的文学、人类学产生了重要的影响。虽然他的开创性工作受到20世纪后期学者的批评，比如利奇就曾写了一系列批评文章。弗雷泽最伟大的、有长远意义的贡献也许是他对于全世界民族志研究者的激励，他一贯认为，与任何理论相比，民族志的研究有更大的永久价值。

（宋潇）

弗洛伊德（Freud，Sigmund 1856—1939）　生于奥地利弗莱堡（今属捷克）。生理学家、医生、心理学家和精神分析学家。1881年弗洛伊德获得维也纳大学医学博士学位，次年在私人诊所担任临床神经专科医生，1938年因躲避纳粹迁居英国伦敦，并于1939年因病逝世于此。

弗洛伊德推测，许多神经症（主要是恐惧、歇斯底里、慢性疼痛和一些形式的偏执）起源于被遗忘或隐藏在无意识中的过去的创伤经验。这种发现使弗洛伊德在那个年代成为最具挑衅性的思想家之一。他的开创性想法受两个思想家的影响，一个是博物学家查尔斯·达尔文，另一个是弗洛伊德的早期导师恩斯特·布鲁克。他提出了两个基本概念：现实原则和快乐原则，而在人们心中这两个原则产生冲突的属性可以解释为本我、自我和超我。弗洛伊德认为一个人可能会因为社会的道德和伦理而压抑本我的欲望和愿望，他提出应对这种困境的概念升华。他认为所有的创造性活动都是内在动机性欲的升华，他将之称为“性力升华”。弗洛伊德也认为从幼儿诞生的那一刻起，他就有本我对身体快感的渴望和控制，这就是所谓的幼儿性欲。作为结果，他提出早期童年性经验是影响成年后性格发展的重要因素，并描述了这个发展过程中的5个性心理阶段。在这个过程中，会产生俄狄浦斯情结或恋父情结。这些思想在他的著作《梦的解析》（1899）、《性学三论》（1905）、《图腾与禁忌》（1913）、《自我与本我》（1923）、《精神分析概要》（1940）等著作中都有体现。

虽然有些心理分析学家不同意弗洛伊德的思想，但他的很多理论仍在心理学领域有重要的影响。精神分析学使我们从全新的角度去理解以前被视为不合乎理性的人类行为，他对精神病学、心理学、社会学、人类学及生物学的贡献是不朽的。

（宋潇）

服务婚（MARRIAGE DRUDGE）　又称劳役婚。男子以替女方家中无偿劳动为条件娶其女为妻的婚姻形式，这种婚姻形式也有以在女方家的服务报答养育新娘之恩的意思。从进化论的观点出发，中国学界曾经认为，这种婚姻形式始于母系氏族后期由从妻居向从父居的过渡阶段。由于妇女在当时的生产劳动中尚具重要地位，故在嫁女前要求男子为妻家做无偿劳动以为补偿，所以也有人认为这是买卖婚姻的前期形式。中国社会史学家吕思勉认为，服务婚是“男子甚为贫乏，除劳力之外，实无可以为聘礼之物之故”。服务期限少则数月，多则数年。

四川凉山部分彝族地区过去有男子在幼年时即至女家，替其服劳役，时间为2~10年不等。在此期间，男女同食同寝、同劳动、同嬉玩。在男子服劳役数年之后，如果双方感情相合，由女家择定吉日，通知男方准备婚礼。届时女家预备牛、羊、布、花毡若干物件，男家兄弟骑马、担酒、背猪至女方家，将一对青年夫妇迎回。在男家住3日之后，新娘即返回娘家，居住半年或一年，叫作承孕期，女子怀孕后，便返回夫家。云南澜沧拉祜族有的男子为娶妻上女家服役，需要劳动3~6年才可以完婚。泰国也有当男女双方相恋后，男方向女方家求亲，经得初步同意后，男方进到女方家里居住，给女方家干活劳作，这段时间就称为服务期，期满后，男子再将妻子带回自己家居住。北美印第安人某些部落男子须待妻生子后才可结束在妻家的劳动。在中国的汉、彝、瑶、壮、傣、佤、普米、纳西、哈萨克等民族中都存在此种婚姻形式。

（王建民）

福德（Forde，daryll 1902—1973） 英国人类学家，伦敦大学教授。曾在伦敦大学攻读地理学，在加利福尼亚大学攻读人类学。在美国亚利桑那州、墨西哥北部做田野调查，在发表完他在美洲的田野调查成果之后，福德开始对非洲产生浓厚兴趣并从事西非的调查。1939年，他开始就作为纳菲尔德殖民调查小组的一名成员，服务于国外研究中心（Foreign Office Research Department）。他担任国际非洲学会主席达30年之久，曾在尼日利亚东南部进行田野调查，主编有《非洲季刊》和《非洲辑要季刊》。其主要著作有《人居经济与社会》（*Habitat，Economy and Society*）、和拉德克利夫·布朗合著的《非洲婚姻亲属关系体系》（1950）等。

福德关于亚科（Yako）和埃菲克（Efik）人的著作揭示了人们在其所处的文化下丰富的生活。格林（Green）的伊博人（Igbo）民族志和利特尔（Little）关于塞拉利昂门德人的研究进一步确定西非无国家组织架构和首领组织情况下秘密社会的意义，也就是德国人类学家弗罗贝纽斯（Frobenius）早先所强调的那种区域特征。同时期，福德与斯科特（Scott）出版了一本有关尼日利亚经济的概要性著作。

（聂麒赞）

福尔松文化（Folsom Culture） 1927年，在新墨西哥州的福尔松附近发现了独特的石制尖头抛掷器，被称为福尔松尖头。是北美甚至是世界上最为广泛认可的尖头形式，这与已经灭绝的晚更新世时期的欧洲野牛遗骨有些许联系，并且开创了美国考古学对古印第安人的研究。

1927年，科罗拉多自然历史博物馆负责对福尔松欧洲野牛屠杀现场进行第二次挖掘，杰西·费金斯（Jesse D. Figgins）和哈罗德·库克（Harold J. Cook）发现了嵌在欧洲古风野牛肋骨上的槽式尖头抛掷器。古风野牛被认定约在10000年前的更新世末期已经灭绝。1928年，哈罗德·库克使用福尔松文化代指制作和使用这种尖头抛掷器的人。同年，美国自然历史博物馆在福尔松再一次进行挖掘，由脊椎古生物学家巴纳姆·布朗（Barnum Brown）主要负责。发现了大约30具欧洲野牛的遗骨和14件以上的福尔松尖头。紧接着，美国民族学事务局的弗兰克·罗伯茨（Frank H. H. Roberts）开始对科罗拉多林登迈尔附近的福尔松欧洲野牛屠杀遗址进行挖掘，他在现场挖掘出13具古风野牛遗骨、上百件福尔松尖头和铲刀等其他石器。

福尔松尖头技术和形态都很独特，并且广大地区的技术大同小异。福尔松尖头呈矛尖状，薄薄的，采用压制刮削技术，制作精美，一般底部呈圆形，沿底部至尖部刮削出又长又宽的槽。内槽也是福尔松尖头的一个显著特点。有时候福尔松尖头只有一面有槽。在米德兰、德克萨斯附近，许多福尔松尖头都是没有槽的，但是在形状、大小和技术上和有槽尖头一样，这样的被称为“无槽福尔松尖头”或者

“米德兰尖头”。福尔松石器大多取自偏远地区的优质原材料，例如，科罗拉多北部的林登迈尔遗址出土的末端刮削器就取材于相距1000千米以外的得克萨斯中心南部。

只有一小部分福尔松文化遗址接受了放射性碳年代测定。对9处遗址年代的未校准放射性碳测为距今10250~10980年，时间跨度有700年。对同样遗址的校准放射性探测为距今12000~12950年，年代更久远，时间跨度更远。福尔松尖头和欧洲野牛遗骨关系最密切。由此证明，其他的没有断定时间的福尔松遗址都属于晚更新世。

考古学家已在1500处遗址中挖掘出了上千件福尔松尖头，遗址规模比较小，内置器物数量少，德克萨斯的利普斯科姆遗址比较特殊，保存有50多具遗骨。福尔松尖头主要分布在北美中西部的大草原和平原草地上，分布范围从阿尔伯塔省和萨斯喀彻温省到奇瓦瓦州和得克萨斯南部；从西边的俄勒冈州和亚利桑那州东部到东边的明尼苏达州、威斯康星州、伊利诺伊州、印第安纳州西部、密苏里州东部、内布拉斯加州、俄克拉荷马州和得克萨斯州。福尔松遗址包括营地、野牛屠杀场和采石场。

（刘青）

父权制（Patriarchy） 指一种男性享有较高地位的文化。地位继嗣，财产继承一般都是从父方追溯。19世纪的社会理论学家相对母权制提出了父权制用以研究人类文明的进化过程。例如，德国政治经济学家恩格斯认为父权制是在“希腊英雄时代”代替了母权制。社会进化结构中的父权制和母权制概念不再被人们广泛接受。

父权制指男性对最重要的社会政治经济，文化团体享有主要的支配权。父权制有时与父系社会相关联，但是人类学家和社会学家已经证明父系社会并不是男性占主导地位的必要条件。社会理论学家现在认为所谓的父系社会事实上被其他的社会身份进行了分割。例如，占统治地位的民族，阶级和宗教的女性比占非统治地位的民族、阶级、宗教的男性享有更高的地位和更大的权力。目前，女权运动者正在理论上和实际生活上对父权进行批判和纠正。

（张猷猷）

父子联名制（Father-son Joint name system） 存在于中国西南少数民族中的一种宗法性连接父系家族传承的精神文化纽带，是一种将父名、子名世代相连的命名制度，用以表明血缘关系的谱系形式。父子联名制产生于母系氏族社会晚期，盛行于父系社会及以后的历史时期，明确了世系，巩固了父系继承。父子联名制包括顺推正连、逆推反连、冠姓连名法3种形式。父子联名制还广泛分布于世界各地，欧洲、近东和非洲的大多数民族以及巴布亚人采用这种命名制度。在国内主要有蒙古、藏、哈尼、白、景颇、羌、珞巴、基诺、佤、布朗、拉祜、怒、苗、维吾尔、高山、哈萨克、塔塔尔、塔吉克和乌兹别克、俄罗斯等族的人名属于此类。祖孙联名制是父子联名制的前身，父子联名制是祖孙联名制发展的必然结果。根据人类婚姻的进化历程，联名制度的具体发展顺序为母子联名制、父名母姓联名制、祖孙联名制、父子联名制。根据本名和父名在人名称谓中所处位先后顺序的不同，可把父子联名制分为顺行父子联名制和逆行父子联名制。

在现实生活中，父子联名制具有一系列的社会功能。其中包括作为辨认宗亲关系的凭证、区分世代的表征系统、巩固继嗣原则的强化剂、维系民族认同的纽带等多重的作用。

复兴运动（Revitalization Movement） 复兴运动概念源自美国著名人类学家M. J. 赫斯科维茨和R. 雷德菲尔德、R. 林顿的涵化概念，涵化是两种不同文化的接触、碰撞过程中文化的移入或适应过程，这种移入或适应被称作涵化。林顿认为，所有社会都会想方设法地永久保持其自身的文化，但通常都是无意识的，并且是作为个体社会化正常过程的一部分。只有当一个社会意识到除了它自身的文化外还有其他文化，而且自身文化受到威胁时，才会出现在永久保持文化方面“有意识有组织的努力”。

复兴运动也称复振运动，是指通过向一种文化注入新的目标和新的生命，以拯救该文化的一种努力，或者说是在宗教上，对强制性的文化改变做出反应，甚至进而引发社会运动。一般复兴运动主要发生在殖民地文化中。通常的复兴运动会经历：稳定状态→增加的个人压力→文化扭曲→复兴→制度化→新的稳定状态。美国人类学家华莱士（Anthony Wallace）认为，复兴运动的实质在于“社会成员通过深思熟虑的、通过有意识和有组织的方式，力图建构一个更为人满意的文化的努力”。许多非西方社会在面对西方殖民主义的文化接触和碰撞中而展开文化复兴运动。

华莱士（Anthony Wallace）认为尽管这种运动可以发生在人类历史上的任何时期，但在文化激烈的接触过程中表现得最为集中。从广泛的类别上说，复兴运动可以分为“本土主义型”“完全接受外来文化型”两类，都带有重建本土社会秩序的期待，但前者的表现是力图去恢复受到外来冲击的本土文化，后者则指在文化危机的过程中对于外来文化因素或整体的全盘接受。也有学者将其分为4种类型：①信仰复兴型本土主义：复兴已灭绝或濒临灭绝的文化；②永久保持型本土主义：寻求保持现有的文化；③巫术本土主义：用“巫术”或“超自然手段”以拯救本土传统文化；④理性本土主义：以理性的观点吸收客位文化以重振本土传统文化。本土文化认同对象可分为传统文化、外来文化与“乌托邦”式理想文化。上述4种类型并不相互排斥，而更多的是相互交叉，因此也可分为信仰复兴的巫术型（鬼舞），如中国近代的义和团运动；信仰复兴的理性型，如中国近代的康有为的保皇运动；永久保持的巫术型（船货运动），如中国历史上的太平天国起义；永久保持的理性型，如中国的五四运动。

（李文睿）

参考书目

[1] Wallace, A. 1956. "Revitalization movements", in *American Anthropologist*, 58: 264-281

[2] Wilson, B. 1973. *Magic and the Millenium: A Sociological Study of Religious Movements of Protest among Tribal and Third-World Peoples*. New York: Harper and Row.

[3] Kapferer, Bruce. 1988. *Legends of People, Myths of State*. Washington and London: Smithsonian Institution Press.

[4] Kuhn,P. 1990. *Soulstealers*. Harvard: Harvard University Press.

[5] Bloch, M. And Parry. J. 1982. "*Introduction*", *to Death and the Regeneration of Life*. Cambridge: Cambridge University Press.

[6] Bloch, M. 1986. *From Blessing to Violence*. Cambridge: Cambridge University Press.

[7] Malinowski, B. 1945. *The Dynamics of Culture Change*. Yale: Yale University Press.

副语言（Paralanguage） 是指在交际过程中，伴随语言使用的且有助于交流的非语言方式。副语言有广义和狭义之分。狭义的副语言是有声现象，是伴随语言的语言之外的声音，可以分为两种类型：与音质相关。包括音域、口形控制、声门控制、发音控制、节奏控制、共鸣、速度等；由发嗓音构成。这些嗓音实际上是可辨别的声音，在可觉察的或相对短的音程中出现和消失；广义的副语言则还包括无声而有形的方式，如身势语、面目语、距离语、标志语等。

不同的民族和个人，在不同的场合可能表现出不同的副语言特征。

（宋荣）

G

盖娅假说（Gaia Hypothesis） 詹姆斯·洛夫洛克（James Lovelock）在《盖娅：重新审视地球上的生命》中提出的该假说，把地球理解为不断改变和进化的生物。盖娅理论因希腊女神而得名，因为希腊女神有普度众生的力量。

盖娅指的是地球各部分，包括岩石、空气和海洋等。地球或盖娅比任何事物都复杂和神秘，在进行行星科学研究时，我们永远无法完全理解巨大的行星系统。 盖娅假说还包括对地球上生命系统的解释，盖娅不仅是生物和生物圈，而且是所有系统的综合体。

地球上的大气和水力系统不断地保持平衡，以维护自身的延续。洛夫洛克认为，在这样的系统运作下，地球类似于人体，各个系统相互结合、共同努力、维护整体运作。如果某一系统的一部分不运作了，其他部分也要保证整体运行。洛夫洛克提出，如果我们破坏盖娅，比如大片砍伐森林，系统就会调节自身，但会给地球上的人类和动物一定的惩罚，气候和自然灾害就是一种典型表现。

从本质上讲，盖娅假说是洛夫洛克与国家航空和宇宙航行局合作，检测火星上是否有生命时提出来的。研究过程中，他开始意识到行星的变化，行星不是简单的稳定环境，而是活生生的不断变化的生物。盖娅假说旨在把地球当作一个有机系统，和任何生物都一样。

盖娅假说认为温度、氧化、酸度、岩石和水等保持不变时，生物群就会自动地、无意识地通过积极反馈操作来维持平衡。许多人数年来一直批判这一假说，很少有人支持洛夫洛克的说法。对另一些人来说，盖娅假说解释了地球是如何出现的，以及它为什么一直是唯一有生命存在的星球。

此外，地球上有生命也说明它是易受影响的。因此，人们必须时刻关注人类活动对地球的影响。虽然盖娅易受人类活动的影响，但并不代表它是脆弱的。他承认人类在过去对地球造成了破坏，但地球仍然能维持生命运作。

（刘青）

高尔顿（Galton，Francis 1822—1911） 英格兰维多利亚时代著名的文艺复兴人、人类学家、优生学家、心理学家、探险家、统计学家和遗传学家。他是优生学之父，也是心理测量学上生理计量法的创始人。高尔顿于1840—1844年在剑桥大学三一学院学习医学，随着父亲逝世他停止了求学，并从未担任大学教授或其他专门职业。但他学术兴趣广泛，一生刊发了超过340篇报告和书籍，是一位百科全书式的学者。1909年，高尔顿被英国王室授予爵士称号，1911年逝世于英国南部。

高尔顿最早以地理学家的名义进入科学界，但在1859年其表兄达尔文的《物种起源》发表后，他立即成为达尔文学说的信奉者，其科学兴趣也转到遗传学领域中来。在其1869年的著作《遗传的天才》中，高尔顿主张人类的才能是能够透过遗传延续的。他在1883年率先使用“优生学”一词，在1885年提出了祖先遗传律。不过，他在研究这一问题时，低估了人与社会的复杂性，过分夸大了生物学原理的适用范围。

高尔顿在统计学方面也有贡献。他在1877年发表的关于种子的研究结果中指出回归平均值现象的存在，这是现代统计学中的“回归”一词的起源。在此后的研究中，高尔顿第一次使用了相关系数的概念。高尔顿无论是在进行人类学测量、实验心理学还是进行遗传优生的研究中，都充分依赖数据计算和统计工作。因此，他把统计学方法引入到生命和社会现象等有关的领域中来，是他另一项重要的科学贡献。

（宋潇）

高攀婚（Hypergam） 一种女性因结婚而提高社会地位的实践。在交换婚姻系统中，这种实践意味着妻子供给者的社会地位低于妻子接受者。更具体地说，女性的给予是对政治地位高者的赞颂，或者如同一个十分普遍却含糊的观念，即相对于男人，女人与高于自己地位的人结婚更容易被接受。

割礼（Circumcision） 作为一种传统礼仪一般在青春期或青春期之前进行，有些阿拉伯民族则在临近结婚时进行。分为男性割礼和女性割礼两种。

男性割礼，是一种切断阴茎包皮，露出龟头的广泛的文化和宗教实践。穆斯林和犹太人的宗教通常认为无论是否在仪式上按照惯例实行割礼，男性割礼都是一种宗教需要和庆祝方式。犹太布里斯（犹太割礼）是在出生后的第八天或在以后的童年时期或是在宗教进行转换时进行的。根据传统，许多北美人、欧洲人和非洲人的非穆斯林和犹太人在男孩出生时也会进行割礼。尽管美国医疗机构普遍反对，认为这是一个不必要的风险。但是许多人认为它是有益健康和卫生的。在一些非洲和澳洲土著人的文化，男性生殖器手术是通过仪式的一部分。在澳大利亚的男性割礼中，扩大阴茎容易导致常见的尿道受伤。

女性割礼，在非洲等地实行的把少女的全部生殖器（包括阴蒂、大阴唇、小阴唇在内）一点不剩地切割下来，再用铁丝、植物刺把血淋淋的伤口缝合起来，只在阴道外留一个细如火柴棍的小孔的少女成年仪式。女性割礼只是一种委婉的说法，另一种委婉的措辞是女性生殖器官毁损。女子割礼历来都是私下个别进行。除少数人到医院去做之外，大多数人由民间巫医、助产妇或亲友操持。女性割礼最常见是在撒哈拉西部和非洲东北部。一些记录表明，在南亚和美洲的一些人也实施此类割礼。20世纪早期，在北美，割礼甚至是对精神病人治疗手淫的一种形式。一般来说，割礼手术是针对是非常年轻的女孩（例如， 年龄在5 ~ 7岁的苏丹阿拉伯人是常见的）或作为结婚之前少女的一种仪式（在肯尼亚马赛和基库尤人一样）。最有害的女性割礼是割掉阴蒂的包皮（罩），与男性割礼相比，往往伴随着刺痛，有时甚至割掉部分的阴蒂。阴蒂本身被移除，术语叫作阴蒂切除术。

女性割礼所带来的健康后果可能非常严重。在手术的时候，女孩经常遭受剧烈的疼痛，出血、休克，紧随其后的可能是严重的出血，败血症、感染和尿潴留。实施“扣住”时，疤痕组织可能阻碍月经，之后会使第一次性交极其困难，需要再次切口。不仅如此，“扣住”还会阻碍正常的分娩，需要在生产时及时切口。难产会导致阴道开裂，产生的严重并发症是组织死亡所导致的阴道和其他内部结构之间的缺失。

即使认识到这些手术的危害，但女性割礼（女性生殖器切割）已经被广泛使用。在不同的文化中，女性割礼的理由千差万别，它并不单独属于任何一个宗教传统。例如，在非洲，它被穆斯林、基督徒、犹太人和其他非洲的宗教传统实践着。虽然大多数穆斯林对伊斯兰教女性不实施割礼，认为这个与伊斯兰教是相悖的，但在非洲东北部，许多穆斯林认为基于穆罕默德某些名言的解释，可以接受一些温和的割礼的方式。

有关女性割礼的其他文化解释包括保护贞操（通过降低性欲和穿透的障碍）、美（符合文化审美）、清洁、净化、性别认同（删除“男性”部分）以及确保男性的性快感。

近年来，公共卫生教育正在努力改进或消除手术的发展。

（娄梦玲）

割阳（Subincision） 指男性割礼。从阴茎的底部切开。在一些澳大利亚土著人群中，执行此操作是男性青春期仪式的一部分。割礼作为一种传统礼仪一般在青春期或青春期之前进行，有些阿拉伯民族则在临近结婚之时进行。

希罗多德在他的《历史》中记载埃及人是当时（至少2500年前）仅有的割包皮的民族，而像犹太人等民族都是效仿埃及人的做法，埃及人割包皮是为了洁净，而不是像圣经上所记载的起源于犹太教上帝雅威。在犹太人中间，割礼实际上是履行与上帝之立约、确定犹太人身份、进入婚姻许可范围的一种标志。

根据犹太教教义，受割礼是实践上帝同亚伯拉罕所立之约（《创世记》第十七章第十节至十四节），它是《五经》中所载上帝的第一项命令，即所有的男孩都要受割礼。基督教徒不必受割礼，这种教义最初载于《使徒行传》第十五章。青春期割礼表明脱离童年而成人。由于强大的犹太教传统因素和社会文化因素男性割礼仍普遍存在。不仅如此，割礼也是信仰伊斯兰教的各民族通行的重大人生礼仪，属于“圣行”，教法规定穆斯林男孩7～8岁或12岁时须举行割礼，没有进行的成人之后也可以补还。

古代埃及男童一般在6～12岁受割礼。在埃塞俄比亚人、犹太人和穆斯林及其他几个民族之中，割礼是在出生后不久进行（犹太人是在出生后第八天进行的），或者是出生之后几年进行。其他实行割礼的民族大都在青春期进行。在何种年龄实行割礼被认为具有重要的宗教意义。

（娄梦玲）

割阴（Infibulation） 一指女性割礼，或生殖器切除，涉及手术切除阴道、阴唇，有时伴随着缝合关闭的阴道口。在非洲东北部，这个过程，广泛存在于各种各样的社会中，往往作为女孩通过仪式的一部分。

根据世界卫生组织定义，女性割礼即为“出于非医疗原因，部分或全部移除女性外生殖器以及伤害女性生殖器官的行为”，这种习俗主要在非洲一些国家及中东地区流行。

在流行割礼的地区，女孩在14岁之前如果不接受割礼，她就会嫁不出去，这在家人和旁人看来是不能容忍的，而对于当今医学以及女孩的身体健康来讲毫无积极意义可言，是对女性一种残酷的伤害。

割礼的方式及年龄依国家和部族不同而有所变化，一般在几岁到十几岁之间。毛里塔尼亚的女性割礼也被称为“女孩割礼”，只切除外阴的上半部，而包括埃及在内的大多数非洲国家都采用“法老式割礼”，则切除大部分外阴组织。无论“女孩割礼”还是“法老式割礼”，多是使用一些简单的刀具，稍做原始消毒，不使用麻醉剂，大出血和感染十分普遍，导致妇女死亡和不孕的情况时有发生。割礼造成的最常见的副作用是妇女因心理创伤而产生性冷淡、不孕及各类妇科病，带来严重的社会问题。

由于许多割礼手术都是私下进行，手术人员更非经过专业培训，卫生条件也往往不合格，因此剧烈疼痛、大出血、伤口感染等情况自然时有发生。除此之外，还有一些严重的及长期的伤害，如破伤风、败血症、小便失禁、无法分娩等。

（娄梦玲）

歌曲（Song） 是声音艺术的一种类型，无论是否有伴奏，或者是否存在歌唱行为。这个术语很少应用于诸如歌剧、清唱剧这样的大型声乐体裁中，但是它可以在形象的、转移的感官中找到其使用。歌曲可以表达人类每一时期的特征，但是目前的文献常受到文艺复兴时期欧洲剧目的影响。因此，歌曲地域的界定显得较为宽泛、差异、明显。然而将它视为一个整体作为判断得出结论，几乎所有过去文艺复兴时期的歌曲都表达了文本中所鼓吹、表达的思想，而没有参照其他歌曲的剧目。

从文艺复兴时期开始，音乐家开始关注歌曲的表现力，由于音乐构成了文本的误读，因此歌曲可能遭到批评。斯坦纳将此称为“翻译理论”，他指出，作曲家将一个文本凭借着直觉、技术的动机创作音乐。然而，诗歌在口头翻译中黯然失色，诗歌和它的音乐背景建立起“一个完整的语言资源体系”。

关注歌曲的独立性，一种观点认为音乐是一种语言，至少是一种表达的媒介，这种观点源于意图表达16世纪作曲家“模仿”音乐背景文本的歌曲曲目，常出现在小规模的字画中：刻板的音乐形象与某种特定词汇相结合。16世纪末这种解释似乎逐渐变得不适合。这些理论的建构需要音乐服从于文本，提倡独唱歌曲要用琉特琴来伴奏，在某些情况下重新回到齐唱甚至单声部合唱中。一个总的趋势是将文本与音乐进行匹配，将音乐看作一个整体，而不是单词，从而使背景成为更加具有表现力、对听众更加具有情感上的影响力。这种以文本为背景的理论起源于16世纪意大利，它解释了文艺复兴持有欧洲歌曲中心历史意义的主要原因。该理论并不足以适用于所有的歌曲，诸如中世纪的歌曲、18世纪的歌曲。歌曲在旋律上要遵照严格的音乐逻辑，没有必要完全反映文本，诸如舞蹈歌曲。这种理论存在的另一个问题是分节歌。即便音乐很仔细地满足于每个诗节，它也不可能完全对应诗节。然而，分节歌可能代表着最基础的歌曲形式，他们培育着每一位创作此歌曲的作曲家。因此，几个世纪以来，形成了流行歌曲中最基本的剧目。

直到20世纪，勋伯格的《月光下的皮埃罗》朗诵诗是由一位女声独唱演员在室内乐队伴奏下进行歌唱式的朗诵。作曲家以这种方式实现对歌曲的演绎，同时通过保守派的作曲家得以繁荣发展。

（魏琳琳）

格林伯格（Greenberg，Joseph 1915—2001） 美国语言学家、非洲人类学家，在斯坦福大学任教多年，主要研究领域是语言的分类。格林伯格生于美国纽约布鲁克林，1936年在美国哥伦比亚大学获学士学位，并在美国西北大学继续研究人类学，1940年获美国西北大学人类学博士学位，以后历任哥伦比亚大学和斯坦福大学人类学系主任。1962年任斯坦福大学教授。1971—1974年任斯坦福大学的人类学系系主任。1976年曾任美国语言学会主席。2001年5月7日逝于加州斯坦福大学。

格林伯格是位多才的学者，在亲属关系、传统宗教、诗学、文化史、语言接触和语言结构等方面均有建树，而他最为著名的研究是语言的分类法和语言的普遍性。

语言分类法　这方面的研究主要是对非洲语言的分类，正如他在1963年的修订本中提出的，大约1000种左右的非洲语言可以分成四大语系，即亚非语系（原为闪米特—含米特语系）、科依桑语系、尼日尔—科尔多凡语系、尼罗—撒哈拉语系。格林伯格还对大洋洲语言和美洲印第安人语言进行了实体分类，同时他又对语言分类中类型分类、历史分类、谱系分类的理论和方法进行了重要研究。

语言普遍性　20世纪60年代初期，格林伯格对语言的普遍性进行了创新研究，表现出他对当时美国语言学和人类学中传统精神的革命性决裂的态度。那时人们持有极端相对主义和极端特殊论的观点，认为每一种语言的结构都是独特的，是和其语言的结构完全不同的。格林伯格则认为，从对多语言进行的比较研究中，人们可以把语言作为一个整体来进行实体性的抽象概括，从而发现“语言的普遍性”。在众多语言的比较中，格林伯格发明了“蕴涵共通”的记号，以“若一种语言如果有X结构的话，就一定会有Y结构”的形式做记录。格林伯格之后，陆续有其他语言学家继续此类型的研究，并渐渐发现这是一种在共时语言学很重要的资料搜集方法。

他著有《非洲语言学分类研究》（1955）、《语言学的论文》（1957）、《语言的普遍现象》（1963）、《非洲的语言》（1966），《人类语言学导论》（1968）、《语言类型学的历史概况和分析综述》（1974）、《人类语言中的普遍现象》（1978），这些是对非洲语言进行系统研究的成果。书中对非洲语言的分类法已为许多研究者所接受。

（冯珊）

格式塔心理学（Configurationism） 是现代心理学的主要学派之一，又称完形心理学。该学派将心理现象视为完整的格式塔（Gestalt），即完形，指整体相关的有组织的结构。该理论强调经验和行为的整体性，反对当时流行的元素主义和行为主义，认为整体大于部分之和，各个部分由这个整体的内部结构和性质所决定。人的大脑倾向于用特定的形式把客观现实加以组织，变成一个有意义的整体的心理事件。该理论于20世纪初由德国心理学家马克斯·韦特海默（Max Wertheimer）在研究似动现象的基础上创建，后来传到了美国并被运用于一些新的领域。

在人类学领域，格式塔心理学对于文化与人格研究有很大影响。其思想在露丝·本尼迪克特（Ruth Benedict）的《文化模式》（*Patterns of Culture*，1934）和《菊与刀》（*The Chrysanthemum and the Sword*，1946）等著作中得到了很显著的呈现。与之前人类学研究个别的文化特质不同，她强调文化的完形，认为对文化的整体性研究远比对文化的各个部分的分析来得重要。她在《文化模式》中指出，格式塔心理学在论证这种以整体而不是以部分为出发点的重要性方面，做了一些最引人注目的工作。在她看来，一种文化就像是一个人，是思想与行为的一个或多或少一贯的模式。她认同如下的整体观，即整体并非仅是所有部分的总和，而是那些部分的独特的排列和内在关系，从而产生了一种新实体的结果。各种文化也都超出了其特性的总和，因而，有意义的社会学单位不是风俗而是文化的完形。

与整体观相呼应，本尼迪克特强调文化的整合，认为各种文化都具有内在的价值取向和精神实质，各种迥异之文化特质在一种或数种文化主旨或“民族精神”的统摄下，趋向于或修正为或多或少一致的行为模式。她解释说，每一种文化中都会形成一种并不必然是其他社会形态都有的独特的意图。在顺从这些意图时，每一个部族都越来越加深了其经验。与这些驱动力的紧迫性相应，行为中各种不同方面也取得一种越来越和谐一致的外形。

秉承文化相对主义，她也强调文化的差异性和独特性，指出了每一个完形都是经验上形成特质的过程，可能在世界上的无论其他什么地方都不会再有和其中哪一个整体上相像的文化了。她认为，各种文化并不仅仅是行为和信仰上的不同成分的花色杂陈。它们都有各自的行为和风俗所指向的确定目标。也就是说，它们之所以不同，更多的是因为它们作为整体适应于不同的方向。在适应中，选择至关重要。她指出，在文化中我们应该设想出这样一个巨大的弧，上面排列着各式各样的可能的旨趣。不同的部族在他们的传统风俗中都选择和利用了这个潜在行为弧上的不同的片段。对此，她通过其著作进行了具体而详细的说明。在《文化模式》中，她描述并分析了新墨西哥祖尼人（Zuni）的阿波罗型文化、温哥华岛上克瓦基特人（Kwakiutl）的狄奥尼斯型文化与美拉尼西亚多布人（Dobuans）的偏执狂型文化。在《菊与刀》中，她又对西方的“罪感文化”和日本人的“耻感文化”进行了描述与分析。可以说，正是因为在整体适应不同的确定目标的过程中，对这个巨大的弧形上的不同片段加以选择和利用，才形成了这些文化完形的差异性和独特性。

本尼迪克特将格式塔心理学思想运用于人类学研究中，丰富与深化了对于文化本质的认识和理解。但其理论也受到了一些质疑和批评。首先，一些学者，比如西特基（H.Sidky）指出，本尼迪克特在《文化模式》一书中提供的更多的是描述而非解释。其次，她的研究人文性很强而科学性不足，具有独特性但难以验证。再者，她未能在生态、生计与文化之间建立因果联系。

此外，心理人类学家及行为科学家许烺光（F. L. K. Hsu）也进行了文化的整体性研究。人类学家克利福德·格尔兹（Clifford Geertz）强调每种文化体系的独特性及其内部和谐。社会学家及文化理论家诺贝特·埃利亚斯（Norbert Elias）运用完形心理学方法，将精神分析整合到欧洲文化进程的长时段研究中，取得了成功。（参见**完形心理学**。）

（陈雪英）

参考书目

Benedict, Ruth 1934, *Patterns of Culture*. Boston: Houghton Mifflin.

个案研究（Case Study） 是对个体和集体经验的连贯过程的具体感性认识。它是社会科学的一种分析方法，其特征是将社会单位视作一个整体，详细描述某一具体对象的全貌，了解事物发展、变化的全过程。

个案研究的方法来源于医学和法学对于病人和罪犯的案例分析，以探寻其独特的病因或犯罪动因。19世纪和20世纪初期，人们在社会研究中广泛借鉴了这种方法，并且从这些个案研究中发展出参与观察、深度访谈等社会调查的具体方法和手段。20世纪中期以后，个案研究的比重逐渐下降。

个案研究具有如下明显特征：①它们包含个案，即有关理论原则的事例。并非每个个案都必须是典型的，但是，理想的典型个案有时提供格外“恰当的说明”；②它们讨论包括（用假名的）特殊个体在内的特殊性，而不是仅仅讨论关于例如配偶的抽象角色；③它们是个案史，它们记载如下方面的发展过程：特殊个体之间的相互关系、特殊个体与特殊制度的相互作用、特殊制度的逐步变化、面对着来自特殊个体或群体的支持或对抗的特殊社会运动的变迁等；④它们常常与社会问题有关。

在方法方面，个案研究也具有独特意义：①所有的科学都包含有比较。个别研究者不会从比较的角度来安排个案研究，而宁可详细叙述少数几个个案。然而，他们的个案和其他人的个案都必须不断地受到评判，以便适合，用于作为概括基础的各种变数；②推测和数据收集之间的不断对话，使演绎和归纳之间的差别变小；③细节说明要求各种不同的技术，包括对官方文件和个人文件的分析、录音采访和问答人的回馈。参与性观察是特别重要的，因为随意的谈话和在“无戒备时刻”观察人，常常提示调查研究的新思路。可是，表面连系会损害个案研究。可靠性也要求反复核对；④详细描写个案研究本身会深化理解。如果所产生的“灵敏概念”不冒充“总理论”，那么它们就能被其他研究者，应用于不同的社会学问题；⑤统计的推论是可以从个案研究变数导出的，尽管通常社会学的缺陷是缺乏个案研究和缺乏变数的定量估计。

（李飕飕）

参考书目

[1] Gluckman, M. 1961, ‘Ethnographic data in British social anthropology’, *Sociological Review*, 9.

[2] Ronsenblatt, P. 1981, ‘Ethnographic case studies’, in M. Brewer and B. Collins (eds), *Scientific Enquiry and the Social Sciences*, London.

[3] Spector, M. And Kitsuse, J. 1977, Constructing Social Problems, London.

[4] Turner, V.W. 1968, Schism and Continuity in an African Society: A Study of Ndembu Village Life. Manchester.

个体主义（Individualism） 个人或自我在特定历史和文化中的概念化。个体主义一般包括终极价值观与个体的尊严、他或者她的道德和精神自治、理性和自我认知、精神性、自愿缔结条约加入某一社会、市场和政治组织、隐私权以及自我发展的权利等。个体主义应该与个体性（individuality）相区别，后者指人的独特性，个体借以拥有自己的能动性。在“涂尔干式的个体研究”与“非涂尔干式的个体研究”中，对个体主义与个体性两者关系的理解与处理方式不同，形成了各自的特色。

在个体研究中，埃米尔·涂尔干及其法国后继者，尤其是马塞尔·莫斯和路易斯·杜蒙，创建了一种混合个体主义与个体性的理论。涂尔干将人类设想为双重存在：一重存在根植于生物有机体，以自我为中心，自私自利；一重存在来源于社会，具有利他性和道德性。两者之间存在着持续的冲突，但是通过公共语言和文化的引导，人类有能力超越个体性并生成集体意识，维护神圣的社会传统。

莫斯则详细地展示了社会是如何作用于生理个体的，即集体表象和集体规定的习惯性行为是如何将个体淹没在“集体韵律”中的。莫斯指出，在不同的时代和社会中，因为社会结构形式的差异，人们对于作为社会存在的自身有不同的认识。首先，是部落时代的人（personnage）；当时，个体被设想为氏族所拥有的那些固定姓名、角色和灵魂的短暂承载者，并不具有内在的良知。离开了氏族，作为姓名持有者的个体的存在就得不到承认。然后就是古典时期的人（persona）；当时，个体被设想为自由的、有责任感的合法公民。但是，他们仍然只是社会结构事实，不具有内在的个体生活。接着，随着基督教的兴起，新的人（personne）的时代来临了；个体被设想为是不可分割的，具有理性、良知及神圣的灵魂，是所有政治、经济和法律制度的基础。最后，伴随着现代心理学的发展，出现了一个独特的西方的“我”（moi），个体被看作“自我本位和自我认知日益增长的自我”。

莫斯认为西方的个体观念是文明演变历程中的一个特殊阶段，杜蒙赞同这一观点并试图通过与印度文明的比较来揭示这一观念的起源和发展。首先，杜蒙在印度“隐逸者”的身上发现了西方式的个体主义者，因为他们为了寻求终极的真理，遁世且追求独立的个体精神生成。再者，杜蒙在基督教中找到了类似的“出世的个体”。在基督的教义中，人类灵魂具有无限的、永恒的价值，能够超越社会制度与权力。

“非涂尔干式的个体研究”在个体主义与个体性之间进行了区分，否认了社会的优先地位，并且以个体能动性为基础。艾伦·麦克法兰（Alan Macfarlane）追溯了英国个体主义的起源，反对将个体主义视为新近的社会文化发展，指出至少自13世纪起，英国大多数的普通人就已经成为个人主义者，具有高度的流动性和经济理性，在社会生活和亲属制度中以自我为中心。因而，人类学没有必要回避对自觉的个体性的研究。

此外，一些学者也关注非西方环境中的个体主义。比如，戈弗雷·雷恩哈德（Godfrey Lienhardt）观察了非洲人如何赞美那些否认和颠覆集体判断的个体行为和意识。科纳姆·布里奇（Kenelm Burridge）基于新几内亚的田野工作，描绘了不同时代不同视角下，人们怎么成为“个体”和“个人”。“个人”可以被理解为那些意识到给定的社会秩序并且体现传统分类的人，是社会文化环境的产物；“个体”则指那些运用自己的直觉和理解力进行创新的人，独立于社会文化环境。布里奇认为，这种个体性是人类本质的组成部分，源于在文化之前就已存在的能动性。

埃蒙德·利奇（Edmund Leach）也认为文化生命力和社会过程的源泉是个体行动者，而非社会体系。这种对个体行动者的强调，既在他学生弗里德里克·巴特（Thomas Fredrik Barth）的著作中得到了拓展，也在文化与人格学派的理论中得到了体现。更为晚近的象征人类学则聚焦互动性建构及对象征性事实的个体诠释。

在许多主流的讨论中，对个体主义的敏感性仍然被贬损为“方法论个人主义”，即将个体作为分析和解释的基本单元。人类学家往往轻蔑地使用这一术语，认为它是对个体特征、行为及兴趣的错误表达，因而难以把握更深广的社会文化事实。人类学的核心部分则继续坚持“方法论集体主义”，假定社会现象由个体理性之外的因素决定，设想文化发展是独立于个体意识的。一直存在着另外一种观点：对人类学家来说，如果不能“将在我们自己身上察觉到的个人的复杂性认知也拓展到我们研究的他者身上去”，那么这就是一种特殊的民族中心主义（Cohen，A. P. 1989）。如果因为只有西方文化规定了“个体”或“个体主义”的概念，就认为只有在西方社会的个体才具有个体性，那是不恰当的。无论是否存在社会文化的确认，具体的个体意识始终是社会文化事实得以实现和得到诠释的极为关键的因素。（参见**利己主义**。）

（陈雪英）

参考书目

［1］Rapport,Nigel and Overing, Joanna 2006, *Social and Cultural Anthropology: The Key Concepts*. London: Routledge.

［2］Lukes, S. 1990, *Individualism*. Oxford: Blackwell.

[3] Dumont, L. 1986, *Essays on Individualism*. Chicago: University of Chicago Press.

[4] Cohen, A.P. 1989, "Against the Motion", in T. Ingold ed. *Anthropology Is a Generalising Science or It Is Nothing. Manchester: Group for Debates in Anthropological Theory*.

工具（Tools） 工具的使用一直被阐释为是智力的一种表现，在理论探讨中它被视为人类进化的推动力，并且将其视为认知能力的反映。本杰明·富兰克林曾将人定义为"制造工具的动物"，将工具的制造和使用作为人与其他动物的区分。而自19世纪，更多的学者承认其他动物，也具有使用工具的能力，但是却坚信只有人类才能够制造工具。例如爱德华·克劳德（Edward Cloud）认为，"在灵长类中即使人不是唯一的使用工具者，至少也是唯一的工具制造者"以及英国人类学家格雷厄姆·克拉克（Grahame Clark）也断言，"有理解力的使用工具和有目的设计工具，是人所独具的特性"。

在对除人类以外的灵长类动物的研究中，大量证据显示它们在工具使用方面具有才能，研究者发现这些灵长类动物至少存在6种不同的工具使用形态：①树栖物种能够利用树枝，陆栖物种能够利用岩石威吓它们的竞争者或捕食者；②防御性地使用工具，包括有目的性地打击潜在的捕食者；③制作和使用用于捕猎的武器，但这仅限于类人猿；④野生黑猩猩通过展示工具来吸引异性，而非用于同种之间的防御；⑤在猿类中经常可以发现它们使用树叶等物清洁身体部位；⑥黑猩猩和猩猩能够制作和使用工具来吸取昆虫或击碎坚果。人类学家E. B. 泰勒曾指出"在类人猿中显露出来的通过模仿而学习的能力，几乎与人类中的方式差不多"。尽管如此，其他灵长类动物却未能如同人类一样形成文化，甚至是物质文化。有的学者指出，人类制作和使用工具背后的认知能力是长期演进的结果（Byrne 2004），即"人的工具使用是一种积累的和进步的过程，而类人猿则既无积累又无进步"，并且人类具有符号行为能力，正是因此人类创造了一个观念和哲学的世界。

在人类演化的进程中，制作和使用工具最早且直接的证据是在250万年前的埃塞俄比亚大裂谷所发现的小石片、石块、石锤、石砧以及屠宰和敲骨吸髓留下的带有锤痕和切痕的骨头，因发现于奥杜威峡谷而被命名为奥杜威工业组合。在约150万年前，以大型切割工具为典型器的阿休利工具组合出现，其特点是由大石片、石板和砾石通过双向或单向对侧缘作纵深修理、制成的工具，这类大型工具被用于重力屠宰和木头加工。在这一时期除了石质工具，骨质、木质工具也被制作和使用，然而因其材质难以保存而未能得以了解全貌。迄今所发现的最古老的木质工具是位于德国舍宁根出土的距今40万年的长矛。至旧石器时代中晚期，以石器为主要工具的制作趋于复杂和精致，大量制作精细的小型石器出现，并且多为装柄的复合工具，其代表着更为熟练的剥片技术和组合技术。在旧石器时代晚期遗址中发现大量经过研磨、抛光和钻孔的骨头、象牙、鹿角、贝壳、石头，被加工而成的投矛器、鱼叉、扣子、锥、针和装饰品以及用于编织网、绳子、袋子等的纤维痕迹。

在人类学研究中工具常常与技术被共同讨论，工具的演进不仅被视为技术发展的结果和表现技术的载体，同时也是文化的重要物质载体。古典进化论的倡导者通过工具来建立技术发展与文化进化之间的内在关系，认为技术及其产物是文化进化的标志和形态，并识别出不同技术和代表性的工具建立"蒙昧—野蛮—文明"的人类发展过程，与之相对应的载体分别是石器、陶器和金属以及文字，它们代表着技术从低级到高级，从简单到复杂的线性演进过程。研究者所依据的两个基本要素为：工具形态相似说明它们可能是被同一群体所制作，并且属于同一文化；工具的精细和复杂程度暗示了认知水平。

较之古典进化论，新进化论者认为任何生存技术的改变，如新工具的引入、资源、环境和人口变迁均可能导致文化的演变。其中，莱斯利·怀特将文化区分为技术的系统、社会学的系统及意识形态的系统，其中技术的系统由物质的、机械的、物理和化学的仪器及其使用技术构成，表现为各种生产工具、生活资料的获得方式、掩蔽所的材料、进攻与防御器械等，在适应环境的过程中，人类依赖于物质和机械的工具，因此技术系统是最为基本和首要的系统；社会学的系统由人际关系构成，其层次居中；而意识形态的系统则由思想、信仰、知识构成，属于上层。他强调技术体系中能量的使用，认为利用能源的技术决定文化进化的速度和文化复杂的程度。斯图尔德则从文化生态学的角度探讨技术—环境在文化变迁中的作用，他强调环境具有的主导作用，使用弓箭、梭镖、围赶、陷阱等捕猎工具和技术的社会受制于其所处的生态条件。

工具作为文化的重要载体在不同人类学理论流派中被予以关注，它被视为文化的物质载体，技术和认知能力的具体呈现，或是文化空间分布的依据，但是在相当长的时间里，它也暗含着原始与现代，野蛮与文明的分化。而就其工具本身而言，另一个研究取向是从技艺及其社会功能的角度来理解工具，即从它本身来研究，“无所谓原始与否”。马塞尔·莫斯（Marcel Mauss）对工具、器具和机械进行了区分，其中工具往往简单地由单一物件构成；器具是由工具互相组合而成；机械则是由器具相互组合而成。自旧石器时代晚期，工具完成到器具的转变，而在机械时代，由各种技艺到使用各种机械，从而构成来工业或工艺。（2010：103-104）他认为技艺是包含物质、社会和象征要素的整体的社会现象，技艺一般以某一个工具的使用为特征，并且包含着人类共同的实践和集体表象。研究者应将工具置于与之相关的总体中加以理解，因此需要在观察、记录、拍摄、取样、搜集和理解的过程中掌握其原材料、使用者、发现地和使用的方式与目的，只有通过这种方式才能够把握整体文明的特征。

（杜辉）

参考书目

［1］Byrne, Richard. 2004, *The Manual Skills and Cognition That Lie Behind Hominid Tool Use*, pp.31−44, in Russon, A. E. And Begun, D. R. (eds.) *Evolutionary Origins of Great Ape Intelligence*, Cambridge: Cambridge University Press.

［2］Foley, Robert and Lahr, Marta Mirazón. 2003, On Stone Ground: Lithic Technology, Human Evolution, and the Emergence of Culture, *Evolutionary Anthropology*, Vol.12, pp.109−122.

［3］L.A. 怀特. 文化的科学——人类与文明研究. 沈原等. 济南：山东人民出版社，1988.

［4］Schaik, Carel P. van, Deaner, Robert O. and Merrill, Michelle Y. 1999, The Conditions for Tool Use in Primates: Implications for the Evolution of Material Culture, *Journal of Human Evolution*, Vol.36, pp.719−741.

［5］斯坦利·安布罗斯. 旧石器技术与人类演化. 袁俊杰.《江汉考古》，2012（1）.

工具主义（Instrumentalism） 由美国实用主义哲学家杜威进行系统阐述的理论思想。它也常常与实证主义、实用主义、操作主义、经验主义等相提并论。

杜威曾明确将其实用主义哲学称为工具主义或经验主义，并将工具主义是通过主要考虑思维如何在对未来的结果做出实验性决定方面起作用，试图构建一种由各种形式的概念、判断和推理所组成的精确的逻辑理论。杜威之所以如此阐释，在于实用主义的本质特征是它与结果相关联。他认为，一个判断的意义在于它的预期结果，其真理性是由这些实际结果来证实和确定。并且，被用以检验该判断的意义与真理性的结果，不受情感或审美需要所左右。一个命题即使不符合个体的志趣，也可在工具意义或实验意义上是个真命题。

总的来说，工具主义者宣称一切观念、思想和理论从根本上是方法的、手段的和工具的，是人们用以使其行动取得成功的工具。科学研究的目的不是为了走向真理，科学理论的价值不在于其本身，而在于它们所造成的结果中所显现出来的效果。工具意义上的实用性才是评价科学理论的最主要甚或唯一标准。而这一观点也曾受到了科学实在论者的批判，认为强调实用性是将科学理论主观主义。

（牛忠光）

参考书目

[1] 梯利著、伍德增补. 西方哲学史. 葛力. 北京：商务印书馆，1995.

[2] 占志刚. 工具主义与科学进步的方向.《科学技术与辩证法》，1998（2）.

[3] 张晓东. 实践理性向工具理性的蜕变——杜威工具主义伦理观探析.《学术研究》，2009（9）.

工业化（Industrialization） 指在一个国家和地区国民经济中，工业生产活动取得主导地位的发展过程。工业化最初只是一种自发的社会现象，始于18世纪60年代的英国的工业革命。从18世纪下半叶到19世纪上半叶，英国经历了一系列经济、技术、社会和组织的变迁，英国由农业和小规模制造业占主导地位的社会，转变成了世界上第一个以工厂为基础的制造机器的社会。这种以大规模机器生产为特征的工业生产活动向原有的生产方式和狭小的地方市场提出挑战，老的生产方式已无法满足日益增长的市场容量的需求。同时，资本积累和科学技术的发展又为工业化的产生奠定了基础。

工业化是一个相当长的发展过程。工业化是现代化的核心内容，是传统农业社会向现代工业社会转变的过程。在这一过程中，工业发展绝不是孤立进行的，而总是与农业城市化和服务业发展相辅相成的。《人文地理学词典》则将工业化解释为工业活动逐渐在国家或地区经济中发挥主要作用的过程，这一过程涉及社会生产关系的一些重大变化。

工业化分为广义和狭义两个层面的定义。就狭义而言，工业化乃是指从农业占主导的经济向商品制造业在总产量和出口中的比重日益增长的经济转变的过程。此过程的必然结果是：从事农业的人口在总人口中的比重下降，而从事工业的人口在总人口中比重上升。英国工业革命以来，工业化必然引起生产和分配的经济与社会组织的其他变化：高度分化和专业化，其实质是科学技术在生产组织中的系统应用。这种生产方法降低了产品和服务的每一单位的实际成本。

广义的工业化是指现代化的一般的过程，其定义包括农业的商品化和农业的现代化。农业现代化包括发展现代科学技术用以提高土壤肥力，保护农作物免遭病虫害，引进高产的优良品种和为农业生产提供拖拉机和联合收割机等。

此外，工业化的定义还引申出初始工业化、反工业化、非工业化、后工业化等扩展的外延概念。①初始工业化用以描述先于资本主义工业化发生并为之准备的依靠传统组织和市场拉动的农村经济迅速增长的发展阶段；②反工业化又译为退工业化、去工业化等。它的提出基于人们观察到20世纪60年代后随着制造业在全球的空间扩散，美国出现的传统制造业逐渐式微的现象；③非工业化这一术语是倒过来对工业化定义的限定：其注意力再次集中在制造业产量在总产量中所占百分比以及从事制造业人数的百分比和国家的工业产品的国际竞争力等指标上；④后工业化是指一国（或地区）实现工业化以后的经济发展阶段。20世纪70年代以来，伴随着信息革命的发生及全球化背景下新国际劳动分工的逐渐形成。

总之，工业化的概念有3个基本共识与特征：第一，工业化是一个过程，并且是经济落后国家向经济发达国家转变所经历的历史过程；第二，工业化进程不仅包含经济总量的扩张，也包含经济结构变动引致的经济发展质的变化，其中也可能包含生产关系的变革；第三，工业化最明显的特征是：伴随着人均收入的增长，工业尤其是制造业在总产出及就业中的份额不断上升以及农业相应份额不断下降，其实质是生产要素从生产率较低的部门向生产率较高的部门迅速转移。

（张洁）

工业人类学（Industrial Anthropology） 人类学的分支学科，也称产业人类学，是应用人类学的理论与方法来研究工业制度、工业社会的组织结构、社会文化的一门分支学科。

以社会中的社会问题、政治交换、文化传播、经济发展以及社会组织、社会问题、社会发展和人际关系为主要内容的一门人类学分支学科。重视工业人类学的研究与运用，为中国正在进行的工业现代化建设服务，是十分必要而有益的。

由于现代工业的飞速发展，人类的生产方式和生活方式产生了前所未有的变化，给人类带来了工业文明和繁荣昌盛，同时也给人类带来了许多应运而生的新问题。人们的生产、组织、劳动分工和协作共事的行为模式都发生了一系列的变化，并且形成了与传统农业社会的劳动分工、人际关系、社会组织所不同的行为方式和组织方式。随着工业社会的到来，传统上仅凭已往的经济知识和技术知识是远远不够的，但若运用人类学的理论知识与研究方法，则能获得比较满意的结果。于是，不少人类学家在工业社会到来之际，不仅局限于研究传统的野蛮、蒙昧和不发达社会的行为方式、社会文化，也将研究兴趣转向工业社会的工业领域。人类学家应用人类学的理论与方法，通过考察在工业社会的工业环境中人与人的生产、劳动、分工、组织、协作的人际关系问题，将工业生产中的劳动、身体技术、生产分配与劳动技能等结合起来思考在工业社会变迁中，人们的生产过程中的社会文化现象，并且思考由此产生出来的社会文化问题。

另外，工业人类学的产生与发展，又能够用来指导现代工业的发展，解决工业发展中的社会问题，让工业的发展与社会的发展协调一致。由于工业经营者看到工业社会学的研究及其进展，对工业经营中的许多重要问题提出了较好的解决办法。

既有的工业人类学主要源于工业社会学的理论。穆尔在《劳资关系与社会秩序》（1946）中，从“作为社会组织的工业”和“工业化社会学”两个方面做了论述，前者从组织形式对企业的权限责任、职务的分担、命令系统、人员的配置和晋升方面进行了研究；后者对职工的社会生活及与职工的角色结构的关系等做了研究。美国社会学家D.C.米勒和W.H.福姆的《工业社会学》（1951），对工业与领导、工业中的竞争与合作关系进行了研究。他们认为，工业社会学是研究个人如何适应工厂这个社会组织和工业组织的。J.诺克斯的《工业关系的社会学》一书，论述了工业内部的人际关系、工业与社区、工业与社会等问题。他认为，工业关系就是指个人和群体在企业内外的各种人际关系，具体理解为工人、监工和工会负责人在工厂的角色扮演中的相互作用、摩擦与冲突。现代美国工业社会学代表E.V.施奈德的《工业社会学——工业与社区的社会关系》（1957），采纳了T.帕森斯的结构功能分析理论，着重研究工业的社会结构、工业与社会等问题。

中国早期的社会学工作者，在工业社会问题调查方面做了一些工作。1926年，陶孟和主持的社会调查所，对北京的手工业工人进行了调查；1927—1930年，先后对塘沽工人及上海工人家计、北平旧式手工艺工人生活费及北平工人生计、华北铁路工人和华北纺织工人工资待遇等问题做了调查。在这些调查研究的基础上，陈达于1929年出版了《中国劳工问题》，这是中国城市劳工问题研究的第一本专著。1930年又出版了《上海工人生活程度的一个研究》《塘沽工人调查》《河北省及平津两市劳资争论的分析》《中国劳工年鉴》等。1940年，史国衡对军需工厂工人生活状况进行了调查，出版了《昆厂劳工》，书中附录是田汝康著的《内地女工》，论述了当时女工进工厂的社会原因及她们对工业发展的作用。费孝通为《昆厂劳工》一书写了“书后”，介绍了该调查的预定研究方案和调查社区的选择，还分析了工作效率、社会分层、现代工业的病症等问题。

（张洁）

工业社会（Industrial Society）　工业社会是人类历史发展的其中一个阶段。工业社会是指以工业生产为经济主导成分的社会。学者丹尼尔·贝尔把人类历史划分为前工业社会、工业社会和后工业社会3个阶段。

工业社会是圣西门创造的一个术语，用以指工业生产占主导地位的社会，人们也常在这种一般的意义上使用此术语。不过，她意味着对3个关于现代社会的特殊论点的坚持：①社会中决定性的因素是工业的而不是资本主义的生产关系；②阶级不被看作是以财产为基础的集团，而是被当作源于分工的职业集团；③这些集团之间的冲突不是二分的而是错综复杂的，并且常常是在总体的共同意识之下进行的。在此种传统中，经由孔德、斯宾塞、迪尔凯姆和级尼斯直到帕森斯和当代英国社会学，阶级这一术语经常被“阶层”“社会—经济集团”或其他某些较少具有冲突—压迫含义的术语所取代。这一传统有时也把这些称谓有组织的、有意识的“构成体”或称“类别”。在20世纪中期又增加了两个论点：①资本主义社会和国家社会主义社会都明显地正在共同进入一种独一无二的工业模式，进入由技术、知识精英、经理统治的社会；②劳动分工的进一步发展，正引导着资本主义和国家社会主义进入一个崭新的阶段，即进入后工业社会。

工业社会共享了一整套建立在他们的经济结构之上的共同元素，尽管不存在典型的工业社会，经济结构是跨文化的。这些包括：①伴随着食品、商品及服务输出的急剧增长，手工业和农业的机械化；②以各种以能源形式为基础的制造业体系较之于人力、动物力更加发达，自动化的制造业以及持续不断的机器大生产。工业生产使用了标准化的配置，重复和更为精确的制造循环以及深刻的任务劳动分工；③社会以伴随着从乡村向城市流动的人群为基础，这些劳动力作为工厂以及外资企业劳动力的增长的需求；④发达的工会体系允许计划和合作未来行动。前工业社会并不认真分配时间，除了组织建立在昼夜和季度节奏上的行动。工业社会占据了时间并且盯着时钟。（Mumford 1934）前工业社会已经限制了经济的选择。为了竞争一个人的时间，工业社会允许大幅度地选择和发挥作用。工业社会的时间结构是通过个人、组织和国家所允许实践的日历和时钟来衡量的。

尤其在20世纪，工业社会已经见证了政府和私企的官僚制。就政治经济组织而言，工业社会从资本主义经济到中央调控的经济（社会主义经济），并且联合了资本家、农民、农场主以及社会经济生活的政府组织机构。工业化过程最早起始于西欧以及亚洲的北美洲以及中东地区。在世界早期的不发达地区，工业社会已经成为在20世纪晚期为了与早期占据主导地位的西欧国家、美洲以及日本抗衡的主要生产力。

上述一般的和特殊的用法，都蕴含着一种含糊的唯物主义：产业结构从总体上制约着现代社会的结构，并使其宗教世俗化，使家庭结构发生转变，使社会从滕尼斯所说的公社迈入社会，使其成为跨国的等。

（张洁）

工作（Work） 人们付出物质或精神劳动的活动。从经济学意义上看，和其他付出了劳动的活动不同，工作是生产性或有目标性的活动，其劳动成果往往产出实物或能换取金钱资本。工作让人类凭借工具、媒介来与自然打交道，也正因有了工作带出来的价值，整个人类社会才得以正常运转。在一些前工业社会，工作深刻地嵌套进各种文化习惯、社会角色、社会关系中，以至这些社会少有独立的“工作”概念。比如挤牛奶的女性会把其每日工作当成天经地义的家庭责任和村寨义务。而在工业社会，工作是有一个相对明晰边界的领域，和生活、娱乐、消费等相区别，而且工作对社会成员个体的生计如此重要，以至于作为“职业”的工作在很大程度上定义了个体的社会属性，例如陌生人见面最先交代和问询的往往是自已和对方的职业。

人类学家经常通过工作的成果来分辨文化，例如两个部落的区别或许就体现于其生产工具的技术上。然而工作的社会属性和文化纬度往往是最受人类学者重视的部分。工作通过分工体系组织了人类社会，工作也生产并影响了社会关系。在以往狭隘的经济学模型中，一些看似不具备生产性的劳动，例如女性的家务劳动，经常不受到重视。但事实上这些工作让其他生产性劳动得以实现，更能生产、再生产文化价值及社会关系，例如女性从事家务活动让配偶有时间从事其他工作，家务贡献也加强了婚姻纽带。

早期民族志多数只是提及了当地人的工作情况，从20世纪下半叶开始，人类学者才开始更多地将“工作”作为一个专门的分支研究领域。比如通过测算卡路里的消耗和支出比例，证明狩猎采集活动比人们惯常想象的要轻松。研究“工作”的人类学者，常讨论“工作”满足了生产生活的哪些需要，这是功能主义的典型研究思路；抑或跟从马克思主义传统关注不平等关系在工作中的再生产，例如保罗·威利斯（Paul Willis, 1977）的经典研究，指出技工学校训练让学生产生了对工作的不同评估，学徒生活也再生产了阶级认同。

仪式性劳动、宗教工作的研究，工作中的性别以及权力分析等，都是人类学家着墨较多的角度。在日益紧密联系的全球化过程中，全球性的生产、消费和地方文化特征的冲突协调，新自由主义统辖下的劳动规训，流动劳动力的跨界流动等，也都成为21世纪以来人类学者围绕“工作”而热衷讨论的议题。

人类学的研究提醒人们“工作”不但是个技术或经济事务，更是文化问题和社会性的问题，从事一种工作，认同某种工作带来的身份感，社会如何分工，这些都和文化习俗、区域及全球政治，社会分层等有着千丝万缕的联系。工作非但连接了人和自然，也将人、商品、服务和社区乃至超自然连接起来。工作不仅改变物质世界，也改变了工作的人，见证了社会变迁。

（李耕）

参考书目

［1］Willis, Paul. 1977, *Learning to Labour: How Working Class Kids Get Working Class Jobs*, Farnborough: Saxon House.

［2］Ong, Aihwa. 1987, *Spirits of Resistance and Capitalist Discipline: Factory Women in Malaysia*, Albany: State University of New York Press.

［3］Urciuoli, Bonnie. 2008, “Skills and Selves in the New Workplace”, *American Ethnologist* 35（2）： 211-228.

［4］Durrenberger, E.Paul and Marti, Judith Ed.2006, *Labor in Cross-Cultural Perspective*, New York: AltaMira Press.

功能主义（Functionalism）　英国人类学史上占主导时间最长、传播最广、影响最大的理论范式，并对世界人类学产生了重要影响。从学理脉络来看，英国功能主义人类学是涂尔干（Emile Durkheim）社会学经由莫斯（Marcel Mauss）、列维·布留尔（Lucien Lévy-Bruhl）、休伯特（Henri Hubert）等人继续和进一步发展的逻辑结果，其理论渊源至少可追溯到孔德（Auguste Comte）、斯宾塞（Herbert Spencer），尤其是后者的社会有机论。功能主义认为任何一个社会或一种文化都是一个整合的系统，在这个系统中，各组成要素彼此关联、相互交错并有其现实意义和实际作用，即发挥着一定的功能；功能主义着重关注特定的制度或者习俗是如何与其他制度相互关联的，对社会文化系统的整体和部分又发挥着什么样的作用。功能主义者认为社会人类学研究的目的之一就是要揭示特定社会（尤其是原始社会）的结构与功能。在方法上，功能主义反对进化论和传播论的“臆测历史”，强调在理论指导下开展系统的田野调查和比较研究。另外，功能主义倡导应用人类学，直接或间接地为推行英国政府的殖民政策做了不少工作。

自马林诺夫斯基（Bronislaw Malinowski）的《西太平洋的航海者》和拉德克利夫·布朗（Alfred Radcliffe-Brown）的《安达曼岛人》出版以来，按照库珀（Adam Kuper）的说法，“作为一场卓越的智识运动”的英国功能主义人类学“持续了整整50年，也就是从20世纪20年代早期到70年代早期”（Kuper, 1996：176）。在此过程中，英国功能主义人类学的代表人物、理论取向、学术中心等都发生了变化。20世纪20年代中后期和30年代，占主导地位的是马林诺夫斯基的需要功能论，该理论认为“功能”就是“对需求的满足”，而生物有机体的天然需求又是一切功能联系之基础，民族志研究的目的是在记录所见、所闻的基础上进行功能分析，最终构建一门“文化科学”。在这一时期，最主要的学术中心是伦敦政治经济学院。至40年代，最主要学术中心转移到牛津大学，拉德克利夫·布朗、福蒂斯（Meyer Fortes）、埃文斯·普理查德（Edward Evans-Pritchard）的“结构—功能”观点开始成为主流。此种观点强调一切社会制度、习俗和信仰都满足了社会系统的某种需要，人类学应该在田野研究的基础上，对各个社会系统进行“结构—功能”的分析和比较研究，最终构建一门追求通则的“比较社会学”。50年代以后，英国社会人类学的学术中心呈现出伦敦政治经济学院、牛津大学、剑桥大学、曼彻斯特大学等多中心均势的格局，走向理论多元的趋势日益明朗：福蒂斯在剑桥大学继续发展来自牛津的“结构—功能”传统，而其他同时代的人类学家多数都开始走向对“结构—功能”主义正统学说的批判。其中，弗思（Raymond Firth）和纳德尔（Siegfried Nadel）在伦敦重振马林诺夫斯基的理论；拉德克利夫·布朗的继任者埃文斯·普理查德转而采取一种理念主义的立场，致力于发展一种阐释性的历史人类学；格拉克曼（Max Gluckman）在中非和曼彻斯特创立了“曼彻斯特学派”，秉持一种冲突论的理论立场；利奇（Edmund Leach）等人则吸收了法国结构主义的一些思想、方法，发展出英国新结构主义人类学；此外，方法上的个人主义立场、互动分析等也有所运用和发展，田野点也开始拓展至东南亚、中国等文明社会。

功能主义人类学家的田野调查和教学工作（尤其是拉德克利夫·布朗）使功能主义人类学的影响遍及英国的广阔疆域，同时也对中、美等国的社会学、人类学产生了深远影响。从学科实践上来看，英国功能主义人类学在世界各国的传播和影响一方面促进了各国对土著部落或少数民族的研究，另一方面在各文明社会促进了深度田野方法和社会学研究框架的结合，后者在中国、印度和美国的芝加哥学派时期表现得尤其明显。值得一提的是，应当看到“中国功能学派”以及持续至今的社区研究传统所反映的英国功能学派之于中国人类学的影响，还应注意到中国学者的努力对功能主义人类学的反作用。一方面，吴文藻、费孝通等人的社区研究实践拓展了功能主义田野民族志的应用范围；另一方面，费孝通还在长期的社区调查和民族研究基础上，结合历史文献，在人类学研究的历史维度方面进行了更明确的总结和提炼，在理论上逐步完成了从功能论到历史功能论的转型，使功能论的包容度和诠释力得到增厚与加强。

20世纪60年代以来，殖民体系土崩瓦解，英国本土社会问题频发，人类学田野调查和民族志写作方式也发生了显见的变化，象征人类学、结构主义人类学、马克思主义人类学等新的理论范式蓬勃发展，功能主义人类学的“科学”心态、实证主义倾向、经验主义立场、“无历史”取向、片面强调均衡而忽略冲突的政治保守性、忽视个体及其行动的取向等，均遭到了激烈的反思和批判。1970年前后，埃文思·普里查德这一代人相继退出各系领导岗位，他们的继任者再也不能维持曾经的制度权威和学术领导力，在研究取向上也与正统的功能主义渐行渐远，作为学派的英国功能主义人类学也就走到了尾声。

时至今日，人类学的功能时代早已成为历史，但它所留下的遗产有一部分已经深深扎根于人类学学科之中，成了这门学科的内在品质，比如田野调查、文化全貌观、文化相对论以及跨文化比较等。不论将来理论如何发展，这些原则都将是人类学学科定位的依据。另外，功能主义人类学对曾经盛极一时的帕森斯（Talcott Parsons）结构功能主义社会学产生了重要影响。尽管后来各种从不同角度反对结构功能主义的理论纷纷兴起，但20世纪80年代以来，致力于理论“新综合”的社会学家们再次发现了帕森斯功能主义社会学的包容性，“新功能主义”又成了当代西方社会学的重要思潮。

（张丽梅）

参考书目

［1］Kuper, Adam. 1996, *Anthropology and*

Anthropologists: The Modern British school, 3rd rev. and enl. ed. New York: Routledge.

[2] 乔健. 试说费孝通的历史功能论.《中央民族大学学报》(哲学社会科学版), 2007(1).

[3] 张丽梅, 胡鸿保. 从功能论到历史功能论——兼谈经验材料对理论的修订功能.《广西民族研究》, 2013(4).

攻击行为(Aggression) 指任何一种对他人刻意造成伤害的行为。通常包括导致身体伤害或者形成心理折磨。在心理学范畴内，攻击行为分为两种：一种是工具性攻击(instrumental aggression)，指以攻击作为达成目的的一种手段；另一种是敌意性攻击(hostile aggression，又译为愤怒型攻击)，其攻击行为本身就是目的。在许多攻击行为中，这两种类型会同时存在。

攻击行为普遍存在于人类社会中。大多数情况下，攻击行为被认为是负面的，但有些场合，一定的攻击行为也被认为是合理的。例如竞技体育中，有些项目的攻击行为具有很强的暴力性，但却被认为是合法的，而相同程度的攻击行为若发生在任何其他场合，都会受到法律、法规的惩罚性制裁。人类的攻击行为究竟是天性的一部分，还是后天社会人格形成导致，在学术界存在着广泛的讨论和争议。鉴于攻击行为在人类社会不同族群中普遍存在，可以肯定攻击性有一定的遗传因素。攻击行为的程度和频率因男女性别不同而表现显著不同，并持续终生，尤其在青春期发育的后期更为明显，这也为支持攻击行为是生物性一部分的学者提供了证据。但也有学者指出，这样的区分与其归结为XX与XY染色体的属性不同，不如看作是社会和文化对于男女两性的塑造所导致的结果。男女性别差异在攻击行为中的表现，正是文化环境对于个体影响的有效佐证。

攻击行为会因为环境强化、个体区别和文化差异而衍生出不同的表现形式。①环境强化下的攻击行为。即个体在目的难以达到、受阻，或受到伤害时被激化而形成对他人攻击的行为。实验表明，由恐惧、愤怒、性冲动或者单纯的强体力活动引起的自主神经系统反应，会使得人在进入相同情境时表现出更为激烈的攻击性。其他环境因素，例如高温和噪声也会刺激更频繁的攻击行为。在外界环境刺激下的攻击行为通常是在受挫之后发生的，而工具性攻击行为，则可以在没有强烈情绪的伴随下发生，虽然两者在特定的环境诱因下可能会结合；②个体区别的攻击行为。不同个体的攻击行为与早期童年的经历有关。学界最为普遍的研究方法是观测和检验儿童的攻击行为。长项实验表明，家庭、同伴和模仿对象都会对儿童的攻击行为造成显著影响。虽然温和的教育不能保证成年后会形成温和的人格，但攻击性极强的个体几乎普遍在童年时经历过严苛的家教、家庭暴力，或混迹于具有高频率攻击行为的同伴中；③文化差异中的攻击行为。在不同文化中，某一族群对于对内矛盾和对外冲突的宽容度与合法性有着全然不同的诠释。对内冲突产生的攻击行为所表现出的宽容程度，不能用以估量或解释该文化群体对于处理对外冲突时表现出的攻击性。对于对内矛盾和对外冲突的分析，社会学和政治学中也都有广泛的讨论。

（吴桦）

共产主义(Communism) 共产主义一词源于拉丁文，原指社会的、共同的、集体的生活。指以公有制、公共生产、公共消费、公共自治，甚或公共性生活为基础的社会组织。此一术语既表示这样的社会和实践，又表示提倡这种社会和实践的理论。共产主义从一开始就自称是解决早期资本主义贫困、犯罪频发、无地主义、战争、专制、不公正、道德沦丧等问题的“良药”，有时也被作为一种具有辱骂性的字眼，将其与苏联以及苏联20世纪30年代的肃反运动相联系，以贬低社会改革者。

马克思将其从乌托邦的空想转变为后资本主义社会未来发展的一个现实阶段。他认为，共产主义的发展需经历不同的发展阶段：在低级阶段中（有时又称为社会主义），社会产品按劳分配；而在高级阶段中，劳动分工已不复存在，生产或将成为一种创造性的活动，分配原则是“各尽所能，按需分配”。第一次世界大战后，布尔什维克采用了共产主义这一术语，把新成立的第三国际各政党同第二国际的社会民主党相区别。加入第三国际便意味着附属于莫斯科的利益和布尔什维克的革命模式。1917年的俄国革命，不但摧毁了沙皇的专制统治，建立了布尔什维克政权，而且还树立了第一个大规模的以马克思主义的共产主义为原则的现代国家的典范。1924年，列宁的逝世和斯大林的崛起，使“社会主义在一国取得胜利”的理论得到空前的发展。

19世纪中叶，马克思和恩格斯的派别自称为共产主义者，以便和其他被说成是不很坚定的社会主义团体划清界限。因此，每当涉及这一时期，共产主义往往就是指由马克思和恩格斯所发展起来的思想体系，尽管马克思和恩格斯经常交替着使用共产主义和社会主义这两个术语。在这个意义上，共产主义意味着马克思学说的总和；因此，它是对资本主义和自由主义理论的马克思主义批判，是为无产阶级革命所规划的蓝图；虽然有时共产主义又特别用来表示无产阶级革命的最终目标——即被设想为从这场革命中产生出来的社会，它被模糊地预见为一个不存在财产权的社会，一个没有阶级和劳动分工的社会，一个消灭了压迫和统治制度的社会。马克思和恩格斯的著作并未对这一社会的特征做精确的描述，而在马克思主义者中间，则就人们应当预想到的问题——在未来的共产主义社会中，如果还存在疏离和压迫的残余，那么其程度如何——展开了各种争论。马克思和恩格斯本人所做出的某些提示来自他们关于原始共产主义的基本见解，据称这种原始的共产主义曾经在未开化的早期人类祖先中盛行一时。

从人类学的角度出发，找到了确凿的证据证明资本主义并不是自然秩序应有的一部分，而且在早期人类社会形式的描述中，他们发现，人类也有过将自己组成可以公平享有财产的原始共产主义的团体的历史。摩尔根在《古代社会》中阐述了人类社会从低级阶段向高级阶段的进化过程。摩尔根认为，人类社会早期不存在私有的观念，财产是共有的，且处于性杂交状态。他的论点主要是建立在易洛魁人的亲属制度当中。摩尔根在原始社会史领域所做的研究，证实和丰富了马克思主义的唯物史观，得到马克思和恩格斯的高度评价。恩格斯写了一部至今仍然最有影响力的马克思主义关于人类学的书，即《家庭、私有制和国家的起源》（*The Origin of the Family, Private Property and the State*），使摩尔根的研究成果得到马克思主义的科学阐述。

虽然原始共产主义的观点已经受到批评和质疑，摩尔根的某些假说被动摇甚至被推翻了，但摩尔根关于物质与财产共享、生产最初只是为了使用、当代部落和社会可提供关于人类最早组织模式的直接证据的设想是得到认可的。人类学家斯坦利·戴尔蒙德（Stanley Diamond）在20世纪70年代写道：人类美好的未来在不参考原始的平等主义的前提下是不可想象的，而现在这些都为现代文明的发展起到了铺垫的作用。

在赫鲁晓夫看来，苏联到1980年就会实现共产主义。这种共产主义是由共产党领导的社会性的国家，其中消费者“公平合理的”需要将通过国家计划部门得到满足。尽管它被嘲笑为“土豆加牛肉的共产主义”，赫鲁晓夫仍赞同恩格斯关于共产主义中，国家将“消亡”的思想。自从斯大林去世后，许多国家的政党日益脱离莫斯科的控制，特别是今天的欧洲的共产党，他们把共产主义定义为混合型经济加民主权利和自由。在中国，共产主义者于1949年取得了全面胜利，建立了世界上第二个主要政权。

当代的共产主义社会和马克思、恩格斯，甚至列宁所设想的共产主义没有任何相似之处。但是对那种共产主义设想的记忆依然存在，并且在共产党内部，一再产生对列宁主义和斯大林主义的理论与实践加以变通的种种企图。因此，当代共产主义并不是一种单一的正统观念，而是一系列日益增多的正统观念和异端观念，它们都印证马克思和恩格斯来支持自己的论点，并且彼此之间还在进行着激烈的斗争。

（李索菲）

贡萨制和贡老制（Gumsa and Gumlao） 中国云南地区一些民族中存在过的以地域辖区为主的地域组织。“山官”景颇话称“杜瓦”，每个山官都有自己的管辖区，通常以山岭、河流、山谷为界，各山官辖区界限严格，不能任意越界开荒种地或伐树。各山官都是独立的，无隶属关系。在景颇族居住的区域内有近百个大小山官，大山官即是部落酋长。每个部落包括3~5个甚至20个村寨，每个村寨又由许多不同姓氏的父系家族组成，并有其头人。山官是世袭的，山官之间设有司朗（寨头）、嘎堵（祭地鬼者）、管（小头人）、纳波（祭祀官）、恩道（传达员）等几种公职人员并由这些公职人员组成部落会议，行使一种相对独立的管理权力。

部落酋长（大山官）的职能是：任命各级头人，管理本部落的政治、经济、军事等，主持宗教祭祀活动，对外代表本部落参加土司的会议及其他部落的会议。有权宣布作战、结盟、缔约等。由于各景颇族山官在不同程度上隶属于傣族封建土司管辖，他们定期向土司纳贡。

山官辖区，村社范围内的土地包括耕地、山林、牧场都属于村社公有。村社成员有权“号地”耕种（可以占用）但没有所有权。土地抛荒别人可以号用。随着生产力的提高，条件好的土地逐渐被发展成固定耕地，主要是水田，可以长期使用，从而变为长期占有，占用的人有权出租、抵押、典当甚至买卖。村社对此逐渐无约束力，开始突破了村社范围。证明生产资料私有制和阶级分化开始发展。中华人民共和国成立前，景颇族部落酋长制下，已按照人们的政治地位和经济关系划分为官种、百姓、奴隶3个等级：①官种被视为高贵血统，只有官种才能担任山官；②百姓即本地方人的意思。先来开发寨子的人，他们是村社内的自由成员，小私有农民阶层；③奴隶则是景颇社会中最低下的一个等级。证明景颇族的部落酋长制已在向阶级分化、向封建领主经济转化中。山官制有贡萨制和贡老制两种形式。

贡萨制 是一种贵族组织形式。贡萨制形式下，整个地区以芒（相当于掸族的勐）作为政治单位。每个芒都有一个有贵族血统的王子，称为都瓦，他的名字前通常加有贵族称号昭。

贡萨制下的克钦族山官具有5项职能：①司法仲裁。历史上，克钦族民众头脑中不存在法官的概念，一切纠纷都要让头人来解决。当克钦族民众之间出现各种纠纷时，一般都会去拉事，然后到山官那里去讲事。山官的一个主要职责就是解释习惯法，处理民族纠纷。山官必须熟悉习惯法，并能对习惯法做出权威的解释，即会说事。因此，山官要帮助老百姓解决纠纷，有时还要亲自出面加以解决；②军事首领。克钦族历史上很少出现为争夺领土而爆发的战争，一般只是为了宿仇而进行武装械斗。当寨子受到外来势力的进犯、欺侮或发生战争时，山官就要充当军事领导人的角色。山官必须保护寨子的安全，维持生活秩序。假如山官渎职，就会遭到百姓的抛弃。③山官在经济事务中的作用。当百姓宰杀牲畜时，要献给山官一条兽腿。此外，每逢年节，老百姓还要给山官送礼。百姓还要无偿到山官的地里干活，为山官家提供无偿劳役。而山官在享受这些物质供奉的同时，也要对属下的民众提供安全保障；④行政权力。克钦山区历史上具有较为浓郁的自治色彩。克钦族山官对本辖区的民众在政治上都具有较大的统治权。这种政治权力源于古代，缅甸独立后山官的政治权力逐渐削弱；⑤山官在宗教事务中的权力。祭祀权是山官的一项重要权力。历史上只有山官才能祭祀木代、举行目瑙。山官每年要主持祭祀寨鬼能尚（官庙）。山官主持祭祀能尚时，要挨家挨户集资。如果祭得不好，他就会被百姓抛弃。因此，祭能尚的能力和结果就成为评价传统的山官好坏的标准。

贡老制 是一种民主组织形式，是对贡萨制的反叛。18世纪末，在野人山、江心坡一带发生了反抗山官制的贡老运动。贡老运动的意思是自由运动。在发生贡老运动的克钦山区，山官的辖区之间的界限已不复存在，山官本人也降格为村寨中的普通成员。在贡老制社会中，寨子里人们之间相互平等，相互之间没有隶属关系。各个寨子由寨民们选举头人主持寨子的事务，头人没有特权，不能向群众摊派负担。头人在调解纠纷或主持全寨的公共事务时，要和寨子中的老人先商议后再行决定。等级关系在村寨中失去了存在的基础，等级婚姻和表现等级差别的称谓及命名方法也都被废弃。村寨的土地也归各家各户私有，可以自由买卖。在丧葬仪式上，可以自主决定土葬或火葬等埋葬方式。这些都是贡老制区别于贡萨制的特点。

贡萨制和贡老制并非静态的、一成不变的，二者在一定条件下可以相互转换。

克钦族历史上实行刀耕火种的原始粗放型农业经济。由于克钦山区地广人稀，生存压力不大，因而历史上大多实行贡萨制。而近代以来，随着人口的增加，以及缅甸政府农业政策的改变，这种传统的经济模式遭到打击，这对传统的山官制是一个很大的挑战。19世纪中期以来，由于内外环境的变化，随着中央政府控制的加强，克钦族的山官制受到巨大冲击，并日益衰落。

（王戈柳、揣振宇）

《古代社会》（*Ancient Society: Or Researches in the Lines of Human Progress from Savagery through Barbarism to Civilization*） 人类学、历史学和社会学领域的一部里程碑式的著作。作者路易斯·亨利·摩尔根（Lewis H. Morgan）是美国著名的人类学家和历史学家，他曾当过律师，在业余时间研究印第安人的社会组织、风俗习惯和生活方式，曾多次深入访问印第安人居留地，获得大量的一手材料。《古代社会》写于1871—1877年，1877年在美国由出版商MacMillan & Company出版，后多次重版，并被译成多种文字。中国从20世纪20年代起曾多次翻译出版。目前以杨东莼、马雍、马巨的译本最为常见。

在这部著作中，摩尔根以美国印第安人亲属制度、家庭生活为基础，进而拓展到整个人类早期的氏族制度与社会生活，全面展现了早期人类社会的存在面貌。全书共分4编：第一编《各种发明和发现所体现的智力发展》对整个人类的发展进行概述；第二编《政治观念的发展》通过对美洲印第安人、希腊人、罗马人等氏族制度的分析，阐明人类社会结构的发展历程；第三编《家族观念的发展》通过分析血婚制、伙婚制、偶婚制和父权制、专偶制等家族亲属制度，说明家族制度的发展进程；第四编《财产观念的发展》则分析了从蒙昧社会到高级野蛮社会的财产观念和3种继承法。摩尔根在这部书中进一步发挥了《人类家族的血亲和姻亲制度》（1871）中提出的家庭进化理论，并全面阐述了人类社会从低级阶段发展到高级阶段的进化学说。由于这本书以原始社会历史研究的具体资料，丰富和证实了马克思主义的唯物史观，因而得到马克思和恩格斯的高度重视和评价。马克思曾经写了非常详细的读书摘要和批语，恩格斯的《家庭、私有制和国家的起源》则是在马克思笔记基础上的进一步发挥。

《古代社会》在美国出版初期也曾大受赞扬，但后来长期受到攻击和批判。历史学派和传播学派等公开提出以摩尔根的学说为主要批判对象，美国人类学家罗伯特·H.罗维（Robert H. Lowie）的《初民社会》（*Primitive Society*，1920）就是专为批评《古代社会》而写的（最早中文译本为吕叔湘译，1935年，上海商务印书馆出版）。近三十年来，西方人类学界重新评价摩尔根及其著作，《古代社会》一再重版。中国马克思主义民族学家自20世纪20年代即开始运用《古代社会》中的观点进行社会文化阐释。中华人民共和国成立后，中国民族学家更曾经以该书作为原始社会及社会形态研究的经典著作之一加以研读。

（康敏）

古坟（Burial Mounds） 特指在日本弥生时代之后，日本统治阶级大量营建的一类墓葬，分布于除北海道以外的日本全境，以奈良、大阪为主。特点为堆土成丘，在坟丘内埋石室，置棺以葬死者，内多有丰富的随葬品，考古学家特称其为“古坟”以区别于其他时代的墓葬。

古坟流行于4—7世纪，这一时期也因此被称为古坟时代。从8世纪初开始，因火葬流行，古坟逐渐式微。

目前在日本发现的古坟约有71座，坟丘形状有圆坟、方坟、前方后圆坟、前方后方坟、上圆下方坟、八角坟、双坟、双方中圆坟等，以圆坟、方坟和前方后圆坟最为普遍。古坟四周围绕着中空的黏土塑像，称为埴轮，推测为殉葬之用。墓葬内多随葬铜镜、珠宝等，到了后期还有兵器、铠甲等随葬品。古坟形制可以划分为前期、中期和晚期：①前期。3世纪后期—4世纪初期，石室多是竖穴式，出土器物以壶形陶器、器台形陶器为主；②中期。4世纪后期—5世纪，高规格的大型王墓出现在奈良盆地与河内平野地区。墓葬形制为前方后圆，古坟四周出现巨大的人物埴轮；③晚期。6—7世纪，受朝鲜半岛古坟的影响，开始出现横穴式石室。

古坟时代，又称大和时代。这一时期铁器得到进一步发展，取代了石制生产工具和青铜武器。农业生产水平提高，手工业分工逐渐明确，出现了全国性的中央政权，即以畿内地区为中心的大和政权，并且开始出现文字。

（杜辉）

参考书目

王仲殊. 中国大百科全书·考古学. 北京：中国大百科全书出版社，1986.

古人类学（Paleoanthropology） 是一门用多学科的方法来探索人类进化和化石祖先证据的学科。古人类学利用生物人类学、灵长类学、考古学、生态学、地质学、古生物学、生物学、遗传学和文化人类学等不同学科，来研究人类解剖学结构、考古学遗址、生境和年代问题。在探索人类进化的问题上，古人类学家将进化论、比较解剖学、环境和文化对行为的影响以及地质年代中得到的观点结合起来。

古人类学的研究史 19世纪60年代，只发现了少数现代之前的化石；科学家们对它们的身份和年龄仍抱有疑义，更遑论解释人类进化的模型了。查理·达尔文（Charles Darwin）在1859年发表《物种起源》，提出自然选择作为一种机制来解释随时间发生的进化改变。

在欧洲大陆，大多数人赞同大灾变学说，这一流派产生于法国古生物学家乔治·居维叶（Georges Cuvier）的著作。根据居维叶的说法，不同地质层发现的化石证明了接连不断的革新，其间所有旧生命被摧毁，被新的生命形式所取代。居维叶和他的支持者不愿接受早期的进化论思想，不相信人类化石的存在。在英国，盛行的思想流派是均变说，由詹姆斯·哈顿（James Hutton）和查尔斯·莱尔（Charles Lyell）倡导。均变说认为，今天观察到的自然过程是由于地球的逐步改变所致。这种观点认为，地球至少有几百万年的历史。均变说所处的地位，为人们相对较快地接受达尔文的工作，整个接纳进化论做好了铺垫。

对均变说的支持者来说，人类是从一种类人猿生物进化而来的想法没有什么问题。许多人都能认同人类是从类人猿逐步演化而来。随着越来越多的原始人类化石的出土，如比利时的尼安德特人，人们开始寻找猿和人之间的“缺失环节”。恩斯特·赫克尔（Ernst Haeckel）认为，应该存在一种猿和人之间的完全过渡形式，既非猿，亦非人。19世纪中晚期的古人类学家主要侧重于类型学的比较和描述，将化石按照连续演化阶段和形态类别进行划分。这种应用类型学方法的划分（包括活着的现代人），其实对解释人类的演化模式帮助甚微。

20世纪30年代，一场建立综合进化理论的运动开始酝酿，它将遗传学、进化理论、种群研究综合成一个单一视角，逐步形成了众所周知的“现代综合理论”。它拒绝了直到当时仍在动物学和体质人类学中盛行的描述性的、类型学的观点。一直到50年代初，这一重大范式转变对美国生物人类学家产生了极其深远的影响。研究人员开始关注生态变化和文化行为等影响人类进化的因素。今天，古人类学的研究重点涵盖了广泛的议题和学科。

古人类学的研究方法 古人类学不同于其他古生物学，它主要研究人类的起源与演化。

正因为如此，一些古生物学的标准工具在应用到古人类学时可能会产生问题。早期化石人类和其他动物一样，都受制于自然选择等进化力量，在生物学和行为学上不得不适应特定的环境或生态位。当化石人类开始依靠文化适应来帮助他们生存，生物文化的反馈创造出了原始人类和环境之间的文化缓冲。正因为如此，对于选择压力的类型以及多大程度上影响化石人类的生活方式，目前还存在相当大的争论。饮食习惯、高级认知能力、沟通和语言表达能力，以及技术水平等都在塑造人类对环境的适应力，这些文化概念都使得生态位，甚至自然选择，作为一种研究工具似乎已用处不大了。

古人类学的田野调查 像大多数生物化石一样，人类化石也十分罕见，很难找到。其结果是，田野发掘工作成为古人类学研究的一个重要组成部分。早期的田野工作，如罗伯特·布鲁姆（Robert Broom）、路易斯·利基（Louis S. B. Leakey）和玛丽·利基（Mary Leakey）主导的那样，是由一个或两个人及其聘请的工作人员展开的小规模调查。这些人都是某些领域的专家，如化石发掘或解剖学，并在关键问题上，诸如化石种属鉴定和解释方面，寻求其他专家的帮助。

今天，这些田野调查仍由个人领导，但更多地已经转向团队合作的方式。这种首先由F.克拉克·豪厄尔（F. Clark Howell）倡导的跨学科方法，鼓励国际专家小组之间的协作，涉及诸多的研究领域。

生物人类学家利用灵长类比较解剖学和生物力学的知识，考察原始人类的解剖学特点。地质学家通过考察地图、航拍和卫星照片，以及一个地区的地层，帮助找出潜在的人类活动遗址，他们还能整理出某一地区的年代序列。古生物学家比较当地和邻近遗址的动物或动物群化石，从而估计遗址时间。重建过去的环境或古环境，需要涉及古生物学、生态学、古植物学、孢粉学（化石花粉）和地貌学（水、地质特征）等学科知识。考古学家从人类行为中复原物质文化遗存，还能根据人工制品的风格、位置和原材料等特征推断遗址年代。

古人类学的实验室研究 针对化石的复原和说明相当重要（没有这一点就不存在化石研究），但同样重要的是这些化石可以帮助我们解答许多问题。如同科学的各个领域，古人类学也有一套提问、假设和检验的科学方法。在多领域的合作下，古人类学家通过构建系统发育，或者进化树，重建化石物种间的可能关系，来研究人类起源的基本图景。这些系统发育关系被化石记录所检验，在新发现和解释下不断完善。

（王凌翔）

谷苞（1916—2012） 中国社会学家民族学家。甘肃兰州人。1935年考入北平清华大学外语系，后转入社会学系。1941年毕业以后，先在清华大学国情普查研究所当助教，后又到吴文藻、费孝通两位先生主持的云南大学与燕京大学合组的社会学研究室工作3年多。1944年秋由昆明回到了兰州，在兰州大学教民族学和社会学，任副教授。1949年，应中国人民解放军二兵团司令员许光达、副政委徐立清之约，参军二兵团政治部。到新疆后，起初任中共中央新疆分局研究室研究员，后任中国科学院新疆分院副院长、新疆社会科学院院长。1983年离休后回到兰州，定居于省第一干休所至今，其间曾任兰州大学兼职教授，西北民族大学社会人类学民俗学学院客座教授。历任《西北民族研究》顾问，中国民族学会副会长、顾问，中国民族史学会副会长，中亚文化协会顾问，中国敦煌吐鲁番学会顾问，新疆社会科学院院长，新疆史学会会长等职。2006年7月22日上午，在西北民族大学礼堂东学术厅召开庆祝谷苞先生90寿诞学术研讨会。2012年2月，逝于兰州。

谷苞长期从事民族学、社会学研究工作，经常深入民族地区进行广泛调查研究，发表多篇民族与社会学的文章。谷苞是“魁阁”成员之一。在费孝通的指导下，正式步入社会学研究的大门。1943年，他在云南省乡村进行调查，写作完成《云南省呈贡县传统的乡村行政制度——一个社区行政组织的实地研究》，刊载于昆明市的《自由论坛》。回到甘肃后，主要在甘南藏区的卓尼、迭部等地做田野工作，撰写发表大量田野报告，例如1948年发表《河西——农民的地狱》《河西农村的崩溃》等时事报道。新疆解放前，受聘为首席民族学家，足迹走遍天山南北、塔里木河两岸，主持编写的《新疆农村社会》《新疆牧区社会》是这段学术生涯的写照，出版《民族研究文选》。

谷苞一生的学术活动，主要分为3个阶段：第一阶段是中华人民共和国成立前的云南和甘肃，民族田野调查报告十分珍贵，但是国内遗失较多，很难收集全面，倒是东瀛邻国日本收集成集，保留全面，谷苞出访日本时为之惊叹，在这个学术阶段先生与吴文藻、费孝通、张之毅、田汝康、向零、马耀等学者建立起终生友情；第二阶段在新疆，为新疆和平解放、民族关系和谐做出了突出且独特的贡献；第三阶段离休在兰州，不仅培养学生，还参与了很多繁荣民族学学术活动的社会工作，不断发表学术成果。

谷苞学思敏锐，把少数民族发展和国家的统一作为学者的使命，与费孝通、陈连开等老一代学者展开“中华民族多元一体格局”的研究，以“中华民族的共同性”为题发表资料翔实、说理透彻的系列论文，在20世纪80年代的民族学、史学界开启一种主流的学术命题和研究路径。

（马丹丹）

《关于种族概念的声明》 在20世纪的后50年里，种族（或译人种）这一概念的日常用法在社会科学界，尤其是人类学界引起了极大的不安。为了纠正人们对“种族”概念的误解，消除其对社会的负面影响，各个人类学协会和组织通过各种途径发表了自己对这一概念的看法和态度。

1995年4月19日至27日，世界人类学与民族学联合会的执委会和常委会在意大利佛罗伦萨召开中期会议，一致通过了《关于种族概念的声明》。声明中强调，生活在今天的所有人类都同属于一个物种，即智人；从生物学角度来看，没有哪个种族优于或劣于其他种族；人类的进步是由文化而不是由遗传造成的；禁止种族间通婚缺乏科学依据，等等，这份声明反映了当代体质人类学研究的最新成果，也表明大多数人类学者反对种族歧视和被种族主义者利用的种族概念。

1996年，美国体质人类学学会发表了《关于种族的生物学的声明》（*Statement on Biological Aspects of Race*），指出划分人种的生物学依据不牢靠，用非生物学因素（包括文化和阶级）可以更好地解释人类的差异和变异。声明中说：“历史研究已经显示，‘种族’这一观念，总是携带有比仅仅是体质上的差异更多的含义在内；实际上，人种内的体质变化并没有什么意义，除了人们赋予它们的社会意义。今天，许多领域的学者都认为，‘种族’就像它在美国被理解的那样，是在18世纪中期被发明出来的一个社会机制，用来代表那些被带到殖民地美国的人们——英国和其他欧洲移居者、被征服的印第安人以及提供奴隶劳动的非洲人。”

1998年5月17日，美国人类学学会执行委员会正式发布了一份由奥黛丽·斯麦丽（Audrey Smedley）起草的《关于种族概念的声明》（*Statement on “Race”*）。声明中指出：“‘种族’已经成为一种有害的世界观，美国存在的所谓不同‘种族’间的不平等不是生物学遗传带来的结果，而是由历史与当今社会、经济、教育和政治环境造成的。”为了改变公众对“种族”的理解，美国人类学学会还专门开办了一个面向公众的名叫理解种类的教育网站。

2011年8月，世界人类学与民族学联合会《关于种族概念的声明》被修改成《关于种族和种族主义的声明》（*Statement on “Race” and Racism*）。除原有的11项原则外，新声明特别强调，当今世界上的种族主义具有多种表现形式，既有生物学上的体质差异论，也表现为民族、文化方面的成见以及极端的文化相对主义。

（黄雪萌、康敏）

参考书目

[1] American Anthropological Association. 1998, *Statement on "Race"*. http://www.aaanet.org/stmts/racepp. htm.

[2] IUAES. 2011, *Statement on "Race" and Racism*. http://www.iuaes.org/statement/racism.html.

[3] American Association of Physical Anthropologists.*Statement on Biological Aspects of Race.American Journal of Physical Anthropology*, Vol. 101, 1996, pp.569–577.

灌溉（Irrigation） 农业灌溉系统被界定为在地域空间内运用人工修建物理建筑，以用于蓄水、改道、渠灌或其他方式将水从源头转移到目标地块，这个建筑结构服务于生产食物和织物的目的，灌溉农业包含多个类型，形成了一个从为田地补充极少量雨水之外水资源，到建立大型水利枢纽工程，用人工实现对水资源的控制和利用的连贯谱系。世界上大约1/3的粮食由占可耕地面积1/6的土地提供，这些土地都是灌溉土地。

人类为了摆脱水资源不平衡而造成的农业发展的局限，因地制宜发展了多种多样的灌溉形式。中国地域辽阔，人口众多，地势复杂，降水分布不均，严重依赖灌溉农业，从有文字记载以来，就发明了各种灌溉形式，在世界灌溉史上具有典型性。平原地区主要是凭依主干河道，如黄河、长江修渠系，引河水进入农田。丘陵山地则或利用山间涧道细流，砌石垒坝，修筑蓄水池，或靠水车，实现从低地到高地的提水灌溉，地理条件在两者之间的就发展为渠塘结合的灌溉系统。江南和珠江流域等地区水资源丰富，湖泊众多，发展了以泄水而非蓄水为目的的灌溉系统，如开港渎，建基围，汛期泄山洪水入江，旱季可导江水流动，以资灌溉。晋陕山区因黄土覆盖，就有引洪淤灌的办法；新疆降水量少，地表水蒸发迅速，人们发明了坎儿井，在地表下挖渠，将高山融雪的冰水引入地下，躲避蒸发，实现灌溉。

灌溉不仅意味着将水作为支撑农业发展的重要资源，通过工程控制水害、管理洪水，而且还意味着利用水的落差来获得巨大的能量，现代社会许多水利系统都兼具控制水害、灌溉和发电的功能。随着人口的快速发展，粮食的需求更为紧迫，可预测，灌溉将扮演更为重要的角色。

灌溉是人类对自然资源的利用和管理，灌溉系统的修造和维系，都需要广泛的分工和合作，基于灌溉而发展起来的农耕社会，也推动了更多劳动力的投入，由灌溉而引起人类聚居，推动人口大量繁殖的例子比比皆是。该变化导致社会结构趋于复杂，社会关系被镶嵌到农业结构中，并不断通过地方、区域、国家和国际历史过程逐渐形成，需要通过社会制度对劳动力进行组织和管理。

在人类学领域，灌溉常常以嵌入视角被放置在社会组织、结构、制度中进行分析。如魏特夫认为复杂的阶级社会推动了灌溉系统的发展，早期灌溉社会的出现大大地提高了粮食产量使人口增加，越来越多的人能集中地居住在一起，于是复杂的阶级社会出现。虽然魏特夫的观点被后来的学者一再推翻，但是将灌溉与社会联系的分析视角却一直在延续。如今，政治生态学焦点从作为水资源管理的核心因素的殖民过程的影响转向新自由主义经济学改革的影响，在水资源和灌溉的政治生态学领域，学者在探寻不断变动的政治、社会、文化和生态图景中进入、管理、评估的复杂逻辑，所有的研究都关注作为稀缺资源的水是如何在竞争中进行分配和利用的，将水作为一种资源的管理、评估的复合因素。

学者关注到，两个因素的变化推动了南亚社会灌溉系统的改变。第一个因素是世界范围内很多国家改变了其特征和角色，殖民地统治推动被殖民的地域生产大量和廉价的粮食、油料等作物。第二个因素是机械技术的发展推动水利设施更为复杂化，两个因素相结合，使成千上万亩的荒田变成了可以生产商业作物以满足欧洲市场需求的耕田。南亚在世界银行发展报告的排名被列入最穷的28个国家其中的5个为孟加拉、印度、尼泊尔、巴基斯坦、斯里兰卡，数千万顷土地被各种各样的水利系统所灌溉，数百亿美元投资于水利设施的建设、更新、运行和维护中，满足挑战的潜力在于，推动灌溉系统持续发展下去。

（马威）

鬼舞（Ghost Dance） 作为一场宗教运动起源于派尤特大盆地（Great Basin Paiute），源于欧洲对美洲的迅速入侵，进入北美后，引起了极端的社会、政治、经济、人口、文化和个人压力。人类学家把这样的运动称为复兴、本土化、新宗教，或社会变革运动。因此，他们通过复兴本土信念的某些方面去更新过去的文化信仰和实践，同时他们积极适应各种非本土的信仰和实践（通常是基督教）。1870年的鬼舞运动是由派尤特先知Wodziwob领导，他预言了这种特定的舞蹈会导致所有白人的消失，而所有原住民的祖先将回来与其后裔和平共处。此宗教运动的影响波及西边的加利福尼亚和俄勒冈州。1890年在印第安人Wovoka的领导下，鬼舞是一场更广泛的精神运动。以Wovoka开始的运动，在英语中被称为鬼舞，而北派尤特称为圆圈舞。

Wovoka倡导宗教和平与和谐共处。尽管是和平的观点，但是，鬼舞仍然是历史上最著名的大屠杀的诱因，有270～300名妇女、儿童和男子丧生。为了避免此类屠杀，Wovoka告诉人们不要再跳舞，以免再有更多的暴力。但他仍然以一位宗教领袖的行为完成他的修行。例如，治疗、分发油漆、鸟羽、戴宽边帽。

现代对发生在1870年和1890年鬼舞运动的描述主要依赖于当代新闻报道的阅读评论和传教士的信件、杂志以及印第安的文档和各种军事报告。人类学家并不满足于对舞蹈和历史事件的有关描述，他们试图从本地和非本地的视角理解该舞蹈。美国民族学局的詹姆斯·穆尼（James Mooney）是最早和最全面地记录鬼舞的人之一。1892年他亲自访问了Wovoka并参与这个舞蹈，并采访了很多参加过这个运动的人。Michael Hittman是Wovoka的传记作者和宗教鬼舞的主要记录者。Shelley Osterreich创建了一个对了解鬼舞有帮助的带注释的书目。Alice Kehoe为这种宗教现象提供了广泛的历史和文化背景，而且Raymond DeMallie提供了一个拉科塔文化背景下的鬼舞个案研究。大家采用人类学方法和象征性分析来讨论这个舞蹈运动的原因。最后，人类学家通过人类学先辈的成果去重新研究描述方法并且用其产生的理论去纠正历史记载，并更好地理解社会进程和参与鬼舞的象征意义。

（李晓敏、邹宇灵）

国际组织（International Organizations） 是指跨越国界并提供制度框架的正式机构，其目的在于加强成员之间在安全、经济、社会和相关领域的合作。在古代社会，国际组织的思想就已经出现，早在14世纪，意大利诗人但丁就提出“联合统一的世界各国”。但是现代意义的国际组织思想出现在18世纪和19世纪。圣西门（Henri de Saint－Simon）倡导建立欧洲议会，边沁倡导建立国际法庭，康德倡导和平联盟等。清代的康有为也在《大同书》中提出建立大同世界。国际组织的出现，是国际在政治、经济、文化乃至社会发展到一定阶段的产物，也是各国间互动关系的产物。国际协会联盟，成立于1907年，至今仍是汇集国际组织信息的中心。

国际组织的发展过程大致可以划分为3个阶段：第一阶段是两次世界大战期间，国际联盟的成立是这个阶段的标志，其间也出现了类似国际法庭以及其他一些非政府组织。国际联盟成立以促进国际社会的和平以及国家间的合作为宗旨，在当时的国际社会上曾解决了如瑞典和芬兰的“奥兰群岛之争”，但是由于英法等第一次世界大战战胜国的操纵以及美国不加入，致使当时的国际联盟未能真正地发挥其功能，可见当时的许多国际组织的功能往往仅限于阻止军事冲突以及领土安全，在第二次世界大战爆发后，国际组织的发展中断；第二阶段是第二次世界大战后到20世纪80年代，联合国的成立是这一阶段的标志。第二次世界大战结束后，世界各国纷纷寻求真正可以维护世界和平，阻止战争爆发，促进社会发展的组织。随着国际联盟的解体，联合国开始承担起处理国际事务的工作。在全球性组织发展的同时，许多区域性的组织也诞生并在区域发展过程中起到重要作用。随着第二次世界大战后亚非拉民族独立运动的兴起，许多新兴的独立国家加入国际社会，使得国际社会更加多元化。此外，随着战后经济的恢复与发展，以及第三次工业革命的出现，世界各国纷纷重视经济的发展、科学技术的发展以及资本市场的扩大，国家间出现频繁互动与合作，对于建立国际化、组织化的国际协调机制的呼声空前高涨；第三阶段是冷战结束后至今，现阶段是国际组织出现全球化的发展时期，国际组织的专业化更为明显，其中在贸易、金融领域表现尤为突出。各国间经济的频繁往来，使得国家经济的发展与世界更为紧密，国家的发展很难独立于全球经济之外，这强化了国际组织的地位，同时也使得各国在世界发展过程中更加规范自身的行为。此外，在各国政府性国际组织发展的同时，许多非政府组织也开始出现并得以发展。

对于国际组织的划分，并没有统一的标准。按照同政府的关系来划分，国际组织可以划分为政府间组织和非政府组织。

政府间的国际组织在国际社会中发挥着重要作用。它提供国家社会沟通的场所。国家间的发展需要沟通与交流，国际组织的存在为各国针对某一问题提供可以平等、充分地商讨的场所。各个成员国可以在这里得到充分的表达，从而提出成员国一致行动的政策和准则；它促进国际法的建立与完善。在第二次世界大战结束后，许多国际性的公约以及多边合作条约不再单单由某一两个国家发起，它们更多的是由各更为专业的国际组织来完成的。随着国际组织的兴起，现代国际的法律将得到促进与发展；它有利于解决国际争端。随着全球化的发展，各国间在各个领域的矛盾与摩擦也开始增多。国际组织的存在，取代原先由当事国自身解决的方式，由于国际组织的存在，许多成员国在加入国际组织的同时也势必要遵守国际组织处理争端的相关规范。此外，它也合理分配国际资源。世界各国间资源、商品如何公平、合理地配置这不是一两个国家可以完成的，它需要国际组织来划分国际资源，通过国际组织的分配、实施与监督，各国间可以公平、合理地利用国际资源，得以真正平稳地发展。非政府组织的发展则在一定程度上弥补政府组织在发展过程中的一些不足，在国际事务和地区发展中发挥着不可替代的作用。非政府组织在国家以及政府制定政策时建言献策，提出自身认为合理的方案，影响国家和政府乃至国际社会的决策，同时监督国家政府在政策上的实施，在许多国际问题和国际争端中发挥非正式的协调作用。此外，针对国家乃至国际上不同类型的问题，各种类型的非政府组织积极参与国家和国际项目，通过订立合同，承接不同类型的项目，提供特定的产品或服务。20世纪90年代，世界银行在发展中国家的许多开发项目，从其发起、设计、制定到工程的实施、管理，直至项目评估的全过程，非政府组织都参与其间。近十多年来联合国各机构都一直鼓励非政府组织参与各种开发项目的实施。

中国作为国际社会日益崛起的角色，其生存与发展离不开对国际组织的参与。在全球化日益发展、国际组织地位和作用愈加凸显的今天，中国要想在竞争日趋激烈的国际环境下实现自身发展的战略目标，不仅需要积极主动的进取精神，不断开辟新的领域，加大参与国际组织的力度，同时也需要以认真求实的科学态度，对当今国际组织有一个系统全面的认识，对自己在国际组织中的地位有一个准确的定位和把握，对中国与国际组织之间存在的问题有一个清醒的认识和理解，对国际组织未来的发展趋势及其走向做出合理的推测和判断，并在此基础上制定出完整系统的参与国际组织的战略和策略。

（郭锐）

参考书目

[1] Jack C. Plano and Roy Olton. 1979, The International Relations Dictionary, Kalamazoo, Mich: New Issues, p. 288.

[2] J. Martin Rochester. 1986, "The Rise and Fall of International Organization as a Field of Study," *International Organization*, Vol.40, No. 4, Autumn, pp. 777-813.

[3] 饶戈平. 全球化进程中的国际组织. 北京：北京大学出版社，2005.

[4] 仪名海. 中国与国际组织. 北京：新华出版社，2004.

国家（State） 人类社会目前发展最完备、最为正式和复杂的政治组织形式，是人类文化进步的标志之一。纳达尔（S.F. Nadel）将国家看作是一种由基于疆域主权的单一政体（polity），具有合法垄断地位的专门政府机构以及不同于其他职业和地位阶层、具有政治控制力的统治者等3种因素共同作用产生的政治体系形式。由此，国家被界定为在广大地理区域之内合法地使用暴力来治理许多社群、维持社会秩序的层级性政治制度形式。在国家中，存在一个高度专业化的中央统治权威，政治权力集中在政府手中，它可以合法地使用暴力来调整其公民事务及其与他国的关系。

国家的中央统治权威主要体现在两个重要功能上：一是国家具有垄断内部秩序与调节外部关系的权力，并垄断着使用武力的权利，这些权力和权利的实施则具体依靠警察、法庭、监狱、军队、官僚等庞大的各级科层组织；二是国家以意识形态为手段来保证其拥有统治的合法性，特别是政治领袖统治的合法权利。总的而言，从组织原理来看，国家是基于具有明确边界的政治疆域、公民身份、超亲属关系来组织权力。自古至今，国家的形态包括城邦、帝国、神权、现代民族—国家等。

国家的起源 人类对于国家的研究具有很长的哲学传统，特别是启蒙运动时期，一些著名思想家如洛克、狄德罗和卢梭等均认为中央集权的政治组织结构起源于一种“自然国家形态”（a state of nature），并从中形成了一种原始契约的理论观点，而后延续这一传统，包括摩尔根在内的人类学先驱们辨明了两大组织模式，一种是以氏族（gens）、胞族（phratry）、部落（tribe）为基础；另一种则以疆界和财产为基础。财产的出现与疆域的重要性被认为标志着一种组织方式向另外一种组织方式的过渡，“自然国家”概念逐渐被“政治国家”概念所替代，后者则强调了人类自愿根据契约而结合在一起。现代人类学延续哲学先驱们关于国家来源的研究，重点探讨了国家与先前的政治组织形态之间的本质差异。恩格斯基于摩尔根的研究，将国家的出现看作是社会分化成为对立阶级的产物，国家被界定为统治阶级的工具，即统治者通过国家机器确保秩序与和平、社会所有阶层的安全、统治阶级对被统治阶级的支配地位。美国人类学家斯图尔德的新进化论，试图对人类的政治组织形态从狩猎—采集的对群、部落、酋邦到国家等不同阶段进行重构，特别强调了灌溉技术在国家的形成中的角色，即灌溉技术使得人口的大规模聚集成为可能，从而导致了更为精细的疆域组织，而这需要新的劳动分工以及更加先进的权力结构。他与历史学家魏特夫（K. Wittfogel）一样，认为水利经济的扩张可能对国家的产生起了决定性的作用。弗里德（Morton Fried）则区分了4种连续发展的阶段即平等社会、阶级社会、分层社会（stratified societies）和国家社会，并认为从分层社会过渡到国家社会的决定性因素是在有限疆域空间之内人口压力所带来的资源不平等。然而，我们对于传统国家的了解越多，便会发现这些解释存在越多的局限性。除了生态、经济、技术和社会因素以外，合法统治秩序的建立也受到超结构（superstructural）、宗教和意识形态因素的决定性影响。另有研究表明，国家的形成背后所暗含的是被统治者自身的事先认可，他们接受被统治和附属地位，以此来换取那些超验形式控制者们的保护。以此观点视之，国家的出现并非是由于不平等或剥削关系，而是多种不同过程的独特产物。单线进化论思想受到挑战之后，统治者和被统治者之间的原始交换思想被引入，即合作者之间的不对等并不意味着互惠不存在。人类学研究便在此出现了两种理论的摆动：一是对国家起源的机械论解释；二是引入了社会契约这一哲学理念，重新捕捉到国家起源的复杂性。

无国家社会 早期的人类学家认为国家的起源肯定会在无国家社会甚至无首领（acephalous）社会的演变中找到，他们的任务便是去北美或非洲寻找这样的无国家社会，来探究人们是如何联合在一起过一种定居的社会生活的。人们发现，国家不在场时，习惯法的实践、亲属制度、仪式系统等也使秩序成为可能，也能为日常生活、制度、区隔和等级提供条件。

无论是国家社会，还是无国家社会，都可能被想象是由一些基本单位构成；社会结构的形成一般也产生于社会的再生产与社会成员的地方性分群。无国家社会中既包括那些拥有自然首领或公认统治者的群体，也包括无首领制群体形式。无首领制群体是指那些无集中的权威、领袖、首领但又出现了政治组织的社会群体。该群体通常生活在有明确空间界限的地区，并具有自身的认同感和排外意识。无首领制的核心是亲缘或世系关系，其政治组织形式是通过那些既相分离又相联系的血缘群体间在宗教和世俗两面的权力平衡而形成的。从短期和微观角度而言，这些血缘群体是处在结构上的对立或分裂之中，但是从长远和宏观角度来看，这种群体是被联系在一个把各部分结合在一起的复杂关系网或联结之中。对于一个特定群体来说，无论其规模大小，其依附状况都是出于所处环境的要求和根据其所处的环境而形成的。政治平衡可以通过仪式上的调停人而达到，但权威却不能归属于个人。这类体制总是处于永恒的变动之中，它之所以被称为“分支的”，是因为这种体制在政治紧张的特定时刻，着重依附于相关世系的一个或几个分支。“分支”一词描述了一种社会组织形式，从社会控制的观点看，在这种社会中血缘群体构成了唯一有关的单位，这样，政治的范围局限于这种群体内部的关系和这种群体之间的关系，最初的权力仅仅是以年龄为基础的家庭权威的延伸。

正如有学者所指出的，人类学家所研究的早期传统国家与一些“无国家社会”具有一定的相似特征，即政治和亲属制度常常是重叠的，并且互惠和重新分配之间的纽带关系依然占主导地位。另有学者甚至提出了一个所谓“分支国家”（segmentary state）概念，试图以此来涵盖其他类型的国家形式，这些国家形式一般以相对具体的本土组织单位（基于疆域或世系）为基础，但是也有一个仪式上要比行政上强大的中心。然而，无论如何，早期古代原始或传统的国家与所谓现代国家是存在差异的，他们内部更加割裂，更依赖再分配和互惠，并将亲属关系和仪式带到政治领域中来。

人类学对早期国家概念和国家起源的丰富民族志研究，非常有助于研究西方现代国家的中央集权和疆域组织方式、贯串其中的制度和机制网络关系、权力仪式和象征等方面。

（牛忠光）

参考书目

[1] 恩格斯. 家庭、私有制和国家的起源. 北京：人民出版社，2003.

[2] 拉波特，等. 社会文化人类学的关键概念. 鲍文妍，张亚辉. 北京：华夏出版社，2009.

[3] 摩尔根. 古代社会. 杨东莼，等. 北京：中央编译出版社，2007.

[4] 魏特夫. 东方专制主义——对于极权力量的比较研究. 徐式谷，等. 北京：中国社会科学出版社，1989.

[5] 庄孔韶. 人类学概论. 北京：中国人民大学出版社，2006.

[6] Cohen, R. and E. Service (eds). 1978, *Origins of the State: The Anthropology of Political Evolution*, *Philadelphia*, PA: ISHI.

[7] Evans-Pritchard, E.E. and M. Fortes (eds). 1940, *African Political Systems*, London: Oxford University Press.

[8] Fried, M. 1967, *The Evolution of Political Society*, New York: Random House.

[9] Sharma, A. and A. Gupta (eds). 2006, *Anthropology of the State: A Reader*, Oxford: Blackwell.

[10] Southall, A. 1968, “*A Critique of the Typology of States and Political Systems*”, *in M. Banton (ed.) Political Systems and the Distribution of Power*, London: Tavistock.

[11] Spencer, J. 2007, *Anthropology, Politics*

and the State: Democracy and Violence in South Asia, Cambridge: Cambridge University Press.

[12] Steward, J.H. 1955, *Theory of Culture Change*, *Urbana*: University of Illinois Press.

国家制度（State System） 国家是通过征服而扩张形成的区域性政治组织。在这一政治组织中，不同层级的办公机构与由某个政治经济体资助的专门化组织相结合，它们具有社会分层的特点，并且形成了复杂社会特有的政治和行政管理制度。国家是最复杂的人类社会类型。人们往往将国家与按传统方式组织的无国家社会区分开来。

各个国家所组织的人口数量参差不齐，从几十万到几千万不等，他们一般由拥有不同历史传统、经济形态、宗教信仰和文化习俗的多个族群构成。要将如此多样的人口整合在一起，就需要建立精细而专业的管理和统治机构。国家机构的基本类型包括行政官僚机构、司法体系，以及军事和宗教组织。这些机构代表着不同的权力来源，如经济的、政治的、军事的和意识形态的权力。国家作为社会演化的一种形态，在许多特征上都存在着巨大的内部差异，如整合规模、整合类型、控制的性质和经济基础。

解释国家社会或文明的起源曾经是人类学研究的一个焦点。各种理论不是强调集权管理，就是强调国家的强制力。管理理论大致勾画出了那些需要集中管理的生存问题，而这种管理只能由国家提供，例如荒漠地区的灌溉系统。桑德斯提出，存在于生态多样化地区的社区专业化必然会导致一个完整的经济和市场系统的出现，而只有国家才能保障市场和区域经济发展所需的稳定环境。卡内罗则认为，战争的胜利需要集中化的组织运作，拥有更高效军事力量的国家能够征服那些相对简单组织起来的社会，从而实现扩张。这些适应主义理论的基础要么是新型组织的发展（如灌溉系统），要么是因人口增长而带来的新问题。

强制性政治理论则强调两个动态过程。首先，国家及其代表的更大的政治统一体是通过军事征服和镇压形成的。其次，根据马克思主义者的理论，国家是统治阶级维持并延续其统治的工具，因此国家对武器装备的掌控至关重要。人类学中的马克思主义学派关注社会结构和意识形态的内部动力学。

（贾云龙）

参考书目

[1] Althusser, Louis. 1971, *Ideology and ideological state apparatuses* (Notes towards an investigation). In L.Althusser (ed.), Lenin and philosophy and other essays (pp. 121–173). London: New Left.

[2] Carneiro, Robert. 1970, *A theory of the origin of the state*. Science 169: 733– 738.

[3] D'Altroy, Terence & Timothy Earle. 1985, *Staple finance, wealth finance, and storage in the Inka political economy*. Current Anthropology26: 187– 206.

[4] Earle, Timothy & Terence D'Altroy. 1989, *Political economy. In C. C. Lamberg-Karlovsky (Ed.), Archaeological thought in America* (pp. 183–204). Cambridge: Cambridge University Press.

[5] Flannery, Kent. 1972, The cultural evolution of civilization. *Annual Review of Ecology andSystematics* 3: 399–426.

[6] Fried, Morton. 1967, *The evolution of political society: an essay in political anthropology*. New York: Random.

[7] Friedman, Jonathan & Michael Rowlands. 1977, *Notes towards an epigenetic model of theevolution of civilisation. In J. Friedman & M. J. Rowlands (Eds.), The evolution of social systems* (pp. 201–276). London: Duckworth.

[8] Geertz, Clifford. 1980, *Negara: the theater. state in nineteenth-century Bali*. Princeton, NJ:Princeton University Press.

[9] Goody, Jack. 1971, *Technology, tradition and the state in Africa*. London: Oxford UniversityPress.

[10] Hassig, Ross. 1985, *Trade, tribute, and transportation: the sixteenth-century political*

economy o f the V alley o f Mexico. Norman: University of Oklahoma Press.

[11] Johnson, Allen & Timothy Earle. 1987, *The evolution of human societies: from foraging group to agrarian state*. Stanford, CA: Stanford University Press.

[12] Mann, Michael. 1986, *The sources of social power: a history of powerfrom the beginning to A. D.* 1760, vol. I. Cambridge: Cambridge University Press.

[13] Mann, Michael. 1993, *The sources ofsocial power: a of power from the beginning to A.D.* 1760, vol. 2. Cambridge: Cambridge University Press.

[14] Marx, Karl &Friedrich Engels. 1888, *The Communist manifesto* （Manifest der Kommunistischen Partei, London, 1848）. Chicago, IL: Kerr.

[15] Sanders, William. 1956, *The central Mexican symbiotic region. In Gordon Willey （Ed.）, Prehistoricsettlement patterns in the New World* （pp. 115–127）. New York: Wenner–Gren.

[16] Service, Elman. 1962, *Primitive social organization: an evolutionary perspective*. New York: Random. [2nd ed. 1971]

[17] Service, Elman. 1975, *Origins of the state and civilization: the process of cultural evolution*. New York: Norton.

[18] Webb, Michael. 1975, *The flag follows trade: an essay on the necessary interaction of military and commercial factors in state formation*. In J. Sableff &C.C. Lamberg–Karlovsky (Eds.), Ancient civilization and trade (pp. 155–209). Albuquerque: University of New Mexico Press.

国民性研究（Research on National Character）是人类学文化与人格学派对当代世界中一国之国民所共同具备的基本人格特征或心理模式所做研究及理论成果的总称。在中国，国民性也曾经被译为“民族性”。

人类学界介入国民性研究兴起于第二次世界大战期间的美国人类学家。其主要代表人物与相关著作有露丝・本尼迪克特（Ruth Benedict）以日本文化为研究对象的《菊花与刀》、玛格丽特・米德（Margaret Mead）以美国文化为研究对象的《枕戈待旦》等。第二次世界大战期间，出于了解敌国民众心理与行为的目的，美国人类学家开始对德、日等国国民性加以研究，由于受战争条件所限制，当时的人类学家对日本、德国等国家的研究缺乏实地田野调查资料，而采取所谓“远距离研究异文化”（study cultures at a distance）方法，即利用各种第二手资料对该文化进行分析。此后，国民性研究范围扩大到对美国自身乃至英、法、中国、印度等世界上其他主要的民族国家，在20世纪50年代的人类学界流行一时。

国民性研究深受心理学、精神分析学等学科的理论与研究方法影响，在研究中注重对个人生命史的发掘与归纳、对个体行为加以民族志性质的深度观察、并通过系统的心理投射测试来获得特定人群人格特质的统计数据。据安东尼・华莱士（An Wallace）等人类学家的总结，国民性研究通常可分为两个具体步骤：第一步即“文化演绎方法”（cultural deductive methods），人类学家运用心理学、精神分析方法对所获得的田野调查信息与间接资料进行分析，发掘出特定社会的大多数成员所具有的人格特质。第二步即“系统化方法”（organizational），运用统计学方法对相关人格特质的出现频率与分布加以统计，并总结出该群体的众数人格特征，描述该群体的众数人格对其文化旨趣、价值观与共享行为方式的影响，影响所表现的内容即为该群体的国民性格。大多数研究国民性的人类学家都认为国民性格的塑造与该群体的育儿方式存在直接的关系。

国民性研究过于强调应用价值、所选用的资料往往良莠不齐而难保质量、很多研究最终的结论往往流于老生常谈，也令该类研究饱受诟病，将用于个体分析的心理学与精神分析学研究方法运用于一个国家的整个社会，更成为其学理上的不足。因此，这一研究范式及这一概念本身在20世纪50年代以后被人类学界放弃。不过，其部分研究主题与旨趣仍然以不同的表述形式活跃于人类学研究中，对后起之社会心理学，尤其对以当代社会通俗文化、流行文化为对象的文化研究领域产生潜移默化的影响，其研究成果对社会公众的影响则更为深远。

（海力波）

国有化（Nationalization）　将私人占有的资源收归国家（或自治条件下的地方政府）所有。通常国有化的理由往往是因为某些产业（比如公共电力、石油、天然气和供水等）或某些土地具有重要的战略作用，或者需要限制私人利益以促进公共利益。国有化的对立面通常是私有化。

国有化早在自由竞争资本主义时期就已产生，在英国有着特别悠久的历史。第二次世界大战以后，通过国有化扩大资本主义国家所有制经济成为发展国家垄断资本主义的主要形式。实行国有化的主要方法是资本主义国家高价收买私人企业的产权，或由国家向私人企业投资。国家垄断资本义的国有化是垄断资本企图直接依靠国家机器来调节国民经济的手段，也是用国家资本来保证私人资本取得高额垄断利润的基本措施，没有改变资本主义私有制的性质。无产阶级在取得革命胜利，建立无产阶级专政以后，在确立社会主义生产方式的过程中，也存在着将私人企业的生产资料收归国家所有的问题。例如中国在新民主主义社会向社会主义社会的过渡时期中，就是通过没收官僚资本、改造民族资本实行国有化的。社会主义国有化是无产阶级掌握国民经济命脉，巩固政权，进行社会主义建设的重要基础。

根据性质的不同，国有化可以区分为资本主义的国有化和社会主义的国有化；根据发生的时间，可以分为政权更迭时的国有化与和平时期的国有化；根据是否给予补偿可分为不予补偿的国有化、全部补偿的国有化和部分补偿的国有化。国有化一般通过国家颁布法令来实现，这种法令的效力不但适用于本国公民在国内和国外的财产，也适用于外国法人和自然人在该国境内的财产，具有“域外效力”。虽然作为主权国家的国有化权利在国际社会已经得到普遍承认，但关于国有化的条件及其补偿标准，一直是争论不休的问题，发达国家和发展中国家之间分歧很大，并且引发过较大纠纷。如20世纪60年代初，古巴对美国人的财产实行国有化，美国因对其补偿标准不满意而抵制古巴糖的进口，于是古巴以对更多的美国国民的财产实行国有化予以报复，两国关系出现紧张局势。

一般的预期认为，国有企业的生产力要低于私营企业，而单位成本则高于私营企业。要想检验此类理论是很困难的，因为当国有企业拥有产品垄断权时，就不可能同时存在作为比较基础的私营企业。同时，在没有垄断的情况下，人们又必须把竞争效应与所有制效应区分开来。美国通过对众多国有企业和私营企业的比较研究得出了一个有效结论：有关生产力和单位成本的证据显示出一种非常多样化的模式，国有企业在电力供应方面的生产力和单位成本要优于私营企业，而私营企业则在废物回收和供水方面比国有企业做得好；在运输业方面，两者并没有明显差异。国有企业的产品定价似乎明显地与供给成本不相适应，这究竟是受什么因素影响尚不清楚。对于公有制企业中“为何采取某种行动而不是另一些行动”这一问题也几乎还没有什么研究。

（康敏）

国际人类学民族学联合会中期会议（Inter-Congress）　国际人类学民族学联合会（IUAES）1948年召开大会，1968年成立组织,是在联合国教科文组织注册的人类学和民族学界最具影响的世界性组织，宗旨是通过集合不同领域的知识，以便更好地理解人类社会和促进自然与人类之间相互协调的可持续发展。在两届世界大会之间举办的会议称为“中期会议”。

中期会议旨在为参与者提供一个讨论机会，形成一个在科学研究和学术研究的方法上的全面了解，探讨已经或将被用来理解和从事的社会过程，并考虑新技术、全球经济发展，世界人口结构和管理现代社会的复杂性增加的变化所带来的各种风险。特别是它将考虑知识私有化在何种程度上已成为一个严重的全球性的社会和政治威胁，不仅因为它常常会妨碍公众了解或理解在科学研究和学术的重要新见解，也因为它使更多的知识和在世界各地的分布程度更不均匀的结果。如果知识是私有的，南半球将越来越多地被剥夺获得新的知识和用它来改善生活的权利。民族学和人类学科学包含丰富的不同研究领域和视角，尤其是在世界不同地区的发展。中期会议将为参与者提供一个独特的机会用以了解这些，解决各种紧迫的全球性问题和主题不同的观点。

（蒋萍）

国际人类学与民族学世界大会（International Congress of Anthropological and Ethnological Sciences，ICAES） 国际人类学与民族学联合会是在联合国教科文组织注册成立的，在人类学和民族学界最具影响力的世界性组织。首届国际人类学与民族学世界大会于1934年在伦敦召开。1948年8月，国际人类学与民族学联合会成立。1968年，这两个机构合二为一，统称为国际人类学与民族学联合会。国际人类学与民族学联合会的目标是加强世界上社会人类学、民族学、考古学、语言学、生物人类学等各学科之间的交流。其宗旨是通过集合不同领域的认识，以便更好地理解人类社会和促进自然与人类之间相互协调的可持续发展。联合会执行委员会设有主席、副主席、秘书长、财务官和执行委员，日常事务由秘书长和财务官负责。截至目前，联合会设有27个下属专业委员会。国际人类学民族学联合会每5年举办一次的世界大会。每个国家可以组成一个不超过6个人的代表团，参加IUAES的常务理事会，每个国家都有一张投票权，投票决定下届世界大会的举办地点。

以“人类、发展与文化多样性”为主题的国际人类学与民族学联合会第16届世界大会于2009年7月27—31日在昆明召开。有主旨发言、专题会议、国际人类学与民族学联合会工作会议、名家讲座、影视展映、学术沙龙、学术考察、专项展览以及文艺活动等多项议程；设置上百个学术专题，涉及文化、种族、宗教、语言、都市、移民、生态、女性、儿童、环境、艾滋病、吸毒等内容。有来自100多个国家和地区的4000多名专家、学者参会，规格高，规模大，具有世界性影响。

国际人类学与民族学联合会第16届世界大会，是经国务院批准后，国家民委以中国都市人类学学会名义于2003年7月申办成功的。这是中国人类学民族学学者第一次站在台上，与世界进行面对面的对话和交流。本届大会组织中国和来自世界各国的专家学者在什么是发展、如何发展等诸多具有全球性意义的问题方面提出人类学的见解，发挥民族学、人类学在探索人类社会可持续发展、多样共容、和谐共存进程应有的学术功能，促进中国人类学民族学研究的发展。指出学科的道德义务之一是通过知识的积累与共识的寻求，确保文化的多样性、生态的可持续性及少数民族和底边社区权益，并明确为文化多样性的保护、共同繁荣、实现暨和谐的世界秩序的构建而奋斗。

（蒋萍）

H

哈 海 号 合 和 荷 赫 黑 后 胡
化 话 环 换 黄 回 婚 混 火

哈代—温伯格定律（Hardy-Weinberg principle） 达尔文理论认为在进化过程中，自然选择的发生需要可遗传突变的产生。在达尔文时代，遗传被认为是简单的基因融合，即子代的基因仅仅是父代基因的平均混合。如果这是事实的话，那么每一代的基因都会比上一代的基因更加平均，因此突变在人群中的比例会慢慢减少。为了能够解释自然选择的发生，达尔文只能假设群体中的突变发生的频率很高。

1900年，孟德尔的遗传定律被重新发现。孟德尔认为生物体的每一个性状都是由分别来自父母的两个遗传因子（基因）控制的。大多数性状都由一个显性基因和一个隐性基因控制，这两个基因叫作等位基因。等位基因在两条染色体上的表达不同，生物体性状便不同。只要有一个等位基因为显性基因，生物体则表现为显性性状。如果两个等位基因均为隐性基因，生物体则表现为隐性性状。

孟德尔定律中关于进化相关的内容并不是很明显，生物学家起初简单地认为显性基因会慢慢取代隐性基因，从而减慢进化的速率。1908年，戈弗雷·哈罗德·哈代（Godfrey Harold Hardy）和威廉·温伯格（Wilhelm Weinberg）分别独立发现：在大多数情况下，群体如果遵循孟德尔法则，则群体中的基因和基因型的频率会保持恒定并处于稳定的平衡状态。这便是哈代—温伯格定律。

哈代—温伯格定律需要满足以下5个条件：①群体要足够大。否则，一些随机性的影响会导致遗传漂变；②突变是经常发生的。突变是产生新的等位基因的基础；③群体没有迁入或者迁出的情况。迁入或者迁出会影响等位基因频率；④群体中的婚配是随机发生的；⑤等位基因不是致死基因。如果上述条件一个不满足，进化就会发生。

哈代—温伯格定律不仅仅解释了基因和基因型的频率为什么会保持不变，同时也是进化为什么会发生的一个合理解释。实质上，一个基因通常并不只控制一个表现型。同时，一个表现型通常由多个等位基因控制。这种复杂关系有助于防止突变丢失。

（李辉、余歌）

哈佛大学人类学系（Harvard University Department of Anthropology） 由考古学系和社会人类学系共同组成。哈佛大学人类学系位于大学博物馆院落中，与皮博迪考古博物馆和哈佛自然历史博物馆近在咫尺。哈佛大学人类学系包括考古多用户实验室、皮博迪博物馆、托泽图书馆、文学人类学资料库、哈佛博物馆科学文化、闪米特人博物馆和感觉志实验室等。下设非洲和非裔美国人研究、亚洲中心、中东研究中心、洛克菲勒研究中心、哈佛神学院、全球健康/社会医学研究、人文中心、电影研究中心、近东语言与文明、社会研究、考古学常务委员会、 妇女、性别研究、性研究、视觉与环境研究和韦瑟中心。1920年，李济开始在哈佛大学人类学系攻读博士学位，其博士论文《中国民族的形成》于1923年5月10日以“极佳”的评语获得正式通过。1961年，张光直获哈佛大学哲学博士，1961—1973年，历任美国耶鲁大学人类学系讲师、助教、副教授、教授、系主任等职务，1977年起在哈佛大学人类学系任教。

（蒋萍）

海上考古学（Maritime Archaeology） 考古学科的一个分支，致力于研究水下的历史遗迹，包括海洋沉船遗址、沿海港口、水下考古遗迹以及任何被淹没的土地结构。“海上考古学”

的研究领域通常指水下历史遗迹，因此被打捞上岸的沉船仍然在海上考古学范畴内。

海上考古遗址和陆地考古遗址不同，主要表现在以下几个方面：陆地考古遗址往往包括人类长期占领居住的地方，记录着人类居住期间的自然和文化现象。这就需要考古学家仔细恢复“每个地层”留下的遗迹，并且确定它们之间的关系；相对的，沉船遗址等海上考古遗址，基本上代表了一个短暂时期的文化，船上的遗物通常是当时登船时携带的日用品，比如餐具、生活用品等，并非一定是财宝。

海上考古学家研究水下或沿海遗址时，对人类如何适应水下环境、世界各地的航海、造船、导航技术如何发展等相关问题特别感兴趣。例如，最早的船建造于何时何地，使用的何种技术？海岸线如何成为历史地理分界线，如何推动人类扩张、人口增长以及社会复杂化的？世界各地如何发展适应海洋环境，引起了哪些船舶的制造？

海上考古学是一门相对新兴的学科领域。20世纪中期，历史学家和考古学家意识到亟须关注对海洋、湖泊、河流、河口以及其他水生生态系统的研究，从陆地环境中形成和使用的研究模式走出来。早期的海上考古学一般只涉及对沉船的定位和记录，而今，我们会认为这些调查和保护沉船遗址的方法太原始。因此，一些专业的考古学家最初认为这些探险无别于寻宝行动，对我们理解历史或考古几乎没有帮助。海上考古学领域已经超越了这一传统阶段，现在已经引进了大量先进技术，如全球定位系统（GPS）、地理信息系统（GIS）、“侧扫声呐”技术、定位和记录沉船及其他水下特征的回声测深仪。测量、挖掘的方法和工具与陆地遗址所使用的相类似，但水下探测还需要增添相机防水外壳等特殊设备，而且潜水员需要熟练掌握考古技术。

虽然海上考古学家可以利用大量新技术来研究沉船遗址，但并非所有人都赞同对沉船遗址的发掘，除非他们能妥善保存和保护遗物。一些人认为，要尽快恢复和记录相关的重要信息，否则肯定会丢失或被掠走。真正的寻宝者反驳道，没有主动性和专业知识，很多遗址将无法被发现，认为考古学家正在抢他们的饭碗。

考古学家对水生环境非常感兴趣，因其资源丰富，有软体动物、海豹等鳍足类、鲸类、海洋哺乳动物、鱼类、甲壳类动物、两栖动物等。因此，这些动物的栖息地长期以来深深吸引着人类去探索。

海岸线也很容易受到全球和区域气候变化、海平面变化以及自然灾害的影响，海上考古学家从人类如何应对这些变化中推断出人类的进化，推断这些环境的改变如何改变人类行为（比如我们是否继续住在之前遭受摧毁的地方），以及人类如何开发新技术以适应这些变化。

海上考古学已从一个相对模糊的领域提升为一个高度专业化和技术先进化的研究领域，我们对人类与水的关系理解大大深入。考古学家不再只是挖掘遗址，然后纯粹地研究，他们更关注对这些遗址的保护。他们已经掌握了对考古记录破坏性更小的研究技术。近年来，许多国家已经通过了法律，使遗址合法化，并采取保护措施，以免遭抢劫和破坏。随着海上考古学的兴起，许多机构开设相关的学科，制定相关课程。收藏沉船遗址或海上相关历史遗物的博物馆数量大大增加，大大提高了人类对于海洋环境的热爱。

（刘青）

参考书目

［1］Gould, R. A. 2000, *Archaeology and the Social History of Ships*. Cambridge: Cambridge University Press.

［2］Green, J. 2004, *Maritime Archaeology: A Technical Handbook, 2nd ed*. Amsterdam: Elsevier.

［3］McGrail, S. 2003, *The Sea and Archaeology. Historical Research*, 76(191), 1–17.

《号角即将吹响——美拉尼西亚的船货崇拜研究》（*The Trumpet Shall Sound: a study of cargo cults in Melanesia*） 英国著名社会学家和人类学家彼得·沃斯利（Peter Maurice

Worsley，1924—2013）的成名作。彼得·沃斯利以将“第三世界”这一概念介绍到英语世界而闻名，他不仅做出了理论贡献和民族志贡献，还被公认为新左翼运动的重要奠基人。

该书首次出版于1957年，之后多次再版。以历史档案研究而非田野调查为基础，全面系统地梳理了美拉尼西亚地区的崇拜活动：涉及的地区范围广阔，从荷属新几内亚一直到斐济；时间跨度是从1857年到成书之时；书中分析的崇拜类型既包括了比较经典的Vailala Madness崇拜，也有更富政治取向的帕里奥（Paliau）运动和汤米·卡布（Tommy Kabu）运动。沃斯利在书中仔细分析了各种崇拜活动的社会文化背景及其合理性，并且将它们归入世界性的千禧年运动。沃斯利将千禧年运动之类的宗教复兴区分为“积极型”和“消极型”。他认为消极型千禧年运动从本质上讲是一种“空中楼阁”，只不过是接近天空的程度不同而已；而积极型千禧年运动则是理性的、世俗的政治运动，是受压迫阶级反抗现有社会秩序的方式之一，在这种情况下，宗教更像是地方政治领袖为了解决社会结构问题而加以操纵的工具（Wallace，1958）。

尽管该书出版后得到很多好评，但学者们普遍认为这种缺乏实地调查和一手材料的研究是远远不够的（Macgibbon and Kee, 1958; Kenneth E. Read, 1958）；沃斯利本人的马克思主义倾向也使他的分析不够客观全面（Cyril S. Belshaw, 1958；Richard F. Salisbury, 1958）。中国学者认为，该书的价值主要在于促使我们去思考19—20世纪的殖民主义扩张过程中在世界范围内广泛兴起的本土文化运动，而不是理论或理论反思本身（参见船货崇拜，千禧年运动）

（康敏、黄雪萌）

参考书目

[1] Belshaw, Cyril S. 1958, *Review*. Man. Vol.58, pp272–275.

[2] Read, Kenneth E. 1958, Review. *American Sociological Review*, Vol.23, No.3, pp.345–346.

[3] Salisbury, Richard F.1958, Review. *Social and Economic Studies*, Vol.7, No.4, pp245–247.

[4] Wallace, Anthony F. C. 1958, *The Trumpet Shall Sound: A study of "Cargo" Cults in Melanesia*. Review. American Anthropologist. Vol.60(4): 775–776.

[5] Worsley, Peter. 1957, *The Trumpet Shall Sound: A study of "cargo cults in Melanesia, London: MacGibbon & Kee*. Subsequent editions by MacGibbon & Kee, 1968; and Schocken Books, 1968, 1986, & 1987.

[6] 王铭铭. 西方人类学名著提要. 江西：江西人民出版社，2006.

合亩制（He Mu System） 在中国海南省保亭、琼中、乐东交界的五指山中心黎族地区曾经存在的以血缘关系为基础的若干农户所组成的共耕组织形式。“合亩”是汉语意译，黎语原称“van mau”，意为“有血缘关系的集体”，引申为“大家一起做工”或“大家的田”。一个合亩由若干户有血缘关系的父系小家庭组成，也有接受非血缘的外来户参加的。合亩的规模最小的为二三户，一般为五六户，最大的30多户。

合亩的主要生产资料占有有合亩公有、亩内几户伙有和一户所有等多种形式。在纯血缘的合亩中，水田多为合亩公有，在杂有外来户的合亩中，水田则以几户伙有为主，实行合亩共耕。山林、河流、坡地归全“峒”（黎语，若干自然村为一小峒，几个小峒为一大峒）公有。每个成员享有平等的使用权，各户开垦、渔猎所得归己。耕牛多数是一户所有，也有几户共有的，合亩可无偿使用耕牛。其他农业、手工业、捕鱼、狩猎等一切生产工具完全属于各户所有。合亩成员从事合亩的集体生产时都使用自己的工具。捕鱼和副业生产以户为单位进行。狩猎则以村为单位，猎物按户分配。

每个合亩有一个亩头，由父系长辈担任，父死子继，兄终弟及。亩头主持合亩的生产和分配，处理亩内外的一切公共事务。亩内各户称亩众。亩内农事活动均需亩头夫妇举行原始宗教性质的仪式，亩头的妻子在管理妇女的生产活动方面是亩头的助手。合亩共耕收获物一部分需留作公共开支，如种子、周济粮，酿酒粮等，每亩提取3~5斤“稻公稻母亩粮”给亩头，其余按户分配，兼顾人口多少。合亩内建屋、办婚丧大事，都来帮忙不取报酬，一家缺粮各户相助。

合亩的外来户有龙仔、工仔两种。龙仔多因贫穷破产或受迫害而投靠他人，关系确立后世代承袭。除从事合亩劳动外，龙仔农闲时替龙公做家务、发生械斗时替龙公冲杀。龙仔家杀猪、宰牛都要给龙公送一只腿。龙公有义务为龙仔完婚，龙仔成家后可占有少量生产资料，享有从事渔猎、手工业等副业劳动所得收入。工仔多系从小卖身抵债的，移居在龙公合亩内，人身更不自由，终年为亩头从事繁重劳动，不能参加合亩的分配。工仔结婚立户后才能有一些自己的生产资料，从事部分家庭副业，但结婚年龄较晚，都在40岁左右。

20世纪50—60年代，中央访问团、中南民族事务委员会、广东省少数民族社会历史调查组等先后对“合亩制”进行过实地调查，对其基本特征、社会性质及其社会主义改造等问题进行过探讨。对合亩制地区的社会性质有不同看法：处于原始社会末期父系家庭公社阶段；处于原始社会父系家庭公社瓦解而直接向封建制转化的过程中；封建经济居主导地位，但带有原始公社制残余；半奴隶制半封建社会。改革开放以后，对海南社会文化素有研究的学者及当地学术机构又对相关问题进行了进一步的讨论，延展到婚姻习俗、土地典卖、民间习惯法、居住形式、社会改革、文化变迁和旅游发展等方面。人们对于“合亩制”在凝结黎族族群认同及维系黎族社会秩序具有的意义和价值、“合亩制”在不同历史阶段呈现出的样态与运作逻辑、当地民众生存伦理等问题也进行了新的探索。

（王建民）

参考书目

［1］张迅. 关于黎族“合亩制”的基本特征及其性质问题.《学术研究》增刊1期，1958.

［2］广东调查组海南小组. 从“合亩制”到人民公社.《民族研究》，1959（1）.

［3］杨丽. 黎族“合亩制”研究综述.《湖北民族学院学报》（哲学社会科学版），2012（2）.

合作社（cooperatives） 合作社是劳动者自愿联合起来，为进行合作生产、经营或消费而建立的一种非营利经济组织形式。它以合作原则为基础，以优化社员（单位或个人）的经济利益为目的。国际合作社联盟对合作社的定义是“人们为了满足自身在经济、社会和文化等方面的共同需求而自愿组成的通过财产共有和民主管理的企业而实现自治的协会”。根据不同的标准，合作社又可以分为不同的类别。如以业务为标准，可分为专营合作社（农业、工业、信用、保险、消费）和兼营合作社（区域合作社、社区合作社、合作农场等）；以责任为标准可分为，有限责任合作社、保证责任合作社、无限责任合作社；而以组成分子则又可分为，主要由自然人组成的单位社和主要由单位组成的联合社。

早在19世纪初，英国和法国的空想社会主义者欧文和傅立叶等已对合作社思想进行了宣传和实验，幻想通过合作社形式来改造资本主义。1844年，英国工人首先创立了一个消费合作社，即罗奇代尔公平先锋社，并制定了至今仍是国际合作社运动基础的7项“合作社原则”。这些原则是：社员资格对一切人开放、一人一票、有限的资本收益、按社员交易额的比例分配盈利、现金购销、重视教育以及在宗教和政治上保持中立。此后，法国、德国、比利时、奥地利、意大利、丹麦、芬兰、挪威、瑞典等国的消费合作社相继成立。目前，合作社的世界性组织为国际合作社联盟，于1895年成立于英国伦敦，现总部设在瑞士日内瓦，其目标是团结、服务和代表世界各地的合作社以及合作社运动。它不仅是全球最大的独立的非政府性国际组织，也是1946

年首批获得联合国经济与社会理事会咨商地位的41个非政府组织之一。截至目前，国际合作社联盟已拥有来自96个国家的258个会员组织，涵盖了农业、金融、卫生、工业、旅游等各个领域，代表着全球10亿多合作社社员。1984年10月在德国汉堡举行的国际合作联盟第28届代表大会通过的《国际合作联盟章程（修正案）》规定："只要以促进其成员的经济与社会进步为目标，以互助合作为基础所经营的企业，并遵循罗奇代尔所确定的、被国际合作联盟第23届代表大会所修订的合作社原则的，均可被认为是合作社组织。"这个章程将合作社所应具备的基本特征，归纳为以下几条：参加合作社是自愿的；实行民主选举、管理的民主性组织；合作社的盈余归全体成员所有；扣除发展基金后，按社员的业务交往量比例大小分配；加强合作教育；积极发展地区间、国家间的联系与合作。中国最早的合作社是1918年成立的北京大学消费合作社，国内革命战争时期的革命根据地和解放区也广泛组织过各种具有社会主义萌芽性质的合作社。中华人民共和国成立后，合作社成为国家对农业、手工业和个体商贩进行社会主义改造的集体所有制组织形式。主要的有：生产合作社（如农业、手工业、渔业、畜牧业、林业等合作社）、供销合作社、消费合作社、信用合作社和运输合作社等。在社会主义制度下，劳动者成为生产资料的主人，合作社就成为社会主义性质的集体企业。1956年后，随着社会主义改造的完成和合作社组织的发展壮大，它也逐渐朝向更高层次的社会主义经济组织过渡。农村的合作社逐步过渡到人民公社，城镇的个体手工业者合作社则逐步向合作工厂和国有工厂过渡。而到1978年后，随着农村改革的进行，合作社现已成为农民发展商品经济的基本组织形式。

（陈玉柱）

合作式亲属群体（corporate kin groups）　是基于亲属关系的社会群体，控制着群体的公共财产和其他权利，充当公认的合法组织，对其成员具有法律权威。

（陈蕊）

和平和非暴力（Peace and nonviolence）　通常指没有战争或没有其他敌视暴力行为的状态，和平具有个人、社会、国家、国际与世界5个层面的含义，在学术研究领域，社会学家与人类学家通常关注社会层面的平和稳定状态，心理学家强调个人情绪的稳定与平和，政治学家偏重于国家、国际与世界层面的战争或和平运动的学术探讨。关于和平的研究愈来愈呈现出跨学科性，来自不同学科背景的学者从不同的面向探讨和平、非暴力、暴力、战争等相关问题。

性恶论者认为和平的实现要依赖外在力量的保障与约制，如坚信"人人为战"是人类社会自然状态的哲学家托马斯·霍布斯在《利维坦》中所认为的，每个人的天性都是"自我保存"，生活的准则是谁能猎取什么就猎取什么，谁能保多久就得多久，在人本性的驱动下，在没有一个共同权力使大家慑服的时候，人们便处在所谓的战争状态之下，为避免这一结果的出现，霍布斯认为建立专制政体十分必要，只有有强有力的统治阶级管控中下层人民，有军事武器做保证的强制力量来束缚人们，才能实现没有战争、没有暴力的和平状态，如他所说："在单纯的自然状态下，因恐怖而订立的契约是具有约束力的"。坚持这一立场的社会人类学家主要关注地区间、国家间或者国际范围内的战争事件，认为只要社会契约具有普遍性与号召力，只要管控技术不断升级，实现社会和平与非暴力的任务就能完成，

性善论者则持有不同的观点，人的本性是向善的，社会的状态是自发的、不断自我调节的过程，人类社会的存在也不需要外在力量的干预。和平或暴力不是铁板一块，它们就像跷跷板的两端，处于一种相互依赖、不断平衡的动态过程中，和平与暴力都是一个相对的状态，没有绝对的和平也没有纯粹的暴力。为维持和平与非暴力状态的稳定，要为社会成员提供更好的社会服务、福利政策与生活机会，

鼓励他们以多种多样的方式实现自己的人生价值。坚持这一观点的人类学家认为要想实现和平，不能只关注冲突或矛盾的发生、升级与解决路径，更要对社会成员对和平或非暴力的理解有所把握，田野调查法、访谈法、记录法、深描等方法要运用到对和平概念的相关研究中，在降低暴力与战争的发生概率的同时提高和平与非暴力因子的辐射范围，暴力与战争是无法根除的社会现象，凡是有人存在的地方就有矛盾与冲突，我们所能做的就是超越经济、社会不平等现象、超越性别、民族或种姓的差异、努力提高社会成员的幸福感与满意度，以推进和平与非暴力的广泛实现。

（孙笑非）

参考书目

［1］Barnaby. 1988, *The Gaia Peace Atlas*, New York: Doubleday.

［2］Hobbes, Thomas. 1651,*Leviathan*, London: Andrew Crooke.

荷兰人类学（Dutch anthropology） 荷兰人类学的形成与荷兰的殖民历史息息相关，尤其是荷兰对印度尼西亚长达350年的殖民史造就了荷兰以实用主义为基础的人类学学科特征。早在1877年，莱顿大学设置了从属于“印度学”的名为“东印度群岛的地理学、民族学”的第一个民族学课程。1914年之后，乌特勒支成立了荷兰最早的民族学研究所。德·约瑟林·德·荣（Jan Petrus Benjamin de Josselin de Jong，1866—1964）早期受文化地理学和社会进化论的影响，以后受到涂尔干、莫斯、博厄斯和罗维等人的影响，1922年在莱顿大学开始主持普通民族学课程，为荷兰结构主义人类学的发展奠定了重要基础。1935—1956年，他接着主持普通民族学与印度尼西亚民族志课程。随着第二次世界大战后国际环境的变化以及荷属殖民地的纷纷独立，1953年荷兰的民族学正式改称文化人类学。

荷兰人类学的制度化经历了一个缓慢而又复杂的发展过程。主要通过两种基本类型发展起来，其一是普通人类学，其研究主要以不同区域的比较为主；其二是区域人类学，其研究围绕荷兰的前殖民地和附属领地展开，主要指印度尼西亚研究，此外也包括对非洲、苏里南以及荷属安提尔群岛等地的研究等。荷兰人类学研究的这种双重性在不同的历史阶段有着不同的表现：在19世纪初，体现为民族学（一般人类学）与民族志（区域人类学）之间的双重性；在19世纪末20世纪初，体现为民族学与印度学之间的双重性；在两次世界大战之后，则体现为文化人类学与非西方社会学之间的双重性，这种内在分化一直延续至今。

第二次世界大战之后，随着印度尼西亚的独立，荷兰人类学在当地的调查被迫中止，其研究兴趣逐渐向非洲等地转移。随着荷兰人类学家在非洲开展大规模的调查，非洲研究开始占据荷兰人类学研究的主流。从20世纪60年代开始，随着世界范围内反殖运动的进一步深化，非洲各国纷纷独立，荷兰人类学在研究方向上开始出现多样化，除了其原本一直关注的印度尼西亚和非洲研究等，研究范围进一步拓展到南亚地区、拉丁美洲以及欧洲大陆、地中海等地。70年代至今，随着社会运动的风起云涌以及国际学界对东方学的反思，荷兰人类学界开始对殖民地人类学进行反思，进而逐渐形成了自身的学术批判传统。

荷兰人类学在其发展过程中形成了两大主要传统，其一是阿姆斯特丹的比较主义与经验主义传统，其比较主义色彩浓于区域性研究，早期代表人物为斯塔因梅茨（S. R. Steinmetz，1862—1940）、法根福特（J. J. Fahrenfort）和科本（A. J. F. Kobben）；其二是莱顿大学的结构主义传统，这也是目前荷兰人类学中影响力最大的学派——莱顿学派，其最大特征在于重视田野和结构研究，代表人物为被誉为现代荷兰人类学和莱顿大学结构人类学之父的德·约瑟林·德·荣等。

（袁剑）

参考书目

［1］Vermeulen H, Kommers J. 2002,

Tale from Academic: History of Anthropology in the Netherlands. Part 1. Saarbrucke: Verlag fuer Entwicklungspolitik Saarbruchen GmbH.

[2] De Josselin de Jong, PE. 1977, *Structural Anthropology in the Netherlands*: A Reader.The Hague: Martinus Nijhoff.

赫克尔（Ernst Haeckel，1834—1919） 德国动物学家和哲学家。1852—1858年，在维尔茨堡和柏林等地学医。1857年，获柏林大学医学博士学位。1858年，通过国家医学考试，到耶拿动物研究所工作。1859—1860年，到意大利做考察旅行，着重研究原生动物——放射虫；1860年，在德国宣传和捍卫达尔文进化论，并建立一元论哲学，认为精神和物质是统一的。1861年，到耶拿大学任教。1862年，因为对放射虫的出色研究，任耶拿大学动物学与比较解剖学教授，直到1909年退休。

赫克尔是最早将心理学看作是生理学的一个分支的人之一，他致力于推广普及形态学研究和进化论，是优生学的先驱。赫克尔将达尔文的进化论引入德国，推动了继达尔文之后生物学研究的开展。此外，他还是最早绘制动物系谱图的学者之一。

赫克尔提出了个体发育与进化过程中的因果关系的理论，认为个体的发展只不过是人类种族进化的复演过程，这就是所谓的复演说。从现代的生物学来看，赫克尔推出的复演说是错误的，这个理论并非自然规律。虽然如此，这个观察依然有一定的意义。它虽然不是一个自然规律，但是一个经常发生的现象。由于赫克尔让自己的哲学观点影响他的学术观点，因此他的一些生物的图画部分故意画错。从哲学上来说，他更加偏向拉马克“用进废退”的理论，他通过故意错误地描写自然现象或者至少不精确严格地从各个方面来观察这些现象来使得他的描写更加符合一元论哲学理论。

赫克尔所著的《宇宙之谜》（*The Riddle of the Universe*，1899）不仅全面地反映了他的哲学思想，而且在一定程度上反映了作为一个自然科学家在19世纪末20世纪初对当时自然科学成就的理解与概括。赫克尔公开地表明了作为一个自然科学家倾向于唯物主义的信念，在当时也得到了许多自然科学家的依附。恩格斯认可并多次提到赫克尔和他的《宇宙之谜》；列宁对他和《宇宙之谜》评价更高，认为他在全世界掀起了波澜。目前，赫克尔已被译成中文的著作有《宇宙之谜》《生命的奇迹》《自然创造史》等。

（冯珊）

黑格尔（Georg Wilhelm Friedrich Hegel，1770—1831） 德国哲学家、德国唯心主义哲学及19世纪整个哲学界的核心人物。黑格尔的思想对后世哲学流派（存在主义和马克思的历史唯物主义）产生了深远影响。

黑格尔出生于德国符腾堡州斯图加特一个官吏家庭。1788年，黑格尔进入杜宾根大学的新教神学院学习，主修神学和哲学。次年成为耶拿大学编外讲师，4年之后成为副教授。1808—1816年，任纽伦堡中学校长。在此期间，完成了《逻辑学》（*Wissenschaft der Logik*，1812—1816）。1816—1817年，任海德堡大学哲学教授。1817—1830年，陆续出版《哲学科学全书纲要》（*Enzyklopaedie der philosophischen Wissenschaften*），完成了他的哲学体系。1818年后任柏林大学哲学教授，并于1829年当选柏林大学校长。

黑格尔唯心主义的独特性在于他强调历史性。黑格尔认为，精神是通过自身外化或异化为“外在世界”而达于自我认识的。理性和现实都可以被纳入他所谓绝对精神（the absolute sprite）。绝对精神自身则在历史中通过辩证地消除矛盾趋向而在理性和自由的更高水平上产生一个合题。历史上的所有事件，都处在这种运动中。伟大的历史人物，可能自认为其行动是自主的，而实际上则不过是不自觉的“理性狡计”的工具。绝对精神最终将在一个永恒的状态中达到其最高阶段，而自由和正义则在此阶段中能独自得到保证。绝对精神既在道义上优于个人，也是一种真正使人类达于至善境地的力量。黑格尔后来越来越相信，君主立宪制尤其是普鲁士的君主立宪制，就是他所说的那种状态，其官僚阶层因此能够成为一个能按作为整体的人类的利益行动的“万能的阶级”。

由此可见，黑格尔的体系容纳了包括历史哲学和政治哲学在内的整个哲学领域。逻辑、自然和精神则是黑格尔哲学中最为基础的3个领域。他的理论虽在19世纪被广泛接受，但在20世纪却丧失了其大部分魅力。黑格尔的思想影响了后来的许多著作家，特别是影响了马克思。其主要著作有《法哲学原理》（*Philosophy of Right*，1821）、《精神现象学》（*Phenomenology of Mind*，1806）、《历史哲学》（*Philosophy of History*）、《逻辑学》（*Wissenschaft der Logik*，1812—1816）。

（冯珊）

后结构主义（Post-Structuralism） 20世纪60—70年代，一些法国结构主义者兴起了一种改造结构主义的思潮，反对结构主义对于形而上学的依附，看待事物时过于客观性和理性化的倾向，试图恢复人类非理性和感性的一面，拒绝从先验哲学出发而是从多元化的感知出发去理解世界和解释世界。这一思想被称为“解构主义”或者“后结构主义”，学者们一般认为，后结构主义是后现代主义这个广阔背景之下最早产生的思想运动之一。

后结构主义的代表人物主要有福柯（Michel Foucault）、拉康（Jacques Lacan）、利奥塔（Jean-Francois Lyotard）、德里达（Jacques Derrida）等人，他们均具有反西方近现代哲学体系的倾向，反对各种约定俗成的形式，在建筑学、文化批判、法律学、教育学、心理分析学、社会学、人类学、政治学诸学科和研究领域反对以固定的和既有的理念，提出了自成体系的论述，逐渐发展和形成了多重哲学和艺术主义融合而成的派别——后结构主义。

作为后现代主义的前身，后结构主义的主要任务还是抛弃结构主义的二元简化论，挑战结构主义在学科研究范式中的理性主义与全知地位。因此，后结构主义者认为文本之外不存在一个价值中立的地位，进而也无法客观地解释意义世界。他们追求的是意义符号的无限扮演，并且在方法论上认为一种阅读方式不会比另外一种更加高明、更加有效。可以说，后结构主义在对相对论的理解和应用上都将其推向了另一个高度。

作为后结构主义的代表人物，福柯反对将理性、解放、进步等同起来，西方的现代性是一种统治和社会控制的形式。他对西方近现代历史做了强有力的批判，从对病理学、医学、监狱和性学研究领域揭示出主体和知识是在特定的社会历史条件下被现代性所构建出的产物，其中具有权力和社会控制的结构。福柯的主要代表作有《疯癫与文明：古典时代的疯狂史》《临床医学的诞生》《词与物》《知识考古学》《规训与惩罚》以及《性经验史》（三卷本）。这些作品的共性在于反思启蒙时代理性主义的神话，福柯用历史和知识的差异性和离散性来对抗理性主义的压抑。在20世纪60年代的作品中，福柯对知识的探索定义为“知识考古学”，其方法有异于哲学解释学和解释人类学。他认为，在构成我们话语理性的各种规则只是知觉、知识和真理的先验条件，它们随着历史的变迁而发生变化，在特定的历史背景下决定了我们的经验和实践。这些理念使得后结构主义和结构主义真正撇清了界限。在此基础上，20世纪70年代，福柯更加明确地反对黑格尔和马克思主义，否认历史进化和社会进化的理念，并且认为，历史是没有终极进化的目标，历史各要素的重组和离散使得历史在不断地推演，前结构被后结构所肢解和取代。

后结构主义对知识、真理和社会进化的质疑与否定，为后现代主义的发展扫清了思想障碍，导致了后者在认识价值相对主义、价值虚无主义时有了更加深刻的理解和阐述，也使人们更加认识到价值的相对性和多元性。

（张猷猷）

后现代（Postmodern） 后现代的兴起源于20世纪60-70年代。20世纪50年代的社会以及文化领域出现了许多不同以往的新现象，这些现象传统的概念已经无法覆盖和解释。后现代就是西方的社会学家对发达的资本主义社会及其文化的不同认知。

后现代是现代理论与马克思提出来的阶级社会的动态和工业过程，韦伯的官僚政治、心理和文化理性化，弗洛伊德（Freud Sigmund）的来自性和家庭冲突的心理能量的压抑和转向，索绪尔、齐美尔和维布伦的符号的抽象和交换的符号以及涂尔干的随着劳动分工的集体意识的复杂化相关。

后现代是历史上一个时期的名称，而后现代主义则是由此发展的阐述这一时期的理论主体。关于后现代开始的时间，人们对其始于1968年还是1973年看法不一。人们均认同自后现代开始，世界情形开始改变。在国际政治中，权力所在从相对明确的冷战冲突分裂为如今多极化、不易预测且更为混乱的国际形势。我们的工作方式也有了根本性的转变，出现了与以前相比全新的行业、工时和工作安排制度。后现代概念的假定理论是，世界不单在形式上有了改变，也在运作方式上有了根本的转变，而这一转变不易预测、安排及推理。将1968年定义为后现代开始时间的人认为就是在那一年发生了学生骚乱，也就是世界历史上物质条件最好，受教育最高的一代——婴儿潮一代摒弃了他们成长中的文化习俗并渴求变革。这些反叛者并没有要求具体的政治、社会及经济变革，他们所需求的改变仅仅是对旧时代制度的抛弃。

婴儿潮一代的影响是非常有意义的，即使它被1973年后发生的事件所带来的更广泛意义的变革推进了历史的洪流。在1973年，激进的石油输出国家组织（OPEC）触发了石油危机，带来了永久性的世界经济变动。石油危机是由大部分来自穆斯林世界的产油国所激发的，目的是在表达对西方世界向以色列持续提供支持的愤怒，这在近代的赎罪日战争（第四次中东战争）中是有决定性意义的。这表示出了经济与政治权力平衡间的根本改变，并以全球政治与经济优先权中的戏剧性转变为标志。西方世界普遍发生的社会变革就是这些发展的产物。因此，后现代最好被认定是从1973年开始。

后现代的后具有双关性，它体现了对待现代性的两种不同态度。在一种意义上，后现代是指非现代，它要与现代的理论和文化实践、与现代的意识形态和艺术风格彻底决裂。“后”可以肯定地理解为积极主动地与先前的东西决裂，从旧的限制和压迫状况中解脱出来，进入到一个新的领域；也可以否定地理解为可悲的倒退，传统价值、确实性和稳定性的丧失。在另一种意义上，后现代被理解为高度现代，它依赖于现代，是对现代的继续和强化，后现代主义不过是现代主义的一种新面孔和一种新发展。

正如在这里所讨论的，有一点特别重要，就是我们要注意后现代只不过是史学家对一个时期赋予的一个名称，比如“文艺复兴时期”和“黑暗时期”。后现代只是一个时间的范畴。也有人称为“资本主义后期”。但仍有其他人拒绝认同1973年发生的事件意味着我们不再用“现代”这一名称。这一争论变成了一个关于历史划分时期及这一划分过程是否有用的问题。

（王乐道）

参考书目

Durkheim Emile.1997, *The Division of Labor in Society*, Britain: Free Press.

后现代民族志（Postmodern Ethnog raphy） 斯蒂芬·泰勒（Steven Taylor）在论文《后现代民族志》中提到，后现代民族志是一种合作发展的文本，由片段的话语构成，旨在再现可能的现实世界。因为后现代民族志崇尚“话语”而不是“文本”，因此它提倡对话而不是独白。事实上，它摒弃了“观察者—被观察者”的思想，认为没什么可观察的，也没有观察者，只有相互的对话，民族志就是合作撰写的故事。泰勒认为，理解后现代民族志文本的关键词是“唤起”，而不是“表述”。所谓“唤起”，就是文本在读者的头脑中形成一种可能的现实世界，因为“唤起”可以使民族志摆脱模仿。遵循科学、自然和历史的现实主义成为民族志作品的主要模式，是一种虚幻的现实主义。“描写”虚幻的东西，比如“文化”和“社会”，好像它们是可以充分观察的东西一样。后现代民族志是片段的，因为田野生活本身就是片段的。土著人缺乏文化的整体观，人类学家特别的经历也不能得到充分的表述。这并不是我们见木不见林，而是我们感到根本就没有树林，因为树与树之间的间隔太过遥远。泰勒认为，后现代民族志是一种对于作为心理治疗的美学意识的回归。后现代民族志与后现代世界息息相关，不能太过抽象而远离生活，它的目的不是增长知识，而是重构经验，不是了解客观现实，不是解释我们如何了解，而是在社会中重建自我，重建日常生活的行为。

（邹宇灵）

后现代主义（Post-Modernism） 从人类学视角，后现代主义有两个方面的含义，一方面是对于在20世纪后期导致现代化进程中出现的集约化、激进化和转型的社会和文化形式的研究；另一方面是对民族志的权威的认识论基础，和在民族志论文写作中的形式和内容的关系进行的更深一步的研究。后现代主义是当在20世纪50年代西方出现一些新的现象以及文化领域的变化，西方的学者注意到这一新的现象，这些现象传统的观念无法去解决，便开始展开许多不同的讨论。这些探讨虽然没有形成一种运动或者流派，但却产生出一些相应的文化潮流以及知识态度。哈桑（Hassan）认为可以用后现代主义来诠释这一文化潮流级知识态度，同时他还认为后现代主义是对现代主义出现的一些问题的批判和预警。

后现代主义的一般理论强调“第三次工业革命”的过程和影响以及非殖民化和巨大的人口机构变化。这些是彻底重建所有当地文化的跨国的或全球的过程。一些理论家比如哈维（Harvey ）和詹姆斯（James）强调灵活的资本积累的加剧，空间和时间的压缩以及多国组织形式的增长；利奥塔（Lyotard）则强调源于非殖民化的巨大的人口结构变化以及挑战单民族国家进入更多样化文化形态的均质化努力的思想意识战争；波斯特（Poster）强调信息技术革命不仅将世界的多样化部分带入日常生活，而且构成文字后的强化，更多数学化和图形化，产生、监控、和获取知识的形式——模拟和建模取代直接经验模式的认知，在现代主义者实验科学中深深扎根的过程。

贝克（Beck）、莱西（Lash）等一些学者认为由工业资本主义造成了生态危害和危险，工业资本主义使新的政治动态和文化逻辑成为必需。这些反过来导致对取消集中控制的系统性矛盾和压力，并朝向在知识和劳动的复杂划分中增加的多样化代理人的民主参与，在现代化期间，这是经营决策和私人创业的非政治化领域。换而言之，朝向从工业社会的矛盾出来的一种新的“反身性现代化”，它是从封建社会的矛盾中出现的并行方式的资本主义的道路。后现在主义就是去批判反思这些现象。

自20世纪80年代初期开始发展的人类学后现代主义成为辩论和评论的焦点所在。虽然在广大的后现代主义者中，几乎没有几个人类学家称得上有巨大的影响力，但通常人类学被视为人文科学中一个尤具同情心的舞台。在这个舞台上，后现代主义者们可以对后现代主义展开讨论，特别是关于“差异性”问题的讨论，对于欧洲启蒙运动的批判，以及对于文化概念的阐述。后现代主义一直与人类学论述相结合，然而“后现代主义人类学”仍处于初期阶段，更多地表现于对传统学科不足之处进行的批判上，而不是一种新类型的人类学实践。

在某些报告中，后现代主义人类学是一系列内部批判的高潮，比如女权主义人类学、构造主义的马克思主义学以及人种学，虽然这样说比较贴切，但其并未充分反映出那种左右为难的困境，到底后现代主义人类学应该服从于启蒙计划，还是应该服从于民族志档案中出现的形形色色的支持者。根据这个观点，简单地说后现代主义批判代表着一种对于人类学的过去激烈的审视，其通过构筑社会学说来筛选外来差异性的做法被公开为一种以科学报告为伪装的文化之旅。

而人类学的后现代转向是文化批评中的大趋势的一部分， 特别是人类学的前因变量数的广泛引用。在美国，人类学后现代主义则直接参与了关于“西方文明”的准则多元文化主义和国家的辩论 ；在法国，人类学的贡献在很大程度上透过结构主义和后结构主义被明确提及。 在英国，后现代主义的争论已经出现在社会理论和文化的研究领地。人类学在后现代主义中已经拥有一定的影响力。

随着后现代主义进入人类学领域成为文化批判主义大发展趋势的一部分，不少人类学先驱者们的论述被大量地引用。例如，克里福德·格尔茨（Clifford Geertz）解释性的提出和大卫·施耐德（David Schneider）象征性的方法就被大量引用。这两种方法从后现代主义前期一直延续至后现代主义时期，它们均在人类学中引入了传统的反科学观点，并令人不快地颠覆了“后范式”突破的理念。同样地，在批评殖民主义和东方主义的过程中提出的自反性和政治立场问题也成了后现代主义被视为决定性突破的标志，至今仍备受关注。

作为一种泛人类学现象，后现代主义在内部产生了分化。不同的后现代主义范畴不仅由人类学本身所界定，还由其在国家文化传统中所起的不同作用来界定。

（王乐道）

参考书目

［1］Clifford, James, Georget. Marcus. 1986, *Writing culture: the poetics and politics of Ethnography*, America: University of California Press.

［2］Geertz Clifford.1977, The Interpretation of Cultures, America: Basic Books.

后现代主义人类学（Post-Modernism Anthropology）指受到后现代主义思潮影响的人类学，或具有后现代主义色彩的人类学研究。后现代主义人类学将研究重点放在民族志的写作和文化批评上，力求通过反思民族志展现被研究者个体的内心世界，以包含着多种声音的对话模式和写作方式多样化的实验民族志文本取代原先具有宏观理论、整体观、客观性和忽视作者主体角色的传统民族志，成为人类学发展史上第一个以民族志文本写作为中心和以自我反思为其鲜明特色的学术流派。

就在结构主义人类学进行得如火如荼以及后结构主义发于端倪之际，后现代主义人类学也悄无声息地影响着人类学未来发展的走向。这一切都建立在反西方近现代哲学体系的思潮之上。由于后现代主义者反对以特定的方式来继承固有的或者是既定的概念和理念的反本质主义，所以人们很难找到一个确切的概念来定义后现代主义，但是在建筑学、批评文学、社会学、历史学、人类学、政治学、法律学、教育学等诸多领域都提出了自身独特的和自成体系的论述。

后现代主义人类学与西方后结构主义、后殖民主义等代表着“后”的思潮的出现其实是对现有概念和解释的质疑。最早现身于哲学和建筑学领域的这股思潮对诸多学科和思想领域进行了最为深刻的革新。法国学者利奥塔（Jean-Francois Lyotard）是后现代主义最具代表性的理论家，他在《后现代状况》书中探讨了西方发达工业社会知识状态的变化，从认知基础和维系西方文明网络的衰败视角阐释资本主义变异与危机。此书对于人类学学科和思想界影响很深，他从“文化”以及如何观察和解释文化的视角来对文化进行定义和研究，对人类学从“元解释”和“文本主义”对文化、社会进行界定和研究的传统有着较大的冲击。

人类学的后现代主义思潮最鲜明的表现是围绕民族志写作的表述危机展开的。传统民族志的写作是一种作者绝对权威的、上帝视角的表述，但这种表述在后现代遭遇了质疑与否定，后现代主义不相信这种看“起来如此”的报道式的表述，怀疑传统民族志写作的有效性，怀疑田野作业的科学性。在如何表述的焦虑中，人类学家力求寻找各种实验性的民族志写作方式，注重表述者对表述自身的怀疑，倡导一种元写作。从重视宏大理论转向文化表述，从对于普遍概化理论体系的长期信奉转向对于文化差异的贴切表述。

可以说，后现代主义和思潮的发展与现代工业或者是“后工业社会”的兴起和发展息息相关。与工业社会情况大为不同，在后工业社会里正在发生着一场第三次工业革命的浪潮，去殖民化和大规模的人口流动成为全球化的催退器，影响到地方文化的急剧变迁与一体化，一些后现代主义的人类学家已经注意到了资本主义积累过程与人们日常生活以及时间、空间被压缩的特殊关系。同时，另外一些人类学家则关注规模巨大的人口流动进一步加剧了去殖民化和意识形态领域内的战争，这些东西对民族—国家（nation-state）力图维持同质化的努力提出了挑战，文化的异质化正被当作一种文化形态加以研究，越来越多的研究客体进入研究视野，越来越多样化的研究视角被研究者所应用和不断地创造。

面对后现代主义人类学的挑战，人类学界反应十分强烈，形成不同的态度和倾向，也有不少人对于后现代主义人类学提出质疑，批评后现代主义人类学主张的是十分荒谬的主观性，放弃了人类学的看家本领，属于公开自由的神秘活动。这表明了后现代主义学术思潮给正统人类学带来的强烈冲击，以及由此产生的严重忧虑，也反映了后现代主义人类学自身存在着的难以克服的缺陷和偏激倾向。

作为一种极具批判性的理论，后现代主义与其他学科当中的批判理论使得人类学在近三十多年发展当中越来越具有吸引力，或许在批判的过程中有些人认为人类学越来越缺乏自信和安全感。人类学学科在后现代主义人类学影响下，比较以往更具有一种交叉学科的关照和视野，欧美国家的人类学研究生越来越多地在其他学科和研究领域完成学位。从学科应用性的扩宽和理论性实践的推进来看，这些变化对于人类学学科来说并非毫无裨益。

（张猷猷）

参考书目

［1］阿兰·巴纳德. 人类学历史与理论. 王建民，刘源，许丹. 北京：华夏出版社，2009.

［2］詹姆斯·克利福德，乔治·E. 马库斯. 写文化：民族志的诗学与政治学. 高丙中，吴晓黎，李霞等. 北京：商务印书馆，2006.

［3］迈克尔·赫茨菲尔德. 人类学：文化和社会领域中的理论实践（修订版）. 刘珩，石毅，李昌银. 北京：华夏出版社，2009.

［4］乔治·E. 马尔库斯，米开尔·M. J. 费彻尔. 作为文化批评的人类学：一个人文学科的试验时代. 王铭铭，蓝达居. 北京：生活·读书·新知三联书店，1998.

后喻文化（prefigurative culture） 指以未来为导向，长辈反过来向晚辈学习的文化形态，又称前象征文化、前塑文化、未济文化。该术语于1961年由美国人类学家玛格丽特·米德（Margaret Mead）在《性行为的文化决定因素》（*Cultural Determinants of Sexual Behavior*）一文中最早使用。此后，米德于1970年、1978年先后出版了《文化与承诺：一项有关代沟问题的研究》（*Culture and Commitment: A Study of the Generation Gap*）、《文化与承诺：70年代新的代际关系》（*Culture and Commitment: The New Relationships between the Generations in the 1970s*），对后喻文化进行了进一步详细的阐释。

后喻文化是与前喻文化相反的文化传递过程，年长者不得不向晚辈学习他们未曾有过的经验：①世界性代沟的形成。在后喻文化中，文化传递呈间断性和跳跃性。在米德看来，代沟是文化传递中出现的裂痕，与文化变迁的速度成正比例发展。②世界性社区的建立，出现超国界的文化汇流，原来互不相关的成员的命运联系在一起，人类需要一种新的广博的世界主义精神。③青年成为生活团体中的权威，长辈必须向青年学习，传统导向转变为未来导向。

米德的后喻文化理论是在第二次世界大战后科技革命蓬勃发展，社会变迁急剧加速的情况下产生的。她着眼于人类文化史，从文化传递方向和机制的角度对代沟问题进行了阐释，丰富了教育人类学的理论与实践。周晓虹、周怡于1987年翻译的《文化与承诺：一项有关代沟问题的研究》以及曾胡于1988年翻译的《代沟》皆对后喻文化进行了详细的介绍。

（陈雪英、夏懿）

参考书目

Mead, Margaret. 1978, Culture and Commitment: The New Relationships between the Generations in the 1970s. New York: Columbia University Press.

后殖民主义（Post Colonialism） 兴起于20世纪70年代，在文化上和政治上具有很强的批判色彩。西方文化研究的转向，是后殖民主义出现的重大理论背景。后殖民主义的认识论方向与其所说的本质论相对抗。然而，正是这样的坚持使得它难以辨别和讨论任何事情，包括后殖民主义它本身。

后殖民主义反对民族、社会、文化的特征的本质主义。认为"知识就是权力"，但不是如传统意义上那样认为知识能真正帮助理解这个世界，而是知识在世界上给人以权力。后殖民主义遵循福柯"知识就是权力"的视角，在这种意义上是指，"知识"其实是建构出来的思想观念，在现实中没有根据，是设计用来使得凌驾于他人之上的权力的实施合法化，是用来压迫和剥削别人为乐或者从中获得利益的。当然，这些后殖民主义认识论原则认为的真正的知识是不存在的，提出了一个与其自身相矛盾的问题：后殖民主义的学说和论断也一定要被认为是"在现实中毫无根据的建构了的思想观念是用来证明凌驾于他人之上的权力的实施？"

在人类学视角上，后殖民主义有主要的两支：第一是在认识论层面上，挑战了人类学家对"他者"文化的研究，攻击了人类学家代言其他文化的权威和对这些文化的本质论所做的描述。后殖民主义主张在报道其他文化的时候强调主体的声音；也就是民族志不应该由人类学家做出评论和分析组成，而是应该由当地人的评论和评注组成；第二是在社会的和历史的层面上，后殖民主义的人类学家不再强调集中注意力于当地或地区性的本土的文化特征，而是要分析欧洲和美国帝国主义和殖民的权力如何扭曲和侵蚀土著的文化以及如何剥削和压迫帝国主义和殖民的"臣民"。在后殖民主义看来，最开始表现为土著的文化和社会组织和以上社会和文化的问题，不管是经济、政治、人际关系、两性关系、人权等都可以追溯到所施加的帝国主义和殖民的不合理的要求上去。

可能后殖民主义对人类学产生的最重要的影响是爱德华·萨义德（Edward Said）的《东方学》（*Orientalism*）。萨义德是英国剑桥大学的教授，认为东方学在研究中东的历史、文学、文化审视领域时，不是那么不带情感地、合理地理解中东，而是言语间充满了幻想预测、扭曲了的轻蔑和贬低虚假的陈述。东方学研究并非想要真正理解中东而是为了证明欧洲征服的合法性和鼓励欧洲对中东的征服、压迫和剥削。从这个角度出发，任何直接对中东有批评的评论都被认为是东方学。萨义德的批评者指出：萨义德违反了他自己对东方学的苛评并且指责他的西方主义。

有两大理论流派汇集于后殖民主义。一个是马克思主义，特别是列宁主义。19世纪后半叶和20世纪马克思主义对政治有着重大的影响，并且也影响了学术界。20世纪60年代后马克思主义在北美学术界变得有影响力，但是随着苏联和社会主义在20世纪80年代的衰败，马克思主义的影响力下降。列宁的《帝国主义》通过将其自己的理论应用于广大的帝国的和殖民的领域来使得马克思主义获得发展，这一理论仍然有很大的号召力。另外一个是后现代主义，后现代主义从文化人类学和符号人类学中产生。其认识论是：每个人都是固定的并且只能看到特定的角度，把所有的观点当作是相对的或主观的。因此，实际上没有客观的知识，一个人的观点（或者是一个风俗、实践、文化、社会）与另外一个一样好。后殖民主义把这种规则应用于第三世界的社会。

在后殖民主义看来，人类学家不能完成它现代主义的或现实主义的客观发现并且精确地代表它的任务。从后殖民主义视角来说，西方人类学家——认识论上被文化盲目遮蔽，并因殖民主义者的罪行所感到愧疚——只能通过代表被殖民压迫的人们、劣势群体并且同时谴责他们的压迫者：欧洲和美国帝国主义，提倡资本主义全球化，来使之合法化。诚然，在后殖民主义的影响之下，许多学术人类学家放弃了科学追求并且开始从事于政治倡导。

（杨修业）

胡鉴民（1896—1966） 中国社会学家。江苏宜兴人。1922年秋入法国斯太斯堡大学攻读社会学，获硕士学位。1931年春回国后，历任中央大学社会学系教授、四川大学教育系教授、四川大学文学院代理院长、四川大学历史系教授兼历史系主任、金陵大学文科研究所教授。他长期致力于社会学与人类学的教学及研究，对于四川、贵州、浙江等地各民族的文化与社会曾进行了多次民族田野调查，重点研究羌族与苗族。20世纪30—40年代，曾多次进入羌区调查，尤其关注羌民的习俗、本土宗教、仪式等。由于早年游学于法国、德国、比利时等国，他深受社会学年刊学派和传播学派学者的影响，如埃米尔·涂尔干、列维·布留尔、威廉·施密特等，坚持社会整体论视角，运用比较方法，强调求雨、占卜、人生过渡仪式等对羌民生活的实际功用和对社区的整合；使用较系统的田野调查方法，在诠释上运用了文化传播论，研究羌民的宗教信仰的起源及变迁问题。其论文《羌族之信仰与习为》和《羌民的经济活动型式》是羌民宗教信仰的奠基之作，代表了当时国内羌族研究的较高水平，此外还撰有《中国社会的分析》《苗人的家庭与婚姻习俗琐记》等重要论文。

（刘姝曼）

化石（Fossil） 保存在岩层中地质历史时期的生物遗体、生命活动留下的遗迹以及生物成因的残留有机分子。通常化石的形成始于植物或动物死亡后迅速被沉积物覆盖，随着生物遗体中的有机质分解殆尽，坚硬的部分如外壳、骨骼、枝叶等与包围在周围的沉积物经过物理作用和化学作用的改造，仍然保留着生物面貌及部分生物结构，这即为石化的过程。

化石的形成和保存需要满足一定条件：①古生物要具有能保存为化石的硬体，不具硬体的古生物在特殊的条件下虽然可以形成化石，但形成机会极小；②死亡生物的遗体需要在绝氧的环境下被保存，并不被机械作用破坏；③需要足够的时间使古生物遗体在沉积物成岩过程中及成岩作用后具有更为坚硬的物理特性、更具化学稳定性；④在以后的地球内、外力的长期作用下，未被再次破坏而得以保存。根据保存特点，化石可被划分为实体化石、模铸化石、遗迹化石等形态。

实体化石 生物体本身部分或全部被保存下来的化石。按保存方式可分为：①树脂保存。如琥珀，被保存的对象主要是古节肢动物；②坑沼保存。如陷入泥沼炭泽和沥青坑内的动物，被保存的对象主要是古陆生脊椎动物；③冰冻保存。这类化石相对比较年轻；④经石化作用保存。生物坚硬部分的矿物质发生改变并重结晶，被碳酸钙质、泥质、砂质、硅质等充填。按照化石质地可分为：①未变实体化石，主要指古代生物软体部分尚保存的化石；②微变硬化石，一些生物遗体被沉积物掩埋后仅留下稍有变化的硬组织，如齿、贝壳、外骨骼等；③石化化石，生物遗体被掩埋后，经地下水、地层压力和增温等作用而形成的化石。

模铸化石 生物体在底质、围岩、填充物中留下的印模和复铸物。主要类型包括：①印痕化石。是生物遗体（主要是软体部分）因陷落在细碎屑沉积物或化学沉积物中所留下的印痕；②印模化石。包括外模和内模两种，前者是古生物遗体坚硬部分的外表面印在围岩上的印痕，后者是壳体的内表面轮廓构造留下的印痕；③铸型化石。当沉积物已形成外模和内核之后，被溶解的部分被另外某种矿物质填充；④复合模化石。由于岩层的压实作用而使外模与内模重叠形成的化石。

遗迹化石 因古生物活动在底质沉积物表面或内部留下的痕迹和遗物，如生物扰动、足迹、移迹、潜穴、粪化石以及生物侵蚀构造，如钻孔等。

化石对于地球的历史、确定地层时代，以及生物进化的研究至关重要，并且是重建地史时期古地理、古气候的重要依据。化石记录（fossil record）则能够有效了解古代生物的分布，以及反映生物界亲缘关系和进化发展的自然分类系统。

（杜辉）

话语理论（Discourse Theory） 指的是不同的分析视角。包括传统社会语言学分析口语的视角、较激进的社会语言学家则聚焦于语言与权力的研究、巴赫金的话语理论、福柯的话语理论等。自20世纪80年代以来，巴赫金和福柯的观点在文化人类学领域变得非常重要，尤其在美国。

话语理论对新文化人类学有深刻的影响，新文化人类学关注反思、对话及权力。它鼓励对人类学家从田野中得来的民族志，包括经典文本的尖锐反思。它批判现实主义的写作策略、实证主义认识论和功能主义本体论。它挑战语言作为工具的常识——语言仅简单反映已存在的自然和社会现实、交流直观经验。如果这一常识被证明是错误的，则客观性、无价值判断科学和“透明文本”等传统概念将不复存在。

巴赫金对话理论 在现实主义民族志中，如现实主义小说一样，作者或叙述者占据了不可挑战的权威地位，比任何报道人和读者都了解得更多。现实主义民族志中只有单一的声音，即无所不知的“全能神”的作者。作者虽然也引用其他的声音，但这些声音不能违背、挑战或颠覆作者的声音。巴赫金挑战这种观点。他认为，文本一直都是复调的，而且深深植根于权威与权力的关系中；对话的过程甚至都散布在独白的现实主义文本中；多种声音都在竞争表达权。巴赫金的对话理论在文化人类人类学领域的影响是，它鼓励将反思的视角用于田野调查和民族志的写作。受巴赫金的影响，伽达默尔及其他文化人类学家尝试实验民族志的写作。有一些文本部分或全部是对话，在文本中民族志写作者与“土著”的声音是对话关系或为它们所挑战。

讨论民族志作品是否是对话的，其实已经部分挑战了人类学者作为作者的权力和权威。新文化人类学家还寻求对民族志写作者的解构，去挑战他们展示他者的权威。他们呼吁关注民族志写作者修辞上的“小动作”，以表明他们不是简单地触犯描写的中立性而是对权力愿望的表达。另外，新文化人类学坚持的写作过程——隐喻、比喻和描述——都影响了文化现象的表达方式。

福柯的对话理论 新文化人类学认为，所有的民族志文本都是在互文的条件下创作的。这是福柯的“语义场”理论。与传统民族志忽视或压抑非人类学家的记录相反，新文化人类学家尝试将他们放在最显著的位置，甚至他们一起研究或写作。由此，民族学的记录变成了有竞争的记录。在福柯的话语理论中，竞争性的记录被置于由权力关系构成的散漫结构中，以强调语言与权力的关系。

福柯的观点使文化人类学近来重视语言、互文性以及对福柯理论里所说的权力、主观性和身体的关注。近来它支持新文化人类学重点强调作为叙事和对话的民族志文本，但把这些放在强调人类学作为权力实践的历史和社会语境中。这个观点，拒绝文本对语境的优先权，引起了诸如人类学与殖民主义关系之类的政治问题。

分析作为话语的记录将人们的视线引向了知识和再现“他者”的构建是如何完成的，并有助于再造制度和社会中的权力关系。最典型的例子是萨义德和他的“东方学”。近来，也有人类学著作借用了福柯的权力、惩罚、身体和主体性的观点，研究身体、宗派冲突、学术机构和种族主义方面的问题。

（宋荣）

话语分析（Conversation Analysis） 并非一切科学都是通过实验手段得以发展的；相反，它们是通过对现象认真的观察和描述而实现的。在植物学和动物学中，对各种植物和物种的结构进行细致的描述，为后来学科的发现和发展奠定了基础。同样，话语的目的是对人类互动结构进行描述和分析。为达到此目标，人们按严谨分析的要求录制了自然情境下发生的行为的音像，从而产生了对谈话和"非语词"行为结构的描述、

话语分析最初是由加芬戈尔和戈夫曼20世纪60年代早期的学生哈维·萨克斯（Harvey Sacks）提出的。萨克斯曾与伊曼努尔·谢戈洛夫（Emmanuel Schegloff）和他的学生盖尔·杰斐逊（Gail Jefferson）、阿尼塔·波梅兰茨（Anita Pimerantz ）合作进行了一系列考察会话，构成细节的研究。杰斐逊曾发明了一种使用一组可在普通打字机上找到的字母和符号记录谈话的特殊方法。遗憾的是，至今尚未发现一种与此相似的与可有效地记录"非语词"行为的方法。

本土方法论对注释性惯例很有兴趣，此种惯例是人们在从索引式条目、谈话和姿势等发生的敏感的和具有内聚力的互动中所使用的。同样，话语分析也力图证实和描述人们借以表明他们对谈话的理解的会话构成。如人们用以表示对象的类别，就是多种多样的，同一个人可尽有不同的称谓，如约翰、我所认识的一个家伙、玛丽的丈夫等。对于此人而言，这些表述都是正确的，但由于种种因素（如"谁在与他交谈""谈论的话题是什么"等因素），他们在互动中所使用的称谓一也是不同的。萨克斯和他的同事后来进行的研究又探寻了谈话的紧密秩序。这类研究是以谈话中的"话题转换"形式来完成的。话题转换，是指谈话从一个人转向另一个人的转换方式。

随着话语分析的进步，其分析自身也更为细致深入。在植物学发展的早期阶段，几乎每个人都可以到花园里观察不同种类的植物并指出它们的大概结构特征，然而随着这门学科的深入发展，未经训练的外行们便失去了观察的能力。显然，没有人会声称，细胞的结构对植物学的研究是无关紧要的。现在，已有许多材料可证明，某些人对互动细节的考察对社会学是相当重要的。

（罗士泂）

环境（Environment） 环境不仅指生物物理场景，还指人类与这一场景的互动和对这一场景的干预。评估自然环境的状态是理解文化和社会问题的一个重要因素。环境不仅是文化生长和出现的空间，而且为文化的生存提供重要的必需品和自然资源。当环境与它们支持的生命之间失衡的时候就会出现问题。从生态上来讲，生境获得并努力保持平衡以持续起作用。我们可以通过人口和承载力的概念更好地理解保持平衡的思想。承载力与一处环境可以并且能够支持的最大人口相关。当环境超过了承载力的时候，人口就无法得到足够的支持，带来可用资源减少和其他的问题。这种生态景象也适用于人类文化。

无论环境人类学还是环境社会学都作为各自学科的分支从社会和文化层面强调环境的作用。每个领域强调的一个重点是人类创造和维持的与自然环境的关系。研究的问题包括污染的讨论、资源开采、沙漠化、通过环境公正斗争的人类权力的社会关注、职业健康与安全和环境运动等。在所有这些研究领域都需要考虑自然资源的重要作用。

在西方，环境运动旨在传播环境意识和找出环境问题的解决办法。从事环境运动的人们以社会学或文化学的方式提升世界范围内的环境友好策略。目前全球环境挑战中面临的一些关键问题包括：测量全球环境的风险评估的发展及其社会影响、定义可持续性和发展全球环境策略以及从人口和技术方面理解环境影响。

理解风险评估 风险评估经常被用在环境科学上以决定风险和计算可能的接触代价。问题是很多时候真正的风险甚至无法被了解。个人对环境接触有不同的生物反应。很难说每次检测到一种接触反应时会产生同样的影响。对于不同人群或不同的文化而言政治或医学的冒险反应是不一样的。我们如何确保社会一定会采取措施保障其公民的安全？一些人认为某个特定事件是公共健康风险，而其他人不这么认为，从而使公众存在不同层次的脆弱性。

可持续性和全球环境策略 为了扼制目前环境恶化的趋势，现行的策略越来越受可

持续发展思想的指导。在某种意义上，这是有问题的。因为可持续性的定义很少能得到共识。大体上而言，可持续发展包括考虑现有资源水平的可行性及后代对这些资源利用的发展实践。很多人感觉到作为一个社会我们超越了自己的能力去纠正甚至试图缓解我们已经面临的问题，而其他人认为环境的状况被过分渲染为负面的，我们真实的情况没有想象的那么糟。无论何种方式，认识到我们对很多资源的利用是建立在对不可回收资源的提取或加工基础上的是我们考虑的原因。通过发展可替代燃料，可回收能源和混合交通工具来解决这个问题取得了少量的进展，而消费模式并未做出大的改变以使这些努力产生影响。

人口、科技与环境公正　有关人口、科技与环境公正问题构成了人与文化/环境关系的重要部分。全球人口不断增长，导致自然环境承载了越来越多供养人类、动物生命和植物生命的压力，地球的承载力无可置疑地决定了人口的密度和维持生存的绝对水平可用的资源。如果人口超越了这一水平，疾病与饥饿之类的问题就会发生。一个决定环境影响的公式是：IPAT或环境影响=人口×财富×技术，这一公式考虑到了消费的相对水平，人口密度及在指定领域内科技的潜力。决策制定者在需要考虑发展项目的潜在影响或制定环境法时可参考这一决定环境影响的方式。环境公正运动的出现是为了保护公民生活在一个健康、安全、远离环境毒害的环境中的权利。自从20世纪80年代以来，环境公正的全球进程集中于社区中化学污染的出现。环境公正运动的很多工作关注边缘人群如少数民族、妇女、儿童、劳动阶级和社会贫民。

环境工作研究遍布全球。边缘国家的发展问题是全球环境公平斗争的基础，为争取干净水、可用的肥沃土地和基本控制权利的斗争是最基础的，包括了全球环境斗争的大部分。

国内的相关研究　环境问题及解决这一问题的策略在国内日益引起关注，由于中国特殊的城乡结构，农村环境问题更受重视。目前的相关研究涉及环境公正、国家与社会关系、社会文化3种视角：①环境公正视角。主要关注城市和农村中环境利益和风险分配上的环境正义问题，认为城市工业污染向农村转移是造成农村环境问题日益恶化的重要原因之一。②国家与社会关系视角。主要强调在中国现行的体制中，地方政府权力强大而社会力量失落，导致农民在环境维权问题上的弱势境遇。③社会文化视角。主要强调一个社会中的社会结构及其变动、文化传统、民间环境知识、民间信仰、价值观念、农村社区及其规范对农民环境维权的影响。

目前国内关于农民环境维权的研究尚处在探索与起步阶段，存在的问题包括：①研究观点单一，缺乏理论自觉意识；②研究路径倾向于认知主义，缺乏行动主义取向的充分研究；③与法学、伦理学和社会学等相关学科的对话与交流尚待提高。

（黄娟）

参考书目

［1］陈阿江. 次生焦虑——太湖流域水污染的社会解读. 北京：社会科学文献出版社，2010.

［2］罗康隆、黄贻修. 发展与代价——中国少数民族发展问题研究. 北京：民族出版社，2006.

［3］蕾切尔·卡森. 寂静的春天. 吕瑞兰等. 上海：上海译文出版社，2008.

［4］Bullard, R. 2000, *Dumping in Dixie: Race, class and environmental quality*, Boulder, CO: Westview Press.

［5］Gibbs, L. 1982, *Love Canal: My story*, albany. State University of New York Press.

［6］Townsend, P.2000, *Environmental Anthropology: From pigs to policies*, Long Grove, IL: Waveland Press.

［7］Ingold, T. 2000, *The Perception of the Environment*, London and New York: Routledge.

环境决定论（Environmental Determinism）生态人类学的渊源可以追溯到西方思想史上的环境决定论。环境决定论认为环境因素决定人类的社会特征和文化特征。希波克拉底

（Hippocates） 的体液理论是最早的环境决定论，其中隐含的环境决定论思想是：气候决定体液的相对比例，进而决定人的体格和人格。

柏拉图（Plato）和亚里士多德（Aristole）的环境决定论思想则涉及社会和文化层面。他们认为气候通过决定个人的人格和智力，进而决定该社会的政府形式和宗教类型。到18世纪，孟德斯鸠（B. de Montesquieu）将柏拉图和亚里士多德的思想运用于宗教研究，得出如下结论：炎热的气候产生消极的宗教，例如印度的佛教；寒冷的气候产生压抑个人自由与活力的宗教。18世纪中后期，英国“爱丁堡学派”成员之一霍姆（H. Home）与孟德斯鸠一样，也同意气候、土壤、食物以及其他外部环境因素对人类种族的形成有重要影响。20世纪中期，地理学家亨廷顿 （Ellsworth Huntington） 继承这种思想，认为最高形式的宗教仅产生于温带，因为温和的气候更有益于产生理智的思想。

19世纪中叶，达尔文的生物进化论思想在当时的自然科学和社会科学中影响广泛，人类学界也不例外。随着人类学研究的不断深入，尤其是博厄斯（F. Boas）和马林诺夫斯基（B. Malinowski）等人类学先驱的研究方法的应用，人们发现一些人类学家最感兴趣的人类文化现象，如交易制度、婚姻规则、亲属关系术语、政治制度等，在地形和气候条件相似的不同地区却差异很大。不管环境因素在形成人类文化过程中的作用如何，它显然不像早期社会思想家们所设想的那么直截了当。于是，以体液论为基础的环境决定论在19世纪末和20世纪初开始衰落，但环境决定论思想仍然影响着生态人类学理论的发展。后来，在生态人类学中出现的环境可能论、文化生态学和文化唯物论等，都或多或少带有环境决定论的影子。只是在民族生态学提出极端的文化相对论以后，各种形式的环境决定论所赖以存在的基础才受到严重的挑战与颠覆。但是对环境决定论的彻底颠覆又造成了另一个人类学难题：极端的文化相对主义危及了人类学的继续存在和发展。

环境决定论有其自身的缺陷是毋庸置疑的，如它强调简单的、线性的因果关系，而忽视人、环境与文化之间的相互作用。但是环境决定论确实有其合理内核，环境确实对人及社会有重要影响。例如今天的环境问题主要由人类在发展过程中忽视环境的影响而产生。因为目前西方人类学仍无法圆满解决由于彻底颠覆环境决定论而引起的极端的文化相对主义难题，所以学者无法在人类学研究中完全否定和抛弃环境决定论。

（黄娟）

环境考古学（Environmental Archaeology）是考古学与地球科学、动物学、植物学等自然科学交叉而产生的新学科，着重研究古代文化和其所处的生态系统之间的动态关系。环境考古学主要是通过对古文化遗址中所包含的能够反映环境的遗存和信息的研究，来恢复古代人类及其文化的生存环境，分析自然环境与人类文化相互的影响，探讨人类文化适应、利用和改造自然环境过程中形成的特色，最后对古代自然环境的变迁史和人类文化的发展史之间的关系做出全面的解释。从理论的层面上来讲，环境考古学有两个学术来源：一是基于生物生态学理论方法，另一个是基于文化生态学和新考古学理论与方法。

在中国，环境考古学作为一门交叉学科，地球科学的研究方法、理论与技术手段，包括地貌填图、地层分析、沉积环境分析、钻孔技术、孢粉、大植物化石和植物硅酸体分析、动物生态分析、土壤微形态分析、遥感等在考古工作中得到越来越广泛的应用。

环境考古学10多年来所取得的成就，包括重建了一部分考古文化兴衰、更替、中断和转移的自然环境背景；发现考古文化的转型和气候的转型有一定的耦合关系；发现自然环境因素在部分情况下成为某一考古文化在某一地区中断的主要原因或原因之一；对一些专题考古，如农业起源，做出贡献；等等。

目前中国环境考古学的发展存在以下几个方面的问题：①研究存在着时空上的不平衡。在时间上，更多地集中在旧石器晚期以来，对旧石器早中期关注比较少；在空间上，北方地区、胶东半岛、环太湖、珠江三角洲等地方环境考古工作做得比较多，而诸如西南部的四川盆地、洞庭湖周边、中原等大部分地区环境考古工作才刚刚起步或几乎是空白。②考古工作者和其他学科研究者之间的合作还不够紧密。环境研究在大部分情况下只是作为一种背景数据的描述，且在大多数情况下，这种背景数据的获得，还是在考古发掘已经进行完毕之后才开始的。环境研究的内容如何成为考古文化研究的有机组成部分是一个尚待解决的问题。③从中国环境考古学研究的发展还可以发现，在大部分研究结果中，人在很大程度上是被动的，史前各阶段人类文化的更迭，几乎都是古环境刺激的结果，忽视了人类适应自然、改造自然的能力。如何进行人类文化与人类生存环境之间的分析，需要理论上的突破。

（黄娟）

环境可能论（Environmental Possibilism） 20世纪20—30年代，人类学界对环境的解释由决定论转向可能论。这种转变主要归因于博厄斯开创的历史特殊论学派。博厄斯认为环境是限制和改变文化的相关因素，但环境对解释文化特征的起源无关。环境可能论的重要作用在于解释一些文化特征为什么没有出现，而不是说明它们为什么一定产生。它的产生应归因于历史。

克鲁伯（A.L.Kroeber）关于北美玉米种植经济分布的研究是采用环境可能主义框架的最有名的例子。他通过研究发现：北美玉米种植经济的地理分布受到气候的限制，因为玉米种植需要至少有长达4个月丰富降雨且无杀伤性霜降的种植季节。另一个有名的例子是史泰宁（D.J.Stenning）的研究：采采蝇的存在限制了非洲牛群的分布与迁徙模式。环境可能主义的一个重要的概念是文化区。它由梅森（Q.T.Mason）首次提出：1895年他在《环境对人类产品或艺术的影响》一文中将美国印第安人居住区划分为18个文化区。梅森的工作由威斯勒（Clark Wissler）与克鲁伯所继续。他们都认为文化和自然之间存在着总体性的相关，并且文化只能被文化而不能被自然所解释。文化区概念实际上可以说是环境决定论和极端传播论进行折中的产物。但是，环境可能论仍然无法解释人们的经济策略与政治策略的细节、人们的信仰与意识形态的内容、人们的婚姻优先性及仪式表演。正如格尔兹（Clifford Geertz）评论的“使用这样一种公式，人们只能最笼统地提出：文化受环境影响的程度如何？人类活动在多大程度上改造环境？答案只能是最笼统的——在一定程度上，但不是完全”。不过，生态学观点的引入使人们对环境与人之间关系的认识得到进一步的扩展。20世纪30年代，美国人类学家斯图尔德将生态学思想引入人类学的领域，为人类学开辟了一个新的研究视野。

（黄娟）

环境人类学（Anthropology of Environmental）对于环境问题进行研究的人类学分支学科或研究领域。于20世纪在西方，特别是在美国得以发展起来的，是从发展比较成熟的生态人类学衍生出来的子学科。随着时代的前进和研究理念、方法的改善，现代环境人类学在继承生态人类学传统的同时，也呈现出很多新时期的研究特点，突破了传统生态人类学探讨的主题，不再局限于“环境适应”和“当地智慧”，而是与更多主题的讨论广泛相连，如发展主义与现代性、知识与权力的生产、统治与抵制技术、国家和社会的关系等。当前，环境人类学界一直在讨论着两个不同的问题，其一就是自然环境是怎样成就不同文化特质和特定的社会群体的；其二就是不同的社会群体是如何认识、控制、并改造其自然生存环境的。与此同时，可持续发展和全球化也成为现代环境人类学研究的重点内容。环境人类学在中国的传播与发展，始于20世纪90年代。中国学者在引进、消化和吸收国外环境人类学理论与方法的同时，对相关理论做了符合中国本土特征的润色和修饰，这一工作的完成和不断推进，势必推动中国环境人类学与经济人类学的结合，使得经济人类学的研究更具科学性和获得更多的资料来源和理论支撑。

（田广、王玉珂、张春娥）

参考书目

王天津、田广. 环境人类学. 银川：宁夏人民出版社，2012.

环境优生学（Euthenics） 是艺术和科学的一个分支，主要通过模塑可以控制的环境因素如生活条件和教育来提升人类的功能、效率和幸福。1869年英国科学家高尔顿（Sir Francis Galton）创造了优生学的用语，现在被定义为人类遗传学研究，用特定的方法提高遗传的身体和精神特征。

优生学与环境优生学的观点不同。优生学用直接的方式保证优良的基因的遗传，表现在植物或动物的有选择的繁殖。环境优生学不同于优生学的地方在于环境优生学通过改变个体周围可控制的环境来提升人类的功能，不是提高或影响基因构造，而是出生后的改善。

通过优生学或环境优生学改进人类带来严肃的哲学问题，引发了宗教信仰冲突，还涉及法律问题，如："让有不适宜基因的人不育的合法性是什么？"

环境优生学的未来将对现代健康护理有直接影响，通过基因疾病的教育可以提升人类功能。如果人群意识到某些遗传特征不利于健康和生命质量，有这些特征的人会被说服不生育，以防止这些特征遗传，从而降低人群中基因疾病的流行。除了改善环境和加大教育力度外，出生后的医学干预也对环境优生学影响重大。如能通过新的药物治疗、抗生素治疗和营养直接增进身体健康来提升人的幸福，不用有意改变基因构成。

1978年中国医学遗传学家吴旻倡导开展优生学研究， 1982年阮芳赋在中国最早提出"环境优生学"这一新学科名称。实行优生的主要目标是减少出生缺陷。中国1981年首先在北京顺义县试点开展围产保健监测系统。1983年卫生部批准在北京医科大学建立"出生缺陷监测中心"，并开始在北京、天津、安徽、甘肃、江西和辽宁等省实行出生缺陷监测。1984年华西医科大学在四川组建出生缺陷监测工作，并于同年加入国际出生缺陷监测情报交换所（ICBDMS）。1986年，卫生部妇幼司、科技司组织了全国29个省、市的出生缺陷监测，全国约有2000所县级及以上医院参加。同年，1987年中国第一次获得了全国出生缺陷监测数据。卫生部于1988年在华西医科大学组建"中国出生缺陷监测中心"，组织进行全国的常规出生缺陷监测工作。

同年，中国第一部《实用优生学》出版，把优生学划分为基础优生学、社会优生学、临床优生学和环境优生学4个领域，构成现代优生学的完整体系。

中国环境优生学的产生是世界性的人口、资源、环境问题对人类健康的危害和医学的发展提出的全新课题，体现了现代医学卫生科技发展等多学科发展的综合成果。

（黄娟）

换婚（Marriaye Exchange） 是一种互惠的婚姻体系，即在亲属群体或婚姻等级中交换配偶。通常，如果是以男性为主，会描述为"女性的交换"，换婚是讨论结盟体系的基础。

（哈彬）

黄文山（1901—1988） 中国近代思想家。号凌霜，广州台山县人。1921年毕业于北京大学，后赴美留学，1927年获哥伦比亚大学硕士。1928年回国后先后执教于国立劳动大学、中央大学、建设大学，曾任中央大学社会学系主任、中山文化教育馆研究部主任、建设大学校长、广东法商学院院长、立法院委员、广东省政府委员等。1951年后，历任社会研究新学院和南加利福尼亚大学教授、洛杉矶中国文化学院院长、洛杉矶泛美华人出版社社长、台湾大学和香港中文大学客座教授、台湾"中央研究院”院士等。他一生致力于民族学、社会学、哲学、史学等领域的研究和译述，积极介绍美国的社会学的文化学派，努力从事建立中国文化学体系的工作，以倡导文化学作为独立学科自任。他认为，文化学以文化现象或文化体系为其研究对象，综采西方理论，探讨文化的基本法则，为文化学建立起综合的方法论，将其置于科学体系中最高的位置来进行观察。为了加强中华民族的向心力，必须以民族学家的文化理论为根据，对全国各民族做有计划的实地调查。他对于文化学在中国的倡导、发展和学科形成做出了贡献，其著述基本上顺应了国际学术界对文化学这一新兴学科的发展要求，在当时学术界和教育界产生了一定影响，并且得到了国际学术界的关注。著有《文化学在科学体系中的地位》、《文化学体系》、《论当代的文化》、《文化学研究》等。

（刘姝曼）

参考书目

王建民. 中国民族学史（上卷）. 昆明：云南教育出版社，1997.

《回回民族问题》 中国研究回族历史和现状的论著。成书于20世纪30年代，1941年4月由延安解放出版社出版。其后又在山东、渤海等地翻印。1980年由民族出版社再版发行。简明叙述了回族产生和发展的历史，概括介绍了什么是伊斯兰教及回族发展过程中的伊斯兰教，也保存了陕甘宁边区有关伊斯兰教及其回族的许多第一手文献资料。

全书共9章：第一、第二章简述回族的族源和形成发展的历史；第三、第四章论述了伊斯兰教、回族与伊斯兰教的关系；第五章至第七章叙述回族的现状，指出在当时中华民族严重的危机下回族的出路；第八、第九章阐述了中国共产党的民族政策及陕甘宁边区回民的现状。书后附录有中共中央和陕甘宁边区政府关于民族工作的4个文件，其中第七章为本书的重点章节。全书以可靠的史料和实际调查的材料为依据科学地论述了中国回族是一个勤劳勇敢、为祖国做出了很大贡献的民族，批驳了蒋介石不承认其是一个民族，而将其看成是“生活习惯特殊的人”的荒谬言论，也揭穿了当时日本侵略者妄图建立“回教国”的罪恶阴谋。本书对团结回族共同抗日和在陕甘宁边区贯彻执行中国共产党的民族宗教政策都起了重要作用。

（康敏）

婚姻制度（Marriage System） 是指被一个社会所承认，并被社会成员普遍遵循的婚姻关系规范体系。像婚姻制度这样简单而有序的概念可能只存在于特定人类学家，尤其是那些经常被称之为“联盟理论家”的脑海之中。虽然这些学者们在相当程度上重复了那些被称为“结构主义人类学家”的理论，但是实际上，他们失于展示出真实世界结构化的丰富性和复杂性，他们错误地阐释了民族志数据，却无视批评，后果是他们创造了一种哲学家所谓的“封闭的思想体系”。最早由舍勒提出，并在后续得到萨丕尔以及其他一些理论家响应的所有这些指控都指向列维·施特劳斯，杜蒙以及其他一些理论家。但是由于其理论的封闭性，联盟理论忽略了这些攻击，并得以与他们在曾经占据卓越地位时所提出的一般亲属制规则一起存续下去，那些联盟理论的经典主要是介绍性的，有时也是富有影响力的文本。

联盟理论将婚姻的本质界定为一个男性（或者男性的集团）与另一个或一群男性之间的关系，其中，妇女被当成礼物，或者交换品。正因为此种原因，女权主义者们对这一理论并不认同。联盟理论并不是对男权世界现实的反抗，而是男权幻想的另一种表达，在这里，女性的人格被低估、忽视，甚至直接被否定。这并不是轻视联盟理论——它所表达的男权意识形态是现代世界的统治性意识形态，而在前现代的人类社会中，它是一种更具主导性的意识形态。

更为简单的标签，例如“排列”或者“理解”，更能切题于真实世界的婚姻概念，因为这些标签展示了生活的微妙之处，因此更能体现一种人类学的视角。从事文化比较的学者们争论了几十年，对于我们现代人中是否存在关于婚姻概念的统一理解却仍然尚无定论，而争议的焦点是同居者的身份定位。例如，如若一名南印度卡斯特（caste-category）的妇女与某位定居在自己村落住所中的男子长期保持性关系，该卡斯特将为这名妇女专门举行庆典。这种婚姻的形式也可能在其他地方被发现，例如西非的部分地区。在非洲的东部和南部，情侣们是以同居而被联系在一起的，虽然可能有时情侣双方都是女性，当然，在这样的例子中，情侣双方中的一方可能被假定为“男性”的角色。这些非洲的案例是有启发性的，这并不仅仅是因为它说明了人类可能接受的婚姻联结的形式范畴，同时也描述了单个人生活的复杂面向。那些“女性丈夫”在地方社会中通常被这样认知：她们不仅仅被描述为行为像男性的女性，而且是一个可以与其他大多数人分离的社会单位的一个配偶。相比之下，南印度的“案例”是否真正是婚姻则是一个理论上的问题，而不是经验性的问题。

（朱天谱）

混沌理论与人类学（Haos Theory and Anthropology）对熟悉人类学的人来说，有关混沌和复杂的主题可能从直觉上感觉是与这一领域相关的。对不熟悉文化的浸入过程一般被认为是会产生迷惑、困顿以及认为外国的文化有“混沌”的感觉。因此，混沌理论与复杂理论对不熟悉文化人类学的人来说会产生迷惑、困顿，它与人类学的关系不需要一个详尽说明。我们要把它们之间的联系说明并建议给出混沌理论和复杂理论可能应用于人类学调查中的一些方法。

混沌理论　混沌理论和复杂理论都根植于系统理论的发展，系统理论产生于第一次世界大战期间和战后这个阶段。特别说明的是，开放系统之所以被定义为开放，是因为自从它们由众多彼此联系和相互影响的成分构成之后它们与它们的环境和“系统”进行着资源交换。运动系统理论也可以被看作是一个“整体的转变”，它标志着对简化理论或原子方法的放弃。因为这两种研究方法都是把事物层层剥离成尽可能小的成分以发现其本质。相反，系统理论的思维特点是认定整体大于个体之和。从某种意义上讲，个体部分可以被理解为整体的全息代表，而这一整体在结合时通过个体的彼此互动产生了一个新的、奇特的物体存在。

混沌理论的发展起始于美国爱德华·洛伦茨（Edulard Lorenz）的研究。作为一个气象学家，他的兴趣在于天气模型建模，但这一研究导致他发现，在最初的条件中一些极小的区别有可能对后果产生巨大的影响。这一发现就成为众所周知的“蝴蝶效应”。

当实证科学倾向于把一些小的差异看作是烦人的干扰成分一般不予考虑时，而在混沌理论中，这些小的差异则成为关注的重点对象。后来，这一现象被叫作“对初始条件的敏感依赖性”。这对洛伦茨和艾恩·史都华在初始实验中建立天气模型的兴趣就意味着，要对天气进行准确的预测是不可能的。产生的现象再一次显示在初始条件中的细微变化能产生差异巨大的后果。詹姆斯·格里克（James Gericke）在1987年把混沌理论介绍给普通公众时，描述了洛伦茨水车的工作机制，洛伦茨显示的是，一个简单装置看似无序的行为最终是有序的。科学家意识到存在着稳定状态秩序和周期性秩序：稳定状态秩序描述的是，其变量从不发生变化的行为导致的是重复的模式；周期性秩序描述的是一个不停重复的环圈模式。然而当洛伦茨实验的结果用曲线标示时，第三种秩序出现了。洛伦茨实验中的等式结果是被决定的秩序，这不是稳定状态秩序，也不是周期性秩序。从不稳定在某个点上的模式也不会重复。最初看似混沌无序的东西事实上是有秩序的，这一现象就是众所周知的“洛伦茨吸引子”。在洛伦茨吸引子内，蝴蝶翅膀的意象显示的是混沌和秩序两种情况：当显示为混沌无序时，这一模式再不会被重复出现第二次；当显示为秩序时，这一模式会消失在参量的变化中。

洛伦茨的研究发现是在1963年发表的。然而自从在气象学杂志出现，他的研究成果并没有引起广泛的关注。气象学界以外的人是在多年以后才听说他的研究成果。随着时间流逝，其他领域包括数学和生物学领域的研究者也在他们的实验中发现了类似现象，如硬币的抛物线、人口的增长、棉花价格的起伏、海岸线的测量等。这些实验揭示了行为中隐藏的、令人惊讶的一些方面，这成为混沌理论中的重要概念。

在后续的混沌研究中有一个重要发展就是分形概念，作为图示法，它展示了自相似性的特点。fractal（分形的、碎片的）一词来自于fractional（部分的、小数的）一词。分形的例子包括曼德博的偏微分方程分形图、洛伦茨的吸引子和科赫曲线。每一个这样的数据群里都展示了一些矛盾特征，它揭示了看似混沌系统里所隐藏的秩序。比如说，科赫曲线图解了每一次当新的三角形加在一个三角形的外面时，周边线的长度越长，然而科赫曲线的内核部分比画在最初三角形外面的圆圈部分要小。事实上，那是环绕在有限区间外面有着无限长度的一条线。作为研究自型的数学家本华·曼德博，他使用这一分形概念去探索在测量海岸线长度的中异常现象。

混沌理论的发展也受益于计算和测量技术的进步。高速计算技术的使用与电子显微镜所带来的影响是相似的，这两个技术都能使科学家深入了解事物的本质，而这些在过去由于受限于人类的视觉能力和进行巨量计算的能力是不能了解的。这些新技术能使我们看得更深入，也开阔了我们的视野，那就是揭示了某些模糊行为更广阔的画面，挑战了长期以来有关宇宙和生命本质的假设。

复杂理论　混沌理论与复杂理论关系紧密。如前面所提到的，这两种理论都产生于对整体论和格式塔理论的兴趣。跟随其后的是第二次世界大战后的控制论和系统论。这些知识运动的共性就是要要取代简化主义，倾向于关注建模互动，而非把这些因素简化掉。就环境互动和关注而言，这与系统理论非常相似，系统理论界定了3种状态：有组织的简单、有组织的复杂与混沌，这些在复杂理论家斯蒂芬·沃尔夫拉姆与克里斯·兰登的类型学里反映为：稳定、混沌的边缘与混沌。

混沌理论、控制论、突变理论与一般系统论对确定性的动态系统都有相同的兴趣，在这一系统中有一组公式可以预测这一系统从一个时间点的状态移向另一个时间点的状态。使复杂理论区别于其他理论是因为它提供了一种对系统内各独立成分互动而产生的常规性进行考察的不同方法。组合起来，这些成分就构成了复杂理论中所说的复杂适应系统（CAS）。对复杂理论的主要贡献者之一是默里·盖尔曼（Murrayg Herman），他确定了与复杂适应系统里相同的4个元素：模式主体、自我组织网络、混沌边缘的共同进化及重组和系统演化。就如同在下一节中这些应用的例证中所展示的，这些特点中的任何一个有可能与人类学和社会科学的研究主题相关。

罗伯特·阿克塞尔罗（Robert Axelrod）以他研究囚徒困境里的竞争与合作的博弈而出名。他认为，复杂理论是在研究众多演员和他们之间互动。演员和主体可以是人、组织、国家、鱼、人群、原子或仿造物，他们的互动可以包括任何活动，包括从战争、缔结联盟、新产品的开发到交配。

这些广泛的应用被引用来作为证据，争论说明关于复杂理论的定义绝对没有共识。有人辩护说，我们绝不能把复杂性看作是科学或理论，而是相反，应该把它看作是一个范式或一种说法，如同马丁和弗罗斯特所提出的后现代主义特征。然而，尽管存在这些争辩，来自于复杂理论的建构和概念应用依然进行着。相关的文献越来越多，这意味着复杂性不只是一个主题，这与任何一个新科学一样，界定其特征需要不间断的学术探讨。

一套可辨认的核心概念和原理已经使复杂理论具备了形式和内容，而其中好多已成为主流的学术和专业文献。例证包括混沌边缘、突现、合理局面、相变、适应性自我调整和具有相互因果关系的非线性反馈环路。适应性自我调整、共同进化和主体等概念在人类学领域有着特殊的实用性，并很详细彻底地在这一领域被应用着。这其中的每一个概念都为了解复杂适应性机制的非线性动力和他们从中产生、发展、成熟和消退的环境提供了新的洞察力。就人类学而言，这意味着打开了一个考察复杂社会系统可能途径，因为这一系统是处在典型性的非线性动态中。

引用来自复杂理论观念的固有风险是就是把这些概念简化成描述性的语言或隐喻修辞。复杂理论的概念或语言被称为“推测性复杂科学”，它们的应用可以帮助使社会系统和社会—技术组织里固有的复杂性变得形象和“可见”。有的复杂理论学家认为在使用复杂理论的思想和表述时缺乏精确度就是“伪科学”，就是被认为在复杂理论中描述大量工作。尽管暗喻修辞的价值毋庸置疑，但是就把复杂理论应用到复杂适应性机制的研究上来说，仍有更多的工作需要去做。

新科学（复杂科学）的成熟要涉及研究工具和研究技术的发展。我们不只是简单地把复杂理论概念的应用当作一个隐喻，在基于主体的模型建构和模拟形式上更加有力的研究方法能在更多的领域包括人类学将产生宝贵的洞见。模拟允许研究者建构和展示互动主体在适应他们环境中的变化条件时，他们看似简单的行为能产生大规模的影响或“突变性质”。

对这一点进行强调是非常重要的，那就是基于主体的模型建构和计算机模拟的目的不是对实证数据进行真实模型的重塑。相反，其目的是揭示能够引发复杂系统重新排序的紧急而循环性的行为模式。能对大范围内的多样性环境里重复出现的互动动能机制有更深入的了解是非常重要的。所以不能根据复杂理论研究的内容（社会机构、组织模式、经济体）来描述它的特征。斯蒂芬·费伦论证说，重点应该放在研究规律和模式的新方法上，就如阿克塞尔罗德对竞争和合作采取了基于主体的模型研究。

在传统科学还聚焦于简单的因果关系的地方，复杂科学寻求能引发复杂结果的简单的生成性规则。生成性的规则没有多少，也是简单的。它们被用于展示一伙模拟主体在模拟环境里将如何最终表现，就如在“游戏人生”中的细胞自动机，或由计算机生成的聚集模式（“模仿自然界生物群聚现象的群聚模型”）。

用费伦的话说，“复杂科学是对复杂后果的简单原因的假设。”在“复杂适应系统”里这种行为被称作是自然发生或自组织行为，它是由长期（时间t影响着时间t＋1里的条件）控制不同主体互动的一整套相对简单的规律而引发的，这些规律相应地会产生结构。

菲利普·安德森曾评论说，“规律产生结构是因为作为规律应用产出结果的状态变成了下一轮的输入起因。”结构是从一个单元自身各主体之间、一个单元与另一个单元之间和一个更大的系统与另一个更大的系统之间正在发生的互动所演变而来的。复杂理论就是指共同演化，这是一个动态的过程，在这一过程中，一个系统的各部分就如“各主体”不仅要适应它们的环境，而且它们要随着时间流逝，塑造自身。这与文化生态学和系统理论在概念上有重叠相近的地方。

有一点必须强调的是，适应性模型与所谓的理性选择模型有着截然的不同。就如使用在经典经济学里，支撑理性选择模型的优化策略是基于理性的假设，即个体选择的结果是可以推导的。与此相反，基于主体模型和计算机模拟的倡导者分辩说，复杂适应系统为现实提供了一种更为逼真的再现。践行几个简单规则的多元主体常能产生非同寻常的后果，而之前要对最简单互动的全部后果进行预测是绝对不可能的。尽管互动是由产生单个主体行为的一套规则所决定的，安德森特别提出说，主体不必完全受制于固定的规则。如同把复杂理论应用到社会现象的分析，无限多变和惊异的概念也是复杂理论应用到在计算机和物理科学里的一个共同特点。在社会现象领域，我们把它等同于人类选择活动的能力，这就是吉登斯所指的“能动性”。

理解基于主体模型里主体的关键角色和功能是鉴别复杂性如何能够作为理论框架运用于人类学研究所必需的。依靠层次分类法，主体可以被定义为个体、团体、家庭、单位、公司或任何其他的能够以它们的特色与“他者”区别开来的实体。主体最重要的特点就是他们与其他主体相互动的能力。每个主体的反应都基于其他主体的反应而做出的；他们之间的互动导致“共同演化”的现象。“适应性景观”，是他们互动的场所，也是经常变化的。这种连通性赋予了复杂动态系统的动态特征。

混沌、复杂与人类学 人类学的主要兴趣就是对人类社会和文化的研究，人类学毋庸置疑地成为对复杂系统感兴趣的科学。从系统角度概括文化概念可以显示在对人类学理论有突出贡献者的人类学研究工作中，最鲜明的就是马林诺夫斯基和拉德克利夫·布朗（功能主义）、斯图尔德和怀特（文化生态学）和列维·斯特劳斯（结构主义者）。有关文化生态学的最新看法都是在系统理论角度扩展而来的。

尽管具有显而易见的相关性，系统理论因为其机械性和决定性特点不能真正反映社会系统经常出现的混乱现实而遭到社会科学研究者的批评。对这一理论的不欢迎与后现代主义的影响及对暗示一个统一主题的文化理论的不信任也有关。然而，有关如混沌理论的系统思维的最新研究已经显示了看似无序系统的随机性（或混沌性）里维度规模，而这种无序系统是建立在经过更详尽的调查的有序上的，这就是格利克所说的自我组织系统的稳定混沌。如社会体系这样的复杂系统可以在同一时间同时引发骚乱和秩序。在明显混乱中的紧急秩序是混沌和复杂思维观念的核心。建模和模拟仿真是复杂理论科学家发明出来用以研究这一现象的工具。

把基于主体的模型应用到复杂社会系统的研究中，要区别人们对常规的、已知情况的反应与对不确定的、复杂的和未知的情况的反应。这种区别突出了一个封闭系统和一个开放系统的截然不同。在一个封闭的系统里，在不考虑外在影响下的日常反应维持了一种平衡；而在一个开放系统必须是要对不可测的、总是发生变化的环境做出反应的。

尽管人们可以这样认为，一个封闭的模型也许可以用来对单一的、小规模的和相对孤立的群体进行传统的人类学研究，但现代人类学家所面临的高度整合的、全球化的世界，用一个封闭的模型再进行研究显然是不足的。混沌与复杂理论不仅提供了一个理论框架，还为研究复杂社会系统里各部分如何与作为一个整体的更大环境进行关联与整合提供了独特的方法和工具，如发展国家里的土著群体或一个跨国公司里的各部门。对部分—整体关系的兴趣也是进行社会-文化生态框架的人类学的主要关注点。

互动的主题在系统内和生态学的研究方法保一致的，这与社会文化系统、他们的环境和互惠或反馈因果关系之间辩证互动具有共同的关注点，在这一过程中，社会文化系统和环境之间相互影响。环境在塑造文化的演化过程中起着积极的、选择性的作用；文化，反过来，影响着其环境的特征。如此对环境与文化关系的理解是与共同演化的观念直接相关的，这是复杂理论里的一个关键概念。

从系统的角度，文化被看作一个传播行为模式系统，承担着调整人类群体适应他们环境社会的作用机制。与前面章节里描述的共同演化的概念是一样的，这一观点在社会技术系统和社会文化系统里倾向于围绕着互惠和反馈这些理念。这些概念在前面就阿克塞尔罗有关竞争与合作模式研究的文献中也提到过。

系统论观点、混沌理论与复杂科学各流派与人类学理论的结合提供了新的研究方法。在当代人类学，文化多样性的复杂性已经成为一个重要的研究主题。自从后现代主义第一次挑战了传统人类学思想的假设，协商文化和嵌入式文化分层概念就通过持续的对话发展起来了。哈马达与乔丹解释说，能解释小的、相对同质化的群体区别的经典自然概念受到了社会群体的挑战，这些社会群体没有边界、其成员身份也许重叠交叉，且根据具体情况改变其忠诚度。

尽管复杂性是当代社会系统的重要标志，复杂理论的应用不只是局限于人类学对当代主题的研究，如全球化对土著群体的影响。因为复杂理论具有揭示在复杂和看似混沌的系统里紧急模式的能力，所以这一理论有潜力为复杂社会系统的研究提供所需要的理论框架和分析工具，且不管这一社会系统处在什么样的历史阶段里。

为研究复杂社会系统崩溃而由蒂姆·科勒（Tim Keller）研发的村庄模拟模型和罗伯特·雷

诺斯（Robert Reynolds）的文化算法研究都是例证。通过使用从梅萨维德国家公园区域收集来的历史遗存和考古发现的数据，村庄模拟模型最初设计是为了了解前西班牙裔居民的行为。当初是希望这个模型能够去揭示这一聚落人群消失的可能解释，它的证据是对这一地区的考古研究。模拟得出的证据是，在涉及形塑这一地区社会历史的不只是环境因素。

在使用科勒基于主体模型研究梅萨维德前西班牙裔普韦布洛人地区时，雷诺斯启用了建构文化进化的模型框架。通过加入文化因素，雷诺斯使用文化计算法探索突变因素的影响。如果社会系统是脆弱的，这就可以假设任何导致压力的因素都可能引发社会的崩溃。雷诺斯与他的合作研究者齐亚德·考布蒂（Ziad Kabsti）通过考察环境变化对社会系统形成的作用研究农地的空间分布和当时的雨水分布影响着社会系统的结构。

雷诺斯与考布蒂能够显示农业资源的分布是有益于所谓的小世界网络系统的发展，它是依靠沟渠或主体的存在，同等连接性足以强大到可以把小小的世界连接起来。如果没有这些沟渠，这个小世界的网络系统就可能崩溃。实验证明，事实上当时这样的沟渠在急剧减少，这就对这个小世界网络的弹性产生了负面的影响。

混沌和复杂理论的适用性 有关混沌理论和复杂理论的发展特别值得提出注意的是这两种理论在不同领域里的广泛适用性：从计算机科学到物理和社会科学。这两种理论在考察复杂系统运行方面有着内在的跨学科相关性，这意味着这些原则在多样的系统范围内都是适用的。如，约瑟夫·苏斯曼在2000年对交通这样一个复杂系统特点的描述，但这也可以应用到描述一种经济和一个社会：

一个系统是由一组相关的单元（次一级系统）组成的，它是复杂的，因为这种关系的程度和关系的实质是不能被完全知道的。即使次一级的行为是很容易被预测的，但其整体的突发行为是很难预测的。不同次一级系统的时间尺度是非常不同的——长期的行为和短期的行为也许有着显著的不同，而很小的输入和参量的变化可能产生极大的行为变化。

封闭系统的观念充其量是用不准确的眼镜去考察当代社会的典型所具备的复杂互动和嵌入型体系。也是因为类似的原因，理论和方法论的界限限制了人类学家更好地进行他们主题研究的广度和深度。这些界限应该被新的理论范式所改变，因为这些新的研究范式已经被证明在其他的领域能对广大的复杂适应系统提供可贵的洞见。科勒和雷诺斯的最近研究就是把来自于混沌理论的概念和来自复杂科学的研究方法和工具如何被应用的人类学例证。

混沌理论和复杂理论为人类学家提供了研究的新领域和跨学科的合作，特别重要的是人类学标志性的概念（文化）和核心方法论（民族志）正被其他学科所使用。人类学家在把他们的独特的技能、方法和工具应用到其他领域方面有着奇特的能力，如医药、贸易和工程。然而，我们应该更好地把戴安娜·福赛斯所说的人类学研究中“看不见的”部分表达交流得更清楚一些。

计算机模拟已经成为把复杂理论应用到很多学科的复杂适应系统研究中的普通研究工具。

致力于跨学科的研究、在人类学以外的学术会议上发言和其他领域的同事联合署名杂志文章的发表都是在提高人类学的相关性和强调人类学能够就人类严峻的问题和全世界今天面临的挑战进行研究。

在这一条目开端引用了亨利·米勒（Henry Miller）的话，这句引言的意思是，在看似完全混沌的混乱状态远处隐藏着秩序。这概述了混沌理论的基本前提和反映研究现象的一种基本方法，这与人类学的基本原则是一致的。

探讨混沌和复杂理论这样新的研究视角，提供了跨学科对话的机会，这同时拓宽了人类学的研究视角和促进对形成人类学研究基础的哲学和理论支柱进行更全面的理解。

（刘统霞）

混合家庭（Composite/Compound Family）由两个或两个以上的核心家庭聚集而形成的家庭。混合家庭不一定居住在一起。它有下列几种形式：由一个丈夫与几个妻子及其子女构成的家庭；由包括祖父母、父母、叔伯父母、兄弟姊妹等亲属所组成的大家庭；在丧偶或离婚后，一方再婚时，与前夫或前妻所生子女，或其他亲戚等共同生活的家庭。最常见的是一个丈夫在一夫多妻制的婚姻制度下组成的混合家庭。

乔治·彼得·默多克（George Peter Mrdoch）在他具有影响力的著作《社会结构》一书当中，将家庭定义为“一种具有这样特点的社会群体：他们有着共同的住所，有着经济上的合作以及再生产。这个群体包括一些两性成年人，且其中至少有两个人维持着社会认同下的性社会关系（夫妻关系），并有着一个或者更多的子女，同时也拥有或者收养着一些未婚而同居的成年人”。默多克把有着母亲、丈夫和子女的两代家庭定义为家庭核心。这种家庭形式大多数时候出现在捕猎采集和工业社会。从一方面来讲，在困难和大灾难时期，他们几乎不能从外界得到丝毫的援助，这就意味着一旦母亲或者父亲去世的话，孩子们的生活就难以得到保障。从另一方面来讲，这种家庭形式非常适合流动性（迁移率）较强的生活方式，无论是对因纽特人还是当代工业社会都是如此。同时，这种家庭形式也同样常见于在有着明确的男女性分工劳动的环境当中。默多克把这种家庭形式看作一种普遍的人类社会群体，但是，他同时还认为，在世界上绝大多数社会中，“核心家庭就像一个分子当中的一个个原子一样，联合成更广泛的集群。”这种混合家庭形式又称作“扩大的家庭。”

（周莹）

火的使用（Fire-Making）　火的使用被视为人类文化演化的转折点，以及区别于其他生物的重要技术。达尔文认为人类进化表现为语言、工具的制造和火的使用等特征。恩格斯在《反杜林论》（Anti-Turin）中曾指出火的使用“第一次使人支配了一种自然力，从而最终把人同动物界分开。”因此，火的使用成为了解人类行为演化、饮食结构、社会组织形态发展及人类—环境相互作用的重要媒介。

一些学者主张早在150万年前的旧石器时代早期就已经出现火的使用，在肯尼亚、埃塞俄比亚、南非等地发现燃烧过的地层，经火烧过的石制品或动物骨骼等疑似用火的证据，并且认为在距今50万~40万年前的直立人已掌握对火的控制。例如东非的肯尼亚境内巴林戈湖附近的契索旺加（Chesowanja）、库比佛拉（Koobi Fora）及欧罗结撒依立耶（Olorgesailie）发现泥土被加热的痕迹。赞比亚境内的卡兰博（kalambo）瀑布附近发现有关早期人类使用火制造手工制品的迹象，包括烧焦的木料、木炭、红化的土壤、炭化的草皮、植物以及一些可能曾被火烤而加硬的木具。根据碳-14测定该遗迹距今11万年。另外在欧洲的多处遗址也发现用火的遗迹现象。然而，这些痕迹在断定古人类用火行为方面仍存在较大争议。20世纪30年代，于以色列博诺特亚阿寇伏桥（Bnot Ya'akov Bridge）附近发现确凿的火塘遗迹，距今79万年。与早、中更新世相比，自中更新世末期对火的使用更加普遍。

中国史前考古证据显示，北京周口店遗址第1地点的洞穴堆积中保存了灰烬层、烧土、烧石、动物骨骼及木炭等与用火相关的遗迹和遗物。辽宁金牛山遗址则保存了较为完整的灰堆与灰烬层，可推断处于早中更新世时期的人类已经开始利用并控制火。而至晚更新世时期，用火遗迹的数量增多且分布广，例如北京周口店遗址第15地点、山顶洞遗址，河南安阳小南海遗址，贵州的猫猫洞遗址、马鞍山等遗址，云南老龙洞遗址，广西白莲洞遗址等。可见使用和控制火已成为这一时期古人类生活中普遍存在的行为。

人类对火的使用由控制火和制火两个基本部分构成。在自然界中火可以通过闪电、火山运动和太阳辐射等方式产生，然而人工制火则需要具备专门的工具、技术和材料。早期人类从控制火逐渐掌握制火的能力，并且火的使用是基于经验形成认知能力和习得的行为。一些学者从不同角度对控制火的起源进行论述。弗洛伊德将改造自然的成果视为文明的标志，其中包括使用工具，控制火和建造住房。他将人类文明与控制火联系在一起，并在《文明及其缺憾》（*Civilization and Its Discontents*）的脚注加以论述，提出早期人类获取和控制火的假设（弗洛伊德 1987：32）。理查德·朗汉（Richard Wrangham）和弗朗西斯·伯顿（Frances Burton）从生物学角度探讨火与人类进化的内在关系。理查德·朗汉视火产生的热量及其与烹饪的关系为人类进化的重要动力。而弗朗西斯·伯顿则认为火释放出的光延长了早期人类的活动时间，并且改变了根据光照和黑暗不断循环的荷尔蒙系统。

尽管在对火的使用起源的问题上仍然存在争议，但是学界普遍认同火的使用对人类行为、生计方式和饮食习惯产生的影响。首先，火的使用增加人类居住场所的选择，尤其是洞穴得以成为人类长期居住的空间，并确保人类免受食肉动物的侵害。同时，人类分布的空间也因火的使用从温暖的热带延伸到纬度更高的地区。在狩猎—采集社会，火扮演了重要的角色，大量证据显示人类以火燃烧草木来驱赶动物。甚至有的学者提出狩猎—采集社会往往存在更可能发生燃烧的地区，并且狩猎技术的提高与更好的能见度、更加便捷的行动，和利于诱饵动物生长的植被有着直接关联（Pyne 1999）。此外，火的控制也改变了人类的饮食习惯。用火使人类食物中的熟食比例增加，烹饪方式也日趋复杂，熏过的肉类比生的肉类更易保存。一些研究显示，烹饪过的植物食物能够提高人类的消化能力，摄入更高的卡路里，降低咀嚼的时间，从而使人类臼齿变小，减少牙齿的磨损。最后，火也成为加工的原料和动力，例如矛或掘土工具经过火烧使之坚硬。火被用于对木材、黏土和石头（如石灰岩）进行塑形、加工，这也为陶器、瓷器的出现奠定了基础。

（杜辉）

参考书目

［1］Armelagos, George J. 2010, *Creatures of the Flame: Light and Heat in Human Evolution*, Evolutionary Anthropology, Vol.19, pp.158–160.

［2］Fessler, Daniel M. T. 2006, *A Burning Desire: Steps Toward an Evolutionary Psychology of Fire Learning*, *Journal of Cognition and Culture*, Vol. 6. No.3–4, pp.429–451.

［3］Nicolas, Rolland. 2004, *Was the Emergence of Home Bases and Domestic Fire A Punctuated Event? A Review of the Middle Pleistocene record in Eurasia.* Asian Perspectives, Journal of Archaeology for Asia and the Pacific, Vol. 43, pp.248–281.

［4］Pausas, Juli G. and Keeley, Jon E. 2009, *A Burning Story: The Role of Fire in the History of Life*, *Bioscience*, Vol.59, No.7, pp.593–601.

［5］Stephen, Pyne 1999, *The dominion of fire*, *Forum for Applied Research and Public Policy*, Vol.14, pp.6– 15.

［6］西·弗洛伊德著. 文明及其缺憾. 傅雅芳、郝冬瑾. 合肥：安徽文艺出版社，1987.

［7］周振宇、关莹、王春雪、高星. 旧石器时代的火塘与古人类用火. 人类学学报，2012（1）.

J

饥饿（Starvation） 生物营养学认为饥饿是机体未能得到或未能充分得到自身营养所需的氧、热能或营养素的状态。长期饥饿的人体，表现为器官活动强度降低，如心跳减慢、呼吸浅慢、肌肉活动能力下降、性机能减退、总的质代谢水平降低，机体基本上维持在生命必需的低水平功能活动上。一般泛称的饥饿主要指热能不足，热能充足与否是划分饥、饱的基本标志。广义的饥饿也包括氧饥饿和水饥饿、蛋白质饥饿、钙饥饿和维生素饥饿。此外，外在刺激也可以影响饥饿感和进食行为，即使在没有生理需要时，食物的气味或视觉刺激也可以引起饥饿感。

饥饿是一种强大的动机，是由体内缺乏食物或营养引起的一种生理不平衡状态，它表现为一定程度的紧张不安，甚至是折磨和痛苦，从而形成个体内在的紧张压力，并使个体产生求食活动。体内缺乏食物或营养是引起饥饿的基本原因。人体饥饿状态，从持续时间和发展进程看，有短期饥饿和长期饥饿；从严重程度看，有完全饥饿和不完全（半）饥饿；从内容性质看，有某种或某些营养素饥饿和全面营养缺乏性饥饿。长期不完全饥饿可引起不同程度的营养水平低下和一般与特异性的营养缺乏症。

造成饥饿的原因是多种多样的，如天灾、贫困、被俘虏、囚禁、绝食、特定宗教活动、进食或生理功能受限制或损害等。尽管饥饿表现最为直观的是人类胃饥饿的反应，但是，饥饿并非仅有胃饥饿，生理学已经探明的有：胃饥饿、血液饥饿，以及大脑饥饿。在人类文化上的价值和意义上，人们可以说精神的饥饿，意识的饥饿，心理的饥饿。所以，人类的现实生活中饥饿又是一种文化现象，与政治、权力、道德等联系密切，成为人们思考生命和社会制度、构建人类身体的有效途径。

人类学对饥饿的研究，在物质研究层面上，主要是医学人类学、身体人类学的研究范畴，其成果大都与遗传学、生物学、医学、营养学等密切关联。精神层面上的研究主要集中在制度、宗教、习俗、仪式和禁忌等方面。在研究领域上，主要在哲学的美学、政治学、经济学和艺术等方面。在研究方法上，除了传统的学科视角，即整体性、符号象征、精神分析等，还运用政治经济学、动力学、象征符号学、教育学、阶级（层）分析方法、跨文化比较研究方法、历史记忆和族群理论等学科研究方法。另外，当下，饥饿的经济、政治以及全球化等问题方面，人类学也涉身其中。

中国的人类学饥饿研究，作为一个相对独立的研究领域，还处于刚刚起步阶段。但是饥饿同其他关系密切的文化现象交织在一起的研究，如饮食文化研究，其成果也是不少的。首先，国内翻译出版了不少饮食、食品方面的研究著作。如桑迪（Peggvy R. Sanday）的《神圣的饥饿——作为文化系统的食人俗》，阿图洛·瓦尔曼（Atolo Warman）的《玉米与资本主义》和让·德雷兹、阿玛蒂亚·森（Amaweya Sea）的《饥饿与公共行为》等。其次，也出现了一批研究食物与社会文化变迁的专著和论文。

人类学研究饥饿同社会、政治制度之间的关系。政治经济学派是近20年在研究饮食文化中新崛起的学派，国内的人类学学者也跟随着这一趋势，出现了一大批成果。社会动力学——深陷饥饿的群体被认为拥有活跃的革命性格。梅洛·庞蒂说过“世界的问题，可以从身体的问题开始”，饥饿引发社会革命。马克思主义认为身体是人类意识存在的物质基础，

“身体的饥寒交迫是历史的基础性动力”。马克思主义的阶级斗争的学说，张扬的是饥饿的政治意义，把饥饿形成的原因归结为社会分配不公、阶级压迫，消灭饥饿被叙述为阶级革命、阶级斗争的动力，从而形成了反抗饥饿、反抗压迫的社会革命。

政治学认为，如果政治史是一种“可能的艺术”，那么战胜世界饥饿在某种情况下——过去所不曾有的——就已成为了一个政治问题。所以，长期饥饿的持续存在与致命的饥荒的周期性发生就不得不被看作道义上无法容忍和政治上不可接受的事件。

在当下的消费社会，“饥饿”问题仍旧是“富裕”的当代焦虑，消费时代的“饥饿”保留了老式的文化表达，作为基本的形而下的身体感受，“饥饿”或是指向精致的精神和道德的高尚，或是一种不祥的社会缺陷。

符号人类学研究的饥饿问题，比如卡夫卡的《饥饿艺术家》所表达的饥饿符号是躯体的饥饿隐藏着精神的极大自由，被圈养起来的艺术家的神圣行为在他人的眼里只不过是一场商业以为的演出而已。

历史人类学对饥饿的描述就是人类学的民族志研究。

对饥饿描述最多的是文学。尽管各种文学形式不属于人类学范畴，但是文学人类学借用了人类学诸多研究方法和学科理念，因此，在伤痕文学创作中，以饥饿为主要题材的创作，铭刻着文学人类学对巨大精神与肉体创痛的饥饿感的深刻的描述。

（刘芳）

参考书目

［1］桑迪. 神圣的饥饿——作为文化系统的食人俗. 郑元者. 北京：中央编译出版社，2003.

［2］让·德雷兹，阿玛蒂亚·森. 饥饿与公共行为. 苏雷译. 北京：社会科文学献出版社，2006.

［3］阿图洛·瓦尔曼. 玉米与资本主义——一个实现了全球霸权的植物杂种的故事. 谷晓静. 上海：华东师范大学出版社，2005.

［4］汪民安. 身体、空间与后现代性. 南京：江苏人民出版社，2006.

［5］刘传霞. 饥饿的政治文化诗学——论中国20世纪80年代文学中的饥饿叙事.《杨子江评论》，2009（3）.

机械团结（Mechanic solidarity） 是一种存在于小型社会中的社会结合形式，其特点是集体意识强，群体成员有着共同情感、共同价值、内化规范以及共同信仰，大家互相了解，有共同的关注焦点。

机械团结一词由埃米尔·涂尔干（Emile Durkheim）首先创造使用。涂尔干认为，为了理解社会中存在的团结的程度和类型，必须分析该社会的结构。他划分出两种不同类型的社会结构：以机械团结为基础的社会，分工极不发达，但是它有强烈的集体意识；以有机团结为基础的社会，它有高度发达的分工，结果是高度和广泛的相互依赖替代了强烈的集体意识作为团结的根源。涂尔干认为，一般说来，社会是从机械团结向有机团结进化的，但是集体意识在有机团结中并未完全消失，而是以另外的形式表现出来。

在原始社会、乡村社会或现代社会的军队里，机械团结是主要的社会结合形式，个体必须像无机物中的分子一样，丧失自己的独特意识和个性，与整个社会保持一致的状态。机械团结的社会拥有约束性法律，把任何威胁或破坏社会秩序、强烈违反集体良心的行为规定为犯罪，并进行惩罚。机械团结的根本特征是它所依赖的在信仰上、情感上和意愿上的高度同质性，这种同质性只有在分工不发达时才是可能的。换言之，社会的“协调一致”是因为个人之间还没有分化，是以集体湮没个性为代价的。

与机械团结相对的是有机团结，有机团结是随着分工的发展而出现的，与有机团结相适应的是复原性法律。机械团结和有机团结都是涂尔干用来分析劳动分工而创造的概念。

根据涂尔干的分析，我们可以将中国古代社会看作机械团结社会。中国古代商品经济发展缓慢，社会分工多为自然分工性质，分工程度并不发达。儒家思想为中国古代的集体意识，它渗透社会结构的各个层级，以及政治、经济、文化等方方面面，因此社会各部门同质性强。当然，如果界定社会团结的标准是个人自主性和能动性的话，那么以“单位”为编制的社会结构则可以被看作当代机械团结。与传统机械社会的简单自然状态不同，当代机械团结是强国家、弱社会的典型代表，是一种人为规划社会的状态。

（张墨北　康敏）

参考书目

［1］迪尔凯姆. 社会分工论. 渠东. 上海：三联书店，2000.

［2］李培林、谢立中. 社会学名著导读. 北京：学习出版社，2012.

［3］帕森斯. 社会行动的结构. 张明德、夏翼南、彭刚. 译林出版社，2003.

［4］高丙中. 社团合作与中国公民社会的有机团结.《中国社会科学》，2006（3）.

基本亲属关系体系（elementary kinship systems）指社会所有成员都被划分为亲属并且被区分为可通婚与不可通婚两个范畴的亲属关系体系。是由列维·斯特劳斯（Claude Levi-Strauss）提出的概念。在他看来，基本亲属关系是一种由社会制度明确限定一个群体中的妇女应当嫁给另外一个群体中的男子的婚姻体系。

半偶族制度（moiety systems）被认为是基本亲属关系制度的理想模式。这种亲属关系体系按照世系关系将整个社会划分为两个主要的继嗣群体，这个社会的一半氏族或者其他社会组织层次构成一个半偶族。在仪式中两个半偶族通常发挥着互补的作用，也在族外直接婚姻交换体系中发挥作用，一个半偶族中的男子与另外一个半偶族的女子结婚，反之亦然。半偶族之间的这种相互依赖性有助于这种亲属制度所在社会的整合。

但有学者指出，半偶族体系其实并非所描述的那么严格，人们可以在这些世系中选择配偶，也可以在其他群体中选择；由拉德克利夫·布朗（Radcliffe-Brown）想象的澳大利亚亲属制度缺乏民族志个案提供的严格规定的例证；也没有澳大利亚亲属制度的证据说明这是一种真实的现象，当地约定俗成的婚姻是具有策略性的、可变的、富有弹性的和错综复杂的。

在中国，过去按照彝族的婚俗原则，黑彝和白彝不能开亲。在凉山彝族社会中，将当地社会若干家支黑彝之间形成一个类似基本亲属关系体系的婚姻圈，同一家支内部严格禁止通婚，婚配只能在家支之外，但又有姑舅表优先婚与姨表不通婚的婚配规则。一个男子和可以开亲的表姊妹彼此之间不仅可以开玩笑，男子还对于这些表姊妹拥有优先婚配权；而对于不可以开亲的表姊妹，则不可以随意开玩笑。

（陈玉柱）

基本人格结构（basic personality structure）　美国人类学家拉尔夫·林顿（Ralph Linton）、精神分析学家艾布拉姆·卡迪纳（Abram Kardiner）在《个人及其社会》中提出的概念。他们指出，基本人格结构是某个社会的大部分社会成员共同拥有的人格形貌，是指在一个文化中，基于社会成员的共同经验和可能产生这些经验的人格特征的一种整合类型。这种整合的类型与功能学派所讨论的整合有很大不同，也完全不同于鲁思·本尼迪克特（Rufh Benedict）在其著作《文化模式》中所假定的整合。

任何一个社会的基本人格类型，是大部分社会成员共同拥有的人格形貌，那是他们享有共同的童年经验的结果。这个假设导致将文化分为两个部分，造成共同特征的初级制度和由基本人格结构造成的次级制度。初级制度包括生计方式、家庭形式和育儿方式，也就是家庭组织、群体内部结构、断奶、儿童的养育、排泄训练、性禁忌和谋生方式与技术等；次级制度则是宗教、神话和民俗，也就是民俗传承、宗教信仰，对神祇的信念、态度以及信仰或者祭拜的方式等。与次级制度相比，初级制度古老而又稳定，不易受气候、经济变迁等方面的影响，是社会成员认为自然存在的。次级制度受到人格的影响而形成，是通过投射以及儿童从双亲和长辈那里习得的对神祇的观念。环境导致了初级制度的出现，初级制度造就了基本人格类型（包括共享的忧虑、防备和神经感动），基本人格类型又导致了次级制度的产生。因此，不同社会基本人格结构的本质是不同的。

基本人格结构研究扩展了形态心理学家提出的文化与人格以相似的方式整合的假设。林顿和卡迪纳认为，基本人格类型是社会中每个人都具有的有效的适应工具，共同的人格要素共同构成了一种相当完整的形貌，其存在为社会成员提供了共同的理解、价值，并可能造成了社会成员对情境的一致的情感反应，在此过程中也卷入了社会成员的共同价值。基本人格结构并不能决定一种文化的全部变迁，但是它提供了文化变迁的方向，并规定了适应性的文化变化发生的方式。基本人格结构有助于理解文化与人格的结构关系，理解诸如文化特质的接受和排斥及其相互再作用等文化变迁的现象。

批评者认为，基本人格结构忽视了同一文化中人格结构的变动性和差异性，即使所有的儿童有同样的童年经验，他们做出反应的方式也会有很大不同；研究主要是根据对心理障碍者的压抑和挫折研究做出的，而没有研究正常人的喜悦和创造；由于多数心理人类学家是在较小社区中从事研究，有些人认为基本人格类型比较适用于较小群体，而不能解释具有阶级分层并有精细分工的国家。

美国华裔人类学家许烺光在对基本人格形貌进行完善的同时，提出了身份人格形貌（亦译为“地位人格形貌”）的概念。许烺光在《心理人类学——研究文化和个性的方法》（1961）一书中指出，一种人格形貌的要素在一个文化中或多或少具有普遍性，那么这种人格形貌可以被称为基本人格形貌。与此同时，一种人格形貌只是主要被社会中占据着特殊位置的个体所共享，那么这种人格形貌可以被称为身份人格形貌。身份人格形貌被基本人格以这样或那样的方式修正和限制，但与基本人格形貌并不是对立的。许烺光在对于云南西镇的研究中指出，由祖先庇护主导的“大家庭理想”，导致西镇穷家和富户子弟的“身份人格形貌”产生了差异。

（王建民）

基督教（Christianity） 世界三大宗教之一。是以信仰耶和华神、耶稣和天国为其核心的一种一神论宗教，由犹太教分支而成。现在全世界基督徒约有24亿人。

基督教最早产生在公元1世纪罗马帝国犹太省（今以色列国一带）的一些犹太人和犹太教的信奉者中（《使徒行传》说当时犹太信徒约有120人）。3世纪末，基督教发展成为北地中海地区最大的宗教，并向地中海地区东部和南部传播。

基督教认为耶稣基督（受膏者、救世主）在道成肉身之前参与了创造世界。信仰这个弥赛亚的人们组成犹太民族，他们的祖先是亚当和夏娃。耶稣大约生于公元前4年，在加利利拿撒勒长大，从30岁开始传道，又行神迹、医病、赶鬼，并招募门徒。33岁左右，被犹太祭司长、文士及法利赛人诬陷，受罗马犹太行省巡抚本丢·彼拉多审判，被钉死在十字架上。耶稣死前曾预言自己死后3天将会复活，在他被钉死后，以传统犹太丧葬习俗，身涂香料并裹上细麻布，放入坟墓石穴之内，并因先前预言而遭犹太祭司长派兵驻守坟墓，以防遗体被偷。但耶稣复活后人们在坟墓却寻不着耶稣遗体，其后许多耶稣的门徒做见证看到了耶稣复活和升天，耶稣被钉死在十字架并复活的消息构成了基督教信仰的基石。耶稣生平及其言行记载于《新约圣经》四福音中。

基督教基本经典是《圣经》，由《旧约圣经》和《新约圣经》两大部分构成，有40余位执笔作者，前后写作时间跨越约1600年。圣经本身多处宣称自己是神的启示。《圣经》常常直接引用神的话语，如“神吩咐这一切的话”“耶和华的话临到我说”等。《新约》福音书直接引用耶稣的话语，保罗对自己书信的内容宣称“我不是从人领受的，乃是从耶稣基督启示来的”。保罗总结说：“圣经都是神所默示的。”

相比犹太教、伊斯兰教来说，基督教对于基督徒的生活在形式上，比如在礼拜、衣着、饮食方面，要求较少，约束较轻。《旧约圣经》中神给以色列人颁布了很详细的律法，涉及宗教礼仪、饮食衣着条例、司法民法等方面。基督教在从犹太教分离出来的初期过程中，与保守的犹太教徒在是否要遵行《旧约》的律法条例方面产生了矛盾，以保罗为代表的基督徒认为，律法的目的是带领人认识耶稣基督，律法的总纲是爱神与爱人，这是基督教徒要坚守的，而非关道德的律法不重要。律法终将归于无有，而信、望、爱却将长存，其中最大的是爱。关于律法的不同理解是基督教从犹太教中分裂出来的一个重要原因。后来基督教在发展过程中渐渐形成了自己的礼仪，宗教改革中新教教派对这些礼仪进行了改革，对许多形式进行了简化，但增加了普通信徒的参与。

由于人类学学科在研究对象的选择上倾向于坚持文化的延续性，否定外在变革对于完整文化的割裂，所以，长期以来，基督教研究在人类学领域处于非常边缘化的状态，人类学家不仅不愿意选择基督教社区开展田野工作，而且即使所研究社区是基督教社区，他们也有意忽略基督教对于传统文化的改变，在文本中将基督教边缘化。

人类学家仍旧热衷于表面上的变化中寻找文化的延续性，即使有新的要素加入，也并没有真正改变传统，而是换一种方式延续了传统。在这种假设的引领下，人类学家总是拒绝承认皈依的可能，他们将人们改宗基督教的行为视为受功利性的驱使，例如，对钱财和权力的追求，并认为即使在改宗之后，人们穿上了基督教的外衣，用基督教的语言交谈，但在内心深处，他们仍旧是以前的自己，尊崇的也仍旧是传统价值体系，换句话说，他们只有基督教的形式，却没有内容。

21世纪初期，人类学家罗宾斯（ Robbins ）从反思基督教受忽视的深层原因出发，开始了基督教的人类学研究。学者的研究从皈依开始，从皈依为个体本身带来的改变，皈依后对周围世界的重塑，皈依带来的观念变化3个方面进行研究。罗宾斯对巴布亚新几内亚乌拉敏人（Urapmin）的个案指出，在乌拉敏人中，人们对于言说有种天生的怀疑，认为行动的价值高于言说，所以在乌拉敏人皈依基督教后，是需要将所有的信仰建立在行动基础上进行表征的。

席福林（Bambi Schieffelin）通过考察词语的变化，考察了基督教为巴布亚新几内亚人带来的时间认知上的改变。席福林指出，虽然传统的地方语言仍然保留了下来，但新出现的词汇与新的表达方式使人们不得不按照另外一套方式进行思考。语言的改变带来的是传统记忆方式的消除，人们使用新的语言的同时，也在重塑新的自我。

与仪轨严密的传统宗教相比，基督教强调信仰的内在化，将个体从各种外在规矩中解放出来，那么，人们如何证明自己的信仰？在《新教伦理与资本主义精神》中，韦伯描绘了新教徒的焦虑，这种焦虑在被视为“天职”（calling）的工作中得到化解。

基恩（Keane，2002c）对印尼松巴岛的研究，也提供了有益的民族志例证。在松巴岛，每个人需要通过公开活动得到他人的认可，在被教会接纳为成员之前，信徒需要在众人面前宣告自己的信仰，通过对话的方式完成，信徒在牧师的一系列追问下，需要不断在众人面前回答“我相信”，这种宣告的语言成为他内心的见证，并委托众人作为见证。

对基督教的研究，从最初的回避到认真考察基督教为地方社会带来的变化，再到思考这些改变背后蕴含的文化冲突，进而反思基督教与现代性的关系，反思西方文化背后的宇宙论与意识形态基础。基督教人类学研究走过了一条从自我走向他者，再从他者解剖自我的道路。

（哈正利）

参考书目

[1] 刘琪. 基督教人类学在美国.《宗教人类学》，2013（4）.

[2] 马克斯·韦伯. 新教伦理与资本主义精神. 于晓、陈维刚等. 上海：生活·读书·新知三联书店，1987.

[3] G. F. 穆尔. 基督教简史. 郭舜平等. 北京：商务印书馆，1981.

基因分布（gene distributions） 对基因分布的研究又被称为群体遗传学，主要研究内容为人类起源时间以及人类迁徙过程。在群体遗传学之前，研究人类起源的主要途径是对化石的研究。在群体遗传学领域，突变、遗传漂变、基因流动和自然选择被认为是进化的主要推动力。

在人类学领域，现代人类的起源一直存在着多地区起源说与非洲起源说的争论。多地区起源说认为现代人类在世界各地几乎同时进化出现，而非洲起源说认为现代人类起源于非洲。通过对人群中突变的研究发现，现代走出非洲的人群中均有一个特异性的突变，而非洲的一些人群中没有此突变。这个发现支持了非洲起源说。

突变一直是研究人类迁徙路径和解释不同群体基因分布差异的主要理论基础。在人类进化过程中，突变会一直不断地产生。通过比较不同人群中突变的差异，我们可以找到拥有相同突变的人群。在人类迁徙过程中，随着突变的不断积累，最终会出现与先辈不同的群体，基因分布发生很大的变化。

遗传漂变发生在群体规模比较小的人群当中。对于一个随机婚配的无限大的群体，根据哈代-温伯格定律，群体的遗传频率不会发生变化。但是，对于一个人口数目有限的小群体，由于群体规模的限制，先辈的基因很难再次出现，群体的基因分布会向某一个方向发展。因此，两个来自于同一个群体的小群体，往往会发展出不同的基因分布。同时，突变也会使两个群体的遗传距离增加。

基因流动指的是本群体没有的基因被从其他群体中引入。通常的原因是一个群体迁徙到了另一个群体中，同时，两个独立的群体之间的相互基因交流也能导致基因流动。通常情况下，基因流动非常缓慢。但随着时间的积累，也能够产生基因分布不同于其祖先的群体。

自然选择的理论基础是适者生存。拥有优秀基因的个体通常能够将自己的基因遗传给后代，从而导致群体中该基因的频率上升。但是，环境的改变可能会导致该基因不适应环境，从而导致群体中该基因频率下降。

（李辉、余歌）

参考书目

Cavalli-Sforza, L. L., Menozzi, P, & Piazza, A. 1994, *The history and geography of human genes*. Princeton, NJ: Princeton University Press. Olson, S. 2002, *Mapping human history*: *Discovering the past through our genes. Boston*: Houghton Mifflin. Sykes, B. 2001, The seven *daughters of Eve*: *The science that reveals our genetic ancestry*. New York: Norton.

基因工程（genetic engineering） 基因工程是指通过导入、修饰、敲除特定的基因来改变生物体基因组的一种分子生物工程技术。该技术的应用领域非常广阔，在医学、农业以及其他一些生物学相关领域均被广泛应用。在医学领域，基因组被修改的细菌可用于生产药物，基因组被修改的动物可用于疾病研究。在农业领域，基因工程可用于提高农作物的产量，如大豆、土豆、胡萝卜等。基因工程不仅仅是生物人类学的研究领域，同时也是文化以及社会人类学的重要研究内容。

细胞、DNA、基因 19世纪中叶，随着查尔斯·达尔文进化论的提出以及生物体由细胞组成的发现，现代生物学诞生了。1944年，奥斯瓦尔德·埃弗里（Oswald Avery）和他的同事证明了生物体内的遗传物质的化学成分是DNA（脱氧核糖核酸）。1953年，詹姆斯·沃森（James Watson）和弗朗西斯·克里克（Francis Crick）发现了DNA的双螺旋结构。他们发现DNA的结构是两条相互螺旋缠

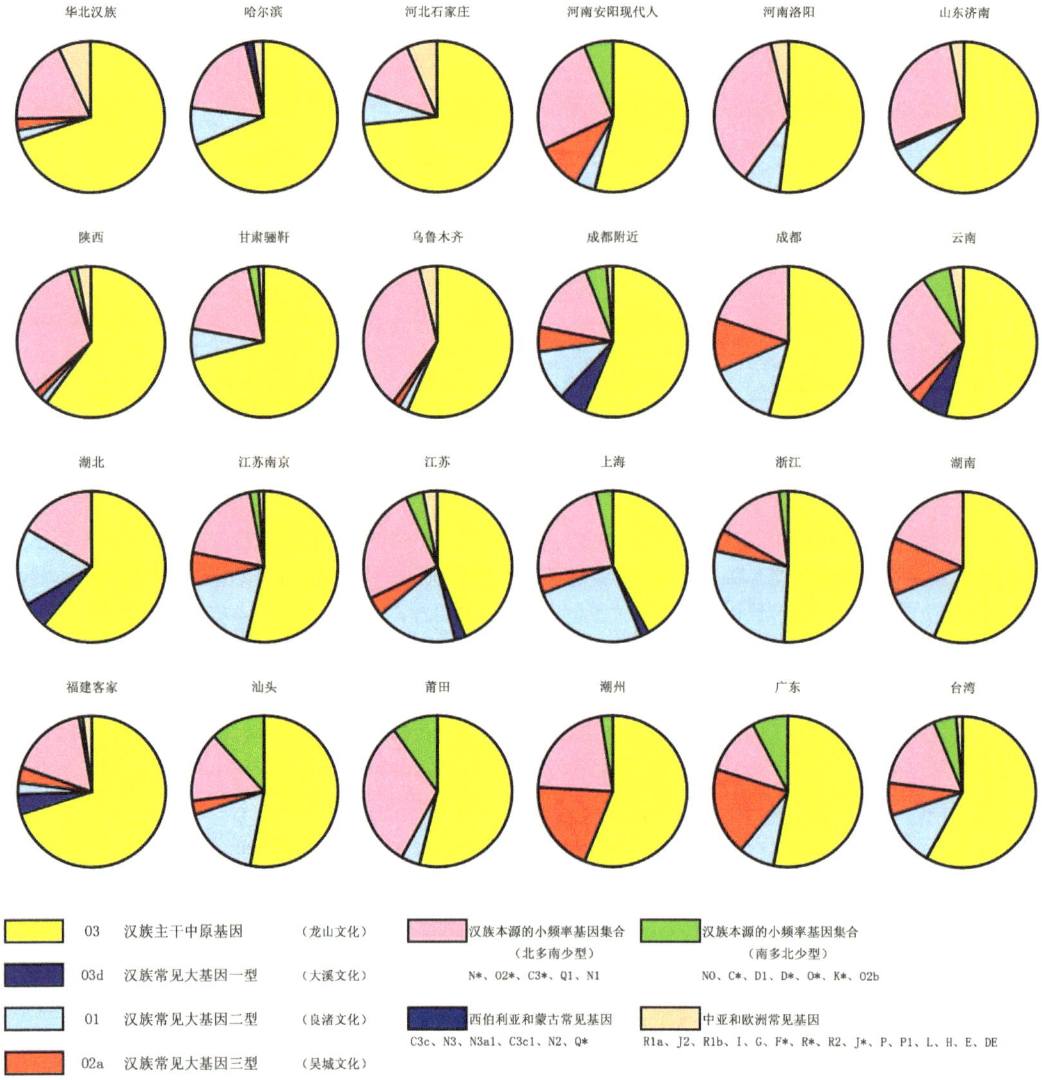

基因分布

绕的链。这种DNA链由腺嘌呤（A）、鸟嘌呤（G）、胞嘧啶（C）、以及胸腺嘧啶（G）这4种碱基通过糖和磷酸分子的作用相互连接形成。由于碱基独特的化学性质，在相互配对过程中，腺嘌呤只能和胸腺嘧啶配对，鸟嘌呤只能和胞嘧啶配对。这个独特的性质使得DNA链中一条链的碱基顺序决定了另一条链的碱基顺序，从而使得DNA能够精确地进行自我复制。在复制过程中，DNA双链打开，每条单链通过互补配对产生一条DNA新链。通过互补配对，保证了新链的精确性。

一段特定的DNA序列被称作基因，一个生物体的所有基因被称作基因组。同一个生物体的每一个细胞的基因组是相同的，但在不同的细胞中，基因能被“翻译”成具有不同功能的蛋白质。将基因“翻译”成蛋白质的过程叫作基因表达。由于蛋白质决定了生物体的功能，因此可以说基因决定了生物体的特征，但是对于一些复杂的特征，如认知能力，我们目前还无法解释基因在其中的作用。

基因修饰 基因修饰可以分为增加和删除功能两类，增加功能需要导入具有该功能的基因到细胞中，而删除功能则又可分为敲除基因和抑制基因表达两种方法。虽然基因工程应用多种多样，但是其基本步骤都是相同的。这些步骤包括获取目标基因，扩增该基因，将该基因转入到宿主细胞并在宿主细胞中表达。

获取目标基因的主要工具是限制性内切酶。限制性内切酶能够特异性地识别DNA序列，并将DNA切断，从而获得目标基因。通过限制性内切酶获得的DNA片段通常数量较少，为了获得足量的DNA片段，可以使用聚合酶链式反应来扩增目标片段。将目标DNA片段转入到宿主细胞的方法有许多种。一种方法是使用生物载体，如质粒或者病毒；另一种方法是化学和物理的方法。转入到生物体内的外源DNA能够整合到宿主的基因组，从而实现了对宿主的基因组的修饰。

由于生物体内的DNA的结构相同，因此理论上可以将任何物种的DNA片段转移到其他的物种中，这个过程被称为转基因。

基因工程的应用 基因工程目前已经被广泛应用到科学研究和药物生产当中。在科学研究中，通过将生物体内的某些基因敲除，可以研究生物体该基因的功能。由于与人类生理功能相近并且繁殖速率较快，老鼠目前正被广泛地用于基因敲除研究。在药物生产中，目前最著名的一个例子便是人胰岛素的工业生产。通过将人胰岛素基因导入到细菌中，细菌便拥有了产生人胰岛素的能力。此外，对于一些由基因突变引起的疾病，基因治疗是目前被认为最有效的治疗手段。通过将突变的基因替换成正常的基因，患者便能被治愈。由于目前技术手段的原因，基因治疗还处于试验阶段，还不能够应用于临床治疗当中。

基因工程与人类学 对于人类学而言，基因工程是一种重要的研究方法。通过基因工程，我们可以去研究人类各种生命功能的机理。同时，基因工程的研究，可以帮助我们更好地认识我们所处的生物圈的各种生物之间的关系。对于目前的人类学研究而言，与基因工程相关的一个重要课题是基因工程是否会对人类自身的进化造成影响。如果将外源基因引入到人体，传统的进化机制是否会因此被破坏。基因工程能否被用于一些非医学目的的领域，如增强人的身体机能。此外，基因工程能否用于优生优育，以提高人口素质。目前，由于我们对基因的认识仍然有限，这些问题还没有得到很好的解答，需要我们进行持续地研究。

（李辉、余歌）

补充阅读

[1] Kahl, G. 2004, *The dictionary of gene technology. Genomics, transcriptoms, proteomics* (*3rd ed.*). Weinheim, Germany: Wiley-VCH.

[2] Schmid, R. D. 2003, *Pocket guide to biotechnology and genetic engineering*. Weinheim, Germany: Wiley-VCH.

[3] Smith, J. E. 2004, *Biotechnology* (*4th ed.*). Cambridge/New York/Melbourne/Madrid/Cape Town: Cambridge University Press.

[4] Walker, J. M., & Rapley, R. (Eds.). 2002, *Molecular biology and biotechnology* (*4th ed.*). Cambridge, UK: Royal Society of Chemistry.

基因流动（gene flow） 基因流动指的是基因从一个群体流向另一个群体，通常的原因是由于一个群体迁入到另一个群体。基因流动又被叫作群体间的基因迁移、基因混合、异源婚配，或者基因交换。

通常情况下，基因流动指的是单方向迁移。它不仅仅只是群体从一个地区迁徙到另一个地区，更重要的是群体间发生基因交流。只有发生了群体间的基因交流，才能导致基因的流动。通过基因交流，新迁入的群体的基因被引入到了原来的群体中，使得两个群体的基因频率更加相似。

遗传漂变和自然选择通常会增加群体之间的差异，而基因流动则通常会减少群体之间的差异。如果两个群体之间的基因流动能够自然发生，两个群体最终会发展成一个新的群体。新群体的遗传结构会居于两个祖先群体的遗传结构的中间。

在某些情况下，基因流动会发生得很快，将某一个群体的大量基因引入到另一个群体中。但是，通常情况下，基因流动在相邻群体之间会以一个缓慢的速度持续性地发生。现代人在某种程度上说拥有相同的基因组，这说明基因交流在人类进化过程中起了很重要的作用。有研究表明，遗传相似性与地理位置存在着很强的相关性，这说明相邻群体之间遗传相似性通常较高。

基因流动的速度与范围通常会与两个群体之间的社会关系有关。在美国，将近30%的非裔美国人有着欧洲白人的基因成分。这显然是由于在美国奴隶制期间，非裔美国人长期受到欧洲白人的压迫所致。同样的现象也存在于美国土著人群中，这些基因流动主要来自于西班牙人。

（李辉、余歌）

参考书目

Cavalli-Sforza, L. L., Menozzi, P., & Piazza, A. 1994, *he history and geography of human genes*. Princeton, NJ: Princeton University Press. Olson, S. 2002, *Mapping human history: Discovering the past through our genes*. Boston: Houghton Mifflin. Relethford, J.H. 2001, *Genetics and the search for modern human origins*. New York: Wiley-Liss.

基因组学（genomics） 基因组学是指对生物体的基因及其功能的研究。一个生物体的基因组可以被认为是它的使用说明书，而基因组学就是阅读和解释这本说明书的科学。一个生物体的基因组中包含的信息控制生命的每一个方面，包括生长、维持和发展。这并不是说环境不起作用。对于生长、发育和疾病的发生，我们才刚刚开始研究基因和环境之间复杂的相互作用。在遗传学方面，基因组科学家通过分析生物体基因的功能，以确定基因如何决定或影响表型结果。人类基因组学的研究将会被应用到各个研究领域，如生物进化、人类迁徙、分子医学以及其他学科。

基因组学涵盖了许多领域的科学，因为它涉及生命最小的结构模块：DNA（deoxyribonucleic acid，脱氧核糖核酸）。基因包含DNA，染色体包含基因，基因组即是由这些遗传结构组成的。基因组可按照个体和物种归类。每一个物种都有一套独特的基因组，而一个物种的每个个体的基因组又有一定差异。物种内每个个体的基因组十分类似，因此研究一个或几个基因组就可以获得群体的信息。

有人质疑为什么有必要知道一个基因组的全部序列，而不是简单地确定各个基因的序列。不是每一个基因都是可识别的。知道基因组全部序列将有助于科学家确定哪些序列是一个实际的基因，以便研究全基因组和基因是如何工作的。另外，知道整个基因组序列将有助于科学家研究那些不编码蛋白质的区域，以确定其重要性和功能。

现在，人类基因组计划已公布了人类基因组的完整序列，科学家将开始研究与人类关系紧密或疏远的物种之间的变异。研究与人类关系较远的生物的基因组，将会提供物种演化的信息。测序并研究与人类密切相关的物种的基因组，如与我们具有98.8%的同源性的黑猩猩，可以精确地告诉科学家为什么人类与黑猩猩是不同的，为什么人类的身体和智力发育比黑猩猩先进。

除了研究物种之间的变异，人类基因组中的差异将成为医学遗传学、法医人类学、农学等学科的一个强大的工具。对于分子人类学家，基因组记载了人类的历史。基因组研究可以提供有关迁徙历史和人类种群的混合方式的信息。基因组学也是分子遗传学家研究人类疾病和复杂性状的工具。科学家们认为人类基因组之间的细微变化可以影响一个人患心脏疾病的风险、患癌症的类型。今后，基因组学将成为所有科学的宝贵工具。但是我们也只能希望，基因组学带给人类的真正益处可以超越知识的推进作用本身，因为这还涉及道德方面的问题，如在医药及其衍生领域谁可以应用这些信息。

（金力、孙畅）

疾病（disease） 机体在一定的致病因素作用

下所发生的一种结局，机体可表现出形态、结构、机能和代谢上的一系列变化，呈现临床症状和体征，或为无明显症状与体征的亚临床表现，以及病原体携带状态。健康与疾病是一个移行的过程，健康状况不仅指机体和精神上的完善，而且应能对环境做出灵敏的反应，有较好的适应能力。疾病具有不同于患病的客观性，是一种特殊的生命状态，相对于正常的生命状态——健康而存在。甲骨文中“疾”字是一个人在病床上辗转反侧、大汗淋漓的痛苦姿态。拉丁语disease也是由不（dis）与舒服（ease）两部分构成。细胞病理学家Virchow曾定义疾病是变异条件下的生命。

疾病分布是流行病学的一个重要概念，指一种疾病在不同时间、地区和人群中发生和死亡的频率。通过收集疾病资料或进行现患调查，可以取得疾病分布的断面情况。对疾病在不同时间、地区和人群之间分布特征的对比，以及与其他因素的相关分析，可以提供病因线索，做进一步分析流行病学研究。疾病分布是一个经常变动的过程，受致病因子、自然因素和社会因素的不断影响。

疾病监测指对疾病的发生、分布及其影响因素做长期、系统的观察，预测疾病的发展趋势，制定防治对策和措施，同时做出经济效益的评价。疾病监测可分为3个步骤：①系统地搜集疾病发生与死亡资料，进行流行病学调查。②分离鉴定疾病的危险因素，交流资料，互通信息。③实施防治对策及考核评价其效果。疾病监测取得显著成效的例证是全球消灭了天花。

疾病行为指病人对同一个症状的感受、判断和反应的差异。疾病的行为决定着个体接受治疗措施和利用保健体系的态度。疾病统计指使用统计方法对疾病的发病、患病、治疗、预防和死亡等进行分析的方法，它是评价居民健康水平的主要内容和指标。

疾病自然史指不加任何干预措施下疾病的自然过程。通常将疾病从发生到结局分为：①病理发生期：致病因子侵及机体，开始在细胞或分子水平上发生病理改变。②症状发生前期：生物病因不断繁殖和非生物病因不断累积的过程，处于尚无症状的潜伏期或潜隐期，此期可以用灵敏度高的筛检试验早期发现疾病。③临床出现期：致病因子突破机体屏障，生理功能失去代偿，而表现各种临床症状和体征，此期疾病尚可逆转。④发病后期：疾病发生后遗症或引起死亡。

从人类学的角度来说，疾病在人类的生物和文化系统的进化中起着举足轻重的作用。医学人类学家研究古今人类疾病发生模式的起源及变迁，以及由人口、气候、饮食习惯、宗教信仰、迁徙与定居、经济开发、社会结构和遗传等因素促成的疾病差异的综合效应。人类学家既研究疾病的自然史，也研究疾病的社会文化史。对古人类的疾病考察形成了疾病考古学，对今人类学的疾病考察融入了流行病学、心理学、药物学等学科，研究范围从传染病到现代文明病。西方社会对非西方社会的疾病研究也颇为深入，如对新几内亚库鲁病、爱斯基摩人的精神病和祖鲁人的高血压的病因研究，旨在三维地描绘疾病的世界地图。中国人类学家对艾滋病、同性恋、地方病的研究也成果丰硕。

（夏懿）

集体行为（collective behavior）　指一群人在某种特殊场合下进行的公众活动。芝加哥学派代表人物罗伯特·帕克（Robert Park）最先使用了“集体行为”这个术语。

集体行为多表现为人群在短暂相遇时的社会互动，比如体育赛事、公众演讲、抗议活动以及公众集会等。同时，也存在着一些更具分散性的集体行为，比如传闻和时尚等。集体行为多产生于人们的日常行为与规范发生冲突时，参与者被视为不受社会约束，对抗社会规范。因而，在历史上曾被视为异常行为。现在，理论家们已经改变了将集体行为视为病态的观点，主要将其视为社会变迁的例证，指出人们反抗社会规范是因为它们与其试图改变的社会制度紧密联系在一起。

早期的研究者想探究的是聚集在一起的人群发生违背社会规范的异常行为时，是什么力量在起作用。古斯塔夫·勒庞（Gustave Le Bon）在其1895年出版的《乌合之众：大众心理研究》（*The Growd*：*A Study of the PoPular Mind*）中对群体行为及其心理进行了描述和分析，指出群体行为具有精神一致性、非理智性及情绪性等特征，个体在群体中可能失去自我，做出单独一个人不会做的事情，包括身体攻击等暴力行为。

后来的社会学家则倾向于将集体行为视为社会变迁的组成部分，而不仅仅是将其作为例子来证明失去控制的人群通常会导致暴力。特纳（R. H. Turner）和基利安（L. M. Killian）区分了3种集体：群众、公众及社会运动，指出三者皆为集体行为的发生提供了社会环境。他们的理论模型关注突生规范、可行性与及时性、有助于集体行为发生的关系网等，也考虑到了集体行为的结构性和情绪性基础。斯梅尔瑟（Neil Joseph Smelser）基于"社会压力"概念，提出了诸如社会控制的瓦解、结构性助因、促发性因素等引起集体行为的一系列条件。

在斯梅尔瑟之后，对集体行为的研究又出现了一些新的理论视角。迈耶·扎尔德（Mayer Zald）和约翰·麦卡锡（John McCarthy）提出了"资源动员"（Resource Mobilization）理论，关注社会运动的成败及与成败相关的条件，比如资金和媒体等资源是否可以获得等。道格·麦克亚当（Doug McAdam）提出了"政治过程模式"（Political Process Model）用以探究集体行为的发展与取得成功所涉及的政治过程。西德尼·塔罗（Sidney Tarrow）运用"政治机会模式"（Political Opportunity Model）揭示了一系列政治结构如何影响集体行为的成败。社会网络分析法（Social Network Analysis）解释了具有同样观念的人，为什么有些会参加社会行动，有些则不参加。伯特·克兰德曼斯（Bert Klandermans）及其同事提出了"新社会心理学方法"（New Social Psychological Approach）对集体行为进行研究。与早期社会心理学在研究集体行为时强调某一变量不同，新社会心理学关注个体对一系列社会及文化影响因素的应对，其结果是可能参与也可能不参与实际的行动。

集体行为是社会科学研究中最充满活力与创新精神的领域之一，研究者们现在仍然在追问的问题是：人们是怎样将不满的感觉转化为表达这种不满的行动的？在许多例子中的确存在着不满，但是却没有行动。在那些没有转化为行动的例子中，存在着什么特别的地方？为了更透彻地理解集体行为中的这些细微差别，仍然有必要继续收集更多的实证证据。

（陈雪英）

参考书目

［1］Curtis, R. and Aguirre, B. Ed. 1993, *Collective Behavior and Social Movements. Needham Heights*, MA: Allyn & Bacon.

［2］Le Bon, G. 1960, *The Crowd*: *A Study of the Popular Mind*. New York: Viking Press.

集体主义（Collectivization） 无产阶级世界观的内容之一，是主张个人从属于社会，个人利益应当服从集团、民族、阶级和国家利益的一种思想理论，是一种精神。它的最高标准是一切言论和行动符合人民群众的集体利益，这是共产主义和无产阶级世界观的重要内容。其科学含义在于当个人利益和集体利益发生矛盾的时候要服从集体利益。一切行动和言论以集体为重，个人为轻。

集体主义是共产主义道德的核心，集体主义既是指对先进工人中把集体利益放在首位的行为、意识的概括和总结，又是指根据社会发展规律，在批判地继承历史上先进伦理思想基础上提出的，经过一系列的历史发展形式之后，最终确立的马克思主义集体主义。其主要内容是：从无产阶级和广大人民群众的根本利益出发，坚持集体利益高于个人利益；以集体利益为基础，实行个人利益与集体利益相结合；当二者发生矛盾时，个人利益必须自觉地服从集体利益。集体主义集中地体现了无产阶级大公无私的优秀品质，集中地体现了共产主义道德全心全意为人民服务的深刻本质以及为人类解放而奋斗牺牲的精神，因而是与资产阶级的个人主义根本对立的。集体主义原则建立在生产资料公有制的基础之上，以集体利益和个人利益的根本一致为条件，在生产斗争与阶级斗争的实践活动中，无产阶级把它当作处理个人与社会集体之间关系的根本准则。

在维护集体利益的前提下，把个人利益和集体利益结合起来，当两者之间发生矛盾时，个人利益服从集体利益，在必要时甚至牺牲个人利益。它标示了社会主义、共产主义社会关系以及人们价值观的本质，把整个社会的发展当作个人全面发展的条件，把个人的发展视为整个社会进步的因素。集体主义道德原则的建立是以生产资料公有制为前提，以社会主义制度下集体利益与个人利益根本上的一致为条件。只有这样个人才能成为集体的构造者，集体也才真正代表个人的共同利益，个人既对集体负有社会义务，又享有集体中的个人权利。这种集体主义原则主体性的充分表现，使其不单是服从性和调节性原则，而且是一个真正意义上的主体的自律性原则。

集体主义的概念是斯大林在1934年7月同英国作家赫伯特·乔治·威尔斯的谈话中明确提出来的。他说："集体主义、社会主义并不否认个人利益，而是把个人利益和集体利益有机结合起来。"他在谈话中提出："个人和集体之间、个人利益和集体利益之间没有而且也不应当有不可调和的对立。不应当有这种对立，是因为集体主义、社会主义并不否认个人利益，而是把个人利益和集体利益结合起来。社会主义是不能撇开个人利益的。只有社会主义社会才能给这种个人利益以最充分的满足。此外，社会主义社会是保护个人利益唯一可靠的保证。"

这里他把"集体主义"和"社会主义社会"相联系，而成为后来常讲的"社会主义集体主义"。

（李亚）

参考书目

［1］杨帆. 从集体主义和个人主义角度论中西方文化教育差异. 陕西教育报刊社，2010.

［2］彭克宏，马国泉. 社会科学大词典. 北京：中国国际广播出版社，1989.

［3］高清海. 文史哲百科辞典. 吉林：吉林大学出版社，1988.

［4］李剑华，范定九. 社会学简明辞典. 兰州：甘肃人民出版社，1984.

集约农业（intensive agriculture） 集约农业是指向农业进行高投入，如资本、劳动力等，同时使用化肥和杀虫剂等现代农业技术手段，以使耕地维持一种低休耕水平的农业生产系统。这一耕作方式完全不同于我们所熟知的传统农业。农业集约化方方面面地影响着农业系统的投入要素，包括粮食种植种类、劳动力投入价格以及土地产出水平。人口增长是推动农业向集约化方向发展的直接因素，集约化后，农业系统可以通过更少的土地来增加粮食产出，降低了市场价格，满足市场的粮食需求。同时，集约化过程增加了农业的资本投入，至少在农村，集约化影响了农村社会的结构变迁。

农业集约化在不同层次上改变了社会。对于小农户系统而言，集约化农业标志着人们要在选种、种植，尤其是灌溉和耕耘土地阶段投入更多的时间。因为在同一块土地上需要种植几类作物，它们有各自的成熟期，土地需要在一年之中经过多次整理来为作物准备生长环境。所有这些工作都需要劳动力的密集投入。生活在坦桑尼亚乞力马扎罗山脉的查加人（Chagga），他们在有限的土地上集约式地经营林地农业，农民们选取适阴作物（山药、咖啡）与香蕉等果树和速生木进行间种。在人类学界，罗伯特·奈汀（Robert Netting）关于小规模集约农业的论述广为人知，他论述了小农户如何运用多样化集约手段来适应不同条件的环境，并且保护了当地的生态资源。

随着全球人口不断地膨胀，农业集约化水平必须随之提升。在《农业增长的状况》一书中，作者Esher Boserup提出了一个与马尔萨斯理论不同的理论，他将人口增长视为驱动农业和社会变迁的自变量，而不是农业产出增多的结果。然而，不能否认的是社会变迁与市场压力和人们对粮食需求增加有直接的关系。如坦桑尼亚的帕尔人（Pare）近些年来发展了劳动力高度集约的农业灌溉体系，Boserup分析是因为当地定居人口的大量增加使当地粮食需求增加，为婚姻准备现金而不断扩展的牲畜贸易，推动了牧业的集约化。当然，与此同时，我们不能否认，在许多人口密集地区，农业集约化程度并不高。

小农户所经营的集约农业客观上改变了地理景观，其中尤以梯田最为引人瞩目。梯田是一种分层的丘陵种植区，采用某种措施保障土地保持，防治灌溉用水造成快速地面径流。梯田最早出现在史前时期。起初人们清除森林或小山顶，以便种植一些粮食作物，或者作为防御工事。大致在同一时期，这类梯田开始出现在世界各地。现在世界上梯田主要集中分布在中国丘陵山区地带、菲律宾的吕宋岛、日本南部、印度尼西亚的爪哇岛和小巽他群岛。

但是，我们不能用社会中立的视角去看待集约农业对景观的改变，集约农业在创造更多产出的同时，也使农村贫困人口处境更为恶化。因为农业的集约化经营需要更多的劳动力和资金的投入，贫困家庭无力支付，缺乏产出，逐渐被排斥到分享村庄资源权利之外，从而边缘化。格尔茨在印度尼西亚所发现的情况就印证了农业集约化加速农村社会分层的现实，在印尼农村，大农户有农业集约化的投入条件，因此可以获得更多产出，他们乐于租用或兼并贫困户的土地，扩大集约规模，而贫困农户则沦为大农户的农场工人，大农户掌握村庄的话语权，在政治上排斥那些贫困家庭，让后者的利益诉求更无从实现。

现代科技的发展极大地推动了农业继续向集约化方向发展，所有农业环节，从播种、耕作到收割、加工都已经实现机械化，化肥和杀虫剂的施用可以实现单位土地可持续耕作。然而，过度地施用化肥和农药也已经导致了环境污染问题日益加重。而在家畜养殖过程中使用荷尔蒙和抗生素类药物也直接影响了人类的健康。出于对工厂化种植和养殖的恐惧，人们越来越多地呼唤有机农业的普及，希望政府能够通过补贴等手段，让有机农业替代集约农业。

无论如何，随着人口持续增加，科技不断发展，农业向集约化方向发展的步伐不会停下，在人类学家奈汀的标志性论著中，他认为，我们可以去走一条不同于依靠土地兼并和农业机械的方法不断扩大种植（养殖）规模来增加粮食产量的路，小农户一样可以运用小规模集约手段来节约自然资源成本和社会成本，但却能够保障更多产出。

（马威）

《嫉妒的制陶女》（*The Jealous Potter*，1978）

法兰西科学院荣修之后创作的第一本神话学著作，作者列维·斯特劳斯（Claude Levi-Strauss）从南美洲的神话入手，探讨了神话与人种分布的关联性、神话逻辑的地域性以及普遍意义上的神话思维的含义等3方面的问题，具有很高的参考价值，是研究神话思维方面的一部具有里程碑意义的作品。

列维·斯特劳斯以侦探小说似的手法阐释这本书的神话系集实际上将重点放在陶器上，是以陶器为主题，为了表明从自然到文明、从生食到熟食的过渡，为了说明神话的奇特之处就是运用了几种符号的观点。他讲述了印第安人各个族群关于陶器、夜鹰、树懒的各种各样的神话传说。在分析和研究这些神话时，他概括了印第安神话的三大主题，即食欲、忌妒或夫妇不和、爆裂，通过翔实的案例及独到的分析，阐述了陶器的制造、夫妻间的忌妒和夜鹰三者之间的关系。他提出并证明了不定型理论、鸣禽理论、貘的理论、林栖动物理论、莱因瓶理论，指明了神话的动物元素和动物的象征性，指出了神话思维的本质，即符号的多样性和任意性，还指出神话世界的三层空间，即天、地、地下。他通过所有这些分析和比较，通过他所创立的典型式的应用，找出了各种神话因素对应或对立的关系，使得似乎是斑驳的、杂乱无章的、毫无联系的神话变得有条有理、秩序井然、可以理解。

（刘荣）

计算机与人类（computers and humankind） 许多人对于近30年的计算机历史非常熟悉，但事实上人类使用计算辅助工具的历史可以追溯到至少2000年前。第一代计算机（1939—1954）使用真空管来计算，这一时期的绝大多数技术进步都是服务于军事目的。第二代计算机（1954—1959）使用的是电晶体，它提供了一种新的更有效的计算方法，国际商用机器公司（IBM）主导着这一时期的市场。第三代计算机（1959—1971）是用集成电路（IC）制造的，一个集成电路是由许多电晶体构成的芯片，这一时期计算机应用技术也开始发展起来，计算机绘图、文字处理、阿帕网（Arpanet）和大规模集成电路都出现了。从1971年到20世纪末，被认为是第四代计算机的发展时期，第一台微处理器、第一个密封的硬盘驱动器、个人计算机、计算机游戏产业、微软操作系统等重要的技术革新层出不穷。从今往后的第五代计算机的发展则将紧紧围绕着互联网、虚拟实在、人工智能和高精尖家用电器技术的普遍使用。

值得注意的是，如今计算机已进化至可以支持更复杂的软件应用，计算机可以模拟几乎所有东西，从人类进化到天气状况。人类学研究所收集到的信息可以输入计算机，从而模拟出从无人类时代到人类时代的进化。通过了解人类进化，科学家可以进一步了解自然选择及所有生命体的进化过程。同样的，计算机也通过分析世界各地的环境数据开发出了气候变化模型，这些模型可以预测今后50～100年的环境状况，以便人类更好地为未来环境变化做准备。

人类社会将越来越依赖于计算机的使用。在可预见的未来，不管是出于科学研究、商业、教育，还是出于个人目的，我们都将需要速度更快、体积更小的计算机来满足持续增长的对计算能力的需求；计算机辅助的人工智能使机器人有能力思考和执行任务，为人类提供便利；人们也可以通过错综复杂的全球网络联结上世界性的资源。正在发展着的技术将让上述预见变成现实。

（黄雪萌）

技术（technology） 凡是作用于物质的人类活动，都涉及技术，也即人类社会应对改变物质环境的工具、应用操作过程来影响期望的成果的能动性，以及操作的知识和技巧。即便是行走坐卧这样日常最基本的技术也都在传统中习得，技术带有强烈的文化属性。

技术的组成，离不开物质、人工制品、能源、姿态和知识。技术是个多层面的系统，技术之间彼此联系。每个技术行为都有物理和信息的功能，以及社会生活里的符号功能。技术的社会表征，嵌入到广阔的符号的系统里。每个技术特征都关系到组织和文化。例如耕作技术联系到一个社会的土地制度、耕作礼仪、社会组织形式等。经济需要并不总是发明之母。发明受制于多重选择性压力，包括经济和军事、文化、社会态度，甚至只是对技术潮流的追求。

技术虽然是凸显人类物种优越性的一个重要方面，被人类学者所瞩目，但理论化努力在早期并不显著。技术本身是一系列限制条件的集合，而其中物质工具成为一个特别有索引性的对象。有很多按照工具划分历史时期的方式，最著称的是摩尔根（1998）按照生存技术和工具划分的奴隶、野蛮、文明阶段。例如，弓箭对应晚近奴隶时期。陶器对应初级野蛮时期，灌溉、玉米、石器、土坯对应晚近野蛮时期，而标音字母和文献记载对应文明时期。

在人类技术革新上，新石器时期见证了几乎所有人工培育植物和家畜的到来，基本的食物生产处理也在这个时期被发现。即便现代技术翻新不穷，都不能超越新石器时期如此密集的成就。列维·斯特劳斯认为新石器的技术奇观来自人们对自然科学探究的一个感性直观的策略，与后世"科学"思维平行（列维·斯特劳斯，2006）。20世纪以来科学技术展示出似乎能解决经济、社会和政治问题的压倒性力量，人类社会似乎在成为一个技术社会。尽管有人宣称技术专家统治已过时，科技依旧具有强大推动力。生态环境和资源等系统性问题的出现，技术论者寻求更精巧的技术来应对挑战，反对者则拿来印证技术社会的崩溃。

还有两个宏观现象引人注意。一方面各个社会的技术千差万别，另一方面类似的技术、形制又频现于各地。一方面人们对一些明显粗糙的技术泰然自若、处置若素，另一方面整体上来看人类技术进步的趋势毋庸置疑。前者涉及技术的独立发明、借用与传播。后者受到一些手艺人或艺术家的保守倾向影响，也即宁愿放弃进步可能也不愿公开技术秘密，此外长期稳定还受到系统性这一生产的特征影响。例如灌溉需要各方合作、系统配合，用来预防纠纷、分配水资源的一系列机构，这些机构呈现超稳定的状态，制约了技术的更新。

现代技术的民族志研究中，科学技术研究（STS）蔚为大观。以拉图尔（Latour 1986）为代表的人类学者亲身进入科学实验室，观察、记录实验室的科学活动，指出科学事实也是社会建构的产物，即受到科学家集体内外争论、磋商和妥协的形塑。如果把技术放大为广义的人们应对日常问题的方法，或者说我们用技术的眼光看世界，那么技术的人类学研究其实不仅限于谋生、工艺、科技等传统意义上的技术，还包括养生、说服、权力施展等种种日常生活细节和过程，技术哲学以及STS研究所积累的知识都可以应用其间。

（李耕）

参考书目

［1］Gille, B. *Histoire des Techniques*. Paris: Gallimard, 1978.

［2］Latour, B. & Woolgar, S. 1986, *Laboratory Life: The Construction of Scientific Facts. Princeton, N.J*: Princeton University Press.

［3］Ostrom, Elinor. 1990, *Governing the Commons: the Evolution of Institutions for Collective Action*. Cambridge: Cambridge University Press.

［4］马塞尔·莫斯. 人类学与社会学五讲. 梁永佳，赵丙祥，林宗锦. 南宁：广西师范大学出版社，2008.

［5］路易斯·亨利·摩尔根. 古代社会. 杨东莼、马雍、马巨，北京：商务印书馆，1997.

［6］克洛德·列维·斯特劳斯. 野性的思维. 李幼蒸. 北京：中国人民大学出版社，2006.

继承（succession）　在人类学中，通常指财产（物质的与非物质的）以及财产权的承继，与承袭意义相近。

在早期，继承是承继的一种方式，如梅因在其《古代法》（*Ancient Law*）一书中认为，承袭是一种普遍承继的方式，其包括权利与财产等方面的承继，也就是说继承只不过是承袭的一种方式而已。之后，有的人类学家如里弗斯认为这样定义不妥，遂加以区分承袭和继承，他把承袭限定在权利、职位如官爵、名位、公职方面的传承；而把继承这一术语限定在财产以及财产权的传承范围内。这一区分一直为现代人类学所遵循，但有时也可能出现混淆。在许多社会，经济上有动产和不动产（如作为基本生产源的土地和法律层面的不动产）之分，动产可以分割，不动产则需确保完整以维持家庭生计。1936年，鲁思·本尼迪克特指出，在简单社会中，经济权利在配偶之外的血亲亲属之间承继。与之相较，在主要的欧亚社会，寡妇可以在丈夫死后继承一部分财产，或者说她获得了夫妻间的财产的某些权利，而夫妻间财产与女方的嫁妆联系密切。实际上，遗产的继承被看作是权力下放的过程，财产的承继是对所有物（或人）的权利的转让。男女性别、社会分工的不同会形成不同类型的财产继承形式，如母系社会通行的女子继承制、原始社会父系氏族制实行的幼子继承制或幼嗣继承制，而长嗣继承制包括长子继承制和长女继承制，是为了确保长子获得比其他诸子、诸女更多的财产，防止削弱家族的势力和特权，但长子和长女因此而负有维持家庭中其他成员生活的责任。

（刘荣）

继嗣（descent）　有世系、血统的含义，作为人类学术语，继嗣常与亲属关系联系在一起，指为实现社会关系的传承而进行的亲属关系的世代积累。一般而言，继嗣是在生物学意义上使用，但也被广泛用于指代各种各样的文化继承。

继嗣和亲子关系都表示纵向的亲属关系，但继嗣侧重表示一个人与其祖先之间的继承关系，不管所继承的是姓氏、财产或是其他权利，亲子关系则侧重表示一个人跟他父母之间的连带关系，不管是生物的或者其他设想出来的关系。

对个人而言，最重要的、根据亲属关系组成的群体即称继嗣群（descent group）。一个继嗣群体中的成员通过一连串的亲子关系来追溯他们与一个共同祖先的联系。如果继嗣群的共同祖先是一位不可确定的神话人物，或者虽然继嗣群成员都相信来自同一位祖先，但是不清楚彼此之间的实际关联，就称作氏族。如果继嗣群的共同祖先是一位可确知的真实人物，就称作世系群，即其成员可以按系谱追溯他们与共同的祖先的血统联系。

任何社会都有一套计算亲属的规则，使每个人只和一套划分清楚的亲属发生关系，这种规则即称为继嗣规则或血统法则。继嗣规则可分为单系继嗣（unilineal descent）和复系继嗣（nonunilineal descent）两大类。单系继嗣又分为父系继嗣（patrilineal）和母系继嗣（matrilineal）。复系继嗣又分为双系继嗣、双边继嗣、两可继嗣等。

对继嗣规则的研究在很大程度上是英国社会人类学家对非洲某些特定社会研究的成果，尤其是埃文思·普里查德出版于1940年的民族志和一系列关于非洲无国家社会的研究。第二次世界大战后的几十年间，英国社会人类学家致力于此研究，并把研究范围扩展到撒哈拉沙漠以南非洲以外的社会，如中国。但继嗣规则说也受到了来自各方面的质疑。联姻学说支持者们认为婚姻关系是研究社会组织的关键，而非继嗣。列维·斯特劳斯（Levi-Strauss）的学生们亦支持这一观点。有着同样亲属关系研究传统的美国人类学家则认为仅仅关注单系继嗣是不够的。这些争论最终使得继嗣规则处于孤立无援的境地，许多人认为此理论从理性层面上来讲已然行将就木。但由于继嗣对于处理父母—子女和兄弟姐妹之间的关系极其重要，新的问题又会以其他形式出现，特别是继嗣与权力的组织分配的关系。

在许多社会中，继嗣是一个群体赖以形成的基础，通过继嗣，一个人的亲属关系由父母兄弟的窄小范围扩展开来。继嗣不仅仅是一个抽象的结构，它在形成社会生活方面扮演着重要的角色。人类学家南达（S. Nanda）就指出，继嗣群体在社会中产生的作用十分重大，家庭生活的组织结构、儿童的社会化、政治礼仪制度及财产的利用和转移、宗教仪式的举行、争执冲突的解决以及政治战事的组织等，都离不开它的积极功能。

（黄雪萌、康敏）

参考书目

[1] Kuper, Adam. *Lineage theory: a critical retrospective. Annual Review of Anthropology* 11: 71–95, 1982.

[2] Peletz, Michael G. *Kinship studies in late twentieth-century anthropology. Annual Review of Anthropology* 24: 343–372, 1995.

[3] Schneider, David. *A critique of the study of kinship*. Ann Arbor: University of Michigan Press, 1984.

[4] S. 南达. 文化人类学. 刘燕鸣，韩养民. 西安：陕西人民教育出版社，1987.

继嗣理论（descent theory） 又称世系群理论，英国人类学基于非洲案例提出的理论。这种理论认为：许多社会构筑在血缘或继嗣关系上；继嗣制度的基本功能在于规范世代之间的财产和权利的传承。继嗣制度大都是单系继嗣，单系继嗣有助于明确规范财产和权利的传承；继嗣原则是理解该社会组织的关键，社会源于对财产、权利传承的规范。代表如拉德克利夫·布朗对努尔人的“社会结构”的分析；福忒斯对无国家社会的存在的阐释；弗里德曼则利用中国世系群（宗族）研究，对埃文思·普里查德和福忒斯的模式进行检验并提出质疑。

拉德克利夫·布朗（Alfred Radcliff-Brown, 1881—1955）认为，权利与责任的规定，就是继嗣群体内在社会组织的原则。亲属称谓反映着个人在其社会中所占地位的体系。他领导的结构功能学派从“自下而上”及“自上而下”两个方向给予解释。“自下而上”的继嗣群体形成与超越西方式核心家庭概念的群体合作的需要构成密切关系。从“自上而下”看，他们认为，许多超越继嗣群的组织方式（如正规的政治制度及保障使全民共享法律、和平、资源、规章的各种现代制度）不足以满足群体生活需要，因而使继嗣群的作用变得更为关键，从这种角度解释亲属制度，使一些人类学家坚信，以亲属类别为基础营造出来的亲属群，是社会组织的基本形态。在拉氏看来，从继嗣的角度看，亲属制度的关键特征是对于有继嗣推算的亲属与由婚姻关系来推算的姻亲之间的区分，更在于亲属之于姻亲的首要地位。他在亲属制度研究方面的观点集中表达于“世系群”（lineages）这个概念中。所谓“世系群”是指一群血统上溯自共同祖先而且血缘关系明确的亲属群体，或经由确信地联结而知道源于同一祖先的亲属群体，这个词通常在单系继嗣占支配地位。由于在群体中的身份，源于世系群成员的资格，而且法律地位要依成员资格而定，所以政治和宗教权力也是从世系群成员资格推衍出来的。在社会关系意义上，世系群的一个共同特征，在于它们都实行外婚制，从而该群体中潜在的性竞争受到控制，促进群体的合一；还意味着世系群之间的新联盟，有助于使其成为较大社会系统的组成部分；促进知识从一个世系群向另一个世系群的传播。

世系群之说的提出，与政治制度比较分析的要求有关。埃文思·普里查德、（E. E. Evans-Pritchard, 1902—1973）、福忒斯（Meyer Fortes, 1906—1982）在《非洲政治制度》一书中，把社会分为两大类，一类是“A组社会”，即拥有中央化权威，行政机构与法律制度的社会；另一类“B组社会”，即无政府统治的社会。无政府社会又分为两种，即政治结构与亲属制度完全融合的社会或社区和所谓的“裂变世系群制”（the segmentary lineage system）。埃文思·普里查德的专著《努尔人》以努尔人的“社会结构”或由个人形成的群体体系中的互相关系为主要论题，来表明没有政府的社会如何通过地域和继嗣方法构造自己的政治秩序。福忒斯也试图用西非加纳的泰兰西的民族志材料说明为何无政府国家的社会可以存在。

弗里德曼（Maurice Freedman, 1920—1975）利用中国世系群（宗族）研究，检验了埃文思·普里查德和福忒斯的模式。在他看来，埃文思·普里查德和福忒斯的继嗣理论的前提是无政府国家的存在，是为了解释没有国家的社会如何建造自己的社会秩序。于是，弗里德曼提出了如何在中国社会中寻找非洲世系群模式的问题。依据他及其追随者的考察，世系群的确符合中国社会的现实，有着严格的构造和功能。与努尔人不同，中国世系群的裂变不是依据系谱，因此，会出现不平衡现象，在同一个世系群内部存在社会分层。表面上看，世系群的领导人是活着的最老的世系群男性成员，看似平等，其实反而是富人与士绅掌握了地方领导权和负责权。埃文思·普里查德认为世系群制之所以存在，是因为它是平均主义的社会组织方式，而平均主义是无政府国家赖以生存的基础。弗里德曼认为世系群内部权力集中在少数人手中，有利于使世系群汇聚成一个不受强大邻族侵害的团体。而世系群内部精英分子的存在，使国家与地方处于并存状态之中。

（刘荣）

继嗣群（descent group） 继嗣（descent）有世系、血统等含义，指系统上确定上一代和下一代的关系，这种关系为该社会所认可。继嗣群通常指根据继嗣原则组成的一群由共同的祖先遗传下来的血亲，以此界定的继嗣群范围太广。现实存在的有社会意义的继嗣群强调的是一部分亲属之间的联系，同时又不考虑跟另一部分亲属的联系，不妨将其界定为是一群根据某种继嗣规则限定的、具有共同祖先的血亲。

继嗣群是根据继嗣法则构成的亲属团体，依据不同的继嗣规则就可划分出各种不同类型。例如某个社会以父系单系继嗣为法则，那么这个社会的某一男子即从某一男祖先来追溯继嗣，并同其他出自共同男祖先的人构成一个继嗣群。人类学家的所谓的继嗣，有单系继嗣与复系继嗣之分。只依男性或只依女性血缘单线来计算的为单系继嗣，有父系和母系两种。在单系亲属体系中，两种亲属的地位是完全不同的，母系继嗣原则与父系继嗣原则正好相反，前者好比是后者的镜像反映，一般存在于母系氏族社会中，以这种方法继嗣，每一代的孩子都属于其母亲的亲属群体。在中国汉族传统的大家族和宗族中，子女以父之姓为姓，是以亲子关系为纽带的继嗣关系。从另一个角度讲，单系继嗣群具有多方面的社会功能，包括政治功能、经济功能、宗教功能以及文化功能等；一个社会在男系和女系中同时选择两方中为双系继嗣（又称双重继嗣），按父母双方对称原则溯源，即从父方上溯一代的同时，也必须从母方上溯一代，这称为平行继嗣（又称为对称继嗣），每个人可以自由选择其一的称为两可继嗣（又称不对称继嗣）；一个人可以从其前辈中无论男女来追溯继嗣的称为双边继嗣，此情景中两边的亲属都可视为亲类（kindred）。比起线性继嗣互不重叠的成员关系，双边继嗣就混乱得多。在双边继嗣中，个人可以同时是多个继嗣群的成员。

继嗣是建立在血缘遗传基础上，个人的权利、义务、财产、社会地位（等级乃至种姓）以及民族属性等都是通过继嗣而先天获得的。但它也包含文化的传承和规矩，从文化意义上把某人通过其父母或其中一方与一群亲属联系起来。确立这一关系的作用在于规定个人在亲属集团中的地位、权利、义务和继承关系等。一个族群采用何种继嗣原则与该社会的生态环境、资源控制、婚姻的缔结、财产继承与分配等都有关系，而不仅仅是限于亲属或者亲类的确认。

继嗣群不仅是一个有着亲密忠诚感情的亲属群体，而且在一些非工业社会中，还有组织严密的工作单位。它除了在变化不定的生活过程中为该群体中人提供安全和帮助外，还起到支持老年人和体弱者，以及决定该群体中的某个人可与谁或不可与谁结婚等作用。继嗣原则与居住原则之间具有相关性，亲属称谓制与继嗣群之间存在一定的相关性。继嗣群有不同的形式，如世系群（lineage），是指一群血统上溯自共同祖先而且血缘关系明确的亲属群体。世系群又可往下分为更小的单位，这个过程称为分支化。在人口成长快速，需要向外扩张但遭遇到外来抵抗的地方，分支化形态可能较容易发展出来。而在不需要扩展、外在威胁少的地区，则可能更多采取世系群分裂模式；氏族（clan）则是一群相信他们来自共同的祖先却又无法明确厘清血缘关系的亲属群体；还有联族、半偶族等类型。继嗣群通常是高度结构化了的经济单位，为其成员提供援助和安全。它既是一种经济共同体，也是一种政治共同体，还是一种宗教仪式共同体。

（刘荣）

加拿大人类学（Canadian anthropology） 与美国人类学一样主要包括4个方面的分支：文化人类学、体质人类学、考古学以及语言学。从历史发展角度而言，加拿大人类学与美国及欧洲的学术发展紧密相连。加拿大最早的人类学家是来自法国的一些神职人员，如著名的耶稣会教授，他们从17世纪60年代来到加拿大，秉持“文明开化”的使命，力图将印第安原住民的传统宗教和行为转变成基督徒式的生活方式，他们编纂了一批书面文献，全称为《耶稣会的关系与有关文献，1610—1791年耶稣会传教士在新法兰西的旅行与探索》，这些文献如今已成为后人了解这一时期加拿大社会与生态的重要信息来源，也是加拿大最早的人类学资料。

加拿大人类学在其发展历程中，较为注意进行多学科整合研究，其理论来源主要来自3个方面，一是英国人类学传统，二是法国列维·斯特劳斯的结构论，三是美国人类学的影响。加拿大人类学有两位先驱者，他们是丹尼尔·威尔逊（Daniel Wilson）和乔治·道森（George Dawson），威尔逊曾协助创建了加拿大皇家学会，道森则编撰有关于加拿大西北地区印第安诸语的语言词典，并提出了北美西部的原住民来自东亚的观点，如今已成为学界研究史前民族跨越白令陆桥前往加拿大的主要观点。而两位美国人博厄斯和萨丕尔在加拿大人类学史上同样发挥过重要作用。其中，博厄斯曾对加拿大中部的因纽特人以及不列颠哥伦比亚省西南沿海的群体进行过系统的人种学研究，而萨丕尔则对包括加拿大在内的北美各土著语言进行过系统分类，并担任加拿大国家博物馆人类学部主任。

英国女王维多利亚于1841年创立的加拿大地质与自然史调查局是加拿大第一家人类学机构，如今已发展为加拿大文明博物馆和国家自然史博物馆。1910年，时任加拿大总理劳里埃（Wilfred Laurier）在地质调查局内设立人类学组，这是人类学在加拿大首次得到官方认可的标志。多伦多大学建立了加拿大的第一个人类学系。目前，加拿大学术界倾向于将考古学从人类学中独立出来，而该国大多数人类学系都设在人文学院内。

在加拿大人类学的发展过程中，其研究的主要关注领域主要有两个方面，一个方面是加拿大北部的因纽特人、德内（印第安）人以及太平洋沿岸西北部的原住民研究，这种研究兴趣大多源自于早期对该地区的探险活动；另一个方面则是由查尔斯·巴尔博（Charles Barbeau）所开创的对魁北克省地方社区法裔加拿大人的民间传说、易洛魁印第安人亲属关系等问题的相关研究。值得注意的是，除了对本国内部原住民的相关研究之外，步达生（Davidson Black）通过对中国猿人的开创性研究，为加拿大境外人类学研究赢得了世界性声誉。步达生原来是加拿大的一位解剖学家，他从1919年开始在北京协和医学院工作，一直到1934年去世。

如今在加拿大人类学研究领域有3个专业学会——加拿大社会学与人类学学会、加拿大考古学学会、加拿大体质人类学学会，分别代表了该国人类学研究的几大主要学术脉络。当前加拿大人类学关注的相关议题包括原住民问题（土地要求、经济和健康关系）以及加拿大各地区（如加拿大北极、西北沿海、东南沿海地区）的史前史和相关历史。此外，加拿大人类学学者还着力将全球化问题与原住民研究结合起来，形成了国际人类学界一个新的研究视角。

（袁剑）

参考书目

［1］David W. Dinwoodie. The Canadian Anthropology Tradition and Land Claims. In *Histories of Anthropology Annual*, vol 6, 2010: 31-47.

［2］柯茱丽. 加拿大人类学：历史贡献与未来发展. 周庆生.《世界民族》，2000（3）.

加州大学伯克利分校人类学系（Anthropology Department University of California,Berkeley）加州大学伯克利分校人类学系长期以来名列美国五大顶尖研究院系之一。伯克利的人类学家长于创新，并不断拓展学科的新兴领域，无论是在现代生物实验室进行研究，在全球化的世界中，或在地方开发文化遗产和民族身份。伯克利教师获得J. I. Staley奖项数量最多，这个奖项每年颁发给一位杰出的人类学家。福柯曾在此人类学系任教，对这里的影响较大。

（蒋萍）

家谱（countable genealogy）　又称族谱、家乘、祖谱、宗谱等。是一种以表谱形式，记载一个以血缘关系为主体的家族世系繁衍和重要人物事迹的特殊图书体裁。家谱以记载父系家族世系、人物为中心，是由记载古代帝王诸侯世系、事迹而逐渐演变来的。家谱中关于人物的资料非常丰富，因为在家谱中除了记载世系外，生卒、仕宦、子嗣、婚嫁等都有记载，那些在家族中有地位、有影响的人，一般都还有传记。

一部完整的家谱，通常由谱名、谱序、凡例、姓氏源流、世系考、世系表、人物传记、祠堂、坟茔、家训族规、恩荣录、像赞、艺文、纂修人名、领谱字号等组成。这样的家谱往往是纵横几百年，上下数千人，内容丰富，包罗万象，能充分反映家族与当时社会、政治、经济、军事、文化等多方面的关系，为我们后人研究社会、了解历史提供并展示了极为丰富的内容和可靠的数据，具有其他书籍不可替代的文献价值和较高的学术研究价值，但是有很多家谱的价值未被深入地挖掘。除此之外，家谱中蕴含着许多非常宝贵的教育思想和教育内容。这些对于发展家庭教育、社会教育、弘扬优秀的传统道德都具有重要意义。

（陈凌）

家庭（Family） 是一种人类社会最根本性的制度，由婚姻、血缘关系或收养关系而形成的亲属间的社会生活组织单位。较早的一代人类学家对家庭的定义非常直接。赫斯科维茨（Melville Herskovits）认为，主要的家庭的构成并没有很多种方式，一个男人可以和一个女人住在一起，一个男人可能有几个妻子，一个女人可能有几个丈夫。默多克（George P. Murdock）认为，家庭是一种社会组织，其特征有共同居住、经济互助和生育。它包括成年的两性，至少其中的两人维持一种社会承认的成年人的共居和性关系，并有自己生育的或收养的一个或更多的孩子。列维·斯特劳斯（Claude Levi-Strauss）认为家庭或多或少应界定为建设社会生活的一块砖。默多克已经认识到这个词语本身是模糊不清的，他提出，最早、最基本的人类家庭组织类型是核心家庭。核心家庭包括一对已婚的夫妇和他们的孩子。然而，世界上的大多数民族中，核心家庭都结合成为扩大家庭。当代人类学家对家庭一词的含义几乎没有共识，至于在全世界范围内如何归纳家庭生活这一方面的共识更少。

广义上的家庭形式，包括血缘家庭、亚血缘家庭（普那路亚家庭）、对偶家庭和一夫一妻家庭。家庭与婚姻关系密切，一定的形态总是与社会发展的一定阶段相适应。

家庭可能是指亲属关系，而家户指共同居住。然而，大卫·施耐德（David Schneider）认为，将家庭亲属制度的基础看作是生物性的观点是错误的。性生殖产生人与人之间的社会联系，文化改变了遗传纽带的不变意义和特性。认为家庭及大多数家户一般应由双性成年人及其子女共同组成的想法，忽视了当前婚姻的多样性，如无子女婚姻、仅由抚养或代孕而建立的家庭、未婚单亲父母和单亲家庭及同性恋婚姻。这些多样性是规范的核心家庭的扩张或偏离。

有关统计机构往往用家庭来表示为两个或多个共同居住在一起，并与同一屋檐下的生育、婚姻或收养紧密相关。人类学家则更倾向于观察人类社会生活的多样性，也有一些学者并不把家庭看作必须定义的范畴，而是关注如家庭暴力、虐待孩子等这些既传统又现代的问题。家庭是一个有意义的研究问题，而不仅仅是一个需要用世界范围内的实例来填充的空洞的分类。

（李飞）

家庭私有制和国家的起源（Der Vrsprung der familie, des privateigentums and desstaats） 是一部关于古代社会发展规律和国家起源的著作。是一部重要的科学社会主义的著作，成书于1884年，是恩格斯对摩尔根1877年出版的《古代社会》做的补充完善。卡尔·马克思认为摩尔根的《古代社会》在众多民族学著作中尤为重要，在有些问题上指出了摩尔根的错误观点和不确切的结论，补充了必要的材料，加上自己的评语、评注和结论，极大提高了摩尔根著作的价值和理论含义。作为卡尔·马克思的挚友，恩格斯根据马克思的摘要和批语、摩尔根提供的事实资料等，加上自己对欧洲古代各族历史所做的研究和新的补充材料，提出许多透彻的学术见解，特别着重在经济方面进行了科学论证。恩格斯第一次系统地对人类早期阶段的历史运用辩证唯物主义和历史唯物主义阐述，详尽论证原始时代人类社会的产生、发展和崩溃的过程及私有制、阶级和国家出现的历史。他把民族作为整体进行全面考察，研究民族的起源、发展以及消亡的过程，研究各族体的生产和生产关系、经济基础和上层建筑；论证了家庭发展的历史，揭示了私有制的产生、社会分化为各种对抗阶级、作为剥削阶级统治工具的国家出现的原因；指出当代阶级社会必然将被改造成未来的社会主义、共产主义，是历史发展的必然规律，并预言没有阶级的共产主义社会彻底胜利时国家将消亡。该书为阐明马克思主义著名的唯物史观学说而运用的资料和研究的角度都是民族学的，被周恩来誉为“马克思主义的第一部民族学著作”。它的问世，标志着马克思主义民族学正式创立。

（刘姝曼）

参考书目

［1］恩格斯. 家庭、私有制和国家的起源. 北京：人民出版社，1972.

［2］林耀华. 民族学通论.北京：中央民族大学出版社，1997.

［3］杨堃. 民族与民族学.成都：四川民族出版社，1983.

家庭暴力（domastic violence） 家庭暴力是对亲密伴侣或家庭成员的侮辱或强制行为。亲密的伙伴关系，包括约会、同居、婚姻关系，过去或现在，同性恋或异性恋。家庭暴力不仅限于身体和性侵犯，还包括心理和情感虐待，如羞辱和毁坏，对个人财产或宠物的攻击，对受害者、他人或自身以暴力威胁，社会隔离，经济滥用，跟踪，为了引起受害者恐惧或为了维护自身权力和控制力的行为，等等。尽管被报道事件统计数据显示大多数施暴者为男性，大多数受害者是妇女，但家庭暴力与年龄和性别无关。

大多数的家庭暴力心理咨询师认为，家庭暴力并不是由愤怒、压力、酒精、药物、基因、受害人的行为、其他外部环境造成的。相反，他们认为家庭暴力是通过观察和模仿父母的行为染指的，家庭暴力的模式通常会传递给后代。经统计，那些最终变成家庭暴力实施者和受害者的人更有可能在虐待环境的家庭中长大，他们可能是家庭暴力的受害者或目击者。而那些没有经历过任何家庭暴力的施暴者往往会选择他们父母解决冲突的暴力模式。同样，受害者往往会从有暴力行为的父母处继承扭曲的自我价值和情感，并最终陷入类似的模式，因为他们知道没有别的选择。

家庭暴力鲜有孤立事件，它涉及一种行为模式，通常被称为暴力循环。暴力循环的定义由丽诺尔·沃克医生（Dr. Lenore Walker）提出，暴力循环有3个重复阶段：压力累积期、爆发期和缓解期。在压力累积期，施暴者由多个小事件引起其控制欲和暴力行为。通常，施暴者会挑受害者的错施以言语暴力、情绪暴力及肢体暴力。受害者通常默认接受施暴者的行为，希望这样能安抚施暴者并防止其发展到爆发期。受害人可拒绝接受施暴者，原谅施暴者的愤怒并将其归结为外部因素；受害者可以为施暴者的行为找寻正当理由：可归咎于一天艰难的工作、压力或受害者自身的行为（常见）。压力累积期结束就是爆发期的开始，爆发期发生事件比压力累积期的任何事件都要严重，通常会对受害者造成严重的肢体和情感伤害，也会对在旁边的孩子造成情感伤害。爆发期可预示着双方都达到了爆发点。施暴者已经达到了他/她控制欲和占有欲的极限，且受害者已经达到了他/她应付恐惧的极限。

无论受害者是否试图离开，随之而来的是缓解期，或称为“蜜月期”，施暴者开始悔悟，有时则表现出对受害者极端的爱和善意。通常施暴者真的认为他/她之后能够改变，这种真诚往往会让受害者认为施暴者能履行这一诺言。受害者可能受到不确定性和恐惧的影响；受害人可能不愿离开施暴者或将其送至监狱，因为受害人在经济上依赖于施暴者，而如果他们拥有共同的孩子，那么事情将变得更为复杂。相反，受害者被施暴者的悔过行为打动，进而相信他们互相需要，他们在各自的生活中扮演着积极的角色。受害者相信如果他/她回到施暴者身边，他们将回到和平期和缓和期，直到下一次施暴行为爆发。

（李索菲）

家庭生产方式（domestic mode of productoin）生产由家庭群体组织来运转的经济方式，萨林斯（Marshall Sahlins）在经济人类学的著作中发展的概念。这些家户群体既包括通常各式各样的家庭，也可以指涉非典型的家庭单位，例如同一年龄组织的成员所组成的单位。性别分工是最具有支配性的分工形式。家庭是物资和劳务的汇集单位，并根据家庭成员的个人需求，分派必需品。原始经济的家庭生产方式里，资源和劳动力被低度利用，工作强度也就相对较低，劳动可以轻易因各种仪式、文化活动而中断。在为生产而为的经济结构中，没有动力让它超越自身，经济也常出现短缺。劳动者满足于有限的经济目标，追求生活途径而非量化的抽象财富，也即以使用为目的，而非盈利为目的。工具粗糙，技术简单，生产者可以独自完成从原料提取到成品制作的整套工序。

固然部落等更大的群体拥有生产资料的所有权，但家庭通常持有使用权和内部继承权。家庭之间没有契约关系，整体功能上缺乏协调，生产组织性不高。劳动合作很常见，社会整合却并未控制主导生产关系。家户之间不断互惠，但彼此身份独立。另一方面，亲属关系和社会权力等级对生产影响巨大，以至原始社会中主导的经济关系和上层建筑有千丝万缕的关系。福利、幸福的观念使得彼此联系紧密的各个家户整体成为考量单位，协调各个家庭之间不平等的产值。彼此有密切亲属关系的社区保证了遭遇短缺的家庭能接受高生产率家庭的救济。为避免内部矛盾产生，生产目标必然低于社会整体的生产能力，生产率较高的家户会闲置一部分劳动力，出现一个“恰亚诺夫定律”：家庭相对生产能力越强，成员工作时间越短。在另外一些情况中，为了获取政治领导权，一些家庭用慷慨来换取声誉和威望，这些家庭的劳动生产强度反而会随着劳动力增多而加大。但是这种相关性也是有限度的。原始经济里的头领所有权的政治意味强过经济意义，更侧重对土地、海洋和人民这样的范畴的包含性而非独占性。并且，和资本主义制度下支配所有权从而获得对生产者的控制不同，家庭生产方式所在社会的政治头领通过天赋特权而获得了生产手段和产品。此外，家庭生产方式所在的社会常缺乏有效的政治机制，社会分裂是化解危机的一种方式，从而也影响了单位面积里劳动力的疏密。

（李耕）

参考书目

马歇尔·萨林斯. 石器时代经济学. 张经纬，郑少雄，张帆. 北京：生活·读书·新知三联书店，2009.

家庭形式（Form of family） 尽管在人类学研究中给家庭下一个跨文化的定义面临着各种困难和争议，但是不同的血亲和姻亲关系的组合还是被贴上了不同家庭形式的标签，而随着有关亲属制度、婚姻和性别等理论的发展，这些形式也在不断变化。家庭的组成和结构有着巨大的社会和文化的多样性和社会变动性，很多人类学的社会和文化研究致力于理解这些多样性以及随着时间的变动。根据家庭的结构和组成的特点以及居住模式，人们区分出了不同的家庭形式。

默多克（George Peter Murdock）在其《社会结构》（*Social Structure*，1949）中将家庭定义为“一个以共同居住、经济合作以及再生产为特点的社会群体。它包括两个性别的成人，其中至少有一对保持着被社会所认可的性关系，还要包括至少一个儿童，儿童是保持性关系并同居的成人自己的或者领养的”。包括母亲、母亲的丈夫以及他们后代的两代家庭被默多克定义为核心家庭（nuclear familg）。这一家庭形式在狩猎采集社会和工业社会中最常见。默多克将这种家庭形式看作是一种普遍的人类社会群体形式，但是他也认为在世界大多数社会中，“核心家庭像原子被构成分子一样被组合进了更大的集合体”。这种符合的家庭形式就叫作扩大家庭（extended family）。扩大家庭从宽泛的意义上来讲是指有除父母和孩子之外的成员共同居住的家庭。一个扩大家庭或许包括祖父母、兄弟、姐妹、姑姑、叔叔等。一种扩大家庭的重要形式包括通过亲子关系扩展出去的两个或更多的核心家庭，一个结婚的成人加入了他或她父母的所在的家庭。默多克还区分出了父系的、母系的、双系的以及从舅居的扩大家庭。扩大家庭往往是过渡性的，在父母去世后就解体，这时候遗产的继承使得分割家庭财产成为可能。除了核心家庭和扩大家庭之外，在一些文化中还可以发现多偶制家庭，这又可以分为一夫多妻制和一妻多夫制。顾名思义，一夫多妻就是一个男性及其多个妻子组成的家庭，而一妻多夫就是一个女性及其多个丈夫组成的家庭。

除了按照家庭的结构划分家庭形式之外，另外一种划分家庭形式的标准就是按照居住模式的划分。居住模式的问题是民族志中最根本的问题之一。因为家庭单位的居住有一系列重要的逻辑后果，所以对居住模式的研究有着很长的历史。从传统上来看，人类学在与婚姻的关系中分析居住模式。从夫居（virilocal）或者从父居（patrilocal）家庭的是指婚后在男方亲属所在地居住的家庭，更具体地说就是与男方父亲在一块居住。从妻居（uxorilocal）或从母居（matrilocal）家庭是指婚后在女方亲属所在地居住的家庭，更具体地说就是与女方的母亲在一块居住。双居（ambilocal or bilocal）的家庭则可以选择婚后从父（夫）居或者从母（妻）居。新婚家庭可以选择在资源最好或者劳动力最多的一方居住。从舅居（avunculocal）家庭是指与丈夫母亲的兄弟一块居住的家庭。新居（neolocal）居住模式意味着新婚家庭不在妻子亲属所在地也不在丈夫亲属所在地居住，他们婚后另择地方进行居住。

在当今的欧美社会，关于家庭结构的固有观念正在受到不断增多的单亲家庭、同性家庭以及以友情为基础的家户等家庭形式的挑战。人类学正通过不断认识这些新形式来增进对家庭这一人类社会最普遍组织形式的认识。

（张文潇）

参考书目

[1] Murdock, George. 1949, *Social Structure*. New York: MacMillan.

[2] Goode, W. J.1963, *World revolution and family patterns*. New York: Free Press of Glencoe.

[3] Goode, W. J. 1964, *The family, Englewood Cliffs*. NJ: Prentice Hall, Inc.

家庭周期（domestic cycle） 家庭周期的概念来自福特斯（Meyer Fortes）的发展周期（developmental cycle）概念。福特斯认为应该破除对人类组织的静止性的看法，代之以动态的视角。发展周期应用到家庭组织上，即家庭的组成、规模和结构是经常变动不安的。例如，核心家庭在一对夫妇结婚后成立，孩子诞生扩大，孩子结婚减小，双亲亡故后消失，具备周期性。家庭是动态的观念，提示人们对家庭结构形式的预测要有前瞻性，其变化受到观念习俗和社会条件等多重影响。再扩展一步，这类组织发展周期观念也可以应用到个人身上，个人在人生每个阶段有相应的权利和限制。例如一些社会的未婚男子被归入独特的年龄组织，接受年长者的管教，一旦他们年龄达到要求，他们又会进入具备管教年幼者职权的年龄组，完成一个循环。当组织规模越小，周期的模式越容易联系到个人生命历程上。例如亚洲一些社会的女性在长子出生前一般地位较低下，受制于丈夫的母亲。长子出生不但改变了家庭结构，也昭示着其生母身份地位的提升。而大型的亲属组织通常没有明显的周期，因为成员常有更替补充。家庭周期亦仰赖于其他社会体制的支撑，有相对固定性，所以能够被社会成员所预期。

（李耕）

参考书目

Goody, Jack. 1958, *The Developmental Cycle in Domestic Groups*. Cambridge (England): Cambridge University Press.

家长奴隶制（Patriarchal slave system） 是指一种处于原始氏族社会末期的过渡型经济生产形态或社会政治制度，其中父系家长是家庭中的绝对权威和财产所有者，而通过战争、交换乃至婚姻、生育获取的人口一律被视为家长支配的私有财产。经典马克思主义的历史分期理论认为，家长奴隶制形态是原始社会末期的财产共有制演化而来的。马克思在《资本论》、恩格斯在《家庭、私有制以及国家的起源》等著作中对这一经济生产形态进行过多次详细而深入的探讨，认为唯有集体劳动退化、个体劳动增多、私有因素出现，并引起一定程度的贫富分化和“剥削”，才能产生家长奴隶制。此外，应同时注意到马克斯·韦伯在论述“家长制”时也阐述过“家长奴隶制”：韦伯将家长制视为一种具有历史延续性的支配类型，分为“原始家长制”与“封建等级家长制”，他认为家长奴隶制是原始家长制的变体；在原始家庭中，子女、妇女与奴隶一样被视为家长的财产，随着社会的演进，前者逐渐成为自由人并获得财产继承权，后者则物化为财产本身。

家长奴隶制产生的社会变迁动力在于：原始氏族公有制的渐趋崩溃、父系社会的普遍兴起以及私有财产理念的出现等。此外，联姻、战争与频繁的商品交换，也在不断刺激家长奴隶制的产生。马克思在《德意志意识形态》中指出：“隐蔽地存在于家庭中的奴隶制，只是随着人口和需求的增长，随着同外界往来（表现为战争或交易）的扩大而逐渐发展起来的。”其中，俘获的奴隶经常被纳入某个家庭，以某种拟制的家庭成员身份成为家长的私有财产并受后者支配。虽然买卖或战争得来的奴隶与其他家庭成员之间并不平等，但具有一定程度的家庭成员资格。

婚配女性或直系后代血亲作为家长支配的奴隶是家长奴隶制的重要内涵之一。例如，在古代罗马、希腊以及直至晚近的闪族等父系家庭之中，妻妾、女性、子女后代，与战俘或交换的女奴一样，都是家长支配的私有财产。在古印度，隶属家长的女性与奴隶之间并没有截然的分别。再如，北美西海岸的印第安人在很长时期都将女性视作理所应当的劳动财产。

在20世纪50年代至80年代，中国学者惯用马克思主义理论分析鄂伦春族、西盟佤族、独龙族、傈僳族、珞巴族、景颇族、僜人以及海南合亩黎族在历史中存在的家长奴隶制现象。

（黄志辉）

参考书目

［1］马克思. 资本论（第三卷）. 郭大力，王亚南译. 上海：三联书店出版社，2009.

［2］马克思，恩格斯. 德意志意识形态. 引自《马克斯恩格斯全集（第三卷）》. 北京：人民出版社，1960.

［3］恩格斯. 家庭、私有制与国家的起源. 北京：人民出版社，1999.

［4］韦伯. 经济与社会. 林荣远 . 北京：商务印书馆，1997.

家支制度（Lineage System） 是指一种以父系血缘为纽带的实体性社会组织制度，是中国彝族具有典型性和代表性的社会集体形态。这种家支制度为家支成员提供了宗教信仰、社会保护、行动律令与道德标准，同时是在一定空间范围内具有族群认同的共同体。在社会流动较少的时代，主要出现于中国四川、云南的大凉山、小凉山地带。随着中国工业化与城镇化的推进，彝族人口往外流动，在城市、沿海工业地区也能见到彝族家支的影子。

彝族家支制度以血缘家庭为基本的社会单位，家下包括若干的房。房的范围可大可小，房的增值和扩大就形成家下的支。而支的进一步发展，又可形成新的家。这是彝族家支的基本构架。在这种形态中以血缘的延续为主轴，严禁内婚，以父子连名制为纽带。其中，父子连名制是家支制度的核心，连名谱系由每代男子的姓名连接而成。家支谱系对彝族人来说非常重要，它是实现族群的社会连接与认同的关键符号。

传统彝族社会被分为诺伙（黑彝）、曲诺（白彝）、阿加、呷西4个由高至低的社会等级。其中诺伙与曲诺具有家支谱系，而阿加和呷西则没有。家支制度的首领即黑彝奴隶主，集父系的血缘权力以及社会组织的威权于一身，对奴隶白彝、阿加、呷西进行全面统治，家支制度就是这种统治的社会基础。

应注意区分家支制度与家支。家支制度是一种家政合一的制度，而家支本身是一个具有复合性社会功能的实体组织，例如，这种复合性体现在家支的运作过程中涵盖经济生产、文化教育、宗教启蒙、道德律令、社会规范等方面的基本要素。

虽然1949年之后，社会主义中国在形式上革除了彝族奴隶制度，但家支作为彝族社会的内在性传统，仍然为彝族社会得以运作的主要社会框架。即使进入21世纪之后，在凉山彝族以及流动外出的彝族群体中，家支制度仍然是彝族基层社会中的秩序基础。

（黄志辉）

参考书目

Lin Yaohua. 1960, *The Lolo of Liangshan* (*Liang-shan I-chia*), *Human Relations Area Files, Inc*. New Haven.

家族械斗（feud fights） 是人们利用各种器械解决冲突的交互行为，其涉及对群团体之间的互相使用谨慎的暴力。主要发生在游群和部落社会。家族械斗不同于决斗，因为决斗涉及的是个人，而非群体。不同于袭击，因为袭击在于获取资源。不同于战争，因为战争涉及大规模战事。家族械斗更加受到规则的约束，仇杀涉及荣誉的重获。对于所有小规模的缺乏集中的社会监督的社会，家族械斗并不是普遍的，但是在所有大陆都能找到，而且，像博弈一样，其将复仇限制为一次或几次仇杀。基本上，较低的权益的一边是进攻的，而另一方保持守势，事情得到解决（双方必须愿意），是通过较高权益的团体的实质性补偿而达到的。家族械斗发生在游群中、部落氏族中、一些农民团体中，甚至街头黑帮中，但是在完全一样的家族或氏族中是严禁的，因为明确的目的是使群体之间权益得到平衡。

家族械斗可能持续几年、十几年或几十年，直到和解。从理想的意义上说，家族受到一种习俗的严格限制，那就是，敌意应该是有区别的，而且最终应该有一个经过协商的做出补偿的解决。在保证习俗得到坚持这一点上，那些并不直接卷入械斗的人也是有其利益关系的，否则社会本身就受到了威胁。从实际的意义上说，也许无法达到令人满意的解决，而且家族械斗也许会无限地持续下去。这是由于双方都蒙受了伤害，而且愈益不愿接受任何协商过的许诺。

（陈蕊）

甲骨文（inscriptions on bones or tortoise shells of the Shang Dynasty） 中国古代汉字的一种书体。商代和西周早期刻在龟甲、兽骨上的文字，早先称为契文、甲骨刻辞、卜辞、龟版文、殷墟文字等，现通称甲骨文。自1899年甲骨文首次被发现以来，到现在已发现甲骨达15万片。

根据甲骨的时代和出土的地域，甲骨可分为殷墟甲骨、周原甲骨和西汉骨签。殷墟甲骨是商代自盘庚迁殷至帝辛（纣）270余年间的遗物，大多数出土于河南安阳小屯村或其附近。周原甲骨是西周早期（含先周文王时期）的遗物，主要出土于陕西岐山凤雏村一带（旧称为周原）。西汉骨签是1986—1989年在西安发现的西汉时期用动物骨头（主要是牛骨）制成的3万多片骨签。

大多数甲骨上的刻辞是记录占卜内容的，

少数是与占卜无直接关系的。因此，甲骨文也可分为卜辞与非卜辞两大类。甲骨文是现存中国最古老的文字，是迄今发现的较早的

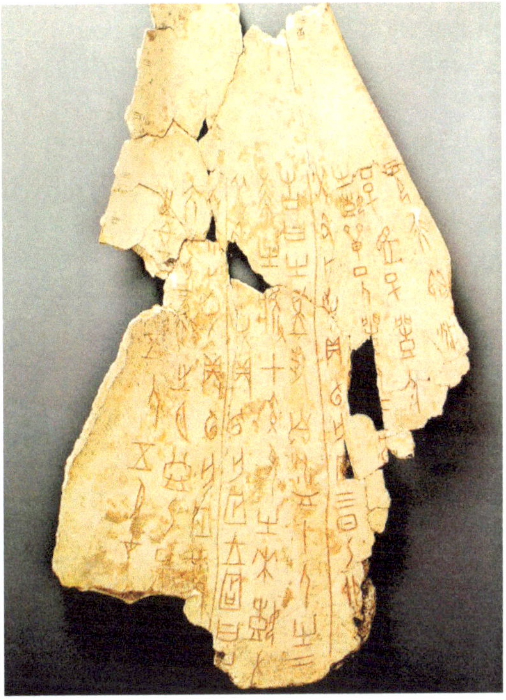

甲骨文

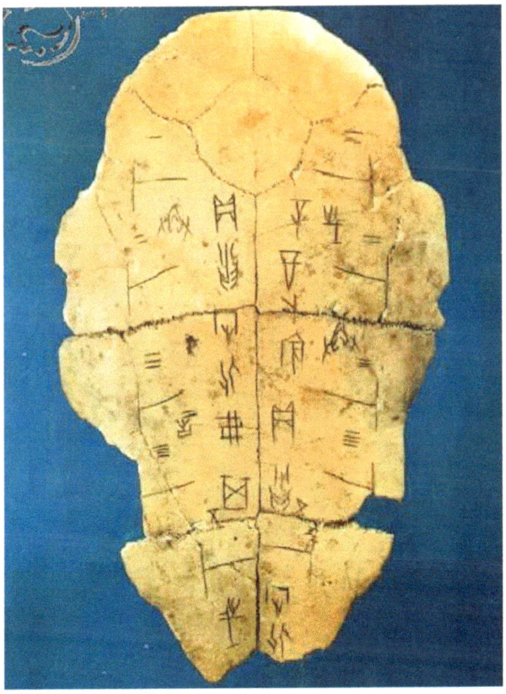

甲骨文——殷商甲骨文武丁早期征讨卜辞

成体系的文字。甲骨文约有4500个单字，其中1/3可以认识。它的基本词汇、基本语法、基本字形结构与后代汉语文大致相同。甲骨文不仅是研究早期汉字的重要资料，也是研究商周时期的历史、政治、经济、文化、风俗等不可或缺的第一手资料。研究甲骨文的专门学科是甲骨学。

（宋荣）

价值观（value） 价值观是基于人的一定的思维感官之上而做出的认知、理解、判断或抉择，也就是人认定事物、辨定是否的一种思维取向或行为标准，从而体现出人、事、物一定的价值或作用。

人类学和其他社会科学一样，也有自己固有的一套行为标准或价值观。首先，人类学家们首要的关注点在于：尊重完整性、尊重不具名性、尊重他们所研究人们的文化。其次，人类学家需要考虑的问题是，他们开展的研究将会对整个文化知识系统以及人类学理论完善做出的贡献。最后，在社会科学家的道德价值系统里，人类学家对研究的资助机构负有应有的法律责任。人类学家们必须关注研究将产生的可能用处，同时这一用途将给被研究的人们所带来的相关影响。

人类学家需要考虑的两个基本问题是文化相对主义以及价值中立主义研究。文化相对主义是认为所有文化都是独特的，因此只能按照独特文化群体自己的原则、价值观、标准以及道德来进行评判。

赫斯科维茨（Herskovits）认为，坚持文化中立主义并不意味着人类学家能够在主流社会对部族以及农民阶级的不公平对待方面放弃其道德责任。这意味着文化中立主义不能用于主流社会为了获取部族人们的资源而开展的人类学研究。

价值中立研究的观点则是要求研究者要从被研究观察的现象中跳出来，保持客观。客观性是任何研究所要求的首要美德。推崇价值中立的研究者认为只有充分了解研究者所研究文化的决定根源，研究者们才有希望对那个群体

要选择在何种社会生活做出理性的分析。然而并不是所有的人类学家们都能统一社会科学的价值中立观念，他们认为关于客观的数据分析往往开始于人类学家们分辨何种数据是相关这一主观性的判断。另外一些关于如何进行数据分类的推测也是相当主观的，除此之外，运用什么统计技术，如何对结果进行解说都是主观的，因此，主观性是不可避免的。

概括说来，人类学家的价值观主要体现在3个不同的问题。

首先，下定研究做到尽善尽美的职业决心。只要是专业的人类学家，他们必须以最高的职业标准来展开人类学研究。

其次，所有不同理论学派的人类学家们必须对他们所研究的人们肩负责任。越来越多的人类学家，由文化相对主义走向社会行动主义，利用专业知识和他们所研究人们的领导人物携手，作为倡导者来反抗殖民主义，因为他们中有一部分人，认为部落有很多东西值得现代国家学习。因此，萨林斯（Marshal Sahlins）认为部落社会是“原始富足的社会”。

最后，人类学家们需要了解他们与雇主或赞助机构所签订的法律合同，除此之外并没有其他任何的协议。甚至对于人类学在何种程度上是社会科学也仍然备受争议。这一价值取向引出一个与文化中立性紧密相关即人类学家对于他们所研究人群负有多大的责任的问题。逐渐地，越来越多的人类学家开始强烈认同普通民众而不是处在权力中心者的观点。如果人类学家们深切认同那些被压迫，被剥削而且无力反抗的人们，他们极有可能会与资助机构产生冲突。人类学家们未来所担任的角色，至今仍然没有达成统一的意见。

（宋荣）

嫁妆（dowry）　嫁妆是婚后新娘新婚姻家庭的利益，而间接嫁妆则是来源于新郎家庭的财产并伴随新娘进入婚姻。两种形式都向下与亲属家庭付出财产，与聘礼相反，其是横向地与不相关的家庭付出财产。

婚姻交易的这些形式主要出现在有大量私有财产的地方，如土地、金钱和可出卖的畜群。尽管嫁妆是大部分欧亚大陆的理想形式，古代至今的形式（在希腊、埃及、巴比伦、中国），它主要被精英（有产）阶层实践，并有被底层阶级实践的其他形式。因此，在一个成分混杂的国家中，如中华人民共和国和如今的印度，种姓和阶级在实践嫁妆、间接嫁妆和聘礼。间接嫁妆有两种形式，一个是新郎家庭将物品直接给新娘，新娘便会带入婚姻。另一个，则是新郎家庭将物品给新娘家庭，相应地把它或与之等值的（或多或少）给新娘然后带入婚姻。后一种形式，严格来说是附带聘礼的婚姻，常常与聘礼相混淆。

间接嫁妆作为首选形式出现，虽然它也被19世纪的夸口特尔人（Kwakiutl）实践，但最集中的是体现在中东和前罗马、日耳曼欧洲的牧人中。礼物由新郎家庭转入新娘。它随着古兰经法传遍了伊斯兰世界。间接嫁妆是一种灵活的形式，当一个社会可以通过在已经存在的嫁妆中增加一些聘礼或是在已经存在的聘礼中

嫁妆

增加一些嫁妆来建立。后者最近出现在非洲的迪戈。嫁妆通过两种方式为新娘家庭带来利益。第一，它保证他们的女儿带着资源进入婚姻，这是对她的未来的保障，并且它也意味着她不会两手空空地进入婚姻。（嫁妆在女性生存劳动很少或没有价值的地方被发现，大概就不是巧合）第二，家庭用他们的财富去“买”他们想要的女婿。在欧洲农民中，嫁妆主要被作为男人社会地位的等价物。但是，一个虽然地位较低却值得尊敬的、忠诚的、聪明的女婿，可以通过受到女子的嫁妆的支持被带进一个富裕的家庭中。自中世纪到19世纪早期在欧洲所实践的嫁妆，是嫁妆最广泛的使用，是为了和地位高的新郎取得联络的一个家庭财富的物物交换。“买”一个地位高的女婿，嫁妆最近的使用，在印度有嫁妆习俗的种姓中也被广泛地接受。结果，有很多女儿的家庭为了提供嫁妆而变得贫困。在欧洲，富人通过将多余的女儿送到修道院来解决这个问题，在修道院，嫁妆会比女婿所期待的低很多。

而在印度，因为所有的女人都必须有一个丈夫，家庭则试图严格控制他们拥有女儿的数量。间接嫁妆可能会给新娘的家庭因其抚养女儿的费用而提供一些物质上的补偿，在某些情况下，一些新郎家庭提供的物品被新娘家庭保留。但是，这种婚姻交易形式的主要受益人看似将成为新的婚姻夫妇。

在实践嫁妆或间接嫁妆的社会中，一个家庭通过财产与其女儿的丈夫及她的婚姻家庭捆绑在一起。女婿的选择对家庭的富裕十分重要，而不仅仅是有关女儿。这会导致对处女的看重这一事实不成比例地在有这些实践的社会中被发现。通过与实践婚姻交易其他形式的大多数社会的比较，其并不期待新娘是处女。将女儿隔绝，或是迫使她们顺从处女的规则，防止婚前怀孕，对女孩的毫不客气的要求，以及从一个并不适合的准女婿那里得到财产。

（哈彬）

建筑（Architecture） 建筑是物质文化维度的人类构造，一是为人类自己和储藏物提供遮风避雨的场所，二是为身体活动提供一个清晰的空间，三是用来表达特定的社会或文化的象征意义和集体价值观。

建筑通常定义特别设计和建造，是具有相对永久性和纪念性的建筑，是包含复杂的社会联系的一种文化的特质。术语“建筑形式”和“建筑环境”更具有包容性，普遍指一切人为的（包括短暂和脆弱的）遮蔽物。这种用法避免了典型对于“建筑”的概念的争论，如原始、传统、乡土和民俗。人类学家研究的最常见的形式是民居住所，当然也包括寺庙、会议厅，男人和女人的房子，喂养动物的房子、储物室和埋葬的地点。

建筑形式的人类学研究跨越许多学科,包括建筑学、考古学、地理学和民俗学。建筑师阿摩司·拉普卜特（Amos Rapoport）开创性地把环境因素作为建筑形式的决定因素，通过文化的概念引入了一个解释。在他的研究里，建筑形式是与某个特定的世界观相连接的一套价值观，一个图像或图式，是一种生活方式和最直接的物理形式活动。虽然建筑是一个广泛的文化概念，人类学家很少再用自己的视角来研究建筑；相反，他们用建筑来作为支持特定理论视角的证据。最近，人类学对建筑和物质文化的兴趣是得益于重新定位社会理论空间的重要性（以及时间）及探索人类和他们的建筑形态之间存在何关系（D. 劳伦斯·洛，1990）。

早期人类学研究认为建筑形式是社会生活的一个组成部分，文化的一个普遍元素，但通常在民族志里都消极地描绘它们是为各种理论方法提供环境或证据的。路易斯·亨利·摩根（Lewis Henry Morgan）用住宅形式作为国内社会组织的证据，推断从大集体空间合作的国内群体的存在。这种方法用来推断一个社会团体及其活动与他们所处的建筑形式契合的“适合”程度。通过代代相传，家庭的规模和组成变化在居住形式直接表现出来，物理结构的更改给人们带来压力。活动领域的研究人员认为，模式化的社会行为的空间组织以社会政治的复杂性为条件，并决定了类型、大小和分段或分区的空间布局。家庭的形式还不仅仅是适应和调整：他们也表示家庭结构、性别关系与社会地位。家庭的繁殖策略可能会寻求利用家庭的建筑形式，通过内部空间组织来灌输家庭价值观，通过外部装饰来表达家庭地位。

建筑形态是社会、政治、民族心理甚至宇宙观的表达。房屋、寺庙和公共空间构成是结构同源性、正式的生成能力与隐喻的具体体现。根据结构主义学派，建筑形式复制社会符号系统的结构，都是基于类似的无意识的分为二元对立的心理结构。这种无意识的心理结构也表现在形式结构的生产可能先于活动的建筑设计和施工过程中。

建筑形式在其记忆能力架构里包含了行为的线索，体现和解释了文化的基本神话和宇宙论解释的隐喻。建筑形式被唤起是因为人类使空间基于自身之上，融入空间品质的构成，然后投射到其他领域的行动。作为一种戏剧，通过仪式或可能经历的日常生活空间构成的意义可能会被激活。

建筑形式对个体和群体行为的感知、隐私与私人空间有深刻影响。那些坚持三维建筑形式理论的人更容易被比那些生活在建筑物周围所欺骗。隐私一般定义为个人（或集团）对自我的控制，往往被建筑形式影响。梅西纳库（Mehinacu）人的建筑比较脆弱，从而洞晓了邻居的所有活动的全部知识，制造了紧张局势，但这也促使人们寻求周期性隐居。根据格雷戈尔（Gregor, T. 1977）的戏剧分析，梅西纳库（Mehinacu）人因此成为操纵信息的人。根据文化的普遍性，强调个人的隐私权已被质疑为是欧洲中心主义的概念。然而，它已成功地适应非西方研究。个人空间关系的空间关系学研究假设一个泡沫的可变大小取决于文化规范人际互动与建筑环境的关系。“拥挤”意味着建筑形式可能给人们的行为带来病理上的压迫感，但实际上耐受水平和空间偏好的安排不同的文化之间差距迥异。

建筑形式与社会、政治、经济和意识形态、物理环境等社会生产要素的历史文化有复杂的相互作用。对建筑的研究主要有地理学家、历史学家和社会理论家，他们研究建筑形式的产生，还包括被人们建造的建筑是如何反过来影响人们的行为。在空间化的社会理论，吉登斯（Anthong Giddens）提出结构化的概念来描述由个体不断社会化的日常活动在一个空间范围内的过程，“产生个体（微观）的场所在一个更大的行为（宏观）水平再现社会的结构性条件”。同样，布迪厄（Piewe Bouvdiea）提出“惯习”的概念，“有共同倾向的人使用而产生的，除了其他事情，比如物质环境条件。反过来，作为记忆被激活，通过行动使儿童和成人不断地复制再现那些相同的条件”。

现代城市的建筑形式和空间必然包含了历史维度的文化考量。如福柯（Michel Foucault）认为，建筑作为一种政治技术在现代提升到很高的地位，现代机构通过围墙和分割征服与隔离个体（身体），并加入专门的知识和技能。在全景敞视监狱，空间层次排序和个人控制在一个单一的建筑形式达到调节循环、允许监控和隔离囚犯的目的。因此，建筑体现了一个群体对另一个群体的压制及相互关系机制。为创造新的城市形态，在发展中国家中，现代主义的设计师和规划师的建筑方案强调了陌生化、去历史化和整体化的视角。

（蒋萍）

参考书目

［1］Blier, S.P. 1987, *The Anatomy of Architecture: Ontology and Metaphor in Batammaliba Architectural Expression*. Cambridge: Cambridge University Press.

［2］Carsten, J. and S. Hugh-Jones (eds).1995, *About the House: Lévi-Strauss and Beyond*. Cambridge: Cambridge University Press.

［3］Fox, J. (ed.). 1993, *Inside Austronesian Houses: Perspectives on Domestic Designs for Living, Canberra: Research School of Pacific and Asian Studies*. Australian National University.

［4］Gudeman, S. and A. Rivera. 1990, *Conversations in Colombia: The Domestic Economy in Life and Text*. Cambridge: Cambridge University

Press .

[5] Kuper, A. 1993, *The House and Zulu Political Structure in the Nineteenth Century*. Journal of African History.

[6] Leach, E. 1954, *Political Systems of Highland Burma*. London: Athlone Press.

[7] Lévi-Strauss, C. 1982, *The Way of the Masks, trans*. S. Modelski, Seattle: University of Washington Press, 1987, *Anthropology and Myth: Lectures 1951—1982*, trans. R.Willis, Oxford: Blackwell.

[8] Macdonald, C. (ed.). 1987, *De la Hutte au Palais: Sociétés 'à Maison' en Asie du Sud-Est Insulaire*. Paris: Editions du CNRS.

[9] Saul, M. 1991, *The Bobo "House" and the Uses of Categories of Descent*.

[10] Schneider, D. 1984, *A Critique of the Study of Kinship*. Ann Arbor: University of Michigan Press.

[11] Waterson, R. 1990, *The Living House: An Anthropology of Architecture in Southeast Asia*. Singapore: Oxford University Press.

建筑人类学（Architectural anthropology） 建筑环境是我们人类生活中一个非常重要的组成部分。建筑景观深深地形塑着我们的生活。另一方面，因为它在我们城市化的环境中产生，建筑不得不基于有限的知识范围内。后现代主义建筑理论是由艺术的传统历史决定的。狭义的审美价值观阻碍科学研究并靠主观推理来判断。人所处的更广泛的环境是相互不协调的，人类充其量只是使用者，并通过标准化的功能需求体现出来。因此，建筑人类学认为，理论视野要开阔。“建筑”这个术语通过整合到人类学新维度面有了更分明的轮廓，包括对灵长类动物学和人类学苍白的思考。因此，建筑就意味着：所有人类和人类生物学意义上的亲戚所建造和构建的东西。

在20世纪60年代末，现代建筑陷入了危机。以现代人居区炸药破坏（普鲁伊特·艾戈）作为关键事件，查尔斯·詹克斯（Charles Jencks）宣布“现代主义之死”，提出了“后现代主义的新时代。”普鲁伊特·艾戈（Pruitt-lgoe）曾为此获得建筑奖，但最终还是沦为贫民窟。然而，詹克斯的声明被许多年轻的建筑师认为是回归到了19世纪的历史风格。后现代建筑理论基于艺术史家架构的与建筑相关的历史（例如维特鲁威主义）。该理论因历史主义和“人类学深度”不足而被严重质疑。在古代文献中并没有发现建筑的起源。

在同一时期，伯纳德·鲁道夫斯基（Bernard Rudofsky）提出发展“没有建筑师的建筑”成为新的被追逐的时尚。乡土建筑被许多人作为一个新的研究领域所感知。由保罗·奥利弗（Paul Onver）和其他人出版的书证明了民族学也完全忽略了这个领域。特别是建筑师成为这个研究方向的活跃力量。致力于传统环境研究成为一个世界性的运动，出现了众多的国际组织（国际传统环境研究协会，加利福尼亚大学，伯克利）。这些努力最重要的结果可以在由保罗·奥利弗编辑的《世界乡土建筑百科全书》看到。这是一部对开本大小的3卷本作品，在全世界大约有2000人参与了材料的提供与撰写。该书的基本目标是在全球范围内对传统建筑进行文档存档并根据人类学的标准进行分类。它是全球建筑研究的一个里程碑，体现了世界范围内文化各异、形式繁多的建筑，记录了传统美学和特殊结构条件下相关的生活方式和社会秩序，以至我们今天看起来还感到充满异国情调。

然而，从理论上讲，该书并不是不存在问题，这在很大程度上取决于建筑的人类学阐释水平，它是如何不受欧洲中心论的影响，利用人类学的解释模式去进行阐述。许多建筑传统的特点无法在这个框架内进行解释。

对于材料的使用，我们集中兴趣在传统或民族建筑领域。除了耐用的材料，我们也发现耐久性有限的木材甚至非常不耐用的纤维材料。显然，它们的优势在于它们可以很容易地用于手工制作。手作为主要的工具，从技术上和人类学上讲，捆绑、编织等都是非常古老的技术。我们发现有许多类型的屋顶、墙壁、地板和席子等。此外，有不同的容器、运输工具和装动物的笼子等。这些都是这种纤维类型的重要产品。

在历史和史前建筑的框架内，这种短暂的设备是不存在的。时间摧毁了它们。我们必须抛开我们的意图或改变我们的方法。在后一种情况下，物质文化已经被定义为人类学。维也纳学派，特别是卡尔·R.文哈特（CarlR. wenhardt），已经开发出一种新的方法称为“结构史”或“民族的史前史”，可以用来质疑历史主义关于物质文化分离的3个不同的时间规律。纤维材料和纤维化的过程在史前史扮演了重要角色吗？文化的演变与物品不耐用密切相关吗？这样为代表的对象在本体论意义上有较高价值吗？假设把一个新的时期引入一个史前周期系统：（以前的）水泥行业，这样的问题可以作为一个很好的理由。

还有更重要的一点。建筑人类学与奥托·F. 博尔诺夫的人类学空间更密切相关。在他的书《人与空间》中，博尔诺夫认为，相对于14世纪提出的宇宙空间均匀的概念文化，不管是文化还是人类，空间与人类居住聚落的演变密切相关。这意味着，第一，人类的空间知觉和空间观念最初形成于小的、本地的单位，这是建筑为空间组织提供的语义系统。第二，我们必须假设空间知觉和概念是一个延伸长的过程。此外，构造元素意味着垂直和水平轴的系统（例如，“进入地点方案”或“垂直对立方案”）。在一个新的“环境人类学的框架”，为了基本模式的重构，我们经常以惊人的连续性获得新的和客观的工具。

这些先决条件允许在人类学的概念体系上结构一个新的视角。它的工作原理分为5类：非人的，语义学的，家庭的，定栖的，皇家或平民的。这5类都是相对独立的研究领域。结合传统和文化人类学的成果，它们可以作为引发新讨论的一个新领域。

（蒋萍）

参考书目

［1］Egenter, N. *Software for a softprehistory; Structural history and structuralergology as applied to a type of universallydistributed “soft industry”: Sacred territorialdemarcation signs made of nondurable organicmaterials. In Archaeological “objectivity” ininterpretation* （Vol.2）. [Precirculated papers].TheWorld Archaeological Congress, Southampton andLondon. Southampton, UK: Allen & Unwin, 1986（9）.

［2］Egenter, N. *Evolutionary architecture: Nestbuilding among higher apes*. Internationalsemiotic spectrum of the Toronto semiotic circle, 1990（9）.

［3］Egenter, N. *Architectural anthropology—Research Series: vol.* 1. The present relevance of theprimitive in architecture （trilingual ed.: English–French–German）. Lausanne, Switzerland: EditionsStructura Mundi, 1992.

［4］Egenter, N. *Architectural anthropology—Semantic and symbolic architecture: Anarchitectural-ethnological survey of one hundredvillages of Central Japan*. Lausanne, Switzerland: Editions Structura Mundi, 1994.

［5］Egenter, N. *Semantic architecture and theinterpretation of prehistoric rock art: An ethno-（pre-）historical approach*. Semiotica, 1994,.

［6］Egenter, N. *The deep structure of architecture: Constructivity and human evolution. In Mari-JoseAmerlinck （Ed）., Architectural anthropology*. Westport CT: Bergin & Garvey, 2001, pp. 43–91.

［7］Implosion Research Series Online. Retrievedfrom,1996. http://home.worldcom.ch/~negenter/005_ResSerOnline.html

［8］Kayano, *S.Ainu no Mingu* [The tools and instruments of the Ainu]. Tokyo: Ainu no Mingu Kanko Rendo Iinkai, 1978.

［9］Savage–Rumbaugh, E. S.,Williams, S. L., Furuichi, T.,& and Kano, T. *Language perceived: Paniscus branches out. In W. C. McGrew and T. Nishida （Eds.）, Great apes societies* （pp. 173–195）. Cambridge, UK: Cambridge University Press, 1996.

［10］Wernhart, K. R. *Kulturgeschichte undEthnohistorie als Strukturgeschichte*. InW. Schmied–Kowarzik & J. Stagl （Eds.）, Grundfragen der Ethnologie. Beiträge zur gegenwärtigen Theorien-Diskussion （pp.233-252）. Berlin, Germany: Dietrich Reimer Verlag.poetry.

剑桥大学人类学系　是英国最有影响力的人类学教学和研究中心之一。剑桥大学的人类学源远流长，成就斐然。除了深受达尔文影响的生物人类学至今保持很高水平之外，剑桥大学的社会人类学同样享誉世界，且现代人类学田野研究传统的起源也在很大程度上可以归功于哈登（Alfred Haddon）和里弗斯（W. H. R. Rivers）这两位剑桥人类学家。

该系历史悠久。1884年，剑桥大学成立考古学和民族学博物馆（Museum of Archaeology and Anthropology）。19世纪90年代，开始开设体质人类学课程。1904年，剑桥大学成立人类学研究部（Board of Anthropological Studies），而帝国官员、传教士、商人、旅行者对人类学知识的需求对剑桥人类学的发展起到了推进作用。

1898年，哈登率领包括里弗斯、塞里格曼（Charles Seligman）等人在内的“剑桥考察队”奔赴托雷斯海峡进行实地考察，对英国人类学现代民族志研究传统的形成产生了直接影响。哈登和里弗斯在民族志调查、民族志人才培养以及亲属关系研究等方面卓有成就且影响深远，他们的努力使得剑桥大学的学院人类学在1898—1925年得到了成功的确立（Fortes, 1953）。兰格汉姆认为，存在一个由里弗斯和哈登创立的“社会人类学的剑桥学派”，该学派对亲属关系的一般理论做出了一系列重要贡献。（Langham, 1981）

继哈登、马雷特（Robert Ranviph Marett）之后，剑桥人类学系经历了？（T. C. Hodson）、赫顿（J. H. Hutton）这两位前印度行政官员的掌管，很长时间以来都致力于殖民官员的培训工作，研究型的社会人类学学科建设相对较弱。1950年福蒂斯（Meger Fortes）执掌剑桥人类学系并进行了大刀阔斧的改造，剑桥人类学逐渐完成其研究型转向。随着利奇（Edmund R. Leach）1953年的加盟，剑桥人类学系形成了两条主要的理论路线：一是正统的拉德克利夫·布朗（Alfred Radcliffe-Broun）路线，代表人物是福蒂斯以及与其理论兴趣相近的古迪（Jack R. Goodg），他们及其学生主要在非洲从事田野工作；一是非正统的路线，代表人物利奇及其学生主要在南亚进行田野调查。然而，被称为“剑桥学派”的那种对亲属关系研究的兴趣依然是剑桥人类学的突出特色，也是它对现代人类学所做出的突出贡献之一。

20世纪70年代之后，新人类学系不断组建，人类学教育与研究在英国大学得到了长足发展，但剑桥大学人类学系在英国人类学界的重要地位始终得以保持。1970—1994年，英国共培养社会人类学博士964人，其中，剑桥大学培养137人，占14.2%；1999年英国在任的人类学教学研究人员共有234人，其中研究生阶段受训于剑桥大学的有47人，占20.1%。（Spencer, 2000）在2014年的全国性学术研究评估（The Research Excellence Framework，简称REF）中，剑桥大学人类学系在学术环境、高水平出版物数量及其影响力等方面均位列前茅。

（张丽梅）

参考书目

［1］Spencer, Jonathan. 2000（29）, *British Social Anthropology: A Retrospective*. Annual Review of Anthropology.

［2］张丽梅、胡鸿保. 功能学派与英国人类学的国家传统.《思想战线》2012（4）.

［3］Fortes, Meyer. 1953, *Social Anthropology at Cambridge Since 1900, an Inaugural Lecture*. Cambridge: Cambridge Univ. Press.

［4］Langham, Ian. *The Building of British Social Anthropology: W.H.R. Rivers and His Cambridge Disciples in the Development of Kinship Studies, 1898—1931*. Dordrecht, Holland; Boston, U.S.A.: D. Reidel; Hingham, MA: sold and distributed in the U.S.A. and Canada by Kluwer Boston Inc, 1981.

［5］Adam Kuper. 英国社会人类学——从马林诺夫斯基到今天. 贾士蘅. 台北：联经出版

事业公司，1988.

江应樑（1909—1988） 广西贺县（今贺州市）人。中国民族学家。1932年毕业于上海暨南大学历史社会学系，曾任暨南大学附中教员和南洋文化事业编辑部干事。1936年入广州中山大学研究院。此后，在中山大学、东方语文专科学校、珠海大学、云南大学等校任教，先后任云南大学西南边疆民族历史研究所所长、中国民族研究学会理事、中国百越研究学会名誉理事、中国民族学研究会顾问、中国人类学会理事主席团成员、少数民族5种丛书编辑委员、云南省史学会理事等职。他长期致力于中国南方，特别是中国西南民族学和民族史的研究，对广东瑶族、云南彝族和傣族等民族聚居地区的田野调查尤为深入。1936年，深入广东省曲江、乐昌、汝源3县的瑶族聚居的山区进行调查，写成《广东北江瑶人调查报告专号》，分别对广东瑶族的体质类型、历史、经济生活、农作情况、宗教信仰、房屋、工具、衣饰、传说与歌谣等进行叙述和讨论。1937—1946年在云南进行田野调查，撰写关于傣族文化等方面的若干著作，如《摆夷的生活文化》《摆夷的经济生活》等。他呼吁改变中国的传统文化中对少数民族的轻视和偏见，力主改善民族间相互隔阂和敌视的关系。抗战期间，他担任云南省边政设计委员会主任委员兼车里县县长，在车里及邻近的勐海、勐遮各村寨进行田野调查，编著《边疆行政人员手册》，对当时的云南边政和边疆建设工作有较多指导。在对中国西南各民族的研究中，将历史学、民族学和考古学资料结合，互相印证。著有《西南边疆民族论丛》《凉山彝族的奴隶制度》《傣族史》《中国民族史》等，所发表的重要论文被辑为《江应樑民族研究文集》一书出版。

（刘姝曼）

参考书目

[1] 王建民. 中国民族学史（上卷）. 昆明：云南教育出版社，1997.

[2] 江应樑. 江应樑民族研究文集. 北京：民族出版社，1992.

匠人/东非直立人（Homo Ergaster） 匠人生活在160万～190万年前的非洲，是已灭绝的古人类物种。1975年，格罗夫斯（C. Groves）和马扎克（V. Mazak）将在肯尼亚图尔卡纳湖畔的库彼福勒（Koobi Fora）遗址发现的距今约150万年的人类下颌骨化石（KNM-ER 99），命名为匠人。同属于匠人的化石还包括一具距今约170万年的相当完整的女性颅骨（KNM-ER 3733），以及距今约160万年的著名的图尔卡纳男孩（Turkana Boy，KNM-WT 15000）的近乎完整的骨架。

匠人的名字有工作的人的含义，暗示着它们可以制造工具。匠人的化石和阿舍利文化（Acheulean tool tradition）的石器共同出土，包括手斧（大型泪滴状石器）和刀片状石器。这些工具曾被认为是引领人类走出非洲的发明，然而后来证明阿舍利石器的发展晚于人类走出非洲。

匠人是个有争议的物种，一些古人类学者认为匠人属于直立人，而另一些学者则认为匠人是一个独立的物种。认为匠人为独立物种的学者将直立人划分为早期非洲种类和稍晚期亚洲种类。匠人被归为早期非洲种类，即东非的直立人；而直立人（Homo Erectus）则专指年代稍晚地出现在亚洲的直立人。由此可见，根据化石证据如何正确将古人类分类还存在争议。

匠人和直立人在解剖学上有很多相似的特征。相对于其他古人类物种，匠人和直立人都拥有较小的牙齿、短缩的吻部和突出的鼻骨，并首次出现外鼻部鼻孔向下的特征。它们的脑量都比能人（Homo Habilis）更大。匠人的脑量是860～910毫升，大约是现代人脑量（1000～2000毫升）的3/4。匠人作为独立的物种，与直立人也有若干差异。匠人的脑颅更圆更高，而且头盖骨更薄。匠人也缺乏一些直立人独有的特征，如眉脊上沟、矢状隆突、枕骨圆枕等。

很多古人类学者认为匠人与直立人之间的

差异不足以将它们分为两个物种。然而，近期通过对古人类进化关系的分析，发现匠人比直立人具有更多现代人的特征。因此有些学者认为，匠人很可能是一些晚期人类物种的祖先（包括解剖学现代人），而直立人代表着进化旁支的末端。

（谭婧泽、佟欣竹）

交表亲（cross-cousins） 又称交表婚、从表婚、中表婚或姑舅表婚，即一个男子可以娶舅父之女或娶姑母之女为妻。普遍观点认为，交表婚源于由群婚制转入的氏族外婚制，属异姓近亲相婚的范畴，是古代氏族外群婚向对偶婚过渡时保留下来的一种遗俗。部分学者认为，交表婚的娶妻对象会根据特定条件而变化，有以父方为主即只娶父亲姐妹之女，有以母方为主即只娶母亲兄弟之女。父方交表婚一般出现在地位平等的政治集团之间，母方交表婚则往往存在于地位不等的亲族之间，以维持双方不稳定的政治平衡。

总体来说，我们可以将交表婚大致分为姑之女只能嫁于舅之子、舅之女只能嫁给姑之子、姑舅之子女可以相互嫁娶3种形式。交表婚俗对现代家庭、婚姻有着非常深远的影响，主要可以从亲属称谓和民间婚俗这两个方面体现出来。如中国川滇地区纳西族人之布支梅黑希约若或木若若尼弱达达耳，即谓兄之子与妹之女彼此婚配最合理。对于姑舅表兄弟姐妹，无论是姑方或舅方子女，都鼓励他们彼此通婚，并享有缔结婚姻的优先权。这种婚姻习俗并不仅存在于中国，其他国家地区也广泛流行。如澳洲西部埃尔湖（Eyre）旁近的部落行舅表婚，美拉尼西亚群岛中如斐济岛（Fiji）有盛行此制的。

交表婚在现代作为一种近亲结婚的形式，被打上了封建传统遗俗的烙印，不为当代法治社会所接受。但在提倡优生优育，肯定近亲结婚的落后性时，应该对其进行重新思考和审视。在当代农村和一些少数民族地区，舅表婚和姨表婚仍作为一种缔结婚姻的选择方式而存在。与其强制禁止，不如完善立法，在肯定其为合法婚姻缔结形式的同时，在生育方面如采取绝育手术来加以限制，这样不仅更有利于法律的实施，也更加人性化。

（陈凌）

交换（exchange） 指人们相互交换活动或交换劳动产品的过程。通常说的交换，指人们在等价基础上所进行的商品交换。古典政治经济学是最早用交换来解释社会关系的，马克思（Karl Mart Friedrich Engds）和恩格斯则把一切社会变迁和政治变革的终极原因归结到生产方式和交换方式的变更上。乔治·霍曼斯（Homans）指出，社会中的任何事物都有特定的价格。因此，整个社会活动是人与人之间相互等价地给予或归还彼此间所需要的事物。

人类学对交换的研究，试图回答“当市场既不具有契约形式、又不具有交换动机的时候是怎样运作的”这个问题。对于所有的社会来说，交换都是将商品和服务从一个地方转移到另一个地方，表现为一个买卖流动的总体过程。在人类学的研究中，很多交换都不能用金钱来达成，如声望、学位、荣誉以及晋升机会等。人类学侧重于从心理动机、社会文化、社会关系、社会制度等非经济的角度来展现交换，进而通过交换来体现这个社会的结构、模式和规律。

最早的交换形式是以物易物，人们用一种物品或服务直接交换另一种。由此可见，在早期的交换行为并非是纯经济驱动的，而更多地体现一种非经济性的社会需要。汉弗莱（Humphrey）和休-琼斯（Hugh-Jones）的研究发现，金钱并不一定可以取代以物易物的贸易形式。相反，这种形式会随着时间的流逝在不同的时间和地点再次出现。

在经济人类学所研究的交换行为中，用于交换的物品并不能精准的衡量价值，交换的目的也不是追求利益最大化。金钱并不是唯一的衡量方式，货币不再是唯一的一般等价物，交换的报酬多种多样，如安全感、认可、尊重、顺从、爱恋等心理需求都可以被当作报酬用于交换。在这些交换中，交换并不要求立刻偿还，作为一种“储存在他人那里的资源”，给予者可以在需要的时候从其他人那里换取所需报酬。

马林诺夫斯基（Malinowski）在研究特罗布里恩德岛与周围诸岛屿之间的库拉交易时指出，交换不仅仅局限于有经济价值的事务上，也可以在那些并无经济价值的物品之间进行。库拉是交换，但不是经济学意义上的交换，它联系着社会等级制度，证明着人们的声望和势力。在交换过程中，知识、观念、信息、技术、物质、语言、智慧、制度等在不同主体之间的互动、碰撞、传承、交流。人们通过这种广泛的交换关系获得了被社会认可和接纳的心里满足感。由此马林诺夫斯基提出，交换具有非物质性、符号性等特点。

马塞尔·莫斯（Marcel Mauss）通过对礼物概念的总结，使交换成为人类学界定不同民族文化经济特质的一个重要概念。莫斯指出，这些根植于不同文化的交换方式既是一种物质的循环，同时也是人与权力、政治、精神、宗教、风俗的循环。这个循环由深深植根于人们心中的赠予、接受和回报的义务来维持。交换构建了社区并使该社区内的贸易按照特定的关系运转。

结构主义主要代表人物列维·斯特劳斯（Levi-Strauss）从社会结构的角度对交换行为进行深入研究，主张研究应该关注交换本身而非交换之物，交换的主要功能在于促进社会结构的整合。

波兰尼（Karl Polanyi）将人类的交换行为归纳为3种形式：互惠、再分配和市场，统合了人类社会纷繁的交换行为。波兰尼把交换与经济体系、法律规范、道德伦理、宗教信仰、社会群体等关联起来进行分析，开启了将交换置于社会整体中进行分析的理论路径，拓宽了经济人类学的研究视域 。

作为人类学研究交换的典型例子，夸富宴嵌入在广泛的社会中，被人类学家用来证明任何交换都不可能脱离一个社会的文化背景而孤立存在。人类学家科迪尔（Helen Codere，1950）通过对印第安人中流行的夸富宴的研究，指出交换的意义并不是物品交流本身，而在于物品与威望的互通性。

社会交换论的代表人物彼德·布劳（Peter Michael Blau）指出，社会吸引导致交换的发生，人们之间的互动主要通过交换来完成。福蒂斯（Meyer Fortes）将礼物交换与社会政治功能联系起来，指出礼物交换有维持社会平衡的功能。

交换作为人类社会的最基本行为方式之一，丰富多样地存在于所有人类社会，深深地根植于不同民族的文化之中。交换是人们关系得以建立、维系和发展的纽带。通过这种方式，来自于不同文化的人们被编织在一起。

（王晨娜）

参考书目

［1］Planner, S.(ed.). 1989, *Economic Anthropology*. California: Stanford University Press. pp.3–4.

［2］Malinowski, Bronislaw. 1922, *Argonauts of the Western Pacific. London*.

［3］Mauss, Marcel. 1967, 1923, *The Gift: Forms and Functions of Exchange in Archaic Societies*. London: Cohen & West. pp1, pp.8–9.

［4］Bollier, David. 2002, *The Stubborn Vitality of the Gift Economy. Silent Theft: The Private Plunder of Our Common Wealth*. First Printing ed. New York: Routledge, 38–39. Print.

［5］彼德·布劳. 社会生活中的交换与权力. 孙非等. 北京：华夏出版社1987.

交换理论（Exchange Theory） 人类学家弗雷泽（James George Frazer）在《旧约中的民俗》一书中，最早明确阐述了交换理论。他在研究澳大利亚原始社会亲属关系和社会习俗时，试图用功利主义的经济学思想来解释为何当地居民更喜欢交表联姻婚，而不喜欢平行表联姻的习俗。弗雷泽指出，澳大利亚土著居民在娶妻时如果不能付出足够的财物，就可以通过交换一位女性亲戚来完成娶妻。在交换物品时，人们总是尽量满足最基本的经济需求。代表特定文化的社会结构类型反映了人们的经济动机。同时，弗雷泽还认为，在交换过程中人们根据其获取有价值商品的难易程度而被区分出各种群体，并造成权力、威望和特权的差异。

另一位对交换理论有重要影响的是人类学家马林诺夫斯基（Malinowski，1922），他在对特洛布里恩德群岛进行研究时发现，居民中通行一种以白贝壳臂镯（mwali）和红贝片项链（soulava，armshell）为媒介的库拉交换制度。但这种交换的动机不是经济的，而是心理的。与弗雷泽相比，他区分了物质交换和非物质交换，这一区分对社会学交换理论摆脱功利主义分析模式有重要意义。

莫斯（Marcel Mauss）从宏观层面来解释交换行为及其维系机制。主张交换发生和维系的根本原因是社会而非个人，呈现在契约中的人是氏族、部落或家庭，莫斯将这一切总称为总体呈献体系。在土著的经济和法律中，交换在集体之间互设义务、互订契约。交换发生之前，人们首先要交流的是礼节、宴会、仪式，其中的市场只是种种交换的时机之一。交换并不仅限于物资和财富、动产和不动产等在经济上有用的东西。

法国结构主义人类学的创始人列维·斯特劳斯在《亲属关系的基本结构》中，在批判和发扬了弗雷泽的理念后，重新对“交表婚理论”进行了研究，指出任何社会中，交往都发生在妇女、商品、服务和信息之间。在此基础上，他提出交换是某种更为抽象的东西，是连接着那些社会成员关系网的象征性表现。因此，在研究交换时，要从更广大的社会整合的角度来审视。

美国社会学家布劳（Soren Blau）把一切人类的关系皆作为交换关系进行分析，指出人与人之间的社会交换开始于社会吸引。尽管人们若不改变爱情、友谊、声望等的形态便不可能对他们进行交易。但布劳却论证说，他们仍可以像商品或服务那样用交换来分析。他认为，人们在婚姻市场上的选择，是以选得一个与他们自己拥有的社会财产的数量大致相同的人而告终的。

人类学家通过大量田野调查对交换行为的研究使得霍曼斯坚信交换是所有社会普遍存在的一种现象。1961年，霍曼斯（George Casper Homans）在《社会行为：它的基本方式》（*Soial behavier: it's elementary forms*）中指出，人们是相互提供报偿的，这种报偿是一种代价，但这种代价却可以引出带来报偿的行为。把人们的行为看成是相互交换报偿，这就为把行为主义心理学和经济学结合起来的尝试提供了借鉴。

对初民社会中形形色色的交换行为的研究，深深地影响着人们对交换概念的理解及交换理论的形成。交换不仅体现在经济上的物物交换，更体现在非经济方面的社会交换并成为社会整合、社会变迁的重要因素。

（王晨娜）

参考书目

［1］Mauss, M. 2002, *The Gift: The Form and Reason for Exchange in Archaic Societies*, trans. W.D. Halls. London: Routledge.

［2］George C. 1974, *Homans: Social Behavior: Its Elementary Forms*. Reved. New York: Harcourt Brace Jovamovich.

［3］彼得·布劳. 社会生活中的交换和权力. 张非，张黎勤. 北京：华夏出版社, 1987.

交流（Communication）　交流是一种旨在引起生物体之间信息传递，来修正这一过程中所有参与者的活动的行为。它是所有生物的基本生存技能，对社会性生物而言更为重要。人类学家长期以来都将交流能力与交流活动的复杂性作为区分人类和其他生物的标准。

符号和语言学家索绪尔（Ferdinand de Saussure）与实用主义哲学家皮尔斯（Charles Peirce）建立的符号功能理论，为以后对交流的一般结构的研究奠定了基础。人类学家萨丕尔（Edward Sapir）较早地提出了关于交流的行为方式的一般模式。他认为，在本质上交流基本上是用符号表示的。德国语言学家布什勒（Karl Bühler）将语言视为由说者、听者、符号与对象4种要素和表达、共鸣与关联3种功能组成。

20世纪50年代，许多研究者就开始探寻动物和人类交流系统的关联。早期主要的工作是纯理论性和原则性的，但却影响了研究计划的制订。霍基特（Charles D. Hockett）提出了动物交流的13个简要特征。其中，置换、创造力、传统的传递和模式的二元性，被以后的研究者认为是体现了人类特有的能力。但有人对将语言交流作为人类与动物间绝对界限的思想提出了质疑。

人类学家曾推测人类交流可能是从手势系统和言辞符号演变而来。手势、哭叫、声调以及其他非言辞的因素在人类交流中起着关键作用。霍尔（Edward Hall）曾指出人与人之间的距离在交流中的重要性，并将这种重要性的研究称为空间关系学。

人类学家力图证明交织着文化背景的交流活动的复杂性。在交流活动中，用英文每一要素的第一个字母组成便于记忆的“SPEAKING”模型，被称为交流民族志。对交流场景、参与者、目的、行为、音形、手段、规范和类型等方面的内容进行了分析。

人类学家近几年又将在所有的交流活动中人类固有的创造性和不确切性纳入了研究范围。诗意是所有人类交流中固有的部分，并且有多种的诠释。同样，对交流中的隐喻结构的研究揭示了人类是如何尽量地运用意象来克服交流中的不确切性。对实际的言语分析逐渐成为分析人类交流的首选方法。这种以言语为核心的方法认为交流不是人与人之间封闭的信息传递，而是一个现时的过程。在这一过程进行中，对于目标来说，形式是不断变化的。这种研究方法将可能发展出更多更复杂的交流模型。

（尹明）

交往分析（Transactional analysis） 是社会交换（social exchange）的一个模型，与弗雷德里克·巴特（Fredrik Barth）的“社会组织的模型”（models of social organization）有着特别的联系。通过专注于个人交往，而不是群体，它试图解释由行动者自身做出战略的选择是如何使得规范的系统产生和维持，从而使得他们的利益最大化。该模型特别地引起了人类学家对于此前功能主义和交换主义都采用的交换概念的不满。前者早就被批评为没有能力应对社会变迁（social change），而后者集中于用群体和规范价值来表征系统，如婚姻交换（marriage exchange）意味着个人被固定的社会结构所俘虏。

交往分析引起了一系列的兴趣和争论（卡普费雷尔 Kapferer）。这一观点是被广泛地接受的，即“游戏规则”设置参数，个体行动者做出战略选择，而这些选择对于整个系统会产生影响。然而，许多批评家指责这个模型在它主要的焦点——自愿的个体行动上走得太远。行动可能被强迫，历史和过去行动的积聚，往往高度限制选择。一个更实际的问题是，被研究的个体数量越多，就越难以跟踪个体的决定和可能的结果。事实上，正如最近系统理论（system theory）所承认的一样，这种相互作用的结果可能在本质上是不可预测的。在任何复杂的适应性系统中自发规则的模式可以从代理商的活动中出现，往往会产生新的或者意想不到的结果。

虽然交往分析作为一个特定的模式已经不再使用，但是其基本组成部分已纳入许多成功的人类学理论中，其影响仍然显著。

（罗士泂）

交易（Trade） 交易是一种双边交换行为。通常有两种交换类型：一是通过某种货币为媒介，买卖行为是关键因素。二是物物交换，即两种物品或服务之间不通过任何媒介或货币进行的交换。礼物交换是否包括在交易的范畴内是有争议的。交易是一个不易界定的概念。

人类学家有特殊兴趣的交易形式是远距离和顺线而下。远距离交易即从物品的原产地将物品运走。交易远征是普遍的形式，在古代近东有这种交易远征的大量考古证据。交易双方中的一方拥有武器的优越性就能够对交易强加某些条款，这种情形如同部落之间的情形。另外一个从远方获得物品的方法就是可广泛见于民族志记载的被称为顺线而下的交易。指物品从一个地方群体转到一个邻近的地方群体中交易。物品是包含在同一个交换过程中的，每一种物品相对于他者的相对价值在于其对远方的有用性。

人人平等的小社会有一整套的交换系统，通过这个系统，物品交换可达到非常遥远的地方。交换可以定期集中举行，也可以按周期择期举行。这些交换有时被称为交易，有时被称为礼物交换，这两种概念的区别标准至今仍不明晰。如太平洋特罗布里恩岛上的库拉交易的重要的一部分就是为旅游者与当地人交易而组织的，这与当地社会传统的库拉价值观是大相径庭的。能较大的社会中，尤其是存在社会分层的社会中，是通过在不同政治实体之间的边界处建立贸易港。政治实体内部通过设置法律机构等来制定和强化地方性的合同法规，如地方性的度量系统等。

交易使人们能够在当地获得外地的物品或服务，实际上所有的人类社会都已卷入这样的交易之中。在这种扩大当地人获取外来物品和资源的作用中，交易可以增进当地人管理环境的能力。此外，还可起到与相邻社会保持和平社会关系的作用。

（兰世辉）

教育人类学（Anthropology of Education） 是一门运用人类学的概念、原理和方法来研究教育问题的综合性交叉学科。19世纪50年代，俄国教育家乌申斯基（Konstantin Dmitrievich Ushinski）在其著作《人是教育的对象：教育人类学初探》中最早提出教育人类学的概念。美国教育家休伊特（E. L. Hewett）最早将人类学方法运用于教育问题的研究中，于1904年和1905年先后在《美国人类学家》上发表了《人类学与教育》《教育中的种族因素》两篇文章。意大利教育家蒙台梭利（Maria Montessori）于1908年出版了世界上第一本以《教育人类学》为书名的专著。国内已译介的国外著作主要包括：郑文樾翻译的乌申斯基的《人是教育的对象》（1989）、李其龙翻译的博尔诺夫（Otto Friedrich Bollnow）的《教育人类学》（1999）和茨达齐尔（Herbert Zdarzil）的《教育人类学原理》（2001）、张志坤翻译的武尔夫（Christoph Wulf）的《教育人类学》（2009）以及石中英翻译的奥布（John Uzo Ogbu）编写的《教育大百科全书：教育人类学》（2011）等。还有一些编译的论文集及相关的翻译和介绍文章。

教育人类学具有独立的学科地位，以人、人与文化、人与社会为研究对象。在发展过程中，逐渐形成了以英语语系国家为主的文化教育人类学和以德语语系国家为主的哲学教育人类学。文化教育人类学以文化为基本取向，将教育视为一种文化传承过程，借助跨文化、跨族群的视角，对文化传承与人的发展进行研究，主要涉及濡化、涵化以及多元文化教育等。哲学教育人类学以人的全面发展为基本取向，探究教育与人的完整性之间的相互建构，关注人的可塑性、可教育性、对教育的需求性及意向性等。

文化教育人类学的发展大致可以分为4个阶段：一是19世纪末20世纪初期。当时的民族志研究者们在对人类生命周期的描述中，涉及儿童养育方式及社会化等问题。范·盖内普（Arnold Van Gennep）揭示了“过渡礼仪”在不同人生阶段的转变功能。博厄斯（Franz Boas）和马林诺夫斯基（Bronislaw Malinowski）的研究则显示了社会化实践如何满足某个社会中特定时期的特殊需求。二是20世纪30—40年代文化与人格学派的兴起。该学派将心理分析原理运用到民族志资料中，认为通过对喂养、断奶以及如厕训练等育儿实践的研究，有可能理解不同社会中人格类型的形成基础。其中最为著名的是米德对儿童成年及本尼迪克特对国民性格的研究。1954年，由斯平德勒在斯坦福主持的人类学与教育学大会，成为发展历程中的重要转折点。三是20世纪60年代晚期，与北美及西欧的民权运动密切相关。在美国，研究者们关注少数民族及移民群体的文化中断。在英国，研究者更关注阶级而非族群性，比如保罗·威利斯（Paul Willis）对英国中学内工人阶级文化的研究。皮埃尔·布迪厄（Pierre Bourdieu）提出了文化资本及象征暴力的概念，对教育人类学的发展产生了持久的影响。同时，教育与人类学理事会及相应分支研究会相继成立，《人类学与教育》季刊得以创立，人类学课程已经开始进入学校，独立的学科体系已经初步形成。四是将研究的焦点转移到受教育者的认知世界上，呼吁要关注儿童的声音。1989年通过的联合国《儿童权利公约》（*Convention on the Rights of the Child*）在此过程中起到了一定的推动作用。哲学教育人类学也经历了自己的探索过程，于20世纪70年代学科体系基本形成，出现了德普-福瓦尔德（Heinrich Dopp-Vorwald）、博尔诺夫、罗特（H.Roth）、李特克（Max Liedtke）、戴波拉夫（Josef Derbodav）以及洛赫（W. Loch）等为代表的一些重要的理论学派。

教育人类学作为一门学科，在中国大陆的研究始于20世纪80年代。在对国外教育人类学理论及方法进行引进及翻译的基础上，国内学者从不同的视角展开了中国教育人类学的本土化研究，并陆续出版了多种重要的研究成果，对学科意识、研究主题、理论体系及研究方法等进行了探讨。在一些师范大学、民族院校及综合性大学，已成立了相关的科研机构，开设了教育人类学课程，专业设置与人才培养模式逐步完善，教学科研队伍不断壮大，并创立了学术团体与学术刊物，国内国际学术交流与合作日益频繁。

教育人类学的形成与发展既受益于人类学，也受益于教育学及心理学等。体质人类学对人脑与神经系统进化的理解，考古学对具有教育意蕴的文化遗产的保护，文化与社会人类学的民族志方法与整体论，语言人类学对语言本身及其与社会、文化关系的研究皆为教育人类学奠定了基础。同时，达尔文（Charles Robert Darwin）所强调的多样性与适应，杜威（John Dewey）的进步主义教育思想、维果斯基（Lev Vygotsky）的社会建构主义理论以及加德纳（Howard Gardner）的多元智能理论等也丰富了教育人类学的内涵及研究内容。随着全球化的发展，教育人类学将会发挥越来越重要的作用。

（陈雪英、夏懿）

参考书目

[1] Spindler, George ed. 1997, *Education and Cultural Process: Anthropological Approaches*. Prospect heights, IL: Waveland Press.

[2] Spindler, George and Spindler, Louise. 2000, *Fifty Years of Anthropology and Education: A Spindler Anthology*. New Jersey: Lawrence Erlbaum Associates.

[3] Ogbu, John Ed. 2008, *Minority Status, Oppositional Culture and Schooling*. London: Taylor and Francis Group.

[4] Bourdieu, Pierre and Passeron, Jean. 1990, *Reproduction in Education, Society and Culture*. London: Sage Publications.

阶级（class）　社会分层的形式之一，其中成员资格的确定和阶级之间的关系均取决于对经济因素的考虑而不顾及法律（如在社会等级中）或宗教和仪式（如在种姓制度中）。

阶级一词源于拉丁语，出自《罗马书》（*Romans*）中关于财产的章节。罗马的人口普查人员为了军队义务性服役的目的，以财产状况为基础区分人口时引入了classis这一术语。英语将此术语用于社会阶级（与学校中的班级和植物分类中的纲目有所区别），则同18世纪工业革命的兴起有关。18世纪晚期，随着法国的深刻政治剧变以及工业革命对欧洲社会版图的重画，阶级一词形成了与现代相近的意思。在19世纪的最初30年间，阶级这个术语作为表示社会区分的主要词汇逐渐取代了等级、身份和阶层。词汇的这一变化反映着下述事实：一般说来，身份的重要性以及由认可或继承所得地位的重要性正在下降。在决定社会地位的诸因素中，财产和收入日益成为重要的方面。

关于阶级定义有3种方向：第一，一部分学者认为阶级研究可有可无；第二，有的学者认为阶级的研究需要特定条件限制；第三，阶级的概念的研究应该考虑其是否符合非西方社会的情况。阶级的概念主要由两个方面被建构：一是19世纪的进化人类学，在这一观念中，阶级社会的出现是与私有财产和国家的崛起相关；二是20世纪60年代新马克思主义学派在法国兴起。

在社会学中，阶级这一概念的基本用法有

两种，其共同点是将阶级视为在一个综合体系中按等级排列的各种经济集团。在这种体系中，阶级本身并不是唯一的实体，而是在同别的实体的联系中得以规定的。①作为构成体的阶级，它在社会和历史的发展中起着实际的作用，其存在是能为其组成部分的个人或家庭或多或少地正确地认识到的。这包括某种程度的阶级意识、阶级行动和阶级冲突。有关阶级的两种主要理论是由马克思和维贝尔创建的。②作为类别的阶级，它是由社会学家或社会统计学家运用经济标准（如收入水平）或程序（如职业团体和职业等级的确定）所划分出的，但不能据此推测潜在的阶级意识或阶级行动。上述两种基本研究方法，导致了两种我们将依次讨论的相互有别的阶级理论传统。

阶级对于复杂社会的研究具有重要作用，但其意义和使用却不尽一致。马克思建立的奴隶主—奴隶、贵族—平民、资产阶级—无产阶级的一般性社会结构模式对人类学影响很大。人类学家受到马克思的影响后，就把研究重心放在了社会文化产生的经济关系，或者说是生产方式上，而将阶级定位为人们在这一结构中的地位。

在社会科学理论及其研究中，关于阶级的许多用法也始终受到马克思关于阶级划分的权威意见的影响：阶级的划分既是社会动力的主要源泉，同时又是对社会动力加以解释的基本原则。马克思的重大贡献在于：他解释了阶级冲突的另一个层面，即为掌握社会剩余产品而进行的斗争。既然在资本主义制度下，支配剩余产品是生产过程管理者的特权，那么，为了扩大一个阶级在剩余产品中所占的额度而进行的合理努力，就必定以掌握生产为目的；同样，既然在资本主义制度下，管理生产过程的权力是资本（或生产资料）所有者的特权，那么，被禁止分享剩余产品的阶级就只能透过使管理权和所有权分离的方式——经由剥夺资本所有者的方式——来反抗自己所受到的剥夺。因而，在阶级斗争历史形态的演进过程中，资本家和工人之间的冲突不仅被马克思描述为前资本主义时期地主和农奴之间冲突的现代对照物，而且被马克思描述为土地贵族和工业资本家之间冲突的现代对照物。实际上，马克思对工业社会进行阶级分析的方法的特点在于，把阶级冲突的两个方面结合了起来，并倾向于把阶级冲突的第一个方面（剩余产品的重新分配）理解为第二个方面（掌握剩余产品的生产）的不成熟的表现或初级阶段。

无论怎样看待阶级理论对于理解过去两个世纪的适用性，在对社会发展的现阶段的研究中，人们对这一理论的有用性提出了其他一些疑问。阶级仍然在社会性剥夺（说得更一般些，社会分化本身）的再生产机能中发挥着主要作用；或者，就此而论，阶级仍然作为研究个人行为和团体行为的一个主要的解释变数就越来越困难了。然而，迄今为止还没有产生出另一个同样全面和同样具有说服力的概念，在对社会的不平等进行描述和解释方面可以取代阶级这一概念。

（李索菲）

节庆（Feast） 通常也被称为节日，指人们因为宗教、农业生产或其他社会文化因素在一天或是一段时间内举办的庆祝活动。展演、人群的聚集、食物的共享与分配、特殊的目的和丰盛的食物是节庆的5个特征。

节庆起源于旧石器时代前的游牧和采集部落社会。由于没有稳定的食物来源，人们常以节庆的形式庆祝临时获取的丰盛食物。例如因纽特人（Inuit）在捕获鲸鱼后会举办持久的节庆活动，整个部族都会得到食物的分享。随着人类社会的发展，仪式开始在节庆中出现，并成为区分节庆类型的重要标志。通过对仪式的吸收融入，其他宗教、社会文化因素开始渗入其中，最终形成了节庆的复合形态。

节庆可分为3种类型：一是有着长远目标的节庆。这类节庆有着明确的、长远的目标和计划。诸如巩固联盟、带来和平和解决争端等。二是象征的节庆。这类节庆有着深层次的目标。诸如在葬礼上对未来领导者的显示与确认，以及包括纪念婚姻、第一次收获，纪念祖先、出生、收养和通过仪式等举办的节庆。这类节庆在性质上是神圣的。三是有着直接目的的节庆。这类节庆是即兴发生的节庆，在这类节庆中没有任何仪式性的食物。比如在工作或者是危机时举办的节庆活动。

节庆举办时，社群所有成员都必须参与其中，共同协作完成节庆活动。通过分工的承担，节庆活动强化了社群成员的集体意识。节庆有着团结个体、凝聚社会认同的功能。

节庆也是社群秩序的展演与传承的重要场合，这一秩序首先表现在对等级秩序的强调上。在等级社会中，人们常常按照地位的高低安排节庆中的位置排列。性别等级也是节庆活动中的重要表现。在古代节庆中，女性承担着服务节庆的工作。由于男性从事狩猎等工作，他们常在节庆中承担领导者的角色，并通过节庆活动确立并巩固自身的权力与地位。

一些部族的节庆中有着对于食物的礼节。比如在阿拉斯加北部的库尤克（Koyukon）人部落中，每年捕熊后的第一次节庆必须由猎人在森林中举办，由此纪念熊的灵魂，熊肉中最好的部分必须存储至当年冬至的节庆。此外，在诸如古尔邦节（Corban Festival）等宗教节庆中还有着禁食的禁忌。

（张青仁）

节日（Festival）　节日指一个社区或是具备社区特征的宗教或者其他群体共同参与的公共庆祝活动。节日最初起源于丰收时节举办的节庆（Feast）活动。在古希腊，农神节（Saturnalia）的产生与宗教和农业文明进程相关；感恩节（Thanksgiving Day）发生在秋季，是一个混合了丰收感谢和宗教感恩的节日。随着节庆中仪式与习俗的增多，节日开始出现。一个节日通常包括蕴含多个仪式的节庆。

节日形成之初，社区的所有成员必须为节日准备。通常低等级的人完成大部分的食物生产和采集工作。随着人类社会进入半游牧社会，节日开始进一步发展。诸如因纽特人（Inuit）开始在夏天举办传统的贸易节，人们聚集在一起进行贸易、拜访和宴会。在敬拜神灵的同时，节日期间也会发生一些礼物交换活动，并成为交换双方获取声望的重要途径。

节日的目的在于纪念和感恩。节日活动强化了宗教、社会或其他地缘群体凝聚力。节日具有重要娱乐功能，通过长者故事和经验的传承，节日也是传统延续的重要路径。

（张青仁）

节育/避孕（contraceptionl）　参见生育控制（birth control）

洁净（purity）　洁净，在其与不洁和污秽（杂质流动并越过边界去影响一个相对洁净的个体）的概念相对照中，为了社会组织和界定之目的，会附带着把对干净的强力思想情感植根于对身体完整性的焦虑中。尽管洁净和污秽的观念是普遍的，并且有许多共同点，但其程度、应用、迷信度以及这些秩序结构的形态在群体与群体之间变化很大（Onner 1974a）。

洁净与污秽的概念通过人们身体的（或自身的）易感染的感官来阐释“污垢”，正如它（1）通过触摸被污染的人或物影响身体的表面。（2）或者通过口服将一些污染物质摄入人体。

表面污秽与对别人的眼光、嗅觉或其他认知比如“污垢”的恐惧反应（幻想或现实）密切相关。它被认为影响一个人的公共展示、社会接受度和社会价值，并因此与这些社会建构的道德观念如耻辱、尴尬和保护“面子”相关联。这种既定有序的肮脏观念正如肉体上的真实，往往导致生活的实际状况操纵身体那样，导致“污秽的人”是“客观的”脏。这可以通过南亚传统中的“贱民”的案例说明。（R. Levy 1990）内部污秽源于对口头摄取被污染物质的恐惧，包括那些从身体表面转移进入嘴里的污染物质。内部污秽与人体的体质（和“身体自我”）相关，而非其公共性的表现，并且影响着个体自我认同和自尊这样的核心私人领域。有关身体自我的污秽观念扩展到“思想”“精神”“品质”这样的自我道德象征方面，往往会通过隐喻性的桥梁联系到这样一种假定的污染源，如犯罪、道德过失、祖先或当下家庭成员的行为、宗族等类似的东西。

对“不洁”的首要反应是厌恶，这种情感具体体现为“肮脏”的摄入物。玛丽·道格拉斯（Mary Douglas）定义“污垢（dirt）”为“事物的出位”，即违反文化分类（或游离于边界之间）的质料。她认为我们应该“把所有污秽行为当作和任何容易与所珍视之物相混淆或抵触的情形一样”（1968: 340）。但并非所有外在物都会让人感到隐含着污秽与厌恶：地上的玻璃是危险的污染物，但是它不恶心。恶心的物质似乎仅限于有机的“可想象被食用的事物”，这意味着一个被禁止的污物必须经过半生物的联系和诸如厌恶、作呕和抗拒的条件反射反应。禁忌制造封闭的联系，亦即，首先，接触“不洁之人”也许类似于在异议中去引诱、拥抱他，包括在社交上所有情欲范围的情感都被禁止的人。强烈的社会禁忌有助于对抗强大的潜在诱惑，去针对潜在的具有结构性、颠覆性的愿望——团体、平等和不羁的欲望。

文化意义上阐述污秽的概念，以及如何保持洁净，不仅区分出人们是被谁引诱和禁止的，也有利于与构成它的身体质料保持距离。这些质料包括指甲、唾液、黏液、粪便、尿液、经血，必须定期地从身体分离和隔开，并与其划清界限。在分离的过程中，它们不仅成为他人的污染源，也成为可能再次沾上或摄入它们的个人的污染源。因此，一旦“唾液”从口中排出就变成讨厌的“吐沫”，身体的边界和概念的清晰成为过渡的保护性澄清。

另外一种口服污染物是由饮食禁忌定义的，理论上食用的食物种类应该很合口，实际上，对其他群体（他们从这个事实中得到社会力量）而言这是“非理性的”和“文化的”，并经常是针对某一特定群体的“超自然的”禁止。从而，他们提供了一个群体内部的任意标记，“我们是不吃某物的人”。正如玛丽·道格拉斯（1966）在她关于圣经食物禁忌（《利未记》和《申命记》中的“可憎之事”）的分析中认为，违禁物品的选择常常出现模糊的分类动机，并建议至少能有一些认知基础满足这些特定文化选择。无论个人的智力、情感和经验基于洁净还是污秽的观念，这些观念提供强有力的社会标记、尺度和动机，决定了谁可以怎样合法地吃、接受食物、结婚、性爱和联想（尺度根据语境变化）。总之它有利于道德秩序。污秽观念建立于绝对排他的界限（洁净与不洁对立），并且在纯度、纯洁底线的程度和类型上相对地起作用。这种定量分析方法适用于对整个群体社会关系的相对合理地分析，例如南亚的种姓制度，差异影响了不同类型的社会关系以及个人的相互关联，如饮食、性接触、婚姻、进入一些神秘领域等。正如种姓，洁净/不洁的秩序是整体之于各个层次的（Dumont 1970）。

对不洁观念的一个跨文化的普遍运用是月经，并且涉及男人对女人不洁的看法。这种困扰，作用于区分对血液和分娩的感觉，是与普遍观念和关于女性性成熟问题以及性别附属地位密切相关，且与男性焦虑相关。

不洁的观念与生活在一个与不洁事物亲密接触的系统中的“力量”相联系，这种观念使人相信超越捷径秩序范畴、危险和禁忌的能力。在南亚，这些个体包括圣人和某类神祇（尤其是创世神），他们被相信具有创造和毁灭的特殊力量，如对相对固化的社会秩序的对抗力。一个洁净的人就像一个牧师拥有较高的社会地位但是很脆弱，他通过对外部社会的防御以保护他的洁净。然而污染严重的个体往往是妇女，并且是地位非常低或边缘状态的巫婆、巫师或圣人，她们自己有强大的能力能够抵挡社会势力。那些神灵，比如南亚的密宗，它的神圣力量与超越污秽的能力有关，常常在作为西方传统的“亵渎”或“魔鬼”中觉察到。

洁净非常频繁地与宗教观念相关联，并与“神圣”特别是“神圣场所”“神圣境界”的观念融合。这些场所和境界要求清晰地标定受保护的边界，并伴随着一些“力量”与“洁净”的超自然组合。他们能使受到不洁的人或物污染的主体减弱其力量和神圣性。玷污神圣的人、场所或地位普通的客体是非常冒险的，并且玷污的责任常常使这些罪行和越轨行为受到严厉惩罚。（R. Levy 1990: 375–97）

一些污秽被认为通过小心应对规则与禁忌的缜密系统，是可预防和可避免的。有些是通过各种净化技术，通常由专家给予专业地纠正。因为“污垢”的轮廓非常显著地体现在污秽的概念里，洁净可通过物理的或神奇/隐喻的装置来清洁身体表面从而还原，或者通过清洗客体防止其与身体表面的接触（特别是口）。内部污秽可使用洁净主体内部的强力物质或不同种类的“禁欲”得以清除。隐喻得更深的污秽可以通过其他方式，如苦行，被清除。一些私人的污秽不被认为可以消除，它被认为是一类人的永久特质。这种观念可能涉及“生物精英”的陈腐观念，如种族主义。

（霍志刚、蒋萍）

结构功能主义（Structural Functionalism） 在人类学、社会学学科史上，结构功能主义既可以用来指20世纪30—40年代盛行于英国，以拉德克利夫·布朗（Alfred Radcliffe–Brown）等牛津人类学家为主要代表的功能主义人类学思想，也可以用来指第二次世界大战后至20世纪60年代盛行于美国，以帕森斯（Talcott Parsons）为主要代表的宏观社会学思想。

在人类学中，结构功能主义通常用来指称拉德克利夫·布朗的功能主义思想，并以此区别于马林诺夫斯基（Bronislaw Malinowski）喜欢用生物和文化需要来解释社会事实、研究主题偏重于文化而非社会的需要功能论。

拉德克利夫·布朗更注重社会功能（而非生物学上的功能）和社会制度（而非个人的文化需要），认为某项具体社会制度的功能，指的是它对整个社会体系的运转以及整体社会生活的和谐所起的作用。在《安达曼岛人》（*The Andaman Islanders*）一书中，他从社会功能的角度来解释仪式，注重的是仪式对于整体社会的价值，而非对社会成员个体的价值。1935年，在“论社会科学中的功能概念”一文中，他主张从结构的角度探讨社会制度的功能，认为社会“功能”是社会结构和社会过程之间的相互联系，过程、结构、功能这3个概念是理解人类社会体系的基本概念。之后，被他认为是“社会体系”一部分的“社会结构”在其理论中占据越来越重要的位置。1940年，他在英国皇家人类学学会所做的会长演说就用了“论社会结构”这个题目。在该演讲中，他进一步地区分了“结构”和“结构形式”。人类学家的任务不是描述个体事物（“结构”），而是理解特定社会的典型事物（“结构形式”）以及它们之间的关系。在此基础上，人类学家就可以对不同社会的结构形式进行比较，最终致力于探寻这些社会在运作方式方面的普遍法则。

从20世纪30年代末到40年代，以拉德克利夫·布朗为首，包括埃文思·普里查德（Edward Evans–Pritchard）、福蒂斯（Meyer Fortes）等人在内的结构功能学派成为英国社会人类学的主流，他们以牛津大学为制度平台，在方法上注重社会结构分析及其比较，在研究领域上主要关注政治体系和亲属关系，发表了如福蒂斯和埃文思·普里查德合编、1940年出版的《非洲政治体系》（African Political Systems, 1940）等一系列重要专著和论文，产生了较大影响。

在社会学中，结构功能主义往往指的是第二次世界大战后在美国崛起的一个社会学流派，早年参加过马林诺夫斯基研讨班的帕森斯是主要代表人物。帕森斯认为，行动系统由4个子系统组成，分别为文化系统、社会系统、人格系统和行为有机体系统。包括社会系统在内的任何行动系统要想维持和发展，必须满足AGIL4种功能需求：适应、目标达成、整合、潜在模式维持。他集中考察了AGIL4种功能需求在社会系统中的满足方式，并认为各种功能需求的良好满足使得社会系统具有均衡和稳定的特征。

美国社会学家默顿（Robert Merton）是结构功能主义社会学的又一重要代表人物。他提出并区分了显功能、潜功能、正功能、负功能等概念，着重分析社会文化事项对个人、群体所造成的客观后果，同时非常关注社会制度或结构对行动者的影响，其关于越轨行为的社会失范解释颇具影响力。

从20世纪60年代以来，结构功能主义社会学广受质疑。人们认为它的功能逻辑前提是站不住脚的，且过于强调宏观结构而忽略了微观互动，片面强调社会整合而忽视了社会冲突，不能合理地解释社会变迁。尽管20世纪70年代后半期以来社会理论界又出现重估或综合帕森斯理论的尝试，但终究无法改变结构功能主义影响日渐衰微的事实。

结构功能主义的理论早在20世纪30年代就已经传入中国，吴文藻曾经邀请拉德克利夫·布朗到中国讲学，并在《社会学界》刊载布朗访华专辑。拉德克利夫·布朗曾到华南讲学，并参加了中国民族学会年会。

（张丽梅）

参考书目

［1］Radcliffe-Brown, A. R. *On the Concept of Function in Social Science*. American Anthropologist, New Series, Vol. 37, No. 3, Part 1 (Jul.-Sep.), 1935.

［2］Radcliffe-Brown, A. R.*On Social Structure*. The Journal of the Royal Anthropological Institute of Great Britain and Ireland, Vol. 70, No. 1, 1940.

［3］Fortes, Meyer& Evans-Pritchard, E. E. *African Political Systems*. London: Oxford University Press, 1940.

［4］帕森斯. 社会行动的结构. 张明德，夏翼南，彭刚. 南京：译林出版社，2003.

结构马克思主义（Structural Marxism） 在第一次世界大战之后，马克思主义在俄国取得了胜利，但是在中国和西欧国家却以失败告终。卢卡奇（Szegedi Lukács）等人在总结失败的经验教训时认为，这是第二国际庸俗经济决定论所导致的无产阶级意识的丧失。所以，卢卡奇等人分别著书来阐发这一思想。1923年，在他的《历史和阶级意识》（*History and class consciousness*, 1923）一书中，强调了马克思主义与黑格尔思想的连续性，试图把马克思主义解释为一种人道主义。

卢卡奇等人的思想受到了共产国际的批判，但在党外却发展起来。可是，他们并没有自称是西方马克思主义者。在卢卡奇等人的影响下，西方国家一直存在着一种反对列宁主义但又自称为马克思主义的思潮。

1955年，梅洛-庞蒂（Merleau-Ponty）出版《辩证法的历险》（*Adveuture of the Dialectic*），首次提出西方马克思主义。他以韦伯式的自由主义立场来理解马克思主义和辩证法的意义。作为战后法国新自由主义知识分子的代表，梅洛-庞蒂研究了卢卡奇、列宁、萨特等不同思想语境中辩证法的使用方式和思想命运，深刻反思了知性、布尔什维克主义以及共产主义的政治哲学，一时洛阳纸贵，此书成为那个时代的代表作品。

20世纪50年代末到60年代，结构主义在法国兴起，存在主义哲学的时代行将谢幕，结构主义时代已然到来。

在人类学界，一些了解共产主义和结构主义的学者开始试图将两者结合在一起，把马克思主义纳入到结构的轨道上来。塞巴格（Lucian Sebag）是尝试这一做法的第一位人类学家。1963年，他发表了《马克思主义与结构主义》的著作，第一次正式讨论了马克思主义与结构主义的关系问题。他将马克思主义视为社会现象学；结构主义则被视为了解人类现实的科学主义。因为，马克思主义已经变成了一种意识形态，只能与作为科学方法的结构主义相结合才能把握社会现象的总体性规律，因此这是一种最好的科学方法。除了塞巴格之外，列维·斯特劳斯（Levi-Strauss）、皮亚杰（Jean Piaget）、拉康（Jacques Lacan）等人在自己的著作中均论述了马克思主义与结构主义的关系，他们承认马克思主义著作中存在着结构主义的方法，他们的结构主义方法就是从马克思主义作品中来的。但结构马克思主义最具代表性的人物是阿尔都塞（Louis Althusser）。

战后，阿尔都塞回到了巴黎高等师范学院继续攻读哲学，以《黑格尔哲学内容的概念》通过了教师资格论文答辩，之后便留校任教。当时的法国思想界，结构主义、存在主义、技术官僚主义等哲学思潮仍然围绕着人道主义进行激烈的辩论。20世纪60年代初，阿尔都塞参加了理论界关于青年马克思主义和人道主义的大辩论。他认为马克思主义是一种人道主义，它经历了理性自由人道主义和共同体人道主义两个历史阶段，《保卫马克思》收录了这一时期阿尔都塞发表的别具一格的论战性文章。1968年5月，巴黎学生走向街头开始了声势浩大的学潮运动，掀起了“五月风暴”，学生们将阿尔都塞当作自由主义和左派知识分子的精神领袖。在狂热的学潮运动中，阿尔都塞试图将无产阶级斗争史、唯物主义、辩证法、结构相结合，将马克思主义哲学，特别是政治哲学和历史哲学的部分做意识形态和学院形式主义上的去魅。他重新思考和整理了阶级、剥削、批判、存在、工人运动等基本概念，以及如何运用结构主义使得马克思主义变成一种真正的科学主义，以达到在新的时代中，捍卫马克思主义并使用和发展它的目的。受列维·斯特劳斯这位结构主义大师的影响，在历史哲学中，阿尔都塞开始思考历史的构成关系和历史的特殊结构，以此来强调马克思主义的科学性。与葛兰西（Antonic Gramsci）相反，阿尔都塞认为马克思主义是反历史主义，即马克思主义的历史科学是建立在现实客体基础上的，而不是像葛兰西所说的唯物主义的中心是历史。这些视角都使得阿尔都塞和结构主义者在面对历史问题时具有共同点共时性——从结构出发来对待历史。

在巴黎学潮运动进行得如火如荼的时候，法国共产党的理念却发生了较大的变化，他们已经有意放弃了无产阶级专政的思想，提出了通过议会道路实现向共产主义的和平过渡。在以后的10年时间里，法国共产党逐步放弃了马克思列宁主义，这些转向对阿尔都塞的影响尤为至深。20世纪70年代，阿尔都塞的思想在面对冷战的国际形势和法国国内共产党人的斗争方式时也发生了变化，开始批评法国共产党的政治路线，对共产主义运动的前景也丧失了信心。为此，他发表了《列宁与哲学》《哲学和科学家的自发哲学》《自我批评提纲》，这些作品体现了他的思想变化以及对马克思主义出现的危机心怀忧虑。

在方法论上，阿尔都塞的这些思想均来自于征候阅读法，这是他汲取了结构主义语言学派的研究成果所得出的对原著经典的阅读和思考方式。他认为，只是阅读语言文字所表现出的一维世界中体现的“征候”是远远不够的，重要的是通过这些征候将作者的深层意义从理论框架中发掘出来，这样可以清晰地判断马克思主义作为科学主义在认识论上的断裂，再从否定的逻辑出发就可以辨析出什么是意识形态的马克思主义，什么是非意识形态的马克思主义。

20世纪80年代，虽然阿尔都塞退出了理论界，但对结构马克思主义的争论一直没有停息。不仅在法国，而且在东西方的理论界，结构马克思主义都存在着很大的争议。阿尔都塞本人虽然否认自己是结构主义者，但他与结构主义之间的默契连他本人都不得不承认。结构主义襄助阿尔都塞完成了对法国马克思主义研究的布局，在一定程度上保卫了马克思主义的学说，成为西方马克思主义的主要流派之一。

（张猷猷）

结构人类学（Structural Anthropology） 用结构主义方法研究人类亲属关系、婚姻制度、社会组织、宗教神话和文化符号现象。法国人类学家列维·斯特劳斯（Lēvi-strauss）是该学派最重要的人物，他把索绪尔（Ferdinard de Saussure）的结构语言学理论引入文化人类学，用来研究和理解人类文化和人类思维。如同结构语言学把语言看作具有深层结构的符号系统，列维·斯特劳斯认为，文化只不过是一种表面现象，它表现了人类要对自己的经验进行排列和分类的通性；文化现象可以是多元的，但其底层的排列原则却是同一的。因此，结构不是具体的事物和现象，而是潜伏于下的系统，或者不如说是普遍的心理过程法则。

列维·斯特劳斯最初用结构方法研究亲属制度和婚姻制度，后来转向对神话和符号系统的结构主义研究，他认为这样更易于把握人类思维过程。例如，在法语文化中，鸟和狗在人的观念中与人类社会直接关联；家畜组成人类社会的一部分，但缺乏社会性的组织方式；赛马像鸟一样构成与人类社会脱离的社群，但缺乏固有的社会性，这样，鸟是隐喻的人，狗是换喻的人，家畜是换喻的非人，赛马是隐喻的非人：

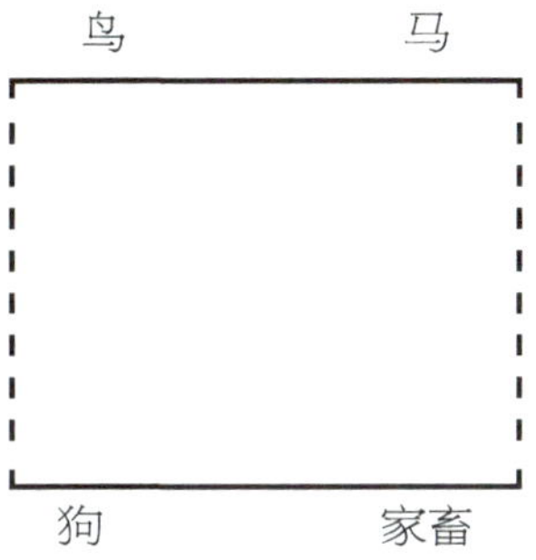

上端水平直线表示人类社会与动物社会（鸟）之间，或人类社会与马的反社会之间的隐喻关系；下端直线表示人类社会与狗和家畜之间的换喻关系；左侧垂线表示鸟与狗的社会生活有一种隐喻的或换喻的关系；右侧垂线表示马和家畜与社会生活无关，从专名和结构语言学观点看，家畜和马的名字更多地属于言语（parole），因为它们出自组合链；而鸟与狗的名字则属于语言（langue），因为它们出自聚合链。此外，由斜线连接的鸟和家畜的名字出自换喻的提取（prelevement metonymique），而狗和马的名字是由隐喻的再生（reproduction metaphorique）。

目前，列维·斯特劳斯的结构主义方法论在欧美已经丧失了往日的魅力，但它在第三世界国家，尤其在中国仍然有一定影响。结构主义静止的和非历史的观点受到许多学者的抨击。批评者们强调，不仅要考虑个人在创造社会文化系统时的作用，还要考虑这个社会系统的历史的和运动的属性。一些人类学家正在试图把结构主义的一部分观点运用到传播或符号系统的研究中来，以期寻求这些系统的内部逻辑。

（张猷猷）

结构语言学（Structural Linguistics） 语言学的一个重要流派，20世纪30年代在欧洲兴起，开创者是瑞士语言学家索绪尔（Ferdinand de Saussure），基本理论源于其著作《普通语言学教程》（*Cours de Lingaistque Gēnērdle*, 1916）。它认为语言是一个符号系统，反对对语言现象进行孤立的分析，要区分语言和言语、共时研究和历时研究。它有共时性、语言系统和结构和统一性的语言的整体性3个支柱概念。它的哲学基础是胡塞尔的现象学理论，尤其受益于他的符号观和意义观。

结构语言学的产生与20世纪的自然科学思潮和社会科学思潮息息相关。20世纪初，机械论让位相对论、物理和化学对原子和分子的发现与探索、完形心理学流行……自然科学的巨大成就使社会科学纷纷采用自然科学的方法。法国社会学家涂尔干和奥地利心理学家弗洛伊德的研究表明，社会是一个实体，社会科学的研究是社会事实和社会意义的结合。这种新理论使社会科学向科学性迈出了关键的一步。索绪尔的语言学理论的崛起，提出语言系统作为符号系统的原理，使得结构语言学流行开来。

结构语言学派又分为布拉格学派、哥本哈根学派和美国结构语言学派（又称美国描写语言学）三大学派。布拉格学派把语言系统作为功能系统来研究，但也不忽视具体的语言事实和语言演变史中的比较方法，致力于音位系统的研究，建立了音位学说。因其强调语言的交际功能和语言成分的区分功能，又被称为功能语法学派。哥本哈根学派继承了索绪尔关于语言是一个符号系统、是形式而不是实体等观点，并进一步发展，形成了与布拉格学派不同的理论体系，又被称为“语符学”。它偏重理论研究，重视语言组合关系的研究，具体语言分析方面的著述较少，因而其影响面比较小。布拉格学派和哥本哈根学派共同汇成欧洲结构语言学，它区别于美国的结构语言学。美国结构语言学派是结构语言学中发展最完善、最重要的一个学派。它是在对美洲印第安语的调查和研究基础上逐步形成和发展起来的。它的显著特点是实用性和科学性，注重口语和共时描写，这与欧洲结构语言学派注重书面语的传统不同。它的主要贡献是制定了一套对语言结构进行形式分析和描写的技术。这一学派对汉语研究影响很大。布拉格学派、哥本哈根学派、美国结构语言学派虽然各有自己的传统和特点，但它们都是以索绪尔的理论为基础的，如区分语言和言语，在语言中又区分共时和历时，将语言视为一个符号系统等。

结构语言学自产生以来，影响了语言学研究的各个领域和各个流派，是20世纪初到现今语言学发展的主流。它作为结构主义理论的一部分，还影响了其他人文社会科学的发展，如人类学、哲学、心理学和文艺批评等。

结构主义（Structuralism） 学者们普遍认为在第二次世界大战之后发生的语言学转向引发了结构主义。语言学大师索绪尔（F. de Saussure）认为语言类似于一个社会系统，它是被语法和语义的原则所控制，各元素之间所形成的相对关系与对立关系决定着语言的结构。20世纪初，索绪尔在巴黎发表了一系列的演说来阐述自己的观点。随后，他进一步阐释了能指（词）与所指（义）的概念。之后，布拉格语言学派的创始人雅各布逊（Roman Jacobson）发展了索绪尔的符号学，将其应用在诗学的研究中。

结构人类学的缔造者——克劳德·列维·斯特劳斯（Claude Lēvi-strauss）于1908年在法国出生，是当代著名的哲学家、社会学家、神话学家和人类学家，也是法国结构主义的领袖人物。他早年就读于巴黎大学，1935年到巴西圣保罗大学教授社会学，用了4年的时间对巴西的原始部落进行民俗学、人种学的调查考察。第二次世界大战开始后，他曾回法国服兵役，巴黎陷落后，他旅居美国，结识了俄国形式主义和捷克结构主义的领袖人物、结构主义语言学家罗曼·雅各布森，在他的影响下，列维·斯特劳斯把结构主义语言学方法运用于人类学和神话学研究，用语言学的模式来解释亲属关系和神话结构，从而对结构主义运动产生了不可忽视的影响，奠定了把结构主义方法引入社会—文化研究的重要基石。

1945年，列维·斯特劳斯发表了《语言学的结构分析与人类学》，第一次将结构主义语言学方面的研究成果运用到人类学上。他把社会文化现象视为一种深层结构体系来表现，把个别的习俗、故事看作是语言的元素。他对于原始人的逻辑、图腾制度和神话所做的研究就是为了建立一种“具体逻辑”。他不靠社会功能来说明个别习俗或故事，而是把它们看作一种语言的元素，看作一种概念体系，因为人们正是通过这个体系来组织世界。1969年，列维·斯特劳斯出版了《亲属制度的基本结构》（*The Elementary Stractares of Kinship*），这本书运用索绪尔和布拉格学派（Prague School）的语言分析方法来进行神话学分析和亲属制度研究。随后，这一研究方法被学界广泛的接受、复制和讨论，成为20世纪60年代以来影响人文学科和社会科学的普遍范式。作为法国较为强势的社会科学方法论，结构主义同时也影响了罗兰·巴特（Roland Barthes）、福柯（Michel Foucault）、拉康（Jacques Lacan）、德里达（Jacques Derrida）、布迪厄（Pierre Bourdieu）等学者，在政治哲学、精神分析、社会学、知识考古学、叙事学等学科和研究领域都发挥了重要的作用。

作为一种研究范式或意识形态，结构主义知识分子反对的是第二次世界大战后以萨特（Jean-Paul Sartre）为首的存在主义哲学形成的学术霸主地位，这种哲学强调了作为个体的意志和行为。

20世纪60年代后期，法国结构主义逐渐走出国门，在美国产生了影响。1966年，法国和美国学者在美国约翰·霍普金斯大学举行了一场座谈会，题目为“批判主义语言和人类科学”。与会者包括巴特（Karl Barth）、拉康（Jaques Lacan）、德里达（Jaques Derrida）、古德曼（Lucien Goldman）等世界知名学者。此次会议的目的并不是为了结构主义统一口径，而是探讨了包括文学批判、心理分析、历史、哲学、符号学和语言学在内的广泛议题。尽管这次会议最后还是强调了高举结构主义者旗帜的重要性，然而一场实质意义上的后结构主义思潮正在登上美国的学术舞台，约翰·霍普金斯大学正是其前沿堡垒。很快，他们又占据了康奈尔大学、耶鲁大学的比较文学研究阵地，在美国也形成了以德曼（Paul DeMan）、米勒（James Miller）、哈特曼

（Geoffrey Hartmann）、布鲁姆（Harold Bloom）为核心的结构主义团队。随着后结构主义时代的到来，这些人的名字又被冠之以解构主义者。

（张猷猷）

结构主义学派（Structuralist School） 西方人类学和民族学界中运用结构分析法的流派。1945年，法国人类学家列维·斯特劳斯（Lēvi-strauss）在他的《语言学和人类学中的结构分析》一文中首先提出把音位学中的结构分析法运用到人类学研究中去的观点。20世纪50年代后，在美、英、德、意、瑞士等国掀起结构主义热，日本、苏联及东欧也受到影响。70年代初结构主义思潮不仅在人类学、民族学及社会学领域盛极一时，而且冲击了哲学、史学、心理学、文学、艺术等领域，西方甚至出现了"结构—马克思主义"学派。

结构主义的中心课题是从混乱的社会现象中找出秩序。这种秩序即社会的无意识结构，它们不能从现实的社会中被直接观察到，而要人类学家通过建立概念化的模式才能认识。这种通过建立模式来理解社会结构的全部过程，就是结构学派的基本方法。这种方法在亲属关系和神话的研究领域得到了广泛的运用。结构主义者在这两个领域的研究中，找出了许多与以往很不相同的观点和结论。

自20世纪70年代中期开始，结构主义热潮已渐趋冷落。但结构主义对于现代许多社会思潮都产生过重要影响。

（张猷猷）

姐妹交换（sister exchange） 是交换婚姻的一种形式，由两个男人或是两个不同亲属群体的成员，交换实际的或分类意义上的姐妹做妻子。

（哈彬）

《金翼——中国家族制度的社会学研究》 是以小说体写作，集真实性、历史性与理论性为一体的人类学专著。在国内外学术界产生了广泛而持久的影响。作者林耀华是中国著名的人类学家、民族学家和社会学家。20世纪80年代，林耀华先生的博士庄孔韶回到黄村进行田野调查，并于2000年出版了该书的追踪研究著作《银翅——中国的地方社会与文化变迁》。

1940年，林耀华在哈佛大学人类学系获得博士学位后，利用闲暇时间根据家乡——福建省闽江流域的黄村及所在县乡镇的生活经历，以及他本人在1936年和1937年离开中国前的最后两次田野工作，写成小说体著作，由太平洋关系研究所腊斯克先生（B. Lasker）推荐并作序，1944年首度以《金翼——一部家族的编年史》（*The Golden Wing: A Family Chronicle*）为名在美国出版。1945年，何兰德（W.L.Holland）来华会晤林耀华，提议修订该书。林耀华增加了"把种子埋入土里"一章进行理论讨论，并由英国社会人类学家雷蒙德·弗思（R. Firth）撰写导言，在伦敦出版，这一版的书名改为现名。现在流行的中文译本有宋和译《金翅：传统中国家庭的社会化过程》，以及庄孔韶、林宗成译《金翼——中国家族制度的社会学研究》。

该书不到16万字，共分21章。以中国福建闽江中游的两个农民家族的兴衰为线索，描写和分析了19世纪末到20世纪30年代地方农业、船运、商业、政治、法律、教育、民俗、信仰、宗族等全方位的社会文化生活，反映了中国农民在传统文化与经济背景下，面对新的商业社会，如何调整适应以求新的发展，或因不能适应而衰落，再现了当年中国农村生活的情景及经济变迁的断面。林耀华在该书序言中指出："我本人出自于这同一社会，以其参与者的身份，'自观'地对其进行研究，也就是说，既有直接的、从该社会内部进行的观察，又运用了科学的方法，透过大大小小的事件叙述，从微观到宏观，超越一个家族、一个地区的范畴，赋予其社会学上的普遍意义。"作者的亲身经历和家族历史正是中国乡村社会与家族体系的缩影。

（康敏）

参考书目

庄孔韶. 金翼家族沉浮的诠释.《广西民族

J

学院学报》（哲学社会科学版），2004.

《金枝》（*The Golden Bough*） 英国古典人类学家弗雷泽（Sir James Gearge Frazer）爵士的最知名的著作。此书版本较多，从1890年的第一版分2卷、1900年版分3卷、1906—1915年出版分12卷，到1922年的最后缩写版，且至今仍在印刷出版。这本书对宗教演变进行了比较研究，和弗雷泽其他主题的著作一样，影响了很多人类学家、古典主义者、民俗学家、人文科学家、心理学家，以及受过教育的一般读者。

1890年第一版的《金枝》第二卷被弗雷泽命名为对宗教的比较性研究。他对宗教，尤其是基督教的意见在这一版的《金枝》中表现得最为强烈，但已经在比较的细节中逐渐淡化。1900年的第二版第三卷研究巫术与宗教。他认为随着人类文明的成熟，巫术被宗教取代，随之是科学。《金枝》在1918年增至13卷，在1922年最终编辑成一个800页的单卷本。

《金枝》可以说是一部汇集世界各地各时期的数据，试图通过对它们进行比较研究探讨关于人类宗教发展的一般理论的雄心勃勃的著作。涉及希腊语、拉丁语、希伯来语、法语、德语、西班牙语、意大利语和荷兰语。而促使他完成此著作的动力，是对宗教的怀疑，尤其是基于仪式和迷信的宗教。书中隐含着基督教正是另一种原始的崇拜的思想。

（宋潇）

进化论（Evolutionism） 进化描述的是定性变化的过程。进化论指描述、理解和解释这一过程的学术活动。在文化和社会人类学中进化论者研究的对象是人类文化渐进的和结构的变化。对进化论的兴趣开始于19世纪初，当时不同背景的学者发现人类生存在地球上的时间要比那个时候人们认为的时间长，并且人类文化经历了重大的变化。同时人们搜集了史前和现代的关于人群、种族和文化方面的大量资料，学术界迫切需要对这些资料进行分类和整理，进化理论提供了可行的方法。

1900年前，产生了一些重要的作品，如英国的亨利·梅因爵士（Sir Henry Maine）发表了《古代法》（*Ancient Law*, 1861），将人类群体区分为建立在亲属基础上的群体和以领地定义的群体。瑞士的巴霍芬（Johan Jocob Bachofen）以对神话的分析为基础，辅以民族志资料，写了《母权论》（*Das Mutferrecht*, 1861），假设很久以前是妇女统治人类社会。英国学者爱德华·泰勒（Edward B.Tylor）的《原始文化》（*Primitive Culture*, 1871）描述和分析了宗教的发展。美国的路易·亨利·摩尔根（Lewis Henry Morgan）的《古代社会》（*Ancient Society*, 1877）展现了文化进化的宏大图景。该书在一个单一的框架内容纳了大量的习俗，建立在对易洛魁印第安人第一手资料以及对阿兹特克、希腊和罗马文学深入研究的基础上。19世纪先行者的作品尽管给出的答案有时是错误的，但他们提出了正确的问题，而且一些观点依然有价值。

19世纪末进化论范式对人类学家失去了吸引力。批评者质疑进化论一方面缺少可靠的数据，另一方面僵化的模式产生了很多错误。研究者开始亲自去拜访原始人群，为新的田野工作技术发展理论和方法工具。人们对关于推测过去的理论暂时失去了兴趣。在美国弗朗兹·博厄斯（Franz Boas）提倡展示性而非可能性，但是他对细节无穷尽的探求妨碍他建构更具包容性的理论。在英国人类学界，马林诺夫斯基（Malinowski）和拉德克利夫·布朗（A. R. Radcliffe-Brown）提倡长期的田野工作，以此为契机英国的结构功能学派得到发展。这一学派强调整体论和功能论，反对推测的历史，无意于发展进化理论。

20世纪30年代莱斯利·怀特（Leslie A.White）和朱利安·斯图尔德（Julian H. Steward）开始恢复对进化论的兴趣。怀特提出能量的消耗是进化论方法的核心：每人每年利用的能量越多，文化发展的程度越大。怀特在能量的消耗和文化的发展之间建立了相关性，但无法解释为什么复杂的文化产生于一些地方而没有在其他地方产生。

怀特试图建立宏大的普遍的体系，而斯图尔德采取多线进化论的策略，认为在特定的条件下，文化现象是可以重复的。在《文化与进化》（*Evolution and culture*, 1960）一书中，萨林斯（Marshall D. Sahlins）和塞维斯（Elman R. Service）试图综合怀特和斯图尔德的观点，区分了一般进化和特殊进化。一般进化指人类文化整体上的进化，其特点是不断增加的复杂性和单线性。特殊进化指历史发展过程中的多样性。

在一篇重要的文章里，罗伯特· 卡内罗（Robert L. Carneiro）指出单线进化与多线进化并不冲突。一项特定的制度如国家是不同发展的结果。后续对于早期国家起源的研究充分证实了卡内罗的观点。

20世纪60年代以来，卡尔·马克思（Karl Marx）和弗里德里希·恩格斯（Friedrich Engels）的观点在进化论的讨论中起着重要的作用。尤其是恩格斯的《家庭、私有制和国家的起源》（1884）受到普遍关注，后来卡尔·魏特夫（Karl A. Witfogel）在《东方专制主义》（*Oriental Despotism*, 1977）一书中重申了恩格斯的一些关于管理方面的观点，引发了有关马克思主义的亚细亚生产方式的激烈讨论。

20世纪70年代以来，学界日益关注进化的分类，忽视了过程，兴趣转移到社会进化为什么会发生的问题上。一些学者试图用单因素来解释社会进化，确定一个主要的动力，如人口增长和人口压力、战争、经济或物质条件以及意识形态的影响。但是，任何一个单独的因素无法作为人类文化进化的主要动力，需要结合多种因素来解释。

进化论在近代被引入中国以来，对中国社会产生了重大的影响。其中有两位重要人物，一是严复，另一个是潘光旦。

严复将进化论代表人物达尔文和斯宾塞的学说先后引入到中国，并加上了自己的理解，宣扬生存竞争、救亡图存的观点，先后翻译了《天演论》和《群学肄言》。前者译自英人赫胥黎（Thomags Henry Huxleg）所著《进化论与伦理学》（*Evolution and Ethios*,1894）一书，对原书所阐述的内容做了适合中国救亡图存需要的改造和补充，着重阐述了以人持天、人为淘汰的思想及其现实社会意义。后者译自斯宾塞（Herbert Spencer）《社会学研究》（*the study of sociology*, 1873），主要介绍了斯宾塞的社会有机体理论。

潘光旦引入和传播的进化论思想，一是靠译介，即把达尔文及其相关的进化论作品直接翻译过来，准确地介绍给中国的读者，他译的《性心理学》和《人类的由来》都被选入了商务印书馆的“汉译学术名著”。二是他本身在研究中对进化论观点的应用和阐发，他的研究主要着眼于运用进化论的观念来分析和解决中国的各种社会文化问题。

潘光旦通过对演化、位育、优生等问题的阐述展示了其对人类演进与民族发展的新的理解，如他的“以生物为体，以社会为用，采遗传选择之手段，达人事进步之目的”的优生学思想，不同于西方偏重于生殖或遗传技术的优生，其理论基础偏重于他所提出的人文选择，即主要通过对社会环境与文化的改进来促进人群中优秀分子的增加，体现了更为深远的人道主义精神和社会理想。更为重要的是，他通过进化论与中国传统儒家学说的结合而建立起一个非常值得关注的新人文思想体系，不仅完成了进化论的本土化，而且还大大地发展了这一思想，并使它在多个领域的研究中起了一种重要的范式作用。

（黄娟）

参考书目

［1］Carneiro,R.L.1973, *The Four Faces of Evolution*, in J.J. Honigman（ed.）Handbook of Social and Cultural Anthropology. Chicago: Rand McNally.

［2］Ingold. T. 1986, *Evolution and Social Life*. Cambridge: Cambridge University Press.

［3］Van Parijs. P. 1981, *Evolutionary Explanation in The Social Sciences: An Emerging Paradigm*. Totowa NJ: Rowman and Littlefield.

［4］蒋功成，罗玉明. 潘光旦与进化论在中国的发展.《自然辩证法研究》，2004（9）.

进化人文主义（Evolutionary humanism） 进化人文主义是一种在自然选择和进化的他力语境中将观照聚焦于人类利益与价值的哲学观点。

进化人文主义呼吁关注身心的统一性、人类的存续以及符合科学而非迷信的解释。进化人类学家时刻将人类繁荣和社会改革放于心中，将其视作学术的最终目的，并遵循人文主义的古老哲学传统。

在哲学中，人文主义是一种强调个体尊严、价值和自我实现的态度。与之相似，进化人文主义推崇个体的差异性以及代际传递的变异所隐藏的含义。进化人文主义者关注个体和在利益方面的合作策略，且通常批评单线社会进化理论。进化人文主义关注观念和道德体系的发展以及艺术和进化过程间的关系。

人文主义的一个基础前提是，人类是理性的生物，拥有追求真和善的能力。进化人文主义同样将理性视为适应特性和行为选择的结果。成本效益分析是进化人文主义领域常用的验证有关进化路线要素假说的手段。尽管真和善是唯一可能的结果。

进化人文主义也必然包括对人类恶意行为发展的研究，如种族中心主义和战争，以及显著适应不良特性发展的研究，如毒瘾和独身。

朱利安·赫胥黎（Julian Huxley）是托马斯·亨利·赫胥黎（Thomas Henry Huxley）的孙子。他是早期进化人文主义的革新者，他探索了人类文明的关系和其与基因进化的联系。对其而言，尽管进化的终点有时是灭亡，但进化都是朝着更多样、更复杂和更特定的方向前进的。他将这一点应用到观念体系的分析中，并发现有些观念体系即使是错误的也能长盛不衰，例如马列主义理论中有关国家的预言和阿兹特克活人献祭的所谓超自然益处的理论。赫胥黎有关文化作为人类进化工具的看法已成为当代双重传输理论（dual transmission theory）的蓝本。观念体系可以发展到超出人类生活环境的地步（如频率依赖性和失控的定向选择）。

赫胥黎认为，通过可观察的历史和生物学进程，科学地调查人类的“社会心理学领域”会建立起一种全新的开放式理解框架。赫胥黎强调身心统合，是进化心理学的先驱。

进化人文主义在人类学中的最新应用是《生命诗学：艺术中进化探索》（*Biopoetics: Evolutionary Exploration in the Arts Cooke & Turner*, 1999）。作者探索从身体装饰到科幻小说审美偏向的遗传方面影响。这种从进化的角度对文学进行的分析揭示了一个事实——远古和经典艺术惊人地反映了人类的进化趋势、倾向和关注点。

（李胜）

进化学派（Evolutionary School） 西方人类学、民族学界中主张进化理论学派。19世纪中期，西方的一些人类学、民族学和社会学的研究者在以达尔文（Charles R. Darwin）为代表的生物进化论的影响下，提出了人类社会与文化的进化思想。德国的民族学家巴斯蒂安（Adolf Bastian）是其先驱，主要代表人物有：美国的摩尔根（Lewis H. Morgan）、英国的泰勒、瑞士的巴霍芬（Johann J. Bachofen）等，其中摩尔根是杰出的进化论学者。

古典进化学派主要研究人类社会和文化的发生、发展过程和原因。他们认为，人类自从与动物分离以来，在生产技术、社会组织、婚姻、法律、宗教、思想意识等方面都在不断进步，从低级向高级发展，从蒙昧、野蛮的原始社会逐步走向19世纪的文明。并认为世界上各民族都有独立创造发明的能力，都大致经历了或将经历相同的一系列发展过程。

但是，这些早期进化论学者研究内容各有侧重。泰勒极其重视人类的精神文化史，特别是宗教。巴霍芬第一次提出了人类早期社会存在着不受限制的性交阶段，并由这种阶段逐步向一夫一妻制过渡的理论，同时还提出了母权制先于父权制的论点。摩尔根则把进化的理论推到了最高阶段，他对世界上许多民族的婚姻家庭和亲属制度进行了比较研究，对人类社会的经济生活、技术、社会组织、婚姻等发展过程和阶段做了比较科学的阐述。他的民族学说和关于原始社会史的基本理论至今还有重大意义。

近距体验（close sensing） 是指研究者进入并

长期居住在某一社区，参与当地人的活动并与之建立良好的关系，通过参与观察等方法获得第一手资料的过程。在人类学中，田野工作是一种最主要和最常见的近距体验式的研究方法。

人类学家的第一次田野工作是1898—1899年由哈登（Alfred C. Haddon）率领的剑桥大学考察队赴托雷斯海峡的调查。随后，功能主义学派的代表人物拉德克利夫·布朗（Alfred Rodcliffe-Broun）和马林诺夫斯基（Malinowski）积极提倡田野调查，开创了田野工作的新纪元。田野工作就是在一个社区中从事周密的、长期的人类学调查研究。和其他的研究方法相比，这种长期周密的近距体验式研究方法拥有很多优势。它不仅能够让研究者获得更多更真实的材料从而为解释当地文化奠定基础，而且通过“近距体验”，研究者还能打破常规并推翻未得到检验的假设。

格尔兹（Clifford Geertz）曾在他的著作中提到近距体验这个概念。对于解释人类学来说，近距体验学说无疑起到了奠基性的作用。深描是解释人类学最核心的概念，也是格尔兹所提倡的人类学的研究方法。所谓深描就是指对所观察或研究对象做细致入微、深入内层的描写和解释。格尔兹认为人类学民族志的本质在于深描，只有通过深描才能获得对当地文化最深入的分析和理解。而支撑深描的最基本、最关键环节就是近距体验。换句话说，近距体验为深描提供了可能性。因为只有利用近距离经验去获取对一定场域中特定群体的文化特质的客观感知，再以此为基础描述出特定话语及其所反映的突出问题的本质，才能最终实现解释人类学所追求的最高学术目标：获得针对解释的更深层解释。因此，近距体验对于人类学来说是极其重要的。

（娄梦玲）

参考书目

王建新. 格尔兹“近距经验”概念辨析. 青海民族研究，2013（4）.

禁忌（Taboo） 以宗教仪式禁止和特定的物、人或行为发生关系。这个词源自波利尼西亚，在那里禁忌起着重要的文化作用，但这种观念是普遍的。通常，禁忌包括不能吃某种食物、不能触及国王或贱民，不能接触尸体和不能与某些人有性关系。禁忌的对象要么被认为是神圣的，要么是污秽的。而违反禁忌，不仅是一种罪行，更是一种亵渎行为。违背禁忌常带来某一特殊的超自然的惩罚或一种普遍的灾难。禁忌常存在于那些有特殊社会地位的人和处在社会边缘的人之中，例如统治者、贱民和隐士。处于社会转变时期的人，像新入会者和新的父母，常被要求去遵守许多特殊的禁忌。

弗雷泽（James Frazer）把禁忌视为原始无理性的表现，是一种对原始人想象的超自然危险的防范。功能主义者认为禁忌存在有其合理性。涂尔干把它视为一种保持神圣与世俗差别的方式；拉德克利夫·布朗（A. R.Radcliffe-Brown）则认为，禁忌是强调一定人和物的社会重要性的一种机制。玛丽·道格拉斯（Mary Douglas）认为，当某些人和物不能纳入所在文化的标准符号分类时，就成为禁忌。某些流传范围很广的禁忌，也已引起哲学和生物人类学家的兴趣。例如，社会生物学家一致认为普遍存在的乱伦禁忌是为了避免基因缺陷的生物机制。

（李飞）

禁忌语（a taboo） 又称讳饰语，是人们在社会特定的价值观、伦理观或文化习俗、宗教信仰影响下，认为不宜使用的词语。这些词语被认为是危险、难堪、不洁或神圣、神奇的，具有某种超自然的力量，会带来幸福或麻烦。作为一种文化符号，禁忌语从侧面反映了人类社会风俗和精神文化，约束了人们的言行，调节了人际关系。它具有以下特征：民族性、共同性、宗教性、时代性、地域性和社会性。禁忌语按照其所涉及的内容可分为6种类型：称谓禁忌、年节语言禁忌、钱财语言禁忌、日常生活语言禁忌、行业语言禁忌和隐私语言禁忌。

参考书目

贺群. 社会语言学纲要. 北京：民族出版社，2012.

经济人类学（Anthropology of Economic） 是一门从人类学角度出发，运用民族志等方式研究人类经济制度和行为的科学，其研究领域比较广泛，不仅描述人们的生产、交换、分配和消费方式，还进一步研究这些系统如何组织、运作，并创新理论来描述社会制度的脉络以及影响经济运作的动力等。

经济人类学产生于19世纪初，主要是为西方发达国家的经济扩张提供理论依据。随着这个研究学科的发展，其应用范围也不断扩展：现在它不仅被用于经济研究领域，还被自由主义者、社会主义者、无政府主义者和共产主义者等借鉴和使用。马林诺夫斯基（Bronislaw Malinowski）是经济人类学的开创者，其主要贡献体现在他的两本专著中，其中《西太平洋的航海者》（*Argonauts of the western Pacific*, 1922）专门讨论交换，《珊瑚花园与他们的魔法》（*Coral Gardens and the Magic*, 1935）讨论工作、技术和财产分配。

经济人类学于20世纪40年代传入中国，主要侧重于对乡村社会经济模式的研究。中华人民共和国成立后，中央政府曾组织大规模的针对民族地区的经济社会调查，为经济人类学在中国的发展奠定了基础。经济人类学的中国本土化过程开始于20世纪70年代末，标志是有关西部开发研究的兴起及民族经济学学科的创立。在经济人类学中国本土化的过程中，中国的经济人类学理论工作者对现代化过程进行了理性的反思，提出了民族经济利益具有相对独立性的观点，提炼和发展了“相际经营”的理论模式，在加速经济人类学本土化发展的同时，也为经济人类学的理论发展做出了重大贡献。

经济人类学基本内容 经济人类学探讨不同社会中生产、分配和消费过程，它秉承人类学固有的通过研究“他者”世界来反观自身社会的批判主义精神，力图对古典经济学的基本概念、命题以及推论做出整体反思，以求还原人类生活中的经济现象，比如关于交换、货币或市场等经济活动中的道德和社会交往的本来含义。

经济人类学起源、发展和现状 美籍德裔学者弗朗茨·博厄斯（Franz Boas）于20世纪初创立的文化研究历史特殊论学派，后来成为美国人类学体系发展的主流。在人类学体系逐渐趋于成熟后，分支学科不断涌现，经济人类学就是在这种学科背景下萌发的。经济人类学的发展可以分为3个阶段：

第一阶段在19世纪70年代到20世纪40年代期间。这一阶段，大部分人类学家都在研究“原始人”的经济行为是否也出于对效率的追求，是否也适用西方经济学原理。

第二阶段在20世纪50年代至60年代期间。世界经济的大发展，使经济人类学家之间也展开了一场激烈的争论。形式主义者认为主流经济体的概念和工具更适用于研究范畴被扩大了的世界经济，但实体主义者则更倾向于体制化的方法，而这场形式主义者和实体主义者之间的争论是经济人类学发展的黄金时期。

第三阶段处于20世纪70年代的转折点，是经济人类学的批判理论、文化交替以及硬科学3个理论形成时期。这个时期人类学家通过学习研究大量的理论概念，扩大调查研究范围，试图完整地定义人类经济组织的范畴。

现阶段是人类学家能够走出更远一步并且将世界经济作为一个整体研究的成熟时期，是经济人类学发展的第四个也是全新的一个阶段，有助于经济学以一个全新的面貌对人类社会的经济发展进行研究。

与民族经济学的关系 民族经济学是基于中国统一多民族国家和各民族及民族地区发展不平衡的国情需要，而创建的全新学科，旨在研究解决少数民族经济社会发展问题并加速民族地区经济发展，是目前经济学科中唯一由中国人创造的学科，是经济学中国本土化的结晶。中国少数民族地区经济的发展问题，例如西部大开发等，是我们面临的重大经济社会发展问题, 在传统经济学理论未能引导其获得良好的可望前景时，从不同视角出发的经济人类学研究，更可获得现实价值和意义。经济人类学与民族经济学在研究对象和范围方面，有某些重叠和交叉，但彼此间的差异小于其共同之处。经济人类学在中国的发展，必须以民族经济学为基础，且只有以民族经济学为基础，才能形成中国特色的经济人类学。

与工商人类学的关系 工商人类学就是将人类学的原理和方法，应用于工商管理的一门应用人类学分支学科。人们的经济组织和经济活动是多方面的，在人类社会的发展过程中，经济形态经历了从采集、游牧、农耕到工业化和后工业化。在工业化和后工业化的社会中，经济活动和经济组织主要是工商实践和工商组织。因此，工业化和后工业化社会经济人类学的主要研究对象和内容，就是人们的工商活动及其工商管理，从而延伸为一个新的研究领域，即工商人类学。它具有现代经济学、人类学、工商管理等学科的优势和特色，这一分支学科的出现能够在一个侧面应对当前中国，乃至世界正在面临的资本转移和工业化发展问题，为企业的发展，为人类社会经济的稳定，提供来自学理的指导和把握。工商人类学在其研究方法和对工商业研究的贡献方面，显示出其独特的重要性而被工商世界所广泛认可。

与环境人类学的关系 环境人类学是20世纪在西方，特别是在美国得以发展起来的一门人类学分支学科，是从发展比较成熟的生态人类学衍生出来的子学科。随着时代的前进和研究理念、方法的改善，现代环境人类学在继承生态人类学传统的同时，也呈现出很多新时期的研究特点，突破了传统生态人类学探讨的主题，不再局限于环境适应和当地智慧，而是与更多主题的讨论广泛相连，如发展主义与现代性、知识与权力的生产、统治与抵制技术、国家和社会的关系等。当前，环境人类学界一直在讨论两个不同的问题，其一就是自然环境是怎样成就不同文化特质和特定的社会群体的；其二就是不同的社会群体是如何认识、控制、并改造其自然生存环境的。与此同时，可持续发展和全球化也成为现代环境人类学研究的重点内容。环境人类学在中国的传播与发展，始于20世纪90年代。中国学者在引进、消化和吸收国外环境人类学理论与方法的同时，对相关理论做了符合中国本土特征的润色和修饰，这一工作的完成和不断推进，势必推动中国环境人类学与经济人类学的结合，使得经济人类学的研究更具科学性、获得更多的资料来源和理论支撑。

与发展人类学的关系 发展人类学是将人类学观点应用于这个跨学科的发展研究分支。发展人类学将国际发展与国际援助视为主要研究课题。发展人类学对世界不平等现象一直非常关注，发展人类学家把田野调查的方法应用到实际研究中，对发现及解决不平等现象做出过巨大贡献。非洲社会经济制度的转变，由于殖民主义而带有西方资本主义的烙印，但因其政治制度的不同，其发展模式与西方资本主义迥然不同。经济人类学提出的非规则经济在某些特定的形式下是对规则经济的补充。这种充满个人主义和激烈竞争的非规则市场经济，随着社会的发展，最终被官僚政府所认可，并融入当地正规的市场经济中。有关超越发展的构想以及与环境有关的可持续发展的理论探讨，是经济人类学家对社会发展研究所做出的最大贡献。

与社会政治经济的关系 经济问题不是一个独立运行的个体，它必然得放置于整个社会当中才具有意义，才能得以运行。人类的道德问题显然是直接影响经济运行的一个重要因素，进而形成了文化经济、道德经济等相关社会问题。同时，经济人类学与政治经济学具有密切联系。在19世纪初，政治经济学作为一门学科，主要关注如何有效分配从扩张的市场经济中产生的价值，而这也恰恰是经济人类学所关注的领域。

涂尔干用新的方法结合了19世纪的一系列思想，在坚定保守传统立场的同时，明确提出必须替代微观经济学功利主义的观点，并建立了3个重要的学说：反功利主义、反个人主义和典型进化论，对后来的人类学，特别是经济人类学产生了重大影响。涂尔干强调所有社会功能的统一性，但马克思则关注不平等的现象，这不可避免地导致冲突而产生改变。涂尔干强调社会融合和稳定功能，而马克思强调基于生产关系地位不平等的动力导致社会阶级冲突。

受涂尔干和马克思的人类经济学思想的启

发与影响，在人类学界诞生出3个主流理论体系。一是埃文思·普里查德（Evans-Pritnard）、拉德克利夫·布朗和迈耶·福蒂斯（Mager Fotes）的英国社会人类学；二是法国和美国的新马克思主义；三是马克思主义的历史宏观经济，包括依附理论和世界体系理论。他们的理论，在社会经济和政治经济研究中产生重大的影响，对人类学与社会经济政治等的联系做出理论阐述。

总结和发展展望 对人类经济行为和经济发展过程的非经济因素的人文研究，成就了经济人类学这一跨领域的边缘交叉学科，它是探讨不同社会中的生产、分配和消费过程的一门学问，把对人类本质实现的关怀和对人类发展方式的反思，作为研究重点。通过对人类不同群体的相异性进行研究，来理解自己生活的社会含义和时代特征。经济人类学的生命力在于不断扩展延伸自己的研究领域，学习和接受新的理论解释和研究方法，从而实现对人类学、经济学、历史学、社会学等多学科的超越和融合。正是这种跨学科的融合，使得经济人类学能够比经济学更深入到有关人类社会发展的基本理论中，从不同的角度对经济史、各种具体的和现实的经济问题，以及对当代世界经济体系中的贫穷、不平等和发展等问题进行广泛而细致的研究。

从整体上看，人类学在中国还处于发展阶段，而作为其分支学科的经济人类学，在中国基本上还处于初始发展阶段。但中国经济社会发展的现实，特别是中国西部少数民族地区的经济社会发展现实，不仅特别需要包括经济人类学在内的理论研究和指导，而且也为我们发展具有中国特色的经济人类学创造了条件。因此，我们必须在学习和接受西方经济人类学理论和方法的过程中，不断创新和发展具有中国特色的经济人类学理论和方法，使之更好地为全面建成小康社会而做出新的更大的贡献。

（田广、王玉珂、张春娥）

参考书目

[1] 陈庆德. 经济人类学（修订版）. 北京：人民出版社，2012.

[2] Hann, Chris & Hart, Keith. 2011, *Economic Anthropology*. Cambridge, UK: Polity Press.

[3] 施琳. 经济人类学. 北京：中央民族大学出版社，2002.

[4] 田广，罗康隆. 经济人类学. 银川：宁夏人民出版社，2013.

[5] 田广，周大鸣. 工商人类学通论. 北京：中国财政经济出版社，2013.

[6] 王天津，田广. 环境人类学. 银川：宁夏人民出版社，2012.

经济文化类型（the pattern of economic culture）是基于不同区域、民族、社群的经济、文化特点，对不同民族与社会展开的分类体系。20世纪50年代，苏联学者明确提出要在“语言”的分类原则以外提出经济文化的分类概念，因为他们发现语言的民族单位与社会、经济、文化的民族单位完全没有重合，应该采用“经济文化类型”来重新划分民族与社会的类型。苏联学者认为所谓的经济文化类型，是指“处于大致相同的社会经济发展水平和生活在相似的自然地理条件之下的各族人民，在历史上形成的具有经济文化相互联系的特点的综合体”。

1958年，中国学者林耀华与上述理论原创作者之一切博克萨罗夫共同写作完成了《中国的经济文化类型》这一长篇论文，修正了“经济文化类型”的概念定义：“指居住在相似的生态环境之下，并有相同生计方式的各民族在历史上形成的具有共同经济和文化特点的综合体。”在这一修正的定义中，林耀华先生用“生态环境”概念替代“自然地理条件”，用“生计方式”取代“社会经济发展水平”。在林耀华的这一修正中，经济文化类型成为动态的、有包容性的且能够直接观察的民族学研究对象。通过对这一方法论概念展开运用，林耀华辨识了当时中国的3种经济文化类型，分别是采集渔猎型、畜牧型、农耕型，并分别做了内容特点、空间分布等层面的详细描述。

在马克思主义的学术传统中，经济是划分民族社会形态的轴心维度。苏联学者的经济文化类型划分法，也偏向这一维度。但在人类学、民族学的学术传统中，文化的重要性并不亚于经济。例如，人类学家弗斯（Raymond Firth）划分人文类型的核心原则是以文化展开的（弗斯，1944），斯图尔德（Julian H. Steward）在划分其生态的类型学时也是以文化维度作为重点参照的（Steward，1955）。林耀华修正的理论中综合了经济与文化两个维度。

总体来看，林耀华先生修正的经济文化类型理论，在认识论与方法论层面均有重大建树，为世界，尤其是为中国的民族、社会分类体现提供了一套重要的方案，同时为民族学、考古学、人类学的研究方法开拓了理论工具，将人类学、民族学的文化维度推向了极为重要的视域之中。有学者认为，林耀华的经济文化类型理论蕴含了极大的解释力，与语言谱系学“相得益彰”，清晰地阐述了中国乃至东亚地区的文化多样性（张海洋，2006）。

（黄志辉）

参考书目

［1］雷蒙德·弗斯. 人文类型. 费孝通，北京：商务印书馆，1994.

［2］尼·切博克萨罗夫，伊·切博克萨罗娃. 民族·种族·文化. 赵俊智，金天明. 北京：东方出版社，1989.

［3］列文，切博克萨罗夫. 经济文化类型与历史民族区. 叔于田. 《民族问题译丛》（增刊），1956.

［4］林耀华. 民族学通论. 北京： 中央民族大学出版社，1991.

［5］林耀华. 中国的经济文化类型. 《民族学研究》，北京： 中国社会科学出版社，1985.

［6］张海洋. 中国的多元文化与中国人的认同. 北京：民族出版社，1985.

［7］Steward, Julian. *Theory of Culture Change*. University of Illinois Press, 1955.

经验主义（Empiricism） 作为一种认识论学说，强调经验对知识的重要性，反对先验范畴或逻辑推理。经验主义的思想倾向可以追溯到古希腊哲学，但是直到近代自然科学的推动下、认识论得到深入发展时，经验主义才在与理性主义思潮的对立碰撞中逐渐形成理论形态。

英国近代哲学家洛克（John Locke）、贝克莱（George Berkeley）、休谟（David Hume）被认为是经验主义的代表人物。他们主张，人类知识从根本上来自于感觉经验，来自经验的东西才是确实的、具有真理性的，而有效获得这些知识的方法则主要依靠经验的归纳法而非理性的演绎法。当然，这也并非是绝对的，经验主义者只是与理性主义者相比更加强调与经验相关的问题，他们一般也承认理性知识从某种程度上比经验知识可靠，承认一定范围内理性演绎的重要性。但是，在知识的来源这一根本问题上，自然主义者们则明确主张一切知识来源于经验，普遍必然的知识只有基于经验才能够成为可能。他们因此而反对笛卡尔（Renē Descartes）、斯宾诺莎（Baruch de Spinoza）、莱布尼茨（Gottfried W. Leibniz）等理性主义者们的“天赋观念论”和唯理论。

经验主义者拒绝怀疑主义，而坚信常识即理智正常的人通常所具有的知识或信念，其具有自明性、直接性和普遍性的主要特征，认为常识是经验哲学确定性的基础。经验主义者也十分重视语言在知识活动中的作用，认为语言的使用与知识的表达有重要关系，对语言的辨析和澄清有助于避免许多无谓的哲学争论。而且，他们还从经验与实在的直接联系以及经验的语言表达中探索语言与实在的对应关系，尝试从语言的结构和使用中发现关于世界的真理。他们认为，对经验的分析、概括和表达体现为对语言的分析、概括和表达，因此对语言的研究是对经验世界研究的工具和手段。

经验主义的知识源于经验的认识论主张，更直接催生出了孔德（Comte, Auguste）的古典实证主义，以及19世纪60—70年代聚焦于直接经验的批评实证主义或称经验批判主义，特别是20世纪前半叶所流行的逻辑实证主义或称逻辑经验主义。可以说，后者是经验主义在20世纪最有影响的变体。它认为，所有命题陈述要么必须建立在命题间的逻辑关系之上，要么建立在所论述事物状况的现实或可能的经验之中，一个看起来是事实但没有经验验证的论述是没有意义的伪命题，这便是它所谓的“验证原则”。但是，在此过程中，阐释和诠释的方法往往被牺牲或直接否定掉了。

早期的人类学家特别是美国人类学家大多信奉经验主义，注重用经验的方法搜集资料，“经验研究”一词也常被人们用来把建立在第一手资料基础上的实地研究同依靠文字记载资料的研究区别开来。但是，到了20世纪60年代特别是80年代之后，随着反思人类学、批判人类学等思潮的兴起，民族志被认为是作者的主观创作，强调其诗学维度。“经验主义的”一词则经常被用来轻蔑地暗示缺乏理论反思，暗示过分狭隘地专注于个别问题等。特别是当代学界对于“后现代”议题的着迷，使得人类学最基本的研究方法即田野调查受到威胁。

（牛忠光）

参考书目

［1］马克·阿贝莱斯. 人类学的新视野. 黄缇萦.《民族研究》，2012（4）.

［2］周晓亮. 西方近代认识论论纲：理性主义与经验主义.《哲学研究》，2003（10）.

精神（灵）（spirit）　在比较宗教学里是一个显得零乱的词汇。即使不去理会资本主义精神（spirit of capitalism）或抵抗精神（the spirit of resistance）这样的表达，精神（灵）一词也没有一个准确的或大体上的定义。但在指涉一些有关超自然力量的本土范畴（它们各不相同）时，它却最好用。例如，埃文思·普里查德（E.Evans-Prithchard）使用精神（灵）来解释努尔人的“kwoth”一词，kwoth在努尔人的文化中就是一个关于神圣的难以捉摸的词汇，其含义既统一又变化多端，用普里查德令人印象深刻的比喻来说就是，阳光可以通过雨滴折射出七彩光。普里查德在描述努尔人的kwoth时没有将西方的分类范畴强加于其上，是文化特殊主义的做法。

相反，汉斯（Hans Scharer）在记录人的神性观念时，宽泛地用精神（灵）来概括那些较次要的、异质的超自然力量。但精神（灵）是指Ngaju人的哪一个范畴并不明确，而且由于它暗示着精灵们代表的是一种“较低”层次的信仰，也就暗藏了一种族群中心主义的假设。汉斯的做法延续了类似斯宾塞的进化阶段论模式。

精神经常与灵魂（soul）对照使用，灵魂是活人身上的非物质成分，在人死后往往继续存在 。然而，祖先总是被描述为精神。

神灵附体（spirit possession）是指由某些外界力量的影响造成的意识变化的状态，如在出神（trance）和萨满教（Shamanism）中时有发生。（参见*灵魂*。）

（彭雅琦　康敏）

参考书目

［1］Evans-Pritchard, E.E. *Nuer religion*. Oxford: Clarendon. 1956.

［2］Scharer, Hans. 1963, *Ngaju religion: the conception of God among a South Borneo people* [Die Gottesidee der NgadjuDajak in Sud-Borneo, Leiden, 1946]. The Hague: MartinusNijhoff.

［3］Spencer, Herbert. *The principles of sociology* (3 *vols*.). London: Williams & Norgate, 1876.

精神分析学（psychoanalysis）　精神分析学是一套系统的解释与治疗人类情感与心理错乱、纠正行为与意识偏差的方法，同时也是一门独立的学科，在临床治疗的基础上力图探寻人类心理活动的规律、对人类文化与社会构成做出心理学上的解释。精神分析学的基本概念与分析方法由奥地利学者西格蒙·弗洛伊德（Sigmund Freud）于19世纪末20世纪初提出，至20世纪20年代被欧美学术界所接受并对当时的社会公众产生巨大影响。弗洛伊德的弟子、瑞士学者荣格（Carl G. Jung）继承并批判性地发展了其导师的精神分析理论，创造出“原型”（archetypes）学说，将精神分析从个体心理状态研究扩展开来，关注人类心理在漫长历史阶段的发展历程及心理活动的基本模式对文化观念和社会结构的深层影响。20世纪后半期，法国精神分析学者雅各布·拉康（Jacques Lacan）更进一步运用精神分析理论对西方主流哲学观念与社会思潮加以反省，精神分析学至今仍对西方社会与思想界发挥着重大的影响力。

精神分析学认为人类的观念世界可以分为意识与无意识两个组成部分，前者可以被个体所认知、后者则游离于个体的理性认知与自觉把握之外，但无意识部分占据着人类观念世界的大部分空间并潜在地决定着意识活动的频率与内容。与观念世界相对应，人类的自我概念被划分为本我（ego）、自我（self）、超我（superego）3个层次，本我被人类基本的生命活力力比多（libido）所控制，主要体现为人本能的性欲与攻击欲；超我是人类后天习得的道德等善恶观念；自我则是人类为维系现实生活所必须具备的观念与行为方式，也是连接道德与本能欲望两者的桥梁。意识只能体现自我与超我两个层次，本我则体现在无意识层面。社会中的个体在早期成长过程中必然被要求压抑本我中的欲望与冲动，从而导致挫折感的产生，如个体的无意识活动未能有效地将压抑的欲望与挫折感加以“升华”（sablimation）——即将个体的本能冲动转化为动力，从事被社会文化规约所认可的活动——个体就会在行为与情感等领域表现出不适应社会文化的生心理症状。精神分析理论由此认为正常与异常之间的界限并非不可逾越，而是被特定的社会文化规范人为建构的，精神分析学的目标就是帮助人们认识其不被外界所认可的、通常是无意识的情感、行为与欲望的根源所在，并帮助人们与所处的社会文化环境相互适应。

精神分析学所持有的观念令其在创建伊始就与人类学有着密切的联系。两个学科都以对西方社会文化思想加以批判性反思为己任并将人文主义作为自己的学科旨趣；精神分析学对异常个体的研究与人类学对异文化的研究都是对看似无理性的现象加以理性的阐释说明；两个学科都曾长时期以经验主义、实证主义方法为研究手段。在精神分析学创始阶段，弗洛伊德就从当时的人类学进化理论中汲取灵感，在其名著《图腾与禁忌》（*Totem and Taboo*, 1913）中对乱伦禁忌的起源及其对人类社会构成的影响加以说明，并以此作为精神分析的理论基石之一。荣格在著作中大量引用民族志资料来说明人类心理活动模式与表象存在着跨文化普遍性，并从民族志资料中归纳出诸多人类心理意象的原型。拉康则以人类学家对非西方文化中的人观研究成果为参照的镜像，反思西方文化的自我观念，对西方社会中个体主义与本质化的自我观提出批评。人类学文化与人格学派受精神分析学的影响最为深远，以米德（Margaret Mead）、本尼迪克特（Ruth Benedict）、巴特生等为代表的学者的研究都具有一定的精神分析色彩，该学派的众数人格、国民性等概念和人类学家在田野调查中与调查对象长时段、多次数、不受主题限制的深度访谈技巧也深受精神分析学说的影响。奥贝斯可耶（Obeyesekere）是较好地将精神分析学与人类学研究有机结合在一起的当代人类学家。她在对斯里兰卡佛教徒的研究中，针对女性佛教徒的长发这一象征物，探讨其所表现出的多重情感价值及其对佛教徒与人类学者自身所产生的心理冲击力，梳理其从个体情感指示物发展为文化象征符号的动态过程，从而较好地解决了以个体为分析对象的精神分析学如何应用于集体性的文化分析这一难题。精神分析学十分注重治疗过程中分析者与被分析者之间复杂微妙的、被称为“移情”（transference）与反移情（countertransference）的情感关系及其所造成的双向影响，20世纪80年代出现的反思人类学思潮受到包括精神分析学在内的影响，也开始高度重视并反思田野调查与民族志写作过程中人类学者与当地人复杂的互动关系和戏剧性事件及其所反映出的不平等关系。

人类学在汲取精神分析血压同时，也对其

加以学理上的反省。马林诺夫斯基（Bronislaw Malinowski）在20世纪20年代对西太平洋特罗布里恩德群岛的经典研究中就利用当地的民族志资料指出精神分析学的重要概念——“杀父恋母情结”并不具备跨文化的普适性。德弗罗（George Devereux）等人类学者也曾指出精神分析学未能充分关注更广阔的社会文化、历史与政治经济背景对个体成长经历（childhood）所产生的影响。女性主义人类学家则指出传统的精神分析理论中有关“阉割恐惧”等概念具有性别歧视的色彩且未得到跨文化比较研究的证实。总体而言，人类学与精神分析学的交融仍大有发展空间，多元文化视野和政治经济历史文化维度的引入令精神分析理论更具开放性而免除教条性的武断，对精神分析理论的借鉴则令人类学研究更多关注诸如性、暴力、冲动、情感表达、童年成长经历等相对被忽略的元素，从而对文化有更为全面深入的理解。

（海力波）

精神文化（Spiritual Culture）　文化是由包含着精神的、制度的、物质的等事项的人类活动所创造的系统，其中价值、信念和世界观不仅是人类行为的理由，也反映在人类行为之中，被社会成员所共享并以为行动准则。从语义学的角度来看，文化（culture）一词来源于拉丁文的colo、colere，与教育、生长、培育等词义相近。而理解文化的角度也颇为多元，它可以作为精神文化、人类行为特征或是对自然的培育来理解。因此，文化既被理解是文化变革后的产物，或是在生物圈内人为构造的系统，也被理解为是人类创造的系统，其中包含着人类知识、观念、价值观、信仰等内在信息。从这一角度来看，物质文化和精神文化构成了区域乃至世界文化彼此依存的两个面向。因此，文化是与自然相对抗同时蕴含着内在信息和演进的系统。

文化与自然关系的探讨对于理解精神文化的内涵大有助益。一方面，物质文化要素在空间内的扩张破坏了自然秩序下的演进；另一方面相较于自然生态系统，文化生态系统更加具有整合性、系统性，文化生成了各种精神文化的物质性载体。作为文化系统内在信息的精神文化，如同文化的基因组，决定并再生产反自然的文化形式。

精神文化、物质文化与组织制度分别以不同的外在形式表现，如语言等人类行为，亲属制度、性别、婚姻等社会实践行为，艺术、音乐、舞蹈、仪式、宗教和各种技艺的表达形式，它们构成了人类学研究的基本内容。一些人类学家致力于探寻精神文化、物质文化以及组织制度之间的内在联系，试图建立有关精神文化总体的普遍性理论，或是寻求精神文化对于个体心理以及社会具有的功能。在精神文化领域，人类学者们对早期宗教格外关注。有的学者认为一切宗教都不过是支配着人们日常生活的外部力量在人们头脑中虚幻的反映，也有的学者将其视为社会事实。19世纪晚期，路易斯·摩尔根（Lewis H. Morgan）、泰勒等人类学者将自然物种演进的普遍性规律投射在社会和文化层面，用单线进化论的观点解释物质文化、谋生手段、亲属组织和宗教信仰。该观点认为人类社会或文化遵循着一定路线或规律，由简单到复杂，由低级阶段到高级阶段直线进化发展。根据单线进化论的观点，人类从非理性信仰进化到有灵论和神，进而进化到理性。

不少学者则关注宗教的功能性研究，认为宗教是对超自然力量的有组织的信仰，所有宗教都满足各种各样的社会和心理需求。宗教能够强化群体规范，为个体行为提供道德约束，并为那些共同体福祉仰赖的共同目标和价值提供基础，并且各种形式且千差万别的宗教、信仰、仪式活动却被证明起着同样基本的社会和心理功能。涂尔干在进化论盛行的背景下开始探究小型社会生活中的部分宗教信仰和实践功能。首先，他反对将宗教视为幻象的心理学解释，而是将其作为社会现象加以理解，宗教也是涉及宇宙学、自然科学、伦理学和哲学的知识系统，并且包括道德规范、法律条文、文物制度、理想的社会模式乃至日常生活的常识和风俗习惯。人类学家赫尔顿将社会生活看作典型的小型社会，经常用来概括他们经验中很难把握的力量的本质源泉，而不是宗教中崇拜力量的现实源泉。因此，他认为“作为精神力量的信仰，宗教的一般性定义是，宗教可以被看成在纯粹的人类社会范围之外的人类社会关系领域的延伸”。拉德克利夫·布朗（Radcliffe-Brown）将文化制度、观念、价值、仪式视为社会形式，认为其对维持社会组织的延续具有积极作用。人类学家马林诺夫斯基则关注宗教在整个文化机制中与其他文化因素的功能关系，提出信仰是为了满足个人心理需求的观点。

安东尼·华莱士（Anthony F. C. Wallace）将宗教定位为“关注超自然力量的信仰和仪式”“由深化使之合理化的一整套仪式，它调动超自然力量旨在达到或防止人类和自然状态的改变”，其背后的含义是当技术或组织手段无法解决焦虑时，人们就试图用操纵超自然存在或力量来这样做。宗教的一种心理功能是提供一个有序的宇宙模型，并且对于有序的人类行为具有重要性。宗教、仪式、庆典都起到一定的社会功能。第一，通过提供正确和错误的观念来约束广泛的行为。第二，为可接受的行为设定标准，有助于现存社会永久延续。第三，将做决定的负担和责任从个人身上转到神的身上。第四，对于维持社会团结具有积极作用。第五，宗教、仪式性的庆典增进了对传统知识的学习，因此有助于无文字文化的延续。

除信仰之外，精神文化的另一范畴是艺术，它与宗教密切相关却又存在区别。雷蒙德·弗斯指出“宗教是一种从经验中创造出意义的艺术，它与其他任何一种艺术一样，必须作象征方面的阐释，而非如实的理解”，艺术不仅脱胎于某种社会环境中，也与某一具体信仰、价值观念载体存在关联。因此人类学家认为艺术能够反映一个民族的文化价值，将其作为文化现象进行研究，并透过艺术了解某一人群的世界观。弗斯认为人类学视野下的艺术研究具有两个目标。首先，找出产生并使用艺术品的过程对制作出了艺术品的社会具有的影响；其次，发现“（艺术）作品外在形式上的特征表现出来的价值观念的本质”。叙事、戏剧、诗歌、咒语、谚语、谜语、文字游戏等口头艺术，音乐、绘画、舞蹈等不同形式的艺术带来美感的同时，也实现某种心理和社会功能，表达某一群体的价值、信仰和关怀。

（杜辉）

参考书目

［1］阿兰·巴纳德. 人类学历史与理论. 王建民等. 北京：华夏出版社，2006.

［2］E. 涂尔干. 宗教生活的初级形式. 林宗锦等. 北京：中央民族大学出版社，1990.

［3］Kottak, Conrad Phillip. 2009, *Mirror for Humanity: A Concise Introduction to Cultural Anthropology* (*7th edition*). New York: McGraw-Hill.

［4］罗伯特·莱顿. 艺术人类学. 李东晔，王红. 桂林：广西师范大学出版社，2006.

［5］威廉·W. 哈维兰. 文化人类学（第十版）. 瞿铁鹏等. 上海：上海社会科学院出版社，2006.

酒（alcohol）　一类化合物的属称，其中对于人类最重要的是乙醇，有史以来在各民族的饮品中被广泛使用，并具有精神刺激性，通过改变大脑中神经连接的性质和功能来对心情和行为产生影响。酒中通常含有3%~60%的乙醇，它产生于发酵过程，被人们用于制作啤酒、麦芽酒、家酿酒、葡萄酒、烈酒，伴随精细的准备步骤和各种添加物。

目前，最早造酒、饮酒的历史可追溯到公元前10000年新石器时代的美索不达米亚，大约在9000年前的新石器时代，人们用粮食和水果酿酒，同时在古代埃及和两河流域，人们也已经开始用水果和大麦酿造果酒和啤酒，在近代的史前考古发掘中有葡萄酒、啤酒的遗迹。在大多数地方，特别是在种植谷物和果树的国家，在偶然留下某种适合发酵的汁液或混合物之后，人们都或早或晚地独自发现了这个过程。酒基本可分发酵酒和蒸馏酒两大类，发酵酒是将水果、浆果、植物块茎、谷类或乳品等含糖物质中的糖，经过发酵转化为乙醇，其酒精度很少超过12%；蒸馏酒是将酿造酒经过蒸馏浓缩，制成酒精含量较高的酒，蒸馏制的烈酒通常也含有许多基酒，但酒精度可超过50%。直到约1200年前，在欧洲蒸馏法似乎都是为炼金术士所独占。

在许多文化中，人们将发酵酒用作日常膳食中的营养佐食，或者有时将其附于社会交际、支付公共劳动、休闲放松、祭祀祖先或超自然神灵等；在航海中，因酵母可消灭其他微生物从而不易变坏，酒被作为帆船远距离航行的重要水源；在寒带地区，强酒精饮料普遍地被饮用，人们认为它可以驱寒。适度饮酒可有益健康，但由于酒后的行为和生理反应与饮酒量和饮酒频率相关，过量饮酒则有害健康。

不同文化的人们对酒的看法与对其他致幻物质的看法一样，有着极端不同的态度，有人把它奉为圣物加以尊敬，也有人把它看作可憎之物而深恶痛绝。例如，希腊、罗马宗教在酒神祭拜仪式中使用酒，饮酒与神一起狂欢；在基督徒圣餐和犹太教逾越节中也使用酒；而世界三大宗教对酒都有相关的禁忌，佛教戒律规定受五戒之教徒不可饮酒，伊斯兰教认为喝酒伤身乱性，严禁教徒饮酒，基督教认为酗酒是不圣洁行为，严禁信徒过量饮酒。中国中原地区传统文化中酒成为社会交往的重要象征物，有酒德、酒礼、酒令、酒器及在重大节日和重要仪式中饮酒之俗。在各种历史和民族志的描述中，酒常为与经济、宗教、社会组织以及文化的其他方面相联结，提供了宝贵的案例或者自然实验，以澄清民族中心主义的预设，这些预设以许多心理学和社会学描述来进行粉饰。人类学对此的主要贡献在于，它不仅仅局限于从生理学和药理学角度，而是从社会文化观点的角度出发，表明在复杂的社会文化情境中人们的态度和价值观念是如何影响饮酒行为和饮酒结果，证明了酒在各个文化中扮演着多种角色，即使是在不存在“酗酒”这种概念的文化中。

（田夏萌）

参考书目

［1］Heath, Dwight. 1987, *Anthropology and alcohol studies: current issues*. Annual Review of Anthropology. 16.

［2］Heath, Dwight. 1995, *International Handbook on Alcohol and Culture*. Westport, CT: Greenwood.

旧石器时代文化（Paleolithic Culture） 考古学分期中“石器时代”的第一个阶段。旧石器时代在地质上属更新世，生产工具以打制石器为主，也使用木器、骨器和角器。在人类历史发展的长河中，旧石器时代文化绵延的时间最长，约占据人类历史的99%以上。旧石器时代文化由于延续时间长、分布地域广，人类生活的区域和时代不同，各地区各时期的旧石器时代文化具有相当大的差别，但在学术界，一般将旧石器时代文化分为早、中、晚3期。早期自最早的打制石器出现至二三十万年以前，大致相当于最早的人属和直立人的阶段。中期自二三十万年前至约四五万年前，大致相当于早期智人阶段。晚期自约四五万年前至15000年前，大致相当于晚期智人阶段。不同的阶段，人类制造石器的技艺也不断提高，而人类的体制和文化也随着生产力的逐步提高而不断发展。旧石器时代的人类主要以狩猎和采集为生。考古工作者根据石器类型的划分，推测旧石器时代中期在生产上就有了性别的分工，男性主要从事狩猎，女性主要从事采集。在旧石器时代文化早期，人类已能用火。最早使用的火是天然火，人工取火发明于何时至今仍无定论，但火的使用无疑是人类文明史上的一大进步，它令生食变为熟食、为人类提供温暖，从而极大地增强了人类的体质；它是天然光源外的另一种选择，也给予人类抵御野兽进攻的能力。欧洲的旧石器时代文化考古发掘得较早，早期以舍利文化和阿舍利文化为代表，中期以莫斯特文化、勒瓦娄哇文化为代表，晚期以格鲁特文化、马格德林文化为代表。中国旧石器时代文化的考古始于20世纪20年代，但直到中华人民共和国成立后才有迅速的发展。早期以元谋人文化、蓝田人文化、北京人文化为代表，中期以丁村人文化、河套人文化为代表，晚期以山顶洞人文化为代表。

（唐莉霞）

句法（syntax） 有两种含义，一种是指研究词语组合成句子的规则的科学，与词法学相对，即句法学；另一种含义是指短语和句子的结构方式，表现为词在其中的排列顺序及其相互关系。它在不同的语言学中的外延不同。在传统语言学中，它是语法的一部分，与词法相对；在转换生成语法学中，它又称为句法部分，与音系部分和语义部分并称为语法的三大组成部分，包括生成句法结构的各种规则；在汉语语法学中，它大体等同于语法。

句法研究短语和句子的结构、功能以及句型变换。句法结构的分析方法有句子成分分析法、直接成分分析法和转换分析法。句子成分分析法是对句子成分的功能和地位做分析的方法，其优势是句中各个词语之间的关系主次分明，词语的作用和功能比较清楚，有利于修正病句，但它以词定成分的方法在某些情况下行不通。直接成分分析法是就句子的直接组成成分进行分析的方法，也叫层次分析法。这种分析法化解了以词定成分可能带来的问题，能分化一部分句子的歧义。转换分析法是句子的线条性次序的转化以及表层结构和深层结构之间的转化。

句法学是研究词语组合成句子的规则的学科，有时也称作“句法组配学”。

（宋荣）

聚落（human settlement） 聚落是人类活动的中心，它是人们居住、生活、休息，以及进行各种社会活动和劳动生产的场所。《史记·五帝本纪》中注“聚谓村落也”。《汉书·沟洫志》则有“或久无害，稍筑室宅，遂成聚落”。可见其在中国古时意指人类居住小集团的村落，而按最早使用的德文词汇（siedelung）则意为居住地。因此，现在对“聚落”一词的使用，广义上包括村落与城市两种人类的居住地，狭义则仅指村落。

聚落是人类学、考古学和地理学中常见的一个概念，其构成要素一般包括一定的地域范围、聚居于此的人群、与环境相适应的居处模式、由此而形成的特定文化。因此，人类学关于聚落的研究中，不仅涉及人群聚集的规模、居住的模式，以及形成聚落的形态，而且囊括了在这一特定地域范围内的社会活动、社会关系和特定生活方式，以及由此形成的人们共同体和其组成的相对独立的地域社会。它既是一种空间系统，反映着人与生态环境之间、人与人之间的互动；也是一种复杂的经济、文化现象和发展过程，是在特定地理环境和社会经济背景下，人类活动与自然相互作用的综合结果。

（陈玉柱）

决定论（Determinism） 来自拉丁语determino，意思是定义或规定，它是揭示诸现象与过程之间的相互依赖和互为条件的基本哲学理论。这一理论在古代自然哲学中最先被提出，尤其是在有关世界的本原和基本元素的那些观念当中。之后，波斯诗人奥玛（Omar Khayyam）、意大利自然主义者布鲁诺（G.Bruno）及其他相信存在因果联系的人发展了这一概念。

由18世纪自然主义者及哲学家拉普拉斯（Pierre-Simon Marquise de Laplace）提出的“拉普拉斯决定论”（Laplacian determinism）第一次尝试对普遍的决定论观点进行概括和理论阐释。根据拉普拉斯的决定论（有时称作“严格的”或“机械的”决定论），当前世界的一切事物（包括作为生物学和社会学产物的人类自身）完全是由之前的事实和事件决定的。拉普拉斯相信可以借助物理学定律和机械定律来描述任何现象的状态之间的单向联系和动力学联系。他认为，宇宙绝对是有理性的，只要完全掌握当下任意给定的状况，我们就能确定它们的过去和未来。这种决定论理论随后的发展与因果关系的概念化有关，如斯宾诺莎（Spinosa）的内部因果关系论、莱布尼兹（Leibniz）的单子论、达尔文（Darwin）的进化论和黑格尔（Hegel）的辩证法。

“地理环境决定论”（geographic determinism）是严格决定论的一种特殊形式，认为地理环境是社会规划和文化发展的首要决定因素。早在公元前4世纪中期，它就成为哲学思想的独特方向，并且至少有两个极端的学派：气候心理学派和气候民族学派。启蒙与现代意识形态让我们有机会在建立生计系统、社会领域、意识形态的普遍规则与回顾政治组织的历史发展的框架中重新思考这些想法。在20世纪期间，地理环境决定论主要是那些试图专门用自然栖居地的特性来解释某些国家或人群的社会文化发展不平衡的理论。如今，地理空间对政治决策的影响是地缘政治学的科学模型的主题，而地缘政治学被视为是一门产生自人类地理学、政治地理学和政治学的特殊交叉学科。

马克思主义决定论（Marxist Determinism）强调现实世界中的物体、事实和现象都具有客观性、相互依赖性和互为条件性，而现实世界又取决于物质内部有规律的发展。除了因果的相互关联，马克思主义决定论假设存在着不同种类的广泛联系，例如空间与时间关联、功能性依赖、对称性联系、系统要素的相互作用、部分和整体的相互决定，以及事物状态在发展和运动中的联系。在这一背景下，社会生活的规律性决定了历史过程的总趋势，但并不决定个体和群体活动的全部多样性。因此，人类和社会群体的自由是合目的性与合规律性的统一。

马克思主义的另一种说法是，经济是人类活动的一个领域，它决定或至少影响着政治与社会进程的特点和本质。在此基础上，我们能够通过一系列的社会经济形态（原始社会、奴隶社会、封建社会、资本主义社会、共产主义社会）来构想历史的发展。于是，国家、意识形态、政治、文化被认为是经济基础的表现，而经济基础又反映了统治阶级的利益，是生产方式的结果。

20世纪的“统计与系统决定论”（statistic and system determinism）给决定论带来新的洞见，这要归功于科学研究中的统计和概率方法。在大范围的概率世界理论的框架下，人们揭示了统计定律，并把它概念化。在社会学、人口学和其他社会科学中，统计决定论都很常见。它假定，我们能够在大量的社会现象里寻找统计规律或发展的总趋势。由此，我们可以同时解释社会联系的随机性和规律性。

决定论的对立面是非决定论（indeterminism），它否认存在客观的因果规律。非决定论产生于20世纪的前25年，科学预测的统计方法的提出促进了它的发展。决定论的另一个对立面是目的论（teleology），目的论认为，非物质性（观念性）目的确定原则的行动预先决定了所有过程。（参见**目的论**。）

（王璐）

军国主义（Militarism）　又称黩武主义，泛指崇尚武力和军事扩张，认为军事力量是国家安全的基础，赞颂军人气质、军事荣誉和战争行为，使政治、经济、文教等国家生活的各个方面均服务于扩军备战和对外战争的意识形态。第二次世界大战前夕的德国和日本都是军国主义国家的典型，法西斯主义（Fascism）是军国主义的极端表现。

19世纪和20世纪早期的理论常常把军国主义看成是前资本主义或前工业社会结构的基本要素（如孔德、圣西门），而斯宾塞（Herpert Spencer）则把复杂的前工业社会称为军事社会，指由某一军事政府操纵的强制性合作。路德维希·龚普洛维奇（Ludwig Gumplowicz）和佛朗兹·奥本海默（Franz Oppenheimer）的《国家》（*The State*, 1864）一书把该论点推向极致。他们认为，军事征服是国家起源和社会分层的最初决定性因素，而且认为军事结构在他们所处的时代仍占据主导地位。然而，几乎所有的理论家都认为，无论是其现存结构还是在不久的将来，工业资本主义（或其取代者社会主义）都是爱好和平的。此后，社会学家就再也没有将军国主义或军事结构纳入有关现代社会的一般理论，除了安德烈斯基（Andreski）的《军事组织与社会》（*Military Organization and Society*, 1954）这个例外。“军事社会学”已变成了一种专门的制度性或职业性领域，而且也只有在分析通常发生于第三世界的军方介入时才显得比较重要。但是近年来，由于我们不能（或不应该）对忽视和平的现象保持缄默，故已出现了对当代社会中的军国主义现实进行重新评价的趋势。

社会学对军国主义的反应仍旧是五花八门、零零散散的。赖特·米尔斯（C.Wright Mills）在20世纪50年代提出的与“军事工业复合体”有关的概念最近又死灰复燃。汤普逊（Thompson）则创造出“灭绝主义的生产方式”（exterminist mode of production）这一术语，既用以判别资本主义，又用以识别国家社会主义中的军国主义实质。不过，它所说的军国主义的确切结构和产生原因并不清楚。除非社会学能修正其对不同国家的态度，并形成更贴切的关于民族国家的理论，否则便不能恰当地处理军国主义的问题。

（贾云龙）

K

考 科 克 客 空 孔 恐 控 口 跨

考古学（Archaeology） 考古学是研究人类古代社会、文化的一门学科，是人类学广泛领域的一部分。但是考古学比人类学更早成为一门正式的学科，并且有着自己的学科史。欧洲首先开始有考古学一词，代表对中世纪传说和文艺复兴时期发现的纪念碑和古典艺术品的研究，因此，该词往往局限在有文字记载的古老文化和文明，一直为欧洲学术界所使用，而用史前史来代指无文字记载的古老文化和文明。这样，旧石器时代、中石器时代、新石器时代和金属时代早期文化都归为史前史，而埃及、美索不达米亚、古典希腊和罗马这些有文字记载的文化则归为考古学。但是，考古学研究主要依靠的并非书面文字，而是遗址建筑、纪念碑、手工艺品。

考古学既有人文主义，又有科学主义的传统。在16世纪的欧洲考古著作中，人文主义传统占主导地位。之后虽然没有被取代，但启蒙时期的理性哲学占了上风，这一点在17世纪考古学著作中有所体现。18世纪的浪漫主义运动中卢梭的“高贵的野蛮人”将思想浪潮引向另一个方向。19世纪上半叶，北欧、法国、英国开始出现科学考古学，这一学科完全认可了达尔文进化论思想和对更新世人类的认定。然而，与语言学和历史学相联系的人文主义框架对于研究古代文明的考古学家仍然很重要。如今，当我们推行类比原则时，考古学仍然很重视这两个传统。

类比是考古学的有效原则，也就是说，历史是用类比的方法根据当下推理出来的。结果有可能是对现实观察推理出的，也可能是历史文献中描述的。类比可以分成两类：一般类比和特殊类比。一般类比来自我们一般的生活经验和知识。例如，一位考古学家挖掘出一个古代遗址。遗址内发现了火炉，熏黑的烹饪器皿碎片，动物骨骸，狩杀猎物的石矛、石箭或者石刀，他就会根据现实世界的常识认定和推测这些事物。考古学家必须根据熟悉的现实经验类比到过去。历史或者历史形象是人们根据现实总结出的观点和概念。毫不奇怪，一个考古学家眼中的宗教法器，在另一个考古学家眼中只不过是一个普通的抓挠器。

特殊类比是指考古学家在解释更复杂的人类社会文化行为时所依据的更坚实的基础。考古学家可能会通过比较印加大帝国和罗马帝国的高速公路、防御工事以及仓库的特点来理解其职能。两者没有任何历史关联，它们的背景完全不同。在特殊类比中，假设相似的政治体系会使制定体系或者生活在这种体系下的人们产生相似的行为，要验证这一假设，考古学家就要了解更多信息，尤其是印加大帝国的书面文字资源较少，虽然两帝国的军事扩张政策和领土占领统治方式相似，但是毫无疑问的是两国的运行方式是不同的，考古学家必须要谨慎行事。

在同一历史背景下的特殊类比更可靠。新世界考古学中有很多类似案例。在美国西南部的普韦布洛印第安考古中，惊奇地发现了“大地穴”之间连续不断地出现古代土著宗教活动，这种大地穴宗教仪式现如今在西南部的霍皮人和祖尼人等部落仍然存在。类似的连续性从危地马拉高地的前哥伦布玛雅印第安人后代中能发现，他们从食物准备到房屋建设，再到宗教仪式都有类似的连续性。

然而，再相似的历史背景，类比解释也有风险，我们不可能重新创造一个绝对真实且完美无瑕的历史。因此，虽然危地马拉高地打磨的器物、建造的房子和祭坛看起来和前哥伦布人的祖先用过的完全一样，但建造的态度和意义与现在是大不相同的。

总体上讲，类比解释不可能毫无差错。最好的办法就是进行错误检测，构造类比模型，检测其是否与数据相矛盾，同时还要不断关注新的数据。举个例子，我们来回顾一下印加帝国和罗马帝国的类比，秘鲁研究者可能对于印加帝国占领者如何影响当地的制陶传统感兴趣。他们可能会研究这个地区在印加帝国统治之前的陶瓷技术发展，以及它后来被印加帝国同化，例如，秘鲁北部海岸的齐穆陶瓷业是如何被占领的？它们是否融合了印加陶瓷的形式和装饰？如果是，这样的仿印加陶瓷是否会在精英或上流社会出现？库斯科如何大量进口印加陶瓷的？陶瓷是否仅限用于印加建立的军事要塞和政府建筑？

显然，没有一个人可以成为“世界考古学家”，至少达不到任何严格的研究水平。高质量的研究有必要在有限的和特定的地理和文化背景下进行。同时，考古学家要有更广泛的比较视角，关注文化发展和变化过程。比如：重大的经济变化以何种方式、何种程度引起人口增长和人口密度？社会不平等和政治复杂是如何加剧的？这些社会和政治情况如何反映在考古文献中的？

过去30年中，考古学家的基本目标是描述过程，因此出现了“新考古学”或者“过程考古学”。该学科的主要代表人一直是美国学者刘易斯·宾福德（Lewis R. Binford）。早在20世纪40年代，新考古学目标就已出现。包括：文化进化成考古学的再说明，系统理论在文化差异及其系统性组织的应用，从生态系统学角度关注文化和环境之间的联系，了解区域定居模式和系统，文化变化的统计控制和对采样技术的关注，一个强调明确假设、问题定位和结构化研究策略的通用“科学”研究方法、假设检验、实证主义的哲学立场、使用电脑和一系列新技术和程序分析自然和物理科学提供的材料。总而言之，新考古学的出现向更科学趋势迈进。

新考古学或者程序考古学像所有的考古学那样使用类比推理，但是，有人认为，过多依赖特定的历史类比会限制考古学家看到历史的真实发展。新的考古学的主要宗旨是在系统性的参考框架中进行一般比较类推法，能更好地使考古学家了解过程，最终总结出文化变化的法则。

一个关于在系统参考框架内进行比较类比的经典和令人信服的例子，是宾福德提供的关于北美五大湖的老铜文化时期（公元前2000年）。这个时期最明显的特点是该地区文化后期出现的都是铜制工具和其他石器。宾福德质疑铜制工具的效率，指出人们需要大量的时间去收集金属铜，因此，他认为铜制工艺品不是严格意义上的日常用品，而是地位的象征。铜制品非常罕见，并且总是作为陪葬品出现，这就充分证明了刚才的假设。它们是个人狩猎、捕鱼、建造房屋等活动的勇敢的体现，会随自己一同入葬。从严格的技术角度来看，铜在这种文化中没有得到重视，显然没有被用作生活金属或者制造新工具。

当然，人们对特定历史的价值有许多不同观点。如果一个人喜欢重建特定的历史，例如，重建西南部印第安人历史，他就需要对其废墟中发现的特定建筑特点和手工艺品熟悉并解释，这些解释必须只能来源于特殊类比。相反，如果目标是程序解释，即在特定类型的文化背景下使用的工具或工艺品类型，那么最好用一般类比的方法，尤其是在得不到确切资料的情况下。

从一般类比中获得的技术—环境交互是否足以解释历史文化？这个问题引起了对抗新考古学的运动，称为“后过程主义”。这并不意味着该理论的拥护者相信考古学已经不再需要理解文化发展过程，相反，他们相信过程主义者的研究方法太过局限。后过程主义者坚持以下几点：一是考古学把需要解读的背景框架解释为“文本”，程序方法则避开背景文化历史，寻找过程解释。后过程主义者认为，这样的理论框架与世界人类学格格不入，世界人类学关心的是性别、权利、意识形态、文本、结构，更重要的是历史。在他们看来，只有通过这样的角度，考古学家才能了解文化变化的过程。

对于后过程主义的一系列批判被称作“批评考古学”，该学派主要关注的是意识形态。批评考古学家认为意识形态是强大的社会力量，在文化发展和变化中发挥了很大的作用。意识形态不仅掩盖了社会中的社会经济和政治分歧，也指导和决定了文化变化。批评考古学还提出了对性别歧视的批判。考古学家反对忽略女性或者只从男性角度去总结社会和文化这一观点，认为这样会导致程序化理解。因此必须要找到一个折中的研究方法，考古历史中便出现了“科学”和“人文”辩证思想。

考古学涉及古代人类生活的方方面面。不仅包括人类与生活环境的关系，也涉及这些人对周围一切的看法，他们所做一切的动力。没有哪个考古学家可以掌握所有的历史，他们都必须选择某个专注的方向，而又不能忽视任何其他方向。

（刘青）

考古与性别研究（Archaeology and Gender Studies） 在过去的20年中，英语国家的考古学界越来越关注性别问题及其相互关系。在康基（Conkey）和斯佩克特（Spector）的开山之作中，系统地研究了考古实践和理论中的性别偏见问题，广受赞誉。20世纪70年代，一份关于性别偏见的研究报告在斯堪的纳维亚半岛发表，当时并没有太多人注意，因为少有考古学家懂北欧语言，所以一直未明确从女权主义视角探索考古问题。1979年， 挪威举办了一场研讨会，讨论了考古学中的男性中心主义，直到1987年，该会议记录的英语版才发表出来。大部分性别考古学史文献都没有引用这次会议记录，导致该理论研究正式开始的时间界定比实际时间晚。

威利（Gordon Willey）指出，第三波女权主义运动使得女性和性别成为考古学的研究对象。这一点并不意味着女权主义对美国和欧洲发展产生什么历史性影响。美国的历史和史前研究会非常关注性别分工问题，而欧洲的性别考古学更关注性别的象征意义和文化表征，这一点归因于美国的第二波女权主义浪潮高于欧洲。索伦森（Srensen）已经注意到女性的角色一直被认可，她们的地位在发生着改变。

性别是一种社会建构，考古学表现在不同的时空上。性别按照社会建构和两性的习得行为、活动、角色扮演进行划分。女权主义凸显了考古学的实质性知识的构成，并且说明了性别研究如何与特定理论和实践结构相互关联。

考古学意识到研究中带有男性中心论的偏颇，因此开始通过把性别研究融入考古学实践中，遵循男女平等的原则。在研究人类起源的文献中已不提倡采用男性中心的方法，但是采用女性中心主义也会导致另一种极端，比如欧洲、非洲东部和北部旧石器时代和新石器时代对母亲女神的过分诠释。帕金顿（Parkington）强调了西开普省岩画上描绘的布须曼人权力，同时也反映了利用女权主义方法的优点和缺点。

性别考古学并不是女权主义考古学，女权主义本质上是政治的，关注的是权力关系，性别考古学关注的是社会理论，既适用于女权主义也适用于非女权主义理论框架。因此，性别考古学是进一步分析过去文化的构建原则和实践的另一种工具。

（刘青）

科层制（Bureaucracy） 指一种权力依职能和职位进行分工和分层，以成文的规章为准则的高度控制的组织体系和管理方式。科层制是法理型统治的一种最典型、最纯粹的表现形式。

科层制被社会科学家们认为带有强烈情绪色彩且含义晦涩难懂，他们对其含义和使用也莫衷一是。科层制通常也被翻译成官僚制、官僚政治等。科层制可以被看作是一种（政府的或管理的）抽象体系，一种社会变量（如用于评价历史变迁），一种特殊的管理复合体及其传统（如“法国官僚体制”），或某种管理的实际职业班子（官吏）等等。科层制也指19世纪以来，英、美资本主义国家的组织和管理形式。

德国社会学家马克斯·韦伯（Max Weber）对科层制的分析影响最为巨大，这也是他关于统治类研究的精华。在他看来，最纯粹的官员在人格上是自由的，仅仅履行实际公务职责；具有严格的职务权限；有专业的职业技能；具有以货币形式付给的固定薪金，薪金的多少按照等级职位、责任大小等原则分档划开；把自己的工作视为唯一的或主要的职业；根据工龄长短、成绩大小评估绩效；服从严格而统一的工作纪律和监督。管理者不应占有生产资料。科层制追求技术效益，不受任何个性因素干扰，人只是这架机器上一个个性能良好的齿轮。技术统治和专家治理是科层制走向完善的表现。韦伯提出，在正常条件下，一个充分发达的科层制组织的权力地位总是高高在上的。其实，若受命者相信从命是对的，则可能更加服从命令。发挥作用的不是权力本身，而是权威披上了合法外衣的权力。在现代社会中，这种权威更显得是法定的，而不是领袖慑人魅力的或习俗的性质：一个官员，只有他被认为是在按照包括法令、行政法规和法院判例行事的时候，他的命令才被认为是合法的。简而言之，韦伯所设计的理性科层制具有专门化、等级制、规则化、非人格化、技术化等特点。

韦伯将官僚集权的行政组织体系看成是最理想的组织形态，是理性发展的顶点。韦伯断言，现代科学技术的发展使人类社会正经历着一个理性化和科层化的过程。科层制把效益、效率、功能当作主要追求目标，这意味着人们把“目的—工具理性”这一手段当作终极目的来追求，从而导致了价值理性的淡出。

对韦伯式科层制的批评主要集中在3个方面：一是科层制实现效率的能力受到质疑；二是大量非政府组织、第三部门的兴起正在从根本上摈弃科层制的思维模式；三是科层制的工具理性可能带来许多负面效果。

中国学者认为，在中国行政史上，大部分社会组织都具有某些科层制的特点，如专业分工、等级分层、权责限制、规章管理和评估机制等。这些组织结构大多由明文规定了的制度体系构成，在形式上展示了科层制的合理性，但在实际运作中，这些科层制原则并没有充分发挥其功能。

中华人民共和国建立后，特别是改革开放后，中国的社会组织并没有彻底摆脱家族式组织的性质，传统文化中以血缘和地缘关系为纽带的社会关系仍在社会组织中发挥着十分重要的作用，大量有关人情、面子、礼物等的人类学研究都说明了这一点。然而，由于科层制所具有的合理性与合法性，其发展势不可当。在学习借鉴西方发达工业国家成熟的科层制的同时，中国也需要思考和积极探索创建符合本国国情的现代科层制。

（张墨北、康敏）

参考书目

［1］杨善华，谢立中. 西方社会学理论. 北京：北京大学出版社，2005.

［2］Albrow, Martin. 1970, *Bureaucracy* (*Key concepts in political science*). London: Palgrave Macmillan.

［3］苏国勋. 理性化及其限制——韦伯思想引论. 上海：上海人民出版社，1988.

克拉克·威斯勒（Clark Wissler，1870—1947）美国人类学家，美国历史学派代表人物之一。威斯勒1897年毕业于印第安纳大学，随即入哥伦比亚大学跟随博厄斯（Franz Boas）攻读人类学，曾任哥伦比亚大学人类学系讲师，美国自然博物馆馆长，耶鲁大学人类学教授和夏威夷博物馆、华盛顿卡内基研究所顾问。他著有《美洲印第安人》、《人与文化》、《社会人类学导论》等。

威斯勒曾多次在印第安人地区从事实地研究。早年从事人体测量问题和体质人类学的研究。他的研究重点是根据实地调查，描述印第安人的物质文化、神话和传说、艺术图案、社会组织和伦理标准，特别是印第安人太阳舞的宗教仪式。博厄斯在整理民族志资料、搞陈列品分类时提出了“文化区域”概念，威斯勒将之详细阐述，并将文化区域和与之相关的年代区域上升为一种研究方法。威斯勒认为文化是由各个层次的单元所组成的一种完整的结构。这种文化结构包括多种层次，最小的单元是文化特质，比文化特质高一层的是文化结丛，它是由一系列相互关联的文化特质构成的，再者是文化型，而同型的文化特质占据着移动的空间称之为文化带，文化区的地域则更广。威斯勒提出研究部落文化，必须首先分析它的组成单元和层次。

关于威斯勒的年代—区域概念，威斯勒将文化类似性看作文化相互影响的结果，由此产生了从文化区域概念向年代区域概念的转变，他假定分布范围广泛的文化要素比分布范围狭小的传播年代古老，即文化是有时间观念的，同时文化又是从一个中心向四周传播开去的，因此他得出一个规律：时代越古，散播的距离越远。根据以上推论，把居于文化区域中心的几个部落视为文化中心，这个文化中心同时也是文化起源地，文化诸要素即从此中心以同心圆的形式传播开去。威斯勒就试图以这种文化的时间、空间关系去再现美洲原住民的历史。

克莱尔·德雷克（St. Claire Drake）（1911—1990）　罗斯福大学和斯坦福大学的前任教授，是专业于种族和权力的、非洲和非洲离散的犹太人的美国社会人类学家，受到博厄斯派的反种族主义的鼓舞，他对人类学事业的追求是受到前导师埃里森·戴维斯（Allison Davis）的影响的结果。在他的指导下，德雷克参与到研究美国种族关系的研究团队里，并著成《深入南部：一个关于等级和阶级的社会人类学研究》一书。

随着他在密西西比的田野工作，德雷克在劳埃德·沃纳（Lloyd Warner）、罗伯特·雷德菲尔德（Robert Redfield）和费雷德·伊根（Fred Eggan）的指导下，从事芝加哥大学的毕业研究。在芝加哥时，德雷克参加了由沃纳（Dennis Werner）和社会学家贺拉斯·凯顿（Hellas Kelton）执行的一个联盟赞助的工作管理计划（WPA），专注于芝加哥种族关系和非裔美国人社区。这是首次在一个美国的大型都市圈的调查中涉及人类学的计划。它的结果就是《黑色大都市：北方城市中黑人生活的研究》的出版。这类研究，如《深入南部》，是受到沃纳对都市和阶层社会的研究途径影响，如同受到W.E.B.杜布瓦（W.E.B.Du Bois）的《费城黑人》（1899）（最早期在美国都市做民族志学和社会学研究成果之一）的影响。《黑色大都市》初创了一些后来成为人类学和新话题的问题的讨论：从农业向城市工业定居的劳动移民的历史政治经济学；族群和种族在就业、住房、政治的竞争和冲突；刺激或临近的社会变迁条件；种族和阶级分层；地方社区生活中的超地方组织的存在；以及阶级和种族从属地位的国际纽带。

为满足他的博士学位的需要，德雷克在老虎湾（一个加的夫威尔士的多民族、多种族的港口社区）做了一个对于英国支配的适应和反抗的民族志研究。作为他长期的兴趣以及和英国反殖民活动家的接触的后果，他转移了对非洲的研究焦点。在西非的两年期间，他任教于加纳大学社会学系，并担任系主任，发展了为美国和平部队的跨文化训练项目，并组织了关于大众传媒、国家强制搬迁的影响和精英首领的冲突的政治和发展相关的研究。

20世纪60年代中期，他回到美国，在接下来的30年间，他将自己的注意力集中到种族和社会动荡，人类学关于黑人的历史，以及非洲移民的历史。在两个版本的《四散的黑人：一篇历史学和人类学的论文》（*Black Jolk here and there：an essay in history and anthropology*）中，他调查了在殖民扩张时期之前旧世界的非洲移民。通过尼罗河河谷、地中海、中东和北欧基督教世界的封送处理的证据，他询问奴隶制度、肤色偏见、国际军事体育理事会，作为在新世界语境中仍旧发展的史无前例的种族奴役和白人种族主义，成为逃脱不了的纠缠的不同社会历史现象。

作为许多荣誉的接受者，德雷克是英国和爱尔兰的皇家人类学研究所的一个研究员，且于1990年得到了应用人类学学会颁发的马林诺夫斯基奖。

（哈彬）

克劳式亲属制度（Crow kinship system）　亲属称谓制之一，以美国蒙大拿州的印第安克劳人的名称命名，在其他一些社会中也能见到，如霍皮印第安人所使用的就是这种称谓制度。这种亲属称谓制与母系继嗣相联系，即对母亲的母系世系群中的人按照代际加以区分，而对父亲的母系世系群的成员则不分辈分加以总括。这与奥马哈制中跨代总括的亲属出现于母方而不是父方是不同的，但两者总括和区分亲属类型的方法基本相同，即用同样的称谓称呼母亲和母亲的姊妹；也用同样的称谓称呼父亲、父亲的兄弟和父亲姊妹的儿子；还用同样的称谓，称呼父亲的姊妹及其女儿；此外，称呼平表姊妹和亲兄弟姊妹的方式也相同。所以有人说这种亲属称谓制是奥马哈制的镜像反映。

在易洛魁式、爱斯基摩式和夏威夷式这几

种称谓制中，一些亲属在共同的称谓之下被归为一类，而同一代的另一些亲属则被区分开来，并被给予不同的称号或称谓。在克劳制中，多了一个新变量：这一制度忽略了某些亲属代与代之间的区别。克劳式亲属制与强大的母系继嗣组织相联系，将父亲一方的亲属和母亲一方的亲属分入不同的组内。父亲一方的交表兄弟姊妹等同于父母一辈的称呼，而母亲一方的交表兄弟姊妹则是与“自我”的儿女一辈等同。否则，这一系统就非常类似于易洛魁亲属称谓制了。在诸如霍皮（Hopi）印第安人那样的社会，个体的身份取决于对继嗣群体的附属，而继嗣又是母系的，不顾代际区别而把父亲的姊妹，以及她的女儿、甚至她的母亲都归在一个单一的称呼之下。这些女子通过生育“自我”的那个世系群追溯自己祖先。

（刘荣）

客位（Etic）　是一些文化人类学家在研究文化时所用的一个术语，意指外部的分析者和观察者对当地人的信念和行为做出描述和解释的分析视角，未必与当地文化中的人相关或对其富有意义。

1954年，语言学家肯尼斯·派克（Kenneth Pike）在《人类行为结构统一理论中的语言》（*Language in relation to a unified theory of the structure of human behaviour*）一书中，提出人类语言行为与非语言行为之间存在一致性， 并从语言学的术语语音（phonetics）中类推出了客位这一术语。语音学是对语言的使用者利用的声音做出的发音、声学或听觉上的研究。派克将语言学研究与非语言研究进行类比，力求找到能够统合两种研究的宏观理论。派克利用客位一词呈现出在一个层面上对人类行为进行的研究，这种解释从研究者的视角出发，而未必与行为的实践者相关。

派克认为研究者应该从客位着手研究，但分析的重点在于用社会参与者头脑中的主位单位置换客位范畴。这一理论立场与文化唯物主义的认识论假设针锋相对。在文化唯物主义者的研究方法中，客位分析并不是发现主位结构的跳板，而是通往客位结构的基石。马文·哈里斯（Marvin Harris）及其他文化唯物者通过利用客位指代由客观、科学导向的分析者而非由本地视角对于文化信念和行为做出的解释，使这一术语在人类学领域得到普及。

关于印度教中对牛的崇拜，印度教徒视牛为神圣的存在，并且宣称他们的宗教阻止其宰杀牛或者食用牛肉，哈里斯的客观解释是，人们需要牛在田间耕作，并且需要它们的粪便作为化肥和燃料。而且，虽然从主位解释来看是不能杀牛的，但是牛最终还是被杀了，特别是公牛。客位的解释也可以进一步分为两个类别：一是客位精神（etic-mental），当食物匮乏时，就让公牛饿死；二是客位行为（etic-behavioral），公牛被饿死了。

重要的是，要强调在派克的原初概念中，客位代表着一种层面上的描述。派克将行为像语言一样视作波浪的组成，然而，人类是根据点或者对比性单位认识行为，从而对其做出分类和反应的；二者之间的关系就如同语言与音素的关系。派克对于任何人类行为做出客位解释的目标就是呈现出科学分析者视角中的相关行为。哈里斯及其他人类学家用这个术语呈现出一个整体层面上的解释。这种客位的解释与其他人类学家所提出的分析模型十分相近。有关客位框架的经典案例涉及林奈分类学（Linnaean taxonomy）、医学人类学中的疾病（disease， in medical science）以及系谱网络（the genealogical grid）。

由于是 “从外部看文化”，客位有助于研究者与被研究对象保持适当的距离，以“局外人”的视角发掘文化的独特意义，保持结论的相对客观；同时，也可能因文化差异而不能完整描述各个环节，并对其进行深入理解。此外，客位模型（etic model）的现实地位也受到了质疑，比如研究者的客观性问题。什么能够确保研究者的客观，以使模型在事实上不是其主位上的模型？

20世纪80年代以来，在后现代主义和反思性的影响下，客位网络所由来的客观性概念已经受到了批评者的挑战。尽管相较以往，学界很少对客位进行讨论，但它仍暗含于更多晚近的人类学方法当中，甚至是在后现代的和反思性的研究当中。另外，在区域分析和地区比较的研究当中，这种视角被赋予了新的意义。

（张文潇）

参考书目

[1] 马文·哈里斯. 主位与客位辨异的评说与意义. 马光亭译，《民间文化论坛》，2006.

[2] 马文·哈里斯. 文化唯物主义. 张海洋、王曼萍译. 北京：华夏出版社，1988.

[3] Headland, T. N., Pike, K. L., & Harris, M. (Eds.). 1990, *Emics and etics: The insider/outsider debate*. Newbury Park: Sage.

[4] Pike, K. L.1971, *Language in relation to a unified theory of the structure of human behavior*. The Hague: Mouton.

空间（space） 是人类学研究中的重要概念。人类学对于空间的理解，不同于物理学将其视为客观的物质存在形式，而是更加注重不同文化对于空间的划分及其社会内涵。20世纪早期，美国人类学家摩尔根（Lewis Henry Morgan）在研究美洲土著的房屋和家庭生活时已涉及这个主题。他指出，住房与驯养以及人类进化历程是分不开的，房屋构成了文化的一部分，在为人类群体提供居所方面发挥了重要功能，并帮助人类适应自然环境、保持种族繁衍。房屋作为人造空间，与社会组织之间存在着相互对应的关系。

涂尔干与莫斯在《原始分类》（*Primitive Classification*, 1963）中将空间视为每个文化都存在的先验分类之一。在他们的讨论中，空间无法独立于社会生活而存在，空间区域的划分只是“用来保留和说明他们的族群与图腾、他们与这些族群和图腾的关系以及他们相互之间的关系的一种机械方法”。空间划分并不简单地遵循物理原则，而首先是对人与自然、人与图腾、人与人之间关系的表达。

涂尔干与莫斯的研究，开启了此后空间研究中最有争议性的一个话题，即：到底空间只是社会文化现象中不可少的、媒介性的基本要素，还是有其自己独特的内在逻辑？对于这个问题，大致有两种不同的回答。

第一种回答强调空间的不可孤立性，认为空间只是行动的媒介与结果，是行动、思考、控制、生产的工具，更是所有思考模式“必要的框架”。这一派的观点虽然赋予了空间以重要而必要的地位，但却并未将空间视为具有发展潜力的独立研究主题，使空间仅仅包容在对于其他要素（如行动、时间等）的研究之中。极端者甚至认为，社会行动才是分析的中心，而不是空间。

第二种回答则强调空间的独立自主性，认为人类的空间有其普遍的结构存在，可以找到一种内在的确定逻辑来说明空间的可知性。例如，比尔·希利尔（Bill Hillier）与朱丽恩·汉森（Julienne Hanson）指出，从聚落到家屋的空间连续体，其组织结构必包括4个普遍的结构层次：聚落外、聚落内、家屋庭园、家屋，而聚落与家屋则又各有其独自的原则。至于聚落与聚落外的各种关系或建筑的居住者与访问者的各种接触点，则是了解聚落与建筑之类别的基本空间面貌。因此，空间的分析具有独立的观念结构。这种对于空间的抽象理解往往忽略了空间与其他社会现象之间的相互关系，也忽略了空间如何产生与繁衍的社会与政治过程，以及其中可能蕴含的权力因素。

事实上，在任何一个社会，空间建构都是由人的活动（及其文化意义）与物质基础“相互结合运作”的结果。空间是独立自主而有其内在逻辑的，但它又需要与其他社会文化现象或要素共同运作，尤其与人的活动密不可分。正如列斐伏尔（Henry Lefebvre）所言，空间的存在是建立在对于人的客观性及主观性活动的描述上，空间也由人体所构成。一方面，人的身体是人们感受空间的载体，也使我们呈现于空间而成空间的一部分；另一方面，人又可以通过自身的实践，将各种物质与社会文化资源结合在一起，从而建构出新的空间。在这个过程中，外部势力可能会通过意识形态的方式作用于地方社会，利用人们日常生活中对于空间秩序的感知，建构自身的权力合法性。

图尔腾（Andrew Turton）在对泰国北部村落的研究中发现，他们房屋的空间秩序是由方位、高度与内部深度来决定的，由此，它可将家中成员按照年龄、性别、辈分、婚姻、继嗣等不同进行分类，进而确定成员间的阶序关系。例如，家长在家中的东北角落里生活与睡觉，这里也是用来祭拜祖先的地方。反之，西边是最脏而南边是最弱之地，因而也成为家中盥洗及招待外人之地。另一方面，国家也引导当地人举行祭拜sao inthakhin的仪式，在这种仪式中，人们按照类似家屋中家长占有的空间位置来祭拜国王。换句话说，通过空间的象征秩序，国王的形象经由家长的地位安置于一般人心中，统治者的合法地位得以被加强及维持。

人类建构空间的过程，也是为空间赋予意义的过程，这种意义与空间本身的物理属性无关，而是与特定社会的宇宙观有着密切的联系。例如，在西非的几内亚海岸，人们在“生存空间”与“森林空间”之间做出了区分，认为后者既是富饶的生命之源，又是可能危及人生命的场所。任何一座祖先建造的房屋，都需要从森林中获取一定空间，这个行动本身是危险的，但若非如此，人类又无法继续生存。在神话中，生活在几内亚海岸的人们将世界分为可见的人类世界与不可见的精灵世界，森林则是精灵的居住地，从这个意义上讲，建造房屋即意味着人类世界对精灵世界的侵入，具有强烈的象征意涵。博格纳（Botond Bognar）在对日本家屋的研究中，也对建筑空间与宇宙观之间的联系进行了分析。他指出，日本在神道与禅宗的影响下，认为整个世界都是由流动现象衔接而成，唯一永恒的便是空。家屋内部的本质是一套没有东西、没有家具、没有颜色、没有实质的神话。因此，传统家屋空间缺少清楚的秩序与层次，取而代之的，是无限的界限与破碎、割裂的空间，而现代日本家屋则利用现代的物质与设计来呈现空的概念。

在某种意义上，建构空间的实践可以被视为对宇宙的再造与模仿，在这个过程中，人们往往会将某个地方视为“宇宙的中心”。例如，在印度人的信仰中，妙高山位于世界的中心，北极星在山巅闪耀，这个观念也为乌拉尔-阿尔泰诸民族、伊朗人以及日耳曼人所共有；在美索不达米亚，有一座连接天地的中央山峰（“万国之山”）；在基督徒眼里，他就是世界的中心，它既是宇宙山的制高点，又是亚当诞生和埋葬的地方。世界的创造是一切建筑的典范，人们建造的每一座城市、每一所新家都是一次新的模仿，也是重复了世界的创造。因此，每一座城市、每一间住所都位于“世界的中心”，只有通过取消其世俗的空间，并确立神圣的空间，才能将它们建造起来。例如，在印度，在建造房屋之前，占星师要决定哪块基石必须放在支撑世界的蛇的头顶上，要在主屋中间指定的地方打入一根桩子，以便牢牢钉住大地-蛇的脑袋；北美的原始民族住所中央的柱子就像宇宙之轴；而在很多社会里，门槛成了分隔世俗空间与神圣空间的标志。

空间的圣化，或许可以被视为人类最具创造性的发明之一。按照伊利亚德（Mircea Eliade）的说法，神圣空间从来不是由人“选择”的，它只是被人发现而已。例如，根据传说，16世纪末，一位穆斯林苦行僧曾在一处泉水旁停留过夜，睡觉之前，他顺手把手杖插在了地上。第二天，他试图把手杖拔起来继续赶路，却发现它已经扎根并长出嫩芽。他从中看出这是真主意志的指引，便在那个地方住了下来。这样的“圣地”，成了很多宗教信仰的根基。通过将神圣空间从世俗空间中隔离出来，人们的社会生活也由此被重新组织。在某个特定的时刻，在某个特定的地点，以仪式性的方式，社会通过与神圣宇宙的联结得以再生，在仪式结束后，则将宇宙的力量传递至世俗生活的每个角落。

从这里出发，我们便可以更好地理解列维·斯特劳斯提出的“家屋社会（house society）”——在这样的社会里，家屋即是社会意象的集中表达。或许，更为准确的说法是，家屋是社会的缩影，而社会则是宇宙的模仿，人们通过空间的建构，再现了整个宇宙秩序。任何外部势力如果想要进入并控制地方社会，则必须要通过空间的操演来完成，这种操演，可以为其找到或创造在社会秩序中的位置。时间与空间，是形塑社会生活的两大重要支柱，通过人类实践，社会在时间与空间的更新中获得了生生不息的力量。

（刘琪）

参考书目

［1］Bognar, Botond. *The Place of No Thingness: The Japanese House and the Oriental World Views of The Japanese*, in Dwellings, Settlements and Traditions: Cross-cultural Perspectives. Jean-Paul Bourdieuand N.Alsayyad, eds. Lanham: University Press of America, 1989.

［2］Hillier, Bill and Hanson, Julienne. *The Social Logic of Space*. Cambridge: Cambridge University Press, 1984.

［3］Lefebvre,Henry. *The Production of Space*. Oxford: Blackwell, 1991.

［4］Turton, Andrew. *Architectural and Political Space in Thailand* , in Nature Symbols in Southeast Asia. G.B. Milner, ed.London: SOAS, 1978.

［5］爱弥尔·涂尔干、马塞尔·莫斯. 原始分类. 汲喆译，渠东校. 上海：上海世纪出版集团，2005.

［6］黄应贵. 空间、力与社会.《广西民族学院学报（哲学社会科学版）》，2002（2）.

［7］米尔恰·伊利亚德. 神圣的存在：比较宗教的范型. 晏可佳、姚蓓琴译. 桂林：广西师范大学出版社，2008.

［8］张雯. 人类学传统中的“空间”研究.《中国社会科学报》，2013.

孔德（Auguste Comte，1798—1857） 社会学和实证主义之父，19世纪法国最重要的哲学家之一。1789年1月19日，出生于蒙彼利埃。1814年，进入巴黎综合技术学院，对数学产生了兴趣。作为一个高智商却又粗暴的学生，孔德两年后被开除。后在巴黎过一种禁欲的生活，其间，孔德学习了本杰明·富兰克林的著作，并且开始迷恋上美国这一新的国家，并希望能够去美国教授几何学，无果后转而去为圣西门伯爵工作，成为一个政治记者。

1820年，孔德开始精练他关于解释的3个阶段的观念，即神学、形而上学、实证主义。1824年，在出版物上第一次以孔德的名字署名，标志着他与老圣西门的决裂。大约正是这个时候，德国哲学家们开始给孔德留下深刻印象，特别是约翰·戈特弗里德·赫尔德和伊曼努尔·康德以及苏格兰哲学家们。

1825年，孔德结婚，他描述他的婚姻生活是痛苦的，他的写作也开始更加的厌恶女人。

1826年，他第一次精神崩溃，并在隔年试图自杀。他对自己心理问题的解释开始与他的3个阶段体系合并，1830年，他将他的实证哲学教程寄给科学学会。

1837年，他的母亲去世，他未能成功地与他的家庭和解。他与他妻子及朋友间的矛盾也未曾停止。

1838年，他经历了第二次精神崩溃。1841年，他开始与约翰·斯特尔特·米勒非同寻常的联系。几年中，孔德已在英国知识界十分有名，而米勒也出版了一本关于孔德和实证主义的很有影响的书。孔德于1842年完成了课程，尽管他的妻子同年离开了他。1845年，他重新恋爱，而这个女人在16个月后却忽然离世。他人生的最后阶段被称为是“兴高采烈和专心致志于理想”。关于实证主义，没有任何笔记是来自这一时期。因为身体一直不好，又经常限于债务之中，并且常常要处理关于他的家庭和他妻子家庭的丑闻，孔德于1857年9月5日在巴黎去世。代表作有《实证哲学教程》《实证政治体系》和《实证宗教教义》，其政治倾向在不同时期有不同表现，思想是由自由主义转向精英论和极权主义。

（哈彬）

孔子（公元前551—前479），名丘，字仲尼。中国古代思想家、教育家，易学、儒学和儒家的创始人，中国春秋时期精神思想的代表人物与集大成者，当今“世界十大文化名人”之首。生于鲁国昌平乡陬邑，去世后葬于曲阜城北的泗水岸边，在世时被誉为“天纵之圣”“天之木铎”，是当时社会上的最博学者之一，被后世统治者尊为褒成宣尼公、隆道公、文宣王、衍圣公、大成至圣先师。孔子曾在鲁国担任中都宰、司空、大司寇等官职，他强调民志为本，主张利民之所利、好民之所好、恶民之所恶，以仁德待人，注意人与人的关系和人类社会集体生活的文明进化，其学说被认为具有哲学人类学的意味。他对于世界的本源、认识与实践的关系、个人与社会的关系、社会道德秩序等均有影响后世的重要见解。他的为政之道包括正名、立信、德治。正名，是孔子最重要的政治主张，其目的在于维系一个秩序良好的社会，使人们有一定的规范去遵循，而不致生活在一种不可预期的状态之中；立信，对于孔子而言，不仅是个人的美德，而且是一个基本的政治原则；德治，提倡用道德伦理来教化人民。此外，孔子遵循“礼”的社会秩序，认为礼既是“节制”，又是“真情”，不是浪费铺张，而是真情流露，宁愿节俭简陋，也不奢侈浮夸，是对天地万物的尊重。在教育方面，孔子主张“有教无类”“因材施教”，他针对不同的弟子与不同的时机来讲述“仁”的真谛，“刚毅、木讷，近仁”“巧言令色，鲜矣仁”意味着“仁道”就是真诚踏实，切忌浮夸不实而违逆正道。孔子教学的项目有四：文、行、忠、信。文，指诗书礼乐等古代文献；行，是德行；忠，意指尽心尽力；信，即为诚实无欺。他教导学生的只是人生日常所必经问题的解答，以及人与人相处所必备条件的阐明。其道合理而平凡，易知易行；然而用之于身则身修，用之于家则家齐，用之于国则国治，用之于天下则天下平。他的学生多至三千人，学不厌、教不倦，使孔子成为中国历史上最有名的教育家，被尊为“万世师表”。孔子学说在朝鲜半岛、日本、越南等地都有深远影响，形成了东亚儒家文化圈。

（田夏萌）

恐怖主义（Terrorism）　一般指意图通过在国家或民众内部散播恐慌、制造暴力以实现特定宗教、政治或意识形态目的的行为。目前国际学界对于恐怖主义的具体定义还存在分歧，世界各国和国际组织在具体的法律实施方面也有不同的界定，例如，国际联盟在1937年制定的《防止和惩治恐怖主义公约》中认为，恐怖行为“是指直接反对一个国家而其目的和性质是在个别人士、个别团体或公众中制造恐怖的犯罪行为”。美国国家司法研究所在1975年曾将恐怖主义分为6类：①内乱：干扰和平、安全及社会正常运作的集体暴力行为。②政治恐怖主义：为了追求政治目的而计划在社会制造恐慌的暴力犯罪行为。③非政治恐怖主义：不以政治目的为前提的恐怖主义，显示出其有意地制造高度恐慌，最终为了争取个人或集体利益，但没有政治上的意图。④类恐怖主义：暴力犯罪行为的附属品，其形式及表达方式类似真正的恐怖主义，但缺乏其要素。其主要目的并非制造恐慌，而类恐怖主义则利用恐怖分子的形式及技巧达成相似的结果。⑤有限政治恐怖主义：真正的政治恐怖主义采取革命的形式进行，有限政治恐怖主义是指“以意识形态或政治为动机的恐怖活动，但其活动并不是要夺去国家的控制权”。⑥国家恐怖主义：指以恐怖或压迫手段进行统治的国家，其程度与恐怖主义相类似，此外，它也指政府为了追求其政治目的或外交政策而进行的恐怖活动。中国政府在2001年与上海合作组织其他成员国共同签订的《打击恐怖主义、分裂主义和极端主义上海公约》中，将恐怖主义界定为：“致使平民或武装冲突情况下未积极参与军事活动的任何其他人员死亡或对其造成重大人身伤害、对物质目标造成重大损失的任何其他行为，以及组织、策划、共谋、教唆上述活动的行为，而此类行为因其性质或背景可认定为恐吓居民、破坏公共安全或强制政权机关或国际组织以实施或不实施某种行为，并且是依各方国内法应追究刑事责任的任何行为。”

该领域的著名学者布鲁斯·霍夫曼（Bruce Hoffman）认为，恐怖主义存在如下一些主要特征：①它不可避免地以政治为目的或动机。②它诉诸暴力或扬言诉诸暴力。③它计划要对目标或受害人以外的人物或团体造成深远的心理影响。④它由具备可被识别的指挥系统以及隐蔽的周边系统进行指挥，其行动成员不穿制服或佩戴可被明显识别的徽章。⑤它主要由非国家组织或非国家行为者所实施。此外，除了本身所凸显的暴力性之外，恐怖主义还具有心理和策略层面的独特性，即恐怖主义是一种不对称冲突的政治表现，其目的是要通过暴力的表达在媒体面前曝光以达到最佳的宣传效应，并进而实现影响目标受众及实现中短期目标的计划，在此基础上进一步追求长期的最终目标。

恐怖主义经历了一个长期演变的过程。在历史上，就已经出现了系统性的暴力恐怖行为和相关组织，但直到法国大革命时期，恐怖行为才被上升到理论高度，完成了理论化阶段。现代意义上的恐怖主义则是在20世纪60年代逐渐兴起的，当时的主要恐怖组织都是在各国内部进行活动的，如西班牙的“埃塔”、秘鲁的“光辉道路”等组织；从20世纪90年代起，随着美苏冷战的结束，跨国恐怖组织开始逐渐成形，其中最著名的就是基地组织，2001年美国911事件成为恐怖主义形成全球性威胁的标志性事件。近些年出现的伊斯兰国（ISIS）则成为国际社会所面临的恐怖主义新威胁。

尽管目前由于世界各国之间在法律体系与社会认知上存在的差异，国际社会对于达成恐怖主义定义一致性困难重重，使得联合国各成员国之间在关于恐怖主义的问题上无法形成共识。但恐怖主义在事实上已经成为世界各国都要面临的重大问题，在应对恐怖主义威胁的问题上，需要世界各国的广泛合作与协调。

（袁剑）

参考书目

[1] Alexander, Y., Carlton., D. and Wilkinson, P.Ed. *Terrorism: Theory and Practice*. Boulder, Colorado: Westview Press, 1979.

[2] Bruce Hoffman. *Inside Terrorism*. New York: Columbia University Press, 2006.

控制论（cybernetics） 研究包括生命有机体、人类组织和机器在内的各种系统中的控制与自组织过程，关注动态系统在变化的环境条件下如何保持平衡状态或稳定状态。

控制论一词可以追溯到亚里士多德用船只航海来描述政治治理的隐喻。18世纪的工业革命使得具有自动调节功能的机器（如瓦特的蒸汽机）的生产技术进步神速，自动调节系统的观念在西方思想界流传开来。20世纪40年代，美国的一群工程师、生物学家和心理学家开始定期聚会，以便把五花八门的系统论观点整合起来，并把控制论运用到他们的工作中。数学家诺伯特·维纳（Norbert Wiener，1894—1964）是其中最有影响的一位，他很早就对高射炮和坦克的自动控制装置感兴趣。1948年，维纳出版《控制论》（郝季仁译，科学出版社1962年版）一书，宣告了这门学科的诞生。人类学家玛格丽特·米德（Margaret Mead）和乔治·贝特森（Gregory Bateson）也是这一群体的核心成员。他们深受奥地利生物学家和社会理论家贝塔朗菲的影响，许多人的早期作品都发表在《一般系统论年鉴》（*General Systems Yearbook*）上。

控制论的大意是，人和自动机器人是一种系统，都是由感觉装置、动作装置（器官）、传递信息系统（神经系统）、控制装置（脑）所组成。工作基本上是采用反馈规律。反馈（feedback）又称回馈，是控制论的基本概念，指将系统的输出返回到输入端并以某种方式改变输入，进而影响系统功能的过程。其中负反馈使系统保持内部的稳定和平衡，而正反馈会使系统偏离目标或平衡状态。控制方法就是主体与客体反复进行施控和受控的相互作用的动态思维方法，它的根本目的在于实现控制。控制论对社会科学、工程学与物理学、心理学、数学、传播学、组织管理、生物学、人工智能，以及计算机革命都产生了重大影响。

很难证明控制论对人类学有全面影响，因为“社会系统”的观念在西方思想界十分盛行，但控制论显然在心理人类学与生态人类学中得到了讨论。乔治·贝特森的精神疾病理论影响了心理学人类学领域的产生。他不是把人的精神当作一个独立的实体，而是把它看成是一个由文化建立起来的、有着正反馈和负反馈的系统的组成部分。20世纪50年代，霍华德·T. 奥德姆（Howard T. Odum）和尤金·奥德姆（Eugene Odum）把控制论建模运用到生态学的生态系统研究上。考古学家和文化人类学家也采用了这些工具来建立人类生态系统的模型。最有名的要数罗伊·拉帕波特（Roy Rappaport），他把灵性、营养、社会组织和自然资源建构成一个系统模型，该系统具有能够调节仪式与战争的反馈机制。但有批评者认为，只关注平衡会妨碍我们解释社会系统如何随时间发生变化，人为地设定系统的边界毫无意义，并且选择系统的哪些构成部分来建模也难免主观臆断。如今，控制论者更加关注系统中导致变化的组成部分。新的复杂性理论、混沌理论和回弹性理论都认为，一个系统内部各成分之间的关系可能决定该系统未来的方向，但具体结果很难预料，因为初始条件的相对重要性无法得到证实。有些人类学家聚焦于社会系统的独特历史，而不是那些应该被建模的普遍成分，他们也正在用那些能够把个别主体作为系统复杂性成分的计算机模型进行实验。（参见**系统论**。）

（康敏）

口头文化（Oral Culture） 从历史上看，人类学家认为他们研究的是人们不熟悉的或者至少不是主要依赖书面文学的口头文化。为此，拉德克里夫–布朗（Alfred Radcliffe–Brown）认为，人类不可能真的研究原始人民，因为他们缺乏文字记载的历史。

那种认为人类学家主要是研究传统社会的观点是有待商榷的。第一，即使它正确定义了人类学过去的使命，现在人类学的研究大部分都发生在至少有一些人是受过教育的社会里。其次，以声的概念而言，如果写作是最狭义的线性，在人类历史进程中有成千上万种语言，而且它们大多数没有被书写。然而，在当代世界，很难想象一个族群会如此孤立，不与媒体接触，或以这样那样的方式依赖于越来越多的收音机、电话、电视和电脑。如果更广泛的定义写作为任何系统的记录，那么，正如雅克·德里达在他对人类学家如列维·斯特劳斯的批判那样，没有一个族群甚至“口头”的社会没有它。

口头表达的重要性以及文化思想作为一种连续的表达方式，可能是第一次在古希腊、古罗马文学经典里得到充分地理解。尤其是米尔曼帕里，他认为荷马史诗是一种程式化的表现。最近，在一本极具争议性又有极大影响力的书里，马歇尔·麦克卢汉认为，不仅仅是读写能力，打印技术彻底改变了人类的思想和社会组织形式，还创造了一个“地球村”。杰克·顾迪经过仔细测试和人类学研究认为，人们对于写作的使用使他们的心理和社会结构发生了显著差异。

文学批评家、民俗学家和历史学家对口头文化做了大量研究。历史学家把口头传说用在重新构想历史上，和有横向联系的资料结合起来使用更加理想，因为口头文化本身对社会过去的历史总是拥有民族优越感。人类学家和社会学家正开始发现口头文化对弄明白社会和文化的进程有多大帮助。此外，口头文化是研究记忆和人脑是如何发挥功能的主要原始材料。

（蒋萍）

参考书目

Adam Kuper & Jessica Kuper: *The social Science* Encyclopedia. London: Routleage, 1985.

跨界民族研究（research of cross–border ethnic groups） 指对于跨越当代民族国家边界的某一民族的相关研究，其中的跨界民族存在多种类型，分别为：①在一国为主体民族而在相邻的另一国为非主体民族，如蒙古国与中国的蒙古族、哈萨克斯坦与中国的哈萨克族。②在一国和相邻的另一国都为非主体民族，如土耳其、叙利亚、伊朗的库尔德族。③在一国和相邻的另一国都是主体民族，如德国统一之前民主德国与联邦德国的德意志族。跨界民族研究尽管有其历史渊源，但形成较大影响是较为晚近的事情，它既是世界历史进程中帝国后遗症的产物，同时也是克服近代以来民族国家结构内在缺陷的应对之举。

从一般的发展情况看，跨界民族研究的兴起一方面与民族国家结构的某些内在缺陷息息相关，同时又与所在国家内政外交的具体状况有着千丝万缕的联系。跨界民族研究主要出现在曾经经历过帝国时代或者曾经是帝国结构一部分的国家，如俄罗斯、土耳其、中国等，所涉及的主要是在边疆地区长期生活的民族，这些民族的生活范围原本跨越当今的民族国家边界，随着近代民族国家边界的形成与清晰化，原本作为一个整体的民族群体被逐渐分隔，形成了当代跨界民族的基本样态。对这些历史上形成的跨界民族的具体研究，更多地以“跨界历史民族研究”的面目出现；随着当代全球化的不断推进，跨国人员流动日益频繁，这些原有的跨界民族在新的环境下出现了新的问题，原有的“跨界历史民族研究”逐渐无法涵盖当代的相关问题，进而产生了“当代跨界民族问题”及其相关研究。目前的跨界民族研究，就其影响力和关注度而言，当代跨界民族研究要更胜一筹。

跨界历史民族研究在中国久已有之，基本上是在中国民族史的框架下进行。当代跨界民族问题则随着中国改革开放的大幕拉开，从20世纪80年代开始受到国内学界关注，目前已建立起基本的研究和分析框架。目前的当代跨界民族研究的基本模式主要集中在如下几方面：①从基本概念上进行演绎分析，其中包括历史渊源、权力结构、发展差距、社会融入、精英意识以及国际关系影响等。②以结构功能主义为分析框架，认为现代国家与民族概念之间的张力以及这一张力在国际地缘政治层面被外部力量操控是跨界民族问题产生的深层原因，经济社会发展滞后往往只是表层诱因。③对经典案例进行阐释，进而指出当代跨界民族问题凸显的根源在于跨界民族在不同国家所享受的待遇和地位差异。

在具体的类比分析中，当代跨界民族研究主要遵循两个基本路径：①在问题成因方面，分为基于体制、依据现状以及外部干预3种，其中，体制指历史上的权力归属与当代国界不重合所造成的双重认同与边民流动现象；现状指边境开放所导致的走私贩毒、非法移民、跨国犯罪和资源争端等；外部干预则指相关边“独”势力通过国内外途径形成政治影响以达到自身目的。②在组织结构方面，可分为边界争端型、异国同族支持型与异国同族应和组织同构型。从世界范围内的当代跨界民族问题来看，则主要可以分为发达国家转型导致的离心运动、社会主义阵营解体导致的地缘与族群冲突、后殖民主义时代的疆域重组以及宗教国际化运动等。

当然，随着当代跨界民族问题指涉性的扩大，跨界民族研究也在逐步走出既有的历史研究和政治研究的分析框架，随着社会学、人类学、文化研究等多种研究视角的介入，正日渐形成新的、更具阐释力的理论与现实图景。

（袁剑）

参考书目

［1］Bertelsen, J. *Non-State Nations in International Politics*. New York: Praeger, 1980.

［2］Oh. I. *From Nationalistic Diaspora to Transnational Diaspora: The Revolution of Identity Crisis among the Korean-Japanese*. Journal of Ethnic and Migration Studies, 38(4), 2012.

跨文化教育（intercultural education） 是在正式教育体系的课程设计与实施中运用文化人类学理论与方法的实践。其目标在于培养学生对于其他文化的了解与尊重，消除民族中心主义。跨文化教育是促进多种文化交流和相互欣赏的重要途径，也是20世纪世界教育民主化发展过程中的一种重要趋势。

1992年，联合国教科文组织在国际教育大会上发布的文件《教育对文化发展的贡献》（*The Contribution of Education to Cultural Development*）中对跨文化教育进行了界定，指“对呈现某一文化的人类群体受教育者进行关于其他人类群体的文化的教育活动，事实上是面向全体学生和公民而设计的、促进对文化多样性的相互尊重与理解和丰富多彩的教育。其目的应是从理解本民族文化发展到鉴赏相邻民族的文化，并最终发展到鉴赏世界性文化，并同各种歧视现象做斗争。”1996年，联合国教科文组织下属的国际教育局发布专题报告《国际理解教育：一个富有根基的理念》，介绍了世界各地一些跨文化教育的成功案例。2006年，联合国教科文组织又颁布了《跨文化教育指南》（*Guidelines on Intercultural Education*），指出跨文化性是一个动态的概念，跨文化教育应该倡导一种包容性的课程，其理念应该融入学校的教育体制和各门课程的教学中。

跨文化教育既不同于人类学课程，也区别于中小学的多元文化教育。人类学课程重视对社会科学理论与方法的描述，视域更宽广，对学生民族中心主义世界观的转变关注较少。与之相比，跨文化教育更强调将其他文化的内在价值融入课程中，旨在祛除民族中心主义。同时，跨文化教育与多元文化教育也不能等同。多元文化教育更强调一个国家内部的文化多样性，致力于从族群性、性别、社会阶层等多元视角为不同教育背景的学生提供教育资源，以期促进教育公平并缩小成就差距。跨文化教育则旨在提升学生的世界观，指导学生超越自身文化去学习他者文化，倡导以开放与尊重的心态理解他文化，以期有效地应对文化差异与文化震撼。

跨文化教育将文化人类学的跨文化比较法与文化相对主义等运用于学校课程，有助于培养学生民主、平等、和谐的世界观，增强跨文化适应能力，维护世界和平。目前，跨文化教育中也存在着一些问题。首先，教育内容的准备与选择很难兼顾兴趣诉求与效度。跨文化教育需要向学生介绍其他文化的真实的生活方式，但是有关他文化宗教、婚姻、性、政治体制等的描述却被认为不适合作为中小学的教育材料。因而，此阶段的教育资源主要关注他文化中青少年的生活经历，以激发学生的兴趣，却缺少对于成人世界观和文化实践的呈现，因而效度难以得到保证。再者，仅仅提供比较性的教育材料并不足以实现跨文化教育的目标。学生生长于特定的文化中并得到濡化，其他文化可能因为“奇怪”或者“异常”引起他们的兴趣，但是学生却会质疑其他文化实践的现实有效性。只有借助令人信服的个案，将他文化放入其赖以生存的社会和物理环境中加以解释，并将这些民族志资料与学生的教育资料相整合，才有助于跨文化教育目标的实现。再者，不同的国家对跨文化教育的态度也不一样。对于那些仍然在努力争取能为其青少年普及小学教育的国家，那些重视对青少年进行民族文化教育的新兴国家，那些更强调国内多元文化教育的多民族国家来说，跨文化教育还未得充分的重视。

随着全球化的发展，教育将不再被简单地看作一个国家的事情，跨文化教育的发展虽然充满挑战，但其重要性也日益凸显。

（陈雪英、夏懿）

参考书目

［1］Woodrow, D. Et al. *Intercultural Education: Theories, Policies and Practice. Farnham*: Ashgate, 1997.

［2］Goncalves, S and Carpenter, M.A. ed. *Diversity, Intercultural Encounters, and Education*. London: Routledge, 2012.

跨文化研究（Cross-Culture Study） 跨文化研究是两个或更多的社会间的比较。狭义上，跨文化分析是一个全面文化的方法，包括10个或更多的世界范围社会的系统比较。系统的跨文化研究在其他学科也很重要，如技术、政治科学和人口统计学。

希罗多德（Herodotus，约公元前484—前425年）可能是所知最早的跨文化研究者，他在《历史》（*Historia*）中比较和分析了许多希腊世界里的文化。19世纪，跨文化比较开始被进化论当作部分理论来排列社会阶段，如摩尔根（Lewis Henry Morgan）的《古代社会》（*Ancient Society*，1877）。但这种比较是依据偶然的选择，而非样本，结论不能被统计意义上更广泛的理论所验证。泰勒（Edward B. Tylor）在对居所和礼仪与其他社会特征进行比较时，第一次做了真正的跨文化比较。高尔顿（Francis Galton）质疑，分布广泛的跨文化样本单位之间的相关关系可能反映功能关系，也可能是文化的传播和继承关系。共享历史的社会可能存在历史渊源关系，因而不能比较。这个争论后来成为著名的“高尔顿氏问题”，导致系统的跨文化比较消失了50多年。直至默多克（George P. Murdock）恢复这项工作。从20世纪70年代起，研究者更多地使用精密的统计方法来控制“高尔顿氏问题”以及宗教多样性和群体意义等问题。

跨文化分析使用连续区域的和世界范围的两种样本。前者对存在语言学联系的社会进行区域性的可比较研究，重点探讨跨越单一的地区的传播过程，如对北美印第安人的研究。后者对社会的研究通过利用世界范围的全面文化的样本，寻求排除语言、历史上的联系，来表明它们彼此是独立的。两种方法都是有效的。

大多数跨文化研究依靠二手材料。其中一个重要的资料来源是人类关系区域档案（HRAF）。人类关系区域档案是非营利性的，是国际性的学院、大学和研究机构的合作。默多克指导的跨文化调查，始于20世纪 30年代。1949年，形成人类关系区域档案，并在耶鲁大学校园里落户。这是一个数据库，是对大约350个世界范围的人类社会的民族志记录的系统化收集。人类关系区域档案缩微胶片包含了这些社会相关民族志资料的全部文本。另外，它根据文化资料大纲规则编排，使得研究者能在700多个不同主题里迅速定位信息。这样，人类关系区域档案已经成为跨文化资料的便利来源。世界上超过300家研究机构有全部或部分的人类关系区域档案，计算机化更加拓展了它的用途。

一些研究者用田野工作来进行共时性比较研究，即一组研究者用相同的或相近的方法集中关注于一组共同问题，其中最著名的是怀廷夫妇（John and Beatrice Whiting）的六文化研究，即对抚养儿童的相近性和相异性所做的研究。如果不能做共同研究，那么在各自独立的项目里，使用一致的方法论收集的数据能够用单一的标准化的规则系统来进行比较研究。

（李飞）

L

腊玛古猿（Ramapithecus） 腊玛古猿在20世纪六七十年代曾被认为是“第一个人族物种”的代表，但随后这种观点却被完全抛弃。

1932年，在考察印度北部西瓦利克山的过程中，耶鲁大学研究生G.爱德华·刘易斯（G. Edward Lewis）发现了一块包含两颗第一臼齿、两颗前臼齿，以及犬齿和门齿牙槽的上颌骨。从牙槽形状可以看出，犬齿仅超出其他牙齿高度一点，门齿几乎垂直嵌入，以致颌骨前突不明显。因为上述特点，刘易斯将这个标本命名为短吻腊玛古猿（Ramapithecus brevirostris）。

1961年，路易斯·利基（Louis Leakey）的第一现场助理海尔森·科里（Helson Mukuri），在肯尼亚维多利亚湖的东北部特南堡，发现了一块带有人类特征的化石碎片，利基将它命名为肯尼亚古猿（Kenyapithecus wickeri）。他呼吁关注肯尼亚古猿和腊玛古猿之间的相似性，指出两者的特征更接近人类，而不是猩猩。

与此同时，耶鲁大学的埃尔温·西蒙斯（Elwyn Simons）认为腊玛古猿可能是最初的人族成员，因为它拥有较小的犬齿和牙间隙，厚实的牙釉质，不像猿那样有前突的短面孔。1963年，大卫·皮尔比姆（David Pilbeam）和他一起进行了大规模的综合比较，观察了希腊、土耳其、匈牙利等地发现的大量化石，发现有些特征和腊玛古猿、肯尼亚古猿类似，尽管它们之间相隔很远的地理距离。他们提出所有这些化石都应该通用“腊玛古猿”一名。

此外，西蒙斯和皮尔比姆还一致大胆地猜测，腊玛古猿的犬齿变小并不是一个孤立的特征，而是源于人类更广泛地使用双手来制造工具和武器，并暗示着人类开始两足行走。

20世纪70年代，纽约大学克利福德·乔利（Clifford Jolly）提出的食谷假说普遍流行。他从埃塞俄比亚的狮尾狒狒（Theropithecus gelada）中得到数据，重申了犬齿变小的重要

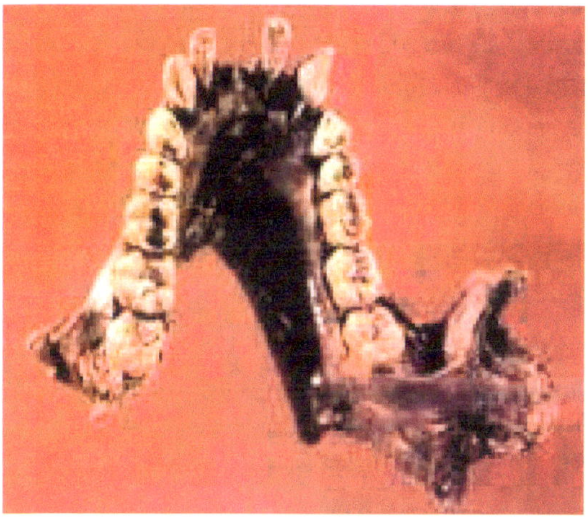

腊玛古猿(牙齿)

腊玛古猿（头骨）

意义，巩固了腊玛古猿作为最早人族成员的地位。然而，他们也证实，犬齿变少并不是因为更广泛地使用手，而是为了摄取坚韧的食物。食用谷物和种子，需要前臼齿和臼齿进行研磨，因此犬齿不能很大。

同时，20世纪60年代，生物化学、分子生物学和遗传学领域发生了一些有趣的创新，这对灵长类动物系统发育中的腊玛古猿产生了巨大影响。1962年，埃米尔·朱克坎德（Emile Zuckerkandl）和莱纳斯·鲍林（Linus Pauling）提出将分子生物学应用到人类进化的研究中，分子人类学正式诞生。此后，一系列关于人科物种蛋白质的研究表明，黑猩猩、大猩猩和人类密切相关，而长臂猿和红毛猩猩则相对较远。“分子钟”的发现和应用，估计了现代黑猩猩和人的分歧时间，大约在500万年前。对于1400万年前的腊玛古猿而言，显然很难再被视为人族成员，尽管当时大部分古人类学家仍然坚持这一保持了近20年的结论。但在20世纪80年代初，西瓦古猿（Sivapithecus）化石的发现，揭示其与腊玛古猿之间的相似性，更重要的是，它和现代红毛猩猩也十分相似。那么很明显，腊玛古猿在进化树上的位置其实和红毛猩猩更接近，而不是人类。

这个证据，连同生物化学、分子生物学和遗传学的证据，最终说服了大卫·皮尔比姆和大部分古人类学家，不再将腊玛古猿视为人族一员。如今它的名字也不再使用，都一概称为西瓦古猿。

（谭婧泽、王凌翔）

莱斯利·阿尔文·怀特（Leslie Alvin White，1900—1975） 美国著名人类学家，新进化论学派代表人物之一。怀特1925年在哥伦比亚大学获心理学博士学位，同年入芝加哥大学攻读人类学，并于1927年获人类学博士学位。1927—1930年为布法罗大学讲师，在此期间接触了易洛魁塞纳卡印第安人，从而导致他去阅读摩尔根的著作，由此开始了向进化论观点的转变。1936—1970年他在密歇根大学建立并领导了文化人类学系。1936年秋，他访问了中国的燕京研究院，此外还在芝加哥大学、耶鲁大学、哥伦比亚大学、哈佛大学担任客座教授。1964年当选为美国人类学学会会长。

怀特对摩尔根推崇备至，极力复兴进化论，包括出版了摩尔根的一些未曾发表过的日记和信件，重版了《古代社会》，并为之撰写了长篇“引论”，以及写了大量的文章宣传和论辩进化论。相比摩尔根，怀特的新进化论有两大创新，一是文化学，一是能量学说。怀特澄清了文化的概念：“文化是现象的种类，包括目标、行动、思想和态度，那是依赖象征的使用。”他认为人类社会的结构和过程都是文化的功能，所以有必要使文化成为科学研究的对象。怀特不像摩尔根那样以食物和生产工具而是以能量的获取作为文化的进化标志，文化进化的动力只能来自能量的发现、获取和控制。为了更科学地评估文化进化的水准，怀特提出了一个文化发展的公式：C=E×T（C为文化、E为能量、T为科学技术）。同时，怀特将整个文化系统划分为3个亚系统，即技术系统、社会系统和思想意识系统，而技术系统对于文化的发展是基础性和决定性的。

他的主要著作有《新墨西哥州圣多明戈的普埃布罗人》《美国人类学先驱班德利尔——摩尔根书信集》《文化的科学》《文化的进化》等。

（冯珊）

蓝田猿人（Homo erectus lantianensis） 又称蓝田人、蓝田直立人，指在陕西省蓝田县陈家窝子和公王岭两地发现得早更新世晚期的古人类化石。1963年，在蓝田县城西北约10千米的陈家窝子村，发现了一块古人类下颌骨（编号PA112），带有13颗牙齿，磨耗很严重，推测其为老年女性。陈家窝子下颌骨的前面上部向前突出，像猿猴那样没有下巴颏。下颌骨的侧隆突不明显，在第一臼齿后方分为上下两枝，分别与犬齿轭和边缘前结节相续。下颌骨右侧有2个颏孔，左侧有4个颏孔。下颌体前部的颏三角和联合脊略显著，下颌圆枕不如周口店标本明显。下颌体粗壮度指数为58.1，表明这个下颌骨属于女性直立人。下颌骨两侧第三臼齿均未萌出，X射线检查显示颌骨内也没有牙胚形成，为先天性缺失。而且第二臼齿大于第一臼齿，与猿类相同，与现代人相反，说明这可能是从古猿那里遗留下来的一种原始特征。此外，陈家窝子下颌骨齿槽明显萎缩，说明其生前患有牙周病变。根据古地磁法测定这块下颌骨出土的地层层位的年代为距今约65万年。

1964年，在蓝田县城东南17千米的公王村南公王岭北坡，又发现了几块颅骨残片和若干牙齿（编号PA105）。依照解剖学知识将头骨残片拼合成一个复原头骨，判断该头骨应该属于一个30～40岁的女性。公王岭人类头骨的主要特征表现为具有粗壮的眶上圆枕，明显的眶后缩窄，额鳞非常低平，颅穹窿低矮，头骨壁极厚，脑量很小约为780毫升。这些特征在亚洲直立人中均可见到，但公王岭头骨表现得更为显著。因此，在公王岭发现的人类化石呈现出比周口店标本更为原始的形态特征，代表一种比周口店直立人更为原始的直立人类型。公王岭头骨因地层挤压而轻度变形，且头骨表面粗糙，布满凹陷和隆起的脊。关于颅骨表面的这些异常痕迹，最初研究认为是埋藏环境长期溶蚀所致，但也有学者认为可能是创伤或某种感染性疾病所致，近年采用CT技术分析发现颅骨内外面与板障有清晰的侵蚀破坏现象，据此认为应该是埋藏环境长期溶蚀造成的。采用古地磁方法测定头骨的年代为110万年前～115万年前。

蓝田猿人

两处蓝田遗址出土的石器类似，主要以石英和石英岩砾石为原料，经过硬锤直接打击的粗糙加工，多为轻型工具。其中有一件用石英岩大石片两面加工的三棱手斧，比欧洲发现的同类制品年代要早。

在分类学上，蓝田猿人属于直立人（Homo erectus）中的一个类型，但是否为一个亚种还存在争议。一些学者认为，陈家窝子和公王岭两处的人类化石原始程度明显不同，时代也有先后之分，应分别划为两个不同的亚种。

（谭婧泽、王凌翔）

参考书目

［1］刘武、吴秀杰、邢松、张银运. 中国古人类化石. 北京：科学出版社，2014.

［2］吴汝康、吴新智、黄蔚文、祁国琴. 中国古人类遗址. 上海：上海科技教育出版社，1999.

劳动分工（division of labor） 社会成员分别承担相应的工作。针对这个古已有之的现象，19世纪社会科学的理论家普遍认为分工乃是建立在人性普同基础上的普遍现象。例如，根据性别的生物性差异，男人远行狩猎，耕作农地，女人照顾孩童，从事住家附近的劳作。随着对土著社会的劳动分工的民族志记载的增多，更细致的解释和反例丰富了既有框架。例如，人们发现大型犁地工具的演进，客观上迫使妇女不得不放弃一度可以参与的农耕生产。又如，统计发现，新几内亚的妇女每天都要赶路去远程的种植园，每周花12小时跋涉。而对应的是，男人只每3天去一次，每周4小时时间往返于营地和种植园。现代劳动分工作为长期社会过程之一，伴随着人口增长、都市化、工业化、国家治理和科层制的演进，成为现当代国家—社会组织起来的基石。人们也越发意识到全球社会在分工基础上的互相嵌入和依赖。

社会学奠基人涂尔干在其专著《社会分工论》对劳动分工的社会属性进行了专门的探讨。涂尔干总结到，技术简单，社会成员复制彼此工作，社会靠一致性、共同的归属感来维系；在技术复杂的社会，社会成员的工作彼此互补，分工将人们连接在一起。涂尔干把前一种机制叫作机械团结，称后者为有机团结。

马克思则提醒人们分工的伴生品是异化。从不平等的角度看，专业化也让阶级分化成为可能，进入某个行业往往意味着将进入某个收入水平线，获得或受制于相应的社会声望。分工和社会地位的紧密结合使得分工成为一种支配。最明显的分工和社会地位的联系的例子，来自印度的种姓制度。一些被认为不洁的职业只能由低种姓的人来做。高等级种姓的人通过职业垄断来确保不同种姓地位之间的悬殊。

分工发展到一定程度后，则出现了专业化。专业化的一个组织表现是行会和工会的发育。这些专业组织不但标准化并规定了知识技艺的培训和传播，也规范了从业者的行为准则。这样做有两个结果或动机，一是为了保证技术的传承，二是提高行业的准入门槛，形成行业自我保护。对于行会成员来说，经过培训所习得的技艺和准则都转化成了他们个人的职业资本。

20世纪六七十年代以来的女性主义思潮打破了性别分工是人性使然的假设。两性分工的原因不只是生物性状的结果，文化建构远比人们想象中对现实的塑造力更大。两性分工的结果也对一夫一妻制和妇女地位有着正负面的影响。而人们一些性别刻板印象也被更细致的劳动相关研究所颠覆。例如，来自营养学的证据发现，狩猎采集社会的营养，超过半数来自妇女采集所获（Lee and De Vore 1968）。新马克思主义也强调了对剩余的垄断挪用是劳动分工关系的重要层面。世界市场体系的分工成为一个前沿研究领域，地方参与全球劳动分工过程中的微观和宏观政治经济权力分析越来越多受到人们重视。

（李耕）

参考书目

［1］Lee, Richard B., Irven DeVore, and Jill Nash. *Man the Hunter*. Chicago: Aldine Publishing Company, 1968.

［2］Salisbury, Richard. *From Stone to Steel: Economic Consequences of Technological Change in New Guinea*. Cambridge: Cambridge University Press, 1962.

［3］埃米尔·涂尔干. 社会分工论. 渠东译. 北京: 生活·读书·新知三联书店，2013.

老子（约公元前570—前500） 姓李，名耳，字聃、伯阳，中国春秋时代思想家，曾为周朝“守藏室之吏”，即管理藏书的史官，亦是道教创始人，被奉为“道德天尊”、道教三清道祖之一，甚至化生天地的神灵。在《史记》中记载其出生地为楚国苦县厉乡曲仁里（今属河南省鹿邑县境内），并记载了可能是老子的3个人，分别是李耳、老莱子、太史儋。老子以“道”解释宇宙万物的演变，对中国哲学发展具有深远影响。“道”为客观自然规律，同时又具有“独立不改，周行而不殆”的永恒意义，认为“道生一，一生二，二生三，三生万物”。老子的学说又有大量朴素辩证法的观点，认为一切事物均具有正反两面，“反者道之动”，并能由对立而转化，“正复为奇，善复为妖”，“祸兮福之所倚，福兮祸之所伏”，又认为世间事物均为“有”与“无”之统一，“有、无相生”，而“无”为基础，“天下万物生于有，有生于无”。老子并不排斥技术的发展，但主张自然，讲究致虚极，守静笃、不与人争的修持，对统治者提倡无为而治，他与后继者庄子对中国文化和知识界思想都产生过巨大影响，许多政治官员信奉他们的思想，拒绝对统治者不分人、不分时间地响应，提倡在治国上谦逊、克制，反对集权者也采取老庄思想，支持弱势群体。在国外，老子的思想也深刻影响了自由主义者，被看成是最早的自由论者，并被认为是无政府主义思想的最早典范。它认为政治力量的干涉和民众文化活动的发展是对立的，左翼自由主义者鲁道夫·洛克（Rudolf Rocker）在其《国家主义和文化》一书中对此大加赞同；老子否认政治权力的神性，一些无政府主义者认为他的“道”与“无政府主义”有着各种交叠；右翼自由主义经济学家穆瑞–罗斯巴德（Murray–Rothbard）将老子对政府的观点比拟为F.A.哈耶克（F.A. Hayek）的自发秩序（spontaneous order），詹姆斯·多恩（James A. Dorn）认为老子和18世纪许多自由主义者一样，提倡将政府角色最小化、任由个人自由发展，才是社会和经济和谐发展的上策。老子的这些思想均体现在其相传著作《道德经》（又名《老子》）里。

（田夏萌）

类分式亲属关系体系（classificatory kinship systems） 是指一种用共同的称谓术语称呼直系和间接亲属的亲属关系分类体系。例如，在夏威夷式亲属关系制度中，母亲和母亲的姊妹都被称作母亲。

在人类学学科建立初期，这种亲属称谓制度引起了学者的兴趣，如美国人类学家摩尔根（Lewis Henry Morgan）把这种亲属关系体系当作婚姻制度进化阶段的证据，认为其对应的婚姻制度是血缘婚和群婚。摩尔根认为，这种亲属关系体系是最简单也是最古老的形式，包括马来亚式、图兰尼亚–加诺万尼亚式。其特点在于，用同一称谓术语去称呼属于同一范畴的人，使用的基本称谓较少。具体而言，摩尔根指出，马来亚式亲属关系体系所承认的血缘关系只有基本的5种，每个人都用相同的亲属称谓称呼与之同一类中的任何其他人。而图兰尼亚–加诺万尼亚式亲属关系体系则是从马来亚式亲属关系体系演变而形成的另一种类分式亲属关系体系。摩尔根以塞纳卡部落易洛魁人的亲属关系体系为美洲加诺万尼亚部落的典型，以印度南部的泰米尔人的亲属关系体系为亚洲图兰尼亚部落的典型。按此制，所有的亲属关系，无论亲疏远近，仍是分成各个类别，但它与马来亚式亲属关系体系比较，有一些不同之处。例如：基于兄弟姊妹通婚的马来亚式亲属关系体系一个男子或女子称其兄弟姊妹的子女为自己的子女，这些子女都称他们为父母。由于氏族组织的存在并实行外婚制原则，故在图兰尼亚–加诺万尼亚式亲属关系体系之下，一个男子称其兄弟的子女仍为自己的子女，而称姊妹的子女则为外甥子女（这些子女称他为舅父）；一个女子称其姊妹的子女仍为自己的子女，而称其兄弟的子女为侄子女（这些子女称她为姑母），如此等等。

然而，克虏伯（Alfred Kroeber）指出，摩尔根划分的类分式和叙述式两类亲属制之间没有原则性差别，一切亲属制实际上都是类别式的，仅仅是程度不同罢了。后期有研究者对类分式亲属制度的概念持批评态度。认为这一假设的主要错误在于，它建立在这种称谓制度证明了原始人不能从他们亲属中区分出真正的父亲和母亲的假设之上。这种看法显然忽视了那些在许多宗教中，独身的牧师可以被称为“父亲”，而众僧侣和信众们被统称为“兄弟”和“姊妹”的现象。

（陈玉柱）

离婚（divorce） 离婚率上升的原因包括社会原因和个人原因。社会原因是社会的发展、妇女运动的发展，社会的多样性特征，城市化与社会流动性高，离婚法律更自由，性解放思潮，婚姻观念的变化和日益开放，社会约束力的弱化，道德约束力减弱，宗教信仰弱化，妇女经济地位的提高，男女平等思想和女权运动，性别职责定义多样化，重新定义家庭成员和性别角色等。个人原因是强调个人价值，个性的冲突，性生活不和谐，家庭的反对，家庭暴力，第三者插足，一方有不良嗜好，与姻亲的矛盾，对婚姻理想化的追求，忍耐性降低等。

允许离婚是为了尊重个人的生活自由和让社会更加和谐，以及缓解社会矛盾和个人紧张生活的一种权宜之计。

离婚会对孩子、个人、家庭、亲属网络、

社会等造成影响。

（哈彬）

李安宅（1900—1985） 河北迁安县（今迁安市）人。中国社会学家、人类学家、民族学家。早年就读于齐鲁大学、燕京大学。1934—1936年，赴美国加利福尼亚大学和耶鲁大学人类学研究院进行学习和研究。曾任燕京大学助教、讲师。1938年赴甘肃科学教育馆工作。1941年起，先后在华西大学、美国耶鲁大学、西南民族学院（后更名为西南民族大学）、四川师范学院（后更名为四川师范大学）等校任教授、客座教授，兼任华西大学社会学系主任、西南民族学院副教务长及民族政策研究室主任、四川师范学院副教务长等职。1935年，他通过对美国印第安祖尼母系社会的研究，以一个中国学者的视角对美国人类学家史蒂文森和邦泽尔等人对祖尼人研究的看法提出质疑，进而引起了美国学术界的关注，至今仍被当作重要实例，说明美国的白人人类学家对印第安文化认识的偏差，对人类学的研究方法的发展产生了影响。1938年，他到甘肃从事藏族文化的促进工作和社会人类学的实地调查，对藏传佛教格鲁派六大寺之一的拉卜楞寺进行民族学田野调查，研究藏传佛教；与华西大学边疆文化研究所在1944年到川康藏区进行调查，李安宅对西康南北两路进行的调查时间长达半年；1945年，考察了西藏德格社区的藏族的宗教、语言等；其实地研究成果引起国际学术界注意。他注重实地调查，在撰写调查报告和论文时主要依据调查材料，其次才检阅典籍。主要著作有《藏族宗教史之实地研究》《祖尼：母系社会研究》《仪礼与礼记之社会学的研究》《美学》等，译有《两性社会学》《巫术宗教科学与神话》《知识社会学》等。

（刘姝曼）

参考书目

王建民. 中国民族学史（上卷）. 昆明：云南教育出版社，1997.

李济（1896—1979） 中国人类学家、考古学家，被誉为“中国考古学之父”。原字受之，后改为济之。湖北钟祥人。1918年毕业于清华学校，赴美国留学，学习心理学、社会学等课程，后入哈佛大学攻读人类学，以著作《中国民族的形成》获人类学博士学位。1923年回国后，相继担任南开大学、清华大学教授，曾任中央研究院历史语言研究所考古组主任、中华教育文化基金董事会研究教授、中央博物院筹备处主任、中央研究院评议员、中国代表团驻日顾问、中央研究院院士，历任台湾大学考古人类学系教授、系主任。1925年，他到湖北的黄陂、黄冈等地进行体质测量，从身高、鼻阔和颅圆等方面发现鄂西北与鄂东南的居民的体质构造差别颇大，其成果《湖北人种测量之结果》在中国科学社年会上发表。1926年，由他主持进行发掘山西夏县西阴村遗址，发现新石器时代的陶片和蚕茧等，这成为中国考古学史上首次正式的考古发掘工作。1928—1937年，主持河南安阳殷墟发掘，使殷商文化由传说变为信史，并由此将中国的历史向前推移了数百年。1930年，在山东龙山镇东北的城子崖台地进行发掘。1938年，英国皇家人类学学会曾授其名誉会员称号。1949年7月，到台中县调查瑞岩高山族泰雅人体质与文化。晚年在台湾致力于发展中国的人类学学科。他认为中国民族学家们应当学习欧美学者民族学的先进方法，中西名词和中西观念都要融会贯通，这和今天国际学术界普遍提出综合取向的潮流相合。李济发表专著和论文共123种（篇），主要著作有《安阳》《中国民族的形成》等。

（刘姝曼）

参考书目

王建民. 中国民族学史（上卷）. 昆明：云南教育出版社，1997.

李绍明（1933—2009） 民族学、人类学家。重庆市秀山县人，土家族。1950年入华西大学社会学系学习，1953年毕业于四川大学历史系民族学专业，1954年毕业于西南民族学院民族问题研究班。先后在阿坝州、全国人大民委四川民族调查组、中国科学院民族研究所四川调查组和云南调查组、四川省民委、四川省民族研究所从事民族学、中国民族史、民族问题与民族政策研究，后为四川省民族研究所学术顾问，研究员。

基于民族学与人类学的学术熏陶，李绍明几乎将自己的一生都投入到学术研究和田野调查中。1951—1952年，在西南文教部的安排下，还在华西大学社会学系学习的李绍明初次参加原四川羌族和彝族的社会调查。1953—1966年，李绍明在筹建民族干部学校以及少数民族社会历史大调查期间对川滇彝族羌族进行社会调查，多次深入川西北羌族地区、嘉绒藏区和安多藏区交界地区进行社会历史调查。改革开放以后，李绍明组织了著名的“六江流域”调查、“南方丝绸之路”调查、酉水流域土家族社会文化调查、金沙江历史与文化调查等学术活动，多次深入藏族、羌族、彝族和土家族地区进行长时段的参与观察和学术体验，推动了中国西南民族研究质的飞跃式发展，产生了积极而深远的影响。

1981年中国西南民族研究学会在云南省宣告成立，马曜出任首任会长，李绍明被推选为秘书长。该学会的成立推动了西南地区人类学、民族学研究的进一步深入和发展，学会的有关研究成果现已构成了中国人类学与民族学研究中的重要组成部分。学会直接为后来的“六江流域”调查打下了坚实的组织基础。

李绍明一生著述颇丰，在中国民族学和人类学界影响深远。长期以来，致力于“藏彝民族走廊”和“武陵民族走廊”研究。2003年在成都举行的“藏彝走廊历史与文化学术研讨会”，是中国首次以藏彝走廊为专题举行的一次学术研讨会，可以说是21世纪中国民族学界有关藏彝走廊研究的一个发端，李绍明正是此次会议主要发起人，同时也是身体力行的推动者。李绍明还积极倡导“南方丝绸之路”和“康巴学”学术构想，先后出版和发表多部高质量著作和学术论文。其中，《凉山彝族奴隶社会》一书被誉为“科学大厦的奠基石”，他基于中华民族多元一体格局提出的康区的特殊性、稳藏必先安康的观点受到了有关领导同志的肯定和高度关注；《羌族史》为羌族研究打下了“坚实基础”；《川东酉水土家》填补了四川土家族研究的“学术空白”。2008年四川汶川大地震后，李绍明积极为羌族文化的保护与重建奔走呼号，他负责组织起草完成的《羌族文化生态保护实验区规划纲要》和《四川省地震灾后非物质文化遗产抢救保护与恢复重建规划纲要》等均获得国家相关部门好评并被批准为灾后重建的指导性原则，为羌族民族文化的保护与传承做出了巨大贡献。

李绍明是中国民族学人类学发展史上的一位能动的学术传薪人，由于他在多变的社会大环境中自强不息，融合了个人的能动性与宏观的社会视野，所以能够承前启后、与时俱进、推陈出新，对学科重建做出重要贡献，从而赢得同行们的敬重。

（马丹丹）

李亦园（1931—2017） 福建泉州人。1948年毕业于泉州培元中学，随后赴台，后毕业于台湾大学考古人类学系，1955年9月进入“中央研究院”民族所工作，1957—1958年就读于美国哈佛大学并获得人类学硕士学位。毕业后任“中央研究院”民族所副研究员，并被聘为台湾大学人类学系副教授，1968年升为研究员兼教授，1971年出任民族学所第二任所长，1979年任台北民族学会理事长，1984年12月当选为“中央研究院”院士。李亦园自1952年开始为台湾大学校刊撰写体质人类学文章，至1997年7月退休，前后将近五十年的实践。退休后仍主持民族所“文化、气与传统医学研究”集体计划，筹划汉学中心“社会、族群与文化展演”大型研讨会，最重要的，至今仍任台湾清华大学社会学人类学研究所荣誉讲座、台湾蒋经国国际交流基金会执行长。

在学术行政上面，李亦园追随凌纯声参与1955年“中央研究院”民族所筹备处的创始及筹备1965年民族所的正式成所，1970年李亦园

理论周刊·专题

心愿达成　返璞归真

承先启后的学术与人生

团结学界，凝聚学人的大师

温暖的记忆

一个大度的学者

《中国民族报》2009年8月28日悼念李绍明

继任所长，带领民族所转型，在民族所成立文化研究组（台湾原住民族研究为主）、行为研究组（台湾汉人社会研究为主）、区域研究组（海外华人研究为主）3个研究组。兼在台湾大学任教数十年，又是新竹清华大学人文社会学院筹划成立人，并于1986年担任第一任所长，可以说是台湾人类学界的重要推手。

在对台湾土著民族的研究，李亦园形成了一套完整的方法论体系，他以历史记载与实物资料为基础，结合田野调查进行研究，他最先创议以文化、人格与社会3个系统对土著民族的社会文化进行深入探讨，出版民族志多种，如《台湾土著民族的社会与文化》（1982），有多篇是1954—1963年有关台湾原住民民族的调查，树立了研究土著民族的范例。

1960年李亦园首创从异文化的研究转向研究本文化，再加上李亦园的家庭中长辈多是东南亚华侨，因此于1963—1966年两次前往沙捞越及马来西亚从事海外华侨社会的田野调查工作，他写的《一个移植的市镇——马来西亚人市镇生活》一书就是这种转型的一个范例。

李亦园研究范围广，涉及人类学、文化学、比较宗教学、家庭宗教研究、神话研究，并以台湾高山族、华侨社会以及华南、台湾汉族民间文化为田野研究对象。1964年从泉州厝研究开始，数十年来，他从事台湾民间宗教的田野调查，对中国传统宗教仪式在社会变迁中的理论范式、民间医疗与其他宗教人类学的应用研究等方面进行了开创性的探讨，取得了丰硕的成果。他对民间宗教的基本观点是：民间宗教似乎是落后不理性，其实深深蕴含有中国文化价值观与宇宙观。而中国文化价值观与宇宙观的核心即为追求和谐与均衡。为此，他提出了“三层面和谐均衡说”理论。1994年明确提出“致中和”架构大传统与小传统的文化法则。

李亦园在进行学术研究中一向注重人类学理论与方法论的探讨，他引进行为科学的研究方法，发展了心理人类学的理论、文化阐释理论与象征理论。此外，他还注重人类学的应用型研究。目前，台湾活跃的青壮年人类学者许多均受业于他。

李亦园的著述颇丰，主要有《文化与行为》（1996）、《文化的图像》（1992）、《信仰与文化》（1979）、《人类学与现代社会》（1984）、《人类的视野》（1996）、《宗教与神话论集》（1998）、《田野图像——我的人类学生涯》（1999）等。

李亦园从1989年起先后20多次返回大陆，与厦门大学、云南大学、山西大学、广西民族学院、宁夏大学、中南民族大学等院校多次交流，并受聘为中央民族大学、山西大学和华侨大学荣誉教授，为海峡两岸的学术交流做出了重大的贡献。

（马丹丹）

李有义（1912—？）　山西清徐人。14岁时，考入太谷县铭贤中学。1931年考入燕京大学新闻学系，1932年转入社会学系。1936年毕业，留在校内任助教。拜功能学派创始人之一布郎教授为导师，从此，李有义就在布郎的直接指导下，进行研究和学习。1944年去往拉萨，1945年10月—1946年1月，李有义借道各地放一次布施的机会，访问了1264个大小寺庙，这是他一生中社会实地调查最有收获的旅行。1947年离开拉萨，到清华大学教书。1981年夏天，李有义接受了美国洛杉矶南加州大学邀请，前往担任该校人类学客座教授，并参加了全美人类学学会年会。1982年，李有义除了在南加州大学人类学系教学外，还应邀到洛杉矶加州大学、河边县加大、罗耀拉大学、英国牛津大学等学校讲学或做学术报告。1985年，李有义退休，2001年回国。先后任“蒙藏委员会”驻西藏办事处政治文教科科长，清华大学人类学系讲师、副教授，中央民族学院研究部副教授，中国科学院（中国社会科学院）民族研究所研究员，民族学研究室主任，中国社会科学院研究生院教授等职。

李有义长期从事民族学研究工作，尤精于对西藏社会文化的研究。曾到路南县撒尼族地区做社区经济结构的调查，写出了《汉夷杂区经济》。1941年夏，李有义被邀参加华西4所大学合组的大学生边疆服务团，利用暑假两个多月时间，步行走遍了四川西北部后，写出《黑水纪行》等文章。从1945年到中华人民共和国成立初期，李有义出版和发表了有关西藏的一批论文和专著，包括《西藏问题的分析》《西藏之婚姻制度》《西藏的活佛》《揭穿帝国主义侵略西藏的阴谋》《西藏“独立”的真相》《帝国主义侵略西藏的史实》《西藏的封建制度》《英美帝国主义侵略下的西藏》《帝国主义操纵下的西藏》《今日的西藏》等。在这些著述中，李有义深入介绍西藏的社会和文化，愤怒谴责帝国主义对西藏的侵略，积极拥护党中央解放西藏的决策，是中华人民共和国成立初期藏学研究领域最活跃的教授之一。

（额日古娜）

历法（Calendar）　历法是一种在日、月和年等时间之间建立固定关系的尝试。历法的目的在于计算过去和未来的时间，标记过去的事件发生了多久，下一个重要事件（丰收或者是宗教节日）还有多久发生。历法形成的困难在于一年并不是由固定精确的几个月或者几天构成，一个月也不是由精确的几天构成。

历法的形成是基于日夜交替以及太阳、月亮和季节的变换周期确定的。最早的历法深受地理位置的影响。在寒冷的国家，年的概念是由季节决定的，其具体的时间是在冬季结束。在温暖的国家，季节的概念不太明显，月相变化周期成为计算时间的单位。如犹太人（Jewish）认为月亮是为了计算时间而生的。大多数古老的历法都是月历，这一历法建立在月相变化的周期上。但在一些温暖的地区，有些地方的历法与月相无关，而是取决于一年一度的重要事件。比如在一些地方雨季的到来是确定一年的依据，在埃及（Egypt）确定年份的是尼罗河（the River Nile）每年的洪水。

世界各地的历法有着3种形式。首先是太阳历，这是一种按照地球围绕太阳公转的运动周期制定的历法。在这一历法中，年份的长度是固定真实的，月份则是长短不一；月历，即按照月亮绕地球一周的时间制定的历法，在这一历法中，每月的长度是固定的，但每年的长度则长短不一；阴阳历，兼顾月相周期和太阳运动周期形成的历法。这种历法通过闰月的形式调整太阳历中的年和月历中月份之间的不一致关系。

古希腊和犹太历法是阴阳历的一种，而伊斯兰教则按照月历行事。在伊斯兰教的历法中，12个阴历月组成了一年，并且这一历法试图在月份和季节之间维持匹配的关系。罗马人的儒略历（the Julian calendar）和现行的阳历（Gregorian calendar）是从拉丁历法演变而成，是太阳历的一种形式。有趣的是，早在公元前2世纪时古希腊的天文学家希帕霍斯（Hipparchus）就已经测量出一年的准确长度是365.25天，这一发现最终导致了公历对儒略历的取代和改进。当犹太人的星期制度引入后，罗马人的儒略历失去了其优势地位。随着反映年、月、日和星期之间关系的日历表的出现，对于准确日期的确立成为历法中的难点。关于耶稣降生日和受难日的确立成为历法讨论的普遍话题，直到8世纪，基督纪年法才逐渐普遍。

（张青仁）

参考书目

[1] Richards, E. G. *Mapping Time: The Calendar and Its History*. Oxford University Press, 1999.

[2] Alexander Philip. *The Calendar: Its History, Structure and Improvement*. BiblioLife, 2009.

《历史的隐喻与神话的现实》（*Historical Metaphors and Mythical Realities*，1981） 马歇尔·萨林斯（Marshall Sahlins，1930—），当代人类学大师，著名美国人类学家之一。作为既给萨林斯带来巨大声誉又招来指责的作品，实际上只讲述了一个简单的故事，即伟大的航海家詹姆斯·库克（James Cook）船长是如何被夏威夷土著人谋杀的，是夏威夷人与欧洲人接触的早期事件。

库克船长到来的时间选择和环岛航行的路径，与玛卡希基人的"罗诺"神灵节日游行仪式巧合，而库克被土著人认为就是他们的神灵"罗诺"。可是，当他因为他的一条船折断了桅杆，出乎意料地返回岸上。这次，他受到了完全不同的接待，他突然陷入了突发的暴力行为之中，被一伙受雇用的夏威夷人杀死。然而，夏威夷人把这一事实上的死亡当作是"罗诺"神的年度仪式性死亡。库克船长到来的故事，正好与当地政治继承的宗教神话结构相吻合。作为神或酋长，库克和其他英国船员按酋长和平民的区分而得到区别对待。通过与来访的白人进行的交易，整个夏威夷人的仪式、政治、社会结构被戏剧性地改变，特别是夏威夷社会中对于"男女共食"的严格禁忌的冒犯。之后，萨林斯叙述了一个连续的造反过程中两个派系之间的政治竞争，两个派系分别是一个"欧洲人"通过联姻从卡梅哈梅哈双系地衍派而来的派系，一个卡梅哈的直系单线继承者的传统派系。直到19世纪30年代，在夏威夷人的传说中，库克船长的到来被说成与当地宗教神话的年度仪式同时发生。通过传播库克船长的传说，夏威夷人不仅保证了他们文化结构的持续性，而且同时也带有对文化结构转型的认可。萨林斯从历史学中借鉴"长时段结构"，运用结构主义分析框架来解释西方与非西方文化接触的过程，来辨认夏威夷文化中意义的代码，解释这些代码如何既影响了夏威夷人与欧洲人的接触事件的过程，又被这些事件的过程所改造。

（刘荣）

历史考古学（Historical Archaeology） 考古学的主要分支之一。作为一门近代学科，考古学有一套完整、严密的知识体系和方法论。按照研究的具体对象、研究的年代范围、使用手段和方法等的不同，考古学包含史前考古学、历史考古学、田野考古学、特殊考古学等分支学科。历史考古学主要是根据研究年代的划分，以研究有文字记载以后的人类历史为研究对象。历史考古学与研究无文字之前人类历史的史前考古学一样，都是以遗物、遗迹为关注点，但历史考古学必须与相关的文献互相参考、佐证，而史前考古学则无文献记载可供参考，所以历史考古学的研究范围是有了文献记录之后的人类历史。历史考古学具体的研究对象为青铜时代、铁器时代及其之后的文化遗存，在研究中除了具体的考古资料外，还需要与历史学、古文字学、古钱币学、古建筑学等分支学科相配合。在西方，历史考古学主要属于历史学、人类学、文学、艺术学、神学的组成部分；在中国，北宋以来的金石学是中国考古学的前身，且历史考古学和史前考古学在中国的区别不明显，形成了一个较为统一的整体。

然而，在多重证据相互比较的思路下，不同的物质形态甚至同一个物质文本的不同侧面被赋予了不同的指示价值，可能会出现过度阐释的现象。伊恩·霍德（Ian Hodder）的情境考古学（contextual archaeology）、迈克尔·席弗（Michael Schiffer）的行为考古学（behavioral archaeology）对历史考古学从作为历史学的附庸到独立建构历史的转向产生了重要影响。独立建构历史的历史考古学的观点认为，历史考古学和文本历史学一样，不仅仅是记录地下发现的物质的技工，而是能够创造一个具有价值的历史，但又与作为历史学的考古学的定位有所不同。历史考古学不仅要提供历史文献所无法提供的史料，用以弥补史料记载的不足，更要通过对古代器物，古代遗址的发掘、研究，关注情境（context），探讨社会、政治、经济、历史、生活等多方面的情况，进行长时段意义的文化复原。考古学文物只有在情境之中才能够具有阐释的可能性和阐释的价值；考古学遗物是历史行为而非历史规律的产物。《历史考古学的意义和意识形态：一个澳大利亚市镇的风格、社会认同与资本主义》（*Meaning and Ideology in Historical Archaeology: Style, Social Identity, and Capitalism in an Australian Town*）一书的作者希瑟·伯克（Heather Burke）就是在这样的思路中，依次分析了风格如何编码意义，怎样与社会情境和资本主义相关联，怎样与意识形态的建构相关联。

历史考古学对于探索中国文化的发展历程也具有重大的意义，通过历史考古学不断增加的考古发现能够对古代不同区域、不同历史时期、不同民族的价值观念、社会关系、风俗习惯、科学技术、文学艺术等提供新的实物和研究资料，对古代历史文献所述说的历史进行新的认识和解读，从而重新阐释中国各地不同历史时期的社会状况，重新认识和理解中国历史和各民族的源流和发展过程。

（唐莉霞）

参考书目

Burke, Heather. *Meaning and Ideology in Historical Archaeology: Style, Social Identity, and Capitalism in an Australian Tow*. New York: Kluwer Academic/ Plenum Publisher, 1999.

历史特殊论学派（Historical Particularism） 形成于19世纪末20世纪初，其影响一直持续到20世纪50年代。由于该学说由美国人类学家博厄斯开创，并经其弟子克虏伯、威斯勒、罗维、萨丕尔等继承和发展，又被称博厄斯学派、美国历史学派或历史文化学派等。

该学派反对古典进化论的人类心理一致性学说和单线进化论，更倾向于传播论思想，但是也反对里弗斯、史密斯等人的极端传播论思想。他们主张人类学的一般任务是研究社会生活现象的总和，并通过这种现象来构拟人类各个民族的具体文化和文明史。具体而言，他们重点关注文化和历史之间的关系，强调研究复数概念的文化而非人类的文化整体，主张每一种文化都有其特殊的历史，每种文化的性质不是由地理环境因素决定的，而是取决于在其社会历史进程中的经历，经历不同，文化性质也不同。因此，他们反对专门地研究人类文化的普遍规律，而是认为通过对各种文化特殊性的研究，即研究社会文化现象的总和，才能构拟整个人类文化和文明史。当然，在研究各种文化的特殊历史时，该学派并不否认环境对物质文化和技术的地理分布的影响，他们只是认为文化发展并非由自然环境决定，而是由文化因素本身决定的，其中环境只是一种选择性或限制性的因素。

从本质上讲，该学派在具体研究中采用的是文化区域分析法。传播论的文化圈理论强调共有的历史传统，而文化区则强调文化特征上的相似性，基本上并不涉及传播的过程或轨迹。博厄斯将文化的最小单位称为文化特质（trait），具有同一功能的相关特质构成一个文化丛（complex），关系紧密的丛又构成一个文化类型（type），相同的文化丛和文化类型会在一定空间分布，从而形成文化带。相关的文化带又构成了文化区。另外，博厄斯又将文化区分为文化中心区和文化边区，前者是指一个文化区中表现其文化特质最浓厚的中心区域；而后者指远离文化中心区的文化特质较为疏淡的边缘区域。文化发展是从其中心区域向四周呈辐射状的，当然这种辐射状发展不是由自然环境决定的，它根本上是由文化本身决定的。人类学所要进行细致调查和描述的便是，这些具有整体关联性以及历史特殊性的文化的细节。

总的来说，历史特殊论是一种非折中主义的观点，以文化和个体关系为本体，以经验论和实证论为方法，本着文化相对主义的原则，从文化区分析着手去构建各民族和族群的文化史。它强调遵循自然科学的方法，十分重视资料搜集工作，倡导以客观态度对待研究对象和搜集到的资料，强调对微观具体的文化事实进行记录和描述，反对演绎式的研究方法，从某种程度上反对专门地构建宏观的世界文化史。

历史特殊论的贡献之处在于张扬了文化特性，抢救了濒危文化，同时它批判了欧洲中心论和种族优越感，大力宣扬了种族和文化的平等思想，对美国自由主义的发展产生了重要影响。而历史特殊论的局限性则在于，一是善于批判现有理论如进化论和传播论等，但弱于建构完善的新理论；二是以文化史观厚古薄今，应用性比较差。

（牛忠光）

参考书目

［1］卢克·拉斯特. 人类学的邀请. 王媛、徐默译. 北京：北京大学出版社，2008.

［2］夏建中. 文化人类学理论学派：文化研究的历史. 北京：中国人民大学出版社，1997.

［3］庄孔韶. 人类学通论. 太原：山西教育出版社，2005.

历史语言学（historical linguistics） 语言学的一个分支，是对随着时间推移而产生的语言变化进行研究、重构、模拟并做出理论说明的学科，也叫历时语言学。历史语言学研究的材料与比较语言学相同，即语言各先前状态的现存记录，但方法和目标却不一样。历史语言学利用共时语言学各学派的方法，包括社会语言学和心理语言学的方法，其目的是进行语言谱系的梳理和史前语言的构拟。它有一些分支，如历史音系学、历史形态学、历史句法学等。

历史语言学起始于18世纪晚期，在19世纪因运用于音系学的研究而获得成功。在20世纪上半叶，结构语言学的兴起促使它不再研究孤立的语言变化，而是变化发生的所在地（整个语言系统）。而在20世纪下半叶，它对语言变化中的社会因素极为重视。当前的历史语言学的研究主要集中在3个方向：一是重构。在对各种不同语种的源流形式进行比较的基础上，重构未经证实的语言状态；构拟语言或语系的年代史；构拟特定词语或语义群的语音史与语义史，以展示看似无关的词语间的联系。二是阐释。从当前（经常是有争议的）研究范式的角度对已知的语言史重新加以阐释，并利用历史资料做出一般的理论结论，或对特定模式进行证实。三是社会语言学方向。对当代语言群体内语言变异进行计量分析，特别是对语言和社会变项的共发现象进行计量研究，以期观察到“进展中”的变化。

19世纪的语言学家在历史语言学领域做出了杰出贡献。

（宋荣）

历史主义（historicism） 出现于18世纪末，被认为是伴随启蒙主义哲学而逐渐发展起来的哲学思潮。它坚持历史就是知识的主张，不仅仅将历史知识用以解释历史本身，而且也将其运用到其他传统上的研究对象，如神学、哲学、艺术和文学。人们认为，不同学科知识都能够通过历史知识获致理解和解释，历史能带来启示。

广义而言，历史主义是一种历史决定论思想，反对上帝主导人类的天启式早期观念，认为人类的知识是历史传承的，主张从历史记载中解答问题。它将普罗大众的物质主义观念理论化，强调了人类生活的意义，主张人自身通过实验和系统的观察，认识特定规律，从而指导行动。它强调历史上所发生的事件都存在着特定的规律，而且这些规律可以得到解释。人类不断地获得和解释这些规律的途径便是运用历史的科学方法，搜集大量关于社会经济变迁、制度起源与发展、个体和群体心理等方面的事实数据，并依靠人类自身能力对这些数据进行分类和分析。同时，历史主义理论认为，人们基于历史角度对于变迁规律的理解，可以对社会未来图景进行预先想象。

西方哲学家们对“历史主义”这一概念有不同的阐释。狄尔泰（Wilhelm Dilthey）受到17世纪宗教神秘主义思潮的影响，相信历史角度的人类种族一致性观念，认为人类内在动力会不可避免地推动其发展。他批评孔德（Auguste Comte）等人的实证主义为了与自然科学的概念和方法相适应，削减和破坏了历史的真实性。恩斯特·特勒尔奇（Ernest Troeltsch）认为，历史主义是对于人类知识和思想的极端历史化，所有事物都是由过去所决定的，并且面向一个不可知的未来。国家、法律、艺术以及其他方面由此都被消解在了历史的洪流之中，而所有这些都被视为是历史发展的组成部分。特勒尔奇将自然主义和历史主义加以类比和并置，视为现代世界的两大科学发现。尽管他反对无限制的历史主义思想，但也认为历史主义是一种绝对普遍的、超历史的真理。

梅耐克（Friedrich Meinecke）认为，历史主义是西方思想界最伟大的精神革命，它的本质在于对个体价值和民族个体性的认知，即它用个体主义的观察视角取代了关于人类历史发展的普遍主义观念。另外，黑格尔（Georg Wilhelm Friedrich Hegel）和马克思（Karl Marx）用历史主义一词阐释决定论的历史哲学，认为它是一个能够从历史过往中获取和生产有裨益于社会的知识的社会科学概念。对于黑格尔而言，它是关于知识的历史哲学。意大利哲学家克罗齐（Bendetto Croce）的极端历史主义强调历史是自由的演进过程，认为没有任何东西能够篡越历史思想的地位，历史观不一定要经由其他思想来证明其知识的正当性，主张历史思想位于所有真知之巅，是所有真知的根基。

正是由于这一哲学思潮，人们得以理解和深信历史的导引力量，以及由此获得对于普遍规律的掌控。历史主义不仅仅是知识，而且也是凭借历史知识进行预测的科学。

1957年，波普尔（Karl Popper）出版《贫瘠的历史主义》一书，质疑历史主义。他认为，知识的不断累积会一直影响人类历史，因而便不可能预测未来，不可能像科学那样十分确切地做出预测。他完全不相信存在一种受到许多规律所支配的理论历史。基于此，波普尔也对马克思主义的唯物历史观进行了批判，同时他也认为马克思主义是可被证伪的科学，它的历史发展过程论的失败不是由于其理论本身，而是由于历史主义本身的局限性所致。

波普尔的批评引发了20世纪中期狂风暴雨般的激烈讨论，历史主义理论开始变得模糊。20世纪末美国学界还出现了希冀恢复结构主义和后结构主义思想所压制的主体和历史的“新历史主义”。人类学界，从法国年鉴史学派，到美国博厄斯为代表的历史特殊论学派，再到20世纪60年代之后历史人类学的发展，历史主义思潮对人类学发展也产生了重要影响。与此同时，人类学理论以不同的方式进入历史分析领域，同时也引发了人类学理论模式自身的变化。在历史人类学研究中，或关注文化模式与文化结构的延续与变迁，或探究世界体系背景下权力关系作用的文化变迁，或聚焦于权力的知识形态和文化的再生产。人类学不仅关注历史过程本身，更聚焦于人们对于历史的理解。人类学家发现，不同的族群有不同的历史感（historicity），甚至同一族群内部也存在着历史感的差异。

（牛忠光）

参考书目

［1］伯恩斯、皮卡德. 历史哲学：从启蒙到后现代性. 张羽佳译. 北京：北京师范大学出版社，2008.

［2］格奥尔格·伊格尔斯. 历史主义的由来及其含义. 王晴佳译.《史学理论研究》，1998（1）.

利他主义（altruism） 指一种无私地为他人的福利着想的态度和行为，来源于拉丁文alter，与利己主义相对。

利他主义有平等利他主义与绝对利他主义之分。平等利他主义将他人的福利放在与自己福利平等的地位。绝对利他主义将他人福利放在比自己福利更高的位置，通常认为具有父母对子女的那种爱的特征。利他主义在实践中表现出对他人福利的真诚而无私的关注，利他者可能会有所损失。利他主义现在多用于指人际关系，与人道主义相关。

有关利他主义的起源，查尔斯·达尔文（Charles Darwin）指出利他行为也采用源于基因的“利己主义策略”。为了物种的生存，对那些拥有相同家族基因或者也具有利他性的他者实行利他主义，是自然选择的最佳方式。杰里米·边沁（Jeremy Bentham）认为，整个人类社会的福利可以计算并且应该基于产生最多的善或愉快的事情，并将不愉快的事情缩减到最少。他们的进化论和功利主义观点遭到了许多反对。亚当·斯密（Adam Smith）相信人类具有一种自然的“同情”，即分享他人情感的能力。保罗·利科（Paul Ricoeu）强调“关心”，将“关心”置于道德行为之前。斯宾诺莎（Baruch de Spinoza）提出了“同情”或“怜悯”；亚里士多德（Aristotle）提出了“真挚的友谊”；笛卡尔（René Descartes）强调关心他人的福利而不求回报等。

利他主义的发展主要是因为亲缘关系和互利互惠。首先，许多明显的利他行为都可以被理解为“亲缘利他”。动物们在为他者提供好处的时候，受益者经常是有亲缘关系的。另一个基础是互利互惠。利他行为的接受者所享受的好处通常超过了给予者所付出的代价，所以，在将来的交往中，当角色互换时，双方就会建立起一种互助关系。互惠利他的一个障碍是接受了好处之后却拒绝给予。

20世纪后半期，利他主义出现了新的表现形式。随着通信工具的发展，有关自然灾难受害者、疾病、违反人权或者武装冲突等的新闻在全球范围迅速传播开来，世界上许多组织与个人极为关注并且热切地希望能提供帮助。这种全球范围的利他态度是“普遍利他主义”的具体表现，为人类天生的利他性及其伟大之处又补充了新的论据。

（陈雪英）

联盟理论（alliance theory）　联盟一词在人类学中通常指通过婚姻缔结的社会关系，它不同于通过血缘传承的社会关系。

法国人类学家列维·斯特劳斯（Claude Lèvi-Strauss）在《亲属关系的基本结构》（*The Elementary Structures of Kinship*，1949）一书中指出，维系原始社会的是一种通过婚姻建立起来的关系，可称之为联盟。这样组织起来的社会具有一种基本结构，这种基本结构主要出现在澳大利亚原住民，东南亚、印度南部和南美洲的原住民社会，它与我们在欧洲、非洲或因纽特人当中发现的复杂结构社会形成了对比。列维·斯特劳斯认为，复杂结构社会里的婚姻规则是消极的，因为它们只限定了不能和哪些亲属结婚，例如，在这样的社会里，人们不能和同胞兄弟姐妹或父母亲结婚。但是，在那些具有基本结构的社会里，婚姻规则是积极的，因为它明确规定了一个人必须和哪些亲属结婚。列维·斯特劳斯并不是第一个讨论积极婚姻规则的重要性的人，在他之前，在东南亚工作的英国和荷兰人类学家，如Van Wouden就已经强调婚姻规则对于连接群体的重要性，但《亲属关系的基本结构》却是这类作品中影响最大的。

列维·斯特劳斯认为乱伦禁忌实现了人类从自然到文明的最初过渡。它促使原始人结为群体，交换配偶，并确立交换原则作为社会生活的首要驱动力。人类社会由限制性交换的双方交表亲婚姻不断演进到普遍性母系交表亲婚姻的交换形式，其中间或穿插父系交表亲婚姻的中间形式，最终社会超越基本结构并转变为复杂结构，一切亲属间婚姻被禁止，而其他所有人成为可能配偶。列维·斯特劳斯坚持自己的理论是关于亲属系统和人类社会进化的一般理论，他提出的基本结构只是模型，并不对应于现实婚姻形式，而是对应于实践婚姻的人心中管控婚姻形式的概念。

《亲属关系的基本结构》一书中包含的一般进化论思想遭到了批评，书中提出的婚姻规则与群体联系之间的相互关联也遭到质疑，例如杜蒙就指出，对不同社会来说，婚姻规则的社会含义非常不同，姻亲并不一定就会导致社会单位的“联盟”。爱德蒙·利奇也提出婚姻的社会含义需要跟其他政治和经济因素一并考虑。目前人类学家也并不认同亲属系统在本质上是一种联盟系统。但列维·斯特劳斯的作品仍被认为是有关联盟理论的精彩论述。在东南亚和印度尼西亚，社会制度主要围绕婚姻关系建立，血统只是次要原则，因此联盟理论比血统论有更强的解释力。

（贾云龙、康敏）

参考书目

[1] Dumont, Louis. The marriage alliance. In Jack Goody (Ed.), *Kinship* (pp. 183–198). Harmondsworth: Penguin, 1971.

[2] Dumont, Louis. *Affinity as a Value*. Chicago: University of Chicago Press, 1983.

[3] Korn, Francis. *Elementary structures reconsidered: Levi-Strauss on kinship*. London: Tavistock, 1973.

[4] Levi–Strauss,Claude. *The elementary structures of kinship* (*Les structures élémentaires de la parente, Paris*, 1949). Boston, MA: Beacon, 1969.

[5] Leach, Edmund. *Political systems of highland Burma: a study of Kachin social structure*. London: London School of Economics and Political Science, 1954.

[6] Needham, Rodney. *Structure and sentiment: a test case in social anthropology*. Chicago, IL: University of Chicago Press, 1962.

[7] Maybury–Lewis, David. Prescriptive marriage systems. In Jack Goody (Ed.), *Kinship* (pp. 199–224). Harmondsworth: Penguin, 1971.

[8] Wouden, F. A. E. van. *Types of social structure in eastern Indonesia*. The Hague: Martinus Nijhoff.

炼金术（alchemy）　对于炼金术的起源学说至今都没有一个最终的定论。不同的学者分别认为其起源于埃及或印度或者是中国。

炼金术在中国古代称为炼丹术，其引用许多道家理念，有不少提及养生和修行的理论，相较于西方炼金术，中国的炼丹术更为关注如何达至长生不死。秦始皇统一六国之后，曾派人到海上求仙人不死之药。汉武帝本人亦热衷于寻求神仙和长生不死之药。东汉时期，炼丹术进一步发展，炼丹家辈出，如魏伯阳，著书《周易参同契》以阐明长生不死之说。此后，晋代炼丹家陶弘景著《真诰》。至唐代，炼丹术与道教结合而进入全盛时期，这时炼丹术家孙思邈，著《丹房诀要》。这些炼丹术著作有颇多化学知识，据统计共有化学元素60多种，还有许多关于化学变化的记载。在公元前4世纪的中国文献里，就明确提到这信条。学者普遍同意邹衍是炼丹术的创立者。在公元前2世纪，刘安提到金丹和长生不死的关系：“为神丹既成，不但长生，又可以作黄金。”

早期的炼金术者的生活时代是从公元1世纪到5世纪。西方最早的炼金术著作是假借德谟克利特（Democritus）的名字所著（约公元100年）。西方炼金术认为金属都是活的有机体，逐渐发展成为黄金。这种发展可加以促进，或者用人工仿造。所采取的手段是把黄金的形式或者灵魂隔离开来，使其转入常见金属，这样常见金属就会具有黄金的形式或特征。金属的灵魂或形式被看作是一种灵气，主要是表现在金属的颜色上。因此常见金属的表面镀上金银就被当作是炼金术者所促成的转化。

（邹宇灵）

《凉山夷家》　实地考察报告。林耀华于1934年历时87天赴凉山彝区进行实地调查，1935年完成该报告。其中，“凉山”为地理区域，“夷家”则有双关的意义，广义的夷家指整个倮倮社会，狭义的夷家指倮倮的家族组织。报告中标明了考察的地理范围；叙述了社会团体从大到小的机构，氏族、亲属、家族、婚姻乃系夷家一个连串的组织；详尽地描写了彝家经济、阶级、冤家与巫术等几方面主要的生活枢纽。报告于1947年正式出版，迅即获得国际和国内学界的高度评价，成为中国人类学、民族学的经典之作。《凉山夷家》并不是流于概况的调查，而是依据作者亲自搜集的材料，叙述以家族为中心，关系到与家族有关的其他方面的生活，深刻表现生活的内容。同时，本书也是运用社区研究法的典范，社区研究是指研究一个一定地域，具有一定社会组织、一定文化和人为环境的人类群体。它要求从实地调查入手，真切地体验被研究对象的思想和行为。林耀华正是通过这种微观的研究，对凉山彝家的社会制度、经济生活、文化习俗等方面做了具体的描述和解释。《凉山夷家》是在“民族学中国化”的框架之下创作而成的，是“中西合璧”之杰作，细读原著对研究中国早期民族学、人类学的发展，对于透视人类学、民族学的理论和方法具有重要意义。

（刘姝曼）

参考书目

［1］林耀华. 凉山夷家. 北京：商务印书馆，1947.

［2］王建民. 中国民族学史：上卷.昆明：云南民族出版社，2004.

梁钊韬（1916—1987） 中国当代人类学家。字勉之，广东顺德人。1935年考入厦门大学历史社会学系，师从郑德坤和林惠祥。1937年转入中山大学历史系，1939年毕业后入研究院，师从杨成志和罗香林，1941年完成《中国古代巫术：宗教的起源和发展》一文，获硕士学位，留校任教。1944—1946年，在华西大学博物馆工作。1948年中山大学成立人类学系，任副主任。1949年年底人类学系被裁并入社会学系。20世纪50年代初社会学取消后，转入历史系，曾任副教授、考古教研室主任，参与了民族访问团工作、民族社会历史调查和考古调查、文物普查。

经他呼吁、论证和奔走，1981年中山大学复办人类学系，并担任首任系主任。同年，被国务院学位委员会聘为文化人类学专业首批也是唯一的博士生导师。他强调综合研究，将民族学、考古学、语言学和体质人类学相结合，呈现出鲜明特色。美国《世界名人录》（1986）评价梁钊韬“为中国人类学的奠基工作做出了卓越贡献”。美国学者顾定国（Gregory E. Guldin）的*The Saga of Anthropology in China*（《中国人类学逸史》）以梁钊韬为主线，叙述了人类学在中国的发展。

梁钊韬在人类学、考古学两个领域均有建树。先后在粤北瑶族、海南岛黎族、滇西佤族、拉祜族等地区考察，在百越民族史、中国南方文化区域特点研究等方面有独到见解。曾鉴定广东曲江县马坝乡挖出的人头骨为古人类头骨化石，后明确为早期智人“马坝人”。对广东南海西樵山石器时代遗址的发现和研究是对中国考古学的又一贡献。提出“民族考古学”的新研究方向，主张以民族学与考古学方法和资料及历史文献，互相印证、补充，以做出更深入细致的说明。代表作有《中国古代巫术——宗教的起源和发展》《梁钊韬文集》《中国民族学概论》等。

（胡鸿保）

参考书目

［1］中山大学人类学系. 梁钊韬与人类学. 广州：中山大学出版社，1991.

［2］周大鸣. 梁钊韬文集. 广州：中山大学出版社，2004.

［3］顾定国. 中国人类学逸史. 胡鸿保、周燕译，北京：社会科学文献出版社，1999.

两可居（ambilocal/bilocal residence） 新婚夫妇可以选择与丈夫的父母或者妻子的父母生活在一起或居住在附近的居住模式。这种居住模式具有灵活、可变性。出于生计上的方便常见于狩猎—采集社会，或基于生存策略的考虑存在于一些人口锐减的非商业社会，约占所有社会的7%。约有2/3的新婚夫妇选择和妻子的亲属住在一起，而剩下的选择和丈夫的亲属住在一起，居处的选择是根据双方配偶的亲属所能提供的机会和优势而决定的。

两可居这种居处方式往往存在于那些实行双边继嗣或两可继嗣的社会中，它适应于这样的情况：核心家庭（nuclear family）因为成员人数有限无法提供经济合作所需的足够多的成员，而在某种程度上资源又是有限的。因为新婚夫妇既可以选择居住在夫方的成长家庭，也可以选择居住在妻方的成长家庭，所以家庭成员的身份是不固定的，夫妻双方就可以住在资源最优或者最需要劳动力的家庭中。

两可居可能是由于需要而产生的。埃尔曼·塞维斯（Elman Service）提出，由于新传染病的传入，在近期人口锐减的那些社会中，实行两可居的可能性更大，人们似乎更可能与还健在的双方父母或其他亲属生活在一起。在遭受灾害或其他突发因素打击的社会也会存在这种选择。在非商业化社会中，新婚夫妇为了维持生计而与某些亲属生活在一起，有可能是资源配置及其变动的结果。如在队群规模小或者降雨量少的狩猎—采集社会中，往往存在着两可居居住模式。这些情况下居处选择在很大程度上是基于生计上的方便，选择有水源、有食物、有猎物的最佳生存地。

（刘荣）

《两性社会学》（Sex and Repression in Savage Society） 该书初版于1927年，是马林诺夫斯基采用特罗布里恩德岛田野资料写就的第五部专著。该书英文书名可直译为《野蛮社会的性与抑制》，但中文译者李安宅认为，该书不仅仅讨论野蛮社会里的性，也讨论文明社会里的性，是一项关于性的社会学比较研究，内容之丰富并非原书名所能包括，故将中译本更名为《两性社会学》。该书翻译工作完成于20世纪30年代初期，马林诺夫斯基为汉译本作序时称“我的著作译成欧洲以外的文字，这是第一次”。1986年，中国民间文艺出版社影印出版了台湾商务印书馆的繁体竖排版本。2003年，上海人民出版社又出版了简体中文的译本。该译本共17万字，除原书序言和正文4部分内容之外，还增加了译者序、汉文译本作者序、3幅地图、若干译者注以及作为附录的两篇长文，读者可以从中了解西方学界对该书的一些看法和评价。马氏在该书中运用精神分析来研究野蛮社会，将其与科学的文化理论联系起来，对母系社会的家庭情结进行了系统讨论。他基于田野调查材料，对美拉尼西亚母系社会里的性与欧洲父系社会里的性进行了社会学的比较研究，指出弗洛伊德所言“恋母情结”并不具有绝对性和普遍性，而只是欧洲父系社会的家庭生活与人与人之间的关系在精神心理层面的反映，而在特罗布里恩德岛这样的母系社会中，取而代之的是一种“恨母舅爱姊妹”的情结亦即“母权情结”。在此基础上，马氏提出了“家庭情结”或者“核心情结”这一更高层次的概念，认为基本家庭情结具有极其重要的意义，但它是与家庭组织的具体型式相联系的，不能认为某种家庭情结具有普遍性。在该书的最后一部分，马氏试图基于人类本能的可变性，来发展一种关于文化起源的更令人满意的理论。对此，有评论者指出：“作者强调家庭作为一种社会制度的中心价值以及乱伦禁忌的基础文化意义，并在这方面进行了极具洞察力的分析。然而，在父母本能及其与文化的关系方面，作者的分析在清晰性、一致性和说服力方面均有欠缺。”并认为该书最大的贡献还是在于“将精神分析的观点引入社会学理论”。

（张丽梅）

参考书目

［1］马林诺夫斯基. 两性社会学：母系社会与父系社会之比较. 李安宅译. 上海：上海人民出版社，2003.

［2］Hankins, Frank H. “Review”, *Social Forces*, Vol. 7, No. 2, 1928, pp. 319-320.

量化方法（quantitative method） 为了描述和解释观察所反映的现象而使用的数值表示和处理方法。又译为“定量方法”。量化方法的特点是，它是从一组单位中收集的各单位的可对比的信息，可以对这些信息进行计算，并进而对资料做更广泛的量化分析。运用量化方法就是要对可比较的一组单位进行观察，这些单位可以是个人，也可以是群体或机构。

量化方法的测量对象几乎可以涵盖所有对象，包括观察、日记、历史档案、调查和照片等，它们在被分析前首先需要被转译成数字信息。可以用来说明现象的特征被称为“变量”，而个体或物体被称为“单位”或“对象”。分配给任何变量的值可以是定性的尺度（如分类、顺序），也可以是量化的尺度（如区间、比）。

量化方法以实证主义作为哲学基础，认为现实事物是不以人们的意志为转移的，是客观存在的，不会受到主观价值的影响。倡导量化方法的人们相信，社会现象可以被经验感知，知识有其客观的规律，具有可重复性，因此，应对这些客观存在的规律进行精确的量化。量化方法的优点在于，它的标准化和精确化程度高，逻辑推理比较严谨，因而更加客观。量化方法还能大大推进理论的抽象化和概括性，促进对现象之间普遍的因果关系的精确分析。

然而，量化方法在社会研究中是有局限性的。首先，由于是对大量样本的少数特征做精确的计量，因而量化方法很难获得深入、广泛的信息，容易忽略深层的动机和具体的社会过程。其次，由于社会现象错综复杂，影响因素众多且难于控制，因此要确立两个变量之间的因果关系并非易事。可以说，所研究的现象越复杂，统计分析或相关分析也就越不精确。此外，由于许多社会现象都是独特的，无法得出普遍的经验概括，因而也无法依赖数量分析。批判者认为，统计调查只能得到表面的、肤浅的信息，而不能抓住事物的本质特征。

今天的量化分析基本上都是电脑操作，想要这些程序发挥作用，就必须使其能够阅读研究中所搜集的资料，需要将部分定性的答案转变成量化的资料，并进行编码。对一套资料的编码，有多种可行的方案可选，需要选择与研究目的相匹配的，能够反映资料本身的逻辑的方案。虽然编码方案必须配合具体研究的需要，但其中有一个总的原则，即使编码时把资料分得很细，一旦不需要这么细的分类时，我们仍然可以把这些资料进行重新归并。而如果一旦开始编码很粗略，在之后的分析中，很多细节性的信息将因此而完全丧失。编码最后的产物便是将资料中所有项目转换成数字码，这些数字码代表了每个变量的不同属性，然后以卡片或者列表的方式归总成为资料文档。一本编码簿（codebook）就是相关变量的记录本，从中可以查到自己所需要的变量和每个变量中的属性号码。将资料转换成为量化形式之后，再将资料转换成机读格式，这样，就能通过统计软件开始进行具体的分析。

一般来说，量化分析分为单变量分析、双变量分析和多变量分析。单变量分析是针对单一变量做分析。由于单变量分析并不包含两个或更多变量之间的关系，因此其目的是描述而不是解释。频次分布、群体资料和离散趋势测量都是跟单变量相关的资料总结方式。双变量分析关注的是变量之间的关系而非群体之间的比较。双变量分析探讨的是自变量和因变量之间的统计相关，其目的通常是解释而不是描述。双变量分析的结果常常用列联表的格式来表达。多变量分析是同时分析几个变量之间关系的方法，可对两个变量间关系有更完整的认识。

量化方法主要适用于个体差异较大的研究对象与容易量化的文化现象，而人类学的研究对象往往是同质性较强的小规模社会，研究内容又多是不易量化的文化现象，因此，量化方法在早期人类学研究中应用并不广泛。然而，到今天，人类学的研究对象与内容已经发生了很大的变化，那种完全封闭的、不受外界影响的社会已经不复存在，人类学研究对象的个体差异也逐渐变大，研究内容日趋多样化。在这样的背景下，量化方法作为定性方法的补充，已经越来越多地被应用到人类学研究之中。

（刘琪、金怡）

参考书目

[1] 艾尔·巴比. 社会研究方法. 邱泽奇译. 北京：华夏出版社，2005.

[2] 包智明. 定量方法在人类学调查研究中的应用.《民族研究》，2002（5）.

[3] 袁方. 社会研究方法教程. 北京：北京大学出版社，1997.

猎头（Head-hunting） 猎头指对敌人斩首以及获取他们头颅的行为。猎头曾在美洲、亚洲和欧洲发现过，但不同区域、族群猎头的动机和对头颅的处理却各不相同。在20世纪巴尔干半岛的种族战争中，男人将敌人的头颅挂在腰带上作为勇敢的证明。菲律宾的亨哥特人（Hongot）在杀人时常留下受害者的头颅，理由是为了减轻悲伤和伤害。在巴布亚新几内亚，马林安宁人（Marind Anim）认为猎头是对部落人员的补充。在婆罗洲，猎头是重大节日的中心，它能使整个社区恢复生气。厄瓜多尔的黑瓦洛人（Jivaro）只用猎头获取的头皮和其他面部组织生产骷髅。黑海地区的斯基泰人（Scythians）用头盖骨杯饮水。北美地区的剥头皮可视为猎头的一个变种。

对于猎头的原因，一种解释认为是因为可以流转的灵魂物质集中在头部。这一观念最初来自于苏拉威西岛（Sulawesi）的托拉雅（Toraja），他们对头骨的占有与农业的增产与丰收相关。生态学的解释认为猎头具有疏解人口密度的功能。

（张青仁）

裂变分支体系（Segmentary lineage systems）是一种分散的平等主义社会组织形式，由负责安全、防御和福利的巢状团体组成。分支体系的特点是世系群按照血统划分，而这些世系群拥有共同的祖先。小的世系群可以在较近的祖先中找到自己的血统，而大的世系群（包括很多小世系群）要在较远的祖先中找到自己的血统。分散而不重叠的世系群可以单系追溯血统，即通过父系或母系追溯。父系家族通过父系追溯血统，由共同男性祖先的男性和女性后代控制；母系家族通过母系追溯血统，由共同女性祖先的男性和女性后代控制。在父系体系中，只有男性能够将世系群的成员关系传递给他们的后代；女性的后代是她们的父系世系群的成员。相反的是，在母系体系中，只有女性能够将世系群的成员关系传递给她们的后代；男性的后代是他们的母系世系群的成员。

由于每个世系群和其他所有世系群采取相同的形式，所以分支体系是裂变性质的，世系群不论大小，都拥有相同的单元。这些单元彼此组合在一起形成了一种平衡的对立状态。这种组织基于的一般原则是血缘关系较近的世系群联合起来对抗较远的世系群，它还基于这些世系群的偶然性质，只有对抗具有相同结构和大小的世系群时，这些世系群才会被这种偶然性质激活。例如，当来自小宗族的两个成员打架时，如果他们的宗族在同一个部落区，只有每个宗族的成员会牵涉其中；而如果他们不在同一个部落区，尽管宗族较小，但牵涉其中的将是每个部落区的所有成员，这些成员在被受到鼓动时会充当部落区成员。

裂变分支体系之所以重要是因为在许多部族社会中，基于父系血统形成的世系群被赋予了重要的经济和政治责任。在裂变分支体系中，父系世系群通常对土地和水源等重要的资源执行集体所有制或特别所有制。一般地，世系群负责保证安全、提供防御力量以及履行损失索偿和伤害复仇等集体责任。努尔人是生活在南苏丹的部落牧民，他们是对这些原始体系最有名的描述。埃文斯·普里查德阐述了分支体系和地域体系之间的对应性，这种对应使其能够发挥分散的、平等主义的和扩张主义的政治体系的作用。这些体系在非洲（索马里人、利比亚流浪者）和中东（土库曼人、阿拉伯流浪者、俾路支人）非常普遍。

裂变分支体系是进行防御和社会控制的手段，这是对它最后的理解。平衡的对立关系能够对侵略性的冒险主义产生威慑。世系群成员之间的集体责任制保证个人或小世系群不会成为攻击的目标。对世系的忠诚与其说是对血缘亲属的情感依恋，不如说是对某人的现实认知，当一个人陷入麻烦时，可以依靠他。在可以建立部落政治组织的地方存在裂变分支体系，对于需要持续保护的牲畜、水井等重要财产，这些体系保证了部落的生命财产安全。在游牧区也存在裂变分支体系，在这里，非地域财产非常有用，牧区牧民经常四处搬迁并混合在一起。此外，裂变分支体系在强大的国家中会被当作竞争力量而受到打压。

（陈蕊）

林惠祥（1901—1958） 又名圣麟、石仁、淡墨，福建晋江人。中国人类学家、考古学家、民俗学家、民间文艺理论家。1926年毕业于厦门大学社会学系，后考进菲律宾大学研究院，1928年获人类学硕士学位。1929年任中央研究院民族学组特约编辑员。1981年任厦门大学历史社会学系主任中华人民共和国成立后，任厦门大学历史系主任、人类博物馆馆长、南洋研究所副所长等。他毕生致力于人类学的研究和教学工作，从事东南亚和中国东南地区的考古发掘、人类学文物的搜集整理和少数民族调查研究等工作，是中国对台湾省高山族最早进行调查、研究的学者，创办了厦门市人类博物馆筹备处和厦门大学人类博物馆。1930年，受厦门大学委托，他作为中央研究院社会科学研究所派往台湾考察高山族文化的特派员，代采高山族文物数十种，以后在南洋及国内陆续搜集人类学及民间风俗品多种。1947年后，重回厦门大学主办人类学标本展览会，展品包括史前遗物、历史时代古物和民族学标本。正是由于林惠祥等人对民族学博物馆建设的贡献，如今在厦门大学才得以保留下一所国内最大规模的人类博物馆。主要著作有《台湾番族之原始文化》《文化人类学》《中国民族史》《民俗学》《世界人种志》《苏门答腊民族志》《婆罗洲民族志》《神话论》等。

（刘姝曼）

参考书目

王建民. 中国民族学史（上卷）. 昆明：云南教育出版社，1997.

林耀华（1910—2000） 著名民族学家、社会学家、人类学家。笔名述真、志贡。1910年生于福建省古田县岭尾村，1935年毕业于北平燕京大学，获硕士学位。1937年赴美国哈佛大学人类学系深造，获哲学博士学位。先后任云南大学、燕京大学、中央民族大学教授，中国社会科学院社会学研究所、北京大学兼职教授、研究员，燕京大学社会学系主任，中央民族学院研究部藏族研究室主任、历史系副主任、研究部负责人、民族研究所所长、民族学系主任，民族文化宫顾问，国家民委委员，中国社会学会、中国民族学会副会长，中国人类学会主席团成员，国务院学位委员会法学评议组成员，《民族问题物种从属》编委会副主任，《中国大百科全书·民族卷》编委兼分科主编等职。

林耀华先生以文学体裁撰写的《金翼》一书（英文版）成功地表现了中国南方汉族农村宗教与家族生活的传统及其变迁。他1941年回国，深入凉山地区，对凉山彝族社会结构与诸文化现象做了缜密的考察，写出了《凉山彝族》一书。他主编的《原始社会史》是中国阐述原始社会史最为详尽的一部学术著作。他的许多民族学论文（包括与他人合作的）被辑成《民族学研究》一书，对原始社会史分期、少数民族社会形态、民族学研究方向提出了有价值的见解。其学术成就引起国际学术界的重视，曾被聘任为国际人类学和民族学协会主编的《当代人类学》通讯编辑、日本国立民族学博物馆高级研究员和美国传记研究所的国际名誉顾问。他的传记已被多种国际名人传收录，如美国《世界名人传》第6版、第7版，英国《当代成功的国际名人传》和日本《文化人类学事典》等书。

（额日古娜）

临床人类学（clinical anthropology） 运用人类学的理论与方法解决医疗机构和医疗项目中的实践问题，应用相关的数据及理论阐明特定的临床问题并改进医疗服务。由于临床人类学的应用性，也称其为临床应用人类学、临床应用医学人类学或应用医学人类学等。

福柯在《临床医学的诞生》（*Naissance De Laclimque*）中对临床医学进行了知识考古，把权力概念加入到临床医学的探讨中，他认为“医学不仅面向人的身体，而且面向人的理论和人的社会，进而被政治化、政府化和国家化；医疗任务不仅是医学任务，而且是政治任务和国家任务”。

20世纪70年代末80年代初是医学人类学的全盛时期，临床人类学成为医学人类学的独立分支。人们的研究兴趣大大增加，从跨文化的历史性占主导地位的局部地方性健康观念和实践到生物医学的跨文化结构都成为研究对象。美国学界中，凯博文、艾森伯格、拜伦·古德、克里斯蒙等医学人类学家协同合作，临床医生、心理学家、精神病医生、人类学家与其他医患工作者共同推进了医学人类学的进程。他们的成果包括《临床人类学》《临床医学人类学》等。与此同时，人类学家—护士研究模式也在临床医学中产生影响。临床人类学家在减少疾病和残疾，减少人类痛苦方面做出了突出贡献，临床医学为医学人类学家的训练提供了各种条件。

临床人类学家分别或者兼有医生、教师、研究者和政策影响者的角色。医生、护士、行为医学医护者同时也是人类学家的人自始就是临床人类学的一部分，人类学家—医师的头衔也疏通了自然科学与人文科学之间的阻隔。生物医学与社会科学格格不入的规范社会，人类学家倡导生物医学的文化嵌入，拜伦·古德与同事凯博文一同致力于临床医学的解释模式，古德认为医学新生进入临床医学界需要通过“看”的训练，他称之为医学凝视；凯博文则区分了疾病与患病，研究社会性痛苦及其背后的道德意义。临床人类学家在医学教育与培训方面起到把硬科学软化的作用，医学聚光灯从医生改换到患者，把疾病与患者的人生经历、患者主诉体验等联系起来，临床医学中加入了文化医学内涵，人类学凝视得到重视。像家庭医生不断增多一样，作为积极的实践者，临床人类学家更多地成为医疗服务机构及公共卫生运动中的政策倡导者和专家。

30年来，临床医学人类学的工作环境经历了卓著变迁，国际上由于战争、移民、难民安置、全球化等影响，患者与医护人员不共享疾病与健康的类分知识，中国国内也受到生育文化、流行疾病、老龄化的影响，但是中国的临床人类学研究与著作有待发掘，临床人类学处于发展上升期，可以在时空变换中发挥巨大潜能。

（夏懿）

灵魂（soul） 在许多宗教、哲学和神话传统中，灵魂是指生物体内非实体性的和永恒的构成部分。大多数亚伯拉罕宗教（指犹太教、基督教和伊斯兰教）认为，只有人才拥有不朽的灵魂。例如，基督教神学家托马斯·阿奎那（Thomas Aquinas）认为所有有机物都有“灵魂”，但只有人类的灵魂是不朽的。其他宗教传统，如耆那教、印度教和中国道教等则有不同的看法。

早期的英国人类学家爱德华·泰勒（E. B. Tylor，1832—1917）认为，灵魂概念是宗教最核心的内容，没有灵魂就没有超自然，也就没有宗教信仰。他尝试提出了早期人类产生灵魂观念的原因和过程，并进一步提出了万物有灵论。泰勒认为在早期的原始文化中，动物、植物等生物都被认为是有灵魂的，这种信仰慢慢发展，众多的灵魂力量抑或神的力量最终演变为一神论。而马雷特（R. R. Marett，1866—1943）则认为在万物有灵论阶段之前还有前万物有灵论阶段，在这个阶段也许还没有魂或灵的清晰概念，但当原始人面对自然时，能够感受到宇宙中存在一种人不可控的神秘力量。泰勒和马雷特的学说赋予了灵魂概念以某种正当性，也说明了那些在西方人看来荒诞的原始人的宗教活动其实也具备经验与逻辑基础。

著名的社会学先驱涂尔干（Emile Durkheim）在研究宗教生活的基本形式时强调，神灵、灵魂等等宗教型的观念是社会的投射。而埃文斯·普里查德（E. Evans-Prithchard，1956）则批评说，人类学家与其期待着从原始部落中研究宗教的起源，不如去关注宗教本身，关注宗教观念在社会生活中的表达。

身处不同文化背景中的人可能会对灵魂（soul）、精神（spirit）这样的概念产生截然不同的联想。从事宗教研究的人类学者应该先深入他所研究的宗教，明白其内部关系才能对其信仰系统有整体性的了解。这种对地方性理解的强调，也正是人类学宗教研究区别于其他宗教研究的原因。

（邵朱帅、康敏）

参考书目

[1] Tylor, Edward B. *Primitive Culture: Researches into the Development of Mythology, Philosophy, Religion, Art, and Custom*. London: J. Murray,1871.

[2] Marett, Robert R. *The Threshold of Religion*. Whitefish. MT: Kessinger Publishing, 2010/1909.

[3] Evans-Pritchard, E. E. *Nuer Religion*. Oxford: Clarendon Press, 1956.

[4] Evans-Pritchard, E. E. *Theories of Primitive Religion*. Oxford: Clarendon Press, 1965.

灵长类动物大脑的进化（evolution of primate brain） 灵长目隶属于哺乳纲，是动物分类中的最高等类群，包括原猴亚目和猿猴亚目，人类属于灵长目动物。灵长类动物的大脑大约有同体积哺乳动物大脑的2倍。一些古人类的头盖骨化石也证明，在大约700万年里，人类的大脑扩大了3倍。

人类的进化可分为4个阶段：南方古猿→能人→直立人→智人。在最初的南方古猿阶段，脑容量为500毫升左右，和今天的猿类相同。如著名的露西古人（南方古猿阿法种）的脑容量为400～550毫升（现在的黑猩猩约400毫升，大猩猩500～700毫升）。南方古猿能使用天然的工具，但不能制造工具。在能人阶段，脑容量平均为680毫升，能直立行走，解放前肢，能制造简单的石器等工具。此时与语言有关的人脑额叶得到了进一步发展。直立人也就是所谓的晚期猿人，脑容量接近1100毫升，两足直立行走，手比较灵活，可以打造多种石器，开始使用火，这是人类进化中最关键的一个阶段。人类的大脑进化开始变得缓慢，早期智人的大脑体积和现代人差不多，为1200毫升左右。智人能制造石器和骨器，靠狩猎、捕鱼生活，不仅会使用火，还能人工取火。

脑的发育，使人类制造和使用工具的能力越来越强，并且产生了语言，使其适应环境的能力越来越强。可见人类进化过程中最显著的变化之一是脑容量的增加。据2013年国际人类大脑研究讨论会总结报告，人类大脑的容量至少在1000GB以上，但一般利用率不到0.5%。

（杨笛）

灵长类动物的脑（primate brain） 灵长目内的物种之间在形态上差异很小，但是在行为模式上却有着很大的差别，这种巨大差别的主要原因便是脑的差异。脑的体积越大，结构越复杂，所能控制的行为越复杂。对于灵长目而言，对脑的研究主要有相对脑重量、脑结构、社会关系、语言进化等方面。

灵长类动物的脑重量通常要大于其他陆生动物，但是简单比较脑的重量并不能准确反映智力。比如大象的脑重量便是人脑的4倍。另一种比较方法是脑重量与体重的比值，通常这种比较方法比较准确，但也有反例。比如松鼠猴的脑重量与体重比为0.032，而人类只有0.020。更科学的方法是使用脑重量随着体重的增长趋势，即X轴为体重，Y轴为脑重量，比较回归线的斜率。这个方法与解剖学相结合，能够很好地量化灵长目不同物种的脑能力。比如，黑猩猩与人的体重相似，但人的脑能力是黑猩猩的3倍。

灵长目的脑结构差异也可以通过回归线的方法进行比较。以其他灵长类动物体重为X轴，大脑皮层体积为Y轴，可以做出其他灵长类动物大脑皮层体积与大脑体积的回归线。使用此回归线，可以计算在人类体重下，大脑皮层的体积的预测值。计算结果表明，人类的实际大脑皮层体积要远大于计算值。以人的大脑体积为X轴，大脑皮层体积为Y轴，可以做出人的大脑皮层体积与大脑体积的回归线。使用此回归线，我们可以预测在同样的大脑体积下，其他灵长类物种的大脑皮层体积。计算数据表明，人的大脑皮层体积并不比预测的其他灵长类物种的大脑皮层体积大。这些数据表明，人类的大脑与其他灵长类物种的大脑的主要差异是结构上的差异。

社会关系的复杂度通常能够反映物种的大脑能力。对于除了人类之外的灵长类物种，只能够将群体的数量维持在一定数量之内。如果群体的数量大于限定值，该群体则不能被继续维持。

语言是由大脑皮层控制的，因此也是大脑能力的一种反映。通过比较灵长类不同物种的语言能力，也能够有效地比较不同物种的脑能力。

（李辉、余歌）

参考书目

［1］Allman, J. (1999). *Evolving brain*. New York: Scientific American Library.

［2］Crow, T. J. (Ed.). (2002). *The speciation of modern Homo sapiens*. Oxford: Oxford University Press.

凌纯声（1902—1981） 字民复，苏州武进人。中国民族学家、人类学家、音乐家。曾在东南大学学习，后入法国巴黎大学深造，并获博士学位。历任“中央”研究院民族学研究所等所的研究员、所长，曾任台湾大学教授和“中央”研究院评议员、院士。毕生致力于中国的民族学研究，并深入各民族聚居区实地调查。1929年4月，赴东北进行满—通古斯语族民族的调查，调查地域包括吉林、黑龙江、辽宁等省，主要地区为松花江下游等处的依兰、桦川、富锦、同江、绥远、饶河、虎林、宝清、密山、穆棱等县，实地调查时集中于松花江下游的赫哲族，调查历时3个月，所得材料及标本颇多，其调查结果编为《松花江下游的赫哲族》，包括东北的古代民族与赫哲族、赫哲族的文化、赫哲族的语言和赫哲族的故事4部分。后又同芮逸夫考察苗族、瑶族诸民族生活状况及社会情形，实际调查集中于湘西的凤凰、乾城、永绥3县边境地区，其调查结果于1939年整理为《湘西苗族调查报告》，他对东北的赫哲族和湘西的苗族的田野工作及其作品被誉为早期的中国民族学工作的圭臬。他在中国古代南方民族文化与东南亚民族文化的渊源关系以及中国古代民族文化与太平洋区域民族文化的传播关系的研究方面均有所建树，对中国民族学研究的发展具有相当的影响。后主要服务于政界，主持边疆文化教育馆的工作。著有《松花江下游的赫哲族》《湘西苗族调查报告》《中国边疆民族与环太平洋文化》《畲民图腾文化的研究》等。

（刘姝曼）

参考书目

王建民. 中国民族学史（上卷）. 昆明：云南教育出版社，1997.

流放（Ostracism） 是将犯罪分子放逐到边远地区的一种刑罚类型，通过将已定刑的人押解到荒僻或远离乡土的地方，切断犯人与亲属团体、地缘网络的联系，以惩治案犯、强化社会规约的力量，维护社会稳定和统治秩序。“Ostracism”一词来自于希腊语ostrakon，意思是“陶瓷碎片”，在雅典民主政治时期，成年男子以投陶瓷片的形式决定某个社会成员是否要被流放外地。流放也是中国古代社会中较为常见的一种刑罚，它的起源虽然很早，但直到秦汉时期才成为一种社会体制，南北朝后期被列为五刑体制之中，属于重刑的惩罚范畴。隋唐之际，以徒流刑为中心的笞、杖、徒、流、死五刑制正式确立。自此，流放之刑成为中国刑罚史上普遍采用的一种惩罚措施。

如马克思所说，人是一种社会性的动物，在与他人的关系网络中个人能够拥有自身存在的价值与战胜困苦的动力，冷漠、疏远、隔离是攻破人类心理防线的强大武器，在日常生活中我们也可以看到，若是家庭成员或者朋友同事之间发生矛盾，大吵大闹相对于长期的默不作声更为容易化解矛盾冲突；因犯错误被炒鱿鱼的员工也会在一段时间中被原同事非议或八卦。同样地，对于流放来说，这种强制性地将某个人从群体中隔离出来的惩罚措施不仅能够使他成为原子化的存在，而且能够在心理层面摧毁他的情感依赖。具体到强调儿孙满堂、四世同堂、安土重迁的古代中国社会，遭受流放的刑罚不仅是自己人生的不幸，也是对祖辈姻亲的不孝，以及对家族荣誉的玷污。

正式的流放是集体意志作用的结果，比如说工人协会对于罢工者的裁决与处分，老师对违背学校规范与规定的孩童会进行批评教育或者更为严厉的惩罚，其中有一种就是“sending to Coventry”（开除）（Opie & Opie 1959）。宗教团体或社会组织也会利用逐出教会的警告维护宗教原则与活动秩序，对美国的门诺派教徒和阿米什教徒，以及13世纪之前的罗马天主教徒来说，任何人都不得与被教会放逐的人再有任何接触或来往，生意往来、聚餐吃饭、甚至是婚姻关系都要避免或者解除（Hostetler 1993）。拉比犹太教同样有放逐这种惩罚（Jacob Katz 1993），放逐意味着社会生命的死亡，被放逐之人被视作整个教派的敌人，他们的形象和与天主或者神灵相对的恶魔等同起来，放逐仪式上不仅要颁布禁令，同时也会以熄灭蜡烛的方式象征性地表示被放逐之人宗教生命的结束。

在现代社会中，放逐不仅是小型社区采取的惩罚措施，也是国家等政治机构采用的一种处理手段，在沙皇俄国统治的前苏维埃时期，流放就是频繁用于惩罚社会激进分子或反动成员的手段，他们常被流放到寒冷恶劣的西伯利亚地区；在古代中国，西北绝域、西南烟瘴和东北苦寒之地以及一些海岛都先后成为过流放地，形成了历代不同的流放标准。总而言之，不管是正式的流放还是非正式的放逐，这种惩罚措施在人类社会中对维持社会稳定与既有秩序发挥了重要作用。

（孙笑非）

参考书目

[1] Hostetler. *Amishsociety*, Baltimore. MD: Johns Hopkins University Press,1993.

[2] Opie, Lona & Opie, Peter. *The Lore and Language of Schoolchildren*. Oxford: Clarendon, 1959.

[3] 陈远等. 世界百科名著大辞典·社会和人文科学. 济南：山东教育出版社，1992.

[4] 奈杰尔·拉波特、乔安娜·奥弗林. 社会文化人类学的关键概念. 鲍雯娅译. 北京：华夏出版社，2005.

流行病（epidemic）　主要指在相对较短的时段不可预期地影响大众人群的疾病，流行病与疾病发生率并不具有绝对的正相关性。公元前430年，希波克拉底（Hippocrates）首次在他的系列著作中把流行病作为医学术语，用于形容疾病在某国家内传播。

流行病学最初是因为研究传染病而建立的，从游牧社会到定居农业的转变使人类获得了流行性疾病。历史上的流行病如斑疹、伤寒、鼠疫、麻风、天花、麻疹、疟疾等还镌刻着抗疫之路的沧桑，其中被称为“西班牙夫人”的1918年大流感至今仍是未解之谜。

描述流行病学研究特定时间、地点、人群背景下的疾病传播；分析流行病学借用数据探讨疾病促因及爆发条件。随着人类社会发展和人类疾病谱系的改变，流行病的研究范围扩大到非传染性疾病甚至成瘾医学研究，包括影响人类健康的慢性病——肥胖、心脑血管疾病、艾滋病和特种癌症。

流行病塑造了人类的史前史和现代史，人类、环境和病原体三者制约并互动着，人类学家认为农业革命为流行病提供了生态条件，流行病可谓人类进化中的自然选择，是文明社会扩展的工具。人类学家基于人类行为模式研究流行病的生态促因和社会影响，仇外、污名便是人类学家常用的分析因子。内尔（Nell）认为流行病期间的高死亡率源于社会崩溃——个人无助感、医护缺乏、营养摄入不足。社会关系的改变（如离开中心疫区）会加剧流行病的传播。

人口增长和人类迁徙促进了流行病的复燃和生发，从固定式传播到跳跃式传播的流行病仍是摆在人类面前的极大挑战。因为人类行为对流行病的起因和结果影响深刻，医学人类学家仍将为未来流行病的理解、控制和预防做出贡献。

（夏懿）

旅游人类学（Tourist Anthropology） 旅游人类学是人类学研究的分支学科之一。该学科主要是从旅游地的居民和游客之间人际关系的角度来研究旅游地的文化现象和演变，以及这种文化现象对旅游地社会的影响。也可以认为，是从文化和美学的角度，研究旅游地居民、社会团体、旅游开发者与旅游者之间关系的科学。

20世纪70年代，随着旅游活动在西方社会的进一步普及，人类学者对旅游的研究也越来越成熟，旅游人类学凸显为西方人类学的一个分支学科。学者们把人类学的理论观点、研究方法用于旅游研究，深化了人们对旅游现象、本质的认识，既加快了旅游研究的进程，也推动了人类学学科自身的进步。旅游人类学在国外经过了40多年的成长，积累了丰硕的研究成果。比较明显的有两大研究领域：一是对旅游行为所内含的符号意义的解读，二是对旅游带来的社会文化影响的分析。两大旅游的研究也可以看作两大“流派”，影响较大的有纳尔逊·格雷本（Nelson Graburn）和戴尼逊·纳什（Dennison Nash）。前者热衷于探索旅游的本质，分析游客的旅游体验，是研究旅游符号内涵和维护意义的核心人物，后者对旅游给目的地社会带来的政治经济和维护影响更感兴趣，是旅游的影响研究的重要支持者之一。多年来，两人不断著文立说，各抒己见。

进入中国并经20多年的发展以后，发轫于西方的旅游人类学在中国的研究已经取得了多项进展，包括对国外旅游人类学理论和研究成果的广泛译介，在对旅游经济作用充分认知的基础上积极研究经济影响，研究领域得到极大拓展，如社会文化影响、文化“真实性”理论与商品化和社区参与旅游发展方面的研究。

（蒋萍）

绿色革命（Green Revolution） 绿色革命是指在20世纪40年代至70年代间，在发展中国家农业领域兴起的一系列农业技术创新推广项目，这一系列项目的推动者是著名的美国农业家，被称为“绿色革命之父”的诺曼·布劳格（Norman Borlaug, 1914—2009），他所创新推广的农业技术及现代农业体系的建立，极大提高了第三世界粮食产量，使数十亿发展中国家的人们免于饥饿。支撑起整个“绿色革命”的现代农业体系包括了高产谷物品种筛选、现代水利设施建设、现代农业管理技术实施、杂交育种、复合肥料和杀虫剂的推广。

绿色革命概念的第一次使用是在1968年，前美国国际开发署主任威廉·高迪（Wliliam Gaud）在评价农业新技术推广时提出，“不同于在苏联发生的以暴力为特点的红色革命，也不同于伊朗国王所领导的白色革命，在农业领域由新技术推广而带来的不同以往的发展，我称之为绿色革命”。

印度是最早推广绿色革命的国家。20世纪60年代，受福特基金会资助，印度政府邀请布劳格到印度，作为农业部顾问进行农业技术推广。由于拥有相对稳定的水源并且历来的农业基础较好，旁遮普邦被政府选为推广水稻新品种的试点。这一水稻品种为IR8，是一个由国际水稻研究中心（IRRI）研发的半矮生水稻品种，在配合化肥施用和现代水利设施灌溉的情况下，该水稻的产量是该地传统品种的10倍。旁遮普邦的水稻种植获得成功，印度继而将该品种推广到全国，绿色革命在印度获得的成功不仅有效地解决长期困扰印度人们的饥饿问题，而且进入21世纪，印度成为世界重要的粮食出口国之一。

然而绿色革命所带来的成功并没有在其他地域广泛复制，同样是饱受饥饿问题困扰，绿色革命在非洲的推广却没有获得像印度以及亚洲其他地区一样的成功。其原因包括了严重的政府腐败，保障体系和基础设施配套不完备等人为原因，还有包括水资源缺乏，土壤特性复杂等自然因素。

在西非有一种高产水稻，能够在普通情况下提高30%的产量，如果在少量化肥和基本灌溉能够确保的情况下，产量则能翻番。但该项目仍然遭遇到收获的庄稼无法直接达到农民手中的问题，而唯一可以算作成功的地区是刚果，它的水稻产量比以前提高了16%。

2001年非洲爆发大饥荒，接下来几年间，上千万的非洲人民都不得不忍受慢性饥饿和贫困。2005年，位于非洲东南部的内陆国家马拉维发起了农业投资补助项目，政府发放代金券，资助小农户购买氮肥和小麦种子，在接下来的一年里，项目获得了极大的成功，这个国家迎来了历史上最好的收获，收获的小麦足以给全国的人口提供充足的粮食。

然而，绿色革命也招致了大量批评。第一类批评是针对绿色革命耗费了大量资源，以马尔萨斯为代表的学者认为地球无法负载更多的人口，为了养活更多的人口，人们不得不过度地开采资源，占用土地，破坏地球生态的可持续性。第二类批评则是认为杂交和生物技术的使用，导致粮食品质下降。埃米尔·弗雷森（Emile Frison）认为，虽然绿色革命增加了粮食产量，挽救了大量因饥饿而濒临死亡的人口，但是，大多数高产水稻或小麦品种却普遍缺乏铁和维生素A，据弗雷森估计，每年不到5岁而死亡的儿童中，有60%是因为营养摄入不足，尤其是缺铁而导致的。20世纪60年代，在菲律宾等南亚国家普遍推广种植的HYR水稻，因口感和营养远不如此前该地种植的传统品种，而导致价格低落，种植户的利益受到损失。第三类批评认为绿色革命推广使用化肥、农药对环境造成破坏，也影响了人类的身体健康。现代农业所推广使用的农药中主要含有机氯、木榴油、硫酸盐等有毒物质，长期暴露在大量使用农药环境中的农民容易罹患癌症，尤其在第三世界国家，许多农民在无任何保护措施的情况下使用农药。1989年，世界卫生组织估计每年大约有100万的人农药中毒，并导致至少2万人死亡。第四类批评主要针对绿色革命对第三世界国家造成的社会经济影响。人类学家格尔茨和斯科特都关注到，与传统农业相比，绿色革命所推广的农业模式需要更多资金进行前期投入，在第三世界国家，小农户缺乏向银行贷款的实力，于是在推广过程中被边缘化，经济实力雄厚的地主、企业向现代农业投入资本，并获得更高回报，随着绿色革命不断增加粮食产量，促进粮食商品化，大农户、地主和企业获得更多收益，他们兼并小农户土地，雇用小农户，小农户的地位日益边缘，加剧了当地的社会分层。

（马威）

乱伦（incest）　是指那些有密切血缘关系或虚拟亲属关系的人之间发生性关系或通婚。不同的时代和文化系统中，由于亲属关系和血缘法则是不一样的，因此究竟哪些亲属发生性关系或通婚被视为乱伦，这个判断依据是不同的。一般意义上来讲，在当代社会的语境当中，乱伦主要指家族或家庭的成员之间发生性关系。然而就人类的全部社会历史来考察，在有些时代和社会中，家庭成员之间发生性关系或通婚被看作是理所应当的，如在古代埃及皇室中，家族成员之间的通婚不仅是必需的，并且被看作是神圣的。因此，在乱伦的具体定义上有诸多的文化差异。尽管定义乱伦的范畴并不一致，但在绝大多数社会中，乱伦不仅是被禁止的，并且被视为非常严重的道德败坏，甚至是对社会秩序的破坏与挑战，在人类学的广泛的田野调查中，在不同类型的社会中都发现了对乱伦的严格禁止。麦克伦南（John F. Mclennan）在《原始婚姻》（*Primitivo Marriage*）中认为，乱伦这一行径在人类社会生活的开端是难以避免的，直到血亲制度发展到一定程度，才会出现乱伦这个概念。而当人们意识到乱伦，则以一种极其厌恶和恐惧的眼光来看待具有特殊亲属关系之间的人们发生性关系，所以这一概念被当作一个文化的结果。但有学者反对古典进化论学派对人类原始社会的臆测，对乱伦的天然排斥是人类的本性，是一种生物性而非文化的产物。

（毛雪彦）

乱伦禁忌（incest taboo）　是指对一些亲属关系较近的人之间的性行为和婚姻做出禁止，这一禁忌普遍存在于人类社会。乱伦禁忌的范畴和亲属关系的结构有着密切的关系，19世纪后期，很多学者就不同社会和群体当中的乱伦禁忌展开研究和讨论，试图发现这一禁忌产生的根本原因。

爱德华·亚历山大·韦斯特马克（E.A. Westermarck）在《人类婚姻史》（*The History of Human Marriage*，1891）中表达了他对乱伦禁忌起源的观点，他认为："自幼亲密生活在一起的男女对他们之间的性关系有一种自然的反感或至少也是颇为冷漠。"埃米尔·涂尔干（Emile Durkheim）曾著《乱伦禁忌及其起源》（*La prohibition de l'inceste et ses origi*，1897）一书，他指出"外婚制乃是针对乱伦的婚姻禁忌体系的最原始形式。"也就是说，外婚制是乱伦禁忌的最古老形态，乱伦禁忌原来根本不是针对血亲之间的性行为，而只是拥有相同图腾的氏族男女之间的限制。并认为："外婚制很可能是由某种宗教特性引起的，两性中的一种被加上了这种宗教特性的印记，使另一性别的人感到畏惧，从而造成了两性的隔绝。"他进一步解释道，在原始人看来，鲜血流尽导致生命完结，血液是氏族成员的共同灵魂的寄居之地，于是血液划归神圣事物，而本氏族的妇女在月经和分泌时会大量流血，因此也被认为是神圣的。而男子不与本氏族的妇女接触是对她们经血的畏惧，于是产生外婚制，乱伦作为禁忌被建构。西格蒙德·弗洛伊德（Sigmund Freud）在《图腾与禁忌》（*Totem and Taboo*）中也讨论了乱伦禁忌的起源问题，他认为可以用精神分析的方法来看待乱伦禁忌，并认为这种禁忌与精神病症之间有着相似之处，强调图腾崇拜的本身是来自于对乱伦的极度恐惧和敏感，图腾禁忌包含了乱伦的禁忌，他说道："任何禁忌下面一定隐藏着某些欲望。"他通过俄狄浦斯神话的分析指出，母亲是孩子那种朦胧性爱芽苗的对象，这在人的无意识层面，但他们的"超我"部分即"意识"又对此产生自责，禁忌就是对这个原始冲动的强迫性压制，在弗洛伊德眼中，这种特性与强迫性心理患者无异。对原始民族来说，禁忌也是一种从祖辈时期长期的强迫观念。当这种观念延续数辈后，就成为一种遗忘性的心理特质。随着禁忌的维持，与禁忌相反的力量——企图破坏它、超越它的意愿也必然继续存在着，也就是说："欲望的被禁并不等于消失，它们被压抑到无意识，变本加厉地寻找出路。"在克劳德·列维·斯特劳斯（Claude Lévi-Strauss）看来，禁忌起源也正是自然和文化的起源之地。他论述了两个联姻的群体之间的相互交换，这与他关于语言和神话的论述息息相关，由于词和神话都是社会生活传播系统的交换符号，故妇女也是一种交换符号。但是与词和神话是公共生活的共同财富不同，妇女之所以具有价值，是因为她们属于一个特殊的社会群体，并且依照婚姻规则和其他社会群体进行交换。因此，婚姻制度在本质上是交换和联姻制度。乱伦规则并不是禁止婚姻，而是表现了交换的需求，这一禁忌目的在于鼓励人们外婚，从而使得本群体能与更多的团体在经济。罗实·福克斯（R. Fox）认为，在有些社会中，在一些家庭构成和社会化的过程中，年幼的兄弟姐妹之间是没有身体方面的接触的，但他们达到成熟年龄时，这些家庭构成和社会化过程则会引导他们相互吸引相互获得。因此，福克斯认为，这将既能说明对乱伦接触的禁止，又能说明乱伦接触的意外性，这意味着，文化的配置既不能产生也不能避免这些一起哺育长大的成员们发生性关系的自然倾向。

此外，生物学家对乱伦禁忌及其起源的解释也是不可忽视的声音。动物生态学家指出，所有非人类的灵长目动物都倾向于由某种社会组织的变化来避免近亲繁殖。于是，优生学论者认为，乱伦禁忌的根本意义与目的在于让人种免受血缘亲属通婚的危害。而人类进化在生物学上是一种占优势的远亲繁殖运动。

（毛雪彦）

参考书目

［1］埃米尔·涂尔干. 乱伦禁忌及其起源. 汲喆、付德根、渠东译. 上海：上海人民出版社，2006.

［2］西格蒙德·弗洛伊德. 图腾与禁忌. 赵

立玮译. 上海：上海人民出版社，2005.

[3] 爱德华·亚历山大·韦斯特马克. 人类婚姻史. 李彬译. 北京：商务印书馆，2002.

伦敦经济政治学院人类学系（The London School of Ecohomics and Political Science, Anthropology） 是英国人类学的主要学术中心之一，在国际人类学界享有盛誉。该系奠基于1910年，经过韦斯特马克、塞里格曼、马林诺夫斯基等几代学人的努力，成为20世纪前25年英国社会人类学的所有重大发展之发源地（Leach， 1984）。其中，以马林诺夫斯基为代表的人类学家在功能主义理论的指导下，开拓了以深入、系统的田野调查为基石的现代人类学之先河，推动了人类学理论与方法的范式革命，在英国内外产生了巨大影响。从1924年，马林诺夫斯基升任该系社会人类学高级讲师开始，直到20世纪30年代后期，该人类学系是英国社会人类学毋庸置疑的学术中心，吸引了包括弗思、埃文斯·普里查德、利奇、福蒂斯、卡伯里、沙佩拉、纳德尔、理查兹、贝特森、韦奇伍德（Camilla Wedgwood）、莫妮卡·亨特（婚后从夫姓威尔森）、帕森斯、费孝通等人类学新锐前往求学和任教，英国社会人类学由此开始在大学中得到真正意义上的蓬勃发展。尽管后来英国人类学的主要学术中心经历了一个从伦敦经济政治学院到牛津大学到伦敦经济政治学院、牛津大学、剑桥大学、曼彻斯特大学等多中心均势的历史过程，但伦敦经济政治学院人类学系在英国人类学界的重要地位始终得以保持。1970—1994年，英国共培养社会人类学博士964人，其中，伦敦经济政治学院培养的有136人，占14.1%；1999年英国在任的人类学教学研究人员共有234人，其中研究生阶段受训于伦敦经济政治学院的有39人，占16.7%。在2008年的全国性学术研究评估（Research Assessment Exercise，简称RAE）中，伦敦经济政治学院人类学系的4星级（最高质量等级）达标率高达40%，在英国所有大学人类学系中高居榜首。在当前日益全球化的世界人类学发展大潮之中，伦敦经济政治学院人类学在恪守田野调查研究传统的基础上，依托历史上逐渐形成并制度化的教学体系和人才培养模式、各种连续性的研讨班（如“人类学理论研究论坛”）和纪念讲座（如“马林诺夫斯基纪念讲座”）以及专题丛书（如伦敦经济政治学院社会人类学专题丛书），在田野点、研究主题、教学体系、人才培养模式、学术交流与合作机制等方面锐意创新，继续保持国际前沿水平。

（张丽梅）

参考书目

[1] Spencer, Jonathan. *British Social Anthropology: A Retrospective. Annual Review of Anthropology*, 2000.

[2] 杨文炯、樊莹. 英国人类学的传统与创新——以LSE人类学系为个案.《中南民族大学学报》（人文社会科学版），2011.

[3] 张丽梅、胡鸿保. 功能学派与英国人类学的国家传统.《思想战线》，2012.

[4] Leach, E. R. Glimpses of the Unmentionable in the History of British Social Anthropology. *Annual Review of Anthropology*, 1984.

论个体主义（*Essais Sur L'individualisme*） 法国人类学家杜蒙（Louis Dumont，又译迪蒙）1983年出版的著作。该书是对西方近代文明的独特性的详细说明，杜蒙认为，个体主义在近代西方的兴起是理解这一独特性的关键所在。社会学也正是因个体主义兴起带来的困扰而发生的。

杜蒙受业于莫斯（Marcel Mauss），同时深受与莫斯同时代的波兰尼（Karl Polanyi）的影响。波兰尼认为区别的依据在于现代的经济自由主义，杜蒙则延续其师的道统，认为这种区别有着深厚的哲学基础，他将其明确为个体主义的兴起。个体主义是整个现代文化的起源，它是由伦理个体所导致的，后者是指独立自主的，因此也是非社会性的、负载着我们的最高价值，首先存在于有关人和社会的现代意识中的作为价值载体的人。个体主义的产生有宗教和政治两个路径。

根据印度的经验，杜蒙认为个体的觉醒首先产生于弃绝尘世的个体，他们通过彻底远离世俗生活而获得了更高的独立性。在早期基督教希腊化的过程中，斯多葛派提出了与印度的出世个体相类似的主张，他们从内心深处是与世隔绝的，这样才能够探寻与上帝合一的途径。从印度和希腊的经验看，个体价值的膨胀必然伴随着世界的同步衰落，当出世个体因为道德的优势将整体主义的尘世挤压并最终消灭后，个体主义会转变成入世的个体主义。在历史的转变过程中，圣奥古斯丁、教皇基拉西乌斯和加尔文起到了关键的推动作用。个体主义在哲学和法律中的诞生获益于14世纪的方济会修士奥克哈姆，他从唯名论的角度提出真正的实体只能是个体，由此真正的法则也只能是上帝或者立法者制定出来的，权力只能与个体相连，共同体的概念破碎了，被个体主义所取代。

14世纪至16世纪，国家逐步取代教会成为欧洲最高权力机构和总体社会的容器。自然法作为社会存在的合法性基础，在这时也发生了从传统向现代的转型。在1600年前后，契约的概念开始出现，第一个契约是个人以平等关系构成的社团，第二个契约则是这些社团对政府的隶属关系的确立。基于个体主义的“自由主义平等”解决了第一个契约，但第二个契约的基础仍旧是不牢固的，“将个体主义与权威结合起来”成为欧洲政治哲学的主要任务。为此，霍布斯（Thomas Hobbes）用政治来取代社会，说明个体在自然状态无法自足，必须走入隶属关系，认同于一个君主。他从个体主义出发，在建构社会时必须借助于个体的意识和力量，因此形成了契约和妥协的关系。卢梭则将个体主义等同于整体主义，协调古希腊的整体主义的自然法与当时已经兴起的个体主义自然法之间的紧张。法国大革命促成了政治领域个体主义的完成，圣西门、黑格尔、马克思、孟德斯鸠、托克维尔分别从各自的角度努力要将个体主义拉回到整体主义。

个体主义意识形态确立最早和最主要的阵地是法国，而法国强调的是一种没有种族和文化差异的普遍主义文化的优越性。德国浪漫主义先驱赫尔德（Johann Herder）向法国发起挑战，他强调任何个体都是属于某一亚文化的实体，任何文化都具有平等的权利，在现代文化中法国和德国都是亚文化，各个文化以个体主义的形式存在，最终形成了种族性理论。费希特（Johann Fichte）进一步强化了德意志亚文化的权威，强调“普遍性是德意志精神的特点”，因此德意志必将统治世界，他在个体主义之中，又添加了等级主义。

通过对德法两国的民族意识形态的比较，杜蒙要说明的是，现代意识形态在不同的语言和民族中，在不同的亚文化中，具有十分不同的形式。只有对这些变种进行基于亚文化整体的比较，才能使它们之间相互理解，而人类学家也才能够意识到现代意识形态的共性所在。

在个体主义意识形态统形之上强加整体主义，已被纳粹的极权主义证明是一种人文主义的灾难，但并不意味着社会科学应该放弃对整体主义方法论的探索。杜蒙的目标是要建立一种能够同时解释传统社会和近代西方社会的社会科学理论的基础。为此，杜蒙用莱布尼茨（Gottfriend Leibniz）的单子论来诠释当下的意识形态的统形。他将现代意识形态的不同变种设想为一个个独立的文化单子，在亚文化内部是一个自足的整体，而在亚文化外部，变种之间则适用个体主义的意识形态。

在人类学的科学实践中，杜蒙认为首先要承认自己是普遍主义者，当面对研究对象时，优先考虑整体主义，退回到非现代的模型中。只有将作为这个时代的主导意识形态的个体主义与人类社会永远无法抛却的整体主义相结合，才能准确描绘当前世界的真实面貌，而这就已经进入后现代主义了。

（赵珽健）

参考书目

路易·杜蒙. 论个体主义. 谷方译. 上海：上海人民出版社，2003.

罗伯特·赫尔兹（Hertz, Robert 1822—1915）法国社会学家、人类学家，师从法国社会学学派开创者涂尔干。法国巴黎人，1904年于巴黎高等师范学校完成哲学学习后，在英国伦敦大英博物馆进行短暂研究，后回到法国，跟随涂尔干攻读博士学位。1907年发表研究成果："死的集体观念"（一项关于宗教两极性的研究），1909年出版了《右手的优越》。其后前往阿尔卑斯山脉的圣·贝斯（Saint Besse）村，进行祭祀活动方面的田野工作，1913年发表调查研究的成果："圣·贝斯：宗教与历史"。

赫尔兹的研究主要集中在仪式和象征现象方面，甚至可以认为是他开创了象征人类学的研究，这主要反映在其代表作《右手的优越》中。赫尔兹力图从文化人类学的角度探讨人类学惯于用右手的原因。作为涂尔干的学生，赫尔兹膺服于集体意识或集体观念的理论。就他的研究而言，他主张从语言入手，来分析集体观念在右手与左手方面的差别。为此，他分析了印欧语言，其中，基本上与右相关的词语都表达着强健、神圣、公正、幸福、美好等意义，而与"左"相关的词语都表达弱小、世俗、不净、无能、丑恶等意义，无论是英语、德语、法语、拉丁语、希腊语都大致如此。

埃文思·普里查德指出：赫尔兹的贡献主要有两点，一是系统地研究了人的左右手所象征的社会含义，这一事实虽然遍布全世界，但却未被前人所重视；二是提出了富有启发意义的解释，虽然这些解释未必都是正确的，但是，却推动了后人的进一步探索。当然，他也指出了赫尔兹的局限性，比如语言方面的研究主要限于印欧语系，未对更多的语言进行考察；再比如忽视了一些部落、民族中关于左与右象征意义的相反例子等。

（冯珊）

M

马 曼 芒 梅 美 盟 蒙 米 缅 面
描 民 魔 默 母 目 穆

马长寿（1907—1971） 中国民族学家、社会学家和历史学家。字松龄，山西晋阳人。毕业于南京中央大学社会学系，历任东北大学、金陵大学、东南大学、华西大学、浙江大学、复旦大学教授和中央博物馆筹备处专员。1955年任西北大学教授，担任西北民族史研究室主任兼考古教研室主任，直至去世。曾赴四川大凉山、川西及川西北的彝族、藏族、羌族等民族聚居地区进行实地考察，长期研究中国古代北方和西南地区民族史，对突厥、匈奴、乌桓、鲜卑、吐蕃等民族的历史研究尤深。1936—1937年初，对四川雷波、美姑、竹核、昭觉等地的彝族和茂县、汶县、理县、松潘等地的羌族、藏族等进行实地调查。1941年，与凌纯声、芮逸夫进行川康民族文化调查，旨在调查包括羌族、彝族、藏族等民族的婚丧制度、生活习惯及与文化有关的各种问题，并搜集了有关民族文物的标本与用物。也曾先后两次深入大小凉山地区，调查记录了彝族的语言、社会阶级、物质文化、宗教信仰、生活习惯等各方面的情况，搜集了各种彝族文物，写成数十万字的《凉山罗夷考察报告》。他倡导建立中国的人类学或民族学，认为中国边疆的性质有异于列强殖民地，固然不能放弃人类所共同的一方面，但尤应注重中国人独有的一方面。同时，认为一方面要修正应用人类学，另一方面要将一些人类学原则，如文化相对论、文化动力论、多元文化主义等在中国加以应用，以求适合中国边政的特殊情况。主要著作有《突厥人与突厥汗国》《北狄与匈奴》《乌桓与鲜卑》《南诏国内的部族组成与奴隶制》《氐与羌》等。

（刘姝曼）

参考书目

王建民. 中国民族学史（上卷）. 昆明：云南教育出版社，1997.

马丁·布伯（Buber, Martin 1878—1965）犹太哲学家、犹太复国主义者。德国人。他曾在维也纳大学、柏林大学、莱比锡大学和苏黎世大学学习哲学。1923—1933年，担任法兰克福大学的哲学和犹太宗教学教授；1938—1951年，担任耶路撒冷大学社会哲学教授。他对存在主义哲学和哲学人类学领域做出了卓越贡献。布伯最具代表性的是他所有著作中都进行了探讨的主体，即关于人类关系的两个概念："我—你"（"I–Thou"）和"我—它"（"I–It"）。

在早期学术生涯中，他主要受到哈西德主义（Hasidism）教义和新康德主义哲学思想的影响。随着布伯的学术日渐成熟，他摆脱了新康德主义的影响进而越来越投入到他的犹太传统研究中，并建立起他的哲学与世界观基础。

布伯一生创作了大量的作品，其中有4部被认为对后世产生了重要的影响。它们是《我和你》（*Ich und du*，1923）、《摩西》（*Moses*，1946）、《人与人之间》（*Between Man and Man*，1947）和《上帝已死》（*Eclipse of God*，1952）。《我和你》解释了他对于人与人之间、人与所处环境中事物之间关系的本质是什么的观点。

他的基本观点是：人类不会，至少不应该像对待身边事物那样与其他人产生联系。当然，每个人都会自觉地把他、她视为我（I）。因此，在与任何其他人产生有意义的接触过程中，两个不同类别的我就会相遇， 每个我都需要承认对方的存在。换句话说，这个我必须愿意承认并视另外的我为你（Thou）， 这是独立存在的个体，而不是物理世界里的一个小小的延伸。在"我—你"关系中，与另外一个人之间有意义的接触和交换是可能的，因为“你”与另一个“我”是相辅相成的，而前者拥有内在的历史、观点和性格特征并单独与“我”而存在。虽然“我”和“你”是独立的，但是“我—你”之间的交流或是从属关系却是真实的存在、需要进行探讨的。

这种“我—你”（I-Thou）关系与布伯成为“我—它”（I-It）关系的视角对立。在一个人与一个无生命物体间产生的互动中，“我—它”关系巧妙并准确地反映出了“我”相对于物的“客观的”态度。然而，当人们把“我—它”观点应用于处理与其他人类关系时，哲学—人类学问题也就应运而生了。那种“我—它”关系并不真实，因为降低他者的身份并把其等同于物来对待，那么就会产生将“我”从与别人建立的任何有意义的接触中孤立。

作为一名激进的犹太复国主义者，布伯将他对“我—你”关系的独特见地应用到了以色列的基布兹（kibbutz，集体农场），在这里他看到了“我—你”关系在一定的社会秩序中的实现，个人和他/她所处的更大的集体之间产生了有意义的关系并且他/她在其中贡献自身的价值。

（邱韩）

马丁·海德格尔（Heidegger, Mattin 1889—1976） 德国思想家和哲学家。1909年入弗莱堡大学学习，主攻神学，辅以哲学，1911年专攻哲学， 跟随胡塞尔潜心研究现象学。在校期间还曾参加新康德派哲学家里科（Heinrich Rickert）指导的研究班，从而深受价值哲学的影响。1922年受聘于马尔堡大学任哲学教授。在马尔堡时期，海德格尔开始撰写《存在与时间》（*Sein und Zeit*），1927 年2 月该书正式印行。1933年当选为弗莱堡大学校长。

《存在与时间》是海德格尔的经典之作，其继承了古希腊的思辨传统，对于日常语言中的“是”或“存在着”的意指提出诘问，并重新提出“存在的意义”的问题。海德格尔力图唤醒对这个问题本身的意义的重新领悟。具体而微地把“存在”问题梳理清楚，而初步目标就是对“时间”进行阐释，表明任何一种存在之理解都必须以时间为其视野。书中也集中了海德格尔整个思想过程的许多问题，其中包括本真状态与非本真状态、逻辑与判断、真理构成、先于理论认识的经验、事实性生命、此在的存在方式、时间性问题等。此书不仅影响了此后多种重要哲学流派和重要哲学家，而且在社会学、人类学、神学、心理学、政治学、法学等多个领域产生了广泛而深刻的影响。

海德格尔运用胡塞尔的现象学，创立了被人们普遍认为是存在主义的哲学。他的见解对法国哲学有较大影响。他的学术思想在中国学界也产生了很大的影响，部分学者把中国哲学海德格尔化，用Dasein与Ereignis阐释中国思想。其主要著作有《存在与时间》（*Sein und Zeit*，1927）、《康德与形而上学的问题》（*Kant und das Problem der Metaphysik*，1929）、《形而上学入门》（*Einführung in die Metaphysik*，1935）、《林中路》（*Holzwege*，1950）等。

（邱韩）

马克思主义人类学（Marxist anthropology） 以马克思的理论来进行的民族志研究，主要从唯物史观的高度来对人类进行整体思考。

卡尔·马克思对人类学的传统研究领域感兴趣，并逐渐对之进行了详尽的探索。受路易斯·亨利·摩尔根著作影响的马克思和恩格斯关于人类学话题的文章，为马克思主义人类学提供了一种研究方向。马克思主义人类学的重要来源是恩格斯的著作《家庭、私有制和国家的起源》，该书是在马克思逝世之后由恩格斯来完成的，其部分内容是依据马克思晚年所做的人类学笔记，这一笔记为建设马克思主义人类学提供了重要的启示。书中提出了重要的思想，认为当时被人们看成秘而不宣的固有家庭形态、调适两性关系的道德规范以及男女之间差异等因素，事实上都是互为关联的；它们也与一定社会的政治经济制度相互关联，甚至与国家的本质和存在相关联。

自19世纪60年代以来，马克思主义人类学形成了两个完全不同的学派。第一个学派很大程度上源出于法国学者阿尔都塞的理论研究。阿尔都塞的马克思主义论著及其对马克思的解读，对一些人类学家，如著名的法国马克思主义人类学家戈德利埃和特勒产生了直接和重大的影响。而阿尔都塞通过接受列维·斯特劳斯和马克思的双重影响，创立了结构马克思主义。在一些基本观点上，马克思主义人类学的两派具有相同之处，他们或多或少地不同意马克思的特殊进化序列观。取而代之的是，用马克思研究资本主义时曾经使用过的分析方法，去分析各种各样前资本主义或非资本主义社会。马克思主义人类学特别注意到生产方式的概念，马克思曾用之来考察人类社会组织生产和再生产过程中社会整体的相互关系。马克思主义人类学家根据对生产方式的研究来考察多种多样的社会制度或社会因素在使某一特定社会继续存在中的相互作用，并试图阐明这样一个社会在什么条件下消亡。他们的研究，已经把以往过于局限在技术或经济决定论的探索基础扩大和深化了一步。

自20世纪六七十年代以来形成的第二个学派，也是源自阿尔都塞的理论。这个学派提出了生产方式的关联的概念。其意指不同生产方式之间的相互作用和相互关联。如在一个第三世界的乡村或地区，资本主义的和公有的两种生产方式在其再生产时就会互为作用、相互影响。如何考察这种相连或并置的详情细节，是一件专业性很强的工作，但关心这个问题的马克思主义人类学者正在继续发展这一追溯到马克思主义真正起源上的传统。这派学者会考虑到某一群人对另一群人政治经济支配权的作用和影响，他们常常拿殖民主义和帝国主义统治来作分析的对象。除此之外，马克思主义人类学还对马克思的异化学说和意识形态理论进行了系统的重新考察，既在人类学领域注入了马克思主义的思想源泉，也为马克思主义在当代的发展提供了新鲜的素材和深入研究的空间。

马克思主义人类学与卡尔·马克思的其他著作具有共同的基础，是经过马克思主义和人类学思考的积淀和塑造，包含着数个不同的人类学主题和观点，其中3个相互联系的分析型主题最为关键：一是唯物主义源自马克思的劳动中心性理论，在这一理论中他强调动员、组织以及利用劳动所使用的过程以及社会生产关系的重要性，而唯物主义也发展了他的这一理论。这种分析方法的核心问题在于物质基础或经济结构与社会整体之间的关系，尤其是文化和政治等上层建筑之间的关系。二是社会演化，马克思主义人类学作品中很大一部分将马克思的生产方式概念应用于社会演化的过程之中。主要包括两种分析模式：第一种模式关注演化问题自身；第二种模式则关注在前资本主义社会中，基础建筑和上层建筑之间的关系。两种模式既对立又相互联系。三是资本主义。马克思主义人类学的第三个领域关注资本主义社会自身，以及在研究前资本主义社会的基础上，对资本主义社会进行扩展。对资本主义社会的审视引发了广泛的人种问题—工作和工作地点的关系，商店和工厂中的实践和意识形态之间的关系，家庭社区中以及商店和工厂之中的性别关系，社区构成以及意识形态、政治行动、抵抗或沉默之间的关系。

马克思主义人类学与人类学分支学科各门具体有一致的一面，所不同的是各门具体分支学科所研究的是人类的某一个方面或特征，马克思主义人类学则从哲学的高度来把握和研究人类整体。因此，马克思主义人类学不能离开各门具体的人类学学科，它的每一个原理和观点都是从各门具体的人类学学科所提供的材料中总结和概括出来的，反过来它又给各门具体的人类学研究以世界观和方法论的指导。

（陈蕊）

马纳　波利尼西亚、美拉尼西亚地区将超自然力量称为马纳（Mana），意为力量、效力和威望。英国传教士罗伯特·科德林顿（Robert Codrington）在《美拉尼西亚：人类学与民俗学研究》（*The Melanesians: Studies in their Anthropology and Folklore*）中首次对马纳进行描述，将其界定为“截然不同于自然之力的力量，它既可为善亦能作祟，拥有或控制马纳便可具有支配性地位”。马纳不仅可以通过自然力量起作用，也可以附着在人、物体之上，乃至鬼魂或精灵都可具有马纳。马纳对于维持万物之间的互惠关系至关重要，但是力量的过分聚集则带来危险。通常有生命的事物较之无生命的事物具有更为强大的力量，人类比动物拥有更强大的力量，而首领以及人的灵魂因拥有极为强大的马纳则会危及普通人。

马纳在19世纪逐渐为人类学家所关注。马雷特（Robert Ranulph Marett）在泰勒（E. B. Tylor）万物有灵论的基础上进行延伸与修正，通过对马纳的研究，论证前万物有灵论阶段，认为宗教最初起源于人类对某种泛灵的、超自然力量的敬畏，这比灵魂概念的形成更早且更原始，并且得以探究宗教之根源。马雷特的前万物有灵论为宗教信仰的早期形式和巫术起源的探讨奠定了基础。马塞尔·莫斯（Marcel Mauss）等学者在1904年《巫术的一般理论概要》（*Outline of a General Theory of Magic*）一文中以马纳及其他社会中类似观念建构巫术的一般理论，进而提出“每个地方都发现了包含着巫术力量的观念”的假设。然而，伊恩·霍格宾（Ian Hogbin）、米尔恰·伊利亚德（Mircea Eliade）、列维·斯特劳斯（laude L é vi-Strauss）等学者均不同程度地对将马纳视为普遍性概念进行了批判，基于马纳构建的原始宗教的一般理论也存在谬误。

尽管马纳存在的普遍性受到质疑，但是除了波利尼西亚和美拉尼西亚，在其他地区也发现了类似的超自然力量信仰。在夏威夷和塔希提文化中，附着于物体和人类的马纳是精神力量的一种形式，并且具有治愈能力。澳大利亚的珀斯（Perth）部落将类似的力量称之为布尔雅（boolya），新南威尔士的部落用库基（koochie）描述邪恶精灵、个体或非个体的邪恶效应，阿伦特人的阿荣奎尔萨（arungquiltha）是在感应仪式中被唤起的邪恶力量。此外，北美的休伦人将类似的超自然力量称为奥伦达（orenda），阿尔冈琴人的曼尼陀（manitou）和肖松尼人的坡库恩特（pokunt）则泛指精灵、力量和性质，墨西哥和中美洲的瑙尔（naual），中国的“气”和印度的婆罗贺摩（brahma）在其文化中均与马纳有着相似的内涵。

（杜辉、陈蕊）

参考书目

［1］Codrington, R. H. *The Melanesians: Studies in Their Anthropology and Folklore.* Oxford: Clarendon Press,1891.

［2］Kennedy, Kenneth A. R. "Fa-Hien Cave", pp. 941-942, in H. James Birx （ed.） *Encyclopedia of Anthropology*（Vol.4）, London & New Delhi: SAGE Publications,2006.

［3］马塞尔·莫斯等. 巫术的一般理论 献祭的性质与功能. 杨渝东等译. 桂林：广西师范大学出版社，2007.

曼彻斯特学派（The Manchester School） 作为英国“新功能主义”的生力军，以英国曼彻斯特大学人类学系为中心的研究团队为社会人类学做出了重要贡献。格拉克曼（Max Gluckman）、特纳（Victor Turner）作为曼彻斯特学派的旗手在人类学学术史中占有重要的地位。

20世纪40年代，英国受到第二次世界大战的冲击和战后殖民地独立的影响，功能主义人类学也受到了田野材料客观性和殖民地社会变革的挑战。在这样的理论困境下，获取新的民族志材料来填补理论的漏洞，构建具有说服力的新理论，成为当时英国社会人类学的集体追求。曼彻斯特学派人类学家通过长期的田野调查和大量具有学术价值的民族志成果在社会变迁、仪式与冲突、流言蜚语、法律人类学领域具有独到的观点和特殊的贡献。

拉德克里夫-布朗（A.R.Radecliffe Brown）所倡导的功能结构主义强调社会稳定和社会各个部分之间的平衡，基本不涉及社会变迁的问题。而格拉克曼对于社会变迁一直保持着浓厚的兴趣，他认为，平衡也是一种动态的过程，是系统在其原有状态被侵扰后一种恢复的倾向，社会处于重复性平衡的历史过程中。

在平衡状态的过程中，社会逐步发生变迁，社会制度不断发生变化和重构，文化对于社会秩序有一种历史的包含能力，现在包含着过去，过去也包含着现在。他将功能主义的平衡系统撕裂，在动力学视野中去理解社会结构和文化功能。从格拉克曼开始，曼彻斯特学派一直将平衡与变迁作为研究的核心问题，特别是对于非洲的城市化和移民研究领域表现突出。

功能主义理论的假设前提是社会共识与稳定的社会秩序，不承认社会存在着冲突。格拉克曼在吸收了马克思主义关于社会冲突的理论之后认为社会冲突是不可避免的，仪式就是理解和解决社会冲突最好的路径。仪式以夸张的艺术风格将社会冲突表现出来，从而达到消除人们的不满情绪，使得社会重新回到正常秩序上来的目的。特纳在此基础上进一步发展了仪式与冲突理论。他从象征符号的视角分析仪式与冲突的关系，并重新阐释了“阈限”的概念。特纳认为“阈限”是对一切积极性结构主张的否定，使得地方新型的结构得以产生的一个动力。特纳及其追随者在研究文化和社会方面也多使用“阈限”概念，特纳在后来研究社会革命当中将这一概念做了进一步的发挥。

曼彻斯特学派的另一位理论家科尔森（E. Colson）对“夸富宴”理论产生地——美国西北海岸的马卡印第安人的研究主要集中在流言蜚语。科尔森发现，当地的印第安人已经完全融入城市和白人的社会文化中，但是他们又被内部的纠纷与斗争所分裂，传播流言蜚语是他们在适当的时间和适当地场所保持相互关系时经常使用的手段。特别是在政治活动中，首领和官员会被恶毒的流言蜚语所击倒，名誉尽毁。不断发出流言蜚语被认为是马卡印第安人的主要特征，而流言本身在族群识别、维系内部团结、背信自身文化行为上发挥着主要的功能。

关于法律的定义一直是人类学和法学争论的焦点，格拉克曼在赞比亚赞比西河的田野经验抛弃了以西方中心主义的观点来讨论法律问题。格拉克曼提出了：什么原因使他们做出了决定？当地人争论的逻辑是什么？他们是如何将合法的规则应用到社会生活中去的？哪些规范是在法庭上使用的？什么时候使用等核心问题。通过田野工作，格拉克曼认为，逻辑原则和成因模型是当地人应用法则解决争端的关键，这两点与西方法律体系基本一致。从这一观点推广开来，学者进一步认为，非西方社会存在的法律观念不能套用西方法理学体系，非西方社会发展中所形成的法律体系与西方社会法律体系相比具有同样的功能。因此，在法理学领域，格拉克曼被学界认为是促成人类学理论与法理学实现完全分离的标志性人物。

除此之外，曼彻斯特学派对于田野工作中网络分析方法、扩展个案研究法和法律民族志的写作方法均做出了突出贡献。

从20世纪70年代开始，随着格拉克曼、特纳等曼彻斯特学派核心学者的退休与离世，曼彻斯特学派逐渐失去了耀眼的光环，淡出了人们的视野，但这一学派在一般人类学理论方法上做出了重要贡献，其他相关领域成就的追溯还是要回到这一学派上来。

（张猷猷）

《芒市边民的摆》 人类学家田汝康根据对芒市那木寨宗教活动的实地观察写成的民族志作品。

田汝康1940—1945年在魁阁参加了由费孝通主持的一系列社会调查工作，是魁阁的重要成员。1941年，田汝康赴芒市研究少数民族，负责设计如何在少数民族地区开展民众教育，经过9个多月的调查研究，他发现“摆”这个看似微小的宗教仪式其实关联着摆夷的整个生活，并根据自已的田野调查完成了《芒市边民的摆》（又名《摆夷的摆》），费孝通作序，1946年由重庆商务印书馆出版，被学界视为人类学研究的重大成果之一。1948年，田汝康在此基础上完成博士论文《云缅边境掸邦的宗教崇拜与社会结构》（*Religious Cults and Social Structure of the Shan States of the Yunnan-Burma Frontier*），1986年修改后由美国康奈尔大学出版社出版，题为《云缅边境对“摆”的宗教崇拜》（*Religious Cults of the Pai-I along the Burma-Yunnan Border*）。2008年，云南人民出版社推出了新版的《芒市边民的摆》，增加了一些纪念田汝康先生的文章作为附录。

《芒市边民的摆》研究的是傣族每个不同阶段年龄的人的崇拜仪式，全书分为8章。从第一章到第三章主要是对事实的描述，作者介绍了摆夷（即傣族）的大摆、合摆、挺塘摆、干躲摆、金黄单摆和冷细摆等6种"摆"的仪式过程，以及汉辛弄、烧白柴、泼水、祭社、等摆以外的宗教活动。从第四章到第八章是对前述事实或现象进行理论上的分析，体现出鲜明的功能主义特色。费孝通先生在序言中指出，作者"在这本书中就把人类学中经了几十年所获得的方法和概念，用具体的例子，介绍给了国人。他不但介绍了人类学中最近的成绩，而且也是第一个人用这些方法和概念来实地研究我们自己国内的宗教活动。"

2001年，北京大学和云南民族大学合作开展"云南著名人类学田野调查地点的再研究"课题，田汝康曾经调查过的芒市那木寨成为其中的一个调查点，褚建芳博士在那里开展了再调查，并完成了博士论文《人神之间：云南芒市一个傣族村寨的仪式生活、经济伦理与等级秩序》，成为《芒市边民的摆》的重要追踪研究成果。

（康敏）

参考书目

［1］田汝康. 芒市边民的摆. 昆明：云南人民出版社，1946.

［2］Tian, Jukang. *Religious Cults of the Pai-I along the Burma-Yunnan Border*. Ithaca, NY: Southeast Asian Program, Cornell University, 1986.

［3］Tian, R. *Religious Cults and Social Structure of the Shan States of the Yunnan-Burma Frontier*. Doctoral dissertation, University of London, 1948.

梅尔维尔·赫斯科维茨（Herskovits, Melville 1895—1963）　美国文化人类学中文化相对主义的代表人物，美国学术界非洲人及非洲裔美国人研究的奠基者。

赫斯科维茨生于美国俄亥俄州贝耳方廷。1920年进入哥伦比亚大学研究院学习，1921年获得人类学硕士学位，1923年获得博士学位。早年师从博厄斯和戈登威泽，后由体质人类学与人种学的研究转向文化人类学，从社会文化的角度考察种族问题。1939年参加了以穆达尔为首的"对美国黑人全面研究"的工作。

赫斯科维茨以研究美洲黑人和原始部落的经济生活而声名大振，曾赴南美洲、西非洲和西印度群岛如荷属圭亚那、海地、特立尼达和巴西进行广泛的实地调查。写成的著作有《美洲黑人：种族杂交的研究》（1928）、《达荷美的宗教信仰概略》（1933）、《反抗者的命运》（1934）、《关于从前黑人的神话》（1941）等。他强调非洲传统的牢固性，在其出版于1941年的《黑人历史的神话》一书中，力图打破关于黑人没有文化和历史的固有观念。他认为，西非黑人文化既非低劣或原始的，也非那么容易被所谓的白人高级文化一击而溃。

赫斯科维茨作为博厄斯的学生，将文化相对主义作为开展研究的指导思想和基本方法而加以继承和发挥，他认为每一种文化都有其独创性和充分的价值，应该用它所属的价值体系来评价。于1948年在《人及其劳动》中提出了所谓"文化相对主义学说"，该书以及据此改编的《文化人类学》被认为是文化相对论的主要代表作。

同时，梅尔维尔·赫斯科维茨对现代经济人类学贡献重大。他于1940年首先提出经济人类学的概念，其《原始人的经济生活》是一部科学民族志，书中系统地将经济学理论和民族志成果并列考虑，这标志着现代经济人类学出现了。1952年，赫斯科维茨的《经济人类学》一书，试图用现代经济学的理论和观点来研究历史上的各种经济现象，并由此形成了形式主义学派，主张把人类史上出现过的各种经济现象在现代经济学理论指导下进行研究，揭示这些经济现象的发展变化过程，为解决现代经济发展中的问题提供理论依据。

（冯珊）

美国民族学家（*American Ethnologist*） SSCI（Social Sciences Citation Index）收录人类学期刊之一。《美国民族学家》涉及最广泛意义上的民族学的内容。在该杂志上发表的文章探讨人种特异性和独创性理论之间的联系，并传达对当代世界的民族志的想象力。作为社会和文化人类学的旗舰杂志，《美国民族学家》很好地在理论、方法和观点上进行宣传。编辑鼓励作者提交反映学科知识多样性的手稿。

今天，这意味着出版富有想象力的学术主题，从多种民族志研究金融、影响、暴力、公民权、新媒体、后社会主义、流行文化、社会运动、性别、跨国主义、身体、生物医药、法律、宗教和新自由主义。这也意味着人类学是参与探索对企业社会责任、全球经济危机、器官贩卖、互联网中立性和大学法人化等问题的公开辩论的重要形式。该杂志也欢迎新的体现人类学形式的手稿，如《进展中的工作》在2009年5月刊的贡献。迈克尔·赫茨菲尔德曾任该杂志主编。

（蒋萍）

美国人类学学会年会（American Anthropology Association's Annual Meeting） 美国人类学学会是世界上规模最大的人类学学会，有12000名会员，每年出席会议的全球人类学家达数千名之多。自1902年以来，美国人类学学会年会每年举行一次。随着机构的壮大，会议规模也越来越大。会议语言为英语，会员要每年缴纳年费，订阅该会的杂志，方可报名参加会议，分有美国会员和国际会员。参加年会要缴纳会务费。美国人类学学会的会员大部分来自高等教育机构或是人类学专业的学生，还有一部分来自于公共部门、私人机构或非政府组织。学会组织架构有40个分论坛，代表了不同的知识领域。学会有22种刊物，提供职业规划和专业发展服务，为教育机构提供智力支持，并颁布相关荣誉和奖项，同时还提供暑期实习项目和暑期田野实践。该学会保持对于公共事务的热切关注，以人类学田野研究为基础对如种族、移民等公共议题提供学理上的研究和梳理。第116届年会将于2016年11月16日—20日在明尼阿波利斯举行，主题是“evidence，accident，discovery”。

（蒋萍）

美国人类学家（*American Anthropologist*） 美国人类学学会（American Anthropological Association，AAA）最重要的杂志，以发表包括文化人类学、生物人类学、语言人类学、考古学及应用人类学在内的范围广泛的人类学作品而著称。杂志通过传播人类学知识和阐明人类学与人类问题的相关性以促进人类学家和学子的专业兴趣，刊登研究论文、研究报告、述评、评论文章、人类学影片评论、书评、学术动态等。由于美国人类学家的研究多为国际性的，且该杂志也刊登美国之外其他国家著名人类学家的论文，因此在国际人类学界颇受重视，影响颇大。

该杂志的前身是由美国的第一个人类学协会华盛顿人类学学会（Anthropological Society of Washington）于1888年出版的（被称为“老系列”），而“新系列”则是1899年开始由弗朗茨·博厄斯（Franz Boas）、丹尼尔·布林顿（Daniel G. Brinton）和约翰·鲍威尔（John Wesley Powell）等人组成的编委会开始编辑的，并一直延续到今天。杂志为季刊，ISSN号0002-7294，杂志注册地点位于弗吉尼亚州美国人类学会的办公地。编委会由50多位美国及包括中国在内的世界各国人类学家组成。美国人类学学会执委会从中选出编辑部，每届任期4年。包括1名主编（Editor-in-Chief）和4名四分支助理编辑（Associate Editors），另有2名书评编辑、1名讣告编辑。2012—2016年度的主编是来自美国爱荷华大学的迈克尔·迟布尼克（Michael Chibnik）。为了适应人类学最新发展势态，该杂志还专门设立了公共人类学（Public Anthropology）、影视人类学（Visual Anthropology）、世界人类学（World Anthropology）3个分部。自2016年起，包括《美国人类学家》在内的美国人类学学会所属刊物都将主要发行电子版，只对额外付费的会员发行纸质版。

在美国人类学学会的刊物中，《美国人类学家》是唯一一份依照人类学所有4个分支发表论文的。直到第二次世界大战结束前后，尽管也有几份其他杂志发行，但该杂志一直是美国人类学各领域论文发表最杰出的杂志。此后有了越来越多的人类学杂志，人类学四分支的支持者认为该刊编委会对于维持学科的整体性起到了重要作用。然而自20世纪70年代以来，因为许多人类学家不再愿意认可以往的分支是一个理想的人类学学术整体，对编辑们的批评越来越多。该杂志力求更加开放，已经加强了公共人类学、影视人类学和世界人类学栏目，还将推出特别重要议题论坛、聚焦性讨论、访谈、会长演讲和著名人士讲座等栏目，但从杂志的长期历史及美国人类学学会全体会员的利益考量，依然坚持涵盖人类学4个分支。

（王建民）

盟旗制（Meng-Qi system） 是指清政府结合满族八旗制度，根据蒙古地区已有的基本政治制度而在蒙古地区建立的政治管理制度。清政府在征服蒙古地区以前，大多数蒙古部落组织形式分为由血缘关系组成的爱玛克与非血缘关系组成的鄂托克，而旗的建制就是在爱玛克与鄂托克的基础上组成的。但是，旗与爱玛克或鄂托克相比具有根本的不同。旗的建制，打破了蒙古地区原有的政治隶属关系和社会团结状态，以新的政治单位实现了蒙古地区的整合。

自清努尔哈赤以来，清政府用盟旗制展开对蒙古地区的政治统治简史如下：1629年，皇太极首次给蒙古部落编旗；1635年，按照满族八旗制度，正式建制蒙古八旗，并开始将这一制度推衍至整个蒙古地区；至1626年，整个漠南蒙古地区被划分为24部共计49旗，被划分为6个盟；历经康熙、雍正、乾隆三朝之后，在1759年，漠北蒙古地区也完成盟旗建制，4部共建4盟86旗；1775年，土尔扈特部归顺之后被清政府整合，达到了盟旗制最完善的形式。

旗及其首领札萨克是盟旗制的核心。旗主要分两类：一是通过中央委派、节制的总管旗，二是中央理藩院监督的札萨克旗，此外还有少数宗教上层掌管的喇嘛旗等。其中札萨克旗数量最多，也尤为重要。札萨克是从当地王公贵族中选出的旗主，是清政府在蒙古地区的实权性地方行政长官。

盟为旗的会盟组织，合数旗而成。盟长或副盟长从各札萨克中选出，负责召集各盟盟会。除召集、监督、联系以外，盟长职务本身没有太大的实际权力，不得干预各期内部事务。

盟旗制度厘定了蒙古游牧世界的边界，规定蒙古各族群、阶层不能越旗游牧、耕种、往来以及婚嫁，确实达到了一定程度上分而治之的政治效果，在一定时段内达到了实现稳定的效果。但同时，不仅削弱了游牧民族的整体团结以及开疆拓土的精神，而且由于内部边界的严格确立引发了游牧部族内部的矛盾。1949年后，盟旗制度已彻底废除，仅保留盟旗称谓。原先的盟相当于一个专区，旗相当于县。

（黄志辉）

参考书目

［1］张文江. 清代藩部研究. 哈尔滨：黑龙江教育出版社，2001.

［2］祁韵士. 清朝藩部要略稿本. 哈尔滨：黑龙江教育出版社，1987.

蒙藏委员会 南京国民政府设立的专门掌管蒙古、青海、西藏、西康以及新疆等边疆地区涉及少数民族事务的中央机关，成立于1928年。蒙藏委员会与省平级，主要管理边疆民族地区中的少数民族事务，也就是改土归流中之未改之土，正是蒙藏委员会管辖范围。蒙藏委员会的职权基本沿袭北洋政府蒙藏院，主要为国民党中央决策提供信息，执行国民政府对蒙藏边疆的政策。1928年公布的《蒙藏委员会组织法》规定蒙藏委员会的职责：掌理"蒙古、西藏之行政事项"及"各种兴革事项"。蒙藏委员会下设很多机构，如蒙事处、藏事处、编译室、调查室等。作为主管藏事的专门机构，

1938年，西康社会考察团抵达康定北门

蒙藏委员会在国民政府治理西藏中发挥了重要作用。

中央政府之所以设立蒙藏委员会作为管理蒙藏事务的最高权力机构，主要原因是改善蒙藏地区严峻局势，化解边疆危机的需要。蒙藏委员会的成立，标志着国民政府管理蒙藏地区的事务逐渐规范化和制度化。在之后的20年间，大量的事实证明，蒙藏委员会在维护边疆地区社会稳定和发展方面做出了积极的贡献。

蒙藏委员会在蒙藏地区施政的积极作用主要体现在以下4个方面：（1）调查蒙藏地区情况，为中央决策提供资讯。（2）派员入蒙藏地区宣慰、致祭，处理重要事务。（3）拟定治理蒙藏的法规。其中包括《达赖、班禅代表来京展觐办法》《管理喇嘛寺庙条例》。（4）加强中央与地方的联系。

蒙藏委员会的一般职责主要有：呈请任命蒙旗行政长官、掣签活佛及对活佛的登记备案、改革蒙古地方行政，例如准予锡埒图库伦旗政教分离、翻译国民党宣传品、文化审查、调查蒙藏地方情况、管理其他少数民族事务、赈灾救济蒙藏民众等。

蒙藏委员会从1929年3月13日正式行使职权到1949年迁往台湾为止结束。蒙藏委员会存在的20年，正是内乱频仍、列强窥伺、边疆危机严重的时期， 蒙藏委员会成立之后，调查边情、服务决策，宣慰致祭、沟通中央地方，处理蒙藏重要事务，团结地方政教人士，促进蒙藏宗教事业，为维护民族团结和祖国统一抵御帝国主义侵略做出了巨大的贡献。

米歇尔·福柯（Foucault, Michel 1926—1984） 法国哲学家、社会思想理论家、历史学家、文学批评家。他出生于法国普瓦捷，因艾滋病逝世于巴黎。他受教于法国高等师范学校，学习哲学和心理学。曾在瑞典、德国等地任文化代表，后一直任大学教授，包括法国克莱蒙费朗大学、巴黎万塞纳大学。自1970年起，为法兰西学院思想体系史教授。

福柯对文学评论及理论、哲学、批评理论、历史学、科学史（尤其是医学史）、批评教育学和知识社会学有很大的影响。他被认为是一个后现代主义者和后结构主义者，但他本人对这个分类并不欣赏，他认为自己是继承了现代主义的传统，并且他反对给他的研究工作任何诸如此类的说明。

福柯的主要工作总是围绕几个共同的组成部分和题目，最主要的是权力和它与知识的关系，以及这个关系在不同的历史环境中的表现。他因为社会机构的批判研究，精神病学、医学人类学、监狱系统、人类性史的研究而闻名，关于权力、知识和话语的著作在学术界产生了很大的影响。这些著作包括《疯癫与文明》（1961）、《词与物》（1966）、《知识考古学》（1969）、《规训与惩罚》（1975）、《性史》（1976—1984）等。其中，《性史》因为福柯的逝世只出版了4卷中的3卷。

福柯关于权力话语的讨论启发了许多批判理论家，他们认为福柯对于权力结构的分析可以促进与不平等的斗争。2007年，福柯被ISI科学网列为被引用最多的人文科学学者。当然福柯也受到了一些质疑，比如哲学家哈贝马斯将福柯描述为“隐秘的规范主义”，暗里依赖他试图解构的启蒙原则。

《缅甸高地的政治制度》（*Political systems of highland Burma: a study of Kachin social structure*） 该书初版于1954年，系英国人类学家利奇在其博士论文基础上修订而成。该书目前在中国有两个译本，一个是2005年由台北的唐山出版社出版，一个是2011年由北京的商务印书馆出版。在该书中，利奇根据第二次世界大战期间在缅甸克钦社会的亲身经历和一些文献资料（田野笔记在战争中丢失）展示了克钦人（在中国称景颇）的政治结构变迁以及与周边人群的互动，并以历史和动态的视角反思了社会科学中的社群、文化和仪式等核心概念。利奇自陈他写作该书的目的就是要打破“社会体系皆天然地带有均衡性”这一幻象。为此，他将均衡状态运作的时间幅度延长到一段有150年之久的时期，并试图明白地指出均衡假设具有虚构的（唯心论的）性质。基于细致的田野观察和广博的历史文献，利奇提出了关于克钦政治制度的钟摆模型：克钦社会政治形态并不是稳定不变的，而是在民主的贡老制（gumlao）和专制的贡萨制（gumsa）之间来回摇摆，从而在较长时段内维持一种动态的平衡。该书直接挑战了功能派人类学正统，尤其是布朗的结构功能论，并在引入历史视角、使用历史材料等方面进行了有益的尝试，对于功能主义在新历史条件下的新发展具有重要价值。此外，利奇对社会结构、模型体系的看法，以及对语言范畴这一方法的运用，均体现出他对法国结构主义思想的率先引介和运用。用利奇自己的话来说，该书是“马林诺夫斯基的经验主义和列维·斯特劳斯的理性主义之间的一种对话，在之后的作品中，读者应该不难看出我思想中这两种互为对照的线索”。也正因为如此，利奇认为这是他“最具影响力的作品”。当然，该书的唯心主义立场也引起了许多功能派人类学家的批评。

（张丽梅）

参考书目

[1] 利奇.《缅甸高地诸政治体系——对克钦社会结构的一项研究》.杨春宇、周歆红译，北京：商务印书馆，2011.

[2] 李区.《上缅甸诸政治体制：克钦社会结构之研究》.张恭启、黄道琳译，台北：唐山出版社，2005.

[3] Leach. E. R. *Social Anthropology*. New York: Oxford University Press, 1982.

[4] Leach. E. R. “Glimpses of the Unmentionable in the History of British Social Anthropology”. *Annual Review of Anthropology*, 1984(13).

面具（mask） 是一种遮住面部的头部装饰，在世界各地普遍存在，是世界各民族普遍共有的一种共生文化现象。在世界各地的民俗活动中，人们常用面具把自己装扮成鬼神及各种奇禽异兽，以表示对自然的敬畏或在想象中征服自然。面具的具体内涵取决于与它相联系的文化背景；总体而言，面具往往以装饰、伪装、驱鬼、娱神、沟通天地或自娱为目的。通常制作面具的材料有：树皮、树枝、贝壳、石头、皮革、黏土、动物躯体；也有的面具用到了人的头发，这往往出现于萨满或个别社会中。面具的出现是社会进步的一种标志，它表明人们已经从具象思维迈向了抽象思维。

在世界各地的面具艺术中，非洲的面具独具特色，分布广泛，并深刻地影响着非洲的社会。安德里亚斯·罗米尔（Andreas Lommel）在他的《面具：意义与功能》（*Masks: Their Meaning and Function*）一书中，把非洲的面具分为4类：第一类是写实主义面具，往往体现女人的美丽，主要分布在西非和刚果；第二类是动物面具，这类面具分布广泛，起源可以追溯到狩猎社会；第三类是抽象面具，这类面具在苏丹地区出现得尤多，并深受沙漠游牧文化的影响；第四类是表现式风格面具，这类面具在整个非洲大陆都有存在，但以刚果和喀麦隆为最主要的地区，其面具的材质是青铜、赤土烧制的陶或木，其中木质面具多用于在宗教仪式中敬神。

在美洲地区的易洛魁部落，木质面具十分流行，不同类型的面具用于不同的场合，例如母性面具、预言者面具、乞丐面具、战争面具、胜利面具。当他们戴着面具跳娱神舞蹈的时候，神灵就会在所在的村庄停留一段时间，并会惩罚违反部落规则的人；在仪式中，戴面具的人就成为现实世界与神灵世界之间的媒介，人和面具一起进行着仪式活动、传递信息。

在中国，面具主要分为傩面具、藏面具两大系统。傩面具广泛用于傩仪、傩舞和傩戏，主要分布于西南的贵州、云南、四川、广西，以及长江中下游的湖南、安徽、江西、湖北等省。藏面具是藏传佛教和苯教孕育的面具，西藏、青海等藏族聚居区域是其主要流布地区。藏面具又可分为羌姆面具和藏戏面具。羌姆面具是在宗教法事活动中进行舞蹈表演时佩戴的面具；藏戏面具是在藏族戏曲活动中佩戴的面具，其造型带有浓郁的世俗倾向和民间色彩，表现的题材主要包括历史故事和神话中的人物、神灵和动物。也有学者将傩面具具体细分，加上西藏面具系统共分成6个傩文化面具圈，即北方萨满文化圈、中原傩文化圈、巴楚巫文化圈、百越巫文化圈、青藏苯佛文化圈、西域傩文化圈。

中国的面具起源于上古社会，最早运用于狩猎、巫术、丧葬、灵魂崇拜等活动和仪式。例如在狩猎中，为了便于接近猎物，猎人用面具把自己装扮成各种动物。商周时期，青铜制造业的发展和重祭祀、信鬼神的社会形态，使面具从幼稚向成熟过渡，这个时期的面具多为青铜铸造，以宗教祭祀和各种乐舞的使用尤为普遍，面具风格威严庄重、造型相似度比较高。汉唐时期，面具多用于傩祭和百戏，其宗教色彩逐步减弱，向着娱人化的方向发展，木、竹、布等取代青铜和玉石成为制作面具的主要材质，其样式也变得丰富、充满生机，在这期间，面具的实用功能开始减弱，审美功能逐渐加强。宋元时期，随着世俗文化的繁荣，傩祭与当时流行的说唱文学、杂剧等艺术形式相互融合，驱傩表演已经具有了一定情节，舞蹈向戏剧转变，形成了傩戏。傩戏演出所用面具众多，因此出现了专门以制作面具为业的手工艺人。明代初期，原本在中原一带盛行的傩戏，受战争频繁、民族迁徙、各族交往等多种因素影响，逐渐向边陲少数民族地区扩散。明清以降，中原及东南沿海地区的傩文化日趋衰落，而贵州、广西、云南等地区的傩戏却蓬勃发展起来，衍生出各种各样的面具风格并延续至今。中国的面具经历了从原始神灵崇拜到娱神再到娱人的变化，兼具宗教艺术的品性和民间艺术的特征。

中国不同的地区，面具的风格、文化内涵不同，即使是同一地区也不尽相同。以贵州为例，贵州地区的面具主要包括3种类型：傩堂戏面具、彝族“撮泰吉”面具和地戏面具。3种面具都脱胎于古老的傩祭，但形成于不同的民族和文化背景之中，虽属同源却风格各异：傩堂戏面具是巫道神灵的象征，一般半堂戏十二面具，全堂戏二十四面具，多用柳木、柏木和白杨木制作，造型夸张诡异，制作粗犷大气，色彩古朴浑厚，带有浓厚的宗教气息；地戏面具表现的是古代英雄人物，角色众多，一堂面具少则几十面多则上百面，质地多为丁木、白果和白杨，造型瑰丽神奇，制作精细繁缛，色彩富丽堂皇，充分反映了农民的审美趣味；“撮泰吉”面具是祖先神的化身，用漆树、杜鹃等高山硬杂木制作，造型稚拙怪诞，有猿猴相，色彩单一，以墨汁或锅烟涂底，演出时用石灰汁或粉笔在面具上画出道道纹饰，以区分性别和年龄。

（张嘉馨）

参考书目

［1］Lommel, Andreas. *Masks: Their Meaning and Function*. translated by Nadia Fowler, Toronto: McGraw-Hill, 1972.

［2］Napier, A. David. *Masks, Transformation, and Paradox*. Berkeley: University of California Press, 1986.

［3］Richards, David. *Masks of Difference: Cultural Representations in Literature, Anthropology, and Art*. Cambridge: Cambridge University Press, 1994.

［4］林河. 中国巫傩史：中华文明基因初探. 广州：花城出版社，2001.

［5］民族文化宫、贵州民族文化宫、国家大剧院. 中国傩戏面具艺术. 北京：学苑出版社，2012.

[6] 余大喜. 中国傩神谱. 南宁：广西民族出版社，2000.

描述式亲属制度（descriptive kinship system） 亲属称谓制度早期两大类之一。亦称叙述式亲属制、说明式亲属制。率先根据亲属称谓制度的变化研究人类家庭进化的美国人类学家摩尔根（Lewis Henry Morgan）认为，亲属制度是婚姻家庭形式的反映和记录，并把全世界的亲属称谓分为类分式亲属称谓制和描述式亲属称谓制。类分式亲属称谓制，旁系、直系不分；区分旁系、直系，并认为后者由前者演变而来，是随着单偶制婚姻的产生而产生的。后者不同于前者的地方在于其对同性别的同辈亲属实行了分系，如对父、母及他（她）的兄弟姊妹和子女及兄弟姊妹的子女都分辨直系、旁系，并用基本亲属称谓单个加以说明，使兄弟之子、父之兄弟、父之兄弟之子等称谓都比较明确。后来，英国人类学家里弗斯（William H. R. Rivers）把摩尔根的描述制改为家庭制（family system），但目前仍有许多人类学家沿用摩尔根的分类。

在这种亲属称谓制中，一个人可以用不同的词去分别称呼自己的所有同辈亲属，如B（兄弟）、Z（姊妹）、MBS（舅表兄弟）、MBD（舅表姊妹）等等。对下一辈人也可以使用描述性亲属称谓制，如Z（姊妹）、D（女儿）、B（兄弟）、S（儿子）等。如果一个群体采用描述性亲属称谓制，群体的成员往往不用亲属称谓，而是用名字称呼自己的亲属。亲属称谓只有在说明一个成员与另一成员的亲属关系时才使用。亲属称谓规则反映了在亲属和继嗣集团中，个人的地位、关系亲近程度、权利义务范围以及共同体价值倾向等，也可以提供许多有助于理解该群体社会关系和社会互动的信息。

克虏伯（Alfred Kroeber）认为，类分式和叙述式两类亲属制度之间其实没有原则性差别，一切亲属制度都是类分的，只是存在着程度的差异。

（刘荣）

民间工艺（Folk Craft） 就语义角度而言，民间（folk）一词除了蕴含着传统之义，也指涉小规模、封闭群体的日常生活。日本民艺理论家柳宗悦在20世纪20年代提出民艺这一术语，他在《民艺之旨趣》中将民艺解释为民俗艺术，在某种程度上也与农民美术、民众艺术相混同，但是最质朴的意义却是民众性的工艺。因此，民间一词有日常生活化的、民众的、平民的含义，它不仅与精英的（elite）、上层的相对照，也与代表前工业社会的原始（primitive）部落或社群相区分。

“craft”在德语“kraft”为力的意思，因此“craft”常指具有力量，有技术之意。它也指通过获得某种技能（skill）及其熟练地掌握某种工作的知识以消遣或为职业。在中世纪及其之前，该词通常被用于形容专门从事小规模商品生产或以此为生计，相较于工艺实则更倾向于手艺，掌握此种技能的人群被称为手艺人（craftsman和craftswoman），而如今匠人（artisan）被广泛使用。从历史角度来看，手艺人（craftsmen）大多聚集在城市中心并形成行会，他们往往处于社会等级结构的底层，一些手艺人也从事农业活动，有的则沿途贩售或设立商铺来谋生。如今，美术或艺术（art）与工艺（craft）相区分，然而二者的分离是在近代才产生。陈之佛在《美术与工艺》一文中，指出“在现今所谓‘美术与工艺’，似乎已明白地有了区别，任何美学书，美术史或美术学校中，普通多分这美术与工艺为二门的。但若我们约略考察以往的历史，便知道这二者的分离还是极近代的事情。”

古希腊时代，艺术还仅仅被当作一门手艺，在希腊语中与其最接近的一个词是技艺（techne）。柏拉图将技艺看作是一种审慎的、有意识的、计划性的活动，并且更倾向于使用模仿（minesis），而非技艺（techne）建构艺术的概念，前者是指对自然的直观的复制。中世纪仍尚未形成艺术的概念，对于美的关注、态度和价值观来自于神学家，它是“作为可供记忆的、让人祷告的形象、图像为道德、教育和宗教的需要而服务”。至文艺复兴早期，艺术逐渐被关注。祖卡洛认为艺术家的

"心智必须不仅要清楚，同时还要自由，他的精神是解放的，从而不被限制在那对于规则的机械化的顺从，因为这门真正是最为高贵的职业，希望将判断和好的实践作为工作优秀的准则和标准"。17世纪对于理性的推崇直接导致艺术与实用、自然主义的脱离，米奈认为这一时期对于美的理解是避开非理想化的自然主义，艺术的使命是指导、感动和愉悦那个经过教育之后，已经接受了艺术家及其所代表的优势文化的价值体系的观者。从这一角度来看，工艺便已被排斥在艺术及其带来愉悦和美感之外。

19世纪下半叶，英国兴起艺术与工业运动（Arts and Crafts Movement），对工业革命带来没有灵魂的机械复制品加以反驳，也将艺术与工艺最终分离。威廉·莫里斯（William Morris）、科勃旦·山特孙（Cobden Sanderson）、约翰·拉斯金（John Ruskin）等倡导者发起的设计改良运动在批驳机械化生产带来功利主义式的丑陋，进而重建手工艺的价值，他认为手工艺则会让人类看起来"更像万物之灵，它可以使我们变得更加睿智，而不至于沦落为迟钝的劳动者与轻浮的寻欢作乐者"。莫里斯认为实用装饰术源于民间，主张将纯洁的趣味还给人民。他在《乌有乡消息》（*News from Nowhere*）中构建的乌托邦式想象中认为个人的手工劳动应该是主要的劳动方式，人们有充分的时间和精力考虑制造的乐趣。

艺术与工业运动与民间工艺的复兴在19世纪晚期至20世纪早期传播至其他欧洲地区、美国，并对日本以及中国产生一定影响。在北美地区，印第安传统工艺的美学价值得到承认，被用于建构独立于欧洲的美国国家认同。在亚洲的日本兴起民艺学，柳宗悦将造型艺术区分为美术和工艺，后者由手工艺和机械工艺构成，工艺是为了实用的作用，而民艺则是"以实用为主导，以服务于民众的生活为目的而制作的器物"，即民众的工艺。对于柳宗悦而言，民艺追求天然，机械抹杀了自然之造化，机械制品是拙劣而乏味的。真正的工艺是匠人彼此支持、分享的产物，因此对工艺的救助就是对社会的救助。

相较于民间工艺，人类学更加关注技艺（technology）、技术（technique）与社会、文明之间关系的讨论。马塞尔·莫斯在《论技术、技艺与文明》（*Techniques, Technology and Cvilzation*）中将技艺定义为"多种传统行为的组合，以产生机械的、物理的或者化学的效用，技艺便是具有这些效用的行为"。他强调技艺的社会功能，认为所有社会生活依赖于技艺的程度，技艺不仅维系社会关系，也与之相互依存。同时，技艺包含着共同的实践和集体表象。不仅如此，技艺带来理性、感性和意志的发展，"技艺无疑将从道德和物质的挣扎危机中解救人性"。莫斯关于技艺的讨论不仅是对机械时代、种族思想的反思，也是对传播论、单线进化论的质疑，就艺术而言无所谓原始与否。技艺和实践技艺的总体的人一样，是综合性的而非提纯性的。就此而言，莫斯对技艺的讨论与民间工艺均强调美学与技术为创造性活动，是社会的产物并维系社会关系，重建人与人，人与自然的内在关系。

（杜辉）

参考书目

[1] 李有光. 陈之佛文集. 南京：江苏美术出版社，1996.

[2] 柳宗悦. 工艺文化. 徐艺乙译. 桂林：广西师范大学出版社，2006.

[3] 柳宗悦著. 民艺四十年. 石建中、张鲁译. 桂林：广西师范大学出版社，2011.

[4] 柳宗悦著. 工艺之道. 徐艺乙译. 桂林：广西师范大学出版社，2011.

[5] 温尼·海德·米奈. 艺术史的历史. 李建群等译. 上海：上海人民出版社，2007.

[6] 威廉·莫里斯. 乌有乡消息. 黄嘉德、包玉珂译. 北京：商务印书馆，1986.

[7] 马塞尔·莫斯等. 论技术、技艺与文明. 蒙养山人译. 北京：世界图书出版公司，2010.

民间话语（folk speech） 作为一个术语，是用于描述作为日常交往行为的口头表达语言。这种语言指语用方面，而不是语法方面，是用来进行社会成员之间的沟通，而不是把它看成语言密码内部结构构成。民俗研究者长久以来都对民间话语感兴趣，他们更多关注的是共享地方文化经验的民间群体以及他们对话语的反应模式，而非民间话语本身。口述民俗学为民间话语提供了最广泛的远景，研究可获得言说共同体的标准语言资料，并且讨论在现实社会中的言说和审美表达中形成的语义形态。不少学者在民间话语研究中包括了方言谚语对照、谚语语句、格言、成语、俗语和俗话的构词法。他们研究了民间话语中的名字、黑话（特殊群体使用的）及这些词在民间话语中所占的词汇量。

作为一个独立语种，我们可以把民间话语描述为对复杂语言用法的抵制。借用文学批评的术语，我们可以把其特点看成是作为几乎没有质感的句群的限制模式。采用很少的语法和词汇，而非由多种语法和语言密码所构成的词汇。从词汇水平上看，它包括了较少的词汇，其中还有大量包含情感内容的感叹词、语气助词。民间话语的另一个词汇特点是，当客体和事件还没有开始定义词汇时，就依赖本地人的使用习惯。例如，“植物”这个词被德国乡下方言的言说者视为无用，对他们而言，该词既没有审美的赏心悦目，也没有什么特别的贬损，就简单地将其视为“草”即可。

（李航　邹宇灵）

民间艺术（Folk Art）　民间艺术不仅是一种艺术形态，也是民间文化的表现形式和组成部分。民间的艺术作品通常被视为源自于传统文化或是日常生活经验，它通过非正式学习的方式习得并得以传承。民间艺术有时也与民族艺术同义，后者亦是来自于以地域、宗教、政治、经济或家庭为纽带的传统社群。民间艺术属于广义的艺术范畴，但是民间艺术不仅暗含与宫廷艺术、贵族艺术或文人艺术之间的区隔，甚至一度不被纳入艺术之列。民间艺术被排斥于高等艺术（high art）或精致艺术（fine art）之外，它被界定为实用的、装饰性的，而非纯粹美学的，并且与幼稚的艺术（naïve art）、部落艺术（tribal art）、流行艺术（popular art）、门外汉的艺术（outsider art）或传统艺术（traditional art）的意义有重叠之处。

民间艺术涵盖一系列传递共享的共同体价值和美学的物质和非物质媒介，如音乐、诗歌、美术、舞蹈、戏曲，以及各类民间手工艺品。然而，就“民间艺术”的定义而言尚存在争议，但是大多数学者赞同诸如民间、精致、民族或流行艺术类别的边界是不断变动的。对于民间艺术的研究也主要从人类学、民俗学和艺术史与工艺美术学的角度展开。从人类学的角度，民间艺术一度与原始艺术、部落艺术、民族艺术或民众艺术更为接近；从民俗学的角度，则更加侧重于民俗艺术；从艺术史与工艺美术学角度，它体现了民间美术、民间工艺、民间技艺的特征。

早在人类学发轫之初便已开始关注包括视觉表现、造型，以及带有信仰和仪式性质的物质与非物质媒介等不同形式的民间艺术。艺术与物质文化构成19世纪人类学研究的主体。但是在相当程度上，这些物质与非物质媒介大多被作为探究社会结构、仪式、祭祀与巫术，及其具有的社会功能的研究对象，相较于美学价值，它们所具有的价值更多是实用性的和功能性的。1927年，人类学家博厄斯（Franz Boas）在《原始艺术》（*Primitive Art*）一书对“原始艺术”进行了系统阐述，通过对北美洲的西北印第安文化中不同形式的视觉呈现、人工制品的研究，指出“人类的一切活动都可以通过某种形式具有美学价值”，包括身体或物体有节奏的动作、各种悦目的形态、声调悦耳的语言，乃至肌肉、视觉和听觉得到的感受均可以产生愉悦感。艺术并非专属于文明社会，并且艺术的范畴也绝非仅限于属于精英阶层的精致艺术。人类学家雷蒙·弗斯（Raymond Firth）也认为尽管对传统的无文字民族的美感的研究极少，但是仍有证据表明，他们“也享有和西方民族同类的审美感受力和判断力”。

至此，人类学视野下的民间艺术研究分别

沿着“审美化”（aesthetisizing）和“社会化”（sociologizing）两条路径展开，前者评估的美学、创造力和造型等方面，后者评估的是其背后的情境（Fabian and Szombati-Fabian 1980：257）。就人类学研究旨趣而言，更多关注的是前工业化的小型社会（small-scale society），或是被称为“原始”的社会（primitive society）。而严格意义上的“民间艺术”概念的提出是对工业化的回应，也是19世纪末20世纪初艺术与手工业运动（The Arts and Craft Movement）的产物，不仅使民间艺术成为民俗学和工艺美术研究的对象，也催生了美洲乃至亚洲的民间艺术复兴与研究。

英国工业革命所带来的机械复制引发了反工业化的艺术与工艺运动，并在1880—1990年席卷欧洲和北美洲。19世纪后半叶，理性与科技逐渐取代神性与人工。1851年，伦敦海德公园举办的水晶宫博览会作为工业革命时代的象征物预示着机械生产时代的鼎盛。艺术与手工业运动的倡导者之一威廉·莫里斯（William Morris）曾在《论艺术与社会主义》（*Art and Socialism*）中批判工业化所带来的破坏，并在《论艺术的目的》（*The aim of Art*）中尖锐地指出，“机械化生产的必然结果是人类劳动所涉及的各个方面都具有了功利主义的丑陋，……而手工艺则会让我们看起来更像万物之灵，它可以使我们变得更加睿智”。英国伦敦滥觞的艺术与手工艺运动传播到维也纳、布达佩斯、赫尔辛基等欧洲新兴工业城市，并迅速本土化。

在20世纪早期美国的民间艺术研究主要受到古物收集、欧洲阶层结构、博物馆实践、现代主义视角下的精致艺术，以及不同学科范畴内艺术研究的影响。然而，美国民间艺术的开端往往追溯到延续着欧洲传统的第一批移民，却忽视北美原住民的作品，而将其视为原始的。霍尔格·卡希尔（Holger Cahill）认为自17世纪20年代到19世纪70年代是美国民间艺术的黄金时期。直到20世纪，北美原住民的作品才受到关注。卡希尔和哈伯特（Edith Halpert）等学者在强调这些北美原住民物品具有美学价值的同时，积极展开相关研究以鼓励公众接受民间艺术。20世纪20年代，民间艺术被视为有助于理解其自身的文化遗产，并且保存着工业化进程中不断消逝的过去。

20世纪20年代艺术与手工艺运动传到日本。日本民艺理论家、美学家柳宗悦提出民艺（Folk Craft）的术语，将其界定为“以实用为主导，以服务于民众的生活为目的而制作的器物”并收集、整理、研究日本和朝鲜的民艺。民艺论的提出是对现代思想的修正，强调并发扬民众工艺的价值，重新建立人与人，人与自然，以及人与神性之物的亲近性。

在民间艺术复兴运动的影响下，民艺品的收集与研究成为中国民俗研究的主体。顾颉刚在《〈民俗〉发刊辞》中说道：“我们要探险各种民众的生活，民众的欲求，来认识整个的社会！我们自己就是民众，应该各自体验自己的生活！我们要把几千年埋没着的民众艺术、民众信仰、民众习惯，一层一层地发掘出来！我们要打破以圣贤为中心的历史，建设全民众的历史！”20世纪二三十年代，北京大学、厦门大学、中山大学、浙江大学均成立民俗学会及风俗陈列室，将民艺的收集、陈列、整理包括其中。20世纪40年代，清华大学着手创办美术艺术系并成立文物馆，其中将民俗艺术纳入艺术范畴，收集、陈列、展示各项民俗艺术的收藏。

在现代化、全球化浪潮下，民间艺术在受到冲击的同时也焕发出生机。亨利·格拉斯（Henry Glassie）指出，一些人认为艺术在日常生活中逐渐失去地位，民间艺术及物品不仅与主流社会格格不入，也欠缺美感。民间物品不似流行物品般迅速就会过时，这种观点暗示着民间艺术可以保持延续。但是事实并非如此，民间艺术及手工制品兼具实用性与美感，民间艺术家通过协作分享着不可言说的审美感。不仅如此，格拉斯也曾预言很多传统将随时光流逝而消失。当然，也有学者怀有乐观的态度并坚信只要人类存在，民间艺术就会存在，因为“民间艺术作为日常生活中的传统审美行为，刻画而且会一直代表我们大多数人的诸多行为”。

（杜辉）

参考书目

[1] Brunvand, Jan Harold. *American Folklore: An Encyclopedia*. New York & London: Garland Publishing, Inc, 1996.

[2] Fabian, Johannes and Ilona Szombati-Fabian. Folk Art From an Anthropological Perspective, pp.244-293, in Ian M. G. Quimby and Scott T. Swank (ed.) *Perspective on American Folk Art*. New York & London: W. W. Norton & Company, 1980.

[3] 弗朗兹·博厄斯著. 原始艺术. 金辉译. 上海：上海文艺出版社，1989.

[4] Glassie, Henry. Folk Art, pp.253-279, in Richard M. Dorson (ed.) *Folklore and Folklife: An Introduction*. Chicago: The University of Chicago, 1972.

[5] Green, Thomas (ed.). *Folklore: An Encyclopedia of Beliefs, Customs, Tales, Music, and Art*, Santa. Denver & Oxford: ABC-CLIO, Inc, 2006.

[6] 柳宗悦. 民艺学概论. 陈健译.《装饰》，1997（3）.

[7] 罗伯特·莱顿. 艺术人类学. 李东晔、王红译. 桂林：广西师范大学出版社，2006.

[8] 迈克尔·欧文·琼斯. 什么是民间艺术？ 它何时会消亡——论日常生活中的传统审美行为. 游自荧译. 民间文化论坛，2006（1）.

[9] Morphy, Howard and Morgan Perkins (ed.). *The Anthropology of Art: A Reader*. Oxford: Blackwell Publishing Ltd, 2006.

[10] 清华大学 1947，前文物馆筹备委员会拟订之统一本校之文物部分的计划，清华大学档案，档号1-4：2-083.

[11] 谢天开. 民间艺术十二讲. 成都：四川大学出版社，2013.

民俗（Folklore） 民俗既包括无文字社会中口头传承的传统集合，也包括现代社会中部分以书面方式传承的物质文化和亚文化习俗。在一般情况下，民俗有时也被狭义地定义为口头文学传统（Oral Literature Tradition）。

对民俗的研究始于19世纪。英国学者威廉·约翰·汤普森（William John Thoms）最早创造了民俗（Folk-lore）一词用以替代大众古俗（Popular Antiquities）和大众文学（Popular Literature），他将民俗定义为大众知识，包括旧时的行为举止、风俗、仪式庆典、迷信、叙事歌、谚语等。安德鲁·兰（Andrew Lang）认为民俗包括传说、风俗和信仰，原始人的习惯、神话和思想观念。在1914年出版的《民俗学手册》（*The Handbook of Folklore*）一书中，班恩（Burne）女士认为民俗“已经成了一个总术语，而流行于落后民族或遗存在发达民族的不文明阶级中的传统的信仰、风俗、故事、歌谣和俗语都被包括在它的名下”。具体而言，民俗包括：（1）关于下列方面的信仰和行事。大地和天空、植物界、动物界、人类、人造的东西、灵魂和来生、超人的存在（神、精灵等）、预兆及占卜、巫术、疾病和医术。（2）风俗。社会的和政治的制度、个人生活上的仪式、职业和生产、依日历而定的斋戒和节庆、竞技、体育和娱乐。（3）故事、歌谣和俗语。故事（信以为真的、娱乐的）、歌谣和叙事歌、谚语和谜语、惯用的韵语和地方性的俗语。

民俗

早期的民俗学者认为民俗存在于农民和其他一些没有受过教育的、没有接触现代文明的群体中。他们力求通过对作为遗留物的民俗研究重构人类文明的进化史。雅各布·格林（Jacob Grimm）用童话故事探寻德意志民族文化的渊源，爱德华·泰勒（Edward Tylor）、安德鲁·兰等人通过民俗资料重构

纳西族东巴经—抽二十六课

史前时代的信仰和仪式。这一方面的集大成者是詹姆斯·弗雷泽（James Frazer）的《金枝》（*Golden Bough*）。

美国人类学家最初将民俗等同于民间文学。威廉·巴斯科姆（William Bascom）认为，“民俗这个术语变得常指神话、传说、民间故事、谚语、谜语、韵文和其他以口头语言为媒介的艺术表现形式。因而，民俗可以被界定在语言艺术范围内”。此后，多尔逊（Dorson）扩充了民俗的定义，认为民俗也存在于部分城市人中，“民俗是口头文化、传统文化和非官方文化”。邓迪斯（Dundes）从民和俗两个方面对民俗做出了界定，认为“Folk可以用来指任何民众中的某一个集团，无论它是什么样的联结因素，或许是一种共同的职务、语言、或宗教，都没有关系。重要的是，这个不管因何种原因组成的集团，都有一些他们自己的传统”。民俗包括“神话、传说、民间故事、笑话、谚语、谜语、圣歌、符咒、祝词、诅咒语、誓言、辱骂、反驳、嬉笑谩骂、戏谑逗弄、祝酒、绕口令、问候与送别用语（如回头见）。也包括民间服装、民间舞蹈、民间戏剧（以及滑稽戏）、民间美术、民间信仰（或迷信）、民间医药、民间器乐（如提琴曲）、民歌（如催眠曲、民谣）、民间方言（如俚语）、民间比喻（如瞎得像蝙蝠）、民间隐喻（如把城镇漆红了比喻狂欢、痛饮、

民俗

民俗

胡闹）、名称（如绰号与地名）、民间诗歌、游戏、姿势、符号、祷文、恶作剧、民间词源、食谱、被子与刺绣的花样，房屋、谷仓和篱笆的式样，小贩的街头叫卖，以及呼唤式或使役家畜时的传统惯用声音。还有一些次要的形式，如帮助记忆的某种方法，信封的封缄，当身体发生某种情况之后的传统解释。节日和特殊日子（或假日）的习俗，也属此比较重要的形式”。美国学界对于民俗的定义拓展了民的属性，任何通过对共享传统的维系表达其内部一致性的群体都被称为“民”。

此外，日本学者柳田国男将民俗定义为“地域社会的住民从其生活或生产活动中产生并传承下来的生活文化以及维持这种生活文化的思维方式”。中国学界对于民俗的定义最早起于1921年，在英国学界的影响下，欲将民俗定义为民间的信仰和风俗（像婚丧俗例和一切的迷信禁忌等）、民间文学、民间艺术（其中又分音乐和戏剧二种）。钟敬文认为民俗包括信仰及行为、制度与习惯、艺术与语言3个方面。新世纪以后，钟敬文提出民俗是“一个国家或民族中广大人民（主要是劳动人民）所创造、享用和传承的生活文化，它包括物质生活（衣、食、住等）、社会组织（如家户、村落及各种固有的民间结社）、岁时风俗、人生仪礼以及广泛流传在民间的一切技术、文艺等”。包括乌丙安和陶立璠等学者也将民俗定义为“集体的、类型的、继承的和传布的社会文化现象”。

（张青仁）

民俗学（Folklore）　民俗是指对一系列物质材料本身及其在学术方面的学科专门研究。直至中世纪的欧洲，对习俗的描述、口头传说及少量的物质文化甚至都很少为世人所知。随着19世纪欧洲浪漫主义兴起，对这些数据进行系统收集和分析的思潮产生，受到诸如G. B. 维柯（G. B. Vico）（1668—1744）和J. G. 赫尔德（J. G. Herder）（1744—1803）的启发，民族主义学者在民俗材料经验中寻求关于扼要表达民族性格的基础。在许多情况下，他们也试图论证显而易见的共同祖先的文化辉煌。

民族主义给了民俗学最大的动力，给有文化的后代保留一个逐渐消失的口述档案宝藏。甚至校正文本，有时甚至公然伪造，结合学术成熟和业内人士的本能的知识。还有一个实际原因即出于捍卫国家利益的要求而进行文化清洗（在一些国家类似并发语言“净化”）。

在芬兰，埃利亚斯·伦罗特（Eilas Lönnret）（？—1884）在地理上分散的站点收集不同的史诗文本来重建《卡勒瓦拉》。在希腊，出于比较文学学者的博学和涉猎范围广博，波利迪斯（Pollydis）（1852—1921）从分散的口语变体中，按照时间顺序和不同的版本重构了原始文本。从某种真实的意义上说，重建原始文本表达了他们旨在为国家再生服务的尝试。

正如人类学对殖民地的研究达到成熟，民俗学学科第一次对外来民族国家的乡村地区进行研究达成一致（最初是在欧洲，然后在亚洲的许多国家，尤其是印度、日本、韩国以及世界上其他国家）。作为一门学科，事实上，民俗学部分地分析了人类学的制度化的家谱，特别是在其早期，民俗学坚持生存第一主义和进化认识论的形式。当然，这样的民俗学更难让人拒绝。

虽然他们没有长期保留原来的生存原则，也就是说，乡村群体的民俗及殖民地是早期的童年阶段的人类历史的残渣。一般容易认为这个传统反而取代了过去失去的辉煌的代表。在极权主义的意识形态如纳粹主义看来，民俗是用来发明国家和种族纯洁性与科学权威观念的。在几乎所有的情况下，一种浪漫的审查压制性的知识让农民服从于资产阶级的道德规范。纳粹主义又提供了一个极端的例子，城市代表了“腐败”的纯粹的民族美德。

直到第二次世界大战后，尤其是在美国精神分析学家艾伦·邓迪斯的有影响力的努力下，对城市和工业的民俗分类开始获得声望，颠覆性地使民俗获得学术声望。很多语言学的起源和方向在民俗学内部引发了强烈的争论。在早期民族主义的研究中，在历史和神话文本之间往往服务于为它们之间划一条清晰的分界线。作为民俗学家开始从事更多的国际比较研究，而且，这是产生较少的狭隘和政治动机的工作。

早在19世纪，柴尔德（1857）对民谣的研究允许后续学者追踪特定主题和主题的迁移到新的世界。这种文献学的方法仍与系谱的文本保持相互关系系统模型（stemmatics）。值得注意的是，在传统的分类里，汤普森的故事类型指数在一个综合的范围是可用的。后来的学者不断发现它确实需要修改，只能引导在细节问题。另一个传统，受法国结构主义和俄罗斯的先例的强烈影响，弗拉迪米尔·普罗普对俄罗斯民间故事的分类和正式研究，试图根据结构和语义特征组织口头传统；文学理论的发展也促进了对这些主题类型理论的关注——允许对概念和社会文本表演给予更多关注，包括观众的反应和举动。这些举措允许更敏锐的幽默、讽刺和侮辱为文化谈判的评估，而不是惰性的文本的内在属性。

（蒋萍）

民族（nation）　想象和操演的政治共同体。nation一词的拉丁文原义为“出生”“群”。现代意义上的“民族”原为西方概念，日语中又译作“国民”（国民国家），是资本主义时代的产物，在工业革命和市场经济的推动下产生。作为想象和操演的政治共同体，民族具有生硬顽固的意识形态基础，凝聚情感，要求效忠。资本主义引发族群的政治化，催生“一个民族，一个国家”的民族主义理想。但是，历史和现实都告诉我们，绝大多数主权国家都是多民族国家，国家和民族常常不会重合。

在第二次世界大战期间的人类学界，“民族”成为研究主题，一些美国人类学家将目光从传统的小型社会转向现代国家的国民。这是因为国家寻求人类学家的帮助，希望掌握敌国的心理和人格。鲁思·本尼迪克特（Ruth Benedict）1964年著《菊与刀》，“远距”研究这些敌国的文化心理，浓描日本人的“民族性格”，其背后的理论假设是，一个主权政治国家（sovereign political state）的公民会共享同样的社会传统。虽然本尼迪克特、米德及其支持者清楚地意识到文化模式会改变，但仍然坚持认为文化是一个整体，具有共同的社会属性，可用来区分不同民族，即文化不同，民族也不同。他们的结论是：对于任何一个民族来说，其共享同一文化的子孙后代，经过社会化熏陶，可以培育出统一的“内部心理结构”。

20世纪60年代末，人类学的民族性格研究走入死胡同，因为其基本假设存在缺陷。一些学者通过研究新近独立的后殖民国家，对民族性格学派发起挑战。这些“新国家”的民族并没有发生整合，政治一体，文化多元。1963年，克利福德·格尔茨（Clifford Geertz）在《整合式革命：新兴国家里的原生情感与公民政治》（*The integrative revolution：primordial sentiments and civil politics in the new states*）一文中，聚焦令人困惑的民族和民族文化，开启新的人类学探究。虽然格尔茨也追随现代化理论，承认民族建构终将成功，但他更关注体现在语言、宗教和文化传统上的原生感情与现代国家培养的公民认同之间存在的紧张关系。民族精英们建立的现代国家远非他们所渴望的“同文同种”国家。

20世纪80年代，社会科学界致力于民族建构论，主流观点认为民族不是被解放出来的，而是被建构出来的。一方面，领土完整、主权明确的现代国家拥有语言不同、文化各异的多种民族；另一方面，民族主义者努力让国民想象一个同质化的民族共同体，培育一种超越文化差异的共同记忆（康纳顿，2000）。祭奠为国捐躯的烈士，纪念卫国战争，吟诵独立宣言，这些都是建构共同记忆的要素。

人类学深受民族构建论的影响。传统可以被发明，人口普查、义务教育和官方历法可作为国家的权力技术。民族建构者努力将这些发明自然化、原生化。此外，国歌、国旗、纪念碑、庆典也是培养民族认同的重要手段。

尽管许多民族形象工程占据主流，但其中也充满争议。统治精英们一方面利用强有力的权力工具塑造民族愿景，另一方面也遭到质疑。每一种民族形象的建构都含有差序排列，那些处于主流民族形象边缘的文化身份被归入族群（ethnic group）或者少数种族（racial minority）。如果国家权力的基础发生问题，少数民族就可能转而寻求属于自己的民族梦。例如，根据人类学研究，南斯拉夫共产党一旦失去集中领导的权力，各加盟共和国就注定要分崩离析。

人类学家开始关注在斯里兰卡或委内瑞拉因民族建构而引发的暴力冲突。尽管在弱小的多族群国家中，民族认同最容易受到挑战，但这些族群并不能主导形势。甚至在外人眼中拥有同质文化的日本和泰国，尽管继承了其前现代国家结构，但围绕"民族本质"的争论却异常激烈。

那些跨国者和跨族者也会在言语和行动上挑战民族形象。当今的许多移民既不能完全归化于移入国的民族文化，也不会抱住故国民族文化不放：他们是具有"两可认同"的边缘人。

现代汉语的"民族"是外来词，由于中西语言文化和社会历史存在差异，学界在使用该词的时候，因人而异，分别对译英语的nation，nationality，ethnonationality，ethnic group，minority，peoples。学界长期讨论"民族"译名问题，迄今没有达成共识。

（银兴贵、纳日碧力戈）

参考书目

［1］本尼迪克特·安德森. 想象的共同体. 吴叡人译. 上海：上海人民出版社，2011.

［2］厄内斯特·盖尔纳. 民族与民族主义. 韩红译. 北京：中央编译出版社，2002.

［3］E. 霍布斯鲍姆. 传统的发明. 顾杭、庞冠群译. 上海：译林出版社，2008.

［4］保罗·康纳顿. 社会如何记忆. 纳日碧力戈译. 上海：上海人民出版社，2000.

［5］林耀华. 关于"民族"一词的使用和译名问题.《民族学研究》，1963（2）.

［6］周旭芳. 1998年"民族"概念暨相关理论问题专题讨论会综述.《世界民族》，1999（1）.

［7］Brow, James & Swedenberg, Theodore Eds. Special Issue: Tendentious revisions of the past in the construction of community. *Anthropological Quarterly* 63(1), 1990.

［8］Foster, Robert J. 1991, Making National Cultures in the Global Ecumene, *Annual Review of Anthropology*, 20: 235–60.

［9］Handler, Richard. *Nationalism and politics of culture in Quebec*. Madison: University of Wisconsin Press, 1998.

［10］Kroeber, Alfred L. *Anthropology: race, language, culture, psychology, pre-history*. New York: Harcourt, Brace, 1948.

［11］Mead, Margaret 1953, National character. In A.L Kroeber Ed., *Anthropology today*, pp. 642–667, Chicago, IL: University of Chicago Press.

［12］Smith, Anthony D. *The ethnic origins of nations*. Oxford: Blackwell, 1986.

［13］Warren, Kay Ed. *The violence within: cultural and political opposition in divided nations. Boulder*, CO: West view, 1993.

［14］Williams, Brackette 1989, A class act: anthropology and the race to nation across ethnic terrain. *Annual Review of Anthropology* 18: 401–444.

民族动物学（Ethnozoology） 是关于本土的动物学，或者社会认定的分类类别。Alfred R. Wallace（1853）很久以前发现本土的分类经常比自然历史学家的分类更精确。但是他的观点很少被注意。1914年，民族学家亨德森（Junius Henderson）和哈林顿（John Peabody Harrington）在进行一项由美国民族学办公室组织的"动物在塔瓦印第安人中的地位"的调查中，提出了"民族动物学"这个新词。他们指出，"为了更充分地理解一个地区的文化，有必要了解生活在那里的动物的一些情况，特别是那些对人类有用的和为人们所看重的动物"。在研究分类的时候，人类学家强调探讨分类体系的依据及在图腾名义下普遍认定的人与动物之间的特殊关系。

单线进化论者提出人类进化的三阶段。从

图腾阶段开始，这一阶段人类相信他们是动物的后代，因此，图腾崇拜源于宗教和社会制度。涂尔干（1915）后来提出这两者是相互交织的。弗洛伊德（Freud）以更经验主义或功能主义倾向的方式思考原始人的图腾动机。后来，列维·斯特劳斯假设图腾崇拜是一个普遍的人类思考过程。

近期的争论确认了3种分类研究的推力：（1）自然主义的动机。有自然集群的明显特征（如皮毛或羽毛）。这样一种分类经常被混淆为“黑炭动物”，其中熊、鹰、鹿和天鹅被归为一类。（2）理想主义。建立在普遍理解（或逻辑）原则基础上的象征系统。（3）建构主义。分类的根源在于人类组织经验，社会来自于这一分类过程中的意义分配，因此分类的模式是有文化特殊性的。

近年来，国内学者开始以实证方式研究民族动物学。如有学者研究了贵州山地猪种遗传资源传承保护的民族文化机制，指出多样性的山地自然环境为猪种多样性传承提供了必要的自然条件，而贵州山地民族在饮食文化、人生礼仪和宗教生活方面的肉食需求，则形成了猪种多样性传承的文化驱动机制。

（黄娟）

民族国家（nation-state） 是当代国际关系与国际行为的基本主体，同时也是近代帝国结构崩解之后关于主权政体的一种理念与实践类型。它用非人格性、程序性和抽象性的现代机制抽空了一切历史和文化内涵，同时也祛除了封建、法团、宗教以及传统等凝聚情感的要素，作为一种现代宪政国家或法治国家的建构，尽管在具体实践过程中，它与民族（nation）、民族主义（nationalism）存在着不可回避的内在关联，并引发了社会理论中关于系统整合与社会整合的争论，但总体而言，民族国家还是奠定了现代国家的政治哲学基础。

从历史演进角度而言，民族国家并不是天然就存在的，它是在欧洲中世纪后期出现并在资产阶级时代普遍形成的国家形式，与此相对应，在民族国家形成之前的国家被称为“传统国家”，根据欧洲历史发展的情况，其中包括古代的城邦（city-state）、中世纪的普世世界国家（universal world-state）以及王朝国家（dynasty-state）。值得注意的是，传统国家没有近代形成的民族国家所具有的重要因素——主权。而从横向对比的角度来说，在当代民族国家之外，还存在着多民族国家。民族国家的结构功能大体经历了发展、过渡、成熟、衰败、终结五个发展阶段，其早期前身是15、16世纪脱胎于封建国家的城市共和国和新兴君主国等，经过17、18世纪王朝国家的过渡形态之后，19世纪成为近代国家的成熟和巅峰时期，其主要表现形式就是以民族为单位构造出来的民族国家。在具体的发展形态方面，主要有原生形态的欧洲民族国家、衍生形态的民族国家、摆脱殖民统治后建立起来的民族国家以及在20世纪90年代前后苏联东欧剧变过程中由原先多民族国家中依据族裔民族主义分离出来的民族国家。近代以来出现的民族国家拥有3个基本的结构性要素：明确疆界的领土（territory）、地域性和合法性的民族（nation）以及政治上拥有绝对主权的国家（state）。同时，又必须具备四大构成原则：①土地原则，即国家扎根于领土边界明确的疆域而不仅仅是传统国家的边陲，这就是领土国家。界分和占据泾渭分明的领土为民族和疆域提供了一个基础，以便国家在此范围内拥有暴力手段并行使垄断权力。②主权原则，即国家对内有绝对至上的权力控制全部资源、制定和实施法律、组织行政和人事、集中暴力和军事，对外有保护和捍卫国家和民族利益的独立性和义务。③正当性原则，即国家的一切权力活动和政治行为需要合法性依据。国家主权要获得领土内的居民认同，不仅必须有能力和效率分配权利和义务，而且还必须确保人们物质和精神生活的安全与稳定。④认同原则，即国家在领土范围内要维系长期的正当性，必须有民族和文化的认同作支撑，而且正如国家需要民族主义来为它立法一样，民族主义需要国家来为它的有效执行服务，从某种意义上说，民族国家就是这种互相吸引的产物。

可以说，民族国家体系是随着欧洲政治军事殖民霸权及其附属知识体系的全球拓展而成为近代国家的主要组织范式的，中国本身也无法自外于这个过程。世界近代以来所出现的重大历史事件和重要历史现象几乎都与民族国家有关，第二次世界大战之后建立的联合国体系正是世界范围内民族国家结构最终确立的标志，第二次世界大战后所建立的新国家基本上都是以民族国家作为本国建设与发展的目标。当代国际秩序中的民族国家体系，一方面正界定着国家间的双边和多边互动，另一方面又影响着特定民族国家本身对于过去、当下与未来的认同。民族国家作为现代国际秩序最典型的象征和最重要的根基，它的基本要素和传统功能在全球资本运作和全球化的冲击中出现结构性的松动，而当代出现的恐怖主义、极端主义、难民问题等非传统安全威胁也同样在撬动着民族国家看似坚不可摧的边界与外壳。

（袁剑）

参考书目

[1] Anthony Giddens. *The nation-state and violence. Berkeley*, Los Angeles: University of California Press, 1987.

[2] Steffen Schneider. *Democracy's deep roots: why the nation state remains legitimate*. New York: Palgrave Macmillan, 2010.

民族精神病学（ethnopsychiatry） 研究不同文化识别、解释、对待精神病患者的方式，精神病的发病率和类型差异的学科，是关注精神卫生与疾病的医学人类学和精神病学的分支学科。区别于西方精神病学，与跨文化精神病学、社会精神病学、民俗精神病学等概念相关。民族精神病学始由乔治·德弗洛（George Devereux）描述，后由他的同事路易斯·马斯（Louis Mars）定义。

精神病作为一种民族或文化标记，具有显著的社会规约性，不同文化关于正常和越轨的定义差之千里。文化特有的精神病包括北极癔病、杀人狂、食人狂、恐缩症、气功偏差、癔症性附体状态等。早期的民族精神病学关注传统社会和民间系统，新一代民族精神病学关注所有社会精神病学的理论与实践，认为精神疾病在不同的文化中有不同的表现，不具有文化普遍现象。随着研究的深入，对老年痴呆（AD）等方面的研究也列入了民族精神病学的范畴。不论是旧式民族精神病学还是新式民族精神病学，都探讨精神疾病的文化形塑。

人类学对精神病学的贡献，主要有两条主线：一是文化如何影响人格的形成，发展到有关国民性的研究，称为文化与人格学派或心理人类学，弗洛伊德、博厄斯、米德、本尼迪克特等都提出了自己的理论；二是比较精神病学，研究部落社会或工业社会中精神病例现象和文化特异性综合征，以跨文化精神病学或是泛文化精神病学称之，例如，涂尔干认为自杀是一种社会现象。人类学对民族精神病学的研究包括：不同文化背景下精神疾病的分布与特征；文化因素（如信念、价值观、风俗习惯、文化变迁）对精神疾病的影响和人格形成；不同文化背景下精神病人的解释模式和求助行为等，从而帮助临床医师理解不同文化背景的精神病人。

（夏懿）

参考书目

沈渔邨. 精神病学（第5版）. 北京：人民卫生出版社，2009.

民族科学（ethnoscience） 民族科学即一个民族对于其所处世界的自然科学研究，包括生物学、动物学及天文学等。这一学科主要关注特定社会的文化知识和分类体系。在这种方法论的指导下，民族志应包括一个社会成员为了使其文化发挥功能所需要的全部规则和思想。

民族科学的根源可以追溯到博厄斯和马林诺夫斯基等早期人类学家的研究上，他们试图从局内人的视角研究文化并发现了语言、文化和认知之间的关系（Ervin，1964；Voegelin&

Voegelin，1966）。但民族科学真正的成熟期开始于20世纪50年代中期，当时人们认为传统的民族志作品带有西方概念分类的偏见，而民族科学的兴起就是对这一现象的回应。民族科学的目标是“再现一个社会中成员所处所见的文化事实”。1956年，朗斯伯雷（Floyd Lounsbury，1914—1998）和古德伊纳福（Ward Goodenough，1919—2013）发表了关于亲属称谓语义分析的研究，此研究对比了美国波尼族（Pawnee）印第安人和太平洋特鲁克人（Truk）的亲属称谓体系。古德伊纳福还提出，从认知上来说，文化就是一种知识体系。这些论文呈现出一种辨别理想单位和分析分类术语结构的组织的方法，虽然它主要是为了分析亲属称谓，但其一般原则也可以扩大到其他领域。20世纪70年代，柏林（Berlin），布里德洛夫（Breedlove）和拉治（Raven）等学者应用此方法研究人们组织动植物知识的方式。他们的理论强调，需要减少用来区分物种的典型性特征。他们的报道人采用的技术思路是减少属性（attribute reduction），也就是简单地限制关键属性的数量。更简单的做法是，“如果它呱呱叫，它就是一只鸭子”。研究者们更重视的是“构造再编码”（configurational recoding），即把多个特点聚合起来形成一个单一属性作为决定性的物种特征。换句话说，这一方法与“品种”有关。比方说，哈士奇是一种狗，因为它有犬类的主要特征。在这样一个组织体系中，分类的层次是有限的，而且每一层次都有一个相应的等级。“独一的初始者”（unique beginner）是一个囊括分类法中所有事物的一般术语，如“植物”。这一范畴可以再划分为不同的生命形态，比如“木本植物”“花卉”和“藤本植物”。还可以进一步区分属种，比如“棕榈”。接下来是属种的具体属性，比如“桃棕”。最后一层是“变种”（varietal），非常少见，主要用于描述与文化相关的特点。罗伯特·兰达尔（Robert Randall）批评这种分析方法说，有可能是人类学家通过提问的方式引导了被调查者的回答，从而创造了这种结构。尽管存有争议，但此方法至今仍用于色彩分类的语言学比较，并影响了民族植物学的发展。1954年，康克林（Harold Conklin）首先将该方法运用于他对菲律宾哈努诺（Hanunóo）人的研究。他发现哈努诺人有着令人难以置信的丰富词汇来区分他们的植物，具体的植物名称多达1800种。

民族科学在民族志研究中的作用主要分为3个阶段：第一阶段着重提出一套方法论和技巧，使人类学家得以从主位角度记录特定社会多个领域的知识。这些民族志研究数量庞大，囊括各种主题；第二阶段，学者们开始将目光投向更专门的民族科学研究和比较研究，以寻求普世的认知特性，如色彩分类体系的跨文化比较研究使得人们对色彩分类的普遍特征有了新的认识（Berlin & Kay，1969）；第三阶段出现于1980年，体现了地方性知识体系在可持续发展方式上的作用。地方性知识体系源于发展/应用人类学，主要用于区分社区知识体系和全球知识体系。

（黄雪萌）

民族生态学（Ethnoecolog） 民族生态学是关于人类对自然环境的知识、观念、分类和管理的研究。民族生态学者强调语言的象征和功能角色，对此的分析便于理解生态学知识。民族生态学的研究整合了民族科学的经验主义和生态人类学的功能主义视角来充分理解文化知识的适应性和人类行为的生态相关性。

“民族生态学”的术语在1954年最早由康克林（H.C.Conklin）创造。康克林对菲律宾哈努诺人（Hanunoo）进行的民族生态学研究是典型的范例。他通过对哈努诺人文化内部结构的分析，识别出哈努诺人本土色彩分类系统的复杂内部结构，同时将当地人对植物的分类法与科学的植物学中的650个属和大约1100个种相对应。民族生态学家运用参与观察法和无结构访谈等传统人类学调查研究方法，观察和了解有关当地人如何理解他们的生存环境，人与环境相互作用等相关知识。但是由于语言元素（当地人的术语学）与认知过程并不存在完全的一一对应的关系，因而将结构语言学作为研究工具面临着方法论难题。

20世纪50年代至60年代早期，民族生态学的研究工作主要是罗列动植物名单及相应的文化用途。尽管这些研究缺乏理论框架，它们对于在传统体系中的动植物术语的共同特征有一些基本发现。

20世纪60年代至70年代中期，民族生态学研究受文化认知理论的影响，对于传统环境知识感兴趣的人类学家转向民族科学方法，将生态资源视为语义学领域，参照其构成成分间的相似点来建构和分类。后续对本土分类的跨文化研究很大程度上证实存在一套主导人们对现实世界分类的有限规则。

近期对传统生态知识的研究，发现一些人比另一些人对不同的动植物和其他自然资源有更多的了解，这是由文化内部因素如年龄、性别、职位、兴趣、教育和经验决定的。生态知识的差异也来自文化间的差别，如宗教、生计、涵化及当地生境中的物种多样性。理解文化变异对于民族志者很关键，他们致力于设计策略，保护一个地区濒危的动植物。

在过去的20年里，民族生态学取得了重要进展。迫于在世界发展中地区保护生物和文化多样性的需求，民族生态学家目前制订了新的保护农作物本土知识的草案。这种“记忆库”的形式最近被用于胚质的保存，以确保为后代保存当地作物和遗产的多样性，以及培育和保存这些物种必需的文化知识。民族生态学家也用他们的发现增强农业系统的生产力，并在社区层面产生了对于当地物种的多种医学和经济利用的自觉。

民族生态学有美、苏/俄两种不同的传统：依照美国的传统，民族生态学是生态人类学内部的一种方法，后来才发展成为包含民族生物学、民族植物学、民族动物学等亚领域的一门统括性学科；依照苏/俄的传统，民族生态学是由民族学和人类生态学相互渗透而形成的一门交叉学科，大致等同于“民族的人类生态学研究”。中国民族生态学深受这两种传统的影响。20世纪80年代初，中国民族学界开始把苏联最新的民族生态学理论译介进来，但由于当时苏联的民族生态学仍未形成完整的体系，因此译介的只是苏联民族生态学的基本原理。苏联解体前后，中国与美国的学术交流逐渐增多，美国式民族生态学开始慢慢为中国学界所知，并逐渐在国内开展民族生态学研究。

国内学者先后翻译和介绍了美、苏民族生态学及其相关学科（如认知人类学）的理论，如《文化人类学的十五种理论》《文化的变异》，美国学者凯·米尔顿的《多种生态学：人类学、文化与环境》《民族生物学》《生态人类学》等。

国内关于民族生态学理论探讨研究方面，基本上都是围绕民族生态学的学科属性、范围等来论述，且基本上是在苏/俄式民族生态学框架内进行研讨，较少探讨美国式民族生态学。

中国民族生态学发展的重要成就更多地体现在众多的研究案例中，如尹绍亭对云南刀耕火种的研究及吉首大学以杨庭硕、罗康隆为代表的一批学者对本土生态知识的研究。

在教学方面，云南大学于2000年最早设立民族生态学硕、博士学位，不过其教学研究方向侧重于生态人类学。中央民族大学生命与环境科学院是中国大陆第二家设立民族生态学研究生学位的单位，科研取向多为面向国际和国家的民族生态的政策性研究，同时关照国内民族生态的基础性研究。

因为其对本地环境知识的变化特性采取的整体视野，民族生态学目前贯穿着多种框架和方法论。这一领域的多学科努力在传统生态行为和实践的记录和保存方面取得了重要的进展。当前民族生态学家面临的挑战包括：发展策略，保护当地人的知识产权、拨款支持自然资源的保存，及为当代和后代人的利益实现地方、国家和国际的策略以形成对于生态知识的文化支持和责任。

目前民族生态学在学科发展上存在的问题包括：①在学术理论的译介方面，诸如《民族科学研究》《认知人类学导论》《民族生态学》等经典著述尚无中文译本，影响了学科的发展和与国际学界的接轨。②从学术研究的协作来看，跨学科的交流在中国民族生态学的发展中仍然不足。如获得了国际认可的中国民族植物学基本上是在植物学类自然科学内部进行，很少有社会科学背景的学者参与相关研究。

（陈祥军）

参考书目

[1] Gragson, T. L., & Blount, B.G.(Eds.).*Ethnoecology: Knowledge, resources and rights*. Athens: University of Georgia Press, 1999.

[2] Nazarea, V.(Ed.). *Ethnoecology: Situated knowledge/located lives*. Tucson: University of Arizona Press, 1999.

民族诗学（ethnopoetry） 诗歌属于语言艺术的一个流派，诗学则是语言艺术的美学研究。正如罗曼·雅各布森所说，“诗歌所主要涉及的问题是，是什么使得语言信息成为一件艺术品”。与“民族植物学，民族音乐学或者人种史学”相类比，“民族诗学”这个词汇是在近几年才被创造（罗森伯格，1983），这一领域主要探究的是，在一个特定的文化传统之下，是什么让语言信息成为一件艺术品。直到20世纪70年代，诗学研究要么留给了只专注西方印刷文献的文学评论家，要么留给了人类学家。人类学家会接触到西方工业化之外的口头和行为传统，但是会把这些传统作为一个“基准”来探索其他文化领域，例如宗教和亲属关系的探究，而不是它本身这个领域。如果西方专注印刷文献的学者，包括人类学家在内，很难掌握行为言语艺术的微妙性与复杂性，那么他们想认真地把这种艺术的中心地位带到日常文化思想与实践中的时候将会面临更多困难。

米克在一部伟大的阿拉伯诗歌著作中挑战了那些说法。他认为，贝都因人的诗歌表达他们的社会的核心问题：政治关系的不确定性，以及除了暴力之外没有求援权的武装人员之间武装斗争的中心性。很明显，基于很多文献来看，在不同的社会中，文化争论的中心主要是语言诗歌和诗学在个体认同性别角色、民族认同和政治方面的争论。

民俗学家重新审视了关于荷马史诗语言行为构成的“帕里-洛德假说”，在基于言语诗歌的本质和意义之上以及根据言语作为行为的思想，揭示了何种事物会得到强烈关注。后者强调的理论意义是，通常在口语表达中，组成意义和形式的文化程序是可以被观察到的。

另一个对民族诗学发展有重要影响的是言语民俗学，它在20世纪60年代尤为突出。民族诗学出现并且迅速通过诸如海姆斯（1981）的美国西海岸本土文学和近期歇泽（1990）的在库纳的巴拿马等著作确立了自己在分支的地位。丹尼斯泰洛克的批判性干预，概述并反对了他所谓的语言学在翻译和转录工作中的“逻各斯中心主义”偏见，或者如他所声称，在海姆斯或者其他民族沟通学家的著作中的偏见。他呼吁在基于“对话”或者巴赫金话语模式之上一种新的方式理解和呈现口头交际形式。当然，那些方法不一定会相互排斥，他们都激发了对文化语境中的代表性声音和语义等问题的浓厚兴趣。最后，那些诗人，尤其是美国过去几十年里的诗人，通过对其他文学传统的研究或者借鉴，刺激了民族诗学去创造他们自己的经典著作，例如，那些奥尔森，斯奈德和巴拉克的诗集著作就不言而喻地说明了这点。

相反，人类学家已经开始在公共学术界朗读他们自己的诗歌， 以这种新的模式来表现民族志，从而挑战学术和艺术的言说边界，这种情况就如同斯坦利·戴蒙德在1982年12月美国人类学学会年度会议上所说的一样。其次，与民族诗学有关，但是作为一种独特的实践而产生的“人类学诗学”，相对于与诗学本身的“本土”系统研究的联系，在告知人类学理论以及具象实践方面与诗学甚至诗歌角色有着更多相关性，或者说与充当民俗学的交际工具有更多联系。在不久的将来，这些分支将会相互交织成一个能被简单地称为“人类学诗学”的通用领域。

（海力波）

民族识别（ethnic identification） 中国人类学、民族学研究者与少数民族干部群众携手进行的一项应用性和政策性很强的社会活动。民族识别是对自报族称的族体进行实地调查和甄别，以确定由中央人民政府认定的单一民族

（或民族支系）的法定地位和正式族称。其主要目的在于在统一多民族国家内实现各民族政治上的平等联合，保障中国境内的少数民族充分享受民族平等和实施民族区域自治的权利。通过民族识别，少数民族的政治权利能够通过选举产生各级人民代表、建立民族自治地方、任用少数民族干部等更好地得到落实，少数民族在政治、经济、社会、文化、计划生育等各方面的实际利益可以得到更好的保障。

中华人民共和国建立之初并没有清晰的民族划分体系。中国境内各民族历史悠久、支系繁杂、族称众多、情况复杂。1953年第一次人口普查时，自报登记的民族名称达400多种，仅云南省就有260多个民族名称。

由民族学家承担的民族识别调查研究工作，主要是为中央有关部门确定哪些集团为单一民族提供依据。识别的重点是：要求识别的人们共同体哪些是汉族的一部分、哪些是少数民族？如果是少数民族，是一单独民族、还是某民族的一部分？

民族识别工作的第一步是从1953年全国第一次人口普查中自报登记的民族名称中，除已公认的蒙古、回、藏、维吾尔、苗、瑶、彝、朝鲜、满、黎、高山等族外，经过识别和归并，确认了壮、布依、侗、白、哈萨克、哈尼、傣、傈僳、佤、东乡、纳西、拉祜、水、景颇、柯尔克孜、土、塔吉克、乌孜别克、塔塔尔、鄂温克、保安、羌、撒拉、俄罗斯、锡伯、裕固、鄂伦春等少数民族，共有38个。

1954年起，民族识别开始大规模地展开。调查研究以西南和中南为重点，也派人在东北、西北、华东进行了一些民族识别调查。通过实地调查、情况分析、比较、识别和归并，到1964年全国第二次人口普查时，新确认了土家、畲、达斡尔、仫佬、布朗、阿昌、普米、怒、崩龙（德昂）、京、独龙、赫哲、门巴、毛难（毛南）等15个民族，将74种不同族群名称归并到各少数民族中。1965年，确认珞巴族为单一民族；1979年，确认基诺族为单一民族。1985年，民族识别工作告一段落，不再识别新的民族。形成了中国56个民族的基本格局。此后，陆续更改了一些人的民族成分，归并了一些自称为少数民族的群体。

面临的更大难题还在于如何理解斯大林的民族定义并把它应用于中国实际。有人主张基本照搬苏联模式，按照斯大林“民族是人们在历史上形成的一个有共同语言、共同地域、共同经济生活以及表现于共同文化上的共同心理素质的稳定的共同体”的标准进行民族识别。许多中国学者和干部意识到，不能简单套用斯大林的概念进行民族识别。中国民族学家认为中国情况与苏联不尽相同，大部分民族还在前资本主义的阶段，民族的四个特征是逐步完善的，因而采取了极富灵活性的办法，一些群体缺少其中的一些特征依然可以被看成是民族。民族识别应当依据的主要原则：一是民族特征，将四特征结合中国具体情况来分析；二是尊重本民族的意愿，“名从主人”。中国民族识别的理论指导是马克思列宁主义，但在对原则的实际运用上表现出巨大的灵活性，既充分考虑到了中国境内各族发展历史形成的格局，以共同文化特点作为识别标准、坚持实事求是，又对预设理论实现了重大突破。

民族识别作为国家确定的带有政治和法律意味的民族划分，族群认同可能会与国家分类一致起来。通过民族识别，用被人们认为是科学的、由国家确定的、相对稳定的民族划分，代替了混乱的、流动的地方族群认同。但少数民族优惠政策也使一些民众对政府认可的、合法化的“民族认同”和“民族身份”采取了实用主义的态度，民族属性的改换或选择成为影响民族人口数量变化的因素之一。民族识别使国民除了公民身份外以民族成分相区分，强调了特异性而忽略了普同性。在一些未识别族群努力建构族群文化和归属意识同时，也有族籍迷失的现象存在。

批评意见主要有：民族识别存在着一定程度的简单套用现代民族的四个特征的现象，将理论简单化和教条化；将民族作为一种政治和法律范畴的单位进行识别并固定下来，难以反映民族及其认同的长期发展变化；民族识别过程中个别地区也存在着过分强调族源或血统；以族源区分族别，过多地强调和依赖历史相关性；在政府、学者和被识别族群三者中，前者时常起着更重要作用，对本民族意愿重视不够；识别工作分省区进行，缺乏交流和沟通，不同省区对同一民族或族群有不同认定。

（王建民）

民族识别政策（identification of nationalities） 指对一个族体的民族成分、民族名称的辨别和确认，是中华人民共和国成立以后落实中国共产党民族政策的一项基本工作。

在中国，由于长期的历史发展，各民族交叉迁徙，交错杂居，民族间互相影响、不断分合变化，使得一个少数民族有多种自称或他称，也有些少数民族为躲避统治阶级的民族压迫，更改或隐瞒自己的民族成分。这样，中国少数民族的名称和成分出现非常复杂的情况。中华人民共和国建立后，第一届全国人民代表大会提出为明确掌握中国少数民族的名称和民族人口，使少数民族真正实现民族平等，推动各民族经济文化的发展，自1953年起，由中央及地方各民族事务机关组织科研队伍，进行大规模的民族考察。当时，各地统计上报的民族名称多达400多个。民族工作者查阅有关的历史文献，搜集民间神话、传说，以大量的考古学、语言学和人类学方面的资料为依据，并以马克思列宁主义的民族理论为指导，理解和运用斯大林民族定义，调查实际情况，综合考察和比较分析各民族的历史与现状。确认在这些民族名称当中，有些是同一民族的不同自称和他称，有些是一个民族的不同支系的称呼，有些是同一民族不同居住地的称呼，有些则是汉语的不同译音等。在尊重本民族的意愿的基础上，逐一进行识别。截至1983年年底，经国务院正式批准确定了55个少数民族。

中国民族识别已形成了独立的理论体系，成为具有中国特色的民族工作和民族学科的一个重要组成部分。民族识别与其他民族工作密切相关，对中国民族问题的解决和民族发展具有重要的影响。

（王建民）

《民族团结》（*National Unity*） 由国家民族事务委员会主办，面向国内外公开发行的综合性杂志。属于权威报道中国民族的国家级新闻月刊。有汉、蒙古、维吾尔、哈萨克、朝鲜、英文六种文字版本。是中国研究民族问题，宣传党的民族政策和传播民族工作信息的重要舆论媒体。1957年秋，该杂志（试刊号）问世。1996年，改为大十六开国际流行版本。1999年7月，开设《民族团结》电子版。2001年1月，经国家民委批准，国家新闻出版署核准，《民族团结》正式更名为《中国民族》（*China Ethnicity*）。2003年第一季度，出版的英文版本，成为中华人民共和国成立以来，中国第一本向世界各国全面展示56个民族精彩历史和社会生活的英文刊物。自创刊以来，杂志以促进民族团结进步事业、促进各民族共同繁荣为宗旨，致力于“让世界了解中国各民族，让中国各民族走向世界”，承担并完成了党和国家以及各地区、各部门一系列涉及民族问题的重大事件、活动和人物报道及政策理论宣传任务，各文版完整载录中国民族理论，权威诠释中国民族政策，客观展示出中国56个民族的社会生活、历史变迁和经济发展等情况，成为56个民族了解彼此的知音，“同呼吸、共命运、心连心”的窗口。该刊对指导民族工作、传播民族知识、增强民族团结、维护祖国统一和促进少数民族和民族地区的发展进步，发展各民族平等、团结、互助、和谐的民族关系起到了积极作用。

（耿静）

民族问题五种丛书（*The five series of Ethnic Minority Studies*） 由国家民委主持领导并编辑出版的一系列关于中国民族问题的大型综合性丛书，是中国民族问题研究的重大项目和重大出版工程。编辑出版时间长，从1958年启动到1991年，历时30多年，涉及地区广，有全国19个省、市、自治区及中央有关单位400多个编写组，1760多人参与，30多家出版社出版。系列丛书包括《中国少数民族》（1册）、《中国少数民族简史丛书》（57册）、《中国少数民族语言简志丛书》（55册）、《中国少数民族自治地方概况丛书》（140册）、《中国少数民族社会历史调查资料丛刊》（148册），共计402本1亿多字。

中华人民共和国建立后，民族问题和民族工作得到了中国共产党和中央人民政府的高度重视。为摸清少数民族的社会历史状况，抢救不断流失的历史文化资料，1953年，全国人大民族委员会和中央民族事务委员会组织进行了全国性的民族识别调查，3年后又开始少数民族语言与社会历史调查。1958年，在3次系统调查的基础上，中央民委开始组织编写《中国少数民族简史丛书》《中国少数民族语言简志丛书》《中国少数民族自治地方概况丛书》，简称“三种丛书”。“文化大革命”期间，中央民委机构撤销，相应的工作中断。1978年国家恢复民族工作机构，中央民族事务委员会改名国家民族事务委员会。1979年开始续编丛书，并增加了《中国少数民族》和《中国少数民族社会历史调查资料丛刊》两种，定名为《民族问题五种丛书》。丛书是特定时代对少数民族地区进行全面系统的调查和研究的成果，记录了55个少数民族从起源至21世纪初的历史发展进程，涵盖了政治、经济、文化、社会等内容，收集了大量第一手资料，弥足珍贵。是民族问题的权威著作和百科全书，为普及民族知识，宣传民族政策，开展民族研究，推动民族工作发挥了积极作用。

鉴于时代背景的局限，为适应新时期民族工作发展和民族问题研究的需要，国家民委于2005年开始对丛书进行修订再版。分别成立了修订编辑委员会，组织了千余名专家、学者参与修订工作。修订再版的总体原则是“基本保持原貌，统一体例、版本，增加新内容”，尊重史实，修正错误，增加注释；适当调整结构，更新有关数据和资料，吸收最新研究成果；增写《满族语言简志》；新编1987年后成立的16个民族自治地方的概况；补充改革开放以来各少数民族的发展历程及取得的成就等内容。由民族出版社统一发行。

（耿静）

民族学（ethnology）　对文化或民族进行比较研究和历史研究的学科。其英文ethnology一词源于希腊文，由ethnos（民族/族群）和logia（科学）组合而成，顾名思义，是以民族、族群及其文化作为研究对象的学科。从国际学术发展中看，民族学这个称呼主要应用于欧洲大陆的德国、法国和俄罗斯等国家，而在美国和英国，则被分别称为文化人类学（culture anthropology）和社会人类学（social anthropology）。

民族学的产生与西方国家的殖民地开拓有密切的关系。在第二次世界大战以前，主要研究非洲、美洲和太平洋岛屿等远离现代工业的无文字社会，即所谓初民社会或原始民族。第二次世界大战以后，民族学的研究领域开始向中国、印度、埃及等非工业文明的传统社会转移。1970年后出现了非西方文化与西方文化之间的民族学比较研究。1990年后，民族学的研究领域扩展到了欧美本土的社会和文化，民族学家更多地关注发展、现代化、全球化等议题，并由此发展出新的理论观点。

尽管在民族学的研究对象到底是民族文化还是民族的问题上依然充满争论，但民族学的研究对象和研究领域决定了它是一门相对开放的学科，它对几乎所有其他学科都产生了影响，而它本身也借用其他学科的知识，既涉及社会科学和人文科学，也涉及自然科学，研究越深入，这种借用的需求就越多。现在，随着这个学科的发展，经过不断繁衍和添加，出现了越来越多的民族学分支学科。如与其他人文社会科学交叉的法民族学、教育民族学、语言民族学、政治民族学、经济民族学、历史民族学等，与自然科学交叉的心理民族学、生态民族学、生物民族学、医学民族学等，与技术有关的计算机民族学、影视民族学等，而且还在不断增加。按照“广义民族学”将民族学研究对象视为民族或族群的主张，凡是与民族有关的方方面面都被纳入研究范围。

民族学的发展经历一个非常漫长的过程，主要可以分为3个阶段：民族志材料的积累、古典民族学和现代民族学。民族志材料的积累为民族学作为一门独立学科的出现奠定了深厚的基础。在西方国家，比较有名的有古希腊历史学家希罗多德（Herodotus）的《历史》和色诺芬（Xenophon）的《希腊史》，古罗马恺撒大帝（Gaius Julius Caesar）的《高卢战记》和史学家塔西佗（Publius Cornelius Tacitus）的《日耳曼尼亚志》等著作，其中就有大量异民族特殊文化的记载。中国的历史名著《史记》《蛮书》《华阳国志》等都记载有丰富的少数民族资料，是研究中国各民族不可多得的资料。

古典民族学的出现与19世纪中叶出现的进化论有很大的关系。虽然在此之前，殖民地扩张促进了一些专门从事殖民地民族研究的组织的建立，但却缺乏科学的理论和方法。进化论弥补了这一缺陷，并由此推动了民族学第一个理论流派的诞生。但由于过分倚重他人提供的民族志材料，却忽视实地调查，缺乏科学的研究方法，这一时期的民族学家被称为摇椅上的民族学家。

现代民族学产生于19世纪末~20世纪初，民族学家们从书斋走向田野。田野工作成为民族学者的“成丁礼”，是民族学研究必不可少的一部分。马林诺夫斯基（Bronislaw Malinowski）提出的田野工作模式以及参与观察法为民族学实地调查以及民族志写作提供了一套科学的标准。传播学派、社会学派、功能学派、新进化论学派、结构主义学派、后现代主义学派等都是建立在田野工作基础上的民族学研究。

19世纪末20世纪初民族学传入中国，至今已有百年历史。这百年历史可以划分为3个大的阶段：中华人民共和国建立前、中华人民共和国建立初和改革开放以来。

1926年蔡元培发表了《说民族学》一文，介绍这一门学科的内容和意义，倡导在中国开展民族学研究。这一时期，中国的民族学界主要依托于西方各学派的理论和方法，在几十所大学开设了民族学人类学课程。19世纪末，西方民族学理论各流派学说陆续传入中国。初期主要以介绍西方各流派著作和学说为主。初步接触过或在国外学习过该专业的少数中国学者，虽然还未能真正从事民族学的研究，但他们积极地翻译西方著作并发表一系列文章，将该学科介绍给国内的学界和社会大众。20世纪20年代以后，中国多所大学建立了民族学、人类学系或专业，1928年中央研究院建立了由蔡元培任组长的民族学组，1934年在南京成立了中国民族学会。中国学者从此开始独立地进行本国民族与文化的民族学研究。中国的民族学开始作为一门独立的学科跻身于学术界。民族学作为独立学科出现的另一重要标志是20世纪20年代以后中国学者开始开展实地调查，并取得了很多优秀成果。如凌纯声的《松花江下游的赫哲族》、费孝通的《江村经济》、林耀华的《凉山彝家》等。中国民族学家通过本土化的努力，将西方民族学应用于对中国社会的深入调查与研究中，在理论和方法上都有所创新和发展，初步形成了自己的特点和风格，重视应用与历史，推动了本土民族学与社区研究的发展，成为国际民族学界一支引人瞩目的力量。

中华人民共和国建立后，20世纪50年代中国民族学界全面批判“西方资产阶级民族学”，而随中国政府在外交上向苏联阵营“一边倒”，受到苏联模式的民族学学科和苏维埃民族学派的强烈影响。当时中国民族学专业参考书大多译自苏联，研究者在思想和研究方法上向苏联靠拢，中国的民族学学科被改造成了苏维埃学派，与西方民族学界割断了联系和交流。

20世纪50年代，中国民族学界在政府主持的民族识别和少数民族社会历史调查中发挥了重要作用，积累了大量民族志资料，创造了学科史上的辉煌。然而，1957年起，民族学研究先后被称为“资产阶级民族学”和“修正主义民族学”而遭到批判。民族学作为一个学科的地位进一步削弱，学科理论和方法的研究基本停顿。甚至用“民族问题研究”代替民族学。“文化大革命”时期，民族学被宣判为“资产阶级学科”，原来在民族问题研究名义下进行的一些学科的教学和研究活动也都基本停止了。

1978年，国家确认了民族学作为一门独立学科的地位，中国民族学得到恢复。中国民族学学术团体于1980年重建，全国几十所高校已建立民族学专业，全国大部分省区都建立了民族学研究机构。近年来，还不断有更多高校开设相关的课程。同时，中国民族学再次融入国

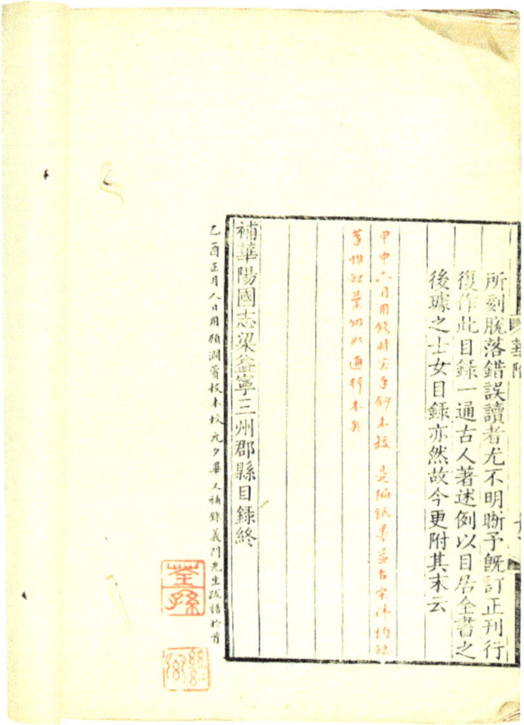
所刻脫落錯誤讀者尤不明晰予既訂正刊行
復作此目錄一通古人著述例以目居全書之
後璩之士女目錄亦然故今更附其末云

補華陽國志梁益寧三州郡縣目錄終

《华阳国志》

《华阳国志校注》

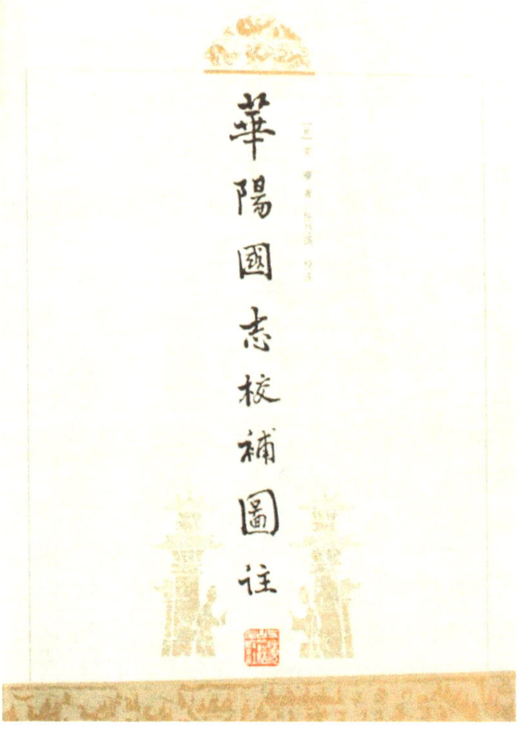

《华阳国志校补图注》

《蛮书》

际学术界，成为国际民族学界的一员，参与国际学术交流。从总体来看，中国民族学界更多地继承了以往的学术脉络和学术特点，侧重各民族历史文化的综合研究，在发展、环境和民族关系等方面的研究取得了一定的进展。进入21世纪以来，民族学得到了政府的更多关注和支持。2009年，由中国人类学民族学研究会负责筹办的第十六届国际人类学与民族学大会在中国召开。

中国民族学与人类学的关系错综复杂，充满争议。最初被视为与文化人类学/社会人类学相同或相似，从学理上看也是如此。但在中国场景中却难以辨析：学科重建之后，分别建立了中国民族学会和中国人类学学会，侧重民族研究的民族学与强调四大分支的人类学各有发展；国务院学位委员会、国家教育部/教委、国家标准局3个学科标准目录对于两者的关系有不同的界定；费孝通曾主张“（民族学、社会学、人类学）三科分立/多科并立，各得其所”；1997年修订的学位委员会目录保留民族学一级学科和二级学科的同时，删除了民族学二级学科后括号内的文化人类学，而将人类学列为社会学的二级学科；此后民族学与文化人类学似有渐行渐远之势。

（蔡芳乐、王建民）

参考书目

［1］艾伦·巴纳德. 人类学历史与理论.（修订本）. 王建民、刘源、许丹译，北京：华夏出版社，2009.

［2］罗伯特·莱顿. 人类学理论导论：他者的眼光（修订本）. 罗攀、苏敏译，北京：华夏出版社，2008.

［3］宋蜀华，白振声. 民族学理论与方法. 北京：中央民族大学出版社，1998.

［4］王建民. 中国民族学史·上卷. 昆明：云南教育出版社，1997.

［5］王建民、张海洋、胡鸿保. 中国民族学史·下卷. 昆明：云南教育出版社，1998.

《民族学研究集刊》（*Bulletin of Ethnological Studies*）　中国民族学、人类学早期重要刊物。由中山文化教育馆研究部民族问题研究室编，商务印书馆出版。1934年12月，中国第一个民族学学术团体——中国民族学会在南京成立，发起人主要有凌纯声、邱长康、黄文山、孙本文、卫惠林、胡鉴民、徐益棠、何联奎等人，学会宗旨为“研究中国民族及其文化”，以搜集民族文化实物，调查、研究、讨论中国民族及其文化问题，编辑刊物与丛书为已任。但中国民族学会原拟创办的刊物一直未能成刊，《民族学研究集刊》由中国民族学会理事、出版委员会委员黄文山主编、卫惠林等为主要编辑者，且作者主要是中国民族学会会员，因而被视为中国民族学会会刊。该刊于1936年5月在上海创刊，至1948年8月停刊，前后出版6卷。其中，因抗日战争时期中山文化教育馆迁往西部，第二卷在长沙出版，第三、第四、第五卷在重庆出版。主要撰稿人为黄文山、卫惠林、凌纯声、吴文藻、马长寿、林惠祥、潘光旦、徐益棠、方国瑜等学者，文章内容包括民族学人类学理论与方法、考古发掘、少数民族文化研究、风俗调查、神话研究等方面，有较高的学术价值，代表论文如

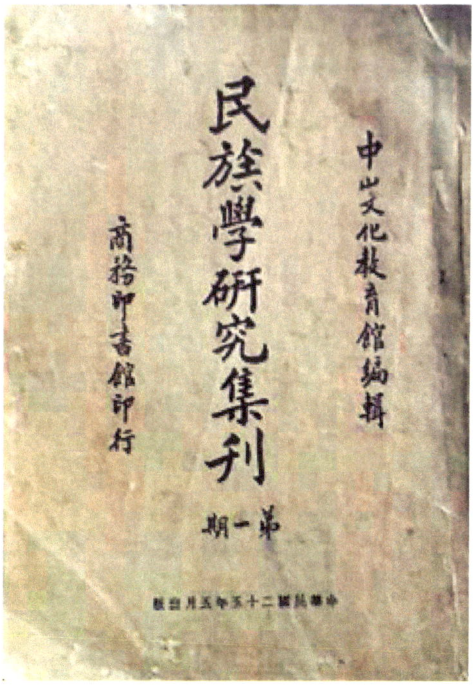

《民族学研究集刊》

“民族学的对象领域及其关联的问题”（卫惠林）、“民族学实地调查方法”（凌纯声）等，“近代中国民族学译著目录”“抗战以来中国民族学选目”等文则较为系统地搜集了当时民族学方面的研究成果。该集刊系民国时期重要的文献资料，作为中国民族学、人类学发展早期的重要刊物，至今仍有重要的参考价值。不仅对于学科史研究，对于相关问题的中国学术理论脉络梳理也是不可或缺的。

国家图书馆出版社2010年出版了该杂志的影印本。

（耿静）

民族研究（Ethno-National Studies） 中国民族研究权威学术期刊。是中国科学院民族研究所（以后更名为中国社会科学院民族研究所及中国社会科学院民族学与人类学研究所）主办的综合性学术理论刊物。1958年创刊，“文化大革命”时期停刊，1979年复刊，系双月刊，截至2014年12月，已出版212期，发表各类文章3000余篇。刊物始终把握学术前沿与热点，积极培育新思想，促进学术争鸣、理论创新，理论研究与现实问题研究并重，在不同时期栏目设置有别，如民族志理论与范式专题研究、人类学与文化批评、田野调查与研究、研究述评、学术动态与信息、书评与札记等。文章学术质量高，文风朴素严谨，在全国民族类期刊中影响较大，是从事民族研究、民族教学和民族工作的学人发表研究成果、开展学术讨论的重要学术阵地。对发现、培养民族研究人才及学科建设有积极的促进作用。

（耿静）

民族药物学（ethnopharmacology） 对人们如何利用植物、动物、菌类、矿物等自然资源的药用价值的跨文化研究。大自然是伟大的药剂师，原初社会人们利用天然药物，科学发达的现代社会能够人工合成许多药物。广义的民族药物学指世界不同民族传统上用于预防、治疗和保健的天然药物，狭义的民族药物学指中国各少数民族施用的天然药物，两者都有自己的医药理论体系。

民族药物的毒性和以毒攻毒的作用渐渐为人所识，如番木鳖碱又称马钱子，是古代有名的毒药。人参、连翘和银杏等都收入中药治疗中，芦荟的鲜汁提炼物可以用于治疗各种伤口。古代民族用箭毒射杀猎物和治疗狂犬病等，癞蛤蟆（蟾酥）和多种毒蘑菇现在已经成为抗癌药的筛选对象，在一个民族眼中的治疗药物，在其他民族看来或许是毒药。

世界各民族对医药的发展都有贡献，中国古代的药物学称为本草学，有神农尝百草，药王孙思邈，华佗根据曼陀罗、乌头及酒发明了麻沸散等故事。《诗经》《山海经》各记载了100多种可作药物的动植物名称，到明代李时珍撰写《本草纲目》达到光辉顶点。现在世界公认炼丹起源于中国，15世纪是欧洲炼丹术鼎盛时期，人们沉浸在制造长生药、万能解毒剂的幻想中，后从炼制不死的仙丹灵药中解放出来，发展出制药化学。人类学家根据田野调查得出：非洲医疗实践者更愿意制成合成药物，而不愿单用同一地点采摘的随机民族植物。1805年德国药剂师塞脱纳从鸦片中提取了碱性成分，开拓了民族药物提取和分离的先河。19世纪各种天然药物和合成药物通过实验药理学得到了飞快地发展。

民族药物学有益于深刻理解进化论，如植物为抵御食草动物的啃食进化出毒素，灵长类之间也会传播减少寄生虫的毒素实践。体质人类学家波奇（Barry Bogi）研究高级灵长类在迥异的环境中优化摄食味觉，减少毒素摄入。具有更高级认知能力的人类把民族药物融入患病症状的象征解释中，发散出更复杂的文化传播。约翰（Timothy A. Johns）强调农业的兴起消解了饮食多样化，增加了识别有益毒素的文化需求。人们普遍认为雨林蕴藏着最大的民族药物发掘潜质，但人类学家认为本土居民采药更依赖生长在农作区和房前屋后的野生作物。

并不是所有的人类学家和药物学家都相信本土知识的医学治愈价值，某些人类学家认为部分治疗过程并不具有生物医药基础，而是掺杂太多满足情感需求的象征性治疗——即所谓的安慰剂效应（伪药效应）。患者在医疗过程中对某种药物坚信不疑，就会增强药物的疗效；反之对药物的抵触会造成反安慰剂效应，出于人道主义考虑，这方面的研究不多。人类学家认为该领域基本的跨文化问题是本土居民对患病常常做象征解释，并建议民族药物学家不仅要关注民族植物的利用方法，更应分析治疗的整体文化过程。

民族药物学是保存文化与生物多样性的独到论据。制药商、生物学家和人类学家合作寻找新药的过程被称为生物勘探，人们利用本土知识和在地技术把民族药物变成获利药物，一些人权组织称此为生物剽窃，因此非政府组织身体力行地阻止部分项目开发。人类学家认为，传统民族药物知识将随着当地人融入全球经济而消失。

民族药物的发现是人类的一项重要活动，人类学家通常秉持传统疗法的田野观察，民族药物学家将人类学理论带入实验室，分离出有效的化学成分用于商业生产。早期可以追溯到1805年，法国自然学家从南太平洋带回民族植物，民族植物学家分离出的士宁作为医用生物碱沿用至今。民族植物学家利用民族植物生产药物，应用于人口控制、外科手术、疟疾、哮喘、心脏病等医学领域。民族药物研究的对象已经不再局限于传统草药和各类毒素，19世纪至20世纪的合成化学的加入，以及20世纪后期开发基因工程药物、生物制品和分子生物学挑战了民族药物学。

（夏懿）

民族医学（ethnomedicine）　对不同民族的医疗体系进行跨文化研究的学科，是医学人类学的重要分支。20世纪80年代以前，人类学家通常用民族医学定义非西方医学体系，认为西方医学与民族医学具有迥异的医疗秩序，民族医学的概念是相对于西方生物医学而言的被动词，反映了类同于西方与非西方的对分法，之后人类学家达成共识，将生物医学理解为专业的民族医学。

民族医学随着各文化系统内部天灾人祸的认知与处置的组织化而发展，不同文化之间以及同一文化内部都存在差异。里弗斯（W. H. Rivers）的原始医学研究成为早期人类学民族医学的研究核心，宗教与巫术、魔法标识着民族医学的文化个性。20世纪50年代~60年代，人类学家考迪尔（William Caudill）和史蒂芬（Steven Polgar）做了奠基性研究，80年代开始，健康与患病的民族医学研究整合为医学人类学中的分支领域。

人类学中的传统观点认为：民族医学是置身现代医学之外的医学信仰与实践的本土产物，所以通常被视为是原始的或是非理性的，不具有生物医学所自持的科学性。人类学家相信不同文化之间形成了不同的医疗智识秩序。早期的民族医学关注疾病与症状的分类，如弗里克对棉兰老岛苏巴农人皮肤病的研究中，他力求提炼出苏巴农人纯粹的自观认识，另有普理查德对阿赞德人的巫术研究，这些民族医学与西方医学具有同等的治愈疗效。对疾病诊断和治疗的模式容纳了仪式、药学、推拿等方面，巫师、占卜者、萨满、释比等是本土医疗体系中的重要人物，民族医学持有不同的治疗策略，包括魔法、宗教、民间医学，其间也融合了生物医学的治疗方案。一种文化中的疾病观念在他文化中或被视为健康，如文化引致的精神疾病——拉美的着魔恐怖综合征、马来人的杀人狂和拉塔病、东南亚的恐缩症等。

不同民族的传统医学都曾是该民族对抗疾病的正统医学。全世界的医学可分为四种：对抗疗法医学；补充和替代医学；民间医学；骗人的庸医。民族医学是相对于西方医学的补充和替代医学，与民间医学有交叉之处。民族医学内部又有独特的运作逻辑，可分为自然论医学体系：强调人的内外平衡，疾病是由于诸如生态变迁等外力变化所致；拟人论医学体系：探究疾病的终极原因，疾病被视为有超自然的神灵或具有特异功能的巫师所致；综合论医学体系：透过细节注重疾病的综合原因。民族医学包括希波克拉底的体液病理学、印度的生命吠陀医学、中国的传统医学、日本的汉方医学、美国的民间医学、中东的尤纳尼医学和顺势疗法等。

民族医学在中国是各少数民族传统医学的统称，和中医学、民间医学三者共同构成传统医学。20世纪80年代以后，中国民族医药事业得到了国家和社会的关注，与现代医药并驾发展。藏、蒙古、维、壮、苗、瑶、彝等少数民族的医学体系已经整理出专著，科研体系、临床实践、草药收集等工作渐次发展。中国人类学界主要对少数民族中的乡土医学进行人类学分析，如《彝族医疗保健——一个观察科学与巫术的窗口》。

民族医学通常采用医学人类学的田野调查方法，怀有人类学的整体观和相对主义的文化视角。现代民族医学观点打破了种族界线和西方中心主义，人类学家不再区分西方的生物医学和他者的民族医学，各方人士应推己及人和推人及己地进行民族医学的交流互动，使其为中国人民和世界人民造福。

（夏懿）

《民族译丛》（*Translated Series of Ethnicity*） 中国民族学学术期刊。1979年创刊，1994年停刊，之后从1995年起，更名为《世界民族》（*World Ethno-National Studies*）。该刊为双月刊，由中国社会科学院民族学与人类学研究所主办。以推进中国学者从广阔的领域、多视角地探索人类社会民族过程的自身发展规律及其与社会进程发展规律之间的互动关系，提高人们对民族现象、民族问题及其长期性、复杂性和重要性的科学认识为宗旨，选登具有较高学术价值和重要借鉴意义的国内外学者研究世界民族的论著和资料。内容涉及马克思主义民族理论研究、族际热点问题透视、人类学与民族学理论和方法、民族社会与文化、外国学者对中国民族的研究、资料与信息、人物或机构介绍、会议报道、国外民族考察报告等内容。是目前中国唯一一种专门研讨全球范围内的民族现象及民族问题的国内外公开发行刊物。（参见《世界民族》）

（耿静）

民族音乐学（ethnomusicology） 是一门采用民族学的方法来研究音乐的学科。从英文词义来看，由民族的或族群的与音乐学两部分组成。追溯民族音乐学学科发展轨迹，民族音乐学的历史始于1885年维也纳音乐学家圭多·阿德勒（Guido Adler）的著作《音乐学的范畴、目的和方法》，在系统的音乐学语境下探索音乐理论、音乐美学、音乐教育学、比较音乐学等方面，这为非西方音乐研究赋予了合法性，在欧洲主要城市，音乐家所倡导的运动，从殖民地到世界博览会随处发生，后来留声机的发明以及音响资料馆的建立点燃了“科学”迷恋他者音乐的风暴。这种魅力很大程度上指向心理感知——音乐提供了便于测量的数据。1885年，亚历山大·约翰·埃利斯（Alexander John Ellis）在爪哇加美兰音调基础上发表了《论诸民族的音阶》，他将音分作为平均音，开启了比较音乐学（comparative musicology）的大门。柏林心理学家卡尔·施通普夫（Carl Stumpf）和柏林音响档案馆馆长埃里希·冯·霍恩博斯特尔（Erich von Hornbostel）遵循相同的轨迹在未来20年里进行着对非欧洲调式体系协和、不协和感知的调查，组织这些系统形成一个进化论的、传播论的框架，形成了比较音乐学的柏林学派，这一学派对比较音乐学的建设做出了杰出贡献。纳粹执政时，许多与柏林学派联系的学者离开德国，在美国谋求学术职位。1950年，研究爪哇加美兰的荷兰学者雅普·孔斯特（Jaap Kunst）在《音乐学》（*Musicology*）一书的副标题“民族音乐学性质的研究，其问题、方法及主要特点”中使用了民族音乐学这一名称，并主张替代比较音乐学。此书在1955年再版时，书名改为《民族音乐学》（*Ethno-musicology*），1959年第三版出版时将连字符取消，“Ethnomusicology”便成了民族音乐学的学科名称。其后，经历过柏林学派训练的“系统的音乐学家”和他们的学生迅速成为美国民族音乐学教学的骨干，成立民族音乐学学会（SEM），出版了专门的刊物《民族音乐学》（*Ethnomusicology*），民族音乐学从此蓬勃发展起来。后来，更多的民族音乐学家认为，首先必须克服西方音乐的偏见，并通过亲身参与不同民族的音乐实践，调查它的社会背景，搞清其文化脉络，以求掌握和研究音乐本身。随后，逐渐出现了新的学术倾向，认为欧洲音乐也是民族音乐的一大类，探讨世界音乐就是在所有的音乐文化中求得某种平衡，以期促进各种发展的相互接近和了解，有助于认识西方音乐和西方以外音乐之间的交互作用。

民族音乐学在中国的发展历程可以追溯到王光祈先生，他是最早把比较音乐学介绍到中国的学者。他曾在柏林大学师从冯·霍恩博斯特尔专攻音乐学。1925年，他撰写《东方民族之音乐》，向中国人介绍比较音乐学。与此同时涌现的音乐学家还有萧友梅，他的研究目的同王光祈一样，都是想用新兴学科的研究方法来研究中国传统音乐。1980年，在南京艺术学院召开全国民族音乐学学术讨论会，这成为民族音乐学正式引入中国的标志。当时的中国学者认为民族音乐学这门学科的观念和方法，不仅完全适用于中国从20世纪30年代起发展的民族民间音乐研究和20世纪60年代提出的亚非拉音乐研究等学术领域，而且能够把中国当时尚处在闭塞状态的研究引向一个更为宏观、开放性和科学性的境界。至此，民族音乐学便在中国逐渐确立了自身的学科地位，并在各大高校相继开设了相应的专业及课程。一般来说，中国民族音乐学学者侧重于中国传统音乐领域的研究，注重音乐形态的分析，力求从音乐本身去寻找与文化诸因素之间的联系，落脚点在研究音乐本身的构成与变化。

民族音乐学进入21世纪后，开始反思对文化观念的理解，关注音乐形成的社区整体性、族群差异性以及政治、经济、科技等因素对音乐文化的影响。同时，当代民族音乐学从新的视角观照更多的议题，如理论与文化、社区及其音乐、族群性、民族主义、散居与全球化、种族、生理性别与社会性别、新历史主义、实践理论、音乐理论与分析等，深入阐述21世纪民族音乐学的新发展。

（魏琳琳）

参考书目

［1］洛秦. 称民族音乐学，还是音乐人类学——论学科认识中的译名及其“解决”与选择.《音乐研究》，2010（3）.

［2］杨民康. 从学科方法论到文化哲学观：现代民族音乐学理论的转型与分层.《中国音乐学》，2006（3）.

［3］Ellis, A. J.1885, ‘On the Musical Scales of Various Nations’, *Journal of the Society of Arts*, xxxⅲ, 485–527.

［4］Malinowski, B. *Argonauts of the Western Pacific*. London, 1922.

［5］Manuel, Peña H. *The Texas-Mexican Conjunto: History of a Working-Class Music*. Austin: University of Texas Press, 1985.

［6］Manuel, Pete. 1989: Andalusian, Gypsy, and Class Identity in the Contemporary Flamenco Complex. *Ethnomusicology* 33, 47–65.

［7］Manuel, Peter. 1994: Puerto Rican Music and Cultural Identity: Creative Appropriation of Cuban Souces from Danza to Salsa. *Ethnomusicology* 38, 249–280.

［8］Merriam, A. P. *The Anthropology of Music*. NorthwesternUniversity Press, Evanston, IL, 1964.

［9］Nettl, B. ed. *Eight Urban Musical Cultures: Tradition and Change*, Urbana: University ofIllinois Press, 1978.

［10］Rice, Timothy; Agawu, Kofi; Koskoff, Ellen; Reily, Suzel Ana; Scruggs, T. M.; Slobin, Mark; Stokes, Martin;Sugarman, Jane C. 2010: Disciplining Ethnomusicology: A Call for a New Approach/Response to Rice/Response to Rice: A ReCall of Arms/Discipline or Dialogue? (A Response to Timothy Rice)/Response to Rice/Rice's “Crisis”/Response to Rice/Building and Teaching Theory in Ethnomusicology: A Response to Rice. *Ethnomusicology* 54, 318–344.

［11］Rice, Timothy. 2001: Reflections on Music and Meaning: Metaphor, Signification, and Control in the Bulgarian Case. *British Journal of Ethnomusicology* 10, 19–38.

[12] Rice, Timothy. 2003: Time, Place, and Metaphor in Musical Experience and Ethnography. *Ethnomusicology* 47, 151–179.

[13] Rice, Timothy. 2007: *Reflection on Music and Identity in Ethnomusicology.* Му зикологи а 7, 17–37.

[14] Solomon, Thomas. 2000: Dueling Landscapes: Singing Places and Identities in Highland Boliva. *Ethnomusicology* 44, 257–280.

[15] Stokes, Martin. *Ethnicity, Identity and Music, The Musical Construction of Place*. Berg: Oxford, 1994.

[16] Turino, Thomas. 1999: Signs of Imagination, Identity, and Experience: A Peircian Semiotic Theory for Music. *Ethnomusicology* 43, 221–255.

[17] Waterman, Christopher A. 1982: "I'm a Leader, Not a Boss" : Social Identity and Popular Music in Ibadan, Nigeria. *Ethnomusicology* 26, 59–71.

[18] Waterman, Christopher A. 1990: "Our Tradition Is a Very Modern Tradition" : Popular Music and the Construction of Pan-Yoruba Identity. *Ethnomusicology* 34, 367–379.

民族植物学（Ethnobotany） 民族植物学是一门研究人与植物之间相互作用的跨学科的学科，它建立在植物学、民族学（或文化人类学）、生态学、语言学、药物学、农学、园艺学等相关学科的基础之上。

经典的民族植物学研究主要从事民族植物学的调查、记载、编目和分析评价。现代的发展趋势已将民族植物学推进到一个崭新的应用发展阶段，为现代生物多样性和文化多样性的保护服务，为社区发展提供强有力的科学支持。

由世界自然基金会（WWF）、联合国教科文组织（UNESCO）和英国皇家植物园（Kew Gardens）共同发起和实施的《人与植物行动计划》于1994年正式启动。在亚洲、非洲、中美洲等地开展应用民族植物的定点研究、能力建设和民族植物学系列出版物的编写出版，极大地推动了民族植物学在全球的发展，把民族植物学的经典研究引向应用研究。近年来，该项目在组织民族植物学高等教育教材编写、非洲和喜马拉雅地区药用植物保护与利用、非洲木雕业的保护与可持续发展、社区参与自然保护和社会林业等若干重要领域都起到了方向性引导和方法研究及传播的作用，受到国际社会的广泛认同与支持。

民族植物学在20世纪80年代初期被介绍到中国。近50年来，中国经历了野生植物资源调查，发掘中草药的群众运动，中药材资源普查，民族药调查等一系列多学科、专业队伍与群众参与相结合，广大科技人员上山下乡等运动，在深入而广泛的调查研究基础之上，民族植物学应运而生，得以逐步发展起来。云南西双版纳是中国民族植物学诞生的摇篮。1987年，昆明植物研究所成立了大陆第一个"民族植物学研究室"。1990年，昆明植物研究所承办了第二届国际民族生物学大会。1990—2002年期间，与民族植物学相关的10多个国际会议和培训班相继在云南、贵州、四川、西藏和新疆举行。这一时期，中国的民族植物学家还频繁帮助尼泊尔、巴基斯坦、印度、不丹、蒙古、缅甸、泰国、越南、老挝等国家进行人员培训、机构建设和项目指导，为促进亚洲民族植物学的发展做出了卓有成效的贡献。

中国的民族植物学研究，起步阶段采用美国通行的调查、记载、描述、编目的常规方法；20世纪80年代中期，开始结合采用美国东西方中心提出的人类生态学为依据的农田生态系统综合评估方法；80年代后期，在基础研究的基础上，开始进行应用研究和推广试点工作，重点开展了资源利用、生物多样性保护和自然保护区建设、传统医药知识的传承与发展、农村社区发展、农业生物多样性管理5个领域的研究。

在民族植物学的基本研究方面，大量的研究集中在区域民族植物学、植物类群民族植物学和植物利用类别的民族植物学研究上，如西双版纳竹类和棕榈藤类的民族植物学研究、滇西北集市植物的民族植物学调查、云南民族食花文化的研究等。

在民族植物学的应用研究方面，包括民族生态学研究、从民族药中开发新药研究、社区生物多样性保护、山区扶贫等若干领域都取得了引人注目的研究进展。

在生物多样性与民族文化多样性的协同进化关系方面，中国学者较先证明了传统文化信仰对植物环境和生物多样性保护影响的观点，对傣族“神山”信仰、佛教寺院植物、滇西北民族“圣境”信仰、云南民族食花文化等若干方面均进行了具有深刻影响的研究。

由于中国政府一贯实施重视扶持传统医药的政策。在中药得到发扬光大的同时，中国民族药业得到相当大的发展。民族药研究工作主要集中在高等中医药院校和民族医药研究院所，是中国从事民族植物学相关领域研究的最大专业人员群体。中国民族药调查已取得显著成绩，并从民族药中开发出千余种的各类新药。

近20年来，中国民族植物学研究取得了丰硕的成果，已经整理出版了若干专门性著作。《中国民族药志》（3卷）已经出版；有关蒙古、维吾尔、藏、苗、傣、彝、哈尼、拉祜、水、壮、土家族等民族药志书出版了40余本；《民族植物学手册》《应用民族植物学》《西双版纳轮歇农业与生物多样性研究》等10余部专著先后出版；在国内外发表的民族植物学研究论文约有500篇以上。

国内民族植物学从一开始便重视与民族学的结合，云南两个学科共同创办研究机构，培养研究生，保持了长期密切的交流与合作。在人类学方面，也产生了一批民族植物学和认知人类学的成果。

30余年来，国内民族植物学发展迅速，成绩显著，一度走到国际前沿。问题与不足大致有4点：一是学科建设不够完善；二是社会认知度不足；三是实际应用有待加强；四是研究地区和研究领域分布不平衡。

（黄娟）

参考书目

［1］陈重明. 民族植物与文化. 南京：东南大学出版社，2005.

［2］陈山、哈斯巴根. 蒙古高原民族植物学研究. 呼和浩特：内蒙古教育出版社，2002.

［3］淮虎银. 者米拉拉祜药用民族植物学研究. 北京：中国医药科技出版社，2005.

［4］许建初. 民族植物学与植物资源可持续利用的研究. 昆明：云南科技出版社，2000.

［5］裴盛基、淮虎银. 民族植物学. 上海：上海科学技术出版社，2007.

民族志（Ethnography）　民族志作为一个学术概念大约是1807年提出来的，基本含义是指对民族社会、文化现象的记述。希罗多德对埃及人家庭生活的描述、司马迁纂修《史记》，《边疆四裔传》、旅行者和探险家的游记、最早与“土著”打交道的商人和布道的传教士以及殖民时代“帝国官员”们关于土著人的报告，都被归入民族志这个广义的范畴。因易与中国新方志编修中少数民族聚居地区新修的概述少数民族情况的“民族志”相混淆，有学者建议以“田野志”或“田野民族志”作为中文表述概念。

民族志这个词有双重的人类学含义：一是作为作品的民族志；二是作为过程的人类学。民族志作品依赖于调查过程，但不是简单的A—B关系。在构建民族志时，人类学家不仅仅是“写了”他们在做田野调查的过程中记录的田野笔记。如果民族志被看作是构建积木和测试人类学理论的基础，那么民族志和民族志的过程也从试验中被理论型塑。

民族志可以被视为人类学三角形的一个点，另外两个点是比较和语境。这个三角形的3个点共同设置了人类学的操作体系，人类学者通过这个体系在书写民族志时获取和使用民族志资料。田野笔记根据理论比较和表述语境进行筛选与诠释。由于民族志是被阅读的文献，民族志刺激比较理论性思考，这些思考又反过来形成新的问题和阐释，并且通过进一步的田野调查来解决。民族志及比较理论的反思常常产生新的要求和对语境（历史、生态和人口背景、国家政策、生态发展趋势和世界体系）提出更高的要求。民族志、比较和语境这个人类学三角形在本质上是解释和理解人类文化和社会生活方式的途径。

作为一种写作文本，民族志运用田野工作来提供对人类社会的描述研究。民族志呈现的是整体论研究方法的成果，这种写作风格在形式上和历史上，均与旅行家、殖民地官员书写的报告有所关联。某些学术传统，特别是建构论与相对论的理论典范，把民族志研究视为一个重要的研究方法。许多文化人类学家认为，民族志是文化人类学的本质。民族志往往指称描述社群文化的文字或影像，它作为人类学家或社会学家的资料记录，可区分为研究复杂社会、多样社区、多样社会机构或含有多种生活形态“单一社区”的“宏观民族志”，和聚焦描绘某个异国小部落、中产阶级社区中一小群人的单一社会情境或单一社会制度却含有多样社会情境的“微观民族志”。

把民族志看成是人类学者做民族志的过程也是很普遍的观点。人类学家选择某一特定人群或地点是为了进行一些关于悬而未决或突出问题的研究。个人偏好或研究者的关系也会影响到这个选择，但田野工作者必须证明他或她的选择关乎某些显著的理论。

田野调查由人类学理论比较的概念提出，人类学的三角形学说中理论比较也从另外两个方面塑造民族志过程。首先，人类学家通过训练和阅读秉承着跨文化的视角。在民族志过程的每一步，他们不断提及自己所熟悉的社会。在处理社会生活的任何方面，比如婚姻、种族等，他们在心理上将其与其他地方的案例比较相似性与差异性。然而人类学并不像其他社会科学，学者们不以西方的经验为中心或作为标准参数。

其次，比较的视角使人类学研究者侧重于趋势和过程的关注，而不仅仅是随机的异同比较。人类学者并不是将每个民族志实例作为特例（这在极端的文化相对论中常常如此），而是把这些观察到的社会现象置入比较的框架中，比如基于经济类型：打猎和采集、园艺、农业、牧业、工业等。与此同时，民族志会引起一些争议和理论创新。而在民族志过程本身的背后存在一个问题，那就是决定日常生活中什么是最值得密切关注的问题。

在民族志过程的初始发展阶段，田野工作者必须不断做出决策：去哪里、听谁的报道、追随什么事件、什么是可以忽视或遗漏的。这些问题是由田野调查理论与方法以及出现在该领域的显著性理论决定的。在田野调查过程中，民族志作者一方面是观察者，他们观察并且在田野笔记中记录下来。另一方面民族志学者是沟通者。他们需要与报道人进行访谈，在谈话中他们可以是被动的或主动的参与者，田野笔记对这些访谈细节都要做相应的记录。在以后的民族志写作过程中根据理论和语境对田野笔记资料进一步衡量和阐释。

后现代主义关注“表述的危机”，他们批评早期的民族志，对历史、政治、经济、生态、人口、统计和法律背景提出了更高的标准。克利福德（James Clifford）对于民族志及其真实性的探讨对民族志写作影响较大。他认为民族志写作至少由以下6个方面决定：（1）从场合上讲，民族志是社会主题的产物并创造社会意义。（2）从修辞角度看，民族志使用表述的惯例并为表述的惯例所利用。（3）从制度上看，人类学家是在自己的社会内部针对某些传统、学科和读者展开写作的。（4）从文体发生学看，民族志一般与小说和旅行记有差异。（5）从政治上讲，民族志作者的表述文化事实的权威是不平等分配的，而且不时受到反驳。（6）从历史的角度看，上述的惯例和制约因素是不断变化的。这些决定因素左右着民族志撰写的虚构。

在人类学课程讲授中，试图把人类学伦理与民族志最好的、旧的和新的方法与各种技术融会贯通为一个十分专业和有用的课程。民族志作者通过理论、方法与实践，体会到民族志是人类学科学与人文写作能力的融合体。

（邹宇灵）

参考书目

Spradley, J. P. *Participant observation*. New York: Holt, Rinehart and Winston, 1980.

民族志类比（ethnographic analogy） 类比是比喻论证的形式，如果两个物体或事件彼此的一些特征相像，它们被认为是有可能具有相似的附加功能。类比参数是扩大的，即结论包含比类比物更多的信息。人类学类比指人类学和考古对象或事件之间产生类似物的相似之处，人类学研究的功能或其他问题采取考古观察到的对象或事件特点。

人类学类比在科学考古中是一个小角色，但它是重建方法的基石，主要是指根据考古记录重建信息。早期的类比论点杂乱无章，到了20世纪50年代后期，类比的作用得到了承认。最初的尝试主要集中在改进模拟建设：类似物仅限于史前和历史的情况，在类似的发展阶段和生态环境的文化指引下，假设其时间上的历史连续性。后来有人认为，“概率”（实际上是“合理性”，因为没有方法来计算概率）推断的性质是真正的强大，如果推断性能和功能相关的初始相似之处。也有人认为，类比应该被“测试”，然而类比论证却无法进行测试。如今重构学者承认人类学类比不尽如人意，但坚持使用它，是因为没有其他方法替代。

（邹宇灵）

民族志类型 民族志分为3种：古典民族志、科学民族志和实践民族志。

古典民族志的特点是自发性、随意性、业余性。在西方追溯民族志的历史，希多罗德被推崇为最早的民族志作者。而在中国，有文字的民族对自己文化特色的记述也被视为民族志，比如中国史籍中的《蛮夷传》《山海经》。早期古典民族志描述的内容除了对他族的记录，也包含了想象。在中世纪一些商人和朝觐者的旅行见闻也是古典民族志的一种形式，《马可·波罗行记》是其中的代表作品。在西方的地理大发现之后，探险家对土著的描述成为古典民族志的发展新方向。他们描述他者的季节性活动、超自然信仰体系等。赫恩（Samuel Hearne）对于加拿大西北部奇帕维安印第安人的书写是此类民族志的佼佼者。古典民族志也渐渐从民族志游记进入了民族志报告的时代。后来还出现了传教士以多年生活为基础所写的民族志。这些民族志是基于传教士学会了土著语言，可以进行比较广泛而深入的交流后所得的资料而书写的，为古典民族志向科学民族志转向奠定基础。爱德华·泰勒（Edward Tylor）参与编撰的《人类学笔记和问询》则是人类学从业余时代走向专业化时代的一个标志性事件。

西方国家从1840年前后开始成立民族学会、民俗学会、人类学会。1898年，哈登（Alfred Haddon）率塞利格曼（Charles Seligman）等人在托雷斯海峡周围对土著进行实地考察，其调查方式是在非常短的时间里通过翻译询问土著中的知情者有关的问题，记录下答案作为研究资料。这是人类学家主动去现场获得资料的开始，是人类学界把资料员和研究者的身份合而为一的努力的开始。自此英国人类学逐渐开始由自然科学训练出来的学者代表哈登、塞利格曼、里弗斯（W. H. Rives）等取代了人文学科背景的学者泰勒。这些人参与修订的第四版《人类学笔记与问询》主要是为受过专业训练的观察者准备的。马林诺夫斯基（Malinowski）在这本手册系统的指导下完成了《西太平洋的航海者》，其成为科学民族志的标志。

实践民族志是从反思以科学自我期许的人类学家的知识生产过程开始萌发的。在20世纪60年代末70年代初人类学开始具有反思意识，人类学家对于自己的学术活动作为一种具有政治经济的动因和后果的社会实践的反思和批判，是从人类学与殖民主义、帝国主义和欧洲中心主义的密切的联系开始的。1977年拉比诺（Paul Rabinow）的《摩洛哥田野作业反思》拉开了实践民族志的序幕。马尔库斯（George Marcus）和费彻尔（Michael Fischer）在《作为文化批评的人类学》中把实践民族志区分为3种类型：第一种民族志侧重于人观、自我、情感的不同文化表达；第二种民族志在被研究者的生活环境内，重视并考虑权力关系和历史问题；第三种民族志致力于文化批评。

（邹宇灵）

民族志在场（Ethnographic present） 最初的民族志在场指的是文化人类学作品忽视历史和

行为而书写的传统。这种书写在早期的美国人类学中尤为普遍。民族志作者热衷于描写美洲土著文化，然而这些被书写的土著群体的生活方式已经消失，人类学者只能通过访谈和文献将其重构。更广义地说，民族志在场的运用直接影响到民族志描写的概念，即准确再现一个时期的文化，而所有这些描述都是超越时间的记录。

英国功能学派之后，人类学从摇椅上的学者转变为文化的参与观察者，民族志在场更多地指向民族志作者在研究对象生活中的出现，并且对他们的生活产生了影响。人类学研究者尝试在尽量减少对于自己研究对象的影响的情境下完成民族志调查，尽管如此，他们还是意识到其在场成为一个影响他文化的因素。因此，民族志作者会在作品中描述他们在田野调查事件中的角色，这项技巧可以为研究成果增加额外的可信度。这些对自我的描述同时被用于控制质量，记录民族志学者在研究中对人们的影响程度。

（邹宇灵）

民族志者（Ethnographer） 通常是一个人类学者、社会学家，有时也可以是一个教育家，通过参与观察和访谈法描写一个文化群体或事件。与其他研究领域的学者一样，民族志学者一开始也会对人们如何行为和思考存在侧向或先入为主的观念。如果控制得当，侧向就能集中注意力、减少不必要的努力。

民族志作者通常花费数周或数月甚至数年的时间在田野地收集资料，最后通过事件、人物和活动的描写形成民族志。为了完成田野资料收集工作，民族志作者需要与被访者建立信任和合作的关系。在调查过程中，还需要做田野笔记用以及时记录一手资料。一般田野笔记分为4种，一是访谈过程中的简单速记，目的是便于后期整理调查资料；二是田野笔记，主要是前一种记录的扩展，详细记录访谈所得信息；三是田野日记，主要书写影响田野工作者的情绪；四是阐释笔记，这是对田野资料中的行为和思想的总结和综合。

从20世纪初，人类学者在亚非殖民地和美洲印第安人地区开始田野工作，到了20世纪下半叶，开始有文化主位的人参与田野调查，从印度社会到欧美，都出现了人类学家研究自己社会的个案。在20世纪末，民族志者还发生了性别上的变化，越来越多的女性人类学家出现，同时研究中，女性的文化经历也受到了关注。

后现代与后殖民时代对民族志者也产生了影响，中立和客观不再是民族志工作者唯一的视角，随着书写的争议的发展，现在出现了许多书写形式。

（邹宇灵）

民族志撰写（Ethnographic writing） 民族志写作是对一个文化或一群人所共享的文化的深度描写。

在20世纪末，对民族志写作的反思备受人类学界关注。民族志作者需要把自己的社会身份——性别、社会等级、年龄、民族等作为民族志表征必不可少的元素。文学批评对于民族志的影响也是显而易见的。后现代主义、解构主义、心理分析以及其他相关的思想和方法也是值得重视的。许多问题已经困扰民族志作者多年，是人们常常忽视的事情。当然，在美国博厄斯（Franz Boas）和他的理论以及在英国马林诺夫斯基（Malinowski）和他的追随者们所生产的文本描述了鲜活的人群和他们每天的事务，这些作品努力地重构准确的社会景象。

民族志对于真实性的争论如火如荼。例如，玛格丽特·米德（Margret Mead）—德里克·弗里曼（J. Derek Freeman）争论新几内亚萨摩亚的材料。弗里曼对萨摩亚人（Samoans）的再研究更显示出原先文本在田野过程中的指导性意义，对人类学再研究启示颇多，值得详加探究。萨摩亚是米德早期研究的一个田野工作点，也是她在《萨摩亚人的成年》一书中描述的对象。当时的心理学家认为，美国青少年中常见的心理压抑和情感问题是生活中的普遍事实，但米德想知道这一情感波动究竟是涉及所有青少年，还是仅仅存在于美国的青少年群体。于是，她在1925年到萨摩亚进行调查，以了解青春期的紧张究竟是普同的（即以生物学为基础的），还是因文化而异的。1928年米德出版了《萨摩亚人的成年》，将萨摩亚人的青春期与美国人做了比较，发现萨摩亚人的青春期并不像美国人那样处于紧张状态。她还发现，萨摩亚人的性行为与那时的美国人相比是比较随便的。她认为，正是宽松的家庭结构和轻松的性模式决定了萨摩亚人平静的青春期。她从而得出这样的结论：美国青少年的情感波动是因文化而导致，而非生物性所决定。但是在米德死后，《萨摩亚人的成年》一书却受到在萨摩亚有丰富田野经验的弗里曼的批评。同时，米德的阐释还因缺少量化分析而受到批评，更在样本的选择、控制以及实验设计等方面受到质疑。自1940年以后，弗里曼不定期地在萨摩亚做田野工作。1983年，他出版了充满争议的著作《玛格丽特·米德与萨摩亚：一个人类学神话的制造与破灭》。书名表达了弗里曼的想法，即认为米德的萨摩亚是一个神话，她只做了少量田野工作，对萨摩亚文化并没有什么了解，而是天真地相信了萨摩亚人有关私生活的谎言。米德曾认为，萨摩亚人缺乏强烈的情感，他们那里没有侵略，没有战争，几乎没有强奸，没有自杀，也没有其他与紧张情绪相关的行为。而在弗里曼看来，米德的大部分发现都是错误的。弗里曼指出，在萨摩亚社会中，充满了冲突和攻击行为，强奸事件的发生率也很高。总之，弗里曼并不同意米德的说法，即在萨摩亚人中存在从青春期向成人的轻松过渡。

民族志撰写在历史上对异文化有着不同的态度。在18世纪，主要的模式是作为比喻的民族志，在乌托邦思想的氛围中，高贵的野蛮人扮演了主要的角色；在19世纪，野蛮人不再高贵，他们变成原始人和见证历史的活化石；在20世纪，野蛮人甚至不再原始，而成为数据和证据。

1984年4月，在美国新墨西哥州的圣菲，10位具有不同背景的学者聚集在一起，以“民族志文本的写作”为中心议题，召开了一个为期一周的高级研讨会。与会者以批判的眼光审视了民族志的写作问题，他们试图解释文化人类学的过去，探讨文化人类学的将来。他们对民族志写作进行了文本的和文学的分析，并指出了上述分析的局限。他们试图强调文化表述的政治学和诗学。两年后，提交研讨会的9篇论文由克利福德和马尔库斯合作编辑出版，这就是著名的论文集《写文化：民族志的诗学与政治学》。该论文集已成为当代人类学反思的经典理论著作，具有里程碑式的意义。在出版后的20年里，它成为国际人类学界引用得最多的，并且在人文科学及其他社会科学领域产生广泛的影响的作品。当然，到目前为止不仅敏感度和“话语权”问题纠纷不断，还有准确性和描述的后果也有争议。《写文化：民族志的诗学与政治学》分析了民族志的叙述失去权威性的原因，并对叙述的真实性、“客观”的文化描述及修辞产生了怀疑。这本书从9个方面对民族志的“科学性”进行反思：个人叙述与客观描述的矛盾、民族志作者面临的困境、民族志修辞的解剖学、民族志的寓言、后现代民族志、人类学中的文化翻译、现代世界体系中民族志的当代问题、族群与后现代艺术、人类学中的现代性。

（邹宇灵）

参考书目

［1］乔治·马库斯. 写文化. 吴晓黎、李霞等译. 北京：商务印书馆，2006.

［2］拉比诺. 摩洛哥田野作业反思. 高丙中、康敏译. 北京： 商务印书馆，2008.

［3］王铭铭. 远方文化的谜——民族志与实验民族志.《西北民族研究》，1996（2）.

扩展阅读

［1］Behar,R.,& Gordon,M. (Eds.).(1995). *Women writing culture*. Berkeley: University of California Press.

［2］Chiseri-Strater,E.,& Sunstein,B. S.(1997). *Fieldworking: Reading and writing research*. Upper Saddle River, NJ: Blair Press.

民族中心主义（Ethno-national centrism） 指一个民族以世界中心自居，坚信本民族比其他民族优秀，用本民族的标准来认识和评价其他民族。

1906年，美国社会学家孙墨楠（William Graham Sumner）在《社会习俗》一书中首次使用族群中心主义（ethnic centrism）一词指称我族中心的世界观。认为族群中心主义是在资源稀少的环境中发展起来的。组成群体的成员为了生存必须相互合作去发现有限的资源，与其他群体争夺资源，简单的生物需求产生了群内信任和群外不信任。从理论框架来看，民族中心主义与国家主义、阶级中心主义、欧洲中心主义和非洲中心主义等都属于社会中心主义的范畴。

以民族中心主义为依托，形成了两种不同的研究途径：群内研究和群外研究。对本群体的研究叫作群内研究，往往通过研究者个人经历和对文化价值的理解得以表达。对其他文化的研究，即“群外”研究，有意识地在被观察文化之外扮演观察者。认知影响力理论表明，完全地脱离自身的优越，毫无偏见地收集资料和看问题是困难的。研究者秉持集体利己主义，以文化优越的心态去分析数据，这种态度就是我们所说的民族中心主义。

民族中心主义通常坚持带偏见的比较方法，把自己的民族摆在更高的位置上。现代人类学为了克服这种谬误，提出文化相对主义（cultural relativism）予以纠正。人类学家在承认个体受到群内文化价值影响的同时，也能够避免先入为主，重新鉴别每种文化特性。这种方法能够让观察者更好地理解特定文化环境下各种角色的行为及其意义。人类学研究通过承认和解释文化中心主义，可以推动对文化适应更深刻的理解。

19世纪初，社会科学研究被认为天生就有民族中心主义的倾向。长期以来欧洲和美国的民族志学者和历史学家通常假设他们是客观的，一直站在西方优越感的立场来研究其他文化和民族。爱德华·萨义德（Edward Said）提出“东方学”（orientalism）的概念对此进行批判。实证主义本质上也存有缺陷，因为社会科学不可能是价值中立的。社会科学家通常依据自身的社会文化背景对现实观察做出推断；社会科学家需要自我反省以认识到自身的偏见。立场理论认为所有的观点都是有局限的，只有考虑到不同的观点，特别是关照那些边缘群体，才能保持相对客观。

民族中心主义作为一种态度，与情感需要有关。从某种程度上来说，所有的文化和民族都是民族中心主义的。人类学家也可能卷入“第二民族中心主义”，全盘用研究对象的文化去观察和评判其他族群的价值观和行为模式。

自美国建国以来，民族中心主义在美国历史上发挥了一定的作用。美国革命的成功强化了清教徒移居者的观点，即上帝选定美国作为世界其他国家的榜样。美国革命的领导者认为他们是更有道德的国家——这将结束君主制和封建制度老旧的世界系统，并在世界范围内引入普遍的自由与文明。

美国建国之初，主流社会试图同化“劣等的”土著人，鼓励他们占有农场和私产。随着西进运动的扩张，白人与土著人之间发生残酷战争，迫使土著人离开自己的故乡，人人平等的启蒙概念被抛弃。在德克萨斯和墨西哥的兼并战争中，墨西哥人被描述为又懒又笨，是美洲土著和黑人的混血，不能够充分利用自己的肥沃土地。因此只有像工业化的英裔美国人可以完全发挥这些土地的潜力和给墨西哥人带来文明。反对合并战争的人也从民族中心主义出发，担心墨西哥移民会影响英裔美国人的“纯正血统”。1882年的排华法案叫停了中国劳工的移入；1870年的迁入法案阻止亚洲人拥有美国公民身份；1970年美国和日本签订双边协议，禁止日本劳工的迁入。第一次世界大战后，移民和国际化法案限制根据民族来源的移民，缩减来自南欧和东欧国家的移民，但是东方排斥法案禁止所有的亚洲人移入，直到40年后这些法案才被废除。

从1880年开始，新来的欧洲移民发起了美国化运动，教授和学习英语和美国习俗，寻求彻底同化。20世纪早期，民族中心主义的同化措施遭到学界批判，学者们认为美国是一个多族群的民主国家，不同背景的移民要得到尊重。第二次世界大战以后，文化多元主义比较受欢迎，但这只涉及欧洲移民；1970年以后，文化多元主义已经涵盖所有美国的族群和种族。

在中国民族理论界，民族中心主义也表述为“大民族主义”和“地方民族主义”。《中华人民共和国宪法·序言》规定“要反对大民族主义，主要是大汉族主义，也要反对地方民族主义”。近些年来，“族群中心主义”（ethnocentrism，ethno-centrism，ethnic centrism）被引入中国学界，与“民族中心主义”交义，其具体使用取决于学者的个人偏好。

（张进一）

参考书目

［1］LeVine, R. A., & Campbell, D. T. *Ethnocentrism: theories of conflict, ethnic attitudes and group behavior*. New York: John Wiley, 1972.

［2］McGrane, B. *Beyond anthropology: society and the other*. New York: Columbia University Press, 1989.

［3］Preiswerk, R., & Perrot, D. *Ethnocentrism and history: Africa, Asia and Indian America in Western textbooks*. New York: Nok,1978.

［4］Gouldner, Alvin W. 1962, *Anti-minotaur: the myth of a value-free sociology*. Social Problems, 9: 199-213.

［5］Horsman, Reginald. *Race and manifest destiny: the origins of American racial Anglo-Saxonism*. Cambridge, MA: Harvard University Press, 1981.

［6］Meister, Richard J. *Race and ethnicity in modern America*. Lexington, MA: Heath, 1978.

［7］Said, Edward. *Orientalism*. New York: Vintage Books, 1974.

［8］Sumner, William G. and Keller, Albert G. *Folkways: a study of the sociological importance of usages, manners, customs, mores, and morals*. New York: Ginn, 1906.

［9］Tajfel, Henri. *Social identity and intergroup relations*. New York: Cambridge University Press, 1982.

民族主义（nationalism） 指一种意识形态，它认为每个民族都是独特的共同体，都有把自己同其他共同体区别开来的特质；每个民族都有权利和义务将本民族组成一个国家，在属于自已的国家中保护和发扬这种特质。一个民族要有共同的语言和共同的文化。激进的民族主义者会要求建立本民族的政府，以反抗或者抵御异族统治。一旦属于本民族的政府得以建立，就要统一国内居民的民族认同感，确立民族共性，在寻求与“同文同种”的国家联合的同时，努力巩固国家对所谓“低等民族”的统辖。按照民族主义理论，民族压迫引起民族冲突，因此，一旦在全球范围内实现民族自决，世界和平就有了希望。

民族主义是19世纪的产物，工业化要求统一市场，让民众参与政治活动；“印刷资本主义”方便了世俗共同体的想象，也方便了对传统的创造。民族主义是关于政治合法性的理论，它要求族群边界、文化边界和政治边界重合。民族主义具有3大基础：（1）一个精英统治集团。精英们采取各种手段，培养全体居民的国家心，维护国家主权，认同主流价值观。（2）一个具备相当教育程度、熟悉都市文化的精英群，由他们领导前殖民地民族。（3）在消除传统社会的地方割据后，民众享有普遍的认同感。

马克思主义者大多重视统治者对于民族主义的操弄，把民族主义看作是资产阶级的意识形态，努力用阶级论统辖民族论，强调超越民族的阶级团结，并未充分意识到民族主义的巨大潜能。经济剥削和市场竞争可能为民族主义的繁荣提供了肥沃的土壤，但绝不能将民族主义仅仅解释为它们的副产物。民族主义拥有建立在象征性血缘意识、虚拟亲属制、想象共同体以及语言、文化、宗教、习俗等之上的“原生纽带”。

浪漫型民族主义者强调，世界博爱要经过民族语言和文化的过滤，民间歌曲、诗文、传奇、戏剧等传统遗产是民族之魂，要顶礼膜拜，倍加珍惜。他们强调，民族语言有特殊价值，是民族性格的象征，是民族精神的体现。

汉斯·科恩（Hans Kohn）把英国、法国、荷兰、瑞士、美国及英联邦的民族主义称为公民民族主义（civil nationalism），这种民族主义建立在政治和理性之上；他把中欧、东欧和亚洲的民族主义称为文化民族主义，这种民族主义有“神秘性”，共同体有先进与落后之分，政治发达、社会发展的先进，不发达、不发展的落后，族群边界和政治边界并不重合。中欧、东欧和亚洲属于农业社会，缺乏英法等国所拥有的中产阶级，保守的贵族阶层统治着占人口绝大多数的农民阶层。安东尼呼应科恩，也把民族形成的过程及其特点，分为东方和西方两种类型。他把英国、法国、西班牙、荷兰、瑞典和俄国归入“西方”，把中欧、东欧和中东归入“东方”。“西方”民族在领土、公民义务及法律条文的基础上形成，受到“领土民族主义”（territorial nationalism）推动，经历了社会—经济、军事管理、文化—教育等方面的“三大转型”；“东方”民族在族群文化的基础上形成，其“三大转型”是后发的、滞后的，其背后的动力是“族群民族主义”。

工业的发展、城市化的推进也促进了民族主义理论的传播，教师、新闻记者、神职人员和其他知识分子，在民族主义思想中找到了现实的出路和未来的希望。知识精英们记录口语，创造文学，编撰故事、戏剧和小说，抒发和传播民族主义感情。在非洲和亚洲，民族主义思想促进了以土生土长的统治者取代欧洲殖民者的运动，随后建立的国家，在宣布获得独立和自由的同时，开展同化运动，试图整合不同的部落、族群和民族。但是，由于大国地缘政治的作用或者其他种种内部和外部的原因，亚洲和非洲的这类后发型民族国家有分合不一的经历，例如以伊斯兰教同一性为基础建立的巴基斯坦在1971年发生国家分裂，东部地区分离，成为孟加拉国；越南、老挝、柬埔寨也有分分合合的曲折经历；朝鲜、韩国因意识形态不同继续分立。

在作为政治势力的民族主义政权和作为政治学说的民族主义理论之间存在较大差异。极端的民族主义政权会认同某个民族的生活方式，认为这个民族的生存方式比其他民族的更有价值。当然这种思想既毫无根据，同时也会导致极端主义甚至军国主义的产生，给人类带来灾难性的后果。比较而言，从事政治科学研究的学者们会把民族主义当作一个解释工具，用它来解释不同种族、群体之间产生冲突的原因，从这个角度，也可以把民族主义看作一种推动人们采取行动和树立信念的力量，诱发这种力量的复杂原因值得继续探讨。

中华人民共和国的官方立场是反对一切民族主义，既反对大民族主义，也反对地方民族主义。中国学界对民族主义态度不尽一致，有的提倡“国族主义”（英译仍为nationalism），有的赞成“共和主义”（超越民族主义的宪法爱国主义），有的遵循传统马克思列宁主义对民族主义的态度，将民族主义分为“积极民族主义”和“消极民族主义”。

（李玲、纳日碧力戈）

参考书目

［1］金炳镐. 民族理论与民族政策概论（修订本）. 北京：中央民族大学出版社，2006.

［2］许崇德. 许崇德全集. 北京：中国民主法制出版社，2009.

［3］Chatterjee, P. *Nationalist Thought and the Colonial World: A Derivative Discourse*. London: Zed, 1986.

［4］Foster, R. 1991, *Making National Cultures in the Global Ecumene*, Annual Review of Anthropology, 20: 235-60.

［5］Handler, R. 1985, *On Dialogue and Destructive Analysis: Problems in Narrating Nationalism and Ethnicity* , Journal of Anthropological Research, 41: 171-82.

［6］Handler, R. *Nationalism and the Politics of Culture in Quebec*. Madison: University of Wisconsin Press, 1988.

［7］Hobsbawm, E. 1991, *Ethnicity and Nationalism in Europe Today* (with responses by K. Verdery and R. Fox), Anthropology Today, 8(1):

3-13.

[8] McDonald, M. *We Are Not French! Language, Culture and Identity in Britanny*. London: Routledge, 1990.

[9] Smith, Anthony D. *The Ethnic Origin of Nations*. Oxford: Blackwell Publishers, 1986.

[10] Verdery, K. *National Ideology under Socialism: Identity and Cultural Politics in Ceausescu's Romania*. Berkeley: University of California Press, 1991.

[11] 本尼迪克特・安德森. 想象的共同体. 吴叡人译. 上海：上海人民出版社，2011.

[12] 厄内斯特・盖尔纳. 民族与民族主义. 韩红译. 北京：中央编译出版社，2002.

[13] E. 霍布斯鲍姆. 传统的发明. 顾杭、庞冠群译. 上海：译林出版社，2008.

魔法（Sorcery）在英文词源上，通常被认为是来自拉丁文sortiarius （巫觋）和sors（运道）这两个词。在西方，魔法最初指的是“巫觋说出运道”这样一种具有灵验性又难以被理解的占卜实践活动。

马塞尔・莫斯（Marcel Mauss）在其《巫术的一般理论》（*Esquisse d'une théorie générale de la magie*，1902）一文中这样定义魔法：魔法（la sorcellerie），像是一种“破坏性的、且为社会所谴责的巫术”（une magie destructive et socialement réprouvée）。然而，它又如“防护型巫术”（la magie protectrice）那样，具备其自身的防御性（sa parade）特征。在莫斯看来，魔法，作为一种“总体社会现象”（un phénomène social total），是一项综合了思想、实践、情感和经验的复杂总和。如莫斯所言，因魔法在一些社会的发展过程中，曾被认为是具有“破坏性”的，并在一定程度上受到了社会的普遍谴责和抵制，在中文译著里，亦常见将sorcery一词译成“妖术”，如美国汉学家孔飞力的《叫魂：1768年的中国妖术大恐慌》（*Soulstealers: The Chinese Sorcery Scare of 1768*，1990）一书的中文译著。

詹姆斯・弗雷泽（Sir James George Frazer）在其著名的宗教人类学论著《金枝》（*The Golden Bough: a Study in Magic and Religion*，1927）一书中，将魔法视为“交感巫术体系”（system of sympathetic magic）中的“积极性规则”（positive precepts）。换言之，弗雷泽认为，是作为“积极性巫术”（positive magic）的“魔法”，与作为“消极性巫术”（negative magic）的“禁忌”（taboos）一起，共同构成了“应用巫术”（practical magic）的两个重要组成部分。“积极性巫术”或者说“魔法”，告诉人们应该做什么；反之，“消极性巫术”或者说“禁忌”，则告诉人们不能做什么。而对于“魔法”的使用，从目的上来说，是人们为了引起“一个期望的事件”（a desired event），或者说，是为了获得一个希望得到的结果。简而言之，对魔法的使用，就是“做这件事，以达到这样那样的结果”（Do this in order that so and so may happen）。

与魔法有关的民族志和人类学论著，在很长一段时期内，以英国社会人类学家爱德华・埃文斯・普理查德（Edward E. Evans-Pritchard）对阿赞德人（the Azande）的研究最为有名。埃文斯・普理查德在《阿赞德人的巫技、神谕与巫术》（*Witchcraft, Oracles and Magic among the Azande*，1937）一书中强调：阿赞德人认为，在他们中间，存在着一些利用来自草药的魔力来制造邪恶力量的魔法师（sorcerers）。因此，对阿赞德人而言，魔法，指的是一种有意识的，有意图的，通过后天习得并采用某些物质和某些精确的既定程式，以达到妨碍或者伤害目的的那种巫术行为实践。它有别于巫技（witchcraft），并与之对立。因为阿赞德人的巫技，通常指的是一种与生俱来的，且就其本质来说，往往并非是有意识去造成伤害的一种能力。作为一名阿赞德巫师（witch），他既不执行仪式（rites），也不大声宣扬他的魔力（charms），也不精通各类药物（medicines）。故而，埃文斯・普理查德认为，在阿赞德社会，魔法与巫技，呈现出了临时行动之于永久布局、技术条件之于抽象条件、创造与控制的力量（force）之于控制巫师（witch）的力量这样一种对立关系。

自20世纪50年代至70年代，英国曼彻斯特学派（Manchester school）涌现出了一批详尽记述和探讨非洲社会魔法的民族志和人类学论著，如维克多·特纳（VictorTurner）等人的著作。此后，埃文斯·普理查德先前对魔法实践及其背后的思想制度以及他对“认知”的定向研究逐渐被忽略，而魔法也逐渐被英国人类学家移入到对“社会冲突”（social conflicts）的研究当中。在这类研究中，较为有名的如社会人类学家马克斯·马尔维克（Max Marwick）的《巫技与魔法》（*Witchcraft and Sorcery*, *1970*）。此外，自20世纪70年代起，有关魔法的研究也往往被如让娜·法弗莱–萨阿达（Jeanne Favret–Saada）、阿尔弗雷德·阿德雷（Alfred Adler）、安德烈亚斯·泽姆普莱尼（Andréas Zempleni）和马克·奥热（Marc Augé）等一批法国民族学家、人类学家用来探讨有关象征体系的内在逻辑（la logique interne des formations symboliques）等一系列问题。

（谢奕君）

参考书目

［1］Adler Alfred et Zempleni Andréas Le bâton de l'aveugle. *Divination, maladie et pouvoir chez les moundang du tchad.* Paris: Hermann, 1972.

［2］Augé Marc Thé orie des pouvoirs et id é ologie. *Etude de cas en Côte d'Ivoire.* Paris: Hermann, 1975.

［3］Evans–Pritchard Edward E. Witchcraft, *Oracles and Magic among the Azande.* Oxford: Oxford University Press, 1937.

［4］*Theories of Primitive Religion.* Oxford: Oxford University Press, 1965.

［5］Favret–Saada Jeanne Les mots, la mort, les sorts. *La sorcellerie dans le Bocage.* Paris: Gallimard, 1977.

［6］Frazer James George. “Sympathetic Magic”, in *The Golden Bough: a Study in Magic and Religion.* New York: The Macmillan Company, 1927.

［7］Kuhn Philip A. *Soulstealers: The Chinese Sorcery Scare of 1768.* Cambridge, MA: Havard University Press, 1990.

［8］Lévi–Strauss Claude «Le sorcier et sa magie», dans *Anthropologie structurale.* Paris: Plon, 1958.

［9］Marwick Max.*Witchcraft and Sorcery.* London: Penguin Books, 1970.

［10］Mauss Marcel, «Esquisse d'une thé orie générale de la magie», *Sociologie et anthropologie.* Paris: PUF, 2013.

［11］Stevens Phillips Jr. “Sorcery”, in Frank A. Salamone (Ed.), *Encyclopedia of Religious Rites, Rituals, and Festivals.* New York: Routledge, 2004.

［12］Turner Victor. *Schism and continuity in an African Society. A Study of Ndembu village life.* Manchester: Manchester University Press, 1957.

［13］The Forest of Symbols. *Aspects of Nedembu Ritual.* Cornell: Cornell University Press, 1967.

魔力（magic）　魔术这个词以不同方式被用来指许许多多超自然（supernatural）或者奇妙的（wondrous）现象。在人类学里，魔术术语的意义也存在许多分歧。

魔术这一术语有着多种多样的指代意义，因此一些学者们坚持认为它没有跨文化的有效性，更有甚者觉得魔术这个术语根本就不应该使用。然而，魔术这个词深深地扎根于我们的语言，也对人类学理论的进展产生过巨大的作用。除此之外，文化人类学（ethnology）还使用魔术的一系列特质来展现人类认知以及文化概念化的重要能力。

魔术的一些最常见的含义包括幻觉或变戏法表演，诸如改变事物形状、可见性以及方位，或者从虚无里变出一些东西来、精神调用或控制。它具有充满浪漫色彩，可以使人感到敬畏的或奇妙的特质。

在中世纪后期以及文艺复兴时期，基于秘传知识的包括复杂运算和乐谱、公式的魔术被指定为高等或封闭的魔术，并把它们从未接受过教育的农民所施展的低级简单魔术区分出来。许多巫术（sorcery or witchcraft）或许是带有标签的魔术。这3个术语（magic，sorcery，witchcraft）经常可以互换，且经常在其前面加上一些修饰词，诸如黑（或白）魔术。

19世纪、20世纪期间，欧美国家有许多组织致力于促进超自然实践。他们通过把魔术（magic）拼写为magick来将他们特殊的仪式实践和普通意义上的魔术区分开来。现代，魔术这些术语可以用来描述任何有特异功能的，超常的，超自然的东西，或“新时代”（“New Age”）或是任何新异教组织如巫术崇拜（Wicca）的观念及惯例。这些组织的执行者们也更喜欢把魔术拼写为magick，用来指任何超自然力量或看起来很不可思议的、奇妙的东西。

魔术与人类学历史 魔术在人类学的历史上受到早期实证主义和当代进化主义影响，19世纪后期20世纪初期的学者们对魔术感兴趣的主要原因是魔术与宗教和科学之间的关联。

泰勒（E. B. Tylor）认为魔术是基于社团原则的，而这里的社团是“一个建立在人类理智上的组织”。弗雷泽（Frazer）则坚持魔术是从宗教到科学的进化的逐步发展。尽管他承认魔术的原则有可能把宗教的一些原则也结合起来，但他认为魔术师所扮演的角色和传道士扮演的角色是分开且相反的。一些后来的学者非常同意他的观点，并认为“弗雷泽对于原始魔术的研究是人类思想的根基”。

毛斯（Marcel Mauss）以及他的同事休伯特（Henri Hubert）把魔术活动看作是个人的并且是私下的，但是他们强调魔术的社会隐喻。涂尔干（Emile Durkheim）强调魔术与宗教的区别，认为魔术源自于宗教，然而却是个人的，因此在社会团结以及他关于宗教的理论上没有扮演任何角色。

马林诺夫斯基（Malinowski）认为魔术既不是原始的科学，也不是思维的混乱，而是一种相当富有逻辑性的对于操作知识以及技艺的补充，并融合在日常的生活中，成为常规。他的学生艾德华·埃文斯·普理查德（E.E. Evans-Pritchard）也认为魔术就是一个理性的思想系统。20世纪，关于魔术的很多讨论都是建立在魔术的错误及其认知层次上的初级上，许多学者都从各方面对它进行研究，如它的模式以及研究它潜在的文化意义和认知重要性。

魔术与世界人类文化学 布朗（Michael F. Brown）认为魔术和宗教或仪式活动并没有区别性的概念。人类文化学是跨文化对比方法指导下的人类学，它揭示了某些原则所潜在的魔术思维，这些思维是非常普遍的，且在有史以来甚至是史前都有证据。

这些带有魔术思想原则的普遍性这一事实，由最近一些头脑科学的发现所加强，这意味着我们在处理着基本的人类认知结构。魔术，最好被理解为最少涉及以下6个原则的信念或行为：力量（power）、自然能量（natural forces）、象征（symbols）、宇宙互联（cosmic interconnections）、相似（similarity）与接触（contact）。魔术的这些原则以及魔幻思考可以在许多的仪式活动或理念上得到表明：好魔术（good magic）、巫术（sorcery）、祷告（blessing）以及诅咒（curse）、禁忌（taboo）、污染（pollution）、占卜（divination）以及魔力保护（magical protection）。

（邹宇灵）

默顿·弗里德（Fried，Morton H.，1923—1986） 美国哥伦比亚大学人类学专业的知名教授，他在社会和政治理论方面做出杰出贡献。默顿师从于斯图尔德和卡尔·魏特夫，在纽约城市学院学习期间由英语专业转为人类学，后于哥伦比亚大学进行人类学的研究生学习，同时关注中国的人类学。1947年来中国安徽省做田野工作，完成《中国社会的织物：一个中国县城的社会生活研究》。1951年，获得哥伦比亚大学博士学位。曾任教于耶鲁大学、密歇根大学和哥伦比亚大学。马文·哈里斯是他的第一个研究生助理，而马歇尔·萨林斯是他的第一个研究生。他的代表作还有《人类学阅读》《战争：武装冲突和侵略的人类学》《部落的概念》《过渡：八个文化中的四个仪式》等。

默顿的著作为解释国家的起源及其随之而来的社会分层模式做出了重要贡献。弗里德设计了一个进化框架，并断言当代和历史社会中的所有显著变化都可以被视为文化发展从简单到复杂的不同阶段，同时认为政治一体化与经济分化具有协变性。虽然很多学者将弗里德的框架看作一个单系进化类型学，但弗里德确认了“原始”和“二次”发展的重要区别。

尽管弗里德模型有着解释力，大量中间社会形态的变异已经被人种学和考古学作为证据记录。这些越来越多的信息表明，强调律则的过程和一般单线进化是不足以解释复杂社会系统中的特殊序列变化的。相反，最近的研究认为变化必须通过历史环境解释，即独特的文化轨迹来自当地社会和自然景观差异。

（宋潇）

母方（Matrilateral） 有时作为“母系”的同义语，指由女性追溯继嗣关系的亲属制度，现在常用以代表父系制度中经由母方追溯而来的亲属关系，或用以代表非单系亲属制度中的母方亲戚。

（陈凌）

母权家庭（Matrifocal family） 即家庭中最年长的女性拥有大部分权威。没有确凿证据表明妇女曾同样拥有过男人所具有的权威。父系社会里，个别家庭也可能由于没有最年长的男性而由女性领导。

此外，母系家庭又称母权家庭，它既和父权家庭相对应，又和平等家庭相区别。母系家庭有两个鲜明的特点：一是家庭嗣系的绵延以母方为主体传递，子女从母姓，嫁娶从妇居；二是母为一家之主，一切权力集中于母方，财产由母方系统递授，丈夫或父亲处于附属地位。母系家庭始于原始社会初期，终于原始社会末期父系家庭的建立。它的社会经济基础是原始公有制。母系家庭又分为早期和发展期，早期实行普那路亚婚，发展期过渡到对偶婚，子女也由只知生母转而既知生母又知生父。母系家庭是世界各民族普遍经历的阶段。近代某些民族中，仍然保留母系家庭的痕迹。

我们使用母系氏族这一术语来指代两种意思：（1）女性在社会中占据主导。（2）社会中以女人为中心的方面（比如后代、住所、经济、政治、宗教、家庭）。学者们使用该术语的第二个意思来强调：男权统治体系尚未在母权社会出现之前，母权这一概念并不能和父权概念同日而语。在19世纪，母系氏族或者说母权被认为是社会进化早期和最初始阶段的代表形态。这一阶段后来被更高级阶段的男性主导所取代。然而，一提到史前的母系氏族，它不仅用于去证明父权制的合理性，同时也对其进行颠覆和挑战。20世纪70年代初，对史前和早期的母系氏族社会中女权主义者的理解，和对母系氏族社会民族志研究的兴趣又重新发展起来。

由于对母权这一术语在观点上的不一致，以及它所承载的历史的缘故，选择使用什么样的术语这一提议引起关注，如：母权社会等妇女政治社会、矩阵社会等。不过母权家庭还是在学术界和媒体界继续使用“母权”这一术语来作为揭露已在社会根深蒂固的性别歧视和偏见的策略，也正如同人类学家佩吉·李维斯·桑迪所做的事情一样。

（周海韵）

母主家庭（Matrifocal family） 妇女成为家庭的核心和最主要成员，常发生在男性由于战争、外出、离婚、非婚生育等境况下，但不在家的丈夫、前夫、同居男友依然行使相当的权利。

根据传统的定义，核心家庭建立在夫妻纽带的基础之上，尽管一些人类学家将核心家庭和夫妇式家庭区分开来。但是很多社会还是把对构成家庭的单位情况的主要注意力放在同宗族（血缘）的关系上。一个同宗族家庭包括母亲和她的孩子，以及与她有着血缘关系的亲属们（母亲、姨妈、姐姐、哥哥）。最重要的单位并不是夫妻的纽带，而是血缘。在母亲们没有资源来培养自己的孩子的环境中，这种类型的家庭是随处可见的。比如印度南部的纳亚尔地区，在这个文化当中，母子构成的单位对于父亲或者母亲的丈夫就没有那么明显的纽带。

这种家庭形式也称为母主家庭，或称以母亲为中心的家庭。以母亲为中心的家庭形式通常通过父亲角色的缺失或者限制来定义。其他一些通常作为母主家庭的例子还有加勒比黑人家庭或者圭亚那家庭。

母主家庭通常在人类学家的诸多著作中扮演着一个令人好奇的角色，有时候被看作是一个基于文化价值和以母亲为中心基础之上的明确家庭结构，而且被看作是一个只是应对贫穷的暂时或临时的结构和例外。雷蒙德·史密斯对圭亚那家庭和亲属关系的研究表明，这里的大部分村民们都住在以母系为首的家庭中，且通常家庭单位的核心包括女人，还有她的孩子们，以及她女儿们的孩子们。关于史密斯“家庭不是建立在婚姻或者核心家庭的基础上”的论断，他描述了一个发展性的周期，在这个周期之内，当男人和女人也许或有或无地结婚，或有或无地同其他伴侣有了孩子并一起建立了房子的时候，一个个家庭便确立了下来。尽管家庭中的孩子们还很小，女人在经济上很大程度还要依靠男人，“但是固然男人们为家庭生计的维持付出了很多，却并没有花太多的精力抚养孩子，也没有花太多时间待在家里”。随着孩子们越来越大，离开学校并开始赚钱谋生或者在农场工作，他们为家庭经济来源的付出越来越多。所以，女人常常是家庭中的情感关系的中心；同时在这一点上，她们也成为了“和她们的孩子所组成的经济和决策联盟的中心……无论丈夫、父亲在场与否”。儿子们和女儿们仍住在家的期间开始忙于处理两性关系，如果有了孩子，他们会共同住到外祖母的家庭，形成了三代母主家庭。史密斯认为在这种家庭形式中，母子裙带关系是情感和经济的核心，而夫妻关系既不是中心也不是培养孩子或者是家庭本身的必要因子。他强调“母主”这一术语不仅应用于有着“丈夫—父亲”的家庭中，也同样应用于没有他们的家庭中。同时把母主与3个因素联系在一起：家庭和政治—法律维度之间的区分，以及男人对家庭任务和责任的摆脱；对母子和兄弟姐妹关系的强调，以及对夫妻关系将会“越来越不稳定”、情感关系程度越来越低的预期；还有经济因素，较为明显的是财产的缺乏。

母系家庭不仅吸引着人类学家们的注意力，也吸引着政策制定者和其他政客们的注意力。在美国的20世纪60年代，随着种族冲突愈演愈烈以及人权运动的蒸蒸日上，这些都深深吸引着居住在贫困地区的美国黑人，“功能性障碍”家庭被作为贫穷导致的悲剧而逐渐显露出来。在20世纪60年代早期，丹尼尔·莫伊尼汉揭露了一个著名的报告，其中将“黑人家庭的病态”归咎于男性在家庭地位中的缺失、数量众多的单身母亲家庭，失业男子承担家庭责任和为孩子提供榜样角色的失败。一个由斯塔克做的有关美裔非洲人家庭中，亲属以及底特律房产商的生存策略的研究表明，不仅仅是“功能性障碍”，母系家庭和亲属关系网为贫穷和种族隔离提供了合理的、理性的解释。斯塔克认为男性的高失业率和否认那些同男性伴侣同居的女性利益的全国薪资系统，这两者都促使了母系家庭的发展。在美国大平原地区，斯塔克所做的房产研究中高度强调了（男人）要共同分享稀缺的资源、子女的养育以及和女性亲属朋友之间的家庭责任。男人和孩子们之间长期的情感关系应当受到鼓励并予以维持，但是以女性为基础的扩大型家庭过去已形成了经济活动、资源分享和消费的核心。尽管这种亲属和家庭相互依存的形式在很多方面和美国国内占主导地位的以婚姻为核心的家庭这一意识形态相背离，斯塔克表明这并非是真的所谓的“功能性障碍”，而是应对贫穷和例外情况的一种策略。以母亲为中心（母主）的亲属关系或社会关系和结构的焦点都更多集中于母亲和女人们身上。这一术语很多时候都常用于指代“母主家庭”，它围绕着母亲，而且在这种环境中，父亲的角色是缺失的，抑或只是发挥着有限的作用。

（周海韵）

目的论（teleology）　目的论“teleology”一词来源于希腊语“telos”（终点）和“logos”（推理），它是对自然界中受到目的、目标和意图驱动的各种过程的研究。目的论与仅仅基于时间序列中的因果关联的机械解释截然相反。

对于神秘地、拟人化地解释自然来说，目的论思想是自然而然的。虽然在前苏格拉底哲学家和柏拉图的对话篇中可以找到关于自然的目的论概念，但非神秘化的目的论解释传统肇始于亚里士多德“目的因”（causa finalis）概念，因此亚里士多德在中世纪对自然科学产生了重大影响。他认为目的是所有自然过程中添加的且最重要的原因。大体上说，这假定了事物在未来的最终状态能够解释或预定事物从原先状态到最终状态的运动。

目的论一直与神学息息相关。中世纪的神学家将宇宙的亚里士多德式的目的和目标等同于意欲和企图——从而等同于上帝的意志。随着现代科学在16世纪和17世纪的兴起，亚里士多德的目的因概念被驱除出非生命自然界。

康德在其《判断力批判》中试图从哲学上去调和牛顿物理学的“机械因果论”（nexus effectivus）和生命体中明显的“目的论因果论”（nexus finalis）。同亚里士多德相似，康德看到了人造物和有机体之间的根本区别。在人造物中，譬如一个时钟，所有的零件被组合成一个统一的整体，每一个零件都为了其他零件而存在，但并不取决于其他零件，而生命体中的每一部分都要取决于其他部分。构成时钟的力量外在于时钟，而一个人可以根据整体的思想来行动。康德指出，一个齿轮不会创造出另一个齿轮，一个时钟也不能创造出别的时钟，它们不能自己替换丢失的零件，也无法自我修复。

康德希望有一天能够有科学家用自然规律来解释即便是非常简单的目的论现象，而无须诉诸任何意图性目的的想法。半个世纪后，查尔斯·达尔文在《物种起源》一书中对生命界的目的论现象提出了全新的科学解释。根据他的理论，有机体的功能和行为不是神圣的设计者的产品，而是对环境的适应，是由基因变异与自然选择共同决定的自发性进化过程的结果。进化机制不是由神意决定的，突变和自然选择都没有什么企图或目标。

自19世纪中期达尔文创立进化论以来，其客观性、非目的性和机械性的特点就遭到了强烈批评，例如19世纪后期的所谓的活力论者，还有20世纪初那些试图理解个体发展的目的论特点的人。随着20世纪下半叶现代生物学的迅速崛起，几乎所有生物学家都否认存在一种生命体特有的、不遵循物理和化学定律的自然力。但另一方面，在一些非科学的圈子里，仍然有人反对达尔文对生命复杂性的解释。（参见**决定论**。）

（王璐）

穆斯林（Muslim）　是指皈依真主，信仰伊斯兰教的群体。穆斯林是全世界最主要，也是数量增长最快的宗教群体，信奉《古兰经》，即真主派向人间的最后一个使者穆罕默德的箴言。人类学家通过对世界范围内的穆斯林社区开展研究，在穆斯林社会分层、宗派冲突与和解、族群划分、性别关系等领域进行呈现和讨论。

逊尼派（Sunnis）是穆斯林正统派，原意为“遵循圣训者”（阿拉伯语为snna），占据穆斯林群体总数的90%。与之对立的为什叶派（Shia），起源于与逊尼派争论穆罕默德去世后的传承者等问题而产生的分歧，什叶派人数较少，占据穆斯林总数的10%～15%，但是，他们控制了伊朗和伊拉克大部分。18世纪以后，什叶派内部又细分为更多的小派别。

20世纪后半叶以来，人类学家对各种类型的穆斯林社区都开展了研究。首先是经济生活研究，穆斯林社区的经济类型分为3种：游牧、农业和商业—都市。20世纪70年代之前，人类学家对于占据中东人口总数1%的游牧社区研究几乎不成比例的丰富，对该地区的垂直型（指随着季节的改变，向山上和山下游牧）、水平型游牧（追随水源和草场的迁徙）开展研究。虽然人们经常会在这3个类型中进行转变，3个经济类型也不断发生渗透和互换，但是人类学的民族志作品还往往进行隔绝式的研究，封闭地去呈现某一类型社区的情况。另外，向内的亲属关系和政治派系冲突、游牧部落和民族—国家整合也是主要研究领域。20世纪80年代之后，人类学研究开始转向在精英和政府影响扩张背景下的村落历史与经济转型。

20世纪80年代后期至90年代，人类学家将伊斯兰国家身处的世界政治权力格局的变迁纳入到研究领域。Nazif Shahrani和Robert Canfield编辑的《阿富汗的革命和反叛》（*Revolutions and Rebellions in Afghanistan*）搜集了多位人类学家在阿富汗进行的田野调查的文章，反思人们对于全球政治和政府变迁的各种回应。

与此同时，各种实验民族志作品也在伊斯兰世界产出，这些民族志中充满着人类学者与当地人在对话和情绪方面的遭遇和碰撞，拉比诺（Paul Rabinow）赤诚相见地将他个人在摩洛哥的遭遇和反思、困难和挫折撰写到民族志作品中。女性主义人类学者探讨了穆斯林世界的妇女角色、地位问题，早期的研究较侧重呈现伊斯兰世界公共和私人空间中的女性隔绝问题，后来的研究则还关注到女性运用多重意识形态和话语的表达。

（哈正利）

参考书目

[1] 安维华.中亚穆斯林与文化. 北京：中央民族大学出版社，1999.

[2] 王峰.波斯历史文化与伊朗穆斯林风情礼仪. 北京：民族出版社，2002.

[3] Rabinow，Paul.*Reflections on Fieldwork in Morocco* [M] .University of California Press，1977.

M

N

纳 男 南 内 能 尼 拟 年 鸟 牛
农 奴 女 虐 傩

纳妾（Concubinage） 妾是一种作为次要的、较小的妻子的状态。可以理解为在法律地位上比主要的、完全的妻子更低的妻子。一夫多妻制国家社会通常承认两个或更多级别的妻子，她们在与她们的丈夫及她们家庭中其他人员，也包括她们的后代的关系中，拥有不同的权利和义务。这一术语也同样在指涉一个同一个男子同居的女子时使用，她没有结婚，是一个在法律上共有的妻子。

（哈彬）

《纳文——围绕一个新几内亚部落的一项仪式所展开的民族志实验》（Naven） 是格雷戈里·贝特森（Gregory Bateson，1904—1980）于1927—1933年在塞皮克河流域所做的调查研究成果。该书于1936年出版，这是贝特森一生中出版的唯一一本民族志。中译本由李霞译，商务印书馆2008年出版。

纳文是生活在新几内亚的雅特穆尔人在其青少年成员取得有意义的成就后举行的一种庆贺仪式。这类成就包括杀死了人、捕杀了某些动物、制作出了一只独木舟或一支船桨，等等。这一仪式具有几个颇为奇特的特征：来庆贺的主要亲戚是这位青少年的舅舅；这些舅舅往往要穿着污秽的女装来表示庆贺；在庆贺仪式中，舅甥之间会表现出某种类似男女性交的举动，等等。该书就是围绕对这些仪式特征的解释来分析雅特穆尔社会——仪式体现出了雅特穆尔社会舅舅和母亲、丈夫和妻子角色的认同，体现出此社会对姻亲关系的整合，体现出男女两性对立的精神气质……而这些，又是与更普遍的人类行为和思维的过程联系在一起的。贝特森把这类普遍的过程用诸如分裂演化、直线二元论之类自创的术语来概括。

贝特森的分析之独特处在于，他的分析实验性地选择了诸如结构与功能的、社会学的、精神气质和认知理式等多种分析路径。这些路径是研究者的不同思维方式或视角，而不是人们通常所认为的，是研究对象即社会的各个方面。该书的其中一个意义是澄清和辨析我们在分析社会时的思维方式。在文本的呈现方式上，贝特森将人类学家写作民族志的过程当作描述的对象，把写作的过程与自己实地调查的对象融合在一起进行描述。

20世纪三四十年代，该书并没有在当时的人类学圈子里得到很肯定的评价。20世纪80年代以来，人类学者开始反思田野作业过程、收集资料的偏好、组织材料的框架、民族志文本写作中所运用的修辞等等各方面，使民族志呈现出一种类似实验的特征。而该书在对主观性的认识和知识的客观性的追求这些方面，都起到了一种先驱性的作用，因此它重新引起了人类学界对其的关注。

（周莹）

参考书目

格雷戈里·贝特森. 纳文. 李霞译. 北京：商务印书馆，2008.

男同性恋者（Berdache） 指对同性产生性欲和爱恋的男性。“berdache”通常用于指北美印第安人中的异性模仿者，即表现出与生理性别相异的另一性别特征的人。这是一个在人类学研究中存在着争议的术语，主要原因在于它出自阿拉伯语，最初使用它的西班牙探险者轻视异性模仿者及其相应的行为，因而使得该术语带有贬义。尽管欧洲探险家假定所有的异性模仿者都是同性恋，但实际上他们的性取向是存在差异的，有些的确是同性恋，有些是双性恋，有些则完全不与人发生性关系。

异性模仿者经常被早期的欧洲殖民者误解为同性恋者、异装癖或者阴阳人。尽管同性关系和变装的确不同程度地存在于土著社会的异性模仿者中，但在当地文化框架下，这些行为具有与欧洲人所理解的不同的意义。在一些土著社会，男性和女性的异性模仿者皆存在，另一些社会就只存在男性的异性模仿者。比如在纳瓦霍人（Navajo）中，两者皆存在，一律被称为“nádleeh”；而在莫哈维克族人（Mohave）中，男异性模仿者被称为“alyha”，女异性模仿者被称为“hwame”。中国古代，自上古到晚清，男同性恋几乎一直受到宽容。潘光旦先生基于《史记》《汉书》，发现西汉时期的每一个皇帝都有过或多或少的同性恋对象。在中国古代文献中，断袖、龙阳、余桃，以及男风、男色、走旱路、兔儿等词都与男同性恋有关。

在许多土著社会中，个体通过在童年期就显示出对异性人物的喜爱，而逐渐变为异性模仿者。在一些社会中，比如在莫哈维克族人中，还有仪式用于测试这种倾向的强度并且对个体的新地位进行界定。因社会和文化差异，模仿者被允许表现出异性行为特征的程度也不一样，因而个体可能只能部分，也可能是全部地模仿异性的服饰、任务、性生活和行为举止等。在本土社会中，对异性模仿者会表现出钦佩、敬畏、害怕和嘲笑等不同的态度。然而，更为经常性地，异性模仿者被视为具有神圣的力量，并因作为治疗者或在仪式中扮演特殊角色而拥有特别的地位。

至20世纪中期，土著社会中异性模仿者的数量急剧下降。西方文明的影响造成了对异性模仿者态度的变化，他们逐渐被边缘化。最近，同性恋、双性恋、变性人以及其他非主流性取向者争取自身权利的运动不断发展，在北美土著社会中也引起了反响，同性恋、双性恋和变性人提倡对本土异性模仿者的地位进行新的承认。近年来，随着学术领域的不断扩展，中国人类学界也开展了男同性恋的研究。

（陈雪英）

男性人类学（Anthropology of men）　是关注男性生活，研究男性的行为、角色以及男子汉气概（masculinity）等问题的人类学领域。在女性运动出现之前，人类学研究侧重于关注男性的生活、仪式，以及男性之间的互动，但是这种侧重常常是无意识的，或没有言明的。早期人类学家中大部分是男性，相比女性的生活，男性人类学家更容易参与到男性的生活中，这时性别还没有成为人类学研究主要关注的问题。早期的女性主义者撰文呼吁建立女性人类学，从而对抗这种不平衡。一开始性别人类学只是表现女性的一系列日常生活，后来其重心转移到了与性别有关的研究（对男人和女人、变性人以及社会性别塑造过程的研究）上，而在最近才把男性的身份和男性特质看作专属男性的重要话题。

男性人类学从思想、行为、特征等一系列方式来定义男性和男性特质，也通过和女性以及女性特质相反的方向来进行定义。男性人类学开始看到男性身份和女性身份是紧密相连的，开始关注男性日常生活的特殊性，不断解决围绕男性性行为产生的问题，同时也关注性别与社会的联系，并提出了潜在的“男子汉气概危机”（crisis in masculinity）。研究男性特质的人类学家都提供了证据证明，男人在建立并维持自己的男性身份时是以女性作为参照。相关研究强调，男性在日常的人际交流中建立和转换自己的男性特质，其间始终存在着谈判和妥协。显然男子汉气概一词有着多重含义，男人们可以选择从社会情境、人际关系或他们所处的任何环境中构建自己的男性特质。

在各文化形态中，男人的生活和交流活动都要在家庭、住户、工作单位等情境下展开，尽管这些场所在不同文化背景下具有不同特点。通过关注这些场所，男性人类学探讨男性和女性的角色，他们在家庭里的劳动分工和资源分配，在外工作对男性生活造成的影响，以及涉及父亲角色和孩子抚养管教等的问题。大量性别研究普及了这样一种图景：一个家庭由男性主导，劳动分工明确。许多人类学家同样关注工作本身（无论有偿无偿，工作者是男是女，在家庭内或家庭外开展）对男性的人际关系——和妻子、家庭、以及社区其他男性的关系——所造成的影响。

男性人类学关注的另一个领域是男人及其性行为（sexuality）。在这里，性行为可以指一系列与性相关的实践、信仰和禁忌，以及男性性行为被赋予的文化价值和意义。大量资料显示，异性恋取向对于显示男性的力量和掌控（无论对女性还是对同性人）至关重要。在对拉丁美洲和地中海地区男性的许多研究中，大男子主义（machismo）的概念同样和异性恋行为直接相关。同时，侧重男男之间性行为和色情活动的研究对于男性和男性特质来说也至为关键。比如，吉尔伯特·赫特（Gilbert Herdt）的《长笛的守护者》（*Guardians of the Flutes*）和《仪式化的同性恋取向》（*Ritualized Homosexualityin Melanasia*）是两部最早的以男男性行为作为核心的民族志作品，审视了某些新几内亚社会中的年轻男性是如何参与口交，并将其视为有男性特质的成年人的必经阶段。

经证明，男子汉气概的形象在社会文化整合的更高层面（如国家层面）上同样强劲有力。很多时候，一个国家在概念上被视作女性，然而国家的主人公和理想的公民却是男性化的。对国家的威胁既被视作侵犯国体（国家作为女性），又被视作男性特质的恰当表现。这些过程在不同地区自然有不同的表现形式。

一些人类学家认为男人是从文化上"塑造"的，因此要通过复杂的程序来实现男性特质。这些程序包括授精仪式和割礼，也包括诸如就业、结婚、育儿之类的个人成就，男孩经过这些程序后才能被社区认可为男人。然而随着男性生活的巨大变化，这一认证正变得越来越困难，也导致了最近的一些男性性别分析中提出的男性特质"危机"。这些研究认为，是经济滑坡、女性就业比例上升、男女工资日趋平等，以及女性受教育程度增长等社会因素导致了这一"危机"，这也解释了为何有时男性无法通过社会认可的、恰当的形式实现其男性特质。

男性人类学研究的地位十分复杂。尽管男性曾一度是人类学研究和写作的默认焦点，女性研究的兴起在很长一段时间盖过了对男性生活和男性特质的关注，直到最近才有所改观。因此男性人类学仍是一个关键话题，有待进一步探索。尤其在目前，全球化和移民潮的推进、经济机遇的互通和转移、社会资源以及家庭关系的变化，都影响着男性性别身份的构建和协调。

（郭晏然）

参考书目

[1] Connell, R.W. *Masculinities*. Berkeley: University of California Press, 1995.

[2] Cornwall, A. & Lindisfarne, N. *Dislocatingmasculinity: Comparative ethnographies*. London: Routledge, 1994.

[3] Gutmann, M.(1997). *Trafficking in men: Theanthropology of masculinity*. AnnualReview of Anthropology, 26, 385–409.

[4] Gutmann, M. (Ed.). *Changing men andmasculinities in Latin America.Durham*, NC: Duke University Press, 2003.

[5] Kimmel, M. & Messner, M. *Men's lives*. London: Allyn & Bacon, 1998.

男子汉气概（Masculinity） 是一个类似男性气质、男性身份认同和男性角色的概念。

男性学研究的核心部分之一就是讨论不同语境下对男子汉气概的界定。尽管存在分歧，但许多关于男性气质的讨论都暗含一个共同主题，即对不平等的思考——社会性别不平等是否可能，以及如何决定男女之间关系的特征——决定不同历史文化情境下不同男人之间关系的特征。

人类学早就理所当然被认为是男性与男性的对话，因此对男性的研究并没有天然地引起人们的注意。在不同的人名和假名之下，民族志者洞察到了各式各样与男子汉气概有关的实践。直至20世纪80年代，人类学家才开始系统地揭示出男性是被塑造成的、被赋予社会性别的人。正是"第二波"女性主义和女性主义人类学的兴起推动了聚焦于"像男人的男人"（men as men）的研究。

人类学中对男子汉气概的研究认识到，社

会性别和性特征的重要性是研究的关键途径，也是对这些话题在学科中被持续边缘化的一种挑战。总的来说，男子汉气概研究拒绝简单化的男—女二元对立的结构主义观念，这反映了女性主义对人类学方法与结论的理论影响。从这一立场出发，关于男性气质和男性身份认同的民族志特别注意记录不同文化之间对于男性的态度和行为的巨大差异，还有特定人群的文化内部多样性，目的是为了表明“男性”与“社会性别”范畴如何与阶级、族群性、年龄、性别及其他主要社会分类范畴相互关联。

布兰德斯（Brandes）的《男子气概的隐喻》（*Metaphors of masculinity*，1980）和赫特（Herdt）的《长笛的守护者》（*Guardians of the flutes*，1981）是人类学者在“像男人的男人”研究方面的两部先锋作品。布兰德斯通过研究西班牙安达路西亚（Andalusia）地区的民间传说，详细叙述了男人们在各种日常情况下表现出来的女性化心理取向，不管女性在生理上代表着什么。赫特则说明了新几内亚桑比亚（Sambia）男人在社会及生理成熟时为何需要举行口交仪式。紧跟着上述研究的是赫茨菲尔德（Herzfeld）关于克里特岛的男性气质诗歌的民族志等。

在审视“像男人的男人”时，学者们运用了各种不同的理论定位和方法论。R. Lancaster（1992）采用的是一种文化马克思主义的视角，他提出尼加拉瓜男人之间的性和情欲问题具有一种定义中的男性气概的特点。通过检视为人父、工作和喝酒这样的活动，Gutmann（1996）揭示了在墨西哥极为暧昧不明的社会生活中，男人和女人们如何就男性身份进行协商。其他值得一提的研究包括Gilmore（1990）对全世界无处不在的男子汉形象的功能主义研究，还有Hewlett（1991）对阿卡俾格米人（Aka Pygmies）行为的定量研究。

人类学中的男子汉气概研究并没有屈从于其他学科中的类似研究，也没有受到美国新男人运动的很多影响。但要注意的是，目前很多这类研究都在回避女性主义人类学，很少有“像男人的男人”研究真正采用女性主义理论。这让许多人对与其研究往往密切相关的一系列理论著作和经验研究成果保持着令人尴尬的沉默。不过，对男子汉气概的研究仍然引起了很多争论，包括对男性行为的生物学解释和社会建构主义解释；在男子汉气概的文化再生产中的男性角色；男子汉气概与民族主义、暴力和战争的关系；“第三种”社会性别和性的存在，等等。另外，“像男人的男人”研究对其他一些问题的探讨也有所贡献，如女性普遍存在的屈从地位，寻找社会性别不平等的根本原因，还有女性在男性研究中的地位（或男性在女性研究中的地位），这是大家共同感兴趣的一些领域。

人类学中有很多关于男人的研究，但很少有对“像男人的男人”的研究。自第一代立场鲜明的女性主义人类学研究发表以来，人类学家在这数十年里越来越关心社会性别与性特征研究的发展。在研究中，人类学家继续提出“社会性别差异是否必然包含着不平等”的问题，也开始探究行动者如何在家户和整个社会里改变不平等的社会性别关系。这一趋势是有益的，但也存在着一种危险，即通过在分析上把男人和女人区分开，研究男子汉气概的学生或许会在写作自己的民族志时，从理论上和经验上让女性都不在场。这一问题已经日益引起人类学者对僵化的社会性别和性特征范畴的批评，因此，这实际上也预示着整体性的、多种社会性别的研究的到来。

（康敏）

参考书目

［1］Brandes, Stanley H. *Metaphors of masculinity: sex and status in Andalusian folklore*. Philadelphia: University of Pennsylvania Press, 1980.

［2］Di Leonardo, Micaela. *Gender, culture, and political economy: feminist anthropology in historical perspective*. In Micaela di Leonardo（ed.），*Gender at the crossroads of knowledge*（pp.1–48）. Berkeley: University of California Press, 1991.

［3］Evans-Pritchard. *Kinship and marriage among the Nuer*. Oxford: Clarendon, 1951.

[4] Evans-Pritchard. *Man and woman among the Azande*. New York: Free Press, 1974.

[5] Gilmore, David. *Manhood in the making: cultural concepts of masculinity*. New Haven, CT: Yale University Press, 1990.

[6] Godelier, Maurice. *The making of great men: male domination and power among the New Guinea Baruya*. Cambridge: Cambridge University Press, 1986.

[7] Gutmann, Matthew C. *The meanings of macho: being a man in Mexico City*. Berkeley: University of California Press, 1996.

[8] Herdt, Gilbert H. *Guardians of the flutes: idioms of masculinity*. New York: McGraw-Hill, 1981.

[9] Herzfeld, Michael. *The poetics of manhood: contest and identity in a Cretan mountain village*. Princeton, NJ: Princeton University Press, 1985.

[10] Hewlett, Barry S. *Intimate fathers: the nature and context of Aka Pygmy paternal infant care*. Ann Arbor: University of Michigan Press, 1991.

[11] Lancaster, Roger N. *Life is hard: machismo, danger, and the intimacy of power in Nicaragua*. Berkeley: University of California Press, 1992.

[12] Levi-Strauss. *The elementary structures of kinship*. Boston, MA: Beacon, 1969.

[13] Lewis, Oscar. *The children of Sanchez*. New York: Random, 1961.

[14] Malinowski, Bronislaw. *Sex and repression in savage society*. New York: Harcourt, Brace, 1927.

[15] Malinowski, Bronislaw. *The sexual life of savages in North-Western Melanesia*. London: Routledge, 1929.

[16] Mead, M. *Sex and temperament in three primitive societies*. London: Routledge, 1935.

南方古猿（Australopithecines） 南方古猿（Australopithecines），曾经是对于分类学上属于南方古猿亚科（Australopithecines）成员的非正式称呼。传统分类方法中，南方古猿亚科是人科中除人亚科以外的另一个分支。人科包含人类、人类祖先及一些旁系种类，而红猩猩、大猩猩和黑猩猩被归入猩猩科。然而近年来，遗传学证据表明，猩猩与人类的亲缘关系或许比传统分类方法所反映出的更加密切。因此古生物学者将非洲的猿类划入了人科。在最新的分类方法中，猩猩亚科主要包括红猩猩（Pongo pygmaeus），而大猩猩、黑猩猩和人类均归为人亚科。人亚科又分为大猩猩族和人族。大猩猩族包括大猩猩，而人类、已灭绝的古人类和黑猩猩都属于人族。现在的南方古猿仅指人族中的南方古猿属（Australopithecus）。而原来的南方古猿（Australopithecines）概念，包含了现在人族中南方古猿属（Australopithecus）、傍人属（Paranthropus）和地猿属（Ardipithecus）中的所有成员，均是已灭绝的古人类化石物种，只发现于非洲。

南方古猿属的成员按照推测的生活年代由早到晚，包括390万～420万年前的南方古猿湖畔种（Australopithecus anamensis）、290万～360万年前的南方古猿阿尔法种（Australopithecus afarensis）、300万～350万年前的南方古猿羚羊河种（Australopithecus bahrelghazali）、约250万年前的南方古猿非洲种（Australopithecus africanus）和南方古猿惊奇种（Australopithecus garhi）、约220万年前的南方古猿源泉种（Australopithecus sediba）。

南方古猿湖畔种 这个种类化石样本较多，于1995年由米芙·利基（Meave Leakey）等人在肯尼亚图尔卡纳湖（Turkana）附近发现，包括一块完整的下颌骨及一些化石碎片。虽然其犬齿的形态在南方古猿阿尔法种的变化范围之内，但下颌骨更加粗壮，同时上齿系显示了U形齿弓和较大的犬齿根，这些特征与猩猩更接近，因此把这些化石归为进化上处于地猿和南方古猿阿尔法种之间的一个物种。南方古猿湖畔种颅后部分的骨骼与南方古猿阿尔法种很相近，肢骨的形态显示其已经能够直立行走，它们可能是南方古猿阿尔法种的祖先。

南方古猿阿尔法种 1974—1975年，在坦桑尼亚莱托里（Laetoli）地区，以及埃塞俄比亚北部哈达（Hadar）地区发现了多个古人类化石，包括一具不完整的骨架、头骨、一些下颌骨和肢骨等。这些化石的脑量为400~500毫升，只比沙赫人属略大。犬齿及下颌第一前臼齿的形态在不同样本中变化较大。与早于其年代的猿类相比，南方古猿阿尔法种的门齿较小，臼齿较大，牙釉质很厚。它们的身体结构极像猿，臂长而腿短。但盆骨已变得宽短，枕骨大孔位置也接近颅底中央，表明已经能够双足直立行走。

南方古猿非洲种 是最早发现的南方古猿化石，发现于南非西北塔翁（Taungs）采石场。化石为一具颅骨，该颅骨保存了大部分面骨、完整颅内模和全套乳牙，推测其为一名男性幼儿，称为塔翁幼童。塔翁幼童的脑颅较小，脑量大约为450毫升，估计成年后的脑量也不过600毫升左右，仍然很原始。门齿和犬齿都很小，无齿隙，臼齿咬合面较平，与人类的牙齿特点非常相似。牙齿磨损显示它以水果、种子和树叶为主要食物。塔翁幼童的枕骨大孔位置更接近颅底中央，垂直向下，表明头颅已经能够平衡地维持在脊柱上方而不前倾，因此推测其已经具备直立行走的能力。1925年，由雷蒙德·达特（Raymond Dart）将其定名为南方古猿非洲种（Australopithecus africanus），字面意思即为非洲南猿。

南方古猿惊奇种 1999年，在埃塞俄比亚阿瓦什河谷（Awash River）发现了一些头骨、腭骨及部分肢骨化石，它们属于一个男性个体。该个体面部粗壮突出，颅腔容积较小，脑量约450毫升。它的前臼齿及臼齿很大，接近傍人鲍氏种（Paranthropus boisei）；犬齿很宽，在功能上接近前臼齿。发现者根据其大腿骨碎片推测，南方古猿惊奇种的下肢比其他南方古猿类长，然而仅通过碎片将其与其他南方古猿比较并不准确。另外，南方古猿惊奇种的上肢也很长，也许是该个体本就体型巨大，不能证明它的四肢比例更接近现代人。这些化石被命名为南方古猿惊奇种。此处还发现了一些原始的石器工具，类似奥杜威文化的工艺，是至今发现的最古老的石器。

南方古猿源泉种 2008—2010年，在南非的马拉帕洞穴（Malapa Cave）中发现了数百块骨骼化石残片，这些化石来自于至少4名个体，包括一名男童、一名成年女性、一名婴儿和另一个成年个体。发现者根据这些化石的脑量和整体骨骼结构，将其归入南方古猿属，但它们也具有一些更接近现代人的特征，例如牙齿更小、手更短、拇指更长等。这些化石被命名为南方古猿源泉种，可能是由南方古猿非洲种进化而来，进而演化到真人属（Homo）。

（谭婧泽、佟欣竹）

参考书目

[1] H. James Birx, editor. *Encyclopedia of anthropology*(Vol. 1). Sage Publications, 2006, 311-317.

[2] Briggs Derek, and Peter R. Crowther, eds. *Palaeobiology* ii. John Wiley & Sons, 2008, 121-124.

[3] Ann Gibbons. A new ancestor for Homo? [J]. *Science*, 2011, 332 (6029): 534.

内婚制（Endogamy） 一种从同一社会群体中选择配偶的婚姻规则。与它相反的是外婚制。社会群体选择内婚制的目的是为了维护其构成要素（比如权力、财富、宗教、语言）以及将这些构成要素传递给后世，以便延续其存在。每一个社会或许可以在一个或者多个方面实行内婚而在其他方面实行外婚。例如，澳大利亚的原住民根据氏族（一种其成员承认共同的祖先而且他们的关系是由团结而规定的社会群体）实行外婚，但是根据部落（比氏族群体要大的社会群体，从政治和社会的角度来看，其拥有一块领地并且是同治和自治的）则实行的是内婚。

亲属的内婚制是一种在亲属群体内部正在发生的内婚制形式。优先婚，即与关系亲近的亲戚结婚，比如哥哥和妹妹的孩子之间的交表婚。在实践中，这就意味着一个男的娶了他的母亲的兄弟或者父亲的姐妹的女儿。这样的婚姻在东南亚、新几内亚、澳大利亚原住民以及南美洲的原住民中都可以见到。

亲属内婚制的另一种例子是所谓的世系内婚制，即在超越社会所设定的亲属边界（因此是乱伦的）但是仍然保持一种亲属的记忆的亲戚之间结婚，虽然这种婚姻是不合意的，但是也绝不是强制性的。这样的婚姻常常是在一个世系的水平上来执行，因此被称为世系内婚制。

宗教的内婚制是内婚制的一种普遍执行的形式，其根据是配偶双方必须属于同一宗教。由于宗教和婚姻是紧密交织在一起的，因而宗教内婚制会显得特别强烈。婚姻通常是通过配偶双方都接受的一个宗教仪式来加以确认并使其合法化，这仅仅只能发生在配偶双方信奉同一种宗教的情形之下。如果这一要求没有被满足，那么婚姻将不能成行。一种特别严格的内婚制形式发生在被印度教所主宰的印度种姓当中。

地方社区（其成员分享着商品和利益而且世代生活在一起）凝聚力的保存，族群（由属于同一种文化并且承认他们属于这种文化的个体所组成的群体）凝聚力的保存，甚至国家凝聚力的保存，是从同一个社区、族群或者国家中选择配偶主要的背后原因。内婚制的这些形式特别普遍而有力，这些形式一般被称为地方和族群的内婚制。

根据希腊关于配偶选择的说法总结出的地方内婚制的优先性是，“从你所在的地方得到一只鞋，即使它有补丁”。也就是说，最好是选择一个当地的配偶，尽管他（她）会有缺点。因此，在伯罗奔尼撒半岛的地方社区一级，根据婚姻记录，1928—1939年，新郎中的93.7%和新娘中的90%都是当地人。1940—1988年，地方内婚制这种规则逐步式微。

（齐钊）

参考书目

［1］Goody, J. *The development of family and marriage in Europe. Cambridge*, UK: Cambridge University Press, 1983.

［2］Lévi-Strauss, C. *Endogamy et exogamy. In Les structures élémentaires de la parenté*(pp. 49-60). Paris: PUF, 1949.

［3］Segalen, M. *Nuptialité et alliance. Le choix du conjoint dans une commune de lEure*. Paris: Maisonneuve et Larose, 1972.

能动性（Agency） 是与结构相对应的概念，指的是行动者表现出的一种创造性的能力，无论这种能力是先天的，还是后天习得的。社会学三大奠基人之一的韦伯（Max Weber）曾经指出，社会学意义上的“行动”不等于“行为”，它建立在理性选择的基础上，包含着意识、思考、倾向、目标、价值等元素，换句话说，它是个体行动者在既有的社会框架内发挥主观创造性的行为，行动的前提与后果均具有社会意义。

20世纪60年代，随着对“结构”概念的反思，关于能动性的讨论逐渐浮上水面。利奇（Edmund R. Leach）在《缅甸高地诸政治体系》一书中，便描述了社会中的个人如何在争取自身利益的基础上改变社会结构。在缅甸高地的克钦社会中，存在着两种截然不同的政治制度。一种是模仿邻近掸邦，具有贵族统治和阶层等级特征的贡萨（gumsa）；另一种是民主型，近乎于无政府状态的贡老（gumlao）。由于当地的婚姻制度属于下嫁婚，因此，贡萨体制中的贵族总是倾向于否认他们是贡老体制中的姑爷，因为一旦明确了他们的姑爷身份，就有可能难以维系他们的贵族地位。另一方面，贡老体制中的平民对那些否认其姑爷身份的贵族往往感到不满，视他们为暴君和势利鬼。这就造成了两种政治制度之间的张力，为个人操弄权术提供了政治空间，反过来，这种对权术的操弄又会带来社区结构的改变，从而使社区在贡老与贡萨两种体制之间摇摆。

在利奇的笔下，一个社会中的个人已不再是整体结构操控下的木偶，而是具有自我算计和利益权衡能力的行动个体，社会的整体结构便在这些无时无刻不在优化自身利益的个体的行动中受到牵制和改变。利奇的学生巴特（Fredrick Barth）则走得更远。在《斯瓦特巴坦人的政治过程》一书中，巴特明确指出了个体能动性的存在，并探讨了其作用。在巴特看来，人是能动的主体，个体并不是在社会制度的规定下行动的，而是因利益的分歧在不断地操弄游戏规则，做出符合自身利益最大化的行动抉择。所谓的制度、结构、体系不过是人们行动抉择的副产品，而不是前提。在此视角之下，个体并不是在“结构”的驱使和操控下行动的，而是相反，个体的行动生成和维系了“结构”的绵延。

到了20世纪80年代，出现了一些试图综合结构与能动性的努力，其中，以布迪厄（Pierre Bourdieu）和萨林斯（Marshall Sahlins）为主要代表。布迪厄提出了实践理论，试图弥合个体与结构之间的鸿沟。他指出，在一个特定社会内部，个体行为的确会受到社会规范的强大制约，但这种制约并不会对个体行动起到决定性的作用。在实践中，个体一方面实现了自身的利益，另一方面又使结构得以不断再生产，换句话说，实践既是策略性的个体行动，也是社会秩序重塑的途径。萨林斯则进一步在两种能动性之间进行了区分，即系统能动性（systemic agency）与并接能动性（conjunctural agency），并通过历史上的案例对这两个概念进行了探讨。在萨林斯看来，拿破仑是并接能动性的典型案例，无论他的实际选择如何，他所处的位置便决定了他会在历史中产生影响。另一方面，对于某些偶然创造历史的英雄，则更适用于并接能动性的概念进行解释。萨林斯认为，在某个特定的事件中，结构会向偶然性敞开大门，这个时候，个体的能动性便会登上舞台，并主导事件的走向，但无论事件结果如何，又总是能够在结构中得到解释。

事实上，关于结构与能动性的争论，也代表着人类学者在本体论、认识论上的不同。关于结构的理论多与唯实论、有机论、整体主义、客观主义相关，关于能动性的理论则大多与唯名论、机械论、心理主义、个体主义相关。前者多认为社会是一个不可制约的整体，较多采用宏观分析的方法，后者则认为个体才是值得认知的对象，而更多采用微观的研究方法。具有整体主义特点的功能主义与结构主义都强调社会整体相对于个体的至高无上的地位，而在具有人文主义色彩的解释学传统中，个体的意义、价值、行动则被凸显。这种围绕概念展开的争论，也揭示了人类学作为社会科学研究的复杂性所在。

（刘琪）

参考书目

［1］Kuper，Adam. 英国社会人类学——从马林诺斯基到今天. 贾士蘅译. 台北：经联出版事业公司，1988.

［2］Sahlins, Marshall. *Apologies to Thucydides: Understanding History as Culture and Vice Versa*. Chicago: The University of Chicago Press, 2004.

［3］埃德蒙·R. 利奇. 缅甸高地诸政治体系——对克钦社会结构的一项研究. 杨春宇，周歆红译，北京：商务印书馆，2010.

［4］陈学金. “结构”与“能动性”：人类学与社会学中的百年争论.《贵州社会科学》，2003（11）.

［5］弗雷德里克·巴特. 斯瓦特巴坦人的政治过程——一个社会人类学研究的范例. 黄建生译. 上海：上海人民出版社，2005.

［6］皮埃尔·布迪厄，华康德. 实践与反思——反思社会学导引. 李猛，李康译，邓正来校. 北京：中央编译出版社，1998.

能人（Homo habilis）　能人（Homo habilis）是已灭绝的古人类物种，生活在230万～160万年前的非洲。能人的模式标本为“7号奥杜威原始人”（Olduvai Hominid #7，OH7），包括一块下颌骨和两块顶骨，年代距今约170万年。这些化石由路易斯·利基（Louis Leakey）于1960年，在坦桑尼亚的奥杜威峡谷发现。因与化石一起还出土有石器，故得名“能人”，意为“手巧的人”。

能人与南方古猿有着一些共同的特性，如两性差别比较大，颅骨壁薄，眉脊发达中等，面部仍然前突等。能人与南方古猿的主要区别在于，能人的脑量更大，臼齿较小；另外能人的手部特征满足制造工具的解剖学基础。能人的脑量500～710毫升，体重大约32千克，相对于体型，能人的脑颅算是比较大的。

能人样本间的差异较大，其中一部分样本的四肢比例与南方古猿相似，即手臂比腿长。可以确定能人是双足行走的。奥杜威峡谷一块近乎完整的足骨明确显示出双足活动相关的特征：能人的足已经具有了足横弓和足纵弓；此外，能人的大脚趾与其他四趾并列于足的前方，不同于树栖猿类的大脚趾与其他四趾分开不在同一方向上。然而能人足部也保留着一些树栖的特征，骨骼上的肌肉痕迹显示它们善于攀援抓握。

由于和最古老的石器一起出土，能人曾被认为是第一个会制作工具的物种。这些刀状和片状的石器属于奥杜威文化（Olduvai Culture）。能人制造的工具更多是用来处理动物尸骨上的肉，而不是捕捉猎物。有趣的是，有充分的证据表明，能人是大型猫科动物和其他肉食动物的主食。因此比起“狩猎者”，能人反而更可能是“猎物”。

如今，早于能人的奥杜威工具发现于埃塞俄比亚，年代距今250万～260万年。其中年代较近的工具与南方古猿惊奇种（Australopithecus garhi）共同出土，年代较远的工具没有和任何古人类化石在一起。因此猜测，第一个制造工具的物种可能是南方古猿，而非能人。

至今没有在非洲以外的地区发现能人化石，说明人类向欧亚大陆的迁徙晚于能人。在能人阶段，人类文明还没有完全成型，没有证据表明能人会取火、埋葬死者，或使用语言。

由于被归属于能人的样本很多，样本间体型差异很大，对于这些样本是否属于同一物种，一直存在争论。有些观点认为应将其分为能人和卢多夫人（Homo rudolfensis）。相较能人，卢多夫人的臼齿更大，前臼齿的齿根更复杂，脑量更大，四肢比例也更接近现代人。

能人是最早的真人属成员，起初认为能人演化成卢多夫人，而后卢多夫人又演化成匠人（Homo ergaster）和直立人（Homo erectus）。然而，后续的研究发现，这些不同的物种间有共存的迹象，说明它们在进化树上可能不是递进演化关系，而是分别处在不同的进化分支上。也有观点认为，卢多夫人是能人的一个分支，而能人的另一个分支演化出匠人和直立人。

参考书目

H. James Birx, editor. *Encyclopedia of anthropology*(Vol. 3). Sage Publications, 2006, 1189—1190.

（谭婧泽、佟欣竹）

《尼萨——一个昆人妇女的生活与诉说》（*Nisa: The Life and Words of a! Kung Woman*, 1981/1983）

美国女人类学家肖斯塔克（Marjorie Shostak，1945—1996）在1969年8月—1971年3月对卡拉哈里沙漠北部边缘一个狩猎—采集部落进行两次田野工作的田野民族志著作。在共计25个月的2次实地调查中，肖斯塔克重点对8位昆人妇女进行了大量的生活史访谈，最终翻译、编辑和出版的主要是老年妇女尼萨（约1921—？）的个人故事。由于尼萨丰富的人生经历以及讲故事的天分，从中可获悉昆人个体间的互动方式以及昆人社会的组织的材料，了解许多关于昆人童年、青少年和成年经验的材料。作者特意提醒读者她无意以尼萨一人的经验来概括整个昆人社会妇女生活的整体性和复杂性。成为美国人类学导论课的常用教材以及讲授口述史和性别研究的首选案例。

肖斯塔克以主要报道人尼萨的个人叙述为主体，以尼萨的生命史为中心内容，作者试图以尼萨的声音和视角来回顾和评论她从孩提时代到成为人母过程中经历的男欢女爱、怀孕生育并且走向衰老的坎坷历程。肖斯塔克同时注意呈现作者自己的个人叙述、个人自白以及民族志概论和评论，试图以多种声音的并置来调和客观化的民族志表述和田野工作中的主观性经历之间的矛盾，并尝试建立个人叙述在民族志表述中的权威。该书继承传统功能主义所强调的现实主义的传统，致力于呈现一个遥远的狩猎—采集部落的文化经验，并在实质上保留了民族志作者对文化解释和整体文本的单方控制权。在《尼萨》（简称）出版之后，肖斯塔克曾于1989年6月—7月第三次踏访昆人社会。这次重访的经历和感受在肖斯塔克逝世后由其亲友协助编辑整理出版，即《重访尼萨》（*Return to Nisa Cambridge*，2000）。该书在写作风格上更接近于个人回忆录，而非民族志，是她自己的旅行经历、感受和对当年田野经历的对比回想，反思研究者与被研究者在权力、经济以及对双方关系的定位和期望等方面的差异，是用多声部叙述个人生活史的方式研究远方异域人群的一种有益尝试。

（刘荣）

拟亲属关系（Fictivekinship） 拟亲属关系是以亲属的称谓来称呼没有血缘关系的人，以及把他们当作亲属般对待的人际关系，建立这种关系的人称为拟亲属。拟亲属关系发生在所有已知的社会，往往具有深刻而复杂的含义。如中国古时常见的义父子、结拜兄弟等。

人类学上的拟亲属关系意涵多有扩展，包括以联想的形式连接人与其他人，与其他有生命或无生命的存在，或与精神实体的关系。在世界上很多地方的宗教和世俗社区，包括公社、集体、乌托邦定居点和革命运动团体，都试图通过这种形式更好地融入共同体之中。拟亲属关系在社会生活的各个领域都有着极为广泛的表现，如世界上主要的几个宗教，尤其是一些天主教和新教教派的基督教，都倚重这种想象和虚构的亲属关系；在商业上，表现为各种规模家庭风格的公司（多见于日本）；在教育中，为表达对母校一种拟亲属关系的兄弟会、姊妹会，以及中国古代师门中视师如父、同门如手足等；在政治上，表现为穆斯林兄弟会等组织。

事实上，拟亲属关系不仅可以提供艺术、幽默或世俗的增益，它也指向人类更深刻而微妙的需求。对于当下，至于究竟什么是真实或虚构的血缘关系已逐渐成为一个值得讨论的问题，它们之间的区别逐渐被突破，而高科技的生殖实验则更是进一步模糊了两者之间的界线。

（陈玉柱）

拟人论（Anthropomorphism） 拟人论指的是将人类的特征、情感、性格、外观等套用到非人类的存在上，比如动物和神。

对神的拟人化 在许多宗教中，无论是多神论或是单神论，神通常都会拥有一些类似人类的行为特点。这种现象可以在该宗教的艺术创作和圣书中被发现。目前已知的第一个对这种行为做出批评的是古希腊哲学家色诺芬尼（Xenophanes）。在一些现存的他的论述片段中，色诺芬尼谴责了著名的诗人荷马（Homer）和赫西奥德（Hesiod）。原因是这二位诗人将古希腊的诸神描绘成了满是人类缺点的形象。他同时也批评了当时的人们对神的认识完全是自己的主观臆想。比如，色雷斯人将他们的神描绘成与自己一样拥有蓝色的眼睛和红色的头发。他讽刺这种现象的一句著名的话是：如果动物能够像人一样会创作，那么它们创作的神也会像它们一样。这种批评对神进行拟人化的态度被后世很多希腊的哲学家支持，包括苏格拉底（Socrates）、柏拉图（Plato）等古希腊著名哲学家。这些哲学家构建了一个更加抽象化的神的形象。

对动物的拟人化 在几乎任何一个繁荣过的文明中，它们的神话或童话故事里都会有一些动物被赋予人类的行为特点。比如狮子被赋予勇敢和无畏，狐狸被赋予狡猾，蜜蜂被赋予勤劳等等。这实际上是人类基于自己对这些动物的认识所做出的一种推断，并用拟人化的方式形象地描绘了这些动物的特点。在非洲的一些部落和西伯利亚的萨满教中，能与动物进行交流被认为是一种独特的技能，人们相信并且希望能够获得这种技能。

想理解动物的这些类似人类的行为特点，需要很多动物行为学的知识。18世纪之前，动物行为学通常都是人们对动物行为的主观认识。当然，动物与人类有着共通的行为特点，但是严格的科学研究需要用一种中立的方法，不能简单地把人类作为模式生物或者衡量标准。

（李辉、余歌）

年代测定技术（Dating Techniques） 年代就是时间序列，是事件的典型分类。时间是无所不在的法官，它判定着所有生命的时间，是人类历史上最重要的组成部分，根据个人或万千事件的开始和结束进行划分，这样的世界观不仅适用于大自然也适用于人类。在人类学研究中，时间是最伟大的排序机制。

希罗多德等古典时期的收藏家和旅行者们主要研究史前的历史古迹，并对其进行推测。事实上， 公元前1世纪的数十位经典作家按照技术进步把一系列的时期进行了排序。石器—青铜器—铁器时代的3时期分段法是最常见的年代分类方法。卢克莱修总结了这些西方关于年代测定的观点。汉代中国学者元康根据石器或玉器—青铜器—铁器的发展编写了一部工具制造年代表。

16世纪，梵蒂冈花园的主管和教皇克莱门特八世的顾问迈克尔·梅尔卡蒂（Michael Mercati，1541—1593），根据3时期分段系统，开始利用系统组织的原则对非原位考古材料进行整理。梅尔卡蒂接受过文艺复兴的教育，并且收藏了大量的矿物和化石，对最新征集的美国人类学文物也有研究，为现代考古学奠定了基础。他的发现直到18世纪才引起当时学术界的关注。

在当时的欧洲，人们不鼓励研究史前史，因为《圣经》被视为人类历史上的最高权威和地球的早期历史。例如，神创论在宇宙和人类的起源的学术著作中占主导，山地中发现的海洋生物化石，被认为是被史前大洪水冲刷上去的。古代的箭头和其他史前石器被认为是雷电等自然现象的产物。史前石箭头和石斧被认为是雷从天空而降时卡住后的产物。这些被称为雷石。人们一般认为，所有的植物和动物都是史前大洪水的幸存者，仔细研究《圣经》《创世纪》就可以计算出地球的年龄。

直到19世纪初期，梅尔卡蒂的观点才被丹麦博物馆的克里斯顿·汤姆森使用。从而令史前遗物的研究有了时间秩序。现场材料也需要有时间秩序，丹麦原子论者和地质学家尼古拉斯·斯泰诺主教，第一次明确提出地层学的3个原则（后被称为斯泰诺法则）：第一个是叠加的原则。在沉积层序上，年代久远的位于底层；第二个是原始水平原理。沉积物往往是沉入平坦的水平地层；第三个是原始侧向连续原理。水平层会向四面八方扩展。第一原则是由早期地理学家威廉·史密斯、查尔斯·莱尔、皮特·里弗斯和布歇·德·彼尔特在化石标记时使用的，用年代进程假设来对资料进行分类排序。

年代测定技术分3种：绝对年代测定技术、相对年代测定技术、放射年代测定技术。

绝对年代测定技术只用于已知可校准的年代，其他的都用相对测定技术。相对年代测定技术可以通过分析物理或化学特征（如阳离子交换比率法、氟年代测定法、花粉分析法）在空间关系（地层学或交叉计年）、技术变化或者组合上来确定时间序列。其他一些技术（如黑曜石年代测定法、古地磁学）需要放射技术进行校准。其他的相对年代测定技术需要确定年代的历史信息（天文年代测定法）。与流行观点不同，无论是根据放射性元素的衰减还是辐射的电离损伤，放射性年代测定方法只能给出一个最大年代范围。依靠放射性衰变的放射性年代测定方法包括：钾氩测年法、放射性碳定年法、铀—钍测年法。依靠电离损伤积累的放射性年代测定方法包括：热释光测年法、光释光法、电子自旋共振法以及裂变轨迹年代测定法。

基本上，所有年代测定技术都可以看作是时钟类型。分析师必须知道一些关于每个时钟的基本信息：时钟如何运作？时钟如何设置？时钟如何读取？在这些基础上，所有年代时钟都能提供一个年代框架。然而，并非所有的年代测定技术都是合理的、比其他技术可靠的，所有的技术都有着自己的优势和局限。

（刘青）

参考书目

［1］Göksu, H. Y. *Scientific Dating Methods*. New York: Kluwer Academic, 1991.

［2］Gräslund, B. *The Birth of Prehistoric Chronology: Dating Methods and Dating Systems in Nineteenth-century Scandinavian Archaeology*. Cambridge: Cambridge University Press, 1987.

［3］H. James Birx. *Encyclopedia of Anthropology* 2, California: Sage Publications, Inc, 2006.

［4］Herz, N., & Garrison, E. *Geological Methods for Archaeology*. Oxford: Oxford

University Press, 1998.

[5] Rutter, N. W., & Catto, N. R. (Eds.). *Dating Methods for Quaternary Deposits*. St. John's, Canada: Geological Association of Canada, 1995.

年代学（Chronology） 年代学的近代拉丁语“Chronologia”是希腊语“khronos”（时间）与“logia”（学问）的合成，意为关于时间的学问。1980年出版的《新编不列颠百科全书》中将这一术语界定为，“就其最广泛的意义而言，是一种时间尺度，一种编次年代顺序的方法”。王同亿主编的《语言大典》的定义为，“以规则的间隔或时期来测定或计算时间，并确定事件的本来年代之科学”。而在《中国历史大辞典・史学史卷》中则将其定义为“研究测定历史年代的原理和方法，考索历史事件和历史文献等的年代的学科，历史学的辅助学科之一”。

时间与空间构成了历史的两个维度，年代学与地理学也因此成为史学研究中两个重要的辅助学科。其中，年代学是确定历史事件发生时间的科学，或是根据发生时间按照从最早到最近或相反的顺序排列一系列事件。纪年和历法被视为是年代学的重要概念和研究基础，前者是对时间连续性的记录，后者是对时间进行周期性划分。

纪年和历法均存在于特定文化中。在基督教社会，将耶稣诞生的日子定义为公元元年，在此之前记为耶稣前（BC），而在此之后则记为耶稣后（AD）。在穆斯林社会，将先哲离开麦加的日子定为时间的基点，即伊斯兰教纪元，即耶稣后622年。而佛教徒则将纪元元年定为释迦牟尼辞世后一年。在中国历史时期，至迟在商及西周时代已采用太阳纪年。自商代末年的西伯昌开始至汉武帝刘彻以年号代替，共701年的历史中所使用的均为帝王纪年，即以君主继立为经纬的历史纪年系统。自汉武帝时期至清末则采用的年号纪年，其中暗含着权力的正统性。至1911年采用中华民国诞生时间来纪年，兼或使用公元纪年，直至中华人民共和国成立后采用公元纪年。公元纪年是目前国际上通行的纪年标准，最初源自于欧洲等西方基督教国家，以耶稣出生为纪年的开始，原称西元，为了避开文化上的敏感性而采用更加中性的术语公元，即公元纪年的简称，并分别以BCE（Before the Common Era）和CE（Common Era）来代替BC（Before Christ）和AD（Anno Domini）。

而年代学的任务是将历史上出现的事件、事物置于一定的历法系统内，恢复其历史时间位置或顺序。与历法或纪年所不同的是，年代学除了了解事件或事物产生的具体时间，还需要根据历法知识和历法系统探究历史事物产生和存亡的时间。从史学研究的角度，年代学需要将有确切纪年的事物换算为今人熟知的纪时系统，考证无时间记载事物的时间位置，并以完整的时间进入纪时系统。其研究方法有4种：一是纪时换算法，即将确时纪事中的历史纪时系统换算为当今的纪时系统；二是内容比较、考查法，是通过某些时间已知的相关事物的内容、现象进行考查、比较以确定其存在的时间；三是科学鉴证法，通过对文献记录的有关自然现象或物质载体的鉴定证明其产生和存在的时间；四是推算法，根据文献中不完整或隐晦的纪时，借助天文历法知识推演、计算。

换言之，年代学以明确历史事件或事物的确切发生、存亡时间为主要目的，即确定事件或事物的绝对年代。绝对年代是指文化遗存形成时的距今年代，纪年或历法可以推知历史时期的绝对年代，然而对于史前时代的遗存及遗物的年代来说却难以通过这两种方法得知。伴随科技的发展现代技术被大量应用于绝对年代的测定，目前绝对年代测定的主要方法包括：古地磁断代、放射性碳素断代、热释光断代、骨化石含氟量断代、钾—氩法断代、裂变径迹断代、树木年轮断代、氨基酸外消旋法断代、黑曜岩水合法断代、铀系法断代等。其中以放射性碳素断代的应用最为广泛，该断代方法在1949年开始应用于考古年代测定，适用范围在50000年以内。放射性碳素断代是根据碳-14衰变为氮-14的半衰期值推知具体年代。在使用放射性碳素断代法后，通常以树木年轮断代进行校正以保证准确度。树木年轮断代在距今数千年内是最精确的测年方法，不仅可以与日历年相对应，而且测定的年代几乎没有误差，但是不能普遍应用。

除了上述绝对年代的测定，年代学的测定也应包含相对年代测定，即比较相关事物所处年代的早晚关系，在考古学研究中多依据地层学来判定相对年代。地层学为地质学的一个分支，在19世纪初发展成为一门学科，根据主要研究对象不同可以分为岩石地层学、生物地层学和年代地层学，其中年代地层学被广泛应用于考古学相对年代的测定。考古学根据地层堆积和遗迹之间的相互关系判定其相对年代关系，根据文化层的叠压关系和打破关系的基本原则来判断遗迹的先后时代。所谓叠压关系是指在正常情况下，同一地点时代较晚的堆积总是叠压较早的堆积，较早时期形成的堆积在下，较晚时期形成的堆积在上。而打破关系是指较晚时期的文化活动对原有堆积造成不同程度的破坏，被打破的遗迹时代较早。

（杜辉）

参考书目

［1］曹书杰. 中国历史年代学若干问题思考.《史学集刊》，1991（2）.

［2］姜涛. 关于历史年代学问题.《安徽史学》，1993（3）.

［3］科林·伦福儒，保罗·巴恩著. 考古学：理论、方法与实践. 中国社会科学院考古研究所译. 北京：文物出版社，2004.

［4］栾丰实，方辉，靳桂云. 考古学理论·方法·技术. 北京：文物出版社，2006.

鸟居龙藏（Torii Ryouzou，1870—1963） 日本考古学、人类学的开拓者之一。1870年出生于日本德岛县德岛市烟草批发商家庭。6岁进入小学学习，因讨厌学校，不断地旷课，最后干脆退学。又因家境殷实，退学后聘请中学老师在家指导学习。因兴趣所至，鸟居龙藏在家自学了人类学的有关知识，同时也是《人类学杂志》的购读者，也因此与东京帝国大学人类学教研室有了联系。1894年，作为标本整理员进入了坪井正五郎的人类学教研室，结识了当时坪井的学生伊能嘉矩。1895年，鸟居龙藏25岁时第一次参加赴中国辽东半岛的调查。在这次调查中，他发现了中国的“支石墓”墓葬形式。自25～67岁，鸟居龙藏以坪井正五郎的“观察为中心的手法”完成了对中国西南部、东北、中国台湾以及西伯利亚、日本冲绳、蒙古国的大量调查。鸟居龙藏时常与家人一同奔赴调查地，夫人鸟居君子常常充当调查助手。1896年，鸟居龙藏在中国台湾的调查中首次导入了摄影技术，同时在兰屿岛对达吾族进行了身体形态的数据测定。1902年7月至1903年3月，鸟居龙藏对中国贵州省的苗族、云南省的彝族进行了调查，尝试寻找不同地区、不同国家间的共同性，留下了大量珍贵的资料。1922年，任日本东京帝国大学理科大学副教授，继坪井正五郎之后为该校人类学教研室主任。以后又辞职自行创办鸟居人类学研究所与上智大学。1937年，作为日本外务省的文化使节被派往南美，在南美也进行了数次调查。1939年，受司徒雷登之邀，作为哈佛—燕京学者在燕京大学担任客座教授，直到中华人民共和国成立两年之后才离开北京。这期间鸟居龙藏也完成了对山东省诸地的田野调查。鸟居龙藏的学术成就后来由日本朝日新闻社集成13卷《鸟居龙藏全集》（1981年）出版。他的《苗族调查报告》在1936年就由国立编译馆翻译为中文出版，2009年贵州大学出版社重新排印出版。

（张曦）

牛津人类学系 是世界上规模最大、最有活力的人类学教学与研究中心之一，以对人类学理论的卓越贡献、对深度田野工作的持续坚持、与皮特-里弗斯博物馆的历史关联、对视觉文化和物质文化的人类学研究而著称于世。

早在1883年，牛津大学就由泰勒开设了最早的人类学课程。1884年，泰勒受聘为牛津大学人类学讲师，这是人类学学科首次在英国的大学中被承认。同年，皮特-里弗斯博物馆成立，这对牛津大学人类学的发展产生了深远的影响。1905年，牛津大学开始授予人类学学位。1914年，社会人类学系在牛津大学正式成立。1937年，拉德克利夫·布朗出任牛津大学人类学系主任，再加上埃文斯·普理查德、福蒂斯等人的先后加入，牛津大学形成了一支以拉德克利夫·布朗为核心的颇具实力的研究团队。他们在方法上注重社会结构分析及比较，在研究领域上主要关注政治体系和亲属关系，在接下来的10余年中撰写了一系列重要专著和论文，并成功地将许多同年代人类学家吸引到这一牛津特色的人类学阵营中来。英国人类学的学术中心从伦敦政治经济学院转向了牛津大学。1946年，埃文斯·普理查德成为拉德克利夫·布朗的继任者，他很快就在理论上叛离了原来的牛津学派而走向一种偏重于历史和阐释的唯心主义立场，教学方面将主要精力集中于研究生训练上。20世纪70年代之后，新人类学系不断组建，人类学教育与研究在英国大学得到了长足发展，但牛津大学人类学系在英国人类学界的重要地位始终得以保持。1970—1994年，英国共培养社会人类学博士964人，其中，牛津大学培养187人，占19.4%；1999年英国在任的人类学教学研究人员共有234人，其中研究生阶段受训于牛津大学的有38人，占16.2%。该系现隶属于牛津大学人类学与博物民族志学院。学院现有40多位教师、100多名博士研究生、8个硕士学位授权点、2个本科专业。设有社会与文化人类学研究所，认知与进化人类学研究所，人文科学研究所，科学、创新与社会研究所，移民、政策与社会研究中心，人类学与思维研究中心、皮特-里弗斯博物馆等研究机构。在2014年的全国性学术研究评估（The Research Excellence Framework，简称REF）中，牛津大学参评教师数量位列英国各大学人类学系之首，高水平出版物数量、学术环境等均位居前列。

（张丽梅）

参考书目

［1］Spencer, Jonathan. *British Social Anthropology: A Retrospective*. Annual Review of Anthropology, 2000（29）.

［2］张丽梅，胡鸿保. 功能学派与英国人类学的国家传统.《思想战线》，2012（4）.

［3］Leach, E.R.*Glimpses of the Unmentionable in the History of British Social Anthropology*. Annual Review of Anthropology, 1984（13）.

［4］Needham, Rodney. *Reorganization of Anthropology at Oxford* . Man, 1964（64）.

农村公社　是世界各地农村地区曾普遍存在的、一种建立在共同地域以及土地等生产资料公有制基础之上的社会经济组织。广义上包括土地公社、游牧公社、狩猎公社等，亦被称作毗邻公社、地域公社或农民公社。

农村公社是马克思提出的亚细亚生产方式的重要组成部分，马克思将其主要特征概括为：地域性和生产资料所有制的二重性。具体来讲其地域性特点主要包括共同的地域、共同的经济、共同的宗教活动、共同的防御设施以及村社内部的民主制。而生产资料所有制的二重性则体现为：土地公有，并分配给各家使用，定期按人口变动和生产状况重新分配；生产工具、房屋、牲畜及生产物为各家的私有财产；牧场、森林、水源、荒地由农村公社成员公用。马克思认为农村公社是原始社会向阶级社会过渡的一种社会组织形式，而又正是在农村公社内部，个体经济得到了发展，造成各家财产上的不平等和贫富分化，并最终导致了农村公社的瓦解。进入阶级社会后，农村公社组织曾以不同形式在某些地区继续存在，如古代日耳曼人的“马尔克”、六七世纪古斯拉夫人的“维尔夫”以及15—19世纪俄国的“米尔”都具有农村公社的性质。中国许多少数民族社会中也有农村公社存在。

（陈玉柱）

农耕经济文化类型（The pattern of agricultural economic culture）　是指以农业耕作以及农耕文化为轴心的经济文化模式。这一模式曾被林耀华视作经济文化类型下的一个子类型，在这一子类型之下，又分为6个更小的子类型，分别是山林刀耕火种型、山地牧耕型、山地耕猎型、丘陵稻作型、绿洲耕牧型、平原集约农耕型，这些子类型在中国不同地区分别有典型性的代表。此外，林耀华还根据地域特色，将农耕经济文化类型分为北方亚型与南方亚型。通过识别多种多样的农耕经济文化子类型，林耀华充实了其有关“活的社会发展历史”观，并使其经济文化类型说更具有实在性意义。

中国古代农耕经济文化类型主要遍布于各大流域的中下游，在不同区域的山地生态中也有农耕经济文化的分布。自农业耕作产生以来，该经济文化类型便是中国的主要经济形态之一，并在很大程度上成为中央王权、政治博弈甚至是引发战争的经济基础。与农耕经济相匹配的是农耕文化，二者在形态上互为表征，构成农耕经济文化类型的核心内容。

中国的农耕经济文化是在时空中不断变动的。一方面，在历史中的农耕经济文化不断传播、变动、转移，如冀朝鼎就曾经论述过中国的农耕核心区一直处于历史的变动之中。另一方面，在不同的时空之中，农耕经济文化与游牧、狩猎采集等子类型的经济文化互为补偿，互为过渡。例如，拉铁摩尔所著的《中国的亚洲内陆边疆》就详细叙述了农耕与游牧区域的历史性过渡关系。

（黄志辉）

参考书目

[1] 林耀华. 民族学通论. 北京：中央民族大学出版社，1991.

[2] 冀朝鼎. 中国历史上的基本经济区. 朱诗鳌译. 北京：商务印书馆，2014.

[3] 拉铁摩尔. 中国的亚洲内陆边疆. 唐晓峰译. 南京：江苏人民出版社，2005.

农民（Peasants）　在前工业社会，农民构成了农业劳动力的主体，在中世纪，人口中绝大多数人都是农民。尽管农民这一概念宽泛，在市场经济条件下，经常被用来描述生活在乡下的，秉持传统农业劳动的人口，作为小农户，分散经营着农村的大多数土地。而更为普遍的用法则指那些在社会分层结构上居于下层的人口，他们受教育程度会比较低，从事低收入劳动。

18—19世纪，在早期的人文社会科学领域，农民和农村社会长期被忽视，农民作为研究概念与其说是对某类人群的客观描述，不如说是具有讽刺意味的贬损，代表着粗俗、缺乏品味、没有良好的教养等。直到法国年鉴学派出现，才关注农民，并强调农民的重要性。学派的领军人物布罗代尔（Fermand Braudel）最主要的著作《日常生活的结构》（*The Structures of Everyday Life*），描绘了那些隐藏在市场经济之下大量的沉默着、被人长期忽视的农民。

人类学现在所进行的关于农民社会的田野研究是由波兰学者兹纳涅茨基（Florian Znaniecki）和中国学者费孝通开创的，这两者都将功能主义理论运用于对本国乡村社会的分析中，并关注了当时农村社会所面临的剧烈变迁。前者的作品为《欧洲和美国的波兰农民》，后者的代表作品为《江村经济》。1945年以后，雷德菲尔德（Robert Redfield）又打破以隔绝视角来研究某个乡村社会的人类学传统，将农村社会与大的文化系统进行对照、比较，提出大传统和小传统概念，成为当时学界概括乡土文化的新范式。而到了20世纪60年代，人类学家和历史学家又开始重新将农村社会放置于世界历史脉络中，重新评价农民起义，在他们看来农民起义意味着第三世界对资本主义和帝国主义的激烈回应。

马克思主义学派早期学者，如索纳（Daniel Thorner）认为欧洲从封建社会转型到资本主义社会的过程中，农村人口的转移起到了很重要的作用，这一观点被人类学家沃尔夫（Eric Wolf）所采纳，他批评马克思以及现代理论学派的一些学者将农民看作完全没有行动能力的被动人群。斯科特（James C.Scott）通过在马来西亚乡村的田野经历，观察到农民是当地政治的主动参与者，在遭遇压榨时，农民不断地以他们的方式进行着抵抗，尽管有些抵抗的活动以怠工、小偷小摸等消极的方式呈现。西方社会的一些左派学者，历史地回顾20世纪20年代在中国共产党领导下的农民起义，以及在印度进行的农民运动（Peasant Movement），如科恩（Myron Cohen）认为在中国，农民被称为Peasants，而不是farmers，区分的原因是政治性的，而非出于科学考虑。

当代人类学的农民研究关注着3个主要领域：农民作为一种职业身份是否会一直延续下去，或者是会伴随现代化的不断深化而走向终结，以及农民概念是作为一种自我认同，还是一种政治身份的界定。安立奎·迈耶（Enrique Mayer）认为在晚期资本主义和新自由主义政治背景下，农民仍然会通过复制生活方式来自我生产。他反对用单纯的理论模型来界定农民，而是通过历史资料直观呈现农民顽强的自我延续力量。安立奎运用秘鲁农民为例，考察了从印加时期、西班牙殖民时期，到近代秘鲁民族国家建构，直至市场经济、新自由主义时期的长时段历史——农民不断适应身处的政治经济环境，并进行着身份的延续。

迈克尔·卡尼（Michael Kearney）却与安立奎（Enrique Mayer）秉持相反的意见，他认为晚期资本主义经济将会终结农民的生产生活方式。基于在加利福尼亚和墨西哥瓦哈卡州对萨巴特克人和米斯特克人的田野调查，卡尼认为作为对当代人群的分类概念，农民这一词几乎不起什么作用了，前资本主义时代的农民都变成了冒着危险跨越边境，拿着工资的劳动力。“农民”已经失去了作为依靠种植、养殖来支撑生计的基本单位——农田和家户。如今，原来的“农民”们被卷入到全球化商品和劳动力市场中，从原来的家庭、社区、文化传统抽离出来，即便是他们试图保持原来的生活方式，试图与原来的社区进行联系，但是原有的家庭、社区也发生了深刻的变化。

马克·埃德尔曼（Marc Edelman）与前两者相反，他跳出了对农民生存状态的经验描述和对农民概念的分类研究。在哥斯达黎加，埃德尔曼观察到，在咖啡种植和销售领域，人们在政治层面运用农民概念，因为在哥斯达黎加，无论是工人还是销售商，自称为农民，可以让他们获得政府的贸易政策保护和非政府组织的补贴、援助，而避免受到咖啡国际市场的冲击。

进入21世纪，尽管农民研究在人类学领域并不占据前沿位置，但是农民和农民的概念仍然持续引起着人类学的关注，刺激了一些在命名、分类、政治认同甚至现代化相关话题的理论讨论。

（王昊午）

农民工（Off-farm workers）　是移民劳工的一个类型，同时也是中国城乡二元体系与户籍管理制度背景下的一种特殊现象。广义的农民工泛指离开原本所居住的农村地区来到城市工作的人员。中国学术界对于农民工这一群体并没有一个明确的界定，但存在着一些基本的共识：首先，他们来自于农村，属于农业户口；其次，他们的社会身份虽然是农民，但他们的主要时间是在从事非农生产活动；最后，他们的非农活动不限于工业领域，还包括商业、服务业等第三产业活动。农民工是中国传统户籍制度下的一种特殊身份标识，是中国工业化进程加快和传统户籍制度严重冲突所产生的客观结果。

对于农民工的阶级属性，不同学者有着不同的看法：大多数学者认为城市农民工的户籍虽然在农村，但他们已从农民中分离出来，较大程度地融入了城市社会，不再从事农业生产，正在向工人阶级转化，是中国工人阶级的一部分。2003年9月召开的中国工会第十四次全国代表大会鲜明地提出，农民工已经成为中国工人阶级的新成员和重要组成部分，这一提法说明农民工属于产业工人已经得到了国家的认可。但也有学者不同意这种观点，认为目前农民工在行政管理、经济待遇、政治地位、社会认同各个方面均未与作为市民的产业工人具有相同的特质。在目前户籍制度的负面影响还未完全消除之前，提出农民工是新的产业工人的说法为时过早。

2000年以后，逐渐出现了新生代农民工这一提法。主要指80后、90后农民工，这一批人大多受过教育，离开家乡较早，因此对农村熟悉与亲切程度相对较低，渴望融入城市社会。新生代农民工具有“三高一低”的特征，即：受教育程度高，职业期望值高，物质和精神享受要求高，工作耐受力低。2010年1月，国务院发布的《关于加大统筹城乡发展力度进一步夯实农业农村发展基础的若干意见》中，首次正式使用了"新生代农民工"这一提法，并要求采取有针对性的措施，着力解决新生代农民工问题，让新生代农民工市民化。

中国的农民工研究最初主要以社会学为主，如今已经扩展为经济学、政治学、人口学、人类学等多学科交叉推动的深入研究。对于这一问题的研究方法逐渐由文献研究偏向实证研究。学者们更加注重第一手资料的收集与分析，特别是人类学的田野调查研究方法的引入，使得对该问题的理解超越了单纯的文献、数据分析，内容更加生动，结论更加令人信服，其中比较有代表性的如周大鸣等人的农民工研究。

（王昊午）

参考书目

[1] 周大鸣. 渴望生存：农民工流动的人类学考察. 广州：中山大学出版社，2005.

[2]《中国农民工战略问题研究》课题组等. "中国农民工现状及其发展趋势总报告".《改革》2009年02期.

[3] 杨春华. 关于新生代农民工问题的思考.《思想政治工作研究》，2010（3）.

农业内卷化（Agricultural involution） 由人类学家克利福德·格尔茨（Clifford Geertz）在其著作《农业内卷化：印尼的生态变迁过程》首次提出的概念。又译"过密化"。在该书中，格尔茨对印尼的农业系统进行了检视，将印尼的农业系统概括为两个主要形态：一个是swidden（轮耕田），另一个是sawah（稻田）。前者是刀耕火种式，后者则是指灌溉稻作农业。两种种植模式的不同地理位置非常重要。稻田是普遍存在于爪哇（Java）和巴厘岛（Bali）的主导性模式，接近四分之三的印尼人口都以此为生；而轮耕田则分布在更为边远的山区地带。

区分了农业形态及分布后，格尔兹用"农业内卷化"对印尼农业的历史进程进行了概括。爪哇农业在外部要满足荷兰殖民者的经济需求，对内则面临着快速的人口增长压力，而耕作技术和农业制度的长期停滞又使该地区农业种植呈现过密化（intensification），而非结构性转变，这意味着在稻田耕作的劳动力在不断增加，土地单位产出也在增长，但是均摊到人头上，产出却并无增长。

在此之前，美国人类学家亚历山大·戈登威泽（Alexander Goldenweiser）曾经用内卷化的概念来描述当一种文化模式达到了某种形态以后，既没有办法稳定下来，也没有办法使自身转变到新的形态，而是不断地在内部变得更加复杂化的状态。

"内卷化"被认为是"和中国社会的某些特色联系密切且使用频率较高、影响较广泛的概念"。黄宗智在《长江三角洲小农家庭与乡村发展》中，把这一概念用于中国经济发展与社会变迁的研究，把通过在有限的土地上投入大量的（过密的）劳动力来获得总产量增长的方式，即边际效益递减的方式，视为没有发展的增长，称为"内卷化"。杜赞奇（Prasenjit Duara）在《文化、权力与国家——1900—1949年的华北》一书中，用国家内卷化（state involution）概念分析国家政权与地方的关系，说明在国家政权竭尽全力企图加深和加强对乡村社会控制的过程中，国家机构不是靠提高旧有或新增机构的效益，而是靠复制或扩大旧有的国家与社会关系——如中国旧有的营利型经济体制——来扩大其行政职能，因此造成了控制乡村社会的失败结局。

（马威）

参考书目

[1] Geertz, Clifford. *Agricultural Involution: The Processes of Ecological Change in Indonesia. Berkeley and Los Angeles*, CA: University of California Press, 1963.

[2] Smail, John R. W. *Review of Agricultural Involution: The Process of Ecological Change in Indonesia* , Journal of Southeast Asian History. 1965.

农业人类学（Agricultural Anthropology） 广义上是研究人类采摘、猎取、种植、加工衣食原材料的手段、技术、工具、组织的分支学科，20世纪60年代美国人类学学会正式将农业人类学设立为人类学分支学科，近年来，随着农业人类学家转向农业生态研究，该分支越来越成为应用人类学的重要组成部分。

20世纪60年代，西方发达国家主导的劳动分工使得第二次世界大战之前的殖民地国家纷纷进入全球化轨道，处于前工业文明阶段的第三世界国家成为初级产品（包括农产品）的供应国，曾经沦为殖民地的国家仍然没有摆脱再次接受经济殖民的境遇，对于这些国家来说，“被控制”的农业其意义超越了家户经济，成为全球化经济体系中的被操控对象，影响着当地人的生计方式，乃至生活方式。

格尔茨在印度尼西亚调查中发现，殖民和后殖民时代的政策鼓励着当地经济向不完全的商品经济发展，在这种经济压迫下，农民被迫缴纳税款，以支持大农场产品的出口，这一规则与独立后的精英政策一起，使农村形成两极分化，大部分农民从事劳动密集型工作，他们没有能力积累资金，只能维持自身生存，农业产量长期没有发展，陷入没有发展希望的“内卷化”僵局。与此同时，爱泼斯坦（S. Epstain）、贝利（Bailey）等人类学家也在受后殖民影响深重的南亚地区开展研究，产生了诸如《社会等级与经济前沿》《印度南部的经济发展与社会变迁》《南亚的过去、现在与未来》等著作，探讨了在后殖民时期，新技术的引进与经济作物重要性增强对当地社会发展产生的影响。

20世纪70年代，为了减少饥饿人口，提高粮食产量，国际社会开始向第三世界推广高产水稻种植技术，时称“绿色革命”。人类学家通过调查发现，新品种水稻的种植依赖于更多的水、化肥和农药，在灌溉条件和经济条件都达到一定水平的时候，水稻才能发挥它的优势，而在山区，灌溉条件无法满足，或者贫困地区，人们无力承担化肥和农药支出，新品种甚至比不上传统品种的产量。哈佛大学人类学教授理查德·弗兰克（R. Frank）研究了印度尼西亚爪哇中部的绿色革命状况，他发现，他所研究的村子获得了70%的粮食增产，但是村里只有20%的农户参与了发展项目，他们都是能够为新品种支付成本的富裕农户，而村里其他贫困农户为了维持生活，到富裕农户田里打工。最后，为了控制这些廉价劳动力，富裕农户垄断了新品种的种子供应，限制贫困农户参与发展项目，而贫困农户为了确保在遇到困难时能够获得富裕农户的借款，也不敢参与项目。

钱伯斯（R. Chambers）认为以往存在于发展项目中的诸多问题都是源于项目设计者的偏见，他们不了解发展中国家农村的实际状况，对地方性知识缺乏敏感度。避免这一问题发生的唯一方法就是要“把农民放在首位”，更为重要的是，让农民自己参与到项目设计与评估中。他撰写了《农村发展：将穷人放在首位》一书，提出了“草根”发展的思路，改变“自上而下”式的发展模式，提出项目中的农民不是发展对象，而是合作伙伴，项目在设计和实施过程中，都应该听取农民的意见。钱伯斯、内亭等人的研究将农业人类学引入了应用人类学的领域，在第三世界农业技术推广中发挥了重要作用。

1992年，全球首脑会议在里奥举行，会议呼吁应用人类学尽快为改善人与环境的关系做出贡献。农业人类学作为长期研究人与自然互动的学科而受到关注，其农业人类学创始人之一内亭（Robert Netting）基于小农户生计（smallholder livelihood）研究所提出的“可持续性”（sustainable）发展概念在新时期也被赋予了新的意义。

内亭教授在其著作《小农：农业家庭和可持续农业》（*Smallholders, Householders: Farm Families and the Ecology of Intensive, Sustainable Agriculture*）中通过呈现和分析来自非洲、亚洲、欧洲和美洲等各地的民族志案例，证明了存在于小农文化中的一些普遍的、根深蒂固的共性，这些共性完全不同于今天主流价值观所倡导的集约化、工业化农业，后者的发展依赖于机械化作业，并使用化学杀虫剂、化肥和除草剂等化学物质，占有大量土地，造成水土资源的大量破坏和浪费。而前者则能够运用畜耕、粪肥以及手工作业等低能耗、低投入的方式，拥有更好的适应性，实现节约能源的“可持续性”生产。内亭用事实论证，在同一区域，小农的生产能力并不逊于集约化农业，更重要的是，小农还会有效地节约能源，减少对自然的破坏。

农业人类学家还继续从观念维度上拓展了可持续性包含的内涵。诺曼（D. Norman）为可持续生计概念进行了界定，认为这是一种不同于工作（job）的思维和生产模式，其中包含了复杂的生产行为、资产管理、社会关系，是一种基于资源利用基础上的生计维系，在可持续生计视角下，农民的逻辑、方式和权利得到了应有的重视。

农业人类学家提倡资源密集型小农生产模式，普及有机肥和精耕等生产方式，这种复合型、多元化的生产方式能够整合资源和劳动力，耗能少、能效高，能够达成环境友好互动，如今，国际组织在第三世界国家推动的发展项目也改变了单纯以发展经济为目标的传统取向，更多地转向了资源管理、环境保护等主题。

（马威）

奴隶制（Slavery） 一种社会制度，这种制度使一个人所处的由他人任意摆布的关系合法化。奴隶无法同其他奴役形式或人类最早历史时期及许多不同文化中实行的依附性劳动完全区分开来。奴隶制的定义随不同的奴隶社会而异，众说纷纭并各有道理。奴隶主对奴隶的权利和他们被迫履行的义务所构成的一整套权利义务虽因社会而异，但奴隶的权利永远受到重重限制。尽管奴役在许多世界人类学研究中具有历史重要性，但是该学科在人类学界属于边缘学科，直至20世纪70年代它才在民族志和理论方面被关注。关注者是从事马克思主义框架的法国非洲研究者以及统计民族志数据的英美学者。在西方人的概念里，奴隶制是民主自由的对立面。自由的公民是不属于另一个人的，是不能被买卖的，不是为补偿而当成劳动力的，是应该享受最基本的人权的。奴役这个概念在初始阶段被作为财产，当一个人离开他的社会地位（在社会里或者外），被剥夺社会身份或者完全被上级掌控，这个人就在社会方面被剥夺了人权，这就是皮特森所说的“社会死亡”。但是如果被放到一个新的社会使用（而不是被人祭祀或者零售，被立刻剥夺权利），他必须要有人权，有在一个新社会里的身份，并且融入这个社会。

某些要素可以说是不同的权利义务关系体系中共同的部分：①奴隶都是非成员，他们或者被买来为新主人服务，或者由于债务、犯罪等原因而以某种方式被剥夺了完整的社会成员资格。他们也可能是这两种人的后代，但这取决于一个社会准备接纳奴隶为正式成员的程度。②至少对第一代奴隶来说，他们是可以买卖的商品，无论如何，商品化总以某种明显的形式存在。换言之，奴隶是一种财产，奴隶劳动与其他形式的强迫劳动的区别也正在于此。③在整个劳动分工中，奴隶一般都从事卑贱的特殊职业。④奴隶仅仅由于暴力或暴力的威胁才被迫处于这种地位，从各方面来说，暴力必要性的消失，代表着一个奴隶已被社会完全同化。

在这个广泛的架构内部存在着巨大的差异，这对一种自人类有史以来一直到20世纪以不同形式存在于全世界（有人居住的大片土地中，澳大利亚是唯一没有出现过奴隶制的地方）的制度来说，是可以想象的。奴隶制的残余至今犹存，尤其在伊斯兰教世界的部分地区和卖淫集团中。但是各种奴隶制可以根据开放的程度和奴隶制在生产系统中的地位这两条标准加以区分。

就第一条标准来看，特别在以亲属集体作为社会系统中心的社会中，奴隶制以一种扩大集体规模、增加受赡养者的数量的手段而备受重视，因为它使得一个重要的单位能突破自然再生产过程的限制。按定义，奴隶是非成员，他们没有自己的亲属，因此，奴隶及其后代都可融入主人的集体，但他们的地位通常是很低下的。另一方面，在不重视单位亲属数量的地方，或财产分配规则促使减少分享者的地方，奴隶及其后代就几乎不可能进入高一层社会等级。在这种情况下，奴隶只有靠正式的解放法令才能获得自由。以上几种情况或多或少都会发生，但无论在何种情况下，过去的奴隶都是在低下的地位上开始自由生活的，形式上常常仍需要依附于原来的主人。

就第二点来看，奴隶制虽然曾存在于这么多的社会中，但以奴隶制为生产组织的重要环节的社会却比较少，其中最著名的是古代的希腊罗马、现代的美国南部、加勒比海和巴西的部分地区。在世界其他许多国家和地区也可以找到确凿的例子。如17世纪的伊拉克、18世纪的南非殖民地、19世纪的桑吉巴和同期的苏丹西部和中部。以奴隶劳动为基础的经济的出现必须至少具备3个条件：①财产私有权，首先是土地所有权已经确立，并且这种权力的集中已达到需要家庭外劳动的程度。②内部可用的劳动力不足，这常常是解放以前的劳动者（诸如古希腊的债权农民和美洲殖民地的契约奴仆等）的结果。换言之，大规模的奴隶制是大规模的自由的结果。③因为奴隶一般是买来的，因此，商品生产必须已经有充分发展。虽然大规模的奴隶需求逻辑上完全可以先于奴隶的供应，但一个奴隶社会的延续要求有正常的新奴隶的输入，而且这种输入几乎总是有组织的奴隶交易，因为奴隶人口不能够自然地再生产出自身（美国是一个例外）。

寻求对奴役以经济学角度解释的理论，频繁地将土地、劳动力和资本三者合一，试图根据给出的例子中的相对可能性解释奴隶制的类型和影响。然而，最近人类学关于奴隶制研究的一些问题成为其中的一个解说。虽然就这一点而言谁成功定义了奴隶制还有争议，但是大多数的作者放弃立法和经济学的定义，因为他们认为这个是根植于财产的资本主义概念。

直到现在还有很多这样的例子：人类学关于奴隶的研究，依赖档案以及口头历史。但是当人类学对奴隶制的兴趣增长，他们在当代世界的存在率也引起了人类学的兴趣。这些例子发生在与东欧和东印度尼西亚不同的地方。虽然奴隶制的文化分析可以加深我们的理解，在摧毁概念的过程中（Kopytoff 1982：277），一些人发现他们面临一些经济的条件，在这个条件下奴役制度发展壮大。

（李索菲）

女权主义（Feminism） 又译为女性主义，其可以追溯到启蒙运动时期。它的基本信条是宣称女性在社会中受到不公正对待，这种状况需要得到纠正。女权主义涵盖两个方面：一是指一派社会理论寻求解释女性附属地位的普遍性；二是指一种争取女性权利的社会运动，即通过政治行动来改善女性的利益以及其他改善女性命运的尝试。女性主义对所有学科领域实际上均产生了深远的影响，因为所有学科领域的理论范式都曾遭受到忽视性别影响的批评。

从学术理论视角来看，极端女权主义者们（radical feminists）将父权制视为是妇女不平等对待的始作俑者。他们认为，父权制要先于资本主义。男性群体控制女性群体，这样男性便可以成为女性附属的首要受益人。父权制与男性对女性的暴力有关。许多激进女权主义者认为，强奸是男性权力的最极端表现，认为男性通过婚姻、生养孩子和家务等方式占有女性身体。不同于极端女权主义者，马克思主义女权主义者们（Marxist feminists）将性别不平等归咎于资本主义，而非父权制。男性对女性的控制占有是资本控制劳动力的副产品。资本依赖于妇女的家务劳动来为工人提供日常的照顾，以及为工人群体的后代提供社会化教育和照看。自由女权主义者（Liberal feminists）将女性的从属地位解释为众多不同程度的剥夺行为的总和。这一观点是基于古典自由主义立场，即认为个体们应该得到自由发展，自由寻求他们自身的权益。自由女权主义者们接受包括资本主义和民主在内的基本社会组织方式，但是试图从中寻求扩大妇女们的权益和机会。差异女权主义（Difference feminism）是指女权主义者们认为男女之间天生存在着巨大的差异，主张社会应该接受女性不好战（pacifism）与抚养后代的价值规范。生态女权主义（Eco-feminism）将男性对女性的控制占有与人类对地球的控制对等相比，试图在女权主义者与环境主义者之间建立紧密联系。

女权主义在人类学领域具有深远的影响，并出现了“女性主义人类学”（feminist anthropology）这一文化人类学分支学科。该分支学科是随着20世纪60年代欧美妇女运动和妇女研究的开展而于70年代产生的。它认为，并非只存在一种真理，不承认有一种权威的、处于核心地位的声音，提倡尊重观点的多元性，力图通过对人与社会的关系特别是女性与社会关系的理解，来达到对文化的理解。提倡该理论视域的学者们，强调学术研究中性别问题的重要性。一方面，学术研究不再仅仅以男性为研究对象，或者仅仅去对男性进行访谈；另一方面，一种具有性别化的视角促使研究者们从被压迫者和他者的立场去看这个世界。人们认识到社会生活是由多种权力关系所构成的，其中基于团体成员身份，不同的群体相互之间具有不同的关系。性别研究表明，人们可以通过不同属性的对照组去认识世界，其中一组便是男性和女性。父权制只是殖民权力剥削其附属民众或者人类开发地球的一种方式。从20世纪80年代以来，人类学界的女权主义理论对性别的认识更加深入，也开始反对生物性别与社会性别的分离，反对社会性别基于生物性别的观点，指出生物性别也是一种社会分类。它的研究重点已经远非仅仅倾听妇女的声音和将她们纳入研究，而是从对社会性别差异的研究过渡到了对社会性别关系的研究，具体涉及后殖民主义下的妇女研究、妇女与发展、性别劳动分工等等。

一般认为，中国的女性主义思潮始发于五四运动以后的妇女解放运动，而20世纪80年代的妇女研究高潮则为中国的女性主义人类学发展奠定了研究基础。中国学者在引介西方女性主义以及女性主义人类学思想的同时，也开始对汉族与其他少数民族的妇女进行多方面的研究。

（牛忠光）

参考书目

［1］卢克·拉斯特. 人类学的邀请. 王媛，徐默译. 北京：北京大学出版社，2008.

［2］庄孔韶. 人类学通论. 太原：山西教育出版社，2005.

［3］Birx, H. James, ed. *Encyclopedia of Anthropology*, Sage Publications, *Inc.*, 2006, p956–957.

女同性恋者（Lesbian） 通常指对同性产生性欲及爱恋的女性。该术语来源于古希腊一个名为莱斯博斯（lesbos）的岛屿，当时著名女诗人萨福（Sappho）居住于该岛上并写了许多有关女性之间情感的诗篇。

在所有的文化与社会中都存在着女同性恋者。对女同性恋者历史的研究最初关注个体，比如安妮·李斯特（Anne Lister），这位生活于19世纪早期的女士，用密码文字在自己的日记中记录了与其他女性的性关系。另一条路径是对贯串17世纪到20世纪的浪漫友谊（romantic friendship）的研究。该术语用于描述女性之间的亲密关系，其特征为彼此之间对至死不渝的爱情的告白、互通炽烈感情的信件等，比如18世纪美国的玛丽·格鲁（Mary Grew）与玛格丽特·伯利（Margaret Burleigh）。同时，研究者们也关注对男性化的女性以及女性变装者的研究。中国古代文献中也有关于女同性恋的记载，清代广东女同性恋风行，出现了许多自梳女（自己梳起发髻终生独身的女子）及不落家（只行结婚之礼而不尽妻子之职的女子），女同性恋者相契相知，结拜金兰。

与异性恋的女性相比，女同性恋者面临一系列的社会、法律和文化挑战。从20世纪70年代起，研究者们就开始了对女同性恋者经济和社会地位的研究，揭示了其中存在的不公平。经济学家和社会学家对社会身份如何影响个体的就业和经济地位感兴趣，也开始研究就业领域中存在的对女同性恋者的性取向歧视。人类学家与社会学家对女同性恋及其家庭所承受的各方面压力进行了研究。目前，一些研究中所使用的量化方法受到了质疑，应该扩大样本并整合质性研究方法以深化对问题的理解。

（陈雪英）

女性角色（Women's role） 女性角色可以有两种定义：一是妇女所做的事情；二是那些被认为归属于妇女这一特殊社会群体的各种角色。第一种含义的例子之一是尼奇·内尔森（Nici Nelson）对肯尼亚妇女的研究，肯尼亚妇女的经济角色是啤酒酿造者，这一职业使她们发展出了超出其直系亲属圈的复杂的社会政治网络。第二种含义的例子是玛丽莲·斯特拉森（Marilyn Strathern，1988）在记录美拉尼西亚的礼物赐予时为我们提供的。她在研究中指出，构成女性社会性别的正是被交换的活动，所有被交换的东西都会成为女性化的东西。因此，只要贝壳、猪、妇女甚至“男人”作为一种交换物品被置于“女性角色”的情况下，就会具有某种女性性别。

人类学这一学科自19世纪末发展之初起，早已记录下妇女参与社会生活的方方面面，包括她们的经济角色、仪式和宗教角色、作为母亲和性伴侣的角色，还有她们在社群政治生活中的角色。但到了20世纪70年代以后，女性主义人类学家们为了证明女性角色可以、也应该是非常不同的，女性开始得到了特别的关注。女性主义人类学家指出，尽管人们早就注意到了妇女的社会角色，但极大忽视了妇女们社会实践的重要性。她们批评说，早期的研究仅仅把妇女看成是男性活动的对象，他们在讨论妇女时就好像是在讨论牛、贝壳和金钱一样：她们都是男人们进行交换的被动的客体，是男人们追求更高威望的抵押品。相反，在女性主义人类学和人类学的社会性别研究中，妇女被视为文化生产和再生产的行动者，同时也是其所在社群的权力协商人。

研究女性角色的人类学作品，在社会的生产与再生产两个方面进行了重要的分析性区分。这一区分往往与将社会生活分为公共空间和私人（或家庭）空间有关，社会科学家曾经相信，男性在公共领域从事生产，而女性在私人领域进行再生产。然而最近的研究表明，妇女在社会的物质文化生产中所扮演的角色，要比人们过去以为的那样重要得多；家庭的再生产并不是她们的专属领域，因为在有些社会里，男人们也要花相当多的时间照顾孩子。即使不是这样，例如在采集狩猎社会或农耕社会里，妇女在照顾子女的同时往往也要从事生产性活动；在工业社会里，企业为了满足员工的再生产需求，正在日渐改造其工作场所——许多企业如今就在附近开办托儿所，这样父母们就可以全天与其子女互动。

人类学家已经研究了全世界的妇女和女性角色，包括复杂社会和平等主义社会。例如，王爱华（Aihwa Ong，1987）写的是马来西亚马来妇女在日本电子企业中的角色。她研究了种族、社会性别和性特征在殖民和后殖民时期的表现，以及它们与劳动实践和管理实践之间的关系。王爱华的研究说明了马来妇女的经济角色如何由其身体和文化中的厌女主义和种族主义表征所决定。

人类学家也已经审视过简单社会中的社会性别动力学，发现了妇女所承担的工作极其多样，以及女性的工作如何被评价。虽然很多复杂社会不让妇女担任宗教领袖，如基督教教会，但在有些社会，她们可以平等地与男性一起组织和引领宗教仪式，如新几内亚的昌布利人（Chambri）；她们也可以组织和领导属于自己的不同于男性的宗教实践，如澳大利亚中部的社会。

对于研究复杂社会和简单社会来说，重要的是社会在意识到性与社会性别差异的基础上划分多种劳动实践的方式。受到经典的政治经济学和马克思主义社会进化论的影响，人类学家首先提出简单社会是根据年龄和性别组织其劳动和仪式实践，而复杂社会是根据种姓或阶级来组织劳动，但这种过于简单的二元对立已经被证明是错的。例如，新几内亚的阿拉佩什人（Arapesh）有明确的男女分工（M. Mead 1935：54），而他们的邻居昌布利人则没有明显的男女劳动分工（F. Errington& Gewertz，1987）。复杂社会明显表现出一种基于社会性别的劳动分工，但这种分工由于族群、宗教和阶级身份的交叉区分而变得更为复杂。

（康敏）

参考书目

[1] Errington, Frederick & Deborah Gewertz. *Cultural alternatives and a feminist anthropology: an analysis of culturally constructed gender interests in Papua New Guinea*. Cambridge: Cambridge University Press, 1987.

[2] Mead, M. *Sex and temperament in three primitive societies*. London: Routledge, 1935.

[3] Nelson, Nici. *Women must help each other. In Patricia Caplan & Janet Bujra(ed.), Women united, women divided* (pp.77−98). Bloomington: Indiana University Press, 1979.

[4] Ong, Aihwa. *Spirits of resistance and capitalist discipline: factory women in Malaysia*. Albany: State University of New York Press, 1987.

[5] Strathern, Marilyn. *The gender of the gift: problems with women and problems with society in Melanesia*. Cambridge: Cambridge University Press, 1988.

女性人类学（Anthropology of women） 女性人类学可以有两种解释：一是指女性人类学家的工作，二是指那些把女性当作主题来研究的人类学。尽管两者的关系十分密切，但本条目使用的是后一种解释。

许多早期的民族志里明显看不到女性的身影。因为早期的人类学者仅仅或主要和男性报道人交谈，他们撰写的民族志自然也就只记录了男性。虽然这类民族志中可能会有一章专门讲婚姻和儿童养育，因为这被认为是天然离不开妇女的活动领域，但总的来看，在对传统生活的早期描写中，妇女是缺席的。同样地，在早期理论中也基本上没有对社会性别和妇女问题的思考。随着女性进入人类学领域（有些相当早），她们中的许多人注意到这种疏忽并开始加以纠正。

我们可以把迄今为止的女性人类学分为以下4个类别：一是对女性与男性、女性与社会性别角色的关系的研究（“女性与男性”）；二是对全球女性地位的大规模跨文化的理论研究（“女性、文化与社会”）；三是对妇女的各种活动的价值及活动本身的研究（“填补”早先人类学家留下的“空白”）；四是更具现代观的妇女定位研究（positioning studies），它的理论框架是社会性别与其他文化力量的结合，往往强调能动性和实践（“各种定位研究”——因为人类学家可能持不同的理论和观点）。上述4类研究遵循着大致的时间顺序发展，但它们的运用并不一定遵循时间次序，例如许多人类学家直到今天还在做社会性别角色的研究。

性与性情，女性与男性 玛格丽特·米德可以说是早期人类学家当中最著名的一个，她的多数研究不只是关注社会中的妇女，还关注社会性别与社会角色的问题。她最有名的作品《萨摩亚人的成年：为西方文明所作的原始人类的青年心理研究》（*Coming of Age in Samoa: A Psychological Study of Primitive Youth for Western Civilisation, 1928*）审视了青春期女孩的生活，这个群体基本上被她之前的人类学家忽视了。米德的许多研究都聚焦社会性别和男女之间的关系，这意味着研究者们与读者们一样，都前所未有地意识到女性是一个值得研究的主题。

米德在其著名的《三个原始部落的性与性情》（*Sex and Temperament in Three Primitive Societies, 1935*）中第一次对“社会性别角色是由生物学决定的，因而是不可变的”观点提出质疑。她比较了居住在巴布亚新几内亚北岸的阿拉佩什人（Arapesh）、蒙杜古马人（Mundugumor）和德昌布利人（Tchambuli）3个部落群体。这3个部落坐落在方圆160余公里内，但对性别角色的规范却完全不同。在阿拉佩什人中，男人和女人被期望以美国人认为“天生的”女性气质行动：温柔且敏感，养育孩子的责任均等地分配给父母。蒙杜古马人则相反，两性都是美国文化中会称之为“男性化的”：爱挑衅的、暴力的，对孩子没什么兴趣。以上两个部落都不重视性别差异，而在德昌布利部落，男人和女人之间有清晰的界线，但他们对性别的看法，恰好与当时的美国人相反。

米德的民族志研究的中心问题是，西方文化，尤其是美国文化中对男性特质与女性特质的定义是否是普遍性的。米德由此提出，性别角色是由文化而不是生物学塑造的，它们在不同文化间非常不同，而且会随时间变化。

关于女性，我们知道些什么 1974年，为了响应在斯坦福大学举行的“跨文化视角下的妇女”系列讲座，米歇尔·津巴利斯特·罗萨尔多（Michelle Zimbalist Rosaldo）和路易丝·兰菲尔（Louise Lamphere）合作编辑出版了论文集《妇女、文化与社会》（*Woman, Culture, and Society*）。这部文集是开创性的，因为它突破了常见的婚姻与育儿领域，把妇女作为民族志研究的主题，并且共同进行跨文化理论探讨。谢里·奥特纳（Sherry Ortner）在她后来的《制造社会性别：文化的政治与情欲》（*Making Gender: The Politics and Erotics of Culture, 1996*）一书中提到，1971年，当她应邀为该文集写一篇论文时，她声明自己对妇女一无所知，但被告知别的人也都不懂，这是一项实验性的作品，是对未知领域的探索，要呈现的是几近全新的理论和民族志素材。《妇女、文化与社会》文集的主题广泛，包括了有关政治中的妇女、妇女和语言、妇女和家庭、母权制神话等方面的论文。

该文集中有两篇论文最经常被引用，一篇是奥特纳的《女性与男性的关系是否像自然与文化的关系？》（*Is female to male as nature is to culture?*），另一篇是罗萨尔多的《妇女、文化与社会：理论综述》（*Woman, Culture, and Society: A Theoretical Overview*），它们都提出了关于社会性别角色的具体理论。主题是那个时代的典型问题：为什么男性统治（male dominance）是普遍性的？要注意的是，当时的理论家都认为男性统治是普遍性的（社会性别理论家已不再完全同意这一点；稍后我们也将说明对“统治”的定义远为复杂），他们进而对于考察这一跨文化趋向的文化（而非生物学）原因产生兴趣。在此我们可以看到米德的遗产：如果社会性别角色是文化性的，那么社会性别不平等也就是文化造成的。

女性人类学的另一个里程碑是1975年出版的论文集《走向女性人类学》（*Toward an Anthropology of Women*）。该论文集指出，当时的人类学界存在着一种根深蒂固的偏见，即认定在生物学与社会性别角色之间有一种过分简单化的直接关联。由于五花八门的社会性别角色已经寓示了其文化根源，该论文集提倡开展更为直接的田野工作。由雷娜·R. 赖特尔（Rayna R. Reiter）所撰写的导论也指出，人类学有一种双重的男性偏见，一是因为人类学研究总是从男性的学术视角来写作，二是因为人类学研究经常（尽管并不总是）是在由男性统治的社会里完成。最后，赖特尔对“统治”（dominance）一词表示怀疑，她指出我们在使用这个概念时并没有一个唯一的定义，在“统治”关系任何一方的人们可能对它也有不同的解释。

《走向女性人类学》收罗了对多种情景下的妇女的详细民族志记录，包括卡拉哈里沙漠、巴布亚新几内亚、易洛魁民族、法国南部、西班牙村庄、意大利、多米尼克共和国、哥伦比亚乡村、尼日尔和中国农村，但书中也有很多理论文章，涉及的主题从饱受争议的母系制到抢劫者社会，再到家庭的起源。它还收入了盖尔·鲁宾（Gayle Rubin）那篇得到大量引用的论文《妇女交易：性‘政治经济学’笔记》（*The Traffic in Women: Notes on the ‘Political Economy’ of Sex*）。鲁宾在这篇文章中提出了“性/社会性别制度”（sex/gender system）的概念，用以说明男女的社会性别关系。

所有这些论文，以及很多在这个时代写就的论文，都表现出当时人类学走向“大局思维”（big-picture thinking）的趋势，即试图对大的趋势进行跨文化解释的建构，并且将人类视为一个整体来进行理论探讨。作为一个全球性问题，男性统治的建构也是20世纪70年代西方女性主义思考的典型问题。这些论文的话题受到了第二次女性主义浪潮的推动，事实上可以这么说，没有女性主义，这种对女性地位和跨文化探讨女性本身的兴趣就不会出现。然而，这些论文所提出的理论今天仍然在使用，它们被用来解释全球范围内的许多文化里为何仍呈现出男性统治的趋势。

填补空白：书写未被书写者 除了这些理论文章之外，女性人类学也早就在关注（现在仍关注）单纯地书写关于女性的民族志。妇女在早期民族志里的奇特缺席意味着全世界还有很多妇女的生活仍然不为人所知。“填补空白”是指生产和考察有关妇女的民族志，它的原因不同，完成的方式也多种多样。填补空白有可能只是简单地填补民族志知识的缺漏；或者尝试探索西方文化里的相关议题；或者研究一个两性隔离的社会；或者研究影响社会的某种两性隔离文化；又或者弥补过去对妇女参与重要文化事件的忽视。

有趣的是，其实人类学史上很早就出现了关于妇女的民族志，远早于第二次女性主义浪潮激起全球对妇女的跨文化理论探讨。不过，女性主义提高了人们对妇女生活的觉察和兴趣，许多聚焦妇女的民族志在20世纪70年代开始得以出版。在70年代理论爆炸前就存在的妇女民族志中，有两部非常出色的作品，即露丝·兰德斯（Ruth Landes）的《奥季布瓦妇女》（*The Ojibwa Woman*，1938）和露丝·昂德希尔（Ruth Underhill）的《帕帕戈女人》（*Papago Woman*，首次出版时题为*The Autobiography of a Papago Woman, Memoirs of the American Anthropological Association No. 46, 1934*）。这两部作品都是传记，或者说自传，由女主人公讲述给（女）民族志者听的故事。它们和这一时期出版的其他作品一样，都有意地记录这些人群中的妇女的信息，而她们在其他民族志或传统报告里大多是被忽视的。

女性人类学中的这种“传记式民族志”趋势很有意思，它确立得如此之早，并且一直延续到今天。尽管这类女性传记的关注点在变，但它们总是关于某些具体女性的民族志，这已经成为女性人类学的显著特征。一个非常经典的例子是玛乔丽·肖斯塔克（Marjorie Shostak）的《尼萨：一个昆人妇女的生活与诉说》（*Nisa: The Life and Words of a! Kang Woman, 1981*）。肖斯塔克的民族志不仅是尼萨个人的生活故事，她还试图在更宏观层面上提出对昆人生活的民族志解释。

当然，也不是所有的女性民族志都关注某些具体的女性。例如伊丽莎白·瓦诺克·弗尼亚（Elizabeth Warnock Fernea）撰写了一系列有关中东地区妇女的出色民族志，其中的《酋长的客人：一个伊拉克村庄的民族志》（*Guests of the Sheik: An Ethnography of An Iraqi Village, 1965*）记录了一个偏远乡村的伊拉克妇女的生活。黛安娜·贝尔（Diane Bell）的《梦的女儿》（*Daughters of the Dreaming*, 1993）则记录了澳大利亚中部Warrabiri地区原住民妇女的仪式活动和宗教信仰。最后还需要提到的是安妮特·韦纳（Annette Weiner）的《有价值的女人，有名望的男人：看待特洛布里恩德岛交易的新视角》（*Women of Value, Men of Renown: New Perspectives in Trobriand Exchange, 1976*）。特洛布里恩德岛就是著名人类学家马林诺夫斯基开展田野工作的那个地区，那里的男人之间的交易因马林诺夫斯基而闻名于世。韦纳的民族志作品致力于重新描绘特洛布里恩德岛的交换与价值，她既关注妇女之间的交易，也关注男人之间的交易。她指出，由于妇女和她们的工作及其交易体系在之前的分析中都被遗漏了，因此我们并没有从总体上把握特洛布里恩德岛的价值与交易体系。韦纳的填补空白的工作表明，对妇女的忽略可能导致我们对特洛布里恩德岛交易体系的最初描述是不准确的。

定位我们自己：书写妇女，书写理论 当前女性人类学的研究极为多样。尽管卡玛拉·维斯卫斯瓦兰（Kamala Visweswaran）在其《女性主义民族志的历史》（*Histories of Feminist Ethnography, 1996*）中指出，“女性”（woman）作为一个生物学（因而是普遍性的）范畴遭到质疑会在某种程度上分散式地研究，但女性人类学仍然非常“活跃”，虽然变化多端。这些问题使得在妇女中开展田野工作的议题变得更加复杂：如果人类学家将性（sex）视为社会学范畴而不是纯粹生物学范畴，那么我们该如何定义“女性”？也就是说，生物学是具有文化意义的。假如文化意义可变，那么真的有一个人们可以称之为“女性”的单一范畴吗？

我们如何将妇女定位在种族、族裔、性、

阶级、国家和其他关系之网中？在人类学家与报导人之间有什么样的权力关系（特别是要考虑到我们是在一个由殖民主义塑造的世界里工作）？什么是社会性别，它如何运作？

今天的理论家和民族志者正在提出上述问题。例如谢里·奥特纳从20世纪70年代起就一直在写作，她的论文《制造社会性别：走向一种女性主义的、少数派的、后殖民主义的、庶民的实践理论》（*Making Gender: Toward a Feminist, Minority, Postcolonial, Subaltern, etc., Theory of Practice*）介绍了研究结构性压力和能力（agency）的问题。奥特纳提议运用"实践理论"（practice theory）来分析人们如何在各种结构性压力的限制下就自己的能力（agency）和权力（power）进行协商。

莉拉·阿布-卢胡德（Lila Abu-Lughod）提出了一种不同的理论和方法。她的理论和她的民族志密不可分，她从事着一个"反文化写作"项目。在《书写女性的世界：贝都因故事》（*Writing Women's Worlds: Bedouin Stories, 1993*）一书中，阿布-卢胡德提出，人类学是用民族志和"某文化"的概念来作为一种划分和区别的形式，她要通过创立自己的民族志——作为个体的妇女用她们自己的语言讲故事（尽管是由阿布-卢胡德来选择、编排和翻译的）——来与之斗争。为了让读者找到他们自己对贝都因妇女的评论，阿布-卢胡德向我们呈现了作为个体的女性的生活，她的民族志里没有肖斯塔克的《尼萨》里的那种评论，也没有理论框架。

定位民族志传记的一个精彩案例是露丝·贝哈尔（Ruth Behar）的《被翻译的女性：与埃斯佩兰萨的故事一起穿越边界》（*Translated Woman: Crossing the Border With Esperanza's Story*），它研究的不仅是作者在叙述一个墨西哥妇女生活时的翻译和边界跨越问题，还有包括埃斯佩兰萨和作者自己在内的身份认同问题。贝哈尔被认为是一个古巴人和讲西班牙语的美国人，在墨西哥算是一个"外国佬"（gringa），她在文章结尾部分反思了自己的双重身份，还有埃斯佩兰萨是作为一个女混血儿（Mestitza）和一个更贫穷国家的本地人的身份。权力斗争、贫困、语言和种族全都和贝哈尔与埃斯佩兰萨的女性身份交织在一起。这部民族志传记审视了民族志者和报导人之间的权力关系，还有两个女人作为朋友和教母教子（comadres）之间的更加亲密的关系。

卡特·韦斯顿（Kath Weston）的作品既对当前的社会性别理论有所思考，也关注了特定人群。她的著作《扮演的我，社会性别的我：女同性恋者谈阶级、肤色、国家和性感猛男》（*Render Me, Gender Me: Lesbians Talk Class, Color, Nation, Studmuffins..., 1996*）是在女同性恋群体当中研究社会性别与社会性别身份。由于韦斯顿提出了社会性别与男女划分之间的联系不是不可分割的这一观点，加上女同性恋作为一个群体，其身份认同问题在历史上没有得到过充分研究，这使得她的作品在女性人类学中获得了很高的评价。

在女性人类学中也始终有人关心再生产研究和母性研究中的特定元素。南希·舍佩尔-休斯（Nacy Scheper-Hughes）在其经典民族志《没有哭泣的死亡：巴西日常生活中的暴力》（*Death Without Weeping: The Violence of Everyday Life in Brazil, 1992*）中考察了巴西最贫穷的那一人群中的产妇和儿童的死亡，她用一项对社会与政治力量的研究，表明贫困妇女的生活既是策略性的，同时也被嵌入造成贫困的更大的社会力量当中。

上述所有关于妇女的民族志个案都（从一个更广阔的视角）展现了当前有关于妇女的写作的多样，也展现了有关妇女和人类学的理论的多样化。虽然（或许正是因为）今天的女性人类学有很多不同的理论取向，但它无疑是一个欣欣向荣的、令人着迷的领域。

（康敏）

参考书目

[1] Fernea, Elizabeth Warnock. *Guests of the Sheik: An Ethnography of An Iraqi Village*, *Garden City*, NY: Doubleday/Anchor, 1965.

[2] Mead, M. *Coming of Age in Samoa: A Psychological Study of Primitive Youth for Western Civilisation*. New York: William Morrow, 1928.

[3] Mead, M. *Sex and Temperament in Three Primitive Societies*. New York: Harper Collins, 1935/2001.

[4] Reiter, R. R. *Toward an anthropology of women*. New York: Monthly Review Press, 1975.

[5] Rosaldo, M. Z., & Louise L. (Eds.). *Woman, culture, and society.* Stanford, CA: Stanford University Press, 1974.

虐待儿童（Child abuse） 儿童虐待在整个历史和各种文化的国家都有发生。人类学的跨文化进程，在定义和解释儿童攻击性或不适当的治疗方面做出了贡献。20世纪六七十年代，在美国和欧洲，儿童虐待在医学和社工文学中得到定义并被带到了公众视线，并得到了职业化的关注。国际社会对虐待和忽视儿童的预防和治疗始于20世纪70年代末期，并寻求对此问题的全球化的关注。许多国家都有开始否认虐待儿童在其国家存在，后来才“发现”其真实存在的类似经历。这激发了广泛的跨文化记载的兴趣。人类学跨文化窥视在儿童虐待的定义、认知和追根溯源以及相关文学作品中做出了贡献。

定义和识别虐待和忽视儿童的标准在欧洲和北美社会是临床工作的专业人士开发的。虐待儿童的早期定义主要是父母或监护人由于疏于照顾或失当照顾行为造成的人身伤害。接下来的40年，无论在国内和国际文学界，虐待儿童的定义都广泛延伸，包含了所有对儿童的危害。虐待儿童的4个基本类别是：身体虐待、躯体忽视、情感虐待和儿童性虐待。疏忽还包括医疗疏忽或教育怠慢。

由于虐待儿童的国际工作量加大，还有另外的定义范畴加入。即使在欧美国家存在的这些问题，国际社会给他们带来了更多的前沿信息。包括童工，基于家庭生计的延伸，还有剥削和儿童卖淫。此外，有选择性的忽视，或投资不足，已被国际人口学数据通过差分死亡率模式定义，使某些儿童不能茁壮成长或者能通过医疗手段、营养或其他疏忽幸存但是被忽略的。

建立虐待儿童的有效文化定义越来越复杂。虐待儿童的鉴定依赖于伤害孩子、监护行为产生或促成的伤害、责任和罪责的社会或文化赋值行为的复杂的相互影响。正如没有一套最理想的，作为跨文化抚养儿童的有效标准，建立通用的虐待和忽视儿童行为的定义就非常困难。3个层次的虐待儿童文化上获悉的定义已经提出了。首先，文化习俗各不相同，有些行为一组人认为是虐待，另一组可能认为是符合规范范围内的行为。对虐待儿童定义的区别可归因于没有规范的文化信仰和习俗，严格地说，虐待是不被禁止的，至少在有问题的那一组。这不排除不同的文化公认的做法对危害和利益的讨论和评估。其次，文化特质的偏离为标准和规范提供了一个文化的观点，强调那些违反行为的连续性。再次，社会层面的儿童虐待有时候会与文化上可接受的行为混淆。社会的忽视是指损害或剥夺的程度，如贫困、战争、一个大的政治体（国家）容许了对孩子的打击。因为在其他文化中虐待儿童并不总是被贴上这样的标签，一些学术作品研究体罚或虐待的思潮，要求虐待罪要满足3个标准：（1）其行为必须是国家文化禁止的。（2）它必须接近孩子和监护人，而不是宽泛的，超出父母或监护人控制的伤害，如战争或饥荒。（3）行为必须是可避免的。

（李索菲）

傩（Nuo） 是古代一种以驱鬼逐疫为目的的祭祀仪式，故亦名逐除。亦称大傩，古作难。傩源于原始社会中的巫术活动，至周而制定为傩祭，主持祭仪的官员称为方相氏。《周礼·夏官》载：“方相氏掌蒙熊皮，黄金四目，玄衣朱裳，执戈扬盾、帅百隶而时难（傩），以索室驱疫。大丧，先柩及墓，入圹以戈击四隅，驱方良。”方相氏主祭头戴狰狞可怖的木质假面具，汉时称为“魌头”，或作“倛”。周代宫廷傩祭有国傩、天子傩、大傩。至汉代，傩祭规模更加盛大，有歌、有舞，已具有较强的表演性。魏晋南北朝至隋唐，傩祭盛行不衰，仪式规模程序大同小异。而至宋发生了明显的变化，人物增多，表演成分更加浓厚。随着傩祭人物的增多，傩祭使用的面具也有了很大的发展。现藏于故宫博物院的“大傩图”是宋代绘画传世臻品，原作无题，后人题名为“大傩图”。画面有12个舞蹈人物列队绕行表演。服饰化装（面具）不一，姿态神情各异，但却彼此呼应，首尾相顾，气氛热烈红火，是宋代民间迎春艺术中的民俗行舞队表演形象，并非大傩仪或傩舞。众多人物出现在傩祭中，反映了当时傩仪的表演需要，故朱熹说：“傩虽古礼而近于戏。”后世傩仪娱人成分更加浓厚，除形成大量具有戏剧性的歌舞外，有些地区还发展成为“傩戏”，至今仍在各族民间流行。

人们今天把这种祭仪中的舞蹈及其遗存称作傩舞。傩舞是一种民间舞蹈，流传于江西、安徽、山东、河南、陕西、湖北、湖南、广西、福建、云南、贵州、天津等地。由于流传广泛，各地名称不一，有跳傩、演傩、跳傩神、魌傩舞、滚傩神、鬼舞、还傩愿、玩喜等。在漫长的历史发展过程中，其中一部分逐渐演变为有人物、有情节的戏剧表演，称傩堂戏、傩愿戏、傩坛戏、脸子戏、地戏、关索戏等，统称为傩戏。目前其中的绝大部分尚处于戏剧雏形阶段，主要表演形式仍为歌舞。傩舞中蕴含大量的古代神话传说、民间故事、雕刻、工艺美术及音乐、舞蹈、说唱等技艺遗存，折射出历代人民的生活、理想、宗教信仰、伦理道德观念和风尚习俗、审美趣味。各民族、各地区的傩舞在发展过程中，大多与本民族、本地区的传统文化相结合，形成各具特色的音乐、舞蹈风格，以独特的手法，塑造各自理想中的英雄神灵和凶魔恶鬼，构成了一个色彩斑斓的善与恶、美与丑、智与力、现实与幻想相交织的神奇世界。虽然各民族、各地域的傩舞有所差别，但基本保持了古代傩祭“驱鬼逐疫”的遗风，以及戴面具表演的特点。

傩舞在发展过程中不断变化，如原来驱鬼的主角是方相氏、十二神，后来演变为门神、将军、钟馗，后世更加入了历史上的英雄人物，如关羽、岳飞、杨家将等，在一些少数民族中还加入了本民族历史上的英雄或传说中的保护神。人们的一致愿望是祈求这些英雄人物的在天之灵能助他们驱鬼逐疫，免灾免难，过上平安吉祥的生活。由于这些英灵生前是驰骋疆场的武将，因而在傩舞节目中也形成了以战斗题材为主的特点。同时，也由于这类节目的增多，加速了傩舞由酬神向娱人方向的演化，逐步削弱了傩舞中固有的迷信因素，加重了世俗的成分。中华人民共和国成立后，不少地区的傩舞已完全成为逢年过节时的文化娱乐活动。傩舞在发展过程中还因与各种宗教、民俗活动交融、渗透，在内容和形式上都出现了风习和宗教观念掺杂的现象，其中尤以道教的色彩更为明显。傩舞在中国民间习俗和艺术活动中影响深远，很多方面都留有它的印记。有些民间舞蹈虽已不再以傩舞命名，但仍可明显看出由傩舞脱胎而出的痕迹，如天津的篓子灯。又如中国民间习惯称农历腊月三十为除夕，并要放爆竹、敲锣击鼓，这些习俗和古代每于岁终必行“逐除”（傩祭）之礼有关。

舞蹈学家盛婕是20世纪以来傩文化的田野调查研究开先河者。她率领的调查小组于1956年在江西省婺源县做田野调查。继1985年《贵州戏剧》第一期介绍了贵州省威宁县盐仓区板底乡裸戛村风格古朴的傩戏遗存《撮衬姐》，以及1986年年底贵州省文化局在北京举办了贵州摊戏演出和摊戏面具展览之后，傩文化开始引起全国学术研究的兴趣。中华人民共和国建立后第一篇专题论述傩戏的文章是王兆乾先生的《谈傩戏》。他著述颇丰，后有《贵池傩傩面具》《贵池傩社祭祀圈》《贵池傩舞古老钱》《活化石贵池傩》等30余篇论文和《安徽省贵池市刘街乡曹金柯三姓家族的傩戏》（与王秋贵合作）、《安徽省贵池市刘街乡太和章村的傩神会》《安徽省贵池市茅坦乡山湖村的“踩马”》《安徽省贵池摊戏剧本选》（均由台湾施合郑文化基金会出版）、《在假面背后》（合著）、《安徽贵池傩戏》（合著）等。他注重对安徽摊文化的整体研究，从宏观和微观层面全面揭示贵池傩戏、傩舞的人类学和文化学内涵，是学界对安徽贵池傩文化研究的第一人。在诸多研究成果中，2007年罗斌完成的博士论文《假面阴阳：安徽贵池傩舞的田野考察与研究》较为瞩目，他使用了舞蹈生态学方法对安徽贵池傩舞的动作形态进行了深入的讨论，并在舞蹈人类学方法论使用层面上也进行了大胆的、开拓性的尝试。

（车延芬）

O

欧

《欧洲与没有历史的人民》 埃里克·沃尔夫（Eric Wolf 1922—1999），著名马克思主义人类学家。他擅长将人类学家偏好的微观分析与宏观的历史研究结合起来，从具体的历史研究中去印证人类学的某些理论或结论。1982年，他出版了其最重要的著作《欧洲与没有历史的人民》，也被认为是最具有“里程碑意义的著作”。在这部著作中，沃尔夫试图跨越不同人文学科之间的界限，消除西方历史和非西方历史的分野，努力发展一种全球文化史，以此表明人类在相互联系而不是孤立中建构他们各自的文化。他选取1400年作为参照实践，以此来展示欧洲扩张的本质，进而勾勒出商业发展和资本主义的一般过程，同时也关注这些过程对民族史学家和人类学家研究的小群体产生了怎样的影响。他从马克思本人的思想宝库中借用了许多概念，采纳了马克思的基本观念，认为社会生活是由人类通过生产来占有自然的方式塑造的；运用马克思本人对于生产和生产方式的概念，归纳三种生产方式：资本主义生产方式、纳贡制生产方式和宗亲制生产方式，以展现多种因素的复杂互动；还运用了马克思的劳动价值学说，对商业资本与工业资本进行区分以及形成资本主义发展的长时段观念。沃尔夫曾宣称要写一部“没有历史的人民”作为主体的历史，本书对弱者和他者的关注正体现着他对现实的关怀和良知，可以说是“反欧洲中心论”的先驱之作。

（刘姝曼）

参考书目

[1] 埃里克·沃尔夫. 欧洲与没有历史的人民. 赵丙祥等译. 上海：上海人民出版社，2006.

[2] 王铭铭. 西方人类学名著提要. 南昌：江西人民出版社，2004.

P

批 偏 贫 平 谱

批判理论（Critical theory） 作为一种哲学和人类社会科学理论，是一种强调对社会现实的批判和否定，并且明确地以把人从压迫性的社会现实中解放出来为理论宗旨的理论范式。

一般认为，它是由20世纪30—40年代的法兰克福学派创设，该理论学派的核心代表人物是霍克海默、阿多尔诺、马尔库塞以及哈贝马斯。然而，追本溯源，也有学者认为该理论范式是由马克思开创的，因为马克思的全部思想可以说都是在批判中展开的，革命思想或批判意识构成了他的学说的灵魂。事实上，奠定了整个法兰克福学派批判理论思想基础的霍克海默不仅受到康德、叔本华的伦理—生命哲学以及弗洛伊德精神分析学说的影响，而且他也研究过黑格尔、马克思的社会历史理论。批判理论也往往被认为是西方马克思主义思潮之一，它与当代西方马克思主义一样，反对马克思主义将上层建筑看作是由经济基础决定的观点，将分析的重点从经济基础转向了上层建筑。

霍克海姆在其1937年发表的文章《传统理论与批判理论》中，明确提出“批判理论”一词。而后该文与其他相关文章集结成为《批判理论》一书，其中贯串了两条主线，一是对现实社会问题的批判性研究，二是对实证主义的哲学方法及一切传统的意识形态理论的激烈批评。霍克海姆认为，批判理论的任务是在于深入事物的世界中，去揭示人与人之间的深层关系；去发现非人的事物下面的人的根基以及破除表面的同一形式的神秘性。他认为，批判理论的出发点首先在于理论家对其自身偏爱有所意识，因此，理论不是价值中立的，也不是客观的，其实质是评价性的。实证主义与形而上学，作为资产阶级思想的两个方面，是资产阶级统一的世界观。实证主义思想忽略了历史发展的问题，成了当时流行的权利制度的工具，批判理论的核心便是对这种实证主义的抨击。

20世纪60年代之后，曾经作为阿多尔诺助手的哈贝马斯成为批判理论的代表。他继承了前辈对于实证主义的批判，特别是对于科学的批判，反对科学是价值中立的观点。他认为科学是政治和经济利益的工具，是一种意识形态，这一点便也是发达资本主义社会的合理性发生危机的根本原因。另外，哈贝马斯继承霍克海默和卢卡奇的社会批判理论，对当代工业文明社会展开了全面批判，提出了“晚期资本主义危机”的理论，其中涉及经济危机、合理性危机、动机危机和合法性危机4个方面。在此基础上，他认为资本主义危机是全面的、普遍的，要达到社会秩序的和谐和社会制度的稳定，则直接取决于沟通行为是否是理性的。为此，他提出重建沟通理性，并创建了著名的沟通行动理论。他认为批判理论的精髓在于指出了随着资本主义与科层制国家的扩张而导致了自由的衰落，同时国家的权力被用来建立和控制社会生活。早期批判理论家将解放看作是摆脱异化的自由，而后期的批判理论家则将它看作是权威屈从的挣脱，其中包括理性的权威。

从研究对象而言，批判理论都是非常欧洲化的，批判理论家对于人类社会发展的阐述不假思索地与欧洲历史联结在一起，而很少顾及亚洲、美洲和非洲的文明思想。直到哈贝马斯由批判理论产生，才使非欧洲国家进入了批判理论的思考视野，从而批判理论对其自身所阐释和陈述内容的普遍性也开始越来越感到怀疑。因此，有学者认为，批判理论面临的重要问题便是必须把亚洲、东欧、西欧以及南美洲不同现代化进程的事实考虑在内。中国学界对法兰克福学派的关注始于20世纪80年代，当时批判理论被作为西方众思潮之一，进入研究西方哲学的中国学者视野。然而，最初中国学界对批判理论采取一种拒斥态度，只是将其作为一种学术语言看待。直到20世纪90年代之后，随着社会经济问题的层出不穷，批判理论才开始被借鉴用以分析社会现实，但与此同时中国学者也强调运用此理论时要考虑中国语境，强调它的本土化。当然，整体上而言，批判理论在中国依然只是一种学术语言，被中国知识分子用来分析、批判改革开放后的中国所出现的新问题，而没有演化为一种用于改造社会的实践话语。

（牛忠光）

参考书目

[1] 麦克斯霍尔海姆. 批判理论. 李小兵等译. 重庆：重庆出版社出版，1989.

[2] 阿梅龙，狄安涅，刘森林. 法兰克福学派在中国. 北京：社会科学文献出版社，2011.

[3] 文军. 西方社会学理论：经典传统与当代转向. 上海：上海人民出版社，2006.

批评的人类学（Critical anthropology）　当代人类学的一种学术现象。批评的人类学有3层含义：第一，批评的人类学是在跨文化研究中产生的认识论视角和文化批评视角，有时也适用于人类学家自身所处社会的成熟性实践；第二，批评的人类学是指运用了一般意义上的马克思主义理论的人类学作品；第三，批评的人类学还可以指在20世纪60年代以后受到法兰克福学派"批判理论"启发的人类学作品。

自20世纪20年代的"马林诺夫斯基革命"起，描述他者社会的人类学作品一直被用来为自我社会提供启发，同时也对一些被认为理所当然的文化假设提出挑战，因此充当起了对大众以及工业资本主义所带来的自由资本主义社会的批评作用。人类学家加入了一系列的公开辩论，其中一些话题包括家庭、犯罪、惩罚、移民政策和教育改革。埃文斯·普理查德（Evans-Pritchard）的《阿赞德人的巫术》被用来挑战理性的本质，并声讨制度对于弄虚作假的保护。对阶级和阶级冲突的分析则通过在一系列问题上的洞见得以实现：宪章神话中的文化霸权、象征的凝结、各种仪式过程、小规模和大规模的组织形式、利益集团和阶级群体的象征差异、自我表述和社会等级的客观指标等。众多的社区研究也为一些问题提供了更好的理解，如城市的形式、族群的更替、母系扩展家庭、互助机制、宗教派别的构成力量等。20世纪末，出现了不少关于第一世界社会的民族志，它们不仅保留了人类学批评中的文化、跨文化、以及跨民族国家的视角，也是典型的功能主义对于不同社会和文化之间相互关联的探究。

在美国，受到马克思主义和唯物主义启发的人类学传统，主要以斯坦利·戴蒙德（Stanley Diamond）、埃里克·沃尔夫（Eric Wolf）、西敏司（Sidney Mintz）等人为代表，也包括马歇尔·萨林斯（Marshall Sahlins）的早期作品，而这些人的研究又能在朱利安·斯图尔德（Julian Steward）和莱斯利·怀特（Leslie White）的文化生态学研究中找到根源。第二次世界大战以后，批评的人类学越来越多地遭遇到与权力和政治经济相关的文化问题。20世纪50—60年代，人类学出现了一些趋势：资本主义和殖民主义的历史力量被忽视，人类学在第三世界的现代化和发展中成为霸权项目的一部分。批评的人类学则将自身视为与其相反的一个趋势。哥伦比亚大学人类学系编辑的《人类学批判》（*Critique of Anthropology*）和《辨证人类学》（*Dialectical Anthropology*）杂志即与此相关。和马克思主义在英国和法国的理论化相比，人类学的这一举动相当温和，它反映了美国的冷战政治及其对马克思主义理论在意识形态上的基本态度。因此，批评的人类学通常被贴上文化唯物主义的标签，发展为生态学的研究而非政治经济学的研究。尽管如此，这些方向还是为人类学提供了一条路径，使其能够吸收一系列的丰富理论，如世界体系理论、结构马克思主义、英国马克思主义史学、以及文化研究的理论。

20世纪60年代的学生运动重新发现了法兰克福学派的批判理论，从而成为批判大众社会、大众政治以及利用扩张霸权文化机制来控制资本主义社会的主要灵感来源。流行文化越来越被看作一把双刃剑，被用于表达各种各样的抵制。伯明翰文化研究的一个典型主题就是早期的英国朋客摇滚乐，同时它也很容易被市场和文化经济的商品化结构所利用。1968年之后的思潮以及阿尔及利亚战争之后的法国后现代理论则进一步加快了20世纪80—90年代文化批评的复苏。

法兰克福学派为工作在美国和其他一些阶级划分、市场主宰和革命驱动的社会中的人类学家、历史学家和文化研究者在人类学领域提供了研究背景。作为一个批评家，瓦尔特·本雅明（Walter Benjamin）被重新发现，他进一步阐释了现代文化的对立面，抵制融入现有的生产方式和交换方式。他也在现代技术帮助社会内部群体表达自身和宣传亚文化的潜能方面提出了与阿多诺（Theodor Adorno）相反的乐观看法。阿尔都塞（Louis Althusser）和葛兰西（Antonio Gramsci）都对法兰克福学派所关注的问题有所补充，他们一个是探索意识形态过程的结构化，另一个是研究霸权文化结构的形成方式。到了20世纪80年代中期，这些问题又被福柯（Michel Foucault）、德里达（Jacques Derrida）、拉康（Jacaueo Lacan）和鲍德里亚（Jean Baudrillard）等法国后现代作家进一步加以补充。目前仍在不断争论的问题是20世纪70年代电子硅片或称为计算机革命所带来的人类交流性质的改变以及随后产生的社会组织的各种可能性。这涉及无所不在的纪律管制的扩散，它改变了公共领域的各种形式，也影响到风险资本、政府和知识生产之间的关系，从而给文化形式的更大灵活性带来压力。

（连煦）

参考书目

[1] Jay, Martin. *The Dialectical Imagination: A History of the Frankfurt School and the Institute for Social Research 1923—1950.* MA: Little, Brown, 1973.

[2] Scholte, Bob.Critical Anthropology Since Its Reinvention. *Anthropology and Humanism Quarterly* 3: 4−17, 1978.

[3] Wiggershaus, Rolf. *The Frankfurt School: Its History, Theories, and Political Significance.* Cambridge: Polity, 1994.

偏执狂型（Paranoia） 是指一种人格特征或倾向，主要表现为敏感、固执、多疑等。他们敏感猜疑，不信任他人，容易曲解他人非恶意的动机，常未经证实就怀疑他人的忠诚，或将周围事物解释为不符合实际情况的阴谋，在人际交往中过分警惕，具有防御性特征；好胜心强，容易产生妒忌和报复心理，难以与人友好相处，人际关系紧张；比较固执，过分自负，有较强的控制欲，惯于把失败和责任归咎于他人，总认为自己是正确的且不易改变；极易被激怒，容易与人对立，好嫉恨别人，对嘲笑、羞辱及他人过错不能宽容等。遗传因素、环境因素及个体心理因素皆对此类人格特征的形成具有影响。

在《文化模式》（*Patterns of Culture*，1934）一书中，人类学家露丝·本尼迪克特（Ruth Benedict）描绘并分析了美拉尼西亚西北地区多布岛上的多布人（Dobuans）。与阿波罗型的祖尼人及狄奥尼斯型的克瓦基特尔人不同，多布人体现出偏执狂型的特征。他们被邻岛上的人说成是“恶魔般的巫师”和“宁死不屈的斗士”。在本尼迪克特的描绘中，他们无法无天，反复无常，阴险狡诈并相互倾轧。多布人的社会组织按照许多同心圆排列，每个同心圆都有一些特有的、传统的敌对方式，他们所取的社会形式助长了恶意和奸诈。巫术的盛行催生并强化了疑神疑鬼、敌意、邪恶、恐惧和敏感等。婚姻的各种风俗助长了两个联姻群体之间的冲突、猜疑、妒忌、背叛、排他性和冷酷情感。在整个生活领域，多布的种种风俗把敌意和恶意推到极端，一个人每次都需要以冲突的形式击败对手才能取得成功，人们都认为在友善与合作的背后，他们唯一可以期待的是背信弃义。在他们的人生观里，整个生活是一场残酷的竞争，允许一个人以损害他人为条件来谋取私利，猜忌和残忍是他所信奉的手段，他绝不怜悯别人，也绝不想得到别人怜悯。

（陈雪英）

贫困（Poverty） 是因为贫穷而造成的生活窘困现象，通常被理解为食物、衣物、住所和健

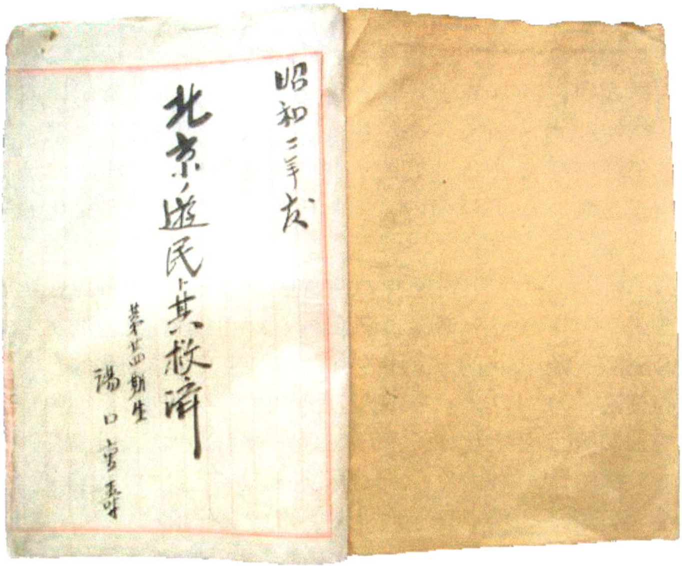

北京游民及其救济

康等方面的生活指数水平衡量表现出的短缺，如营养方面热量和蛋白质的摄入量、住所方面住房的品质和拥挤程度、健康方面婴儿死亡率以及可利用的医疗设施等。也有一些社会学家增加了教育、安全、闲暇时间安排及基本文化需求的再创造等。事实上，贫困不仅是社会物质生活的短缺和贫乏，更是一种社会物质生活和精神生活的综合现象，与社会资源分配和消费方面的制度安排、人们个体和群体的互动、人们对于生活的理念和感受等密切相关。

从国际社会对贫困的定义看，贫困是一个多维度的概念，包括物质消费、健康、教育、社会生活、环境品质、政治地位、精神和文化性的不同维度。作为最大的旨在克服贫困的世界组织——世界银行认为，贫困主要包括低收入以及对生存所需的物品及服务的缺乏。同时贫困还包括低水平的健康及教育水平，卫生及饮水条件差，缺少话语权，缺少提升自身能力以及获得更好就业的机会。

早期的研究将贫困与生计贫困相等同，这一研究思路假定贫困线的界定以维持人们生存或保证其身体能够工作的必需费用为标准，该标准在第三世界国家也被称为基本生活需要。如今生计贫困的概念已经受到了批判，因为其缺少了家庭实际上的花费考量，忽视了社会、文化以及心理因素。该批判引起了关于相对贫困概念的讨论，这一概念包含了与其他人做比较，而不是一个抽象的关于“足够”的定义做比较。同时，相对贫困概念承认社会、文化和心理因素的重要性，并认为不存在一个一劳永逸的关于贫困的定义，在不同的时间、社会中，贫困是被不断重新定义的。而在当代国家，贫困通常是由关于再分配的法律所定义与描述的。

贫困一直是中国学界关注的重要社会问题。早期社会学家柯象峰认为，对于中国贫穷问题的防治，要从治标和治本两方面着手。治本方面的措施是，改善自然环境，采取适当的人口政策，改善社会环境。治标方面的措施是，进行救济，使老有所终、壮有所用、幼有所长，鳏寡孤独废疾者，皆有所养，加上科学洗礼，使教养兼施。

贫困也是都市人类学的重要关注点之一，主要研究的对象包括移民社区、族群聚居区、低种姓社区等地区的贫困现象。不同的研究对象，贫困的经验、住房供应、消费水平、教育机会、家庭结构，以及健康状况都存在很大的不同。

（王昊午）

参考书目

［1］White, Howard. *The Measurement of Poverty*, in Vandana Desai and Robert Potter eds., *The Companion to Development Studies*. London: Arnold Press, pp. 32–35, 2002.

［2］黄承伟，王建民. 少数民族与扶贫开发论文集. 北京：民族出版社，2011.

［3］柯象峰. 中国贫穷问题. 南京：正中书局，1935.

贫困文化（Culture of poverty）　奥斯卡·刘易斯（Oscar Lewis）曾经依据墨西哥5个家庭的民族志个案研究，将在社会权力体系中处在弱势地位、饱受贫困压力的部分人为了应对贫困而选择被动和消极的生活态度归结为一种亚文化，即贫困文化（culture of poverty）。他认为这种文化对其成员产生一种具备独有样式的、特殊的社会影响和心理影响。这项研究特别关注的是处于社会底层贫困地位的人们怎样应对文化的困境。面对贫困，他们缺乏情爱、很少能够体验愉快和满足感，在饥饿和生活不适的压力之下，时常表现得精神萎靡（malaise），很少会用虚假的斯文和谦让之类的方式来和其他人打交道，与此伴随的，往往还有酗酒、轻率的性行为等。这种解释贫困循环的理论，力求将现代世界中因贫困而生活改变的人们所面临的贫困问题作为一个研究主题来加以探讨，以同情的立场直面贫困问题，与以往人类学界对于与世隔绝的小规模社会人们截然不同的生活态度的欣赏大相径庭。

文化贫困概念是基于少数民族落后因而对少数民族文化贫困的假设做出的。1965年，当刘易斯的这一概念出现在美国政府的一份报告中并介绍给公众之时，曾经引发了一场评论。在这份报告中，都市里的黑人家庭被描述为已经陷入了不可避免的病理性混乱（tangle of pathology）之中，未婚母亲和依赖福利被视为黑人们在自我生存中道德缺乏的表现，似乎正是他们造成了他们自己的不幸。

在围绕贫困文化的讨论中，外在压力和结构性因素使得贫困主体产生了特定的态度和行为这一重要的分析思路，显然被人们回避了。刘易斯认为，从根本上来说，贫困的重负是社会资源分配的不平等造成的，是被强加在这些社会成员身上的，他们因此构成了一种亚文化，在儿童社会化的过程中形成了无力摆脱底层阶级的行为和态度。处在贫困文化中的人具有强烈的边缘感、无助感和附属感，他们似乎是自己国家中的局外人，并确信那些现有的制度不会为他们的利益和需要服务。这种无能为力的感受是与自卑感、个人的无价值感相伴随的。他们几乎没有历史感，是微不足道的人，只有他们自己了解自己的麻烦、自己的状况、自己的邻里、自己的生活方式。他们通常既没有知识和幻想，也没有认识到他们的问题与世界上其他像他们一样的人所具有的相似性。换句话说，虽然他们对于身份状况十分敏感，但他们没有阶级意识。当贫困者们产生了阶级意识，或者成为工会组织成员，或者以一种世界眼光来审视他们的境遇时，尽管他们可能依然是深度贫困的，但却已经不再属于贫困文化的一部分了。

曾经有人对刘易斯的观点提出批评，认为这一概念过度强调了文化因素，在他的贫困文化的定义中也有过强的铁板一样固化的倾向。在刘易斯本人延续的讨论中，他对于摆脱贫困文化有了进一步思考，更鲜明地从文化解释转向权力关系，更多关注行动者自身的文化自觉和社会觉醒对于贫困文化的逆转作用。

至今贫困文化依然是国际学术界的一个重要话题。近年来，美国社会科学界在对贫困文化的重新讨论中，也进一步强调了贫困主体毁灭性的态度和行为不是固有的道德特征，而是持续的种族主义和社会隔离造成的。哈佛大学社会学家罗伯特·桑普森（Robert J. Sampson）在芝加哥开展了一个庞大的研究项目，他的不平等研究聚焦于贫困的结构。他指出，造成邻里陷入并无法摆脱贫困陷阱（poverty trap）的原因，也是与社群中人们行动和思考的一种共同认识相关的。通过对人们看到墙上画满的涂鸦和四处堆放的垃圾时的态度以及邮寄误投测验等研究，桑普森证明，收入水平的高低并不一定能够解释社会的贫富差异，而社群的文化规范、道德讥讽和混乱的程度则更有解释力。相对于评估现实贫困水平、社区文化，也就是人们彼此共享的价值观念对于预言社群的未来是提升还是停滞，具有更好的解释力。

（王昊午）

参考书目

[1] 奥斯卡·刘易士. 贫穷文化：墨西哥五个家庭一日生活的实录. 丘延亮译. 台北：巨流图书有限公司，2006.

[2] Patrica Cohen, *Culture of Poverty Makes a Comeback*, in The New York Times, October 17, 2010.

[3] Small M. L., Harding D. J., *Lamont*

M.: *Reconsidering culture and poverty*, in Annals of the American Academy of Political and Social Science, 629 (1) : 6–27, 2010.

平表婚（parallel cousin marriage） 指同性同胞子女之间的婚姻。嫁娶父亲兄弟的儿女或母亲姐妹的儿女。

（哈彬）

谱系调查法（Genealogical Method） 威廉·里弗斯（William Rivers）（1864—1922）在1898—1899年托雷斯海峡探险时创立谱系方法，此后其成为社会人类学调查的标准程序。这个方法需要大量单独个案采访，为了收集无文字社会的人口统计数据，记录他们的血统，其反映权利和责任。这个方法都被用于一些研究领域的经典专著中，比如梅耶研究的塔伦西人；弗斯研究的提柯皮亚人；特纳研究的恩登布人等。罗宾·福克斯（Robin Fox）将谱系方法又上升到一个更深的维度，认为家谱是文化形态，必须采用当地惯例的名字。福克斯研究的爱尔兰岛民不以个人命名，而是以祖先的名字命名。艾伦·巴德纳（Alan Barnard）和安东尼·古德（Anthony Good）补充说，使用谱系学方法应确保没有父系偏见的影响。

谱系调查法已应用于现代都市人类学，并且结合以自我为中心的网络分析。它也已经成为美国族群移民的研究基础。然而，谱系方法最引人注目的是应用在医学人类学上。人类学家已经用其来研究非洲的艾滋病。

（刘爽、邹宇灵）

P

Q

妻姐妹婚（Sororate） 一种将已故妻子的姐妹提供给鳏夫作为妻子亲属群体的置换配偶的实践。允许无法生育孩子的女人的丈夫同她的姐妹结婚，或是至少指定孩子中的几个作为他第一个妻子的孩子。

（哈彬）

歧视（Discrimination） 是指对属于特定社会类别的人们加以有区别的对待。当个人或组织基于污名而不正当地夺取他人的权利和生存机会时，就形成了歧视。歧视可能会导致对特定人群的排挤或边缘化，并剥夺他们获取公平居住条件、工作机会、教育以及充分参与公民生活的权利。

在目前世界上的不少地区，“人人生而平等”已经成为宪法所规定的基本权利，国际劳工组织1958年通过的《就业与职业歧视公约》（第111号公约）中也规定：“基于种族、肤色、性别、宗教、政治见解、民族、血统或社会出身的任何区别、排斥或特惠，其效果为取消或损害就业或职业方面的机会平等或待遇平等。”但由于不同地区对不同歧视行为采取不同的标准，因此尽管已经有《消除对妇女一切形式歧视公约》《经济、社会及文化权利国际公约》等一系列国际公约，但目前世界各国就歧视本身还缺乏一个统一的认定标准。

在歧视的具体表现形式与行为方面，存在着多种类型，如性别歧视、性倾向歧视、家庭岗位歧视、单亲歧视、身心障碍歧视、种族歧视、地域歧视、族群歧视、信仰歧视等等，此外，还包括逆向歧视（reverse discrimination）。逆向歧视不同于传统的歧视观念（如弱势个体或团体受到歧视），它是指在反歧视条例、保障政策或积极平权举措之下，使被保障的群体（其中多数为弱势团体，如有色人种、妇女或不同性倾向者）得益，而改善主流社会群体受到不平等对待的现象。

中国已经加入了《消除对妇女一切形式歧视公约》《经济、社会及文化权利国际公约》，正式批准了《就业与职业歧视公约》。消除歧视将是包括中国在内的国际社会一项任重而道远的任务与使命。

（袁剑）

参考书目

［1］Raymond F. Gregory. *Women and Workplace Discrimination: Overcoming Barriers to Gender Equality*. Piscataway, NJ: Rutgers University Press, 2003.

［2］Lippert-Rasmussen, Kasper, 2006, *Private Discrimination: A Prioritarian, Desert-Accommodating Account*, in San Diego Law Review, 43: 817-856.

［3］Horta, Oscar, 2010, *Discrimination in Terms of Moral Exclusion*, in Theoria: Swedish Journal of Philosophy, 76: 346-364.

启蒙时代（The Age of Enlightenment） 作为一个历史时期和思想运动，起源于14世纪和15世纪的文艺复兴和人文主义思潮，受16世纪和17世纪宗教改革以及自然哲学和科学革命的影响，盛行于18世纪的欧洲大陆。法国是启蒙运动的摇篮，启蒙思想也传播到了德国、英国、俄国等其他欧洲国家，并对美国独立产生了直接影响。

从人类社会发展角度，启蒙运动标志着人类社会的现代性转变，自由、平等和博爱思想产生了资本主义和社会主义相对立的意识形态。所有这些启蒙运动的产物的共同目标是改造人类世界，但改造途径则存在自由民主和社会革命等巨大的差异。从文化和知识层面，启蒙运动标志着理性、科学、教育和进步时代的来临。它将人性从黑暗中世纪的非理性、迷信和专制中解放出来。从而，个体主义、自由和变革取代团体、权威和传统，成为欧洲价值观的核心。启蒙思想家们的实际行动之一便是将各领域的科学知识编纂成百科全书，通过出版书籍来传播知识，以此启迪民智，使人性获得新生。正如康德所言，启蒙运动的本质在于敢于认识（sapere aude），欧洲知识分子相信，人类可以用理性去建造更加美好的世界。然而，尽管如此，启蒙运动只是时代之理性，并没能根除信仰。相反，它是以对世俗理性本身的信仰，取代了宗教信仰而已；用科学观念的普遍性，替代了神学的普遍性。

哲学被认为是启蒙思想的核心，而启蒙哲学的核心内涵便是推崇自然界与人类社会中的普遍理性秩序。如此一来，理性化、规范化以及对普遍统一性的追求，成为启蒙哲学的基本特征。启蒙哲学的代表、法国哲学家伏尔泰认为，与人类理性相伴存在的是自由与宽容。他认为，思想是社会历史发展的动力，他为理性社会的理想大声疾呼，寄望于理性的力量去解决人类所有的问题。孔多塞更是极端地倡导人类的进步依赖于理性和科学的力量。但是，另一位启蒙哲学家卢梭则在许多方面提出不同看法，他更加倾向于自然主义思想，这最终导致了浪漫主义运动。伏尔泰坚持主张知识的至高无上，而卢梭则强调人的情感；伏尔泰强调社会力量，而卢梭则关注自然力量。浪漫主义代表了启蒙时代的一股异见，即从卢梭到德国思想家歌德均接受自我组织以及进化力量的自然主义倾向。浪漫主义者自觉地认识到了有机世界的人为理性秩序与大自然自身秩序之间的对立。卢梭甚至主张回归到原始单一性，这产生了文化与自然的现代二元论思想。

启蒙运动的遗产便是围绕理性与自由所形成的系列观念：要达到理性，便需要自由地追求科学真理，无论它将我们引向何处；要达到自由，就要在追求个体目标和权利的实践中保持理性。自由民主被认为是最好的政治架构，是对自由和理性的综合运用。然而，从18世纪以来的历史，特别是20世纪的历史，都证明了理性并不能充分地保证自由，反之亦然。启蒙思想家们本身或许没有反人性的意图，但是历史却证明了后启蒙主义时代的残暴行为也通常是受到理性和解放思想意识形态的支持。从无理性教条和传统的专制中解放出来，好像不能够完全将人性从新的理性陷阱中解救出来。因而，对于启蒙运动历史使命的解释便存在着许多的矛盾之处。

18—19世纪，反启蒙主义运动虽然已经在德国等地出现，但是只有在20世纪晚期，人们才明显地看到，西方现代文明的思想源流来自于为现代性背书的启蒙思想，由此对现代主义或现代性的批评，引发了“后现代主义”和“后启蒙主义”思潮。甚至有人认为启蒙运动的遗产应该被重估或抛弃掉，如德国哲学家哈贝马斯便认为启蒙运动的任务并没有结束，并建议通过某些修正而将之完成。

尽管人们在许多方面对启蒙运动既可以誉之，也可以毁之，但是毋庸置疑它是形成现代世界的动力。启蒙哲学所提倡的理性、进步、自然、利益和秩序直接地孕育了人类学这一学科形式，并影响着当今人类的思想发展。

（牛忠光）

参考书目

亚当斯. 人类学的哲学之根. 黄剑波，李文建译. 桂林：广西师范大学出版社，2006.

千禧年运动（Millenarian movement） 指期待借助超自然力量宣告一个旧时代结束和一个全新时代开始的宗教运动。“千禧年”的说法来源于基督教传统的末世学说，人类学家用它来概括各种渴望在超自然力量的帮助下变革或推翻现有社会秩序的社会运动。

千禧年运动的社会政治基础总是与异化、社会与经济掠夺或政治压迫的模式有关。这在1963年Lanternari对全球被殖民群体的经典调查中有所描述。记载最翔实的千禧年运动是美拉尼西亚和太平洋地区的船货崇拜（cargo cults），还有北美洲印第安人中的鬼舞（ghost dance）和仙人掌崇拜。后者被认为是对殖民主义的一种回应，解释主要集中反映了殖民主义对人们心理的影响，也表达了人们试图克服社会与经济剥削。鬼舞是宗教—政治反抗运动的一个重要案例，它是从印第安人自身的宇宙观和宗教观的转型中汲取力量。类似的动力也可以在美拉尼西亚和太平洋地区找到。

千禧年运动常常面临这样的困境：对世界末日到来时间的预言失灵。有些运动能够对这种失灵自圆其说，即用另一种方式重新解释预言，例如说这种预言属于精神范围而不属于具体的物质范围，从根本上来说是正确的；或者说预言失灵纯粹是人类误解了上帝的启示所致。人类学中的理性主义倾向往往将千禧年运动描述成非理性的人类行为（尤其是宗教行为）的例子，但是，如果把千禧年运动中常见的奇幻的文化形式看作人类的想象力可能会更有成效，人类的想象力总是能以某种方式帮助人们重新塑造自己的现实。

（邵朱帅）

前喻文化（Postfigurative culture） 指以传统为导向，晚辈主要向长辈学习的文化形态，又称后象征文化、后塑文化、既济文化。该术语于1961年由美国人类学家玛格丽特·米德（Margaret Mead）在其《性行为的文化决定因素》（*Cultural Determinants of Sexual Behavior*）一文中最早使用。米德根据文化传播的特点、传统变迁的快慢以及代际关系等，将人类文化划分为前喻文化、并喻文化（cofigurative culture）和后喻文化（prefigurative culture）3种类型。1970年，米德出版了《文化与承诺：一项有关代沟问题的研究》（*Culture and Commitment: A Study of the Generation Gap*）。1978年，又出版了修订和更新版《文化与承诺：70年代新的代际关系》（*Culture and Commitment: The New Relationships between the Generations in the 1970s*），对前喻文化进行了详细的阐释。

米德认为属于前喻文化的大都是原始社会和一些传统社会。前喻文化的特征是“未来重复过去”，具体体现在：第一，文化按照自上而下的方式由长辈传递给晚辈，长辈的过去就是晚辈的未来，文化变迁缓慢，人们缺少文化变迁的意识。第二，至少有三代人共同生活，即存在着扩大的家庭。按照米德的说法，文化的连续性只有在三代人共同生活中才能保持下来。第三，长辈在家庭中具有绝对权威，他们的行为规范、价值观念、礼仪准则及生产技能等均成为晚辈的楷模，晚辈没有疑义地加以接受。第四，社会成员具有强烈的文化认同感，对本社会的文化有归属感。第五，尊重老人，但缺乏疑问和自我意识。简言之，前喻文化的凝聚力使社会秩序具有固守性，文化传承具有世代性，文化内容具有稳定性，行为模式具有一致性，语言与观念具有忠诚性。

前喻文化揭示了传统社会的文化传承机制及相应的教育模式，丰富了教育人类学的理论及实践。周晓虹、周怡于1987年翻译的《文化与承诺：一项有关代沟问题的研究》以及曾胡于1988年翻译的《代沟》，皆对前喻文化进行了详细的介绍。

（陈雪英、夏懿）

参考书目

Mead, Margaret. *Culture and Commitment: A Study of the Generation Gap*. New York: Doubleday, 1970.

欠发达（Underdevelopment） 一般认为是发展的妨碍因素或相反面，或者说是人类存在或变化过程处于歪曲的、有限的和日益增加的一种边际状态。有一般（普遍）欠发达和不均衡欠发达之分。这一概念源自现代化发展理论与依附发展理论和世界体系发展理论的发展理论争论，是与发达相对应的一个概念。在实际使用中，这一概念也被用于同一国家之内不同地区差异的解释和讨论，如中国的东、中、西部发展问题研究。

依附发展理论的直接理论来源是拉美学者在20世纪50年代期间提出的早期依附理论或不发达理论，其间接来源则是德裔学者安德烈·冈德·弗兰克（Andre Gunder Frank）在20世纪60年代后期提出的殖民地资本主义理论，他试图解释一些国家没能发展的原因：认为欠发达的边缘国家处于发展的初期阶段，他们都具有被充当殖民地的历史，都面对高度发达的核心国家的竞争。欧洲从不发达走向了发达，而其他国家从不发达走入“低度发展”状态，原因是欧洲是通过向其他地区掠夺资源而发展起来。

依附发展理论用发达和欠发达来代替现代化发展理论中的“传统型”和“现代型”国家的区分或者发达国家和发展中国家的区分，认为发达资本主义国家构成世界经济的中心，欠发达国家处于其外围并受剥削与控制，欠发达是同工业化国家的扩张紧密地联系在一起的；发达与欠发达是同一世界进程的不同侧面；欠发达不能被视为一个进化进程的原始条件；依附不仅仅是一种外部现象，在内部结构（社会、意识形态和政治领域）中它也以不同的形式表现出来。概念让大家意识到了现代化进程中发达国家和欠发达国家的不平等地位。

而世界发展体系理论首先承认存在世界体系中发达国家和欠发达国家的不平等，同时世界体系发展理论还指出整个世界已经处于一个不断融合的一体化过程中，发达国家和欠发达国家相互依存。其次将世界划分为中心国家（发达国家）、半边缘国家（过渡国家）和边缘国家（欠发达国家），使国家的划分更为充实，更能说明不同国家之间的关系和地位。中心国家拥有生产和交换的双重优势，对半边缘国家和边缘国家进行经济剥削，维持自己的优越地位；半边缘国家既受中心国家的剥削，又反过来剥削更落后的边缘国家，而边缘国家则受到前两者的双重剥削。甚至在最边缘国家的两个国家之间，都可能根据自己所处地位，形成剥削和被剥削关系。世界体系发展理论，融合经典现代化发展理论和依附发展理论在内的各种现代化理论的可取之处，对世界发展格局有一个比较深刻的认识。

（雷小卉）

参考书目

［1］伊曼纽尔·沃勒斯坦. 现代世界体系（第1卷）. 罗荣渠等译. 北京：高等教育出版社，1998.

［2］王正毅. 世界体系论与中国. 北京：商务印书馆，2000.

［3］罗荣渠. 现代化新论. 北京：商务印书馆，2009.

［4］谢立中，孙立平. 二十世纪西方现代化理论文选. 上海：上海三联书店，2002.

［5］尹保云. 什么是现代化. 北京：人民出版社，2001.

［6］斯科特. 农民的道义经济学——东南亚的反叛与生存. 程立显，刘建等译. 南京：译林出版社，2002.

［7］李琮. 第三世界论. 北京：世界知识出版社，1993.

强化仪式（Rite of intensification） 一种社区整体参与的仪式，以确认群体成员的社会意念，增强群体团结，可以是周期性事件，例如麦加朝觐；也可在季节性的危机发生之时举行，例如干旱季节的求雨仪式。与强调个人经历的通过仪式相比，强化仪式的特征在于恢复集体对于整体的整合与平衡。

抢救考古学（Salvage Archaeology） 抢救考古学用于执行当地、国家以及联邦文物保护规定。抢救考古学的职能是保护管理文化资源，以防被挖掘工作破坏。如今，在美国，一半以上的考古学家都是从事抢救考古行业，每年用于抢救项目的资金达数百万美元。抢救考古学项目是为了响应一系列国家和联邦法律，包括《美国国家历史保护法》（NHPA）、《国家环境政策法》（NEPA）、《考古资源保护法案》（ARPA）。

其中，《美国国家历史保护法》（NHPA）是最重要的法律，每个州都设立了国家文物保护办公室（SHPO），主要负责监督保护法在各个地方执行情况。保护法还制定一系列指导方针，要求各州和联邦机构要注意挖掘工程对国家史迹名录中的遗址及文物造成的影响。一直以来，州立和联邦土地管理局、高速公路主管部门、美国陆军工兵部队、州历史保护办公室都参与抢救考古学工作。一些美国当地组织也通过建立部落历史保护办公室（THPO）来参与到抢救考古学工作中。每个部落历史保护办公室都有一位保护官，负责《美国国家历史保护法》在所管辖区域部落保护工作的执行情况。这些保护官通常负责监督美国土著人的抢救项目，州历史保护官只进行适当介入。

确定抢救项目的类型有3个阶段：一是调查阶段。即确定特定项目区域的遗址，该阶段分两部分完成，第一部分是收集有关项目的背景信息，背景信息收集来源很多，包括官方文件、历史地区、照片、地形土壤图以及口述历史。第二部分是通过地面考察和地下探测来确定考古遗迹位置，地下探测通常在项目区域进行小范围挖掘，确定文化遗址是否在项目预测范围内。如果探测点比较完整，那么就可以进行项目的第二期了；二是挖掘阶段。旨在确定遗址是否符合国家史迹名录的标准资格。在第二阶段中，挖掘范围会扩大，确定遗址横向和纵向的边界，并且进行年代评估。第二阶段的分析要比第一阶段的分析更加详细，不仅要评估发掘的文物，还要分析资料来源与遗址的历史的关系。第二阶段结束时，会申请注册国家史迹名录。

任何一个遗址要想符合国家史迹名录标准，就必须具有以下特点：①发生的时间对我们历史模式的产生做出过巨大贡献。②该地的居民在历史中占有重要地位。③体现某个时期、某一种类型或者建设方法的独特特征。④已经产生或可能要产生史前或历史的重要信息。

如果某一遗址符合国家注册要求，施工是不可避免的，那么就进入了第三阶段。第三阶段，即数据恢复阶段，旨在将遗址内的文化资料和文化特性在遭到施工破坏之前进行抢救。第三阶段一般要用数据恢复计划。计划会列出挖掘工程采取的措施、在挖掘中需要解决的研究问题以及需要做什么类型的分析。

第三阶段和第二阶段很相似，通常会进行大面积的单元测试和考古检测，经常会挖掘出大量的手工艺品和说明遗址文化的数据。与前两个阶段不同的是，第三阶段还包括公众宣传环节，也就是需要通过口头报告、专业评论文章、遗址观光、网站或者公众展示的方式把遗址的信息公布于众。

一旦抢救项目完成，项目相关的出土文物、田野调查报告以及研究报告都要进行归档保存。对出土文物进行长期的保存是任何抢救项目的重要一步。合理保存不仅能确保安全，也能为后期研究提供重要的资料。既可以保存在当地的历史研究机构、博物馆、州立或县级存储库，也可以保存在大学研究中心。收藏有联邦级文物的机构，规则要求更严格一些，必须长期有符合博物馆和档案管理标准的编目和保护系统。此外，收藏有联邦级文物的机构需要留出符合当地建筑、安全、健康和消防规范的存储区域。如果未能达到以上规定，就会置这些重要的藏品数据于危险之中，将来很容易会出现丢失现象。

（刘青）

参考书目

［1］King, T. F. *Cultural Resource Laws and Practice: An Introductory Guide*. Walnut Creek, CA: Alta Mira Press, 1998.

［2］King, T. F. *Thinking about Cultural Resource Management: Essays from the Edge. Walnut Creek*, CA: Alta Mira Press, 2002.

［3］Newman, T.W., & Sanford, R.M. *Practicing Archaeology: A Training Manual for Cultural Resources Archaeology*. Walnut Creek, CA: Alta Mira Press, 2001.

乔尔丹诺·布鲁诺（Giordano Bruno， 1548—1600） 意大利思想家、自然科学家、哲学家和天文学家，16世纪欧洲自由运动的重要人物之一。1548年，布鲁诺生于意大利南部坎帕尼亚（Campania）的诺拉城（Nola），少年时就读于私立人文主义学校，学习哲学和文学。1565年进入多米尼克僧团的修道院，获神学博士学位和神甫教职。在修道院学校攻读神学的同时，研习了古希腊罗马语言文学和东方哲学。布鲁诺在天文学和哲学方面深入钻研，对自然科学也有浓厚的兴趣，因此对经院哲学家们所宣传的教义持质疑态度。1576年布鲁诺被教廷革除教籍，从此开始逃亡生活，先后到过瑞士、法国、英国、德国以及前捷克斯洛伐克共和国等地。1592年以批判经院哲学和神学、反对地心说等罪名被捕入狱，最后被宗教裁判所判为异端处死于古罗马。

在颠沛流离的一生中，布鲁诺构建了一种新的宇宙论，发表了《论原因、本原与太一》（*On the Cause, Principle, and Unity*）、《论无限宇宙和世界》（*On the Infinite, the Universe, and Worlds*）、《圣灰日的华宴》（*The Ash Wednesday Supper*）、《飞马和野驴的秘密》（*The Cabala of the Horse Pegasus*）、《驱逐趾高气扬的野兽》（*The Expulsion of the Triumphant Beast*）、《英雄的狂怒》（*The Heroic Frenzies*）以及《论三种极小和限度》（*On the Triple Minimum*）、《论单子、数和形》（*On the Monad*）和《论无量和无数》（*On the Immense*）等作品，公开反对亚里士多德的地心说，受到哥白尼太阳中心说的影响，明确提出"宇宙无限说"以支持新的宇宙模型理论的建立。在继承和发展古代朴素唯物主义和自然辩证法的优良传统基础上，布鲁诺汲取了文艺复兴时期先进哲学和自然科学成果，论证了唯物主义和辩证法思想，开创了近代唯物主义和辩证法的先河。同时，布鲁诺在相对性、统一性和宇宙无限性方面做了巨大贡献，他认为宇宙是无限的，物质是一切自然现象共同统一的基础。明确指出自然万物都处在普遍联系和不断运动变化之中，预示了人们目前所理解和认识的空间、时间、物质和生命（特别是有关的人类在宇宙万物的通量）之间的关系。布鲁诺还认为人类历史是不断变化和前进的，他反对那种把远古社会美化为黄金时代的观点。布鲁诺作品中所倡导的非机械、反传统的基本原理及多种方法论，对人类学者在各类事物的对立现象和矛盾关系中，探索及认识自然和社会现象的本质有着重要的意义。

（熊兵）

乔健（1935—　）　祖籍山西介休县洪山村。1956年进入台湾大学考古人类学系学习，分别于1958年和1961年获人类学学士、硕士学位，1969年获美国康乃尔大学人类学系哲学博士学位，之后执教于美国印第安纳大学人类学系。1978年创设香港人类学学会，担任会长。1980年到香港中文大学任教，创办人类学系，并任系主任。1986年创设国际瑶族研究协会，任会长至1988年。1994年被香港中文大学授任为香港地区首位讲座教授，同年为山西大学创建华北文化研究中心，担任荣誉主任。1990年创建台湾东华大学族群关系与文化研究所，担任所长，2005年7月荣誉退休。

在长达半个世纪的学术生涯中，乔健成果丰硕，著作等身。研究主要包括台湾南岛民族、大陆少数民族、中国传统文化、中国传统底边社会、拿瓦族传统与美亚文化关联等五大领域。他撰写和合编、合著的专著有近三十种，论文近百篇。专著主要有《拿瓦族传统的延续》《漂泊中的永恒：人类学田野工作笔记》《乐户：田野调查与历史追踪》《中国的族群关系与族群》《东亚社会研究》《华南婚姻制度与妇女地位》《人在江湖：略说赛场概念在研究中国人计策行为中的功能》《印第安人的诵歌》《中国人的观念与行为》《大澳渔民家庭的神祇》等。

乔健极力主张海峡两岸应该扩大交往、增进了解，为此，他做了不少"搭桥铺路"的工作。1985年11月上旬，由香港中文大学主办、乔健主要负责的"现代化与中国文化研讨会"在香港召开。来自中国内地、中国台湾、中国香港以及新加坡、美国、日本等国家和地区的41名学者，欢聚一堂，对共同关心的问题进行研讨。同年，乔健主编的《现代化与中国文化研讨会论文汇编》出版。1990年2月中旬，乔健

乔健

参与和组织由香港中文大学人类学系、香港惠安同乡会联合主办的“《两岸惠东人》协作研究研讨会”。乔健在大会宣读了题为《生产与生育：惠东妇女的两难及其对应策略》的论文，受到与会专家学者的好评。这次研讨会的学术论文，汇编成《崇武人类学调查》《大岞村人类学调查》。

1985年7月，乔健回到阔别30余年的出生地——介休县洪山村探亲。此后，乔健多次回到山西访问、交流、讲学。1993年5月，他再次访问山西，与山西大学洽谈成立“中外文化比较研究中心”，并商议1994年国际学术交流事宜。从1995年，乔健开始从事一项被他称为“底边社会”或“底边阶级”的研究，具体从事的是山西东南部“上党地区”俗称“吹打”的乐户研究。山西乐户研究结束后，2001年出版了《乐户：田野调查与历史追踪》。

2003年秋，乔健获选为台湾“教育部”第七届国家讲座主持人。他利用做计划的研究经费，组织台湾底边社会的调查，具体对台湾社会中的传统行业群进行调查研究。试图把两岸传统服务行业的底边社会联结起来做比较研究，从而对传统中国社会全貌有更清楚的了解。

1995年，乔健在《广西民族学院学报》发表的《中国人类学的困境与前景》引发了中国人类学界的一场学术讨论，成为1995年中国的学术热点之一。

（马丹丹）

乔治斯·弗里德曼（Georges Philippe Friedmann，1902—1977） 法国社会学家，是第二次世界大战后法国劳动社会学的奠基人，致力于研究20世纪前半段工业社会中人与机器的关系。

弗里德曼出生在巴黎，最初学习工业化学。第二次世界大战期间他倾向于马克思主义和共产党，并逐渐关注劳动和技术问题。1946年，他的论文《工业机械化的问题》为法国介绍了新的劳动社会学，虽然此时法国已经通过弗里德曼和美国社会学家认可了社会学这门学科，但他仍然为“劳动”的独特社会学身份做了大量工作。1959年，弗里德曼和彼·纳维利创办了《劳动社会学》杂志，并出版专著，使“劳动社会学”这一概念得到推广。1960年弗里德曼开始探索技术文化的新领域：通信和大众文化。他曾担任法国国家科学研究院社会学研究中心主任，证实了其在法国的学术领导地位。

20世纪30年代，弗里德曼开始关注苏联。他在东方语言学院学习了俄语，并于1932—1936年间多次去苏联。1947年第二次世界大战结束后，他发表了一份面向苏联游客和支持者的声明《选择的时刻》，认为“苏联是一个例子，但不是一种模式”。他的抗战日记在其去世10年后（1987年）被出版。

弗里德曼始终保持了社会学与形而上学哲学的联系，并从道德和哲学层面上关注技术文明的未来。他的学术观点充分反映在其著作中，如《工业社会》（1950年）、《力量与智慧》（1970年）等。

（冯珊）

亲从子称（Teknonymy） 人类学中的“从子称”的概念来自于泰勒首创的 teknonymy 一词，它由希腊语词根 teknon“子”和后缀 onymy所组成。父母与子女使用同一称谓称某些亲属的习俗。例如父亲随子女称妻子的兄弟为舅，母亲随子女称丈夫的姐妹为姑等。

（陈凌）

亲属称谓（Kinship terminology） 是亲属制度

的一类术语，指人类社会中由于体现特定的人在特定的家庭关系中的特定身份和辈分而得出来，反映人们的家庭关系的一套名称。亲属称谓首先由亲属关系决定，而亲属关系的产生包括3种情况：一是由出生等血缘关系所致，二是由婚姻关系所致，三是由法律认定所致。在最早的系统地介绍亲属称谓的《尔雅·释亲》中建立了一个以男子为中心，按亲疏远近排列的，由宗族、母党、妻党和婚姻4个并列分立、互不交叉、互不重复的子目组成的亲属称谓系统。

亲属称谓在某一特定的语言中是一套符号化的词语，标注某人——经常是自我（eog）——的亲属的特定类型。在一套亲属称谓系统中，划分了包含自我的血亲（通过共同继嗣）和姻亲（通过婚姻）亲属的位置领域。随着与自我的谱系距离越大，表明亲属关系越疏远，通常是姻亲关系比同宗关系更为疏远。在一些社会中，在某一单位（如一个部落或一个世系群）的所有成员中，只有自我归属的这个单位的所有成员被认为是亲属，并且亲属称谓被指代所有本单位而非外单位的成员。

美国著名人类学家摩尔根将亲属称谓分为两种基本形式，即分类式和说明式。分类式是指对亲属称谓不进行逐一的区分，而是分为若干类别。无论被称呼的人与自身的亲疏关系如何，凡是属于同一类别的人均以同一类别笼统称之；说明式是让所有与自身有亲属关系的人称谓各不相同。摩尔根还利用亲属称谓制度的研究，来区分家庭制度的类型与历史发展。克鲁伯认为整个亲属称谓可分为8个类别：①辈分；②直系亲属与旁系亲属；③年龄；④亲属的性别；⑤称呼者的性别；⑥中介亲属的性别；⑦血亲与姻亲；⑧中介亲属的状况。

（陈凌）

亲属称谓语（Kin terms） 是指人类社会中体现特定的人在特定的家庭或社会关系中的特定的身份，包括辈分、家族地位、性别等，反映人们家族关系的一套名称，是现代汉语称谓语中的一个极为重要的、庞大的组成部分。它具有稳定性、系统性和发展性等特点。

人类的亲属关系大致可以分为直系亲属和旁系亲属两大类。直系亲属是指“和自己有直接血统关系或婚姻关系的人，如父、母、夫、妻、子、女等”；旁系亲属是指“直系亲属以外在血统上和自己同出一源的人及其配偶，如兄弟、姐妹、伯父、叔父、伯母等”。直系亲属称谓语主要有祖父、祖母、外祖父、外祖母、母亲、丈夫等；旁系亲属关系的称谓语叫作旁系亲属称谓语，旁系亲属称谓语主要有伯祖、叔祖、舅公、舅婆、伯父、伯母、婶母、姑父、堂叔母、堂妹、表兄、侄女、外甥等。

在当代社会中，亲属称谓语有时候并不用于亲属之间的称谓，而是用来称呼亲属以外的人，这种现象称之为拟亲属称呼，也称之为亲属称谓语的泛化。如“妈”一词，即为母亲之意。而现在人们通常用“妈”来形容与自己母亲年龄相当的妇女，如“田大妈”“王妈妈”等。这种现象实际上是亲属称谓语的转类现象，即从亲属称谓语转化为社会称谓语。

（陈凌）

亲属群（Kin group） 是由一种或多种亲属纽带关系所构成的亲族。又译为“亲属团体”“家族群”。在亲属群中，个人的身份和地位很大程度上是天生注定的，对社会关系的可能性选择受到许多限制。亲属包括血亲和姻亲以及由收养行为而产生的与血亲和姻亲相类似的关系。血亲方面有直系血亲和旁系血亲；姻亲方面则有血亲的配偶、配偶的血亲、配偶血亲的配偶。这些由多种亲属纽带所构成的亲族，统称为亲属群体，如父母、兄弟姊妹、姑舅伯叔婶、祖父母、外祖父母、父辈的姑舅伯叔婶以及远房表兄弟姊妹等组成的群体。亲属群体并不是完全根据生物学关系的远近来建立的。特定社会对于母系或父系亲属群重要性的强调便是在忽视一定的生物学关系的原则上构建出来的。

在不同社会中，亲属群体所包括的成员范围是不同的。比如宗亲关系在社会中的地位和作用越突出，亲属群体所包括的成员范围就越广泛，许多很远的亲戚关系都列在其中。中国传统社会中的亲属群体有两个基本的特征：一是成员范围广，上至高祖父母，下至玄孙、玄孙女、玄孙妇的九族亲属都列在其中；二是对个人的生活影响大，当时亲属群体是以宗族的形式存在着的。“父之党为宗族”，凡同出于一个祖先的同族人都称为宗族。这在人们社会生活中的作用是多方面的，包括崇祖祭祖、裁决争端、治安和自卫、德育教化、生产和生活上的互助、经营宗族财产等。中华人民共和国成立后，宗族作为支配农村中政治生活、经济生活、文化生活的组织形式已经基本上被瓦解。与此同时，随着都市化、工业化社会的扩展，人口流动加剧，亲属关系的圈子缩小是一种正在发生的趋势。

（陈玉柱）

亲属制度（Kinship system）　亲属制度的研究在人类学中处于中心的位置，以至于罗宾·福克斯（Robin Fox）将其视为“人类学学科的基本准则”。毫不夸张地说，这是生与死的问题，更不用说身份和人格、荣誉和耻辱，所有权的控制和权力位置的继承这些议题了。尽管这些议题十分重要，但人类学家在亲属关系的定义上尚未达成一致意见，更不用说如何处理它。他们的观点在这些问题上不尽相同，正如作为人类生活本身一样颇富争议。李约瑟（Needham）打破旧习，声称“没有亲属关系这样的东西”不是想否认这个主题的意义，但却强调，像这样的观念在比较人类学中不是一个清晰地分隔的“东西”，而是一种无定形的、多元的概念（Barnard and Good 1984：188-9）。亲属关系甚至可能缺乏精确定义，它是一种解放而不是限制。对于任何学者来说，亲属关系并不构成一个封闭的系统，而是一个开放式的系统。以下将通过论述亲属关系与生物学、亲属制度理论这两个方面来论述亲属制度。

亲属关系与生物学　理解亲属关系与生物关系截然不同是至关重要的。亲属制度之间差异很大，但生理过程在任何地方都是一样的，这些变化显然是社会的而不是生物的。传统上习惯对社会父母（pater and mater）和生理父母（genitor and genetrix）之间做出区分，但约翰·巴恩斯（John Barnes 1961）将genitor 和genetrix之间做出了更进一步的区分，即假定生物学上孩子的父母和由来自父亲的精子和母亲的卵子结合所产生的孩子的父母之间的区别。与pater和mater一样，genitor和genetrix也是社会赋予的角色，是根据生物学概念再加上性活动所产生可能的父母的主流思想的假设所产生的。社会亲属关系、对生理上亲属关系的看法、遗传的关系这3个层次中，社会人类学只关注前两个。虽然这不能解决生物学本身的问题，但能解决被文化定义的生物学上的亲属关系。

特罗布里恩岛的岛民证明了约翰·巴恩斯的区分，马林诺夫斯基（1932）报道了他们相信孩子的精神通过母亲的头进入母亲的身体，在她的子宫里孕育。性交被视为必要的初步概念，但它的唯一功能是打开阴道，为孩子成长提供空间，尽管孩子可能有遗传的父母，根据当地的传统他们没有母亲或父亲。然而，父亲的角色是至关重要的，对于一个女人，养育的孩子没有社会性的父亲是非常无耻的。有趣的是，特罗布里恩岛岛民完全熟悉生物父权观念，但否认它们的有效性；换句话说，这是一种意识形态，而不是一个经验知识的象征。这同样适用于那些许多位生物亲属关系声明，即便它们自称为“科学”或事实。

血统理论　从历史上看，有一个明确的区分：那些认为亲属关系基于血统父母和孩子之间的联系和认为亲属关系是集中在由婚姻创建联盟关系的人之间的区分。拉德克利夫·布朗（Radcliffe-Brown）是前者最重要的代表人物，与福尔特斯（Fortes）和杰克·古迪（Jack Goody）其他血统论者相比，布朗做出明确亲属、亲戚血统的区分并通过婚姻来区分姻亲和亲戚，因此他经常使用“亲属关系和婚姻”这个短语，意指后者比前者范围更广。他进一步区分仅仅以男性为共同祖先的亲属、同族、后代，以女性为共同祖先的后代以及男女性共同祖先的后代。此外，拉德克利夫·布朗还将亲属制度分为仅以男性为主的父系亲属制度和仅以女性为主的母系亲属制度。在以父系亲属制度为主的社会中，子孙后代社会地位的获得主要来源于男性；而在母系亲属制度中则是母舅。全世界范围内父系亲属制度占主要部分。但是这种划分方法受到埃德蒙·利奇（Edmund Leach）等人的批评和质疑。

联姻理论 血统理论在一些以血统为基础的非洲社会可以解释得通，但是不能解释大部分澳大利亚和美洲的情形。或许是因为婚姻联盟依然长期存在并形成持久的模式。联盟理论强调婚姻结构原理，这与杜蒙特利奇和李约瑟的理论尤其相关，但它的先驱列维·斯特劳斯（Lévi–Strauss 1969［1949］）在另一方面即用乱伦禁令来审视婚姻：帮助防止群体性生活方面的自给自足，因而激励了更广泛的社会凝聚力。虽然乱伦的合并规则和异族结婚受到了开放的批评，但是有些社会的婚姻遵循常规、持久模式。因此这些亲属关系的基本结构包括正面和负面的婚姻规则，然而复杂的结构只包括负面的规则。他确定了3个基本结构，但其他人认为可以减少到两个，即对称和不对称交换。

文化理论 虽然有些亲戚关系，比如“姻亲”，被视为是纯粹社会意义上的，但大多数人认为这有生物学基础。大卫·施耐德（David Schneider）发现欧美把亲戚定义为拥有共同的“血液”，并且家人之间行为一致。在他的难忘的术语中，亲属关系涉及自然物质和行为规则，虽然“自然”本身就是一个文化概念。田野工作常常采用这种方法导致对人持有先入为主的看法。施耐德（Schneider）发现，人格很大程度上是亲属关系实践构成的，部分地通过遗传学构成。

亲属关系的实践 经典的亲属关系的作品强调法律上的规定，与这些规则相符合，通常被视为合格的、没有疑问的。只有当这些规则被打破才会寻找另一番解释。然而顺从和反抗都是重要的选择，有必要解释为什么有些人遵守规则以及为什么别人却忽视它们。然而，即使这需要很简单的观点来解释规则和行为之间的联系。总之，规则不指使行为；相反，规则是用来解释或证明行为的。

（杨修业）

参考书目

［1］Robin Fox. *The Keresan Bridge: A Problem in Pueblo Ethnology*. London School of Economics Monographs on Social Anthropology. Berg Publishers, 1967.

［2］Needham, R. ‘Remarks on the Analysis of Kinship and Marriage’, in R. Needham（ed.）*Rethinking Kinship and Marriage*, London: Tavistock Press, 1971.

［3］Barnard, A. J. and A. Good. *Research Practices in the Study of Kinship*, London: Academic Press, 1984.

［4］Lévi–Strauss, C. 1969［1949］, *The Elementary Structures of Kinship*, 2nd edn, London: Eyre & pottiswoode.

［5］Schneider, D. M. *American Kinship: A Cultural Account, Englewood Cliffs*, NJ: Prentice–Hall.——（1984） A Critique of the Study of Kinship, Ann Arbor: University of Michigan Press, 1968.

亲属制度研究批判（A Critique of the Study of Kinship） 美国芝加哥大学人类学系教授大卫·施耐德（David Schneider，1918—1995），以其亲属研究和积极推进象征人类学研究闻名，作为一名后现代主义色彩极浓的人类学家，他被认为几乎终结了美国亲属制度研究，在1984年出版的《亲属制度研究批判》中，施耐德认为，亲属制度研究完全是一个虚假的领域，它是人类学家根据自己的文化背景（尤其是西方的文化背景）建构起来的一套概念和方法，是对研究对象的社会制度（尤其是继嗣和婚姻制度）的概括和描述，因此任何试图概括出一般理论的亲属制度最终都必然无法摆脱西方文化的阴影。

施耐德从Yap人的案例入手来对亲属制度研究进行批判，通过对Yap人的几个关键的亲属关系的解构，说明当地的亲属关系完全不同于西方意义上的对应关系，进而证明西方的亲属关系概念完全不能用来描述当地人的关系，从而对整个亲属制度研究都产生了怀疑。他首先指出亲属制度研究具有3个公理：一是亲属关系领域是普遍存在的，而且在人类学的4个研究领域中具有优先权；二是亲属关系与人的再生产有关，是生物学关系的附属品；三是血浓于水是任何社会都存在的一个普遍现象。施耐德针对这3个基本公理进行批判、反思甚至颠覆，以此说明亲属制度研究的根基已不复存在。但他认为可以将亲属关系研究当做是一个经验问题，放弃普遍追求；将亲属关系研究变成搜罗奇闻逸事，并认为这样我们可以学到更多。需要注意的是，施耐德将自己的批判范围限制在亲属制度中的继嗣制度上，而完全没有考虑婚姻制度。

（刘荣）

亲子关系（Filiation） 现代意义上的亲子关系，就是指核心家庭内部双亲和子女的血缘关系，具有“父子关系的鉴定”“立嗣”等含义。亲子关系在法律上则指父母和子女之间的权利、义务关系。

家庭关系的核心是夫妻关系，当夫妻有了孩子以后，父母和子女便建立了亲子关系。儿童出生以后，亲子关系主要表现为母子关系。父母和子女是血缘最近的直系血亲，是家庭关系的重要组成部分。父母和子女之间的亲子关系可以分为两大类：第一类是自然血亲的父母子女关系，这是基于子女出生的法律事实而发生的，其中包括生父母和婚生子女的关系、生父母和非婚生子女的关系。其特点是自然血亲的父母子女关系，只能因依法抚养子女或父母子女一方死亡的原因而终止。在通常情况下，他们之间的相互关系是不允许解除的。第二类是拟制血亲的父母子女关系，这是基于收养或再婚的法律行为以及事实上抚养关系的形成，由法律认可而人为设定的。包括养父母和养子女的关系，继父母和受其抚养教育的继子女的关系。其特点是拟制血亲的父母子女关系，可因收养的解除或继父（母）与生母（父）离婚及相互抚养关系的变化而终止。除此之外，《中华人民共和国婚姻法》规定了具有父母子女亲子关系的人之间的权利与义务，如父母对子女具有抚养教育的义务；父母对未成年子女有保护和教育的权利义务；子女对父母具有赡养扶助的义务；父母子女有相互继承遗产的权利。

（陈凌）

青春期（Adolescence） 是指个体生命历程中介于童年期与成年期之间的一段时期。在美国心理学家斯坦利·霍尔（Granville Stanley Hall）的推动之下，这一概念才得到了普遍的关注。

尽管有关青春期的科学的理论建构直到20世纪初才出现，但是哲学家和教育家早就对此有所论述。早期的观念认为，青少年精力充沛且容易冲动，因而青春期无论对青少年自身还是周围的人来说，都是一个潜在的问题时期，因而研究者们要么试图解释原因，要么关注问题解决的方法。青春期涉及生物、心理及社会等多个方面，所以成为生物学、心理学、社会学、历史学以及人类学共同关注的对象。

生物学家和心理学家主要关注个体在此过程中的身体、智力、情感及社会能力的变化。生物学观点强调青春期的荷尔蒙和身体变化，斯坦利·霍尔是这一传统中最重要的理论家，被视为青春期科学研究的奠基人。受达尔文等的影响，他提出了“复演理论”（theory of recapitulation），认为个体的成长历程是人种发展历史的复演，取决于生理因素和基因，几乎不受环境的影响。青春期的荷尔蒙变化会造成心理突变和危机，但这种压力是由生物因素决定的，因而不可避免。尽管大多数科学家不再相信青春期是一个与生俱来就充满压力的时期，但当代研究仍然继续强调生物因素对青少年发展的影响。在精神分析方面，弗洛伊德（Sigmund Freud）认为，青春期的荷尔蒙变化会导致性冲动明显增强，性心理冲突被唤醒，进而破坏在之前潜伏期所获得的心理平衡，将青少年抛入内部心理危机阶段。他指出，青少年的主要挑战就是解决这些冲突，重建心理平衡。他的女儿安娜·弗洛伊德（Anna Freud）指出，青春期荷尔蒙变化将先前的性冲突唤醒，驱使青少年切断与父母的情感联系，转而将同龄人作为性欲与情感的对象。她相信，青少年需要脱离父母以发展成为健康而成熟的成人，这一过程被称为“分离”。到20世纪后半期，具有精神分析取向的研究者们将注意力转向个体为了解决冲突与他人建立成熟关系而发展起来的技巧和能力。布洛斯（Peter Blos）强调情感自治，埃里克森（Erik Homburger Erikson）关注青少年对认同感的追求。而认知发展取向的理论家则研究了青少年智力发展的特征，其中最有影响力的研究来自皮亚杰（Jean Piaget）。他指出个体从出生到成熟的历程中，要经历4个不同质的智力发展阶段。而青少年主要经历从“具体运算阶段”到“形式运算阶段”的转变，其逻辑推理能力从需要具体事物的支撑发展为也可运用于抽象的环境中。劳伦斯·科尔伯格（Lawrence Kohlberg）也相信青春期的推理不同于儿童期，青少年能够运用诸如公平、平等之类的道德原则对道德问题进行思考，而非仅仅局限于具体的规则。

社会学、历史学和人类学有关青春期的理论致力于理解青少年群体是怎样成年的以及不同时期和不同文化中其成年方式的多样性。社会学理论主要研究工业化社会，关注代与代之间的关系以及青少年在成年过程中的问题。库尔特·勒温（Kurt Lewin）和埃德加·弗莱登伯格（Edgar Friedenberg）强调青少年和成人在权利上存在的差异。当代也有研究者认为许多青少年被排除在有意义的社会角色之外，因而在成年过程中体验到挫折、躁动及困难等。另外有一些学者对代沟问题进行了研究，比如，卡尔·曼海姆（Karl Mannheim）和詹姆斯·科尔曼（James Coleman）指出，青少年与成人成长于不同的社会环境，因而具有不同的态度、价值观和信仰等。这种代沟因为社会机构，尤其是学校的“年龄分级”而被扩大化了。与社会学家类似，历史学家与人类学家也关注青少年成年的环境，但是却采取了更相对主义的立场。格伦·埃尔德（Glen Elder）和约瑟夫·凯特（Joseph Kett）强调青春期在各个历史时期存在很大的不同，因而对有些问题就很难得出普遍的结论，比如青春期压力的程度、该阶段的任务以及代际关系的性质等等。历史学家认为这些问题都取决于特定时期的社会、政治及经济状况。另外，还有一些学者指出人类划分生命周期的方式是政治、经济和社会环境的反映，因而是社会因素而不是生理因素决定了青春期的性质。人类学家也持有同样的观点，他们调查了不同文化如何影响青少年的成年以及不同类型“成年礼”的性质及意义等。其中，露丝·本尼迪克特（Ruth Benedict）和玛格丽特·米德（Margaret Mead）的研究最有影响力。基于实地调查资料，她们指出，各个社会看待和对待青春期的方式存在很大差异。青春期是一种由文化界定的经验，在一些社会中可能被视为是充满压力和困难的，但在另一些社会中，却被视为是平静而安宁的。

青春期是人生发展的关键时期，不仅对于个体，而且对于社会来说，都具有极为重要的意义。目前，研究者们对一般性的粗略描述兴趣减少，更倾向于去理解青春期发展的具体细节。同时也不再坚持单一的理论取向，而是致力于整合来自不同学科的多种理论对青春期问题进行探究，尤其关注青少年成长的环境如何与生物及心理因素交互作用以及这种交互对于青少年发展的影响。

（陈雪英）

参考书目

［1］Mead, M. *Coming of Age in Samoa: A Psychological Study of Primitive Youth for Western Civilization*. New York: William Morrow, 1928.（中文版见玛格丽特·米德著. 萨摩亚人的成年——为西方文明所作的原始人类的青年心理研究. 周晓虹等译，北京：商务印书馆，2008.）

［2］Blos, P. *The Adolescent Passage: Developmental Issues*. New York: International

Universities Press, 1979.

情绪（Emotion） 是人在社会交往与思考中产生的强烈感知过程。对于情绪的研究，各个不同的学科领域都有不同的定义，研究方法和结论也莫衷一是。这是由于情绪本身是一个微妙而复杂的概念。它兼具生物性与社会性，是身体和心理的同步活动。对于情绪的产生、表达以及个体对情绪的理解、反馈，在不同的文化环境中，兼具统一性和多样性，故此对于情绪的定义至今没有统一的标准。而对情绪的讨论同时又推动了社会科学与自然科学的交融。总体来说，情绪植根于社会和人际交往之中，是一种由社会现实衍生出来的个人反应。因此从根本上而言，情绪是一个社会问题，它是确定个体身份、了解其所处的社会环境以及解读文化的重要中介。

情绪具有生理基础，其生理性在人类生存和进化中起到重要的作用。威廉姆·詹姆士（William James）认为情绪的产生，首先是身体对外界做出反应，进而上升到意识层面。例如，当人在野外遇到一头熊，应激反应首先导致心跳加速、呼吸短促、肾上腺素激增等。意识到自己的身体起了上述变化后，个体将这一系列的感知解读为“恐惧”。然而，不同的情绪可能引起类似的生理反应。比如，兴奋和恐惧都会带来心跳加速的紧张感。因此，将生理反应作为唯一的基础来观测和理解情绪显然是不够的。但是，我们并不能因此否认身体机制对于研究情绪变化的重要性。有许多基础情绪（primary emotion），例如愤怒、悲伤、厌恶、快乐等，都伴有强烈的生理反应，引发相应的面部表情变化，具有跨文化的普世性。一些高级情绪（secondary emotion），例如幼儿与亲人分开时产生的紧张、物质资源被剥夺时的忌妒、意愿不能达成时的挫败感，都是生物本能性（instictive）的反应和体现。这些情绪和相关的反应，能帮助我们更好地理解情绪在人类生存与进化中的作用。

情绪具有社会基础，帮助个体构建社会身份、融入社会环境。情绪的产生以及对于自己和他人情绪的感知和解读，不能被单纯理解为身体对外界环境的应激反应。情绪只有在社会交往中才会产生，可以看作个体面向社会环境做出探索。人通过习得如何解读和表达情绪才能与他人和环境沟通交涉，从而在社会环境中确立个体的地位、身份和价值。马克思指出，情绪植根于经济基础之中。资本主义对无产阶级的压迫、工作与工人的分离，会导致情感上的异化现象（alienation）和与之相伴的焦虑、沮丧等。弗洛伊德则认为焦虑与负罪感等情绪来源于早期童年压抑的性冲动和性欲，在成长的过程中逐渐演变和拓展到其他社会生活层面。权力的获得带来愉悦与幸福感，失去则带来恐惧与失落感。在与他人交往的过程中，自我希冀的社会身份得到认同时带来满足与安全感，被否认时则引发负面情绪。这些都是情绪具有社会基础，在社会交往中产生并起作用的体现。

情绪具有文化意义，情绪的解读、表达方式、沟通方法都受到文化的深刻影响。对比不同文化下对情绪的解读和表达在人类学中具有重要意义。除前文提及的具有跨文化普世性的基础情绪外，情绪表达的场合、程度和应对方法在不同文化中都有着显著的差异。每一个特定文化都对情绪的产生，表达和沟通有着丰富的规则。从幼儿时代起，人们便从周身的环境中获取如何感知和表达情绪的语言和肢体动作，并通过这样的过程来分析自己和他人的思想。情绪的重要作用，在于构建个体与群体、个体与其他个体的沟通。因此，交互式理论（interactive theory）能够帮助我们理解情绪在个体了解和塑造自身所处的文化环境，行为模式，道德规范中起到的作用。个体通过情绪社会化的过程来了解如何表达情绪，何时表达情绪以及如何控制和区分不同的情绪。而文化环境中对于情绪表达和解读的规范，也会在个体的作为载体和演绎者的作用下形成允许个体发挥主观能动性的区间。在文化与个人对情绪的相互理解和塑造下，人际交往中的情绪的认知（emotional cognition）对于构建有意义的人际关系至关重要。情绪认知概念指一个人对另一个人正在体验一种情绪状态的觉察，从而产生相同的情绪体验。这两种情绪体验未必完全吻合，但是由此产生的移情（empathy）和同情（sympathy）是人际交往的基础。能够站在他人的角度，觉察和体验他人的感情并做出应对和反馈，使得情绪成为联通个体与其所处群体的中介。这也确立了对情绪的研究在文化人类学中的重要意义。正如美国人类学之父博厄斯（Franz Boas）指出，人类学之所以关心群体而非个体，是因为个人只有作为种族或社会群体成员时才有意义。而情绪则在日常生活中，使人深刻体验其获取和确立其社会成员意义的过程。

（吴桦）

情绪人类学（Anthropology of emotion） 以文化视角研究人类情绪情感的人类学分支学科或研究领域。关注“快乐”“惊讶”“害怕”“生气”“沮丧”“悲伤”等情绪表达和社会建构。人类学家将情绪放置于社会背景中，认为情绪是人通过社会化过程，在与他人互动学习中产生的，是人们在文化情境内承担责任，扮演角色和进行人际博弈的表达方式。

人类学在情绪方面的研究最早源自达尔文（Charles Robert Darwin），他在1872年出版了《人和动物的情绪表达》，该书的主要观点证明，人不是拥有情绪表达的唯一物种，动物也能够拥有并表达情绪，人与动物分享了属于生物的共同情绪，如“爱”“愤怒”“恐惧”等，这些情绪可以帮助物种适应环境。达尔文的写作目的是希望通过对时人通常所认为的文化之物——“情绪”——的研究来弥合人与动物的鸿沟，以验证自己的进化假说。

20世纪20—30年代，人类学家开始运用心理学的研究成果探寻土著人的情绪世界，代表性著作当属马林诺夫斯基（Bronislaw Malinowski）的《野蛮人的性生活》。弗洛伊德（Sigmund Freud）的研究试图验证人类在处理亲属关系情感方面拥有普遍性，而马林诺夫斯基则探讨在特洛布里恩德社会男孩面对舅父和父亲的不同情绪表现，迥异于文明社会的“弑父恋母”情结。第二次世界大战前后，克拉克洪（Clyde Kluckhohn）、罗维（Robert Lowie）、鲁斯·本尼迪克特（Ruth Benedict）、玛格丽特·米德（Margaret Mead）等博厄斯（Franz Boas）的弟子们成为美国人类学的领军人物，并且积极推动“文化与人格”学派的理论和民族志实践。这些学者研究的共同路径是试图通过文化对于心理因素的作用来总结整个文化中人们的共同心理特征，而情绪成为捕捉不同文化类型中人格呈现的首要现象。本尼迪克特在《文化模式》一书对4个部落精神气质进行了比对，呈现了身处不同文化类型中的人们在文化模型下实现情绪养成，并根据文化情境来进行情绪的展演：阴沉冷漠的多布人控制快乐的情绪，禁止笑声；普韦布洛人用繁复的仪式快速消解因死亡而引起的悲痛；而一些西部印第安部落则运用各种自我折磨的方式来使自己进入极端的情绪体验。

20世纪60年代，情绪正式成为主角，进入了人类学视野。吉恩·布里格斯（Jean L. Briggs）和凯瑟琳·鲁兹（Catherine Lutz）是当时的代表人物。布里格斯呈现了乌特库因纽特人（Utku Inuit）将生气、愤怒等情绪视为儿童的表现，甚至会将经常乱发怒的人视为精神病，他们认为正常成年人要制约个人情绪，对所有人要和气、宽容。布里格斯的讨论明确了情绪在维系亲属关系方面的作用。而鲁兹在密克罗尼西亚的伊法鲁克人（Ifaluk）中的调查，呈现了普遍存在于当地人群互动过程中的几种情绪，如“fago”（包括同情、怜悯、爱和悲哀）、“song”（包括合理的、正义的生气）等，这些情绪的表达和理解都要依赖对其社会结构、社会关系背景和文化价值的解读。

在情绪人类学研究领域中，一直存在着对情绪性质的二元看法。一方是持生物决定论立场，这一派学者认为，情绪现象普遍存在于人类生活之中，其生成由人们的生理属性决定，文化之间不存在情绪差异，研究的目的是找寻不同文化之间共同的情绪表现；而持文化相对论立场的学者则认为情绪的产生和表达都受到文化场域的模塑，身处不同文化的人们会拥有形态各异的情绪特征，情绪是被文化建构出来的，文化之间的情绪不能通约，而研究目的也就在于发现不同文化中人们情绪的千差万别。

罗伯特·列维（Robert I. Levy）试图弥合情绪研究二元对立。在对法属波利尼西亚的塔西提人（Tahitian）的田野工作中，他提出了情绪的"潜在认知"（hypocognized）和"显在认知"（hypercognized）两个概念，用来解释情绪既具有内隐的普遍性，又具有外显的特殊差异。

如今，学者将人类学的身体研究整合进入情绪领域，将"身体"作为构成情绪经验内在要素的感性经历。"身体"概念关照了人类认知的生物和文化的双重维度，所以受到情绪研究的特别重视。每一个情绪词汇所隐含的复杂意义都是身处某种文化中人们对于文化价值、社会关系乃至经济环境的全跨度表达。谈论情绪的同时也是在谈论作为人类学家开始即在记录的社会事实——关于权力和政治，关于亲属关系和婚姻，关于常态和变态。情绪性的意义是被特殊文化系统和特殊社会与环境材料建构起来的，情绪经历并不是先于文化，而它本身就是文化。

（马威）

参考书目

Lutz, Catherine & White, Geoffrey M. *Anthropology of Emotions*, Annual Reviews of Anthropology, 15, pp. 405–436, 1986.

求偶（courtship） 指的是个人获得一次约会或一个配偶的过程，求偶一词来源于西欧中世纪宫廷骑士求爱的实践。在欧美的约会里，求偶和求婚随着男女婚前交往行为中的承诺程度而异。求偶的过程常常需要花费大量的时间、精力，并冒一定的风险。另外，求偶方式和浪漫的表白因所属文化传统和生物心理因素不同，因性别的不同而有差异。进化的心理学断言，不同求爱策略的发展不总是可以辨识和易于理解的。男女会被潜在的爱人或伴侣的不同的特质所吸引，男子较女子更容易坠入情网，女子一般会较为谨慎。从这个角度来说，大部分求偶中爱的行为都是为增强男女的吸引力而设计。对女子而言，用这些行为去衡量男子的志向、工作、收入、地位及诚实，同时，男子也在寻求一些女性特征的证据，如年轻、健康、性感、生育能力及父母的投入。

态度的不同或许可以解释一见钟情或短暂吸引。性欲和浪漫对于男子来说是建立于外表的印象，这也可以解释男子在性感喜好和极其浪漫的爱情之间的快速转换的能力。习惯上，女子在评估男子的社会地位或了解他的性格方面显示出更多的兴趣，相对于外表的吸引力，女子在伴侣选择或浪漫幻想时显示出了更加苛刻的标准。当女子需要更长的时间去评估性格胜于外表时，她们便会更难被浪漫沉沦或者做出完全的承诺。

男女的态度差异部分地解释了瞬间吸引现象或一见钟情。对男人来说，如果性欲和浪漫的理想化是基于外表的吸引力，那么它也同样解释了男人在性幻想和深爱之间快速转换的能力。对女人来说，更加看重外表的吸引力，显然成为选择伴侣和浪漫幻想形成的最重要的标准。当女性花费越久的时间去评估性格超过外表吸引时，其陷入浪漫爱情或做出完全的承诺就越慢。如果外表和社会地位被评估，它们的存在也就多了不安和忧虑。对歪曲判断的爱的体验的力量是一个常见的跨文化恐惧。它会产生不平衡，这将导致男女思考，他们不公平地被对方迷惑或诱惑。世界不同的文化中，无数值得注意的故事警示陷入一段过度的爱情中的男女。

当求偶热烈且关注爱和性，虽然分离了情绪，仍旧是无法解开的缠绕并有亲密关系。这个关键的问题必然是纠缠的情绪是否将被婚姻内在或外在的制度化，或是忽略、留给个人去重塑新的一代。在每一配对中，并不仅是凭单一的外表，而常常是浪漫的爱情、一夫一妻制或是个人的选择，但是婚姻制度内这三者的结合具有历史性的显著特点。什么造成了浪漫爱情的产生，对于婚姻来说，是基本依据，而不是一个可能的考虑。

文化人类学家强调自生产社会到消费社会中家庭转换的结构影响，其中包括地方性的话语、减弱的亲属关系纽带，尽管这同样能为年轻人提供经济和情感资源去对抗自我牺牲的类似要求。极速的社会变迁就文化价值而言，也导致了代际的分离，并加大了成年人的自由。在这种情况下，爱成为代际不和谐的基础。它也成为蔑视的话语，借此，恋人们能够规避老几代人的安排，选择他们自己的婚姻伴侣。一旦婚姻被重新定义为围绕个人选择而被组织起来的恋爱的结合，它便进入了“可见的或正式的文化”。在此种情形之下，爱不再必须被重新发现为新的一代。在西方世界中，浪漫的爱情逐渐且以各种不同的强度，成为文雅和社会差别的语言。

（哈彬）

区隔（Distinction） 是法国社会学家布迪厄（Pierre Bourdieu）在其著作《区隔：一种趣味判断的社会批判》（*La Distinction* ： *Critique Sociale du Jugement*）中使用的一个概念，揭示的是由“趣味和品味”区隔出的社会分层。

在著作中，布迪厄将日常生活引回到人类学意义上的文化，把人们对于最精美物体的高雅趣味与人们对于食品风味的基本趣味重新联系起来，通过考察不同阶级之间的生活方式，即最具体的饮食、服饰，乃至生活状态等方面，建构出20世纪70年代法国社会的阶层状况。在此基础上，研究了趣味的形成、分类与本质，揭示统治阶级趣味、中产阶级趣味及工人阶级趣味的特征，对高雅趣味与天赋趣味进行了批判，对康德非历史、非社会的纯粹美学观进行了批判。他的结论是，趣味是一种社会决定，社会中不同阶级和群体在趣味上存在差异，趣味也因此成为区隔划分社会阶层的重要标识。不同阶级的成员总会进入不同趣味的场域，通过自己的生活方式和消费行为，展现由有形或无形社会等级和社会位置所决定的社会法则。因此，根据生活和消费中人们的趣味偏好可以划分出阶级和阶层。因文化趣味的差异而形成的社会区隔，事实上是一种反映社会等级分界的权力关系建构，文化实践的意义由此才可以得到理解。

总之，在布迪厄看来，作为惯习衍生出来的阶级惯习所表征的阶级趣味，是形成不同阶级场域、造成阶级区隔的源泉和基础，趣味因此成为阶级（阶层）区隔的重要考量依据。布迪厄的区隔概念及其相关讨论实质上代表的是一种基于文化趣味的新型社会分析理论。

（杨慧）

参考书目

［1］Pierre Bourdieu. *La Distinction: Critique Sociale du Jugement*. Paris: Les Editions de Minuit, 1979.

［2］Pierre Bourdieu. *Distinction: A Social Critique of the Judgement of Taste*. translated by Richard Nice, Cambridge, MA: Harvard University Press, 1984.

区域控制比较（Regional controlled comparison） 是对特定区域内的民族志资料进行比较的研究方法。这些社会通常具有相似的历史，并处于相似的环境之中。比较通常是在数量比较少的群体之间进行，这些群体在同一地区生活，或者有相似的生存环境。人类学家在某个地区搜集到两种以上文化资料时，依据人类学概念进行系统的比较研究。

人类学家惯用的分类常常用来作为进行比较分析的项目。基思·奥特拜因（Keith F. Otterbein）列举了民族、语言、自然环境、历史、生存方式、人口密度、劳动分工、住宅形式、定居类型、居住范围、经济、社会阶层、居住形式、婚姻、家庭模式、世系群体、血缘家族、血缘婚、亲属称谓、政治制度、法律体系、军事组织、复仇、战争、战争的起因、超自然物、宗教仪式主持者、巫术、邪术、产后性禁忌、游戏、入会仪式和艺术等由34个专题构成的“文化分析概要表”来对3个族群进行比较。

被选择来进行比较的文化群体可能会共有

许多文化特征和社会特征，但少量的差异是比较分析的关键。人类学家要对这些相同和差异做出解释。区域控制比较研究不仅对产生解释有用，而且对检验解释也是很有用的。因为有若干个用以进行比较的社会，其中有些社会具有所要解释的特点，而有些却没有。人类学家可以根据不同变量之间的关系，确定所假定的相关条件实际上是否有关联，至少在所研究的区域内是否相关。不同文化之间相同的文化特征越多，意味着文化越相似；反之，相异的文化特征越多，文化就呈现出越多的差异。一些人类学家也用区域比较研究方法来确定文化区域。不过，某个区域的两个或两个以上的条件之所以相互联系，是基于这个区域所独有的各种原因。因此，在一个区域得到支持的某种解释，在其他区域却不一定能够得到支持。

在区域控制比较中，常常将人类学家分析社区文化时常用的背景分析法包含于其中。从整体论的观点出发，背景分析试图将行为置于更广的文化与社会背景之中，是直接从田野工作经验中产生的。人类学家认为，对人类行为的理解有赖于将行为置于广泛的文化背景分析。背景分析类型各异，通常是将单一的事件置于更为广大的社会体系之中，考虑某一族群与其他族群之间的关系，他们生活的生态环境和地理条件以及各种外来因素对这些社会的影响。所比较的文化特征之间相关关系究竟是功能性的还是传播和历史发展的结果，就需要对丰富的背景材料的分析来加以判断。区域控制比较研究在比较不同文化群体时应当尽可能多地保持背景材料。进行区域比较研究的人类学家通常会对与这个区域相关联的复合文化特点相当熟悉。这些特点可能有助于很好地理解所要解释的文化现象的来龙去脉。区域控制比较研究者对所研究区域的了解很可能没有民族志学家对单一社会的了解多，但区域控制比较与世界范围的跨文化比较相比，所获得的对地区详情的了解还是要更多一些。跨文化比较过于广泛，调查者不可能对所比较的任何一个社会都有很深入的了解。

美国人类学家巴博德（Burton Pasternak）利用统计学方法对台湾的两个村庄进行了比较分析，他区分出了影响确定分娩时间的因素，根据详细的人口统计资料，对降雨量、工作要求、受孕时间、结婚时间、温度等因素进行分析，逐一地排除那些不相关的因素。巴博德发现，可靠的食物供给可能会影响到首次分娩的季节性分布，即首次分娩时间的确定是与有充足的食物供应相一致的。此前巴博德还分析了台湾南部有着相似的自然条件、人口规模，距城市距离差不多的两个村庄在社会组织方面的差异。他用比较研究方法说明，通常回答差异原因的答案，如现代化和都市化的不同压力、不同的族群起源等，可能远不如特定的地方历史和地理因素更有意义。

（王建民）

全球化（globalization） 是一个多维的历史过程，它在基本内涵方面具有狭义与广义之分。狭义的全球化主要指经济全球化；广义的全球化则可以为一个以经济全球化为核心，世界各国、各民族、各区域之间在政治、经济、文化、科技、军事、安全、价值理念等方面彼此相互联系、相互影响和相互制约的多元概念。全球化涉及人类生活的几乎所有方面，是社会、政治、经济、文化以及技术力量共同作用的独特结果。

全球化的概念形成与第二次世界大战以来世界政治经济格局的发展与大调整息息相关。“全球化”一词从20世纪60年代末70年代初逐渐开始在国际经济、政治、文化学中使用，并逐步得以规范化。80年代，随着西奥多·里维特（Theodor Levitt）在其《市场的全球化》（1983年）一书中首次在经济和文化流动的意义上使用这一概念，全球化概念逐渐演变成一个概括未来时代的基本概念。90年代以来，随着联合国宣布“世界进入了全球化时代”，“全球化”作为学术概念开始全面进入国际主流学术界和公共舆论的讨论空间。随着全球化进程的加快，人们对全球化的理论认识也在不断深化，不同学者纷纷从政治学、经济学、历史学、文化学、社会学等不同学科角度来考察与研究全球化问题，并不断加强了不同学科之间的联系与合作。在具体定义上，一般而言有如下3种基本认知：①全球化主要是指世界经济一体化，各国在经济领域相互交融的程度日益加深，逐渐形成了全球经济体；②全球化是指在经济、政治、文化以及生活方面的多领域关联化与一体化进程；③全球化也是一种商业文化、大众文化以及消费主义占领文化市场的世界化现象。可以说，全球化所展现的是一种全球范围内的深刻变化。在通常情况下，新自由主义经济往往被理解为全球化的核心领域及内在动力，而全球化议题则跟世界各国的政治、经济、文化以及信息技术息息相关。

全球化伴随着各领域的巨大变迁，如商品市场与资本市场相互融合；大型跨国集团的形成；民族国家特性的消减；全球治理理念逐步形成，并促使消费习惯日益趋同化，各种自愿或非自愿的人口流动形式以及跨文化身份认同日益多样化；贫富分化进一步加剧；宗教极端势力得以加强；互联网技术飞速发展；温室效应等对全球环境的威胁日益严重等等。

目前主流学术界倾向于认同全球化缘起于20世纪后半叶并具有某种超意识形态的说法，但同时也有其他不同的看法。有学者认为，由于全球化往往跟新自由主义经济政策相关，因此就无法避免其意识形态色彩；有学者认为全球化概念可以追溯到几十年甚至几百年前，并不是一种新鲜事物，从历史学的角度来看，全球化现象的出现甚至可以追溯至更早的时期，例如15世纪资本主义萌芽阶段，甚至13—14世纪的蒙古世界帝国时代；此外，还有学者认为可以将全球化概念拆分为“全球主义”“全球性”和“全球化”3个概念，其中，全球主义指因不可避免的国际市场垄断所带来的新自由主义意识形态，全球性指的是跨国网络的实际状态，全球化则指引发和推动这种网络联动现象的各种过程。

总体而言，尽管目前对于全球化的具体形式还没有形成共同的认知，但全球化作为一种既有事实和趋势，已经被广泛承认。而与此同时，由于全球化带来的一系列问题，诸如非法移民、恐怖主义、环境污染等问题也在困扰着各国政府，因此，全球化与反全球化之间的论争将是一个长期而复杂的过程。

（袁剑）

参考书目

［1］Bauman, Zygmunt.*Globalization: The Human Consequences*. New York: Columbia University Press, 1998.

［2］Stiglitz, Joseph E. *Globalization and Its Discontents*. New York: W.W. Norton & Company, 2003.

全球社会中的人权（Human Rights in the Global Society） 随着历史的发展，人类已步入一个全球化的时代，原本产生于西方文化的人权也正走向全球化。人权全球化已是我们这个世界的事实并将继续深化，对世界各国产生了极其深刻的影响。

但人类学认为全球社会中人权问题的核心依然是如何看待全球化，在人类学看来，全球化并不是某种标准化和西方化，实际上全球化并没有消融地方化和多样性，相反推动了当地本土和个体化的过程，不断产生出新的多样性，我们也总是处在复数的和多样化的文化背景之下，并没有一个纯粹的“传统社会”存在，所以人类学的人权研究一直是比较的，并没有因全球化程度的变化而发生改变。

人类学认为在人权话语进入法律中，能够看出，多样化的当地本土形式被赋予了全球的形式，有两个主要的转化过程在其中起作用：一是国际法律制度的当地本土、方言化，二是涉及当地本土争议案例的国际化和全球化。在这种张力下，人权观念是具体社会斗争的结果，包含在当地的本土规范之中，同时又受超越本土和当地的权力网络的支配，人类学认为即使是在全球化的时代，对人权的看法和研究也可以是情景化的。人类学力图回归到渗透着复杂社会关系领域的人这个主题上，去发现人权如何受到社会生活的制约，并承载着其中的价值观念，又如何受到有意识的个体的建构和支配。所以人权不是功利机制，而是表诉的机制。建构本土和当地是认同、区分自决权与主权并使它们合法化，包容相互竞争的利益群体之间的力量关系和斗争关系。

总之，人类学家能够描述人权怎样建立、延续并转化，解释其中的复杂机制，全球视野中的人权往往被视为“跨国界的公正过程”，是“最普遍的世界意识形态”，人类学将其既看成一种话语和法律，是政治进程中的一种具体形态，包含了全球自由政治和公正的思想；但它也是一种象征形式，其中存在着全球与本土地方的紧张关系；但它更是一种“资源”，可以用来组合与建构当地本土的差异性：各种实体通过这种手段既汇聚组合在一起，又保持着差异。

通过人类学角度对人权进行描述，我们可以影响全球社会，促使构成社会的个体能够建构和信任，他们利用全球化下的人权话语不断创造出来的多样化的身份认同。

（雷小卉）

参考书目

［1］A·格维尔茨. 人权的认识论. 沈宗灵、黄楠森主编. 西方人权学说（下）. 成都：四川人民出版社，1994.

［2］徐显明. 和谐权：第四代人权. 载《人权》，2006（2）.

［3］奈杰尔·拉波特，乔安娜·奥弗林. 社会文化人类学的关键概念. 鲍雯妍，张亚辉译. 北京：华夏出版社，2005.

［4］何志鹏. 人权的来源与基础探究.《法制与社会发展》，2006（3）.

［5］刘希. 法律人类学视野下的人权基本问题探索.《人权》，2009（4）.

［6］张光杰，徐品飞. 人权是什么？——三种阐释与一个回答.《南京大学法律评论》，2002.

［7］托马斯·弗莱纳. 人权是什么？. 谢鹏程译. 北京：中国社会科学出版社，2000.

权力（Power） 中文的“权力”一词来自对英语power的翻译。power来自拉丁语potestsa或potentia，引申自拉丁语动词potere，意为可以做某件事，权力则指通过意志的运用以达到某种目的的能力。

中文里的“权”是公平、平衡的意思，并没有英文power中能力的含义，英文power翻译成“权力”是后人的附会。

权力作为人类社会的普遍现象，在东西方古代哲学文献即被广泛探讨。在柏拉图、亚里士多德、马基雅维利、霍布斯、孔子、韩非等人的言论或著作中，都曾直接或间接讨论到权力的要素、正当性或非正当性权力的评价、权力的取得与丧失等伦理与现实问题。权力是社会成员或组织基于一定的（自然或社会、物质或精神的）资源而具有的对他者的行为（或行为意愿）的影响力。简言之，权力是影响他者行为的力量。

权力是人们从功能论角度对起到影响他者行为或行为意愿的作用的各种力量的统称，而非按此功能外的任何属性确定的某种或某些力量。在政治学中，power指权力。权力的基本类型包括：①（强制性）权力是借助奖惩等强制性手段来实现的对他者的行为的影响力；②权威是受作用者认为对自己有利且必要因而认可为合理并自觉遵从的他者的非强制性影响力。

权力是一种广泛存在的社会现象，是政治学、国际关系与国际政治学的核心概念。在政治学与国际关系研究中，对权力至少有4种定义：①权力作为个人或国家的追求目标（power as a goal）；②权力作为影响力（influences）的度量（measurement）尺度，即资源的内容与多寡；③权力作为政治斗争的结果（results）；④权力作为一种宰制（domination）与被宰制关系的表述。

关于上述4种定义，由于个别研究者研究领域各有侧重，因此不同的文献和学人可能使用不同的定义。例如社会学、文化批判、论述研究（discourse studies）等领域可能侧重“控制关系”。政治哲学侧重个人、团体、国家等单位追逐的目标的探讨；国际政治学则侧重国际行为者影响力的度量。由于权力天生的强制性和不平等性，人们常常将权力与恶相提并论。

但是权力也是人类社会维持运作的必然手段。当权力作为力量的正当性失去后，往往会蜕变成赤裸裸的暴力。

权力与政治学 现代政治学的兴起与对权力的分析密不可分。美国政治学家拉斯威尔（H. Lasswell）在20世纪50年代提出，分析权力即研究“谁、赢得何物、何时、如何赢得？”（Who get what， when and how）的主题。美国国际政治学家摩根索（Hans Morgenthau）也在20世纪50年代提出“作为利益的权力”观念，区分包括人口、地理、经济、战略等权力资源，并断言国际政治的本质即对此等资源的无止境的追逐。此等见解大致奠定了现代政治学研究权力的主要方向。

另外，在人类学、社会学、心理学以及社会科学中的跨科际流派，如结构主义、精神分析、女性主义等学说中，权力关系被进一步追溯到人类意识的形成以及语言符号衍生的控制关系。如原始父权制与反抗发展出了现代公／私领域二分和控制／反抗关系；人类文明、社会固有的对个人本能（id， ego）的压制及其引发的不满现象；又如话语论述中，被政治、经济力量强制灌输、支持的观念，所形成的文化霸权的宰制（有时称为软权力）等。上述研究皆从不同的角度拓展了权力研究的视野。

权力与人类学 传统人类学的政治研究长期以来几乎只限于研究边远社会的传统组织，试图建立一套带有普遍性的政治行为的学科，寻求人类的各种政治行为在各种制度和历史、地理环境下的共同性。传统的人类学往往集中研究被隔离、静止不前、具有均质性和封闭的部落社会，将它们视为完全自主自立的文化群体。普遍认为，权力是属于国家的，处在社会下层的人们只有两种选择：要么消极顺从，要么暴力反抗。

20世纪60年代以后，人类学开始改变过去封闭式的田野调查的研究传统，在更广阔的社会和历史视野中探讨政治权力和政治过程的有序运作及其变迁。发展中国家部落群体的政治权力整合和政治权力分化的研究，在更广阔的社会和历史视野中探讨它们政治制度和政治权力的有序运作及其变迁。

美国政治人类学家沃尔夫（E. Wolf）强调，政治人类学必须用历史的和世界的观点去看待所研究的传统社会和政治权力。换言之，只有把这些社会放在全球体系中，考虑殖民主义的扩张对其所产生的深刻影响，政治人类学才能真正理解它们。在政治人类学领域，强调资本主义对传统社会的影响的，还有明兹（S. Mintz）、沃尔斯利（P. Worsley）和高夫（K. Gough）等人，他们都从不同角度揭示了西方资本主义如何征服、剥削非西方的传统社会，并把它们纳入受西方世界支配、以西方文化为标准的世界体系（Mintz， 1985；Worsley， 1985）。

弱势的边缘群体的权力研究 斯考特（J. Scott）、斯卡尔尼克（P. Skalnik）、彼得森（G. Petersen）等政治人类学家的研究则表明，虽然国家拥有垄断合法使用武力的权力，但弱势的下层群体也可以采取某些非暴力的方式进行抵抗。斯考特把这种非暴力的抵抗称作“弱者的武器”。在《农民的道义经济学》（1976）、《弱者的武器》（1985）和《统治与抵抗的技艺》（1990）等3部相关著作中，斯考特考察了下层群体反抗权力的方式。他关注的不仅仅是受制群体的日常抵抗行为，如不合作、耍赖、阳奉阴违、小偷小摸、纵火、装疯卖傻、流言蜚语等等，而且是其背后所隐含的“反抗、阶级斗争和意识形态统治等一系列重大问题”。

斯卡尔尼克、彼得森等人的研究揭示出，在殖民统治下，弱势的下层群体会巧妙地运用传统文化发展出新的生存策略，既削弱殖民主义所施加的影响，又在一定程度上保持其自主性。虽然这些策略只是一些雕虫小技，不足以使社会发生结构性的变迁，从而给弱势群体带来真正的权力，但它们可以或多或少地改变受制者的社会处境。在某些特殊情况下，被统治者甚至可以因此而获得相当的权力。他们把国家社会等级中最底层的这些人们的反抗也视作一种权力，称之为“人民的权力”。通过这一系列研究，斯考特等人建立起一套下层群体抵抗理论。对政治人类学而言，此种研究的意义在于，它不但揭示了被边缘化的社会弱者的生存处境，以期引起社会各方面的共同关注，而且启发我们在对诸如权力一类的政治人类学基本概念下定义时，必须进行全面考察，充分考虑政治现象的复杂性和多样性，否则就可能犯以偏概全的错误。

当代全球化下国际性政治权力问题　一方面进入20世纪90年代以后，随着苏联的解体和冷战时期的结束，维系数十年之久的世界政治格局被打破，被压抑已久的民族问题通过封疆裂土、独立建国、领土争端和权利要求等形式释放出来，形成了20世纪世界第三次民族主义浪潮。包括民族主义问题在内的民族政治研究遂成为民族学、政治学、人类学等学科普遍关注的热点。政治人类学者试图从文化的层面探讨种族对抗产生和形成的深层机制，希冀借此对解决世界性的种族问题有所裨益。其中盖尔纳（E. Gellner）和安德森（B. Anderson）的观点占据着主导地位。

另一方面，由于技术和经济间的相互依存日益增强，国家与国家之间的关系变得日益密切，更为重要的是，出现了像欧盟这样超国家的制度模式。在这一模式下，来自不同政治文化和不同传统的代表们走到一起，共同制订一项或多项涉及跨文化关系、跨国家组织的总体发展规划。譬如，麦克唐纳（M. McDonald）等人研究了在跨国性组织中，不同的认同、不同的语言和不同的管理传统之间所存在的长期性冲突会产生何种影响（McDonald, 1996）；扎布斯基（S. E. Zabusky）研究了如何在更广泛的科层制框架内建立合作形式的问题（Zabusky, 1995）；阿伯勒（M. Abeles）研究了非领土化所产生的政治象征问题，以及由此引起的权力实施领域的若干大小变化等等。

当然还有人类学的政治研究中所擅长的：现代工业社会中广泛存在的小规模、非正式的政治团体的运行机制，以及信息化时代政治仪式和政治象征所出现的新变化等等。

（李文睿）

参考书目

[1] Lewellen, Ted C. *Political Anthropology: An Introduction*. Westport: Bergin and Garvey, 1992.

[2] Skalnik, P. (ed.). *Outwitting the State: Political Anthropology, New Brunswick*. N. J: Transaction Publishers, 1989.

[3] Worsley, P. *The Trumpet Shall Sound: A Study of "Cargo" Cults in Melanesia*. London: MacMillan, 1985.

[4] Scott, J. *Domination and Arts of Resistance, New Haven*. Conn: Yale University Press, 1990.

[5] 董建辉. "政治人类学研究及其理论的发展.《广西民族学院学报》，2001年第5期.

[6] Scott, J. *Weapons of the Weak: Everyday Forms of Peasant Resistance, New Haven*. Conn: Yale University Press, 1985.

[7] Rosaldo, M. Z. & Lamphere, L. (eds.). *Women, Culture and Society, Stanford*. Stanford University Press, 1974.

[8] 詹姆斯·C. 斯考特. 农民的道义经济学———东南亚的反叛与生存. 程立显，刘建等译. 北京：译林出版社，2001.

[9] E. P. 汤普森. 英国工人阶级的形成. 钱乘旦等译. 南京：译林出版社，2001.

[10] 奈杰尔·拉波特，乔安娜·奥弗林. 社会文化人类学的关键概念. 鲍雯妍，张亚辉译. 北京：华夏出版社，2005.

[11] 阮云星. 政治人类学：亚洲田野与书写. 杭州：浙江大学出版社，2011.

[12] 特德·C.卢埃林. 政治人类学导论. 朱伦 译. 北京：中央民族大学出版社，2009.

[13] 董建辉. 政治人类学. 厦门：厦门大学出版社，1999.

[14] 陈振明等著. 政治学——概念、理论和方法. 北京：中国社会科学出版社，2007.

[15] 马克·阿伯勒. 政治人类学：新的挑战、新的目标.《国际社会科学杂志》（中文版），1998（3）.

[16] 汤夺先，李静. 回顾与反思：政治人类学研究述评.《民族研究》，2012（4）.

诠释学（Hermeneutics）　是科学和艺术的解释和理解，已广泛地应用于跨学科和不同形式的学术研究。这个词追溯到希腊的阐释动词，意思是“解释”，是在亚里士多德和柏拉图的作品中发现。在17世纪，格隆丁第一次提出了诠释学的定义。诠释学是常用于解释圣经神学以及文学理论、基础主义、解构主义、哲学、政治和其他主义的研究。

在学科规范内，诠释学挑战的是一个对象或一个给定的作品历史的或已经确认的意义。一件作品最常被看作人为的，而一件物品却被认为是自然的杰作。通常，作品和物品经由已确立的文本或科学的准则而被理解。准则的内容既包括集中的理论观点，又涵盖具体的独特的研究领域。诠释学创造本学科的理解与诠释问题中的应用。诠释学问，“我们怎么知道，理解一个作品或对象的传统应用是正确的”和“我们如何知道什么是正确的”。当引导他们分析某项准则或一个正式的框架如何正式确立时，这些基本的问题常常被问到。这些用于解释的准则本身可能不适合对某一作品或对象进行客观的审视或理解。这种情况是由于他们的信仰建立在短视的或有缺陷的思考之上。

英语语言是在不断地动态变化的，词的意义从一代变化到下一代，大部分可以从一个世纪持续到下一个世纪。想象一下，将英语翻译成希伯来语尚还无法捕捉其准确含义，谁能知道一个艺术家的艺术创作的真实意图，作曲家的动机或数百年前的匠心独运？诠释学对作品和物品的历史分析一般结合当代社会文化价值观来进行。这些价值观是不确定的解释中的一个重要组成部分。文化价值观对于解释的影响体现在许多方面，包括法律、艺术、社会领域、宗教、文学、经济学和语言。通常，解释上升到接受理解的状态，是一个获取肯定的过程。诠释学着眼于对科学进行解释且达到能够被理解的程度。在诠释学里，要遵循学科内部的准则，且站在对真理的追求的立场上去进行解释。在诠释学的视角下，所有的真理都被视为不确定的。

诠释学作为一门科学被运用于现象学哲学，这意味着，根据帕尔默说的，“让事情变得明显，不强迫自己在他们的类别。这意味着从一个已经习惯了的地方到逆转的方向。这是不是我们指向的东西；相反，所有的一切把自己展示给我们”。这体现了诠释学的几个哲学观点，然而，它可以被看作开放的意识或被披露的诠释学研究方法调查（或也被称为“解释学”）。诠释学要求调查者注意其间的主体间性，调查者要与研究对象实现人际距离。

（蒋萍）

参考书目

［1］Caputo, J. D. *Radical hermeneutics*. Indianapolis: Indiana University Press, 1987.

［2］Crusius, T.W. *Philosophical hermeneutics*. Urbana, IL: National Council of Teachers of English, 1991.

［3］Grondin, J. *Introduction to philosophical hermeneutics*. New Haven, CT: Yale University Press, 1994.

［4］Palmer, R. E. *Hermeneutics*. Evanston, IL:Northwestern University Press, 1969.

［5］Silverman, H. J. and Idle, D. *Hermeneutics deconstruction*. New York: New York University Press, 1985.

［6］Weinsheimer, J. *Philosophical hermeneutics and literary theory*. New Haven, CT: Yale University Press, 1991.

群婚（group marriage） 又称共夫共妻制，指一群男子和一群女子互为夫妻的婚姻家庭形式。始于原始群向氏族公社的过渡时期，氏族即从群婚中直接产生，其经历了两个阶段，即初级形式为“血缘婚”，较高一级为“普拉路亚”婚。至母系氏族公社时期，为对偶婚形式所替代。学术界对群婚产生的理论解释主要有童年亲密论、精神分析论、家庭破裂论、合作论、近亲繁殖论。是由早期亲属关系理论家提出的原始婚姻假说的一种形式，指一群男人和女人共同结婚，进行共同的繁殖并一起抚养孩子。列维·亨利·摩尔根认为，亲属分类系统可能就是这一阶段的证据。

（哈彬）

群体遗传学（population genetics） 群体遗传学研究等位基因频率的遗传、分布以及波动，这些特征受到进化基因组学中4个主要因素的影响，即自然选择、基因突变、遗传漂变和迁徙。遗传变异通常被称为进化的最终驱动力，但由于生物不断在适应周围环境的变化，所以更精确地说，等位基因变异才是进化的动力。等位基因是指同一遗传座位的变体，可以表现出不同表型。在群体基因组中，随机突变产生新的等位基因，该等位基因的频率随突变、遗传漂变和选择作用而发生变化。基因频率在二倍体基因组群体的研究中应用非常广泛。所有二倍体生物每个基因座的每对等位基因分别来自父母。若某基因座的两个等位基因不同，那我们称该生物体在此基因座上是杂合的。早期群体遗传学家根据孟德尔的原则研究等位基因性状的遗传形式，即可观察的表型的基因型。1908年，群体遗传学的数学基础由英国数学家哈代（G. A. Hardy）和德国医生温伯格（W. Weinberg）分别独立发现。通过哈代-温伯格定律（Hardy-Weinberg principle）公式建立参数可预测二倍体种群中等位基因的期望基因型频率。在没有不平衡的突变、基因转移、选择或遗传漂变的条件下，一个大的随机交配种群的等位基因频率是不会改变的。这种平衡可以用一个简单数学表达式（p2 +2pq+q2 =1）来描述。因此，可以计算出等位基因频率在世代间是如何演变的。等位基因频率的变化可用来量化群体结构在空间和时间上的人口结构变化。因此，群体遗传学是对基本的生物学现象的系统阐述，如适应和物种分化。这里所说的“适应”是指在连续世代间等位基因频率的增加使得具有某个特定的解剖、生理或行为特征的个体的繁殖成功率提高了，而“物种分化”则是指新种生物的出现。群体遗传学一个关键的前提是，定量和定性特征的遗传都是基于相似自然法则。

（金力、孙畅）

参考书目

［1］Dobzhansky, T. *Genetics and the origin of species*. New York: Columbia University Press, 1937.

［2］Fisher, R.A. *The genetical theory of naturalselection*. Oxford: Clarendon Press, 1930.

［3］Haldane, J. B. S. *The causes of evolution*. London: Longman, Green, 1932.

［4］Maynard-Smith, J. *Evolution and the theoryof games*. Cambridge: Cambridge University Press, 1982.

［5］Mayr, E. *Systematics and the origin of species*. New York: Columbia University Press, 1942.

R

人 任 认 日 濡 芮

人格（Personality） 又称个性。这个概念源于希腊语Persona，原指演员在舞台上戴的面具，后来心理学借用这个术语来说明，在人生的大舞台上，人也会根据社会角色的不同来换面具，这些面具就是人格的外在表现。面具后面还有一个实实在在的真我，即真实的人格，它可能和外在的面具截然不同。

人格是个人在适应环境的过程中所表现出来的系统的独特的反应方式，主要是指人所具有的与他人相区别的独特而稳定的思维方式和行为风格。它由个人在其遗传、环境、成熟、学习等因素交互作用下形成。人格具有独特性、稳定性、整体性、功能性、社会性的特点。

影响人格发展的因素是多元的，主要有生物遗传因素、社会文化因素、家庭因素、学校教育因素、个人主观因素。关于人格发展的理论，主要有弗洛伊德的人格发展理论和埃里克森的社会性发展阶段理论。

弗洛伊德认为人格结构由本我、自我、超我3部分组成。所谓本我，就是本能的我，完全处于潜意识之中。本我是一个混沌的世界，它容纳一团杂乱无章、很不稳定的、本能性的被压抑的欲望，隐匿着各种为现代人类社会伦理道德和法律规范所不容的、未开发的本能冲动。本我遵循“快乐原则”，它完全不懂什么是价值、什么是善恶和什么是道德，只知道为了满足自己的需要不惜付出一切代价；自我是面对现实的我，它是通过后天的学习和环境的接触发展起来的，是意识结构的部分。自我是本我和外界环境的调节者，它奉行现实原则，它既要满足本我的需要，又要制止违反社会规范、道德准则和法律的行为；超我是道德化了的我，它也是从自我中分化和发展起来的，它是人在儿童时代对父母道德行为的认同，对社会典范的效仿，是接受文化传统、价值观念、社会理想的影响而逐渐形成的。它由道德理想和良心构成，是人格结构中专管道德的司法部门，是一切道德限制的代表，是人类生活较高尚行动的动力，它遵循理想原则，它通过自我典范（即良心和道德理想）确定道德行为的标准，通过良心惩罚违反道德标准的行为，使人产生内疚感。

弗洛伊德的人格发展理论有两个重要的特点：一是强调生物本能即性本能在人格形成和发展中的重要作用；二是强调婴幼儿时期的经历和经验对人格形成和发展的重要作用。他把发展分为5个时期：口腔期（从出生到12~18个月左右）、肛门期（从12~18个月到3岁左右）、性器期（从3岁到5岁）、潜伏期（从5岁到12岁）、生殖期（从12岁到成年）。

埃里克森的人格发展8段论分别是：①婴儿期（从0岁到1.5岁）：基本信任和不信任的心理冲突；②儿童期（从1.5岁到3岁）：自主与害羞和怀疑的冲突；③学龄初期（从3岁到5岁）：主动对内疚的冲突；④学龄期（从6岁到12岁），勤奋对自卑的冲突；⑤青春期（从12岁到18岁）：自我同一性和角色混乱的冲突；⑥成年早期（从18岁到25岁）：亲密对孤独的冲突；⑦成年期（从25岁到65岁）：生育对自我专注的冲突；⑧成熟期（从65岁以上）：自我调整与绝望期的冲突。

（海力波）

人化过程的问题（issues in hominization） 关于人类起源问题，近年来最重要的发现之一，就是在遗传上确证了人类和黑猩猩之间的密切亲缘关系。这种亲缘性相当显著（98.8%），因而估计这两个物种在600万～800万年前有一个共同的祖先。自分化之后，人类自身就走上了一段充满惊异和激情的进化史。

人化过程指的是人族（既包括人类祖先，

也包括现代人）的起源和演化。在试图重建这一过程时，古人类学有其特殊的意义，因为它除了满足人类历史进化的基本原则，也展示出了其和人类学一样作为科学的基础。如果说人类学的独特性在于研究方法上将人的生理、心理、精神、社会、文化作为一个整体，那古人类学则意图回答这种作为整体的人是如何发展而来的。

人化过程不仅仅是生物上的转化，也并非缘于简单、单向的原因和影响。相反，这个过程十分复杂，生理、心理、精神、社会、文化因素在其中动态互作，产生一系列独特显著的协同进化现象。

我们对于这个过程的认识在过去几十年中取得了巨大进步。尽管如此，还是有一些复杂的问题亟待解决。其中一个问题就是，当我们回溯过去寻找人类家族的第一位成员时，从化石记录中鉴定出他们变得十分困难。这一困难的主要原因如下：①目前已有的400万～800万年前的材料缺乏代表性。因为材料不仅稀缺，而且支离破碎，降解严重；②定义化石中的哪些生理特征属于人类特质，经常受制于各个历史时期的意识形态；③即使不讨论生理特征的确立，对于化石解剖学性状的评价，科学家们也并未达成共识。

第一个原因，考虑到目前可供分析的材料总量和质量，这是显而易见的。至于后两个原因，我们将以两个例子进行讨论：著名的“皮尔唐人（Piltdown）”以及所谓的腊玛古猿（Ramapithecines）。这两个案例中的化石发现在当时都得到了高度评价，因为它们满足了人们一时的期望。

20世纪初，科学家们认为最显著的人化现象是大脑的发育。在英国苏塞克斯发现的“皮尔唐人”，颅容量超过800毫升，同时有一个非常原始的下颌。在当时它被认为是明显的“人”，并被命名为“曙人（Eoanthropus）”。但是过了40多年以后的1953年，英国的肯尼思·奥克利（Kenneth Oakley）证明，这些骨头残片含有不同的氟元素比例，很可能不属于同一个个体。事实上，人们很快发现，所谓的皮尔唐人是伪造的，而整个事件竟然是一个大骗局。其头颅属于一个晚更新世的人，而下颌则来自现代的猩猩，并通过人为处理使得它看起来更原始而古老。

几年后，腊玛古猿出现了。腊玛古猿的化石碎片起初被认为是“第一个人族物种”的代表，在20世纪60–70年代得到人类学界的一致认可，但随后这种观点被完全抛弃了。

1932年，耶鲁大学研究生G. 爱德华·刘易斯（G. Edward Lewis）在一次考察印度北部西瓦利克山的过程中，发现了一块犬齿较小、门齿垂直、颌骨前突不明显的古猿上颌骨。因为上述特点，刘易斯将这个标本命名为“短吻腊玛古猿（Ramapithecus brevirostris）”。因为当时南方古猿尚未被视为人族成员，更原始的腊玛古猿也没有引起人们的重视。直到1961年，路易斯·利基（Louis Leakey）发现了肯尼亚古猿。他发现肯尼亚古猿和腊玛古猿之间的相似性，指出两者的形态特征更接近人类，而不是猩猩。

与此同时，耶鲁大学的埃尔温·西蒙斯（Elwyn Simons）认为腊玛古猿可能是最初的人族成员，因为其拥有较小的犬齿和牙间隙、厚实的牙釉质及不像猿那样前突的短面孔。1963年，大卫·皮尔比姆（David Pilbeam）和西蒙斯一起进行了大规模的综合比较，发现希腊、土耳其、匈牙利等地出土的大量化石和腊玛古猿、肯尼亚古猿均类似，提出所有这些化石都应该通用“腊玛古猿”一名。此外，他们还猜测，腊玛古猿的犬齿变小并不是一个孤立特征，而是源于人类更广泛地使用双手来制造工具和武器，并暗示着人类开始两足行走。

20世纪70年代，纽约大学克利福德·乔利（Clifford Jolly）提出了“食谷假说”，重申了犬齿变小的重要意义，巩固了腊玛古猿作为最早人族成员的地位。然而，他们也证实，犬齿变小并不是因为更广泛地使用手，而是为了摄取坚韧的食物，如谷物或种子等。

同时，20世纪60年代，生物化学、分子生物学和遗传学领域发生了一些有趣的创新，这对灵长类动物系统发育中的腊玛古猿产生了巨大影响。一系列关于人科物种蛋白质的研究表明，黑猩猩、大猩猩和人类关系密切，而长臂猿和红毛猩猩则相对较远。“分子钟”的发现和应用，估计了现代黑猩猩和人的分歧时间，大约在500万～700万年前。对于1400万年前的腊玛古猿，显然很难再视其为人族成员。80年代初，西瓦古猿（Sivapithecus）化石的发现，证明和其相似的腊玛古猿在进化树上的位置和红毛猩猩更接近，而不是人类。这个证据，连同生物化学、分子生物学和遗传学等的证据，最终说服了大卫·皮尔比姆及大部分古人类学家，他们不再将腊玛古猿视为人族一员。如今它的名字也不再被使用了，而是一概称为西瓦古猿。

同样的事实却有不同的解释，这表明人类起源研究中普遍存在主观性。诚然，古人类学中没有牛顿理论那样的纯客观概念，那么是否能说古人类学作为一门科学存在瑕疵？我们不这么认为。相反，对科学研究而言，存在各种各样的意见和分歧完全是正常的，而且这毫无疑问地丰富了讨论。我们过去的知识体系一直在不断完善，为了适应新的数据和信息，这一过程在持续进行着。只有这样，古人类学才能在科学层面上不断获得突破。

随着时间的推移，最好并且最有说服力的解释依然存在，而其他的则被抛开。但是这种情况也频繁发生，前一段时间被搁置的解释之后又重获新生，或者一个较好的解释被更好的所替代。如果说这种现象在科学中非常普遍，那我们也能理解，在古人类学这样一个年轻的学科中所发生的一切。

对于第一个人族物种起源的问题，现有的化石记录呈现出极大的复杂性。首先，从形态学上观察不到间断性，而我们知道，在持续的变化中很难建立明确的差异。此外，人类的进化不是线性的，而是树状的。正如目前大多数研究者所声称的，我们得考虑形态的显著多样化，这样，一些类人的解剖学性状有可能会同时存在于几个物种之中。如此，想确定它们中的哪支进化出了人是十分困难的。

关于“第一个人族物种”的讨论不会就此结束，但我们认为有一点必须指出，目前研究中存在“只见树木，不见森林”的风险。因此，我们应该抛开任何独特特征和“第一个人族物种”的定义（如果能下此定义），不能忽视一个更加重要的事实：这是一个整体化的过程。人类早期非常细微的差别，会不断地对进化过程施加影响，从而导致一些完全不同的结果。这是一个整体过程，而不仅仅是一时的，这也能解释我们的现状。我们之所以成为人类，是因为我们背后那段漫长而复杂的进化史。

（谭婧泽、王凌翔）

扩展阅读

［1］Brunet, M., et al. *A new hominid from the Upper Miocene of Chad, Central Africa*. Nature, 418, 145–151, 2002.

［2］Haile Selassie, Y. *Late Miocene hominids from the Middle Awash, Ethiopia*. Nature, 412, 178–181, 2001.

［3］Leakey, M. G., et al. *New four-million-yearold hominid species from Kanapoi and Allia Bay*, Kenya. Nature, 376, 565–571, 1995.

［4］Senut, B., Pickford, M., et al. *First hominid from the Miocene* (*Lukeino Formation, Kenya*). Académie des Sciences de París, Sciences de la Terre et des planetes, 332, 137–144, 2001.

［5］Wolpoff, M., Senut, B., Pickford, M. Y, & Hawks, J. *Sahelanthropus or Sahelpithecus*? Nature, 419, 581–582 (includes Brunet et al. reply), 2002.

人科（Hominoids） 全称为人猿总科，是猿类和人类所属的超家族。人科和狭鼻猴类的猴科（旧世界猴）最接近，差别在于人科有原始非双脊齿型臼齿、更大的大脑、比腿长的手臂（除了人类）、更宽的胸部、较短和不那么灵活的下背部，而且无尾。这些特征大多源于猿类的直立体态，与更加注重上肢主导的垂直攀爬和悬挂相关。

人猿总科可以分为长臂猿科（Hylobatidae）和人科（Hominidae）两个家族，长臂猿科包括长臂猿（gibbons）和合趾猿（siamangs），人科包括大猿（great apes）和人（humans）。长臂猿和合趾猿是人猿总科中体型最小的（平均体重为5～11千克），由于这个原因，它们有时被称为小猿。这12种左右的长臂猿在整个亚洲的热带雨林都有分布，从中国南部到印度尼西亚群岛。它们有着灵长类最长的手臂，比它们的腿长30%~50%。这和它们高度特化的运动模式相关——臂跃行动，它们仅仅通过前肢从一根树枝攀附到另一根，从而在林中前进。

长臂猿专食水果，而体型较大的合趾猿食谱中有较高比例的嫩叶。长臂猿生活在雄性和雌性体型较接近的一夫一妻制家庭中。雄性和雌性都会保卫领土，它们主要通过复杂的发声或歌唱（大多数长臂猿类雌雄之间有对唱），来警告临近的长臂猿夫妻。合趾猿有特化的、呼喊时充气的大喉囊。和旧世界猴一样，长臂猿在树枝上坐直入睡，在自己的坐骨胼胝上休息（即坐在臀部），而不是像大猿一样睡在巢穴里。

大猿，包括亚洲的红毛猩猩（Pongo），以及非洲的大猩猩（Gorilla）和黑猩猩（Pan）。这些物种以前都被归在它们自己的猩猩科（Pongidae）中，以区别于人科的人类。然而，近期的解剖学、分子生物学和行为学证据都已证实人类和大猿之间有着密切的关系，尤其是非洲的猿类。基于这个原因，大多数科学家现已将它们放在一个单一的家族——人科中。

红毛猩猩仅存于婆罗洲和苏门答腊的热带雨林。传统而言，在形态上和行为上截然不同的婆罗洲和苏门答腊种群，已至少分开成亚种，但是有越来越多的证据支持它们为两个独立的物种，婆罗洲猩猩（Pongo pygmaeus）和苏门答腊猩猩（P. abelii）。它们是大型树栖灵长类（35～80千克），通过四肢支撑、在树枝间小心地攀爬。它们落到地面上时，靠紧握的拳头四肢行走，或者抬起手臂维持平衡从而双足行走。

红毛猩猩主要靠成熟的水果维生，但它们也吃各种树叶和小动物。苏门答腊猩猩可以用树枝作简单的工具取食蜂蜜、昆虫和种子。和其他猩猩一样，它们缺乏坐骨胼胝，能够建造简单的巢穴用于夜间休息。成年雄性红毛猩猩大约是雌性的两倍重，它们脸的两侧装饰着巨大的脂肪瓣。红毛猩猩是最不善于交际的人科动物，它们往往过着孤独的生活。雄性积极捍卫着它们的领土和其领土上的若干雌性配偶。雄性的长啸由一系列的呼噜声回荡形成，这些用来吸引雌性的声音能够传到1千米外。

大猩猩，最大的人科动物（70～175千克），在非洲间断分布。因为大猩猩体型巨大，所以几乎全部营地面生活，只有雌性和幼年个体经常在树枝间攀爬。它们的巢穴通常建在地面上。它们像黑猩猩一样四足行走，手发生特化，手指中间关节背侧面用于承重。

目前确认大猩猩有3个亚种：生活在乌干达、卢旺达和刚果民主共和国的火山高地的山地大猩猩（G. gorilla beringei）；西非的西部低地大猩猩（G. gorilla gorilla）；刚果民主共和国的东部低地大猩猩（G. gorilla graueri）。也有认为山地大猩猩已经成为一个独立物种（Gorilla beringei）。山地大猩猩吃各种树叶、茎和根，而低地大猩猩则更多食用水果和昆虫。大猩猩是群居的，群体一般由10～20只成年个体及其子女构成。群体中有一个雄性占主导地位，被称为“银背”（因为它们背上和臀部有银白色的毛发）。这只银背大猩猩保卫它的群体，免受其他有重叠活动范围的邻居骚扰。

黑猩猩有两种：普通黑猩猩（Pan troglodytes）和倭猿（Pan paniscus）。普通黑猩猩广泛分布在横跨赤道非洲的森林和林地，而倭猿则仅分布在刚果民主共和国的热带雨林。倭猿（bonobo）最初被叫作倭黑猩猩（pigmy chimpanzee），与我们更熟悉的普通黑猩猩不同，它们具有较长的四肢、更修长的身材（尽管叫倭黑猩猩，但体型并不比普通黑猩猩小）；它们的脸是黑色的，嘴唇粉红色，头顶的毛发在中间分开，成年雌性乳房隆起，而且更擅长双足行走。

这两种黑猩猩都是在树上进食和筑巢的，但它们大多数时候在地面游荡。黑猩猩食谱混杂，包括水果、树叶、昆虫和小型脊椎动物。普通黑猩猩也吃肉，它们猎杀中等体型的哺乳动物，特别是疣猴。黑猩猩使用工具的行为很普遍，已证实它们能够使用十几种简单的工具。普通黑猩猩的不同群体在工具使用和其他行为中存在差异，这被一些研究人员解释为文化传统，比如在坦桑尼亚钓白蚁，而在西非用石头敲坚果。黑猩猩善于交际，是群居生活，且群体一般较大（20～200个），多个雄性和雌性共同生活在一起，觅食时则划分成若干个更小的单元（3～15个）。普通黑猩猩的社会结构等级森严，雄性通过恐吓和公然争斗维持自己的统治地位。众所周知，它们会杀死其他群体的成员。但倭猿的攻击性较小，它们更频繁地用性行为来减少群体内部的压力。

（谭婧泽、王凌翔）

《人类》（*Man*）　是大不列颠和爱尔兰皇家人类学学会主办的学术期刊，创刊于1901年，每年出版一卷。在1901—1963年为月刊（*Man: A Monthly Record of Anthropological Science*），每卷12期；1964—1965年间改为双月刊（Man:A Recordof Anthropological Science），每卷6期。出版65卷后，从1966年开始，与《大不列颠和爱尔兰皇家人类学会会刊》（*The Journal of the Anthropological Institute of Great Britain and Ireland*, 1872—1906 (*Vols*.1-36); *The Journal of the Royal Anthropological Institute of Great Britain and Ireland*, 1907—1965 (*Vols*.37-95)）合并为《人类——英国皇家人类学会会刊》（*Man, the Journal of the Royal Anthropological Institute*），同时改版成季刊，于每年3月、6月、9月、12月月底出版，重新从1开始采用新的分卷序列。到1994年12月，《人类》新辑共出版29卷。1995年，杂志更名为《英国皇家人类学会会刊》（*The Journal of the Royal Anthropological Institute*），重新从第一卷开始编号。该刊采取同行评议，每个季度发行一期，设置有考古、文明、仪式、神话、宗教、社会、民族志、书评等诸多栏目，在国际人类学界具有较大影响。

（张丽梅）

人类古生物学（Human paleontology）　古生物学是一门研究动植物化石的学科。人类古生物学主要的研究方向是通过化石来研究人类的起源问题。人类古生物学是一门典型的跨专业学科，为了能够发现、研究、解释人类化石，研究需要掌握文化人类学、考古学、生物学、古生物学、地质学等学科的知识。

古生物学与人类古生物学　化石是古代生命体死亡后，组织的残留或者印记。通常情况下，化石是由骨头、壳、木头形成的。但是，在特殊情况下，软组织、动物的足迹、皮肤的压痕以至于排泄物都能够形成化石。有些情况下，骨头会在未形成化石之前被一些食腐动物或者水流破坏，研究这段过程的科学叫作埋葬学。

古生物学的研究重点在于重构地球上生命体的发展历史。化石提供的线索能帮助研究者了解过去的生态环境以及进化历程。古生物学家需要综合多种知识来重构古生物并研究它们的进化历程。通常古生物学家研究的化石都是上千万年以前形成的，而人类古生物学主要研究的是人类化石，通常只有几百万年的历史。

与古生物学类似，人类古生物学家也是利用进化理论和一些科学手段来研究远古人类的生活方式和社会关系。生态位理论和种类种间的竞争程度也会被用于重现远古人类的行为方式以及进化压力。研究人员可以运用形态测量和进化树的方法来重构古代生物以及古代生物和现代生物之间的关系。人类古生物学与古生物学的不同之处在于，人类古生物学研究的是人类自身，是一种自省的过程，可能会有一些主观因素的影响。与大多数动物不同，人类除了可以通过基因传递信息以外，还可以通过文化来传递信息。

由于文化对人类进化的强烈影响，简单地

运用古生物学的方法可能会存在一些问题。早期的人类与其他动物类似，所受到的进化压力主要是自然选择。但是，当人类开始有了文明之后，如会使用火和制造工具等，这些文化现象都会促使人类能够更好地适应环境。当人类能够自由地使用火之后，冬季对他们来说便不再是一个危险因素。语言和复杂工具的使用使人们更加容易适应环境。但是过多依靠工具对自然选择的影响程度，目前还不能够准确判断。

人类古生物学与古人类学通常指的是相同的意思，前者主要集中在对人类化石的研究，后者的研究方法则更为广泛。古生物学家通常不关心人类的手工制品，但是由于文化对人类进化的重要影响，研究人类的手工制品能够帮助人类古生物学家更好地理解化石所反映的信息。

人类古生物学的研究领域 与所有的化石一样，人类化石通常是不完整的，通常只有部分组织能够成为化石保存下来。而人类古生物学家要做的是利用这些样本去研究古代生物的解剖学、行为学和生态学。

骨科学主要研究的是骨骼的结构和功能。骨骼的结构是由基因决定的，但是生物体在发育过程中受到的压力和伤害等也会在骨骼中有所体现。人类古生物学家对现代人的各种变异都非常熟悉，一些变异是由基因突变引起的，另一些则可能是因为在成长过程中受到环境因素的影响。熟悉生物力学的基本原理和动物骨架，有助于人类古生物学家重构古代人类的运动方式和行为习惯。

牙齿人类学主要研究的是现代人和古代人的牙齿进化、变异以及形态差异。由于牙齿表面有坚硬的牙釉质，它们通常能够作为化石被保存下来。牙齿是研究古人类的饮食、行为以及物种差异的重要数据来源。通过结合解剖学知识，人类古生物学家能够通过牙齿研究物种的形态、食物、运动方式、社会生态，甚至可以推测远古人类群体的大小和社会组织方式。

遗传学可以用来研究物种的祖先以及迁徙历史。通过对DNA的研究，可以判断两个物种的亲缘关系，基因上相似的两个物种通常会有一个共同的祖先。通过比较人类和黑猩猩的DNA序列，遗传学家发现人类和黑猩猩之间的差异只有不到2%，这说明人类和黑猩猩之间有一个非常近的共同祖先。人类古生物学家可以通过“分子钟”来估算两个物种离它们最近的共同祖先的时间距离。科学家通过对线粒体DNA和Y染色体DNA的研究，能够计算人类的迁徙路线，并找到人类最早的祖先的生活地点。

综上所述，人类古生物学家需要结合多种科学，包括，古生物学、古环境学、古植物学、分子遗传学，以及社会行为学等来研究人类的进化历史。

（李辉、余歌）

扩展阅读

Aiello, L., & Dean, C. (1990). *An introduction to human evolutionary anatomy*. San Diego: Academic Press. Boyd, R., & Silk, J. B. (2003). How humans evolved(3rd ed.). New York: Norton. Johanson, D., & Edgar, B. (1996). From Lucy to language. New York: Simon & Schuster.

人类基因组计划（Human genome project） 人类基因组计划（human genome project，HGP）是一个由美国能源部和国立健康研究所共同组织的国际性项目。其他主要合作伙伴及贡献来自英国、法国、德国、日本和中国。该项目的思想渊源可追溯至20世纪80年代中期，但其智慧根源可以追溯得更久远。因为阿尔弗雷德·斯特蒂文特（Alfred Sturtevant）在1911年就建立了第一个果蝇基因图谱。分子基因组分析及过去半个世纪的分子生物学研究的理论基础是建立在由弗朗西斯·克里克（Francis Circk）和詹姆斯·沃森（James Watson）1953年发现的DNA分子的双螺旋结构上的。这两位研究者以及莫里斯·威尔金斯（Maurice Wilkins）分享了1962年的诺贝尔“生理学或医学”奖。20世纪70年代中期，弗雷德里克·桑格（Frederick Sanger）开发出了DNA测序技术，

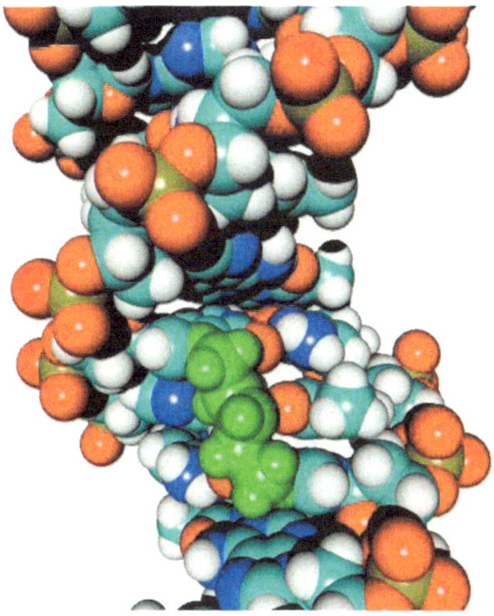

人类基因组计划

他也因此获得1980年的诺贝尔化学奖，这是他第二次荣获诺贝尔奖（第一次是1958年，在蛋白质结构研究方面的贡献）。20世纪80年代由于自动化DNA测序技术的实现，少数生物学家开始提出了分析整个人类基因组的概念。美国能源部为寻求关于保护基因组免受辐射致突变效应的数据，于1986年开始涉足基因组研究，并于1987年建立早期的基因组研究项目。1988年国会资助国家卫生研究院和美国能源部着手进一步探讨这一概念，两个政府机构的协议通过签署一项谅解备忘录正式生效，旨在“协调研究和技术对人类基因组有关的活动”。詹姆斯·沃森（James Watson）受命领导美国国立卫生研究院人类基因组研究办公室。次年，人类基因组研究办公室更名为国家人类基因组研究中心（National Center for Human Genome Research，NCHGR）。1990年，初始规划阶段发表了一项联合研究计划，即“了解自己的基因遗传：人类基因组计划，第一个五年计划（1991—1995年）”（Understanding Our Genetic Inheritance: The Human Genome Project, The First Five Years, FY 1991—1995）。这项初步研究计划列出了第一个五年具体目标以及预期的15年研究方向。1992年，沃森辞职，迈克尔·戈特斯曼（Michael Gottesman）被任命为中心的代理主任。次年，弗朗西斯·S. 柯林斯（Francis S. Collins）被任命为主任。随着各项研究技术的出现和改进，包括限制性内切酶长度多态性标记技术（Restriction Fragment Length Polymorphism，RFLP）、酵母人工染色体技术（Yeast Artificial Chromosomes，YAC）及脉冲场凝胶电泳技术（pulsed-field gel electrophoresis）的发现和运用，这项初步研究计划早期取得了快速进展。因此，第一个五年计划提早于1993年就完成了，并同时在《科学》杂志上宣布了下一个新的五年期计划（Science, 262:43-46, 1993)。事实上，人类基因组计划的早期工作很大一部分致力于技术的发展和改良，从而加速了解读基因组。在发表于2001年《基因组研究》（*Genome Research*）杂志的文章中，柯林斯写道：“建立详细的遗传和物理图谱，发展更好、更便宜和更快捷的DNA处理技术，映射和测序更多中等规模的模式生物基因组是人类基因组大规模测序的关键垫脚石。”此外，1993年NCHGR建立了一个研究部门（Division of Intramural Research，DIR），专门开发基因组技术并进行特定疾病的研究。到了1996年，美国国立卫生研究院（National Institutes of Health，NIH）的八个研究所和中心还合作打造了遗传疾病研究中心（Center for Inherited Disease Research，CIDR），旨在针对复杂疾病的遗传学研究。1997年，NCHGR获得了美国国立卫生研究院研究所地位，升级成为国家人类基因组研究所，柯林斯继续担任新研究所所长。第三个五年计划于1998年仍然是在《科学》杂志上宣布的（Science, 282:682-689, 1998）。2000年6月，宣布人类基因组绝大部分已被测序，其后在2001年2月出版的《自然》杂志上发表了人类基因组30亿碱基对中的90%的序列。这份初稿的一个惊人发现是，人类的基因数目似乎明显少于以

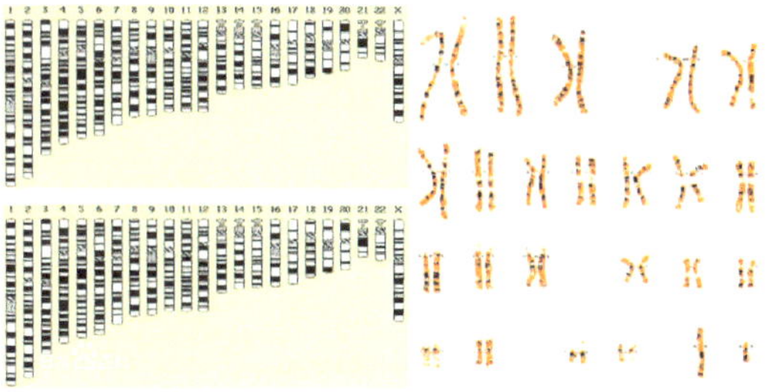

人类基因组计划

前的估计（50 000～140 000个），显示约为20500个基因。全序列于2003年4月测序完成并发表。

基因组测序是如何完成的呢？在最初的“亚克隆”步骤中，首先用化学方法将染色体分解成较小的片段。然后，将每一个片段作为模板生成一组片段，每个片段的长度相差一个碱基对。然后将新测序片段通过生化技术凝胶电泳分离。最后一步是将亚克隆的步骤产生的每一片段拼接起来组成原始序列。这一步骤是通过自动测序仪和计算机读取完成的，它们将小的序列组装成长的连续的序列。最后将测序完成的序列发送到一个主要的公共序列数据库，并让世界各地的人共享。

人类基因组计划已经带来了许多益处。基因组学研究在分子医学、能源和环境、风险评估、生物考古学、人类学、进化、人类迁徙、DNA取证（鉴定）、农业、畜禽养殖、生物工艺等领域都有潜在的应用价值。在未来，技术和基因生物工程可以融合在一起，并结合人类基因组计划的信息来“提升”个体的基因组，从而有可能丰富基因库。当然，这是很有争议的，并引起了许多伦理和宗教的关注。这种技术在新医学领域被称为“基因治疗”，它可以通过引入特定的基因工程化细胞到患者体内，从而治疗遗传性疾病、异常或缺陷。目前，该方法已被引入前列腺癌的治疗方案。

在将来，人类基因组计划将继续给我们带来巨大的利益。然而，我们需要通过指南向个人提供教育，以保证新技术应用的公正性。长期目标应该包括技术的发展，以保护个人的“遗传隐私”，以及解决伦理和哲学关注的问题。总之，利益应该超过任何短期的挫折。

（金力、孙畅）

参考书目

［1］Benfey, P. *Genomics*. New York: Prentice Hall, 2004.

［2］Macer, D. *The Human Genome Project* (Vol.1). New York: Jai Press, 2004.

［3］Palladino, M.*Understanding the Human Genome Project* (2nd ed.). New York: Benjamin Cummings, 2005.

［4］Reardon, J. *Race to the finish: Identity and governance in an age of genomic*. New York: Princeton University Press, 2004.

人类生态学（Human ecology） 又称人文区位学，是由派克（Robert E. Parker）和芝加哥社会学学派在20世纪20–30年代所提出的人类组织的理论。直到近来人们对社会物理学所产生的兴趣之前，它仍是美国社会学中自然主义社会理论的最好榜样。

人类生态学受到某些欧洲理论的影响，如斯宾塞（Herbert Spencer）的进化论、齐美尔（Simmel Georg）的互动理论，迪尔凯姆(Emile Durkheim)的社会学实证主义等，其中影响最大的是社会达尔文主义和表现在布思(Charles Booth)这样的社会调查者身上的英国维多利亚时代的经验传统。

其基本假设是：社会以两个层次的组织为其特征，即生物组织和社会组织。生物层次上的组织并不为人类社会所独有，而为享有共同栖息地的生物所共有。它最重要的特征，就是共居者之间存在着互相依赖的密切联系的模式。由于这一层次的组织被认为对所有生命形式均是共同的，故而人类生态学的基本目的之一，就是要解决怎样应用动物和植物生态学的原理去研究人类共同体，将人视为自然界的组成部分，认为人类的行为是生物亚社会的压力、动力共同作用的结果，社会的变因是“非个人感情竞争”。社会秩序则被认为是人类社会所特有的并包含只有人类才能创造和维持的关系。

人类中的生物秩序并不是有意的、理性的人类活动的产物。相反，它的组织模式是由众多的个体聚集于某一确定区域（如城市）而自动决定的。共同体的形态和结构得以形成的力量，是非人格的和准社会的。这种力量是个体无意识的自然本能过程的产物。人类在生物层次上的关系是共生的。即是说，它们由共存和相互依赖的非人格模式所组成。因此，尽管人们没有意识到这种关系，而某一特定共同体的居民，还是像某一特定区域内的动物或植物那样，为其生存而互相依赖。令人疑惑不解的是，生物秩序也是以竞争为特征的。这种竞争长期地以同达尔文所说的自然选择相似的方式，对某一地区的人口和制度进行着选择和分配。

社会秩序则是由共享的文化和交往方式而形成的是由人与人之间相互关系的网络所组成，社会秩序产生而是共意性的。

在对城市的分析中，人类生态学注意的是，城市土地是怎样经由强烈竞争而进行分配的。这种竞争把城市人口划分和分离成为各种自然区域。每一自然区域都具有内在的社会同质性，并且促成了不同的亚文化的产生。以此为依据，帕克和伯吉斯（Ernest W. Burgess）发展了他们的都市增长的同心区域假设。

人类生态学注重实地调查，引用人类学的田野调查方法研究城市问题。其最终的任务是研究生物秩序和社会秩序两者如何取得平衡的过程，以及一旦两者的平衡破坏后，怎样重新进行调整。

派克在人类生态学中关于人在生态系统中的地位和发展的思想还不成熟，只提出这个世界上的人类将要产生一个全球化的共生体系，但没有相应的在其上层的共识体系里完成一个道德秩序。他的基本观点为后人发展全球化的法律、道德秩序与全球一体化课题提供了极大的空间。

人类生态学的理论和方法通过派克1932年来华讲学传到中国，对中国的社会学方法产生了重要的影响。费孝通认为派克的人文区位学方法给中国学者提出了“社会学中国化”的具体方法。吴文藻听从了派克的指导，开始引导学生学习人类学的田野调查方法，同时也请来了英国的人类学家拉德克利夫·布朗（A.R. Radcliffe-Brown）来讲解社会人类学。这样就使得田野调查方法成为中国学者主要的研究方法，中国学者以本国的经济文化水平较高的社区为研究对象，为人类学开辟了新的研究领域，也使社会学成为一门名副其实的应用科学。

（黄娟）

人类史（*Human History*，1930）　格拉弗顿·埃利奥特·史密斯（Grafton Elliot Smith，1871—1937），英国著名解剖学家、人类学家，传播学派泛埃及主义主要代表人物之一。1930年出版的《人类史》，不是在探讨人类进化及在生产和艺术方面的成就，而是研究人类发展过程的深远动机。并提起人们对人类思想行动中至关重要的各种因素的注意。全书共15章，对原始人的游荡生活、民族习俗、人种、文明的起源、君主制、黄金的魅力与神圣的标志、木乃伊和建筑学、埃兰和苏美尔、克里特岛的早期文明等做了阐述，资料丰富，可读性强，是史密斯的经典之作。

该书展现的并不是一部完整的人类画卷，截取的是从洪荒之初的原始社会到拥有璀璨文明的古希腊时期。在这段文明从无到有的过程中，史密斯指出“生命探索”是所有人的思想和行动，也是文明产生的最主要的诱因。而与其他生物不同的是，每个人在其生命的每时每刻都在参与文化的传播，而且文化不仅在传播，也在有选择地吸收和改造。史密斯认为埃及是产生文明的源头，文明从埃及向四周传播开去。他希望能从原始人相对简单的生存环境中弄清他们的行为动机，从而探索出文明产生的动机。他对每一类人种都进行详尽的分析，可以看到在形成每一个人种独有的特征之前，他们一直都居无定所，游荡的结果是文化得以传播。此外，史密斯希望阐明的另一问题是人类的本性，要了解人的本性就必须了解自然人的思想和行为，因为人类的精神在每一时期都是相同的。而与原始人简单朴素的生活状态相比，文明不仅仅意味着一堆杂乱无章的新艺术和新手艺的产生，还意味着文明不是零碎地建立起来的，而是一个相互关联紧密结合的整体。这一点在史密斯以埃及木乃伊为研究对象时表现得最为明显。史密斯认为文明的创造和人类理性是人类史上的两大奇迹，参与传播、逐步发展起来的西欧的文明并不是自身进化的结果，而得益于那些被看成是“边缘”的地区。

（刘荣）

人类行为生态学（Human behavioral ecology） 简称HBE。HBE运用自然选择的进化理论来解释人类群体中行为和文化的多样性。它探讨社会和自然环境的特征如何限制个体的一套行为或策略，并运用优化组合的逻辑来对赞同或不赞同特定行为的条件做出正式的预测。HBE的主要关注点是解释群体内部和群体之间的行为变化。其知识源头包括生物学、人类学和经济学。

在过去的25年里，HBE已经被应用到越来越多的主题上，如觅食行为和生计实践、利他主义和合作、资源保护、求偶和婚姻制度、父母对后代的照顾、地位和资源竞争以及短期和长期的生命历史模式，广泛运用了观察的、民族志的和实验的方法。

有关人类觅食模式的研究主要集中于构成食物和选择有用的小块资源地和栖息地的资源体系。同时还要考虑群体移动性和群体规模，因为每个群体都会对生态变量做出灵活的反应。

利他主义指的是以自己的代价给其他人好处。根据进化理论，利他主义会出现在以下情况：给予者和接受者有密切的生物亲属关系、今天的接受者在将来会做出回报、给予行动宣扬合作的意图、被其他人强迫这样做或能获得双赢效果。尽管进化理论对于小型社会场景中某些条件下或多或少的利他主义有解释力，但是它无法解释现代民族国家的大规模合作。

全世界公开的求偶方式的普遍性被视为一种生态的功能，是人们在作为父母照顾子女方面投入的时间和精力所得到的利益与留在求偶市场所得到的收益之间相互作用的结果，同时考虑求偶质量的水平。

生命历史与身体素质相关的重要事件的时机和发展，如出生、成熟、婚姻和死亡，构成一个人的生命历史。作为生物物种，人类用相对较长的时间成长为生理和功能上的成年人，拥有代价高的大脑和相当长的寿命，并且大多数时间处于完成再生产任务之后的状态。人类行为生态学试图解释人类的这些生命历史特点，如延长的童年期被解释为是为了发展成为有效的食物生产者或在社会上精明的成年人所必需的能力和知识。

行为生态学家评价行为的适应性设定了自然、社会和文化环境的限制和选择。人们重新开始对文化历史提供对于这些限制的内容和形式的洞察力的方式感兴趣，并有助于解释生活在相似生态环境中的人们的行为变异性。未来的方向是继续整合行为生态学与文化人类学和认知心理学的因素。

（黄娟）

人类学（Anthropology） 是指从生物和文化的角度对人类进行全面研究的学科或者学科群。其英文源于希腊语，系由anthropos + logos两词组合而成。前一词意指“人”或“与人有关的”，后一词意指“知识学问”或“科学研究”。两词合成后意指“有关人的学问”或“研究人的学科”。在16世纪初期，人们最初使用这个词来定义一门学科。一般认为古希腊的亚里士多德（Aristotle）是此词的创用者，不过，亚里士多德只是在描述品行高尚的人时才使用了此词，此后古希腊人也没有把人类学当成一门严肃的学科。人类学一词的拉丁文形式则出现于16世纪初期。1501年，德国学者洪特（Magnus Hundt）曾把此词用作他研究人体解剖学和人体生物学专著的书名。然而，19世纪以前，人类学一词主要是指对人性、人类体质特征及其进化历史的研究，相当于现代人类学中的体质人类学再加上有关人性的思辨。

19世纪以后，随着对原始民族的实地考察和考古学的发展，研究员开始从体质、文化、考古和语言等方面对人类进行广泛综合的研究。1862年成立的英国伦敦人类学学会将文化纳入了人类学的研究范围。最后，人类学作为一个现代社会人文学科名称出现了，成为研究古代和现代人类及其生活方式的学科。1871年，英国开始把人类学中研究人类体质的领域划分出来，称为体质人类学。1879年，美国华盛顿人类学学会成立，文化的研究被正式纳入人类学属下。1907年，英国的第一个社会人类学的教授职位被利物浦大学授予了著名人类学家弗雷泽（James Frazer）。经过古典进化论时期、反进化论时期和新进化论及新的综合时期等不同阶段，人类学的概念已经有了很大的变化，也已经成长为当今世界知识系统中重要的社会人文学科。

人类学最早产生于欧洲，随后传播到世界各地。人类学在20世纪早期传入中国，并且上述两种不同的对人类学的界定都被引入中国，并在中国的不同地区交错并存。随着人类学的不断发展以及在世界范围内的交流不断加强，人类学与民族学这两个概念的意义逐渐趋同。人类学强调对异文化的关注，并最终通过对他者的理解来反观自身。

人类学有着各种不同的分支学科，其分类的标准也在不同地区不尽相同，根据较为流行的北美人类学的界定，人类学包括生物人类学（也即体质人类学）、语言人类学、考古人类学、文化人类学（也即民族学）4个分支学科。其中体质人类学探讨古今人类生存的生物性基础，研究人类如何获得现今的形态与行为问题；考古人类学的研究对象是人类社会的过去，它是对人类活动遗留下来的物质与非物质文化遗产进行研究；语言人类学则着重考察人类各地语言使用与文化的关系，认为语言既是一种社会工具又是一种文化实践；文化人类学在英国被称为社会人类学，在德、法等国又曾经或者现在依然被称为民族学。人类学关注人类文化现象，侧重描述、分析、解释人们的思想与行为方式，社会和文化的异同，包括人们在风俗习惯、婚姻家庭、亲属制度、宗教信仰、政治经济制度等方面存在的共性和差异。

今天的人类学与其他人文社会学科产生了紧密的结合，衍生出许多人类学的新分支，如医学人类学、教育人类学、饮食人类学、旅游人类学、音乐人类学、情感人类学、女性主义人类学，等等。这些人类学的分支学科的出现极大地丰富了人类学的概念，开拓了人类学研究的新领域。

文化整体观（holism）、文化相对主义（cultural relativism）、跨文化比较（cross-cultural study）是人类学的3个重要的视角。文化整体观要求人类学者关注社会文化的过去、现在与未来，强调共时性与历时性的双重考察，并对生物性和文化性进行综合分析。而对各种不同文化的尊重、认可不同文化的价值则是人类学的文化相对主义视角。人类学还强调跨文化的比较，以此发现人类行为的共性与差异。

人类学在发展过程中形成了各种理论流派，其中包括进化论、传播论、历史学派、社会年鉴学派、功能论、结构主义、象征主义、实践理论、后现代主义，等等。人类学正是在这些理论的相互继承与相互批判中得到发展。

田野工作（fieldwork）和田野民族志（ethnography）是人类学的两大学科标志。田野工作是人类学首要的研究方法，常常被称为一个人类学者的“成丁礼”。田野工作强调人类学学者直接参与到研究对象的日常生活中去，通常要求人类学者学会当地语言、不少于一个年度周期的居住时间、采用参与观察的方法。民族志是田野工作的主要成果，是人类学的主要展示手段与形式，即人类学者将在田野工作中对一种文化的记录、解释以及再现。

（纳日碧力戈、蔡芳乐、王建民）

参考书目

［1］Evans-Pritchard, Edward. *Social Anthropology and Other Essays*. New York: The Free Press of Glencoe, 1962.

［2］Radcliffe-Brown,Alfred. *Method in Social Anthropology: Selected Essays, M. N.* Srinivas ed. Chicago: The University of Chicago Press, 1958.

［3］艾伦·巴纳德. 人类学历史与理论.（修订本）. 王建民、刘源、许丹译. 北京：华夏出版社，2009.

［4］罗伯特·莱顿. 人类学理论导论——他者的眼光.（修订本）. 罗攀、苏敏译. 北京：华夏出版社，2009.

人类学大洋洲研究（Oceania studies in Anthropology）早期的人类学研究，所关注的是与欧洲相关联的“非西方”民族的历史与现实状况。这些非西方民族主要包括两大类型：一类是群体相对较小、社会结构相对简单、宗教系统不完善、生产技术落后的部落族群及其所在的区域；另一类是后来沦为西方力量殖民地和半殖民地的所谓“文明国家”，前者所对应的是非洲和大洋洲的情况，后者则更多地指中东、东南亚、拉丁美洲等区域。作为被视作“西方的过去”的区域，大洋洲在人类学理论发展史上具有十分重要的地位，西方殖民力量对于大洋洲的人类学研究，是从19世纪后半叶开始的。例如，1886年爱德华·柯尔所编的《澳大利亚种族》（四卷本）面世，力图通过通信方式按照标准调查表来搜集澳大利亚各地各部落的资料，这是第一部关于澳大利亚的人类学资料集；亚伯拉罕·福南德在1878—1885年间出版了《关于波利尼西亚种族及其起源和迁徙的报告》（三卷本），提供了诸多关于波利尼西亚群岛种族等方面的信息。1898年，英国剑桥大学组织了著名的托雷斯海峡岛屿民族学综合考察队，对澳大利亚和巴布亚新几内亚的相关关系问题进行考察，成员中有人类学家艾尔弗雷德·哈登以及著名的博物学家威廉·里弗斯。在密克罗尼西亚群岛方面，在奥古斯丁·克雷梅尔的领导下，由德国汉堡民族学博物馆组织的德国大洋洲考察队于1908—1910年间进行了深入细致的研究工作。此外，诸多早期的人类学者在这里进行过系统的田野研究，并诞生了一系列学术经典作品和概念。例如，马林诺夫斯基在南太平洋的特布里安岛上进行的相关研究，为他提供了改革人类学研究方法的契机，并提出了库拉圈交换的经典议题。这种隔绝化的田野环境使他得以在长期的田野实践中学会当地鲜活的语言，并切身体会到这种语言中的只语片言在当地文化和社会语境中的内在意义及其独特性，从而探寻到与西欧语境所不同的关于外域世界的具体知识图景与阐释逻辑。

从地缘上看，大洋洲的民族志为人类学研究带去了新的知识与解释空间，使田野与理论形成了长期相互激发的局面。这种情况的出现，主要基于如下一些因素：其一，大洋洲各岛屿自从麦哲伦环球航行时代开始，就与外界的文化形成了多方面的接触；其二，与欧洲相比，大洋洲诸岛国的民族国家独立和建设道路，这些新兴国家普遍面临着本国民族文化的建构与归纳过程，在这过程中面临着诸多特殊挑战；其三，大洋洲诸国在当代国际政治实践中，作为政治妥协，往往接受了欧美殖民时代帝国竞争背景下划定的疆域，这些既定的疆域大多数并不符合当地传统的活动范围，但在另一方面，这些由许多岛屿或数个群岛组成的国家，正通过各种形式推进着对于国家“共同体”的想象与构筑，而这对于这些之前没有民族国家历史经验与传统的新兴国家来说，是一个漫长而又艰难的过程，其中必然会面临诸多挑战。可以说，如何将原本具有异质性和多样性的诸多地方文化及其空间纳入到需要一步步确立起来的具有同质性的国家文化空间当中，也成为这些国家内外的人类学者值得关注的议题。总体而言，大洋洲在历史上所具有的文化多样性以及当今在民族国家空间的型构过程中出现的多样性与一体化之间的内在矛盾，是人类学大洋洲研究方面主要关注的议题，同时也是形成巨大理论贡献的议题。

除此之外，随着当代国际资本的有力推进以及全球化的拓展，在人类学大洋洲研究领域也出现了新的关注议题，如发展、移民、跨国网络、观光、核试验以及气候变迁等，这些为人类学大洋洲研究的进一步发展提供了新的空间与可能。

（袁剑）

参考书目

[1] Jean-Francois Bare. *Early Contacts in Oceania, or History as Anthropology*. In Review in Anthropology, vol. 38, no. 2, 2009: 111-131.

[2] Geoffrey Gray. *Dividing Oceania: Transnational Anthropology*, 1928—30. In Histories of Anthropology Annual, vol. 6, 2010: 48-65.

人类学的分支（The brach of anthropology） 人类学最好可以看作对全世界所有时代的人类社会和文化的相对科学的研究。这好像是大致概括出了人类学的本质和这一学科采用整体观研究人类的能力深度。人类学在试图理解现代人类社会和古代社会的异同时是采取对比的研究方法。它对我们人类的研究要始自几百万年前的人类直到现在的人类。之所以能达到这一点，这是因为人类学是采用整体观的研究方法，且为了更全面地展示亘古至今整个人类的画面，人类学有几个分支，每一分支能够致力于人类的某一方面的研究，且又彼此补充。

人类学有4个分支或4个分支学科，即文化人类学、考古学、体质（生物）人类学和语言人类学。这4个分支使得人类学家能够研究我们人类所有的纷繁现状。作为一个学科，人类学研究人类的所有方面，由此使我们能够理解人类何以成为现在的起源和发展。对我们人类而言，能理解我们来自哪里是非常重要的。好多社会里有起源的神话，而对人类学家来说，研究我们人类自身就像是写一个我们人类起源的故事。

文化人类学 文化人类学研究人类文化的起源、历史和发展。文化人类学家倾向于研究那些和自己具有非常不同的生活目标、价值理念、对现实生活的看法和环境适应的群体。文化人类学家特别强调，文化是习得的，人是通过文化进行环境适应的。因此，生活在不同地区，由于环境条件不同，人们的文化也不一样。多数人类学理论源自对地方性（个别文化）和全球化（人类的普遍性或遥居住在不同地区的人群的关联性）之间的矛盾的关注和兴趣。

文化人类学家，也叫民族志学者，众所周知是撰写民族志作品的（或是基于广泛田野调查的人类文化的全面描述）。这些作品传统上是关注于对某一特定文化群体的知识、风俗习惯和社会设置的大概描述。但近年来，文化人类学家也研究文化对个体和经历影响的方式。文化人类学家强调，尽管在不同文化中人的行为也许看起来愚蠢和无聊，但它有着在那种文化中特有的内在逻辑意义。因此，人类学的目标在于说明某些群体行为的合理性，特别是那些看似奇怪的行为的合理性。文化人类学家经常被看作研究那些遥远、怪异地区的人群。通常，文化人类学家倾向于研究非西方群体，特别是在这一分支学科的早期发展过程中。但是现在，文化人类学者也聚焦于西方文化里亚群体（或亚文化）的研究。任何一个亚群体都是更大文化中的一部分，且能有助于我们更好地理解人类的状况，即使对我们自身社会的研究也是力图展示我们行为背后的逻辑。

考古学 考古学可以被定义为对最早期时代一直到当今的过去社会和文化的研究和阐释。通过挖掘过去人类生活的遗址，考古学家试图重新建构过去的行为文化。通过利用遗存去理解过去对考古学家来说确实是一个挑战，这是因为他们不得不从有时被看作垃圾的东西里推断出过去的生活方式。考古学家不得不研究人类遗存的东西。考古学家要了解那些久远的人类，只能通过他们的“东西”来了解。考古学的优势在于其时间深度，考古学者回溯到上百万年前，研究那些早已消失且在当代已经完全没有类似参考物的文化。通过这种历时的研究方法，考古学家能够查看文化如何随着时间而发生变化的。

考古学除了作为人类学一个重要的科学分支以外，人们通过考古学而获得的知识对了解不同文化和个体也非常重要。过去与现在紧密相关，过去的一切在决定着不同文化的同时，也界决定着个体的特性。有些过去看似没有什么影响，但有些过去确实决定着一个民族的身份认同。每一种文化中都有一些用来说明自已过去的象征符号，而考古学就是采用一种审视性的方式认识过去。

体质人类学 体质人类学（或生物人类学）重点研究过去和现在人类的生物方面的研究。体质人类学基本属于生物科学，通常看来，它与生物学比与人类学的其他分支学科有着更大的相通性。但这一分支学科在人类学领域的重要性在于它有助于对人类的整体性理解，体质人类学同时关注于人类的生物特征和人类的生物性进化。通过研究灵长类动物，体质人类学家能够帮助理解我们人类自身行为的变迁。通过研究人类化石，体质人类学家能够研究理解人类作为一个独特种类的进化过程。体质人类学的另一个研究重点是人类变异性，如头发和肤色的不同、血型的不同、行为与健康的关系及某些遗传特性的地理分布等。通过这些研究而获得的知识有助于健康的提高和疾病传播的降低。

语言人类学或语言学 语言学是对语言的研究。尽管语言学被分类为人类学的分支，但其经常倾向于自成一个学科，特别是在大的综合性大学。语言学家的任务是尝试了解一门语言的结构和规律。未来理解语言，他们探寻不同的语法体系和发音方法，这会潜在地影响对文化行为的深入了解。这是因为语言经常被用作对人进行分类和进行文化习得的重要方式，语言学家能帮助探寻现代人与古代人之间的关系。语言学也是助益于考古学的发现，它通过使用现代语言规则来帮助破译古代文本。语言学对人类学的贡献无可否认。

人类学的这些不同分支学科都在不同的方面致力于对古代人类和现代人类的了解。不同于有的学科，只关注于人类的某一方面，如历史学或生物学。人类学的独特之处，在于其整体观，这些分支学科为人类学的整体观研究奠定了基础。（参见**文化人类学**、**考古学**、**体质人类学**、**历史语言学**。）

扩展阅读

［1］Angrosino, M. V. Doing cultural anthropology: Projects for ethnographic data collection. *Prospect Heights,* IL: Waveland Press, 2002.

［2］Boyd, R., & Silk, J. B. *How humans evolved* (3rd ed.). New York: Norton, 2005.

［3］Erickson, P. A., & Murphy, L.D. *A history of anthropological theory* (2nd ed.). Peterborough, Canada: Broadview Press, 2003.

［4］Fagan, B. M. Archaeology: *A brief introduction* (7th ed.). Englewood Cliffs, NJ: Prentice Hall, 1999.

［5］Feder, K.L.*The past in perspective: An introduction to human prehistory.Mountain View,* CA: Mayfield, 2000.

［6］Nanda, S., & Warms, R.L.*Cultural anthropology* (8th ed.). Belmont, CA: Wadsworth, 2004.

［7］Stein, P. L., & Rowe, B. M. *Physical anthropology* (8th ed.). New York: McGraw-Hill, 2003.

人类学非洲研究（African studies in Anthropology）

人类学非洲研究的形成与发展起源于英法两大殖民国家对非洲殖民统治的需要，时间大体在20世纪20年代至60年代。当时的欧洲殖民者为了更好地统治与管理非洲，需要了解非洲的族群、生活与文化。最初，人类学在非洲的研究活动，基本上表现为外来者（主要是欧洲学者）对生活在这块陆地上的人民及其文化的描述与分析，即通过描述各种非欧洲人的、非西方的“另类”生活方式，让欧洲人通过对异域文化的描述与观察来反观西方人自己的社会与文化。

20世纪30年代开始，英国人类学家在非洲所开创的田野方法与理论深深地影响了世界人类学几十年。英国在非洲实施的“间接统治”殖民政策为人类学家提供了用武之地，殖民政府有时会允许并支持人类学家到部落中做实地调查搜集资料。开创功能主义研究范式的英国人类学家马林诺夫斯基（Bronislaw Malinowski）曾撰文指出，人类学家可以为殖民官提供有关非洲人生活方式的客观资料，以避免殖民官因为忽视土著文化而施行错误的政策；他强调对社会变迁与文化接触以及应用人类学的研究，使其共时、静态的功能主义理论与方法在变化着的传统社会中依然有解释力。文化接触与社会变迁成为当时研究的主流。

20世纪40年代至50年代，既是英国在非洲殖民统治的末期，也是非洲人类学研究者人才辈出的年代。拉德克利夫·布朗（A. R. Radcliffe-Brown）的结构—功能主义思想为非洲人类学研究注入了新的活力，人类学除了要探究不同社会的文化法则，还可以通过比较与归纳的方法来发现普遍的社会规律。很多青年才俊在马林诺夫斯基与布朗两位大师的带领下，在非洲各地进行了长期深入的田野调查并发表了大量的研究成果，他们聚集在伦敦、剑桥、牛津等高等学府，分享彼此的工作与思想，共同建构人类学理论，使得非洲研究成为人类学理论发展的核心和主流。这期间涌现出的伟大人类学家及其作品至今仍被奉为圭臬：1937年，埃文斯·普理查德（Evans-Pritchard）对苏丹阿赞德人的经典研究发表；1940年，普理查德与福蒂斯（Meyer Fortes）合编的人类学经典名著《非洲政治制度》开创了政治人类学的先河；普理查德出版的专著《努尔人》即是对无中央政府状态下社会如何组织与运作的最好阐明；福蒂斯对居住在加纳北部塔伦西人（Tallensi）亲属关系进行了开创性研究。这一时期的大量民族志作品都围绕结构—功能主义的理论模型展开精密的描述，却忽视了历史的维度，即社会何以发展成今天的样子？社会变迁的动力在哪里？南非人马克斯·格拉克曼打破了静态、共时、理想化的结构—功能主义范式，立足于非洲社会经济急剧变迁的现实，从冲突论的视角来分析变迁的原因。

法国人类学家对西非的民族志研究胜于英国，殖民时期最著名的法国人类学家当属马塞尔·格里奥勒（Marcel Griaule），他是一个魅力超凡又很有争议的学术领袖。格里奥勒是莫斯的学生，对田野工作充满热情，热衷于探险旅行和收藏，他最著名的研究是马里的多贡人（Dogon）。与英国人类学者严格的单枪匹马的田野工作方式不同，格里奥勒喜欢启用大量的助手和同事来观察一项仪式，且终身依靠翻译，他认为人类学是多学科交叉的，田野工作涉及运用许多不同的能力，但是他的著作除了发展了田野工作自身的方法理论外，并无其他理论建树。他的这种弃绝理论或者说反理论的倾向影响到后来许多强调田野工作和民族志更甚于理论的法国人类学家们。

美国人类学对非洲的研究起步很晚，其开创者梅尔维尔·赫斯科维茨（Melville Herskovits）在20世纪30年代对达荷美（Dahomey，今贝宁）的研究意义重大，他从文化史的视角，运用半专业化的类似殖民人类学家的田野工作方法在中西非开展调研，并在美国西北大学建成了第一家非洲研究中心，并使其成为美国非洲研究的重镇。

殖民时期的非洲人类学相比于其他任何学科都独领风骚，然而随着非洲国家的纷纷独立，人类学比任何学科都让人感到耻辱和尴尬，人类学被称为“殖民主义的女仆”而备受指责。人类学的研究旨趣是非洲的部落人民及其文化，这被非洲独立后的社会精英们视为一种威胁或者说阻碍，因为他们立志建成一个和平统一的现代化国家，而不去区分各部落间语言与文化的差异。因此，20世纪60年代至70年代，是去殖民地化发展与民族主义运动的鼎盛时期，人类学是最不受非洲知识分子欢迎的一门学科，亦被认为是一门对国家现代化发展无用的学科。

整个20世纪，人类学对非洲的发现与研究在两个主题上交叉互鉴，一是识别、理解、比较地方传统是如何构成的；二是强调不断变化的非洲经验。20世纪前半叶，人们更关心所谓“传统”，越是远离西方文明的文化，越受到关注，然而随着现代化、全球化的发展，西方文化在殖民地的强力渗透，如今再也找不到这样的净土。因此，20世纪后半叶的人类学更关注非洲不断变化的现实与发展，表现出多学科交叉研究的特点，研究主题愈来愈开阔与广泛，面临的现实挑战亦越来越大。当然，作为一门学科的人类学，已不再只属于西方学者，非洲独立后成长起来的本土学者同样对非洲人类学发展发挥了重要作用。

（徐薇）

参考书目

［1］E. E. 埃文斯·普理查德. 阿赞德人的巫术、神谕和魔法. 覃俐俐译. 北京：商务印书馆，2010.

［2］E. E. 埃文斯·普理查德. 努尔人. 褚

建芳译. 北京：商务印书馆，2014.

[3] 弗雷德里克·巴特等、高丙中等. 人类学的四大传统. 北京：商务印书馆，2008.

[4] Sally Falk Moore 1994, *Anthropology and Africa: Changing Perspectives on a Changing Scene*, The University Press of Virginia.

[5] Ford C.Daryll 1953, *Applied Anthropology in Government: British Africa*, in A. L. Kroeber (ed.), *Anthropology Today*, Chicago: University of Chicago Press.

[6] Helen Lackner 1973, *Colonial Administration and Social Anthropology: Eastern Nigeria 1920—1940*, in Talal Asad (ed.), *Anthropology and the Colonial Encounter*, London: Ithaca Press.

[7] Meyer Fortes and E. E. Evans-Pritchard (ed.), *African Political Systems*, London: Oxford University Press, 1940.

[8] Meyer Fortes, *The Web of Kinship among the Tallensi*, London: Oxford University Press, 1949.

[9] Adam Kuper, *Anthropology and Anthropologists*, Routledge & Kegan Paul, 1983.

[10] Paul Nchoji Nkwi, *Anthropology in a post-colonial Africa: The survival debate*, in Gustavo Lins Ribeiro and Arturo Escobar (ed.), *World Anthropologies: Disciplinary Transformations Within Systems of Power*, Berg, 2006.

人类学理论 作为人类科学的人类学努力通过物质特性、生物进化和社会文化的发展对我们人类自身给出一个综合全面、连贯一致的看法。事实、概念与观点汇聚一起，一同彻底、详细地描绘了在一般地球历史中的人类和作为独特的灵长类世界中的人类。理论框架的提出就是为了说明一些事实和观点的含义和目的。

受启蒙时代批评思想家和具体科学的发展影响，特别是受查尔斯·达尔文（1809-1882）和卡尔·马克思（1818-1883）的影响，最早期的人类学家持进化论观点。我们生物种类、古现代的文化群体和语言都被看作是进化的结果。

在体质（生物）人类学里，把人类动物与猿猴、猴子和类人猿进行对比。化石和基因因素把我们人类与四大猿类（猩猩、大猩猩、黑猩猩和倭黑猩猩）联系起来。DNA的证据证明我们人类与猿类动物有非常紧密的关系。还有，人类被看作是原始人类进化的结果，特别是在以下方面的进化：如应急性的两足直立行走、工具的制造和复杂的大脑具备了使用符号语言进行口语表达的能力。当然，人类学家对原始人类化石记录的阐释不同，同样，生物分类学对发掘出来的人种分类也不一样，而对原始人类的成功出现或灭绝以及他们活动的解释也不同。

人类学家从不同的理论角度阐释社会行为和物质文化，如进化论、历史特殊论、文化传播论、结构主义论、功能主义论、形貌论和相对论（还有其他理解和阐释社会与文化的理论方法）。跨文化的研究揭示了人类群体的异同之处，形成了重要的概括。

在20世纪中期，有两位重要的人类学家莱斯利·A. 怀特（Leslie·A·Wlite）和马文·哈里斯（Marvin Harris）工具性地复兴使用进化论观点。如果使用的正确，进化论的框架能解释人类学的所有事实和概念。对我们人类物种、社会群体、文化的历时阐释是与一些学科的科学发现而同步的，如地质学、古生物学、生物学、社会学与心理学等。即将到来的新启蒙主义将克服后现代主义弊端，且越来越意识到全球一体化的趋势，最终回归到科学、理性和批判现实主义上来。

人类学理论是指研究我们人类物种的起源、社会的发展、它们的文化元素（例如，技术、亲属体系和魔法—宗教信仰和践习）和作为口语的符号语言的出现的一门学科。在应用人类学领域，有一些新的研究，如法医人类学、法医心理学、多元文化主义和行为人类学。

作为一门综合学科，人类学一直对来自于其他科学领域的相关事实、概念和理论采取开放的态度，如生态学、气候学、社会心理学和自然哲学。更多的古人类化石和史前器物的发现，同更准确的DNA分析技术一起，对有关人类进化和多元化的诸多可能性解释进行了限定。毫无疑问，有关史前的迁徙和历史战争将有新的解释。

把科学知识与哲学反思结合起来，人类学家甚至可能预测人类生物—社会化进化的未来方向。到目前为止，人类学家还在致力于我们地球的研究，但是在未来，随着人类能够适应其他外部空间和其他世界的生活，生物—社会化研究的新领域也会出现。

参考书目

[1] Barnard, Alan. *History and theory in anthropology*. New York: Cambridge University Press, 2000.

[2] Boyd, Robert, and Richerson, Peter J. *The origin and evolution of cultures*. New York: Oxford University Press, 2005.

[3] McGee, Jon, & Warms, Richard L. (Eds.). *Anthropological theory: An introduction* (2nd ed.). Mountain View, CA: Mayfield, 2000.

[4] Moore, Jerry D. Visions of culture: *An introduction to anthropological theories and theorists* (2nd ed.). Walnut Creek, CA: AltaMiraPress, 2004.

[5] Perry, Richard L. *Five key concepts in anthropological thinking*. Upper Saddle River, NJ: Prentice Hall, 2003.

人类学伦理（anthropological ethics） 人类学研究过程中所应当遵循的伦理。伦理（ethics）一词是古希腊哲学家亚里士多德在《尼各马可伦理学》（*Ethica Nikomacheia*）一书中最早创造并使用的。词根是名词ethos，表示习俗。亚里士多德（Aristotle）认为伦理学是对习俗的理性研究。今天，人们以多种方式使用伦理一词。大众通常把这个词等同于有道德行为；在哲学中，伦理学是道德哲学的同义词，专门研究那些如何制定评判准则、区分善恶的问题，或者是提出前后一致的伦理理论；在基督教神学里，伦理学则是道德神学的同义词，主要是反思圣经和教会的道德训诫。人类学伦理关注的是道德相对主义以及人类学家的职业伦理。

社会文化人类学发展到今天，已经在全世界发现了大量不同的习俗，不同的社会和人群在安乐死、弑婴、性关系、儿童和老人的抚养、妇女地位、奴隶劳动等问题上的道德评价各有不同。这些发现引出了如下重要问题：文化相对主义是否必然导致道德相对主义？道德只不过与习俗是什么有关，和个别社会有关吗？如果是的话，那么“好”和“坏”这样的词就仅仅意味着“某个社会允许”或“某个社会不允许”。即使存在着跨文化的相同道德信念，也不能证明道德相对主义是错的。人类历史上曾经有过那么一段时期，任何已知社会都没有对奴隶制提出过质疑，但今天人们却无法接受奴隶制是符合道德的说法。

从逻辑的角度也不能被证明道德相对主义是错的，但奴隶制的例子说明这种伦理立场可疑之极：我们今天不接受奴隶制是因为社会不允许奴隶制存在。我们的确拒绝了奴隶制，因为我们坚信奴隶制过去是错的，现在是错的，将来也会是错的。为了捍卫人类的尊严和权利，我们有充分的理由反对奴隶制。在经历过20世纪的暴行之后，捍卫人的尊严与权利已经成为最基本的、人类共有的、普遍的伦理契约，艾伦·格维斯（Alan Gewirth）曾经为此提出过一个合理的论证。因此，一方面，社会文化人类学以及哲学人类学和神学人类学的不同结论并不必然导致某种道德相对主义。另一方面，不同结论有助于人类学家谨慎地不去过早断言某一准则是普适的。举例来说，负责审查美国人类学学会的伦理声明的委员会最后发表报告称：接受文化相对主义作为研究或教学的立足点并不意味着研究者或教师自动地就赞同被研究或讲授之对象的一切做法，正如同一个人不需要接受本文化中的一切做法都是合乎伦理的。

这段话似乎是赞同道德相对主义，但当该委员会声明“人类学家必须尊重、保护和促进所有那些受其工作影响的人的权利和福祉”是一条“普遍性”原则时，显然又弱化了相对主义。

人类学家的职业伦理关注研究者与作为研究对象的当地人的关系，并要求在任何情况下不应伤害当地人的利益。与其他人文社会科学一样，人类学研究要基于好的科学实践，这意味着人类学家必须有能力辨别重要的结论和不重要的结论。发表的作品应当具有科学上的重要性，这就排除了剽窃、篡改研究素材等类似的欺骗行为。社会文化人类学家时常处于道德两难的境地。因为如果“促进所有受其工作影响的人的福祉”的“普遍”原则成为指针，那么就会出现用简单方法解决不了的情况，尤其是在促进了一些人的福祉就会损害到另一些人之时。因此，在很多情况下，比如对于身处田野的人类学者来说，伦理规则只能提供一个决策的基本框架，但它们对于职业伦理的发展来说是很有用的工具。随着中国人类学界学术研究的进展，人类学伦理问题已经引起了许多学者的关注。

（康敏）

人类学南美研究（South America studies in Anthropology） 南美地区在人类学研究的知识图景中处于一个较为特殊的位置。早期的人类学研究，所关注的是与欧洲相关联的“非西方”民族的历史与现实状况，这些非西方民族主要包括两大类型，一类是群体相对较小、社会结构相对简单、宗教系统不完善、生产技术落后的部落族群及其所在的区域，另一类是后来沦为西方力量殖民地和半殖民地的所谓“文明国家”，前者所对应的是非洲和大洋洲的情况，后者则更多地指中东、东南亚、南美洲等区域。因此，作为在地理大发现之后主要被西班牙和葡萄牙以及法国等所瓜分的南美洲地区，其殖民时代的人类学研究也就深深地刻上了欧洲人类学的特征与烙印。直到19世纪60-70年代，关于南美洲的相关人类学信息与资料大部分都出自旅行家、博物学家和地理学家的记述，或者是传教士、商务驻扎官、商业买办、殖民官员和其他人士的报告，这些人大多没有接受过人类学训练。从70年代末开始，旅行家们开始深入亚马孙河以及奥里诺科河流域之前罕有人迹的热带森林腹地考察，其中主要是经过人类学训练的德国探险家。到了80年代，人类学家卡尔·丰登斯台南发现了辛加河（亚马孙河南支）流域各部落古老而又独特的文化，同时探访了马托格罗索地区的鲍罗罗印第安人社群。马克·施米特在这之后对巴西中部地区进行了研究考察。从1898年起，特奥多罗·科赫·格林贝格开始进行多年的人类学考察之旅，他于1898—1899年在辛加河流域，1903—1905年在巴西东北部（里奥内格罗河和雅普拉河）、1911—1913年在巴西、圭亚那和委内瑞拉边缘区域进行长时间考察，1924年又回到奥里诺科，最终在这里去世。此外，德奥传播学派的代表人物施米特还曾经在1913年发表《南美的文化圈及文化层》等文，以传播学立场反对进化论主张。总体而言，早期对于南美地区的人类学调查主要目的是初步了解南美地区的种族、文化风俗，具有填补殖民帝国世界知识地图空缺的作用。

在这之后，随着南美各国相继独立，开始着力构建自身民族国家的历史与身份认同，在这过程中，人类学者在其中扮演了重要的角色。到了20世纪上半叶，南美开始按照欧洲和北美的模式建立研究型的高等教育体系，其重要标志则是20世纪30年代巴西圣保罗大学的建立。在这一时期，在法国年鉴学派的影响之下，人类学的新方法开始引介并运用。第二次世界大战之后，以人类学家洪巴格（A. Holmberg）在南美秘鲁高地的维可斯印第安人地区实行维可斯计划（Vicos Project）为标志，发展人类学逐渐兴起。除此之外，在20世纪60年代，以贡德·弗兰克（Gunder Frank，1929—2005）等为代表的依附理论流派在南美萌生，并在全世界产生巨大影响。弗兰克认为，资本在向南美的渗透并没有导致经济的发展，恰恰相反，它阻碍了当地经济的发展并加重了南美对世界资本主义的依附。进入80年代，南美人类学的底层研究开始兴起，研究者坚持以下层民众为研究对象，把重点放在他们日常生活的文化和观念上，这对不属于底层研究团体和后现代主义范畴的南美社会与文化史研究也产生了重要影响。

总体而言，人类学南美研究既具有与欧美研究相似的地方，即它的研究者要么是从欧美接受教育的、要么就是从欧美过去的，在思考和分析相关人类学议题的时候往往会具有相似的视角。但是在另一方面，又存在着自身基于南美这一独特地域而造就的特色，那就是同时具有第三世界的视角，在人类学研究中强调对于既有政治与社会秩序的批判，关注南美在世界资本主义格局中的依附地位，并开展对于南美地区的“杂交”（或西班牙或葡萄牙人与印第安人的混血儿）社会及顶层的研究，所有这些都为丰富人类学南美研究的新图景提供了新的空间与可能。

（袁剑）

参考书目

[1] Dwight B. Heath. *Contemporary cultures and societies of Latin America: a reader in the social anthropology of Middle and South America and the Caribbean*. New York: Random House, 1965.

[2] David Maybury-Lewis. *Indigenous Theories, Anthropological Ideas: A View from Lowland South America*. In Anthropological Quarterly, vol. 82, no. 4, 2009: 897-927.

《人类学实践年刊》（*Annals of Anthropology Practice*） 致力于研究人类学知识和方法应用于解决问题和政策的刊物。主要特征体现为对公共卫生、社会正义、媒体、环境治理等时代问题发人深省的研究。该刊物同样采取同行评议，吸引了大批的实践者、大学教师和学生。

（蒋萍）

人类学史（history of anthropology） 人类学学科的发展历史。如果从广义上将科学作为一种严格的知识探究，那么人类学就会出现在不同的时间和地点，记录下思考者对于人类多样性文化的观察和分析。从历史的观点看，人类学也可以指一种特定的社会形态：是学者们在人类学学科范畴内创造出来的产物。从这个意义上讲，人类学是到19世纪晚期才出现的。无论使用何种定义，人类学都具有几条这样的基本线索：第一，人类学家都会受到其所在社会、文化及政治环境的影响，所以每一个时代都有它自身的人类学；第二，记录知识产品的书使得学者可以回顾前人研究，从而提出延续性的思想流派；第三，人类学并非是在思想和知识上不断取得进展的学科，而是对人类观念（如进步主义相对于原始主义或浪漫主义相对于客观主义）的无休止重复（通常以感知的方式进行），因为人类学的研究对象就是人类自己。

在创造人类学的前现代知识分子中（如希罗多德等希腊学者以及中国的史官和旅行家们），伊本·赫勒敦（Ibn Khaldun,1332—1406）作为一位政治家，游历了伊斯兰世界的西半部分（非洲北部和西班牙），并且通过阅读了解了它的东半部分。他的结论是，历史是围绕城市与游牧民族间的相互影响而展开，他注意到了部落和较大规模的宗教运动所表现出来的社会凝聚力。赫勒敦将自己的分析方法描述为“文化的科学”。

15世纪末以来，西欧试图征服世界并改变人们的宗教信仰。同时，欧洲社会本身也经历着巨大变革，其中包括商业和工业的资本主义化、城市化、农业的商业化，以及民族国家的兴起。现代人类学就是在这样的语境中产生的。当欧洲人把其他一些人群归入商业奴隶制和地产农业的类别中时，他们开始关注人的身体（如头部、身高、肤色等）。随着欧洲人对各色人群（从印度尼西亚人到格陵兰岛人）进行贩卖和统治，欧洲人记录了这些人在习俗上的巨大差异。同时，欧洲社会自身的变化也导致欧洲人针对社会结构和信仰的等级来建构理论。

描述性人类学始于16—17世纪的扩张，特别是当天主教传教士决定要记录其教化对象的文化时。但欧洲人类学的第一个繁荣期直至17—18世纪的启蒙运动才真正到来。那时的知识分子开始思考人的本质，也就是所谓的哲学人类学。于是，对人类文化和体格的分类也就活跃起来，并在体质人类学中留下长期关注“种族”的传统。此外，人类学也开始专门研究所谓的“野蛮人”，即非西方人、有色人种和庶民，即使人类学声称是研究全人类的学科。殖民主义是人类学产生的语境，“‘原始’是掌握人类本性的关键”这一待定假设也是在此语境下产生的。但对“野蛮人”的研究也为人类学留下了一笔遗产，积累了对这些人群的深层知识，与他们建立了密切的联系。否则，这些人就会被遗忘、鄙视、被严重地刻板形象化。

启蒙运动和19世纪初的浪漫主义为人类学提供了很多直到今天还在使用的关键概念。例如，文明的概念产生于一些绝对专制主义的等级化语境中，比如革命前的法国。作为用语言和习俗来区分人群的一种方式，文化概念的出现也是对处于文明中心国家的一种分离主义反应（具体而言，就是德国民族主义者针对法国的政治文化统治做出的反应）。在工业化、城市化、移民的迅速变化、等级化秩序和先赋的封建专制秩序的衰落中，社会成为想象唯意志性的人与人之间秩序的一种方式。其他一些概念（如意识形态、经济、阶级、种族）的起源也都可以追溯到这一时期。

在达尔文提出自然选择论之前，欧洲就开始关注进化的概念。但进化的自然选择模式并未产生预期的影响力。因此，泰勒（Edward Tylor）、摩尔根（Lewis Morgan）、斯宾塞（Herbert Spencer）等19世纪的人类学家在其基础上发展了按升序排列的文化阶段模式。一方面，他们的理论建立在人类的基本一致性之上，这使得人类学对“原始”文化的关注与整个人类历史的研究产生关联；另一方面，他们总是把欧洲和欧美的上等阶层置于文化发展的顶端。这种方法实际上形成了（如技术和等级化的政治组织等）文化历史的累积性，在文化和道德等范畴的进步性看法是大有问题的。当时的人类学家通常是绅士科学家，他们拥有得到认可的专业知识，但却没有职业化的收入。他们的研究既有来自田野的一手材料也有收集来的二手材料，并且拥有在任何时间和任何地点都符合同一尺度的文化进步的知识框架。

在1900年前后，人类学经历了学术专业化的过程。大学有了人类学专业的博士学位，使论证与分析的标准更加严谨。以马林诺夫斯基（Bronislaw Malinowsk）为代表人物，英国、欧洲大陆和英属殖民地都陆续开始重视田野研究，强调长时段的参与观察，包括使用当地人的语言。英国人类学家对非西方的社会生活进行了各种功能主义的分析，强调社会整体中的思想、行为规范以及活动之间的协调。功能主义者摒弃了投机的历史，但却避开了殖民主义的现实，并导致他们在权力和变迁等问题上视而不见。

同一时期，博厄斯（Franz Boas）及其学生们在美国、加拿大和墨西哥先后激烈地批评了各种臆测历史和一般性的进化路线，并投身于未与西方接触前的美洲印第安人文化特征研究。在仔细观察那些特征如何在当地凝聚起来的过程中，他们非常强调思想和活动的习得模式，这基本上就是现在的文化概念。博厄斯等人还将文化从所有人类成就的累积性轨迹的单数概念转变为复数概念，展现了文化在特定时间、特定地点的形貌。在向伪科学“优生学”开战的同时，博厄斯也呼吁进行严肃的体质人类学研究，使之成为反对种族主义斗争的一个领域。于是，美国人类学包括了从生物学到考古学、从过去到今天的语言和文化的一切探究。然而，人类学家与其研究对象间的关系却非常矛盾：科学研究的需要往往被凌驾于研究对象的人权之上。

第二次世界大战及随后兴起的国家性、全球性的军事机构和经济机构重新塑造了人类学组织和学术重心。大学的发展非常迅速，政府给予人类学研究的资助也相当充分。美国人类学开始将目光从本土的美洲印第安人转向如拉丁美洲和东南亚等国际政治经济的权力领域。尽管人类学并没有放弃对小规模社会的研究，但越来越多地关注农民、种植业工人、移民和城市。于是，人类学理论更多地倾向于社会公平、国家和社会变迁。20世纪60年代，民主与正义的全球性运动开始以后，人类学理论又转向了权力和抵抗。

20世纪40—60年代，或许受到冷战时期官僚政治的影响，人类学家特别强调系统性理论，比如人与环境的关系或者各种思想的结构。60年代以后，学者们开始质疑系统的完美性，他们对文化的局限性和一致性以及社会的共识和功能优势提出疑问。在不断变化的世界关系网络中，文化和社会被视为动态思想和实践的地方性及暂时性的关系。

体质人类学和考古人类学在这一时期也取得了很大进展。在体质人类学方面，遗传学的现代综合论进入了人类学的视野，它们抛弃了对于种族类型的迷思，更加倾向于复杂变化和动态适应的模式。人类古生物学的实证性记录也更加完善，将一系列的起源指向非洲。20世纪，考古学家发明了一些可靠的科学方法，如地层挖掘的方法以及相对的和绝对的年代测定技术。到了20世纪中叶，考古学家开始通过物质遗存而非历史记录把研究对象作为对过去文化与社会的研究。随着人类学在知名大学的专业化程度不断提高，它也开始碎片化。但今天人类学各分支学科之间的思想流派依然能够进行有效的对话。

尽管从物质层面上讲，全球的不平等越发剧烈，但人类学为世界民族在知识和政治上的平等做出了贡献，反过来人类学也一直被其形塑。国家人类学在印度、中国、南非、巴西、墨西哥等地繁荣发展。女性主义则通过关注女性问题和坚持女性视角来重塑人类学。土著人在知识和政治上的自觉不可避免地挑战了人类学“为了学术而学术”的使命和任务，土著人不再被当作“野蛮人”来研究。对此，人类学家用自觉或“反思”做出了回应，更加坦率地介入公共问题，也开始与社区进行合作，人类学家角色不仅仅是研究者，也开始被视为研究对象。人类学的知识和方法在实际问题中的应用是至关重要的：一方面是因为出现了以上提到的一些趋势，另一方面也因为1968年以后的大学和政府优先考虑了人类学家在反智主义、军国主义和资本主义领域的就业和研究经费，造就了一大批学术性的博士。

即将到来的世界新秩序对于人类学既可能带来压制也可能带来解放，面临这样的双重可能性，人类学家如何将他们的政治伦理与客观的科学承诺结合起来？随着“文化”或“人性”这样的人类学概念成为公共词典的一部分而被不同的意识形态所左右，人类学家如何以最为贴切和最具伦理道德的方式发挥他们的作用呢？这是摆在人类学面前的两个重要问题。

中国人类学的发展经历了学科引进、独立学科的建立、抗日战争前后的发展高潮、中华人民共和国建立之后转型、政治运动的冲击、改革开放之后的学科重建和发展等不同阶段，在学科建设方面呈现出不同的阶段性特征。近年来与国际学术界的关联日益加强。

（连煦）

参考书目

［1］Adams, W.Y. *The Philosophical Roots of Anthropology*. Stanford, CA: CSLI, 1998.

［2］di Leonardo, M. *Exotics at Home: Anthropologies, Others, American Modernity*,. Chicago: University of Chicago Press, 1998.

［3］Kuper, A. *Anthropology and Anthropologists (Rev. ed.)*. London: Routledge, 1983.

［4］Malefijt, A. de Waal. *Images of Man: A History of Anthropological Thought*. New York: Knopf, 1974.

［5］Stocking, G. W. Jr. *Race, Culture, and Evolution: Essays in the History of Anthropology*. Chicago: University of Chicago Press, 1982.

［6］Trigger, B.G. *A History of Archaeological Thought*. Cambridge and New York: Cambridge University Press, 1989.

［7］Vincent, J. *Anthropology and Politics: Visions, Traditions, and Trends*. Tucson: University of Arizona Press, 1990.

［8］Wolf, E. R. *Envisioning Power: Ideologies of Dominance and Crisis*. Berkeley and Los Angeles: University of California Press, 1999.

人类学特性（Characteristics of anthropology）　人类学特性主要有3个：进化论和文化相对论之间的持续争论，跨文化比较的运用以及“参与观察”基础上的人种学研究。

进化论和相对论　人类学在19世纪时期受启发，吸收了当时占支配地位的“主导性话语”——进化论。在英国和欧洲，基础人类学家将从18世纪持续到19世纪的社会转型过程应用到世界各地不同民族的文化差异上。

20世纪初出现一股反对的浪潮，要求脱离进化论，尤其是社会与文化人类学。这起因于（至少部分起因于）人类学家和他们正在研究的文化，而这又引出3个新的重点：第一，文化研究在文化复杂性和丰富性的研究中占全部（或至少大部分），而不是作为少数笼统和抽象类的插图存在；第二，文化研究作为整体，与一两个特质或特性的记录截然相反；第三，文化研究都是根据自己的实际情况，而不应用外部评价条件，这就是我们所说的文化相对论的意思。

这个发展可以从布罗尼斯拉夫·马林诺夫斯基(Bronislaw Malinowski)、阿尔弗雷德·雷金纳德·拉德克利夫·布朗(Alfred Reginald Radcliffe-Brown)和博厄斯(Boas)的著作中看到，马林诺夫斯基和拉德克利夫·布朗建立了强调社会关系的英国社会人类学，博厄斯建立了关注传统知识的新大陆文化人类学。

后续的理论发展在20世纪和21世纪的人类学中可以看到，至少可以部分看到。与史前考古学的经常对话无疑保持了进化传统的触手可及，更坚定地维持着进化方法（尽管一些当代考古学家不屑于这个词）。在新大陆文化人类学中，进化方法在20世纪中期曾两次复苏，一次是由著名的密歇根大学进化学派引起的，另一次是20年后由马克思主义人类学的主要运动兴起的，马克思无疑是19世纪一个重要的进化论思想家。之后，文化相对论大步走向解释人类学和最近的后现代主义，而这又将文化相对论扩展到认识论的相对论，从而提倡特殊性和主体性。

如此看来，人类学的主要特性是不间断性、明显的无止境，以及进化论和相对论的争论。

跨文化分析　无论是为了评价并列案例或情况，还是为了确认伴随的变化，比较都是人类思维中的基本元素。

人类学与众不同的地方就在于强调跨文化比较。即使排他主义者也不能避免跨文化比较，因为即使是描述也需要分类以表明相似性和差异性。无论是直接还是含蓄，跨文化比较总是出现在人类学中，因为我们不得不思考我们所研究的文化与其他文化的相似性与差异性。玛格丽特·米德(Margaret Mead)在《萨摩亚人的成年》(*Coming of Age in Samoa*)一书中非常明确地比较萨摩亚女孩儿的青春期和美国女孩儿的青春期。布罗尼斯拉夫·马林诺夫斯基(Bronislaw Malinowski)在《两性社会学：母系社会和父系社会的比较》(*Sex and Repression in Savage Society*)一书中比较了父权制欧洲和特罗布里恩群岛的俄狄浦斯情节。鲁思·本尼迪克特(Ruth Benedict)的《文化模式》(*Patterns of Culture*)则是特殊性比较的典型范例，这本书在识别一般模式时坚持停留在描述水平上，蔑视对伴随变化的搜寻。

跨文化比较无论在空间还是在时间上，都为人类学家提供了一个比其他同类型学科更广阔的视野，而其他同类型学科通常把他们的研究限定在一个或几个类似的社会中。多亏了跨文化比较，人类学的宽度成了它最重要的优势之一。

参与观察　文化人类学的主要方法策略是参与观察，关注研究对象，并且通过参加他们的活动以及和他们讨论他们的活动来接触他们。直接观察以及面对面地与研究对象进行交流是田野调查的核心要素，而田野调查则是参与观察的标签之一。这种直接的接触很有必要，因为田野调查的首要目标是从研究对象自身的角度来理解他们的文化和社会，即像研究对象一样理解他们的文化和社会。

一方面，参与观察有优势也有局限性。一种局限就是，无论是在单一社区研究中还是在多站点研究中，和一小部分人面对面地沟通交流都很难知道这群人以及关于这群人的信息和从这群人中获得的信息对于更大范围的人口和文化有怎样的代表性。另一种局限是，和研究对象接触以及约定使用的都是模糊的语言，不要求特殊技巧和精确性，而这样做无疑会造成强烈的情绪和模糊的印象之间的巨大反差；另一方面，参与观察使反复观察和三角测量基础上的详细知识成为可能。仔细关注当地的情况可以减少误解，而局外人预先设计正式措施则是造成误解的最大因素。总之，人类学的巨大优势之一就是参与观察使研究员最接近民众，更确切地说，最接近某部分民众。

人类学的灵魂和实质已经形成，并且表现在进化论和文化相对论的争论中，表现在跨文化比较的分析运动中，表现在依靠参与观察的田野工作的实践中。

（单慧玲）

参考书目

[1] Kuper, A. *The invention of primitive society*. London: Routledge, 1988.

[2] Kuper, A. *Anthropology and anthropologists: The modern British school (3rd ed.)*. London:Routledge, 1996.

[3] Salzman, P.C. *Understanding culture: An introduction to anthropological theory.* Prospect Heights, IL: Waveland Press, 2001.

《人类学学报》（Acta Anthropologica Sinica） 人类学专业期刊。20世纪80年代，随着中国许多古人类化石和旧石器地点的发现，为了解人类起源和发展及其文化的演变提供了重要资料，同时，灵长类研究在中国进展快速。作为人类学研究工作者发表研究报告、交流研究成果，提升研究水平的阵地，《人类学学报》应运而生，于1982年秋问世，季刊，由中国科学院古脊椎动物与古人类研究所主办，科学出版社出版。截至2014年底，已出版33卷132期。该刊是中国唯一体质人类学研究的国家级核心期刊，主要设学术论文、研究简报、综述、书刊评价、消息动态栏目，内容涉及人类学、旧石器考古学和其他相关学科的原始研究报告及综合性学术论文，即人类和灵长类的形态、生理、生态以及起源和进化的研究；有关古人类和旧石器考古遗址的发掘报告；古人类的生活环境和病理学的研究；旧石器时代人类文化、技术与行为的研究；生物人类学的研究；应用人类学的研究；与人类学研究有关的新技术和新方法的应用及其成果等。该刊充分反映了中国人类学发展，在人类起源和现代人起源理论、中国旧石器文化研究方面多有建树，支撑着中国人类学研究在世界研究领域的地位。

（耿静）

人类学与认识论（Anthropology and epistemology） 认识论是哲学的一个组成部分，指研究人类认识的本质及其发展过程的哲学理论。其研究的主要内容包括认识的本质和结构、认识与客观实在的关系、认识的前提和基础、认识发生、发展的过程及其规律、认识的真理性标准等。

人类学与认识论的关系包含以下几个方面：第一，任何人类学家，无论他愿意与否、意识到与否，都希望他的学科具有科学的地位，因此，人类学必然蕴含一种科学的认识论；第二，人类学的认识论是自身整体实践的组成部分，具有很强的反思性。有时候，作为一门人文学科，它又会迫使人类学家与科学保持一定的距离；第三，就其最广泛的意义而言，认识论的中心目标在于说明，或至少在于分析所有用于说明实在或某一实在领域的体系。简言之，就是所有为已知文化所构造的关于世界的知识模式。在这个意义上，不忽略他者，而是把我们自己关于知识形式的研究包含在各种不同模式中的人类学，可以被视为最为有力并最具理解力的认识论。

在人类学的发展过程中，支撑人类学学科的认识论也随着时间和社会情境的变化不断发生变化。在学科兴起之初，受到18世纪欧洲社会思想家有关学说、人类学学科本身思想脉络及生物进化论的影响，人类学流行的认识论主要是进化论，运用比较的方法探索人类社会文化的起源和发展历程，认为人类社会文化与生物进化一样，也是由简单到复杂、由低级阶段向高级阶段逐步发展的过程。19世纪末，进化论受到越来越多的质疑，传播论逐渐兴起以解释文化现象。传播论认为传播是文化发展的主要因素，文化采借多于发明，不同文化间的相同性是许多文化圈或文化区域相交的结果。

20世纪初，在美国，人类学家受到德国新康德主义历史科学关注个别性而非普遍性的启发，对古典进化论形成严厉的方法论批判，并对传播论持审慎态度，即认为相似的文化未必就是由传播造成的。历史学派代表人物博厄斯（Franz Boas）强调历史特殊论，认为相似的文化现象可能是具有不同的历史成因和过程的，强调每一种文化都是独特的，都具有它自己的历史发展轨迹，主张通过具体的历史过程研究来理解具体的文化。并且倾向于用文化解释文化，把文化看作是一种精神性的整体。在法国，著名人类学家克洛德·列维·斯特劳斯（Claude Levi-Strauss）开创结构主义方法，认为人们是通过心智上的二元对立结构来理解这个世界的，而人类学家的任务则在于厘清这种支配人类心智的结构。

20世纪70年代以来，世界格局发生巨大变化，人类学的认识论也随之改变。以克利福德·格尔茨（Clifford Geertz）为代表的象征人类学，不再主张探求社会的“内在结构”，而是重视分析周遭生活中的意义系统。象征人类学家关注文化的意义，主张人类学的任务在于透视和理解被研究者的观念与象征形态。借用格尔茨的话说，对他们而言，象征是意义的“浓缩形式”或多种意义的联想。他们研究的目的，在于揭示象征如何结合成体系，揭示象征如何影响社会行为者的世界观、精神与感知。

世纪之交，后现代思潮兴起，反对所有关于存在、自然、理性等问题的宏大话语，认为任何一种知识都是价值选择和判断的结果，否定任何一种预设的知识特权。受到后现代思潮的影响，人类学发生了认识论的转向，脱离了这个学科所熟知的实证论传统，转而考察关于知识的本质与生产的各项议题。在具体的研究过程中，后现代人类学强调当地人群体内部之间各种经验、意识、利益及知识的差异性，强调多元化的当地人经验和现实。时至今日，人类学的认识论仍旧在科学与人文、实证与解释之间摇摆，并在研究主题、内容与方法上进行着多样化的尝试，物质文化研究、女性主义研究、口述史（个人生命史）、全球化与地方化等，都是人类学新兴的研究方向。在中国语境下的人类学研究中，中国古代和不同族群的社会文化认识论也是一个重要的话题，应当引起研究者的注意。

（刘琪、金怡）

参考书目

［1］帕特里克·托特、让·吕克·雅玛尔.从认识论到人类学及从人类学到认识论的交互反思，胡新和译.《第欧根尼》，2000（2）.

［2］纳日碧力戈.人类学理论的新格局.北京：社会科学文献出版社，2001.

［3］尼古拉斯·托玛斯.人类学的认识论.《国际社会科学杂志》（中文版），1998（3）.

人类学与日常生活（Anthropology and everyday life） 人类学是一门试图在日常生活中发现地方性知识并由这种知识出发去理解和阐释人类丰富多彩且充满变动的社会文化的学科。与其他许多学科相比，人类学与日常生活的紧密联系构成了其主要特点，如历史人类学被一些学者视为研究生理、行为、感情和心态习惯等各种习惯的历史学，就是以对于日常生活的深入考察、理解与通常强调记载、理解社会上层的历史学相区别的。文化人类学将日常生活作为主要关注点，社会人类学所考察的社会也是建立在日常生活基础之上的。人们在日常生活实践经过不断重复而成为习惯，又随着空间扩展和时间延续变为风俗。文化传统是特定社会的符号表征，一方面会对人们的日常生活进行规范和制约，在日常生活实践中人们也会创造性地适应现实社会情境，不断重塑这一传统。

博厄斯（Franz Boas）在《人类学与现代生活》一书中，曾经强调应用人类学的观点、立场和方法研究现实生活中的各种问题，对它们加以重新估量和批判。费尔南·布罗代尔（Fernand Braudel）在《物质生活和资本主义》一书中探究了前工业社会世界的居住条件、服饰、饮食等，对人们在日常生活中的一系列事物、重复性行为和喜好及其迁延传播进行考察，进而解释经济平衡机制和交换的流通对于人类学自然生活和社会生活的塑造和改变所发挥的作用。美国人类学家爱德华·霍尔（Edward T. Hall）以跨文化交流作为其后半生的主要研究方向，并著有《日常生活的人类学：自传》（*An Anthropology of Everyday Life:An Autobiography*）一书，来估量他自己独特的文化经验对于其人生的影响。他的个人生活史证明，人们的日常生活可以说明无意识文化的广泛世界与无意识自我的密切相关性。他认为，个人范式的实际情况和结构只能够一点一滴、支离破碎地被自己意识到，并且只有在面对异文化、面对他者和交流屡屡受挫等非常特殊的情况下才能为自己所察觉。芝加哥大学东亚语言与文明系的雅各布·伊弗斯（Jacob Eyferth）教授以对四川夹江造纸及关中地区织布的研究为田野民族志个案，对中国传统社会中作为民众日常知识的技术控制、性别分工、家庭组织等核心问题进行考察和分析，关注在一场深入的历史变革中普通民众有些什么样的选择权、受到什么限制、能够发挥哪些可能的主动性。他指出，一般民众在日常生活中面对社会文化的不同境遇有很多选择的可能性，有些选择是实惠型的，有可能得到实际的好处；有些选择是面子型的，可能会获得社群内部或者更大范围的荣誉感。甚至在衣服、粮食、钱款、时间匮乏的整体历史背景下，个人还是具有一定的主动性，能够在有限范围内进行策略性的选择。

林耀华先生在他对家乡黄村的研究中，仔细剖析了芬洲和东林两家的日常活动。他们的人际关系程序，试图告诉读者地方人民生活的图景。在考察中，先考察每人每日的生活常规，这些材料才算是社会结构里的真正内容，详细记载了个人日常生活之后，逐渐推张个人生活和家庭、家族、氏族或整个社会的关系，进而再找出团体和团体的生活关系。当代中国人类学家和青年学子关注民众日常生活的民族志作品比比皆是。从日常生活中人们的生活实践出发，延展到认知、概念、理念、情感等诸多方面的讨论，在历史人类学研究中也强调民间文献与日常生活的关系。

布迪厄（Pierre Bourdieu）指出，除非日常使用中狭义的、规范的意义上的“文化”被引回到人类学意义上的“文化”，并且人们对于最精美物体的高雅趣味与人们对于食品风味的基本趣味重新联系起来，否则人们便不能充分理解文化实践的意义。当代人类学以田野民族志研究方式开展对日常生活的各个方面的研究，论题十分广泛。包括全球化时代的商品消费、饮食与服装服饰等当代社会的生活方式、族群的交往、旅游与文化的再创造、时尚和现代的概念与实践、体育比赛和体育文化、当代艺术观念与实践、移民与文化适应和抗争、圣战与伊斯兰极端主义、景观与都市意象、媒体与网络信息技术、涂鸦和街头庆典活动、宠物豢养与个性收藏等，都已经进入了人类学家的研究视野。

（王建民）

《人类学与现代生活》（Anthropology and modernlife）　弗朗兹·博厄斯（Franz Boas, 1858—1942）是美国著名人类学家，被誉为“美国人类学之父”，他和他的学生一起确立了更为复杂的文化和种族的概念，共同开创了美国人类学的田野调查原则。作为坚决反对种族主义理论的斗士，希特勒上台后，博厄斯开始抨击种族主义和纳粹，该书就是这一观点的集中表述。在他看来，人类学并不仅仅是“搜集奇风异俗”的学科，它所研究的原始社会与我们生活的现代社会之间是有着密切联系的。他用大量资料说明，人类不同种族在外表体质形态上尽管有所不同，但在天赋上和生理功能上没有什么差别，影响各民族文化发展水平的是历史条件而不是种族能力上的差别。身为文化决定论、文化相对论、历史特殊论的领航人，博厄斯致力于论证人与人的相对独立性和相互关联性，指出人的发展与历史性特殊线路；他站在文化相对主义的立场上，挑战各种以种族体质因素来解释文化成就的理论，呼吁反种族主义、反对具有侵略性的民族主义。他提出每一种文化都有自身的价值，都有自己的逻辑、理想、世界观和道德观，不应该用自己的一套标准去衡量其他民族的文化。每个民族都有自己的尊严和价值观，民族文化没有高低优劣之分，衡量文化没有绝对的标准，尺度是需要的，但不能只有西方文明一个尺度。他提倡任何一个民族都应该尊重其他民族，反对种族主义，主张民族平等，反对当时美国政府的干涉、侵害别国和民族的政策，谴责某些种族主义者强制推行美国的文化和政体的行为，各民族应自主解决内部事务。博厄斯在该书中描绘了一幅用人类学看待现代生活及其问题的图画，指出了以文化研究自诩的人类学对于我们理解现代生活的意义。这本书谈论的东西似乎有些“过时”，但是在生物决定论和唯科学主义流行的今天，这本著作仍对现代人有所启示。

（刘姝曼）

参考书目

［1］［美］弗朗兹·博厄斯. 人类学与现代生活. 北京：华夏出版社，1999.

［2］王铭铭. 西方人类学名著提要. 南昌：江西人民出版社，2004.

人类学职业（careers in anthropology）人类学者的职业和角色具有多样性，需要经过训练掌握相应技能，以适应人类学职业的工作条件。人类学者是在某一文化情景下研究人们的经验与行为，这意味着他们能够从事的职业种类繁多。尽管对学术型人类学者的市场需求相对有限，但非学术型人类学者的就业机会却在与日俱增。因为政府、企业和非盈利组织等部门积累的数据资料越来越多，对能够分析和解释这些资料的人才需求也会随之增长。结果，应用与实践人类学这一新的人类学分支正在得到普及和推广，各种社团和组织都在运用人类学的知识、方法和理论来解决问题。

全球化已经改变了人类学就业市场的本质，因为各种政府机构、跨国公司、非政府组织和非营利部门比以往任何时候都更加需要加深对多元文化的理解，移民人口的增长和城市特大化带来的结果也使得文化与传统生活方式的保护成为人们长期关注的问题。显然，人类学者所受的训练使他们非常适合承担这类工作，人类学也特别适合21世纪日益全球化、多样化和面向用户的就业市场。人类学毕业生可以从事传统的学术研究，也可以从事事务工作。学术性工作主要是指在大学和学院里教书、做研究，偶尔承担一些非学术性的应用

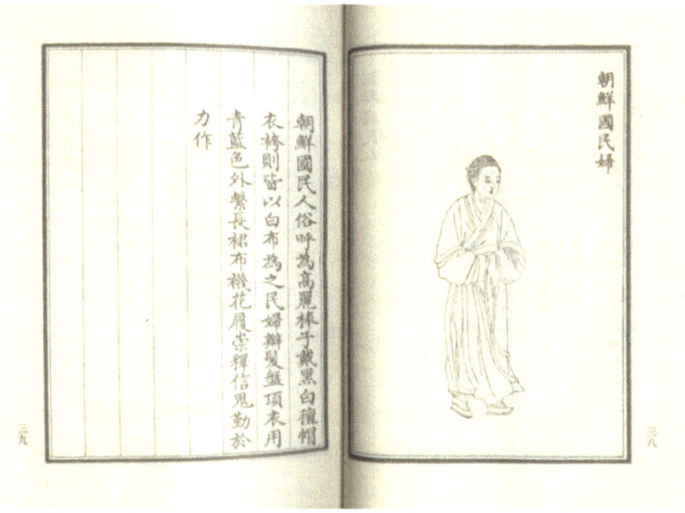

《皇清职贡图》朝鲜国民

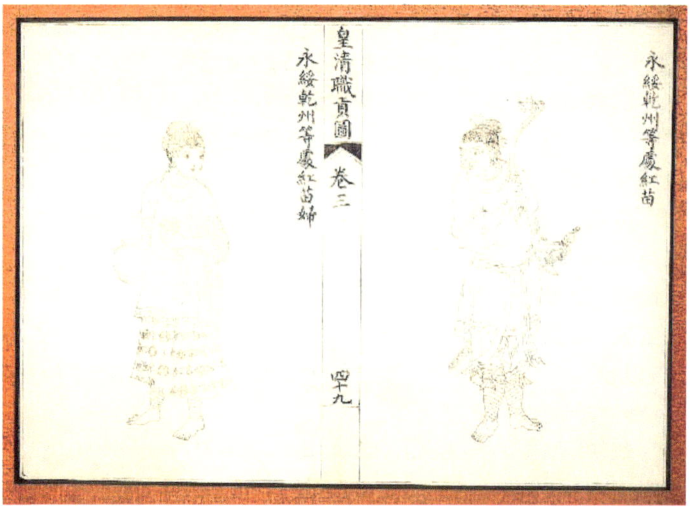

《皇清职贡图》永绥乾州等处红苗

《皇清职贡图》

工作。在过去30多年里，美国具有硕士和博士学位的人类学毕业生主要在非学术型机构就业。

人类学者可以在各式各样的领域工作，包括但不限于农业、考古、工商业、法院、文化资源保护、教育、能源发展、环境、行政管理、医疗保健、人权保护、博物馆、营养、公共住房、交通、城市发展和野生动物保护。从事这些职业的人并没有被贴上“人类学者”的标签，而是可能被称为研究员、评估员、影响评审员、顾问、调解员、项目执行人、管理员、经理、管理分析员、人力资源专家、馆长等。虽然上述职位并非与人类学直接相关，但有人类学背景的人会有更出色的工作表现。

不管是从事学术性还是非学术性工作，人类学专业的学生都要求掌握相同的基本技能和知识。包括民族志实地调查、数据采集、资料分析、二手资料的运用和信息传递等。传统的长时段民族志调查仍然是人类学工作的基石，它需要具备开展质性研究和定量研究的能力，访谈和敏锐观察、数据记录、转录、编码和分析、设计检验假说的量化研究。定量研究技能是从事实务工作或学术工作的关键，它要求学会使用SPSS或SAS这样的统计分析软件。传统的人类学者往往需要到遥远偏远的地方旅行，但今天的人类学研究多数是短期研究项目和咨询。研究者现在还可以通过各种先进技术如互联网和电话开展调查、分析和交流，田野工作中的面对面交流不再是必不可少的了。除此之外，人类学专业训练还包括良好的书写和口头表述能力，掌握外国语言或特殊群体语言（如青少年口语）的能力，以及最重要的是通过实际考察学会认识和分析不同文化。这些都是市场经济中重要的技能。所有人类学专业的学生都应该很好地理解复杂社会和人类学理论，并且有能力适应各种不同环境和人群。跨文化知识的掌握及人际关系的理解，将为学生步入社会、走上工作岗位奠定坚实的基础。

人类学者经常要和其他学科的人一起工作。从事非学术性工作的人类学毕业生的合作者和竞争者不仅来自本专业，也来自社会学、心理学、统计学和市场研究等学科。在工作中，人类学者必须遵循现有的基本伦理准则、法律和政策，在实证科学、道德和委托人的需求三者之间取得平衡，做出合理的职业判断和成功的事业。

（康敏）

人类遗传学（human genetics） 人类遗传学研究人类表现遗传特征，特别是医学感兴趣的特征。人类遗传学的总体目标是应用人类遗传知识更好地理解发育过程中的多样性和适应性。人类遗传学的另一个核心目标是在个人、家庭，甚至社会层面减少遗传缺陷所造成的负担，从而发挥出它对公共健康的作用。虽然遗传学的边界不容易准确地确定，“人类学遗传学（遗传人类学）”这一术语有别于临床应用中的人类遗传学，后者有时可具体表现为医学遗传学。

像所有的物种一样，人类有很多的基因型和表型的变异，这些变异最终是源自影响蛋白质表达的突变。基因编码蛋白质，最终从细胞内水平、机体水平乃至生态水平组织调控生物结构和生物过程。突变基因破坏正确的蛋白质，因此而有可能发生疾病。许多基因突变并没有病理影响，但距今已发现6000多种单基因疾病，约每200个出生婴儿中就会有1个患有单基因疾病。此外，导致表型相似的疾病的原因可能很多。例如，已知约有60种先天的耳聋，有些是环境因素造成的，如风疹的后遗症，而其他是由于遗传突变。遗传性疾病，即由遗传物质的异常所造成，通常可分为单基因病、染色体异常、多基因病、线粒体疾病：单基因（孟德尔式）缺陷是由于DNA中的单一位点突变造成的。单基因疾病常表现为经典家族型遗传：常染色体显性遗传、常染色体隐性遗传和X-连锁遗传。孟德尔疾病的例子主要包括囊性纤维化、镰刀状细胞贫血症、亨廷顿氏病、苯丙酮尿症、α-1抗胰蛋白酶缺乏症和遗传性血色素沉着症；染色体缺陷是由于等位基因缺失或冗余、染色体易位所造成的。唐氏综合征（21三体）是一种由于21号染色体发生了部分冗余而造成的常见疾病；多基因（复杂的或多基因的）缺陷是由于多个等位基因与发育环境的相互作用造成的，大多数常见疾病都是多因素的，包括关节炎、癌症、糖尿病、心脏疾病和高血压等。鉴于这种表达的复杂性，多因素遗传是更具挑战性的研究；线粒体缺陷是由于线粒体DNA突变造成的，它不同于机体核染色体基因型的遗传。由于线粒体是植物和动物的细胞质负责呼吸的细胞器，这种异常可引起多种特定的代谢性疾病。

医学遗传学已经发展成为对风险人群的健康筛查和咨询的实际应用。这种筛查不仅需要足够的试验（有效、可靠、灵敏、特异性），而且还需要有对疾病的自然进程的认识和治疗方法的把握。这一过程，最好是有专业医生回顾相关医学文献并详细分析疾病的家族史，这对于告知家庭亲属诊断及方法、鉴定携带者、疾病的现象特征（包括并发症）、患者及其家属复发的风险、治疗和生殖建议（包括转诊或支持团体），都是必不可少。这是一个复杂的评估和教育的过程，并关系到相当多的法律和伦理后果。

杂合性筛查的重点在于携带有害杂合子的高易感人群（例如北欧人的囊性纤维化、德系犹太人的黑朦性痴呆症、黑人中的镰状细胞性贫血等）。对父母，尤其是其中一个为杂合子的父母进行预期筛查，可以让我们拥有更多的医疗选择。预期筛查可能会对带有孟德尔疾病的家庭有帮助。这类筛查主要是针对显性性状（例如亨廷顿氏病），但对其他家族性疾病风险也非常有用（例如，乳腺癌和结肠癌）。

医学遗传学也需要其他的临床规范，如产前诊断（绒毛组织采样、脐带血、产妇血液取样或母体血清，以及胎盘超声或X射线成像）。产前筛查对年龄超过35岁的准妈妈们特别有用，可评估产妇异常的血清筛查或一些并发症。同样地，新生儿筛查也可以用于鉴定需要特殊护理的新生儿（苯丙酮尿症患者的特殊饮食安排或甲状腺功能减退患者的替代治疗）。

家系分析是医学遗传学的经典技术，通过对完整家系系谱图的分析，找出已知遗传疾病的标记。医学遗传学可通过观察总结几代人的遗传模式来鉴定性状的传递模式，即使对于同样表型但不同致病基因的性状（例如，腭裂可以是孟德尔常染色体显性、常染色体隐性或X-连锁隐性的）。

如今，越来越多的基因检测已商业化。尽管科学界不断辩论怎样将它们提供给公众和医学界，因为他们往往没有意识到自己的科学及社会应用价值。虽然其中的一些测试对生命质量有很大的提高，甚至挽救了生命，但科学家仍然不确定如何给出更多的解释。此外，测试的患者面临很大的风险，因为这会危及他们的就业或保险状态。而由于遗传信息是共享的，这些风险还会影响到家庭成员。

随着遗传学在诊断、监测和治疗疾病方面的作用更加明确，医学科学家们也在继续努力鉴定与疾病相关的基因。一个长期的目标是制订新的诊断、治疗手段，甚至治愈或预防疾病。后天发育是一个复杂的过程，需要调控元件（即启动子和增强子）、活性表达单元（外显子）、不表达的干涉单元（内含子）和终止信号。

在始于1991年的人类基因组计划（Human Genome Project,HGP）和相关研究的背景下，人类遗传学领域已经得到大大发展。这其中包括使用分子分析技术将所有人类基因对应到具体位置，由此确定遗传结构和功能的元件。有了这个进展，医学遗传学从专注于诊断和咨询朝着更积极的检查和治疗发展，包括直接修复遗传缺陷细胞系的前沿技术。同样，人类遗传学在系统发育的历史和人类种群地理问题上亦迅速走向多元化的阐释。

（金力、孙畅）

参考书目

Cavalli-Sforza, L. L., Menozzi, P., & Piazza, *A. The history and geography of human genes*. Princeton, NJ: Princeton University Press, 1996.

人类中心原则（anthropic principle） 简称人择原理，其涵盖了许多议题，所有议题都聚焦于自然物理宇宙和宇宙中人类的存在这两者间的关系，如果这种关系确实存在的话。它来源于天文学和宇宙学的研讨，一些人认为宇宙中生命的存在自发地限定了宇宙可能的存在形式以及其自宇宙大爆炸后是如何一步步走到今天的。

人择原理是一种认为物质宇宙必须与观测它的智能生命相匹配的理论。人择原理指出，如果万物与自然定律存在，那时万物与自然一定将会被人类发现。如果万物与自然定律不是以那个形态出现的话，人类就不会知道这些定律是怎样出现的。如果只有在像我们很少的一些宇宙中，智慧及生命才得以发展并能质疑“为何宇宙是我们看到的这种样子？”回答很简单——“如果它不是这个样子，我们就不会在这里。”绝大多数科学家接受了这一理论，但也有人提出质疑。

人择原理分为弱人择原理和强人择原理。弱人择原理认为宇宙的所有规律不是同等可能的，但是我们遵循规律这一事实表明正在生效的规律之所以存在是因为我们会遵循它们。弱人择原理认为，作为观察者的我们之所以存在于这个时空位置，是因为这个位置提供了我们存在的可能；强人择原理则认为，我们的宇宙（同时也包括那些基本的物理常数）必须允许观察者在某一阶段出现。宇宙必须具备允许生命在其某个历史阶段得以在其中发展的那些性质。强人择原理涉及目的论推理，允许生命存在的巧合必须反映某种智慧生命正在工作这一证据。

人类学领域没有很多直接涉及人类中心原则的研究，即使有，也没有表现得很突出。进化论与创造宇宙说或者智能设计的辩论衍生出人类中心原则的讨论，对此人类学的贡献屈指可数，也许语言人类学学会带来一丝曙光。在这些讨论中可能会存在一种语言影响。尽管无法说明一种强势的萨丕尔—沃尔夫效应，但是若没有对宇宙的预见为指导，我们是不可能了解宇宙的，这种预见大多数时候由我们说话和思考的方式所决定。因此，人类中心原则的整个问题可能最终就是我们预想的结果，这些预想主要受语言指导支配。

（李亚）

人类中心主义（anthropocentrism） 以人类为事物的中心的学说。古希腊普罗塔哥拉的“人是万物的尺度”表达了最早的人类中心主义思想，它认为个别的人或人类是万物的尺度，即把人类作为观察事物的中心。文艺复兴时期以后的哲学家提出的大宇宙与小宇宙的学说把人看成小宇宙，认为人反映了整个宇宙，也是人类中心主义的表现。各种主观唯心主义认为人创造现实世界，人的精神或人的意志创造整个世界的观点，也反映了这种以人为宇宙中心的思想。后现代主义认为人类中心主义夸大了人改造世界的能力，颠倒了人与自然界的关系。反对把主体与客体即人与自然界对立的观点。

根据《韦氏第三版新编国际辞典》，人类中心主义的概念曾在3个意义上使用，也反映了人类中心主义在历史发展上的连续性和间断性，即人是宇宙的中心、人是一切事物的尺度、根据人类价值和经验解释或认识世界。人类中心主义的前两种观念，是在古代和近代及现代的部分时期（20世纪50年代前）流行，甚至是占主导的文化观念。中国学术界以往受苏联哲学界的影响，对人类中心主义的认识也大致受这样一种人类中心主义概念的影响。

在这种观点的指导下，人类在实践上表现为占有性功利主义、利己主义，并发展出经济主义、消费主义和个人主义。在经济发展中，经济增长是唯一目标，并常常以损害环境和资源为代价发展经济，从而导致环境污染和资源匮乏等全球性问题。

随着全球环境危机的胁迫和各门自然科学、社会科学的发展，国内一些学者开始认识到人类中心主义立场的客观内容，即《韦氏第三版新编国际辞典》中关于人类中心主义的第三种含义："根据人类价值和经验解释或认识世界"。

但是，第三种人类中心主义的观念没有历史时态的界定，面对危及子孙后代的环境、生态、人口等诸多全球生态危机问题，不可能给出直接的理论指导。

因此，西方学者在20世纪70年代以后就提出了重构人类中心主义。到90年代，人类中心主义的重构论（anthropocentricreformism）已成为美国环境哲学的三大组成部分之一。

人类中心主义的重构论主张环境问题的根源，既不是有关人类在自然界中的位置所持的人类中心主义态度，也不是体现那些态度的社会政治经济结构。相反，空气污染、水污染以及自然资源的极度浪费式利用等类似问题，根源于无知、贪婪和短视。要解决这类问题通常涉及诸多的社会因素的重构，如强化法律行为、改变公共政策、增加教育投入、改变税法、公地的私化，强调对未来世代人的道德义务，促进明智地为自然服务的实践，激励更加慎重地利用自然资源和更加公平地分配自然资源的社会活动。

人类中心主义的现代观念用于指导人与自然关系的实践，形成人类中心主义的伦理观点，有3方面的特征：①人类利益和价值是促使保护自然行为的根据，也是评价人与自然关系的根本尺度。这是人类中心主义者坚持的基本伦理信念；②谴责那些破坏和灭绝一切生命现象的行为，这从根本上是保护人类的价值和利益。因此确立"自然是我的无机身体""地球是我家园"的伦理意识，沟通人与自然的感情交流，这是人类中心主义者所坚持的基本伦理态度；③要摆脱生态危机，维护人类根本利益，就必须要求人类不仅在利用自然的手段和行为方式上，而且在利用自然可能产生的结果上，都应该具有合理性的意义。这是人类中心主义者制定伦理规范和实践指导方针的基本原则。

人类中心主义现代观念的缺陷，是把自然界视为人类的工具，对人与自然关系的自然内在价值和固有价值关照得不够；对为什么要保护生物多样性、臭氧层等全球性问题，不能给出人类理由之外的更加深刻的生物学、生态学和生物圈科学的直接根据。

在西方，具有代表性的人类中心主义者有澳大利亚的哲学家J. 帕斯莫尔、H. J. 麦克洛斯基以及美国植物学家W. H. 墨迪和美国哲学家B. G. 诺顿。他们的人类中心主义观点代表了现代人类中心主义观念的主流。

（李亚）

参考书目

［1］王治河主编. 后现代主义辞典. 北京：中央编译出版社，2005.

［2］余谋昌. 生态文明论. 北京：中央编译出版社，2010.

［3］冯契、徐孝通主编. 外国哲学大辞典. 上海：上海辞书出版社，2008.

《人类组织》（*Human Organization*） SSCI（Social Sciences Citation Index）收录人类学期刊之一。1941年，应用人类学学会在美国成立，并出版刊物《应用人类学》（*Applied Anthropology*），1949年改名为《人类组织》。《人类组织》是美国应用人类学学会同行评审的研究型杂志。自1941出版的每季度，它是美国连续出版时间跨度排行第二的杂志。该杂志的主要目标是通过应用人类学理论和数据分析实际的人类问题，它定期对人权、公共卫生和医疗保健、土著知识和自然资源管理方面的文章进行研究。自2011以来，该杂志总部设在莫比尔的南阿拉巴马大学，由人类学家马克担任编辑。该杂志通过发表文章，提出应用人类学的使命是推进、综合和解释人类学的方法和理论，也是在当代世界解决实际问题分析中的应用。该杂志发表有关应用社会科学的所有领域的文章。除了那些原始研究的报告，还发表文章详细介绍创新的方法和从事研究的做法。

（蒋萍）

《人民的传说，国家的神话》 在斯里兰卡和澳大利亚的暴力行为、狭隘主义和政治文化。布鲁斯·卡培法勒（Bruce kapferer）以研究全球背景下的民族主义而著称。卡培法勒早年曾经在非洲从事田野研究，后来兴趣逐渐转移到亚洲。本书围绕着与民族主义的意识形态相伴随的两种完全不同的社会实践这样的主题而展开论述，更进一步指出了这种意识形态象征的模棱两可或者说是“多重意义”，使得在政治上对此加以操纵成为可能。卡培法勒明确地指出，对于同样一个神话，斯里兰卡的僧伽罗人和泰米尔人会有相当不同的观点，他们各自会为了不同的政治目标而对神话加以剪裁以适应各自的意识形态。

卡培法勒所要探讨的是两种现代的民族主义，即僧伽罗人的佛教论者的民族主义和澳大利亚人的平权式民族主义。二者都已认识到他们自已濒于瓦解的存在。死亡与灭绝便是他们生活的关键象征。从他对于这两种对立的民族主义的描述看，明显受到杜蒙（Louis Dumont）对印度和欧洲的意识形态系统比较研究的影响。卡培法勒关心的是民族主义的宗教形式以及由这种宗教形式中的民族主义者所界定的文化的影响力。更进一步说，在体现人类苦难的民族主义激情的生产中，两者的有机结合是其分析的核心。虽说，从一定意义上说，僧伽罗人和澳大利亚人的民族主义在许多方而都是相似的，但是在宗教形式上以及政治文化上，有些民族主义之间却存在着相当大的差异。如僧伽罗人和澳大利亚人的民族主义的宗教在其主张上是大不相同的，这些不同的主张，即所谓在逻辑和推理结构上的不同观点是他们宗教形式的一部分，并且被加诸他们的宗教激情之上。卡培法勒的分析的意义是在于当两种民族主义并置在一起的时候，每一个都会成为对另一个加以分析的一部分，两种民族主义是相互批判性地映照的。

（刘荣）

人脑（human brain） 人脑是目前人类所知的最复杂的器官，其复杂程度要超过任何宇宙中任何已知的其他生物体。因此，从古至今，人脑一直被科学家们广泛研究。虽然人脑的结构极其复杂，但随着科学技术的发展，不断出现的新技术使得人类对人脑的认识在逐步加深。

人脑重约1.3kg，包含超过1千亿个神经元，构成了一个庞大的神经系统。每一个神经元由树突、轴突以及细胞体组成。人类所有的意识包括记忆、感觉、情绪和思想都是从树突传向细胞体，再由细胞体传向轴突，再由神经递质完成轴突向下一个树突的传递。因此，神经递质在意识传递过程中起着决定性的作用。如果神经递质被破坏，神经系统将无法正常工作。人脑中另一种细胞是神经胶质细胞，神经胶质细胞分布在神经元之间构成了人脑的结构基础。

大脑皮层位于人脑的外围，被分为近乎对称的两个半球，称作大脑半球。两个大脑半球之间由胼胝体连接，胼胝体同时负责两个大脑半球的信息传递。大脑的左半球主要负责语言、智力、分析以及思考等功能。大脑右半球主要负责性格、直觉、情感以及音乐等功能。大脑皮层又可分为额叶、颞叶、顶叶以及枕叶4个区域。额叶与人的运动、情绪、感情等行为过程有关，左额叶控制身体的右侧，右额叶控制身体的左侧；颞叶控制着人体的听觉，恰好分布在人体两侧耳朵的上方；顶叶负责人体的感官系统，分布在大脑皮层的上方，在额叶的后方；枕叶分布在顶叶的后方，负责人体的视觉系统。

脑干负责调节人体的身体机能，维持个体生命，由延髓、脑桥、中脑3个部分组成。延髓位于脑干的最下方，与人体的一些本能反应，如吞咽、心跳、血压、呼吸、咳嗽、打喷嚏等功能有关；脑桥位于延髓和中脑之间，起信息传递的作用。同时，脑桥也与人的睡眠、肌肉紧张度以及心脏反射有关；中脑位于脑干的最上方，包括上丘和下丘两部分。中脑与人的听觉和视觉有关，同时与疼痛的感知也有关。

丘脑位于脑干的上方，趋于大脑的中部。丘脑主要负责接收人体除了嗅觉之外的感觉信息，并负责将信息传递到大脑皮层和大脑的其他区域。

下丘脑是位于丘脑下方的一个小组织，能够生成和分泌荷尔蒙，从而影响人类行为。下丘脑能够调节植物神经系统，因而与心率、消化、血压等功能有关。下丘脑同时还能够调节食物和水的摄入、新陈代谢、人体内环境稳定。同时，下丘脑能够影响脑下垂体，从而能够调节人体的内分泌系统。

小脑位于脑干的正下方，总重大约是人脑总重的1/8。小脑主要与人体的肌肉功能有关，同时也能够调节人体的情感，如生气和愉悦。

边缘系统有包括海马体和杏仁体在内的多个组织组成。海马体与人体的记忆功能有关，杏仁体与人体的羞愧、恐惧、报复等情绪行为有关。

基底核位于下丘脑的两侧，由尾状核、壳和苍白球组成。这些区域协同作用，与人体的运动行为有关。

（李辉、余歌）

参考书目

[1] Beatty, J. *Principles of behavioral neuroscience*. Dubuque, IA: Wm. C. Brown, 1995.

[2] Joel, D. *Mapping the mind. Toronto*, Canada: Carol Publishing, 1997.

[3] Restak, R. *The secret life of the brain*. Washington, DC: Joseph Henry Press, 2001.

[4] Springer, S., & Deutsch, G. *Left brain right brain*(*5th ed.*). New York: W. H. Freeman, 1997.

人权（Human Rights） 是指在一定的社会历史条件下每个人按其本质和尊严享有或应该享有的基本权利。人权的本质特征和要求是自由和平等，实质内容和目标是人的生存和发展。

人权的范围 哪里有人存在，哪里就有人权问题；哪里有权利问题，哪里就必然存在人权问题。既然人的本质在其现实性是一切社会关系的总和，那么，人基于其本质应该享有的权利也就必然涉及一切社会领域。按享受权利的主体分，人权包括个人人权和集体人权两种。前者是指个人依法享有的生命、人身和政治、经济、社会、文化等各方面的自由平等权利；后者是指作为个人的社会存在方式的集体应该享有的权利，如种族平等权、民族自决权、发展权、环境权、和平权等。按照权利的内容分，人权包括公民政治权利和经济、社会、文化权利两大类。前者是指一些涉及个人的生命、财产、人身自由的权利以及个人作为国家成员自由、平等地参与政治生活方面的权利；后者是指个人作为社会劳动者参与社会、经济、文化生活方面的权利，如就业、劳动条件、劳动报酬、社会保障、文化教育等权利。总之，人权是涉及社会生活各个方面的广泛、全面、有机的权利体系，是人的人身、政治、经济、社会、文化诸方面权利的总称。它既是个人的权利，也是集体的权利。

人权概念的背景 人权词汇起源于西方的18世纪，人权概念的表述主要集中在1776年美国《独立宣言》、1789年法国《人权和公民权宣言》以及同年的美国《权利法案》等文件中，这些描述主要从“天赋人权”的角度阐述人权是基于自然权利和自然法的权利，“将人权看作一个不证自明的、抽象的、先验的原则”。但当代的学者普遍对上述观点持保留态度，普遍认为人权的定义应从“法赋人权”的角度思考更科学，法赋人权的理论认为人权是一种权利，权利由权力和利益两部分组成，单纯的利益不等于权利，只有被国家权力保护的利益才是权利。权利是法律的产物，而且仅仅是法律的产物，没有法律也就没有权利，不存在与法律相抗衡的权利，也不存在先于法律的权利。除了上述转变以外，有的学者还把人权概念和哲学研究结合起来，认为人权是指与人的存在和发展相关联的一切权利的总称，是表示人在社会结构和活动中的地位、资格和价值的一种现实的权利关系；其根本标志在于特定主体的自我需要与社会进步的历史统一。

其实，不论是“天赋人权”“法赋人权”还是人权的哲学概念，都是从个体主义（individualism）出发的，说明人权这一概念从诞生至今有着浓厚的个体主义传统。个体主义者认为，一个人仅因为是人就拥有内在价值和权利,而人权就是其中之一。这一视角将人权概念拆分为“人”和“权利”两个相互联系的部分。所谓人，“就现代人而言，所谓自然法涉及的并不是社会生物，而是个体，即按照上帝形象创造的，拥有理性的，自足的人”。所谓权利，“是一种观念，也是一种制度。当我们说某人享有权利时，是说他拥有某种资格、利益、力量或主张，别人负有不得侵夺，不得妨碍的义务”。从个体主义的视角出发，人权的核心在于一个“人”所享有的“权利”，因此，对于人权的保障主要集中在对于“权利”的保障上，即必须规定对权利否定的矫正机制，使受到侵害的权利主体获得及时帮助。

随着现代国际法的兴起，第二次世界大战后一大批关于人权问题的国际文件相继问世，例如1948年的《世界人权宣言》、1966年的《公民权利和政治权利国际公约》等，此时的人权和人权保护跨越了国内法和国际法两个法域。

从人权概念内涵和外延的历史发展角度看，人权大致经历了如下的过程：**男性特权——富人特权——少数白人特权——殖民主义特权——现代人权**。我们可以看到，不论是历史发展的哪一个阶段，其具体内容如何，人权这一概念始终是以个人权利为基础的。

现代人权概念的理论发展过程 自20世纪40年代以来人类学对于人权的关注伴随着国际人权进程的发展而变化，目前所说的“四代人权”与人类学的人权理论看法一致。

在对于人权发展的历史分期的诸多观点中，有法国法学家卡雷尔、瓦萨克认为（Karel;Vasak）的“三代人权”理论。瓦萨克认为，18世纪欧洲人权运动所主张的人权——公民的政治权利——是第一代人权，其主体为个人，故亦称其为个人人权；19世纪末20世纪初反抗压迫和剥削的社会主义运动提出的经济、社会和文化权利是第二代人权，需要国家积极采取干预措施以求权利的实现，故被称为积极权利；而第二次世界大战后出现的特别是与全世界非殖民化运动联系在一起的新一代人权观被称为第三代人权，这种人权观涉及人类生存条件的集体连带关系权利，如和平权、发展权、环境权与食物权等。第三代人权相对于前两代人权发生了一些迥然不同的变化，根据美国学者格维尔茨对人权结构的解析，这种人权必然包含了5个要素：①权利的主体，即有权利的人或多数人；②权利的性质；③权利的客体，即权利指向什么；④权利的回答人（respondent），即具有关联义务的人或多数人；⑤权利的论证基础或根据。第三代人权相对于前两代人权而言，都发生了显著的变化。

首先，从权利的主体层面上看。第一代人权的权利主体是个体的公民，凸现个体的权利理论，它要求为个人划出一个私人领域以防止来自政府和他人的不合理侵犯，最终保障个人权利的实现；第二代人权的权利主体仍然为个人，但这里的个人不仅仅是限于第一代人权所指的具有公民身份的个人，而且还是处于社会、经济和文化生活中的个人。它要求的主要内容是国家有义务和责任通过制定福利措施来推进和实现个人的经济、社会与文化的权利；第三代人权的权利主体却十分的广泛，包括个体、群体、社会、民族与国家等，它所涉及的各种权利，如民族自决权、发展权、和平权与环境权等都不仅仅是指某一个体的权利，而是族类、群体甚至是整个人类应该普遍享有的集体权利。集体固然包含了个体，但是集体不是个体之和。这是第三代人权的一个重要特点。

其次，从权利的性质层面上看。第一代人权宣扬个人权利的天赋性，强调不应以任何理由剥夺使人之所以成为人的一些东西，如公民权、自由权、人身权等；第二代人权认为个人权利来自于社会，要保障个人权利首先要改造提供个人权利的社会条件；第三代人权认为，仅仅靠前两代人权还不能真正保证人权的实现，在战争、不发达或环境遭受严重掠夺和污染的情况下，人权的普遍实现无法实现。因此人权已扩展到世界范围内的国际重大问题如和平与发展对于保障人权的意义等内容上，它包括个人但却远远超出个人的要求的权利。

再次，从权利的客体层面上看。第一代人权指向个人的公民权利和政治权利，主要是为了保障个人的经济自由和政治地位平等，其实质是竞争；第二代人权指的是经济、社会与文化权利，认为个人作为经济生活、社会生活和文化生活的参加者，有权享有在这一系列领域中社会发展所带来的好处，社会也应该提供这些保障，所以带有福利主义的色彩和要求消除竞争所带来的权力垄断的意义；第三代人权所指向的是带有全球性意义的和平权、发展权、食物权与环境权，是一种反对战争、反对国际的不合理政治经济秩序以及反对由工业化发展而带来的环境污染的要求。形式上它指向全人类，但却是饱受压迫和不平等的国际政治经济秩序而发展不足的第三世界国家的要求。

最后，从权利的回答人要素上看。第一代人权为保障个人的政治权利，要求国家尽量减少对个人生活的干预；第二代人权则是希望消除竞争所导致的权利垄断，主张国家应该发挥强有力的作用，并在社会、经济和文化等方面确保不同社会成员的权利平等；第三代人权超越了前两代人权局限于个人与国家二元维度上对权利主体与回答人的定位，着眼于全球化的发展趋势，强调各国自行其是不再能够满足真正人权的义务。因此，它要求国家间的自律和他律，尤其要求国际合作对于解决全球性问题的重要性。从这一方面看，这一代人权涉及的不仅是个人与国家之间，还有国家与国家之间、国家与国际组织之间的权利义务关系。

从人权的理论背景和依据上看。第一代人权奠基于古典自由主义和自然法理论，经由古典自由主义各位思想家的发扬获得充分发展，其理论强调权利的天赋性、个人性、普遍性与至上性；第二代人权以社会主义思想与福利国家政策为其理论来源，强调社会成员在经济、社会和文化权利方面的平等对于社会发展的重要性；第三代人权则熔社会主义思想、社群主义、发展理论与现代化理论等于一炉，其理论背景较为复杂和多元，并呈现另一种集体权利的倾向。

此外，近年来有人还提出了第四代人权的概念。这一代人权的具体内容目前还没有一个较为统一的说法，例如有的学者主张土著人（当地人）的权利，有的学者主张和谐权，但它们都是从地方和社区视角出发，探讨的问题主要是人权是基于个体的还是集体的、人权的基础在于发展权还是政治自由以及发展中的少数人权利保护问题等，人类学的人权理论与此基本一致。

人类学与人权　在人类学者的眼中，人权问题需要摆脱所谓的单纯理论探讨，回归作为权利主体的“人”所生存的社会中，用文化的眼光看待它。关注的核心问题是：

首先，人权标准的多元及人权的普适性。人权究竟应当是以个体主义传统为基础的欧洲人的权利向全世界人民推行，还是不同群体可以有自己规范意义下的关于人权的看法？一方面，多元化的人权标准和人权的普适性之间又是什么关系？人类学从文化相对主义出发，认为各种文化都是在特定的时间、特点的历史条件、特定的环境的综合作用下形成的，人权也应当是不同群体依据自身所处的环境、自身文化而确立的，以个体主义为基础的欧洲人权标准只适用于当时的欧洲，不能也不应当向其他地区的其他群体推行相同的人权标准。相反，基于每个地区、每个群体的有差别的人权标准虽然在概念的内涵或者外延上有所区别，但对其自身而言均是有意义的、合理的；另一方面，多元人权标准和人权普适性之间并不矛盾，多元标准强调的是不同群体的不同文化对于人权的要求不同而造成的合理性差异，而人权的普适性指的是一些最为基础的权利是普遍适用的。从人权概念的来源看，人类的相同的生物性基础、相同的本能、相同的群居方式、相同的有限理性等造就了人们在以生存为基础而建立的道德准则、社会位阶以及对上述二者的制约机制等方面的相似性，这些方面恰恰是人权普适性的来源。从文化传播的角度看，人权思想中共同的部分在整个世界运动的过程正是一个文化传播的过程，人权的发展也遵循了这一文化传播的规律。

其次，人类学方法对人权的研究意义。威尔森曾经指出，研究人权的人类学，必须证明特定情景中的经验事实是如何可以转化为一般意义上人权叙事的，人类学的人权问题研究使得人们对于人权的观察可以回归到有着复杂社会生活关系的多样的主体“人”上，这是法学、政治学所做不到的。

通过人类学的方法我们可以观察：人权的主体是什么样的人类群体；这类人群的文化是怎样的；人权对于这个地方的人们来说包括了哪些内容；外来的权利哪些能够得到本土认同等。人类学将人权放到复杂的社会背景中去，能够动态地展现人权如何受到社会生活的约束或支持，并且能够从历时性、共时性的维度发掘其中的价值含义，“使人权从功利机制转换为表述机制”。

人类学者对于人权的关注视角能够揭示人权产生、发展、变化的复杂机制，从而打破人权进步等于接受西方人权标准的错误观念，为不同区域、不同群体的多元化人权标准提供理论支持。人类学的研究方法必然会发现不同人权标准背后文化内涵的差异，但这些彼此不同的标准又被冠名在同一个术语“人权”之下，这个术语“提供了一个共同命名的象征形式，通过它，很多不同的个体和群体得以进行对话”。

（雷小卉）

参考书目

［1］A. J. M. 米尔恩. 人的权利与人的多样性——人权哲学. 夏勇等译. 北京：中国大百科全书出版社，1995.

［2］徐显明. 对人权的普遍性与人权文化之解析.《法学评论》，1997（6）.

［3］邱本. 从契约到人权.《法学研究》，1998（5）.

［4］哈贝马斯. 论人权的文化间性——假想的问题与现实.《中国法学》，1996（1）.

［5］Leopold J. Pospisil. *Anthropology of Law: A Comparative Theory* New York, Harper and Row, 1971

［6］张冠梓. 法人类学的理论、方法及其流变.《国外社会科学》，2003.

［7］杰克·唐纳里. 普遍人权的理论与实践. 王浦劬译. 北京：中国社会科学出版社，2001.

［8］夏勇. 人权概念的起源. 北京：中国政法大学出版社，2001.

［9］董云虎、刘武萍. 世界人权约法总览. 成都：四川人民出版社，1990.

［10］郭祥才. 人权定义研究评析.《哲学动态》，1992（8）.

人体测量学（anthropometry） 人体测量学是指对人体尺寸和比例的测量。人体测量包括整个身体的测量，例如体重和身高（站立高度）。人体测量学还评估身体的特定区域，如身体某一部分周长的测量，如手臂或头骨。此外，特定的身体组织也能通过人体测量来评估。例如皮肤下脂肪组织可以通过皮褶厚度来评估，测量骨骼肌以上的皮肤和脂肪等。此外，人体测量数据还包括各种比例和身体维度的指标。计算的测量值可以提供整个或部分身体的相对大小或形状信息。人体测量学在人类学中具有很长的历史，它在生物学和医学等领域有着非常重要的价值。

人体测量包括：身高；体重；头、胸、腰、手臂、前臂、手腕、臀部、大腿、小腿和踝关节的周长等；身体各部位的长度，如大腿、小腿、手臂的长度等；身体各部位的宽度，如肘部、臀部、腿部的宽度等；各个部位的皮褶厚度，如肩胛骨下、肚脐处、髋骨顶部、上臂的后部和前部、大腿的内侧和外侧的皮褶厚度等。

人体测量的优点是它们相对容易收集，可以用简单的设备来执行，并对测量部位的伤害很小。另外，由于数据采集设备是便携式的，人体测量数据可以在各种条件下获得，包括实验室、医院、私人住宅、社区和室外环境。此外，由于人体测量数据的采集成本相对便宜，它可用于收集大样本信息或者在重复的间隔期内收集数据。人体测量的一个缺点是，相比起更昂贵的创新性技术，它们不太精确。例如，肚脐处的围度是衡量腹部大小的指标，计算机断层摄影（Computed Tomography，CT）对个体肚脐处的扫描可显示确切位置和特定组织的量，例如脂肪、肌肉、器官、结缔组织和骨头等。

特殊技术的发展推动了人体测量的标准化。标准化有助于确保不同的数据采集者以相同的方式，在相同的参考条件下测量身体的同一部位。此外，特殊的设备，设备的一些特殊功能也有助于方便准确地测量。例如，用于测量重量的设备应该是带可移动砝码的杠杆称或电子数码秤。测量身高的首选设备是测距仪，或者是一个带有接触头的可移动平台的垂直标志杆。对于周长，使用的卷尺应该是较窄、有柔性、并且不可拉伸，以便测量值不被放大。身体部位或参考点之间的长度和宽度需要用带有可移动平台的垂直标志杆的人体测量仪，或者是平展的或滑动的卡尺，或具有沿着可动元件标志的直尺。

人体测量中技术要求最苛刻的是皮褶厚度的测量。为了获得准确的结果，应考虑到如何以及在何处解除组织的皮褶。测量者还需要知道如何以及在哪里放置皮褶卡尺（一种压力敏感的具有分离侧爪的测量设备），以及如何控制卡尺的压力，以便准确地读取数据。

单项人体测量可组合成不同的比例和指数来表示变化的物理特征。反映头面部的各种指标，例如头指数表示头宽与头长的百分比，而鼻指数表示鼻宽与鼻高的百分比等；反映整个身体比例和形状，例如骨骼指数表示坐高与身高的百分比，肢体间指数（intermembral index）表示手臂长与腿长的百分比等。还有其他的人体测量指数用来表示整个身体肥胖或体内脂肪组织的分布，例如身体质量指数（BMI），即体重与身高平方的比值，通常作为衡量全身肥胖的一个指标；腰围与臀围的比值经常被用来表示相对上身肥胖或相对下身肥胖；躯干脂肪相对于四肢脂肪的一个指标是腰围与臂围的比例。

人体测量学在研究身体构成中的应用是测量学在人类学中的主要用途之一。在群体研究中，生物人类学家已经使用了人体测量方法和指标来评估脂肪组织分布和整体肥胖。人体测量数据也可以在预测方程中使用来估计身体组成的更复杂的方面，如体组织密度和体脂肪率等。

人体测量数据还在其他几个方面被生物人类学和医学人类学所运用。在研究疾病和死亡的模式中，科学家已经研究了人体测量数据之间的关系，如腰臀比与人体质量指数，各种传染病风险与慢性病和死亡。人类学家还通过人体测量数据追溯人类群体随时间变化的营养状态模式。各个身体部位的测量在诠释人类活动习惯方面也是有价值的，如使用某些肢体的习惯活动。

此外，人体测量学在一些新型研究领域也发挥着重要的价值，如在人口增长趋势的调查中，对富裕程度不同国家人群的身高变化的调查和研究；在人体对各种环境特点适应性方面，如热适应与冷适应群体之间健壮程度差异的研究。另外，未来人体测量数据在人体工效学领域也将具有非常重要的应用价值和广阔前景，如在车辆、家具、服装、座椅等工业产品的设计方面都需要大量人体测量数据做依据。

（谭婧泽、孙畅）

参考书目

[1] Gould, S. J. *The mismeasure of man, revisedand expanded*. New York: Norton, 1996.

[2] Lohman, T. G., Roche, A. F., & Martorell, R.(Eds.). *Anthropometric standardization referencemanual*. Champaign, IL: Human Kinetics, 1988.

[3] WHO Expert Committee on Physical Status. *Physical status: The use and interpretation ofanthropometry*. Geneva: World HealthOrganization, 1995.

人体姿态（Gesture） 指传达信号的身体语言。尽管大部分沟通由口头语言交流完成，但是人体姿态仍然是一种重要的非语言沟通方式。其主要通过视觉来沟通，因此很大程度上需要借助身体来表达。一些研究者还对“人体姿态”与声乐设备产生的非语言声音来进行研究。

手势无疑是人类历史上交际行为的一种最古老的指令系统。研究灵长类动物行为学的学者会注意到，黑猩猩和其他动物都有相当精确的手势词汇。菲利普·利伯曼（Phillip Lieberman）和其他学者推测大脑的口头语言能力之所以能形成是因为其有一个精细地控制手的灵活程度的中心。这使得人们在演讲的时候普遍伴随着手势的使用，这也似乎是前语言人类的生存状态。

人类的手势不同于其他动物，人类的手势是多义的，它们根据交际语境可以被解释为许多不同的意义。这是由研究先驱Ray Birdwhistell提出的，他把对人体运动的研究称为“人体动作学”。Birdwhistell反对“肢体语言”可以被一种绝对的方式破译这个观点，他指出，每一个肢体动作正如人们所说的词汇，必须要结合交流中的其他因素进行广义地阐释。人类丰富的交流资源决定了手势也有丰富的含义。学习人类手势的当代大学生，如亚当肯登注意到手势常常被用来作为暗示情绪或情感的额外手段，以便于人们在交流过程中可以更好地理解彼此。身体动作、手和脸部表情均有助于清楚地表达说话者的意图。通常人类会边说话边做出多种手势。

几个世纪以来，聋哑人精确地通过手势进行面对面交流，其中包括对技术和艺术表达，他们形成了完整的语言系统。该系统有各种各样的无声语言符号，但是大多数结构都有一定的相似性。结合不同手势的形状的手语可以传达许多概念。这些语言的符号系统从某种程度上表征了象形沟通系统，如书面汉语。手势也被用于不共享语言符号系统的人群之间的复杂交流。

（倪珊珊、邹宇灵）

人文主义人类学（humanistic anthropology） 正如埃里克·沃尔夫（Eric Wolf）在其1994年发表的《人类学》中所言，人类学是“诸人文科学中的最科学的，诸科学学科中最人文的”。人类学家们通常考察人的境况，其使我们人类区别他物。但是，要在作为科学的人类学与作为人文主义中的人类学间保持平衡并不容易，既要考虑到其作为一门科学需要与因果、结构和功能相关联，及人类和文化变异性的可预测性，而且也要看到人类学以人类为研究对象，涉及人类心智的功能和人类创造社会和文化世界的过程。历史上，人类学家倾向于将研究推向上述极端中的一个，由此产生了不少争议。与此同时，这种潜在的分裂状态也推动了学科的发展，使其有别于自然科学和单纯的人文学科。

从早期露丝·本尼迪克特（Ruth Benedict）和罗伯特·雷德菲尔德（Robert Redfield）的研究到近期露丝·巴哈尔（Ruth Behar）和伊迪斯·特纳（Edith Turner）的研究，文化人类学家长久以来一直提倡人文主义思考和方式，以清晰地从内部理解人类思想和创造活动。

人文主义人类学“推崇人类的现实是我们作为创造性灵长类所拥有的回馈效应：“我们可以改变我们的社会和自然环境。”这些在上述人类学家的民族志与理论著作中均得以体现。本质上，人文主义人类学方式拒绝盲目的实证科学分析，拒绝各种形式上的教条主义，也拒绝极端文化相对主义。尽管这一立场存在已久，人文主义人类学直到20世纪70年代早期才成为一种协商一致、自觉拥护的研究手段，这很大程度上要归功于伊迪斯·特纳。

特纳的人文主义倾向扎根于象征性或阐释性文化分析。该传统根源于埃文斯·普理查德（Evans-Pritchard）关于阿赞德人和努尔人的民族志写作。特纳偏好阐释性分析策略，拒绝将人类学看作是一门自然学科，而是将其置于人文学科内。

20世纪60年代初期，阐释人类学从人类学理论和实践的边缘异军突起，人文主义手段甚至成为文化分析的中心。尽管彼时，玛丽·道格拉斯（Dome Mary Douglas）、维克多·特纳（Victor Turner）和克利福德·格尔茨（Clifford Geertz）并未称自己为人文主义人类学家，但他们的理论和方法论实践很大程度上形塑了当今的人文主义人类学。总体而言，他们主张人类文化是基于象征与意义的系统，人类用其指导和规划生活。这里的重点在于意义，而非人类生活的物质组成和心智的先天结构。

正如其在《洁净与危险》中所描绘的那样，道格拉斯将涂尔干式功能主义与文化象征符号反映社会秩序的方式结合起来。通过对洁净和污染的信仰进行探讨，她展现出人类的身体与社会之间的连接。特纳则更多地关注仪式表演与实践，但对象征符号本身并无太多兴趣，较多关注人们使用象征符号并因象征符号采取行动时所产生的意义。相较之下，格尔茨受社会学家塔尔科特·帕森斯和阿尔弗雷德·舒茨、吉尔伯特·莱尔和路德维希·维特根斯坦等人影响较深，他关注文化的阐释，对其而言这是象征与意义的系统，这一系统通过一系列在人类社会互动中被创造且赋予意义的行动和对象而得以公开展现。

特纳和布鲁纳1986年出版的《体验人类学》是阐释分析这一趋势的例证，该书中某些章节包含了当时阐释和人文主义人类学界领军人物的思想，如Renato Rosaldo、Barbara Myerhoff、James Fernandez、Barbara Babcock和格尔茨。该书打破了源于埃米尔·涂尔干和拉德克利夫·布朗的传统结构主义，拥护威廉海姆·狄尔泰的“体验概念（Erlebnis）”。《体验人类学》中提出的某些主题，如民族志、反身性和作者身份等，也都出现在克利福德和马库斯的著作《写文化：民族志的诗学和政治学》中，但多以批判人类学实践的形式出现。

研究者们显然支持以人文主义为基础的策略以促进文化分析，他们坚称文化人类学家应考虑到文字和哲学上的概念和手段，他们还实验新的写作方式，尤其是囊括研究对象的声音，吸取后现代主义思想，承认文化的任意性、研究者的主体权力地位、对掌控叙事的抵抗行为和民族志努力的不完备性。

尽管《写文化》一书中的主题引发了学科内的争论，且被诸多文化人类学家接受，但这部书仍因其以男性、欧洲为中心的价值取向而饱受争议，先是有色人种人类学家在《重夺人类学》（*Recapturing Anthropology*）1991年卷中率先呛声，接着是女性学者《女性写文化》1995年卷中发表异议之声。这些文章均探讨了人类学实践背后的驱动力，不论是方法论还是理论方面，都无须由白人男性和西方意识形态及历史范式所左右。

《写文化》中提出的福柯式权力问题和写作风格的实验导致人文主义人类学家们重新思考人类学和研究对象间的关系。“报道人”这一毫无人情味的称谓被朋友、同事、专家等取代，正如人文主义人类学家们认识到了他们彼此主体间性的张力与关系。此外，地方性知识和分析的形式浮现在人类学家的面前，且被纳入人类学方法、理论和分析模式之中。使用传统人类学式的“报道人”也会显得越发尴尬。

人文主义人类学寻求将本学科的知识资源惠及研究对象。人文主义人类学协会于1974年创立于美国人类学协会的年会上，之后立足新墨西哥城，其成员就方法论、理论和时下的关注点进行研究。最初的阵地是一本名为《人类学与人文主义》的期刊，其编者为伊迪斯·特纳（Edith Turner）。这份期刊面向整个人类学界、诸人文学科及诸科学学科征稿，旨在用整体观的方法来研究理解“何其为人”。其发表的文章帮助人文主义人类学成为人文学科的一股新潮流，阐明了人类学领域和人文主义人类学的关系并探索不同文化下迥异的生命历程。此外，其定期刊发文章、小说、诗歌和其他艺术形式，鼓励人类学家们的创造性文化表达。

人文科学显然没有可以明确界定的学术边界。正如伊迪斯·特纳在其弗吉尼亚大学网站上个人主页写道：我对理论研究的兴趣始于（维克多·）特纳的“体验人类学”，这是一个遍布人类学界的领域，现在发展到了叙事学、人文主义人类学和意识人类学。好的人类学仰赖人文主义，即尊重其他文化的思想和宗教，可能的话也尊重渴望体验他人的视角的意愿。因此，分析工作应认真地对待地方性的“阐述”和地方性经验。

人文主义人类学的活力仰仗人类学家们利用源于自然和人文科学领域中新的、另类的知识模式的能力。

（李胜）

《人与文化》（*Man and Culture*，1923） 美国著名人类学家卡拉克·威斯勒，受他的老师博厄斯的影响，其个人兴趣主要是讨论文化的地理学基础和地区分布等，是人类学中广义传播论的代表。《人与文化》初版于1923年，曾先后4次再版，是威斯勒根据他在1921—1922年在密歇根、艾奥瓦、内布拉斯加和堪萨斯州立大学以及圣路易斯人类学学会和纽约高尔顿学会所做的一系列演讲的内容汇编而成。威斯勒在书中对单线进化论和极端传播论这两种理论进行改造和综合，既有明显的传播论的痕迹又有进化论的影子，超越前者形成自己的广义传播论。

全书分3部分共17章，以大量的文化事实为基础，从局部到全球，从古到今，层层递进，以宏大视域阐述人与文化的关系。威斯勒的一个主要命题是：文化是由人类的反思性思维发展出来的积累性结构。实施这种思维的机制是每个人的内在素质的一部分；文化因素的积累主要是这类反思性行为在语言和客观性物质操作中的表达。作者在对古今文化做了比较之后，论述了文化的含义及其形式和内容。威斯勒用比较的方法先从自身社会的文化特征谈起，继而推及至美国文化所属的欧美文化类型的特点，以此为导入对更为一般的文化特征的探讨做准备，阐述文化的传播扩散性、文化的连续性；他围绕文化内容和文化模式深入分析文化的一般特征，详细分析了文化的形式与内容，贯串其中的一个总的观点是，全球各个文化在内容上是有差异的，但是模式却是一致的；进而探讨文化的生物学先天基础，讨论文化与人的关系。威斯勒认为，文化是人类行为的结果，因而它也就会受限于它的生物学基础和起源。文化不仅仅是客观的构造，也是某种意义上的人类遗传。他将人类的行为分为先天性为和后天行为两种：后天行为产生了差异的文化内容，而先天行为则产生了普遍的文化模式。需要注意的是，威斯勒受认为种族是根据血统来划分的，存有种族主义的倾向，乃是受时代的局限的结果，而非现有观点种族问题其实是一个文化问题。

（刘荣）

任乃强（1894—1989） 著名藏学家、民族史学家、历史地理学家。字筱庄,四川南充县双桂乡人，1894年出生于一个农民家庭。1932年毕业于北京农业专门学校，毕业后到北平《晨报》馆工作。后返川协助张澜创办南充中学，并创办《实业半月刊》。后在重庆大学、华西大学、四川大学等校任教授，历任西康通志馆筹备主任、康藏研究社理事长、中国民族史学会顾问等。

任乃强先生是四川最早的经济学家、历史学家，首先发掘整理藏族史诗《格萨尔传》，并介绍给学术界。长期致力于民族史的研究，多次到西南各地，特别是四川和西康（今四川西部及西藏东部）地区进行实地调查。作为历史地理学家，任先生在地学方面亦有很深造诣。潜心于康藏地图的测绘研究工作，历时十五年，终以自己步测手绘所得，参以古今、中西、汉藏图籍，于1943年绘成百万分之一康藏标准全图和西康各县分图，填补了康藏研究中的一大空白。此图不仅成为当时国内外最精确之权威性康藏地图，并在解放西藏时被作为进军用图之蓝本。自1932年起陆续撰成《西康图经》3卷，涉及境域、地文、民俗。此书发表后推动了全国藏学研究，被誉为"边地最良之新志""开康藏研究之先河"。1960年撰成《华阳国志校补图注》，这部150万字的鸿篇巨制探讨了西南众多民族的内在联系及其派分。1978年后写出《青康藏高原采刍议》和《漫谈四川的黄金》两本专著，为四川藏区等地的经济发展做出了贡献。1981年受聘担任四川省社会科学院特约研究员，主持编撰《川边历史资料选编》。其学术贡献主要体现在藏学、民族史和四川地方史三个方面。藏学著作主要有《西康札记》《康藏史地大纲》《英藏汉文对照康藏全图》《川康藏农业区划意见》等，并发表《吐蕃丛考》等数十篇论文和《泸定导游》《天芦宝札记》等3篇长篇考察报告，发掘出王辉棺、樊敏碑等重要文物。

（额日古娜）

认同（identity）　认同这一概念最早出现在人类学词典里是在20世纪60年代和70年代。它是在与曼彻斯特学校合作并受美国符号互动论和社会构建主义的社会学传统的影响下得出的。在古典文学流派中，弗雷德里克·巴特（Tomas Fredrikeey bye Barth）的《族群与族界》以及A.L. 爱普斯坦的《民族精神与身份认同》都聚焦于族群认同，强调族群在其涉及的特定政治环境中的前后关系的、创造性的构建。这两部著作分别是在1969年和1978年出版的。其中心方法是专注于边界，而不是族群认同的"内容"或本质，这种方法已被安东尼·科恩收录。安东尼·科恩最初（1985)是关注于社群边界的符号表现，但后来（1994）却转向了族群认同这一问题本身。美国的议程发展上最初出现"认同政治"是在20世纪70年代，它是受属下阶层和后殖民主义的研究影响的而兴起的，这些研究呼吁人们对基于人种、种族、性别、阶级、性态等的差异的认同。

正如布鲁贝克和库珀在2000年所提出的，"认同"既是一个分析范畴也是一个实践范畴。作为一个实践范畴，它扮演着一个模糊的角色，既是政治动员的起点又是最终结果。例如，在民族主义内部，原先就存在的认同常常是主张一个独立国家地位的借口，同时认同也象征着一个未来计划或目的论。对于其他的社会政治运动也同样是正确的。

作为一个分析范畴，人类学家往往将"软"的或"弱"的解释为上下文联系的构造或协商。2004年，鲍曼和金里奇已尝试通过这个构造来区别不同的"语法"。他们最初是聚焦于以下三点：东方主义，通过这一主义，其自身和他人相互地扼要表达出来；分割，可以使集体的融合和分离的过程浮现相关战略与情境；环绕，可以使"差异性"被增选为同一性。其中的两种模式——分割和环绕，来源于那些不用"认同"这一术语的作品，滋生了关于该范畴的效用的问题。事实上，随着这一范畴的发展布鲁贝克和库珀于2000年已经提出它的模糊性、松散性和"柔软性"，但这几乎是没用的。理查德·汉德勒于1994年批判了人们在人类学上使用"认同"来表达某些集体的民族优越感。他认为，西方的认同概念，即那些揭示认同的社会原理，就是假定同一性和有界性的特质，这些特质不会通过其他社会对于个人和团体的理解而持续发展。然而，尽管这里的"认同"不同于所谓的"西方的"认同，它仍常常被作为一种占统治地位的政治范畴，即实践范畴。就其本身而论，它应该值得我们注意，通过开展工作，不仅能检验在不同的情景下是如何构造认同的，还可以检验"认同"在不同的团体中的含义。这将会引起一次由"认同政治"到政治"认同"的迁移。

族群认同。"族群"这一术语的历史相对较短，20世纪70年代以前在人类学文学上很少会提到，在教科书上也未载有该术语的定义。自20世纪70年代中期开始，这一概念在人类学理论中，部分地成为改变后殖民主义中的地缘政治学与在许多工业国少数民族激进运动的兴起的一种回应，取得了重大战略意义。这一变迁引起了族群理论的激增，用以解释如社会与政治变动、认同构造、社会冲突、种族关系、国家建设、民族同化等多种多样的现象。

现有3种比较突出的族群研究路径，可大致分为根基论、工具论、构建主义。大概说来，根基论者主张族群认同是基于一个群体或一种文化的长远而原始的附着物；工具论者的研究路径是将族群视为一种领导者或其他的对自我政治利益追求者所利用的政治工具；构建主义者强调族群认同的偶然性与流动性，将其视为在特定社会的、历史的情景中形成的某种东西，而不是像根基论者认为的是“既定资赋”。

根基论者的族群认同理论：作为客观主义理论，其主张是，存在着真正的、有形的族群认同基础，可以细分为两类。一是那些被看作一种主要的生物现象，二是那些被构建为一种文化和历史的产物。其概念上的不同完全是源于对人类本性与人类社会的不同理解。在那些深受进化论影响的理论框架中，族群通常被概化为是建立在生物学上的、由遗传和地理因素决定的。1981年社会生物学家皮埃尔·范登堡探索了社会生物学对于解释族群现象的所做贡献，并提出这是源于一种为亲族选择或“裙带关系”的遗传倾向。一种社会生物学研究路径的中心概念是“内含适应性”，其解释的是利他行为在减少个人适合度的同时也增加了亲族群体的适合度的影响。另一种被用于社会生物学分析的概念是相互性，被定义为远距离关系或无关系的个人之间在裙带关系行为不可能的条件下的合作，可以加强个人间的内涵适应性。一般的，族群被定义为一种综合性的自然选择和亲族联系形式，一种原始的本能冲动，它可以持续呈现出来，甚至在当今工业化大发展的社会也是如此。有些作者认为群体联系的认同是遗传基因的编码，当认知一个家庭群体成员的能力成为生存的一种必然之时，其将会成为早期人类改革的产物。

社会生物学对族群的解释虽已受到激烈的批判，但其主要的观点——人类族群会被亲族群体或建立在血缘关系上的集体主义所扩大，在谈到“拟制亲属关系”时已被相对主义者吸收。俄国的希罗科戈罗夫将“民族”定义为“同一族群的人，说同一种语言，承认共同的起源，有同一套风俗习惯和一样的生活方式，这些共同的东西被传统文化所保藏和认可，因此而与其他族群区别开来”。这种研究路径后来在Y. V. 布罗姆莉与L. N. 古米廖夫的作品中有所发展。布罗姆莉也提出了一个与之非常相似的民族定义。古米廖夫认为民族是作为一种“社会生物有机体”存在的，形成了一个为种族进化作为一个过程研究的理论框架，这种过程基本上由地缘学决定：一个民族存在的兴起被描述为宇宙能源和地形风貌的相互影响结果。

工具论者的族群认同理论：20世纪60年代末，在现代与现代化理论中，族群被看作前工业时期社会秩序的剩余产物，这种剩余产物的重要性在逐渐下降。它曾是一种被现代国家的先进性与国家一体化和同化过程克服了的边际现象。直到70年代中期，族群才有了结构性的定义，例如依据一个既定社会的文化形态学来定义。以这种文化途径去研究族群，很典型地会依据社会的客观文化结构来定义它。工具主义，以其在社会学功能主义上的智力超群的根基，视族群主张为一种政治神话的产物，是被那些利益和权力的文化精英创造出来并操控的。民族群体的文化形式、价值观念、日常惯例成了精英们在政治权利与经济利益竞争中的资源。有时候这种功能主义需要一种心理扭转，之后族群被释义为一种恢复已遗失的民族自豪感的有效途径，可以治愈心灵的创伤，从而战胜了社会疏远，缓解了紧张情绪。这些研究路径的本质特点是他们的功利主义价值的共同基础。

建构论者的族群认同理论：在弗雷德里克·巴特和他的同事合著的《族群与族界》

中，称族群为一种持续的归属，依据人们最普遍、最具包容性的认同来分类，是被起源和背景假设性地决定的，同时也是一种由团体间的边界机制维持的社会建构，它不是基于对一种文化资源的占有，而是对他们的情景特征和认同的操纵。这一概念使人类学家专注于族群情景和前后联系的特征从而能清楚地看清它的政治规模，就像构建团体间关系的能力和作为一种政治动员和社会分层基础的能力一样。随着一种新的解释性范例的出现，这种范例是基于后现代主义的，人们的注意力就转向了族群边界与认同间的多科目的协调。巴斯特认为，像“族群”“类别”“边界”这样的术语仍然暗含着一种固定不变的认同，且他对维持这种认同的关注更倾向于对其具体化。当它被定义为“一套社会文化的区分标志，其定义了成员间与非成员间的共享的认同”“一系列嵌套在包容性与排他性的二元文化”时，族群的善变本质必须要考虑。

（海力波）

认知人类学（cognitive anthropology） 认知人类学是文化人类学中研究思想与社会两者相互关系的分支学科，以人们在日常生活中如何获得、组织与应用文化所赋予的知识体系的过程为研究对象。认知人类学兴起于20世纪50年代，受到语言学、心理学与精神分析学等学科的很大影响，20世纪80年代后还从人工智能、计算机科学、行为科学中汲取了大量的新思路与研究方法。

20世纪50年代是认知人类学初步发展的阶段，以罗姆尼（Kimball Romney）、古迪纳夫（Ward Goodenough）、康克林（Harold Conklin）等学者为代表，着重研究不同文化中的分类体系及分类体系如何组织概念并赋予其意义的过程。亲属制度、疾病与色彩分类、宇宙观和天文学的地方性知识成为这一时期的主要研究内容，对特定文化如何将生活世界中的动物和植物加以分类的“民族植物学”（Ethnobotany）更成为这一时期的研究亮点，因此该阶段的认知人类学又被称为“民族志科学”（Ethnoscience）。20世纪70年代后，在语言学与心理学的影响下，认知人类学引入“图示”（schema）与“原型”（prototype）这两个重要概念，以此来指导理论发展与个案研究。人类学者在研究文化分类体系时发现，一组概念往往围绕着一个特定的、隐蔽的心理意象而形成，看似互不相连的概念因此而具备某种文化意义上的相关性或相似性，这一具备支配性的心理意象即“原型”。文化体系中存在着众多的原型，这些原型之间的联系与涵括性十分复杂，文化赋予个体基本的知识结构或组织框架，令其在日常生活中能够按照文化规范行事并在于他人交往中获得可预期的效果，文化中特定的知识组织框架或行动与思考的模式化脉络即认知人类学所谓的“图示”。这一时期的认知人类学认为文化中的图示与原型往往被该文化成员视为不言自明、与生俱来的，但却是对该文化中日常知识加以组织和运用的深层次知识，也就是“元知识”即关于知识的知识。人类学研究就是为了找到特定文化中相关的深层次认知，并在此基础上发掘出该文化的认知模式（cognitive models）、个体行动脚本(script)、社会事件剧本（event scenarios），从而总结出特定的文化逻辑。

当前的认知人类学研究受到人工智能、计算机科学、认知心理学等专业学科的影响，产生3种主要的研究模式，分别为：

信息加工模式（information-processing models）。该模式来自语言学研究并受到计算机科学的启发，认为计算机等人工智能研究所总结出的原则与含义对人类思维也同样有效。持该理论主张的学者认为人类心灵会对反复出现的事件和经历产生回应，由此塑造出固定的反应模式。

认知发展模式（cognitive-developmental models）。该模式侧重跨文化比较研究，力图通过对仪式行为和宗教思维的研究找到人类心灵共同的发展特点和主题。通过对仪式活动的分析，持该理论主张的学者指出“直觉”（intuitions）与情感因素在认知过程中的作用被低估了，诸如“善”“好”“幸福”等抽象概念的认知受到直觉与情感因素的塑造程度更大，而个体的情感与直觉往往通过特定文化中的仪式化行为得到培养。

感官（perception）与经验（experience）模式。该模式在当前的认知人类学研究中影响较大，主要研究跨文化范围下感官经验如何塑造认知行为。拉科夫（Lakoff）与约翰逊(Johnson)提出“经验现实主义”（experiential realism）的理论，认为身体动作与身体在空间中的位置变化是人最为基本的生理经验来源，人们将这些基本的生理经验作为“隐喻”（metaphor）生发出知识结构与思考模式，人们的情感、态度、动作和思维都是在基本感官经验的基础上丰富发展而来。因此，基本的感官经验与认知分类之间的互动关系就成为相关人类学研究的重点。

文化知识结构是否具有跨文化的普世模式？认知的基本性质如何？认知人类学研究对这些具有哲学意味的问题尚不能得出定论。但大多数人类学家都承认不仅要追寻知识与知识的结构，还要更进一步探寻文化分类体系背后的情感与动机何在。有的人类学者质疑认知人类学研究忽略了更广阔的政治经济–历史社会因素对心灵的塑造所产生的影响；另一些学者则尝试将精神分析理论与方法引入认知人类学来探索人类认知行为的深层次动机。认知研究与情感（动机）研究的有机结合是认知人类学进一步深化的关键所在，其成功与否很大程度上取决于认知人类学能否在汲取认知心理学、行为科学的新理论与操作方法的同时仍然坚持人类学的跨文化立场与文化整体视角。

（海力波）

日本人类学（Japanese Anthropology）　日本人类学的研究始于19世纪末，即日本的明治时期（1868—1912），其研究历程大致经历了自然人类学/人种学、民族学/民族研究、文化人类学3个阶段。由时间可分为第二次世界大战以前、第二次世界大战以后至20世纪70年代、70年代后期至今3个时期。日本的人类学的开端是坪井正五郎（1863—1913）1884年（明治17年）在东京帝国大学理学部生物学就读时，他在那里创设了“人类学之友”（人類学の友）。其时，正值福泽谕吉（1835—1901）的弟子高桥义雄（1861—1937）刚刚出版了《日本人种改造论》。坪井正五郎自身对阿依努民族的关心以及对日本原住民问题的探讨，也触及了人种的表象问题。其后，随着台湾、朝鲜半岛的殖民化，伊能嘉矩、鸟居龙藏展开了台湾原住民历史、语言、文化、体质人类学的研究。秋叶隆、赤松智城进行了朝鲜半岛社会文化的研究。第一次世界大战结束后，日本获得了对原德国殖民地南洋诸岛的委任统治权，杉浦健一对密克罗西亚的政治、经济、法律进行过研究。1938年，早稻田大学文学部的“文化人类学学会”在历史学家、考古学家西村真次的主导下，出版的3册人类学教科书，也对日本文化人类学的普及做出了贡献。这一时期的研究的实质即是自然人类学/人种学的研究向民族学/民族研究过渡，并完成了过渡。

1945年后日本人类学发展出现了转向。1953年，东京都立大学（今首都大学东京，Tokyo Metropolitan University）大学院社会科学研究课设立了社会人类学专业，冈正雄及马渕东一任教员；1954年，东京大学教养学科设立了文化人类研究室，由杉浦健一、石田英一郎、泉靖一、鲍尔斯承担教学。从英国留学后归国的中根千枝也在两校讲授社会人类学。而在京都以今西锦司的弟子梅棹忠夫为中心的京都大学人文学科研究所则开始了对亚洲、非洲各地的田野调查。1959年，京都大学也增设了社会人类学课程。1964年东京外国语大学设立亚洲·非洲语言文化研究所这一时期，日本才真正开始了文化人类学的研究，同时也取得了丰硕的成果。梅棹忠夫的《文明的生态史观序说》（1957）、冈正雄的《日本文化的基本构造》（1957）、石田英一郎的《历史民族学的局限》（1966）、佐佐木高明的《稻作以前》（1970）就是代表性的研究。

20世纪70年代，日本已经成为先进工业国家，日本人类学的田野调查地也扩大至世界范围。由于发展中国家急速发展的推进，后殖民主义时代，又引发了新的社会问题。日本的应用人类学研究获得飞速的发展，开始关注发展、医疗、环境问题、教育、观光诸社会问题。也因此都市人类学、医疗人类学、发展人类学、生态人类学、经济人类学、教育人类学、宗教人类学、政治人类学、艺术人类学、观光人类学等人类学的分支学科和专门研究领域都得到了长足的发展。这期间的主要研究成果有：米山俊直的《祇园祭——都市人类学》（1974）、栗本慎一郎《经济人类学》（1979）、田中二郎《布须曼人：生态人类学性质的研究》（1980）、吉田祯吾的《宗教人类学》（1984）、波平惠美子的《疾病与治疗的文化人类学》（1984）、大森元吉主编的《法与政治的人类学》（1987）、川田顺造等《开发与文化》（1997）、江口信清《观光与权力》（1998），等等。进入21世纪后，日本的人类学也延续了文化人类学研究的传统，研究领域更加扩大，研究内容也更为精细。

日本人类学对于中国人类学知识的早期传播、人类学基本概念的中文翻译都发生过重要的影响。日本人类学家在曾经被掠夺为日本殖民地的中国台湾和东北、海南、华北的实地考察，尽管都有着鲜明的殖民主义烙印，但也保留了重要的学术遗产，也成为中国学者后续比较研究的重要资源。20世纪80年代之后，日本人类学界与中国学术界也有较为密切的互动，不仅有不少中国学生和学者到日本学习访问，中根千枝等日本人类学家也对中国学术界产生了重要的影响。

（张曦）

日本文化人类学学会（Japanese Society of Cultural Anthropology） 日本以发展、普及人类文化研究的文化人类学、社会人类学、民族学等学科为目的的学术团体。学会的前身为“日本民族学学会”（The Japanese Society of Ethnology），昭和九年（1934）成立于东京。最初实行理事长制，初任理事长是文献学派东洋学家白鸟库吉（1865—1942）。昭和十七年开始设置会长，初任会长为语言学家新村出（1876—1967）。其后因民俗学家、第16任日本银行总裁涉泽敬三（1896—1963）变卖私财后的寄赠，学会拥有了财团的机能，开始大力支持各类研究。昭和十七年随着“民族研究所”的设置，学会改名为“民族学协会”。第二次世界大战结束后，由于日本各地的大学都新设立了文化人类学、社会人类学课程，同时各学科之间的协作也得到了新的发展，昭和三十九年学会又改称为“日本民族学会”，财团改组为民族学振兴会（Shibusawa Foundation for Ethnological Studies）。1999年10月，财团因银行利率下降，不得不宣告解散，因此又改名为“涉泽民族学振兴基金”。平成十六年（2004），学会改名为“日本文化人类学会”。学会现有近2000名会员，出版季刊《文化人类学》（*Cultural Anthropology*）杂志（原名《民族学研究》（*Ethnology*），另每年出版一期增刊《日本文化人类学评论》（*Japanese Review of Cultural Anthropology*）。每年举办一次定期年会以及数次在日本各地的研究恳谈会。日本文化人类学会自2006年开始颁发日本文化人类学会论文奖，每年一届，获奖者都是新近涌出的研究新锐。学会现在的名誉会员有中根千枝、吉田祯吾、川田顺造、末成道男、饭岛茂、佐佐木宏干等著名学者。

（张曦）

濡化（enculturation） 指成长中的个体获得本民族文化模式的过程。该术语由美国人类学家梅尔维尔·赫斯科维茨（Melville J. Herskovits）最早提出。

早在该术语出现之前，心理学家与人类学家就对濡化现象进行了研究。早期心理学在研究濡化过程时重视对弗洛伊德（Sigmund Freud）所划分的固定阶段的研究。弗洛伊德将人格发展分为口唇期、肛门期、性器期、潜伏期和生殖期5个阶段，并指出前3个阶段尤其重要。他认为每个个体成年后的人格皆受到其童年早期经历的影响，对固定模式的偏离会产生精神病。与心理学家不同，人类学家并不假定濡化过程在所有的文化中皆是相同的。玛格丽特·米德（Margaret Mead）对萨摩亚人如何抚养子女进行了研究，显示弗洛伊德的阶段论并不具有普适性。米德指出，没有哪个阶段能够适用于所有的文化，也不是所有成长中的小孩都不可避免地要面临这些阶段。萨摩亚的小孩发展出不同的人格特质，是因为他们经历了不同的濡化过程。

濡化关注个体在特定文化中获得理解力、方向及能力的过程，特别强调习得那些分布于特定社会、由文化建构并为个体所理解的图式、模式、框架等语境化知识。语言是濡化过程中的重要组成成分，其他还包括习得社会行为规范、社会角色、性别认同、态度、情感、价值观等等。借助"以个体为中心的民族志"，对濡化的研究致力于探究个体如何发展出不同程度的具有适应性的（或适应不良的）理解力、表现力、期望、评价、情感、目的等等，并同时关注个体所处的社会文化语境及其在其中的地位。

有关濡化的研究有助于更好地理解文化模式或图式习得的过程。然而因为个体对社会生活的参与及理解的视角不同，在濡化过程中会遇到学习及内化社会文化的不同问题，因而在习得文化知识的方式及程度方面，就存在着一些差异。

研究者对一些问题仍存在着争议，比如：神经生物学意义上的成熟在多大程度上对个体濡化存在着限制？在神经生物学意义上的成熟与濡化的共同作用过程中，是否存在着一些关键期？同时，在对濡化的研究中，如下一些方面得到了越来越多的关注：第一，作为具有创造性的能动者，儿童如何将互动性学习经验嵌入社会生活中，形塑各自的发展道路？第二，在濡化过程中，儿童是如何获得重要的学习策略和技巧的？第三，民族志应该多关注在濡化过程中实际上发挥着"学习环境"功能的社会文化语境。第四，在个体的整个生命周期中，濡化都具有潜在的转变意义，成人期的濡化应该得到更深入的探究。第五，在儿童期的濡化中，文化的传承不仅发生于代与代之间，也发生于同辈群体中，同龄人在濡化过程中的作用也值得进一步探究。

（陈雪英）

参考书目

［1］Whiting, B. B. and Whiting, J. W. M. *Children of Six Cultures*. Cambridge, Mass: Harvard University Press, 1975.

［2］Bronfenbrenner, U. *The Ecology of Human Development*. Cambridge, Mass: Harvard University Press, 1979.

芮逸夫（1898—1994） 江苏溧阳人。中国著名人类学家。东南大学外文系修业。1930年起先后任中央研究院社会科学研究所民族学组的助理员和历史语言研究所人类学组的助理员、副研究员、编纂、研究员，曾任中央大学边政系教授、国民政府立法委员等。1948年去台湾，次年春兼任台湾大学历史系教授，同年考古人类学系成立，改专任教授，兼任中央研究院人类学组主任。以后历任台湾大学考古人类学系教授、研究主任和台湾文化大学民族与华侨研究所教授。曾先后在美国柏克莱加州大学人类学系、耶鲁大学人类学系、华盛顿大学人类学系、印第安纳大学人类学系进行访问研究或担任客座教授。他长期从事民族学研究，研究涉及民族学的理论和中国各民族的文化，对中国古代的亲属制度、中华民族的构成等课题有较多研究。1934年5月，与凌纯声、勇士衡到浙江旧处州所属的丽水、景宁、云和、龙泉、遂昌、松阳、宣平等地考察畲族的生活状况及社会情形，并与凌纯声合作进行畲族宗谱之研究。曾和凌纯声考察苗族、瑶族诸民族生活状况及社会情形，实际调查集中于湘西的凤凰、乾城、永绥三县边境地区，其调查结果于1939年整理为《湘西苗族调查报告》。1941年，与凌纯声、马长寿等进行川康民族文化调查，旨在调查各民族的婚丧制度、生活习惯及与文化有关的各种问题，并搜集了有关民族文物的标本与用物。著有《中国亲属称谓制的演变及其与家族组织的相关性》《中国民族文化及其论稿》《湘西苗族调查报告》（合著）、《川南雅雀苗的婚丧礼俗》《人类学辞典》（主编）、《苗蛮图集》等。

（刘姝曼）

参考书目

王建民. 中国民族学史（上卷）. 昆明：云南教育出版社，1997.

S

萨满（Shaman） 萨满教中的神职人员，具有某种治愈和通神的能力，通过娱神的方式靠近神灵，以希望神灵能够赋予其特殊的力量，这一力量在其死后就化为乌有。萨满一词来自于Šaman，意为“知道（动词形式）”，这一概念来源于满-通古斯语。萨满是具有权威性的职业，在某些时候，萨满传承延续世袭制，但需要通过萨满专门的艺术证明才能在社区获得从业资格。尽管历史上俄罗斯远东地区的萨满是作为首个案例进入人类学研究视野的，但是如今，人类学家已经将此概念应用于地球上所有类似文化和宗教现象的实践中。

埃利亚德（Micea Eliades）所撰写的《萨满教：古老的出神术》（1951）一书可以视为对萨满教研究的经典，书中详细地提供了与萨满教有关的各种细节，包括萨满的起源、萨满的神力、萨满的宇宙观等。在《宗教百科全书》（*Encyclopedia of Religion*）一书关于萨满教的章节中，埃利亚德写道：“在整个包括中亚和北亚在内的广大区域中，社会的巫术和宗教生活集中在萨满身上。”在这样的社会中，出神或附体的状态被认为是最高的宗教体验，而萨满是这种宗教体验的行家里手。在出神状态中，萨满离开他的身体，穿过一系列天国，与各种各样的精灵打交道，为他所在团体的福利而搜寻和积累知识。

埃利亚德描述了成为萨满的方法，主要为以下三种：①通过自然的“召命”（神灵的召唤和选择）而成为萨满；②萨满性职能的世袭性传承；③个人的“探寻”，或者根据部族的意志而成为萨满（这样的事例比较少见）。另外，不管以什么方法成为萨满，有两种教育是必需的，即“意识转换”（梦、幻想、出神）的教育和传统（萨满的技术、精灵的名称和机能、部族的神话和系统、秘密语言）的教育。

萨满教的核心话题是关于灵魂的死亡与作为萨满的重生。在俄罗斯远东地区的雅库特人中流传这样一个传说，一只巨鸟背负着未来萨满的灵魂飞到世界下面，在那里，灵魂慢慢成熟。一切准备好之后，巨鸟背着灵魂再度回到地球上，在那里，巨鸟被切成碎片，被疾病和死亡灵魂吞噬。通过这种盛宴，萨满得到了灵魂的力量，并且这次盛宴也会吸引更多、更为强大的灵魂，即未来的萨满。在其他宗教里，萨满的灵魂被其祖先所折磨并杀死，一方面灵魂接受着折磨，另一方面，萨满的肉体则呈现迟缓、呆滞，甚至昏迷的状态，整个社会都等待着萨满的复活。当然并不是所有萨满文化中，萨满的身份获得都经过祖先或神灵的折磨，在有些文化中，普通人生了重病，死而复生，也可以获得萨满的神力。

一旦作为萨满而“复活”，新萨满就要掌握萨满的所有技能，包括唱歌、操作仪式和医药知识。萨满所使用的随身法器包括鼓、钹等乐器。通常，萨满有通神的能力，萨满能够借助神力走到很远的地方，包括天界和地狱。

萨满的元素在全球许多文化中都能够发现，尽管学者经常把萨满教归为万物有灵信仰，但是在包括佛教在内的许多一神信仰中也存在萨满教的因素。如在藏传佛教中，其教义汇聚了当地佛教传入之前本教的内容，而本教具有强烈的萨满教色彩。伊斯兰教苦修僧人在跳旋转舞时，所经历的神秘体验，也与萨满教的出神声气相通。

萨满教宇宙观的核心观点认为宇宙可以分为三个部分，上界、中界和下界。萨满拥有通天入地的本事，能够作为各界互通的使者。在中北亚的传说中，宇宙中心有一棵“世界之树”，树的生命永恒，在另外的宗教中，人们又称之为“世界之柱”或“世界之山”。世界之树的根扎于“下界”，树冠则直通“上界”，只有那些最有法力的萨满才能够通过树干让灵力达到天堂的顶端。

萨满通常在一个社会中要扮演许多角色。在某些社会中，萨满既是“白的”也是“黑的”，这要看他的法力是帮助别人还是给别人造成伤害了。萨满还经常去帮助人们分析导致不幸的原因，例如帮助部落中的某个家庭去分析为何长期没有猎获食物。在这种环境之下，萨满需要掌握各种遵守禁忌的规则，判断是否某个禁忌被打破了，用何种仪式去弥补。

（哈正利）

参考书目

［1］金香. 萨满信仰与民族文化. 北京：中国社会科学出版社，2009.

［2］富育光. 萨满艺术论. 北京：学苑出版社，2009.

［3］阿布都热合曼. 维吾尔萨满教文化研究. 北京：民族出版社，2006.

［4］乌丙安. 神秘的萨满世界. 上海：三联书店上海分店，1989.

萨丕尔–沃尔夫假说（Sapir–Whorf Hypothesis）　一种关于语言和思维关系的理论。该理论认为人类所说的特定语言影响对客观世界认知，因为每一种语言对客观世界的分类和特点的编码都是独特的。

萨丕尔根据人类学研究的结果，得出语言和思维存在一定关系的结论。他提出假设，客观世界事实上是建立在人类集团的语言习惯上的；人在客观世界的生活，很大程度上受语言的支配。他的学生沃尔夫将其观点进一步发展，认为语言模式与思维之间存在系统关系，一个人使用语言的结构决定了其看世界的眼光和思考事物的方式，即语言相对论。萨丕尔和沃尔夫仅仅只是描述了语言、思维和文化的关系，提出了宽泛的界定，列举了研究中的实例以佐证他们的论辩。1956年，美国语言学家J. B. 卡罗尔首次用“萨丕尔–沃尔夫假说”这个术语对他们的假设加以总结。然而，该假说的权威性和争议性的表述都被保留了下来，即它的两条主要的原则：语言相对论和语言决定论。评论家把假说分为强、弱两种形式：强式几乎等同于语言决定论，声称语言形式不但约束着思维范式，还主导着感知行为；弱式则主张语言只是在一定程度上影响着思维活动，思维者对语言具有能动性。

萨丕尔–沃尔夫假说自诞生之日就引起了人类学家、语言学家和哲学家的关注，饱受争议。由于不同语言造成的世界观的差异极难阐述或用实验验证，该假说亦难以验证。目前，成功的双语翻译这一事实，削弱了这种理论主张的力量。（参见语言决定论。）

（宋荣）

参考书目

［1］姚小平. 西方语言学史. 北京：外语教学与研究出版社，2011.

［2］冯志伟. 现代语言学流派. 北京：商务印书馆，2013.

森林古猿（Dryopithecus）　中新世期间（550万～2250万年前）地球上曾有多达100种猿类，森林古猿是40个代表属中的一支。森林古猿的化石在今西班牙到格鲁吉亚的广阔区域内都有发现。枫丹森林古猿（Dryopithecus fontani）是第一种被发现的大猿。它在1856年被爱德华·拉代（Édouard Lartet）在法国圣高登斯发现。

森林古猿种盛行于700万～1300万年前的欧洲。约900万年前，气候变得凉爽而干燥，导致欧洲的热带区域消失，许多中新世古猿在此期间灭绝。森林古猿是气候变化中幸存下来的两支猿类（西瓦古猿和森林古猿）之一，这可能与它们迁移到非洲生活有关。

根据许多森林古猿的化石，能够还原它们的骨架。像所有现存的猿类一样，森林古猿拥有相对较大的大脑。它们也有现代猿类的特征，不太依赖气味，更强调视觉：口鼻部缩短，眼窝面向前方，视觉区域重叠。同样，森林古猿也没有尾巴。化石遗骸表明森林古猿是四足动物，依靠四肢行走。它们还拥有适应攀悬树枝的特征：稳固且完全舒展的肘关节允许它们在树枝下悬挂和摆动。此外，手和脚的化石显示，它们拥有强大的抓握能力。所有这些特征表明，森林古猿在森林冠层中的行动方式，类似于现代的大猿。

森林古猿的下臼齿对古人类学家来说有着重要意义。所有化石的五个齿尖有着相同的排列形式，和晚近猿类以及人类的一模一样。这就是众所周知的“Y-5”齿冠，是齿冠上的沟纹将五个齿尖排列呈“Y”形，这也是猿区别于猴的众多特征之一。其他牙齿的大小和形状，包括大型门齿和刀片状犬齿，显示森林古猿的这些牙齿特征可能主要是有利于取食较软的成熟水果。从骨骼化石上反映出的森林古猿生活史特征，包括牙齿微观结构和脑部大小，均与现存猿类相似。森林古猿的生命周期显然相对较长，成熟相对缓慢，并且一次生育一个较大的后代。

森林古猿在人和猿类的进化史上所处的地位仍有争议。1999年，匈牙利新出土了一块森林古猿的头骨，人们发现它更接近非洲猿类和早期人类化石，而不是亚洲猿类。因此，有学者猜测，森林古猿（或其近亲欧兰猿Ouranopithecus）可能是非洲猿类和人类的祖先。如果真是这样，非洲猿类和人类的共同祖先就有可能起源于欧亚大陆，后来才迁移到非洲，并在晚中新世的某个时期分化出非洲猿类和人类谱系。不过这只是某些科学家们的一种猜测。

（谭婧泽、王凌翔）

参考书目

［1］Begun,D. (2003). Planet of the apes. *Scientific American,* 289(2), 74–83.

［2］Kordos, L. (2000). New results of hominoid research in the Carpathian Basin. *Acta Biologica Szegediensis,* 44, 71–74.

［3］Kordos, L., & Begun, D. (2001). A new cranium of Dryopithecus from Rudabánya, Hungary. *Journal of Human Evolution,* 41, 689–700.

杀人（homicide） 通过非法手段剥夺他人生命的行为，其行为的主体和客体必须都是人。客体死亡的原因必是异常死亡，无论是有动机的杀人还是道义上的杀人，非正常的死亡必须由犯罪主体承担责任。再者，对死亡原因的调查结果必须给予大众公开的解释，通过巫术行为谴责杀人犯的这种行为也在此范围内。行为人明知自己的行为会产生导致他人死亡的结果，并且希望或者放任这种结果发生即为故意。故意分为直接故意和间接故意，亦有既遂和未遂的区分。

实际上，杀人的定义标准通常指杀人主体含有敌对意图，或至少不计后果鲁莽地有可能伤及无辜。“谋杀”和“过失杀人”在法律上不完全一样，流露出的表象和结果虽然都一样，都是导致客体的死亡，但主体的思考角度和意图定义了杀人行为的“度”，这是两者的最大区别。一些人类学家建议，在简单的法律体系中忽略意图，遭到了强烈的反驳。对杀人系统的研究主要是由犯罪学家、人类学家、心理学家、精神病学家进行，流行病学家也参与到杀人的研究中来。不幸的是，没有能够从各学科的综合角度定义杀人。从统计学的角度来看，对于自杀的原因解释总体归结于城市的大小、贫困、收入不平等等原因，大部分可以归咎于经济因素。

跨文化研究的报复性杀人是因长期且有敌意的战争掳掠导致报复行为。长期战争而引起的报仇雪恨的心理是具有野心的统治者的主要议题。战争遗留下的文化残渣之间的不和也会导致地区之间暴力杀人。

（吴丹）

《珊瑚花园及其巫术》（*Coral Gardens and Their Magic*） 初版于1935年，是马林诺夫斯基（Malinowski）采用特罗布里恩德岛田野资料写就的最后一部民族志专著，尚无中译本出版。该书聚焦于特罗布里恩德岛的耕作方法和农业仪式，共七部分内容，分为上下两卷。其中，1935年和1965年的版本是两卷分装出版的，1978年的重印版本则把两卷合装成一册。另外，1965年的版本还包括了利奇和Jack Berry分别为上下两卷所撰写的导读。正如利奇所言，该书第一卷和第二卷是两部非常不同的作品，前者可谓关于土地所有制的马林诺夫斯基式功能分析范例，后者则是一部专门的语言学作品。也正因为如此，尽管两位导读者都承认第二卷所分析的巫术文本与第一卷描述的巫术实践有所关联，但这并不妨碍他们在极少参考另一卷的情况下分别对上下两卷进行介绍和讨论。

除了导读和作者序言外，该书第一卷包括“导言：特罗布里恩德岛的部落经济与社会组织”“珊瑚岛上的花园及其巫术”“资料与附录”三大部分。其中，第二部分是该卷主体部分，由12章组成：第1—5章以一年农时的推进为序，详述了特罗布里恩德岛的种植流程；第6章分析了与丰收相关的礼赠习俗；第7—8章主要关注丰收的展示；第9章“特罗布里恩德岛园艺之比较性概览”；第10章“芋头、棕榈植物与香蕉的种植”为相关专业民族志学者提供了丰富的资料；第11章“田野工作方法与土著习俗和经济中不可见的事实”和第12章“土地所有制”则在前文民族志叙述和分析的基础上，完美地展示了马氏关于“功能整合”的理论观点和分析路径，可谓全书最重要、最具理论意义的章节。另外值得特别提及的是，第三部分中的“附录二：无知与失败的忏悔”体现了马氏对田野工作的反思意识和批判精神。利奇认为，自马氏正式给自己主张的社会人类学打上“功能主义”标签以来，该书是“唯一一部以系统的方式对其功能主义学说进行实际检验的特罗布里恩德岛民族志作品”，马氏关于巫术及其功能的观点——巫术并不是原始迷信和愚昧之明证，而是巫师用以彰显自身地位并控制他人行动的一种社会机制——也具有创新意义。此外，该书在经济人类学领域也产生了显见的影响。当然，利奇也对该书及其作者提出了一些批评，比如，过度强调具体情境而忽视了跨文化比较和概推，过于关注个人而对社会群体和社会结构的分析流于表面，在某些地方将社会因素和心理因素混为一谈，在亲属关系的研究方面存在显见的不足，等等。

该书第二卷除了导读和作者序言之外，包含四大部分内容。该卷对巫术和园艺的语言进行了分析，并在此基础上尝试提出一种关于巫术语言的民族志理论。用马氏自己的话来说，该卷是对第一卷的“语言学补充”，如果没有该卷对相关语言学材料的展示和分析，马氏关于特罗布里恩德岛园艺的研究将是不完整的。马氏认为，特罗布里恩德岛的巫术咒语具有明显的语用功能，必须联系具体语境来理解；包括巫术语言在内的所有语言的首要目的不在于交流思想，而在于其实用效果，语言的语用功能是人类行为重要的功能。这种观点对后来的语用学理论产生了一定的影响。当然，马氏片面强调人们行为之实用目标的做法也遭到了包括Jack Berry在内的一些学者的批评。

（张丽梅）

参考书目

Malinowski, Bronislaw. *Coral Gardens and Their Magic* (Vol.I&Vol. II).Bloomington: Indiana University Press, 1965.

商品（commodity） 商品的基本属性是价值和使用价值。价值是商品的本质属性，使用价值是商品的自然属性。亚里士多德（Aristotle）在他的作品《政治学》里区分了后来马克思（Karl Marx）称之为特定商品的使用价值和交换价值，是众多思想家中第一位。基于这种区别，马克思将经济划分为基于生产使用和基于生产交换两类。

在以生产使用为特征的系统中，社会成员以生产来满足自己、家庭，以及更广泛的社区的需求。从生产到消费的路径不是由交换系统分离，例如市场买卖。这样一个系统中产生的商品和服务表现为使用价值。在资本主义以前的农业社会，像亚里士多德写到他生活的环境一样，财务的生产用于奢侈品消费、政府机构维护、建设公共纪念碑和宗教机构，或简单地突出显示。

在以生产交换为特征的系统中，从另一方面来讲，是一个客观的市场生产商品和服务，因此表现为商品。商品有特殊性质，从这个观点来看，它们体现了使用价值和交换价值。使用价值是存在于一个对象中的性质，在直接消费中反映出我们得到的效用和满足。通过在市场中交换商品，我们实际上传递它的使用性给社会上的其他人，并且通过交换的形式得到其他一些商品的使用性。

马克思提出，在市场经济里面，产品表现为商品的社会形式，这些产品的价值可以彼此之间进行衡量和比较，然后根据社会分工来决定双方商品的交换的比率。根据马克思的理论，在这种市场环境下，如果一种商品不能被用于交换（即不能找到相对应的买家），那么就可以说这个商品没有给社会贡献它的使用价值，用于生产这个商品投入的劳动就被浪费了。

受这几类区别的影响，人类学家经常对比“商品交易”和“礼物交换”，贝特森（Gregory Bateson）写过大量关于这方面的文献，在他的观点看来，两者这样区分：“商品交换”是相互独立的双方之间交换能够转让的对象，其结果是在参与交换的对象之间建立一种定量关系；“礼物交换”是相互独立的双方之间交换不能转让的对象，其结果是在参与交换的双方之间建立一种定量关系。

然而，其他一些学者认为格雷戈里这种定义区分太过于绝对以致“‘礼物交换’更接近于‘商品交换’”。

（张春娥）

商业人类学（Anthropology of Business） 将人类学的理论和方法应用于工商管理实践的一门新兴的边缘学科。“商业人类学”一词在20世纪80年代被广泛使用，那段时期人类学家得到全职聘用，成为非学术工作者，与消费者行为和市场营销联系起来。在那之前，关于工商企业相关现象的研究和实践更多的是使用“工业人类学”或者“工业应用人类学”这些词。后来，“商业人类学”一词开始被更普遍地使用，现在商业人类学已被视作应用人类学的一个分支。

安·乔丹（Ann Jordan）提出，商业人类学可以分成三个领域，即组织人类学（研究复杂的组织，包括它们的文化、工作流程和指令变化）、市场和消费人类学和设计人类学（产品和服务设计）。另外，学者建议将其他两方面领域也包括在商业人类学之内，即竞争情报和知识管理和国际商务或者跨文化商业交流。

商业人类学的存在，最早可以追溯到殖民地时期。当时，东印度公司试图收集有关印度人民和文化等方面的人类学信息，后来委任弗朗西斯·布坎南（Frances Buchanan）进行一项民族志调查。

19世纪后期，美国正经历工业革命，工业人类学作为商业人类学的前身，在美国开始发展起来，并形成一定的发展轨迹。弗雷德里克·泰勒（Frederick W. Taylor）提出“科学管理”组织理论。该理论认为管理者和工人应该接受科学方法管理，包括对角色所需技能和行为进行调查，对管理者和工人认真挑选，制定详细说明来指导每个雇员的行为。通过这种方法，企业组织将能够以最小的投入实现最大的产出。

到了20世纪20年代，西方电气公司（the Western Electric Company）进行了一系列针对提高劳动力生产率的实验，历史上称之为“霍桑实验”。然而实验结果无法用科学管理理论解释。因此研究员开展了一系列后续研究，第一阶段实验说明非实验因素影响实验结果，埃尔顿·梅奥（Elton Mayo）对此解释为，研究对象建立了一个独特的社会系统，这个系统自身成为生产过程的一部分，无疑提高了生产率。后续的大量访谈揭示出，工人有一种联合起来的趋势，作为抵御可能的威胁的一种方式，这种趋势导致个体工人间行为的一致性。该趋势逐渐被定义为工人的社会系统或者社会组织。第二阶段实验则提供了非正式组织的可靠的经验证据。非正式组织，也称为职业亚文化或反文化，被定义为社会交往的实际模式和那些不是由管理层决定的组织成员之间的关系模式。劳埃德·华纳（W. Lloyd Warner）凭借此实验成为工业或组织人类学之父。这些发现证明工人不是生产中如机器般简单的“因素”，而是有感情的生命，他们赋予环境以自己的意义，并通过自己设计的机制来保护他们自己的利益。

“霍桑实验”的发现导致人际关系学说的诞生，其致力于创造一个和谐的员工与管理层的关系，以确保公司的最优生产。该学派在接下来20年的美国社会中具有显著的地位，并对第一代工业人类学家实践的塑造具有重要的影响。

由于经济大萧条，20世纪30年代后期，只有很少的工业人类学研究开展起来。直到20世纪40年代至50年代，人类学家被企业管理者雇用以解决工厂的具体问题，他们研究了工业企业内的社会结构和人际的各个方面。研究结果表明，小的工作团体是工业体制内的一个关键因素。

20世纪60年代，美国社会、政治和经济环境的一系列显著变化影响了工业人类学的轨迹。工业组织的人类学研究开始进入长期的衰落。衰落的可能原因包括学术环境的变迁、社会科学理论的转变以及政治和伦理问题。在此过程中，人际关系学派及其实践者慢慢被淘汰；另外，由于政府和企业的道德问题，人类学家和工业的关系进一步疏远，而这些不道德行为最终导致美国人类学学会禁止任何不能自由向公众发布的研究，该道德准则实际上一度禁止了工业人类学的发展。

随着人际关系学说的消亡，工业人类学分裂为数个分支，包括马克思主义者和新马克思主义者对美国国内外工业的批判、工业中职业和专业的民族志研究，以及西方世界外的工业化进程研究。一方面，马克思主义、新马克思主义的工业人类学家记录工人应对技术进步所带来的“丧失技能”所采取的策略，证明工人使用非正式的工作知识应对工作相关问题；另一方面，职业成员的共同生活产生了工作文化，赫尔伯特·艾鲍姆（Herbert Applebaum）将工作文化定义为一种系统，在一个特定的工作环境中，职业成员的知识、技术、态度和行为与工作表现和社会交往相适应。对于许多不同工业中职业和专业的描述性研究创造了一种知识基础，为20世纪80年代组织文化或企业文化概念的发展搭建平台。最后，关于西方世界外的工业化进程研究，人类学家提供一个关于前工业社会的更加复杂和微妙的观点，阐明传统社会结构和生活方式的不同层面可能带来的对工业的影响。

20世纪80年代以来，世界经济日益全球化，为人类学和商业关系的发展开辟了新的机会，实际上，这意味着商业人类学新时代的复活。1983年，美国加州大学成立第一个研究组织文化和管理科学的学会，并且在同时期创办了相关的期刊，商业人类学进入了相对独立阶段。商业人类学把原先已经存在的工业人类学、组织人类学、组织社会学、管理心理学等多种名目的支系统合并重组，有机组装成统一名目的学科。2003年，安·乔丹（Am Jordom）发表了《商业人类学》，标志着商业人类学分支学科的正式确立。

美国的工商企业和经济组织意识到了商业人类学研究的应用价值，开始雇用人类学家参与研究并制订工商业计划。人类学在市场营销和消费者行为研究以及设计人类学方面硕果累累。在美国，商业人类学已成为一个欣欣向荣的行业，越来越多的学校尝试把这个新领域转化为专业教学，人类学专业学生未来的就业前景广阔。

商业人类学可以通过企业文化、知识管理、文化审计、组织改变、产品设计及发展、市场营销、消费者行为以及全球化与跨文化商务等方面，为商业活动领域带来重大的贡献。

以人类学家的角度来看，商业组织不仅是组织机构，还是小型社会，能够接纳具有不同背景的员工。每一个员工都具有其自身的独特性，在性别、年龄、文化背景、社会阶层，甚至族裔、宗教信仰等方面与其他员工区别开来。人类学家对于商业组织的贡献，在于更加深入了解文化的错综复杂，以及文化是如何影响商业职能的。

隐性知识即在完成特定工作过程中获得的一种非正式知识，通常是指仅被一个个体知道，却很难向组织中的其他成员介绍，也不容易被组织内部或者外部人员轻易学习和掌握的知识。隐性知识转化成具体的显性知识的过程，就是清楚表达和详细梳理的过程，而人类学家在该方面的工作，就是找出那些隐藏的隐性知识。

文化价值观和倾向性对于一个全球性组织中的雇员、供应商和客户有较大的影响。文化审计，就是检验组织目前的实践、项目或者流程是否对多元化或者全球“观众”有所优化。商业组织雇用人类学家进行文化审计，详细地研究组织既定目标和真实目标之间的差异。在文化审计过程中，人类学家可能需要访谈组织中各个层面的人。

对组织改变的研究强化了商业人类学的地位。商业人类学在该方面重要性的体现之一在于对部门组织结构向团队组织结构整合这种组织改变的研究贡献方面。

商业人类学家的另一个主要作用就是帮助工商企业提高产品设计的能力以及发展新产品，或者是改进它们向客户推介产品的模式。总的来说，公司雇用人类学家进行内部或外部的民族志研究，以寻求新的方法来取得竞争优势。研究内容主要是寻找产品或服务中新的机会，或者是改变组织问题的内部聚焦。

商业人类学家运用标准的人类学田野工作的研究方法，来帮助私人商业组织分析产品的潜在消费客户群，提升消费者的产品意识，同时创造产品需求。在广泛文化研究中，商业人类学家比较注重对模式和方向的研究，而在亚文化和不同种族的研究中则比较关注影响消费者行为的决定性因素。商业人类学家从事市场研究，同时也分析系列产品对消费者的象征意义。

在商业方面取得成功的关键在于必须理解消费者需求、愿望程度和他们对购买特殊产品或者服务的热度，以及怎样激发热度。商业人类学家通过民族志研究，对消费者的“自然习惯”进行访谈和观察，从而获得有关消费者的需求信息。

商业人类学家在全球化与跨文化商务方面的贡献主要是帮助组织检验和重塑价值观，从新的角度去观察世界。人类学家与其他领域的学者共同努力，以帮助公司建立管理全球化的组织，签订协调全球商业系统的协议。

民族志的研究方法是商业人类学家开展研究工作的有力工具，包括参与观察、访谈、问卷调查和隐蔽式观察。而对于文本档案的分析则采用情景与内容分析的方法。另外，文化审计和比较分析是两种商业人类学家所采取的最独特、最有效的方法。

商业人类学研究面临的实践性问题之一是当事人干涉所研究问题的程度。一方面，人类学数据容易受到研究对象不良传播的影响；另一方面，人类学家自身的理解以及对结果的预期有可能对研究结果造成影响。这些因素均影响了研究的效度。另外一个问题是商业活动经常使商业人类学家陷入道德困境。结果，任何商业人类学家都避免从事可能使他们陷入道德困境的任务。人类学家作为公司雇员，应保持足够的独立性，保留评判公司和公司老板的权利，并保护研究团队不受消极影响。

在中国，关于商业人类学的研究成果和文献还比较缺乏。商业人类学还处于引介和创建阶段。商业人类学虽然还没有作为中国人类学一个分支学科，但许多学者一直从事相关主题和个案的研究工作。2012年5月，首届国际工商人类学大会在中山大学召开，来自于世界20多个国家的60余位专家与学者出席会议，该次会议之后，部分与会国外学者前往北京，参加了在中央民族大学举办的“文化咨询与工商人类学论坛”，就人类学在工商界的广泛应用问题进行了对话交流。这类国际性学术活动推动了商业人类学在中国的发展。

（田广、陈泽伟、储颖婵）

少数居中群体（middleman minorities） “少数居中群体”这个概念由布莱洛克（A. M. Blalock，Jr.）在1967年首次提出。

少数居中群体起源于移民，而不是征战（波纳西奇和莫德尔，1980：15）。在早期人类学和社会学研究中，这些群体被称为“流放者”和“客家人”（韦伯，1952：3）或是“陌生人”（齐美尔，1950：402）。历史上这一现象的例子包括欧洲的犹太人和吉卜赛人，东南亚的中国人，美国的中国人和日本人，非洲的印度人、巴基斯坦人和黎巴嫩人，以及土耳其帝国的亚美尼亚人。尽管这些群体呈现多元化特征，但它们的历史都很相似。

产生少数居中群体的社会动力来源于一个特定国家的精英们的怂恿，他们以经济机会和宽容态度鼓励这些群体来此定居。尽管在一个陌生环境中生存有很多风险，但少数居中群体的人们都积极自信地去面对，因为他们在自己国家或是离散社区面对的困境还要更艰难。促使他们做出这个决定的因素包括战争、军事占领、饥荒或是缺乏谋生技能。

少数居中群体常常认为自己的迁居是暂时的，但随着时间的推移，他们慢慢成为这些国家的永久居民（Siu 1952），但他们永远无法完全融入当地，像是“国中国”一样，他们拥有自己独特的文化和社会组织（Sway 1975）。

通常，少数居中群体的生活较为勤俭节约，和当地人的互动有所保留。教育投资是他们最大的支出，即便在刚移民来的时候比较贫困，也能在很短时间内成为比较成功和富有的群体。少数居中群体通常对当地社区和国家做出了经济上的贡献，并时常开创一些新兴行业。

但是，他们的经济能力、财务状况、家族主义思想、对生意和放贷普遍持有固执和偏见、对社区和政治生活的漠不关心以及对商业贸易和高级白领职位的狂热追求，使得当地人对他们怀有诸多不满。

少数居中群体常成为暴力冲突、种族灭绝、种族主义计划或其他形式迫害的牺牲品。其他族群的人常指摘他们策划针对国家的阴谋，或是指摘他们窃取了当地人的财富。

（李亚）

少数民族（minority） 有时候也翻译成“少数者”“少数人”“少数群体”，一般指在数量上较该国其他居民少，并且往往不占据主导地位的人的群体。在政治学层面上，少数民族一般指多民族国家中主体民族之外的民族。

由于历史与现实的原因，世界各国对于少数民族的具体内涵有不同的界定，具有悠久帝国传统的多民族国家往往倾向于以历史族裔为指标加以界定，而新兴移民国家则主要以基于移民族裔基础上的族群（ethnic group）概念来加以界定。在联合国成立之前，尚无国际组织对少数民族问题进行专门的关注与界定。1978年，弗朗西斯科·凯博多蒂（Francesco Capotorti）应联合国人权委员会之邀，做了题为《关于隶属于种族的、宗教的和语言的少数人权利报告》的报告，其中认为，少数民族或少数群体是指那些“数量上少于一国其他居民的群体，不处在主导地位，其成员——作为一国国民——具有不同于其他居民的种族、宗教或语言特点并显示出保持他们的文化、传统、宗教或语言的团结意识，即便这只是含蓄的”。这一定义目前在理论界和实践层面比较有影响力。朱利·德斯切涅斯（Jules Deschenes）在这个基础上于1985年提出了新的定义，认为少数民族是指“一国公民的群体，在该国构成数量上的少数并处于非支配地位；他们在种族、宗教或语言上的特征与该国的多数人口不同，具有一种由生存的集体意志（即使是含蓄的）所激发的彼此之间的一致意识，其目的是在事实上和法律上实现与多数人的平等”。1992年，联合国大会通过《关于在民族或种族、宗教和语言上属于少数群体的人的权利宣言》，其中将少数民族或少数群体界定为“在民族或种族、宗教和语言上属于少数群体”的人。在1993年欧洲议会所通过的保护少数人权利的《欧洲人权公约》补充协议中，认为少数民族“是指一个国家内的个人集团，他们是居住于该国国内并拥有公民身份；与该国保持长期的、稳定的和持久的联系；显示出与众不同的族体、文化、宗教或语言上的特征；尽管在人数上与该国或该国某一区域的其他居民相比较少，但拥有明显的代表性；具有明确的保护自己的文化、传统、宗教和语言的动机”。

在中国的官方语境下，少数民族是指不包括汉族在内的55个民族群体，而之所以被界定为少数民族，仅仅在于这些民族群体相对于汉族而言在人口上居于少数，少数民族与汉族共同组成中华民族。从历史发展而言，在中国，作为少数民族物质实体的各个民族群体有其不同的源流与发展轨迹，而“少数民族”作为一个政治与文化词汇正式出现，则源于1924年1月由孙中山主持制定的《中国国民党第一次全国代表大会宣言》，在1926年中国共产党首次使用这一词汇，并在中华人民共和国成立后被继续沿用，并形成系统性的民族区域自治制度的基本概念基础。当代中国的少数民族政策坚持民族平等、民族团结、民族区域自治和各民族共同发展繁荣。

总体而言，少数民族本身的存在往往就代表着一国内部所存在的中心—边缘关系以及这种关系背后的资源配置与权利分配问题，而少数民族问题则在某种程度上成为特定“地方性知识”与国家“主体知识”之间在政治、经济和社会文化场域彼此冲突、竞争的写照。随着全球化的进一步推进，世界范围内人员流动日益频繁，传统的、具有历史根基的少数民族内涵正在被进一步充实，逐步形成具有更广内涵的“少数人”或“少数群体”，并进一步衍生出除了历史形成的少数民族权利之外的更大范围的少数人或少数群体权利问题，这些都正在成为当代世界各国必须认真面对的重大问题。

（袁剑）

参考书目

［1］Sigler, Jay A. 1983, *Minority Rights: A Comparative Analysis*, England: Greenwood Press.

［2］Hannum, Hurst. 1996, *Autonomy, Sovereignty, and Self-determination: The Accommodation of Conflicting Rights*, Philadelphia PA: University of Pennsylvania Press.

社会达尔文主义（social Darwinism） 社会达尔文主义主张人类有竞争和征服弱者的自然倾向和强烈意愿。这个名称与生物进化论者查尔斯·达尔文（Charles Darwin）有关，但不能将达尔文的所有观点简化为“达尔文主义”。达尔文通过对人类和其他动物的生物学研究得出进化和自然选择、适者生存的观点，但社会达尔文主义不是这些观点的延伸。社会达尔文主义不是达尔文本人提出来的，是代表了他那个时期（特别是1859年《物种起源》发表以后）很多人的社会态度。达尔文的作品和社会达尔文主义的共同观点是自然选择。

英国哲学家赫伯特·斯宾塞（Herbert Spencer）早在达尔文成名前就提出了社会进化的理论，认为最好的社会形式是个人主义盛行的社会。是斯宾塞而非达尔文创造出“适者生存”的概念，并将其运用于人类和社会。他强调人类作为一个物种整体的进步，并将其延伸到自由主义政治观点，强调个人的权利高于政府权力。但他认为强者的生存是通过竞争和忽视而非帮助弱者实现的。

英国哲学家托马斯·霍布斯（Thomas Hobbes）提出社会契约论，同样强调个人的重要性。他认为人类天生是自私的，其行动和决定都是为了实现个人利益最大化。社会是个人的集合，个人为了群体里所有人的利益放弃一些个人的权利和自由而形成契约。英国数学家、牧师和经济理论家托马斯·马尔萨斯（Thomas Robert Malthus）相信个人的限制将有利于社会。他更多地强调个人参与而非社会契约来防止破坏，如人口过多。人口的优化只有通过限制其增长来达到。

霍布斯和马尔萨斯的理论被认为是社会达尔文主义的先行者。这一理论的继承者将类似的哲学更多地运用于社会。美国企业家安得鲁·卡耐基（Andrew Carnegie）邀请斯宾塞到美国访问并将社会达尔文主义实施到其广泛的慈善项目中。他认为有钱人有义务支持社会，但会挑选接受者。在他1900年的书《财富的福音》中，他表达了社会达尔文主义思想，即金钱必须被用于文化的发展而非慷慨地分发给穷人。他的大多数公共项目是服务于个人知识的增长，如图书馆、音乐厅和高等院校。

个人必须为他们自己的福利和成就负责这一原则与自由放任主义的政治理论相关，即政府尽可能少地干预个人。批评家认为社会达尔文主义将导致经济剥削和阶级分工，富人通过剥削劳动者而变得更富有。社会达尔文主义宣称这并不是坏事，因为不如意的经济状况是自我提升的动力，达不到标准的人不配享有更高阶级的利益。

因为劳动分工经常是根据族群边界划分的，社会达尔文主义有种族歧视的危险。第二次世界大战期间希特勒纳粹政府将社会达尔文主义发挥到极致，对600万犹太人进行大肆屠杀和种族灭绝。20世纪60年代的美国南部种族隔离政策同样体现了社会达尔文主义的种族歧视观。

社会达尔文主义提倡的族群净化观念促使达尔文的堂兄弗朗西斯·高尔顿爵士（Sir Francis Galton）创立了优生学的概念，力求通过生育控制提高人类社会的质量。主张从基因库中清除弱势成员，从而否认这些人生育的权利。人类发展的进化数据显示人类不能脱离自然，社会达尔文主义认为优生学只是加速了不可避免的自然选择过程。

1895年，改良主义思想家严复在天津《直报》上发表了《原强》一文，根据自己的理解和需要简要介绍了达尔文学说和斯宾塞学说，并以他所理解的这两种学说为理论根据，阐述了国家民族的生存、强盛之道是提高全体国民的生存竞争能力，将社会达尔文主义介绍到中国。《物种起源》并没有把生物进化规律引用到人类社会领域，但严复在介绍其思想时，却用它解释国家民族的兴衰存亡，把人类社会的发展硬性纳入生物进化范畴，并把达尔文说成了社会达尔文主义者。民族危亡之际，社会达尔文主义的广泛传播，促使越来越多的人投入到保种强国斗争中，并被广泛用作观察社会、分析问题的理论武器。

19世纪末20世纪初，社会达尔文主义一经输入中国就对近代中国社会产生了重大影响。虽然早在19世纪70年代达尔文生物进化学说就已经传入中国，但对近代中国社会的影响远远不如社会达尔文主义。“五四运动”以前，中国知识界普遍把两种学说混为一谈，在宣扬社会达尔文主义时也大多是打着达尔文主义的旗号。新文化运动开始后，随着中国社会民主与科学思潮的高涨，达尔文原著翻译出版，介绍达尔文学说的著作大量出现，如《物种起源》《自然创造史》《生命之不可思议》《生物之世界》《进化思想十二讲》《进化论发见史》《达尔文》《达尔文自传》等，使中国人对达尔文学说有了比较正确的认识。

（黄娟）

参考书目

[1] 理查德·道金斯（Richard Dawkins）The selfish Gene, Oxford university press. 自私的基因. 卢允中译. 长春：吉林人民出版社，1998.

[2] Hofstadter, R. *Social Darwinism in American Thought*. Boston: Beacon Press, 1944.

[3] Spencer, Herbert 1967, *The Evolution of Society: Selections from Herbert Spencer's Principles of Sociology*. R.L. Carneiro, ed. Chicago: University of Chicago Press.

[4] 白云涛. 社会达尔文主义的输入及其对近代中国社会的影响. 《北京师范学院学报》（社会科学版），1998（4）.

社会分层（Stratification） 用来描述某一社会内部等级垂直划分的最常用词语。指某一社会以不平等的形式被分成了一定数量的、有上下等级之分的阶层和集团。

所有社会都存在社会分层。在绝大多数小型社会，年龄和性别是社会分层的主要根据。现代社会多以经济为分层标准，而传统社会则更看重人的地位。马克思(Karl Marx)以经济条件（生产资料的占有关系）为标准将社会划分成不同的阶级，如资产阶级、无产阶级等。社会学家韦伯（Max Weber）反对这种单一决定论，提出划分阶级的标准有三个：财富、权力和声望，且这三个标准可以相互转化。当然，社会分层非常复杂，同一社会的分层标准可以由多种不同的社会基础相互作用形成。比如，美国是典型的阶级社会，但种族和性别对人的划分也同样重要。

韦伯区分了阶级和地位群体。他认为，阶级产生于人们在生产系统中的位置，而地位群体则以消费形式为衡量准则。阶级被视为一种大于地位群体的聚合体，各阶级在政治舞台上的互相对立中获得各自的身份。阶级间的典型关系是冲突，而地位群体间的关系是模仿，低地位群体对高地位群体的生活方式的模仿为现行的阶层化系统提供了稳定性。

费乐思（Lloyd Fallers）指出，对社会分层的社会学关怀，主要是源于欧洲和美国近250年的不平等问题。与简单的社会差异不同，社会分层着重突出了将社会划分成不同等级时采用的是某种不平等形式，或社会资源的不均等分配。M.H. 弗里德（M. H. Fried）认为，分层的社会产生于等级群体，不同等级的群体可以得到不同质量和数量的土地、水等基本生产资源。掌握和管理战略性资源为一些人提供了积累物质财富的机会。这些物质资源可被用于生成社会资本或政治资本。

社会分层理论中的功能主义者们认为，社会分层普遍存在，而且发挥着很大的社会功能，比如维护社会秩序和社会整合。通过运用“不平等”这种社会无意识手段，社会确保了最重要的社会职位由那些最适合的人占据。社会需要最优质的人从事最重要的任务，他们也必须得到相应的回报，而等级恰恰展现了个人能力、责任和回报。但反对者认为，功能学派对于差别奖励的论点无法解释贫富之间的巨大差异，也无法解释那些身份、地位多是世袭继承的阶层体制。

以英国社会学家拉尔夫·达伦多夫（Ralf Dahrendorf）为代表的冲突理论学派认为，阶层化不是社会动作的一项功能，或维持社会安定的来源，相反，阶层化不可避免地会导致社会动乱与变革。那些财富权势阶级所掌控的剩余物资分配与服务，强化了伴随阶层化体系而来的社会不平等，是统治阶层建构了职位的相对重要性的观念，而不是职位重要性的差异引起了分层。

社会分层一方面描述了对某一社会内部成员的等级划分；另一方面也体现了个体努力实现社会流动，个人行动也反映在社会分层的概念中。社会分层的刚性与社会流动的程度有关。比如，在现代社会，不同阶级之间存在一定程度的社会流动；而在种姓社会，几乎不存在社会流动，社会分层刚性强。因此，研究社会分层的理论学家根据社会的本质和其垂直流动的程度对各类社会进行了比较。他们将各类社会分类排序，一端是一成不变的种姓社会，而另一端是完全开放的现代社会。这种排序无疑暗示了社会的进化顺序，并使现代社会处于进化的最高阶段。当然，社会流动都会遭遇结构性障碍，因此完美的社会流动并不存在。等级和报酬与才能和成就在任何社会都不匹配。

中国改革开放30年来，社会分层结构发生了巨大的变化。这种变化主要源于市场化的力量，以及包括户籍制度在内的一系列政策制度安排。国内著名分层研究学者李强认为，总体来说，中国社会上层主要由以拥有组织资源、在体制内代理着生产资料的国家和社会管理者、经理、企业主构成，专业技术人员则基本为社会中下层。由于当代中国社会发展迅速，各阶层利益群体正在分化、解组、重新整合，现阶段中国的社会分化尚未定型。陆学艺则将阶层分为国家与社会管理者、经理人员、私营企业主、专业技术人员、办事人员、个体工商户、商业服务业员工、产业工人、农业劳动者和城乡无业、失业、半失业者等10个等级，并根据劳动分工、权威等级、生产关系、制度分割和主要资源5个分类指标对这10个阶层进行了逐一分析。陆学艺认为，当代中国社会阶层结构正在向与现代经济结构相适应的现代社会阶层结构转变,并且这种结构正在趋于稳定。

社会分层引发了社会成员的大规模流动,并开始瓦解传统的社会结构,大大加速了中国社会现代化的进程。此外，社会分层产生了不同的社会利益群体，激发了它们的政治参与热情，推动了民主政治建设。

（张墨北）

参考书目

［1］Fried, M. H. (1960). *On the Evolution of Social Stratification And the State*. In S. Diamond (Ed.), Culture in History: Essays in honor of Paul Radin (pp.713–731). New York: Columbia University Press.

［2］李强. 社会分层十讲. 北京：社会科学文献出版社，2008.

［3］Fallers, L. A. (1973). *Inequality: Social Stratification Reconsidered*. Chicago: University of Chicago Press.

［4］陆学艺. 当代中国社会阶层研究报告. 北京：社会科学文献出版社，2002.

社会风俗（folkways）　非正式的社会互动模式，通过亲密的社群成员共同展示所持有的态度和信念。社会风俗是典型的无意识思想和行为方法，它是一种不成文的正式规则或法规。当社会群体的成员偏离民间规范，他们可以出现反常规行为，但通常是微不足道的。风俗包含了民间传说故事、习惯风俗等，它们有助于社群情感和道德价值观等的传播，因此是我们在生活中习得的常识。社会风俗使我们区别于其他人，尽管行为方式有异于他者，但"风俗"一词让我们不同寻常的行为可以解释为"有意义的"。例如，你到了一个村落，那里的人通过向你吐唾沫表示欢迎，尽管你觉得不可思议，但那是他们的传统文化。社会风俗是自发地出现的，在传统社会中能够通过多代传承而留传下来。然而它并不是一成不变的，当群体成员或环境发生变化时，它们会变化甚至消失。人类学家研究社会风俗应该适应人们创造性维持文化价值的行为。

（张娟、邹宇灵）

社会工作（social work）　以利他主义为指导，以科学的知识为基础，运用社会科学程序和方法开展的助人服务活动。"社工"是对"社会工作"或从事社会工作的专业人员——"社会工作者"——的简称。

西方的社会工作最早可以追溯至1601年的英国济贫法，但其专业化是在19世纪末20世纪初，是长期以来助人实践经验积累的结果。1935年，美国制定《社会保障法案》，为现代社会工作奠定了制度基础。最初，社会工作只扮演补救者的角色，任务是诊治受助者的问题。随着社会问题的不断涌现和复杂化，预防问题的出现成为社会工作者的一项工作内容。治疗—预防、救助—发展成为社会工作的思路。根据社会工作内容的特点，社会工作可以分为救助、帮助和发展三种类型。个案工作、小组工作和社区工作是社会工作专业的三种基本方法。西方社会工作理论主要有心理分析理论、行为主义理论、认知理论、社会系统理论、标签理论、马克思主义理论等。20世纪60年代后，美国的社会工作以临床治疗、个案管理等微观实践为主，注重帮助个体适应社会环境，而非倡导大规模社会、经济改革。

中国由于家族集团式的社会结构特征和以儒家思想为主的文化价值观，历史上缺乏产生专业意义上的社会工作的土壤。20世纪初，一些在西方受过正规教育同时受西方文化影响的中国知识分子为了救国救民从事农村发展活动，其中以晏阳初倡导并极力推行的华北平民教育运动最为典型，这是中国知识界施行的、具有一定专业性质的社会工作实践活动。在计划经济时期，由于政府不仅成为全部社会资源的占有者，也成为解决各种社会问题的责任人，中国的行政干部实际上承担了社会服务、社会工作的职能，是一种行政性、非专业化的社会工作。1986年，国家教委决定在北京大学等学校设立社会工作与管理专业，招收本科生，专业社会工作教育开始起步。目前全国有200多所高校都开设有社会工作专业（高等学校本科专业代码650101），学制四年，授予法学或哲学学士学位。2008年6月，中国举办首次全国社会工作者职业水平考试，表明中国的社会工作的职业化和专业化进程正在加快。根据国家“社会工作专业人才建设计划”的目标，到2020年，社工行业的人才总量将达到145万。

20世纪80年代以来，中国的社会工作是在半专业化社会工作的改革和专业化社会工作的创建两种努力下发展的，两种社会工作在共生和互动中发展，形成了独特的社会工作发展模式。中国的社会工作在儿童社会工作、青少年社会工作、妇女社会工作、老年社会工作、残障人社会工作、医疗社会工作、监狱与矫治社会工作、扶贫社会工作、社会救济与社会保障等社会工作领域，以及个案工作、家庭工作、团体工作、城乡社区工作、社会行政等社会工作层次或方式上都进行了积极的探索，形成了丰富的经验，但尚未能对这些经验做出系统的理论总结、分析和提炼，未能提出一些能够反映中国特色、有效指导中国社会工作实践的中国化的社会工作理论。

（康敏、张墨北）

参考书目

［1］王思斌. 社会工作概论. 北京：高等教育出版社，2006.

［2］Leiby, James 1978, *A History of Social Welfare and Social Work in the United States*. New York: Columbia University Press.

社会交换（Social Exchange） 商品、服务交换以及人们划分处理关系的形式，尤其是在群体之间。从莫斯（Marcel Mauss）的研究工作开始，将礼物交换与经济交易区分开来一直都是一个现实问题，但“交换”的概念在人类学中依旧取得了相当迅速的发展。在许多民族志的案例中，礼物交换和经济交易显然是不能分离的。即使是在西方被称为市场经济缩影的工业国家，礼物交换和经济交易之间仍然会有重叠，例如，当许多公司赠送给它们的重要客户至少一张圣诞贺卡时，礼物和送礼物是一项大生意。

莫斯的著名作品《礼物》（*The gift*, 1954）里面的主要思想之一是互相嵌入象征的、道德的、法律的以及经济方面的“交换”。他认为这种非现代和非西方社会尤其如此，相反的，现代研究和工业社会倾向于区分这些方面，特别是区分给予和买卖。莫斯还认为给予应该是一种群体之间的关系，而不是个人之间的关系，虽然后者可能总会代表前者。给予也包含表层意义的公正无私，在这种公正的背后隐藏着三种潜在的义务：给予、接受和返还（通常会比给予的量有所增加），这三种基本义务都是维持给予者与接受者之间关系的必要因素，这种关系或许是持久的。从利人的研究材料上看，给予（也可以称之为“礼物精神”）这个概念是返还驱动因素，因为给予的礼物里面还包含着给予者精神层面的东西。

莫斯还对马林诺夫斯基（Malinowski）关于美拉尼西亚群岛东南部特罗布里恩德岛民库拉（Kula）交易和邻边群岛做了进一步的探讨。在这个双循环的交换中，首领们将红色的贝壳项链以顺时针方向传送，将白色的臂环以逆时针方向传送。首领们通过控制这些物品来获得威望，这种威望的来源是通过这种仪式在贵重物品中导入了交换周期。但是，库拉制度并没有实质的嵌入性，莫斯提倡：它只是众多被文化承认的交换种类中的一类，虽然它在一定程度上推动了经济交易的发展，但制度中的一部分是纯粹的经济层面。

迹象表明，莫斯建立起来的模型并不总是符合事实。许多等级社会民族志表明，互惠不仅不需要而且明确规定不允许。例如，在印度，一个人通过供奉物品给高种姓来获取功绩，但是高种姓并不会因为接受低种姓的供奉而提供任何回报。但莫斯理论的反驳认为，宗教价值本身可以说就是一种回报，这种回报有着一定的延迟性，并且也不可以等同地看作接受者的礼物。对于接收礼物存在着问题，礼物总是承载着送礼者的罪恶，并且礼物接受者必须接受。接受者要么通过仪式行为接纳，要么将增量的礼物返赠，不然，礼物接受者将面临丢失起初不愧作为接受者的道德风险（Raheja，1988）。

尽管如此，在政治、军事或者经济支持、信誉、医疗保健以及战争与冲突等方面，莫斯也充分认识到了交换的无形性。最后，直接交换的周期实际上是非常漫长的。当无形交换发生在世代之间，甚至一生，尤其是在联系交换婚姻系统中，对年长父母的照顾可以看作是父母对自己的养育和教育的回报（并且是期望的回报）。

女性是群体之间交换更加突出的媒介，莫斯研究工作的发展，与之相关的最重要的是列维·斯特劳斯（Levi Strauss）的研究，并且这种形式已经被引入了结构主义文集。另一个重要发展是交流分析理论（Marroitt, 1976），它从人的行为方面来解释交换这个概念，而不是把交换视为一系列的想法和标准，交流分析理论通过标绘个人与群体之间交换的方向和频率，通常达到社会结构层面的分析。从它在更广泛的意义上解释了群体之间、个人之间的联系来看，交流分析理论可以看作分析网络中的特例。

（张春娥）

社会进化论（Social evolutionism） 社会科学史上最重要的概念之一。大多数社会进化论者用的“社会进化”指的是呈现某种方向性或线性时序的社会变迁，涉及某种社会或某一亚社会单位形式或类型的转变（定性的变化），而不仅是程度或范围的变化（定量的变化）。社会进化的理论因此关注确认和解释定性社会变化的方向性或线性时序。大多数进化理论假设灵活的类型学，赋予历史某种开放的特点，并且将社会延续性和倒退视作重要的迫切需要解释的社会现象。

社会进化论在19世纪下半叶达到顶峰，这一时期涌现了许多进化论社会科学家，其中最主要的包括赫伯特·斯宾塞（Herbert Spencer）、路易斯·亨利·摩尔根（Lewis Henry Morgan）、爱德华·泰勒（Edward Burnett Tylor）、卡尔·马克思（Karl Marx）和弗里德里希·恩格斯(Friedrich Engels)等。

斯宾塞提出了进化的一般规律，认为所有社会倾向于从不连贯的同质状态发展到连贯的异质状态，即经历不断地变异。摩尔根在《古代社会》（1877）一书中提出了一种不同的社会进化概念，追溯了人类历史上3个主要的“族群阶段”：蒙昧、野蛮和文明，这是技术发展的主要阶段。泰勒因其运用“残存法”作为解释进化序列的基础而出名。泰勒的进化论与斯宾塞和摩尔根不同，专注于脑力和社会生活意识层面的进化，尤其是宗教。

马克思和恩格斯的思想与斯宾塞、摩尔根和泰勒不同。他们关注世界历史生产方式的进化。生产方式是生产力（主要是技术发展水平）和生产关系（生产力的所有权形式）的联结。在《德意志意识形态》（1947）中，马克思和恩格斯区分了四种基本的进化阶段，每一种与特定的生产关系相联系：原始共产主义、奴隶制、封建制和资本主义。

到1890年，社会进化论的黄金时代结束，自那以后一种反进化论的思潮出现。人类学中这种思潮于1940年和20世纪50年代由弗朗兹·博厄斯（Franz Boas）及其学生和追随者引领。博厄斯学派在四个方面反对进化论：不合理的方法论工具和比较方法；僵化的单线进化体系，认为所有的社会都步伐一致地通过相同的阶段进步；对传播所取得的进步认识不充分以及不合理地将进化等同于进步。但是到了1930年人类学中博厄斯学派的极端历史特殊论受到挑战，出现了进化论的复兴。

领导这一复兴的第一个人是考古学家戈登·柴尔德(V. Gordon Childe)。柴尔德强调人类史前时期广泛的技术变化，提出世界上几个区域中发生的两大技术革命。新石器时代的革命带来动植物的驯化，让人类有可能积累经济剩余，为第二次革命即都市革命铺路。都市革命让人类社会更加复杂，其特征包括职业专门化、城市、明显的阶级分化和国家。

从1940年开始，怀特(Leslie White)发展了

类似柴尔德的社会进化论，认为文化进化与每人每年消耗的能量成正比，随能量工作的效率提高而增长。换句话说，技术变化是文化进化的驱动力。进化论复兴的第三位重要人物斯图尔德（Julian Steward）提出多线进化，认为柴尔德和怀特的进化概念太概化和简单化，称为“一般进化”。多线进化更少关注历史的整体运动，更多关注社会进化发生的不同路线。

约20世纪60年代，受柴尔德和怀特进化论的影响，美国人类学家中产生了新一批重要的进化论作品。萨林斯（Marshall Sahlins）写了一本关于社会分层进化的书，又写了一篇重要文章，区分一般进化和特殊进化。塞维斯（Elman Service）和卡内罗（Robert Carneiro）对政治的进化研究做出了重要贡献。塞维斯提出队群—部落—酋邦—国家的政治进化类型学，被广泛应用于民族志和考古学的研究中。卡内罗则认为人口压力和战争是受环境限制的地区复杂政治制度发展的动因。社会学出身的伦斯基（Gerhard Lenski）认为技术的扩展是社会进化的主要动力。

马文·哈里斯(Marvin Harris)提出了完全不同的社会进化的概念，认为推动社会进化的是人口压力和环境恶化导致生活水平的最终损耗使人类受苦的倾向。

近年来人们反对历史变迁的一般理论。大多数现代进化论者明确承认历史的多样性，认为社会进化是一般进化和特殊进化的结果。一些社会科学家对进化论十分批判，但很多社会科学家专注于进化分析，社会进化论的广泛研究仍在继续。

社会进化论在19世纪末20世纪二三十年代引入中国并迅速传播，影响深远。一方面中国当时面临深重的民族危机，急需这样的理论指导社会变革，另一方面社会进化论符合了大多数中国人的心理需求。社会进化论将自然规律与社会规律紧密联系起来，符合了中国人固有的“天人合一”思维结构，大多数中国人得以迅速接受进化论。更为重要的是，社会进化论所阐发的“物各竞存，最宜者立”思想恰与当时中国人的危机意识和亟须改变的中国现实相通，这直接导致了“睁眼看世界”的有识之士接受了这一在世界范围内汹涌的思潮，并在中国政治改革舞台上享誉几十年，直至被唯物史观完全替代。

社会进化论在中国的局限性主要体现在两个方面：一是作为一种理论的进化论在中国的局限性；二是作为一种历史观的进化论在中国的局限性。从第一个方面来说，戊戌维新到“五四”时期，具有忧患意识的学者和官员大多推崇和信奉进化论，并以不同方式介绍和宣传进化论，但他们混淆了生物进化和人类社会进化之间的区别，过于强调竞争。从第二个方面来看，进化史观是中国向西方学习的过程中兴起的，这一背景决定了中国道路的方向性，并受中国道德式线性历史观的影响，即所谓的“先进的就是好的”，形成了将西方富强之路作为“公理”或“公例”的话语。无论是康有为、严复、梁启超，还是孙中山等人，都致力于在中国复制一条西方强国的进化之路，但这种急于求强的心理在一定程度上使他们忽视了中国的特殊性，对进化之主动力究竟是什么也不清楚。这在一定程度上为“五四”时期扬起作为进化之动力的“民主和科学”旗帜做了铺垫。

（黄娟）

参考书目

［1］王增智. 社会进化论：唯物史观在中国早期传播的理论中介.《西南民族大学学报》.

［2］斯宾塞 严复译. 社会学研究. 北京：华夏出版社，2001.

［3］皮特·J. 鲍勒 田洛译. 进化思想史. 南昌：江西教育出版社，1999.

［4］Stocking, G. *Race, Culture and Evolution*, New York,1968.

［5］Childe,G. *Social Evolution*, London,1951.

社会控制（Social Control） 社会组织运用社会力量对人们的行动实行制约和限制，使之既定的社会规范保持一致的社会过程。社会控制是建立在既定的社会规范之上的，并主要表现为外在力量的施加，但它并不排除个人内在约束力的发挥。

社会控制有广义和狭义之分，广义的社会控制，泛指对一切社会行为的控制；狭义的社会控制，特指对偏离行为或越轨行为的控制。

社会控制理论 美国社会学家 E. A. 罗斯在1901年出版的《社会控制》一书中首次从社会学意义上使用“社会控制”一词。在他看来，社会控制是指社会对人的动物本性的控制，限制人们发生不利于社会的行为。他认为，在人的天性中存在一种“自然秩序”，包括同情心、互助性和正义感3个组成部分。人性的这些“自然秩序”成分,使人类社会能处于自然秩序的状态,人人互相同情、互相帮助、互相约束，自行调节个人的行为，避免出现因人与人的争夺、战争引起的社会混乱。但是，罗斯为美国社会设想的这种“自然状态”被19世纪末20世纪初高速发展的城市化和大规模移民所否定。他还认为，舆论、法律、信仰、社会暗示、宗教、个人理想、礼仪、艺术乃至社会评价等，都是社会控制的手段，是达到社会和谐与稳定的必要措施。

20世纪60年代以前，罗斯的社会控制理论曾在美国风行一时。此后，社会控制的理论不断得到修正和充实。有的学者认为,把社会控制仅仅归结为控制人的动物本性,带有根本性的偏差，它否定了人的社会性，无法解释复杂的社会问题。

社会控制的特点 从社会控制的本质来看，它具有明显的集中性和超个人性。社会控制的集中性，是指社会控制总是集中地反映特定社会组织的利益和意志，不管它具有什么具体内容和采取什么具体手段，都服务于社会组织的总体利益和最高意志。超个人性,是指社会控制总是以某种社会名义，代表某个社会组织施行控制。正是这种凌驾于个人之上的超个人性，使它更有力地控制个人。

从社会控制的作用来看，它具有明显的依赖性和互动性。依赖性指社会控制只有依赖于社会实体才能起作用。这些实体包括社会组织、社会个人和传递社会规范内容的信息媒介。互动性是指社会控制通过社会行为之间的相互影响而起作用。

从社会控制发挥作用的过程来看，它具有多向性和交叉性。多向性指控制主体多方面地将各种信息发射出去，而作为中间环节的多种信息传递媒介，又把各种社会精神因素和众多的社会个体相互联系起来，从而使社会控制成为一个多向交叉和多层联结的复杂过程。

社会控制的类型 主要有统治与制约、正式控制与非正式控制、外在控制与内在控制、积极控制与消极控制等类型。

统治与制约 在现实社会中，对于危害社会秩序的行为的控制可能通过实施强制性的外力来实现，也可能通过社会成员之间相互约束来实现。这样就形成了两种不同的社会控制——统治与制约。①统治是建立在外在的强制力量基础上的控制方式，当社会秩序的维护者运用强制性手段迫使他人去遵守既定规范时就表现为统治。在阶级社会中，统治是以普遍的政治压迫为基础的。在对现代社会的政治学研究中，虽然阶级对立并不那么明显，但是政治社会学家仍然使用统治的概念来分析权力关系。②制约也称社会制约。它是建立在平等基础上的、由于人们认同某种规范而产生的、约束人们行为的社会控制方式。

正式控制与非正式控制 根据规范形成的不同，可以把社会控制分为正式控制和非正式控制。①正式控制也称形式化的社会控制，它是使用比较成型、比较正规的规范来约束人们的控制方式。正式控制主要是用法律、条例、规章等来约束社会成员和组织成员。②非正式控制是指使用不那么成型的规范来约束人们的控制方式。一般地，非正式控制不是基于契约，而是基于人们的共同意识和认同感。在初级社会群体或非正式组织中非正式控制被普遍使用。

外在控制与内在控制 根据控制力的直接来源，社会控制可以分为内在控制和外在控制。①外在控制是指如果一个人感觉到是外在的社会环境对其行为产生了约束力，使其不敢违反社会规范，那么这种控制就是外在控制。外在控制具有一定程度的强制性，它要求行为者必须接受控制者提出的行为模式。②内在控制的直接控制力量来自于行动者本身。如果一个社会成员接受和内化了他生活的社会或群体的价值规范，自觉地实践角色规范，这就实现了内在控制。因此，内在控制就是社会或组织成员用内化了的价值规范约束和指导自己行为的过程。

积极控制与消极控制 ①积极控制是建立在积极的个人顺从动机之上的、以倡导和鼓励为特征的、防止违规行为发生的控制方式。积极控制通过大力宣传社会的规范和价值，通过奖励模范行为而达到预防违规行为的效果，它是各方都愿意接受的控制方式。②消极控制是指运用惩罚手段来制裁某些违规行为的控制。它是违规行为已经发生，并产生了消极后果之后的控制，因此是消极的。

社会控制的功能 分为正功能和反功能两类。

社会控制的正功能 ①维持社会秩序。②维持正常生活。③促进社会发展。

社会控制的反功能 社会控制不但有维持秩序、促进发展的积极职能，也可能会对人与社会的发展起阻碍作用，这种消极作用就是社会控制的反功能。①不合理的社会控制不能维护多数人的利益。②僵硬而有力的社会控制不利于人们对合理目标的追求。

社会控制与个人自由 在社会控制的实践及理论层面，常会涉及社会控制的价值问题，即什么样的社会控制是合理的，什么程度的社会控制是应该的。应该说，对于并非以讨论价值为己任的社会学来说，彻底解决这一问题是有困难的。以下只是从几个侧面对这一问题做一个初步说明。

社会控制与个人自由的平衡。人类应该在公共秩序和个人自由之间实现二者的平衡。在个人自由与社会规范的关系上，合理的平衡方法可能使社会规范建立在广泛共意即共同同意的基础之上。

关于适度的社会控制。平衡社会控制与个人自由的关系是十分困难的。原因如下：第一，人们对自由与控制的重要性的看法不同；第二，利益的复杂性；第三，具体情况的复杂性。

社会控制的价值标准。面对具体的社会情境，社会上都有一般的关于社会控制合理性和适度标准。

社会控制的方式 主要有习俗、道德和宗教，政权、法律和纪律，社会舆论与群体意识等方式。

习俗、道德和宗教 ①习俗。习俗是人们在长期的共同生活中逐渐形成并共同遵循的风俗和习惯。在生存条件未发生重大变化的情况下习俗的改变也是十分缓慢的。习俗的社会控制作用体现为对人们行为的指导和约束。②道德。道德也称道德规范，它是以善恶评价为中心的行为规范的总和，是对人的思想和行为的是非、善恶、正义和非正义、正当与不正当进行评价的标准。它是人们在长期的共同生活中积累而成的。道德是一定社会用来调整人与人之间以及个人与社会之间关系的行为规范；道德是靠人们的内心信念、社会舆论来促使人们自觉遵守社会的行为规范的；任何社会，特别是社会的统治阶级都十分重视道德的社会控制作用。应该指出，道德的约束作用也是有限的，因为道德具有阶级性、集团性。③宗教。宗教是一种和神圣物相联系的信仰和规范体系。在当今世界上，基督教、佛教、伊斯兰教被称为世界三大宗教。宗教的社会控制作用：作为社会规范的宗教，主要表现为教规和宗教仪式。教规是宗教对其信徒行为的规范，它不仅涉及宗教活动，也涉及社会生活的其他方面。宗教仪式是从事宗教活动的方式，其功能是增强信徒的宗教意识。通过教规和宗教仪式，宗教指导和约束着其信徒的行为，对其行为进行着控制。宗教真正能对其成员进行有效约束，要借助宗教信仰和宗教感情。宗教通过教育和制裁两种手段来约束和控制其信徒的活动。

政权、法律和纪律 ①政权。政权是建立在某种合法性之上的、统治阶级实行阶级统治的权力，是国家一切权力的基础。统治阶级通过建立行政体系，设置各级政府和委任政府官员来实现对内的管理任务，并凭借军队、警察、法庭、监狱等国家专政工具对破坏国家利益、严重危害社会秩序的行为进行制裁。因此，政权是一种强有力的社会控制手段。②法律。法律是由国家的立法机关制定，由国家政权保证并强制执行的行为规则。包括法令、法案、条例、决议、命令等具体形式。在现代社会，法律是最权威、最严厉、最有效、最普遍的社会控制手段。法律的权威性和有效性在于：第一，它由国家最高权力机关制定，以国家政权做后盾，由完备的、强有力的司法机构保证实施；第二，它的严肃性；第三，法律具有普遍适用性。从人类社会发展的过程来看，法律在社会生活中的作用在加强。法律的真正权威和效力并不在于制裁，而在于警示。③纪律。纪律是国家机关或社会组织为其成员规定的行为准则，是它们用来指导和约束自己的成员，促使其承担一定的责任和义务，以实现组织目标的手段。纪律在社会生活中发挥越来越大的作用是现代社会的景象，因为它与社会组织的发展紧密相关。纪律的社会控制作用并不在于制裁，甚至制裁只是下策，重要的是使其成员自觉遵守纪律。

社会舆论与群体意识 ①社会舆论。社会舆论是社会上众人关于某一事件或现象的议论和意见，它包含了对于此事件或现象的是非曲直之评价。社会舆论可分为民间舆论和权力者制造的舆论。社会舆论作为一种社会现象具有如下一些基本特点：第一，由现实问题引起；第二，集体互动的产物；第三，靠大众传播形成。社会舆论的社会控制作用：社会舆论是大多数人对于某一事件的意见，它对人们的言行具有一定约束及社会控制作用。它发挥控制作用的机制是：社会舆论形成之后就在一定范围内占主导地位，它会对人们的行为发生潜移默化的引导作用，会对少数人的、与众不同的言行产生心理压力。人们为了缓解这种压力，不致异于众人，就会使自己的言行与众人保持一定程度的一致，于是产生社会控制作用。②群体意识对社会群体来说，是重要的控制手段。群体意识是成员对群体的认同感、归属感和责任感的总和，它是成员为了维护群体的荣誉和利益对自己应该的行为的考虑。群体意识是通过成员之间的互动和社会化形成的，个人加入群体成为群体的一员，群体会以提供精神寄托、良好的人际关系、安全感、成就条件及荣誉手段吸引群体成员，从而使群体具有较强的凝聚力。群体意识是群体成员团结的基础，也对成员的行为具有指导和约束作用。

参考书目

［1］詹姆斯·克里斯. 社会控制. 纳雪沙译. 北京：电子工业出版社，2012.

［2］宋镇照. 社会学. 台湾：五南图书出版股份有限公司，1997.

［3］乔治·瑞泽尔. 当代社会学理论及其古典根源. 北京：北京大学出版社，2005.

［4］乔纳森·特纳. 社会学理论的结构. 台湾：桂冠图书股份有限公司，2001.

［5］John J. Macionis, *Sociology* (10th Edition). Prentice Hall, 2004.

［6］Stephen H. Aby, *Sociology: A Guide to Reference and Information Sources*. 3rd edn. Littleton, CO, Libraries Unlimited Inc, 2005.

［7］Anthony Giddens, *Conversations with Anthony Giddens*. Polity, Cambridge, 1998.

［8］Anthony Giddens, *Sociology*, *Polity*. Cambridge.

［9］Anthony Giddens, *Human Societies*: Introduction Reading in Sociology.

［10］Raymand Boudon, *A Critical Dictionary of Sociology*. Chicago: University of Chicago Press, 1989.

［11］Levine, Donald N. *Visions of the Sociological Tradition*. University Of Chicago Press, 1995.

（李文睿）

社会人类学（social anthropology） 主要研究人类的各种社会类型，包括其结构、组织、制度、功能及社会发展等问题。1908年，英国人类学家弗雷泽（James Frazer）被聘为利物浦大学社会人类学名誉教授，在讲演仪式上首次使用了这个术语。

在法国社会学思想的影响下，社会人类学关注社会制度，将社会视为一个有机整体，这个整体中的各部分共同作用，使社会得以维系。根据这种整体观，要研究一个社会不能把其中的某一制度与其他制度割裂开来，而是要把它们联系起来研究。如果说文化人类学主要是由美国人类学家发展起来的，那么社会人类学则是由英国人类学家发展起来的，并在英国占有非常重要的地位。马林诺夫斯基（Bronislaw Malinowski）和拉德克利夫·布朗（Alfred Radcliffe-Brown）是社会人类学发展史上两位至关重要的人物。第一次世界大战期间，马林诺夫斯基被迫停留在特罗布里恩德岛进行了两年的研究。在此基础上，他提倡人类学家应当与研究对象生活在一起，通过密集的实地调查形成民族志，成为他对社会人类学研究方法最大的贡献，并成为人类学学科的标志之一。马林诺夫斯基的功能论提出人类创造文化是为了满足基本需要，尤其要满足他们的生物需要、社会需要和繁衍需要。拉德克利夫·布朗认为社会人类学更应该被称为“比较社会学”（comparative sociology），其结构功能主义比马林诺夫斯基的理论更强调社会的有机联系。他将社会类比为人体器官，探讨共同组成社会的亲属制度、政治制度、经济制度及其他制度，研究这些制度如何维持社会结构的运转以及这些制度如何相互影响，尤其关注当某一方面发生变化时其他方面如何变化。由此，社会人类学于20世纪20年代发展成为一门独立学科。1946年成立的英联邦社会人类学会（The Association of Social Anthropologists of the UK）更意味着社会人类学在英国特有的学科地位。

若从更为宽广的人类学视角来思考社会人类学，可以说这个学科一开始是对社会发展持一种进化论观点的。当时研究的重点是原始社会的结构组织，亲属关系研究占据了中心地位。后来随着实地研究的普遍发展，学科的研究重点转向了具体社会的内部结构。至20世纪初学科独立初期，社会人类学家多从社会地位和社会角色等角度研究社会关系。每个社会都包含了众多不同的社会地位，处于不同地位的人们有着不同的行为。社会角色则是根据不同社会地位做出不同行为的人。社会人类学家关心不同社会地位的人们如何与别人相处，他们通过观察人们如何认识自己与他人的相处以及如何表达这种认识来发现社会关系。发展至40—50年代时，社会人类学的研究焦点转向社会结构以及不同群体间的关系，如埃文斯·普里查德（Edward Evans-Pritchard）的《努尔人》。50年代中期后，一些社会人类学家开始更多关注社会变迁，如埃德蒙·利奇（Edmund Leach）的《缅甸高地诸政治体系》。后来，随着列维·斯特劳斯（Claude Lévi-Strauss）结构主义等多种理论的兴起，马林诺夫斯基和拉德克利夫·布朗的功能主义影响势力开始削弱。维克多·特纳（Victor Turner）以及玛丽·道格拉斯（Mary Douglas）等多名英国社会人类学家进入美国大学从教，美国学界更多地就接触到社会人类学。发展至今天，许多人类学家习惯用“社会文化人类学”这一术语来指称自己的专业领域。

在埃文斯·普里查德看来，社会人类学是主张人性存在普遍性的启蒙运动的产物。因此，为了发现人性与社会生活的一致性和规律性，学者们开始对世界范围内各种不同的文化进行比较研究。在人类学学科建立之初，由于西方中心主义的影响，人类学家常常摆脱不了自我文化优越感，他们大多研究那些“原始社会”和“原始文化”。虽然社会人类学一度青睐于对非西方社会进行研究，但目的并不是为了去说明人类史的过程或是去证明西方文化的先进性。即使难以否认其殖民主义的政治背景，社会人类学旨在通过对不同社会文化的比较，概括出人类行为的原理、原则以及社会发展的一般规律。社会人类学在世界范围内比较民族志得出的基本结论，适用于人类现代社会生活，有助于解决现代社会的诸多问题。越来越多的人类学家长期深入到异文化中做田野研究，他们逐渐认识到当地社会文化的价值，意识到不同文化应具备平等地位。同时，西方人类学家在异文化中所获得的知识反过来帮助他们对自己文化进行反思。社会人类学过去以非西方的原始社会为其研究对象，现在已面向现代都市社会，即在强调田野工作重要性的同时，注重对某一社会群体的社会结构和社会功能的理论和应用的研究，试图发现人类社会生活的通则以及组成社会、联系人民的社会关系、观念、价值和信仰等问题。

在人类学、民族学传入中国一百多年的历史中，社会人类学的功能学派曾深受吴文藻等学者的推崇。在努力推进人类学、民族学中国化的进程中，吴文藻、费孝通等学者以社区为研究对象，通过实地调查，注重对社区、文化、制度及功能等核心概念的研究。吴文藻曾将社会人类学与民族学作为同义术语使用。在中国社会学与人类学分列为两个二级学科的情形下，社会人类学这一概念在社会学专业中得到更多的使用。国家标准局《中华人民共和国国家标准学科分类与代码表》（GB/T13745-92）将“社会人类学”编码为840.57，列入人文与社会科学门类社会学之下。

（郑佳佳）

参考书目

［1］Evans-Pritchard,Edward. 1962, *Social Anthropology and Other Essays*, New York: The Free Press of Glencoe.

［2］Mitchell, Duncan. 社会人类学. 澹厂译.《现代外国哲学社会科学文摘》，1984（1）.

［3］Radcliffe-Brown, Alfred. 1958, *Method in Social Anthropology: Selected Essays*, M.N. Srinivas ed., Chicago: The University of Chicago Press.

［4］库珀. 社会人类学的发展趋向. 王庆仁译.《国外社会科学》，1982（10）.

［5］林耀华，陈永龄，王庆仁. 吴文藻传略.《民族教育研究》，1994（2）.

［6］莫里斯·戈德利耶. 社会人类学产于西方就离不开西方么. 黄纪苏译.《国际社会科学杂志》（中文版），1996（1）.

［7］王铭铭. 社会人类学的中国研究.《中国社会科学》，1997（5）.

社会生物学（social biology）　由爱德华·威尔逊（Edward Wilson）于1975年提出，指的是对生物社会行为的生物学基础的系统性研究。爱德华·威尔森是著名的进化生物学家，获得过普利策奖（Pulitzer-prize），同时也是一个环保主义者。在他的著作《社会生物学》（*Sociobiology*）中，他提出了在许多动物世界中与群体生物学、遗传学、进化论相关的社会现象的讨论。威尔森对社会生物学的定义比较空泛，几乎涵盖了研究社会行为的各种方法。由于生物学主要是研究生命体的各个特征，因此，社会生物学可以被定义为包含所有研究社会现象的方法的集合。在实际使用过程中，这个词汇主要被用于描述新达尔文理论的研究方法，从而被广泛应用于非人类的社会行为学研究中。

社会生物学的研究方法的最大特点是用达尔文选择理论和功能性适应理论解释了不同物种的不同特征。研究者试图通过解释为什么不同生物体有着不同的特点，使用的研究方法包括最优化分析、系统关联性分析以及自然选择理论模型等。

解剖学家和生理学家习惯将生物体的不同组织描述成具有特定外形和功能的装置，比如呼吸、视觉、血液循环系统等。社会生物学家也采取了类似的策略，他们认为婚配偏好、好斗倾向的季节性变化、特定环境下的集群倾向、判断父母关怀等，这些行为都是有功能意义的，并且能够被合适的方法检验。为了解决已经连续几代存在的一些适应性问题，自然选择会创造出新的适应性来解决这个问题。这种进化而来的适应性是过去几代的经验总结。许多进化出来的功能整合到一起便形成了一套进化策略。

这种进化策略理论通常能够解释植物中的一些现象，比如花对昼长的反应，芽对土壤温度的反应。但当这个理论被用于动物时，有时会导致一些误判，原因是人们常常会分不清某个组织本应该行使什么功能或可以尝试行使什么功能。比如，人类对性的认知本来应该有助于推动人类繁衍后代，但这种认知同时让人认识到繁衍后代是一件可控的事情。于是出现了自愿选择不孕这种被认为违反进化假设的事情。现代避孕法的发明已经被广泛认为会影响人类长久的适应性。

总体来说，社会生物学家主要关心的是生物体为了应对社会的或者环境的改变而发生的一些行为上的变化。这些变化通常是每个正常个体都会有的，而且可能会导致整个群体都会发生变化。通常人们总是认为只要有基因突变，就会有适应性的进化发生，但实际情况不是如此。大多数情况下，生物体倾向于消除新生的突变。因此，研究者认为人体虹膜的颜色应该是与视觉没有关系，因为虹膜的颜色高度可变而且很容易遗传。如果虹膜颜色与视觉功能有关，它不应该会有这么多变异的颜色。虽然适应性进化的确是在突变的基础上自然选择的，但自然选择往往倾向于选择“有用”的突变，而保证生物体整体的适应性。

社会生物学家希望能够分析物种的社会行为背后的机理。举例来说，雄性鸟类会在发情期这个特定的时间来改变自己羽毛的颜色，使自己更吸引雌性鸟类。这种改变第二性特征的行为被认为是一种进化选择。

行为生态学家和社会生物学家都认为，生物体并不是为了创造某种功能而进化的。进化实质上是一个生物体随机创造的过程，其结果不一定有利于生物向前发展，自然会选择那些最适应环境的突变结果。

1964年，威廉·汉密尔顿（William Hamilton）提出了包括适应度在内的概念，进一步推动了社会生物学的发展。传统的达尔文学说只意识到个体的生殖与适应性选择的关系，但是汉密尔顿发现不管个体能不能遗传基因，优秀的基因都能推动生物进化。比如，工蜂不能生育，但是它们能够影响蜂王，使后代工蜂的协作能力更强。汉密尔顿的工作使得进化生物学家对动物和植物的进化认识由繁殖策略转变成裙带策略。这个概念推动了协同和竞争理论的提出，并且让人们认识到基因突变可能跟功能无关。

达尔文认为自然选择使生物体的表型进化更容易存活下来，而性选择使生物体更易被异性吸引。性选择不仅包括同性竞争，也包括异性竞争。同性竞争很容易观察，比如精子在卵子受精过程中的竞争。现代分子生物学的发展让我们认识到动物的婚配体系并不像我们以前从行为学上观察到的那么简单。研究者开始重新认识自然选择、性选择。

人类学家成功地将社会生物学的研究方法应用到人类行为的研究上，从而极大地推动了社会科学的发展。一些杰出的人类学家曾经认为，文化的发展使得人类的行为已经超出了适应性进化的理论研究范围。但是，通过使用社会生物学的方法，人类学成功地解释了文化变化的原因。

（李辉、余歌）

社会体系（social system）　社会各要素通过相互作用而形成的较为稳定的、有组织且相互联系的复杂整体，是研究社会制度，分析社会组织、社会现象的重要概念。社会体系既是一种分析方法，也是一种关于社会构成的基本观念，强调各种社会现象的彼此依赖和交互作用。其作用在于给研究社会现象者一种关于个人和集体行为间的相互联系的观点，使研究社会现象者能注意到一般人不容易看到的关系，诸如军事、政治、经济、文化、教育以及生活之间彼此影响的关系。美国哲学家索罗金（PitirimA. Sorokin）曾用社会体系这一概念构筑他的整合社会学，他认为，人类任何互动的团体都是一种因果功能的整体，其中所有元素相互依存，形成了文化体系、社会体系和人格体系。在中国社会学研究中，社会体系这一概念则经常在广义上被作为“社会结构”的同义语。

社会体系也译作“社会系统”，作为科学概念的“系统”，指的是“由相互依赖的若干组成部分结合成的具有特定功能的有机整体”。社会系统论早期起源于“社会有机体”

思想，这一思想的提出，很大程度上源于社会有机体与生物有机体之间的类比性。19世纪初，法国杰出的空想主义思想家圣西门提出社会是一种有机的整体，意识到社会结构的完善程度是最高的，他使用了“组织结构”的概念，试图建立一种“社会组织理论”。早期社会学的先贤孔德（Auguste Comte）和斯宾塞（Edmund Spenser）则直接把社会与生物有机体加以类比，将社会界定为与有机体本质类似的“超有机体”。

马克思也认为社会是一种有机的整体系统，但他是在其所创立的经济社会形态理论的基础上界定社会有机体特征的。马克思提出了“社会关系”的概念，他将社会关系界定为人类社会所特有的一种本质性的存在。社会关系的基础是生产关系，社会即是社会关系，特别是生产关系的“总和”，而所谓的社会结构就是社会关系及其“总和”方式。从这种意义上来说，作为社会结构的不同要素和不同层次的社会群体、组织、社区、制度等，也都是社会关系的不同水平的“总和”形式，是自身不断再生产着的有机整体。

在社会学学科史中，“社会作为一个行动系统”的概念，最早是由美国社会学家帕森斯（Talcott · Parsons）提出的，这一概念突出社会系统是由社会行动整合而成的，社会行动的制度化就是所谓的社会结构。帕森斯所界定的“行动系统”分为社会结构、文化、人格以及人的有机体四个层面，试图完成从“单位行动”到“行动系统”的综合性概念体系建构。

社会系统具有综合性，在具体问题中只能根据实际情况抽出一些侧面，分别构建不同类型的“子系统”。但这些子系统不仅是横向的纷然杂陈，如生产的各个部门，而且是有向的逐渐演进，形成特定的层次结构。不仅如此，正如人体的生长发育一样，社会系统的各个部分，尤其人的思想能力结构，并不是一成不变的，而是处在不断调整和进化的过程之中，这也增加了社会系统在时间中的复杂性。

社会系统可以划分为经济系统、政治系统和文化系统三个基本的子系统。经济系统，是将社会所生产、分配与消费的物品——包括商品和服务——组织起来的社会系统。在工业国家有两种主要的经济体制——资本主义与社会主义。政治系统是指一系列为满足或实现社会目标的实践活动而建立起来的社会系统，政治系统基于三种权威类型而运行：传统型权威、克里斯马型权威和法理型权威。文化系统与“社会意识系统”两个概念的含义并无实质性差异，通常情况下，文化系统的外延比社会意识系统的外延要广一些，它还包括诸如从文化的角度来看的社团、组织结构和相应的物质载体。

（朱天谱）

参考书目

［1］圣西门. 圣西门选集（第1卷）. 董果良等译. 北京：商务印书馆，1979.

［2］马克思，恩格斯. 马克思恩格斯选集（第1卷）. 刘潇然等译. 北京：人民出版社，1962.

［3］塔尔科特–帕森斯. 社会行动的结构. 张明德，夏遇南，彭刚译. 南京：译林出版社，2003.

［4］约翰–卡尔. 社会学：认识社会把握自我. 刘铎，王文卿，王修晓等译. 北京：中国人民大学出版社，2013.

社会网络（Social network）　一种社会组织形式，它强调的是一组节点（或社会网络中的成员）由于互动被某一种或几种具体的关系类型相对稳定地联系在一起。互动会影响人类行为，这些联系也会从个人、群体和机构等各个层面产生和定义人类社会。上述“节点”既可以是社会中的个人，也可以是组织、企业法人、家庭、民族、国家等集体。

社会科学家使用“社会网络”这一隐喻已经有一个世纪了，其源流众多，包括对解体部落的城市移民的人类学解释、对人类远距离社群的研究、政治动荡、互联网链接以及国家间贸易关系。社会网络还被用来解释就业流动性、科学家群体的结构、企业网络及消费者交易等诸多社会现象。简言之，社会网络是一种包括了理论陈述、研究方法、研究发现的范式，既被广泛应用于经济社会学、社会心理学、政治社会学等多个社会学分支的理论研究，也表示了一种数据分析方法。在人类学领域，它主要被用来研究亲属关系和城市拆迁。

社会网络概念关注个体或组织之间的相互联系和互动，而不是有明确边界的群体。社会联系可以由金融交易、友谊、憎恨、贸易、互联网等一个或多个具体的关系组成。社会关系包括朋友关系、同学关系、生意伙伴关系、种族信仰关系等。最典型的例子就是“六度分离”游戏，即任何两个不相干的人，可以通过不超过六人的关系建立某种联系。人们可以通过社会网络获得社会资本。社会联系的非随机结构把资源引入社会系统中具体的位置，产生社会不平等。

作为一种社会学视角，社会网络起源于埃米尔·涂尔干（Émile Durkheim）和齐美尔（Georg Simmel），尽管他们都从未直接使用过“社会网络”一词。但很明显，涂尔干关于宗教、自杀、劳动分工的作品都强调了由工业化和资本主义带来的社会变革如何影响人们之间的联系，更重要的是，他适当地阐述了人们的联系是如何在人类社会中发挥基础作用的。齐美尔则是在总体上研究了个人生活和个体互动的各个方面，他从个体的社会地位，以及与不同人互动时产生的动能等方面切入，强调了人们之间的联系如何影响互动。

在人类学当中，马林诺夫斯基(Bronislaw Malinowski)、拉德克利夫·布朗(Alfred Radcliffe-Brown)和列维·斯特劳斯(Claude Lévi-Strauss)的理论著作与民族志奠定了社会网络理论的基础。一些与克拉格曼（Max Gluckman）和曼彻斯特学派有关的社会人类学家，如约翰·巴恩（John A. Barnes）、克莱德·米歇尔（J. Clyde Mitchell）和伊丽莎白·波特·斯皮刘斯（Elizabeth Bott Spillius）等人分别在南非、印度和英国就社会网络进行了最早的实地调查和分析。与此同时，英国人类学家纳德尔（S.F. Nadel）建立的一套社会结构理论对后来的网络分析也产生了重要影响。

除理论外，社会网络还指数据分析的一种具体形式。这种分析通过对社会连接进行客观测量，来描述和分析社会世界，避免了利用定性评估可能产生的主观偏见，因而在社会学领域越发受到重视。分析者试图发现看起来毫不相关的社会现象暗含着的社会联系的结构规律。社会网络的结构、网络中成员的关系，以及网络中成员的位置都是理解社会行为的重要因素。他们研究这些社会结构如何限制社会网络成员的行为。

社会网络分析的核心概念包括网络密度、中心性、传递性、联系力度、“丛”和结构对等。不同的社会联系在质量（比如社会关系提供的是情感帮助还是物质帮助）、数量（比如情感帮助或陪伴的多少）、多重性（也称多股性，表示社会联系是包含单一社会关系，还是多个社会关系）和对称性（资源是单向流动，还是双向流动）方面存在差异。社会网络分析员采集数据的方法很多，比如民族志、调查、档案和模拟等。尽管分析者总是通过点、线等图案将社会网络进行视觉化处理，但他们利用矩阵对社会网络进行数学和统计分析。UCINet和Pajek就是分析时通常会使用的一些程序。当人际关系还与机构发生关系时，分析者则需要研究社会网络的网络，而多层次和双模式分析便为此类研究提供了可能。通常，对社会网络整体研究的可行性不大，因为这需要把网络内部所有成员和他们之间的一切关系都列出来。此外，分析者的兴趣点主要在通过无边界网络追踪联系和发现，因为对网络内成员进行有边界预先规定不利于识别秘密的网络，也不利于研究信息、军火、非法药物和疾病的扩散。

社会网络分析在20世纪80年代后蓬勃发展。国际网络分析网就是和其有关的职业协会。《社会网络》《联结》《社会结构期刊》是研究社会网络的三本专业期刊。

（张墨北）

参考书目

［1］Carrington,Peter J. & Scott, John.

Introduction. The Sage Handbook of Social Network Analysis. SAGE (2011).

[2] Carrington, Peter J, John Scott, and Stanley Wasserman, et al. *Models and methods in social network analysis*. Vol. 28. Cambridge University Press, 2005.

社会文化人类学（socio-cultural anthropology） 随着社会和科学技术的不断发展，在人类学领域，社会人类学与文化人类学逐渐在研究目标、研究对象以及研究方法上不断交叉与融合，越来越多的人类学家开始使用“社会文化人类学”或“文化社会人类学”（Cultural Yand social anthropology），而不是单一的社会人类学或文化人类学，超越“社会”和“文化”两个概念的局限性，强调研究的社会、文化双重性。实际上，人类的社会与文化本来就密不可分，社会文化人类学同时关注于人类社会与文化两个方面，并将其进行综合分析，具有更强的广泛性和综合性，也更适合于现代复杂的社会与文化研究，因而很快得到美国和欧洲人类学家的认可，“社会文化人类学”也更多地在前沿人类学研究成果中出现。但是，由于没有相关正式的学科分类和定义，社会文化人类学还处在起步阶段，该术语的使用也只停留在部分人类学家之中。

从研究对象和范围上，可以将社会文化人类学分为狭义的社会文化人类学和广义的社会文化人类学。狭义的社会文化人类学等同于文化人类学。在美国体系中，考古人类学、语言人类学、民族学都包含在文化人类学的名义之下，所以社会文化人类学实际上等同于文化人类学。而在欧洲人类学体系中，由于体制人类学、考古学、语言学已从人类学中分离，加上英国的社会人类学传统，所以社会文化人类学也就是社会人类学，此外，在德国、俄罗斯和斯堪的纳维亚国家中，又曾经被称为或者现在依然称为“民族学”（Ethnology）。

广义的社会文化人类学更强调于其研究的综合性，希望能够将世界各国各种不同样式的人类学包容在一个更大的框架里。其研究范围更加广泛，同时也更加深入，因此广义的社会文化人类学包括了文化人类学、社会人类学以及应用人类学等多个方面，并且还在不断发展延伸。其分支学科主要包括：指号/象征人类学（Semiotic / Symbolic anthropology）、应用人类学（Applied anthropology）、艺术人类学（Anthropology of art）、认知人类学（Cognitive anthropology）、发展人类学（Anthropology of development）、生态人类学（Ecological anthropology）、经济人类学（Economic anthropology）、环境人类学（Environmental anthropology）、性别人类学（Anthropology of gender and sexuality）、历史人类学（Historical anthropology）、亲属家庭制（Kinship and family）、心理人类学（Psychological anthropology）、公众人类学（Public anthropology）、法律人类学（Legal anthropology）、媒体人类学（Media anthropology）、医学人类学（Medical anthropology）、政治人类学（Political anthropology）、政治经济学（Political economy）、宗教人类学（Anthropology of religion）、机器人人类学（Cyborg anthropology）、超个人人类学（Transpersonal anthropology）、都市人类学（Urban anthropology）、视觉人类学（Visual anthropology）、网络人类学（Cyber anthropology）、人类行为生态学（Human behavioral ecology）、演化人类学（Evolutionary anthropology）、女性主义人类学（Feminist anthropology）。

（曹锐）

社会学（Sociology） 系统、客观地研究人类群体和社会互动的科学。主要研究社会关系对人们态度和行为的影响，以及社会是如何建构与变迁的。Sociology一词可分为socio-和-logy两部分：socio-在拉丁文中写作socius，表示“同伴”，后缀-logy在希腊文中是“知识”的意思。

社会学产生于19世纪40年代的法国，是欧洲社会、经济、政治、科学长期发展的产物。法国思想家奥古斯特·孔德（August Comte,1798—1857）在《实证哲学教程》中首先使用“社会学”这一术语，并对这门学科的对象、方法和理论提出了基本构想。早期社会学的奠基人包括斯宾塞（Herbert Spencer）、涂尔干（Émile Durkheim）、卡尔·马克思（Karl Marx）和马克斯·韦伯（Max Weber）。19世纪后半叶，美国开始发展社会学，受美国本土的实用主义影响，其旨趣逐渐从侧重理论探讨转向对社会生活的应用研究，并力求用自然科学提供的精确方法来观察和分析社会现象，从而使社会学逐渐成为一门独立的学科，进入了一个新的发展阶段。

在第二次世界大战之后，社会学研究中心从欧洲转移到美国。这一时期发挥重要影响的是芝加哥学派和制度学派，人际互动、群体冲突和区位特质环境是研究重点。在20世纪50—60年代的社会学中，占主导地位的理论和方法论是美国哈佛大学塔尔科特·帕森斯（Talcott Parsons）倡导的结构功能主义。60年代以后，在重新评价帕森斯理论的基础上，西方社会学出现了多种理论观点并存的多元局面，从而结束了理论上的一统状态。当代社会学理论是由多种流派、理论观点组成的体系，其中影响较大的有罗伯特·默顿（Robert Merton）侧重中程理论的功能分析，科瑟尔（Lewis Coser）和达伦多夫（Ralf Dahrendorf）的冲突理论，霍曼斯（George Homans）和布劳（Peter Michael Blau）的交换理论，来源于米德（Mead, George Herbert）和库利（chourles Hortom）的符号互动理论，舒茨（Alfred Schutz）的现象学社会学和加芬克尔（Harold Garfinkel）的常人方法学，以法兰克福学派为代表的“新马克思主义”等。这些不同的理论或流派在基本观点上相互对立的同时，近年来又在研究对象和方法上出现彼此借鉴，相互渗透的融合趋势。其中在英美较有影响的有吉登斯（Anthony Giddens）的结构化理论、亚历山大（Jeffrey Charles Alexander）的新功能主义，在德国有哈贝马斯（Jürgen Habermas）的沟通行动理论和卢曼（Niklas Luhmann）的系统功能主义等。

19世纪末至20世纪初，社会学自西方经日本传入中国。1895年，严复在天津《直报》上发表《原强》，首次介绍斯宾塞及社会学，后来他又翻译出版了斯宾塞的《社会学研究》（中文书名为《群学肄言》）和赫胥黎（Thomas Huxley）的《天演论》；1902年，章太炎也翻译了日本岸本能武太的《社会学》。早期的中国社会学以翻译介绍英、美和日本的社会著作为主，率先在中国实施社会学教育的是美国在华开办的一些教会学校，早期的社会

清华国学研究院李济、王国维、梁启超、赵元任等

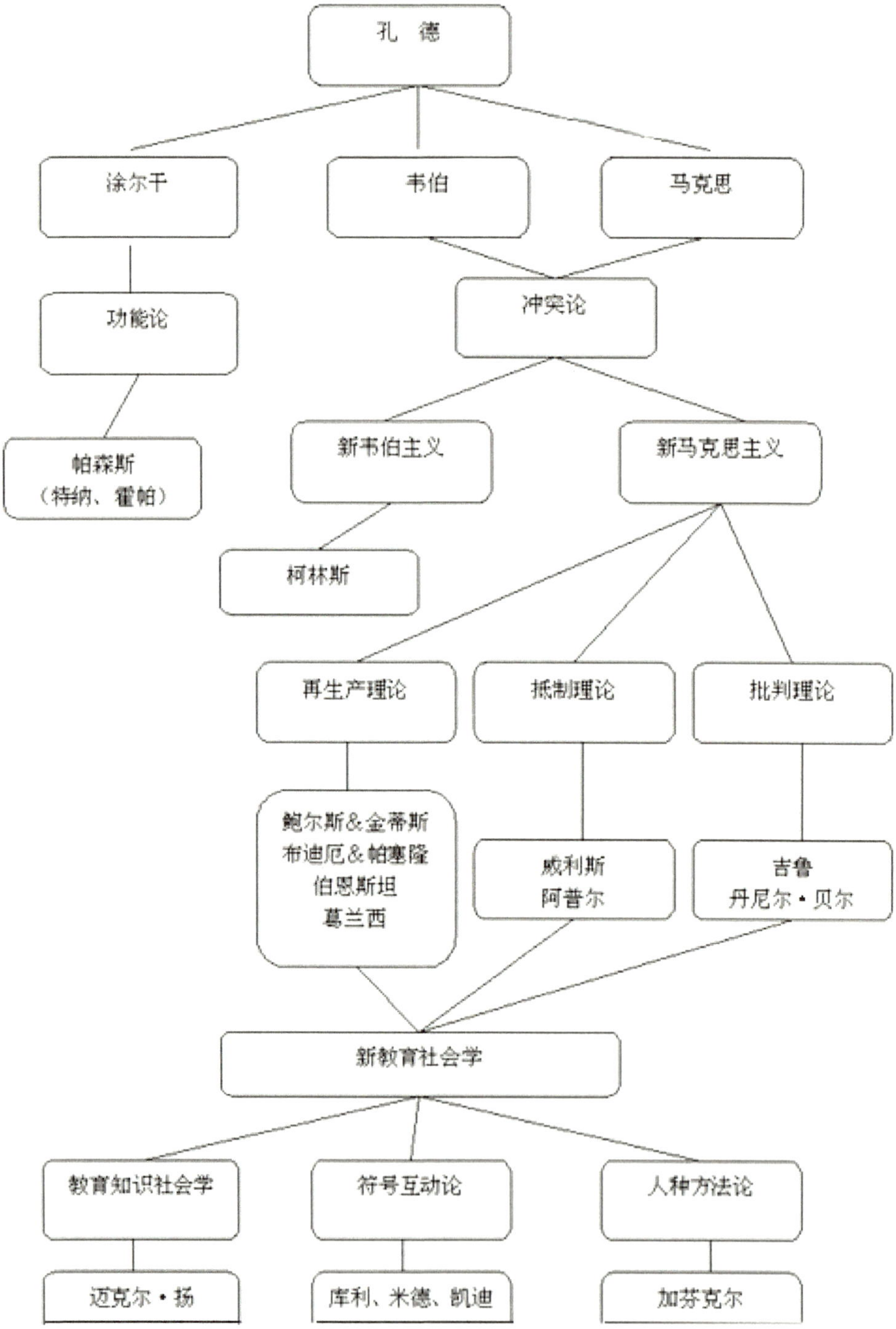
孔　德
涂尔干
韦伯
马克思
功能论
冲突论
帕森斯
（特纳、霍帕）
新韦伯主义
新马克思主义
柯林斯
再生产理论
抵制理论
批判理论
鲍尔斯＆金蒂斯
布迪厄＆帕塞隆
伯恩斯坦
葛兰西
威利斯
阿普尔
吉鲁
丹尼尔·贝尔
新教育社会学
教育知识社会学
符号互动论
人种方法论
迈克尔·扬
库利、米德、凯迪
加芬克尔

社会学的理论框架

研究多是由教会学校外籍教师主持下的小范围调查。20世纪30—40年代，一批从国外学成归来的知识分子为传播和发展社会学付出了大量心血，其中费孝通对江南农村社会经济制度的研究和李景汉对河北定县的农村调查，为从社会学角度认识中国传统社会结构和经济状况提供了现实的依据。与此同时，一些致力于从马克思理论中寻求真理的知识分子，如瞿秋白、李达等人，在大学中宣传马克思主义的唯物史观，从而使阶级斗争、社会革命的思想日益深入人心。

1952年，受历史环境、政治形势和国家意识形态等多方面条件的影响，社会学这一学科在高校院系调整中被取消，直到1979年才重新恢复。自重建以来，中国社会学发展迅速，它重新在社会科学知识体系中确立了自己应有的地位，建立健全了各级科研和教学机构，培养和训练了一支初具规模的专业人才队伍，它们对近现代中国国情和社会问题进行了比较广泛的调查研究，取得了一大批重要研究成果，对中国的经济和社会协调发展起到了促进作用。

社会学与经济学、心理学、人类学、历史学等其他社会科学的分界常常并不清晰，因为其研究主题往往有相互重叠之处。例如对于收入低于贫困线的城市居民问题的研究可以被称作是城市社会学、家庭经济学或城市政治学。

社会学与人类学有非常相近的起源，但在学科形成之初，它们在研究对象和研究方法上存在较大区别。20世纪最后十年，两个学科间的分界线有进一步弱化的趋势，但在社会学与人类学内部，有学者认为这种弱化趋势不能被无限放大。

参考书目

[1] 陆学艺主编. 社会学（第2版）. 北京：知识出版社，1995.

[2] 阎明. 中国社会学史：一门学科和一个时代. 北京：清华大学出版社，2010.

[3] 安东尼·吉登斯. 社会学（第五版）. 李康译. 北京：北京大学出版社，2009.

[4] 戴维·波普诺. 社会学（第11版）. 李强等译. 北京：中国人民大学出版社，2007.

[5] 史蒂夫·布鲁斯. 社会学的意识. 蒋虹译. 北京：译林出版社，2010.

（康敏、张墨北）

社会学界（The Sociological World） 20世纪前半期由燕京大学社会学系创办的社会学年刊。办刊目的“一是为了我们看见社会学杂志停刊，想继续背负它的使命；二是为了我们想请求中国的社会学者起来做些整理中国社会学材料的功夫，好让喜欢研究本国社会学的本国人，有自己的田地可以耕耘”。该刊从1927年起到1938年停刊，共出版了10卷，137篇文章。其中1935年和1937年因战争原因未出。最初由燕京大学社会学系主任许仕廉任主编。主要致力于对中国问题的社会学、人类学研究，侧重于中国经济及社会史专题研究、社会科学理论探索，尤其重视当代及历史上社会科学方面的原创性研究，如社会调查、乡村建设、劳工问题、民族、语言与社会，杂志也刊登书目、书评，介绍国外社会思想史、社会学论著等。各卷都保持一定的学术特色，如第一卷刊有梁启超的“社会学在中国方面的几个重要问题研究举例”、李景汉的“中国社会调查运动”、冯友兰的“中国社会之伦理”等。所刊登的中华平民教育促进会定县实验区、燕京大学清河实验区的相关研究，提供了有关中国农村和集镇调查研究的宝贵资料。该刊第九卷是为英国功能学派创始人、人类学家拉德克利夫·布朗教授来华讲学出版的《特辑》，发表了拉德克利夫·布朗的《社会科学中之功能观念》、《人类学研究之现状》和《对于中国乡村生活社会学调查的建议》，吴文藻的《布朗教授的思想背景及其在学术上的贡献》，林耀华的《从人类学的观点考察中国宗族乡村》等重要文章，使燕京大学社会学系成为当时人类学功能学派的研究和传播中心。该刊是当时中国社会学研究者的主要阵地，反映了当时中国社会学家最高学术水平，推动了中国社会学、人类学的发展。北京大学社会学、人类学研究所曾经将燕京大学社会学系1936年编辑的《派克社会学论文集》与《社会学界》第九卷合编为《社区与功能——派克、布朗社会学文集及学记》由北京大学出版社于2002年出版。

燕京大学又有英文半年刊《燕京社会学界》（*The Yenching Journal of Social Studies*）。主要是为社会科学方面的文章提供发表的平台。该刊主要致力于对中国问题的研究，尤其是关于中国经济及社会史方面的专题研究，如家庭问题、当代城市建设问题等，也欢迎以比较的、实用的、理论的方法研究国外问题的稿件。刊物除与《燕京社会学界》相似版块外，还有对汉语或者其他东方语言著作的评论。创刊于1938年6月，1941年8月出版第3卷第2期后，因太平洋战争爆发休刊；1948年8月份复刊，至1950年出版至第5卷第1期后停刊。每卷不少于300页。创刊之初由李安宅任主编，其后吴其玉和陈芳芝先后担任刊物主编。但燕京大学教师始终是主编及编委会主要成员，且多是刊物的主要撰稿人。除此之外，美国著名政治学家哈罗德·拉斯韦尔（Harold D. Lasswell）、英国学者林迈可（M. Lindsay）、波兰汉学家夏白龙（Witold Jablonski）、德国汉学家傅吾康（Wolfgang Franke）、卫德明（Hellmut Wilhelm）等人也曾经为该刊撰稿。国家图书馆出版社在2010年出版的《近代著名大学英文学术期刊汇编》中影印了该刊，分两册出版。杨堃还曾在该刊撰文介绍葛兰西的学术思想。

（王建民、耿静）

社会语言学（Sociolinguistics）　语言学的一个分支，研究语言和社会间各方面的关系,从语言学和社会学的角度去理解社会中的语言,并处理社会语境下的语言多样性。

社会语言学兴起于20世纪50年代中期，确立于20世纪60年代。在英语文献中，“社会语言学”这个术语最早出现于1952年。1964年5月召开的第一次社会语言学会议接受了“社会语言学”这个术语，标志着社会语言学确立了独立的学科地位。它兴起的原因有两个。首先，由于索绪尔（Ferdinand de saussure）以来的语言研究致力于语言内部结构及其规律的研究，忽视了语言的社会制约性，对语言现象的解释往往是片面的。为突破这种局限，有的语言学家试图将语言作为一种社会现象来研究。其次，社会发展和科技进步引发了语言学家对新的社会因素的关注，只研究语言内部结构的语言学已不能满足需求。

社会语言学与社会科学，尤其是社会学、人类学、社会心理学和教育学联系紧密，反映了社会学、人类学等学科共同感兴趣的问题。它主要围绕两个变量展开研究：社会和语言。即研究社会变化引起的语言诸因素的变化和从语言诸因素的变化探讨社会诸因素的变化。社会语言学中的重要概念，如语言、方言等，主要体现社会性而非语言性。社会语言学一直保持着迅猛的发展势头，其研究领域不断扩大。迄今为止，它的领域还没有确定疆界。

社会语言学可以区分为理论社会语言学和应用社会语言学。理论社会语言学关注于形式的模型及分析言语共同体和言语变体的结构的方法，并提供对普通交流能力的记录。应用社会语言学针对的是社会和政治隐喻中反映出来的在公众生活各领域中语言使用上的不平等，比如学校和法院。社会语言学还可以分为宏观和微观两类。宏观社会语言学以社会为出发点，将语言视为组成社会的重要因素，主要研究社会中全局性的语言问题，如语言规划、语言接触、语言演变、双语现象和语言政策。微观社会语言学立足于语言，认为社会力量是影响语言结构的重要因素，主要研究人际交往过程中语言的使用、变化及其与社会语言的关系，以及社会中语言的各种“变异”。

（宋荣）

社会制度（social institution）　社会为满足或应对社会成员的某些基本需求而制定的一整套行为规范、价值观念、社会角色等。制度有广义和狭义之分，广义上的制度是指一切调节人与人之间关系的组织形式、规则和规范，包括各个领域、各个层面和各种性质的规则和规范。狭义上的制度主要是指一个社会和国家最高层面上的根本制度和正式制度，各种具体制度、日常生活层面的制度和非正式制度则应排除在外。

制度是人类社会的基本特征，许多学科对人类社会的制度进行了卓有成效的研究，其中，经济学的制度研究尤其丰富。美国古典制度主义经济学家凡勃伦（T. B. Veblen）在《有闲阶级论》中认为，制度“实质上就是个人或社会对有关某些关系或某些作用的一般习惯；而生活方式所构成的是，在某一时期或社会发展的某一阶段的制度的综合，因此，从心理学方面来说，可以概括地把它说成是一种流行的精神态度或一种流行的生活理论” 。也有一些经济学家从制度对人类行为的约束的角度对其做出界定，其中，T. W. 舒尔茨和诺斯的定义比较具有代表性。舒尔茨认为，制度是“一种行为规则，这些规则涉及社会、政治及经济行为。例如，它们包括管束结婚与离婚的规则，支配政治权力的配置与使用的宪法中所内含的规则，以及确立市场资本主义或政府来分配资源与收入的规则”。诺斯则认为，“制度是人为设计的，构造着政治、经济和社会相互关系的一系列约束，是人类设计出来的形塑人们互动行为的一系列约束”。另外，也有经济学者采借文化人类学的观点，从文化的角度界定制度，其中韦森的观点比较具有代表性，在《文化与制序》一书中，韦森把“制度化”理解为一个组织、社群或社会内部运作程序的规则化以及约束规则的构成化、体系化和程式化。“制度化”（constitutionaization）内在于“秩序化”（institutionalization）之中，是文化在社会实存的体系结构上的体现（embodiment）、固化（crystallization）、显化（incarnation）和外化（externalization），因此，制度与文化不可分离，甚至可以说，制度本身也是一种文化。

在社会学的学科史中，结构功能主义者对社会制度的研究比较具有代表性，他们认为，社会制度是用来安排人们的活动、满足诸如秩序、信仰、生产等社会需要而设立的一套习俗、民俗、行为模式，如法律制度、家庭制度等，换言之，社会制度是为满足社会有机体的功能需要而产生的。中国社会学界则大多从社会关系和规范体系的角度定义社会制度。例如，孙本文认为，“社会制度是社会公认的比较复杂而又系统的行为规则”；费孝通则在其主编的《社会学概论（试讲本）》中写到，社会制度是“在一定历史条件下形成的社会关系和与此相联系的社会活动的规范体系”。

社会制度可以从不同的角度进行分类。从制度发展的历史过程来看，社会制度可以区分为原生性社会制度和派生性社会制度两种。原生性社会制度是在人类与环境交往、争取生存与延续的过程中产生的，同时，它又是产生其他社会制度的母体。而派生性社会制度则是从原生性社会制度中生长、演化和发展出来的社会生活的系统模式。从人类活动领域来看，社会制度可以区分为经济制度、政治制度、教育制度、文化制度、宗教制度、家庭制度等。而从社会制度发挥作用的方式来看，社会制度可以区分为非正式的社会制度和正式的社会制度。非正式的社会制度包括习俗、习惯、道德观念以及意识形态等，正式的社会制度则包括宪法、法律、规章条例等明文规定的制度。

（朱天谱）

参考书目

［1］T. B. 凡勃伦. 有闲阶级论. 北京：商务印书馆，1964.

［2］T. W. 舒尔茨. 制度与人的经济价值的不断提高. 上海：上海人民出版社，1994.

［3］道格拉斯-诺斯. 制度、制度变迁与经济绩效. 留守英等译，上海：三联书店，1994.

［4］韦森. 文化与制序. 上海：上海人民出版社，2003.

［5］孙本文. 社会学原理. 上海：商务印书馆，1946.

［6］费孝通. 社会学概论（试讲本）. 天

津：天津人民出版社，1984.

社会主义（socialism） 该词源于拉丁文，原意指社会的、共同的、集体的生活。社会主义思想及其宣传始于19世纪初的英国和法国。由于工业生产的兴起，和工业生产并存的手工业企业中雇佣劳动的加强，社会主义便产生了。19世纪20年代至30年代的空想社会主义者最早使用社会主义这个概念，用以表达他们不满资本主义社会中盛行的个人主义而期望实现的集体主义理想。大部分早期的社会主义者都是中产阶级的改良家、热心的博爱主义者，他们试图透过改变社会的组织，而不是透过慈善工作，来改善穷人的命运。40年代，“社会主义”一词流行于西欧各国，出现了代表不同阶级立场和利益的社会主义思潮。19世纪20年代至50年代，涌现出一大批各种类型的、杰出的理论家，其中有圣西门、傅立叶、欧文、勃朗、普鲁东等思想家。从发表《共产党宣言》到巴黎公社建立，马克思和恩格斯试图彻底地重建社会主义理论。他们抨击前辈的乌托邦思想，他们拒绝颁布社会改革方案。马克思和恩格斯深入考察了资本主义社会的各种矛盾和阶级斗争，批判地吸取了人类历史上的优秀文化遗产，创立了反映无产阶级世界观的科学社会主义，从此，社会主义成为无产阶级和劳动人民努力奋斗，用以代替资本主义的社会目标。

无论“社会主义”是作为一个褒义词，还是一个贬义词，它的使用在政治上都是有争议的。对已有的见解，可以做出如下两种区别：（1）那些信奉社会主义是同私人资本的继续存在和平共处的人与那些不信奉这种社会主义的人的区别。（2）那些把生产资料集体所有制视为实现社会主义的充分条件的社会主义者，同那些把生产资料集体所有制当作社会主义必要的但不是充分的条件的社会主义者的区别。

社会主义是组织生产的方式和经济史中划时代的产物。它代表着一系列多种多样的意识形态。就意识形态而言，社会主义思想伴随着资本主义的发展过程。社会主义思想为批判性思维和反资本主义运动提供了一种形式。抑或是，它为减弱资本主义发展和其不公平性所带来的最具摧毁性的后果提供了多种社会和政治实践方式。实际上，虽然理论上并不总是这样，反资本主义者和改良社会主义者都把精力集中于国家的行动和制度。对改良社会主义者而言，这就包括国家对于市场的管制，制定新制度，规划新项目：如支持和增加收入的项目，为家庭和个人提供服务的项目等。

对于改良社会主义者和批判者来说，他们之间最大的不同点就是国家对市场的管制这一点。因为，自由市场是资本主义的一个界定性特征。那么，任何国家对市场进行的干涉都可被认作是社会主义行为。但是，这种观点也存在着两大疑问。第一，一些理论家，如卡尔·波兰尼（1944）认为：国家对市场的创新和管制贯穿整个资本主义历史；即使是在19世纪，那些真正“自我管制的市场”相对来说也只是一种转瞬即逝的存在。第二，马克思主义认为，社会主义最重要的是国家对生产的控制，而非对市场的管制。

1914年以后，由于第一次世界大战，欧洲社会主义运动的前景发生了变化，社会主义发生了分化，而共产主义则开始兴起。第二次世界大战，由于苏联在东欧地位的巩固，以及西欧议会民主制的稳定，共产党内部发生了急剧的变化。在法律允许并且发展顺利的地方，共产党都成为由群众选举的政党，与它们自己的工会建立了联系，并试图参与政治，例如在法国和意大利就是如此。由于欧洲共产主义的兴起，共产主义和社会主义在欧洲的分裂——这种分裂一直激烈地持续到50年代——已经没有多大的意义了。

1973年，战后的繁荣结束了，自那时以来，社会民主主义思想在英国不得不和复活了的社会主义的原教旨主义展开竞争。同时，在整个欧洲，许多知识分子已经开始反思社会主义的目的。和这种反思密切相关的问题是：还没有一种新的政治基础能够比得上由群众政党、工会及大政府所提供的那个政治基础。高兹的《告别工人阶级》（1982）就是这种观点的一个很好的例证。社会主义学说已经进入了一个其多样性和多产性可与19世纪20至50年代相比拟的时期，然而，它在社会事业方面的支点则依照那些产生于1870—1941年的因素。在美国，从1901年美国社会党的成立到1912年，社会主义的发展蔚为壮观，此后，经历了一段衰退的过程，到1938年，社会党的成员只剩下七千名。

第三世界的社会主义学说——它们与欧洲模式的社会主义学说不同——试图提出一种有别于建立在大工业基础之上的、关于社会组织的观点。例如非洲的社会主义便属此类。尤利乌斯·尼尔利（1969）可能最系统地描述了这种与欧洲的思想迥然不同的见解。某些评论家可能会坚决主张：这样的学说不仅在实践上已经遭到惨败，而且作为一种理论，也是把它们理解为土地民粹主义的一个变种更好一些。社会主义是先进工业社会的产物，但是，正如美国的情形所昭示的那样，社会主义绝不是先进工业社会的必然结果。

社会主义思想的重要性是强调对资本主义本身的批判性思维和实践。理想上，社会主义最尖锐和最具洞察力的理论家们已经生成了一套自己的观点，而这又是通过对动态变化的批评和与资本主义之间的深层次关系得来的。一种特别的国家制度的终结，或是对这种制度只加以支持而不加批判且为其辩解的理论的终结，可以为富有创新性的理论开辟思维与政治天地。

（李索菲）

参考书目

康绍邦，胡尔湖主编. 新编社会主义辞典. 北京：中国广播电视出版社，1991.

社会资本（Social capital） 促成人类活动的一种无形关系，这种关系体现在超越了直系亲属范围的集体互惠性规范上，并以社会环境中的信任为载体。社会资本也可以被理解为一个人在持久性社会网络中实际或可能拥有的资源。个体所拥有的全部社会资本量，包括他能够动员的社会网络，以及这些社会网络中其他人拥有的资本量。作为一般概念，社会资本涵盖许多方式，这些方式使家庭、朋友、邻里、熟人、同事、国人之间的关系有可能产生各种有利于个人、家庭、社区或国家的积极经济效益。

强调社会规范的学者认为，有效的社会网络和无处不在的人际信任能够提高社会关系的效率，并减少交往成本。如普特南（Robert D. Putnam）使用“社会资本”一词反映社会组织信赖、规范和网络等特征，这些特征可以通过协调行为，改善社会效率。对福山（Francis Fukuyama）来说，社会资本是一种能力，它取决于社会中信任的推广程度。如果全体的成员与其他人采取可靠和诚实的行动，那么他们就会逐渐相互信任。另有一些学者重视社会资源。布迪厄（Pierre Bourdieu）将社会资本作为与经济资本、文化资本并列的资本形式，认为社会资本是与群体成员相联系的实际的或潜在的资源的总和，它们可以为群体的每一个成员提供集体共有资本支持（Bourdieu,1986）；或者是内嵌于社会网络中的资源，行为人在采取行动时能够获取和使用这些资源（Lin Nan,2001）。另有人注意到网络镶嵌关系，主张社会资本是指透过人际（朋友、同事、一般的接触）间镶嵌（Embedded）关系的运用，达致个人社会资本与财富之创造（Ronald Burt,1997）。

构成社会资本的实际是人与人在交往过程中形成的社会义务。作为影响个人行为的一种无形的力量，社会资本是一种集体或组织层面的现象，即限制和影响个人行为的非正式社会背景。在高社会资本环境中，个体被网罗进各种大型的非正式群体中。这些群体强调信任和互惠的规范，人们也得益于这些规范。与物质资本和人力资本不同，社会资本既不依附于独立的个人，也不存在于物质生产的过程之中，而是存在于人与人相互服务的人际关系结构中。社会资本的再生产意味着人们需要不懈地进行社会交往，人们也在交往过程中不断确认彼此之间的社会联系。

社会关系的三个特征分别是闭合性、跨越

S

性和资源，它们也通常被认为是社会资本的三个来源。“闭合性”指一群人互相之间亲密无间，长时间相处在一起，有着相似的价值和文化特征。这些群体也有着充足、紧密的社会网络，使得它们能够不断强化社会规范。从经济学的角度看，同一个网络群的多种社会关系是多余的，因为网络群众的每个个体所能提供的资讯和资源别无二样。由此，跨越性社会关系的重要性就在于，一些人能够把之前分离的社会网络重新连接起来，让信息、资源和想法川流不息。跨越性社会资本出现在熟人与熟人之间，这种关系比家人和朋友的关系更脆弱和松散。通常，一个社会的发展依赖于闭合式关系和跨越式关系的共同作用。然而，闭合式和跨越式社会资本的重要性远远小于通过社会关系得到的“资源”的数量和质量。社会是有等级的，上层社会的人占有的资源比底层人多。少数群体的劣势在于，他们不仅缺乏资源本身，还不具备与上层社会建立关系的具体方法。此外，社会经济地位较低的人多利用家庭和亲属的关系。但由于他们和亲属们占有的资源差不多，缺乏跨越性社会关系意味着他们没有什么社会资本。

社会资本可能会干预经济活动，并给社群和个体带来不好的后果。比如，闭合式社会关系会引起阶级和社会资本的恶性循环。通过维护闭合的社会网络，精英们将机会和资源牢牢地掌握在自己手中。此外，社群的闭合性提高了惩罚个体的力度，强烈阻碍人们做出与文化规范不相符的事情。在这样的环境下，创新和变革举步维艰。最后，社群会给个体施加压力，让他们降低自己的目标和期望。

影响社会资本消亡的因素有：社会结构的稳定、意识形态等。此外，现代的科技和现代的生活方式减少了社群甚至是国家内成员的互动，大大降低了每个个体可以利用的社会资本总量。没有了经常的面对面互动，控制群体成员的机制也削弱了。社会资本越少，社群和国家发动集体行为的能力也就越来越弱，越发无力解决自身问题，也就预示着政府权能的问题和社会问题不断增多。

20世纪90年代起，杜维明、林南等人开始使用社会资本理论解释中国社会。中国对社会资本的研究主要呈两个趋势：一是通过翻译西方社会资本研究专著，对这一概念和测量方法进行规范，并结合中国实际情况进行实证研究；二是侧重探讨社会资本与经济发展之间的关系，尤其是在中国社会，从制度经济学的角度研究制度、规范以及网络对于经济发展的意义。“社会资本”强调的是公民间非正式的参与网络以及信任、信仰、情感、互惠、家庭关系、宗亲关系、社会关系、合作网络、公共精神等在参与中形成和维系的规范。这些规范在中国社会内部的发展比在西方更丰富，例如“关系社会”就是社会资本在社会中的某种表现形式。由于中国社会对于“关系资本”有着很好的应用和演绎，国内学者在运用“社会资本”概念解释中国社会发展时只注重从关系的角度探讨，但从现代公民意义上对这一概念进行全面、深入挖掘也很有必要。

（张墨北）

参考书目

［1］杨善华，谢立中. 西方社会学理论. 北京：北京大学出版社，2005.

［2］詹姆斯·科尔曼. 社会理论的基础. 邓方译. 北京：社会科学文献出版社，2008.

［3］弗朗西斯·福山. 信任：社会美德与创造经济繁荣. 彭志华译. 海口：海南出版社，2001.

［4］罗伯特·普特南. 流动中的民主政体：当代社会中社会资本的演变. 李筠译，王志泉校. 北京：社会科学文献出版社，2014.

社会组织（Social organization） 研究社会组织就是研究在社会群体中个体之间的纽带。在简单社会，这些概念包括血统、性别、年龄、宗教、经济交换以及联姻；在分层社会，社会组织也包括职业、族群、种族以及阶层在内。尽管所有的要素在其理论层面都有社会组织的意涵，但在实践中，人类学家主要关注在社会组带结构中的亲属关系、世系群和宗族结构，婚后居住模式以及交表婚等。

人类学的魅力就是在亲属关系结构以及社会组织中的关系，路易斯·亨利·摩尔根（Lewis Henry Morgan）的来自上百个社会的亲属词语的印象分析，积累了大量的来自亚洲、欧洲、非洲和大洋洲问卷调查资料，部分通过自己亲自在土著美洲人群中的田野调查。从这个数据中，摩尔根区分出上百种亲属称谓术语的模式。在其著作《古代社会》中，摩尔根应用他的亲属材料详尽地阐释了九个阶段的进化组合，从低级奴隶社会，经过野蛮社会最后成为文明社会。根据这一排列，最简单的“夏威夷式”称谓产生于原始社会早期的乱婚制时期，然而“易洛魁式”称谓术语代表了早期兄弟跟姐妹通婚的群体的早期阶段。（摩尔根 1877）

我们的“爱斯基摩式”称谓与西方乱伦禁忌与婚姻模式一致。摩尔根的先驱工作是具有深远影响的，尤其是对于英国的爱德华·泰勒（Edward B. Tylor）在组织小规模社会所关注的称为“交表婚”的影响极大。（泰勒 1865）任何地方，约翰·麦克伦南（John Ferguson McLennan）杜撰了术语“外婚制”，推测可能的抢婚和一妻多夫制（麦克伦南 1896），然而，梅因认为最早的社会是“父权制”（1883），正如摩尔根认为，原始社会组织是建立在亲属关系基础之上的。

这一视角的问题很快出现。例如，剑桥大学的学者试图通过外界田野调查显示出原始婚姻的形式是亲属称谓的直接原因。摩尔根早期对于亲属称谓以及婚姻模式的推测被质疑有问题。在1949年出版了两部研究社会组织的主要著作：乔治·默多克（G. P. Murdock）的《社会结构》与列维·斯特劳斯（Claude Lévi-Strauss）的《亲属关系的基本结构》。默多克的大规模工作是基于他的世界民族志的亲属关系统计学的分析法，结论认为婚后居住模式对于亲属称谓产生巨大影响。（默多克 1949）这个结论看似削弱了世系群理论的基本假设，世系群是亲属称谓以及相关社会实践的重要决定因素。列维·斯特劳斯通过1978年取消了外婚制以及交表婚的重要性这一问题提出了一个问题解决方法，在澳大利亚人中以及东南亚社会，列维·斯特劳斯关注的并非是继嗣，而是婚姻交换的模式。此外，列维·斯特劳斯建议他的方法可通过数学分析法描述非描述性婚姻结构，甚至是现代西方社会的婚姻体系。然而，联姻理论发现，正如继嗣理论，在定义基本单位的问题上，妇女交换形式的描述实际已经发生了。

总之，亲属关系体系、宗族以及世系群，在这些分析中通过实践产生，并再生成实践，并且成为社会行动者。

（张洁）

摄影（Photography） 在田野观察记录中是非常有用的技术之一。克利尔（Collier）认为，摄影是观察过程中的一个合理的抽象过程。它是进行证据提炼的最初步骤，可以将原始情形转变成可以在研究分析中进行处理的资料。照片是对现实的记录，它们是可进行归档和登记的文件，同时又可以作为视觉证据。照片可被反复复制，可以在视觉范围内进行放大或缩小，适用于许多图表的设计，并且通过科学的解读，可适用于许多的统计设计。

在研究过程中，人类学者通过摄影捕捉文化情景和事件，在分析和写作阶段，这些相片提供田野工作者可能忘记的一系列细节，有助于民族志作者对事件进行解读。此外，相片还能够捕捉到为人眼忽略的细节。尽管摄影从主观上说是人眼的延伸，但它也可以变得更客观，从而较少依赖田野调查者的偏见和预想。然而，如果脱离了背景环境，相片也会使人产生误解。摄影在理解一种文化规范时，是有用的，但它们并不是独立存在的。为了使大家对于图像意义的理解更完整，人类学者需要为观看者提供涉及该文化各方面的知识。

在田野工作中，拍摄相片需要得到允许，一些人会因为被拍照而感到不舒适。在有的地区，人们由于强烈的地方信仰而不愿意被拍照，这个问题涉及个人的权利问题和田野伦理问题。民族志学者必须按照被调查者的具体情况，进入他们的生活，但不能侵犯个人自由。有的人很在意他们的照片，关心怎样和在哪里被看到。因此拍照前需要得到当事人的口头允许，随后再进行摄影就不会带来其他问题。

（邹宇灵）

身体（Body） 人们能拥有世界的总的媒介（梅洛-庞蒂，2001：146），是人的第一个，也是最自然的工具。或者更确切地说，不讲工具，人的第一个，也是最自然的技术物品，同时也是技术手段（马塞尔·莫斯，2008：91）。对社会中身体的研究自20世纪80年代末以来已经成为社会和文化分析的主要焦点。社会建构主义和本质主义是身体研究的两种主要视角，前者认为社会和文化塑造人的身体，而后者则认为人的身体是由生物性决定的。欧文·戈夫曼（Erving Goffman）发展了莫斯的身体技术理论，并关注到身体的“互动特性”。他的概念为分析身体技术的练习或表演提供了基础，并表明，西方哲学传统中严格的“身心二元对立”是不能持久的，因为互动行为暗含着心智的存在，而这种互动行为又不可避免地受到人的身体的调节。（阿雷恩·鲍尔德温，2004：284）

莫里斯·梅洛-庞蒂（Maurice Merleau-Ponty）认为，“身体其实是一种既不同于纯粹意识也不同于自在物质的含混的领域，它是两者之间的一个通道。正因为如此，他以身体主体取代了纯粹意识主体，强调的是身体意向性而不是意识意向性”（莫里斯·梅洛-庞蒂，2007：6），他在强调身体物质性的同时还强调了意识实体化的过程。于是，身体可以传达意识，并通过身体艺术化的表演来传达意义。

人们通过人类身体来象征性表达社会群体和社会关系的方法。古代条顿（Teutonic）部落中，近亲和远亲是用距离头部远近来表示的。头部象征父亲母亲；脖子象征兄弟姐妹；肩部象征关系最近的堂表亲；肘部象征关系次之的堂表亲；手腕象征关系再远一些的堂表亲；第四、第五、第六层堂表亲用手关节和指关节表示；亲属关系最远划到第七层，被称为尾亲。超出第七层的人不再被认为是血亲。身体有结构的骨骼也可以用来比喻社会内部结构。在蒙古人中，“骨头”这个词用来指氏族，贵族被称为“白骨头”，而普通百姓被称为“黑骨头”。而凉山彝族则把其内部社会分成黑彝和白彝两个地位差异很大的集团。摩洛哥的里夫人（Riff）使用的比喻稍有不同，他们用“血管”来指自己的氏族，就像是蒙古人使用骨骼比喻一样，里夫人使用血管来比喻自己社会内部的各种关系。人们使用血的比喻指代血亲。根据生物学的概念，我们应该明白是父亲的精子和母亲的卵子结合，生成了一个新的生命，与血没有任何关系。但人们仍然说：他们身上流淌着自己父亲母亲的血。这是人们谈论血亲的象征形式。

人体的某些部分被人们赋予特殊的象征意义，用来区分社会等级。在印度种姓社会，人体接触禁忌和社会等级之间的关系十分密切。较低等级集团的身体是不洁的，接触它们就会被污染。每个等级系统是由不同的等级集团组成，每个等级集团有不同的经济特长，如果高等级的人和低等级的人发生身体接触，接触到他们的分泌物，特别是口水，高等级的人就被污染。出于对被污染的恐惧，婆罗门和其他高等级人从不与低等级的人分享食物，不与他们从同一个盘子中取食，甚至不接受他们给的食物。在斯里兰卡和印度，对饮食的禁忌和性关系的禁忌把社会分成不同层次。高等级妇女不会嫁给低等级的男人，高等级的人也不会从低等级人那里取食物。在服务于社会、将社会分为不同团体方面，饮食禁忌和性关系禁忌发挥着同等作用。在过去中国凉山彝族地区，黑彝和白彝之间的区分也是非常严格的，如果黑彝女子与白彝男子发生性关系，不仅会惩罚白彝男子，而且这个黑彝女子还可能会被杀掉。

玛丽·道格拉斯（Mary Douglas）分析了在象征上人们对身体孔道和排泄物的关注。她指出，除非将身体当作社会的象征，否则就无法理解关于排泄、乳汁、唾液等的仪式，人们的身体往往被看成是社会的象征。人们也被用来象征肉体政治，即社会结构。力量和危险通常是集中在社会的边缘——反常的、边缘的和威胁性的事物。反映社会威胁和危险的身体的管道和排泄物是具有威胁的、会带来污染的。起初这种意识和宇宙论体系是由一些具有幻想力的个人所提出并加以改进的，然后在其他人的共鸣中得以制度化。公共的表演和个人的体验并不矛盾，心理学上的解释和社会学上的解释互相补充和增强。

人类学更愿意将身体理解为社会分类表的一部分。身体作为一种分类方法，这一观点，其根源可能在涂尔干（Émile Durkheim）和莫斯（Marcel Mauss）的著作中。涂尔干的学生罗伯特·赫茨（Robert Hertz）认为，身体的右部位在生理学上具有优势，但这种优势则是从文化的角度，按照善和恶的道德分类而被精心炮制的。右手成为人的价值的中心象征。然而，在道格拉斯的著作中，可以清楚地发现，身体原则上被理解成一个象征系统。对道格拉斯来说，身体是一个整体社会的隐喻，因此，身体中的疾病也仅仅是社会失范的一个象征反应，稳定性的身体也就是社会组织和社会关系的隐喻。人们对社会关系中的风险和不稳定性的观念性焦虑可以通过身体秩序理论得到说明。纯洁和秩序，亵渎和神圣，位于它们和我们对某种社会总体所具备的观念的关系中。亵渎是分类关系系统内部的失范。从这种观点来看，身体的某些分泌物不洁的观念也是一种社会建构。

身体的政治化和生命的女性化促进了对人体进行社会分析的兴趣。这两个密切相关的社会变化应同当代消费主义的发展联系起来。20世纪增长的消费文化和时尚产业特别重视身体的表面。消费社会重视强健、美丽的身体，在这个消费社会的成长过程中，可以看到西方价值发生了主要的历史性变化。过去将身体视为邪恶的、感性的，而理念是神圣的、理性的。西方价值先是因为一些苦行原因强调内心控制，现在则因为审美目的而强调对身体表面的操控。这种身体的变化代表了西方价值的世俗化倾向，饮食的目的以前是用来控制精神和灵魂生活，现在的目的则是为了变得更性感和更长寿。为了对身体进行控制而设置的饮食管理，其最初的宗教表明通过医学化的作用可以转变成世俗的健康和卫生道德。

（车延芬）

身体装饰（Body decoration） 为了某种实际意义用各种方法直接对人体自身进行加工改造，是一项专注于人体装饰的特殊艺术。

身体装饰的方法有彩绘、文身和身体变形。彩绘是用矿物质颜料或植物颜料拌上油直接涂抹在人体上。文身有刺痕（又称刺青）和瘢痕（又称蠡痕、疤痕）两种，刺痕文身用针状物等尖锐工具刺扎肉体，使颜料通过伤口渗入皮下组织永久固定在人体上；瘢痕文身用燧石、贝壳等原始刀具将皮肤割破，待伤口愈合结疤后，由瘢痕形成永久的图案。身体变形的方法更为多样，如拉长头骨、颈部，勒细腰部，缠小脚部，在耳、鼻、口唇等处穿孔，剃眉，将牙齿打掉或涂黑等。德国艺术史家格罗塞（Ernst Grosse）在《艺术的起源》一书中指出，文身和身体变形属于固定的永久的装扮，彩绘则属于暂时联系到身体上去的活动的装饰，但与固定装饰有着因果关系。无论哪一种装饰都是具有实际意义的。

在不同文化中的身体装饰是多样的，人类学对身体装饰的研究揭示出不同文化中的身体实践。身体问题一直是西方哲学家、美学家所关心的问题。古希腊罗马时期、中世纪、文艺复兴时代，由于二元对立的思维模式占据主导，身体与心灵相对立且处于从属于心灵的地位。笛卡儿（René Descartes）的二元论明确地规定身心二元对立的思路。法国哲学家、美学家梅洛·庞蒂（Maurece Merleau-Ponty）强调要从知觉和身体来研究审美现象。后来的福柯（Michel Foucault）更加重视生命和身体问题，在他看来身体是个人与社会、与自然、与世界发生关系的最重要的中介场域，是连接个人自我同整个社会的必要环节，也是把个人自我同知识论述、权力运作以及社会道德联结在一起的关键链条，同时又是社会权力竞争中所要直接控制的对象。身体还是个人自身及整个社会再生产的中心支柱和基础。他甚至认为整个社会问题就是一个对身体的规训和建构的问题。这是随着社会对身体缺失的反思的深入而必然得出的结论，尤其是西方消费社会及其消费主义的必然结果。

以玛丽·道格拉斯（Mary Douglas）为代表的学者清晰地表达出身体的象征意义。太平洋马克萨斯群岛（Marquesan）的文身证实了吉尔（Alfred Gell）的说法，即文身在社会、性成熟、人格和社会再生产方面起到了象征作用。尽管身体可以作为一个有力的象征媒介，但身体也被赋予了参与创造社会意义的能力。布莱恩·特纳（Bryan S.Tu）认为身体的政治化和生命的女性化促进了对人体进行社会分析的兴趣。这两个密切相关的社会变化应同当代消费主义的发展联系起来。皮埃尔·布尔迪厄（Pierre Bourdieu）的研究涉及身体怎样既被权力塑造又被雇用为维持权力的工具；健康、灵巧和美丽的身体标准，甚至性和性别的最基本范畴，是怎样被构造去反映和维持社会势力的，已经使包含有关传统本体论和认识论的身体问题成为中心的社会政治学的探究。身体装饰被看作一套竞争的话语，与权力的运作联系在一起，构建着身体和身体的呈现。

在全球化的语境下，在消费社会的影响日益明显的情况下，无论是文身、彩绘还是身体变形，都可以被看作是生产与消费统一的过程。人们在塑造形体和貌相的同时也就是在消费（欣赏）自身的形体和貌相。不过对于在现代社会急速消失的民俗来说，通过身体人类学的研究可以观察和体验到这种现象的变化，澄清这些动态和塑造变化的权力差异是今天人类学身体装饰研究的核心。

（周莹）

参考书目

［1］Erica Reischer and Kathryn S. Koo. 2004, *The Body Beautiful: Symbolism and Agency in the Social World. Annual Review of Anthropology*, Vol. 33 (2004), pp. 297-317.

［2］恩特维斯特尔. 时髦的身体：时尚、衣着和现代社会理论. 郜元宝等译. 桂林：广西师范大学出版社，2005.

深闺制（Purdah）　一种要求女性与外界隔离的宗教和社会实践。这一概念起源于波斯，意为“帷帘”。也转写作“pardah”。在印度北部的高种姓印度教徒，如印度中北部自称古印度武士种姓刹帝利后代的拉其普特人（Rajput）中存在。尽管起源于印度，但这个词也经常用于指一些伊斯兰社会把妇女隔离在家中的做法，如阿富汗和巴基斯坦的一些穆斯林社会。深闺制包括两种形式：一是性的身体隔离，用高墙、帷帘、屏风等把妇女隔离在建筑物内；二是要求妇女遮挡皮肤、掩盖身体。处于深闺制下的妇女通常也被严格限制其在住所外的个人活动、社会活动和经济活动，穿着蒙面长袍，戴面纱或盖头遮盖面部，眼睛或许都不能暴露。有人认为穆斯林妇女出现在公共场合时必须遮盖身体的规定和做法是深闺制的一种表现。但许多学者认为，戴面纱和隔离妇女在伊斯兰教创立之前就已经存在，在中东的德鲁兹人（Druze）、基督徒和犹太教徒社群中都能够发现这种制度。在前伊斯兰时期，阿拉伯就已经有蒙面长袍，古巴比伦、波斯、拜占庭帝国上层妇女的活动也受到限制。历史学家相信，公元7世纪阿拉伯帝国扩张到今天的伊拉克地区的时候，穆斯林接受了深闺制，并为这种当时已经存在的地方实践增添了宗教意义。莫卧儿王朝期间，穆斯林统治北部印度，深闺制开始在印度北部上层中推行。英国在印度实行殖民主义期间，深闺制在穆斯林少数民族中得到了广泛严格的实施。在宗教激进主义统治和强烈影响下的地区可以见到严格的深闺制，只有很亲近的男性家庭成员们及其他妇女才可以在深闺制限制之外。但深闺制通常只是在某些特定时期才会存在，且由于地区、时代、社会经济场景、地方文化的差异，深闺制呈现出了不同的形式和意义。

（康敏）

深描（Thick description） 注重细节和语境的民族志书写，它将作者的描述与解释融为一体。深描一词是由美国人类学家克利福德·格尔茨（Clifford Geertz）于1973年出版的《文化的解释》（*The Interpretation of Cultures*）一书中用来描述民族志的，该书第一章标题即为“深描”。此后，深描拥有了两层含义：通常标志着一部书写成功的民族志，因为它能够深刻而翔实地记录人类学者在田野中的研究；作为一种民族志的方法，它具有丰富的知识内涵。

最先提出深描这一概念的是英国哲学家吉尔伯特·赖尔（Gilbert Ryle），以用来对比在描述同一行为时使用的两种不同方法。赖尔举了个例子：一个男孩眼部的抽动和眨眼的动作都可以被描述为“迅速地收缩眼睑”，但这只能被称为“浅描”（thin description）。深描则必须表现出行为在意图、交际和解释方面的含义，即为什么会有这种行为，以及哪些社会符号可用来解读这种行为。格尔茨借用了深描这一术语，因为它同样也是民族志书写的目的：眼部抽动、眨动眼睛、假装眨眼、模仿眨眼、练习眨眼……这些动作的产生、感知和解释构成了一个层级化的意义结构。假如没有分层解释行为本身也就失去了意义。

人们很难界定一部成功的民族志与一部合格的民族志之间的区别。好的民族志需要呈现给读者的远不止于描述某人于何时何地做了何事。如果一个民族志作者选择在院子里坐上一整天，然后把他的观察精确地写入专著，那么这本书很可能让人感到莫名其妙。一部成功的民族志所描述的社会空间一定会让对其完全陌生的人也能很好理解。在格尔茨看来，摆在民族志作者面前的是一系列多重的复杂概念结构，它们相互叠加或交织在一起，变得陌生、模糊、毫无规律可循。作者必须设法自己先去掌握它们，再清晰地表述出来。无论对于参与者还是观察者来说，理解社会所需要的一切重要元素，都应该在一部成功的民族志中得到描述，也只有细致入微的民族志才具有说服力。因此，深描就成为一种至关重要的民族志方法。

格尔茨认为，民族志的本质是解释而非验证某种假设。人类学家更像是一个文学批评家，书写民族志就像撰写一本小说，而且理论上应该是任何人都能看得懂的一本小说。写作的方式有很多种：提出赞扬或者批评；向不理解的人进行解释；指出读者产生的误解；带领人们体验与众不同的经历；证明一种思想更具有启发性等等。无论采用哪种写作方法，它都以一种艺术的形式而独立存在，人类学家的任务就是帮助读者更加深刻地理解它。格尔茨不仅把人类学家比作文学批评家，还把文化和社会互动描述成一种文本。在更为宽泛的意义上，格尔茨也把文化描述为话语和语言。观察他者的民族志作者其实并不能够进入人们的心灵，他所看到的只是人们如何交流，然后尝试对其进行解释。事实上，民族志作者追踪的只是人们所使用的话语或语言。格尔茨认为，文化就像语言一样，是一种公共社会现象，好的民族志作者不需要像心理学家那样去说明人们的心理过程，而只是需要了解文化。作为文本的文化赋予了民族志作者一项任务，即对表征一个群体特定社会过程的符号进行识别和解释。与马克斯·韦伯（Max Weber）一样，格尔茨也相信人就处于他们自己所编织的意义之网中。对他来说，文化就是意义之网，对文化的分析就是寻找意义的解释性科学。由于文化是一个符号系统，所以一切表征都是相互依存的，各种社会行为也被理解为对其自身社会的解释。人类学家所解释的仪式、神话、斗鸡比赛等，本身就是对其所在社会的解释，人类学家所做的只是出于一种不同的目的而对它们进行二级和三级的解释。人类学家常常关注一些看似无关紧要或毫无理性的实践，利用它们来理解和反思整个社会的性质。格尔茨就是这样去描述巴厘岛的斗鸡。斗鸡似乎是巴厘岛上既不重要又不理性的文化，但格尔茨指出，巴厘岛的男性之所以被深深吸引，就在于斗鸡比赛能够让他们暂时脱离限定了巴厘岛人日常生活的社会等级。由此斗鸡这种微不足道的社会实践就成为了解巴厘岛人社会基本特征的一面棱镜。

与深描密不可分的一个概念是解释人类学（interpretive anthropology）。解释人类学意味着它的田野工作必须是深入而细致的，它的民族志写作是让读者了解陌生世界的一种尝试。从事解释人类学的研究者通常都会认识到成功的民族志作者首先必须是一位成功的作者，运用深描的方法进行写作和解释是民族志的首要目标。（参见浅描）

（连煦）

参考书目

[1] Geertz, C. 1973, *The Interpretation of Cultures: Selected Essays*. New York: Basic Books.

[2] Geertz, C. 2000, *Available Light: Anthropological Reflections on Philosophical Topics*. Princeton, NJ: Princeton University Press.

[3] Ryle, G. 1949, *The Concept of Mind*. London: Hutchinson.

[4] Rosaldo, M. 1980, *Knowledge and Passion: Ilongot Notions of Self and Social Life*. New York: Cambridge University Press.

神话（myth）　由某个人类共同体集体创造和传承的口头文学，通常是关于自然、祖先、英雄或超自然存在的传统故事，它表现了人们原始的世界观。虽然神话经常被认为是虚构的，但它也体现了特定文化中人们对于自然世界和历史事件的普遍看法。神话学是一门探究神话的性质、形态、特征、功能、价值等文化内涵以及神话之发生、发展、传承、演变规律的人文学科。

“神话”一词的词源，出自古希腊语的“μῦθος”，意思是“关于神祇与英雄的传说和故事”。但由于研究神话的学者来自众多的学术领域，他们对神话的本质属性、研究神话的方法与目的等存在着巨大分歧，由此形成了不同的神话学派别，并导致了定义的纷乱。概括起来，关于神话的定义有狭义和广义之分。

马克思有关神话的论述是狭义神话观的典型代表，他把神话看作特定时代的产物，并必然随着产生它的原始经济基础的消亡而消失。人类学进化论学派主要代表人物爱德华·泰勒（E. B. Tyloy）也将神话看作是原始社会遗留下来的主要“遗留物”。在中国，自20世纪20年代神话学被作为一门科学引进以来，狭义神话观始终处于主导地位。茅盾、谢六逸、黄石等早期中国神话研究者，大多受西方人类学派的影响，将神话看作远古产物。直到今天，中国权威的教科书、辞书，均采用狭义神话说。

在20世纪的西方，由于研究视野的扩大与方法的改进，传统的狭义神话观受到了挑战。广义神话观的主要意见是：神话的产生没有时间界限，每一个时代，甚至今天，都有新的神话不断产生。广义神话观极大地扩展了神话研究的范围，使过去局限于远古产物的神话学，与当代民间创作乃至当代社会生活发生了直接联系。从80年代起，对中国神话资料的整理贡献卓著的袁珂先生多次撰文倡导广义的神话观，提出“不同的时代有不同时代的神话传说”“即使在当代，也随时有产生新神话的可能”。①

神话具有集体性、原始性和神圣性的特征，与传说、民间故事等散文叙事体有所区别。在当代国际神话学界，以母题（motif）分析方法研究神话是一个比较普遍的趋势。美国民间文艺学家史蒂斯·汤普森（Stith Thompson,1885—1970）对母题的解释成为学者们公认的标准。母题既可以是一个物体，也可以是一种观念，或是一个角色，或是一种人物类型、情节单位②。这些元素能在文化传统中独立存在，不断复制，它们的数量有限，但通过不同的排列组合，可以构成无数作品。

关于神话学的理论主要有历史学、心理学、功能主义和结构主义几种。在历史学的理

① 袁珂，《中国神话史·序》，上海文艺出版社，1988年。
② 它是构成神话作品的基本元素。

论传统中，神话曾被看作虚构的或诗化了的历史，或视为在举行仪式中表演出来或加以追述的传统故事。某些心理学派则认为，神话是原始民族的婴儿精神被压抑了的生活片段，是人类灵魂最早性质的记录。马林诺夫斯基（Malinowski）等功能主义者认为，神话巩固了一些特定事件的社会地位，解释了世界、人类和社会习俗的起源，具有现实功能。之后的结构主义者们对神话的解释依赖于语言学理论的发展，列维·斯特劳斯（Levi-Strauss）最先阐明，意义是在语言和思维中通过隐喻和转喻的象征符号表达的，神话的意义不仅能在孤立的象征要素中被发现，而且也能在讲故事的方式中——即在将这些要素结合在一起的叙述手法中——被发现。

可以从不同角度对神话作品进行分类。从学术研究的角度来看，人们探讨得最多的是按内容分类。在中国，有黄石的五类分类法，茅盾的六类分类法，林惠祥的八类分类法，钟敬文的三类分类学，刘城淮的四种十大分类法。按国家、民族或地域进行分类也比较常见，如希腊神话、罗马神话、中国神话等。

（康敏、黄雪萌）

参考书目

［1］陈建宪. 神话解读. 武汉：湖北教育出版社，1997.

［2］阿兰·邓迪斯. 西方神话学读本. 朝戈金等译. 桂林：广西师范大学出版社，2006.

神经人类学（Neuroanthropology）　人类学与神经科学的交叉学科，研究人脑—文化模式。神经人类学的中心议题是文化理解和实践的神经机制是什么，神经机制包括什么。神经人类学主要关注三个方面：一是人类和灵长类的大脑进化；二是现代人类神经解剖学的变异；三是跨文化认知的神经心理学。

早在史前时代，人类的祖先就知道脑对生命的意义。希波克拉底和盖伦的脑室中心理论都认为脑具有控制作用，而亚里士多德坚持心是智慧的中心。1664年，《脑的解剖》出版，对中枢神经系统解剖做出描述，其中脑基底部静脉网，后被命名为“威利斯环”，对颅神经做了划分。1859年达尔文的生物进化论使人们认识到人类起源与动物的密切关系，因此形成了将动物实验的结果与人类相联系的基础。例如有关神经冲动传导特征的研究和认识，首先是在乌贼上完成和获得的，同样可用于人类神经传导。同时不同物种对环境的适应现象，使神经科学家通过比较不同物种脑的特化结构，可以鉴定人脑的哪些部分与不同的行为存在特定的联系。

诺贝尔医学奖得主柯里克（Crick）指出：对于人类来说，没有一种科学研究比研究人脑更重要。人类要认识自己，最大的挑战是揭示脑的奥秘。19世纪，法国解剖学家保罗·白洛嘉比较不同种族的头部形状、脑容量大小和头部指数后发现：不同种族的人脑容量大不相同，而这将导致智商的不同。社会心理学家调查美国黑人中产阶级群体后发现：那些接受更高教育，并与白人经常接触的黑人，智商测试的成绩将大大提升。“科学种族主义”随着文化相对主义①退出市场，因为种族内部的差异要大于种族之间的差异。

文化认知科学在神经活动的各方面取得了丰硕的成果：从低水平的认知到包括语言、音乐、心算、心理归属、自我智识的高级认知情感和社会功能。神经人类学与文化心理学、认知科学、行为科学、精神分析学、现象人类学等学科具有关联性。人类学的卓著贡献就是对人类事务中的文化作用的独特赏识，神经人类学也一样。里维斯引入神经人类学一词来定义一门新学科：吸收了进化生物学、神经科学、模因学、文化人类学、符号学、语言学、神经语言学等诸多学科的精华。神经人类学可以帮助回答人类学的结构与能动性的问题：有时候适应，有时候创造并改变结构。

著名的神经人类学研究包括萨丕尔-沃尔夫假说：探究语言、文化与思维之间的关系，

① 兴起和发展。

认为语言结构影响人的认知结构；肇始于索绪尔主张对语言进行系统分析的结构语言学。神经人类学具有联结认知科学与行为科学的人文科学趋向，仍处于人类学的边缘地位，心智的不可分离性使神经人类学的谜团有挑战，亦有希望。

（夏懿）

神判（Divine Judgement） 神明裁判或神意裁判的简称,又叫神断、神裁、天罚或巫术裁判等。神判是一种古老的人类学现象,又是一种古老的法文化现象。在中国一些神、鬼概念尚无明显区分的民族地区也称作鬼判。其特点是在发生偷盗或其他财物争执纠纷以及通奸等这类行为，失主或受害人对嫌疑者提出指控但未掌握真凭实据，而嫌疑者断然否认自己有所控之不义行为，清浊难分的情况下，试图通过一种超自然的力量——以神的意志去鉴别是非真伪。由于受到不同的地理环境、生计方式、宗教信仰和其他文化习俗的制约和影响，南方山地各民族的神判法，在种类、实施方式上亦呈现多种多样性。撮其要者,可有以下几大类：捞沸判，它是指在沸腾的开水或油锅内捞出某种物件的神判方法；铁火判，是指人们通过对炽铁的接触而鉴定真伪的神判办法；灵物判，它是指人们通过某些具有“灵性”的自然物的运动、变化及相互关系等来达到分清是非的目的；鸡卜判，它是指人们通过具有“灵性”的鸡或鸡的某种器官的运动或变化情况来裁决是非,主要形式有看鸡身、看鸡头、看鸡腿、看鸡舌、看鸡肝和看鸡骨等；身体判，它是指人们通过神灵的作用使人的体质、机能、重量、皮肤等方面出现某种异常的现象,或使人的血液流出或不流出，从而达到裁决是非的目的；能力判，它是指人们通过神灵对当事人所具有的某种技能、技巧、智力、耐力等的测试而进行的神判方法；起誓判，它包括宣誓和诅咒等方面的内容,主要特点是企图用语言感动神灵，使其分清是非、惩治邪恶。

神判与原始的公法观念有着密切的关系。作为原始习俗的一部分，“献祭”与“流放”具有“公”的性质。在原始时代，权利都是依靠公共神力来维护的。例如在古罗马，家神（Lar）就代表父权,部落守护神代表婚姻权，界神代表所有权，阴魂神代表埋葬权。而作为对冒犯权利者的惩罚，“献祭”与“流放”也都属于“公共权利”的范畴。从本质上讲，神判就是一种“献祭”，神判本来就有在神圣场所“献祭”的意思。在古希腊,司法女神“地美士底”居于万神庙中。在西西里,神判亦在帕利斯（地神）神庙中举行，“被告写下誓言，把写有誓言的纸投入水盆里，如果浮起便被豁免。而且古希腊特雷泽纳的庙宇也正是以实行这样的神判而闻名”。在中国南方山地民族中，几乎所有的神判均与敬神有关，亦多在神社与神庙举行。之所以在这些地方举行神判，除了要表明符合神意之外,还有以身赎罪的含义。

（罗士泂）

参考书目

［1］张冠梓. 初民的神判.《东南文化》，2013（9）.

［2］杜文忠. 神判与早期法的历史演进.《民族研究》，2004（3）.

审美（Aesthetic） 一门专门研究美和艺术本质的哲学。美学鉴赏是对美的欣赏，对音乐、文学、舞蹈、视觉艺术等艺术的评价也是一种美学鉴赏。在同一个文化里，美和艺术的标准会因人而异，因此不同时代的人对于美和艺术的评判标准就更加参差不齐了。确定一个固定的群体，并了解他们的美学标准能够帮助我们理解他们的价值观，并且根据艺术融入他们工作的程度，这些价值观能够展示他们如何做出决策、彼此间如何互动和一个旧文明如何进步。例如，我们所了解的埃及、希腊、南美和中国等国历史上的古文明大多数是来源于考古学家发掘的艺术和人工制品。“aesthetic”（审美）一词起源于希腊文“aisthanomai”，表达了“发现”的意思。美学理论被归入哲学和评价感知方式的相关学科。

人工制品是供人类使用的实物，比如工具、武器、衣物、器具和个人艺术作品。“艺术”一词通常指的是为达到一个美学目的而有意识地去创作某物的过程。因为人工制品的设计方式很多，所以它们可以具有艺术性、美学性。在人们对某些艺术品做出评价的同时，艺术品本身的美学性受到了个人鉴赏能力的影响。当我们描述一幅画是“正方形的、金色边框的、蓝黄颜料相间的”时，这些描述就是毫无疑问的事实。但我们说“正方形代表井然有序，金色代表皇家的威严，蓝黄相间代表和平、温暖和对阳光明媚的满足感”时，这些描述是因人而异的美学界定，即不同的人有不同的理解。美学性通常能够激发情绪反应，但这种反应不太可能始终如一。

美的一般概念是否存在，这是哲学家们几千年来一直探寻的问题。尽管如此，艺术中蕴含的美和美观性有诸多用途。艺术具有教育意义，比如一幅图可以详细解释人类骨架中的骨头；艺术具有代表性，比如一部戏剧能够叙述两个历史人物的生活；艺术可以激发积极性，比如一个演讲能够激励听众，让他们付诸行动。就像雕塑装饰房间、音乐启迪心灵一样，艺术让我们的生活五颜六色。我们对世间事物的感知通常可以体现在我们创造、评价艺术美学性的方式上。无论是出现在我们脑中的即时影像还是即时影像的个人理解方式，我们的感知能力与当代审美哲学家有着不可脱离的关系。因为美学鉴赏激发情绪反应，所以对于探寻人类如何加工自身感知的认知心理学家来说，美学鉴赏也是很有趣的。

（海力波）

审美人类学（Aesthetics） 在谈到非西方世界范围内的人类审美法，我们认为有两点是关键：第一，我们是否有必要把艺术人类学和审美人类学分开考虑？我们首先面对的是不生产艺术品或者根本不生产人工制品的社会。巴布亚新几内亚的Foi人的和南苏丹的丁卡人就是很好的例子，他们没有任何的加工品或艺术品详述，但拥有以诗歌形式高度发展的语言艺术（Coote 1992; Deng 1973; Weiner 1991）。巴布亚新几内亚高山族也一样，也许对于他们来说，身体才是阐释审美人类学的唯一来源（O'Hanlon 1989; Strathern and Strathern 1983），与西方把致力追求精美艺术品作为美学阐述的中心理念形成了鲜明对比，但人类学家批评这样的对比无疑具有种族主义色彩。因此我们能想象一种没有艺术品的美学，但我们能想象没有任何美学的艺术世界吗?

考虑这个问题时，我们先看看第二点：区别“审美人类学”（aesthetics）相关的两层意思。第一层是一种关于品味鉴赏、美的鉴赏（Kant's Critique of Judgement）。第二层是一种更普遍的、关于感性直观（Kant's Critique of Pure Reason）的形式。大部分非西方艺术践行不久前才把美学归为公认的“美”的范畴，最近更有Morphy（1991）等艺术人类学家把美学归为人类感知获得的感官刺激所产生的效果。但这种感官刺激不是自身产生的，这符合Kant's Critique of Pure Reason里面的观点，但要撇开认知图示一说，因为该图示会让这种刺激在特定形式下产生。我赞同*Overing and Gow*（Weiner 1994）里面的主张，因为我觉得我们不能把自己的审美观输到非西方文化世界，而且人类学理论基本框架里都包含了结构本身在不同种族里如何产生的概念。Kant's Critique of Pure Reason是“系统性组合”（schematism）概念提出的关键，同时也是现代人美学建立的基础。像Marilyn Strathern这样的人类学家也提到了Kant's Critique of Pure Reason对超然性美学的基本主张，他觉得美拉尼西亚的社会进程问题就是要让社会生活以合适的方式呈现的问题。那么疑问就是，无论是文字艺术、语言艺术或其他艺术，为什么要用艺术把焦点聚集在结构产生过程中。

答案应该在于对超然性的追求，没有对超然性的追求，艺术就不可能有我们所认为的特殊价值。但我们深受形象产业影响的西方公民生命活动彻底变得审美化，以致艺术实现超越的能力受到削弱（Baudrillard 1983）。我们对主观社交世界审美化的倾向可以体现在对“诗学”（poetics）的越发关注上，社会论述的表现和本质在诗学里变得十分清楚（Herzfeld 1985）。因为据说我们和Foi、丁卡人等民族都同样栖息在一个彻底混合的环境中，即都把我们的世界和Foi、丁卡人等种族的世界看成一个总体美学事实，在这个环境中肉体形象被展现并放大。但正因艺术在这两种不同社会所扮演的不同角色，这种相似性又容易让人产生错觉。丁卡牛歌重点在于人、牛和象征关系，因此它们揭示了在日常民众交流中人类生产、生育以及政治是如何受到牛的繁殖力的影响等方面。他们通过机构去组建经济，但这样的象征力量同时适用于西方的符号经济——广告调节社会机体形象，并掩盖自身结构的超然性；我们根据经济需求组建机构，然后把艺术论述交给学术院校负责。

有人提出，为了防止审美人类学沦落为新的实用主义，由艺术作品提供的超然性是一种必然追求。这种追求优点在于避开了社会艺术构建论里的日常生产主义诉求，让我们重新接受美学和艺术的依存性，就分别像制度产生方法及其披露方式一样。然而大部分人类学家坚持认为艺术和美学是社会秩序和社会凝聚的表达方式，并且具有维持这种秩序的功能。在这种情况下谈到维持秩序的功能时，艺术和美学都无法不被认为是多余的。但美学和艺术的关系要用辩证主义思维看待，而不能用实用主义思维评判。这样的假设也是合理的：非西方人和西方人一样，艺术践行也许跟曝光社会没有关系，而与概述人类行动和思想的局限性密切相关。

（海力波）

生产方式（Mode of production）　人类获取社会生活所必需的物质资料、增进社会福祉的各类方式。生产方式由生产力和生产关系构成。生产力包括人类劳动力以及生产工具，例如技术、原料、知识、具体道具等。生产关系则是人在生产过程中所结成的各类社会关系。包括生产资料的支配关系（经常以法定形式出现）、社会阶层之间的关系、合作联合关系、分配关系、人和工作对象的关系等。

在生产方式被马克思提出之前，类似的概念有亚当·斯密的“生存方式”，即按照社会成员提供基本需求的方式来划分社会进化类型。马克思虽然在著作中相当灵活地使用“生产方式”这个词，总体上依然围绕生产方式发展出了严整的历史哲学。在他看来，生产方式构成经济基础，也构成了真正的社会基础，个人在生产方式中诠释自己、表达生活本身。生产关系超越个人意志，是一个自我生产的有机总体，具有相对的稳定性。但是新兴的生产力会和现有生产关系产生冲突，于是成为社会变迁的根本动因。生产方式的概念对苏联和中国人类学产生了巨大影响，生产方式不单代表了一种唯物主义世界观，即文明的结构性变化主力来自于经济基础，也为长期奉行的单线进化论奠定了基础。

历史上受斯大林影响，主要的生产方式常被整理为以下5类来作为划分社会类型的基础标志：①原始公社生产方式。传统部落社会的生产方式，生产水平十分低下，以旧石器和新石器时代文化的石器为典型工具，畜牧业和农业的出现，使人类由攫取经济过渡到生产经济。同当时十分低下的生产水平相适应的是没有剥削、没有阶级压迫的原始共产主义生产关系，以公有制和平均分配为基本特征。原始人在共同劳动中的自然分工和简单协作，体现着原始共产主义的平等和互助合作关系。②奴隶制生产方式。在这种生产方式中，金属工具逐渐被普遍用于生产，奴隶主占有大量的生产资料和劳动者，可以组织较大规模的生产，进行劳动协作和发展分工，使农业、畜牧业、手工业、商业都有显著的进步。奴隶制的生产关系是第一种剥削与被剥削、统治与被统治的关系。奴隶社会是人类历史上第一个阶级对立的社会。③封建制生产方式。封建制生产关系是适应当时铁制工具在农业以及手工业上的应用而出现的，铁制工具使得以个体家庭为单位的生产能提供剩余产品，成为最有效的劳动组织形式。因而，冶铁业和铁制工具的发展对封建社会生产力的发展有重要的意义。在封建制生产方式下，直接生产者一般拥有农具、耕畜等生产资料，并在领租或分租地主的一小块土地之后，建立自己的经济。在封建制度下，地主阶级对直接生产者的剥削主要是通过封建地租进行的。④资本主义生产方式。指以社会化的机器大生产为物质条件、以生产资料的资本家私有制为主要特征的社会经济制度。资本主义生产是商品生产的最高形式。生产资料私人占有，用以剥削雇用工人；无产阶级则一无所有，只能靠出卖劳动力过活。剩余价值的生产是资本主义生产的目的和动机，是资本主义生产的实质。 生产社会化与资本主义私人占有形式之间的矛盾，是资本主义生产方式的基本矛盾。资产阶级专政在资本主义的经济基础上，产生了与之相适应的资产阶级专政的国家政权、法律制度和资产阶级的思想体系。⑤社会主义生产方式。社会主义生产方式是以生产资料公有制为基础的，公有制和私有制是根本对立的，它不可能在资本主义社会内部产生。社会主义生产方式通过无产阶级夺取政权后，进行社会主义改造和建设产生和发展起来。社会主义生产关系是与生产力的发展基本相适应的，并为生产力的进一步发展提供广阔场所的一种新型的生产关系；社会主义生产关系的基础是生产资料公有制，人们在生产中的关系表现为劳动者的互助合作关系，生产的目的是为了满足全体劳动者物质和文化生活的需要，产品实行按劳分配。社会主义生产方式是共产主义生产方式的初级阶段，是迄今人类历史上最先进的生产方式。

生产方式引起很多争议。人类社会史的复杂性，构成对“生产方式”概念和历史唯物主义的挑战。根植于欧洲经验里的奴隶和封建制很难放之四海皆准。比如亚细亚生产方式就是弥补这种不足的一个补救。

早期经济人类学里对生产比较忽视，1960年的新马克思主义，尤其是受到阿尔都塞启发的法国理论家，更明确地阐述了生产方式这个概念。他们认为生产的不只是物质，也生产出一定的社会关系。生产方式更多地被理解成一种统治结构。这种解读的缺点是弱化了因果关系，在不同生产方式之间转化也有障碍。跨国生产方式的出现，依附理论和世界体系理论的诞生都对生产方式的解释力构成了挑战。一些批评家例如Graeber（2006）认为，如果生产方式没落，首先会让资本主义弥散到各个时空，以致无可批驳。物质生产本身不是最终目的，它从属于人的生产；反过来，文化意义符号的生产本身也是物质的，需要具体的媒介；并且生产理论应该给人和社会关系的生产同样多的重视。各个生产方式之间或许没有截然的历史性分隔，在共享一些表面特征的可能下依旧有着不同的结构性构成。所以对生产方式的理解，需要超出对象化或标签的范畴，将之视为看世界的理论工具和方法。

（李耕）

参考书目

［1］路易·阿尔都塞，艾蒂安·巴里巴尔. 读《资本论》. 李其庆，冯文光译. 北京：中央编译出版社，2008.

［2］Graeber, David 2006, Turning the Mode of Production Inside Out: Or, Why Capitalism is a Transformation of Slavery, *Critique of Anthropology*, Vol 26 (1), 61–85.

生产力（Productivity,fertility） 又称“社会生产力”。广义指人控制和改造自然的物质的和精神的、潜在的和现实的各种能力的总和。狭义指体现于生产过程中的人们控制和改造自然的客观物质力量。通常在后一种含义上使用。最初由英国古典经济学家提出，亚当·斯密《国富论》第一篇的标题即为《论劳动生产力增进的原因，并论劳动生产物自然地分配给各阶级人民的顺序》。作为历史唯物主义的基本范畴使用，首见于1845—1846年马克思和恩格斯的《德意志意识形态》一书。生产力要素有劳动者、劳动资料、劳动对象。劳动对象和劳动资料合称生产资料。自然科学在生产力发展中起着重要作用。它渗透到劳动者、劳动资料、劳动对象、生产管理等生产的各个因素之中，转变为物质生产力。马克思说：“生产力中也包括科学。”(《马克思恩格斯全集》第46卷下册第211页)邓小平以唯物史观的世界历史眼光考察当代科技革命，明确指出：“科学技术是第一生产力。”(《邓小平文选》第3卷第274页)江泽民进一步指出，科学技术是“先进生产力的集中体现和主要标志”(《在庆祝中国共产党成立八十周年大会上的讲话》)。生产力诸要素是构成生产力的物质前提，但它们必须以一定的方式结合成为一个有机的统一体，才能成为现实的生产力。生产力诸要素的有机结合不是单纯技术的结合，人作为劳动者的存在是以人的社会存在为前提的，劳动者始终处在一定社会关系之中。劳动资料和劳动对象，也不仅是一种自然物，它是人们劳动的产物和占有物，始终和一定的所有制形式相联系而存在。生产力是生产过程的内容，只能在它的社会形式——生产关系的范围内存在、发展。生产力和生产关系的统一，构成社会的生产方式，生产力是其中最活跃、最革命的因素，它决定生产关系并进而决定全部社会关系，是人类社会发展的最终决定力量。生产关系一定要适合生产力性质的规律，是人类社会发展的基本规律。在人类历史上，从古至今，生产力从低级到高级依次经历了手工工具时代（包括石器时代、铜器时代、铁器时代）、蒸汽时代、电气时代，现在又进入了网络信息时代。人类生产力世代相传，每一时代的生产力是前人实践活动的结果，是当代人进行生产实践活动的出发点。生产力总是按照自身的顺序由低级向高级发展，人们不能自由选择这种或那种生产力。在原始社会、奴隶社会和封建社会，生产力发展比较缓慢。资本主义大机器生产出现以后，生产力发展速度大大加快。19世纪末20世纪初以来，随着科学技术的发展和应用，生产力发展速度越来越快。21世纪人类将进入知识经济的时代，新科技革命和经济全球化将使社会生产力得到空前的发展。邓小平强调，社会主义的根本任务是发展生产力，改革也是解放生产力。

生产力即人们征服和改造自然，使其为自身服务。它表明人对自然界的关系。生产力的要素主要包括：①具有一定文化科学知识、生产经验和劳动技能的劳动者；②同一定科学技术相结合的、以生产工具为主的劳动资料；③生产过程中的劳动对象。在生产力3个要素中，劳动者占有特殊重要地位，是生产过程中的主体和首要的生产力，在生产力诸要素中起主导和决定作用。一切劳动工具都是劳动者创造和使用的，各种自然资源只有经过劳动者的开发才能转化为劳动对象，并将其改造成适合人们需要的物质资料。当然，劳动者必须同一定的劳动资料相结合，才能成为现实的生产力，发挥其主导和决定作用。在生产力物的要素中，劳动资料占有重要地位。它是劳动者用来传导自己的活动到达劳动对象、影响和改变劳动对象的综合体，是人们支配和改造自然的强大杠杆。劳动资料中的劳动工具，既是表明生产力发展水平的客观标志，又是表明社会经济发展阶段（生产关系）的标志。劳动对象是生产力物的要素的另一项内容，劳动者只有将劳动资料作用于劳动对象，才能创造出适合需要的使用价值。劳动对象被利用范围的扩大和程度的加深，对发展生产力具有重要意义。在生产力人的要素和物的要素的发展变化中，科学技术起着重要作用。科学技术是生产力，一般是通过两种途径实现的：一是用先进的科学技术武装劳动者，提高劳动者的科学技术水平和劳动技能；二是用新的科学技术和发明创造改进劳动资料和劳动对象，从而大大提高劳动资料和劳动对象的利用范围与程度，极大地提高劳动生产率。生产力是社会生产中最活跃最具革命的因素，它与生产关系构成一定的社会生产方式。它决定着生产关系的性质，有什么样的生产力，就要求与之相适应的生产关系。生产力有了较大发展，旧的生产关系和生产方式不适应发展了的生产力性质，就要求变革旧的生产关系和生产方式。

人们在劳动生产实践过程中形成的解决社会和自然之间矛盾的实际能力。它是改造自然和影响自然并使它适应社会需要的物质力量。它的客观物质性在于，它是一种不以人的意志为转移的客观的既得力量。人们一生下来就面对着现存的生产力，而不能自由地去选择。生产力既是前人实践活动的客观结果，又是人们当前生产实践活动以及由它所决定的其他的实践活动的基础，因而也是人类把社会历史继续推向前进的根本出发点。人们只能从现实的生产力出发，才能创造出更高的生产力，写出新的历史篇章。生产力的客观性还在于，它是由客观的物质的要素构成的。它主要由劳动资料（以生产工具为主）、劳动对象和劳动者三要素组成，但这只是构成生产力的实体或主体性部分，马克思说："劳动生产力是由多种情况决定的，其中包括：工人的平均熟练程度，科学的发展水平和它在工艺上应用的程度，生产过程的社会结合，生产资料的规模和效能，以及自然条件。"(《马克思恩格斯全集》第23卷，第53页)社会生产力是个复杂的系统，既有实体性因素，又有社会结合因素。生产力和生产关系有机结合构成社会生产方式，其中生产力占主导地位，在人的作用下决定着生产关系的性质并推动着生产关系的发展变化。同时，生产关系也经由人的作用而反作用于生产力。

（陈立）

生产关系（Relations of production） 人们在物质资料生产过程中形成的相互关系。它是生产方式的一个方面，是物质生产的社会形式。与一定的社会生产力相适应的生产关系的总和即经济关系。它是人类社会存在和发展的基础。

在社会生产过程中，除了人与自然之间的关系外，人与人之间还要结成一定的关系。人们如果不以一定的方式结合起来共同活动和相互交换其活动，便不能进行生产。孤立的一个人在社会之外进行生产，那是偶然的和罕见的事情。马克思主义政治经济学同资产阶级政治经济学的根本区别之一，就是它反对从单个的、孤立的人如猎人和渔夫出发研究生产，而总是强调物质生产的社会性质和社会形式，强调人们在生产中所结成的一定的、必然的、不以他们的意志为转移的生产关系。生产关系是马克思主义政治经济学中的重要范畴。

K.马克思和F.恩格斯的早期著作《神圣家族》（1845）中，就提出了"人对人的社会的关系"的概念，已经接近生产的社会关系这个思想。在《德意志意识形态》一书中，使用了物质关系、社会关系、交往形式、交往方式、交往关系等概念。它们所表示的正是人们的生产关系。不过，在马克思的著作中，交往一词，有时在更广泛的含义上使用，它还包括例如社会团体之间、国家之间的物质交往和精神交往关系。在《德意志意识形态》一书中，也出现过"生产关系"一词，但它的含义是指人们在生产中同生产资料的技术关系，是指"粗陋原始的土地耕作和手工业式的工业"（《马克思恩格斯选集》第1卷，第29页）。

在《哲学的贫困》一书中，马克思比较广泛和科学地使用了"生产关系"概念。例如："每一社会中的生产关系都形成一个统一的整体。""人们生产力的一切变化必然引起他们的生产关系的变化吗？"（同前，第1卷，第109、119页）。这里，生产力决定生产关系的历史唯物主义的基本思想，已经被明确地提出来了。

生产关系含义有狭义和广义之分。狭义的生产关系指直接生产过程中人与人的关系。广义的生产关系则包括再生产过程中的一切经济关系，其中有直接生产过程中的关系、分配关系、交换关系和消费关系，也包括作为一定的生产的前提和基础的社会条件。广义生产关系的各个方面并不是孤立存在、互不相关的，而是紧密联系和相互作用着的"统一的整体"，它们共同构成生产关系体系。其中，生产关系决定分配、交换和消费关系，而分配、交换和消费关系又反作用于生产关系，对生产关系产生重要影响。分配关系与生产关系相适应，就会对生产关系的巩固和发展起促进作用；反之，如果不相适应，就会不利于生产关系的巩固和发展。交换范围和交换渠道的扩大，会促进生产和生产关系的发展，否则，情况就相反。消费同样制约着生产和生产关系的发展状况。此外，作为生产关系组成部分的生产的社会条件，则是整个生产关系体系的基础。例如，资本主义生产要以劳动者同生产资料相分离并将劳动力作为商品出卖给生产资料的所有者为条件。在此条件下，生产资料才会转化为资本，而劳动者则成为雇佣工人。这样，劳动者同生产资料相结合的社会方式，就表现为雇佣劳动同资本相结合的方式。这是资本主义生产和生产关系体系的基础，决定着生产过程和整个生产关系的资本主义性质。

斯大林在《苏联社会主义经济问题》一书中把生产关系概括为三个方面：①生产资料的所有制形式；②由此产生的各种社会集团在生

产中的地位以及它们的相互关系，或如马克思所说的，“互相交换其活动”；③完全以它们为转移的产品分配形式。

有些经济学家同意斯大林的看法。有些经济学家对斯大林关于生产关系的定义提出了不同意见，主要理由是：①这个定义没有把交换关系单独列出来；②不应把所有制作为生产关系的第一个组成部分单独列出来。因为在生产、交换和分配中已经包括了所有制形式。另外一些经济学家认为，斯大林没有把交换作为生产关系的一个方面，确实是一个缺点。不能把人们在生产中“互相交换其活动”，同产品的交换等同起来。前者是指人们在直接生产过程中的协作、分工和共同活动的关系，它属于生产本身；后者是指产品生产出来以后的交换过程。它或者采取商品交换形式，或是采取直接的产品交换形式。但斯大林把生产资料所有制形式作为生产关系的首要组成部分和生产关系的基础，应当说是正确的。所有制关系固然贯串于生产、分配、交换和消费等关系的各个方面，并通过生产关系的各个方面来实现自己，但一定的所有制形式又总是作为一定的生产关系的条件存在的。一定的所有制形式，既要通过一定的产品分配形式实现，又先于产品分配形式而存在，并对其起决定作用。所有制形式同交换、消费的关系也是这样。

生产关系是社会关系中最基本的和起决定作用的关系。生产关系体系或生产关系总和，构成社会经济结构，既有法律的和政治的上层建筑树立其上，并有一定的社会意识形态与之相适应的现实基础。

在某些社会形态中，除占统治地位的生产关系体系外，还存在某些残存的或新产生的只占次要地位的其他的生产关系。而占统治地位的生产关系则对其他的生产关系起制约和主导作用。

生产关系和生产力是生产的社会形式，而生产力则是生产的内容。生产关系同生产力构成社会生产的不可分割的两个方面。二者相互联系和相互依存。生产力决定生产关系，而生产关系则反过来对生产力产生重要作用。当生产关系与生产力相适应时，会促进生产力的发展，而当它与生产力不相适应时，就会阻碍生产力的发展。马克思在《政治经济学批判》序言中说：社会的物质生产力发展到一定阶段，便同它们一直在其中活动的现存的生产关系发生冲突。于是这些关系便由生产力的发展形式变成生产力的桎梏，那时社会革命的时代就到来了。

在阶级社会中，生产关系会表现为阶级剥削关系，从而具有对抗的性质。在这种条件下，阻碍生产力发展的旧的生产关系被适合生产力发展的新的生产关系所代替，必然要通过阶级斗争来实现。在没有阶级对抗的社会主义社会中，生产关系则表现为平等的社会成员之间的经济联系和互助合作关系。这里，生产关系的调整或变革，自然不需要通过阶级斗争来实现。

在人类社会历史上已经依次经历了五种基本类型的生产关系：原始公社制生产关系、奴隶制生产关系、封建制生产关系、资本主义生产关系和社会主义生产关系。一种旧的生产关系被另一种新的生产关系所代替，标志着人类社会由低级向高级的发展。这是合乎社会历史发展规律的过程，是生产关系一定要适合生产力状况的规律发生作用的必然结果。社会主义是迄今最先进的生产关系。随着生产力的进一步发展和社会历史的前进，社会主义生产关系将发展为共产主义高级阶段的生产关系。

在五种基本类型的生产关系中，原始公社制的生产关系和社会主义生产关系，是建立在生产资料公有制的基础上的，不存在剥削关系和阶级关系。但社会主义生产关系同原始公社制生产关系相比，是本质上不同的更高形态的公有制关系。奴隶制生产关系、封建制生产关系和资本主义生产关系，是建立在生产资料私有制基础上的，这是三种不同的阶级剥削和阶级对抗的关系。

生产关系的本质同它的具体形式是不同的。例如，封建地主阶级凭借自己所占有的生产资料和利用超经济强制剥削农民的剩余劳动，是封建制生产关系的本质。但这种生产关系可以采取领主制，也可以采取地主制。地主对农民的剩余劳动的剥削，可以采取劳役地租的形式，也可以采取实物地租或货币地租的形式。形式的改变，并不影响生产关系的本质。又如，在生产资料公有制的基础上，实行计划经济和按劳分配，是社会主义生产关系的本质。但这种关系可以通过不同的经济体制表现出来。公有制经济，除全民所有制经济外，还可以有部分劳动群众集体所有制经济，它们在经营管理上又可以有多种不同的形式。计划经济也可以采取不同的体制和形式。按劳分配也可以通过不同的具体形式来实现。中国自20世纪80年代初以来进行的经济体制的改革，涉及社会主义生产关系的具体形式的改变（见中国经济体制改革）。但其社会主义生产关系的本质是不会改变的。

（陈立）

生成语法（Generative grammar） 又称转换生成语法，是一种语法理论，由诺姆·乔姆斯基（Noam Chomsky）在其1957年出版的《句法结构》中首次提出。具体而言，生成语法是形式规则的集合，形式规则将有限的句子集合投射到可能构成整个语言的无穷多的句子集合；投射的方式是给每个句子指派一组结构描写。

乔姆斯基认为，生成语法属于经验科学，是一种研究人脑机制的跨语言学、心理学和生物学的学科。它与传统语法、结构主义语法有很大的区别，主要体现在以下几个方面。研究对象是人脑中语法结构系统内在性语言，而不是说出来的外表化语言。研究范围仅限于人的语言知识或语言能力，不是语言的使用，不涉及话语的内容、环境和功能。研究目的是要揭示个别语法与普遍语法的统一性，不局限于对个别语言的研究，而是通过对某一具体语言的描写来探索语言的普遍规律，以期最终揭示人类认知系统与人的本质规律。研究手段是使用数学模拟符号和公式来规定概念、表达规则，不是含混的语句描述。

生成语法经历了五个发展阶段：第一，古典理论阶段，其目的是使语言学成为一门科学。这套理论有三个特征：强调语言的生成能力；引入了转换规则；语言描写中不考虑语义。第二，标准理论阶段，以《句法理论的若干问题》为标志，论述了应当如何在语言学理论中开展语义研究。《句法理论的若干问题》中，语法模式里包含了语法部分。即生成语法由三个组成部分：句法部分、音系部分和语义部分。第三，扩展的标准理论阶段，重在讨论语言普遍现象和普遍语法的问题。第四，修正的扩展标准理论阶段，主要讨论管辖和约束。第五，最简方案。

生成语法是继传统语法、结构主义语法之后的最重要的语法理论，在现代语言学中有广泛而深远的影响。近年来，这一术语还用来指乔姆斯基的理论以外的几种不同类型的理论，例如弧对理论，词汇功能语法，概化短语结构语法。

（宋荣）

生命史（Life history） 作为一种调查方法，是对个体生命历程或生活状态的记录。这种调查方法或是采取个人传记式叙说的方式，或是运用档案研究、参与观察、实验调查、纵向研究等社会科学方法围绕调查目的进行研究，通常是对被调查者个人全部或部分生活的回顾式叙述，在对被调查者深度访谈的基础上以口头或书面的形式呈现出来。沃森（Watson）提到，生命史的叙述既可以专注于被调查者的过往经历，也可以着眼于他当下的生活。爱德华·萨丕尔（Edward Sapir）曾经指出，人类学家所建构的“文化”通常难以具体解释人们日常生活中的实际文化感受。生命史研究方法的运用可以解决这一问题，它将社会文化与生活于其中的人们勾连起来，从中探查个人生活建基于文化的方式，以及文化深入日常生活的种种途径。为此，传记式或自传式的记录从行为者的内部视角出发，强调行为者对文化情境的理解，力求直观细致地呈现特定个体或群体的真实生活。

在人类学领域，关于生命史的学术研究大体经历了3个阶段：20世纪20年代至第二次世界大战期间，生命史的研究方法被广泛运用，大多涉及个人文件、自传材料、私人日记和往来信件，获得相当大的发展；第二次世界大战至20世纪60年代，随着定量研究方法和实验法的涌现和兴起，人们对生活史的研究兴趣逐渐下降；60年代之后，伴随心理学、病理学、成年人发展、日常生活的社会学研究等诸多领域的发展，生命史的研究再次兴起，并在心理传记、口述历史与生活传说、成年人发展研究等领域获得普遍运用。立足于个人生命旅程中实际发生的事件，个体的生命史记述很少涉及宏大的历史叙述，也较少关注国际发展趋势等，它以人的生命历程为主脉络，从主位的视角反映生活与社会文化中的人如何感受、看待、体验他们的文化。

因此，不管针对生命史的书写多么客观，个体的记忆和自我叙说总会带有主观色彩，它不能被认为是对人们思考、感受和行动方式的完全真实呈现；此外，生活故事通常以一种方式讲述，并涵盖了一些难以被证实的想象和观念，毫无疑问，有时被行动者认为最有价值的生命故事往往对人类学家来说没有意义，对读者来说更是不可能的或是不真实的。所以，有批评家认为，这种个案式的生命史研究具有可信度低、主观性强、缺乏代表性等弊端，不仅无法在因果关系上得到论证，而且它的结论也难以在普遍层面上发挥效用。然而，尽管生命史记录的是文学色彩浓郁的生活事件，但对它的评估不应依赖于它是否在因果逻辑上有效，而是在于它能否提供关于个体的生活世界，解释文化在个人生活中的具体展现，透过个人互动关系来认识社会机制及其本质特征。布罗姆利（Bromley）指出，这种研究方法可以用一种“准司法”的方法论进行有效的评估，“准司法”类似于法庭程序，调查者在生活史研究中用到的材料、证据、推论和解释，不仅可以受到调查对象所在的更大的社会团体的证实和检验，也可以被那些与这些证据、解释和结论持对立观点的人给予评价。

什么可以算作个人史？要用什么方式进行呈现？不同文化背景中的人对此持有不同的观点。因而，研究者的记录应当细致描述文化符号、个体观念、叙事风格、生存方式、政治结构、性别角色以及日常生活中的微观政治等因素如何调节和形塑人们对生活的种种感受和解释。生命史的研究应当满足以下几个标准：①从文化角度研究个人；②将个人的行为视作与社会有关；③个案的家庭应符合文化功能研究，团体的生活方式则从个体身上展开研究；④具体阐明将有关资料转变为社会行为的方式；⑤从幼年至成年时期的连续性研究；⑥关注社会情境，以说明社会压力、社会参与的种类和程度；⑦对生命史材料加以序列化和概念化。

承认个体的生命故事具有文化面向，并不意味着调查者可以忽视不同文化中或多或少的共通性，生命史通常包括全人类共有的普遍事象，以及个人独特的生命经历，二者的结合共同促使这种叙述形式形成长期的流行趋势。生命史的研究通常集中于三个方面：一是个人的存在意义；二是由不同性别、种族、阶层、文化背景中的人组成的群体有何真实意涵；三是个别人的存在有何真实意义。这三个方面既相互独立又有交集，生命史的分析方法以其丰富的故事、翔实的内容、生动的记述而流行，对追求普遍性的研究方法而言是有益的补充。

（孙笑非）

参考书目

［1］Watson and Marie-Barbara Watson-Franke 1985, *Interpreting Life Histories——An Anthropological Inquiry*, New Buswick (N.J.): Rutgers University Press.

［2］Bertaux, D. Ed 1981, *Biography and Society: The Life History Approach in the Social Sciences*. California: Beverly Hills.

［3］White, R.W 1975, *Lives in Progress*, 3rd edn, New York.

［4］Bromley, D.B 1977. *Personality Description in Ordinary Language*, New York: Wiley.

生态人类学（Ecological anthropology） 20世纪60年代出现的一门人类学的分支学科，主要用人类学的理论和方法研究人类、生态环境及文化之间的关系，关注一个特定人群有意或无意地塑造其环境的方式，以及人与环境的关系塑造其文化、社会、经济和政治生活的方式。

生态人类学的思想渊源可以追溯到古希腊

思想家的环境决定论。在其产生和发展的过程中，相继出现了环境可能论、文化生态学、文化唯物主义、生态系统途径及民族生态学等多种学说。

生态人类学家在以下几个基本观点上意见一致：任何一个特定人群并不与他们周围的整体环境发生关联，而是与特定的经过选择的因素发生关联，可称之为生境（habitat），在环境中所占的特定位置可称为“生态位”（niche）。每个群体对大的环境有特定的取向或适应，并在文化中制度化，尤其在技术方面，包括关于植物和动物、天气和矿产以及获取食物、衣着和住所的工具和技术的特定知识。而且，一个特定人群的适应经常会受到其他人类群体、他们的文化和适应构筑的社会文化环境的影响。

20世纪70年代以来，旧的生态人类学的理论和方法的弱点受到批判，如缺少历史视角、倾向于平衡论等。对于更大的政治经济过程和历史过程的关注促使生态人类学超出了传统学科的边界，发展了诸如政治生态学、人类行为生态学和历史生态学等方向的研究，将人们的关注点引向可持续性、文化保存、资源管理和发展等问题上。而所有这些方向的核心仍然是对于人与环境关系的理解。

生态人类学研究从20世纪80年代后期开始进入中国。早期主要侧重于对国外的相关理论的翻译和介绍工作，引进和译介的国外生态人类学经典著作包括：科兹洛夫《民族生态学研究的主要问题》（1984）、内亭的《文化生态学与生态人类学》（1985）、绫部恒雄的《文化人类学的十五种理论》（1986）、田中二郎的《生态人类学——生态与人类文化的关系》（1988）、朱丽安·斯图尔德的《文化变迁的理论》（1989）、马文·哈里斯的《文化唯物主义》（1989）、克利福德·格尔兹的《地方性知识》（2000）、唐纳德·哈迪斯蒂的《生态人类学》（2002）等。

中国本土人类学的两本奠基之作为费孝通的《江村经济》和林耀华的《金翼》，两者都以生态环境作为研究背景，可谓生态人类学研究的发端。但是真正意义上的生态人类学研究，则要归于美国学者哈里斯（Marvin Harris）明确将视为中国生态人类学研究范例。从20世纪80年代中后期开始，学术界开始从生态人类学的学科属性和概念界定、内涵及外延等方面充分加以探讨，并就该领域的本土化加以尝试，真正学科意义上的生态人类学研究方面取得了一些进展。

当前中国生态人类学的主要研究取向包括：①生态人类学的本土化研究。国内的一些学者将斯图尔德的“文化生态学”与格尔兹的“地方性知识”结合起来，认定任何一个民族的地方性知识都必定隐含着对当地生态维护极其有效的生态智慧和生存技能，发掘和利用这样的生态智慧和技能就能救治生态灾变（尹绍亭，1994；杨庭硕、罗康隆，1992；高立士，1999；崔延虎，2002；杨圣敏，2005）。②环境保护与社区发展——生态移民研究。研究者针对生态移民涉及的文化适应及文化生态保护等问题进行了深入研究，为实现社会公平和民族平等提供了重要的建议（聂爱文，2007；张咏，2007；乌力更，2007；李锦，2007；陈玉兰等，2007）。③生态适应与文化变迁研究。学界针对小民族或弱势群体在现代化过程中面临的适应问题提出了文化生存的策略，并以相关的实证研究阐释了文化生存与生态保护的关系（刘源，2004；常宝，2006；崔延虎，2002；庄孔韶，2007；艾菊红，2007；何群，2007）。

目前国内的研究团队包括：①云南：从20世纪80年代初期开始，云南就已经率先在国内开展了生态人类学的民族志研究，云南学者在田野中摸索出的“人类生态系统”概念及系统分析方法获得了同行的认同和好评。此后云南的生态人类学在国际合作的平台上不断发展，研究领域不断扩大。②黔湘地区：吉首大学近10年围绕生态人类学学科建设，大力推进科研教学，经过数年的努力，取得了诸多研究成果，并形成了自身的研究特色。③北方：从研究队伍来看，以中央民族大学、内蒙古大学和新疆师范大学为首的若干机构以及兰州大学、西北民族大学、甘肃社会科学院等，均有致力于北方生态人类学研究的学者。研究主题涉及少数民族传统生计的知识、智慧，生态、社会环境的变化引发的社会文化变迁，外来农耕文化与草原畜牧文化的接触、碰撞，移民增加带来的种种生态问题，工业化导致的资源恶性开发、环境污染破坏以及社会公正、原住民权益和民族问题等。

新近中国大陆地区生态人类学的开拓，有两个地区可以期待：一是厦门大学设立了“海洋生态人类学”研究方向；二是新疆石河子大学最近建立了“绿洲生态人类学研究中心”，均为崭新的研究领域。

目前中国生态人类学面临的主要问题在于本土化理论创新和如何更好地服务于国家和民族发展的需要。有学者认为关键在于两点：一是必须打破学科壁垒，促进跨学科合作研究的机制，努力开掘跨学科研究的深度和广度；二是应当把产出精品、经典作为追求的目标。

（黄娟）

参考书目

[1] 杨庭硕. 生态人类学导论. 北京：民族出版社，2007.

[2] 尹绍亭. 人与森林——生态人类学视野中的刀耕火种. 昆明：云南教育出版社，2000.

[3] 杨圣敏. 内蒙古生态移民研究. 北京：中央民族大学出版社，2011.

[4] Forde, D. 1934, *Habitat, Economy and Society*, London: Methuen.

[5] Rappaport, R. 1979, *Ecology, Meaning and Religion*, Richmond, CA: North Atlantic Books.

生物地理学（Biogeography） 一门研究动植物地理分布的科学。动植物物种的地理分布并不是全球性的，也不是世界各地随机的。它们的分布范围受到某些事件，以及过去和现在环境的约束。所以，从广义上来说，生物地理学可以分为历史生物地理学和生态生物地理学。我们发现，河流、山脉、海底、峡谷，或类似屏障的两侧的物种往往存在差异。这种现象引发了我们的思考：屏障两侧物种的不同更多是物理屏障本身导致的，还是屏障两边微妙的生态差异引起的呢？

研究动物分布的地理学家和研究植物分布的地理学家各自将全球分为几大区域，这些区域轮廓相似，但在细节上有所不同。相关区域分布如下：

每个植物区系界内（除了开普植物区）有不同的亚界；每个动物区系界内有不同动物区系区。大多数情况下，动植物区系在大的分类和小的分类上都能互相对应。例如，古热带界（Palaeotropical）在动植物区系中都可以被分成非洲区（African or Afrotropical）、马达加斯加区（Madagascan）和东洋区（Indian or Oriental），但它在植物区系界还会多分出一个“东南亚区（Malesian）”——囊括了东南亚地区，而东南亚区在动物区系中被分到了东洋区和澳大利亚区（Australian）。动物地理学家将全北界（Holarctic）划分为古北区（Palaearctic）和新北区（Nearctic），但植物地理学家对全北界有更加详细的划分。

产生动物和植物区系地理分类差异的原因在一些情况下不甚清楚，但在另一些情况下却又十分明确。开普植物界内，动物区系分布是呈带状的，因为其中的动物的迁徙脚步被泥沼阻碍了。南极植物界（Antarctic）内的某些元素可能出现在智利、塔斯马尼亚和新西兰的寒冷地区，但其另外的元素却在动物更迭的过程中丢失了。真正让人困惑的是新几内亚的位置：它的植物区系分类和印度尼西亚西部一样是典型的马来西亚区（马来西亚区的元素甚至出现在昆士兰远北地区的热带雨林内），但它的动物区系分类属于澳大利亚区。目前，这个问题的答案尚不明确。

以前，生物地理区划的形成过程一直是一些重点的争议内容。扩散生物地理学构建的模型是这样解释的：动物和植物从起源中心向外扩张，在扩张过程中不断跨越障碍并形成新的物种。另一个主要的模型，地理隔离假说，则认为一开始动植物是均匀扩张的，但随着地理障碍的产生，物种的连续性分布被割裂。板块构造论（大陆在地质时间内的分裂和重组）就能支持这个模型。地理隔离假说可以解释生物地理分布模型的主要内容，因为大量不同物种的分布模型确实非常一致。而障碍扩散假说的基础是，生物需要消耗更多能量穿越已有的障碍来形成新的物种，这种对能量的要求并不是对所有生物都能达到的。虽然确实有些神奇的动物偶尔能够穿越大陆，通过游泳、飞行或附着在浮游植物上经过漫长的海上航行存活下来，但这肯定不是这些动物跨越大陆的扩张方式。

生物地理分布的边界不是静态不变的。古生物学证据表明，在更新世期间，中国的古北区和东洋区的边界是不断来回摆动的，部分原因在于气候循环，部分缘于青藏高原的逐步抬升。在更新世晚期，马格里布（北非）的动物区系在很大程度上是非洲区的，但在随后的几千年中，这块地区的非洲区元素逐渐消失，现在已变成了古北区。

灵长类动物与其他物种一样，遵循常规的生物地理分布发展趋势。懒猴型下目和狭鼻小目完全分布于非洲区和东洋区；狐猴型下目和指猴型下目属于马达加斯加区；阔鼻亚目是新热带区的。几乎完全没有属于全北区的非人类灵长类动物，除了从古热带核心的边缘“溢出”（猕猴主要分布在中国、日本和北非）；而澳大利亚区的非人类灵长类动物则是完全不存在的。在每个区域，主要的河流障碍（非洲区的刚果河及其支流，新热带区的亚马孙河及其支流，东洋区的湄公河和雅鲁藏布江）分隔开了亲缘密切的物种。灵长类动物与其他物种一样，也能解释物种分布的特有原则——孤立的地区往往具有特殊的物种。坦桑尼亚的东弧山脉森林中有许多特有的动物和植物物种，只有中部非洲和一些其他地区有它们的“远房亲戚”，其中特有的灵长类动物只有一种白眉猴（白眉猴属 Cercocebus sanjei），一种疣猴（红疣猴属 Piliocolobus gordonorum），和至少两种狐猴（固沙草属 Galagoides orinus和绒哆倭丛猴属 G. rondoensis）。

在进化早期，人类全都是非洲区的；随着时间的推移，地理隔离的约束变弱，首先从非洲走出去的是东非直立人的后裔，随后智人发明了船舶，跨越大洋，登上其他大陆。即使在晚更新世早期，人类仍受到动物地理隔离原则的约束。生存在迦密山和以色列加利利地区的洞穴内的动物区系特性随气候周期产生波动，从古北区为主到非洲区为主，人类种群也随其他动物区系一样产生来回波动：当以色列洞穴动物是古北区时，人类是尼安德特人；当动物区系变成非洲区的时候，人类变成了智人。没有比这个例子更能说明生物地理学与人类学的关系了。

（金力、王凌翔）

生物伦理学与人类学（bioethics and anthropology）
“生物伦理学”这一术语最早是由生物学家范·伦斯勒·波特（Van·Rensselaer·Potter）在他的《生物伦理学：生存的科学》（1970）一书中提出的。这个词源自两个希腊词：bios和ethics。bios在希腊语中是“生命”的意思；ethics的名词形式是ethos，意为“习俗”。范·伦斯勒把它用在有关生存和生活质量的伦理问题上。然而，这个术语的原意并没有被广泛使用。生命伦理学在广义上有时用来指涉及生命科学的道德问题，不仅是医学伦理，还包括重大环境伦理方面的问题。然而，生物伦理学通常应该指的是在医学和药物相关生物技术领域出现的旧的和新的伦理问题。

人类学（Anthropology），这一词源自两个希腊词：νθρωπος（anthropos，人类）和λγος（logos，逻各斯），可分别意译为“人类”和“学说”。在生物学研究的框架下，可以理解为对人类的理性探究。如今，人类学已经发展出很多的分支学科作为一门单独的科学。生物人类学一般研究关于人类进化、现代人群和人类生物多样性的问题。在某种意义上，考古人类学是联结生物人类学和文化人类学之间的桥梁。而文化人类学，在欧洲通常被称为社会人类学或民族学，目的是比较研究不同的文化。那么是否不同的文化遵循不同的生物伦理标准，以及我们是否应该接受生物伦理相对主义等等，这些仅仅是伦理学和人类学所要探讨的部分问题。哲学人类学关注身心关系的问题，以及人类和非人类之间差异的问题。

而神学人类学探讨的则是上帝创造的人类的附属物问题。

不同人类学学科与生物伦理学都有着紧密的联系。哲学和神学人类学对生物伦理学理论框架有重要影响，特别是关于人类是否是特别的存在（人的尊严和人的自主权问题），而不允许被杀害（生命的神圣性）。对于当代生命伦理学的争论中有关生命的开始与终结的伦理问题，生物人类学背景也是非常重要的。如缺乏目前的胚胎学知识，我们不可能回答关于获取人类胚胎干细胞是否可以允许的问题。社会和文化人类学可以帮助我们理解，生殖医学新的发展潜力可能会改变传统的母亲、父亲、孩子的观念，而进一步提出什么样的社会是我们所愿望的，诸如此类的问题。对于器官移植的反映要考虑到不同的文化对生离死别不同的认识，及不同形式的家庭结构。因此，人类学家在传播生物伦理反思方面发挥着重要的作用。另一方面，伦理反思对其他人类学学科也有影响，例如禁止杀害人类、声明人权和人类自主权的重要性。

伦理反思和人类学研究将得到进一步的重视。基因工程与纳米技术的发展也将带来困惑：我们想要不可逆地改造我们的本性吗？如果是的话，改造到什么程度？只有当科学家和伦理学家共同合作，以开放的心态仔细听取彼此意见，才能给人类带来最好的福利。

（金力、孙畅）

参考书目

[1] Callahan, D.(1995). Bioethics. In W.T.Reich(Ed.), *Encyclopedia of bioethics* (Rev.ed., Vol.2, pp.247–256). New York: MacmillanLibraryReference.

[2] Koenig, B., & Marshall, P. (2004). Anthropology andbioethics. In S. G. Post (Ed.), *Encyclopedia ofbioethics* (3rd ed., Vol. 1, pp.215–225). New York: Macmillan Reference.

[3] Kuhse, H., & Singer, P. (2001). (Ed.). *A companion tobioethics*. Oxford: Blackwell.

生物人类学（biological anthropology） 根据人类学家、史学家弗兰克·斯宾塞（Frank Spencer）（1941—1999）的说法，“生物人类学基本上可以算是传统术语‘体质人类学’的一个现代化的代名词”。“体质人类学”这一术语从19世纪末期开始被北美人类学家广泛使用。随后的几十年里，在人类学这一宽泛的科学领域下，它成为研究整个人类自然历史的四个分支领域之一。这“四个分支领域”深受史密森学会阿勒斯·赫尔德利奇卡（Aleš Hrdlička）（1869—1943）和哥伦比亚大学弗朗茨·博厄斯（Franz Boas）（1858—1942）（美国人类学史上两个主要人物）的青睐，他们确定了体质人类学学科的研究领域和规范。他们及其人类学同事们定义了其他三个分支领域，即考古人类学、语言人类学和文化人类学。体质人类学家关注人类生物多样性、适应性与演化的研究和教学，包括研究非人类灵长类动物。这四个领域的分类成为北美学校人类学的一大特色。在欧洲的学术和研究机构中，“人类学”专指对古代及现代的人类和非人类灵长类动物的生物学及演化的科学研究。研究当下人类群体社会结构和习俗生活的学者被称作“民族志学者”。民族志研究形成的文化行为理论可归为“民族学”。语言人类学作为一门独立的学科存在，虽然它对人类学和语言学造成了冲击。考古人类学也保留了其自主性，虽然它包含了史前和历史时期的早期文化研究，如器物、建筑结构的废墟，以及其他保存完好的古代人类生活的遗迹。

在20世纪80年代，美国许多人类学家开始使用“生物人类学”这一术语，而不是“体质人类学”，虽然这两个名称都符合这一学科分支领域。继续使用传统的术语“体质人类学”让人感觉总有一些不舒服，因为这意味着早期的历史传统，那时把古代和现代的人群用“种族”来划分。在人类遗传学发展之前的时期，人类学非常依赖人体测量，人体测量在当时是研究的重点。还有，“体质”这个形容词也暗示着它似乎与物理科学有某种关系。当然，研究人类解剖学上的多样性和演化是生物科学的范畴。今天的体质人类学和生物人类学可以相互交换使用。前一术语继续在美国体质人类学杂志的标题出现，这个期刊是阿勒斯·赫尔德利奇卡在他成立美国体质人类学协会12年后，于1930年创办的。美国法医科学院中的一个部门就称为“体质人类学”。许多最近发表的书籍和科学论文也保留了人类学这个分支领域的旧名。

到了20世纪50年代，在对当代人群的研究中，美国人类学家采用术语“人类生物学”来概述他们的调查对象的生物学的具体性状，例如，增长、发育、营养及疾病模式的变异、身体对冷应激及热应激环境的适应、高原低氧适应，以及其他关于人体遗传性和可塑性特征的调查等问题。现在出版的科学杂志有《人类生物学》和《美国人类生物学学报》，这个词也就随书籍和杂志文章出现。人类生物学的这个研究领域的学者通常具有生物人类学、人类遗传学、统计学、生理学各方面的训练背景，但他们对人体解剖学、灵长类学和原始人类化石记录（人类古生物学、生物考古学、古人类学）并没有太多直接接触。

在生物（或体质）人类学这个分支领域的各研究课题中，还有进一步的细分。其一是灵长类学，在我们分类框架下研究非人类的解剖结构、多样性和适应性。训练有素的生物人类学专家们可直接调查研究低等灵长类、高等灵长类、旧世界猴、新世界猴、亚洲猩猩、非洲猿类，及其祖先的遗骸化石。牙齿人类学家则对牙齿形态特征进行观察和测量，如获取咬合面牙尖及凹槽沟纹等的数据，使我们能够更清晰地了解牙齿的形态特点及其遗传结构，估计（古老与现代）人类和非人类物种之间的生物亲缘程度，以及由基因变异、饮食习惯、病理和磨损程度等来重塑牙体组织的过程。

生物人类学采用跨学科的方法来理解人类生物—生理多样性和演化。实际工作者深知，他们调查对象的古今文化习俗在各个时期和地域都会影响身体特征。北美人类学注重对四个分支领域方法的特点的认识，教导学生不同的文化是社会环境中传统习得的产物，这有别于性状的遗传。在约700万年的历史中，人类在对不同环境变化的适应演化过程中，文化和遗传各自发挥了重要作用。

如今，世界上许多高校、大中专院校以及其他相关教学和科研单位都设有人类学专业。它们的课程通常包括生物人类学讲座、田野调查和实验课程，这些课程由已经获得研究生水平学位的导师开设。由于生物人类学家接受培训所在机构的不同，他们对分支领域中强调的方面也存在差异，例如，人类古生物学、灵长类学、营养人类学、人类遗传学和分子人类学、法医人类学（在杀人案件或大规模灾难事件中，根据医疗法律应用骨骼分析等实验方法进行个体残骸鉴定）、肤纹学（研究指纹模式和它们的地域及人种分布）、古病理学（通过疾病在古代人类保留下来的部分坚硬骨骼及软组织或牙齿上留下的标记来研究早期人类的疾病）、MOS（markers of occupational stress）（通过骨骼和牙齿鉴定评估环境状况或者生存压力），运动生物力学和骨架的其他功能。生物人类学，不仅是跨学科的，国际化的研究，现在也有助于健康相关科学研究。另外，史前人类及灵长类祖先的化石的不断发掘促进新的假说的提出，相对于天文、物理、化学而言，这是一个新兴的科学领域，它拥有一批合格的且日渐增加的专家和学生，他们热衷于人类生物多样性和演化的科学研究。

（金力、孙畅）

生物识别技术（Biometrics）　生物学观察和现象的统计学研究，其可以基于生理和行为特征，如面部变化、指纹手形、笔迹、虹膜和视网膜差异以及语音，通过自动化方法来鉴定个体。

根据特定的物理特征来识别和区分个体的可行性是建立在人类遗传多样性的基础上。一个特定性状（表型）的识别之所以可行，是因为每个个体拥有唯一的遗传组成（基因型），它表达某种独特体质特性（例如指纹和视网膜差异）。

企业网络安全基础设施、政府的身份识别系统、安全的电子银行业务、投资及其他财政转移支付、零售、执法、卫生和社会服务都受益于生物识别技术。

生物识别技术的历史可以追溯到19世纪晚

期。弗朗西斯·高尔顿（Francis Galton）爵士（生物识别技术的创始人，查尔斯·达尔文的表弟）在1884年国际健康展览会上展示了人体测量实验室。高尔顿把统计方法应用到生物现象的解释，1892年他发明了第一个指纹分析系统，该系统被世界各地的警察部门采用，并沿用至今。

为了保证生物识别系统的可靠性，用于识别的身体和行为特征必须是个体唯一性的、持久性的、可测量的和易得的。测量性状的唯一性，表示被测量的该特征对于一个个体是特定的，并且不能出现在两个人身上。如果一个特征在许多人身上都能找到了，那么被称为“常见特征”，不是唯一的。持久性意味着这个特征也不会随着时间的推移而改变。可测量性意味着这些特殊性状必须能够被多种测量技术或仪器测量而得出一致的结果。测得的信息必须能够被有效地存储，与生物特征参考数据库比较，以便被鉴定的个体可被确定和验证。个体识别中使用的指纹是成功的例子，因为每个人都有独特的和终生不变的指纹（包括同卵双胞胎）。生理上，指纹是由许多系列脊、分叉、点、谷、沟及“细节点”组成。现在，所有的指纹特征可以转换为“数字指纹模板”，并存储于一个中央数据库中，可供后续的匹配或身份认证流程所用。直至DNA技术发展出来之前，指纹识别一直是法医鉴定最可靠的形式。

手写识别（或签字识别）也可用于生物测定。现代称它为“动态签名验证”（Dynamic Signature Verification, DSV），即分析用户签名的方式（例如，速度和压力以及最终签名的静态形状）。用于测量这些特性的技术很多，包括简单的扫描仪、摄像机，以及传感器、超声波感应笔。

面部识别和照片鉴定是另一类广泛使用的生物识别技术。这类鉴定在全球广泛用于各个重大事项，如国际护照、名义事项，如购买啤酒。然而，面部识别不是最准确的鉴定形式，因为面部的结构存在相似性，特别是亲属。身份证上的信息也可以改变。此外，生理变化可以通过手术做到。

目前，语音识别的生物测量方法正在被用于个人用品，比如计算机和手机。语音识别技术也正运用在医疗领域，可更快检索医疗记录或办公室访问记录。在过去，医生办公室典型的访问被记录在纸上或口述录到录音机里，然后由医疗打字员打出来，整个过程可能需要数天时间。现在，随着语音识别技术的出现，医疗听写可以实时记录到计算机，并在数分钟后即可使用。在未来，语音识别可能最终替代现在汽车使用的密钥。

虹膜（眼睛的着色区域）和视网膜（眼睛后部）可以被扫描来验证个人身份。虹膜扫描是利用带有红外成像仪的特殊的摄像头，照射眼睛并捕获了非常高的分辨率的照片，然后进行匹配验证。这一过程只需要几秒钟。而且，隐形眼镜和眼镜对图像的质量都没有影响。但视网膜扫描对眼睛有伤害。虹膜和视网膜扫描更广泛地应用于军事基地、银行金库、企业仓库、机场和其他高安全性领域。在将来，“遗传抽样检测”将取代所有其他形式的生物特征测量。这在现实上是有可能的，因为个体的基因组构成是我们的身体最具有特异性的元素，它是独一无二的。随着人类基因组计划的完成，遗传抽样检测将变得更加现实了。

（金力、孙畅）

生物适应（Biological adaption）　在生理学和社会科学中的一个普遍定义即适应是有机体为适应环境变化而做出的有益调整。在很多情况下，这些改变是自我平衡的。如瞳孔大小的改变让视网膜的亮度保持在最佳视野内。如果这些表型调整的效果导致了生存和再生产方面成功的机会增加，它们和产生它们的身体机理（如神经、肌肉等）成为核心意义上的适应。

另外一种被视为适应特征的普遍要求是其功能的后果必须与完成一项特定任务的先验设计规范一致。如为将氧气从肺部输送到身体的其他部位，血液中应包含一种成分来结合肺部的氧气，并接着释放到消耗氧气的组织中。血红蛋白正好有这些特点，可由其氧气解离曲线显示出来。运用在行为生态学和其他功能生物学领域中的最优模型类似于功能解剖学中的操作说明书。二者都试图识别特定任务的功能设计特点。设计说明书的中心问题是：在现有的环境下，种群适应良好的机体如何行动或结构化？设计说明书在适应的研究中作用重大，涉及生物组织的每一个层面。

这些不同解释的核心即为适应是有益于有机体的特征。在很多情况下，这些益处来自于重要过程的效果，如维持渗透平衡、获取食物、避开猎食者、照顾后代等。有益的最终标准是一种特征的效果是功能的，能增强其适应性。在某些情况下，适应指寻找这些特征的过程。适应可能出现在组织的任何层面上：生物化学的、生理学的、解剖学的或行为学的。

从特征现有的功能和它们对适应影响的角度，一种特征相对于同一种群中其他个体的竞争变体能适应得更好，直到能直接增强适应性的程度。因此，在研究活的有机体时，一个人能确认一种特征是适应的，并通过确定其适应效果来测量其适应程度。只是确定某个特征是适应性的，会遗留一些有关这个特征的最重要问题，如：什么相关特征能增强其适应性，因为它们影响同样重要的功能，它们相关的贡献是什么？一种特征通过什么方式增强其适应性？它在多强的程度上被选择？

以下是几种研究方法，选择其中一个能回答以上问题，提供涉及对功能和适应的贡献的相对适应特征的定量测量，让人评估适应特征的直接力量，排除不相关特征的效果。第一种方法为评价任何选择的适应特征的因果联系。第二种方法为评价任何特征因果联系的最接近效果，并将每种最接近效果与适应联系起来。第三种方法为对于每个选择出的重要任务，设计和检验一种最佳模型。第四种方法为评价每种特征的最接近效果的因果联系。第五种方法为通过直觉上合理的标准来评价特征的效果是否有益来评价其适应性。运用我们对于主体需求或缺陷的知识，尤其对生存或再生产有主要影响的知识，及我们对满足这些需求的不同特征功效的评价。

根据方法的选择，以下四种经验成分的连接是需要用到的：①取自当地种群的样本，在一系列表型特征中有个体差异，影响一种特定的重要活动，如取得食物或伴侣；②这些差异的最接近效果的样本，无论是功能的或其他的；③一种或相联结的特征的定量最佳模型，和假定能增强生物适应性的相应最接近效果；④每个个体寿命的估计。

（黄娟）

生物信息学（Bioinformatics）　生物信息学，就是通过分析DNA、氨基酸序列及其他生物信息，以解决各种生物学问题的数学、统计、计算等方法的统称。从本质上来说，生物信息学领域需要依靠计算机技术去存储、检索、分析和预测生物分子（如遗传物质核酸）的组成和结构。

生物信息学方法对于实现人类基因组计划是十分关键和必要的。随着人类基因组计划的完成，许多科学家称我们已生活在“后基因组时代”。生物信息学技术无疑会影响其他诸多研究领域及这些领域采用的研究方法。例如，现在全基因组的测序已经完成，我们就能够更加方便地研究不同物种间基因的差异和相似之处。这类成果对进化的研究有很大帮助；衍生了新的学科分支——比较基因组学。

生物信息学联系或包含了很多跨学科领域，其中之一便是“生物物理”——运用物理学的方法和技术研究生物的结构和功能。另一个重要的跨学科领域是“计算机生物学”——运用计算机研究和分析生物学过程。“医学信息学”则涉及结构和算法的运用，用于大量人口医疗数据的计算。

生物信息学包含的另一个领域是“化学信息学”，它结合了化学合成、生物筛选和数据挖掘这些方法来指导药物开发。传统的新药的开发通常包含随机性，需要大量劳动力，长期的观测和不断的试错。如今，生物信息学技术的运用使得新药开发的智能化和化学合成的自动化成为可能。

从生物信息学收益最大，且对人类生活质量影响最大的领域是“药物基因组学”和“遗传药理学”。药物基因组学运用基因组学方法（全基因组分析）鉴定生物系统中的药物靶点。这将有助于研究感染过程中病原体和宿主的基因表达模式，也能借此深入了解宿主免疫系统对抗感染和病原微生物逃避宿主免疫攻击的方法。基因组学方法也能帮助诊断程序，如检查肿瘤细胞与正常细胞不同的基因表达模式。不同基因表达模式的识别促进治疗方法的提高。

遗传药理学被认为是药物基因组学的一个子集，它运用基因组学和生物信息学方法识别一个特定患者对某种药物的反应特征，然后根据得到的信息改善治疗方法。每个人对同种药物的反应存在差异，比如说，药物A对大部分人有治疗作用，对一些人没有疗效，对少部分人有不良的副作用甚至是致命的过敏反应，所以遗传药理学在患者的治疗过程中显得尤为重要。遗传组成的多样性是个体反应差异性的主要原因。遗传的多样性导致某种或某些特定蛋白表达有所差异，所以同种药物会与差异性表达的蛋白产生不同的反应。近期，遗传药理学运用于某些类型的癌症（尤其是前列腺癌）患者，帮助他们优化化疗方法。这种差异化的治疗方法引出了“个性化医疗”这个概念，也许在不久的将来，能完全改变如今的医学实践方式。

生物信息学已经对人类基因组计划做出了巨大的贡献，除此之外，它也对人类学、生物学研究、药物开发、临床医学等领域产生重大影响。计算机技术与硬件的发展也将带动生物信息学方法的改良和进步。

（金力、王凌翔）

生物医学（Biomedicine） 生物医学指的是西方专业医学的一个种类，该种医学认为人体的常规生物指标发生偏差是疾病产生的主要原因。在20世纪的大部分时间里，这种医学手段是所有其他大众化或专业化医学方法的评判标准。生物医学概念中的疾病与医学理论，理论与实践，对不同的文化具有普适性。

20世纪后期的20多年里，随着研究的深入，生物医学吸纳了人类学和少部分社会学的学科知识，重新成形。我们终于认识到生物医学理论和实践的基础是文化，所以生物医学只是一种专业的“民族医学”，而非对其他医学系统评估的客观医学标准。医学知识能够指出问题，这些“事实”只有通过研究或自然本身才能给出。

20世纪80年代以前，人类学家认为西方医学与其他文化的医学系统完全不同。生物医学在这些人类学家眼中，是科学性的、现代化的、国际化的，是一种纯粹的医学，而那些非西方的医学系统则被称为“民族医学”。西方医学这个术语将生物医学和其他术语区分开，从中可以明显看出人类学家对非西方医学的负面态度。

随着用二分法对民族医学和生物医学的区分，非西方医学中无效、短暂的“信仰”和西方医学中那些所谓的“医学知识”也被拿出来对比。20世纪70年代末80年代初，古德（Good）、德尔维奇奥（DelVecchio）和克兰曼（Kleinman）等研究人员否定了生物医学的单一文化性、理性及科学性特征。他们发现文化中一些非医学领域与医学的理论和实践存在密切的联系。这些非医学领域包括社会分类系统（如民族、种族、性别、年龄、宗教、阶级、乡村特点等），自我认知，声望，竞争，亲情和友情，个人进步，宗教仪式以及巫术。

生物医学与单纯的科学思想不同，是复杂多样的。生物医学是基于地方化解释、构建和实践的，这意味着它是多种医学的产物，而非一个单一的项目。

虽然科学是医学的基础，但科学本身也是一种文化作用的产物。所以，更多哲学和历史的科研人员依据他们的专业去研究医学和科学，对医学及其相关的科学进行批判性研究。这些研究往往是从文化角度进行解释，被称为“科学的文化性研究”。

生物医学这个术语消除了早期定义中隐含的等级制度，强调许多非西方医学系统以及它们的学校、执照、药典、教科书、劳动分工、管辖、实践形式、专业、层次和技术也都具有同等的专业性。每个民族医学系统都展示出当地人类生物学形成的文化特异性，这是一种“地方性”的生物学，并非对所有文化都普适。地方生物学这个概念让我们明白，在相同的专业医学范围内，不同地方的人体生理学也是大相径庭的，所以地方性的诊断、治疗甚至疾病之间存在差异都是合理的。种族地方生物学和性别地方生物学的研究结果显著支持着之前的论断。

如今，生物医学的研究更加强调演绎、阐述、经验、意义的重要性，虽然其部分研究还是坚持唯物主义观点。在当代诠释的观点中，生物医学中“生物”是唯物主义的一种形式，但它在人类苦难面前无能为力。拥有这个观点的人类学家在各种分类的、超个体和去语境化的术语中都能看到。但具有讽刺意味的是，许多医生认为生物医学的重要性在于“生物”这个点。

生物医学的特征变化为其研究拓展了新的方向，如生物医学实践和研究中的利益冲突，制药公司的活动对医疗实践的影响等。医疗技术（建立在早期生殖技术的研究）的性质和影响，技术对训练的影响，老年痴呆的疾病分类，跨文化的生物医学伦理，生物医学的应用科学，这些也都是未来的研究内容。

当代研究和内部的批评促使生物医学从一个不容置疑的学科成长为医学人类学研究中的一个标杆，引领我们更加深入理解生物医学以及其他医学系统。

（金力、王凌翔）

生育（Childbirth）　生育的医学定义为婴儿从子宫中诞生出来，尽可能避免提及妇女的角色。这个定义及其影响，也描摹了所有研究生育的社会科学家所面临的挑战。

人类学家一致认为，虽然生育是人类生理上的一个普遍事实，但其社会本质和对生存的重要性，使得这个个体过程背负了沉重的文化内涵，并产生了生活实践中的文化差异：哪里，谁，如何，甚至何时生育，都越来越多地被文化所决定。

布丽吉特·若尔当（Brigitte Jordan）比较研究了荷兰、瑞典、美国和墨西哥尤卡坦半岛的生育系统，研究最早发表于1978年，第一次全面记录了生育中的广泛文化差异。她的生物文化研究方法集中于生育的文化定义、出生地点、接生人员、助产工具以及生育相关知识系统的差异。

其中，出生地点对生育最为重要。在不同文化背景的家庭中，从棚屋到公寓，分娩遵循着自身的自然节奏和女性的社会惯例。在分娩早期，妇女可以随意走动，宫缩的45秒期间停止活动，然后又继续活动，做一些家务、聊天、散步、吃饭、唱歌、跳舞等等。这些活动随着分娩临近而逐渐减少，接生员或陪护者在此期间要经常提供按摩和情感上的支持。许多文化都有着丰富的传统，比如哪些人应该在分娩现场（有些是父亲，有些只能是女性，有些是全家人或朋友），如何提供分娩帮助，举行何种仪式以得到祖先或神灵的帮助，哪些草药和接生手法可以助产或产后止血。当出生在即，家中的妇女通常采取直立姿态、蹲姿、坐姿、站姿或跪姿，需要借力于绳子、柱子或同伴的脖子、手臂等，用力分娩，最终幸福地抱着怀里的婴儿。产后的惯例也有很大的不同：有些文化鼓励尽早哺乳；一些文化认为人初乳有害，喂婴儿其他液体，直到母乳来临。蒸汽和草药浴、产后坐月子时间，通常也有文化规定，时间从几天到40天不等。

在医院生育是一种完全不同的体验。医院中主流的生物医学模式要求生育遵循常规的方式，包括每小时一厘米的宫颈扩张——虽然没有科学依据支持，但符合实际情况。为了保证持续分娩，需要频繁检查宫颈扩张，如果发现进展太慢，可以通过破裂羊膜囊，以及静脉注射人工催产素来加速。在西式医院，工作人员时时监控母亲的宫缩强度和婴儿的心率。出生时，如果阴道口过于狭窄，可以侧切扩大。医学上，这种手术在多达90%的分娩过程中并不需要，但一些研究人员解释说这是产科常规流程，这体现了技术统治论的核心价值观，即每一项高新技术的发展和应用，都要融于人类生活的每一个方面，包括生育。

在一个处处尊崇西方医学和高科技的世界，许多发展中国家抛弃了当地特有的生育模式，转而投向西方模式，即使有时候并不适用。第三世界国家的西式医院可能拥有高科技设备，但缺乏最基本的医疗用品。医院工作人员可能一点也不了解和尊重当地的生育传统和价值观，从而导致当地妇女对这类医院避之不及。从印度北部到巴布亚新几内亚，再到墨西哥，农村和城市的本地妇女都对这类医院表达了担忧："它们让你暴露""它们刮毛""它们用刀""它们不理你，让你感到孤独，却不让你的家人进来""它们不给你吃喝""如果你不照它们说的做，它们会对你大声喊叫，甚至打你"。讽刺的是，这些让人惊恐的规则和程序，对好的产科护理来说并不是必需的；相反，它们仅仅反映了忽视文化的技术输入。

这种西方式的生育模式，对政府声称"现代医疗保健"，对女性声称"控制风险"和"提高生育安全"，包括剖腹产在内的对生育的技术干预，已经达到了前所未有的程度。尽管世界卫生组织证明，剖腹产的比例在任何地方都不该超过15%，但这一数据在中国台湾和大陆都高于50%；波多黎各48%；墨西哥、智利和巴西在40%左右；美国27.6%；而加拿大和英国在22%。导致剖腹产流行的其他因素，包括医生手术的便利和经济利益，以及根深蒂固的医疗信念，认为生育是病理过程，应当在技术上加以控制。而荷兰符合标准的12%剖腹产率，提供了一个很好的反例。这一成功完全源自文化：荷兰的家庭文化观念、助产护理手段，以及谨慎采纳科学证据。在荷兰，生育被视作正常的生理过程。因此，荷兰医院尽量不干预生育过程，家庭出生的比例高达30%。与此相反，在大多数发达国家中，家庭出生率仅在1%左右。

除了数千种地方特有的生育传统，世界范围内主要存在三种现代生育观念：技术统治论、人道主义和整体论。技术统治论认为身体是一台机器，鼓励在生育过程中积极干预。人道主义则强调，分娩期的身体是一个由压力和情绪影响的有机体，需要情感关怀。满足需求和欲望，是一种生理上循证的生育方法。更激进的整体论将身体定义为一个能量系统，在生育中强调精神和直觉。

从人类学的角度看，这三种观点均过于关注个体。例如，生育导致的死亡一直是一个严重的全球性问题。生物医学上，大出血和毒血症是孕妇死亡的主要原因，因而一般医生、医院和乡村诊所需要做好产前准备和应对措施。与此相反，人类学研究更关注的是，在孕妇死亡率最高的国家，女性健康普遍堪忧，比如工作过度、劳累、贫血、营养不良，以及各种水污染造成的疾病。对女性健康和生育安全而言，最重要的是安全干净的水源、充足的营养，以及更多的就业机会。

（艾斌）

生育控制（Birth control） 生育控制，或称"节育"，指用来避免或减少生育后代的各种方法，即"避孕"。其历史可追溯到公元前1550年，史籍详细记载了当时尝试控制生育率的方法，这表明几千年来，无论是对于个人还是社会团体，避孕和人口控制问题普遍存在。然而从古至今，节育行为本身存在争论，犹太教、基督教和穆斯林信仰的宗教领袖们不断对避孕中的道德观进行辩论。

目前有很多手段可以实现避孕的目的，包括禁欲、自然避孕、屏障物避孕、药物抑制、绝育等，每种方法的效果和影响各不相同。其中禁欲是最古老，也是唯一完全可靠的生育控制方式，然而这需要夫妻克制性行为，对于很多人来说并不是最好的方案。自然避孕即通过记录女性的月经周期，避免在排卵期进行性行为受孕，由于这属于没有施加其他节育方法的"自然"避孕措施，因而被宗教所认可。

在欧洲中世纪时期，宗教非常反对非自然的节育措施。希伯来圣经创世记中就讲述了关于俄南（Onan）的故事，他因在地上洒了他的精子而被主杀死，一些宗教领袖认为这是在警示人们反对体外排精。罗马天主教会极力谴责婚外性行为，并主张即使是婚内性行为也应以生育为目的进行。然而一些历史学家认为，中世纪社会的妇女之间已经开始传递使用草药来避孕或堕胎的知识。

随着文艺复兴的到来，不以生育为目的的性行为不再被严格限制，人们曾使用羔羊皮制作的避孕套来防止怀孕和性传播疾病。到了19世纪，生育控制已经成为引起社会关注的话题，各领域的学者发表文章论证实行人口控制的经济学意义和其中的道德伦理问题。直到20世纪，生产厂家掌握了大规模生产硫化橡胶避孕套的技术，并将其推广使用，生育控制才被真正有效地实施。而节育行为直到维多利亚女王时代仍被社会谴责。

20世纪中后期，全球人口增长引起很多西方国家对人口控制的重视，尤其是对那些非发达国家的人口控制。美国曾经限制对一些贫穷国家的援助，除非这些国家同意实施某种形式的人口控制政策，例如印度和中国，许多贫困的印度人曾经被迫“自愿”绝育，而中国直至今日仍在实行计划生育政策。由于这种强制性的人口控制，包括强制堕胎，多年来中国政府一直受到多方谴责。近年来中国人口的结构问题凸显，老龄化严重，儿童性别比畸高，计划生育的目标和理论依据受到很大质疑。此外，日本、德国等低出生率国家也面临着较严重的人口老龄化问题。

因此，获得安全有效的节育，平衡人口、经济和生育控制间的关系，仍是在全球范围内需要迫切关注的问题。

（艾斌）

参考书目

O'reilly Andrea, ed. *Encyclopedia of motherhood* (Vol.1). Sage Publications, 2010, 121–126.

生育能力（Fertility） 生育能力指的是生物繁衍下一代的能力。人类进入工业社会之前的繁衍能力一直是人类学家、考古学家以及人种学家所关注的问题。研究人类繁衍能力的方法主要源自于人口统计学和生殖生物学。

对于人文与农业发展的关系，不同人类学家的研究成果往往相互冲突。他们通过使用不同的统计学方法来研究人类群体的繁衍能力和经济生活方式之间的相关性。有研究表明，当人类进入农业社会之后，繁衍能力有了增强。但是，这个研究并没有阐释增强背后的机理。

研究人类繁衍能力的最大困难是采样时间，一个人类学家需要很长的时间去获得某一群体的生育能力以及自然状况的数据。

生育能力曾经被一度认为是一种简单的自然行为。但是，现代的研究表明，生育能力与社会形态、文化发展有着直接的联系。

传统上，考古学家非常重视生育能力，通常会与新石器时代的文化相结合。尽管旧石器时代的人类已经拥有了一些现代人的文化能力，但大多数情况下仅仅用生态学的框架来研究。但是，新石器时代的人类已经具备了社会性，因此生态学框架就不再特别适用。另一个新石器时代人类的特征是，由于农业的发展使得人类形成了生殖崇拜来保护、强化和宣传生育能力。

这个概念被广泛地应用到解释各种新石器时代女性或者类似女性的雕像。由此引申出许多与出生、结婚、养育等繁衍过程相关的假设。这些特征都能跟母性崇拜联系起来。

母性崇拜广泛存在于世界各地。但是由于不同地方的人类进入新石器时代的时间不一样，因而母性崇拜的现象也各不相同。农业的发展和缓慢传播也不能使人类形成一个完全一致的信仰体系。

新石器时代的雕塑有很多与怀孕和出生有关。这说明生殖能力在过去的社会中很重要。人类意识到女性能够怀孕并且生育后代是人类发展的重要因素。

（艾斌）

生殖崇拜（Fertility cult） 生殖崇拜是人们将自然界的生成变化、动植物的繁育以及人类自身的生殖等现象通过联想加以神秘化，并由此产生某种崇拜观念。具体指运用模仿物象征女阴和男根，或女阴和男根的结合象征，选择某些自然界的动物、植物、景物来象征女阴和男根，运用歌吟、舞蹈等多种文化手段描摹、表现男女交媾的情景，并进行崇敬、膜拜，都属于生殖崇拜的范畴。

根据考古发掘，生殖崇拜遗迹最早出现在旧石器时期晚期，以新石器时期为典型，而且以女像为主，在西方出土的新石器时期女像多为陶塑，广泛发现于西亚、小亚细亚沿海地带以及欧洲等地，其造型大多忽略面部五官而刻意夸张性特征：臀部丰满，腹部圆鼓，充分显示女性所特有的旺盛生殖力。根据学者推测，此类雕像“似与对丰饶的崇拜有关”。中国出土的裸体女像崇拜物属于新石器时代，如内蒙古林西县西门外出土的两尊兴隆洼文化石雕像，均为裸体孕妇造型，河北滦平后台子共出土6尊石雕像，亦均为裸体孕妇造型。

这类石雕像应为北方地区远古先民的家庭保护神，具有生育女神与火神双重神格。与欧洲的考古发现——奥瑞纳文化类似，这类石雕像多发现于火塘近侧。而现存少数民族生活资料也为此结论提供支持，如纳西、普米、景颇、佤、藏等族，每家都有一个象征家庭保护神的火塘。藏族、普米族和纳西族尊称火神为“阿依詹巴喇”，意为“吉祥的祖母神”。其象征物为一泥土浮雕，设于火塘上方，代表多产多育的女阴。通古斯系统古代民族有把女阴和火联系的观念，例如古代日本和朝鲜，便将女阴称作“火所”。

史前部落文明，为了维系部落生存，必须力求不断增殖人口，生殖被视为神圣义务，多产多育象征部落兴旺，生殖是群体对个人的强制性要求，为了激发旺盛的生殖力，各种奇异的祈殖仪式和性巫术便在万物有灵观念作用下出现。黑格尔曾说：“对自然界普遍的生殖力的看法是用雌雄生殖器的形状来表现和崇拜的。”在中国各地发掘的古遗址中，陶祖或石祖屡屡可见，如甘肃秦安大地湾遗址发现象征男性生殖器的陶祖，临夏张家嘴遗址出土石祖，制作惟妙惟肖。在岩画中，也可见到脱离人体而独立存在的灵根，如连云港将军崖岩画，耸立的灵根和农作物及人面像出现于同一画面，其主旨就是要祭祀祈祷旺盛的生殖力，期望农业和人口双丰产。内蒙古狼山乌斯台沟和桌子山岩画，同时表现了男根和女阴。

在古埃及，祭祀奥西里斯的祈殖仪式十分隆重，每年三月二十五日举行“男根巡行仪仗”，其象征物便是用无花果木雕刻的男性生殖器。古代叙利亚妇女习惯把木雕阳具随身佩戴，作为护身符。法兰西则有用白云石刻成的庞大生殖器造像，妇女有佩戴小型男根的习俗。源自古埃及的生殖神奥西里斯在古罗马演化为酒神巴考士，人们为其举行隆重的狂欢祭典，女人们围绕着巨大的阴阳性器具放歌狂舞。北美印第安人的“水牛舞”、霍比人的交媾舞，也都是围绕对生殖交媾行为的模拟。中国性器崇拜风俗十分丰富：川滇交界处泸沽湖畔的摩梭人和普米族，将格姆山天然石柱奉为灵根膜拜，未婚少女撩起衣裙，拥抱石柱，据信可获得旺盛的生殖力。丽江白族和纳西族把象山脚下圆锥状石块视作灵根，凡婚后不育或性欲衰退的男女都来此祭拜。剑川石宝山供奉的阿央白，意为姑娘的生殖器，来此祈育的妇女络绎不绝。四川木里大坝村鸡儿洞中供有石阳具，妇女祈育时除了祭拜，还须在石上骑坐。西双版纳傣族和西藏门巴族则分别崇拜石祖、木祖。性器官崇拜在民间祈殖舞中也有反映，广西合浦苗族有跳峪头习俗，舞者手操扁担式奇伟男根做交媾状动作。

许多农业社会尤其重视生殖崇拜，除了本身的人类繁衍之外，人们更将其与丰产联系起来。中国发现了一些新石器时期收藏谷种的陶瓶，造型为孕妇形象，共同特点是：人体形象的陶器，器口位置塑出头像，表现五官，人像头顶或颈后、胸部开有圆孔，器身隆鼓，象征身孕沉重，人体丰满。此类器物在浙江嘉兴大坟、甘肃秦安大地湾和寺嘴坪、陕西商县都有发现，应是用于祈殖场合的巫术道具，将储存种子与人类孕育相联系，以交感巫术，期望丰产。正如弗洛伊德所说：“土地的增产也可戏剧性地由人类的发生性关系来加以促成。”这类风俗流行于世界各地。

（哈正利）

参考书目

［1］廖明君. 生殖崇拜的文化解读. 桂林：广西人民出版社，2006.

［2］赵国华. 生殖崇拜文化论. 北京：中国社会科学出版社，1990.

［3］傅道彬. 中国生殖崇拜文化论. 北京：湖北人民出版社，1990.

生殖仪式（Fertility rite） 提升土地、人类、动物的繁殖力的仪式。祭仪、制度化宗教以及其他社会制度里都会有生殖仪式发生。可随着季节性循环举行，或即时性地发生以处理流产、不孕不育一类的具体事件。生殖崇拜常遵循交感巫术的相似律与接触律原则，人们期望仪式中的巫术行为影响自然现象。土地的繁殖力、女性的生育力以及阴茎崇拜都是常见的仪式对象。一些生殖崇拜把身体的生产力、自我恢复能力和宇宙冥冥之中的力量关联起来，认为人身受到自然及超自然等外界力量的支配。

生殖崇拜在各个时期、各个地方都普遍存在。早在新石器时期，以狩猎采集为生的人类就开始为人与动物的繁殖力制作小塑像和岩画了。古罗马的农神节纪念太阳、季节的重生，土地和身体的繁殖力，以及社会秩序的更新——奴隶和奴仆此时会暂时获得自由。农神节的一些特质被吸收进了圣诞节。一些寻找文化起源的研究把生殖崇拜看作人类理解世界和宇宙的最基本的努力。詹姆斯·乔治·弗雷泽就认为生殖崇拜和巫术在早期人类社会盛行，意在谋求更新自然世界的生产力。

（王静）

声景（Soundscape） 强调声音与环境关系的概念。“声景”这一概念，首次由谢弗（R. Murray Schafer）提出。他在1977年出版的《世界的和谐》（*The Tuning of the world*）一书中，首次对“声景”一词进行了界定：“声景即声音环境。从学术上说，声音环境的任何一个部分都可以当作一个研究领域。该术语可以指真实的环境，换句话说，也可以指抽象的结构，尤其是被视为一种环境，例如乐曲和磁带蒙太奇。”

“Soundscape”被译为“声景”，是由声音“Sound”和具有景观含义的词根“scape”组成。这一概念既包含了生存环境中的声音，又有文化对声音赋予的景观的、美学的内容。因此，声景即声音景观，是一种将声音和景色联系的处理，也是一种听觉风景。“Soundscape”一词是由景观（landscape）推演而来的，二者不同的是：景观更偏向于视觉感官，而声景则更偏向于听觉感官。二者之间除区别之外，又存在着密切的联系，即声景研究是基于听者、声音与环境三者之间的相互联系，一切声景研究都依赖周围的环境，换句话说，“声景”是将声音与环境相结合的艺术形式。

声景概念的提出，就是将人们的听觉感受放置到他们所栖居的生态文化中去考虑。谢弗曾说过：“具体的声景如同建筑、风俗和服饰一样，标志着一个地域的特征。”但现状则是，越来越多的声景已经完全湮没于同一化的都市声景中，其基调声是无所不在的交通噪声。如此，要从环境、美学、文化保护等方面看待这一问题，就不得不提升到声音生态学的层面上。

声音景观理论，是涉及多学科的一个理论体系。从文化生态学角度，每一个文化传统都有其特有的声音资源，人类制造的噪声（noise）不宜介入自然的和传统的生态资源。从文化人类学角度来看，“声音景观”是特定文化传统的声音特征，如侗族大歌是侗族文化特有的一个声音特征。从生物角度来看，每一种生物都发源、进化和生存于特殊的声音环境之中，破坏这个环境会对生物有害。从音乐学角度，人类从音乐史的开头，就在寻找和拓展新的声音，如乐器的发明，就是对音乐范畴中声音景观的开拓，近半个多世纪对电子音乐音响的应用，就是一个最近的例子。从音乐类“非遗”角度，声音景观理论还是强调对传统声音/音乐环境的保护，摈弃“现代文化/音乐中心”的价值观，不要轻易对传统的音乐作品进行自以为“先进”的改编，要对传统音乐及其传承人给予充分尊重以保持与保护人类和地域音乐文化的多样性，为人类音乐文化的未来发展保存尽可能多的基因，赋予全球音乐文化“声音景观”以丰富、多样和缤纷的种类与色彩。

（魏琳琳）

参考书目

Schafer, R. Murray. 1977, *The soundscape: our sonic environment and the tuning of the world*, New York: Knopt.

声音（Voice） 伴随着20世纪70年代对人类学表现形式的批评而出现的概念。它指的是，人类学家采取代替他人思考和感受的知情人的立场而导致报道人的声音几乎被听不到。这种现象有时也被称为表现的“暴力”。例如，女性主义者控诉女性在传统人类学的文化描述中是失声的，她们地位和观点的缺失导致了差异问题。

在20世纪80年代，对话人类学兴起，它试图纠正差异问题和传统民族志中的声音问题。人类学家凯文·德怀尔和丹尼斯·特德洛克展望了人类学家和报道人在对话中相遇的情景。在这一方法中，文化表现被认定为沟通的构建，而且民族志作品应表现它的构建方式。这一观点的来源可能是俄国文学批评家巴赫金的对话理论。然而，在文化表现中展现受控制主体的声音的可能性也受到了质疑，即由“他者”完成的民族志是否更“权威”。德里达认为，在西方的形而上学理论里，声音是一个“自我表现的概念”，因此它的原初性是站不住脚的。

（宋荣）

剩余（Surplus） 一般意义上是指一个社会的生产输出超出其习惯的生活水平。这一概念通常由人类学家作为一种有力的策略帮助解释文化发展或社会经济变化。这种论证说明了这样的事情：一个社会，考虑到其环境和技术手段的限制，生产的实质性是剩余（即增加净输出超出其习惯的生产水平）。如果一些团体，如宗教、政治或军事领导人，设法霸占这剩余（或它的一部分）来承担自己的活动，这将导致经济领域的专业化和更大的分工差异并引发一个更复杂的政治组织。

批评者（皮尔逊，1957；道尔顿，1960，1963）指出，由于很难确定什么是习惯维持生计水平，很难来确定剩余超出此可能习惯的水平的数值。因为所有的社会都能产生剩余，关键的问题是如何能在不同时间和地点产生剩余并使其成为惯例。这一困难一直被剩余理论学家所轻视，理由是确定必要的维护水平是的确很可行的，并具有跨文化的适用性（哈里斯1959）。因此有可能以一定程度的精确度评估一个社会是否产生剩余、剩余的大小。在任何情况下，这是存在争论的，更高水平地输出生产力显然与更复杂的经济和社会政治组织形式密切相关。剩余概念的批评者则反驳说，虽然确实存在生产力的更高层次和更复杂的社会政治组织形式之间的相关性，但这并不能说明体制机制或程序引起了所谓更高水平的生产力，人群并不总是能生产高达其环境和科技的最高限制的产品。

以上的争论的要点是清晰的，但不容易解决：剩余理论学家认为因果关系朝着一个方向发展（物资剩余出现，然后导致社会和政治的变化）；批评者则认为恰恰相反（社会和政治组织的变化带来输出增长和其用途的重新部署）。

（陈蕊）

诗歌（Poetry） 一种语言艺术的体裁，诗学是语言艺术的审美研究。正如雅各布森（1960：350）所说，“诗学主要涉及的问题，是回答什么让一个语言信息成为艺术作品”。近年来，“民族志诗学”（类比于“民族植物学”“民族音乐学”“民族史”）已经创造了（罗森博格，1983）一个领域用来（套用雅各布森的话）说明为什么一个语言信息在特定的文化传统中成为艺术作品。

直到20世纪70年代，诗学要么是几乎只关注西方和书面文学的文学评论，要么是研究在西方工业化国家以外的口头和表演传统，但只是被视为“基准”来探究如宗教和亲属关系等方面文化的人类学家关注的，却几乎没有人探究在一个地区的诗歌本身。在西方，学院派的学者包括人类学家，难以把握口头艺术的微妙和复杂性，更难重视口头艺术复杂性在日常文化中的思考与实践。米克（1979）是阿拉伯诗歌的一个先锋人物，他认为，贝都因人的诗歌表达了他们社会的核心问题：政治关系的不确定性和武装斗争的确定性。

对民族志诗学相对忽视的状态随着人类学家对民俗文化的掌握与影响而开始改变。民俗学家已经发现“帕里–洛德假说”关于荷马史诗的口头表演成分（M.帕里，1971；洛德，1960），对全球口头诗歌的意义产生了浓厚的兴趣（芬尼根，1977），并且把这种语言艺术看成一种表演（鲍曼，1977）。后者强调的理论意义在于，在口头表演的过程中可以观察到它的意义和形式构成（凯顿，1990；鲍曼、布里格斯，1990）。

在民族志诗学发展过程中有重要影响的还有交际民族志，这在20世纪60年代尤为突出（海姆斯，1974）。通过海姆斯在1981年对西北海岸土著文学的研究民族志，以及近期希尔泽对巴拿马库纳人的研究，交际民族志应运而生并迅速赢得了声望。丹尼斯·泰洛克的批评（德里达之后）在海姆斯和其他人类学家的交际民族志中，对语言上的转录和翻译中存在“理性中心主义”偏见（泰洛克，1983）。他呼吁一种新的理解方式：在翻译口语艺术形式时应基于“对话”或话语的巴赫金模型（巴赫金，1981）。当然，这些方法不是相互排斥的，他们对在文化语境中的声音和意义的问题都有浓厚的兴趣。

最后，特别是在过去几十年的美国，诗人不仅激发了民族志诗学研究其他文学的传统，显而易见的是，他们还借用民族志诗学来创造自己独特的作品。例如，像在奥尔森、斯奈德和巴拉卡的诗歌体现的那样。相反，人类学家开始在公共学术活动中朗诵自己的诗歌作为一种呈现民族志的新形式，从而挑战学术和艺术话语之间的边界。就像1982年12月在美国人类学协会的年度会议上，斯坦利组织的会议那样。然后，与民族志诗学有关，一个新的实践——“人类学诗学”产生。这更多的是诗歌、诗学影响人类学理论的一种表征和实践（布莱迪，1991），或作为民族志的发动机（戴蒙德，1986），而不是研究诗学本身。在不远的将来，这些很可能交织成一个更普遍的领域，就称为“人类学诗学”。

（蒋萍）

施耐德（Schneider, David Murray，1918— ）美国象征人类学家。施耐德出生在美国纽约市布鲁克林区，他在康奈尔大学打算主修农业细菌学专业，但由于很大程度上受到洛锋利的影响，又使他转到人类学专业。作为毕业生在耶鲁工作短暂的时间后，他应征入伍。在此之后，在玛格丽特·米德的敦促下，他承接了哈佛大学社会关系的新博士项目。他在那里研究了人类学家克莱德·克拉克洪和社会学家乔治·霍曼斯、塔尔科特·帕森斯。

施耐德对象征人类学和亲属关系的研究做出了重要的贡献。他将文化定义为含义和符号的系统，从社会制度中着重地区分文化。而且，施耐德对密克罗尼西亚人种学的研究也做出了重要的贡献。1947—1948年，经过了一段时期的实地考察，在密克罗尼西亚岛上施耐德得出结论，他的前辈们的亲属关系研究“绝对都是错的”，他在此奉献了自己的一生，就是为了开发两者选其一的方法。从20世纪60年代到70年代中期，他在芝加哥大学的人类学系有很强的实力，帮助大洋洲创立了社会人类学协会。而且，通过他将亲属关系作为一种文化系统来看，他的后现代解构主义人类学成为可论证的最重要的先导。

在1955年，施耐德与霍曼斯共同合著《婚姻》《权力》《终极原因》，批评了克洛德·列维·斯特劳斯的母系超过父系中表婚的结构分析。那些结论导致英国人类学家尼达姆·罗德尼与其辩论。施耐德引用最广泛的是《美国亲属制度：一种文化的解读》，其中他借用血缘关系来说明研究文化的方法。他试图消除之前的假设，通过观察社区成员定义自己的文化单位来鉴定含义和符号，用他敏锐的洞察力阐明潜在的告密者的文化体系的顺序。结果是亲属关系的看法不同于持有大多数美国当地人的常识观点，但是关键的观察者打算使常识性的观点能够被理解。他认为亲属关系是一种文化体系，不是一套生物学的客观事实。美国人使用生物学的关联性作为亲属关系的象征来定义和区分其他文化领域，那些符号的运用不能口述客观的生物起源事实。后来，他认为文化水平不可能从宗教、国籍这样的其他领域中区分亲属关系。最终，他声称亲属关系仅仅是一个人类学概念，不存在于任何已知的文化。他对亲属关系研究的批判，探索所谓亲属关系的不存在的含意，以及文化分析如何扭曲这种存在的错觉并贯串人类学历史始终。

（周海韵）

石牌制（Shipai system） 曾存在于中国广西大瑶山和贵州瑶族地区的政治组织形式。人们将维持生产活动、保持社会秩序和治安的习惯法制成若干具体条规，经石牌会议（全体群众会议）通过后，刻在石牌（或木板、白纸）上，以便共同遵守。石牌的内容包括保护生产发展，维护财产安全，维护家庭、婚姻关系，防御外侮和匪盗，解决内部争端，保护经商及财产等，并附惩戒处罚规定。通过的规约称为“石牌律”“律法”“条规”，凡参加订约的都要严格遵守，如有违犯要按石牌的规定处置。广西大瑶山有总石牌（又叫七十二村石牌）、大石牌（如二十四村石牌）、小石牌（十村石牌）之分。也有根据参加户数取名为千八百石牌、百八石牌、一百九石牌、六十六石牌等。

发生争端时，要经过“请老”（用禾秆穿上铜钱送到头人家请头人来判案）、“剪草为筹”（以禾秆为筹）、摆道理（各自说理，每陈述一条理由折禾秆一节交给头人）、判案（头人根据双方陈述判案）、“交码”（用禾秆扎上铜钱或手镯作为码交给头人）等程序来调停。较大的争端如田地山村权债、人命案等，头人完全处于调解立场，无权强制当事人接受自己的调处。调解无效头人就会“退码”（把码退还双方）。

石牌头人由善于言辞、办事公正、有胆有识的青年在老一辈头人培养下逐渐树立威信之后担任，一般为男子。若在排解纠纷中得到其他村寨群众的拥戴，可由小石牌头人变为大石牌头人。头人无固定报酬，仅在处理纠纷时得到当事人供给饭食或一定的报酬。

如双方对石牌头人的判案不服，双方可以用武力“开打”决定胜负，即举行械斗。“开打”时，双方各自邀请合族亲房援助，明枪对打、埋伏暗杀或捕捉人质。直到一方认输，或双方损失过大，再次请头人出面调停为止。

在判案过程中为了惩罚违反石牌法的人，头人会带领村寨群众去兴师问罪，叫作“起石牌”。起石牌后，田地山林纠纷、处理盗窃人犯、防匪御匪或离婚诉讼等案概由石牌头人判处，因此有“石牌大过天”之说。判案有时也借助于砍鸡头、进社、装袋或烧香等神判方式。

石牌制是由习惯法发展而成的一种独特的社会整合机制，是带有地方自卫、自治性质的法律制度和社会组织，曾经对当地社会的生产发展、秩序安定、文化延续和社区团结发挥了一定的作用。1940年，中华民国政府设立管辖大瑶山的县一级政权机构——金秀警备区署；两年后改置金秀设治局，推行保甲制，石牌制在当地逐渐消亡。民国年间其他地方的石牌制也不再延续。

如今石牌制不仅依然影响着这些地方的司法实践，而且被赋予了新的意涵，成为当地村民自治制度建设、社区管理乃至地方和族群文化建设的重要文化资源。在打造“石牌制廉政文化”的口号下，2012年，广西金秀县瑶族博物馆建立了以“石牌制”为载体的“瑶都民族廉洁文化基地”。

（王建民）

石器时代 1819年丹麦考古学家汤姆森（Thomson）曾根据人类创造并使用的工具将人类社会分为石器时代、青铜时代和铁器时代，即为考古学上的三期说。因人类最初使用的工具至今留存下来的主要是石器，故考古学上将金属时代以前，人类主要使用石器的时代称为“石器时代”，即三期说中的第一期。这一时代是人类从猿到人的漫长的、逐步进化的时代，约占人类历史的99.8%以上。据推断，石器时代还伴随着木材、骨角器、贝类等其他材料的广泛使用，只是因为时代久远，这些材料难于保存，考古发掘鲜有发现。一般而言，

石器时代

石器时代被认为是从大约300万年以前开始，当第一件人造的石制工具在非洲出现开始的。根据石器制作技术水平和使用的复杂程度的不同，石器时代又可以分为旧石器时代、中石器时代和新石器时代。旧石器时代以使用打制石器为主，人类主要以狩猎和采集为生。打制石器的种类繁多，有砍砸器、刮削器、尖状器、雕刻器、刀形器等主要类型；每种石器的打制方法也不尽相同，有间接打击法、碰砧法、摔击法、砸击法等主要方法。旧石器时代亦可根据石器加工的复杂程度分为三个时期：旧石器时代早期的石器比较简陋，一般对天然石材只进行简单加工，石器形状不规则，一件石器往往具有多种用途；旧石器时代中期的打制技术有了很大提高，加工也比较精细；旧石器时代晚期的石器已经出现了穿孔和磨光技术。中石器时代属于从旧石器时代向新石器时代的过渡阶段，这一时期，人类既使用打制石器，也使用磨制石器。新石器时代以大量使用磨制石器为主，人类也发明了陶器，出现了原始农业、畜牧业。事实上，在不同的地域和文化中，石器时代各阶段的更替呈现出较大的差异性。石器时代留下了大量的石制品，考古学上对石器的研究主要涉及对石器的测量以及对石器制造技术、功能、意义等方面的研究，据此进行石器所属社会、历史、文化、艺术等方面的研究。

（唐莉霞）

《石器时代经济学》（*Stone Age Economics*, 1972） 马歇尔·萨林斯（Marshall Sahlins，1930—），当代人类学大师，我们所处时代中最显著的美国人类学家之一，确立了人类学的新风范。他在书中认为，资本主义的金钱理性，与斐济人、特罗布里恩德岛民的物质实践是殊途同归，只是更大文化价值体系的结果。无论是西方还是非西方，理性只是文化的一种表述。理性与文化绝不是对立的，这种二元对立毫无根据，西方所谓的经济理性也是受其文化体系影响的。这源自于他对长期以来存在的那种认为西方社会在经济理性的影响下运行，而非西方社会则受制于文化价值这一观念的不满。

萨林斯在《石器时代经济学》中用比较民族志的方法，对斐济人、特罗布里恩德岛人、夏威夷人、夸口特尔人和其他原始社会的生产、分配和交换活动进行了比较和概述，呈现原始社会的生产与交换是如何受文化观念所决定。包括宇宙起源神话、王权仪式、家户结构、亲属关系、政治观念等在内的价值体系对这些物质活动产生着根本性的影响，可以说后者承载了特定社会的整个文化结构。该书反映着萨林斯的一个追求：将西方相对化，即将之视作“无数的他者之一”，质疑西方理性的普遍性，并在其文化逻辑之内寻求西方的本土性和特殊性。这一过程恰恰反映出萨林斯试图以“文化人”概念替代“理性人”概念的努力。萨林斯批判了那种以西方经济学概念解释非西方文化的论点，指出现代西方社会与历史上及现存的非西方社会存在的根本差别在于：非西方社会中的经济不是独立的现象，而是社会制度、文化观念、行为规范、宗教信仰的综合体系的一个组成部分，与其说经济决定社会与文化，还不如说社会与文化塑造了经济，或者说社会、经济、政治、意识形态共同塑造了文化。

（刘荣）

时间（Time） 一个富含了多种意义的概念，其中，最重要的意义是对变化的感知。人们在谈论时间的时候，实际上是在谈论发生在时间中的事件；当我们说“时间是最好的良

S

药”的时候，并不是说时间本身有治愈功能，而是说，随着时间的流逝，会发生一系列相互联系的事件，这些事件最终会导致伤口的痊愈。

关于时间的本质与起源，不同的文化都有不同的解释，这些解释通常与宇宙观（cosmology）联系在一起。人类学对于时间的关注，主要在于两个方面：第一，人类如何创造与表达时间，这些表达方式与西方人熟知的牛顿式时间有什么区别；第二，民族志中的时间表述如何将他者“冰冻”在了无时间的状态。

18世纪晚期，西方人普遍认为，全人类对时间的感知是一致的，并且，这种感知是个体化的。从1910年开始，这种观点开始遭到人类学家的质疑。涂尔干（Emile Durkheim）、莫斯（Marcel Mauss）和于贝尔（Henri Hubert）指出，在不同的社会群体中，对于时间的感知与表达是不同的。时间是一种文化建构，虽然它可以在个体层面被经历，但归根结底，它是社会生活的产物，并被社会成员共享。这些研究主要关注日历与时间的节律，研究时间是如何被建构起来的。于贝尔通过对宗教时间的研究指出，日历并不是为了给予某个宗教仪式以固定的日期，而是为了规定神圣与世俗的间隔。葛兰言（Marcel Granet）在对古代中国的节庆研究中也指出，节庆是农民生活的节律时间的标志，它们与太阳的运行周期（阳历）并没有实质性的关联，是季节的状态决定了日期，而不是相反。

埃文斯·普里查德（E. E. Evans-Pritchard）对努尔人的研究延续了涂尔干等人对于时间的结构功能主义视角。他指出，努尔人并没有任何对应于我们语言中“时间”一词的概念，他们不像我们那样谈论时间，好像它是实际存在的某种东西，可以流逝，可以浪费，可以节俭。他们对于时间的认知更多是从社会活动中而来，这些活动遵从一定的逻辑顺序，但并不受一种超越于社会之外的抽象系统的控制。表示某个事件所发生的那一年的最常用的方法，不是用阿拉伯数字进行标记，而是提起村落的人们那时正在何处修建他们的旱地营地，或是他们的牛遭受到了怎样的灾难。一个家庭可以用他们牛群中小牛的出生来估算时间，婚礼与其他的典礼、械斗以及袭击同样可以作为时间的参照点。此外，由于时间对于努尔人来说是一系列对于某个群体有突出意义的事件的顺序，因此，每个群体都有自己不同的时间，各年的名字都是从部落经历的洪水、虫害、饥荒、战争等事件而来，随着时间的推移，这些年的名字会逐渐被忘记，超出这种粗略的历史计算界限之外的所有事件便逐渐隐没在“许久之前”的模糊背景之中。

埃文斯·普里查德区分了“生态时间（ecological time）”与“结构时间（structural time）”的概念。在很多时候，努尔人会用群体之间的相互关系，即年龄组制度来定义时间。一个努尔人会说，某事件发生在“苏特（Thut）”年龄组产生之后，或者在“鲍伊洛克（Boiloc）”年龄组的成丁礼期间。这种时间估算的结构系统为群体赋予了一种共同而独特的历史，时间成为社会结构的概念化表达。更为有趣的是，由于结构总是相对稳定的，因此，对时间的感知只不过是人们在结构中的一种运动，这种运动通常以群体的方式进行，但结构本身则保持不变。

这种“不变的结构”在列维·斯特劳斯（Claude Lévi-Strauss）关于“热社会”与“冷社会”的区分中得到了更为清晰的表达。在列维·斯特劳斯看来，现代社会是“热”的，是动态的、有历史的；而原始社会则是“冷”的，是静态的、无历史的。这样的二分法，充斥于人类学民族志的写作之中。生活在遥远世界的“原始人”，他们的社会总是静态的、不变的，是处于时间与历史之外的，只有在被西方人发现、拯救，并纳入到全球化的秩序中时，他们才开始拥有真正意义上的历史。

这种认识论，事实上有着它的“知识起源”，并与欧洲的整体历史相互勾连。费边（Johannes Fabian）在《时间与他者》一书中，便对这种基于时间序列的社会类型划分展开了知识考古学的勘察。费边认为，在中世纪的“黑暗年代”，神创论是欧洲的正统，这是

"时间的神圣化"的时代，欧洲的时间观念都遵照宗教的神圣性来区分。15世纪地理大发现之后，欧洲人更多地了解了世界各地的物产与风俗，但在教堂的控制下，还没有形成挑战"神圣时间"的说法。那时，为了"历史本身"而去拯救沉醉于历史中的世界，成为启蒙哲学家自我标榜的使命，他们有着共同的信念，即这个世界上存在着一种超脱于所有文化、所有民族、所有宗教的时间流动程序，它的实质表现在于那种"不以人的意志为转移"的历史进程之中。

在整个18世纪，从事异文化研究的欧洲学者，自称为"时间的旅行者"，即他们阅读关于异族的文献，访问偏远的部落，都很像是在重新走人类的祖先走过的道路，很像是从"现在"进入"过去"。19世纪初期，自然科学中发生了认识论的革命，"均变说（unifortarianism）"替代"灾变说（catastrophism）"成为主导思想，地球曾经发生过的所有变迁，都可以在一种受历史规律支配的不间断序列中找到自己的位置。当这种进化论的思想传入社会科学界之后，时间便完成了自然化的进程，整个世界都被放置进了一个不可逆转的时间之流当中，有些文化在时间之河的上游，有些则在下游。这样，文化上的距离同时变成了时间上与空间上的距离，当人类学家前往异域文化展开研究的时候，也通过在时间上拉开距离的方法构建了区别于自身的"他者"。

为了遮掩这种知识上的构建，人类学家干脆让时间从民族志中消失。人类学田野的基本要求是研究者与被研究者的同时在场，即二者共享同一种时间。只有通过相互交往，才可能产生对另外一种文化的认识。然而，在实际的文字表述中，这种互动的过程却往往被忽略，所呈现的只是平静直白的"遥远的异域"。这些"异域"与"异域的人们"永远生活在"民族志的现在（ethnographic present）"，人类学家用现在时对他们的风俗、仪式与社会生活进行客观冷静的描述，使他们在历史长河中注定消失的特质得以保留在文本之中。随着"原始人"变成没有历史的人民，人类学家也变成了历史的拯救者。

总之，时间在人类学研究中始终是一种双重性的存在：一方面，它是人类学的研究对象，不同文化中对于时间的感知与表达既与其社会系统的运转方式有关，也与其对于世界的整体性认知有关；另一方面，人类学也是在时间中写作的学科，西方式的时间观不可避免地会影响到人类学的知识生产，并建构起"东方学"的想象与西方的知识霸权。随着后现代思潮的兴起，这种知识生产与知识霸权开始得到了系统的清算与反思，但尚未找到完美的替代之物。

（刘琪）

参考书目

［1］Fabian, Johannes, 1983, *Time and the Other: How Anthropology Makes Its Object*, New York: Columbia University Press

［2］Gell, Alfred, 1992, *The Anthropology of Time*, Oxford: Berg Publishers

［3］Hubert, Henri, *Essay on Time: A Brief Study of the Representation of Time in Religion and Magic*.

［4］埃文斯·普里查德. 努尔人：对尼罗河畔一个人群的生活方式和政治制度的描述. 褚建芳等译. 北京：华夏出版社，2002.

［5］葛兰言. 古代中国的节庆与歌谣. 赵丙祥，张宏明译. 桂林：广西师范大学出版社，2005.

［6］列维·斯特劳斯. 结构人类学（第二卷）. 上海：上海译文出版社，1999.

［7］王铭铭. 西学"中国化"的历史困境. 桂林：广西师范大学出版社，2005.

［8］赵旭东. 人类学的时间与他者建构.《读书》，2001（7）.

时间与他者（*Time and the Other*，1983）　约翰内斯·费边（Johannes Fabian，1937— ），为荷兰阿姆斯特丹大学文化人类学教授，先前曾任教于西北大学和卫斯理大学以及扎伊尔国立大学。费边认为人类学中关于时间的一套完整话语仅仅向我们显示了人类学家是如何在建构理论以及书写时使用时间的。人类学是在通过时间建构他者，离开时间的划分，他者是不存在的，因而也可以说，他者存在于人类学家发明出来的时间之中。

费边坚持“反思”，认为在人类学话语中，将主体取消或者隐藏起来，常常会导致认识论的虚伪，以批判态度来对待人类学家会说的本土的语言是一种工具，是获取信息的一种途径，要使用科学传统上的地图、图表来说明问题的田野预设。

而在民族志写作话语中存在着三种时间:一种是所谓的“物理时间”，这是寻求对现实的一种客观记录，包括对田野考察地点的人口生态和经济等状况的描记;第二种时间包括相互关联的两种。一种是所谓的“世俗时间”，另一种就是所谓的“类型学时间”，这是指一种时间上的测度，它是依据在社会文化上富有意义的事件，或者更确切地说就依据这类事件之间的间隔；费边提出了人类学话语中第三种使用时间的方式，即“互为主体性的时间”，这种时间观反映的是当下社会科学所强调的人的行动和交往的沟通本质。当文化不再被想象成一套由特异群体的个体成员实施的一套规则，而是将其看成一种行动者在其中创造和产生出信仰、价值观以及其他社会生活的手段的特殊方式时，人们便会认识到，时间是社会现实的一种建构维度，离开时间是无法思维的。费边试图建构一种有关“同时代性的理论（a theory of coevalness）”，他提醒我们，一种同时代性的理论被想象成是不断地与人类学的话语及其主张相对立的，要在完善发展的人类学的背景下来仔细地审视其中“时间的使用”。

（刘荣）

实践人类学（Practicing Anthropology） 尽管应用人类学的名字最早出现在19世纪末，但其在人类学界的地位是随1941年鲁思·本尼迪克特和玛格丽特·米德等人建立应用人类学学会（Society for Applied Anthropology）而确立的。实践人类学的名字来源于马林诺夫斯基1929年以“Practical Anthropology（实践人类学）”为题目做的讲演，但直到20世纪70年代，实践人类学才迅速成长起来，美国人类学协会1983年成立全国人类学实践协会（National Association for the Practice of Anthropology），支持和推动实践人类学家的工作。1978年应用人类学学会出版杂志《实践人类学》（*Practicing Anthropology*）前，实践人类学一词并不常用。应用人类学和实践人类学是否有区别存在争议，因为两者都是用人类学的方法去研究社会问题，通过影响政策和实践，推动社会变迁。有学者认为两者没有区别，可以互用；有学者认为实践比应用包括的范围更广，因为它包含所有非学院人类学工作；有学者则认为实践人类学是应用人类学的一个部分；有学者主张应用人类学主要关心创造能对他人有用的知识，而实践人类学是在社会科学调查外，直接从事干预工作，让他们的知识和技能有用和容易得到。可见，对两者的区别，没有统一答案。但应用人类学学会和全国人类学实践协会的会员相互重叠，常常一起工作，说明两者间的区别很模糊。美国在2000年2月，成立了实践和应用人类学项目联合会（The Consortium of Practicing and Applied Anthropology Programs），对所有开设应用和实践人类学教育课程的学校开放，推动应用人类学的学生、教师和从业者的教育和培训工作。中国老一辈人类学家,如吴文藻、费孝通和林耀华，把西方人类学所倡导的社区研究的思想引入中国，开展一系列的汉人社区研究实践，以解决中国的实际问题。当代中国的人类学者承继了20世纪30年代、40年代中国本土人类学家以乡村社区研究为基础的学术传统，将人类学的学科研究旨趣与中国改革开放时期的发展问题相结合，关注汉人农村社区的社会发展实践，开展少数民族社区文化研究，关注于人类学的应用性实践，尝试人类学与其他学科的跨学科合作研究。

（陈刚）

参考书目

［1］Satish Kedia, *Practicing Anthropology*, in H. James Birx, ed., *Encyclopedia of Anthropology*, Thousand Oaks, California: Sage, 2006, pp.176–180。

［2］庄孔韶. 行旅悟道:人类学的思路与表现实践. 北京：北京大学出版社，2009.

《实践人类学》（*Practicing Anthropology*）
实践人类学原指英国功能学派的创始人马林诺夫斯基在1929年使用的应用人类学的名称。《实践人类学》是美国应用人类学学会以职业生涯为导向的一本刊物。它的总体目标是：为不在学术机构工作的人类学家提供职业信息媒介；为校园内外的学术实践搭建沟通的桥梁；探索人类学在政策研究和施行方面的作用；为人类学在当下和未来的发展进行调查。

（蒋萍）

实用主义（Pragmatism） 源于19世纪70年代美国学界的哲学思潮。该思潮在20世纪前20年风靡美国各领域，50年代之后最终让位于逻辑实证主义以及语言分析哲学。但在60年代和70年代西方哲学又迎来了实用主义复兴，出现了“新实用主义”及其他形式，如“新皮尔斯主义”“新詹姆斯主义”“新杜威主义”等所谓“新古典实用主义”思潮。

实用主义哲学的社会渊源来自美国的清教徒精神、加尔文主义道德观，以及追求成功、提倡发明创造、寻求美好工作和生活的实践意识。而其思想渊源来自希腊智者派与怀疑论者派等诸多欧洲哲学先贤们的观点，如关于自然、生命和理性的进化论观、知识的实践性和推理理论、信仰目的论以及意志与愿望在信仰形成中的作用等等。

皮尔斯（Charles Sanders Peirce）、詹姆斯（William James）和杜威（John Dewey）被公认为美国实用主义哲学的先驱。皮尔斯的科学暨方法论实用主义将逻辑和符号学融合而成为符号和语言理论，他在19世纪70年代首次明确提出实用主义原则，试图将其作为一种发现意义、验证科学观念和理论的真理与价值的方法，也试图为经验的（实验的和可观察的）科学实践提供一种客观标准；詹姆斯的心理学暨人文实用主义融合了道德伦理与宗教思想，认为实用主义不仅是“旧有思想的新名称”，更是“一种心理、态度，一种关于观念与真理性质的理论，终归是一种关于现实的理论”；杜威的社会暨政治实用主义融合了文化和教育，认为科学只有成为人类研究过程的一部分时才是重要的，科学是以人类幸福的名义不断获得发展和修正的，科学的价值要从属于生命的共同价值，因而其思想核心在于教育和政治，而非科学或宗教。实用主义的三种经典范式将哲学与科学知识、生活行为、社会民主等三个重要领域联系了起来。

实用主义哲学探索哲学上的“第三条”道路，即介于本体论上的唯物主义与唯心主义以及认识论上的理性主义与经验主义之间的道路，是一种开放的、反教条的、多元的、实践取向的哲学，从未形成一个统一的理论学说。它强调世界是人们通过自身需要和目标所看到的东西，对世界的描述均是满足了人们自身的某些意图而已。主张哲学应该保持常新与生机以及文化相关性，应该是批判式的公共话语，应该去解决“男男女女的问题”，应该是具有教化意义的话语。这种强调生活、动态经验以及对人类生活回报是“实用”思想，也被认为是典型的以成功为取向、寻求回报的美国式功利主义。

“五四运动”前后，实用主义大师杜威来华讲学，实用主义传入中国并掀起热潮。20世纪30—40年代，各种学说、思潮的斗争空前激烈，面对马克思主义的严重挑战，实用主义也有所扩展。中华人民共和国建立后，实用主义一度成为彻底批判与斗争的思潮。改革开放以后，对实用主义的研究开始走向繁荣，实用主义思潮也有了生存空间。

实用主义哲学对于人类学的意义在于对“人类为何物”这一问题的回答。首先，它强调的是基于自然主义、进化论和整体论的人类自我形象，认定文化与自然之间具有连续性，自然进化与文化演化之间具有连续性。人类实践与动物行为都是适应环境，但人类生活的维系是通过思想与智力行为的，人类语言是协调人类行为以及对待世界的首要工具。因此，与其他自然生物相比，人类的适应要更加充满活力，更加具有创造性。人类对自然的适应是为了他们的需求，而非简单地为适应而适应。实用主义哲学概念“世界改良论（meliorism）”也源于此。这也是基于社会文化建构主义的人类的自我（self）形象，即特定的人类创造物不会并且也不可能先于文化和社会而存在。人类具有自我变革的能力，通过创造文化，创造人类自身，几乎不存普遍的、稳定的人性概念。从最广义的道德和政治视角来看，人类是人们自己的馈赠，创造和改造人类能动者只能是人类自身，没有其他东西可以主宰人类的进化和命运。这一知识传统也直接影响到了人类学家马林诺夫斯基、博厄斯等。马林诺夫斯基在伦敦政治经济学院读博期间受到实用主义哲学影响，认为人类心理和人类文化源自于人类共同心理基础，关注于人类思想被文化形塑的方式。

（牛忠光）

参考书目

［1］R. 罗蒂. 实用主义：过去与现在. 张金言译.《国外社会科学》，2000（4）.

［2］江怡. 美国实用主义哲学的现状及其分析.《哲学动态》，2004（1）.

实证主义（Positivism）　一场哲学运动，也是一个思想体系。实证主义认为，人类的思想必须严格地遵循那些已经被经验证实或原则上可以被证实的确定（positive）事实，要包含由可观察的经验得来的确定（positive）信息。实证主义主要与形而上学哲学相对立，它把以往所有抽象的、不能用经验解决的哲学观念和问题都斥为错误和荒谬，更把宗教的直觉或天启看作空洞无力的猜想。

实证主义的根源可以追溯到英国经验主义认识论，但公认的实证主义创始人是法国哲学家和社会理论家奥古斯特·孔德(Isidore Auguste Marie François Xavier Comte) (1798-1857)。孔德在其里程碑式的六卷本《实证哲学教程》（*Cours de philosophie positive*）中构建了一套完整的哲学体系作为他所设想的社会秩序的基础。孔德提出了一种类似黑格尔的人类文明历史的进化图式，在该图式下，人类思维、知识和社会要经历神学阶段、形而上学阶段和实证阶段这三个阶段。第一阶段神学阶段是人类社会的“婴儿”阶段，人们怀有原始的、超自然的世界观，宗教和对自然现象的神学解释掌控着这一阶段；第二阶段形而上学阶段是“少年”阶段，探讨看不见的自然本质，由模糊的抽象概念和对自然现象的哲学解释统驭；实证阶段则是“成熟”阶段，这时世界被看作一个整体，一个由必然法则统驭的井然有序的有机体，主导实证阶段的是确切的知识和对自然现象的科学解释则。在此基础上，孔德认为，要重建社会首先需要重建科学，于是他构想出了一门新的社会科学，即社会学，他也被公认为是“社会学之父”。

实证主义随后经历了3个历史发展阶段。第一阶段就是指孔德的古典实证主义，又被称作“社会实证主义”，因为孔德希望“实证知识（positive knowledge）”不仅能提供一种真正的科学知识，而且能服务于人类社会的进步。第二阶段“新实证主义（Neo-positivism）”又叫“批判实证主义”（有时也叫“经验批判主义”），它关注直接经验，其开端可追溯到19世纪60—70年代。本阶段主要和奥地利哲学家兼科学家恩斯特·马赫（Ernst Mach，1838—1916）相关，因此也叫“马赫主义（Machism）”。这一时期由于奉行极端经验主义，哲学家们滑向了J. S. 密尔（J. S. Mill）的心理学主义，甚至是贝克莱（G. Berkeley）的主观唯心主义。实证主义的第三阶段也有诸多称呼，最常用的“逻辑实证主义（logical positivism）”、“逻辑经验主义（logical empiricism）”或其特殊变体“逻辑原子论（logicalatomism）”。这一阶段的源起与所谓的维也纳学派（Vienna Circle）紧密相关，该学派兴盛于20世纪初，当时聚集了一批自然科学家和社会科学家共同讨论科学哲学的发展。与前两个阶段相比，第三阶段更注重逻辑，核心意图是通过科学的分析科学和哲学语言来排除形而上学。

到了20世纪后半期，实证主义逐渐被今天的“后实证主义（postpositivism）”所取代。后实证主义者认为史学、人类学和认知方面的因素并非与科学毫不相关，如认知方面的心理学因素不仅会对社会科学产生影响，也会影响科学全体。如今的实证主义抖落了诸多负面教条，这对人类学而言似乎是一种可喜的转变。

实证主义哲学传入中国已有近百年的历史。早在19世纪末,孔德的实证主义就由严复译介入中国。20世纪30—40年代，随着“五四运动”所宣扬的科学与民主精神的广泛传播，实证主义哲学也大行其道。进入60年代后，受“左”倾思想的影响，实证主义哲学被视为反动的资产阶级哲学而遭到批判和抛弃。但到了70年代、80年代，思想解放和科学发展又为中国实证主义哲学研究提供了新的起点。尽管实证主义哲学对中国近20年来的哲学研究和思想文化领域产生了重要影响，但在进入90年代之后，其影响力似乎在逐渐减弱。对实证主义的关注正在被形而上学的思辨和对道德情感的关注所取代：人们不再强调用科学的经验的方法判断理论命题的合理性和真理性，而是更愿意用现象学的或解释学的方法模糊对这些命题的客观评价，避免招致绝对主义或“科学霸权主义”的批评（江怡，1999）。

（郭晏然）

参考书目

［1］江怡. 实证主义在中国当代哲学中的命运.《哲学动态》，1999.

［2］奥古斯特·孔德. 论实证精神. 黄建华译. 北京：商务印书馆，2001.

［3］Giere, R.N., & Richardson, A.W. (Ed.). (1997). *Origins of logical empiricism*. Minneapolis: University of Minnesota Press.

［4］Kremer-Marietti, A. 1987. “Positivist Anthropology.” *Encylopedia of Library and Information Science*. New York: Marcel Dekker.

［5］Pickering, M. 1993. *Auguste Comte: An intellectual biography*, Vol.1. Cambridge: Cambridge University Press.

［6］Scharff, R. 1995. *Comte after positivism*. Cambridge: Cambridge University Press.

［7］Uebel, T. 1992. *Overcoming logical positivism from within*. Amsterdam: Rodopi.

食物（Food） 任何可以为有机体的新陈代谢提供能量和构建组织的物质。食物是热量、蛋白质、脂肪、矿物质和碳水化合物的组合。经过消化，口腔中的酶开始分解糖类食物。进入胃以后，在消化过程中，胃酸吸收了营养和可用的化合物，吸收到体内后成为人体细胞运转的能源。

人类进化和文化历史的进程中，获取和加工食品成为生存方式的重要内容。在面积不断缩小的非洲森林里，对食品的追求在人类的进程中产生很大的作用。此外，许多文化群体不同的生活方式影响了社会其他体系。例如，肯尼亚的马赛人（Maasa）组织了扩大式的家庭，随着季节推移，赶着牛群在放牧区迁徙。所有的牛是由父亲传给儿子，牲畜属于家族，按父系继承，女性照料牛群，却永远不能拥有它们。原始社会通过狩猎-采集方式获取食物，而其他生计方式的生存策略则采用园艺、畜牧业、农业生产等技术获取食物。工业社会也生产粮食，但往往涉及更复杂的经济模式。

任何种类的食物采集过程与环境都有着十分重要的关系。对许多人类群体来说，其生活方式的基本特征是与食物获取相关联的生存模式实践。猎人季节性地移动以便充分利用从环境中获取的能源和生产作物。他们生活在平等的社会，在一片广袤的土地上以性别为基础分工协同工作，频繁地移动、聚集与分散取决于资源的可用性。牧民也频繁迁徙，但他们是生活在与动物共生关系中的，他们以氏族部落为基础的游牧生活方式来季节性地利用牧草场，牧养动物以确保食品和其他产品的收益。游耕是使用手工工具栽培作物的生计方式，根据土壤肥力人们在一个地方耕作若干年后，要设法移动到一个新的地方开辟土地。定居农业需要集约化、持续利用土地来培育植物和饲养驯化动物。为了在复杂的生态条件中获取足够的食物，这四种不同的生产方式在一个社会中往往是混合存在的。

因为食物对于生计的重要性，已经成为代表生活其他各方面的一种象征意义表达，某些食物已经成为一个族群的文化象征。例如，面食、茄子和洋蓟被认为是意大利美食；汉堡、苹果派和可乐则是美国的代表；粗玉米粉、炸鸡、烧烤和豇豆则代表南美洲。人们吃的食物不仅反映他们的文化，也反映了他们所在的环境。在许多文化中，核心家庭是生产的基本经济单位；因此，一起进餐强化了家庭纽带。然而，在许多中东地区，如贝都因人，只有相同性别的成员可以一起用餐，这揭示了他们社会结构的一个重要方面。在世界范围内同桌进餐是一个善意的表现成为共识。在巴基斯坦帕坦人的待客规矩中，就算是对敌人也必须像对待客人一样，直到他们离开主人的领土边界，在那里他们可以攻击甚至谋杀对方。在一些地方，如特罗布里恩德岛民共享一顿饭的另一个功能是公开承认婚姻，象征着一对新人的结合，也成为性交行为的一个隐喻。委婉语如“渴望”象征性欲。亚马孙的孟希纳古人（Mehinaku）认为接吻是很恶心的事情，但他们会用“吃到最大的程度”来指涉性，也会用鱼作为向姑娘求爱的象征性表达。

禁食某些食物一定是由于等级或宗教的限制和禁忌。在图腾社会，吃肉是类似于嗜食同类的表示。巴布亚新几内亚的阿拉佩什人认为他们养的猪像孩子一样，所以他们必须交换这些动物，并在此过程中创造了与其他群体的持续关系。在其他文化中，像虔诚信奉犹太教和伊斯兰教的教徒基于宗教法令厌恶猪肉。从表面上看，禁食猪肉是由于猪“肮脏”和“不洁”的习性；然而，对有许多相同的特点的鸡却没有禁食。在现实中，猪是更积极有效的能源，但它们与人类共享相同的饮食，养大它们的成本大于反刍动物，反刍动物于是成为这些国家的主要食物来源。

禁忌是对社会成员可以吃哪些食物、不可以吃哪些食物的限制，但局限性也放在一个人可以或应该吃多少。西方文化强调获得和保持苗条。在美国，“时尚”的饮食已成为一种营销工具，利用消费者想要看起来修长的欲望，尽管这些饮食可能并不会产生所宣传的预期效果。随着这一趋势上升的是无序进食造成的压力。厌食症和暴食症是一个食物资源丰富的社会中人们觉得有必要把自己装扮成某种模样的后果。相比之下，在牙买加农村资源有限的地区，卫生和健康的标志是一个胖胖的外形。这些人都同属一个亲属网络，强调分享食物，体重增加表明有着更良好的社会关系，它等同于生殖健康以及温暖而甜蜜的人格特质，而瘦的人则被认为是吝啬鬼。

食品作为用于表达塑造人与人之间的相互作用最强大的工具，也是凝聚社会意义主要的礼物。任何食物的系统都有食材、社会文化、医学营养等多个纬度，所有这些都是相互关联的。食物的“权利”关系起源于它所联结的网络。除了学术上的兴趣，食物生产、分布和消费的联系已被公认为是有效的制定食品政策中心要素。

人类学家在田野工作时必须要明白对某种食物的研究程度和兴趣点。他们对人类的饮食感兴趣已经有很长的时间了，特别是在决定饮食变化的社会文化因素、粮食生产和市场模式和社区、家庭的粮食安全水平等方面。越来越多的人类学家注意到饥荒、粮食援助以及农业发展和食品政策等政治经济学问题。从食物中吸取灵感的人类学研究从奥德丽·理查兹（Audrey I. Richards, 1939）的开创性研究开始，他对动态共生的社会中的生产、制备、分布和消费进行了概述。以食品为主的民族志保持对社会及营养对经济发展的影响的研究模型。索萨（Frances D'Souza, 1988）呼吁类似饥荒民族志研究来帮助防止饥荒和改善救灾工作。这样的研究需要强调地方、国家、区域和国际变量的相互关系。由阿帕杜莱（Arjun Appadurai, 1981）倡导的食物的符号学方法，强调如何运用食物的知识产权来操纵解决这个问题。

（蒋萍）

参考书目

[1] Appadurai, Arjun 1981, *Gastro-politics in Hindu South Asia*, American Ethnologist, 8(3): 494-511.

[2] Richards, Audrey I. 1939, *Land, labour and diet in Northern Rhodesia*, London: Oxford University Press.

[3] D'Souza, Frances 1988, 'Famine: Social Security andan Analysis of Vulnerability', in G.A. Harrison. ed. *Famine*, Oxford: Clarendon Press, pp. 1-56.

食物系统（Food systems） 食物系统与食物从采购到消费的各个方面都相关：生产和销售食品的生态学；食品分类和社会中食品的分布规律；特殊使用模式下的食品的营养和健康状况，特别是食品共享模式；以及食品生产和消费策略的政治背景。

食物系统通过饮食塑造文化构建，使社会和个人获得能够满足基本营养需要的正确数量和组合的食物。这些已通过各种不同的方式得以检验：考古学追溯了人口增长、文明兴衰与食物物种转变、生产和加工技术改变和治水之间的关系。博厄斯（Franz Boas）曾经研究过夸扣特尔人的鲑鱼食谱，说明烹饪鲑鱼是与其社会组织和等级相关联的。马文·哈里斯（Marvin Harris）等文化唯物论者认为，食物有关的生态变化可以追溯到政治经济实力的变化。列维·斯特劳斯（Claude Lévi-Strauss）和玛丽·道格拉斯（Mary Douglas）分别从结构主义视角对食物系统展开研究，象征人类学专注于神话和民间传说的饮食方面，礼仪式和社会认同。语言人类学搜集了土著“民族分类”的食物品种、生产环境、营养和健康和作为阶级、种姓或种族的“食物规范”。医学人类学和营养人类学领域，研究人员结合科学与民俗的分析，根据改变饮食和健康后果去确定基因在染色体当中的位置。这些食物和营养在个人、家庭、社区、国家和全球范围内互相联系起来。

民族志研究对小规模族群的“最佳觅食策略”（单位时间内卡路里摄取量的最大化）进行了阐释和分析。在非工业化社会的社群，农牧业和饮食、营养、政治与饮食有复杂的关系。人类学家对提科皮亚岛、多布人和马西姆人等太平洋地区的民族志个案研究，描绘了亲属关系、社会组织、性别、他们与神灵的关系等，说明文化的不同方面与什么能吃和如何吃，以及食物禁忌有关。进一步的研究还说明，采集—狩猎者有关食物分享的动机意涵也许是更值得关注的。

典型的英国功能主义民族志通常是社区研究，在大殖民地或国家的政治经济背景下，他们特别注重确定哪些因素降低食物生产、家用食物的可用性和个人的营养，对当地生态系统和农业习俗进行管理。最有名的是奥德丽·理查兹（Audrey I. Richards,1939）对赞比亚北部的本巴人营养不良进行的政治和农业研究，她详细分析了基于移粟栽培和间作的种植制度、季节性觅食、排名主食的文化规则（小米由于其较高的体积和充饥能力而优于玉米）和首选粥的偏好。他还描述了这些生产和消费不足的营养学功能后果：在播种季节，耕种者因感到饥饿、疲惫而无法扩大生产。英国人吸引劳动力去矿山工作，使当地社区的劳动力短缺，于是进入了日益严峻的粮食短缺形势和一个周期的营养不良的循环。

在更大的政治经济和技术背景下，食物系统的影响已经体现在历史学和民族志的方方面面：洲际扩散，如粮食作物“哥伦布大交换”；农业内卷化或退化；民族饮食文化史；西敏司（Sidney Mintz）运用饮食系统诠释了宏大的社会演进过程如政治经济价值的创建，说明了糖这种经济作物对人类的意义，等等。人类学家也在研究政治经济学、能量流、口味和象征意义、食物与家庭内部资源分配。行动导向的研究也越来越关注家庭和社区被卷入国家或全球的食物经济，强调发展政策的失败、国家和食物救济。

饮食文化是影响人们吃什么的思想和行为。这些包括是什么或不是什么构成的食物的具体定义，理想的食物排名，准备和烹饪过程等这些特殊的定义一起创造了美食。它也包括分配规则、社会互动等领域（包括仪式交换）和强制性或禁止共生。规定或禁止特定的食物经常跳出特定的社会范畴（特别是育龄妇女和儿童）。这样的规则，有时是特定的饮食习惯和科学的饮食营养对抗的结果。

生物文化人类学家结合民俗、技术和营养学来分析人类消费模式和关注人类饮食的进化。关键问题包括个人、人群、环境由人体生物特征的文化选择和食物加工方式的影响的生物学后果。

（蒋萍）

参考书目

［1］Clark, John Desmond, Brandt, Steven A. eds. 1984, *Fromhunters to farmers: The causes and consequences of food production in Africa*, Berkeley, CA: University of CaliforniaPress.

［2］Fitzgerald, Thomas K.ed. 1976, *Nutrition and anthropology in action*, Assen, NED: Van Gorcum.

［3］Richards, Audrey I. 1939, *Land, labour and diet in Northern Rhodesia*, London: Oxford University Press.

［4］Rindos, David 1984, *The origins of agriculture: an evolutionary perspective*, Orlando FL: Academic.

［5］Robson John R. ed. 1980, *Food, ecology, and culture: readings in the anthropology of dietary practice*, New York: Gordon & Breach.

史前史（Prehistory）　世界人类历史的最早时期，一般是文化或社会人类学的组成部分，史前史的目的是重建世界多样化的模式，以及人类和人类社会自起源到早期政治结构形成的发展方式。史前史研究的是人类早期在人类、社会、民族、经济、精神进化通则和特殊规律。

当代对史前史领域的理解涵盖了一系列全球理论问题，包括：①人类和现代人类起源和生物进化问题；②人类社会家庭、亲属关系和社会化的形成；③意识形态、神话、艺术、演讲、理性知识的拓展；④生产、生活系统的起源和演化；⑤家庭活动、经济体系、产品分布、交换和财产；⑥以不同形式、民族和性别塑造的自我认同，包括领导、社会阶级、权利和管理；⑦私有财产、剥削和等级的起源。

史前史似乎是人类历史最长的阶段，大约有500万年。史前史传统上来讲被认为是发生在社会历史上的特殊事件，相当于人类社会进化的不规则性，这在人类历史最早期就有体现。史前史早期指的是人类的最早起源，也就是200万~500万年前的非洲，100万年前的欧洲和4万年前的澳大利亚，澳大利亚和美国更近。

人类史前时期的社会、生理、文化进化有3个主要阶段：人类社会进化阶段（如智人和人类社会的形成时期）；原始社会时期或者经典的史前时期，分为两个阶段：早期史前社会和晚期史前社会；政治结构的形成时期（国家），政治结构、私有财产和剥削的形成时期（州）。史前史与其他领域的资料不同，它没有文字资料，要想重建其历史就得面对人类社会无文字时期。史前史的资料包括许多自然和人文科学数据，这些数据是研究人类体质、人类活动、社会以及史前史发展和自然环境的依据。研究成果最丰富的就是考古学、人种学和体制人类学。

人类历史早期的很多信息是由灵长类动物学、古生物学、古地理学、地质学、考古植物学、考古动物学、古气候学、岩石学、遗传学、语言学、社会学、统计学、物理学、化学、统计学、信息技术、数学等其他学科提供。因此，史前史往往是一门历史学和人类学相结合的跨学科领域，其可靠性和认知潜力取决于案例研究中获取的资料的复杂性，以及在评估和解释源资料时使用的方法的多样性。

史前史社会研究始于19世纪中期，早期的生物进化论者（查尔斯·达尔文）、文化人类学家（摩根、泰勒）等其他领域的学者更正了传统创造论者对人类和人类社会的假设。第一次对人类史前史的知识梳理是19世纪末20世纪初。20世纪上半叶成为数据库密集型积累时期，理论概念化使得史前史出现了很多研究方法、研究方向和研究派别。文化人类学、人种学和社会学思想为传播主义、功能主义、结构主义以及马克思主义学派解释史前史的发展和现象奠定了基础。将史前史和自然科学（地理、生物、气候学等)相结合的研究始于20世纪下半叶，从生态学角度解释欧洲、美国和苏联的史前史文化、生活系统和生产活动。

后工业社会形成于20世纪末到21世纪初，人们开始用后现代传播模式把史前史理解为图像或文本形式。

现如今，为了对发生在当代社会的许多现象的进行理论理解，史前史亟待重建，我们对几千年前的制度形成了解有助于解决这种背景下不可避免地出现的许多问题。21世纪初出现的许多社会，他们的文化、生活体系和生活方式与史前史进化期的狩猎、早期农业、畜牧业以及狩猎相对应，这就体现了史前史深层的道德意义。史前史有助于对当代社会独特性的理解，内在发展的潜力，排除种族、文化、道德及其他歧视。许多全球哲学问题的理论概念化（例如人类起源、人类意识形态及其历史演变过程、不同方式的自我识别和自我实现、社会和文化起源等）使得史前史在世界观和哲学意义上成为一门专业的学问。

（刘青）

史诗（Epopee/epic） 一种承载历史叙事的文学体裁。涉及的主题可以包括历史事件、族群起源、宗教圣迹、英雄传说等，通常被分为创世史诗、迁徙史诗、英雄史诗及复合型史诗等类型。多以古代英雄歌谣为基础，经集体编创而成。相当多的史诗是以韵体演述的，但也有以非韵体演述的。

今天全世界所见最早的史诗文本是两河流域的《吉尔伽美什》，但荷马史诗被公认为西方文学的滥觞，影响最为巨大，研究成果也最多。归在荷马名下的史诗《伊里亚特》和《奥德赛》，其文本大约成形于公元前6世纪的古希腊。史诗作为一种类型，成为叙事文学的一个鼻祖，荷马史诗经过不知多少民间艺人和文艺家的长期提炼和反复锻造，业已成为西方文学批评和文学创作的范例。这与西方史诗传统有关，其史诗观念正是建立在古希腊和古罗马史诗以及中古欧洲史诗基础上的，文艺复兴、近世史诗以及现代史诗传统也被纳入史诗研究的范围。

苏格拉底、柏拉图、亚里士多德、赫拉斯等古希腊哲人都论述过史诗，但是，直到16世纪亚里士多德《诗学》被重新发现，人们才开始对史诗进行理论上的讨论。欧洲的古典学在史诗研究领域积累了深厚的学术传统。18世纪欧洲浪漫主义运动，开启了搜集和研究民间史诗的热潮，促进了人们对史诗的起源、流传和创作等问题上的探索。从17世纪晚期一直到18世纪出现了对口传史诗的搜集和研究的热潮。19世纪中叶英国实现产业革命，世界历史迈向现代工业社会。18世纪、19世纪之交，在民族主义影响下，欧洲大陆知识界形成颂扬民间文化、发掘民族精神的新思潮。浪漫主义和民族主义作为一种意识形态，改变了整个欧洲的艺术、政治、社会生活和思想。在中欧、东欧、北欧，知识分子们认为民族精神存在于民众的诗歌之中，将民俗学与独立民族国家建设的历史正当性结合起来。

19世纪中叶欧洲民俗学兴起，史诗作为民俗学的一种样式进入现代学术视野。人类学田野研究的推广开来之后，在方法论上开辟了史诗研究的新时代。20世纪的史诗研究将更多注意力倾注于口传史诗，不仅关注史诗文本，也考察与史诗共生的仪式，注重整个史诗传统。帕里（Milman Parry）和洛德（Albert Lord）

《吉尔伽美什》史诗

把民族志学方法引入古典诗学的领域，在南斯拉夫发现了荷马史诗的类似物，确认了口传是经典史诗的基本流传形式。史诗有着特殊的历史概括和叙事方式，是史诗的创造和演述者对历史和现实的理解及表现。

中国北方和南方的少数民族有着悠久的史诗传统，由于缺少以文字记录的书面文本，史诗基本上是以口头形式流传于少数民族民众之中。口头流传的活形态是中国史诗的一大特征。由于各民族历史发展的不平衡性，各民族的史诗表现出多元、多层次的文化史的内容，早期史诗与创世神话和原始信仰关系紧密，关于氏族复仇、部落征战和民族迁徙的史诗又与世俗化的英雄崇拜联系起来，表现出英雄诗歌的特点。在进入现代社会以后，有些民族仍然有新的史诗不断产生。中国各民族史诗的类型多种多样，北方民族如蒙古、藏、维吾尔、柯尔克孜、哈萨克等，以长篇英雄史诗见长；南方傣族、彝族、苗族、壮族等民族的史诗多为中小型的古歌。关于这些史诗的源流、传播形态、文本类型、艺术特点、文化根基、对后世文学的影响等，都有学者在研究。中国大多数史诗是在20世纪50年代后才陆续被学术界所知的，而史诗的搜集、记录、翻译、整理、出版则主要在改革开放之后。中国较为系统的史诗研究开始于20世纪80年代中期。20世纪80年代后，学术界开始把史诗作为民俗学的一种样式来研究，其中受人类学派的影响最大。进入20世纪90年代中期以后，学者们开始树立“活形态”的史诗观，认为中国少数民族史诗属于口头传统的范畴。

2009年，《中国史诗百部工程》被列为国家社科基金特别委托项目，后又被列为国家社科基金重大委托项目，旨在抢救濒危的中国史诗资源，对活形态的史诗演述传统进行摄录，采用高质量影音技术手段，全面记录史诗传承发展状态，最终通过影音摄制、文本整理、数据库建设三种方式，记录100组艺人演述的史诗，形成影音、资料集、数据库成果。

（王建民、蒋萍）

参考书目

尹虎彬. 史诗观念与史诗研究范式转移.《中央民族大学学报》（哲学社会科学版）

罗摩衍那

2008（1）.

世仇（Feuding）　为一系列以报仇为目的的杀戮行为（有时叫作“宿怨”），它不仅使人失去生命，还破坏社会秩序。世仇由五大基本要素组成：①涉及亲属群体；②进行杀人行为；③出于不公正感或侮辱荣誉进行报仇，引发杀戮；④引发三次以上的交替杀害或暴力行为；⑤在一个政治共同体内暴力相向。人类学家研究的社会中，近半数出现过世仇。 世仇可以分成两种类型：无偿世仇行为，这里没有制度化的途径支付酬金；有偿世仇行为，支付酬金可以阻止反杀，从而结束世仇。跨文化研究表明，第二种世仇的数量超过第一种，比例大约为2：1。世仇理论目前倾向于只研究其中一种世仇。

根据有无世仇现象，世界上的社会可以分成两种类型：①存在兄弟利益集团的社会，这种社会充满冲突，包括世仇、内战、强奸和亲属团体内部死刑；②不存在兄弟利益集团的社会，这种社会没有冲突，没有世仇、内战、强奸和政体范围的死刑。兄弟利益集团由有关系的男性组成，保护成员的利益。这些集团通过从夫居行为形成，一夫多妻制也会产生兄弟利益集团。凯斯·奥特博恩（Otterbein）表示，当从夫居和一夫多妻制结合在一起时，出现世仇的可能性大大提高。随后戴维勒（Divale）和哈里斯（Harris）认为，这种社会具有一种“男性至上主义情结。”这种情结往往导致女性受虐待和杀女婴行为。根据是否存在长者委员会，第一种社会还可以继续进行划分。虽然所有的政治共同体都有一位领袖，但并不是所有的政治同体都存在委员会。如果一个有委员会的政体正处于战争中，该政体的领袖可能具备防止出现世仇的能力。借助委员会的支持，领袖还可以坚持亲属集团在职级范围内对违法犯罪者执行死刑。除了世界体系理论，下面列出的所有理论都是基于存在兄弟利益集团且造成世仇这一假设推定的。

无偿世仇理论包括那些将世仇视为自救方式、民间争议或准法律的世仇理论。复仇杀人被视为能够导致“矫正”的“反对行为”。另一种“世界体系理论”认为，商业扩张造成破坏性的社会变化，导致暴力行为失去控制。而且，这种扩张为某些地区带去了前所未有的福利，“部落区的战争”。第三种理论认为，血亲报仇不仅界定了世系群，还将其保留下来。威慑理论认为打击报复能够阻止反侵略，从经验来看，事实并非如此，但如果打击报复清除了一个世系群，生存下来的世系群才能取得理想的结果。

其他世仇理论看起来仅属于有偿社会。马克斯·格拉克曼（Max Gluckman）将父系世系群组成裂变分支系统的社会定义为“世仇中的和平。”通过支付酬金，世系带来了和平，继而联合形成彼此有世仇的更大的亲属集团。克里斯托夫·勃姆（Christopher Boehm）提出了另一种理论，他把支付酬金看作控制冲突的一种方式：结下世仇的人意识到，如果政体内的武装斗争得不到控制，将会造成巨大的人员伤亡。

关于世仇有源于定义差异的学术上的不同意见。希莱克-米肖（Black - Michaud）与中东协会总会，以及彼特斯（E. Peters）1967与贝多因人和其联盟，已经称世仇是无止境的，因为讲和的努力经常终止，然后由于涉及的经济竞争，世仇重新露面。但是，其他人称冲突离本质问题越近，仇杀的问题能够越快和永久性地通过讲和的方法解决。而彼特斯确实表明为获取资源而竞争的贝多因人群体也有世仇，这样的一个理论很难广义化。例如，在厄瓜多尔印第安人猎人头的黑瓦洛人中，世仇是地方性的，但是没有对稀缺资源的竞争，除了男性身份的竞争， 这对于失败者总是缺乏的。仇杀在现存的失败者中可以找到，例如布须曼人，因纽特人，澳大利亚土人，所以显得世仇可以追溯到很早的史前，即使人类学家对于战争仍然不确定。世仇的各种自然历史方面已经由拿破仑·查冈（Chagnon）1988进行了探索，他用了很好的雅诺马米人定量数据来评价复仇的个人自调效果，以及勃姆，他将世仇与人和灵长类天性联结起来，以及戴利（Daly）和威尔逊（Wilson），他们讨论了在各种社会和生物背景下的世仇。

（陈蕊）

世代（Generation） 区分亲属的一种原则，根据生育的事实，把生者和被生者，也就是亲子，分为上下相衔接的两个世代。这是人类世代区分的基本方法，只有以生育关系为出发点，才便于清楚地划分一代又一代，不会混淆。出自同一祖先关系的人，无论其年龄的差别，只要是世数或者辈分相同的人，都属于同一世代。一个世代通常包括同父，同母，或者父母均同的一代后裔。指一个民族或者一个社会里，同时出生的成员与下一代出生的间隔时距。在统计学里，通常假设30年为一个世代。

世界观（Worldview） 顾名思义即为“着眼世界之上”，是人类能动地感知世界、认识世界的重要成果。马克思主义哲学范畴内，把世界观阐释为人们对整个世界以及人与世界关系的总的看法和根本观点。从人类学的角度来说，世界观是指具有某种特定文化印记的人们对人文心理信仰的综合观念，该术语由德语Weltanch-auung译介而来。

它的概念源于Whorfla假说，意指语言的惯性行为方式决定人们的思考和想法。这正如Edward所说的那样，不同的社会存在与拥有不同的社会印记之间有很大差异。世界观这一名词，表现出对于世界作为人类实作以及人类存有的中介性，它又是综合性的，包含知识、政治、经济、宗教、文化、科学和道德等众多层次，而且处于一种不断变化、整合的状态。在某种意义上讲，这个术语目前已经变得毫无意义了，或者说已被“思想体系”所替代。就像许多人类学家认为的那样：社会上的所有成员并不是真正在分享同一种文化和观点，文化信仰的创造与争鸣并不总是静止不前的。显然，不同时间、空间内的人的世界观基本保持一致是十分困难的。

不过，在人类学的研究当中，对于世界观的研究是不可或缺的一部分。在一定地域范围内，在某一特定的历史时期，人类学家们总能细致入微地从具体的个案中找到有关世界观的线索，从中开掘出更深层次的内涵或隐喻，具有一定的人文价值和社会意义。此外，对于世界观的研究，还牵扯到自然观、社会观、人生观、价值观、历史观，这一点，无疑使得人类学家对世界观的研究价值更高，同时也更加富有趣味性。

（海力波）

世界体系理论（World-system Theory） 从20世纪70年代起逐渐兴起，由社会学家伊曼纽尔·沃勒斯坦（Immanuel Wallerstein）、安德烈·贡德·弗兰克（Andre Gunder Frank）、萨米尔·阿明（Samir Amin）、乔万尼·阿里吉（Giovanni Arrighi）等人所创立并倡导的一种对全球发展与运行秩序加以解释的理论。世界体系理论的兴起与经典现代化研究与理论批判息息相关。20世纪70年代，西方学术界开始对现代化理论进行深刻反思，并质疑将西式现代化作为世界各国普遍发展模式的合法性与合理性问题，在此背景下，以沃勒斯坦等人为代表的世界体系理论应运而生，沃勒斯坦于70年代所撰写的多卷本《世界体系理论》开始将第三世界国家纳入到整体性世界发展脉络中进行研究，标志着世界体系理论开始真正全面关注包括发展中国家在内的全球性结构问题。

沃勒斯坦认为，世界体系是一个社会体系，它具有范围、结构、成员集团、合法性规则及凝聚力。世界体系的生命力由各种相冲突的力量所构成。世界体系具有单一的世界经济基础，它是一个具有广泛劳动分工的实体，阶级与身份集团在世界体系当中扮演了关键性角色。劳动分工将世界分成了中心、半边缘与边缘地区三大地带，全球性的资本主义扩张不断将外围地区纳入到世界经济体系当中，并将这些地区结构性地固化为边缘性角色，而正是在中心与边缘的这种不平等交易过程中，资本主义经济体系逐渐得到拓展与强化。在这一世界性经济体系的发展过程中，尽管有技术与制度上的某些革新，但中心与边缘国家之间的经济与社会差距并没有因此得到根本性改观，两者之间的两极分化却依然十分明显。

世界体系理论的关键假设性前提之一是必须将世界经济作为一个整体进行研究，关注整个体系中任何一个组成部分（如区域、国家、民族、阶级等）的社会变迁。在这当中，首先需要明确这些组成部分在整个世界体系中所处的位置，而其中最典型的分析单位就是国家。在世界体系理论研究者看来，世界体系研究主要从两个角度进行研究，一是从体系组成部分的变化切入来分析它对于整个世界体系以及体系中其他组成部分所造成的影响，这是一种从下而上的分析路径；一是从世界体系整体性的变化出发来分析其对于体系内部组成部分内在动力与社会结构所造成的影响，这是一种从上而下的分析路径。

从理论发展的脉络来说，世界体系理论是对依附理论的进一步发展与深化，同时也是对马克思主义阶级分析理论的演绎与发展。其最大的贡献在于它通过对世界体系长期变动所进行的分析，为我们揭示了从近代甚至五百年前至今，世界各国和各大区域在世界贸易和分工体系中所占据的地位以及随着时代变迁而发生的结构性转变。随着20世纪90年代美苏冷战格局的结束以及全球化趋势的发展，世界经济体系当中传统中心国家在经济力量方面的权重下降，以中国、印度、东南亚国家联盟等为代表的第三世界——发展中国家或国家集团作为世界政治经济格局中的重要力量，其地位日渐凸显，而中亚等地区也出现了新独立的政治经济力量，这些都在某种程度上对传统的中心—半边缘—边缘结构构成了挑战，同时也为既有的世界体系理论提出了新的问题。如何认识和阐明第三世界——发展中国家或国家集团在整个世界经济及分工体系中的新位置，将是未来世界体系理论能够进一步发展与深化的关键所在。

（袁剑）

参考书目

[1] Wallerstein,Immanuel, 1974, *The Modern World-System*. New York: Academic Press.

[2] Amin, Samir, 1976, *Unequal Development: An Essay on the Social Formations of Peripheral Capitalism*. New York: Monthly Review Press.

[3] Frank, Andre Gunder & Gills, Barry K.eds.1993, *The World System: Five Hundred or Five Thousand Years*? London and New York: Routledge, Kegan&Paul.

[4] Arrighi, Giovanni, 1995, *The Long 20th Century. Money, Power, and the Origins of Our Times*. London, New York: Verso.

适应（Adaption） 指的是①能够赋予一个特定环境中人群以再生产优势的基因频率的变化；②能够增强个人健康和幸福的生理和社会文化变化。适应的概念是生态人类学的中心。尽管一些学者强调进化和基因的适应（一个缓慢的涉及随机自然选择过程的人口层次的过程），而另一些学者青睐行为和历史过程。所有人都赞同个体有机体，包括人类，对环境会有反应。

个人能够通过形态和功能的调整对环境的变化做出反应，采取三种形式：调控、适应和发展。调控的调整包括大量的行为，发生很迅速，反映出我们物种生理和行为的灵活性。适应的反应比调控的反应所花的时间长，因为它们需要机体结构的一些变化，如肌肉的扩大去满足费力的体力任务，或者在山区，人们需要更大的血容量以携带更多的氧气到身体的细胞。发展的反应，与这两种不同，不是可逆转的，发生在个体生长和发展过程中以应对目前环境条件的严重性。如高海拔地区生长的孩子将会发展出更大的肺活量和胸腔容量以更有效地应对低氧条件（Moran,1979）

适应论最早是由英国人文地理学家P. M. 罗可斯比（Percy M. Roxby）提出的。他认为，人文地理学包括两个方向：一是人群对他们的自然环境的适应；二是居住在一定区域内人群及其与地理地域之间的关系。

俄国学者史禄国（Sergei Mikhailovich Shirokogorov）曾经就“通古斯人对自然环境的适应”做过详细的论述。他认为，通古斯人在与自然环境建立关系的过程中，他们的生活具有各种不同形式——有时完全是自觉的，有时则是不自觉的。这些习俗也影响着通古斯人的行为、性格和心理状态。

莫斯（Marcel Mauss）对因纽特人村社聚落与自然环境关系的研究，首次以个案方式剖析了社会组织对环境的适应。但他仅仅提供了文化中的某个组成因素与一些环境因素的关联性，并没有涉及文化的整体以及自然环境中众多的构成要素，而且文化实现适应的过程也没有得到充分的揭示。

斯图尔德使用“文化生态”解释人对环境的适应问题，不仅注意到了文化的整体性，而且注意到单一文化要素与相关环境因素的适应关系。但他并未给文化适应下一个明确的定义。

近年来人类学的解释在协调适应概念的作用上有波动。一些人暗示人类在克服环境限制方面的无力（Glacken，1967），但是现代的进化论和遗传学开始依赖过于简单的环境决定论的见解（R. Foley，1987）。机体的功能和形式可以通过对在某一情形下个体的复杂互动的仔细考察而获得理解。在进化论中环境对基因型的影响是间接的。所有机体的适应变化，包括我们物种，通过从一代传到另一代的遗传性基因物质来调节。生物适应很少是完美的，受到很多因素的制约，包括突变、基因流动、进化机会、身体限制、分配问题和不断变化的环境的性质（Ricklefs，1973）。无论一个群体适应得多好，新的随机突变（行为多样性）出现，在一个群体中不断地引进和传播，从而引起变化。

适应本质上是一种协调，结果很少是最适宜的解决方式。而是表现了机遇、竞争和机会。因为环境是不断变化的，群体经常整合进新的行为的、生理的、发展的和基因的特征，他们的互动是复杂的，大多是无法预测的。

近年来随着对“历史生态学”的强调，这一关于适应的互动方面向前发展了一步，这一方法认为人类行为是偶然的，有能力克服“环境限制”。因此，一个面对贫瘠土地的人群可以通过劳动分配、技术和政治目标的变化提高其经济状况。人们承认人类不仅适应或调整环境给予他们的东西，而且努力改变自然环境对他们的影响。这不仅是产生自目前的高超技艺带来的能力，它从我们物种起源的时候就在那里，可以在诸如梯田、筑垄和护根等农业技术中观察到（Moran，1990）。

国内学者对适应的研究集中于概念的界定。如黄育馥认为，适应是指为了生存和更加繁荣而对变化做出的反应。郭家骥认为，文化是一个民族对周围的自然环境和社会环境的适应性体系。王恩涌认为，人类脱离动物界独立发展，有两个主要特征，即生物适应和文化适应。生物适应是指人类在其发展中，为适应环境和获得更好的生存条件，而在体质方面发生的变化，这种变化具有遗传特性。而文化适应是指利用工具、制造工具、技术发展、群体组织与分工以有效获取食物和改善其生活条件的方式。杨庭硕、吕永锋认为，文化适应是指“一种文化在面对生存环境的变化时，或出于提高对自然资源的利用效益的需要，为了使该种文化获得更强的生存和稳态延续能力，凭借该种文化所属成员的经验积累和技术的提高，并通过实际运行以新陈代谢的方式淘汰、改造或新增某些文化要素，经过逐步地进行文化要素及其结构的重构和整合，形成一种更具生存能力和稳态延续能力的新型文化”。

实证研究方面，民族学家瞿明安在《超越传统——生活方式转型取向》一书中，对中国少数民族传统文化转型模式及文化适应机制做了深刻的、颇有见地的论述。曹红在讨论了维吾尔族的转型模式与文化适应后提出，文化的某个方面因响应环境变化而发生变迁的话，文化的其他方面也可能发生相应的变迁。

（黄娟）

参考书目

[1] Brandon, R.N., *Adaptation and Environment*, Princeton NJ: Princeton University of Press, 1990.

[2] 杨庭硕、吕永峰. 人类的根基. 昆明：云南大学出版社，2004.

[3] 王玉波、瞿明安. 超越传统——生活方式转型取向. 北京：京华出版社，1997.

收养（adoption and fostering） 按照惯例，寄养是在很长一段时间，父母独自或双方共同照顾别人的孩子，然而收养还涉及父母和他们（领养）孩子的一种“亲属”关系。这两种关系都涉及担当父母责任的个人不是孩子的生身父母的情况，但收养关系的亲属身份，使这一概念更加复杂，更加令人关注。

原古罗马概念中，收养是一个通过法律权威将一个人定义为他血统之外的另一个人，经常以结盟或者保护财产的继承为目的。在罗马时代，“收养”是指一个成年男性（即使在收养之后），继续保持对自己活着的父母爱和义务的联系。收养意味着打破法律权威下的亲生父子关系，与养父母建立新的关系。相比之下，罗马自权人收养的概念需要这种收养权力的获取在收养人自己的父亲和祖父已经去世的条件下，就像现代的收养通常假定被收养人生身父母死亡或者丧失行为能力。

因此，现代的收养概念，包括人类学家的看法，是在跨文化的实践条件下，一般结合罗马法律关于收养的情感和培养方面的制度，建立真正的亲子关系。它也有仪式亲属关系中常见的元素，如教父母结成仪式亲，但讽刺的是，获得一个合法的亲属地位，可以说是通过一个方面的“真实”，而不仅是象征性的亲属关系。有时候，收养被说成是一种虚构的亲属关系形式，但它的真实或虚构的程度，是一个文化感知的问题(Barnard and Good, 1984:150−4)。在民族志上，广义上的收养，最常见于欧洲、北美和西非。

寄养和收养都揭露了关于人类相互关系和观念的进程的重要的文化假设。例如，在马来西亚的海岸的兰卡威岛，人们因为分享共同的食物被认为会变成亲属关系，因此，公用的物质，普遍的寄养与流动和易变的亲属关系相关（南岛语族社会广泛存在的现象）。相比之下，Modell（1994）认为，许多北美人虚构的血缘关系，这种亲属关系在词源学意义上是“制造”的，适合不易进入欧美期望“真正的”亲属关系的给予性。最近，在美国，关于领养和寄养学术研究已经展开，探讨这些做法与商品化和消费模式的关系（Layne，1999，Modell 2002，Wozniak，2001），跨国收养（Volkman 2005），收养的跨文化理解（Bowie，2005）和与亲生父母“团聚”的本性（Carsten，2000）。

（李索菲）

手斧（Handaxe） 一种形似梨形或卵形，可直接握在手中使用的两面加工，且左右对称的打制石器，制作材料主要为燧石或角岩。因此被公认为人类历史上第一种标准化加工的重型工具，以及较高水准的石器加工制作技术。在考古学研究中，手斧亦是了解旧石器时代人类制作及使用石器的重要器物。

手斧在距今40万～150万年前出现，主要分布在欧洲、非洲、亚洲的西部与南部。据考古学家研究，手斧的制作应是采用两面打剥技术（bifacial flaking），即在石核或石片基础上修整而成，沿石核或石片的两个长边进行两面加工，形成两个刃边，另外两端则在其中一端加工呈尖状，另一端不予以加工。手斧的用途大致包括：切割、砍斫、刮削、挖掘、投掷，以及作为制作轻薄工具的材料。

手斧在欧洲的阿拜维尔遗址（Abbeville）、阿舍利遗址（St. Acheul），以及非洲坦桑尼亚的奥杜威峡谷（Olduvai Gorge）等地均有发现，并且是阿舍利文化（Acheulean）早期和穆斯特文化（Mousterian）中期的典型器具。这些地区出土的手斧在制作方法与形制上存在一定差异，可能代表制作技术的不同阶段。在类型学上，大致存在四种类型的手斧：I型，体形较大且较厚，由石核或较厚的石片剥离而成；II型，器形较薄，器表较为粗糙，由石核或较厚的石片剥离而成；III型，经过初加工，或天然形成的工具；IV型，经过精细加工而成的工具。

包括中国在内的亚洲东部，手斧的存在与否是史前考古学界中长期争论的议题。美国考古学家莫维斯（H. L. Movius）曾以手斧的有无为标准，将东西方旧石器时代划分为两个传统，即在非洲、欧洲及西亚地区，以手斧为代表的阿舍利文化传统（Acheulian handaxe tradition），以及东亚为代表的砍砸器文化传统（chopper-chopping tool tradition）。并推测其原因在于东亚在人类生物进化和文化演化方面处于边缘区域，在孤立的环境中沿用人类最早的技术，以及东亚石器原料质量低下，难以制造出更加精致的阿舍利工具（高星2012）。步日耶（H. Breuil）、裴文中、贾兰坡等考古学家均认为在中国存在手斧。至2000年，广西百色盆地发现的年代约为80万年前的手斧直接挑战了莫维斯的假说。其后，在百色盆地、湖北丹江库区等地区陆续发现手斧，进一步证明手斧是中国旧石器时代重要的石器类型。

（杜辉）

参考书目

高星. 中国旧石器时代手斧的特点与意义.《人类学学报》，2012（2）.

手势语（Sign language） 又称“手语”，是使适用手势或其他肢体语言来传递信息的交际符号系统。它是最常见的视觉非语言交流方式，有自己的词汇、句法和形式，且具有鲜明的民族性。有时这种语言用于特定的群体，如交通警察、司机、聋哑人等；有时也用于特定的语言环境中，如用于高山阻隔而语言不能及时实现的人与人之间的交流。与有声语言相比，它表达速度慢很多，需要一定的外部条件，如光线。

狩猎采集社会（Hunting and foraging society） 一个绝大多数或全部食物都得自于野生植物和动物的社会。狩猎和采集是人类祖先最早维系生存的手段，《剑桥大百科全书》中对狩猎采集的定义为：“狩猎和采集是人类第一次也是最成功的适应手段，占据了人类历史至少90%的时间。12000年以前，所有的人类都以狩猎采集的模式生存。”农业发明之后，狩猎采集的方式逐渐被农耕和游牧所部分替代。在现代社会中，狩猎采集社会只有在极少数地方存在。

狩猎采集社会有3个特点。①共处定居。狩猎采集部落更依赖能够提供食物的环境状况，所以他们一般会随食物供给状况，选择并确定若干个居住地点，根据季节和降雨量转移住处。同时，根据不同的食物供给量，他们也会随机调整部落的人口规模，小规模的部落维持在10～50人；如果食物充沛，一个部落可以扩展到容纳100人，甚至更多的人口。在一些地方，如西太平洋群岛或日本的冲绳岛，那里长年植物充足，其部落不仅规模较大，而且基本可以在一处定居。②社会结构均等化。狩猎采集部落倾向于维系均平的社会伦理，尽管定居的狩猎采集部落（分布在北美西北海岸）一般并不遵循此原则。但是几乎所有的在非洲的狩猎采集部落都遵循均平原则，妇女享有与男人同等的影响力和权力。③具有明显的性别分工。根据目前的人类学民族志资料，绝大多数的狩猎采集者都在劳动方面形成了结构性性别分工。男性负责狩猎、捕获野兽、获取肉类。女性则负责采集，为部落提供果实和蔬菜。考古学家认为，性别分工是人类最早在组织内部进行不同人群分担劳动力的制度创造，这一分工大大推动了人类从大自然获取能量的效率，为人类从非洲走向全球各地提供了条件。

1966年，马歇尔·萨林斯（Marshall Sahlins）向“作为猎人的人类”国际会议提交了一篇《关于原初富裕社会的笔记》（*Notes on the Original Affluent Society*）的论文，该论文提出了一个与此前人们对于狩猎采集部落印象不同的观点，此前人们认为，狩猎采集部落的人们过着一种“与世隔绝的、贫困的、野蛮的和短命的”生活，但萨林斯根据大量的民族志资料发现，狩猎采集部落的人们花费很少的时间就能够获取充足的食物，人们有更多的时间去享受闲暇生活，比起工业社会的人类，他们的生活更令人向往。

1996年，人类学家罗斯·萨克特（Ross Sachett）运用计量方法，分别对两个不同社会中，人们的劳动时间安排和精力付出进行研究。他发现，在狩猎采集部落中人们平均每天的工作时间为6.5小时，而农业和工业社会人们花费的劳动时间为一天8.8小时，印证了萨林斯30年前的发现。

（马威）

疏离（Alienation） 个体与社会分离或疏远的过程或状态，又称异化。该词来源于拉丁文的“alienatio”，主要有疏远、脱离、转让等意思。

疏离或异化内涵丰富，可泛指主体与社会、自然、文化、他人或个体自身等相互疏远。在哲学领域，该概念多指主体发展到一定阶段，分裂出自己的对立面，变成了外在的异己力量。在人类学分析中，它多用于描绘生活于当代社会的人所感受到的一种普遍的疏远状态，经济或政治人类学家常用其来对现代性状况提出质疑。民族志将其运用于诸多领域的分析，比如非洲和拉丁美洲的货币经济对礼品经济的渗透等。女性主义者对人类与自然分离及男女分工所导致的异化问题进行了研究。尤其是对身体商品化的研究，揭示了当代社会人类异化的程度之深。

尽管该概念被广泛运用，但将疏离或异化本身作为一个主导性的理论视角来进行的研究却很少。黑格尔（Georg Wilhelm Friedrich Hegel）对异化进行了详细的讨论。他认为“自然界是自我异化的精神”，将异化视为绝对精神发展的必然过程。在他看来，自然是理念的派生物，是不符合于理念的本性的异己力量，理念必定要摆脱和克服作为异化物的自然的牵制和束缚而复归自身。马克思（Karl Heinrich Marx）以分析资本主义生产关系为基础，指出异化的产生过程是在生产力与生产关系的矛盾运动中历史性的生成的，而非纯粹的精神外化的过程。他关注劳动的异化，主要涉及四个方面：劳动者同自己的劳动产品相异化；劳动者同自己的劳动活动相异化；人同自己的类本质相异化；人与人相异化。埃米尔·涂尔干（Emile Durkheim）的“失范”概念也具有疏离或异化的内涵，也可用于表达个体所体验到的与社会的疏远感。不过“失范”主要指在宗教和仪式难以发生作用的时候，个体所体验到的道德情感联结的丧失。韦伯（Max Weber）认为，异化是科层制和伴随现代性而来的社会生活合理化的结果。

在人类学领域，尽管与异化相关的研究主题多涉及现代化或资本主义对非西方部落或农民社会的影响，最近也有人类学家将此概念用于探究资本主义对西方社会的影响。比如，国际收养市场将儿童商品化所产生的异化以及网络空间使人失去面对面接触机会而产生的疏离等。（参见异化）

（陈雪英）

树栖假说（Arboreal hypothesis） 从历史而言，灵长类的定义是很困难的。由于无法通过单一的解剖学特征来区分灵长类与非灵长类，于是生物学家就致力于通过一个复杂的、可分辨的进化趋势来对其进行区分，这其中一个重要的范式就是树栖假说。树栖假说通过一系列的适应树栖生活的特征来区分灵长类与非灵长类。这一假说首先由格拉夫顿·埃利奥特·史密斯（Grafton Elliot Smith）和他的助手弗雷德里克·伍德·琼斯（Frederic Wood Jones）于20世纪早期共同提出。

埃利奥特·史密斯认为哺乳动物擅长跳跃、快速奔跑以及水栖生存，而灵长类动物则各方面发展比较均衡。不仅如此，埃利奥特·史密斯还认为在早期哺乳动物中嗅觉是最重要的感觉。由于树栖生活要求的是视觉、触觉、听觉灵敏，以及快速移动能力，因此嗅觉的重要性会降低。大脑皮质与视觉、触觉和听觉的有关部分会增大，而与嗅觉有关的部分则会减小。但这些变化并不会导致四肢和身体特征的改变。

伍德·琼斯在他的标志性著作《树栖人》（*Arboreal Man*）中提出了比埃利奥特·史密斯更多的证据。不同于埃利奥特·史密斯，伍德·琼斯更多关注的是前肢和后肢功能的分化。早期灵长类在树栖环境下需要更多地使用前肢，他使用了“前肢解放”（emancipation of the forelimb）这一术语用于形容前肢已经不仅是用于支撑。而四肢更为专业化的分工导致了更加直立的姿势，从而使得灵长类由树栖直立发展为陆生直立。

1971年威尔弗雷德·勒格罗·克拉克（Wilfred LeGros Clark）在埃利奥特·史密斯和伍德·琼斯的基础上提出，灵长类区别于其他物种可以通过器官的复杂度增加，尤其是大脑复杂度的增加来判断，而非通过专业化细化的程度来判断，但专业化细化正是其他哺乳动物选择的道路。

树栖假说的主要挑战是由马特·卡特米尔（Matt Cartmill）提出的视觉捕食假说。他通过对现存的树栖哺乳动物在肢端的形态、嗅觉等方面比较，认为灵长类的形态在树栖环境下并不一定具有优势，在某些特定环境下反而处于劣势，从而对树栖假说的理论形成了挑战。

（李辉、余歌）

双系继嗣亲属制度（Double descent kinship system） 继嗣制度之一，指同时可从父系和母系两种方向推算的继嗣制度。双系继嗣又称“双重继嗣”“双边继嗣”等。双系继嗣较为复杂，可包括对称继嗣，即从父母双方向上追溯亲属关系，或向下继承；男从父，女从母继嗣，儿子向父方追溯，而女儿向母方追溯，如尼日利亚东部的雅科人，其土地、名位按父系继嗣规则继承，而动产和某些宗教职务则按母系继嗣规则继承，保持两者清楚区分。所属的每种财产、权利和义务或者地位的类型也就不一样。这与两可继嗣或向父方或向母方追溯亲属关系但选择后只归属一方有所不同。

每一个社会的继嗣可以是父子相传的父系继嗣，或母女相传的母系继嗣，也可以两种制度同时并存的两可继嗣，但双系继嗣的例子很少见。在采用双系继嗣推算世系的地方，母系群体与父系群体在社会的不同领域发挥作用。双系继嗣的最大特点在于每一代的祖先都有一部分被排除，即由父亲这边追溯父系的祖先，由母亲这边追溯母系的祖先，所以双系继嗣是父系、母系双边继嗣的一种缩小。从另一个角度看，双系继嗣是父系继嗣与母系继嗣的综合。雅科人母系在财产和名位继承方面处于弱势，但在宗教事务上比父系重要。由于双系继嗣制度的存在，一个雅科人可以从父系群继承到牧场，又可从母系群继承到某些仪式特权。

（刘荣）

双系亲属关系（Bilateral kinship） 又称“双边亲属关系”。在亲属制度中，指一个人的“母方”和“父方”双边亲属具有同等重要性的亲属关系。其特征是：不向上追溯共同的祖先，而是从近亲开始，逐渐向更远的亲属水平地向外推移。双系亲属关系是以自我为中心推衍的，除了兄弟姊妹外，找不到有两个完全属于同一亲属群体的人。比如一个人的亲戚可包括他父母双方的近亲，如祖父母和外祖父母、姑、姨、伯、叔、舅、嫡/亲兄弟姊妹、堂兄弟姊妹、表兄弟姊妹，但不包括他姨夫一方和婶母一方的亲戚，而他堂兄弟姊妹、姑表兄弟姊妹一方的亲戚也不包括他母亲一方的亲戚。

双系亲属关系在不同类型的社会中存在，既是西方社会的一个特点，也是很多食物采集社会的一个特点。它通过男女两性把一个人与其他近血缘亲戚（而非姻亲）联系起来。换句话说，个体是通过他的父母双方与祖父母、外祖父母四人来追溯他的世系，并承认其多个祖先。从理论上来说，个人与父母双方家庭的所有血亲有着平等关系。因此，这一原则在直系上个体与其所有八个曾祖父母和外曾祖父母联成亲属，从旁系使个人与第三代和第四代的堂表兄弟姊妹联成亲属。由于这样一个巨型群体过于庞大，在社会生活中不切实际，所以它通常缩减为一个由父亲和母亲的亲属组成的小圈子，称为亲类（kindred）。亲类可以定义为通过父母双方与一个活着的个人保持着紧密联系的一群人。亲类通常存在于诸如美国那样的工业社会，因为那里的流动性使亲戚联系弱化。在这类社会中，个人得到强调，而牢固的亲属组织通常不像它在非西方社会中那样重要。

（陈玉柱）

双性恋（Bisexuality） 不止对单一性别，对两种性别皆会产生性欲和爱恋的现象。与异性恋及同性恋一样，双性恋也是主要的性取向之一。

虽然双性恋这个概念出现于19世纪之后，但是双性恋行为和关系在更早的时间就分布于世界各地。双性恋涉及以下几种不同的情况：有些认为自己对男性与女性皆有感觉；有些认为自己主要对一种性别有感觉，但是也不排斥另一种；有些人的性取向不固定，随时间而变；有些认为有没有感觉与性别无关，而是取决于其他因素；有些对只有两种性别的观点提出质疑，因而也不认为人类只能仅仅对一种或另一种或两种性别产生感觉（Barker,M、Richards,C. & Bowes-Catton,H. 2012）。因为缺乏社会的关注，双性恋在艾滋病防治、心理健康和教育等领域曾一度受到忽视。2010年旧金山人权委员会的"被忽视的双性恋报告"以及2012年梅格·巴克（Meg Barker）等的"双性恋报告"提出了政策及实践建议，被当地政府和一些相关组织采纳。

19世纪的性学已提出"同性恋"与"异性恋"两个术语。弗洛伊德（Sigmund Freud）最初使用"双性的"（bisexual）一词时，是用来指同时具有男性与女性特质的人。他认为孩子在其性取向被导向特定的目标之前，具有"多向性反常"，即性取向是多样的。到20世纪，阿尔弗烈德·金赛（Alfred Kinsey）及其同事通过访谈，对人类的性行为进行了研究，结果显示出许多人都不是绝对的同性恋或异性恋，而至少在某种程度上是双性恋者。弗里茨·克莱因（Fritz Klein）和莉萨·黛蒙德（Lisa Diamond）发展了此观点。

美国双性恋协会（American Institute of Bisexuality）和双性恋期刊（*Journal of Bisexuality*）促进了该领域的研究，有关双性恋心理健康、双性恋认同、具体双性恋群体的经历等方面的研究日渐增加。同时，批判心理学支持用社会建构主义的观点理解双性恋，聚焦如何用语言来建构身份。将来研究的主要领域包括：各种双性恋群体的生活经历、双性恋恐惧症、被忽视的双性恋、双性恋与民族、性别及年龄的关系等。

（陈雪英）

参考书目

Barker, M.、Richards, C. & Bowes-Catton, H. 2012, *Visualising Experience: Using Creative Research Methods with Members of Sexual Communities*, in C. Phellas ed. *Researching Non-heterosexual Sexualities*. Farnham: Ashgate.

双语（Bilingualism） 一个人能说两种语言的现象，又称双语现象。通常有两种解释，一种是个体双语现象，即某人有使用两种以上语言的能力；另一种是社会双语现象，即某社区存在或使用两种语言的现象。双语现象既普遍又复杂，因为它既是个体现象,也是一种社会现象。对双语现象的研究，要结合社会、心理、民族诸因素进行。

定义 不同的学者对双语的界定不同。布龙菲尔德将双语描述为将一门外语说得与母语一样熟练；威因里希认为双语就是交替地使用两种语言的实践；豪根则认为双语涉及用第二种媒介说出完整且有意义的话语的能力。总体上来说，早期的定义倾向于把双语限定为对两种语言的同等掌握能力；后来的定义对语言能力的界定灵活了很多。

产生的原因 双语现象是随着民族接触、语言接触而产生的，即由民族关系和文化融合而引起的，涉及社会生活的各个方面，与一个民族的经济文化、科学教育的发展密切相关。不同地区或同一地区的不同人群的双语情况并不相同。

类型 一些研究者依据双语的水平、双语者学习和使用两种语言的不同社会背景及开始学习双语的年龄，对双语进行了分类，其中影响比较大的分类有以下几种。一是增益/雅双语和减损/俗双语。在增益双语现象中，一个多数民族掌握第二语言并不构成对其第一语言的威胁；在减损双语现象中，第二语言逐渐取代了第一语言。二是同时性双语与继时性双语，划分的依据是个体获得第二语言的年龄和情境。前者是指个体在3岁以前从父母处各学得一门语言；或者一种语言来自父母，另一种语言来自照顾者或玩伴的情况。后者是指个体在获得一种语言的基础上，通过3岁后的学习获得第二语言的情况。三是原发性双语和继发性双语。前者指的是两种能力的习得是自然发生的（如来自于家庭），或产生于真正的明显的社会环境需求；后者指的是通过自觉努力的学习而获得的能力，尤其指在学校接受的系统教育。

研究意义 双语现象研究对人类学的意义在于，语言是文化和民族特性的一种表现方式，也是推行主体文化或体现政治和社会优势的工具。目前，双语现象的理论性研究有双语现象的基本性质、双语现象与认知能力、双重语体和双语现象、双语教育等等；实用性的研究包括多种类型的方针政策问题，涉及一个国家和团体更为广泛的语言运用以及双语教育的发展。

（宋荣）

双足直立行走（Bipedal locomotion） 在所有现存灵长目动物中，只有人类是双足直立行走（bipedal locomotion）的。虽不能确定这个独特的行为是什么时候产生的，但可以肯定的是在360万年前莱托里脚印（Laetoli Footprints）出现之前，这些脚印明显是双足行走动物的脚印。但和现代人的脚印有所不同，在大脚趾处没有人类脚印特有的圆形痕迹，且大脚趾与其他四趾分离，也没有显著的足弓。随后发现的290万年前人类最古老的祖先阿尔法南方古猿（Australopithecus afarensis），即著名的“露西”（Lucy），她的骨骼清晰地显示出双足行走的标志。更早的化石都缺乏对骨盆和股骨远端的描述，而这两部分对判断是否能双足直立行走很重要。

尽管人类谱系初期的化石证据较少，但大多数古生物学家都认为双足直立行走是人猿分离的标志。猿类的骨盆狭长，占据了背部较大比例，因此后背不太灵活；而人类的骨盆短宽而强壮，接近碗形。人类股骨在膝关节处有外翻角，而猿类没有，因此它们的腿呈弯曲状。阿尔法南方古猿化石具备人类骨骼的这两个双足直立行走的主要特征，而更早期的人族成员化石没有这两个特征。早期人族成员的脚趾长而弯曲，大脚趾与其他四趾部分分离；下肢较短，膝关节小而灵活；胸廓呈圆锥形；上肢长且强壮，尤其前臂很长；肩胛骨的关节面向上倾斜；手指弯曲而强健，正面凹陷明显，以适应较大的指部屈肌腱。

阿尔法南方古猿具备两个介于人和黑猩猩之间的特征。首先，它们的骨盆形状接近人类骨盆，异常宽阔。其次，它们的大脚趾基部关节，既可以像人类大脚趾一样，小幅上下活动，可能是为了在行走或奔跑过程中起支撑作用；同时也可以像黑猩猩大脚趾一般，左右摆动，并进行抓握动作，可能是为了更容易攀爬树枝。一些学者认为阿尔法南方古猿身上接近猿类的特征可能只是从树栖祖先继承的“原始残留”，不能作为推测行为方式的重要考虑因素。

20世纪60年代，学者们对双足直立行走的起源进行了多种猜测。雷蒙德·达特（Raymond Dart）提出了著名的狩猎假说，他认为直立行走使人类可以越过草丛向远处眺望，从而发现猎物或者掠食者。双足直立在黑猩猩中也不是极为罕见，在黑猩猩的社会活动中，双足直立会使它们显得更庞大，因此有人猜测双足直立行走是为了吓退掠食者或竞争者。迈克·罗斯（Mike Rose）观察到狒狒在从灌木丛中采集果实的时候是双足直立的，从而猜测人类的双足行走可能是为了空出双手采集果实。理查德·拉汉姆（Richard Wrangham）认为，在茂密丛林中，双足行走比四足匍匐前进躲避树枝更节省能量。

20世纪80年代，彼得·罗德曼（Peter Rodman）和亨利·迈克亨利（Henry McHenry）通过数据证明人类双足直立行走比黑猩猩四足行走更高效节能，因此他们推测在树木越发稀疏的草原上，人类越易演化出双足行走实现高效的迁移。欧文·洛夫乔伊（Owen Lovejoy）的观点恰好相反，他认为双足行走与四足行走相比，机动性、稳定性和速度都大大减小，所以并不是为了适应运动而产生的。洛夫乔伊还是支持采集果实的假说，并提出雄性采集果实养育后代的行为提高了人类的繁殖率。彼得·惠勒（Peter Wheeler）提出双足直立的姿势使人类皮肤暴露在阳光下的面积减小，从而减小身体所受到的热辐射，并且双足直立使人类体型更纤细，也有助于散热。

尽管提出了众多假说，但由于缺乏证据，双足直立行走起源的真正原因仍存在争议。

（谭婧泽、佟欣竹）

水利系统社会（Hydraulic system and society）最早运用水利系统进行稻谷种植的社会发生在干旱地带的冲积地带，人们在洪水发生区域建立小型水利系统，例如约在公元前9000年，位于现在巴勒斯坦境内的杰里科就有类似的水利设施。但是，它仅仅就是一个依赖天然洪水的水利设施，每年洪水所冲刷出来的冲积扇位置不断地转移，这一水利设施也会随之改变。公元前5000年，尼罗河流域上建造过更为复杂的灌溉工程，在灌溉方面起到更为重要的作用，在同一流域，科学家还发现了建造于公元前3100年，更为大型的水利工程。

如果我们抛开是谁最早建立的水利设施这一未解的问题，我们能够关注于更广泛的水利技术问题。现代测量系统帮助研究者相信，一般需要水利设施的地方大多是降水不足250mm的干旱、半干旱地带。前现代化测量系统则更为复杂，因为人们对于估测水利工程中的温度、方位、泥土特性、降水分布和蒸发量等指数，并不能够准确测量和预测，而是根据他们所种植作物的长势进行间接的最优化判断。

卡尔·魏特夫将水利的治理与国家性质进行因果联系，构建了集权国家理论，在其著作《东方专制主义》（*Oriental Despotism:A Comparative Study of Total Power,1957*）一书中，魏特夫将社会形态分为两类，一类是“非治水社会”，如西欧、北美、日本；一类就是“治水社会”，尤其以东方的中国、印度为代表。魏特夫根据“农业灌溉工程需要有条不紊的协作，需要一体化的计划，所以水利工程的建设依赖组织，而组织产生专制主义权力”的思路，推论出水利工程是中央集权国家的产物，水利设施由单一集权政府进行控制和分配，水利控制同时也是东方式君主统治的政治基础。这一理论已经被许多学者所采纳，但是却并不能在更为广泛的区域拥有解释力，例如该理论就不能解释巴厘岛的水利现象。巴厘岛有大型水利设施，并得到妥善管理，但是那里却并没有中央集权。

人类历史中的许多早期文明都发生在河流地域，文明中包含了灌溉系统的发展，所以考古学家会特别地关注到灌溉系统。在经典的著作中，巴策尔（K. W. Butzer）描述了在古王国末期和第一中间期尼罗河流域的治水历程，地方政府和州的统治者负责进行水利灌溉工程的建设。阿西尤特州的凯悌铭文曾讲到了他通过安装水闸，引水上“山”，开拓耕地。资料证明了至少在第12王朝以前，在埃及，水利灌溉工程一直是地方政府的事情，还没有中央政府统一的水利灌溉工程的建设。

进入现代社会，大规模的灌溉工程使许多人们能够拥有更多的可耕地，收获更多的脱离于世界贸易市场波动的谷物以及获取更多的本土能源，在第三世界国家，修造大型水利灌溉工程成为保障国内粮食安全的重要手段。然而，不可否认的是，许多灌溉基础的社会中，众多劳动力受少数人意愿的控制现象非常普遍，学者对这种无效率使用劳动力现象做出过各种解释，这里有很多其他因素也是不能最终分配，如土地、水、资本等，也许就导致了大规模水利设施使用出现低效率的特点。

现代的高科技水坝，灌溉工程给环境造成了许多问题，自然环境被许多新出现的人造湖所破坏，造成了许多社会和健康问题，都市的能源需求凌驾于农民的需求之上，并出现了更多许多由精英、公司和跨国集团制造的腐败机会。尽管国际咨询专家会给出恰恰相反的建议，但承担大规模灌溉修建的现代化理想最终受到政治的控制，而非考虑到经济效率，这一点应该被我们清醒认识。

参考书目

[1] 魏特夫. 东方专制主义. 北京：中国社会科学出版社，1989.

[2] Butzer, K.W. *Early Hydraoulic Civilization in Egypt*. Chicago and London, 1976.

司马迁

司马迁（约前135—前93年），字子长，中国西汉史学家、文学家、思想家。生于夏阳（今陕西韩城南），一说龙门（今山西河津）。元封三年（公元前108年）任太史令，继承父业，著述历史，常被后世尊称为太史公。后因李陵降匈奴之事挺身而出为其辩解，获诬妄之罪而受宫刑。司马迁编纂了中国第一部纪传体通史《史记》，记载了从上古传说中的黄帝时期到汉武帝元狩元年长达3000多年的历史，其内容涉及社会文化各个方面，体现了以德治政、礼让为国的政治主张，以及仁爱忠恕、扶危济困、当仁不让、和谐共处的社会道德理想。他早年漫游各地，了解风俗，采集传闻。《史记》中体现的实地考察，运用了参与观察、访谈、口述史料的采用等，实则是从人类学田野调查的主位与客位视角、宏观与微观视角、社区与个案视角、专题与综合研究视角出发，对收集的材料做出认真分析和选择、淘汰无稽之谈，有针对性地选取材料，对一些不能弄清楚的问题采用存疑思考的态度，或者记载各种不同的说法，给予客观全面的呈现，《史记》以其“实录”精神奠定了中国史学的优良传统，其首创的纪传体编史方法为后来历代“正史”所传承。《史记》作为一部私人记述而不是官方记述的作品，其内容涵盖了对底层阶级人民的记述，被看成是朝代史真实的另一面，正如人类学中“多线历史”的概念。司马迁试图在撰述中发现人类历史发展的模式和规律，他在中国历史上首次强调了个人在影响历史发展上的重要性，并提出一个国家无法逃脱繁荣与萧条交替循环的历史规律，还认为社会历史是在主要由物质财富要素构成的“俗”的力量支配下不断变化发展的，具有自身的内在规律；最好的社会经济政策就是顺应社会经济自身的规律，做到“善者因之”。司马迁被认为是对中国民族进行通史性研究的第一人，开创了中国西南少数民族研究之先河。使中国民族史研究有了明确的时空概念、对象和丰富的内容，并建立了中国民族史研究的整体观，说明了民族发展与国家发展具有互动性，提出了黄帝是“华夷”的共祖等思想。

（田夏萌）

参考书目

［1］王子今. 史记的文化发掘——中国早期史学的人类学探索. 湖北：湖北人民出版社，1997.

［2］司马迁. 史记. 北京：中华书局，2013.

［3］张桂萍.《史记》与中国史学传统. 重庆：重庆出版社，2005.

［4］班固. 汉书·司马迁传. 北京：中华书局，1962.

斯堪的纳维亚人类学（Scandinavian anthropology）一般即指北欧民族学，主要包括丹麦、瑞典、挪威、芬兰和冰岛诸国的民族学与人类学，其在20世纪前期长期积累起的学术研究传统在民族学学术史中也被称为“北欧学派”，主要致力于对北极文化和爱斯基摩人的考察与研究，并注重物质文化的细密分布，并进行文化传播的分析。

具体而言，丹麦民族学研究在北欧较为发达，该国曾有不少民族学家曾参与北欧、非洲、美洲以及大洋洲的考察与探险活动，并取得了较大的成绩，成为进化学派和传播学派的重要成员。目前，丹麦设有欧洲民俗综合研究所、奥尔胡斯大学史前考古学和民族学研究所，发行有《民族》与《民族学》杂志。该国著名的民族学家主要有：伯基特·史密斯、古德芒德·哈特、克努特·拉斯穆森、特凯尔·马赛厄森、弗雷德里卡·德拉古纳等，其中伯基特·史密斯的成就最大。

瑞典的民族学起源也较为久远，早在1872年，瑞典即建立了北方博物馆，1891年在瑞典民族学家A. 哈塞留斯领导下建立了欧洲第一座露天博物馆——斯堪森露天博物馆。此后，瑞典各大学都开始开设民族学课程。1937年，在该国著名民族学家S.埃里克森领导之下，该国出版《民族生活》杂志，1971年改名为《斯堪的纳维亚民族学》，主要刊载北欧民族学方面的研究成果，其中包括风俗习惯、饮食、器具、劳动、规范等方面的研究论文、评论、传记和会议报告等，用英、德或北欧各国文字发表。该国民族学家关注的主要议题除了本民族的物质与精神文化之外，还涉及阿拉伯、爱斯基摩等民族的相关研究，该国代表性的民族学家有诺等舍尔德（1877—1932）和埃里克森（1888—1968）等。诺等舍尔德曾任瑞典哥德堡民族学博物馆馆长，曾亲赴南美进行多次考察，研究了阿根廷、玻利维亚和秘鲁境内印第安人的物质文化和风俗习惯，晚年主要研究哥伦比亚和巴拿马境内印第安人的宗教，其最重要学术贡献是九卷本皇皇巨著《比较民族学研究》（哥德堡，1919—1931年陆续出版）。埃里克森则主编《斯堪的纳维亚民族学》杂志，并出版《民族》论文集，力求将斯堪的纳维亚民族学的现象和概念列入一般民族学术语范围内，利用西方最新的理论著作中的相关范畴，如“社会集团”“功能”等，并认为必须注意到民族学家在具体研究中缺乏历史感的问题，成为欧洲民族学领域内进步学派的巨大推动者。

挪威民族学的关注对象除本民族的物质与精神文化外，还特别关注斯堪的纳维亚北部地区民族社会文化方面的内容。除此之外，挪威民族学家还参与到对南美洲、大洋洲、亚洲、非洲等诸民族族源、社会结构及亲属关系等方面的研究当中。该国著名的民族学和人类学家有奥森、海伊厄达、巴斯等。

芬兰民族学研究同样活跃，该国学者以其国内的地方博物馆为基础，主要进行本民族及其他民族物质与精神文化方面的研究，成效卓著。该国著名民族学家K. 维尔库纳的代表性著作《芬兰民族学地图集》在整个西方学界具有重要影响。

总体而言，传统的以搜集、诠释本国民族文化为己任的斯堪的纳维亚国家的民族学（如今也开始使用“文化人类学”名称），在近20年受到了主要来自美国的后现代主义批评与多元文化主义的影响，使斯堪的纳维亚各国的诸多学者开始更为严肃地思考美国式“文化人类学”及专业期刊的新要求对于本国民族学、人类学研究所造成的新影响，并在理论和实践层面有新的转变。

（袁剑）

参考书目

［1］Gullestad, M. 1989. Small Facts and Large Issues: The Anthropology of Contemporary Scandinavian Society. In *Annual Review of Anthropology*, vol. 18, 1989: 71–93.

［2］Bennike, P. Bonde, N. 1992. Physical anthropology and Human Evolution in Denmark and other Scandinavian Countries. In *Human Evolution*, vol. 7, no. 2, 1992: 69–84.

斯坦福大学人类学系（Department of Anthropology Stanford University） 斯坦福大学人类学系主要分以下三个专业方向，分别是考古学（Archaeology）、生态与环境（Ecology and Environment）、文化与社会（Culture and Society），该系提供的课程主要是为本科生提供人类学的教学指导；提供人类学专业的本科计划，并为更高级学位输送毕业生。人类学致力于研究人类和人类社会，它们横跨于时间和空间上。它不同于其他社会科学，它关注的是跨度时间的人类历史，包括全方位的人类社会和文化和那些历史上被边缘化的地区和世界。因此，特别适用于对社会、文化问题以及生物多样性问题里权利、身份和不平等，同时，也有助于了解随着时间的推移，社会、历史、生态的动态变化过程。

人类学教育为生活在一个多元文化和全球互联世界的生活提供了极好的准备，并帮助学生进入法律、医药、商业、公共服务、研究、生态可持续性和资源管理等领域中的职业生涯。人类学系提供了研究领域内广泛的议题和方法，包括考古学、生态学、环境学、进化、语言学、医学人类学、政治经济学、科学和技术研究以及社会文化人类学。通过使用定性和定量的方法对微观和宏观的社会过程进行研究。

（蒋萍）

死亡仪式（Death Ritual） 人都无法避免死亡，但人类对死亡的反映各不相同，现有的民族志显示世界上的死亡仪式各种各样。当一个人停止呼吸或文化判断一个人已经死亡时，死亡仪式开始启动。首先，死者的身体会被清洗、修剪、梳理、绘色或喷洒香水；然后会被穿上衣服或裸露、用毯子覆盖或装饰上珠宝；最后会被埋葬、焚烧、储存在房内、通过烟熏或腌制来保存、肢解来喂动物或鸟、丢进江河或大海、当腐肉暴晒、生吃或煮熟了吃。死者的家庭、朋友和邻居会聚集在一起，通过哭泣、号叫、唱哀歌、捶打胸脯或撕扯头发来表达哀思。人类社会的文化规则决定如何处理死者的身体、死者的亲属需要守多久的哀悼期、每年采取何种方式来怀念死者等与死亡相关的活动或仪式。因此，死亡仪式是人类社会文化的表现，能显示出一个社会的组织结构、价值观和世界观，所以一直是人类学研究的重点。

人类学对死亡仪式和相关信仰的研究可以追溯到它的创始初期，19世纪文化进化论者，如爱德华·泰勒（Edward Tylor）和詹姆士·弗雷泽爵士（Sir James Frazer），研究与死亡和死后相关的信仰，认为早期人类对死亡和死亡状态（如睡觉和做梦）的深思是灵魂概念的起源，对死后继续存在的信念是所有宗教的起源。20世纪初功能主义学者，如涂尔干（Durkheim）、罗伯特·赫尔兹（Robert Hertz）、拉德克利夫–布朗（Radcliffe-Brown）和马林诺夫斯基（Malinowski），通过分析与死亡相关的行为，力图揭示一个宗教体系如何帮助维持社会团结、建立社会均衡次序，从而认证和保持社会体系。罗伯特·赫尔兹的观点影响深远。他认为当一个社会的成员死去后，该社会的连续性和持久性受到威胁；该社会受到了震惊的干扰，必须逐渐恢复平衡；只有通过在死后哀悼期举办死亡仪式，该社会才能恢复平静和战胜死亡。

1908年，法国人类学家阿诺·范·基尼（Arnold van Gennep）出版《通过仪式》（*The Rites of Passage*），葬礼被认为是从一种状态通过到另一种状态的许多仪式的一种，这些通过仪式有一共同的三阶段结构：首先是从一种状态分离；然后是过渡或阈限阶段；最后是再并入一种新的状态。他指出在死亡仪式中，过渡阶段起主要作用。英国人类学家维特·特纳（Victor Turner）扩展对于中介阶段（liminality）的理论，特纳认为在中介状态，两个阶段间的过渡状态，个人是处在"模棱两可"状态，他们不属于他们先前所处社会的一部分，而且尚未被重新整合进入该社会。中介状态是一个中间过渡阶段，一个模棱两可的时期，其特色是谦卑、隐居、测试、性别模糊与集体中介性（communitas）。

维特·特纳的论著代表20世纪60—70年代到现在人类学仪式研究的发展趋势，其研究重点从寻找功能转移到理解仪式意义，引发象征主义和解释人类学的兴起，他们寻求从被研究社会的本土解释来理解符号和仪式。1982年出版的*Death and the Regeneration of Life*和Huntington与Metcalf 1991年出版的*Celebration of Death:The Anthropology of Mortuary Ritual*和充分体现该派观点。第一本书是由Maurice Bloch和Jonathan Parry主编，共有七篇文章，用社会学、象征主义和心理分析的方法来解释死亡仪式中生育能力和再生的符号意义。第二本书是由Ricchard Huntington与Peter Metcalf根据他们在马达加斯加和中波罗洲的田野调查，试图解释死亡、性欲和再生符号间的关系。对悲哀者如何应对失去亲人的比较研究、死亡仪式的变迁、地方传统仪式与更大区域或全球范围的互动关系、死亡仪式与社会和族群认同等均是现代死亡仪式人类学研究的内容。

（陈刚）

参考书目

［1］Bloch, Maurice, and Parry, Jonathan (eds.).1982. *Death and Regeneration of Life*. Cambridge: Cambridge University Press..

［2］Gennep, Aronld van. 1960 (1908). *The Rites of Passage*. Monika Vizedom and Gabrielle Caffee, trans. Chicago: University of Chicago Press.

［3］Hertz, Robert. 1960. *Death and the right hand*. Originally published in 1907. Translated by Rodney & Claudia Needham. London: Cohen & West.

［4］Huntington, Richard, and Metcalf, Peter 1991. *Celebrations of death: the anthropology of mortuary ritual*. Cambridge, England: Cambridge University Press.

［5］Antonius C.G.M. Robben (ed.). 2004). *Death, Mourning and Burial: A Cross-Cultural Reader*. Oxford: Blackwell

《松花江下游的赫哲族》（*The Hezhe People on the lower Songhua River*） 凌纯声（1902—1981）字民复，号润生，江苏武进人，是中国当代著名的民族学家、人类学家，毕生致力于中国民族学研究，深入各民族聚居区实地考察。1929年4月，凌纯声和商承祖赴东北地区对满-通古斯语族民族进行调查，历时三个月，调查地域包括吉林、黑龙江、辽宁等省，主要地区为松花江下游等处的依兰、桦川、富锦、同江、绥远、饶河、虎林、宝清、密山、穆棱等县。实地调查时集中于松花江下游的赫哲族，调查历时三个月，所得材料及标本颇多，调查结果编为《松花江下游的赫哲族》一书，作为中央研究院历史语言研究所单刊甲种第十四本，于1934年出版。本书包括四个章节："东北的古代民族与赫哲族"介绍了赫哲族的来源及其历史和地理的分布情况；"赫哲族的文化”是全书的核心，将文化细分为物质文化、精神文化、家庭文化、社会文化四部分；“赫哲族的语言”单成一节，包括语言、语法、语汇；“附录”中收录了《伊玛堪》等19篇赫哲故事。此书较以往的中国民族学家著述，更为系统而全面，学术性更强，反映了中国民族学的进步。当然本书也收到了批评意见，比如这一研究没有说明赫哲人是怎样适应生活环境而创造出文物和制度的，更没有把赫哲人的各种文化现象置于其社会脉络中加以考察，使人无法了解其各种社会、文化之间的联系，也无法了解其各种制度对社会有何影响或作用。但是，瑕不掩瑜，本书一直被视为早期中国民族学者从事田野调查与撰写报告之圭臬，对于当代民族学田野工作仍有启迪。

参考书目

［1］凌纯声. 松花江下游的赫哲族.《国立中央研究院》历史语言研究所单刊甲种之十四，1934.

［2］王建民. 中国民族学史：上卷. 昆明：云南民族出版社，2004.

（刘姝曼）

宋蜀华（1923—2004）　中国著名民族学家。1923年6月出生在四川成都，1946年毕业于燕京大学社会学系，1949年毕业于澳大利亚悉尼大学研究院，获硕士学位。回国后，任成都华西协合大学考古及民族学博物馆助理研究员。1951年作为中国科学院西藏科学工作队队员进藏，对藏族社会、历史、宗教、习俗做了调查研究。1952年底回京后一直在中央民族学院任教。中央民族大学终身教授，民族学研究院名誉院长，广西民族学院兼职教授。1985年以来受聘为国务院学位委员会学科评议组法学组成员。1993年始任全国博士后管理委员会专家组成员。兼任中国民族学会会长、中国人类学会理事、英国皇家人类学会荣誉会员，以及中国拉丁美洲友好协会副会长、国家民委学术委员会委员等职。2004年7月10日，宋蜀华在美国洛杉矶因心脏病突发，不幸逝世。

宋蜀华40多年来经常深入民族地区进行调查研究，撰写了数十万字的调查报告。1953年作为民族学院研究部甘青地区民族调查组的成员，前往土族、撒拉族和藏族农牧业地区进行调查，发表了《撒拉族的历史来源问题》《青海互助土族的经济生活》《甘南牧区经济调查报告》等调查报告和文章，特别是他对撒拉族历史来源的论证，30年后仍为研究者所重视。从1956年到1960年，宋蜀华积极参加云南省少数民族社会历史调查组的工作，曾多次去傣族和景颇族地区，深入调查研究写出调查报告多种。宋蜀华一直十分关注贵州的“六山六水”民族调查工作。2002年是“六山六水”民族调查二十周年。宋蜀华亲自发来贺词，表示祝贺。在贺词中，对贵州“六山六水”民族调查20年给予了充分的肯定和很高的评价。

他长期从事教学和指导研究生工作，开设过的课程有：傣族史、西南民族史、滇西民族史、原始社会史、民族学专题研究、史学专题研究等。

他的研究领域较广，着重研究中国西南的少数民族，主要是傣族以及与之有族属渊源的古代百越。他主张不仅要研究少数民族而且要研究汉族，特别要重视汉族与少数民族之间关系的研究。他强调中国民族学必须中国化。不照搬外国模式，应有选择地吸收、借鉴，体现中国特色；必须为少数民族地区的现代化服务。自1989年担任中国民族学会会长以来，他大力倡导有关民族学与现代化课题研究，为中国民族学的繁荣发展孜孜不倦地努力工作。

由于宋蜀华在民族学人类学上造诣精深，在国际学术界有广泛的影响，不仅受墨西哥、日本、澳大利亚、美国、韩国等国学术界的邀请进行学术访问，与美国的华盛顿大学、斯克兰顿大学、加州大学、南加州大学，日本的东京大学、京都大学，韩国的汉阳大学，澳大利亚的悉尼大学、澳大利亚国立大学，以及香港中文大学等高校人类学和历史学的同行进行学术交流，而且于1984年，以多数票当选为联合

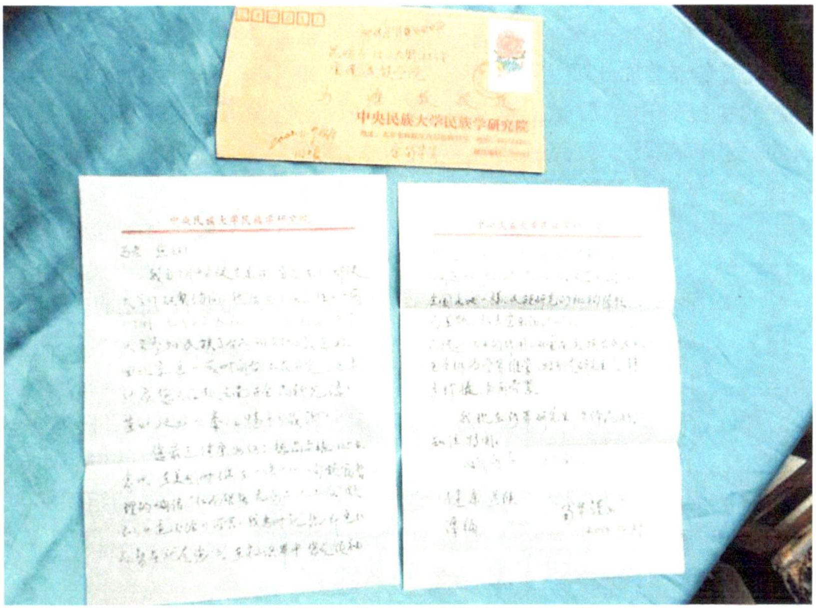

宋蜀华致马曜教授函签

宋蜀华致马曜函

国消除种族歧视委员会委员（共18人），以专家身份任职4年，1988年、1992年连选连任。1983年7月，受外交部和国家民委之命，宋蜀华向联合国提交了中国批准联合国《消除一切种族歧视国际公约》后的第一次工作报告，反映良好。作为中国专家参加此项工作，不仅对促进《公约》的执行做出了贡献，而且对宣传介绍中国的民族政策及少数民族地区的发展、进步和社会主义现代化建设，都起到了积极作用。

宋蜀华治学严谨，学术著作成一家之言。主要代表作有:《中国民族问题研究》（1981年）、《百越》（1991年）、《民族研究文集》（1995年）。与人合著有:《中国少数民族》（1981年）、《原始社会史》（1984年）、《民族学与现代化》（1994年）等多部著作。他参加《辞海》等权威性工具书的编撰，担任《中国大百科全书·民族卷》编委兼民族学分科副主编以及《民族词典》副主编。他主编的《民族学与现代化论文集》和《民族学理论和方法》已由中央民族大学出版社出版。他发表了数十篇学术论文，有的论文刊载于国外学术刊物上。

（马丹丹）

苏丹式亲属制度（Sudanese kinship system）在北非苏丹南部的民族中发现的亲属称谓制度，以苏丹人（Sudanese）命名。美国人类学家默多克（George Peter Murdock）在《社会结构》（*Social Structure*,1949）所划分的六种亲属制度之一。除此之外，尽管它已经在中国农村逐步取代易洛魁亲属称谓制，但还是在世界上很少社会中能够见到。这种亲属称谓制度与其他各种亲属称谓制都不相同，它不把父母辈和自我辈的任何亲属总括在一起。它属于描述式亲属称谓制，即对任何一个亲属都使用不同的称谓。母亲的兄弟与父亲的兄弟的称谓是有区别的，而父亲的兄弟和父亲的称谓也是不同的；母亲的姊妹和母亲是不同的，并且与父亲的姊妹也是区分开来的。每一个堂兄弟姊妹和表兄弟姊妹的称谓都彼此区分，即堂兄弟姊妹、姑舅表兄弟姊妹与姨表兄弟姊妹及同胞兄弟姊妹都不尽相同。因此它比其他任何一种制度（包括英裔美国人所使用的）都要精确，这或许就是它为何如此稀少的原因之一。几乎没有什么社会将一个人所有的姑姨婶、叔伯舅、堂兄弟姊妹、表兄弟姊妹以及自己的亲兄弟姊妹一一区分开来。所以这种亲属制有其高度的描述性，基本上不将父方和母方的两类亲属概括称呼。

使用苏丹制亲属制度的通常是父系世系社会，但这种社会与使用奥马哈制或易洛魁制的大多数父系世系社会有所不同。苏丹制存在于有着比较复杂的政治体制、社会分层及职业专业化等因素的社会中。对于这样一个特殊的亲属制度性质的了解，不能将亲属称谓与亲属关系系统等同起来，只能通过对该制度的内涵及同一社会中其他形式的组织的内涵加以衡量比较才能实现。

（刘荣）

孙本文（1892—1979） 字时哲，江苏吴江人。中国著名社会学家、社会心理学家。1918年毕业于北京大学。1921年赴美国留学，获伊利诺伊大学硕士学位。在纽约哥伦比亚大学及纽约大学师从吉丁斯（Giddend）、奥格本（Ogbum）、麦孤独（W. Mc Dong. all）等，专攻社会学，获博士学位。其后又到芝加哥大学社会学系选读有关课程，师从社会心理学家E. 范黎庶和派克教授。回国后，先后任中央大学社会学系主任、东南社会学会常务委员、《社会学刊》总编、中国社会学会理事等。院、系调整后，任南京大学教授、江苏省哲学社会科学联合会理事、南京市经济学会理事及副会长等。1927年，他的第一部社会学著作《社会学上之文化论》出版，将美国社会学的文化学派介绍到中国，并提倡建立中国的文化学研究体系，积极倡导和实践“社会学中国化”，认为在理论上必须对国外的学科理论进行全面的研究和综合的汲取，再根据中国的现实加以检验与修改，由是取得思想上的独立。当时，有许多中国民族学家与孙本文

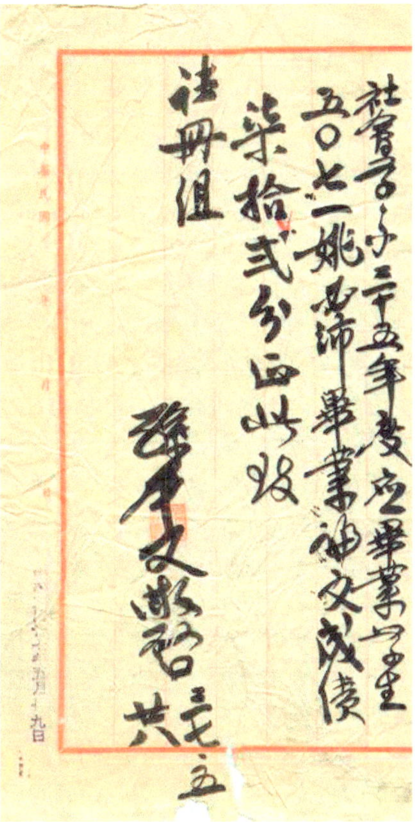

孙本文信札

这种综合国外的民族学理论和方法、进行中国民族学建设的想法不谋而合，其中国化的思想在抗日战争胜利后有了新的完善。20世纪30年代主编有《社会学大纲》，为当时最主要的社会学教材，也是中国社会学篇幅最巨的著作。他所著的《当代中国社会学》，对20世纪前半期的中国社会学发展的过程、现状和研究水平进行了全面的评价。另著有《社会学原理》《现代中国社会问题》《近代社会学发展史》等。

参考书目

王建民. 中国民族学史（上卷）. 昆明：云南教育出版社，1997.

（刘姝曼）

T

他者（Others） 在人类学中通常指不同于自身的文化与社会。这一概念最初诞生于文艺复兴、启蒙运动时代的艺术与科学，后被近代欧洲人类学借用，成为西方了解世界其他地方的观念工具。

人类学家对于“他者”的认识，经历了一个曲折的发展过程。通常认为，西方人类学的原初观念大致是在15世纪以后逐步孕育出来的，与西方探索世界、对外扩张的历史密不可分。从15世纪晚期到19世纪中叶，欧洲探险家们在远航的过程中接触到了很多不同于自己的人群，对他们产生了强烈的兴趣。在那几个世纪里，将“蛮族”当成欧洲世界的“乌托邦”，用“野蛮人”来想象理想的秩序，是一种流行的做法。到了19世纪中叶，这种思想逐渐被进化论所取代。人类学家将世界划分为有智力高低的生物界，用所谓科学的方法将这些文化排列组合为一定的时间顺序，并将欧洲以外的其他民族都定义为“低级的古老文化”，与欧洲人的祖先一样“无知”。这样，早期西方人类学对于“他者”的论述，就深深打上了文化等级主义的烙印。

20世纪前期，人类学得到了空前的发展。被誉为英国现代人类学奠基人的马林诺夫斯基（Bronislaw Malinowski）提出了“田野工作”的方法，认为对于非西方文化的研究，不能采取进化论式宏观历史观念的臆断，而必须亲身来到那个社会之中，把握当地社会生活的实质内容，以一种移情式的理解，来求知文化的本质。将非西方社会视为“野蛮人”的做法是不符合科学的，一旦人们持有严谨求实的态度，便会发现“他者”与“我们”的共通之处。

人类学家对“他者”的关怀，不仅出于猎奇的心态，更是希望通过他者反观自身，进而达致对人类本性的深刻理解。这种洞察可以被概括为“文化的互为主体性（cultural inter-subjectivity）”，与中国古训“他山之石，可以攻玉”有着异曲同工之处。由此，在对“他者”进行考察的时候，人类学家强调对“主位（emic）”与“客位（etic）”观察方法的区分。主位的观点指被研究者（局内人）对自己文化的看法，客位的观点用来指这个文化的局外人的解释。人类学家强调，要从被研究者的观点出发来理解他们的文化，而不要将我们自己的范畴强加在“他者”的观念之上。

20世纪晚期，随着现代化与全球化进程的加剧，人类学家面临着“他者”消失的尴尬局面。在传统的人类学中，“他者”主要指殖民地的人们，而现在，传统意义上的殖民地已经不复存在。全球各地都开始出现人群的汇融，商品与信息的全球流动带来了巨大的同质化，好像全世界都成为了同一个文化区域。原始社会的“土著”变得与我们几无二致，他们也不再消极地作为西方人的认识对象存在，而是积极地成为了认识者，并参与到全球历史进程之中。这使得人类学不得不重新反思自身的定位，反思“他者”研究的出路。

法国人类学家让·卢昂塞勒（Jean Loup Amselle）指出，作为人类学研究对象的“原始社会”其实一直都是混合体，只是在现代人类学制造出田野地点是界线清晰的空间这一概念之后，一些人类学家才开始相信他们的研究对象已经被全球化所改变或毁坏。人类学的对象永远都处在当代，“他者”从未消失，只是全球化为变迁与融合的新形式提供了更大的可能。事实上，虽然全球化使得很多地方的人们从表面上看来穿着同样的衣服，吃着同样的食物，使用着同样的工具，但这些物品与行为的意义对于不同的人们来说却可能有着很大差别。在不同的地方，全球化有着不同的实现方式，“他者”并不必然变得和“我们”完全一致，即使二者都被卷入了同一历史进程之中。

总之，“他者的眼光”始终是人类学这门学科的当家本领。人类学追求对于“他者”的同情式理解，更追求在对“他者”的社会生活形成深入认识的基础上反思自我，从而探寻人类的普遍性与特殊性。在全球化的时代，人类学也发展出各种新的研究范式、研究方法，重新界定“他者”与“自我”，以求对流动性、融合与边界、趋同与差异等主题有更好的把握。

（刘琪）

参考书目

［1］Bertho, Alain. 全球化的人类学可能吗?. 引自《中国人类学评论第7辑》. 北京：世界图书出版公司，2008.

［2］让·卢昂塞勒. 全球化与人类学的未来. 张海洋译. 《世界民族》，2004（2）.

［3］王铭铭. 人类学是什么. 北京：北京大学出版社，2002.

台湾人类学与民族学学会（Taiwan Society for Anthropology and Ethnology）　台湾学术社团。是维系台湾人类学与民族学学术交流唯一而重要的平台。前身为1934年12月16日创立的中国民族学会。1949年，国民政府迁至台湾，李济、董作宾、芮逸夫、石璋如、凌纯声、何联奎、卫惠林等一批中国民族学会会员随之东迁。1954年1月17日，“中国民族学会”在台湾大学法学院举行复会仪式和会员大会，66位会员均为原学会会员，大会选出理事15人，监事5人，并决定编行《中国民族学报》。至1963年，该刊在台湾共出版了3期，此后，继之以《中国民族学通讯》刊印至今。1994年6月26日，在召开的第23届第一次会员大会中，更名为“台湾人类学与民族学学会”，简称“人民学会”。学会的章程中明确规定，以研究民族学、人类学为宗旨，主要开展室内研究及田野工作；举行讲演会或讨论会；编行年刊及研究专刊；与国内外有关学术团体及个人交换研究资料；提倡并推进与民族学、人类学有关教育文化工作；接受委托或主动规划人类学与民族学相关之研究计划等活动。

台湾的人类学与民族学，先后受到1940年代之前日本殖民时期人类学传统、1949年后东迁的大陆民族学、1960年代英国功能学派与美国汉学人类学的影响，在不同时期有所侧重，对台湾少数民族、中国少数民族、台湾及大陆的汉族社会、海外华人、太平洋其他南岛民族展开了较为深入的田野调查，学术研究成果丰厚。20世纪90年代以来，为增加研究者的社群意识，学会致力于学者公共平台的打造，通过年会的形式，进一步推动学术对话空间，2007年举办了第一届学术论文发表的年会，其后年会规模日益扩大。同年，发行刊物《人类学视界》，以加強学会与会员之间的沟通。学会开展的诸多学术活动，促使其人类学与民族学方面的研究呈现多元化趋势，在台湾人文和社会诸学科中有着重要影响。

20世纪90年代以后，台湾人类学相关科系与研究所陆续增加，学术成长加速。但学术团体运作并不活络，人类学机构之间缺乏公共平台加以联系。2005年6月，对原中国民族学会进行改组，更名为“台湾人类学与民族学学会”。

该学会以研究民族学、人类学为宗旨。主要开展案头研究及田野工作，举行演讲会或讨论会，编辑发行年刊及研究专刊，与国内外有关学术团体及个人交换研究资料，提倡并推进与民族学、人类学有关教育文化工作，接受委托或主动规划人类学与民族学相关之研究计划等学术活动。学会设理事会和秘书处，设理事长1人、常务理事5人、理事15人、候补理事5人。另设监事会，设1名常务监事，5名监事、1名候补监事。每年召开一次大会，经理事会决议或1/3会员以上提议可以召开临时会员大会。理事长每两年改选一次，可连任一届。臧振华、黄树民、张珣先后担任理事长。2011年经理监事会和会员大会通过，制定了《台湾人类学与民族学学会伦理规范》，以提出人类学对学术伦理的看法，不仅作为人类学界重视被研究者权益的宣言，同时借此呼吁人类学研究的特色受到伦理审查制度的理解与尊重。

为了加强人类学的社群意识，应对台湾社会的快速转型，学会改组后即调整了活动形态，创建属于人类学者与学生的公共交流平台。2007年举办第一届年会，之后年会规模逐渐扩大。2009年，与美国人类学会东亚人类学会合办年会。学会希望建立包容性、多元性的人类学对话空间，促进更多学界同人对人类学的认同与参与，为21世纪人类学的学术发展与社会影响力奠定更稳重的基础，为社会做出更多的专业贡献。

（王建民）

唐人街（Chinatown）　又名华埠或中国城，泛指海外华侨、华人在西方或其他国家都会城市中因聚居的经济与文化生活方式而形成的社区或聚落。比较有名的唐人街，主要分布在日本的神户和横滨、加拿大的多伦多和温哥华、美国的纽约、波士顿、芝加哥、洛杉矶、旧金山和费城，澳大利亚的悉尼和墨尔本，英国的伦敦、伯明翰、利物浦和曼彻斯特，法国的巴黎，以及意大利的罗马和米兰等重要都会城市中。近些年来，随着华人人口数量的与日俱增及其所属行业的相似性程度较高，在西方的一些中小型城市中，也逐渐形成了或大或小的唐人街聚落，如位于意大利托斯卡纳大区的普拉托唐人街。此外，在一些非西方国家中，亦存在一些具备一定规模的唐人街。

“唐人街”这个名称的由来，最早可追溯到“大唐街”一词的使用。清代词人纳兰性德（1655—1685）在其《渌水亭杂识》中写道：“日本，唐时始有人往彼，而居留者谓之‘大唐街’，今且长十里矣。”纳兰性德笔下的“大唐街”，应该算是对唐人街最早的中文记载。而“唐人街”一词在中文里的正式使用，可追溯到清末。作为清廷首次正式派往西方的外交使团（1868—1870）出使大臣之一的志刚，在其完成出使后撰写的《初使泰西记》（1872）一书中率先使用到了“唐人街”一词。此后，该词又出现在后来的清廷出使官员王咏霓（1839—1916）的《归国日记》（1887）中。

过去有关唐人街的研究，主要还是集中在历史学和社会学研究领域，偏重对唐人街的历史形成与发展、华人移民社会的社会结构与社会变迁、文化冲突与社会适应等方面进行相关的分析和讨论。如社会学家吴景超于1928年在美国芝加哥大学完成的博士论文《唐人街：共生与同化》（*Chinatown: A Study of Symbiosis and Assimilation*），就是一项针对唐人街所做的社会学专题研究。

当代人类学对于唐人街的研究，往往散见于都市人类学、经济人类学和那些针对海外华人、华侨的族群与身份认同所展开的研究当中，且常常以个案研究的文本形式出现。台湾学者陈祥水在纽约市立大学攻读人类学博士学位时，对纽约皇后区华人社群进行田野考察，研究其社会结构。亲属关系，特别是宗族关系等传统的社会组织和社会关系在海外华人社会中占有重要的地位，但华人在这个族群构成相当复杂的地方，正在形成一个对外积极参加美国社会活动的新型社群（Chen, Hsiang-Shui 1992）。

美籍华裔人类学家王保华（Bernard P. Wong）于1982年出版的《唐人街：华人的经济适应与族群身份》（*Chinatown: Economic Adaptation and Ethnic Identity of the Chinese*），就是一本以纽约唐人街作为个案进行考察和分析的人类学著作。通过对纽约唐人街的形成历史、社会组织、家庭生活和唐人街里华人的经济活动与族群身份等进行全方位的考察与分析，王保华笔下的纽约唐人街实际上再现了华人对美国生活与环境的一种“适应”（adaptation），唐人街华人的生活方式其实是这种“适应”的产物。纽约的唐人街，一方面反映出了美国的种族主义，另一方面又反映出了在这个西方国度里，作为少数族群的华人既努力去适应美国的社会与经济生活，又陷入“两难困境”的族群身份。然而，作为已经存在了一百多年的纽约唐人街，非但没有在纽约城的种种“涵化压力”（pressures of acculturation）下分崩离析，反倒还将继续存在很长一段时间，这正是因为美国华人的“族群性”（ethnicity）已经开始发生了转变。而唐人街，也将会从最初作为的“都市少数族群聚居区”（urban ethnic ghetto）逐渐完成向一种植根于“共同文化”的“利益团体”的转变。这就是所谓的“美国化进程”。（Wong, Bernard P. 2002）

（谢奕君）

参考书目

［1］Archaimbault, Charles 1952, *En marge du quartier chinois de Paris*, Extrait du Bulletin de la Société des Etudes Indochinoises, Nouvelle série–Tome XXVII–N^{0}3 (3e trim.).

［2］Chen, Hsiang-Shui1992, *Chinatown No More: Taiwan Immigrants in Contemporary New York*, Ithaca, NY: Cornell University Press.

［3］Guillon, Michelle1986,*Taboada-Leonetti Isabelle, Le triangle de choisy, un quartier chinois à Paris: cohabitation pluri-ethnique, territorialisation communautaire et phénomènesminoritairesdans le 13e arrondissement*, Paris: Editions L'Harmattan.

［4］Laguerre, Michel S.2000, *The Global Ethnopolis: Chinatown, Japantown and Manilatown in American Society*, New York: St. Martin's Press, INC.

［5］Pan, Lynn1999, *The Encyclopedia of the Chinese Overseas*, Cambridge, MA: Harvard University Press.

［6］Wong, Bernard P.2002, *Chinatown: Economic Adaptation and Ethnic Identity of the Chinese*, Belmont: Wadsworth Publishing Company.

［7］Zhou, Min1992,*Chinatown: the Socioeconomic Potential of an Urban Enclave*, Philadelphia: Temple University Press.

［8］吴景超. 唐人街：共生与同化. 筑生译. 天津：天津人民出版社，1991.

陶云逵（1904—1944） 江苏武进人。中国社会学家、民族学家、人类学家，中国西南边疆社会研究的拓荒者。早年就学于南开大学。1927年赴德国柏林大学、汉堡大学研读人类学、遗传学、民族学，1933年获博士学位。归国后，在中央研究院历史语言研究所、云南大学、西南联合大学任编辑员、教授，并担任云南大学社会学系主任、《边疆人文》杂志主编。他采用实地调查方法，以中国境内各种各样社区类型为对象，阐明本国的社会实际，发展中国化的社会学。在云南等地进行了较为细致的田野调查，师承德奥民族学传播学派，在研究中不仅继承了其文化圈的思想，也注意结合历史发展和功能的观点进行考察。针对中国民族学研究实际，在研究中表现出对西方民族学学派更强烈的综合意识，用“文化历史”观点研究西南的各民族。1934年10月，担任中央研究院历史语言研究所编辑员期间去云南做民族调查，进行了傈僳族文化和傣族体质、生育婚丧等方面的研究， 在云南的调查以体质方面为主要内容。1942年，和南开大学边疆人文研究室的其他研究人员对云南的新平、元江一带的语言、宗教、巫术、市集、地理环境等进行了专项调查。次年，又到红河上游的上述两县和峨山等地调查语言、文字、物产等内容。代表作《西南部族之鸡骨卜》，对鸡骨卜的分布及其历史进行了详尽研究，认为它属于非汉语民族文化产品。其著作多为西南民族的调查报告，主要有《云南碧罗雪山之傈僳族》《车里摆夷之生命环》等。

（刘姝曼）

参考书目

王建民. 中国民族学史（上卷）. 昆明：云南教育出版社，1997.

体态语（Body language） 由身体传达出的信号组成，又称为“身势语”，英文也可用“gesture”表示。它是非语言交流的一种重要形式，是人类语言交流时自发的、补充的交流渠道。体态语表明了语言交流时应懂的情绪或精神，揭示了说话人的目的。说话人在语言交流时一般会自发地表现出几种类型的体态语。它基本上是视觉形式的，所以大多数由身体可见部位来完成动作。对体态语的研究是身势学

（kinesics）。

体态语是人类历史上最古老的交流行为之一。人类的体态语与其他动物不同，因为它们是多义的，它们可以依据产生时的语境而阐释出许多不同的意思。每个身体动作，如同人们说出的每一个词，必须与交流中的其他因素联系起来进行宽泛的解释。而人类交流资源的丰富性保证了体态语具有丰富的意义上的可能性。

（宋荣）

体质人类学（anthropometry）　参见生物人类学（biological anthropology）。

替代疗法（health care/alternative）　相对于建立在科学研究之上的西方现代医学而言的多种医疗体系。在现代医学以外，还有其他方式传承的医疗保健疗法，国际上统称为替代医学（alternative medicine），又称为另类医学，澳大利亚称为补充医学，美国称为补充与替代医学（CAM）。

人类学家在最初的田野中都关注宗教，替代疗法与原始宗教密切相关。人类学家关注求医行为的多样性，疾病治疗的社会功能，疾病治疗仪式的社会解读，多元医疗体系共存的促因等。

替代疗法包括顺势疗法、反射疗法、艾灸、虹膜学、通灵术、脊柱按摩、草药治疗、针灸治疗、催眠治疗、自然疗法等。世界各地的传统医学，包括中医、印度医、埃及医、阿拉伯医、蒙医、藏医中的大部分治疗方法，都属于替代疗法的范畴。

替代医学一度作为主流医学的补充，替代疗法的再度兴起源于医学模式的转变。生物医学是专家统治的技术优先模式，强调身心二元分离，把人体看成机器，患者看成客体。替代疗法在生物医学中加入人文因素，强调身心二元结合模式，视身体是有机整体，视患者为具有能动性的主体，以整体观对抗机械观，认为心灵、身体、精神三者是合而为一的，人类身体的气场与周遭气场相关。20世纪70年代开始，生物医学开始接受替代医学，全世界开始关注替代疗法，把其作为满足患者需求和减少费用的途径，以补偿西方医学对抗疗法的不足。替代医学与主流医学是竞争、合作或是吸收的关系，是医学多元主义金字塔中的重要一层。

（夏懿）

田汝康（1916—2006）　云南昆明人，享誉国际的人类学家、社会学家、历史学家、中外关系与华侨史专家。1935—1937年就读于北平师范大学文理学院教育心理系；1940年毕业于西南联大文学院哲学心理学系，获文学士学位；1948年获英国伦敦政治经济学院哲学博士学位。1950年，田汝康教授出任浙江大学人类学系教授，1953年起担任上海复旦大学历史系教授，博士生导师，一直到1986年退休。“文化大革命”结束后，田汝康教授在学术上非常活跃，从1979—1992年，他历任英国剑桥克莱尔学院客座研究员、澳大利亚国立大学太平洋研究院访问学者、日本京都大学东南亚研究所访问教授、美国哈佛大学费正清东亚研究中心访问学者、康乃尔大学东南亚研究计划访问研究员、美国南加州大学人类学系访问教授、美国加州大学伯克利分校中国研究中心访问学者、荷兰莱顿大学汉学院访问教授及普林斯顿大学东南亚研究访问学者、上海复旦大学社会学系主任。他还担任过中国社会学学会副会长、中国东南亚研究会顾问。他主持《辞海》世界史分科的修订工作，主要从事世界文化史特别是早期中美文化交流的研究，负责主编《世界文化史》丛书，以进一步加强世界文化史的研究。2006年7月20日，田汝康教授在昆明逝世，享年91岁。

田汝康作为费孝通的学生，是魁阁成员之一。史国衡根据1940年在昆明一家约500人的国营军需厂所做的企业调查，写成《昆厂劳工》一书，1946年由商务印书馆出版，书中含有作为附录的田汝康完成的调查报告《内地女工》。费孝通在美国访问时将该书编译成《中国进入机器时代》（*China Enters the Machine*

Age），在美国出版。这是田汝康第一次发表田野调查报告。

田汝康又对芒市那目寨进行了数月的田野考察，详细调研了芒市傣族超自然信仰的团体活动——“摆”，写成《芒市边民的摆》一书，于1946年由重庆商务印书馆出版。该书着重分析宗教仪式对于社会结构的作用，提出了与生理年龄相对立的社会年龄的观念。2008年，《芒市边民的摆》被收入“当代中国人类学民族学文库”，由云南人民出版社出版。

1945年田汝康留学英国，师从弗斯，学习人类学。在“魁阁”时期那目寨调研的基础上，1948年写成英文博士论文“Religious Cults and Social Structure of the Shan States of the Yunnan-Burma Frontier”，1948获得伦敦经济学院人类学博士学位。

1948年9月至1949年10月，田汝康接受弗斯爵士的安排，前往马来西亚沙捞越进行沙捞越华人社会结构的研究。在大量田野调查的基础上，1950年9月向沙捞越政府呈交了调查报告书，经修改后于1953年由伦敦大学人类学系出版，书名是《沙捞越华人社会结构研究》（*The Chinese of Sarawak: A Study of Social Structure*），1997年沙捞越研究数据中心再版。此书是最早一本系统研究沙捞越华人社会的专著，在海外华人研究中有很大影响。该书揭示华侨社会结构与经济活动类型形成的原因及其过程，被誉为科学而又系统地研究华侨社区的开始。

20世纪50年代中期，他开始把研究方向扩展到中国帆船贸易与时外关系领域，并发表了《十七世纪至十九世纪中叶中国帆船在东南亚洲航运和商业上的地位》《再论十七至十九世纪中叶中国帆船的发展》等一系列论文，引起了国际和国内学者的极大兴趣。

1979年以后，田汝康重新恢复了生机，出国访学活跃，学术成果不断。其中最有影响的是著作是《男人的忧愤与女人的贞洁》（1986年荷兰，莱登）。这是一部完全根据史料写成的人类学著作。他是在康奈尔大学的图书馆完成了这部著作。

田汝康一生致力于海外华人社会经济结构、中国中世纪与近代史、中国航运史、中外关系史及云南少数民族与宗教之研究，知识渊博，治学严谨。他参与编写著作如下：《俄国侵华史》（1974年出版，1986年再版）、《第二次鸦片战争》（合编六卷，1977、1980 年出版）、《中国航海的早期发展与中国木船的建造》（合编，1980 年）、《现代西方史学流派文选》（合编，1982年出版，1986年再版）。

田汝康曾发表了《关于杜文秀外交的一些问题》《杜文秀使英问题辨误》等论文，澄清杜文秀起义中对外关系的历史疑案，是田汝康最重要的学术贡献之一，历经近30年的时间。

田汝康知识渊博，治学严谨。专长社会学、华侨史及东南亚各国史。在半个多世纪的教学和研究生涯中，他先后开设过《人类学概论》《考古学通论》《原始社会史》《世界上古史》《东南亚各国史》《民族解放运动史》《近代国际关系史》等10多门课程。

从田汝康一生求学、治学经历中，可以看到他是与祖国和民族的命运紧密相连，在艰苦卓绝的环境中和一批学术大师的引领下成长起来的。他不仅在国内外学术界有着重要影响和较高声望，同时也表现出一个爱国学者的拳拳之心。然而对于田汝康的学术贡献，国内学界并不是完全清楚，因为先生的一批重要学术成果是用英文发表在国外的。田汝康先生的论文、著作多达100多种，而国内能见到仅为数十种。

（马丹丹）

田野笔记（fieldnotes）　调查者在野外记录下来的文字。由田野（field）与笔记（note）两词结合而成。尽管心理学家、社会学家、生态学家和其他学者都在写作田野笔记，但对于人类学家而言，这一写作形式有着更大的重要性。通过田野笔记，人类学家将田野工作中的经历与观察转化为文本与数据。罗杰·桑杰克（Roger Sanjek）将田野笔记区分为4种类型：“草稿类的笔记”，在活动发生期间快速地记录；“真正的田野笔记”，稍后写作的更为充实的笔记；“批注”，在现场没来得及记下的回忆与反思；“田野笔记”，离开田野之后，对上述3种笔记所做的进一步处理。与实验室的笔记不同，田野笔记没有标准格式，人类学家的个性、现场情况、研究的性质、保密问题，以及被研究人群的特征都会对田野笔记的写作产生影响。(Sanjek, 1990)

在很多情况下，人类学家在实际访谈或田野观察中记录下来的笔记只是实际发生或报道人所说的事实的“简化版”。因此，每次田野调查结束之后，人类学家都需要设法补充一些细节以及当时未能记下的事情。现场观察和访谈中匆匆记下的关键词语和短语，也可以帮助人类学家进行回忆。除了借助于普通的纸笔，有时候，人类学家也会采用录音、录像等形式，对当时的情况进行记录。

人类学者在做田野笔记时需要遵守以下几个原则：（1）细致、忠于原貌原则。即田野记录尽可能事无巨细地用报道人的概念、术语、分类方式记录，便于今后的研究分析。（2）快速、准确原则。尽可能在现场完全记录报道人所叙述的内容，力求使用准确反映报道人观点的关键词，或借助录音、录像等手段。（3）知情同意原则。录音、录像的目的，以及今后如何使用录音、录像等记录手段须取得被报道人或当事人的同意。（4）及时记录的原则。对于田野资料，即使生病或有其他事故，当天获得的事实应当天整理完毕，应该使记录每天的田野笔记成为日常工作之一。（5）核对原则。田野记录资料需要反复进行前后对照和核实。

当田野调查进展到某个阶段的时候，人类学家便需要从资料收集中抽身而出，转而研究自己已经写成的田野笔记，把收集到的材料转化成为面向更多外界读者的书面作品。在田野调查过程中，研究者可能会将所有感兴趣的所见所闻都如实地记录下来，但在重新整理和写作时，应该按照研究者所信奉的人类学理论和所采用的表达方式来重新选择材料。这种文本的再次编辑，往往会带来不一样的新发现。在这个时候，研究者应当把田野笔记作为整体记录通读一遍，并运用分析性编码等方式，将田野笔记进行分析与归类，最后，挑选自己需要的核心主题，为随后的民族志写作做好准备。在写作过程中，人类学家可以通过自己的田野笔记形成某种理论观点，然而，另一方面，他也必须客观呈现原初的事实。这样，即使他的写作在理论上存在偏颇，但其事实仍然可以被其他人类学者引用，并开展进一步的考察。

在人类学家对田野笔记的拥有权（尤其是在作者死后）与他人的使用权问题上，不同的人有不同的看法。在一些国家，已经开始尝试承认在一些情况下调查的参与者（或赞助者）可以合法地使用这些田野笔记。虽然一些人类学家愿意将他们的笔记贡献出来，为日后的研究提供参照，但也有许多人类学家把它当成个人隐私，拒绝被其他人使用。田野笔记中往往混有个人信息与数据的原始形式，很容易被误解或误用，关于这一点，已经有大量的实例可以证明。1967年，著名人类学家马林诺夫斯基（Bronislaw Malinowski）的田野日记被其遗孀整理出版，其中包括了大量对田野工作的怀疑，对生活苦闷的抱怨，以及对当地人的贬低等。（马林诺夫斯基，2015）这本田野日记的出版引发了持续数十年的，对于人类学田野

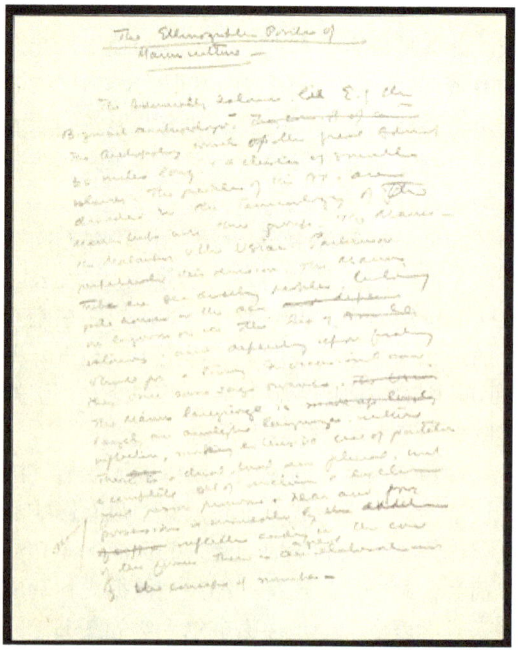

田野笔记

方法客观性与科学性的争论，同时，也有人对这种将个体性的田野日记公开化的行为本身表示质疑。无论如何，今天的人类学家已经意识到，田野笔记是在互动的环境中被创作的，它必然会受到研究者工作方式、思想背景、知识逻辑的限制。因此，人类学家在写作田野笔记时，可以将自己的所思所想纳入其中，这样，读者便能够感受到作者、写作过程与作品之间的相互勾连。

（刘琪　金怡）

参考书目

［1］Sanjek, Roger, 1990, *Fieldnotes: The Makings of Anthropology*, Ithaca, NY: Cornell University Press.

［2］罗伯特·埃默森、雷切尔·弗雷兹、琳达·肖. 如何做田野笔记. 符裕、何珉译. 上海：上海译文出版社，2012.

［3］马林诺夫斯基. 一本严格意义上的日记. 卞思梅、何源远、余昕译. 余昕校. 桂林：广西师范大学出版社，2015.

田野方法（field method）　人类学家在自然的环境或在田野中，进行调查时使用的各种方法，包括社会文化生活的参与和各种形式的观察。人类学主要依靠田野方法作为最重要的信息来源。在田野中的调查，被称为田野调查，包括收集人类、其他的灵长类动物以及与他们生活相关的对象与过程的原始数据。通过在图书馆、实验室或办公室环境中的进一步检查、分析和比较，研究人员能够得到学科和理论发展的一般原则。在传统上，人类学包括四大分支——生物或体质人类学、考古学、语言人类学、文化人类学（也被称为社会人类学或民族学），田野方法在每个分支中都会被使用。

人类学的田野方法大致可以分为五类，分别是物体的观察；生物学观察；行为的观察；访谈；参与观察。这五类方法都要求田野工作者用自己的感官去获得关于周围环境的信息。

物体的观察　对于物质材料的观察提供了社会物质生活基础的最佳信息，包括生态的与经济的关系。家庭、社会组织，甚至意识形态对物质环境都会造成影响，并留下实质的痕迹。人类学家在田野中记录风景、自然物体、人造的环境、建筑的特点与文物，进而对这些环境的物质特征进行描述与分析。同时，物质材料还保留了过去被埋葬、被破坏的行为，并且仍然是过去行为的唯一证据，考古学始终坚持对其的发现、恢复和分析，并以此为专长。由于物质材料具有相对稳定性，对其的观察能够穿越时间，将过去带回到现实之中。虽然这种方法产生的数据来自于物体而不是人，但是与人类学的其他方法相结合，便能提供关于人们如何做、使用和理解物质材料的洞察。

生物的观察　人类及相关的灵长类动物能够进行生物个体性或群体性的研究，由此观察生命的形式、作用与进化。这类方法包括使用卡尺、卷尺、量表等设备，在田野或是实验室收集人类、人类祖先和其他灵长类动物在解剖学和生理学的数据，包括身高、增长率、人口营养状况等。测量在实验室中进行，但是信息仍需要在田野中发现，并成为意义阐释的基础。生物学的观察也包括了对人类祖先与其他物种的化石的观察。当史前古器物与人类的残留一并被发现时，生物学与物质材料的观察法会被组合运用。

行为的观察　所有的灵长类动物都能表现出定义为意志的运动的行为（behaviors），这些可在田野直接观察到。这些行为包括肢体语言、舞蹈、演讲及具体的有特殊意义的动作，如仪式表演与食物获得。由于没有参与被观察者，因此人类学家能够在不被打扰的状态下，记录他们之间的互动。即使日常生活中的细微之处也具有意义，对这些细微之处的记录，能够体现被观察者的内心状态。

访谈　由于社会规则与现实行为存在差异，研究者通过访谈了解当地人的观念与想法也是必不可少的田野方法。很多发生过或不便参与的事件是观察法无法获知的，这个时候，访谈法就变得尤为重要。人类学者在田野调查中经常通过向研究对象提问或与之交谈，即访谈法的方式来获取资料。人类学中通常把访谈对象称为报道人，对报道人的实际访谈技巧与具体方法则由研究者期望获得的材料决定。人类学访谈可以分为非正式访谈和正式访谈，其中，正式访谈又可以分为结构性访谈、非结构性访谈和个人深度访谈。

参与观察 参与观察是指人类学家长时间参与研究对象的日常和非日常活动，以获得第一手资料的方法。参与观察者一定是全身心投入研究对象的社会生活之中，以当事人的角度观察并理解诸文化事项及其行动的意义，梳理其整个文化脉络，并加以诠释。尽管参与观察需要在相当大的程度上依赖个人主观判断，但是它可说是了解异文化的最好方法。因为，参与观察者在当地长时间（通常为一年）地居住、调查后，逐渐适应当地的文化，加深与当地人的关系，当地人也逐渐接受了他/她的存在，使得参与观察者能深刻理解所观察对象行动背后的思维与行为规则。

在人类学的田野方法中，主体与客体之间的关系会不断发生变化。在对物体或环境的观察中，观察的人类学家往往是作为活跃的主体出现的，面对一个被动的、独立的或者无反应的客体收集信息。而在对人的观察与访谈中，便会涉及两个思考者之间共同的对话关系。这种“主体—主体”模式能够让报道人直接与人类学家交流自己的内心状态与信念，进行语言、意义、心理上的沟通。不同田野方法的应用及主客关系的调整是田野工作中最具挑战性也最富趣味的部分。

（刘琪、金怡）

田野工作（fieldwork） 人类学标志性的研究方法之一，使其区别于其他的相关学科，如社会学、历史学、政治科学、文化研究等。田野工作被认为是成为人类学家之前的必备训练，甚至可以说是人类学家的“成年礼”——只有做过田野工作，他/她的研究在人类学意义上才是可信的，他/她也才会被人类学界所接纳。

19世纪末，英国学界沉浸于维多利亚时代向外扩张的乐观主义氛围中，非常鼓励个人对异文化的实地考察。田野调查作为一个学术词汇首先被博物学家所使用，动物学、生物学、地质学等学科也逐渐将“野外作业”（field work）作为重要的专业方法。在人类学界，哈登（Alfred Cort Haddon）最早引入“田野”（field）的概念，并于1898—1899年间率领剑桥大学考察队赴托雷斯海峡进行实地调查。

早期人类学的田野工作，并没有形成自己系统性的方法，更多的是从其他学科中借用。真正意义上“科学”的田野工作，是由被誉为社会人类学之父的马林诺夫斯基（Bronislaw Malinowski）奠定的。在他的名著《西太平洋的航海者》中，有关于田野工作的详细论述。书中指出，要展开科学的田野工作，需要研究者自身在原住民中生活，并以直接的观察、详细充分地验证的资料为基础，把握土著人的观点、他与生活的关系，搞清楚他对他的世界的看法。马林诺夫斯基不仅阐明了田野工作的规范与目标，并且也亲身进行了实践。

自马林诺夫斯基之后，田野工作成为了人类学的看家本领。通常情况下，人类学的田野工作需要具备以下几个特征：（1）学会当地的语言；（2）不少于一个年度周期（如一个农业或牧业周期）的居住时间；（3）采纳参与观察（participant observation）的方法。在田野工作中，人类学家应尽量采用“主位”（emic）的视角，理解研究对象自己对于事情的解释，从文化内在的角度分析、理解事件。

长久以来，出于一种自然主义的理想，“田野”一词带有强烈的地域性色彩，即人类学的田野工作应当像其他田野科学一样，其研究对象是在“自然环境”中，而研究者则是在这个环境中进行直接观察。这也就在客观上使得人类学的研究具有了某种离开自己所在的地方或“家乡”的内在必要性，似乎只有远赴异邦他乡才能算是进入“田野”，才能体验到文化的差异性，才能进行参与观察式的田野工作。在人类学发展的早期，这种远离意味着要离开欧洲白人所熟悉的社会和文化，到美洲新大陆去，或是到非洲、亚洲的殖民地去。这种强调甚至形成了与几乎同时发展出来的社会学某种意义上的学术分工，即社会学研究的对象是“自己”的社会，人类学所研究的则是“他者”的文化。直至如今，“田野”这个词仍然具有一种强烈的言外之意，即一个远离都市的地方，而所谓“下田野”则意味着到农村、草原或荒野等地方去，总之，是更为接近“自然”之处。之后，随着世界的变迁与学科定位的变化，“田野”从最初作为遥远的异邦的“初民社会”，扩展到人类学家自身所在的复杂文明社会，并且，研究对象不仅限于边缘性群体，也包括对主流群体的研究。人类学研究正在走出“山野”，甚至打破时间的限制，将历史档案作为田野来研究。

此外，在马林诺夫斯基的时代，人类学家开展田野工作隐含着一个假设，即被调查的有边界的社区（某一村庄或岛屿）是与世隔绝的、自给自足的，鲜有受到外来的影响。这种类似于自然科学中实验室的状态，使得参与观察及与当地人交谈成为人类学者获取信息的最重要方式。然而，在现代的全球化情境下，已经无法找到绝对的“封闭社区”。为了适应新的变化，人类学也发展出了更为多样的田野工作方法，如阅读报纸杂志、分析政府文件、观察精英活动、网络资料收集等，以便从各个方面获取信息。

（刘琪、金怡）

参考书目

［1］黄剑波. 何处是田野？——人类学田野工作的若干反思.《广西民族研究》，2007（3）.

［2］马林诺斯基. 西太平洋的航海者. 梁永佳、李绍明译、高丙中校. 北京：华夏出版社，2002.

田野考古学（field archaeology） 为了研究人类历史而进行实地考察、获取实物资料的研究领域。田野考古学既是现代考古学的基础，也是考古学最为重要的领域。20世纪初“田野考古学”这一称谓被正式提出，早期的田野考古学主要以勘察地面上的遗迹和遗物和测绘地图为主要内容，伴随考古学技术的发展，田野考古学逐渐以发掘为核心，形成系统而完整的田野考古学体系和方法。

狭义的田野考古学仅指田野工作中涉及的一系列技术，而广义的田野考古学则包括进入田野之前以及田野之后的一系列工作事项，包括考古调查与钻探、考古发掘、地层学与类型学分析、室内整理，以及编写田野考古报告等事项。①考古调查。为选择发掘对象及选定地点并确定发掘的方法或者为了解一定范围内文物的情况而进行的调查研究，同时也是一种主要的考古学研究方法。广义的考古调查包括地面踏查、钻探、航空勘查、物探与化探，狭义的考古调查通常仅指地面踏查。②钻探。是利用探铲取土样观察地下遗存的调查方法。优点为能够在短时间内了解较大面积的地下情况，遗址堆积的分布范围和厚度，省工且破坏性小。③考古发掘。是指为了科学研究，依据地层学原理对遗址中文化层进行有序的发掘，并正确判断遗存之间的相对早晚关系。在考古发掘过程中，需要对遗迹现象进行仔细分辨，针对不同类型的遗迹采用科学的方法进行清理，以照相、测绘、文字记录等方法记录文化层堆积情况和遗迹、遗物状况，并全面收集、登记出土物。考古发掘的原则为完整记录遗迹现象和出土物情况，对重要遗址进行现场保护。④室内整理。是对考古调查、考古发掘资料进行系统分类，运用地层学和类型学的方法确定各种遗物的相互关系及相对年代，分析遗物的用途和制作技术，运用现代技术对样品进行测年以及成分研究，在初步研究基础上编写出田野考古报告。⑤编写田野考古报告。是向学术界和社会公众做的关于田野考古工作成果的报告书，是田野考古最后阶段的工作。

（杜辉）

参考书目

［1］Drewett, Peter L. 2001, *Field Archaeology: An Introduction*, London: UCL Press.

［2］栾丰实、方辉、靳桂云. 考古学理论・方法・技术. 北京：文物出版社，2006.

铁器时代（Iron Age） 1819年丹麦考古学家汤姆森（Thomson）曾根据人类创造并使用的工具将人类社会分为石器时代、青铜时代和铁器时代，即为考古学上的三期说。铁器时代是以冶铁和使用铁器为标志的人类物质文化阶段，为三期说中的第三个阶段。人们最早知道并使用的铁是陨石中的天然铁，地球上的天然铁很少，铁的冶炼和铁器的制造经历了一个很长的时期。铁具有质地坚硬、韧性高、锋利等特点，且铁矿的高蕴含量，使得铁相对于青铜而言更便宜也更可得，故冶铁及铁器制造技术一经掌握便迅速地推动了铁器的广泛使用。铁器时代的到来，使人类的工具制造进入了一个全新的领域，极大提高了社会生产力，促进了生产关系的发展，推动了人类历史的进步。考古学上的铁器时代一般是指其早期阶段，在晚期各国陆续进入有文字记载的文明时代，也就多以各国的朝代来称呼其历史发展各阶段。世界各地因生产力发展水平的不同，进入铁器时代的时间不尽相同。现已知世界上最早锻造出铁器的是小亚细亚的赫梯国，为公元前1400年左右。但由于赫梯王国严守铁器生产技术并严禁外传，故铁器生产数量不多，只作为珍惜礼物在各国宫廷中使用。后因赫梯王国衰落，亚述人在征服赫梯人之后，迅速掌握了赫梯的冶铁技术，成为当时最著名的铁器技术王国，亚述人依靠他们从赫梯人手里继承下来的铁器技术上的绝对优势，曾一度横扫近东地区。随着亚述人的征服，冶铁技术也传播到叙利亚、希腊一带，自此，冶铁技术经叙利亚传入西亚、北非、中亚等地，又经希腊传入东欧、西欧。从考古发掘来看，中国在商代中期已经开始用铁，但属于稀有之物；西周晚期，开始使用铁器，进入铁铜石并用时代；春秋之际，铁农具开始出现；到战国中期以后，铁器的使用得到普及，东汉时期，铁器最终取代了青铜器。中国的冶铁业出现的时间虽晚于西亚等地，但发展迅速，在相当长的一段时期内，一直处于世界冶铁技术的前列。

（唐莉霞）

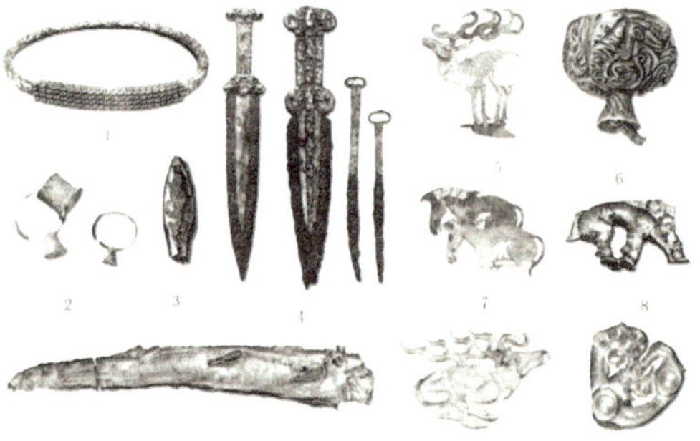

铁器时代

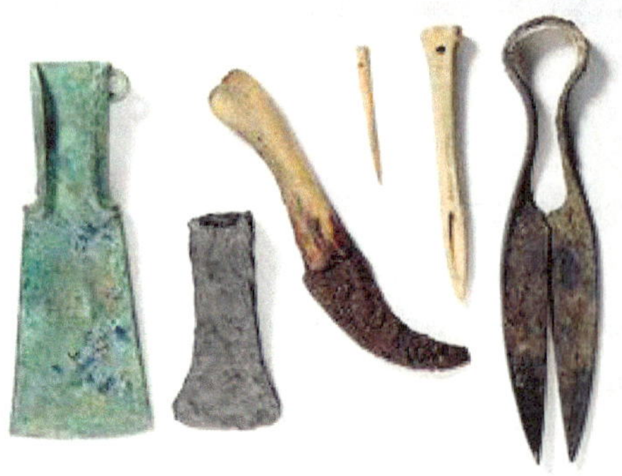

铁器时代

通过仪式（Rite of Passage） 又称过渡仪式。伴随着身份、地位、地点、年龄等状况改变而举行的仪式，根据阿诺德·范·杰内普（Arnold van Genruep），通过仪式一般有三个阶段：分离、阈限以及融入。在第一个阶段，人们从原先的处境中分离出来，常伴随发生表达“切割分离”的象征行为；在第二个阶段，当事人出离了原先的状况但还没有进入下一个稳定状况，进入一个模糊不清的领域。这个门槛时期又称作“阈限”；当事人在第三个阶段完成了整个仪式，他们拥有了新的身份，获得新的社会身份。象征重新的、神圣的、连接的符号常出现在这个重新融入的仪式阶段。

在所有已知的人类社会里，通过仪式经常是高度组织化而且消耗人力物力的。通过仪式常见例子有：出生、成人、开幕、婚姻、就任、军事或秘密组织招募、升职、葬礼等等。通过仪式的三个阶段在不同种类的仪式中各有被侧重。例如葬礼中分离更重要，怀孕、洗礼上更突出过渡与转变，重新融入仪式则在婚礼上更隆重。成人礼这种等启动类型的仪式（Initiation Rite）是通过仪式里最复杂的。强调当事人脱离孩童状态和家庭环境，将出生死亡的意象加入进来。它们经常涉及身体隔离，严格的性别区隔原则，以及象征切断早期联系的身体表皮的破裂，例如一些社会里受礼者要经历生殖器官的割礼、肉体摧残、羞辱等痛苦。割礼也被认为意味着力比多驱动让位于更广泛的社会和符号再生产。另外身体折磨、高密度的引起情感和认知强烈波动的羞辱，让当事人加深印象增强群体认同感与社团联结感。

通过仪式的概念已经成为社会接纳度较广泛的一个术语，在当代文化例如嬉皮士亚文化的分析中，以及个人成长培训机构等商业活动中被广泛采用。当代社会的通过仪式，例如户外拓展训练，对第三个阶段即重新融入的部分往往强调不够，从而影响了通过仪式的效果（Bell·2003）。也有论者认为阈限不一定马上发挥作用，潜在的关键转折期的结构逻辑可以后续发力。

范-杰内普的三分结构是影响力最大的学说。维克多·特纳（Victor Twrei）在其基础上重点发展了阈限等概念。仪式主体在阈限阶段从固定的社会结构位置中暂时脱离，身份、地位、财产、性别等都暂停被放入社会分类系统。阈限还促成人们达成“交融”的社会状况，社会结构出现了一时的断裂空白，受礼者之间平时的区分差异消失，人与人本质性的平等的联结被突出强调。在阈限阶段，在仪式中能够发生地位逆转：原本在结构中处于高位或者要将处于高位的人降低到低位，而原本低位的边缘人暂时获得权力。阈限阶段的“反结构”使得社会要素被拆解重组，阈限阶段的人能够借此认识社会生活的多种面向与构成要素，知晓人类与其他可见或不可见的实体之间的关系。（参见阈限）

（李耕）

参考资料

[1] Bell, B.J. 2003, The Rites of Passage and Outdoor Education: Critical Concerns for Effective Programming. *The Journal of Experiential Education*, 26, 1, pp. 41–50.

[2] 维克多·特纳. 戏剧、场景及隐喻：人类社会的象征性行为. 刘珩，石毅译. 北京：民族出版社，2007.

[3] 维克多·特纳. 仪式过程：结构与反结构. 黄剑波，柳博赟译. 北京：中国人民大学出版社，2006.

[4] 维克多·特纳. 象征之林——恩登布人仪式散论. 赵玉燕，欧阳敏，徐洪峰译. 北京：商务印书馆，2006.

同化（Assimilation） 描述了一种融合的过程，指新来者习得其移入社会的价值观、表现、行为，假以时日，进入该社会大多数人的日常文化生活中。如果以文化为单位，则意味着一种文化整体或部分地丧失本文化特征而变成另一文化的现象。同化常被与涵化混用。如弗里德曼（Maurice Freedman）认为，一个少数群体被并入一个较大社会的过程，兼可称之为同化或涵化；前者强调社会（人或群体）关系，后者强调文化关系。林顿（Ralph Linton）和赫兹柯维茨（Melville J. Herskovits）亦将同化视为涵化的一个侧面。克鲁伯认为，同化是一种文化把另一种文化全部吸收；其中，固有文化的一部分因文化接触和丧失，而部分尚存的情况叫作半同化。

同化有强制同化和自然同化之分，前者指依靠强制的手段迫使被强迫者接受强势文化，以致被强迫者的文化被同化；后者指随着文化间的自然交往而发生的转变。由于在自然同化中，双方都可能发生变化，且同化也可能多阶段的过程，在此过程中各文化集团变得彼此相似，因此，有人把这种同化称为融合。事实上，后来对同化的反思倾向于认为，无论何种情况，所谓强势文化并不可能绝对不变。

罗伯特·帕克（Robert Ezra Park）在《社会学科学导论》中关于种族问题的章节中使用了生态学的概念，将人的相互作用形式分为竞争、冲突、调适和同化四类。社会由相互竞争的协作而产生，竞争通过劳动分工决定了人口的地域和职业分布，在这一过程产生了社会的分配组织和区域组织，并在此基础上产生的道德秩序和政治秩序。而在危机时期，人们试图控制其共同的生活状况时，竞争有可能转化为冲突。调适是一种个体或群体对社会状况做出的必要内部调节，但表现为向外行为。同化意味着一种彻底的人格转化，是一种渗透扩展的过程，在此过程中，个人和群体取得了其他个人和群体的记忆、情感、态度，而且将其共同的经历和历史与他们共同的文化生活融为一体。调适和同化常被并在一起使用，对于一个移民群体而言，既可以通过简单的遵守大多数人的意愿而外在地适应新的环境（调适），又可以内在地随着本群体成员逐渐把大多数人的社会价值观内在化而发生变化（同化）。帕克的分类在后来遭到批评，因为生态学中有关非人动物的竞争是无意识的，而人类的斗争形式则受制于行为规范；同化概念也因将种族变迁过程描述得过于简化而受到批评。

由于移民的社会文化背景，美国对同化的讨论最盛。20世纪美国的大部分移民研究都聚焦于主要发生在都市背景下的同化问题。在第一次世界大战前，同化常用来表示趋向一致的过程，但战后，美国的公共舆论就移民美国化和限制不易美国化的移民群体流入展开了激烈争论，同化的用法也发生变化，倾向于假设移民同化于既定人口，而既定人口不变。实际上，群体双方通常都会因为相互交往而发生变化，即使变化的速度和方向在社会生活的不同领域中有所差别；但许多学者却渐渐把同化和美国化等同起来，并且把同化定义为少数人并入多数人的过程，显示了一种多数人的观念偏向。

首个同化理论诞生于20世纪早期，被称为“直线同化”。时值第一次大批人口向美国的移民潮，社会科学家认为，同化是一个自然而然的过程，在此过程中，新移民逐渐放弃其传统的文化和行为要素，而采用新国家的规则。移民与旧国家的联系逐代减弱，而与新国家的联系则不断增强，直到最终融于主流社会。该定义将涵化和调适这两种相互区别的过程混为一谈，它假设移民需要蜕去一些价值和行为，然后才能变成完全的美国人，从而加入美国社会。这种熔炉哲学将差异化的身份视为威胁忠诚的信号，害怕美国将变成四分五裂的民族群体大杂烩，除非所有移民都有一致的美国人身份认同。这对移民来说意味着他们必须变成美国人，别无他法。后来的学者对直线同化理论进行了少许修正，认为种族、语言和社会阶级可能影响同化的速度。但他们只将这些因素视为简单影响，只能提高或减缓同化，并不能从根本上改变直线同化的方向。即便熔炉模式声称所有群体都会发生变迁并创造出一种新的文化，但事实上“盎格鲁-萨克逊”依然被作为美国人的“本真性”，文化与文化之间并不平等。

学者还创造了同化的类型学。第一步，也是最简单的一步是文化同化（或涵化），涉及学习主流社会的语言、风俗道德及外在表现。但这也是最残酷的一步，那些离群索居、不与本地人互动的移民将被淘汰，永远不能进入下一步结构同化。结构同化涉及加入社会团体、通婚以及进入当地社会的普同公民生活。几乎所有的学者都将有差别的族群特征视为新移民的缺陷，如果想要彻底进入美国社会，就要将其舍弃；三代模式被广泛使用，即移民在文化、结构上均彻底进入美国社会需要三代人。

20世纪60年代以后，直线同化理论开始遭到质疑。学者们指出，如今移民潮与先前的情况不同。首先，美国的移民人口种族/民族成分自20世纪初起已经发生了显著的变化，从大量欧洲裔移民变为非欧洲裔移民，仅从种族基础上看，新移民就不那么容易融于主流社会。其次，经济情势发生改变，美国制造业的衰退产生了一种沙漏经济，缺少中层工作，导致低薪移民工人的孩子难以打破贫困循环，欢迎新移民的到来。基于这些巨变，诸多与直线同化理论迥异的理论产生。这些批评都表明，移民不断对“美国人”加以重新定义，族群文化是美国社会的内在部分。到20世纪晚期，他们提出“沙拉碗”文化多元主义替代熔炉政策，现在人们都能接受诸如爱尔兰美国人、亚裔美国人、非洲裔美国人等双重美国身份，并至少在表面上承认各群体均应保存其独特的性质。而随着多元文化主义政策的广泛普及，同化一词变得声名狼藉。它甚至被作为民族中心的观点理解为，希望移民将他们的传统价值通通丢掉，接纳美国价值，因为美国价值更高等。这种负面理解同样是对文化接触问题的简化。在新的历史时期，研究将朝向更为语境化、情境化的方向发展。

（冯燕）

参考书目

阿兰·巴纳德. 人类学历史与理论. 王建民，刘源，许丹译. 北京：华夏出版社，2006.

同态复仇（Homomorphism Revenge） 氏族或部落成员遭外族成员侵害后以加害者同等的方式对之进行同等程度报复的一种习俗。即以命偿命，以伤抵伤，以眼还眼，以牙还牙，以求得同等的报偿。曾广泛流行于原始社会和某些传统社会之中。通常加害者一方为求得整个氏族或部落的安全，往往交出加害者由受害者一方处置，执行同态复仇通常为受害者亲属。古希腊哲学家亚里士多德（Aristoteles，前384—前322）曾称之为“纠正性公正原则”。此习俗曾延续至阶级社会，甚至被规定在法律中，如古巴比伦的《汉穆拉比法典》和古罗马的《十二铜表法》均有所体现。今在东南亚、大洋洲和非洲的个别民族中仍有残存。

（陈蕊）

同性恋（Homosexuality） 通常是指对同性产生性欲和爱恋的现象。与异性恋及双性恋一样，同性恋也被视为一种性取向，涉及欲望、行为及身份等方面。该术语由匈牙利医生卡罗·玛利亚·本克特（Karoly Maria Benkert）于1869年第一次使用。

同性恋广泛存在于世界各地，人类学家通过跨文化比较，发现存在以下几种情况。第一，特定年龄阶段的同性恋。该类型多涉及某个特殊的生命阶段，特别是允许青少年有时以同性的方式进行性体验。比如，在一些美拉尼西亚社会的男孩入会仪式中，年龄小的孩子为年龄大的孩子口交吞食其精液，借以使自己变得强大。第二，性别认同发生改变的同性恋。在此类型中，改变者应该表现出另一性别的特征。比如，在有几个拉丁美洲社会中，男同性恋的主动一方仍被视为男性，而被动的一方虽然没有被视为女性，却被视为“非男性”（non-male），需要在服饰和举止等方面表现出女性特质。在一些情况下，改变者在表现另一性别特征时仍可保留一些自己本来生理性别的特质；而在另一些情况下，改变者需要完全呈现出另一性别的特征。第三，性别认同不发生改变的同性恋。与西方观点不同，在一些文化中，只有具有人类再生产意义的性交才被界定为性行为，同性恋活动因而在当地不被视为性行为，对参与者的性别认同几乎不产生影响。第四，长期关系的同性恋。根据资料，有些长期的同性恋关系是有效的，为社会所认可。比如阿赞德（Azande）女性中正式的同性恋关系就是如此。在有些例子中，此类同性恋关系是在一夫多妻制家庭中的多个妻子中形成的。

同性恋是一个具有争议性的话题，一些地方认为它是自然的，可以接受；另一些地方则认为是不自然的，对它加以禁止，触犯者甚至可能被判处监禁或死刑。19世纪，受宗教的影响，同性恋被视为是不正常且不道德的。当时刚刚兴起的科学世界观将人类再生产视为社会发展的动力，同性恋因为对这一观点的偏离而被认为是不健康的。这也对人类学研究产生了影响，同性恋在当时的民族志中经常受到忽视。20世纪起，来自多个学科的研究者对同性恋展开了研究，其中一个重要的贡献来自阿尔弗烈德·金赛（Alfred Kinsey）及其同事对人类性行为复杂性的研究。1973年，美国精神病学协会已正式将同性恋从它的临床术语表中除去，认为同性恋不是病症。这进一步推动了同性恋争取自身权利的运动，包括对如下一些权利的争取：在招聘政策中反对性取向歧视、同性伴侣作为保险受益人的权利、收养小孩的权利以及争取合法婚姻的权利等。中国社会学家、优生学家潘光旦教授系统地梳理了中国古代文献中的有关同性恋的记载，在他所译蔼理士（Havelock Elis）著《性心理学》中文译本和他所著《冯小青考——一件影恋之研究》之中，对于同性恋的产生原因等问题进行了讨论。

目前，对一些问题仍然存在争议。比如，对于同性之间相互吸引的原因，一些生物学家继续探寻其生理根源，而文化人类学家、社会学家及心理学家则更关注其功能和意义。当然，对于同性恋的理解并不是唯一的，全球化更让非西方世界的观点得以传播。

（陈雪英）

参考书目

[1] Herdt, G. H. 1984, *Ritualized Homosexuality in Melanesia*. Berkeley, CA: University of California Press.

[2] Nanda, S. 2000, *Gender Diversity: Cross-cultural Variations*. Long Grove: Waveland Press.

童年期（Childhood） 个体人生历程中的一个阶段，不仅指在生理上依靠照料的时期，而且指一种社会年龄。

工业革命以来，大多数西方社会都将童年期视为根植于生理基础的一个时间段，个体遵循从婴儿、儿童、青少年到成人的发展序列。儿童被界定为需要成人指导和监督的未成年人，在到达法定年龄之前，不享有成人的权利，也无须承担相应的义务。尽管所有的社会都承认儿童不同于成人，借助民族志资料，人类学家揭示了对于童年期定义和观点的多样性，指出童年期的长短和体验会受到性别、年龄、出生顺序以及民族渊源的影响，对其界定不应该仅仅局限于时间或生理因素。在中国也是如此，不同地方和族群对于童年期往往会有不同的定义。

在弗朗兹·博厄斯（Franz Boas）之前，个体从婴儿到成人的发展过程被比附于人类从野蛮到文明的过程。博厄斯摒弃了这种倾向，将儿童本身视为人类学家应该关注的研究问题。在他的影响和鼓励之下，玛格丽特·米德（Margaret Mead）对萨摩亚人的成年问题进行了研究，指出童年期并非一个完全分开的独特的阶段，而是由文化规范所界定的，她为童年期的研究提供了主位的视角。到20世纪50年代，约翰·怀廷（John Whiting）等人致力于提供更整合的理论，对儿童的认知、发展和社会学习过程进行了开创性的跨文化比较研究，在六个不同文化的田野点进行研究，即在心理人类学方面颇有影响的“六文化研究”。与此同时，社会学家也对都市童年期问题进行了研究。自20世纪70年代起，“儿童中心人类学”将儿童期视为一个文化建构，因时间和地点而异，指出它是整个生命周期的重要组成部分，具有其自身的价值，而非为成人生活做准备。强调以儿童作为主要信息人，聚焦于儿童的声音和能动性，关注他们对自己生活的理解，分析他们创造意义和形成自身价值体系的方式。

研究者们在实践中遵循并不断完善儿童期研究的基本原则，这也有助于明确未来研究的方向，这些原则包括:第一，多元化的童年期。其核心假设是童年期因时间和文化而异。第二，对童年期、作为群体的儿童和个体的儿童进行区分。第三，儿童是社会行动者和积极参与人。第四，重视儿童的视角。第五，儿童研究的方法。借助参与观察和访谈等让儿童参与到研究中来。第六，管理好童年期的社会空间。第七，关注儿童、童年期及代与代之间的相互依存关系。第八，认识到当代童年期的复杂性。

（陈雪英）

童养媳（Foster Daughter-in-Law, Child Daughter-in-Lw） 中国封建社会中一般出身贫苦，从小被出卖，或由家庭包办订婚并在婆家生活的妇女。中国古代有媵制，嫡女出嫁，以其侄娣从行，其中未成年媵女养于男家，待成年后成为妾，是为童养媳制度的雏形。至宋代，童养媳制度已有流行，多出于贫苦人家，女家为免除抚养负担，将女儿送往男家或卖给男家。男方为减轻娶亲的负担，也愿收养小女为童养媳。也有些男家为获得廉价侍女或劳力，甚至为得到真正处女，确保新娘贞操，也乐于采用童养媳办法。从家中的身份和角色来看，童养媳比一般的妇女有更多的机会，呈现出更富弹性的身份与角色的变化。有人认为，童养媳是人地矛盾的产物，同时又是人口调节的自动机制。（王春春，2010）

童养媳主要有三种情况：一是男方家有子嗣后，同时抱养或买进别家幼女作为养女，适龄期与本家儿子成婚，养女转为儿媳，此种童养媳在江苏北部、福建等地被称为“苗媳”、河北省各地称为“丫头”、陕西各地称为“媵养媳”或“小媳妇”；二是男方家婚后暂无子嗣，为催促自家尽快生养男孩，则先抱养或买进别家女为养女，待生子再将养女转为子媳，这在安徽、江西等地称为“等郎媳”“望郎媳”“花等女”；三是下层社会男子亡妻，与前妻生子尚未成年，后来娶进的是孀妇，又正好带有幼女过门，遂在结婚时为双方子女定下婚约，则寡妇幼女成为童养媳，这种习惯在浙江民间称为“现成媳妇”。

大多数童养媳从童养阶段开始接受公婆管教，稍长便要担负繁重的家务劳动，因没有母家作为依靠，在夫家往往受到其家庭成员的指使和欺负，更会常常遭受婆家家长的责骂、体罚摧残。在民间大量流传着反映童养媳悲惨生活的歌谣和故事。如一首安徽民谣唱到：“养媳妇，到灶前，心中有苦赛黄连；骂声恶婆老不死，养媳妇受苦到哪年？”江苏徐州阜宁民谣：“小红草，傍花树，七岁上人家做媳妇；公公打，婆婆骂，掉下黄河淹死反也罢。”童养媳成年后与男方正式举行婚礼，称之为“圆房”。童养媳“圆房”通常在十六七岁，迟至二十岁左右。“圆房”礼式有的简单设宴款待亲友即可，有的烦琐与普通婚娶礼式无异。在中国，童养媳是古代宗法制度、包办买卖婚姻的产物，经济因素是其产生的重要原因。自1950年起，中国法律明文禁止童养婚俗。

美国人类学家武雅士教授（Arthur Wolf）研究台湾汉人社会的“童养媳”（媳妇仔），借助日据时代长期户籍资料的分析，他发现台湾北部闽南汉人家庭中在19世纪末至20世纪初，童养媳成婚（称为小婚）的比例极高，有时高达40%以上，几乎与“正常”的迎娶婚（称为大婚）比例相同。（Wolf, 1981）小婚家庭比大婚家庭通常生养要少，夫妻关系经常不好，至少是冷淡的，然婆媳关系却较为融洽，他判断很多家庭采用童养媳婚是传统中国家庭宁愿维持婆媳融洽关系，而牺牲夫妻感情的因素所致，由此形成一种“婆媳夫妻感情丛结”。（Wolf, 1968, 1970）武雅士也将这一案例与著名人类学家威斯特马克（Edward Westermarck）提出的近亲婚姻禁忌是心理学而非生物学因素的古典理论相联系，认为小婚家庭夫妻感情冷淡可能与心理因素有关，儿童以兄妹的关系在家庭中共同成长，经常会失去“性”吸引力，易于形成近亲禁忌的心理丛结。（Wolf，1970）武雅士与庄英章合作，比较研究台湾北部与南部以及闽南及客家不同方言群的童养媳分布情形，发现在童养媳比例上表现出地区因素与族群因素的交互影响。（Chuang and Wolf，1995）

（曹静）

参考书目

［1］Chuang, Ying-chang and Wolf, Arthur 1995, Marriage in Taiwan, 1881—1905: An Example of Regional Diversity. *The Journal of Asian Studies*, 54(3), pp. 781-795.

［2］Wolf, Arthur 1968, Adopt a Daughter-in-Law, Marry a Sister: A Chinese Solution to the Problem of the Incest Taboo. *American Anthropologist* 70(5), pp. 864-874.

［3］Wolf, Arthur 1970,Childhood Association and Sexual Attraction: A Further Test of the Westermarck Hypothesis. *American Anthropologist*, 72(3), pp. 503-515.

［4］Wolf, Arthur1981, Domestic Organization, in Emily M. Ahern and Hill Gates eds., *The Anthropology of Chinese society in Taiwan*, pp.341-361, Stanford: Stanford University Press.

［5］何定华. 童养媳考略.《社会》，1983（1）.

［6］王春春. 从人口调节看清代的溺女婴和童养媳现象.《法制与社会》，2010（14）.

[7] 温文芳. 晚清童养媳的婚姻状况及盛行原因.《甘肃行政学院学报》，2005（54）.

图腾崇拜（Totemism） 图腾崇拜是18世纪西方人类学家首先在美洲，继而在澳洲发现的一种存在于无文字社会的文化现象，它包括图腾符号、图腾信仰、图腾神话、图腾仪式、图腾社会等方面。图腾崇拜是描述人类运用来源于自然世界的神圣物对祖先进行象征呈现以维系亲属关系的现象。图腾崇拜系统通常围绕和人类社会或个人与其周遭环境有关联的基本符号——图腾物——而建立起来。

图腾（totem）一词来源于阿尔贡金语"ototeman"，由生活在北美东部大湖区域阿尔冈昆印第安人欧吉布瓦（Ojibwa）部落所使用，其最早期的意义指"（一个人）的兄弟姐妹"，其词根"ote"的意思是指同母所生子女之间建立起来的兄弟姊妹关系，这个词首次出现在出版物上是在1791年，由一个叫隆（J.Long）的人将这个词写为totem。起初人们将图腾崇拜看作是原始人建立亲属关系的粗糙手段，是现代家庭制度进化的一个阶段。但是英国人类学家安德鲁·兰（Andrew Lang，1844—1912）提出了不同的看法，他认为"我们与其说把它看作现代家庭制度进化的一个阶段，不如说把它看作神话科学中的一个事实。图腾制对我们来说之所以重要，是因为它证明了野蛮人设想人与世界上其他物体之间的血缘关系和婚姻关系这种精神状况的存在"。兰从六个方面总结了图腾的特征：1.图腾制是一种在澳洲和北非发展得最为充分的社会的和迷信的状况；2.图腾氏族或家族以动物植物等图腾物命名；3.他们认为自己是图腾物的后代；4.禁止杀害、食用图腾物，禁止图腾氏族内部通婚的禁忌；5.有时会发现图腾柱一类偶像；6.通常由母亲一支代表亲属制度。

弗雷泽（James George Frazer，1854—1941）则将图腾崇拜带离了神话学研究的领域，赋予其社会学的意义，他对图腾所下的定义是："图腾是这样一类实在物体，对于它，未开化的人们怀着迷信般的尊崇，相信自己与这类物体中每一个成员之间都存在着一种亲密的和全然是特殊的关系。"由这种亲密关系，图腾氏族内的人都相信他们是同一祖先的后代，就为互相间血亲关系、共同义务所约束，成为一个整体，因此"图腾制就既是一个宗教的又是一个社会的制度，在其宗教方面，图腾制由人与图腾之间相互尊敬和保护的关系构成。在其社会方面，图腾制由一氏族成员的相互关系以及他们同其他氏族的成员的关系所构成。"通过图腾，人们将自己与周遭的自然环境联系起来，人们通过图腾参照自然界的分类建构了自己的社会秩序。将社会作为其唯一研究对象的学者涂尔干，尤为侧重图腾制的社会学意义，强调图腾制形成了氏族集体，而这种集体则是人类最早的社会组织形式。

而功能主义者马林诺夫斯基没有忽视图腾制中功利方面的作用，"图腾制包括两个方面：一面是社群的状态，一面是信仰实行的宗教系统。宗教一面，表示初民对于环境的关心，以及对于重要物体取得联系而且加以控制的欲望。……一般说来，受到'图腾敬仰'的动植物，都是用作大宗食料的，不然，最少也要可食、有用或作装饰的。这些图腾物都为图腾族的分子视为禁忌，欲使前者繁殖，后者有时奉行仪式与礼节。"拉德克里夫-布朗同样也关注到图腾的功利作用，但是他更为倾向图腾的社会维度，他把具体的社会事实抽离出图腾制度之外，并结合其结构理论以高度概括的方式提出：图腾制是一种对立统一的结构，是依据动植物名称所构成的特殊命名系统的一种特殊表达，它所具有的唯一的特征就是通过其他方式所阐明的相关和对立。它可以被还原成一种阐明一般问题的特殊方式，也就是怎样去创造对立。

列维·布留尔则从思维方式角度论述了图腾制对于原始人的意义。图腾制体现了原始人"神秘的、原逻辑的、受互渗律支配的"思维方式，"波罗罗人硬要人相信他们现在就已经是真正的金刚鹦鹉了，就像蝴蝶的毛虫声称自己是蝴蝶一样。这不是给自己起名字，也不是宣布他们与金刚鹦鹉有亲族关系，而是表示，通过信仰他们与金刚鹦鹉实际上已经同一了。"在原始人的个体意识而言，"个体、祖先和图腾合而为一，同时又不失其三重性”。延续了列维·布留尔以思维方式去理解图腾制的思路，埃文斯·普理查德进一步引入了语用学来进一步分析，他认为原始人通过图腾崇拜建立一种对现实的隐喻关系，图腾就是隐喻关系的中介，是人类系统与动植物系统发生联系的纽带。他认为对图腾制度的分析不能从图腾的性质中去寻找，而应该从与心灵的联系中去寻找。

列维·斯特劳斯延续了布朗、列维·布留尔和普理查德的脉络，以其结构主义方法对图腾制进行了解读。图腾制度体现人类思维中的二元对立结构，其中的一系列象征符号，体现了人对自然、对自己的态度，是人与自然的沟通方式，也是社会运行的模式。

进入21世纪，虽然图腾崇拜在绝大多数部落已经淡化，但是社会学家还是越来越认可图腾作为社会象征存在的意义。在如今方兴未艾的族群理论研究中，图腾制重新得到重视，学者认为，图腾制以具体可感、众所共睹的形象提示着族群的认同感、强化着族群的凝聚力，延续着族群共同的文化血脉，保存着族群共同的文化记忆，成为族群延续的一个象征符号。

（哈正利）

参考书目

［1］Д. Е.海通.图腾崇拜. 桂林：广西师范大学出版社，2004.

［2］何星亮. 中国少数民族图腾崇拜. 北京：五洲传播出版社，2006.

［3］弗洛伊德.图腾与禁忌. 赵立玮译. 上海：上海人民出版社，2005.

土司制（Chieftain System）　是中央王朝为实现对边疆民族顺利统治的区域社会管理制度。自中国元朝开始，历经元、明、清三代，中央王朝对西南、西北地区的族群头人予以官职、土地及人口上的分封，这些分封对象即土司。土司制内部的官级体系仿照中央朝廷的官僚等级制度，同时结合地方部族的政治文化展开运作。因此，土司制一方面是自上而下地设立了一套官方统治制度，但另一方面也是由地方土司按族群地方的政治文化规范展开统治实践。因此，可以说土司制度是结合了中央王权与地方规则之后试图对社会进行整合的复合型统治制度。有学者认为，元明清三代的土司制度过程实际上就是夷夏互动与文化整合的过程，是真正的“天下”一体过程（王珂，2001）。要指出的是，应该注意土司制与元代以前“羁縻”制度的联系与区分，前者在形式上已经完全纳入了中央王朝的官方系统，后者则体现一种较为粗放的中央、地方关系（龚荫，1992）。

元朝的土司制度中设有宣慰使、宣抚使以及安抚使三种武官，其后还包括招讨使与地方长官。自明朝始，土司制更为普遍、盛行，增加了土知府、土知州、土知县三种地方文官。这些地方土官虽由中央朝廷任命，同时是扎根于地方社会的部族头领，具有世袭特色。需要注意的是，虽然“袭官”也需要朝廷任命，但实际上很少由上委派，只是在形式上走了官僚制的流程。

“土官”与中央政府在任命一定时间后即需更换的“流官”对应，一般由区域地方的族群头领担任，在历史上的称谓就是“土司”。自明、清开始改土归流之后，地方“土官”逐渐为“流官”所替代。但在清末至民国时期，西北、西南地区的土司仍然名亡实存，土官与流官并存。在1949年社会主义在中国建立之后，通过土地改革以及民族区域的建设，各自治政府在形式上与实质上均较为彻底地替换了土司制度。

（黄志辉）

参考书目

［1］王珂. 民族与国家——中国多民族统一国家思想的系谱. 北京：中国社会科学出版社，2001.

［2］张廷玉. 明史. 卷310-316. 北京：中华书局，1974.

［3］龚荫. 中国土司制度. 昆明：云南民族出版社，1992.

土著人民（Indigenous People） 在有关的国际文件中，对“土著人民”的指称有一个演变过程。20世纪80年代中期以前主要称为“土著人”（Aborigine）。1988年联合国防止歧视和保护少数人小组委员会放弃“土著人”一词而改用“土著人民”（Indigenous people）。国际法文件上使用“土著人民”一词是土著居民长期以来坚持斗争的结果。

目前，国际社会关于土著居民的概念还没有一个通用的定义。一般认为，土著居民指的是在外来种族到来之前，那些祖祖辈辈繁衍生息在一个国家或地区的人民。他们由于外来者的入侵及文化同化，沦为较为不利的境地，众多的土著人民中有美洲印第安人、极地周围的因纽特和阿留申人、北欧的萨姆人、澳大利亚的土著人和特莱斯海峡岛民，以及新西兰的毛利人。这些人和大部分其他土著居民保留了其社会、文化、经济和政治特征。这些特征明显地有别于国民人口中的其他居民。据联合国发布的数据显示，在全世界五大洲大约70个国家中，生活着5000多个土著族群，约3.7亿人。

关于土著人民的定义主要有3个：其一，联合国特别报告员科沃（J. Martinei Cobo）先生针对土著人民的歧视问题进行的一项综合性研究。这份研究报告对土著人民做了如下定义——“土著社群（communities）、人民（people）和民族（nations）是指那些在其领土上发展起来与先前被侵占和被殖民的社会具有历史连续性的社群。他们构成现行社会的非主宰性部分。自认为与这些全部或部分领土上占优势的社会的其他部分不同，并决定依其自己的文化模式、社会组织和法律制度，保护、发展和传承他们祖先的土地和民族认同，并以此为他们作为人民继续存在的基础。” 其二，联合国国际劳工组织1989年通过的《关于独立国家土著和部落人民的公约》，该公约第一条将其适用的对象“土著和部落人民”（indigenous and tribal people）界定为：“独立国家中的部落人民是指在社会、文化和经济条件上不同于民族社会中的其他部分的群体，其地位全部或部分是由他们自己的习俗或传统或依据特别的法律或规章来规定的；独立国家中的土著人民是那些在被征服、殖民或建立现时的国家疆域时居住在一个国家或一地理区域内的居民的后裔，无论其法律地位如何，他们还保留着其部分或全部自己的社会、经济、文化和政治制度。” 其三，J. 安奈亚的《国际法上的土著民》一书。在该书中，J. 安奈亚是在广义上使用“土著民”概念——“在土地为移民进入之前便世居于当地土著的后代，而现在为外来者所统治。土著民具有文化的独特性，但被移民社会所吞噬。相较于其他在当今社会中更有影响力的人们而言，土著民的根牢牢嵌于在他们所世居的土地上，或因被迫迁徙而想回去居住的祖居地。而且，他们因为认同于各自的群体，而与其祖先的社群、部落、民族产生联系。”

从上述三个对“土著民”最经典的定义来看，土著人民的特征有：第一，他们作为一个族群，拥有自己独特的社会、文化和经济传统，也即拥有自己独特的生活方式；第二，他们的独特传统与生活方式源于他们的根牢牢嵌在他们所世居的土地及其他自然环境上；第三，他们有权决定自己的文化模式、社会组织与法律制度，有权决定自己的生活方式。

1993年6月18日，在维也纳召开的世界人权大会举行“世界土著居民国际年”大会，呼吁国际社会重视世界各国土著人民的存在，尊重其历史、文化和传统，并保障他们平等生存的权利。

人类在面对屠杀、自然灾害或掠夺时，生存就成为土著民族的自觉关心。土著民族自决，即包括决定自己命运和故土选择中他们应该有他们自己的声音，这已经成为20世纪末期以来一个主要的话语权。

从政治经济学的观点来看，当前，与生态直接相关的土著生活的文化特征已经被极为严重地边缘化了。这就是说，土著人民经常成为跨国贸易外部经济控制的目标，在土著居民所居住地的民族和国家的协助下，他们寻求的是对土著人民故土的掠夺。这些多元性和经济掠夺问题经常是有关土著传统和生态的讨论中心，因为在以下的探讨中，由于注入主流社会和资源开采而带来的对故土的破坏，许多土著居民，他们的宇宙观以及他们的仪式行为实际上已经处于灭绝的危险中。

当今的主流社会面临着一堆大难题：核武器扩散，人口膨胀，环境恶化，以及污染。土著民族当然没有技术来处理这些问题。因而，土著民族与环境之间的互助关系，当然不是我们所探讨的环境问题的全部。但对这些民间的知识体系，在具体的社会经济发展过程中，要考虑其合理的内涵。事实上，在可持续发展中，人们已意识到当地民众对环境问题的观点，强烈的影响着他们治理环境的方式，只有在环境计划中反映当地的信念、价值和意识形态时，社会才给予支持。那种认为环境的传统知识是简单的、静止不变的观点，正在迅速发生变化，越来越多的发展项目在如何利用、治理环境上，正在利用当地的环境知识。

（刘芳）

参考书目

［1］李浩培,王贵国主编. 中华法学大辞典. 国际法学卷. 北京：中国检察出版社，1996.

［2］联合国大会. 联合国土著人民权利宣言. 2007年9月13日第61/295号决议.

［3］国际劳工组织. 关于独立国家土著和部落居民的地169号公约. 1989年6月27日.

［4］史哲. 土著人的隐秘世界. 北京：中国民航出版社，2004.

［5］石发林. 澳大利亚土著人研究. 成都：四川大学出版社，1970.

［6］王剑锋. 生态人类学视野中的土著传统. 云南师范大学学报，2004（5）.

《土著如何思考》（*How Natives Think*，1910） 吕西安·列维·布留尔（Lucien Lévi-Bruhl，1857—1939），法国著名人类学家、社会学家和民族学家，成名之作是1910年出版的《初级社会的智力技能》，英译本改名为《土著如何思考》。对“人类的不同族群是否具有心理一致性”这一引起广泛争议的问题的解答做出了不可磨灭的贡献，最为认知的就是他所提出的“原始思维”概念。

在这本书中，他把人类思维分为两类：原始思维和西方思维。他认为，原始思维具有自己特殊的规律，使用一种不同于文明人的逻辑方式，即所谓“前逻辑”。这种逻辑方式认定不存在原因和结果的分离。任何企图解释原始人的观点和行为的理论，越是从我们的逻辑思维的角度讲得通，就可能越是不可靠。列维·布留尔认为，原始人的心灵受“互渗律”的支配，以为个人与外界通过神秘的方式相互渗透，并以此认识和把握外界。原始人虽然可以对日常生活情形进行逻辑思考，但却不能进行抽象思维。

对列维·布留尔来说，他一直强调原始思维是原始人所特有的思维方式，其特征是神秘性和前逻辑性，认为“原始思维”与逻辑思维的不同在于它不是个人思维，而是集体思维的产物。原始人的知觉之所以根本上是神秘的，是因为构成原始人的知觉的必不可缺因素的集体表现具有神秘的性质。原始人的集体表现为他们的知觉与思维提供了一个限制性的背景或前提，这种背景或前提本身的神秘性质为其中的知觉与思维赋予了神秘属性。值得提到的是，在晚年他对此有了一个重大转变，转而认为，所谓文明的西方同样也存在“原始思维”，这其实是在一定程度上承认了人类心性的一致性，同时也部分修正对文化发展及社会阶段所持的简单的进化论立场。

（刘荣）

退化论（Degenerationism） 尽管有关退化论的思想几个世纪以来都存在，但是退化论这一术语是在19世纪进化理论产生的特定环境下出现的，其代表人物瑞士历史学家伯克哈特（Jacob Burckhardt）认为现代文明的思想和倾向的大多数特征是原始文明退化的结果。尼采（Friedrich Wilhelm Nietzsche）进一步将这种悲观主义发展为整个欧洲文明都在弥漫着退化。

进化理论的发展赋予旧的退化论思想以科学的外衣。进化论认为有机体包括人类，从简单向更为复杂的形式进化。当将这一理论运用于人类社会时，很多人相信人类社会循着线性的发展线路从落后状态进步到文明状态。而退化论则认为当大多数物种从简单向复杂进化的时候，一些物种向着相反的方向退化为更简单的形式。

退化论在社会达尔文主义中发挥了更重要的作用。它认为最原始的种族，如火地岛印第安人、布须曼人和澳大利亚土著都同时从更高级的形式退化。社会达尔文主义者倾向于诉诸白人种族采取某种态度避免类似命运。优生学的支持者和犯罪学的研究者们也持退化论，其代表人物有意大利犯罪学家切萨雷·隆布罗索（Cesare Lombroso）和德国生物学家安东·多恩（Anton Dohrn）。但是当社会达尔文主义和优生学作为进化论的可信的方面衰退的时候，退化论在科学家中的影响也衰退了。

在英语世界，19世纪最全面地致力于退化理论的是菲利普·戈斯（Phillip Gosse）。在《脐》（Omphalos,1857）一书中，作为圣经文学家的戈斯将时间分为历时时间（或历史时间）和正面时间（或虚幻时间或虚拟时间）。他认为在创世纪20分钟之后，伊甸园里就有时间流逝的迹象，而在现实时间中还没有发生。正面时间的基本原则是接下来历史时间前进的必要基础。戈斯受到其宗教思想的启发，但却无法协调宗教和科学之间的张力。

其他维护宗教思想的人采用退化论来支持他们的宗教信念。如19世纪一个重要的传教士团体认为人之所以退化，是因为他们继承了亚当的罪。尽管所有人类都有罪，但野蛮人退化得厉害些，因为他们的野性与基督传统不同而退化到魔鬼崇拜、食人和其他的恐怖中。因此传教士们在野蛮人中的工作是有益的和友善的。

尽管退化论在科学和宗教中延续了两代人，其最持久的影响在文学领域，包括罗伯特·路易斯·史蒂文森（Robert Louis Stevenson）的《化身博士和海德先生》（The Strange Case of Dr Jekyll and Mr Hyde,1886），杰克博士喝了一种试验用的药剂，在晚上化身成邪恶的海德先生四处作恶，他终日徘徊在善恶之间，其内心属灵的内疚和犯罪的快感不断冲突，由此探讨人类进化中的二重性，现代人遭遇的返祖的、内在野蛮的自我。赫伯特·乔治·威尔斯（Herbert George Wells）的著名的《时间机器》（*The Time Machine*,1895），描述一位科学家通过时间旅行机器来到公元802701年，未来世界大多数人退化成生活在地下和黑暗中的莫洛克人，他们在地下的机器旁为埃洛伊人生产各种物品，作为统治者埃洛伊人的苦力，但是他们自己的食品却是埃洛伊人。当代文化和社会理论中有影响的文化悲观主义直接受19世纪退化论的影响。

（黄娟）

参考书目

［1］Bowler, Peter J.1992, *The Non-Darwinian Revolution: Reinterpreting a Historical Myth*, Baltimore &London: Johns Hopkins University Press.

［2］Gosse, Phillip. 1998 [1857], *Omphalos: An Attempt to Untie the Geological Knot*, Woodbridge, CT: Ox Bow Press.

［3］Herman, Arthur. 1997, *The Idea of Decline in Western History*, New York: Free Press.

W

外　万　网　唯　卫　位　文　纹　问　翁
沃　巫　无　吴　舞　物　污

外婚制（Exogamy）　一种必须在社会群体（比如亲属的、图腾的、皇室的）以外去选择配偶的婚姻规则。与它相反的婚姻规则是内婚制。对于外婚制的解释一直是人类学者的一种主要的关注点。此外，由于它与乱伦禁忌相联系，因此作为一种社会现象的外婚制也会被认为是自然的。但是列维·斯特劳斯的理论却认为乱伦禁忌和外婚制并不是自然的，相反是文化的。基于对泰勒所做研究的引用，他给出了一种简洁的解释，认为一个男人会很快地意识到他需要在“从外面娶进来和被外面杀掉之间”做出选择。在这种情形下，没有哪个社会不存在外婚制。

正如社会群体的目的是通过内婚制来保存并将它们的构成要素（比如权力、财富、宗教、语言）传递给后世从而永久延续其存在一样，外婚制的目的是在为了同样的目标通过婚姻而联结起来的群体之间形成联盟。这种永存的实现，以及通过生物的补充和任何形式的强化（财政的、军事的，等等）以及便利设施的解决等，存在于一直是与皇室相联系的情况下，这是外婚制的规范。

外婚制最普遍的形式是发生在从亲属群体外部来选择配偶，如果不是这样的话，在亲属群体内部选择配偶将会构成乱伦，这种外婚制一般被称为血亲的亲属外婚制。禁止乱伦这一通用规则的严格性在不同的社会中会有变化，从父母与子女之间的婚姻禁忌，兄弟姐妹之间的婚姻禁忌到即使是有一个共同的祖先的异性之间的婚姻禁忌都会存在。例如，在澳大利亚的原住民当中，婚姻被禁止在平行的表亲之间缔结，那就意味着，同一性别的兄弟姐妹的孩子被认为是兄弟姐妹，所以他们之间不允许结婚，这是外婚制的一个例子。与之相反，原住民被允许甚至在很大程度上被强制要求在交表亲之间缔结婚姻，也就是说，在不同性别的兄弟姐妹的孩子之间可以结婚，这则是内婚制的一个例子。

在一个氏族或世系的意义上，外婚制是一种格外常见的现象，这种外婚制被称为世系与氏族外婚制，这里的氏族指的是一种其成员承认拥有共同的祖先而且他们的关系是由团结而规定的社会群体，世系则指的是通过父系或者母系血亲互相联结起来的承认有同一个祖先的个体所组成的群体。严格的外婚制被大多数图腾氏族所遵从，氏族承载植物、动物或自然过程的名称，并常常将这些看作他们的祖先和保护者，拥有共同祖先的氏族成员相互间认为彼此是亲戚。

除过血亲的或者姻亲的亲戚，由虚拟的或者仪式的亲属关系所联结起来的个体也常常会实行外婚制，这种外婚制一般被称为虚拟的（或仪式的）亲属外婚制。这个词涵盖着等同于血亲的或者姻亲的亲属关系的社会结合，这种社会结合常常使用亲属关系的术语或者类亲属关系的术语，比如父亲和教父，而且常常为了他们的创造而需要一种仪式，比如收养、结拜等。

（齐钊）

参考书目

［1］Goody J. 1983. *The spiritual and the natural. In The development of family and marriage in Europe*(pp.194–221). Cambridge, UK: CambridgeUniversity Press.

［2］Lévi–Strauss, C. 1949. *Endogamy etxogamy. In Lesstructures élémentaires de la parenté*(pp. 49–60). Paris: PUF.

［3］Lévi–Strauss, C. 1962. *Le totémismeaujourd' hui*, Paris: PUF.

万物有灵（Animism）　“万物有灵”作为类型概念，包括了信仰在自然界有精神、神圣力量和超自然现象存在的所有宗教。这一概念来源于拉丁文anima，意思是精神、灵魂或生命力。英国人类学家泰勒（Edward Tylor）在人类学领域提出这一概念。在其著作《原始文化》（1871）一书中，泰勒将万物有灵定义为“灵魂的信仰”，并将其放置到宗教进化序列中最早期阶段，是所有宗教的根基。万物有灵与一系列人类基本的二元认知概念有直接关联，例如动物与人、自然与文化、自然与超自然、无生命与生命、肉体与灵魂、生命与死亡等。

灵魂观念是原始部族神化了的形象思维，提供了关于身体和精神之间相互作用的解释。北美阿尔衮琴印第安人，则把疾病的原因归结为病人的影子未能在他身体中找到合适的位置，或是影子与身体相分离的结果；在斐济人的观念中，当一个人昏迷或死亡时，就认为是他的灵魂离开了他的身体，可以通过巫术等方式召唤灵魂重新回到他的身边。所以，泰勒认为人类最伟大的宗教教义之一，就是深信灵魂在一个生命体死亡后能继续存在和生活。而这种对来世的信仰大致分为灵魂转世论或死后灵魂继续存在论。

以其分布的时空来看，万物有灵是世界上分布最广、信众最多的宗教，但与佛教、基督教、印度教、伊斯兰教不同，没有固定的教义、经典、神职人员，甚至也没有固定的仪轨，所以在很多关于宗教的正式论述中，万物有灵信仰经常被忽视。人们曾经把万物有灵的起源追溯到70000年前的尼安德特文明。在位于今伊拉克北部的闪尼达（Shanidar）洞穴中，考古学家发现了人类最早有意布置葬礼的痕迹，在尸体周边摆放红色赭石和鲜花（证据是遗落的花粉），证明了当时人们已经具有灵魂的观念。

所有狩猎采集部落的信仰都是万物有灵式的，大约在10000年前，随着农业出现并逐渐普及，万物有灵才被其他类型的信仰所部分代替。直至今天，万物有灵仍然是许多采集、农业和游牧文化中的唯一宗教。不仅如此，包括现代都市社会在内的众多社会中，万物有灵成为底层大众的普遍信仰。在个人层面，亚洲人往往是万物有灵论者，尽管这些社会的主流宗教是佛教、印度教或伊斯兰教。在日本，神道教和佛教并生共存，在许多方面互相影响，神道教就是万物有灵的一种形式。在现代欧洲、北美，一些新异教徒也是万物有灵论者。

万物有灵相信超自然力现象。超自然力量存在于动物、植物、岩石和其他自然物体中间，使其具有生命，人们通过自然物的呈现来感知灵力。这些超自然力一般并不以人格化的方式呈现，但是许多文化中将其区分为男性和女性。超自然力能够左右人类事务，作为交换，人类可以通过仪式或请求的方式来影响超自然力，尤其是萨满等专门人士可以掌握通灵的手段。

当人类步入现代社会之后，都市化和工业化的快速发展使人们远离自然，于是，万物有灵论被赋予了新的重要价值。信仰万物有灵的现代人发现其宗教哲学中所蕴藏的生态观念，因为在其存在的上万年时间里，人们运用万物有灵论来阐释自然与人的关系，制约人们对自然资源的攫取行为，对自然充满敬畏，使人与自然的互动始终维持的可持续状态。在一个由万物有灵论作为支撑信仰的社会里，人们并不将自然看作是物质和经济的供给方，而是看到自然界万物内在的灵力，同时将人类自身看作是自然之网中的一环，正是这种整体观和敬畏感，使这些社会保持着人与自然和谐互动的状态。

（哈正利）

参考书目

泰勒. 原始文化：神话、哲学、宗教、语言、艺术和习俗发展之研究. 连树声译. 桂林：广西师范大学出版社，2005.

网络文化（Cyberculture）　可定义为由于人类与计算机网络之间相互作用所产生的社会行为模式、艺术、信仰、制度及其他劳动产品和思想产品，是一种新的世界文化。不同于先前的文化发展，网络文化具有虚拟性质，并且在范围上（将）囊括全世界的人。这种新世界文化的发展速度是史无前例的。

人们认为通过互联网传递的网络文化不管在什么地方都同一的，不管是身处纽约、伦敦、香港、莫斯科还是慕尼黑，人们的信念、行为、模式、特质和主流态度几乎都一样。因此，网络文化与当地文化及社会相交织，将物理世界延伸至虚拟世界。诺思（North）称网络社会为“大社会的上层建筑”。但与传统文化不同的是，网络文化并不需要像传统主流社会那样承担提供财产、满足基本需求（如食品、安全）的责任。达斯（Das）认为，网络社会已经把社会的不同构成部分，比如经济、社会化、政治和娱乐等融在了一起。

网络文化改变了传统社会的价值观。传统上，外貌、性别、种族、财富、衣着、职位等是社会评判标准，而在网络文化中，个人的价值体现在他们对新文化的贡献上，比如个人可以通过网络写作或建立讨论组和网站获得声望。另外，网络与其用户也可形成互惠关系。随着传统社会中人口的增加，人均资源量将会减少；但在网络文化中恰恰相反，使用网络的人越多，社会资源就越丰富，这些资源具有人道主义的性质，包括信息、建议、文章、软件等。所以使用网络的人越多，可利用的资源也就越多，反过来这又会吸引更多的使用者，成为良性循环。

和主流社会一样，网络上也有一些使用规则，所有使用者都应当遵循，这些规则被称为“网络礼仪”（Netiquette），一共有10条。但网络社会对违反规则者的处理与传统主流社会是不同的，总是由违规者的同辈开始实施惩罚，而不是由一个高高在上的权威负责实施。

每一种文化都有其负面作用，网络文化一直被诟病为不利于个人的社会化。由于网络社会从本质上来说是独立存在的，因此许多网络用户在现实中也脱离了社会。这些用户将大部分时间都花在网络上，很少通过传统方式社交。调查显示这些人群更容易抑郁，无网可上的时候也更容易情绪激动。通常情况下，一旦用户过于沉迷网络，真实社会中的一系列问题就会接踵而至。

互联网是一个网络“社区”，也已经形成一个虚拟社会。如同其他社会，对虚拟社会的文化认同也正在形成，网络文化是指当个人在使用互联网时所具有的相似的社会行为模式、艺术和信仰。

（黄雪萌、康敏）

参考书目

[1] Das, T. K. 1999, *The impact of net culture on mainstream societies: A global analysis*.

[2] North, T. 1994. *The Internet and Usenet global computer networks*. Master thesis, Curtin University of Technology, Perth, Australia.

唯物主义（Materialism）　在哲学上是与唯心主义相对立的思想体系。在哲学基本问题上，它主张物质第一性，精神第二性；认为客观物质世界是离开意识而独立存在的，意识和思维不是物质世界发展到一定阶段的产物，世界上千差万别的事物和现象，都是物质的不同表现形式。一般而言，社会科学领域中的唯物主义也包含着与以上相类似的两个基本假设，一是物理世界的存在对人类行为具有很大的影响和制约；二是人类行为是自然界的一部分，自然科学用以理解自然的方法，可以被用来理解人类行为。唯物主义者并不一定都认为物质现实比精神或主观现实更真实，但是在对事物进行因果解释的时候，他们更优先考虑客观物质世界，而非主观现实或心理世界。

唯物主义思想可以追溯到公元前6世纪的爱奥尼亚哲学家以及此后的古罗马哲学家兼诗人卢克莱修（Lucretius）。然而，社会科学之中的物质主义思想的鼻祖则是19世纪的社会思想家马克思和恩格斯。他们以辩证唯物主义代替了机械唯物主义，认为唯物主义的发展历经了三个阶段或历史形态，即古希腊罗马时期的朴素唯物主义、16—18世纪产生于英法等国的形而上学唯物主义或机械唯物主义、19世纪以来的辩证唯物主义和历史唯物主义。辩证唯物主义认为，矛盾和解决矛盾的过程决定着物质状态的基本过程。历史唯物主义则以人类历史作为其研究对象，认为大多数基本的历史过程和矛盾，就是经济生产过程及其矛盾，它们影响着其他的社会现象如政治现象和意识形态现象。

马克思和恩格斯通过对历史的唯物主义阐释所形成的“历史唯物主义”思想，具体而言，将所有社会均划分成上层建筑和经济基础两部分，其中基础部分的基本内容是生产力。尽管生产力也包括人类所生存的物理环境，但是马克思和恩格斯一般将其等同于“技术”。而生产力的所有制形式即生产关系，它与生产关系的结合而形成不同的生产方式。政治和意识形态以及更广意义上的社会制度所构成的上层建筑，位于生产方式之上。马克思和恩格斯认为，生产力基础决定着上层建筑；与此同时，上层建筑也会反过来影响着生产力的发展。他们运用生产方式理论，将人类历史划分为四个发展阶段，即原始共产主义、奴隶社会、封建社会和资本主义社会。他们预测，资本主义终将被社会主义生产方式所替代。

马克思和恩格斯的唯物主义思想被后世的马克思主义学派以及许多人类学家所继承和发扬。这其中包括考古学家柴尔德（V. Gordon Childe）以及文化人类学家怀德（Leslie White）和哈里斯（Marvin Harris）。特别是后者将历史唯物主义思想融入文化研究，而提出了“文化唯物论”。另外，唯物主义思想也体现在社会生物学领域，而形成了“生物唯物主义”，该视角下的唯物主义主要是从人类身体的物质器官构造出发，探讨它们对人类文化形成的影响作用。一些社会科学家甚至认为，马克思和恩格斯的经济唯物主义、哈里斯的文化唯物论以及社会生物学家们所倡导的生物唯物主义，可以被整合而成为更为宏大的理论思想即“超级唯物主义”（supermaterialism）。

（牛忠光）

唯心主义（Idealism） 在哲学上是与唯物主义相对立的理论，认为唯有精神才是万物本原的世界观。唯心主义在哲学基本问题上主张意识或精神是第一性的，是世界的本原，自然界、物、外部世界是第二性的，是由意识或精神派生的，世界万事万物都是精神的产物或表现。

在哲学史上，德国哲学家莱布尼茨第一次使用“唯心主义”一词，用以指代柏拉图哲学，以与伊壁鸠鲁的唯物主义思想相对称，并且将其自身的哲学思想看作是唯心主义的一种形式。后来，西方哲学界又出现了康德的“经验唯心主义”、谢林的“客观唯心主义”和“主观唯心主义”区分。而现代唯心主义的鼻祖是黑格尔，他将社会看作是绝对精神的产物，自称为“绝对唯心主义”。马克思主义哲学将物质还是意识为第一性的问题，作为区分唯物主义和唯心主义的标准，并按照以主观感觉还是客观精神为第一性，作为区分主观唯心主义和客观唯心主义的标准。

尽管在西方哲学中各种唯心主义派别在分别继承贝克莱、费希特、康德、黑格尔哲学的基础上，形成了不同的唯心主义新形式，但是总体而言，社会科学中的唯心主义认为，绝大多数社会现实都是人类心理的产物，社会是在不同时空条件下的人类心理所达成一致之后的社会构建产物。

（牛忠光）

卫惠林（1904—1992） 著名社会学家、人类学家。学名安仁，字惠林，以字行。山西阳城人。1917年赴日留学，四年后获得文学士学位，当时拥有学士学位的日本留学生是颇有社会地位的，但卫惠林并不以此满足，1927年时远赴法国，进入巴黎大学攻读民族学及社会学，1929年获得巴黎大学的硕士学位。1930年回国，先后任中央研究院社会科学研究所民族学组助理研究员、中央大学、四川省乡村教育学院社会学副教授、中山文化教育馆研究部民族学专任研究员，金陵大学、复旦大学、中央大学教授、南京的国立边疆教育馆、广州的国立中山大学人类学研究所、为中国民族学会创办人之一，任《民族学研究集刊》副主编。1949年赴台湾，在台湾省文献委员会编纂台湾省通志稿。后任台湾大学考古人类学系教授、中央研究院民族学所研究员、美国哥伦比亚大学访问学者，并多次代表台湾的中国民族学会、中央研究院民族学研究所参加太平洋科学会议人类学组会议，并且是中国社会学会常务理事。

早期偏重于国外文化人类学理论的介绍，并从事汉族与少数民族风俗的研究，以后研究台湾土著民族，尤以对中国民族的分类和亲属结构的研究而著称。卫惠林曾与黄文山创办中国第一个民族学的专门刊物《民族学研究集刊》，并组建中国民族学会，其间完成他第一部著作《世界民族志》的初稿，发表《社会制度的形成与变迁的法则》（《人文科学》，1953年）、《法国大革命中的社会思想》（《中山文化教育馆季刊》，1936年）、《世界种族分类》（《民族学研究集刊》）、《中国古代图腾制度论证》等论文，曾在台湾省文献委员会担任台湾省通志稿《同胄志》的主修。《同胄志》是台湾省通志稿中土著民族的部分，在旧志中称为《番族志》或《番俗志》，日本人在据台时期，曾从事实地调查，写出《台湾番族调查报告书》，后来更有语言学家、民族学家，对台湾各族的语言、神话做了学术研究，写成较为丰富的研究报告。1950—1970年是卫惠林学术生涯的黄金时期，创办并主编了《中国民族学研究通讯》杂志，他编著的《社会学》（国立编译馆）被指定为大学用书，还出版了《社会人类学》，《台湾风土志》（与何联奎合编，中华书局台湾版），《埔里八宰七舍志》《兰屿雅美族的社会组织》《台湾土著各族近年人口增加与部落移动》等学术著作。

（额日古娜）

位育 中国著名社会学家、优生学家潘光旦将优生学理论应用于社会学研究中提出的一个重要概念。“位”即“安其所”，“育”即“遂其生”。安所遂生，乃一切生命之大欲。一个人，一个民族，都在求其“安所遂生”，即求其“位育”。（参见适应）

（黄娟）

文本（Text） 任何由书写所固定下来的话语。人类学中处理文本的历史，可以追溯到人类学起源的年代。19世纪末，当人类学刚开始作为一个专业学科出现之时，美国的文化人类学家便在博厄斯（Franz Boas）的带领下，围绕濒临灭绝的美洲土著文化，对其中的代表性文本进行收集或创作、转录、翻译与解释。文本既包括当地人独立创作的产物，如仪式中的颂歌、赞美诗、神话、谚语等，也包括人类学家与报道人互动下的联合创作，如被人类学家记录的生活故事、对于习俗的解释等。

最初，文本是与写作联系在一起的。20世纪后半期，格尔兹（Clifford Geertz）将文本的含义扩大化，将这个词定义为一个文化描写的系统，既可以是文字的，也可以是行为学意义上的——“文化即文本”。在此基础上，格尔兹试图用“深描（thick description）”的方法，在特定的情境下探索并解释文化的意义。就像权威的教授对古籍进行点评并阐释其中的意义，权威的人类学家也可以对一种特定的文化进行田野研究，并将其中的意义解释给其他人听。格尔兹关于巴厘岛斗鸡的研究，可以被视为这种方法的典型代表。

后现代思潮兴起之后，人类学家作为“文化阐释者”的权威角色开始遭到质疑，作为文本的民族志的写作过程也开始被反思——人类学家写了什么？为什么而写？如何写作？使用了什么修辞？这些质疑迫使人类学家承认报道人作为共同作者的角色，并呼吁人类学家给假设静音的人群以声音，由此，民族志写作进入了“合作文本”的时代。

在中文表述中text除上述译法之外，也被译为“本文”，有时还与“文本”同时使用。《说文解字》诠释“文者，物象之本。”中文里的“本文”一词不能全等于西文的text，其中的文有着事物表象、本体之文的意思，但不能全等于对象，而只是对象本身在观察者眼中呈现出来的式样和图形。文本一词则是指这些被观察到的式样与图形经过记录和发表的文章、著述。在对象和文本之间，本文充当了人与自然、人与世界对话的中介。

（刘琪、金怡）

参考书目

［1］克利福德·格尔兹. 文化的解释. 纳日碧力戈等译，王铭铭校. 上海：上海人民出版社，1999.

［2］庄孔韶. 人类学概论. 北京：中国人民大学出版社，2010.

文本分析（Text Analysis） 从文本的表层深入到文本的深层，从而发现那些不能为普通阅读所把握的深层意义。

文本分析这种研究方法近年来越来越受到社会科学研究的重视。文学理论学家将文本分析定义为将一文学作品进行拆解，从而观察其各部分之间是如何拼凑结合在一起的。在此需要强调的是，这里所说的文本分析并不仅仅指文学性的文本分析，社会科学研究的文本分析更加注重的是文本的社会内涵。因此，对于人类学来说，具有社会内涵的文本分析成为其研究中不可缺少的一环。

文本与讯息的意义大致相同，指的是由一定的符号或符码组成的信息结构体，这种结构体可采用不同的表现形态，如语言的、文字的、影像的等等。从人类学意义上讲，文本分析包括两个方面：新产生的文本和已有的文本。新产生的文本是指研究对象在对研究者的提问做出回应时所产生的书面数据，以及相应的产生数据的方式。已有的文本是指研究者没有参与形成的各种文献。虽然，这些文本的产生可能出自不同的目的，但研究者仍把它们作为研究问题的重要数据。这两种不同类型的文本都可能会作为人类学主要的或补充性的数据来源。

新产生的文本要把提供书面数据的研究对象包括进来。一份邮寄问卷，或者采用越来越多的包含开放性问题的网络调查，都是这些文本的共同来源。此外，民族志学者和访谈者可能会要求研究对象去写一些文本。请研究对象记录家庭史或工作史，记个人日记，或者回答已列出的问题，所有这些文本都会像已发表的自传作品一样，让人们产生新的思想、感情以及关注，并让研究者明白，是什么样的结构和文化价值影响了这个人。研究者处理新文本的策略，包括了从详细的指导到微小的建议。新产生的文本有着一些和传统调查及访谈一样的优点和缺点。像调查问卷一样，匿名形成的文本能够产生更为坦白的表露。因此，墨菲和丁沃尔认为，新产生的文本产生了类似访谈数据的数据。但是，适应新产生的文本也像使用调查问卷一样，研究者一旦提问了，就不能再修改或调整这个问题了。

已有文本和新产生文本是不同的，因为研究者不能影响已有文本的建构。人类学研究中可能使用的文本有公共记录、政府报告、机构文献、大众传媒、文学作品、自传、个人信件、网络讨论以及来自数据库的以往的质性资料。当研究者使用文本时，他们的读者可能认为这些文本反映了现实。但实际上，文本是由特定的人制作的，文本的语义不可避免地会反映人的特定立场、观点、价值和利益。所以不要认为这些文本是数据的客观来源，未被研究者所扭曲，而是要通过分析把它们看作是数据的另一种来源。

在文本分析的过程中，研究者应该尽可能地把文本放在它们的语境中。现在，互联网研究为文本分析提供了无穷无尽的机会——而且，产生了大量方法论问题。没有语境的文本是其中的主要部分。在互联网中，研究对象可能改变了我们对一些基本信息，如年龄、性别、种族、民族以及社会阶级出身的定义，以及他们所回应的具体内容。因此，文本分析必须强调文本产生的语境，把文本和语境联系起来进行分析，才能尽可能减少因脱离语境产生的误差。目前，有很多方法都能帮助我们把文本放在语境中。比如访谈关键的研究对象，使用几种文本类型，都会很有用。能够讲出其他文本背后的故事的文本至少展示了分析的社会语境。文本的细节本身以及充分的分析在这里都很重要。因此，文本分析的一个重要方式就是，将其作为需要分析和仔细审查的对象，而不是正式数据的可靠资料。

（娄梦玲）

参考书目

凯西·卡麦兹. 建构扎根理论：执行研究实践指南. 边国英译，陈向明校. 重庆：重庆大学出版社，2009.

文化（Culture） 指一个社会里一切非生物的和由社会传播的，包括艺术、社会、意识形态和宗教的行为模式及征服环境的技术等在内的一切事物的总体。文化不是有机物体，它只能存在于人的生活，因为低级动物无能力使其所学到的东西永存，而社会知识的遗产则可通过社会传播世代相传，这种继承是社会的经验，是通过语言而散播的。文化是个历史过程，任何文化都是混合的，都能互相吸收，但在群体之间却有差别。

文化的概念丰富多样。1952年，美国人类学家克鲁伯（Alfred Louse Kroeber）和克拉克洪（Clyde Kay Maben Kluckhohn）合写了一部专门研究文化概念的著作叫《文化——关于概念和定义的评论》，在其中就罗列了从1871—1950年八十年间所出现的161种文化概念。据说，到现在已有两百多种。中国民族学界对文化的解释一般是，文化就是人们在体力劳动和脑力劳动过程中所创造出来的一切财富，包括物质文化和精神文化，以及人们所具有的各种生产技能、社会经验、知识、风俗习惯等。19世纪中叶德国人类学家克莱姆给文化下了一个极合现代精神的定义，文化即“风俗、知识、技能、在战争与和平中的家庭生活和公共生活、宗教、科学和艺术……是把以往的经验传给新的一代”。英国人类学家泰勒（Edward Burnett Tylor）于1871年给文化所拟的定义也有助于明确文化这一重要概念。他认为，就其广泛的民族学意义来说，文化是一个复合的整体，包括知识、信仰、艺术、道德、法律、习俗以及作为社会成员的人所习得的能力和习惯。博厄斯（Franz Boas）支持这种文化概念，并向将人类的差异性归因于种族，即生物遗传的理论发出挑战。这些看法得到他的学生的认同。他们认为，虽然每个地方的人们都拥有许多相同的生物遗传特质，但在不同的文化中，人类的本性是可塑的。美国人类学家赫斯科维茨（Melville Herskovits）指出文化具有这些特征：它是习得的、有结构的、可分成多方面的、能动的和常变的。它是由人类存在的各种因素汇集来的。此外，文化的规律表明它可以被人认识。同时它也是一个人调节自己和环境的关系和自我表现的手段。解释人类学的代表人物格尔茨（Clifford Geertz）指出，他采用的文化概念“从本质上说是符号论的。同马克斯·韦伯（Max Webor）一样，我认为人是悬挂在他们自己编织的意义之网上的动物。在我看来，文化就是这些意义之网。而且我还认为，研究文化并非是寻求规律的实验性科学，而应该是探求意义的解释性科学”。不同的学者对文化的提法各有不同，因此，我们可以设想，随着社会的不断发展，文化的概念还会应时而生，层出不穷。

文化的一般性质有普遍性和特殊性、后天习得性、符号性、共享性、整合性和系统性、强制性、适应性和变迁性，等等。许多人类学家还主张，文化的发展具有规律性。

但是，在动物界里，某些动物虽具有某种信息联系，比如蚂蚁、蜜蜂、黄蜂和白蚁，它们组织严密，其成员的社会分工比人类社会还要完善。不过，它们没有伦理观或宗教，它们的“经验”可能来自基因，而不是像人那样由社会传播的，因此它们的那种生活类型不能称为文化。

（雷喜斌）

文化保护（Cultural Conservation） 文化保护不是一个单一的群体的某一项工作，在人类学家艾伦·伯恩斯（Allan Bums）眼中“它是地方社区、艺人、民俗表演者和人类学家，文化学者，以及政府决策者之间的相互合作，这三个群体必须通力合作才会确保文化保护工作成功进行”。三者间是相互依存、相互冲突的：决策者通常对经济发展比对民间文化更感兴趣；大部分学者对文献资料比对政策法规更加关注；地方社区则更加畏惧传统生活结构的逐渐涣散和消亡（艾伦·伯恩斯，2013）。文化保护工作建立在民众、文化保护者以及政府政策法规的互动之上。

文化保护工作需要的是一个文化的载体。它应该是一种民间文化、民间戏曲等，文化保护不是未来促进商业旅游为目的创造表演节目。文化保护也需要地方制定相关的法律法规，保障一定区域的活动可以展开，确保民间活动不带有商业行为。人类学家索尔·德克斯将其称为“行动人类学”，是学者们将通过文化机构和文化表演活动来帮助地方社区进行文化保护的行为视作一种责任和义务，与此同时，应用人类学家也从保护实践中学到怎样能使文化机构在政府决策中起到积极的推动作用（Tax，1975）。简而言之，应用人类学家在文化保护中扮演着一个中间者的角色，一方面学者为文化保护活动的繁荣而努力；另一方面学者又为地方对文化保护的相关政策建言献策。文化如同人类生活的空气一般，不同的民族不同的文化在随着时间的推移都会发生着变化，想要尽量保护每一种文化无疑是困难的，文化保护应注意把握限度，不是所有的文化都需要保护，同样文化不一定就带来直接的经济效益（覃德清，2008）。文化保护应褪去过去为了旅游、商业而开发的民俗节目的外衣，意义深远的文化保护是可以创造深刻的文化保护策略，是解决问题和建立在不只是节目、艺术，还有经济、环境、家庭和社区建设成功基础上的组织机构，当然艺术和节目是容易被看到的，文化工作者是以发现深层次文化，帮忙社区、文化团体保护他们自己的文化、促进文化的发展为目标（艾伦·伯恩斯，2013）。

（郭锐）

参考书目

[1] 覃德清. 人保护文化？抑或文化拯救民族？——文化保护基本理论的人类学阐释.《广西民族研究》，2008（2）.

[2] 艾伦·伯恩斯. 传统文化保护与当代社会——以应用人类学为视角. 王小明译. 当代社会中的传统生活国际学术研讨会，2013年10月13日.

[3] Sol Tax, Action Anthropology. *Current Anthropology*, Vol.16, No.4, Dec, 1975.

文化残余（Cultural Survivals） 或译为文化遗存，为泰勒所创用，以文化进化为前提，指滞留于现存文化中的那些旧的文化现象。泰勒认为，在文化进化中，诸如仪式、习俗、观点等，被习惯势力从它们所属的社会阶段带入到新的社会阶段，成为较古老文化的实例，证明了新文化进化的来源所在。因此，分析研究这些残存物，就可以追溯文化发展的历史。

这种方法来源于自然科学。考古学家以地质层中发现的物质遗迹为再现物质文化发展的层次，由此确立了如石器、青铜器、铁器时代等文化进程。生物学家用动物基本器官的演变来再现有机体的进化过程，其中，那些非功能性器官被视为远古人类器官的残余或遗存，因为他们假设，这些器官曾经具有功能作用，功能丧失是进化的结果。泰勒则将文明社会所具有的看似非功能性、令人匪夷所思的习俗与信仰看作远古人类社会的残存，假设它们在当时曾经具有实用意义而为人所遵守，只是到了新社会后丧失了原先的用武之地，于是成了无意义的旧习。但是根据这些旧习的原本意义，人们能够对所谓的“匪夷所思”做出解释，这是其他方法不能做到的。在19世纪中晚期，以进化论的伟大成就为纲，自然科学的研究方法获得了极大的推崇，泰勒的残存法可谓运用自然科学方法研究人类社会发展的代表性方法。

当时的学者都相信，既然人类是自然的一部分，那么人类社会的发展一定也有规律可循。泰勒进一步将残存物视为文明进步全过程的路标，人类学通过对其象征意义进行译读，可以构拟一条人类文明的发展路径。此构拟基于两大原则：第一，鉴于人类本性普遍相似性

（心理一致性）和生活环境的普遍相似性，对于文明中存在广泛的共同性，在很大程度上能够以相同的原因来解释相同的现象；第二，既然如此，全人类的文化发展就有着同样的规律，那么各个文化发展的不同程度就可以被认为是整体文化发展或进化的不同阶段。这些阶段将人类社会从最落后到最文明连接为一个连续的序列，成为文化的刻度，各民族根据文化发展水平的不同被安排在刻度上的特定位置或序列，文化残余作为路标是进行排列的重要证据。

在19世纪的学者看来，处于文明先进阶段的现代社会对落后的传统世界有着显而易见的吸引力，而这种吸引力使得文化传统进入快速灭绝的境地，文化残余的存在几乎是不可能的。于是在殖民时代晚期，对欧洲殖民者而言，尽可能多地收集、记录、保存正在消失的文化势在必行。这种主流观念将这些文化世界置于殖民前或后的语境中。由于文化传统是被文明世界的发现的，传统一词也成为区别文化殖民前后的标志。

在更广泛的意义上，文化残余被理解为变迁中存活的文化部分。它可能迫于其他文化形态的威胁，改变了已有的形态或价值体系。例如许多宗教都面临如此遭遇。再者，由于文化需要通过语言进行表达和传递，语言的流失也是一种威胁。另有，文化持有者难以维生也会对文化存活不利。在更为极端的条件下，人口下降到主要机构无法存续时，文化的存活也成为主要问题。当然，文化遭到破坏时，文化残余必然受到威胁。

人们总将文化变迁视为新的理念、机会或环境的产生；对他者文化的借用或重塑也是人类文化的一面。当这些过程自然而逐渐地发生时，残余或遗存并不会成为一个问题。但是当变迁由外力或像革命这样强大的内力驱使时，文化遗存就会成为问题。我们需要思考，遗存的意义是什么，如何衡量遗存，是什么原因或条件使得一种文化比另一种文化存活得更好。

（刘琪）

参考书目

［1］爱德华·泰勒. 原始文化. 连树声译. 桂林：广西师范大学出版社，2005.

［2］夏建中. 文化人类学理论学派——文化研究的历史. 北京：中国人民大学出版社，1997.

文化残余法（Cultural Survival Research） 一种通过分析和研究作为文化历史证据的文化残存去追溯发展历史和重建文化演进过程的调查方法。英国人类学家泰勒（Edward Burnett Tylor）创造了“残余”（survival）这个术语，并开创了文化残余法。

泰勒的残余法包含着进化的观念。他认为，文化的演进主要表现在“理性的进步”，文明和野蛮的区别就在于文明人已经进化到了摒除迷信的习俗，转而依据科学或理性的原则。他指出，残存是仪式、习俗、观点等，它们被习惯势力从它们所属的社会阶段带入到一个新的社会阶段，于是成为这个新文化由之进化而来的较古老文化的证据和实例。

泰勒认为，现实中残存着无意义的习惯，它们在当时曾经具有实用意义，至少为了礼仪性的目的而曾为人们遵守，但当它被移植到新的社会后，由于完全丧失了其原先的意义，于是就成了无聊的旧习。然而，根据这种或那种习惯的原来所拥有的、但在今天已经丧失的意义，我们便能够解释用其他方法不能洞察其意义的、被认为是完全不可思议的各种习惯。

人类社会发展至今，不同的地区、民族之间由于受到生态环境和人为因素等的影响，总是呈现出不平衡的状态。在中国，在文明的边缘地带、文化欠发达地区，常常可以见到历史文化残余，这些地区往往是少数民族聚居区或汉族中具有特殊地域文化特质的亚群体。

（刘琪、金怡）

参考书目

爱德华·泰勒. 原始文化. 连树声译. 上海：上海文艺出版社，1992.

《文化的科学——人类与文明研究》（*The Science of Culture: A Study of Man and Civilization*, 1949） 莱斯利·怀特（Leslie White，1900—1975）是20世纪中期美国新进化论的干将之一，受到马克思经济学说、达尔文进化论的双重影响。他最大的贡献被认为是发展了“文化学”（Culturology）的概念。这本论文集中，怀特详尽地阐释了自己的文化观，这正是他借以建立理想之“文化的科学”的基石。

怀特在第一编“科学与符号”中着重谈论科学的实质，文化和科学的关系，力图说明人们可以且必须在文化的经验领域中从事科学活动。在第二编“人类与文化”中，作者试图解析人类行为这个复合体，澄清意识与文化、心理学与文化学之间的基本区别，用文化学解释知识经验与社会经验及其他人类行为，界定人与文化过程的关系。在第三编“能量与文明”中，怀特对作为整体的文化加以综合，指出文化系统的三个亚系统及其相互关系，构建出文化进化的略图，特别点明了能量在文化进化中的首要地位。第四编“文化学”对之前的探讨做出总结，赋予文化的科学以理想的名字“文化学”。怀特认为，文化是以使用符号为基础的现象体系，它包括行动（行为规范）、客体（工具及由工具制造的事物）、观念（信仰和知识）以及情感（心态和价值）等，而语言则是人类符号能力的最重要的形态。文化是一个有其自身生命和自身规律的自成一格的系统，作为一个现象序列，其功能在于使人类适应自然界，以保证种的生存和延续。围绕于此，怀特结合人类文化史的实例，论述了人与文化的关系，考察文化演进的历史过程，提出“文化进化的能量说”，并构想发展一门文化的科学。从生物学、心理学和社会学的解释中解脱出来，把人们拉入文化的范畴，确认文化决定论的思想，构建一门在他看来有效而正确地解释人类行为的文化的科学，是怀特追求的科学目标。

（刘荣）

《文化论》（*The Scientific Theory of Culture*）

布劳尼斯娄·马林诺夫斯基（Bronislaw Malinowski，1884—1942）是英国著名人类学家，他所主张的功能主义文化论一度成为人类学的主要范式。1936年，吴文藻先生在伦敦结识马林诺夫斯基教授，二人分别之际，马氏以《文化论》初稿相赠，以示对中国社会学的注意与鼓励。费孝通先生承担了翻译工作，《文化论》中文版于1938年独立刊行。《文化论》是马林诺夫斯基在人类学一般理论方面的第一部著作，全书分为24章，精炼地阐述了作者对文化的基本观点，以及功能派的主要理论与分析方法。马氏在开篇首先指出，在形成人类多样化个性的诸多因素中，文化的差异远甚于体制的不同。文化由物资设备、精神方面、语言和社会组织四部分组成。在批判进化论与传播论的基础上，认为文化是包括一套工具及一套风俗——人体的或心灵的习惯，它们都是直接地或间接地满足人类的需要，进而将“功能”列为人类学的主要概念，并结合事例阐明了器物的文化同一性，不在它的形式而在它的功能。此后他将话题停留在“需要”这一功能学派的关键词上，谈论了在风俗、仪式活动、奇异字词、家庭生活及其物资设备4个方面文化功能的具体表现，并明确指出“文化迫力”包括3方面：经济组织、法律组织、风俗教育，是一种集体的需要，是以牺牲私人兴趣及倾向为代价的，从而使个人服从集体的共同目的和利益，除此之外还逐一阐释了知识、巫术、宗教、娱乐、艺术等文化的需要和功能。最后，马氏重申了“文化”“需要”这两个功能学派的主题词，文化根本是一种“手段性的现实”，为满足人类需要而存在，其所采取的方式却远胜于一切对于环境的直接适应。马林诺夫斯基的功能主义文化论，遏制了人类学中的空想世界史的倾向，摆脱了把非西方社会想象成落后社会的进化论思路，结束了孤立看待文化事项的做法，成为人类学史上一个深远的研究范式。同时也存在严重的问题：将文化假定为人类的体外器官，认为一切文化都是为了满足物质生产和种族绵延的需要，如此功利主义的假设极大约化了文化本身的意义；整体论视角过于依赖心理学关系看待文化事项的联系，用西方现代科学的分类僭越了土著人固有的分类；同时，功能主义很难解决文化变迁问题。

（刘姝曼）

参考书目

[1] 马林诺夫斯基. 文化论. 费孝通等译. 北京：中国民间文艺出版社，1987.

[2] 王铭铭. 西方人类学名著提要. 南昌：江西人民出版社，2004.

文化区（Culture Area）　美国人类学家弗朗兹·博厄斯（Franz Boas）和他的学生们在收集大量的北美原住居民资料时提出的。首次应用文化区的概念的则是人类学家克拉克·威斯勒（Clark Wissler）。文化区被定义为一个地理或文化区域，该地域的人口和群体共享某些的文化特征，如语言、工具、物质文化、亲属关系，社会组织和文化历史。在20世纪这个概念颇具争议性。首先是这个概念认为通过空间的文化特征可以了解一个群体的历史。其次是它预设文化特征时非常有选择性，从而会忽视存在于地域中的差异性。最后是在文化区的数量上人类学家并未达成一致意见。尽管有缺点，人类学家仍继续使用文化区这一概念。这个概念作为解释工具略显不足，但仍然能为组织大量数据提供一个方法。此外，文化区的概念解释了相邻群体之间的互动。最后，文化区的概念还为在某一区域做研究的人类学家提供了基本分析语言。

（李金莲　邹宇灵）

文化圈（Kulturkreise）　德奥传播论学派中的重要概念，盛行于20世纪初，以人类学家莱奥·弗洛贝纽斯（Leo Frobenius）、弗里茨·格雷布内尔（Fritz Graebner），以及威廉·施密特（Wilhelm Schmidt）为代表。

德国民族学专家莱奥·弗洛贝纽斯最早提出“文化圈”的概念，并由格雷布内尔系统阐述与应用。“文化圈”以地理空间为基准，对分布在同一地区、具有相似文化特质的群体加以识别。格雷布内尔据此将澳大利亚和大洋洲地区分为6~8个独立的文化圈，即塔斯马尼亚文化圈、古澳洲文化圈、图腾文化圈、东巴布亚文化圈、美拉尼西亚文化圈、原始波利尼西亚文化圈、新波利尼西亚文化圈、印度尼西亚文化圈（夏建中，1997。文化圈的形成可能是由于地理因素，分布于同一区域内的不同群体，因互相影响而形成一些相似的文化特质；也可能因某一群体迁徙到不同的地区，吸收当地文化而具有某些地区性文化特质，但其原有的主要文化特质仍得以保留。

格雷布内尔有关文化圈的论述得到人类学家威廉·施密特的支持，并主张用格雷布纳的文化圈理论对各种文化的产生发展以及相互联系进行系统的调查研究。以弗洛贝纽斯、格雷布内尔和施密特为代表的人类学家有关文化圈的观点构成了德奥传播论的基本理论依据。该理论流派借助文化圈概念识别并探究某类文化特质的源头及其传播路径，确信所有的文化传统均源自若干文化中心，通过传播使文化圈覆盖的范围得以延伸。文化圈的识别所依据的是一组具有持久性和相关性的文化特质组合，凡是具有同类文化特质的族群即可视为一个文化圈。一旦文化特质组合得以识别，那么便可了解文化传播的途径。

格雷布内尔提出形态与量的双重标准来衡量某一地区内的各族群是否同属一文化丛。形态标准，即类似的特质必须人为而非客观因素所造成的结果，只有如此才能够推论该特质源自同一源头。数量标准，即必须有相当数量的相似性，方能推论近似的文化特性，排除偶然巧合的情况。在此基础上，施密特进行了进一步的补充，他强调文化圈内所包含的各文化特质之间具有关联性和整体性。因此，伴随古代民族迁徙的是全部文化的迁移和扩展，而文化圈也只有在成组比较之下才具有意义。与德奥传播论者划分文化圈不同，以艾略特·史密斯（Elliot Smith）、威廉姆·佩里（William Perry）为代表的英国传播论派，认为文化的源头位于古代埃及，其他地区的文明均得益于古代埃及文化的传播。

文化圈理论在20世纪颇具影响力，弗朗茨·博厄斯（Franz Boas）吸收了该理论中的部分要素，发展出“文化区”（culture area）的概念用以分析不同文化的空间分布。博厄斯强调在特定的环境中考虑文化的独立发展和传播的必要性，认为文化人类学研究单位应是一个部落的文化，其中包含诸多单位，而最小的单位是“文化特质”。博厄斯及其学生将这一概念应用于世界范围内的不同地区，并提出：

（1）相似文化特质和文化丛的最密集群落，出现在文化区的中心地带，在此特殊文化模式下有最良好的生态区位；

（2）最有利的区位也是文化模式最精致的中心，在这里占主导地位的模式被吸收、重造和向外辐射；

（3）距离传播中心最远的特质和丛体，其年代也更加古老，反之，距离中心较近的文化特质和文化丛的传播时间则偏晚。（伍兹，1989）

尽管传播论的文化圈概念因其暗含中心与边际的对立，将各种文化作为研究对象，并试图建立人类文化的普遍性法则而被质疑。博厄斯学派在“文化圈”基础上延伸出的“文化区”概念，试图对传播论对于文化发展的解释进行调和，但是认为文化从一个假定的中心在时间和空间上均匀地传播这一解释模式也面临着批评。（伍兹，1989）尽管如此，文化圈概念赋予文化研究以空间维度，并在此后的人类学研究中得到进一步深化与完善。

（杜辉）

参考书目

［1］克莱德·伍兹. 文化变迁. 何瑞福译. 石家庄：河北人民出版社，1989.

［2］夏建中. 文化人类学理论学派. 北京：中国人民大学出版社，1997.

文化人类学（Cultural Anthropology）　文化人类学是一门重要的人文社会科学学科，是一个重要的知识领域。

学科定义和学科构成　文化人类学关注人类的思维与行为方式在不同社会中的差异及原因。文化人类学还被称为社会人类学（social anthropology）、社会文化人类学（social-cultural anthropology）或民族学（ethnology）。

按照美国学术体系，文化人类学被视为人类学的4个分支学科之一。其他3个分支学科分别为生物人类学、考古学及语言人类学。一些人类学家将应用人类学归为第五个分支学科，尽管其他人类学家认为应用人类学只是一种研究方法而非独立学科。美国人类学系包括人类学所有分支学科，然而欧洲人类学各分支学科则分布在不同系别。这种差异缘于美国人类学与欧洲人类学不同的学科的发展史。

文化人类学的组织核心概念是文化，而文化在很大程度上却是一个抽象概念。它难以估量，更难以下定义，不同版本的教科书对文化的定义也各不相同。英国人类学家泰勒（E. B. Tylor）1871年对文化的定义堪称经典，即“文化或文明，从其最广泛的民族学意义上来说，是作为社会成员的个体所习得的包括知识、信仰、艺术、法律、道德、习俗以及其他一切能力和习惯的复合整体”。在人类学入门课程中，一般都会介绍文化包含以下几个方面：①文化为一个群体共享；②文化行为是可以习得的；③文化具备适应性，有助于提高生存能力；④文化是整合的。

事实上，人类学家不仅在对文化的定义上观点不同，在文化研究方法上也大相径庭。一些人类学家认为文化是存在于特定社会中的人脑中的抽象概念，无法直接观察。我们可以通过观察人类行为来研究文化。这种方法通常被称为客观、经验主义或科学方法，有时被称为客位视角（etic perspective）。但是通过客位研究，我们对文化的理解将基于观察者的角度，而非被研究者的角度。

而另一些人类学家则认为文化是难以衡量的抽象概念，但他们主张像当地人那样思考和实践从而理解某个特定文化中社会成员的思维模式及其意义。这种方法被认为是主观、理性或人文的，称为主位方法（emic approach）。他们的核心目标就是通过主位研究来理解社会成员如何在文化环境中生存和生活。

尽管这两种方法有不同的侧重点，文化人类学家依然肯定了两种方法对文化研究的重要性。只不过大多数人在研究中只用了其中一种。

学科发展脉络 文化人类学的学科历史着重对“他者”（the other）的探究。如19世纪的人类学家，对非欧洲族裔人群的生活和习俗研究就有着强烈的兴趣。第一批人类学家泰勒和詹姆斯·弗雷泽爵士（Sir James Frazer）就主要依赖于探险家、传教士、商人及殖民官员的报告记录做研究，被称为“摇椅上的人类学家”（armchair anthropologists）。因此，文化人类学的发展受到19世纪末20世纪初的殖民时期影响，开始对地球上其他少数族群的人类社会进行调查研究。

进化论成为19世纪末社会科学研究的主流。当时那些“摇椅上的人类学家”也没有摈弃研究的主流。学者路易斯·亨利·摩尔根（Lewis Henry Morgan）就开始与美国印第安人广泛深入接触，开拓了文化进化类型的研究。一直以来，和其他所谓原始的野蛮人相比，欧洲人被视为文明人，但当人类学家仅仅通过一些道听途说或不完整的文档记录走进真正原始社会的时候，才发现这种观点极其荒谬。

在美国，人类学作为一门基于田野调查发展起来的学科，其发展深受西进运动（westward expansion）的影响。西进运动的主要目的之一是减少甚至消灭曾主导美洲大陆的美国原住民文化。到了19世纪70年代末，美国民族学相关部门出资赞助训练有素的学者，对濒临灭绝的美国印第安部落的生活方式重新研究记录。正是这次“抢救民族学”行动，奠定了美国民族学基础。詹姆斯·穆尼（James D. Mooney）的《1890年的鬼舞教和苏族战争》（*The Ghost-Dance Religion and the Sioux Outbreak of 1890*）和爱德华·尼尔森（Edward Nelson）的《关于白令海峡的爱斯基摩人》（*The Eskimo about Bering Strait*）两部重要的著作分别于1896年与1899年出版。

在英国，一些早期对原住民的调查研究是由1898年托雷斯海峡考察队的里弗斯（W. H. Rivers）、塞林格曼（C. G. Seligman）、阿尔弗雷德·哈登（Alfred Haddon）和约翰·梅耶斯（John Meyers）等人完成。此次考察虽代表英国政府，但对于人类学家而言，是记录该地区原住民生活的绝佳机会。里弗斯自此得到了启发，在1901—1902年再次返回托雷斯海峡展开更深入的田野调查。直至1920年，科考队去世界的另一个角落记录研究当地居民的文化、区域地理及生态变得稀松平常。许多科考队，如1913—1918年的斯特芬森-安德森（Steffansson-Anderson）加拿大极地考察队，其考察成果价值至今都不可估量。

文化人类学的殖民背景，使得其专注于研究小型的、简单的“原始”社会。当代的许多文化人类学家已逐渐将注意力转向复杂社会，而复杂社会的人类学仍然与社会学不尽相同。小范围、隔绝的文化语境下的研究经验也形成了文化人类学独有的研究方法。

19世纪末20世纪初人类学家的田野经验对人类学的发展至关重要。一个局外人（outsider）如何正确地描述文化实践并理解文化实践对文化成员的重要意义？达到这个目标即意味着融入当地社会并参与到当地人的生产生活中。

参与式观察（participant observation）是绝大多数人类学家获取特定社会相关信息的途径。人类学家通常用其他方式采集数据，但参与式观察是唯一可生成主位和客位两种文化视角的研究方法。关于如何做参与式观察，没有一个明确的指导原则。但个人的文化背景、性格气质都会使田野工作与参与式观察成为一个与众不同的经历。所有人类学家都认为田野工作对人的心智颇具挑战，而且其传统周期一般为一年甚至更长。田野经验是人类学家的“成人礼”，随之也催生了大量关于田野本身的文学作品。

田野研究耗时长，是因为进入田野本身非常艰难，而且传统上人类学家需要在田野中学习掌握好当地语言等。由于研究基金短缺，人类学家常会缩短田野时间。一些人类学家甚至摒弃传统参与式观察，尤其在那些已经产生过重要民族志作品的地区，他们更倾向于问题研究和文档研究。

文化人类学采取整体观（holism）。整体观探寻两个或多个现象之间的系统关系。长时间的田野调查和参与式观察的一个好处就是可以发现文化各要素间的内在关系。比如，我们可以探索生态条件、生存模式及社会组织间的关系。人们记录各种变量间的系统性关系，通过对基本原则和理论的理解最终对系统内部的各种关系进行阐释。人类学家在一个特定的文化情境中获取信息，而这些信息未必和他们现有的研究直接相关。他们通过文化历史、语言、政治经济制度、居住模式及宗教意识形态，对所研究的文化进行描述。随着人类学家对当地政治、历史及社会科学的研究的不断深入，他们同时成为特定理论问题和该文化区域的专家。

理论与学术流派 文化人类学的理论经历了漫长的发展过程，主要表现为文化人类学界的不同时期不同的理论学派的发展和演进过程。

古典进化论学派是文化人类学史上第一个流派，是文化人类学成为一门独立学科诞生的标志，盛行于19世纪60—90年代，成熟的标志在于E. B. 泰勒的《原始文化》和摩尔根的《古代社会》。古典进化论学派以达尔文生物进化论和斯宾塞社会进化论为基础，认为人类社会和文化是不断地由低级阶段向高级阶段发展的。各地民族的社会发展大致经历或将经历相同的发展顺序。这种社会发展的一致性是由人类心理的一致性决定的，社会和文化发展进化的动力，来源于人类心理的不断完善。人类社会之所以存在着各种差别，主要是由于他们发展进化的速度不同，从而处在不同的社会发展阶段。古典进化论一般将当时的欧洲社会视为人类社会发展进化的顶点，并以之为尺度，将其他社会和文化放在不同的进化位置上顺序排列。古典进化论学派作为人类学发展史上最早形成的学派，在19世纪后半叶的很长时期一直是文化人类学研究的主流。进入20世纪以后，古典进化论学派开始走上了急剧衰微的道路。人们越来越多地认识到，人类文化的相同和变异其实有着更为深刻复杂的原因，并不是单一的进化观点就能解释清楚的。各民族文化的同一性，更多的是文化传播的结果而非人类心性的同一性使然。虽然古典进化论学派很好地解释了文化的多样性，但是它却把文化的差异性简单地解释为发展阶段的不同，从而为文化歧视甚至是种族歧视埋下了理论种子。20世纪20年代兴起的文化传播学派，就是反对进化论，强调文化的传播和借用对于人类文化发展的作用而崛起的。古典进化论学派的代表人物主要有英国的泰勒（1832—1917）、拉伯克（1834—1913）、马雷特（1866—1945）、麦克伦南（1827—1881）、弗雷泽（1854—1941）、哈顿（1855—1940），美国的摩尔根（1818—1881），瑞典的巴霍芬（1815—1887），等。在这些学者中，又以泰勒和摩尔根更具典型意义，下面即以此二者为例，来具体介绍古典进化论学派的理论观点和研究特色。

产生于19世纪末的文化传播学派认为人类文化发展归根结底在于文化的传播与借用，而非独立创造，成为古典进化论学派的第一个对立面。文化传播学派是在批判古典进化论的不足的基础上产生的，它合理地指出了古典进化论忽视文化传播和文化接触的不足。但在强调文化传播作用的同时，却又忽略了每一个民族都有其独创性的一面，从而走进了以传播来释读一切人类文化的死胡同。他们关于人类文明起源于一个或几个中心的论说，更因其荒谬性而早已为当代科学所否定。文化传播学派的积极性意义在于，它揭示了文化传播之于人类文化发展的重要性，扩大了人类认识自身的视野，人们越来越清楚地认识到，某些特定的文化特质，确实只起源于少数社会之中，然后再通过模仿和迁徙而得以扩散，因此，在有足够多的资料的前提下，我们确实能够通过考察文化特质的传播和流动，来再现人类交往接触的事实。文化传播学派又分为德奥学派、英国学派和美国学派。德奥学派的主要代表人物是德国民族学家格雷布纳和奥地利天主教神父施密特，英国学派的代表人物有史密斯、佩里、里弗斯等，美国学派则以威斯勒和克罗伯为主要代表。该学派的代表作品有：格雷布纳的《大洋洲的文化圈和文化层》（1905）、《民族学方法论》（1911）、《美拉尼西亚的弓文化》（1909）；施密特的《南美洲的文化圈和文化层》（1913）、《民族学文化历史法手册》（1937）；史密斯的《古埃及人和文明的起源》（1911）、《文明的起源》（1928）；佩里的《太阳之子》（1923）；里弗斯的《美拉尼西亚社会史》（1914）、《心理学和民族学》（1926）；威斯勒的《北美洲平原的印第安人》（1912）、《北美洲印第安人》（1917）、《人与文化》（1923）；克罗伯的《加利福尼亚印第安人手册》（1925）、《北美的文化区和自然区》（1939）等。

盛行于19世纪末—20世纪50年代美国人类学界的历史特殊论学派是古典进化论学派的又一对立派别。美国文化历史学派历史学派的创始人是著名人类学家博厄斯，他极力反对进化论对人类文化发展规律的空泛概说，积极倡导踏实稳健的实证研究，尤其强调要对资料进行细致入微的搜集整理。美国文化历史学派人员众多，研究的领域相当广泛。他们反对古典进化论学派认为的文化是单线发展和文化发展存在有普遍规律的观点，批判了古典进化论认为的文化有高低之分以及所造成的种族歧视等现象。他们认为：文化人类学的一般任务是研究“社会生活想象的总和”来“构拟”人类文化史；文化史是与各民族所处的具体的环境决定的，每种文化发展有其特定的规律；提倡采用历史的方法研究特定的民族文化史。每个成员都秉承了博厄斯的某些思想而对某一领域进行专门研究，有的还形成了颇具影响的理论派别。虽然他们探讨的对象和问题各不相同，但都具有共同的特点，即长于批评，讲求实证，只对具体的历史地理范围内的文化进行研究，探讨具体文化的历史发展规律，不做原则性的理论概括。因此，该学派又被称为“博厄斯学派”或者“文化历史学派”。美国文化历史学派的影响在20世纪30年代以后逐渐减弱，第二次世界大战以后，美国历史学派发生分化，出现了五花八门的理论思潮，如心理学派、文化相对主义等，其中没有任何一个思潮能代表或承袭整个历史学派的观点。该学派的主要代表人物除博厄斯外，还有克罗伯、威斯勒、罗维、戈登卫塞、雷丁等。他们都是博厄斯的门生，深受其思想的影响，又都为美国人，所以常常被称为“博厄斯学派”或“美国文化历史学派”。该派的主要代表著作有：博厄斯的《原始人的心智》（1911）、《人类学与现代生活》（1928）、《人种、语言、文化》（1940），克罗伯的《人类学》（1923）、《文化成长的形貌》（1944）、《文化的性质》（1952），罗维的《初民社会》（1920）、《文化和民族学》（1917），威斯勒的《社会人类学概论》（1929）、《人与文化》（1923），等。

产生于20世纪20年代的英国功能主义学派，强调以研究文化现象的功能，或强调用功能的眼光来解释文化现象，不再局限于探求人类文化的起源，仅仅从历史的观点研究历史，甚至是臆构历史，给文化人类学提供了另外一种研究视角。学术界一般认为，该学派形成于1922年，因为该学派的主要创始人马林诺夫斯基和拉德克利夫·布朗分别在该年出版了《西太平洋上的探险队》和《安达曼岛民》两本著作。功能主义在英国的兴起，有其深刻的时代背景和社会原因。首先，英国是一个老牌的殖民帝国，其殖民地遍布世界各地。第一次世界大战以后，风起云涌的民族解放运动，开始一次次地冲击英国的殖民体系，使得大英帝国的殖民统治变得越来越艰难。在此情形下，英国政府迫切希望伴随着海外拓殖而产生的人类学，能提出管理殖民地的有效办法，以维护其殖民统治。这是功能主义兴起的重要社会背景。其次，在社会思潮方面，随着进化论思想的退潮，在学术界和思想界内部，比较研究和功能研究开始盛行。这些都为马林诺夫斯基和拉德克利夫·布朗提出功能主义学说提供了社会和思想基础。也正是有了这样的社会原因和时代背景，功能主义理论一经提出，就获得了巨大的社会反响，其追随者颇众。功能主义一下子成为人们研究和看待社会若干问题的主要视角和方法。功能主义学派以文化的功能为出发点进行研究，对进化论、历史学派和文化传播学派一律持反对和批判的态度。它对英国殖民地的研究，有利于政府增加对当地文化的了解，从而采取有利的殖民政策。所以，该学派很受英国官方的支持。第二次世界大战以后，殖民地国家纷纷摆脱了殖民统治，建立了独立的国家，他们不欢迎曾为殖民政策服务过的人类学家再去做实地调查，功能主义学派因此而失去了田野研究的基础，逐渐衰落下来。与美国文化历史学派的情形颇为类似，功能主义学派的主要代表人物都是英国学者，比较著名的有马林诺夫斯基、拉德克利夫·布朗、弗思、埃文思·普里查德、福蒂斯等。他们的主要作品有：马林诺夫斯基的《西太平洋上的探险队》（1922）、《野蛮社会的性与抑制》（1927）、《科学的文化理论》（1944）、《文化变迁的动力》（1946）；拉德克利夫·布朗的《安达曼岛民》（1922）、《原始社会的结构与功能》（1952）、《社会人类学方法》（1958）；弗思的《新西兰毛利人的原始经济》（1929）、《人文类型》（1938）、《人与文化》（1957）、《经济人类学论丛》（1967）；埃文思·普里查德的《努尔人》（1940）、《阿赞德人的巫技、神谕和巫术》（1937）、《非洲的政治制度》（1940，与福蒂斯合编）、《社会人类学》（1951）；福蒂斯的《塔伦西人形成部落的动力》（1945）、《塔伦西人的亲属关系网》（1949）、《宗教、道德和个人》（1987）等。

20世纪30年代，美国文化历史学派的一些学者例如露斯·本尼迪克特等，开始从心理的角度来研究人类的社会文化现象，从而形成了所谓的文化心理学派。文化心理学派又常常被称为“文化与人格”“文化中的人格”“心理人类学”“心理文化分析”等，它强调的是文化因素与个人因素或由个人产生的心理事件存在着密切的联系，重点研究的是依文化而变化的个人。文化心理学派的主要研究领域包括文化与人格的关系、民族性或国民性问题、认知问题等等。在文化与人格的关系方面，他们认为，每个文化都有其典范人格，这种典范人格是由该文化所塑模的。举例来说，人们常说的中国人含蓄，美国人开朗，法国人浪漫，等等，反映的即是不同文化的典型人格。这种人格特征是作为社会成员的个体，在从小到大的成长过程中，由该社会的文化培育、熏陶而形成的。在此过程中，儿童期的训练对人格的形成有着极其重要的影响。他们接受了弗洛伊德的精神分析学说，认为儿童诞生时，心灵如白纸一张，是后天的文化训练，在这张白纸上画上了文化的印记，最终形成了该文化认可的人格特征。简言之，文化人类学中运用心理分析来研究个体人格具有4个特点：1. 提供了一种有力的分析模式，这种模式可以解决人类行为及其创造的那些不明显的意义；2. 适合对人进行生物角度和社会角度的研究；3. 强化了研究中个人因素的重要性；4. 纠正了个人对社会的影响完全是被动的这种观点。该学派的形成以《文化模式》为标志。第二次世界大战期间及战后若干年，文化心理学派在美国人类学界一直有着重大影响。其代表人物有本尼迪克特、玛格莉特·米德、卡丁纳、林顿等。

对人类文化的进化论研究并没有随着19世纪的结束而告终，20世纪30年代，莱斯利·怀特对博厄斯所强调的历史特殊论公开发难，重新提出进化论的研究方法。由于其理论观点与19世纪的古典进化论有所不同，故被称为“新进化论学派”。在新进化论者不懈的努力和宣传下，进化论一改因历史学派、功能学派、传播学派的攻击而沦为异端的命运，进化的思想也成为人类学的一种常识，持进化观点的学者也日益增多。目前，从社会文化的不同方面，例如历史背景、技术手段、气候、地形、资源、人口等来具体考察某一社会和文化的演化变迁，已成为人类学研究的一个重要取向。代表人物有：莱斯利·怀特、斯图尔德、塞维斯、萨林斯等。代表著作有怀特的《文化的进化》（1959）、斯图尔德的《文化变迁论》（1955）、萨林斯和塞维斯共同编撰的《进化与文化》等。

结构主义学派是20世纪50年代兴起的又一人类学理论流派，该学派60年代曾盛行一时，70年代中期开始衰弱，最先开始于文化人类学领域，进而波及其他领域。结构主义学派主要是运用结构分析的方法来研究人类社会和文化，其创始人为法国著名人类学家列维·斯特劳斯，英国人类学家利奇也是结构主义的著名的代表性人物。学术界一般认为，结构主义的出现，是与西方人类学在20世纪50年代的发展态势密切相关的。第二次世界大战以后，广大的殖民地国家纷纷摆脱殖民统治，宣布独立。他们不再欢迎曾为西方殖民统治献计献策的人类学家对他们进行实地调查。在此情形下，人类学一下子失去了传统的调查研究领地，不得已由以往的实地调查研究转向了理论分析。结构主义正是迎合这种转变的需要而产生的，反映了振兴学科的努力。结构主义学派的理论，来源于结构语言学。这其实也与列维·斯特劳斯的学术经历有关。1941年，身为犹太人的列维·斯特劳斯，为了避免德国法西斯的迫害而流亡美国，在此期间，他结识了布拉格结构语言学派的大师雅各布逊，深受其结构语言学的启发，遂将音位学的结构分析方法运用于人类学对人类文化的分析上来，从而创立了人类学领域的结构主义学派。按照结构语言学的观点，语言是集体生活的符号系统，是由音素、音节、词素、词组和句子组成的整体。语言的每个要素并不重要，只有当它与其他要素联系起来时才有意义。这些要素间的各种联系，就是语言的结构。该学派的主要著作有：列维·斯特劳斯的《亲属关系的初级结构》（1949）、《忧伤的热带》（1955）、《结构人类学》（二卷，1958、1973）、《野性的思维》（1962）、《神话学》（四卷，1964、1966、1968、1971）；利奇的《缅甸高地的政治制度》（1954）、《列维·斯特劳斯》等。

20世纪60年代之前的人类学派，大多认为人类行动的主要动机在于合理地满足物质欲望的需求，而后的人类学派则认为，意义与象征作为人类的特征具有重要的意义。这是人类学研究的重心由重视社会和功能的研究视角向以文化和意义为研究对象的重大转变。人类学对象征的研究由来已久，率先对象征问题进行系统研究的是罗伯特·赫尔兹，他的《右手的优越——一项关于宗教两极性的研究》开创了两元对立象征研究的先河；40年代初，怀特也对象征文化进行了深入的探索，认为文化是人们为了生存而适应自然界的一种机制，而没有符号和象征就不会有文化的产生，文化的主要特征是符号；迪尔凯姆在《宗教生活的基本形式》一书中，论述了观念、象征与宗教仪式表现的社会情景和生活经历，提出“集体表象”的概念，用以描述社会生活中观念与社会的联系，探索个人如何在集体表象中感受自己的集体认同和责任，并认为由于象征和集体表象迫使人们服从于与人的本能格格不入的行为和思想规则，因此没有象征和集体表象，社会情感便不可能存在，社会团结也难以维系。列维·斯特劳斯的结构人类学对象征和文化的独立性的分析，对象征人类学的形成也产生了重要影响，象征人类学比列维·斯特劳斯更强调社会行动者对象征符号的操作，即将象征符号作为社会整合的意识形态工具。象征人类学是一个包含许多不同倾向的大理论框架，它脱胎于结构主义，在发展中形成了自己独特的研究体系，是20世纪60年代后百家争鸣中尤其引人注目的理论流派之一。象征人类学在本质上讲就是把文化当成象征符号体系加以探讨的人类学。60年代中期以来，一些人类学家认为文化不是封闭在人们头脑中的东西，而是体现在具体的象征符号上的体系，包括物、人、关系、活动、仪式、观念等。象征符号背后蕴含着丰富的人类文化内涵和意义。象征人类学的核心概念是“意义”与“象征”，其两者的关系是：无论什么物体、行为、事件、语言，成为某种意义之媒介物的即是象征，但是，象征只有在不同文化场合才能成立，意义并不内在于象征，意义赋予特定场域下的象征物之上。因而，象征人类学家就是要对象征和意义的产生、性质、过程和作用等方面进行研究，进而揭示象征如何结合成体系，如何影响社会行为者的世界观、精神与感知。象征人类学最主要的代表人物有利奇、特纳、道格拉斯等，他们都认为，人类学的任务在于透视和理解被研究者的观念与象征形态，但由于秉持的传统、所受的影响和调查思考的方式不同，他们的学术主张也各有不同于他人的观点。在20世纪60年代的人类学理论争鸣中，象征人类学强化了过去文化相对论对文化自在性与独特性的观念，获得了自我生存的空间，同时还具有了一定的理论创新：首先，在研究主旨上，象征人类学通过对构成文化体系的象征的意义的理解和解释，探讨文化所独有的、属于意识范畴的社会情感和社会心理；其次，在研究范围上，象征人类学的最重要的研究对象是神话、语言、仪式、戏剧等社会象征符号；最后，在研究方法上具有多元性和包容性。象征研究过去完全是作为文艺的一种流派，象征人类学虽然也包含于这一领域，但同时还增进了同其他领域的各种联系。象征人类学并不是要强调自己与结构人类学、符号学或解释人类学之间的差异，而是具有综合的意义，以重视人类表达行为这一共同观点为基础，它引起了人类学家们对一传统理论的反思。但同时，我们也应注意到，由于象征人类学过于强调对心理层面认识和交流过程的研究，局限于对意义及表现方面的神秘关联性启示的依赖，象征人类学的研究有搁浅在玄奥晦涩的心理经验层面上的危险。其实，人类学的研究，不应局限于某一种或某几种理论的探讨上面，只有在研究中借鉴多种理论的研究成果，才能取得更大的成就。20世纪60年代开始的理论争鸣开启了这一研究热潮。

研究方法与方法论 简单概括起来，文化人类学家从事的工作就是分析和研究不同文化如何形塑人们行为举止以及如何规范观念和道德。然而文化人类学并非是进行文化研究的唯一学科，文化人类学区别于其他学科的最特殊之处在于它是对“他者的文化”的研究。他者究竟能否被理解？或者说，对他人或者异文化的理解究竟有无可能？再或者，文化人类学家如何保证自己对他者的理解比他者对自身的理解更具真实性？如果坚持这样的认识论，势必会将洗澡水连同婴儿一起泼掉。为了克服这些潜在的问题，文化人类学家通过建立一套标准和方法，接受相关训练并将其实践运用到工作中，来尽量使得自己的研究更接近于真实。传统上，文化人类学家总是需要在另一个社会生活一段时间以获取田野经验，在进入研究地点之前，他们往往已经接受过较为严格的训练，掌握了一整套进行文化研究的方法，熟悉了该领域的研究范式。田野工作期间文化人类学家收集获取的田野资料是构成文化描述的基础，而仅仅使用文化描述来呈现田野工作还远远不够，文化人类学家还需要对在田野中观察到的东西做出解释，这时的文本才能被称为民族志。民族志中涉及再现谁、再现什么内容以及如何再现的问题。民族志是文化人类学家对他们所研究社会文化的一种整体性描述，其中常呈现出他们对文化差异的合理阐释。由于民族志在人类学研究中处于基础性的地位，文化人类学家也常被称为民族志研究者。过去的民族志着重于对知识、习俗以及特定人群的制度等问题的描述，后期的民族志逐渐关注起文化如何影响个人及其经历。

文化人类学的殖民背景，使得其传统上更倾向于研究小型的、简单的社会。尽管当代的文化人类学已经逐渐将注意力转向复杂社会，但其针对小规模社会的多年研究经验逐渐形成了自己特定的研究方法。田野调查（field work）是文化人类学最重要的研究方法，也是人类学学科最显著的特征，指的是经过专门训练的人类学者亲自进入某一社区，通过直接观察、访谈、居住体验等方式获得第一手研究资料的过程。为了能够了解当地居民的生活和行为方式，熟悉当地居民的伦理、道德、价值观念及心理特征，研究其文化全貌，人类学家通常要花较长的时间，深入到当地民族的生活之中，学习并使用当地的语言，与他们进行沟通，参与当地人的生活。参与式观察和深度访谈（depth interview）是田野调查中最重要的手段。参与式观察要求研究者尽量摆脱外界的干扰和影响，长期与当地人居住在一起（最好一年以上），尽可能地将自己融入到当地人的日常生活中，与他们建立良好的社会关系，参与观察当地人的生活，研究其社会结构，致力于了解他们的思想观念，并以其眼光看待生活、理解世界。当无法直接观察到当地人的心理活动和思想时，研究者可以采用深度访谈与当地人进行交谈，了解他们的思想感情并核实参与式观察所获得的资料。文化人类学家在田野工作中，除了参与式观察和（深度）访谈，还可以运用问卷、关键报道人、田野笔记等多种研究方法。研究者设计问卷并进行发放和回收，进而展开进一步研究。当调查对象数目比较多时，研究者会对回收的问卷采取抽样调查，缩小调查对象范围，然后与这些抽样选出的调查对象进行面对面交谈，根据调查提纲提出问题并记录下答案。这些过程中研究者常离不开关键报道人的帮助。关键报道人不仅能为研究者提供关于当地最完整的和最有用的信息，而且常常向研究者提供主位观点。因此文化人类学家往往要与他们的关键报道人建立个人关系。在田野调查过程中，文化人类学家必须做好田野笔记，对各类资料及时的整理和分析可以使研究者较为系统地把握已收集到的资料，还能为下一步的资料收集提供方向和依据。好的田野笔记能够帮助研究者逐步缩小研究范围，发展重要观点并向理论过渡。总结起来，文化人类学家在进入田野之前就已经具备了较好的理论基础并清楚如何运用田野工作方法，他们带着一定的理论预设进入田野，经过长时间的工作，收集、整理和分析资料，最终形成一个研究文本，呈现出他们对当地社会文化的描述及阐释。

与其他学科的关系　在国际学术界，高等教育体系中，因为文化人类学与社会学有着相似的理论与哲学渊源，社会学与人类学经常会同属于一个系别，但文化人类学与社会学又有所不同。

（纳日碧力戈、王建民）

参考书目

［1］Abu-Lughud, Lila. 1991, *Writing against Culture,* in Richard G. Fox ed., *Recapturing anthropology: working in the present*, Santa Fe: School of American Research Press.

［2］Boas, F. 1940, *Race, language, and culture*. New York: Free Press.

［3］Davies, Charlotte A. 1999, *Observing, participating*. In *Reflexive Ethnography*: *A guide to researching selves and others*. London: Routledge.

［4］Geertz, C. 1973, *The interpretation of cultures*. New York: Basic Books.

［5］Leach, E. 1973, *Structuralism is social anthropology.* In D. Robey (Ed.), *Structuralism: An introduction*. London: William Clowes.

［6］Lévi-Strauss, C.1974, *Structural anthropology, Vol. I.* (C. Jacobsen & B. G. Schoepf, Trans.). New York: Basic Books.

［7］Malinowksi, B. 1994, *Argonauts of the Western Pacific.* Prospect Heights, IL: Waveland Press.

［8］Marcus, G. E., & Fischer, M. J. 1986, *Anthropology as cultural critique: an Experimental moment in the human sciences*. Chicago: University of Chicago Press.

［9］Morgan, L. H. 1994, *Ancient society*. Tucson: University of Arizona Press.

［10］Radcliffe-Brown, A. R. 1952, *Structure and function in primitive societies*. New York: Free Press.

［11］Turner, V. 1974, *Dramas, fields, and metaphors: Symbolic action in human society.* Ithaca, NY: Cornell University Press.

文化生态学（Cultural ecology）　研究一种文化对特定环境的适应，及环境的变化如何导致这一特定文化的变化的学科。它同时关注整个的环境，可及的自然资源，技术，人口密度如何影响文化的其余部分，以及一种传统的信仰和行为体系如何使人们适应其环境。文化生态学者研究社会中的人通过特定的文化如何与大的环境互动。

文化生态学建立在马克思主义方法论的基础上。马克思主义认为，当研究一个社会时，应该从一个人群与自然的互动开始。人类通过他们的劳动生产出他们自身生存所需。为人们提供生存基础的环境，无论自然的还是社会的，成为对一个社会分析的中心。一个社会体系是人与人之间及人与自然之间的动态互动。人类生计的生产是支持社会的最终基础。生产塑造了其他所有的社会关系。生产力的每一个新变化引起生产关系的变化，这些变化导致劳动分工的变化。劳动分工的变化导致一个国家财产关系的变化，最终引起意识形态的变化。人类与自然的关系塑造了他们之间的相互关系。人们相互间的关系影响了他们与自然的关系。借自马克思，生产、人类需求、人口压力和变化构成了文化生态学。

斯图尔德发明了“文化生态学”的概念，以作为他的多线进化论的补充。文化生态学是特定文化的适应，由历史上形成的独特环境所塑造。根据这一定义，斯图尔德勾勒出一个独特的文化变迁过程。相应的技术对于特定资源的利用是必需的。同时社会关系反映技术和环境关注，这些社会关系组织起特定的行为模式及其价值观。

马文·哈里斯（Marvin Harris）拓展了文化生态学，并将其方法称为“文化唯物主义”。他将文化划分为基础结构、结构和上层结构三个部分。通过生产方式（包括技术和环境，也可称为基础结构）和工作关系（称为结构），一个人群可以从自然中获取他们的生存所需。这一互动反过来创造了上层结构的不同部分。这些上层结构不仅包括意识形态，而且包括了一个人群的社会心理。上层结构和结构最终由基础结构塑造和限制。基础结构设定了结构和上层结构的可能界限。

马克思主义、文化生态学和文化唯物主义都赞同社会系统是人与人之间及人与自然之间的动态互动。人们在不断改造自然的过程中也在不断改造他们自己。

“文化核心”是文化生态学的中心思想。现在该领域学者在经济生活之外加上象征和仪式行为作为文化核心的积极部分。文化、信仰和实践的结果带来自然资源的长期可持续性。在文化核心中象征的意识形态变得与文化核心同样重要。通过文化决定，人们重新适应一个不断变化的环境。

国内的文化生态学研究可以追溯到20世纪50—60年代由国家主导的三次大规模的少数民族调查研究及国家民委主持编写的5种丛书。这些研究都是在进化论的指导下完成的。然而其收集整理的许多资料，却是文化生态学研究视为自身研究范畴的不可或缺的内容，其价值主要在于给后世留下了大量业已消亡、不可能再生、再调查的文化生态资料，其中如独龙族、景颇族、佤族、傣族、黎族等的调查资料，比较深入详细，尤为可贵。

除此之外，20世纪50年代开始的经济文化类型和文化生态区的研究也是国内开展的重要的文化生态学研究。

20世纪50年代的“经济文化类型”理论主要着眼于生计和物质文化差异，将东亚各民族的生计形态划分为三种类型：第一是狩猎、采集和捕鱼起主导作用的类型；第二是以锄掘（徒手耕）农业或动物饲养为主的类型；第三是以犁耕（耕耘）农业为主的类型。

20世纪90年代，这一理论发生了一些变化，首先是以“社会文化类型”取代了“经济文化类型”之称，其次是类型的划分也与20世纪50年代有所不同。新的划分可分为三种类型：一是渔猎采集经济文化类型，主要分布于中国东北部，包括讲阿尔泰语系通古斯—满语族诸语言的赫哲、鄂伦春和部分鄂温克族；二是畜牧经济文化类型，包括草原、戈壁草原、盆地和高原，划归其中的民族有蒙古、哈萨克、柯尔克孜、裕固、塔吉克、藏、达斡尔等民族；三是农耕经济文化类型，它的亚类型可粗略分为山地游耕、山地耕牧、山地耕猎、绿洲耕牧、水田稻作和平原集约农业等。

类似于经济文化类型划分的研究，20世纪80年代有民族地理文化区研究的尝试。例如以云南为对象，依据以生计为核心的文化差异，将云南划分为四大文化区8种文化类型。该研究的意义，乃是希望在当时彻底否定环境决定论而回避谈环境作用的背景下，重新审视生态环境与文化的关系。

20世纪90年代，受国外生态人类学的影响，又有结合生态人类学理论介绍的“生态文化区”的研究。该研究将中国大陆划分为三个主要的文化生态区：北方和西北游牧兼事渔猎文化区，黄河中下游旱地农业文化区，长江中下游水田农业文化区。该研究通过对国外生态人类学的介绍和本土生态文化区的划分，意在强调中国在现代化进程中文化调适和生态研究的重要性。

经济文化类型、文化区域、生态文化区分类的研究，都讲文化的空间分布，显然有人文地理学的印迹，而其源头还可以追溯到美国人类学者威斯勒和克鲁伯的文化区域理论。目前，传统的文化“类型”和“区域”在急剧文化变迁的过程中大多已经面目全非，同质的

“类型”和“区域”越来越少，不过对于地域研究而言仍有借鉴和参考价值。

参考书目

[1] Foster, J. B. 2000, *Marx's ecology: Materialism and nature*, New York: Monthly Review.

[2] Netting, R. M.1977, *Cultural ecology*, *Menlo Park*, CA: Benjamin/Cummings.

[3] Steward, J. H. 1955, *Theory of culture change: The methodology of multilinear evolution*, Urbana: University of Illinois Press.

（黄娟）

文化适应（*Cultural adaptation*） 人类及人类社会通过对文化的改变克服自然和社会环境变化的特定能力。文化变迁的程度取决于栖居地变化的程度，从生计体系的细微改变（生产和生殖活动、生活方式、住房和住宅特点、交换制度、衣着等）到整个文化体系的重要转变，包括其社会、族群、心理和意识形态领域。

文化适应概念的起源及在现代人类学文本中的传播与文化体系的概念有关。在某种程度上，与其传播者的生活条件相适应。这一方法的理论背景在19世纪末期由博厄斯（toas）的美国文化历史学派创造出来。博厄斯学派将自然视为大量文化共同体生长和发展的基础。马林诺夫斯基（Malinowski）将文化理解为对自然挑战的特定回应。

20世纪五六十年代西欧人类学家致力于重新考虑人文学理论背景的基础。朱利安·斯图尔德（Julian Steward）提出我们必须将自然环境作为文化变迁的许多因素之一。同时，莱斯利·怀特（Leslie White）提出，人类文化是适应的超有机体系统，包括三个基本方向：技术的、社会的和意识形态的。

由于这一理论背景，在文化和社会人类学、文化地理学、生态学、心理学和考古学中确立了调查的社会方向。其倡导者认为他们的主要任务是发现文化的生态功能。在20世纪90年代中期，我们可以区分出这一框架内的两种基本方法：现象学方法，特别关注原始人群在与环境打交道时的主动特点，及认知方法，试图对环境的智力表现进行分类。结果，西欧和美国科学现在都将文化体系和社会视为自主的但相互依存的单位，其中对于生活条件适应的复杂机制得以精细化和实现。在这一过程中，文化系统作为社会轨迹的决定因素，社会是这一轨迹的必需部分。

文化生态功能的概念在近期研究中由俄国民族志者Serei Arutyunov得到进一步发展。他认为，我们应当将文化视为一套制度化人类活动的不同方式。文化的主要功能是对于环境的形成和转变，另一方面是对人类精神和体质特点的形成和转变。文化体系的形成是一个适应特定环境的过程，一开始只是自然的，但是随着时间的变化越来越社会化。为了能实现其适应功能，文化不仅能够对最小的环境要求做出反应，而且有在新条件下实现其使用效果的潜力。

目前文化适应的概念成为许多行为研究领域中的组成部分，如行为心理学、行为考古学、行为人类学及等等。他们主要的调查主题是行为系统，是作为人类行为与自然环境成分之间关联的模型。在20世纪90年代下半叶，诸如行为选择、行为流、行为全部和其他观念提高了文化适应概念的知名度。

（黄娟）

《文化树——世界文化简史》（*The Tree of Culture*，1955） 作者拉尔夫·林顿（Ralph Linton，1893—1953），除了对西方文明以外的特定文化的知识做出重要贡献，拉尔夫·林顿还致力于打破文化的历史研究方法和功能主义之间、原始文化研究和文明研究之间、文化的心理特征上的研究与文化的其他方面研究之间的割裂局面，因此拉尔夫·林顿为文化人类学的一体化贡献颇多，甚至在一定时期形成了某种学派。

该书按照纵向的时间顺序和横向的空间顺序将人类文明划分为若干文化区域，依次追溯各条文明发轫主线的发展历程，对人类文化演进、文明兴起、各文化区和各文明之间的相互影响，进行了立体式、多视角的描绘、分析和阐释，清晰地表达了文化多线进化以及人类命运的恢宏历程。林顿在追溯人类起源和最初进化历程中人类关键能力的形成的基础上，描述人类的基础发明；按照地域依次介绍了各个“文化复合体”的发展演进情况，如古典希腊文化和美索不达米亚和埃及、地中海文化复合体、非洲文化、印度文明、中国和日本。他认为文化指的是任何社会中的人从长辈中学到又传递给下一辈的众多行为，是一个复合体，在传播扩散过程中，较早的文化形式往往在边缘地区保存下来，即使它们业已在中心地带消亡；该书不是纯粹意义上的世界文明史，在描述各文明的发生、传播和文化适应等过程中，拉尔夫·林顿浓墨重彩地强调各种文化接触后变迁的机制：相互排斥、消亡、融合、更改和更替、隐约的前行和复兴，对各地主要文明的描述分析始终基于世界文明进程的整体背景，拉尔夫·林顿的侧重点不在于对考古资料和历史典籍进行分析和研究，他期望通过展现各文明形态的演进历程，让人们看清他们所扮演的既是接受者又是贡献者的角色，明白纷繁多样的世界文化的潮流趋向。

（刘荣）

文化特性（*Characteristics of Culture*） 人类学中关于文化的第一个完整定义由爱德华·泰勒（Edward Tylor）提出，他将这一概念阐释为：“文化作为一个复合整体，包括知识、信仰、艺术、道德、法律、习俗以及作为一个社会成员的人类所获得的其他一切能力和习惯。”文化既在观念或符号轴上，也在物质或行为轴上。就前者而言，文化存在于我们的观念中，它包含被个人所理解和阐释的，存在于我们观念和文化符号性中的价值观与理想规范。同时，尽管文化能够被认作是在思考中的理想化存在，但也能够通过物质生产和人类间的直接互动所表达。此外，文化的特征也存在于人们的思考和行动之中，它基于象征符号，既存在于思想之中，又能在物质文化和日常生活中表达出来。

首先，所有文化定义中的共同特点是：可供共享和学习的统一体。就可共享这一特点而言，文化分享使得个体能够预测和理解其他人的行为。其次，文化是习得的，儿童一出生便开始学习文化并持续一生。因为文化不断地处于一种流动状态，人类在其生命进程中也具有一些去获取新的知识并使之衍生成新的文化的能力。最后，文化是一个统一的整体，克利福德·格尔兹（Clifford Geertz）将其释义为：一个有意义的重要网络。每一个文化因素在这个网络上与其他因素都是密不可分的。

（张玉、邹宇灵）

文化特质（*Cultural Traits*） 在人类学理论中，对于文化的理解存在众多观点，其中以英国人类学家爱德华·泰勒（Edward Tylov）对文化的定义最具影响力。泰勒将文化界定为“包括了知识、信仰、艺术、道德、法律、习俗以及作为一个社会成员的人所习得的其他一切能力和习惯的复合体”，即在社会发展过程中人类创造物的总称。尽管，有关文化的定义在学界尚未有统一的意见，但是文化具有的若干基本特征却被广泛接受：文化的习得性，文化的共享性，以及文化的代代相传。而文化特质这一概念被用以特指文化的最小单位。

在人类文化中，文化特质常以准则的形式存在。它是个体参与社会生活所遵循的标准原则或是行为准则，是某种社会期望，引导社会中的个体行为和处事方式，以及进行社会控制的重要工具。准则往往并非指涉某种统计学上的均值，或特定社会情境中的平均行为（average behavior），而是指在该情境下适当的期望行为（expected behavior）。在社会生活中，准则被视为行为的标准流程，它既是规定性的也是制约性的，即准则规定需要遵循的行为，也制约其他的一些行为，二者往往同时出现。因此，准则反映了某一群体共同的价值体系，个体必须掌握准则，用其约束自身的社会行为，进而实现维护社会秩序和进行社会控制的目的。（Murty and Vyas，2006）

准则具有多种表现形式，如习俗、道德、传统、信仰体系、仪式、法律、规矩和庆典。以下将就其中若干表现形式进行讨论：

习俗　美国社会学家孙未楠（William Graham Sumne）在其1906年出版的《社会习俗》（*Folkways*）中讨论习俗（folkways）与道德（mores）的异同。二者均为社会约定俗成的产物，习俗不是意识的产物，而是在实践中建立起来的行为准则。从构词而言，“习俗”一词蕴含着人群发明习俗以满足其需求，与他人互动，以及引导其行为方式的含义，即为某一社会中被认可的，约定俗成的准则，它是社会结构的重要组成部分，并且每一个社会都存在不同形式的习俗以维系社会关系。

道德　其本质上是一套行为规范，以及善恶、对错等价值判断的标准。社会学家视其为普遍存在的社会现象，并且具有一定的社会功能。涂尔干（David Emile Durkheim）认为道德是集体意识的表达，所呈现给我们的是一个行为规范系统，该系统被赋予特殊的权威，道德以此方式向社会成员发号施令（涂尔干，2001）。因此，道德的首要特质是它对人的行为具有外在要求与约束，通过引导个体行为来维系社会秩序。

法律　是由社会政治组织赋予权威的道德，是社会借由道德的实体化而维持团结的一种努力，与道德所不同的是它具有强制性与普遍约束力。涂尔干曾指出“道德规范和法律制度在本质上表达了自我同一性要求”（涂尔干，2000），二者存在不可割裂的关系。法律具有的强制力要求社会成员履行法律的义务，进而维护社会秩序和塑造集体意识，同时，集体意识愈强，社会对违反法律的行为所表现的义愤则愈强烈。

信仰体系　文化信仰体系可以分为存在信仰（existential beliefs）和评价信仰（evaluative beliefs）。前者包括：（a）经验科学和经验知识；（b）非经验性哲学和超自然知识；（c）关乎研究旨趣的特化角色；后者包括：（a）意识形态；（b）宗教观念和传统；（c）关乎评价信仰责任的角色差异化。宗教信仰是非经验意识形态信仰，与此相反的是科学或哲学，前者以认知为首要内容，而后者则倾向于评价。宗教信仰所关注的是人类行为中的道德问题，宇宙中人类和社会所处的地位，以及关乎道德及其价值取向类型的内容。（Murty and Vyas，2006）

社会群体承认并遵循此类标准化特质存在多种原因。第一，个体在早期成长阶段便被教导并学会观察社会中的种种准则。第二，个体在社会生活中逐渐适应依据准则来规范行为，不断强化准则并确保其在群体中具有规律性和一致性。第三，准则具有实用价值，它能够保证个体与其他社会成员有效互动，并维系社会秩序。第四，准则承载着群体认同。

（杜辉）

参考书目

［1］爱米尔·涂尔干. 社会分工论. 渠东译. 北京：生活·读书·新知三联书店，2000.

［2］爱弥尔·涂尔干. 道德教育. 陈光金等译. 上海：上海人民出版社，2001.

［3］侯钧生、刘晓妹. 迪尔凯姆论法律的道德精神. 浙江大学学报（人文社会科学版），2004.

文化唯物论（Cultural Materialism）　文化唯物主义这一概念最早是在《人类学理论的兴起》（*The Rise of Anthropological Theory*）（1968）一书中提出的，作为人类学研究方向，马文·哈里斯（Marvin Harris）在随后的作品与文章中对这一范式又做了阐释与辩护。1979年出版的《对于科学文化的争斗》（*The Struggle for Science of Culture*）被视为对文化唯物主义范式的进一步阐述。文化唯物论理论范式的来源比较复杂，哈里斯在阅读了大量马克思和恩格斯的作品之后吸收了唯物主义的概念，以及早期人类学家，诸如斯宾塞（Herbert Spencer）、泰勒（Herbert Taylor）、摩尔根（Lewis Henry Morgan）等人的思想，他们大多也是社会达尔文主义观念的持有者和支持者。在当代美国人类学理论中，怀特（Leslie A. White）和斯图尔德（Julian Steward）的新进化论和文化生态理论也是文化唯物主义的一个重要理论源泉。但是，对于辩证唯物主义的理念，哈里斯还是强调了自己的理论模型与之不同之处。此外，哈里斯对于与政治有关的马克思主义意识形态与行为本身也持有较为警觉的学术态度，这些差异使得文化唯物主义在20世纪80年代具有较强的理论生命力和方法论包容性。

文化唯物主义在方法论上借用了波普尔（Karl Popper）的证伪方法以及维也纳学派所发扬的实证主义哲学。在认识论层面上，哈里斯面临的问题是如何处理作为主体的人的所言所思，以及将其所言所思转化为科学研究的客体性。所以在方法论上，文化唯物主义区分了行为、思想、价值和精神活动，在可操作层面上，区分了主位（emic）和客位（etic）。主位方法是让研究者了解当地人的文化法则，从当地人的分类视角去认识世界，如果报道人对于文化的描述和解释认可的话，那么这样的研究被认为是准确的；客位方法的要求则正好相反，要求研究者放弃当地人的视角和分类知识，成为一名不受干扰的研究者，从科学路径来着手研究。哈里斯强调对一个社会的科学研究不能被报道人的解释所操纵。所以在某种程度上，文化唯物主义的方法论是定性研究与定量研究的混合形式。

哈里斯认为，文化唯物主义基于一个简单的理论前提，即社会生活是对人类存在的实际问题的一种反应。这一表述强调了文化唯物主义的中心主旨和基础决定论。同时，这一假设也解释了文化的相似性和差异性在于人类生活的物质基础。一个社会的物质基础是生产和再生产的系统，它取决于生态、技术、环境和人口变量以及它们之间的相互关联。哈里斯和同事们围绕着基础结构进行的研究有：人类是如何获取食物和居所以维持一个人口基数，以及如何满足生理和情感的需要与驱动。

社会结构包括社会组织、亲属制度、劳动分工、政治制度、社会分层，而意识形态的文化要素包括：宗教、象征以及艺术、知识行为则是超结构的组成要素。对于基础结构的研究或许是哈里斯的研究策略，因为这有利于在文化与自然之间寻找合适的对应。同时，他也注意到唯物主义无法解释社会基础结构的变动会导致社会文化系统的变化，而对于文化的物质基础的变化，社会结构和超结构也只是被动的应对者。

无论是在对巴西、莫桑比克还是印度的田野调查，文化唯物主义始终是哈里斯田野工作的指导原则。他最有名的研究是对印度圣牛的研究。以往的研究认为，牛在印度有着神圣的地位，但是哈里斯认为牛在印度的生态系统中扮演着多重角色，印度教教义利用宗教的全部力量来保护重要资源——母牛。

（张猷猷）

文化相对论（*Cultural relativism*）　又称为“文化相对主义”。这一主张强调人们的思想观点和信念受文化的影响、在文化语境之中才能得到更好的理解。人类学家和社会科学家们认识到，人们在参照自身文化对其他文化进行评判时，以及在充分收集和分析其他文化时，要摒弃偏见。文化相对论既是一种人类学理论，又是一种方法论工具。

文化相对论产生于认识论，并且也被应用于认识论即从哲学角度对人类知识的研究。经验主义认为，知识和理解来源于人类世界的经验。（1）认知相对论者（cognitive relativist）宣称，不同的信仰体系，诸如关于存在物的理论以及人们如何与世界相处的观点，具有相同的价值。（2）知识论相对论（epistemological relativism）认为，一个人所处的环境影响着个体的信念，甚至影响着一种语言体系之中的词语概念意义。（3）道德相对论（moral relativism）通常被误解为与文化相对主义是相同的概念，其实两者既有相似的一面，又有差异。相对主义的道德判断是相对的或依据某种特定文化的价值和信念所决定的。从较为极端的角度来看，这意味着道德层面没有普遍的对与错。大多数道德理论家们认为，面对那些规定人们如何行事的严格规范或指导性规则理论，相对主义理论处于弱势地位。如果没有绝对的对与错，那么就没有必要讨论道德问题。道德便会变得空洞无意义，只是去描述人们如何行事，而非是表述人们应该如何去行动。然而，人们通常会采取一种相对主义立场，以努力避免民族中心主义（ethnocentrism）的危险，而这也是人类学家们所要努力通过文化相对主义避免的。民族中心主义者们通常只关注于其自身群体的价值，并且认为他们的要比别人的优越。他们对于某种不同文化中的行为和信念的对比和评判，通常是依据某种所谓“规范”的狭隘观点。文化相对论，有时候又被称为“多元主义”，通常会警惕对于其他不同群体的不公正评判，会尊重其他人拥有不同价值观、行为和生活方式的权利。文化相对论认识到文化差异普遍存在，并以此为工具，抛弃对自身群体优越性的先入为主的认知，而去欣赏和分析其他文化。

博厄斯Boas在1887年发表的“民族学博物馆及其分类”（Boas，F. 1887）一文中，第一次提出了文化相对论的理念，即认为文明并非是绝对的东西，而是相对的，人们的理念和观点的正确性要在其自身文明视域下进行评判。但是，“文化相对论”这一术语则并非是由博厄斯提出的。1917年人类学家罗维（Robert Lowie）在其著作《文化与民族学》一书中提出了“极端的文化相对论”（extreme cultural relativism）一词，而后哲学和社会理论家洛克（Alain Locke）于1924年将该术语引入牛津英语词典。然而，学界一般将文化相对论这一概念的理论阐发归功于美国人类学家博厄斯及其学生们。

博厄斯试图通过关注人们如何与其所处环境的交往，来研究人类文化。他认识到，大多数文化所宣扬的思想观念是随着时间而变迁的，并不存在单一不变的核心信念。他注意到，某个社会的个体成员不仅会都影响，而且会被更大社会所影响。他的这种观点改变了以往人类学家们对传统文化和现代文化之间差异的理解方式。由于个体和社会之间的交互关系是双向的，因此以往所谓传统文化静止不变而现代文化动态变化的看法，也便轰然瓦解。博厄斯主张，两者均有发展进步的空间，两种类型的社会之中均存在持久的价值规范。进一步而言，由于快速变迁的潜力，博厄斯鼓励人类学家们从其自身文化内部进行民族志研究。而这便开启了一种搜集和分析文化资料的新方法范式。（Boas, F. 1999）

博厄斯的学生赫斯科维茨（Melville Jean Herskovits）将文化相对论看作是文化人类学的基本观点和方法，文化相对主义的核心是尊重差别并要求相互尊重的一种社会训练，认为每一种文化都有其独创性和充分的价值，每种文化都有自己的价值准则，一切文化价值都是相对的，对各个群体所起的作用都是相等的，因此文化谈不上进步或落后。文化相对论以寻求理解与和谐共处为目的，强调多种生活方式的价值，而不去批判甚至摧毁那些与自己原有文化不相吻合的东西。赫斯科维茨系统地阐释了文化相对论的观点，他的《文化相对论：多元文化主义的视野》（Herskovits，1973）是一本专门就文化相对论展开论述的著作。

博厄斯另外一个学生、美国人类学家鲁思·本尼迪克特（Ruth Benedict）认为，人类学的角色是像宇航员探索星际或生物学家研究细胞那样，不带任何偏见地去研究人类所有文化。科学家的角色便是这样一种客观的观察，然而，对于自身文化的深入理解也能够通过认识一些价值如何被灌输到其他文化的方式而获得。本尼迪克特1934年出版的《文化模式》一书便对文化相对论进一步阐发，对比了三种不同群体，来探索所有文化群体所具有的共同普遍特质。第二次世界大战时期，她与美国政府合作分析了日本与美国军士和公民之间的诸多差异。文化相对主义以此方式被应用于外交关系领域。

除了民族志以外，民族学比较研究方法也受到人类学文化相对主义的启发。在对众多文化对象的比较研究中，深入地搜集能够详细表述每种文化的独特特征的资料，便能够形成几种文化的较大集合。通过拓展所研究文化的范围，人类历史的新图卷便开始呈现。人类学摆脱了几个世纪以来以西方为中心的民族中心主义，不再认为某个群体是最先进、另外其他所有文化都是原始的观点。从这一更大视野来看，人类学在研究人类文化的整体发展方面，呈现了自身独特的一面。

自文化相对论提出之后，文化相对论与文化普同论的探讨和争端就没有停止过。反对者认为文化相对论否定了文化的普遍性，夸大或一味强调文化相对性和特殊性。在人权、堕胎、动物保护等领域中文化相对论也饱受指摘。因此，一些人类学家主张应提倡相对的文化相对论，反对绝对的文化相对论，并由此寻找不同文化对话和相互欣赏的基础。

文化相对论在20世纪前半期就已经传到了中国，而且已经逐渐成为一种有影响力的思想。但在中原文化中心观和文化进化论观念的影响下，依然未能普遍被接受。

（牛忠光）

参考书目

［1］Boas, Franz. 1887, *Museums of Ethnology and their classification*, Science,Volume 9, Issue 229.

［2］Herskovits, Melville J. 1973, *Cultural relativism: perspectives in cultural pluralism*, A Vintage book.

［3］博厄斯. 人类学与现代生活. 刘莎等译. 北京：华夏出版社，1999.

［4］卢克·拉斯特. 人类学的邀请. 王媛，徐默译. 北京：北京大学出版社，2008.

文化研究（*Cultural studies*） 作为一个研究领域，指对文化（尤其是现当代文化）的研究。与“文化批评”将文化视为艺术、美学和道德价值、创作价值的研究取向不同，文化研究的重点是研究社会关系与意义之间的关系。文化研究者关注的往往是某种文化现象如何与意识形态、种族、社会阶级或性别等议题产生关联。

20世纪50年代，英国学者雷蒙德·威廉斯（Raymond Williams）、霍加特（Richard Hoggart）不满于当时英国文学研究中的“大叙事”，主张文学不仅是为了受过高等教育的白人，而是更应该接近劳工阶级。因为中下阶层的大众更喜欢通俗文化，他们开始关注通俗文化（Popular Culture）。雷蒙德·威廉斯主张文化是“全部的生活方式，包括物质的、知识的和精神的”。1963年，英国伯明翰大学成立了以霍加特为首的当代文化研究中心（Centre for Contemporary Cultural Studies，CCCS）。秉承雷蒙德·威廉斯的思想，早期的文化研究强调，应当超越对文本的标准化定义，将文学置于更广阔的社会背景下。他们既反对精英主义的“高级文化”观，同时也扩充其内涵。这一时期的文化研究结合了社会学与文学批评，其实践者们常常称自己的研究是一种“人类学转向”，因为他们用人类学认为文化是一种生活方式的定义取代了精英主义认定文化是一种审美或鉴赏的定义。

除了反教条主义之外，伯明翰中心还致力于使大学体制内的学术知识生产政治化，出版了一系列享誉世界的文集。由于该中心在学术上的跨学科性、反等级制和鲜明的政治立场，他们与其他院系和整个学校的关系显得有点别扭。然而，他们的主张产生了广泛的号召力，并且拥戴者日众。

阶级不平等问题一直是威廉斯与霍加特的研究的核心，文化研究的早期作品也多以马克思主义为基础，将“文化”视作一种意识形态。到了20世纪70年代，文化研究掀起了民族志热潮，研究者跟随人类学的比较研究思路，致力于记录平凡的、大众的、街头巷尾的生活。之后，路易·阿尔都塞（Louis Althusser）和安东尼奥·葛兰西（Antonio Gramsci）的理论成为中心。阿尔都塞将文化视作国家机器中不可或缺的一部分，而葛兰西认为文化是实现霸权（或领导权）不可或缺的一部分。80年代初，上述二人的思想逐渐与后结构主义和心理分析合流，并被取代。斯图尔特·霍尔（Stuart Hall）、保罗·吉尔罗伊（Paul Gilroy）和哈泽尔·卡尔比（Hazel Carby）等人的研究关注的是种族主义与帝国主义对维护国家政权中的重要性，而《妇女反对》（*Women Take Issue*）这本文集则突出了对女性主义的关切。到了80年代中期，伯明翰当代文化研究中心已发展为颇具规模的研究生院，从事以性别、种族和阶级为中心的内容广泛的教学和研究。

90年代初，文化研究在英国之外也产生了影响，并得到认可。英国的文化研究有伯明翰中心首创的独特模式，而加拿大、澳大利亚、欧洲和美国等地的文化研究则显得比较零碎。但与英国的相同之处在于，其他地方的文化研究都具有跨学科性，对学术都有鲜明的政治立场，都关注性别、种族和阶级三者的交集，都运用来自马克思主义、后结构主义、社会性别理论、种族批评理论以及日益兴盛的后现代主义的批判理论视角。总而言之，文化研究发展至今，已经成为发达工业社会为分析文化而广泛开展批判性、理论性与跨学科的教学研究的领域。

文化研究与人类学的区别在于，文化研究更关注大众文化、公共文化、主导文化、流行文化，或称之为主流文化，而人类学关注的多是跨文化比较。尽管人类学对“文化”这一概念已有详尽的讨论、批判甚至改造，尤其是在20世纪后半叶，但多数人类学家研究的宗旨是再现“他者”，其研究对象并非研究者本人所处的文化。文化研究则致力于在研究者的本文化中，发掘那些沉默、边缘、不被重视以及被贬低的文化传统，并为之张目。另一方面，文化研究也是一个对知识生产进行批判的体系。文化研究积极介入学术生产，其首要任务是在学科建制之间寻求一方天地，以便研究一些不见得能容于体制的学术问题。

使文化研究区别于人类学的另一个地方是在分析、教学和论辩中所运用的一系列文化模型。人类学在学科内部已经明确组建了基于跨文化比较的统一模型，而文化研究的目标则不是如此专一，除了对权力和不平等问题的首要关注以外。因此，文化研究可能包含了来自各个学科的文化理论，如社会学、文化产业、语言学的等等。

除了上述差别，人类学还有其经验传统，即详细的民族志观察和长时间地沉浸于田野，即使在现当代文化研究中人类学家也更强调民族志研究。人类学家一方面秉持强烈的社会科学抱负，要求严格记录和表述“异文化”；另一方面又充满人文主义关怀，重视文化实践者的观念和行为。文化研究则一方面经常坚定地批评人文社会科学中的客观主义标准，另一方面却又以文化专家自诩，并非站在文化实践者的立场上来思考问题。人类学家可能会觉得文化研究者正在用简化主义、精英主义的手段，过分抽象思辨，或以“新闻报道式”的方法篡夺“文化”领域。具体来说，文化研究中认为“文本可以被当作更大的文化语境的一部分来阅读”的想法，也可以颠倒过来，即文化也可以像文本一样被阅读。对人类学家而言，将“文化逻辑”与其所在的活生生的文化剥离开来、忽视文化发展和变化的方法论是让人难以接受的。不过，文化研究所取得的成果也为人类学分析文化现象提供了重要模式。

正因为人们总是批判性、学术性和政治性地关注着“文化”，也就不可避免地使人类学和文化研究的方法有所交叉、相互补充，也有一些人类学家已经开展了对现当代大众文化和流行文化的民族志研究。就算是有些重叠，来自文化研究的高度理论化和批判性的视角与人类学中更加连贯的对文化分析的经验传统两者之间的不协调也在一定程度上使得两个领域能够保持其独特性。

（彭雅琦、康敏）

参考书目

［1］CCCS (Center for Contemporary Cultural Studies, University of Birmingham) 1978, *Women Take Issue: Aspects of Womens' Subordination*, London: Hutchinson.

［2］CCCS 1980, *Culture, Media, Language*, London: Hutchinson.

［3］CCCS 1982, *The Empire Strikes Back: Race and Racism in 70s Britain, London*: Hutchinson.

［4］Johnson, Richard 1987, *What is Cultural Studies Anyway*? , Social Text.

［5］Lave, Jean, Paul Duguid, Nadine Fernandez and Erik Axel 1992, *Coming of Age in Birmingham: Cultural Studies and Conceptions of Subjectivity*, Annual Review of Anthropology.

［6］周宪. 文化研究关键词. 北京：北京师范大学出版社，2007.

文化与人格（*Culture and personality*） 文化与人格学派是美国人类学的一个重要流派，其先驱者是萨丕尔（Edward Sapir）。萨丕尔受到了德国格式塔（Gestalt）心理学的影响，格式塔心理学认为只有将事物被感知为有组织的模式而不是分散的要素时，人们的知觉才能被理解。比如说，当一个人看一幅风景画的时候，他看到的不是一些颜色拼凑起来的平板，而是一个整体，即“一处风景”。从这一格式塔观点看来，意义是组织化模式的一种功能，萨丕尔将这点用在了他对语言以及文化和人格的分析之中，认为文化与人格都应该看作是一个整体而非单个元素的简单相加。此外，萨丕尔还认为应该从人格中寻找文化，他在《文化研究中人格概念的兴起》中提到，“人们越要充分地理解某种文化，文化似乎就越呈现出人格结构的特点”。人类学家所研究的文化不过是一些思想和行为的堆积，只不过是在语言习惯上被披上了封闭式行为系统的外衣，而个体一旦消失，这种“客观的”文化会立刻散架。因此为了了解文化必须从人格研究着手。萨丕尔建议通过研究儿童的人格形成过程来达到这一目的，通过细致观察从出生到十岁为止是如何接受文化模式来对文化和人格之间的关系进行研究。

文化与人格学派最具代表性的人物当属露丝·本尼迪克特（Ruth Benedict）和玛格丽特·米德（Margaret Mead），她们两人的名字通常被一块提及。本尼迪克特的《菊与刀》广为人知，她的《文化模式》一书则阐述了理论观点。她认为，“一种文化就像一个人，是思想和行为的一个或多或少贯一的模式”。早期的文化传播论观点将文化看作一些独立要素的简单加总，不同的文化特质可以脱离其所在的文化整体而传播开来。本尼迪克特摈弃了这种将文化看作一些凌乱特质的集合的观点，认为文化是一种格式塔式的存在，文化模式不可还原为具体的文化特质，是一种更高层面上的存在，她借用了德国格式塔心理学的构型（configurations）概念来描述文化的不同部分结合称为一个中更高整体的方式。通过对几种文化模式的分析，本尼迪克特区分出了4种文化模式，即霍皮人的阿波罗式，平原美洲印第安人的狄奥尼索斯式，多布人的偏执狂式，以及夸求图人的狂妄式。在一个文化中，并不是所有的人都会与文化所期望的标准相符合，这种不一致就是导致了一些越轨行为，这些越轨行为可能导致社会的污名化，美国社会中的同性恋者和一些美洲印第安人中的男扮女装（berdache）都是因为与文化标准之间的不符而遭受社会的污名。在一个特定的文化格式塔中，这些越轨行为都是与整体不相符的。

与本尼迪克特一样，米德在分析文化与人格的时候也使用了文化“构型”的概念。米德对萨摩亚人的青春期、马努斯岛民社会化以及3个新几内亚群体性别角色与性情倾向之间关系的研究广为认知。她的《萨摩亚人的成年》一书在美国社会引起了巨大的反响，书中描述的萨摩亚人的青春期完全不同于美国社会，给了美国社会青春期教育带来了巨大的启发。米德和贝特森后来进行合作，他们在《三个原始社会的性别与气质》（*Sex and Temperament In Three Primitive Societies*，2001）以及《巴厘人的性格》（*Balinese Character*）等著作中阐述了一套理论观点。他们设计了纵横两条轴线，纵轴用来表示一个社会中人们关系的性质，“占有”和“被占有”分别是这一轴的两极。横轴用来表示个体与更广阔的世界之间的关系，分为了内向和外向两极。按照这两条轴线他们划分了气质的四种基本类型和四种中间类型。此外他们还将人格看作是个体成长的特殊环境与他们所处的文化共同作用的结果。

精神分析学家卡迪纳（Abram Kardiner）和人类学家拉尔夫·林顿（Ralph Linton）也是这一学派的重要代表，他们在《个人与其社会》（*Individual and His Society*，1939）中批评了“构型”这一概念，认为其过于宽泛和模糊，他们提出了“基本人格结构”的观点以代替“构型”概念。他们认为虽然文化和人格都是整合在一起的，但是它们之间有着一种特定的因果关系。他们将文化区分为了基本制度和次级制度。儿童在成长过程中会适应基本制度的要求，但是这一过程产生一种共享的、无意识的冲突和焦虑，而这都会在宗教和仪式等次级制度得以体现出来。

（张文潇）

参考书目

［1］萨丕尔. 萨丕尔论语言文化与人格. 高一虹译. 北京：商务印书馆，2011.

［2］本尼迪克特. 文化模式. 王炜等译. 北京：生活·读书·新知三联书店，1988.

［3］米德. 萨摩亚人的成年. 周晓虹等译. 北京：商务印书馆，2008.

［4］Kardiner Abram, Linton Ralph 1976, *Individual and His Society: Psychodynamics of Primitive Social Organization*, London: Greenwood Press.

［5］Mead Margaret 2001, *Sex and Temperament: In Three Primitive Societies*, New York: Harper Perennial.

文化与实践理性（*Culture and Practical Reason*）马歇尔·萨林斯（Marshedl Sahlins）代表作之一，1972年出版于芝加哥。中译本由赵丙祥在上海人民出版社2002年出版。本书的出版标志着萨林斯从新进化论的阵营向实践理论的转变。

在本书中，萨林斯针对人类学乃至西方社会科学中占主流的实践论（praxis theory）和功利论（utilizatarian theory）展开批评，这种观念认为，文化是从实践行动及其背后的实践利益所形成，是个体为了自己的利益进行策略选择沉淀的结果。萨林斯提出存在一种意义（象征）理性，文化是经过意义图式的设计，并赋予社会各个领域这一特征，物质力量首先受这一意义逻辑的支配。

人类学历来有关实践与文化之争源于摩尔根（Morgan）与博厄斯（Boas）的根本分歧。摩尔根认为，自然的约束演化为行为实践，行为实践进一步演化为文化制度，以此为逻辑推演出进化论。在他看来，人类心智只能被动地反映现实，文化只是用以标识经验的记号，亲属称谓体系只是语言的命名行动。他以心智的延续完成自然向文化的过渡，否认语言的创造能力，而只是对现实认知的表达。博厄斯则发现，主体感知并不直接来自对象，这一主体感知并不为个人所有，而是某一特定的人类群体中形成一整套积累的意义，文化在历史中形成并逐代传递，影响思想与自然的互动。自然存在于行为主体的感知，绝非是文化来自自然。他认为在客观条件与行为实践之间，存在着一个制约主体感知的意义结构。

后代人类学理论关于社会/文化、科学/历史、共时性/历时性的二元对立，都与博厄斯与摩尔根的分歧如出一辙，在实践理性与文化理性两端摇摆。马林诺夫斯基的功能主义，把文化看作满足生物及次生需求的工具手段，在实践行动与现实利益考量之下构造而成，把人类主体与文化秩序分离。

萨林斯指出，西方社会科学对于自身分化为不同次级系统的预设，从实践理性出发，必然导向功利论的错误。他从非西方社会反观自身，发现物质力量的制约远非实质性的，而是通过文化业已存在的象征秩序对其选择才得以在人类世界展开实践，它所遵从的工具逻辑也是文化的象征系统所赋予。文化的首要原则是意义逻辑，在原始社会表现为亲属关系，在资本主义社会，这一逻辑为经济领域的物化所掩盖。

索绪尔（Saussurg）的符号语言学为萨林斯以部落社会反观西方社会分类提供了关键支持。萨林斯对美国饮食习惯、服饰系统等进行分析，表明自然结构如何被纳入象征系统，展现这一意义逻辑在生产领域的实体化，成为资本主义社会典型思维。

萨林斯在本书中展现的分析逻辑是美国自第二次世界大战以来的文化主义复兴的集中体现，这一路径迄今为止仍旧保持着强大的生命力，但是，在后现代理论兴起之后，萨林斯也因为他坚定的文化决定论立场而受到质疑。

（苗雨露）

参考书目

Marshall Sahlins, 1976, Cultare and Practical Reason. Chicago. The Vuirersity of Chiago Press.

文化震撼（Culture shock） 民族志者在陌生文化中开展田野时体验到的心理上的不适与疑惑。又译作“文化冲击”。面对一个新的环境、陌生人群和许多新的行为观念，除了由于自然环境和生活方式等方面差异带来的生理上的不适之外，几乎所有民族志者都会有情感上的反应，有些还会出现异常的焦虑、愤怒、忧郁、恐惧或迷惘。文化震撼一般会随时间消逝而缓解，但当民族志者回到自己的文化时可能会再次出现，因为他们这时有了新的视角，那些原本习以为常的东西都变得陌生了。文化震撼对于人们意识到文化塑造人类经验的力量来说是必不可少的。对文化影响的理解直接塑造了民族志者，这也是民族志田野作业在文化人类学中如此重要的一个原因。

文化震撼包括4个阶段：（1）蜜月阶段，一般持续数周到几个月。在刚进入新的文化环境时，心里产生的兴奋、愉悦和对异国文化的好奇。（2）休克阶段，由于在新的文化环境中，语言、生活习惯、行为方式和原本的文化环境不同，一个人开始对周围的环境产生陌生感，价值观的冲突更是会加深失望、挫折和灰心等情绪的困扰。（3）恢复阶段，在紧张和失望过后，开始逐渐适应新的生活，找到适应的方法，开始认识新朋友，平和地看待周边事物，慢慢适应当地环境。这一阶段时间较长。（4）适应阶段，在调整和恢复后，负面情绪消失了，适应了新的生活与工作环境，开始融入当地。

多数对异文化的科学记录传统上都是对生计模式、社会组织和宗教实践的非个人化描述，而没有讨论田野作业中的文化震撼和情绪波动。那些涉及情感起伏的记录则留给趣闻逸事、田野日记，偶尔出现在民族志作品的导论或前言。直到20世纪60年代，这种情况才开始改变，尤其是20世纪最后25年里后现代民族志作品的出现。马林诺斯基（Bronislaw Malinowski）去世后出版的日记就是一个例子，它记录了一个被认为是当代参与观察方法创始人的田野工作者的孤独与不满。

（杨笛）

参考书目

孙嘉明、王勋. 全球社会学：跨国界现象的分析. 北京：清华大学出版社，2006.

文献研究（Documentary research） 是通过查阅各种文献，收集和分析记录着一些社会现象的载体的一种方法，是一种间接的研究方式，又称文献法、历史法。社会学家对历史学家使用的方法和手段已经显示出越来越大的兴趣。它是既包括资料的收集又包括对这些资料的分析。它不是直接从研究对象，即人那里获取研究所需要的资料，而是去收集和分析现存的、以文字形式为主的文献资料。

文献的概念 文献是由人们专门建立的，用来传递和储存情报的对象，它包括各种报刊、书籍、档案、图像等等。任何社会文献都是一定社会现实的结果，它本身反映着人们之间的各种关系，反映着人们的利益和需要。

文献的类型 按具体来源可分为：①个人文献。事件参加者用书信、日记、自传或生活史等形式记载的第一手资料。它们从行为者的观察角度来解释社会经历，强调行动者对情境的定义。这样的文献，可能是随事件在同一时间完成的（如信件、日记），也可能是回顾性的（如自传）；可能是自发完成的（如非公开的书信），也可能是由研究者引出的（如在生活史当中，书写的文献为研究者提供对个人生活的说明）。托马斯（Wiuiam Lsaae Tomas）和兹纳涅斯基（Znaniecki）在《1918—1920年欧洲和美国的波兰农民》（*The Polish Peasant in Europe and America, 1918*）一书中，首次广泛利用了私人文献，而在20世纪20年代，这种方法已经很普遍。后来人们一度放弃了对私人文献的使用，但最近这种方法又得以复萌。②社会文献。主要指一些民间文献，如民歌、谚语、乡规民约、家谱族规、体现风俗习惯与民间信仰的图案、绘画及各种书面材料。③官方文献。指如政府机构和其他正规组织的记录、报表、计划、统计、公函等。④大众传播媒介，真正意义上的大众传播媒体是从19世纪中叶才开始出现的，如各种报纸杂志、电影、电视和互联网。按文献的加工程度可分为：①一次文献。指作者本人根据其亲身经历所撰写的材料，又称原始文献。②二次文献。指在一次文献的基础上加工整理的文献，如文摘、索引、汇要等。③三次文献。指在二词文献上的进一步加工。按照资料的形式可分为：①书面文献。指用文字或数字、符号形式反映社会现象和过程的资料。②图像文献。主要包括电影、录像、相片、图画、雕塑等。③有声文献。如录音带，唱片等。

文献分析方法 传统分析也称为传统古典分析，实质上是一种定性分析方法。这种分析方法就是根据研究人员的需要和观察将文献资料的原始形式改变为研究人员需要的形式，实际上就是对文献内容的解释和说明。①将文献资料作为原始资料。即采用历史学家的方法，从保存下来的文献资料中选择初始的研究资料。三角测量在核对历史资料中，常常是一种重要的方法。②作为第二手资料。即把已经出版的历史著作，作为进一步进行社会学调查和分析的基础而予以广泛信赖。在这种研究方式中，历史专著成了原始资料，并被置于一个更广阔的理论和比较构架中进行分析。巴林顿·莫尔（Barrington Moone）的《独裁与民主的社会起源》（*Social Origins of Dictatorship and Democracy*, 1966），佩里·安德森（Pewy Anderson）的《从远古到封建制》（*From Antiquity to Feudalism*, 1974）和《专制国家的历史沿革》（*Lineages of the Absolutist state*, 1974），I. 沃勒斯坦（Wallerstein）的《现代世界体系》（*The Modern World System*, 1974），都是运用的这种方法。内容分析是一种对印刷品、电影广播、电视等所显示出的内容进行客观、系统和定量描述的研究技术。研究者首先必须设计一组相互排斥且有穷尽性的能够用于分析文献的类别，然后记录下这些类别在所研究的文献中出现的频率。分析单位可以是单个的词、文献的主题、一个句子或段落、一个条目或一个人。无论某一条目出现与否，计数系统均应对其频率和给予它的篇幅量或陈述时出现的强度或密度进行统计。这一技术在媒介研究中的应用最为广泛，如贝雷尔森（Berelson）和霍尔斯蒂（Holsti）。

文献研究方法的评价 优点：①无反应性。由于各种形式的文献是一种客观的稳定的存在，在整个研究过程中，研究对象都不会受到研究者的影响而发生变化。②可研究无法接触的对象。有些研究对象对于研究者来说是不能亲自接近，也很难用其他方法进行研究的，但是文献研究可以是研究者对这些对象进行研究。③适于做纵贯性的研究。因为随着时间的推移，各个不同时期的社会现象和社会生活都会被或多或少地以不同形式的文献记录下来，所以文献法很适合做纵贯性的研究或趋势分析。④费用比较低。与大规模的调查相比，文献法不需要大量的人力物力资源，费用比较低。缺点：①有些文献的质量难以保证。由于一般用来研究的文献都不是出于研究的目的而编写的，文献作者的主观意图、偏见以及各种主客观原因的限制会影响文献的质量。②对有些文献的理解有很大难度。研究往往不能与文献作者进行沟通，对于一些背景缺乏必要的了解，因而对文献理解有一定的难度。③有些文献难以获得，由于有些文献具有很强的私密性而有些文献则在保密的范畴中，有些研究很难找到足够的文献。④部分文献缺乏标准的形式，很难进行编录和分析。

（李飏飏）

参考书目

［1］R. F. Berkhvfer, 1971, A Behavioral approaeh to historicat analgsis, coaier, Flle press

［2］Philip Abrans, 1982, Historicall Sociologg. Ithaca Cornell Vaveisity Pness

［3］O. R. Holsti. 1969. content Analgsis for The Social Sciences and Hamanities, Addison-Wesley Publislung Compauy

［4］Plummer Kenneth, 1983. Documents of

life. London and Boston. G. Allen & unwin

[5] 风敛，2003，社会研究方法，北京中国人民大学出版社

文学人类学（Literary anthropology） 文学人类学的由来要追溯到校勘学、符号学、精神分析学、诠释学和现象学，这些学说在20世纪六七十年代捍卫了后现代主义观点，并在20世纪70年代晚期到20世纪80年代让文学人类学家成为人类学中后现代主义的维护者。文学人类学的发展离不开维克多·特纳（Victor Turner）和克利福德·格尔茨（Clifford Geertz）的学术贡献，尤其是在这一领域影响深远的克利福德·格尔茨。

文学人类学有4个判定标准：首要的标准就是，在文化分析贯串了整个文学的背景下，要坚持“文化分析”，因为一个民族的文化就如同一本文字汇集，文化分析的目的不是解释社会文化活动如何发生，而是无论这些活动形式是论述、实践还是制度，都能阐明它们意味着什么。在这种观点下，格尔茨把文化比喻成一张“意义之网”，而人类则被“吊在这张意义之网”中。同时，如果阐释学是对意思的解释，那么文学人类学的第二个标准就是“文化阐释”。

立足于阐释学的第三个文学人类学标准就是完成格尔茨提出的一种具体的“民族志学”，即“深层描述”（thick description）。“深层描述”要求探讨案例的时候要像阅读原稿一样，而“阅读”的意思是阐释案例，也就涉及了“翻译”（translation）的概念，而“翻译”的目的是自己的意思能被他人所理解。在这点上，民族志学者提出了“当地人如何描述自己”“受访的当地人认为‘当地人’是什么意思”“民族志学者怎么理解受访者表达的意思”以及“民族志学者认为读者对当地人表达的哪方面意思有兴趣”等问题，以便于他人理解文绉绉的民族志学原理。

同时，关于“深层描述”有两点值得注意：第一，像“意义”“行为”和“理解”等一些基本概念含糊不清，这便让人觉得含义的理解过程是不太合乎情理的，因为“意义”和“行为”的内涵被错解了；第二，文学人类学家忽略了对合理性的理解问题。就像格尔茨所说，这两个问题可能会导致民族志学者缺乏正确理解要点的能力或者在翻译时仅仅是在推测原文的意思。然而，并不是所有的文学人类学家都会忽略合理性的存在，哈贝马斯（Habermas）、保罗·利科（Ricoeur）和马克斯·韦伯（Max Weber）等学者一直在为达到这种合理性而不断努力。

文学人类学的最后一个标准就是“对科学说不”，这不仅因为“科学”是对认识论的一种“元叙述”（metanarrative），即人类如何认知的现代故事，还因为后现代主义理论的成立基于对元叙述的怀疑。说到底，文学人类学家评述的根据还是要看两点。第一点，是否就科学无用论而提供了可靠的理由；第二点，人类学是像枯燥的认识工具还是像它声称要取代的科学。

反对科学的文学人类学案例可以从文学人类学者自身、阐释学者或者科学相对论者的3种主张中选择一种着手。至少有一项研究（Reyna 1994）表明，文学人类学家自身反对科学的理由是不可信的。再比如，像汉斯-格奥尔格·伽达默尔（Hans-Georg Gadamer）和理查德·罗蒂（Richard Rorty）等阐释学家偶尔会对某些科学领域发布诽谤性言论，但他们一般都对科学不太有研究或者对科学不是十分挑剔，通常都宣称“科学没什么不好的”。至于保罗·费耶阿本德（Paul Feyerabend）和托马斯·库恩（Thomas Kuhn）这类相对并不太反对科学主义的相对论者，他们常常因为舆论而变通，因为费耶阿本德就曾说过“科学可以自身而成立”。

（海力波）

文字系统（Writing system） 是用系统化的方式代表语言单位的可见或可触的系统。一套完整的文字系统除代表语言外，还在听觉形式向视觉形式的转换中增加了自身的特性。在没有语言转录的完整媒介的情况下，某些基本的图形设计就能表现语言。

文字系统创造于民族社会末期或奴隶社会

初期，是在记事图画的基础上形成的。早期的文字系统与记事图画的区别在于，文字系统在语音与语义上复制且呼应了语言。世界上最古老的初级文字系统是在中国发现的距今8600多年的甲骨文。埃及象形文和古苏美尔文字是最早的成熟的文字系统。埃及象形文大约在5000多年前建立，使用了大概3500年。古苏美尔文字，即楔形文字，于公元前40世纪出现在西亚的美索不达米亚。楔形文字是表词文字，即一个字符表示一个词语。最早的表音文字是受楔形文字和古埃及圣书文字影响而产生的闪米特文字。随着闪米特文字的传播，出现了腓尼基文字。腓尼基文字的传播分为东西两大支。在东方，在腓尼基文字的基础上产生了阿拉米文字。阿拉米文字形成了4个主要分支——希伯来文字、叙利亚文字、伊朗文字和阿拉伯文字。其中最重要的、至今仍广泛使用的是阿拉伯字母。维吾尔文、蒙文、藏文属于这一支。在西方，在腓尼基文字的基础上产生了希腊文字。西方几乎所有音位文字都源于希腊字母，其中使用范围最广的是拉丁字母和斯拉夫字母。壮语、土家语、苗语、侗语采用的是用拉丁字母设计的音位文字。

虽然汉语等文字系统拥有十几亿使用者，但互联网等现代发明正不断扩大拉丁字母的使用范围，使其成为世界性的文字系统。

（宋荣）

参考书目

［1］哈维兰等. 文化人类学：人类的挑战（第13版）. 陈相超，冯然等译. 北京：机械工业出版社，2014.

［2］邢福义，吴振国主编. 语言学概论（第2版）. 武汉：华中师范大学出版社，2010.

纹饰（Ornamentation）　用于装饰和美化对象或人体。纹饰在建筑中占很大比重，也存在于其他物体上，如陶器、纺织品等。据考证，晚期智人是第一个在象牙上雕刻动物和人像的，他们在石灰岩块上雕刻图像，并在象牙、贝壳、皂石以及其他兽类的牙齿上创造纹饰。考古发现在40000年前的工具和兵器中就已经有人们绘制纹饰的痕迹。与纹饰有关的理论研究表明，身体装饰是一种沟通手段，可以表达各种文化的象征意义。例如，使用特定的饰品会使人们远离邪恶的灵魂或坏运气。

常见的纹饰有以下4种：①珠宝。珠宝在全球都有分布，由不同的组件使用不同的风格、颜色、形状制成。古代社会都会采用优美的石头，贝壳，宝石，木头和贵重金属制作装饰品。在印度，珠宝在装饰中起着重要的作用。佩戴脚镯，手镯或护腕的品种和数量能够表明女人的婚姻状态。②人体彩绘。人体彩绘是用自然涂料涂在身体某些部位以达到装饰的效果。澳大利亚土著经常在仪式上使用这些涂料，通过绘制图案装饰身体来保护自己。③头饰。头饰是由各种材料如布，兽皮或植物材料制成。在许多社会中，带上特殊头饰的人往往具有非同一般的重要性。例如萨满穿着特殊的服饰来区别于其他社会成员并且表示其受尊重的身份。④文身。文身是用针或其他锋利物体在身体上创造出一个特定的图像。在不列颠群岛上古老的部落成员过去常常在身上文身是为了恐吓他们的敌人，古罗马人采用了这个方法并将其引入到他们的社会中，通过给罪犯和奴隶文身来表明其低下的社会地位。现代社会将历史和文化元素融入家居、办公室等地的装饰。全球化也使纹饰文化发生了变化，比如有些人试图佩戴廉价的珠宝复制品来仿效富人；而文身则被视为独立个性的象征。

（凌珠、邹宇灵）

问卷（Questionnaire）　调查者为开展研究调查而使用的资料收集工具，由一个个问题共同组成。问题之间的设计具有目的性和顺序性，目的性意味着问卷要紧扣研究问题，围绕研究假设和概念的实际操作化展开；顺序性是指问卷中的各个问题要按照前后一贯的预定顺序出现，以使问题编排环环相扣、逐次递进，形成一定的内在顺序和结构关系。问卷调查通常由调查者提出，经调查对象作答后再进行统计分析、假设验证并得出相关结论。

问卷调查的研究方法在第二次世界大战前后在西方学术界发展起来，至20世纪80年代在众多社会科学学科中得到广泛运用。在中国社会科学领域中，问卷法在中华人民共和国成立之前处于次要地位，远不及蹲点观察、深度访谈、座谈会等“社区研究方法”运用广泛，直到20世纪80年代才开始得到普遍运用。

作为一项科学严谨的工作，问卷设计必须遵循一定原则，并按照特定步骤进行。问卷设计原则总括为3点：一是以调查者为出发点，站在访谈对象的角度考虑问题，确保访谈者能够回答并愿意回答这些问题，尽可能多地得到被访者的支持与合作；二是以验证研究假设为立足点，在理论框架和理论分析的指导下，在概念操作化的基础上设计调查问卷；三是以可信度和有效度为根本点，保证测量结果的一致性和稳定性，以及答案与研究问题之间的关联程度，尽可能地提高问卷的利用率，避免问卷调查资料和理论分析成为“两张皮”。问卷设计步骤包括界定研究目标、明确研究概念、完善设计问题、设定问卷答案。

问卷通常包括标题、引导语、填表说明、问题和答案、编码和其他材料等部分，其中，问题和答案是问卷设计中的核心。问题和答案的不同组合方式产生问题设计中的三种类型：封闭式问题（close-ended question）、开放式问题（open-ended question）、半开放半封闭式问题（partially close-ended question），封闭式是指在问题后给出有限的答案，开放式则只提出问题不列出答案，半开放半封闭问题既给出问题，又提供答案，并可以自由填写答案。问题通常按一定的逻辑顺利进行编排，引起访谈对象兴趣的问题，或较为熟悉、易于回答的事实性问题应当置于初始位置，行为类的客观问题，或稍微复杂的问题置于中间，最后提出态度类的主观问题、以及敏感性问题。答案设计也要遵循一些基本原则，如选项的完备性、明确性、独立性、中立性，考虑到调查对象的直接感受会对问卷填写和问卷质量造成的影响。问卷所使用的语言要讲究艺术性（Payne），表述要通俗易懂、简洁明了，避免含混不清的字眼、模棱两可的特殊用语、双重否定的句式，特别防止出现诱导性问题，避免选项潜在地引导访谈对象提供不真实的答案。

根据询问方式的不同，问卷可分为自填问卷和访谈问卷两种形式。自填问卷指调查对象自己填写或在他人指导下完成的问卷；访谈问卷则是指由调查者执笔填写的问卷，通常是在面对面的直接问答或者经由电话、网络、信件等媒介的访谈过程中完成。问卷发放可以通过多种途径完成，如邮件分发、逐个散发、网络群发，调查者可以把问卷留给调查对象填写，要求问卷寄回或送回研究机构，也可以由调查者回访收卷。

通过问卷，调查者可以获得调查对象的意见、态度、价值观念、过去和现在的行为选择，以及在特定情境中的行为标准和行动原因。作为调查研究中广泛使用的一种工具，问卷具有以下几大优势：一是可以把研究目标转化为特定问题，使研究假设和结论更加明确；二是可以突破时空限制，大范围地对众多被调查者同时进行调查，或者把调查对象在同样的问题情境中参与研究，更加全面地了解受访者；三是方便对数据进行定量研究、统计分析，以加快数据分析进程，节省调查时间；四是可以用较少的经费在较大范围内进行调查研究，并可以作为调研资料永久保存。

（孙笑非）

参考书目

［1］Schuman Howard, Presser Stanley Ed. 1981, *Questions and Answers in Attitude Surveys*. New York: SAGE Publications.

［2］米勒、萨尔金德. 研究设计与社会测量导引（第六版）. 风笑天译. 重庆：重庆大学出版社，2007.

翁独健（1906—1986）　著名历史学家、蒙元史专家、教育家。原名翁贤华，福建福清人。1906年出生于福清三山镇坑边村一个贫苦农民的家庭。1928年入北平燕京大学学习，他撰写《元田制考》学士论文，获得文学士学位，并进入研究院进修深造。撰写《元代政府统治各教僧侣官司和法律考》毕业论文，获得硕士学位。燕京大学研究院毕业后赴美留学，获哈佛大学博士学位。1939年回国，担任云南大学、北平中国大学、燕京大学等校教授。1949年，曾当选为全国政协第三、第四、第五、第六届委员，历任燕京大学代理校长，北京市教育局局长，国家民族事务委员会委员，民族历史研究工作指导委员会副主任委员，中国社会科学院民族研究所所长，中央民族学院研究部主任、历史系主任、中国蒙古史学会理事长、名誉理事长，中国元史研究会名誉会长，中亚文化研究国际协会副主席等职务。他曾先后受聘为《中国历史小丛书》编委，《中国大百科全书·民族》卷编委、民族史主编，《中国历史大辞典》民族史分卷主编，国家大地图集《中国历史地图集》编委会副主任委员，《辞海》民族分册编委，“六五”计划重点科研项目《中国民族关系史纲要》主编等职。

早年专攻蒙元史，在蒙元史研究工作中成就突出。他与已故的韩儒林、邵循正两位先生各以开创性成就，把中国蒙元史研究推到新的阶段。他在1940年发表的《新元史、蒙兀儿史记爱薛传订误》《斡脱杂考》《蒙古时代的法典编纂》《元典章译语集释》等论著，史料翔实，论述精辟，均为蒙古史开创性研究，在国内外享有盛誉。1956年全国人大民委组织少数民族历史调查组，翁独健先生任内蒙古东北调查组组长，亲自撰写《蒙古族简史》的部分章节，并审定全书。还作为民族史研究的代表，参加中国哲学社会科学十二年发展规划的讨论和制订。发表《关于中国少数民族历史研究的情况和问题》。1958年中国科学院民族研究所成立，他任副所长，组织并参加《蒙古人民共和国通史》《苏联历史纲要》中有关蒙古部分（改题为《蒙古统治时期的俄国史略》）的翻译出版，并担任中国科学院历史研究所研究员，主持元史的研究工作。1961年他同吴晗、翦伯赞等发起成立民族历史指导委员会，他任副主任委员，兼秘书长。还受聘为《中国历史小丛书》编委、《辞海》民族分册编委，参加《中国历史地图集》有关民族部分的组织领导工作。1981年5月，他主持民族关系史研究学术座谈会，并主编出版《中国民族关系史研究》论文集。

（额日古娜）

沃尔夫（Wolf, Eric Robert 1923—1999），马克思主义历史人类学家。沃尔夫出生于维也纳的一个犹太家庭。1933年，随父母移居捷克。1938年到英国读书，后因战局变化被作为敌侨送入利物浦附近的拘留营。1940年，获释后进入美国纽约皇后学院学习。1942年，应征入伍服役3年，退伍后继续学业，于1946年春获得社会学及人类学学士学位，同年进入哥伦比亚大学攻读人类学博士学位，师从露丝·本尼迪克特(Ruth Benedict)和尤里安·斯图尔德(Julian Steward)。1948—1949年，沃尔夫参加了斯图尔德组织的关于波多黎各的研究项目。1951年，沃尔夫获得博士学位。1951—1956年，他在墨西哥巴基凹(Bajio)地区从事田野调查，写有关于农民的系列论文以及专著《颤动大地之子》（sons of cultaral change, 1959）。1964年出版《人类学》。1966年出版《农民》。1969年出版《20世纪的农民战争》（Peasaat wars of the Tweatieth Ceatury）。1960—1961年，沃尔夫在约翰·库勒等人的陪同下到意大利阿尔卑斯山地区做田野调查，成果于1974年以《隐藏的边疆》为名出版。越战初期，他与马歇尔·萨林斯(Marshll Sahlins)一道发起了美国第一个教师反越战组织。1982年出版《欧洲与没有历史的人民》（Earope and the Peeple Withoue history）。1990年，获麦克阿瑟天才奖。1999年3月6日，沃尔夫因癌症逝世。生前出版的最后一部专著为《展望权力:统治与危机的意识形态》（Envisioning Power Ideologies of Dominance and crisis）。2001年，出版了由斯里弗曼和西德尔整理编辑的遗作《权力的小径：构建现代世界的一种人类学》。

沃尔夫在中美洲、20世纪农民战争、知识与权力的关系等研究领域见解卓异，被誉为一位有良知的伟大的马克思主义者。他提倡人文科学与社会科学的综合，从历史本体和知识论两个维度反欧洲中心论，尤其擅长人类学视野下的宏观历史解释，《欧洲与没有历史的人民》是其“最为知名”的代表作。这本书被认为是沃尔夫具有“里程碑意义的著作”，对西方人类学界和史学界有着广泛的影响，随着中译本的问世，对大陆学界的影响亦将逐步深入。这部著作集中体现了作者对20世纪以来世界历史的认识，作者的阐释建立在对近代社会科学和人文科学的反思之上，选取人类整体作为阐释单元，从联系的角度复原广大族群的互动共同塑造近代历史的进程，力求突破欧洲中心论的历史观念和历史编纂实践。

沃尔夫（Wolf, Benjiamin Lee1897—1941）美国人类语言学家。1897年生于美国马萨诸塞州，1914年进入麻省理工学院学习化学工程，1924年起开始业余研究语言学，先后研究过希伯来语、阿兹特克、玛雅语及文字、皮马、特佩卡诺印第安人语等。1931年进入耶鲁大学受正规的语言训练，并在萨丕尔的指导下从事霍比印第安人语言的研究。1937—1938年曾在耶鲁大学人类学系担任语言学讲师。沃尔夫是美国描写语言学派中观念主义语言学派的代表人物之一。曾提出语言相对论原理，主张语言决定思维的性质和逻辑结构。此理论被称为“沃尔夫假设”或“萨丕尔–沃尔夫假设”。

在美洲对印第安语的研究中，沃尔夫吸收了萨丕尔关于“现实世界在很大程度上是不知不觉地建立在人群集体的语言习惯上的；从来没有这样相似的两种语言，我们能够把它们看作是表现了同一个社会现实的思想”的理论。沃尔夫强调语言不是取决于语法，而是取决于语言中的逻辑或推理，这种逻辑规律是所有民族所共有的。沃尔夫有时偏向强式论，认为一个人的思维完全由他的语言所支配和决定，“我们一生一直在不知不觉中被语言的诡计欺骗，语言结构的诱导使我们只能按某种既定方式感知现实”。有时则又主张语言相对观，站在弱式论一边，认为不同的语言是不同民族观念的反映和体现，即使用明显不同语法的人，会因其使用的语法不同而有不同的观察行为，对相似的外在观察行为也会有不同的评价；因此，作为观察者他们是不对等的，也势必会产生在某种程度上不同的世界观。总的说来，沃尔夫的语言相对论有3条原则分别是语言系统本身塑造观念、语言以各种不同的方式切分自然以及同一个物理证据不可能使所有的观察者都得到相同的宇宙图像，除非他们的语言背景是类似的或者能够以某种方法相互校准。沃尔夫的著述大都收录在《语言、思维和现实——沃尔夫著作选》（Language, Thought and Reality Selected Writings of Benjamin lee Whorf），1956年由麻省理工学院出版社出版；2001年，中译本由高一虹等人在湖南出版社出版。

（宋荣）

沃勒斯坦（Wllerstein, Immanuel 1930—）美国耶鲁大学高级研究员，任教于美国纽约州立大学宾厄姆顿分校社会学系。著名历史学家，社会学家，国际政治经济学家，新马克思主义的重要代表人物，世界体系理论的主要创始人。在西方学术界被称为“新马克思主义”学者，是美国纽约州立大学宾厄姆顿分校的杰出教授，担任国际社会学协会主席等数十项学术职务。

沃勒斯坦是世界体系理论的创始人，他发表的一系列论述资本主义世界体系的产生和发展演变的专著，在国际学术界产生了巨大影响。当今西方学术界，把资本主义的历史作为一个世界体系的历史来研究，已经形成一个国际性学派。沃勒斯坦就是这个学派的核心人物。他的多卷本专著《现代世界体系》（The Modern World Systean, 1974）集中讨论了3个主题，即世界体系的形成、运作及基本趋向。沃勒斯坦的“世界体系”论较深刻地揭示了经济全球化时代资本主义的危机，是分析当代资本主义的理论新范式。沃勒斯坦的“世界体系”论在对资本主义分析和世界体系未来展望时带有局限性和历史悲观主义色彩。

沃勒斯坦认为应当把整个世界作为一个单一的整体来考量；社会科学唯一合法和有意义的分析单位是内部具有单一、完整、广泛、自足的社会分工的历史体系。资本主义世界经济从封建主义的“蹂躏”中兴起有3个条件是必需的：剥削和殖民化导致的地理扩展，对世界经济各地区（比如中心、边缘）的劳动控制不同方法的发展，成为资本主义世界经济中心国家的强国的发展。现代世界体系分为3个维度：一体化的世界经济体、多民族国家体系和多元文化体；世界经济体是现代世界体系的经济功能体，是政治体、文化体存在与发展的决定性因素。世界体系一旦建立，将围绕两个二分法运行：一是阶级，即无产阶级和资产阶级；二是经济专业化的空间等级，即中心地区和边缘地区；“不等价交换”和“资本积累”是这个体系运行的动力。

沃勒斯坦著述丰富，影响最大的著作是其耗费30多年心血的《现代世界体系》（3卷）（*The Modern World-System*）。此外还有《自由主义以后》《历史资本主义和资本主义文明》《乌托邦幻想，还是21世纪的历史选择》《沃勒斯坦精粹》《所知世界的终结：21世纪的社会科学》等。

（冯珊）

巫技（Witchcraft）　一般而言，指为了达到活动执行者（如巫师）或者是其委托人所预期的效果所进行的仪式活动，或指借助与生俱来的能力可以实现人们预期效果的巫术。这些希望通过巫技达到的效果十分广泛，其内容既涵盖了人类生老病死，又反映了人们在情感、追求财富、求胜，乃至试图掌控天气等多方面的欲望。

有关巫技的人类学考察与研究，常见于那些描述非洲社会仪式活动和政治制度的民族志及其与之相关的理论论著中。英国人类学家爱德华·埃文斯·普理查德（Edward E.Evans-Pritchard）的《阿赞德人的巫技、神谕与巫术》（*Witchcraft, Oracles and Magic among the Azande*, 1937）一书综合了对东非阿赞德人社会中存在的巫技、巫术（magic）、神谕（oracles）和魔法（sorcery）等一系列宗教仪式层面的内容，及其背后的阿赞德人“认知”（cognitive）体系和思考方式等多方面进行田野考察和记录，进而加以分析、探讨的人类学论著。30多年后，英国人类学家玛丽·道格拉斯（Mary Douglas）组织编撰出版了一部论文集《巫技的自白与指控》（*Witchcraft Confessions and Accusations*, 1970），汇集了多位人类学家所撰写的考察和分析不同社会的巫技的专题成果。道格拉斯在论文集前言写道：“尽管历史学家和人类学家在对巫技这一专题的研究上有着共同的兴趣，但直到20世纪70年代，他们对巫技研究前景的展望才开始有了分野。”她认为，历史学家历来将巫技视为发生在16世纪至19世纪的欧洲或美国马萨诸塞州的一个个经常用“暴力和悲惨的极点”来累积的历史发展进程的一部分。而20世纪50年代的人类学家们又将关于巫师信仰（witch beliefs）的“欧洲经验”式的观点应用和发展到其他社会的田野民族志研究中。道格拉斯肯定了埃文斯·普理查德对阿赞德人的巫技与信仰的研究具有知识社会学意义，并认为他的研究为后来人类学家对巫技的田野考察工作和文本写作等方面带来了新的视角和理论思考维度。

人类学有关巫技这一概念的理论探讨常常与另外一个重要术语——魔法（sorcery）紧密联系。巫技与魔法从使用目的上来说有些类似。然而，二者在本质上却有所不同。埃文斯·普理查德通过在东非的田野调查发现，对于阿赞德人而言，巫技是有别于魔法的。从本质上来说，巫技是巫师（witch）与生俱来的一种能力，在运用这种能力时，巫师往往不具备要故意去伤害别人的意识。倘若对巫技的运用真的对他人或社会造成了一定程度的伤害性后果，往往也并非巫师有意而为之。而对于他们来说，魔法实际上是基于一种有意识地或者有意图地通过后天的学习与训练后，透过对某些物质的使用和对既定程式的熟练操作以达到一种妨碍或伤害后果的仪式活动。因此，埃文斯·普理查德认为，巫技与魔法其实是一组对立关系。相对于魔法来说，巫技是一种永恒的、超自然的且能够掌控巫师的力量。埃文斯·普理查德从“认知”层面对巫术与魔法加以区分的这种学术观点曾在一段时期内影响了那些以宗教仪式作为研究对象的人类学家。

近些年来，美国人类学家勒内·德维奇（René Devisch）结合自己多年来对于“魔力”（bewitchment）等一系列问题所做的研究，重新考察了巫技这一概念的基本内涵，并赋以新的定义。德维奇认为，就像《旧约圣经》中所描述的“邪恶之眼”（Evil eye）那样，巫技主要指的是那些“天赋的”或者“与生俱来的”，且在大多数情况下通常是被“无意识地激活的”，兼具攻击性和防御性的人类的“心智能力”。在巫技和魔法中，常常都会借助一些圣物（fetishes）或者具有神秘力量的物件来寻求好运或者防止被袭击或侵犯，这是自巫技和魔法出现以来就一直广泛存在的。因此，埃文斯·普理查德用来区分巫技与魔法的方法及其观点或许只适用于阿赞德人的社会文化。

英国宗教人类学家约安·迈尔丁·李维斯（IoanMyrddin Lewis）在其出版和发表的多部论著和相关文章中，重新审视了有关巫技的定义及其与之相关的理论研究范畴。中国古代楚人等群体和近现代各地萨满、道士、巫师、东巴等的巫技也是已经引起学者们关注的重要研究资源，有待于更深入的民族志考察和阐释。

（谢奕君）

参考书目

［1］Devisch, René , 2005, *Witchcraft and Sorcery*, in Conerly Casey and Robert B. Edgerton ed., *A Companion to Psychological Anthropology*, Malden: Blackwell Publishing Ltd.

［2］Douglas, Mary, 1970, *Introduction*: *Thirty Years after Witchcraft, Oracles and Magic*, in Douglas, Mary ed., Witchcraft Confessions and Accusations, London: Tavistock Publications Limited.

［3］Evans-Pritchard, Edward E.1937a, *Witchcraft, Oracles and Magic among the Azande*, Oxford: Oxford University Press.

［4］Evans-Pritchard, Edward E.1937b, *The Notion of Witchcraft among the Azande*, *International Encyclopedia of Tribal Religion*, New Delhi: Cosmo Publications.

［5］Geschiere, Peter 1997, *The Modernity of Witchcraft*: *Politics of the Occult in Postcolonial Africa*, Charlottesville: University of Virginia Press.

［6］Lewis,Ioan M.1996, *Witchcraft within and without, Religion in context*: *Cults and charisma*, Cambridge: Cambridge University Press.

［7］Winzeler, Robert L.2008, *Witchcraft and Sorcery*: *Past and Present, Far and Near*, *Anthropology and Religion*: *What We Know, Think and Question*. Lanham: AltaMira Press.

《巫术的一般理论》（A general theory of magic）　法国考古学家、宗教史家于贝尔（Henri Hubert）和法国民族学家莫斯（Marcel Mauss）合著的作品，最早以论文的形式发表于《社会学年鉴》（1902—1903），并于1950年收入莫斯的论文集《社会学与人类学》。1972年，布里恩（Robert Brain）将其译为英文单行出版，但漏掉了合作者于贝尔的名字。该作品目前在中国有两个翻译版本，一是佘碧平据法文版翻译的《社会学与人类学》一书中的《第一部分一般巫术理论概要》，二是杨渝东据英译本翻译的版本，与梁永佳、赵丙祥翻译的《献祭的性质与功能》合并出版成一书。全文分为四个部分：资料来源和历史背景，巫术的定义，巫术的要素，对巫术的分析和解释。作者认为，以个人名义实施的、看似外在于社会群体的巫术实践也是一种社会事实，对巫术的研究应该着重关注巫术仪式的发生环境，对巫术整体进行描述和分析，而不是观察一系列具体的巫术仪式及其运作过程。文章首先批评了弗雷泽用感应法则解释巫术行为的个体心理学理论，对巫术进行重新定义，然后在此基础上，结合澳大利亚、美拉尼西亚、北美印第安人、墨西哥、马来西亚、印度、闪族以及欧洲的民俗资料对巫术的三个基本要素（巫师、行为和表象）进行了一般性考察，再引入“玛纳”概念对巫术及其社会性进行了分析和解释。总之，该文是法国年鉴学派的重要作品，对理解莫斯的学术思想及其发展脉络具有重要意义。该文以“玛纳”为基础建立的对巫术的解释在学界广受关注，涂尔干十年后在《宗教生活的基本形式》中的某些理论观点在该文中已经初现端倪，莫斯二十年后发表的“论礼物”一文中阐释的“整体社会事实”概念在该文亦有雏形。当然，该书在方法、逻辑等方面也招致了一些批评。

（张丽梅）

参考书目

［1］于贝尔，莫斯. 巫术的一般理论、献祭的性质与功能. 杨渝东，梁永佳，赵丙祥译. 桂林：广西师范大学出版社，2007.

［2］列维·斯特劳斯. 马塞尔·莫斯的著作导言，引自《社会学与人类学》，马塞尔·毛斯著，佘碧平译. 上海：上海译文出版社，2003.

［3］马塞尔·福尼耶. 莫斯传. 赵玉燕译. 北京：北京大学出版社，2013.

巫医（Witchdoctor）　也指巫师。在非洲殖民时代，英语国家的人对于使用超自然能力手段治病的医生的称谓。后来发展成为一个通用术语，指任何地方以及使用任何方法的传统治疗师，他们为人们测运、避灾、消除不祥及医治疾病。他们相信有超自然的力量在作恶，并且自认为能够与超自然力量沟通与对抗。巫医与鬼神的交流有两种基本途径：一是请神附身，巫师代表鬼神说话。《国语·楚语下·观射父论绝地天通》：“如是则明神降之，在男曰觋，在女曰巫。”韦昭注“巫、筮，见鬼者”即是指此。二是巫师的灵魂可以进入另外一个世界，找到鬼神，民间称为“走阴”。《山海经》中的登葆山和丰沮玉门山，便是古人想象巫师的灵魂所进入的地方。无论哪一种方法，巫师要进入通灵状态，都必须借助于一定的刺激方法，其中最常见的是击鼓和歌舞，其余尚有服务麻醉品、入定、自我折磨等。 巫医在人类学界早期具有影响力是由于埃文斯·普里查德（Evans-Pritchard）在1937年的经典作品中对于阿赞德人的巫术的描写。他认为巫医通过使用魔药与舞蹈而具有预言的能力。然而该术语是一个古老的英语同义词——医疗康复，从医生采用放血疗法的时代开始，继而由殖民时代的人类学家继续使用。后来一些学者试图证明巫医是具有良好的专业训练，富有洞察力的人。比如1978年，乔治·福斯特（George Foster）和芭芭拉·安德森（Barbara Anderson）在“医学人类学的新领域”中对于萨满和其直接接触的神界、巫医和神秘力量进行了区分。但是所有这些说法都是不够的，因为他们混淆了巫术、魔法、精神的调用、萨满教，和其他信仰和习俗，从而无法给予该词确切地含义界定。

（邹宇灵）

无产阶级（Proletarian）　无产阶级是资本主义生产方式的产物，是资本主义社会的两大阶级之一，在资本主义社会，指被剥夺了生产资料，靠出卖劳动力为生的雇佣劳动者阶级，在社会主义社会，指无产阶级专政国家的领导阶级。无产阶级又称工人阶级。

无产阶级出现于14、15世纪欧洲的工场手工业时期，成长壮大于18世纪产业革命和机器工业发展以后。无产阶级自它诞生之日起，就开始了反对资产阶级的斗争。19世纪40年代，经过总结长期阶级斗争的经验，接受了马克思主义的教育，这种斗争经历了自发斗争和自觉斗争两个阶段，它自身也随之由自在阶级成为自为阶级。无产阶级是随着资本主义产生而出现，随着资本主义的发展而壮大的。在资本主义生产方式下，这一阶级不占有任何生产资料，只能靠出卖劳动力为生，受资产阶级的残酷剥削和压迫。

无产阶级同大机器生产相联系，是先进生产力的代表，无产阶级是资本主义的掘墓人，肩负着推翻资本主义，消灭一切阶级，解放全人类，实现共产主义的伟大历史使命。它的历史使命是：推翻资本主义，建立无产阶级专政，逐步实现共产主义，解放全人类。无产阶级必须同农民、知识分子和其他劳动人民结成巩固的联盟，加强无产阶级的国际团结，坚持同各种反动势力做不调合的斗争，才能实现自己的奋斗目标。

（李索菲）

参考书目

［1］彭克宏，马国泉，陈有进，张克明主编. 社会科学大词典. 北京：中国国际广播出版社. 1989.

［2］康绍邦，胡尔湖主编. 新编社会主义辞典. 北京：中国广播电视出版社. 1991.

吴定良（1894—1969） 字均一，江苏金坛人。中国人类学家、教育家，被誉为“中国体质人类学创始人”。早年毕业于南京高等师范学校，1926年入英国伦敦大学，先后获生物统计学与人类学博士学位。后在生物测量与优生学实验馆工作。1934年回国，任北京大学统计学教授、中央研究院历史语言研究所人类学组主任、中央研究院体质人类学研究所筹备处主任等。在江苏、贵州、四川、浙江等地进行了人类体质实地测量。1946年以后，任浙江大学教授、人类学系主任和上海复旦大学生物系人类学教授、教研室主任等。他在早期对中国各民族，尤其是少数民族体质测量的大量资料为研究中国民族起源与构成起到了重要的作用，贵州的苗族、彝族、仡佬族、布依族、汉族等民族的调查是将体质调查、测量和民族文化调查结合在一起进行的，在中国体质人类学的发展中具有重要地位。在统计学方面亦有较深造诣，所搜集的大量脚型资料和面骨测量、体骨测量等数据，为中华人民共和国的制鞋工业和制造防毒面具、防护衣等提供了依据。他创制的“相关率显著性查表”，建立头骨眉间凸度与面骨扁平度的研究方法等，得到统计学人类学家、教育家界与人类学界的公认。著有《贵州坝苗及华南其他少数民族的体质》《古代人复原像》《中国猿人眉间凸度的比较研究》《下颌骨颏孔的类型和演化》等。

（刘姝曼）

参考书目

王建民. 中国民族学史（上卷）. 昆明：云南教育出版社，1997.

吴汝康（1916—2006） 吴汝康出生于江苏省武进县。早年毕业于南京（后搬迁到重庆）中央大学生物系，师从中国体质人类学的奠基人之一吴定良先生，从事中国少数民族的体质调查和研究。后赴美国圣路易华盛顿大学深造，专攻人体解剖学和体质人类学。1949年在美国圣路易斯华盛顿大学获得博士学位并毅然回到祖国的怀抱。回国初在大连医学院教授人体解剖学。在此期间他积极学习俄文，引进苏联的教学理念，结合生物进化教授人体解剖学。

1953年受聘于中国科学院古脊椎动物与古人类研究所（前身为古脊椎动物研究室、古脊椎动物研究所），先后任研究员、副所长。1980年当选中国科学院学部委员（院士）。

在古人类学研究方面，他开创了中国人自己深入研究古人类化石的时代，培养了该领域的后继人才，为中华人民共和国的人类古生物学研究奠定了坚实的基础。他对巨猿、禄丰古猿、蓝田猿人、北京猿人、金牛山人、马坝人、柳江人、资阳人等化石进行了系统的研究，主持了包括禄丰古猿地点在内的多项发掘和研究工作，订立了禄丰古猿等新属新种，提出了人类体质发展不平衡性、从猿到人有一个漫长的过渡时期、人类特征出现于不同时期等人类演化理论。

吴汝康十分重视学习马列主义，特别是恩格斯关于人类起源、生物进化的理论，力图将之运用于自己的科研工作。早在20世纪50年代，在研究北京猿人化石时，他发现古人类进化过程中存在体质发展不平衡现象，提出劳动导致手足的进化早于脑的发展，认为对这种现象的研究丰富了恩格斯劳动创造人的理论。20世纪60年代他在研究巨猿化石的基础上，提出“生物人”与“社会人”和“广义劳动”与“狭义劳动”的概念，认为从古猿转变到人是一个漫长的过程，开始的标志是两足直立行走，结束的标志是制造工具。其后他进一步提出，现代人的各项特征（如直立行走、会制造工具、社会组织、语言、思想等）不是在某一个时间一起出现，而是在从猿到人的漫长时期中逐一获得的。吴先生关于能制造工具之前也有人的理论在国内引起了争议，但这样的观点在国际上于20世纪七八十年代逐渐达成共识，那些能够两腿直立行走但不会制造工具的、早先归入古猿或“前人亚科”的动物也划进了人类的范畴。

吴汝康不但致力于古人类学研究，对中国人民体质的研究和人体解剖学事业的发展也做出了重要贡献。1982年他创办了中国人类学领域第一份学术期刊《人类学学报》，并且长期担任主编。该学报成为中国人类学领域重要的成果汇集地和对外展示的窗口。

吴汝康的一生著述甚丰，硕果累累。他先后发表了200多篇（册）学术著作和文章。既发表了大量科研论文和专著（如《巨猿下颌骨和牙齿化石》等），还撰写了许多适合相关专业的人员以及业余爱好者阅读的《古人类学》《今人类学》以及大量科普作品。此外他还领衔与国内外同行合作撰写或编辑了《人体测量方法》《中华人民共和国古人类学与旧石器时代考古学》《北京猿人综合研究》《海南岛少数民族人类学考察》等专著。

吴汝康对古人类学、解剖学及相关学科的巨大贡献获得了国内外学界的广泛赞誉，先后获得何梁—何利科学与技术成就奖、中国科学院自然科学一等奖、二等奖，并当选国际人类学和民族学联合会荣誉终身会员、英国皇家人类学研究所荣誉学术委员、国际史前与原始科学协会常设委员会委员、国际古人类协会常设委员会委员、世界考古大会执行委员会东亚地区高级代表等荣誉职位。

（马丹丹）

吴文藻（1901—1985）　江苏江阴人。中国著名社会学家、人类学家、民族学家，中国社会学、人类学和民族学本土化、中国化的最早提倡者和积极实践者。早年就学于北京清华学堂，1923年赴美留学，先后在达特第斯学院、哥伦比亚大学攻读社会学和人类学，获哲学博士学位。1929年回国，先后担任燕京大学讲师、教授、社会学系主任、法学院院长，云南大学社会学系主任、文学院院长。1950年起，先后任中央民族学院教授和中国社会学会、民族学会、人类学会顾问，历任全国政协第六届委员、中国民主促进会中央常委等职。他长期从事社会学和人类学的教学与科研，继承和发展了燕京大学社会学系重视实地调查的传统，经常派学生到各地进行实地调查。在中国建立“比较社会学”的基础上，提出借鉴功能学派的观点和方法，实现包括民族学在内的社会学中国化的思想。提倡地区研究，强调实地调查，注重培养后学，以试用假设始，以实地证验终。理论符合事实，事实启发理论，必须理论和事实糅合在一起，获得一种新综合，而后现实的社会学才能植根于中国土壤之上，又必须有了本此眼光训练出来的独立的科学人才，来进行独立的科学研究，社会学才算彻底的中国化。同时认为应当应用类似自然科学上的方法——即比较法，对于各种现存的社区，做系统而精审的观察，进行社区、文化、制度的比较研究。他提出“边政学”是“研究关于边疆民族政治思想、事实、制度，及行政”，使中国的人类学研究在理论及实践上同时并进，以边政学为根据，来奠定新边政的基础，进而辅助新边政的推行。他在培养民族学人才方面的突出贡献，使得20世纪前半期的中国民族学的学术阵营中在华北形成较为整齐、在学术活动中较为活跃的队伍。著有《见于英国舆论与行动中的中国鸦片问题》《文化表格说明》《现代社区研究的意义和功用》《社会制度的性质与范围》《边政学发凡》，1959年曾主持《辞海》民族类词目的释文工作，还译有《不要再有战争》《六次危机》《世界史纲》等。

（刘姝曼）

参考书目

王建民. 中国民族学史（上卷）. 昆明：云南教育出版社，1997.

吴泽霖（1898—1990）　江苏常熟人。中国社会学家、民族学家、人类学家、教育家。早年考入清华大学堂，1922年赴美留学，先后在威斯康星大学、密苏里大学、俄亥俄州大学获学士、硕士和博士学位。1928年回国后，历任大夏大学、暨南大学、西南联合大学、清华大学、西南民族学院、中央民族学院、中国社会科学院民族研究所、南开大学、中南民族学院教授、研究员；担任或兼任大夏大学社会学系主任、文学院院长，昆明译员训练班副主任，清华大学人类学系主任、教务长，西南民族学院民族博物馆馆长和中国社会学会、中国民族学会、中国人类学会、中国民俗学会等学术团体顾问及湖南省社会学会名誉会长等。主要致力于社会学、民族学的研究，在社会学理论、贵州等地少数民族的研究、民族关系和种族关系等方面的研究中，有独到见解。1931年，在大夏大学开辟了社会学研究室，搜集各种实际材料及调查图表。1937年，代表中国社会学社参加国民政府行政院主持的京滇公路周览团，沿途了解边疆民族的实际情况，同时在皖、赣、湘、黔、滇、川等省搜集各种文物，并拍摄风光习俗照片百余幅，公开展览。在进行民族学调查的同时，他着力于各民族文物的搜集，为中国民族学博物馆的建设做出了重要贡献。编纂《人类学辞典》，并著有《美国人对黑人犹太人和东方人的态度》《社会学及社会问题》《现代种族》《社会约制》《贵州苗夷社会调查》（合著）等。

（刘姝曼）

参考书目

王建民. 中国民族学史（上卷）. 昆明：云南教育出版社，1997.

舞蹈（Dance）　是人们以身体有节奏的运动传情达意的文化行为。舞蹈是人类社会生活的重要组成部分。文化人类学和社会人类学对舞蹈的理解稍有不同。一般来讲，美国的文化人类学家把舞蹈看作一种文化，而社会人类学家则把舞蹈看作一种社会行为。他们一般采取对不同文化中的动作模式进行描述，并把这些动作模式作为区别文化特征的分析方式。虽然对舞蹈的人类学分析多种多样，但从进化论学派至今，人类学对舞蹈的研究从未间断过，只是这种关注多了些“功利目的”而少了些“审美特征”。具体来讲，在20世纪60年代以前，舞蹈在人类学家眼里是有效的分析工具，他们关注舞蹈是因为舞蹈能够帮助他们了解社会，阐明文化价值；而20世纪60年代以后，随着舞蹈人类学研究的起步，为数不多的有舞蹈教育背景的并受过人类学专业训练的学者的出现，使得这一学科名称开始跃入人们视野。关于舞蹈的人类学研究开始脱离附属地位，而有了独立意义上的研究。这时研究舞蹈是为了舞蹈，而不再是为了其他目的。

舞蹈的媒介是人体，它作为艺术的一种，是以人体本身为物质材料，以经过提炼、组织、美化了的人体动作——舞蹈动作为主要艺术表现手段，着重表现语言文字或其他艺术表现手段所难以表现的人们内在的精神世界——细腻的情感、深刻的思想、鲜明的性格，以及社会生活的矛盾冲突中人的情感的意蕴，创造出可被人具体感知的生动的舞蹈形象，以表达舞蹈作者和舞者（编导和演员）的审美情感、审美理想，反映生活的审美属性。

舞蹈的年龄和人类的历史一样古老。作为“艺术之母”，舞蹈被称为世界上最早产生的艺术形式。从中国先秦时期的“乐舞”形态到现当代的各种舞蹈形式来看，舞蹈一直是人们日常生活和精神世界中的一部分。《毛诗序》言：“言之不足故嗟叹之，嗟叹之不足故咏歌之，咏歌之不足，不知手之舞之，足之蹈之也。”《乐记·乐象篇》曰：“诗，言其志也，歌，咏其声也，舞，动其容也：三者本于心，然后乐气从之。”也就是说，艺术起源于情感的直接表现，舞蹈是通过身体各部位或身体姿态的变化来表达情感。与其他艺术形式相比，舞蹈在情感的表达方面是最为直接和充分的，人们通过手舞足蹈来宣泄情绪，表达内心的喜怒哀乐。舞蹈也是观察社会民风民俗的媒介，所谓“移风易俗，莫善于乐”。此外，乐舞还是西周时期教育贵族子弟的一种方式和手段，这就是《六小舞》的主要价值和功能。

就舞蹈的概念来讲，可谓千差万别，中外舞蹈理论家都曾尝试着给舞蹈进行概念界定。具有代表性的观点有这样几种。中国著名的新舞蹈艺术的代表吴晓邦认为：“舞蹈是一种人体动作的艺术。凡是借着人体有组织和有规律的动作，通过作者对自然或社会生活观察、体验和分析，然后用精炼的形式和技巧，集中地反映了某些形象鲜明的人物和故事，表现个人或者多数人的生活、思想和感情的都可称为舞蹈。”美国舞蹈理论家、批评家约翰·马丁认为：在一种高度统一的文化中，艺术（尤其是舞蹈）是统治日常生活中所有事情的宗教和巫术的唯一代表者。通过宗教和巫术，与人为善的精神得到了满足，与人为仇的精神得到了平息；舞蹈跳得雨水下天穹，跳得玉米出地面，跳得少年变成人，跳得病人得康复，跳得死者入冬眠，跳得敌人大失败，跳得猎物被捕获（约翰·马丁，2005：3）。在他这里，舞蹈成为无所不在，无所不能的神舞，它可以治疗疾病，可以使人获得食物，教育孩子，获得胜利，等等。虽然此种说法有些神化“舞蹈”，但可以说有一点是明确的，那就是，舞蹈是人们生活中的重要组成部分，它无处不在，有着其存在的特定价值和意义；日本舞蹈家石井漠曾认为：“舞蹈虽然说就是跳动，但同样也叫作舞蹈，舞蹈却有各种不同的解释。一般认为，舞蹈好像具有舞台上表演的专门性或舞蹈是戏剧性的舞蹈才算舞蹈。但我们对舞蹈的解释更接近其本质的——举凡人体的律动性运动，都广义地叫作舞蹈。”虽然我们一般认为石井漠的观点有些“泛舞蹈”化倾向，但他的观点中把与“人体律动”，也就是有节奏的运动都称作舞蹈的看法，却给我们以有关舞蹈分层的反思。

对舞蹈的理解，因为社会角色和身份的不同，看待舞蹈的视角不同而有所差异。总的说起来，我们可以从以下几点来理解：一是就舞蹈本体来讲，舞蹈是一种有节奏的身体运动。就艺术的存在方式来说，它是一种以动态为主的，动静结合的视听艺术。在有节奏的律动中，舞蹈或传情，或达意，或叙事，或饱含寓意。这种有节奏的运动，我们又可以通过两层含义来理解，一为边歌边舞的运动方式，二为随音乐而动，有职业训练痕迹的表演性的身体运动方式；二是就舞蹈在社会生活中的存在方式来看，它是一种社会行为，在人与人的社会交往中起着一定的作用。舞蹈是维系族群情感，社会成员交往的方式之一；三是舞蹈是一种习得的行为，通过练习，人们掌握舞蹈技能，成为专业学习者后而成为舞蹈工作者。在这里，舞蹈成为经过学习而成的专业和职业。

舞蹈是人类社会生活中的一部分，人们通过身体的运动来表达情感，填充生活意义。舞蹈从来不是单一的艺术形式，人们载歌载舞，用艺术化的身体语言来表达对生活、社会与自我的认识。舞蹈的媒介是人体，舞蹈是人体运动的艺术。舞蹈依附于人体而存在，具有直观性、动态性和形象性特征。在所有艺术门类之中，只有舞蹈无须借助任何外在手段，直接地把艺术家、艺术媒介和艺术作品完全融为一体。同时，人体是具有情感的鲜活的肉体，因此情感性是在人参与社会活动交往时自然的身体表达。人又是某一文化群体中的一员，他的行为方式受到这一文化的禁忌，按照文化规则行事，舞蹈作为一种行为，也受到文化规则的影响。人又是具有自我反思意识的个体，对自然、社会和感情有着切身的体验，这些都通过运动的身体呈现出来。

（车延芬）

舞蹈人类学（Anthropology of Dance）　用人类学理论与方法对舞蹈进行研究的一门学科，是关于舞蹈研究的人类学研究领域。舞蹈人类学通常被称为“Anthropology of Dance”或者“Dance Anthropology”，这一学科强调由那些参与在其中的人们，如舞者、舞蹈编导、教师、观众的视角，在社会文化场景中研究舞蹈。舞蹈人类学强调通过考察舞蹈概念和舞蹈的身体在跨文化场景中的意义的差别，探讨舞蹈文化的社会建构。从学科定位上来讲，属于人类学的分支学科。也可以把它理解为人类学与舞蹈学的一门交叉学科，但是更倾向于人类学。

早期的舞蹈人类学研究受到德奥文化圈理论的强烈影响。在柯特·萨克斯（Curt Sachs）1937年出版的《世界舞蹈史》中，虽然理论过时且主要依据第二手材料进行描述，但他提出了舞蹈和舞蹈民族学（Dance Ethnology）的一般概念，对舞蹈人类学的形成起到了重要作用。1960年，舞蹈学者格特鲁德·库拉斯（Gertrude Kurath）也提出，应当建立一门叫作"舞蹈民族学"的学科。她搜集了卷帙浩繁的各国文献资料，特别是一些非英语国家的材料。然而，在20世纪六七十年代，舞蹈人类学这一概念并没有得到国际舞蹈研究界和人类学界的普遍认识。自20世纪80年代中期之后，在国际学术界，那些不一定是舞蹈专家的人类学家在表意文化分析中，开始认识到舞蹈的对话关系（dialogic relations）的重要性。作为社会文化人类学的一个分支领域（Williams，1986：159–219），舞蹈人类学有四位开拓者：琼·惠勒·奇摩（Joann Wheeler Keali'inohomoku）、德里德·威廉姆斯（Drid Williams）、安雅·彼得森·罗伊斯（Anya Peterson Royce）、阿德里安娜·克普勒（Adrienne Kaeppler）。她们的学术贡献主要集中在合理主流的人类学资格、普遍的学术标准和民族志描述上。其他舞蹈人类学后继者，如特蕾莎·吉尔·巴克兰（Theresa Jill Buckland）、海伦·托马斯（Helen Thomas）、弗兰克·霍尔（Frank Hall）、安卡·吉乌尔切斯库（AncaGiurchescu）、布伦达·法内尔（Brenda Farnell）等，都在不同层面上为舞蹈人类学的研究做出了自己的贡献。

舞蹈人类学在中国的发展可谓方兴未艾。对"舞蹈人类学"的关注成为近年来舞蹈研究的一种普遍现象，这与艺术人类学在国内的发展密切相关。目前看来，无论是作为学科、研究方法还是研究领域，国内的舞蹈人类学尚处于起步阶段。在国内的舞蹈人类学研究领域中，中央民族大学王建民教授给予舞蹈人类学以极大关注。王建民教授多年来在中央民族大学舞蹈学院、北京舞蹈学院、北京师范大学、首都师范大学和中国艺术研究院等高校给本科生和研究生开设"艺术人类学"或"舞蹈人类学"课程，并撰写了诸如《〈大河之舞〉的文化阐释》《舞蹈人类学的概念辨析与讨论》等文章。他从人类学角度对舞蹈的解读，拓宽了舞蹈的思路，给舞蹈研究以新的启发。2003年，冯双白的博士论文《青海藏传佛教寺院羌姆舞蹈和民间祭礼舞蹈研究》完成。他"较全面的运用舞蹈生态学形态特征提取的研究方法，并借鉴人类学田野考察的方法，着重对青海藏传佛教寺院羌姆舞蹈和民间祭礼舞蹈的基本形态、典型特征做出判断，对作为宗教祭祀仪式所有形成的生态环境因素给予一定的分析和阐释"。朴永光在多次前往四川凉山进行的田野考察基础上撰写完成并于2005年出版了《四川凉山传统彝族舞蹈研究》一书。他把研究对象限定为1956年"民主改革"之前的四川凉山彝族传统舞蹈。文献梳理和实地调查相结合，运用了民族学与人类学的研究视角，他"将舞蹈置于历史、文化大背景中，考察相互间的联系，试图较为系统、全面、深入地研究这一地区的彝族传统舞蹈"。冯双白和朴永光研究思路的共性在于是从人类学与民族学角度来思考民间舞蹈，并对研究方法进行探讨。同年出现的这两本舞蹈民族志个案，各有其学科特色。2007年罗斌完成的博士论文《假面阴阳：安徽贵池傩舞的田野考察与研究》中使用了"舞蹈生态学"方法对安徽贵池傩舞的动作形态进行了深入的讨论，并在舞蹈人类学方法论使用层面上也进行了大胆的尝试。此外，罗老师于2006年开始在中国艺术研究院舞蹈研究所招收"舞蹈文化人类学"方向的硕士研究生，积极地为这一学科的发展做出自己的努力。中国其他一些高等院校舞蹈学专业于近年陆续开设"舞蹈人类学"或"舞蹈文化人类学"课程。如2005年中国艺术研究院招收舞蹈学编导大师班暨在职硕士学位研究生集中班在课程计划中就列有该课程；北京舞蹈学院自2005年起正式开设"舞蹈人类学"课程；台湾艺术大学表演艺术研究所开设的"舞蹈人类学"课程探索舞蹈与社会、文化互动之重要模式与运行机制，同时进一步研究人类跨文化舞蹈的深层结构。台湾艺术大学表演艺术研究所、台湾体育学院体育舞蹈学系暨体育舞蹈研究所等都开设有面向研究生的“舞蹈人类学”课程。此外，教育部组织编写的《人文社会科学研究现状与发展趋势——高校“八五”科研规划咨询报告选》将舞蹈文化人类学列为舞蹈学研究的重要项目之一。山东省“十五”科研项目等也把舞蹈文化人类学列为舞蹈学研究的重要内容。

虽然国内对舞蹈的人类学研究已经有了初步的尝试，但是离真正学科意义上的“舞蹈人类学”还有距离。因为舞蹈人类学作为一门学科来看，它缺乏系统的学科范式；作为一个研究领域也尚未有从事这种研究的专门的群体和专著出现；而作为一种研究方法似乎更为恰当。无论是人类学还是舞蹈学学者都看到了舞蹈人类学的“魅力”，但应该注意的是，关注舞蹈人类学的同时还应对人类学理论范式有所关照，因为舞蹈人类学终究是人类学的分支领域，只有真正地了解人类学整体，才能把握好舞蹈人类学理论范式及其研究方法。要想与人类学有所对话仅仅借鉴其研究范式是不够的，最重要的还是在研究方法上的突破。舞蹈的人类学研究应该聚焦舞蹈本体，但如果视野仅仅局限在舞蹈本体上还是无法体现出其“新”意所在，因此，我们要想有所创新，就应该走出舞蹈肢体的迷宫，也就是说，研究舞蹈更要“超越”舞蹈。

（车延芬）

《物的社会生命——文化视野中的商品》（*The Social Life of Things: Commodities in Culture Perspective*, 1986）　阿尔君·阿帕杜莱（Arjun Appadurai），印度籍社会学家、人类学家，早期学术著作主要关于宗教、饮食、农业和印度大众文化，近期研究关注点转向孟买族群暴力、社会危机以及在全球化语境中探讨新的跨国组织形式和新的主权形式。该书是阿帕杜莱主编的文集，是几次研讨会的汇编，是人类学家和历史学家之间关于“商品”的对话，他们共同关注“商品和文化”这个主题，试图为物的生命立传，把物看作与人一样具有社会生命。

阿帕杜莱强调一种过程的视角看待商品，要将商品当作特定情境下的物，在物的社会生命中的不同时间点上，不同类型的物会具有不同的情景特征，这种视角之下所有物品都是潜在的商品，而不是徒劳地区分商品与其他种类物品的不同，关注商品从生产、交换或者分配直至消费的整个轨迹。他把类似于“库拉”（kula）这样的的奢侈品交换称为“价值竞赛”（tournaments of value），它是以文化的方式定义的，往往是社会上层的特权和社会竞争的工具。文集以精彩的民族志案例和历史研究个案，通过说明物的消费、展示与价值，以生命传记的形式来看待不同文化中物的商品化（去商品化）过程，展现物的生命历程和社会历史变迁。文集试图以“方法论上的拜物教”来重新看待物的研究，将视野聚焦于物本身，复兴一种物的人类学（anthropology of things），就是要把商品视为物的社会生命中一个阶段，一个经历丰富的物必定经过商品化、去商品化，甚至循环往复的过程，是人类学回归物自身在研究视野和方法上的一次有意义的尝试。

（刘荣）

物质文化（Material Culture）　该术语强调环境中的无生命之物如何（被）作用于人类以实现某种社会功能，规范社会关系和赋予人类活动以象征意义。然而，关于“物质文化”的界定却尚未达成一致观点。阿瑟·伯格（Arthur Asa Berger）指出“不得不承认，物质文化是一种文化，其定义有几百种之多”（2009：17）。朱尔·普朗（Jule David Prown）（1982：1）认为物质文化是对特定时期内的特定社区或社会中的人工制品的研究，进而探究背后的价值、观念、态度。对普朗而言物质文化指涉的主要对象是人工制品（artifact），而研究的目的在于理解文化。与之类似，詹姆斯·迪兹（James Deetz）视物质文化为文化的产物，人工制品不仅储存了有关过去的信息，也是历史考古学的根基（1996：24，4）。托马斯·施莱勒斯（Thomas Schlereth）（1982：4）、卡瑞·卡森（Cary Cason）（1997：401）等学者强调物品真实性，“他们讲述的是真实”（Cason 1997：402）。这些学者将人工制品投射到文化和社会形态，将其视为保存过去文化的证据和数据。该倾向承认研究物品重要性的同时，也使物质文化研究局限在人为创造的物品，使物沦为文化或社会研究的附属品。

费尔查尔德（Henry Pratt Fairchild）在《社会学和相关科学辞典》（*Dictionary of Sociology and Related Science*）将“物质文化”界定为“所有社会习得的行为模式，并以符号的形式传递，它代表了人类群体的显著成就，不仅包括语言、工具制造、工业、艺术、科学、法律、政府、道德和宗教，也包括足以张显文化成就的器具或人工制品……”（Berger 2009：17）。伊恩·伍德沃德（Ian Woodward）认为物并非是人的附属品，而是连接社会、经济结构以及个体行动者的桥梁，它建构意义，甚至有时再生产社会结构（2007：4）。该取向不仅强调物与人、文化、社会的内在关联，也关注物性（materiality），在此影响下物质文化的定义得以延伸，也使物质文化研究更具潜力。

物质文化一直是人类学、历史学、考古学以及博物馆等多个社会学科关注的焦点，尤其是在考古学领域，物质研究居于其研究的核心地位（Gosden & Marshall 1999）。19世纪晚期到20世纪早期，物的研究构成了北美文化人类学的研究基础，伴随博厄斯（Franz Boas）历史特殊论的学术转向，“原始”艺术研究成为主流（Stark 1999）。因此，有学者将人类学、社会历史学、艺术史视为物质文化研究的三个源头（Martin & Garrison 1997）。早期的物质研究多聚焦于特定社会或文化中的人工制品，通过类型学建构文化类型的谱系以及社会发展的普遍性规律，或是通过人工制品探究文化差异性。例如，摩尔根（Lewis Henry Morgan）通过对物质文化，尤其是技术的研究试图归纳社会演进的规律。在进化论思想的影响下，包括彼得·里弗斯（August Henry Lane-Fox Pitt Rivers）在内的不少学者致力于建立人工制品的类型学以证实人类社会、意识的演进规律，即“跟随人类意识发展的承继脉络，从简单到复杂，从同质到异质；借助诸如艺术的象征使用来发现意识发展的连续性，从简单的意识结合进而到更广的归纳”（Rivers 1875）。而博厄斯也借助物质文化的研究奠定其理论见解。他强调器物的形态应当反映其被制作和使用的环境，并“希望有一套搜集品，依据各个部族来安排，这是为了传达每个群体的特殊风格”（Boas 1887）。然而，早期物质文化的研究中“物”通常被置于文化和社会研究的从属地位，并暗含着人工制品客观地记录或传达某一社会、文化的信息这一假设。

直至20世纪七八十年代，物质文化研究（Material Culture Studies，MCS）这一独立的跨学科研究领域得以确立，研究视角亦趋于多元化。丹尼尔·米勒（Daniel Miller）（2001：3-4）认为物质文化研究可以划分为两个发展阶段。第一阶段强调“为何物很重要”，并且物质世界并非是超结构于社会世界的独立体。该时期布迪厄、阿帕杜莱以及米勒等学者重新思考物与人之间的关系，强调主体/客体或人/物非二元关系，而是相互构成的关系（黄应贵 2004：3）。同样，阿帕杜莱（Arjun Appadurai）（1986）主编的《物的社会生命》（The Scial Life of Things）亦是对人/物二元对立的反思，指出“商品，之如人般具有社会生命”（Appadurai 1986：3）。他认为商品是处于某一特定阶段的“物”，并且强调欲望和需求是构成商品流通的社会机制。

第二阶段是对第一阶段的延伸，关注“为何物有意义”，并且强调对“物性”（materiality）的研究，认为“社会世界和其他方式一样也被一种物性所建构”（Miller 2004：3）。“物性”的提出不仅强调有生命之人和无生命之物同等重要，也指出物所具有的物性能够帮助人们思考无生命客体如何构造人类主体的新思想，客体如何感动主体或威胁主体，以及客体如何促进和威胁其他主体的关系等。（韩启群 2015：76）该研究取向以克里斯托夫·蒂利（Christopher Tilley）、海尔格·迪特马（Helga Dittmar）为代表，他们将物质文化类比于文本，强调物质世界的多样性且彼此互为语境，同时反对将物质世界化约为社会世界的模型，或是物质世界的某一分支。就物质文化研究的涵盖范畴而言则早已超越了考古学、人类学、艺术史学等特定学科，成为多学科理论对话的领域。

（杜辉）

参考书目

[1] Appadurai, Ajun 1986. *Commodities and The Politics of Value. In Ajun Appadurai ed. The Social Life of Things: Commodities in Cultural Perspective*. Cambridge: Cambridge University Press.

[2] Berger, Arthur Asa 2009, *What Objects Mean: An Introduction to Material Culture*, Walnut Creek: Left Coast Press.

[3] Boas, Franz 1887, *Museum of Ethnology and Their Classification, Science*, Vol.9, pp.587–89.

[4] Carson Cary 1997, *Material Culture History: The Scholarship Nobody. Knows*, pp.401–428, in Ann Smart Martin and J. Ritchie Garrison (ed.), American Material Culture: The Shape of the Field, Knoxville: University of Tennessee Press.

[5] Deetz, James 1996, *In Small Things Forgotten: The Archaeology of Early American Life*, New York: Knopf Doubleday Publishing Group.

[6] Fox, A. Lane, F.S.A. M.R.I. 1875, *On the Evolution of Culture, Royal Institution of Great Britain*, Weekly Evening Meeting, Friday, May 28, pp.1–19.

[7] Gosden, Chris and Yvonne Marshall 1999, *The Cultural Biography of Objects*, *World Archaeology*, Vol. 31, No.2, pp.169–178.

[8] 韩启群. 物质文化研究——当代西方文化研究的“物质转向”. 江苏社会科学，2015（3）.

[9] 黄应贵 2004，导论：物与物质文化，载于黄应贵主编，物与物质文化，台北：中央研究院民族学研究所.

[10] Martin, Ann Smart and J. Ritchie Garrison (eds.) 1997, *American Material Culture: The Shape of the Field*, Knoxville: University of Tennessee Press.

[11] Miller, Daniel 2004, *Material Cultures: Why Some Things Matter*, London: University College London Press.

[12] Prown, Jules David 1982, *Mind in Matter: An Introduction to Material Culture Theory and Method, Winterthur Portfolio*, Vol. 17, No. 1, pp. 1–19.

[13] Schlereth, Thomas 1982, *Material Culture Studies in America*, 1876—1976”, pp.1–76, in Thomas Schlereth (ed.), Material Culture Studies in America, Lanham, New York, Toronto, Oxford: Altamira Press.

[14] Stark, Mirian T. 1999,*Social Dimensions of Technical Choice in Kalinga Ceramic Traditions*, pp.24–52, in Elizabeth S. Chilton (ed.) Material Meaning: Critical Approaches to the Interpretation of Material Culture, Salt Lake: University of Utah Press.

[15] Woodward, *Ian* 2007, *Understanding Material Culture*, New York: SAGE Publications Ltd.

污秽(Pollution)　参见洁净。

（蒋萍）

X

《西南边疆》（*Journal of Southwest Frontier*）抗日战争时期中国西南边疆历史文化研究学术性综合刊物。方国瑜等人为推行以繁荣文化学术而抗日救亡于1938年10月在云南省昆明创刊，1944年6月停刊，创办之初为月刊，第5期起改为双月刊，1942年后为不定期刊物，总18期。该刊为16开本，页数多在80页左右，至多有108页。该刊第1–12期在昆明出版，被称为“滇版”，由西南边疆月刊社编辑发行，社址在昆明昆华民众教育馆；第12期以后改在成都出版，称为“蓉版”，由中国民族学会成都西南边疆研究社编辑与发行，金陵大学教授徐益棠担任编辑，社址在金陵大学文学院。办刊宗旨是“以学术研究的立场，将西南边疆的一切介绍给国人，期于抗战建国政策的推动上有所贡献”。内容涉及当时西南边疆地区的地理环境、民族、政治、历史、经济、交通、矿业、农业、水利、教育、卫生、文化、宗教、艺术、民俗等方面。设置有论文、行记、评论、书评、通讯等栏目。作者均为边疆问题专家、知名学者和教授，如楚图南、方国瑜、徐益棠、马国良、熊秉信、陶云逵、江应樑、白寿彝、张凤歧、周光倬等，文章治学严谨，田野调查深入，理论讨论独到，具有较高的学术研究价值。特别在边疆民族问题方面的文章颇多，为研究西南地区少数民族的历史变迁和发展打下了基础，留下了宝贵的文献资料。

1982年，台湾南天书局出版的《亚洲民族考古丛刊（第四辑）》24开精装影印本中收录了《西南边疆》杂志，合订为5册。

（耿静）

《西太平洋的航海者》（*Argonauts of the Western Pacific*） 该书初版于1922年，是马林诺夫斯基采用特罗布里恩德岛田野资料写就的第一部民族志专著，中译本由梁永佳、李绍明翻译于2002年由华夏出版社出版。全书除“导论”外，共22章45万字。该书以库拉及其交易为线索，通过细致、优美的描述，展示了库拉圈土著的生产、生活、信仰、巫术等现状，引导读者注意到库拉这种看似纯经济性的活动所蕴含的社会意义和功能，堪称一个漂亮的功能主义民族志文本。值得特别提及的是该书名为“研究课题、方法和范围”的导论，这是马氏关于现代民族志和田野工作体系的宣言书。马氏在其中所阐述的实践规则，比如在特定社区进行一年以上的现场调查，掌握和使用当地语言，参与当地人的生活，从当地人观点出发的“投入理解”和以达成客观认识为目的的“超脱理解”的有机结合等，长期以来被民族志学者视为金科玉律。该书和拉德克利夫·布朗的《阿达曼岛人》在人类学史上率先把民族志、田野作业和功能主义理论统一了起来，彻底改变了以往资料收集和理论分析、实地调查和书斋工作相分离的状况，标志着现代民族志田野工作体系的确立。而相较于《阿达曼岛人》，《西太平洋的航海者》在民族志田野方法及其系统表述方面更胜一筹。

尽管该书是现实主义民族志的典型代表、马氏“文化科学”大厦的重要组成部分，但在20世纪60年代以后马氏田野日记（A Diary in the Strict Sense of the Term）出版、写文化思潮兴起的背景下，越来越多的学者开始讨论该书民族志写作中文学创作的方面（James Clifford，The Predicament of Culture: Twentieth–Century Ethnography，Literature，and Art，1988）以及书中所述“原型”田野面临的问题和挑战（古塔、弗格森：《人类学定位：田野科学的界限与基础》，2005）。

这些讨论在一定程度上延续并扩大了该书的影响。

（张丽梅）

西藏农奴制（Tibet Serf System） 基于西藏的庄园制而产生的社会政治统治制度，是1959年社会主义中国政府以及当时的学者对此前西藏社会历史制度的总括。在西藏农奴制的历史中，庄园制度的出现可以视为西藏农奴制产生的标志之一。在蒙元王朝以前，贵族、寺院庄园的分布极为普遍。大多数庄园经济自给自足，庄园的主要职能就是由庄园主组织农奴从事农牧业，同时具有政治管制和宗教文化传播的功能。庄园主几乎都是贵族、寺院或政府的僧俗领主，属地的百姓即为其"农奴"，庄园主对其"农奴"具有支配的权利与保护的义务。1247年凉州会盟结束后，元王朝立足于西藏地区的封建庄园制度，确立了西藏的封建农奴制度。也就是说，原有的主奴关系被中央王朝以官方的法律关系固定了下来。

西藏农奴制中的封建领主和农奴分别由原来的奴隶主和奴隶转化而来。自吐蕃奴隶社会崩溃之后，奴隶与奴隶主的隶属关系演变成庄园中的领属关系，除贵族、僧人及地方长官外，绝大多数奴隶的身份变为农奴，这是西藏社会的底层基础。与奴隶稍有不同，农奴具有小幅度的自由，不被农奴主完全占有。在农奴群体中，又划分为"差巴""堆穷""朗生"或"小屋农""庄园奴仆"等身份群体。

需要强调的一点是，西藏农奴制与藏传佛教的传播息息相关，具有较为明显的政教合一特点。西藏社会中最早的庄园就是寺院，最早的封建领主就是僧人。由于藏传佛教占有极其重要的地位，居民基本上全民信教，加之寺院分布广泛，农奴虔诚地向寺院献祭并向寺院领主纳税。因此从某种程度上看，寺院领主对农奴具有意识、土地、财产等方面的多重支配关系。

许多学者对"西藏农奴制"的社会性质有所争议。例如，戈尔斯坦（Melvyn Goldstein，1971）认为1959年之前，西藏社会确实存在普遍的不平等的农奴制度，绝大多数人是农奴，需要纳税、劳役，甚至所生子女、婚姻状况都由领主支配。但是也有学者认为（Buffetrille等，2008），无法在绝对意义上定论西藏社会存在过由领主完全决定生死的奴隶制，虽然西藏社会极不平等，但由于西藏社会的赋税是按"户"而非"人头"分配，因此，家庭中有的人也可通过进入寺院、从事商业等途径实现向上流动。但无论如何，绝大多数学者承认1959年之后西藏社会进入了更为平等的时代。

（黄志辉）

参考书目

［1］梅・戈尔斯坦. 喇嘛王国的覆灭. 杜永彬译. 北京：中国藏学出版社，2005.

［2］Goldstein Melvyn C.1971, *Serfdom and Mobility: An Examination of the Institution of Human Lease in Traditional Tibetan Society*. Journal of Asian Studies.

［3］Blondeau Anne-Marie, Katia Buffetrille. 2008. *Authenticating Tibet: Answers to China's 100 Questions*. University of California Press.

习惯法（Customary law） 所谓习惯法一般是指民间自愿设定的习俗惯例。法学家们更乐于把习惯法看成是一种知识传统，认为它是由民间习惯以及乡民长期生活、劳作、交往和利益冲突中显现，因而具有自发性和丰富性的地方色彩。这套受"实用理性"所支配的知识明显不同于国家法。习惯法之所以以"习惯"名之，是因为其来自于民间的自愿同意，历时积久便相沿而成为习惯法。它之所以引起法学家的注意，是因为其应用能够很快地消除民事纠纷。在这里，"实用理性"实际上就是一种支撑乡民生活的行为逻辑，这种逻辑是一种观念，它是在乡土社会流通的用以衡量行为是非的标准。另外，习惯法观念重新受到重视，很大程度上与发展中国家追求现代化的过程密切相关。一方面是追求普遍性的现代性，另一方面有强大的习俗传统。这种矛盾促使敏感的法律人类学家走进田野，仔细地描述地方性的习惯法传统。1959年阿洛特（A.N.Allott）教授得到诺福特（Nuffield）基金会的资助，在伦敦大学东方与非洲学院创立了非洲法律重树规划。其主要的工作目标就是把非洲的习惯法变成法典。经过前后10年的积累和研究，阿洛特指出，把习惯法变成准规则，它也会具有与欧美程序法律一样的效率。对习惯法的看重，在一定意义上体现某些西方法学家和人类学家，对于西方法律过于脱离一个社会的文化背景来加以实施的霸权做法的抵制。

在现当代的法社会学者、法人类学者看来，习惯法属于"非国家的法""活的法""身边的法"，应该给予高度重视。英国的马林诺夫斯基在习惯法方面进行了开创性研究，他在《野蛮社会中的犯罪与习惯》中指出，原始法律不是建立在某一原则基础上各种规则的完善结合，而是许多几乎互不相关的习惯法；"相互性、制度性影响、公共性和志向将被发现是原始法律约束机制中的主要因素"。美国学者博安南对包括所有法律制度规范与习惯的"双重制度化"进行了讨论，他认为法律从习惯发展而来，习惯本身是一种社会制度，法律是一种再制度化的规范，这种再制度化过程就是所谓"双重制度化"，强调习惯法对于国家法的意义。哈特兰认为任何习惯都是原始法，他在《原始法》的导言中明确指出："原始法就是部落习惯的整体。"奥地利学者埃利希主张研究"活的法律"，即"社会的内在秩序"，也就是"与国家执行的法律相对应的社会实行的法律"，如习惯法等。法国的布律尔则强调："在广泛的含义中，习惯法在暗中制定新的法律，犹如植物和动物还未出生时的潜在生命，它是法律规则的生命力，它的应用范围是无限的，可以毫不夸张地说，它是法律的唯一渊源。"

因此，可以从两个方面来理解习惯法。从国家法角度，习惯法是国家认可而具有法律效力的习惯或惯例。习惯法在任何民族的法律体系中都曾经是古老的法律表现形式，具有地方性、民族化的特点，其规范性、技术性都比制定法差。从非国家法角度讲，习惯法是独立于国家制定法之外，依据某种社会权威和社会组织，具有一定的强制性的行为规范的总和。习惯法的生成过程是与人的惯常性相联系的，是与满足和符合社会成员的需要与本性相一致的，几乎全然是从自身内部，圆融自洽地发展起来的，具有内生性。

（罗士泂）

戏剧理论（Dramaturgy） 源于一种隐喻，它将社会看作是一个剧场或舞台，所有社会成员无论男女均在其中扮演着各自的角色。该种观点由来已久，例如莎士比亚的戏剧《皆大欢喜》中的一个经典名句便是"人生就是一个舞台"。

戏剧理论的开创者则是美国社会学家戈夫曼，他关于剧场的隐喻主要体现在其著作《日常生活中的自我呈现》一书中，其中他所要讨论的是个体在普通工作情景中向他人呈现其自身和其活动的方式，他引导和控制他人对他所形成的印象的方式，以及其在他人面前维持表演时可能会做或不做的诸种事情。

在这样一种隐喻中，作为喻体的剧场舞台所呈现的事情是虚构的，但是作为本体的生活却可能呈现真实的和有时排练不充分的事情。在舞台上，一个演员、其他演员以及观众构成了互动的三方；而在现实生活中的互动则涉及两方，即扮演某种角色的个体迎合其他在场的人扮演的角色，而其他在场的人同时也构成了观众。

"印象管理"是戏剧理论的核心，它涉及前台与后台的控制，以及个体表演者与剧组的配合。前台包括布景所组成的场景，个体特征、社会地位、年龄、性别和种族等所构成的外表，以及人们期望如何行为的信号即举止呈现，另外，也包括剧场实现、角色距离、试图表演真实等等。如果说前台所呈现的更多的是公共性的，那么后台则是非正式的、放松的情景。在前台和后台，个体表演者与剧组以不同的方式达成协作一致。特别是，在前台观众面前，他们必须协调一致保持整体感，这便涉及印象管理的防御艺术。戈夫曼认为，该防御艺术包括三个方面，一是戏剧忠诚，即演员必须对剧组而不是对观众忠诚，才能使戏演下去；二是戏剧纪律，即演员与自己所扮演的角色保持一定的心理距离；三是戏剧审慎，即选择合适的表演对象、表演时间和地点。戈夫曼的后期著作《公共场所的行为》（1963）研究了特殊的场景；《避难所》（1961）研究了特殊的戏剧性问题，如处理污名、应付窘迫等。另外，他也探讨了特殊方式的使用（如竞赛运动、面对面工作等），以及若干戏剧性的仪式。

总的来说，戈夫曼的戏剧理论受符号互动论的影响，他所要说明的不是一种结构，而是人们在生活中的一种互动。在这一互动过程中，舞台上的表演者与观众一方面呈现给人们一种印象，同时，另一方面在剧班中或单独表演时，表演者有时不是完全按照剧本进行表演，剧本会随着互动的进展而改变，表演者会使用道具，控制他们的台词，进人场景并穿梭于前台和后台之间。他所要强调的是如何利用舞台和道具，如何通过精心设计和表演建构一个剧场，借此，自我如何在他人面前表现自己以及控制给他人所造成的印象，从而达到控制后果的目的。

戏剧理论虽然证明了一个非常富有成果的隐喻，但它是否可像目的在于表现社会如何运转的系统论那样被简单地作为分析工具使用，或者是否是对意识的一种实际描述即个体有意识地表现自身，仍旧是不清楚的。如果采取后一种立场，戏剧理论的隐喻就可能将“表演者”看作社会生活中愤世嫉俗的、机会主义的操纵家。

（牛忠光）

参考书目

［1］戈夫曼. 日常生活中的自我呈现. 黄爱华，冯钢译. 杭州：浙江人民出版社，1989.

［2］文军. 西方社会学理论：经典传统与当代转向. 上海：上海人民出版社，2006.

戏谑关系（Joking relationship）　从本质上来讲，戏谑关系被界定为那些必然会涉及个体之间的自由而亲近的谈话，这些个体处于相互关联的特定的亲属类别之中。一个人必须与那些在其系谱上被归为“戏谑亲属”（joking relatives）的人“开玩笑”，他们一般是这个人的祖父母、舅舅和表亲。这可能包括真实的玩笑，但更为常见的是“戏谑关系”（joking rela tion ship）这个英文术语是一个误称，而“开玩笑的亲戚”（parent é s à plaisanterie）这个法文术语则更为准确。

戏谑关系这一术语最早源于20世纪20年代至40年代间对于亲属关系的研究之中。这期间，莫斯（Marcel Mauss）、莱博瑞特亨利（Henri Labouret）、鲍尔默丹尼斯（Denise Paulme）、莫洛（R. E. Moreau）、佩德勒（F. J. Pedler）、弗雷德·埃根（Fred Eggan）、福特斯（Meyer Fortes），尤其是拉德克里夫-布朗的著作都暗示了民族志的重要性，特别是那些记载着戏谑关系的民族志。尽管一些诸如马塞尔·格里奥尔（Marcel Griaule）（1948）的学者否认这类关系的重要性，越来越多的民族志证据表明，这些概念在跨文化上存在着足够的一致性以使其成为从亲属研究衍生而来的分支的描述性机制的一个标准部分。

戏谑关系是由拉德克里夫-布朗提出并阐明的一种亲缘关系。布朗分别于1940年和1949年在《非洲》（*Africa*）发表的两篇关于戏谑关系的文章通常上被视为是对这一主题的明确声明，这两篇文章随后在其《原始社会的结构与功能》（拉德克里夫-布朗 1952 [1924]: 90-116）一书中被翻印出来。布朗将戏谑关系视为涵盖着本质上的“经过得到许可的不敬”（permitted disrespect），这是一种在任何其他场合都会激发出敌意的不敬。与戏谑关系相反的是“规避关系”（avoidance relationship），这种关系包含着极度的尊重，以至于回避上述亲属成了一种确保暗含于关系之中的紧张不会演化为冲突的最令人满意的方式。布朗认为，戏谑关系与规避关系通过这种方式对情绪加以引导进而控制了潜在的威胁性的社会互动，并最终限制了冲突的发生，增强了社会团结。

他将相关的进程表示为“社会断裂”（social disjunction）（包含着冲突的可能）与“社会联结”（social conjunction）（包含着对冲突的规避）之一，但是这两个术语未被普遍使用。

关于戏谑关系的经典案例可见于许多社会中的舅甥之间，在父系社会尤为如此。布朗在其《南非的舅舅》（*The Mother's Brother in South Africa*）（1952[1924]：15–31）一文中曾对此进行阐述，由此产生的“舅权”（avunculate）这一概念成为了亲属研究中的一个备受争议的话题。在许多社会中，对待舅舅的方式有着极大的宽容度。外甥可以戏弄、辱骂舅舅，甚至可以僭取他的财产。这种“戏谑”行为是单向的，因而舅舅对外甥就没有“以血还血，以牙还牙”的权利，只能心甘情愿地接受外甥的行为。与这种单向的、非交互性的戏谑相反的是，其他的戏谑关系可能充分包含着“你来我往”的开玩笑。例如，人们期望到了适婚年龄的表亲相互开玩笑，在某种程度上，他们在性上享有许多特许，并且沉迷于某些谈话当中，而这些谈话如果是直接指向任何其他人，都会被视为粗鲁的或者下流的。

一些亲属方面的专家往往认为戏谑关系与规避关系是在血亲之间运行的，而与之相似的在姻亲之间运行的关系最好被称为“亲密”或“尊重”关系。然而，这种用法并未得到很多支持，尤其是在那些有许多相关关系的社会中，在姻亲关系与血缘关系之间的语义上或行为上并未做出区分。

（张文潇）

参考书目

[1] Griaule, M. 1948 *Lalliancecathartique*, Africa 18: 242–58.

[2] Radcliffe-Brown, A.R. 1952 [1924] *Structure and Function in Primitive Society*, London: Cohen and West.

系谱（Genealogy）　大约有两种解释。一种解释认为将Genealogy 译为谱系学或系谱学，谱系学是历史分析的一种形式。谱系学反对传统上试图发现历史发展的连续性与模式的历史分析方法，而致力于关注断裂、不连续和表面。这一观点的代表人物主要是弗里德里希·尼采（Friedrich Nietzsche）和米歇尔·福柯（Michel Foucault）。尼采批判传统谱系学以本源为实在的出发点，认为所谓的实在只是当前的需要和状态投射在本源的结果。尼采的谱系学想要通过对语言的反思来解构人作为主体的中心位置，从而揭示出本源并非实体。弗里德里希·尼采的谱系学追溯的是“现在”的缘起，使得“现在”不能以自然而然的面目示人。米歇尔·福柯认为，哲学和历史努力揭示的“深层意义”只是建构的结果，是作为话语的创造物，不是作为一切思想与实在物的绝对基础而存在。福柯采用尼采许多反体系方法与假设，认为谱系学不仅是一种整体看法。谱系学家的目的是证明事物“没有本质”，更确切地说，“它们的本质是由异质形式、以碎片化的方式构成的”因此，闭合性、终极目的以及阐释的终结是谱系学无法容忍的。谱系学应该更加关注对话语事件的表层研究，是对阐释来指引历史的无数次尝试的记录，甚至是作为伪称客观的历史。谱系学的诞生和发展，是社会理论向后现代主义转向的标志之一。

另一种解释认为系谱是一种记载家庭系统来源和发展的记录，这种解释认为系谱亦称谱系、谱牒、族谱、氏谱、世谱等。这种语境下，系谱是一种文化形式和文化实践，有着悠久的历史，这种解释认为远至荷马史诗、旧约圣经以及中国史官撰写的《世本》均有所摘录。“系”有从上悬垂，连属于下，及继承等意义，也有从世系、谱系等词义解释的。

在西方，历史上系谱是统治者或贵族亲属及其后代证明其权力和财富继承权合法性的重要证明，而系谱真正成为系统化的研究始于美国19世纪约翰·法曼（John Farmer）。他被视为美国系统化系谱研究的奠基人。在他之前，追溯一个人的家谱被视为是一个殖民者试图在大英帝国衡量社会地位的保证，也是与新共和国平等的、面向未来的精神的一种目标。随着7月4日庆祝活动纪念开国元勋和革命战争的英雄越来越受欢迎，追求“古物研究”、侧重于当地历史作为一种纪念早期美国人的成就被人们越来越接受。法曼利用这股潮流，在新英格兰与其他考古学家合作，新英格兰古物研究和系谱研究发展得比较好，法曼成为一个协调者和鼓动者，贡献于系谱的蓬勃发展。在19世纪20年代，他和其他考古学家开始得出系谱的研究成果，慢慢获得美国人民的青睐。法曼的努力使得新英格兰历史与系谱社会学产生，并出版《新英格兰历史和家谱登记》上（François Weil，2007）。

中国历史书中不少见为帝王将相作系谱，地方上也有百姓自己书写族谱、氏谱等。书写系谱的目的在于在家族、宗族错综复杂的矛盾及冲突理论中梳理出等级次序，以确定权位财产一代接一代地承继下去（黄平、罗红光、许宝强等 2003：176）。系谱具有保持和详述系谱对维持社会合法化和社会团结有着重要的社会功能。在中国封建社会，系谱是尊崇封建家族血统的标志，是宗族结合的重要象征，具有记述宗族历史、明确宗族成员的身份和关系、确立宗族社会地位等作用。系谱多由宗族团体自行修编。系谱的内容就在中国而言，宋代以前多限于世系图例，人物传记比较简单。宋代以后则包括三大部分：第一部分包括立谱宗旨、原则的序或跋、凡例、目录等；第二部分包括以人物为中心的系谱、传记、墓志铭、遗像以及官场经历、诗文、随笔等；第三部分包括以宗族生活为中心的宗族规则和约定、祠规、祠记、祀产记、坟墓记、墓图、禁约、契据、义庄规条、义庄记、义田记等。内容十分丰富。因此，搜集系谱是人类学田野工作的一项重要内容。它可以为人类学研究提供有关亲属制度，尤其是继嗣、遗产继承、爵位承袭，以及婚姻规则等的材料（陈国强 2002：111）。

（杨修业）

参考书目

［1］徐颖果. 族裔与性属研究最新术语词典. 天津：南开大学出版社，2009.

［2］François. Weil. 2007, *Farmer John and the Making of American Genealogy,* New England Quarterly.

系统论（Systems theory）　在广义上是指研究与各种系统有关的一般概念、结构、规律、原理和方法的学问的总称。因此，它不是通常意义上的一种理论，而是一个研究的领域。系统可以定义为由相互联系、相互作用的若干要素组成的具有稳定结构和特定功能的有机整体。系统具有整体性、层次性、结构性、开放性等主要特征。系统方法是以系统论为理论基础，运用系统的观点来分析和综合事物，把对象作为多方面、多要素联系的动态整体来研究的思维方法。

系统思想源远流长，但作为一门科学的系统论，人们公认是美籍奥地利人、理论生物学家路德维格·冯·贝塔朗菲（Ludwig von Bertalanffy）在20世纪30年代创立的。冯·贝塔朗菲不仅是一般系统论的创始人，也是一般系统运动的主要组织者之一，他致力于把一般系统论思想从生物有机论拓展到包括自然科学与人文社会科学在内的所有知识领域。

尽管克利福德·格尔茨（Geertz Clifford，1963）率先提出在人类学领域采取一种“生态系统”的视角，但他本人在研究印度尼西亚的农业发展时并没有运用系统生态学的方法论，这方面最有名的运用是拉帕波特（Roy A. Rappaport）关于献祭仪式在甄巴加人（Tsembaga）的猪群和菜园管理中的作用的研究，甄巴加人是生活在新几内亚高地上的一个以园艺为生的社群。借助于明晰的系统-生态方法论，拉帕波特描述了甄巴加人如何与周围的动植物进行能量交换，同时与自己的邻人相互竞争。拉帕波特的分析还超越了生物学家的系统生态学视域，把仪式在调节和联结猪肉盛宴、人口增长与战争周期中的作用也考虑在内。

在拉帕波特的引领下，出现了大量试图将系统生态学运用于不同人类群体的研究，如对南美洲和欧洲高山地区人群的研究（Thomas，R.1972; Netting，1981），以及对东非游牧群体的研究（Little，1992）。然而，这种方法无法大范围使用，因为在控制试验中令人棘手的变量总是层出不穷。到了20世纪70年代，生态学家们得出结论说，过去被人们描述为平衡的生命有机体群落本来就是不稳定的。这一发现对于提出有关确定性混沌的数学理论至关重要。

部分是为了回应混沌理论，近年来出现了一种新的系统论方法。它们被冠以“复杂性理论”、“动力系统论”、“非线性动力学”等诸如此类的标题，主要关注的是自组织在复杂适应系统（complex adaptive systems，CAS）中的作用。复杂适应系统是一些多元的或多主体的系统，它们的大量具有主动性的个体积极地相互竞争和合作，在没有中央指挥的情况下，通过彼此相互作用和相互适应也能形成整体的有序状态。

在社会科学当中，对复杂适应系统的研究最早是由经济学家和博弈论者发起的。在人类学领域，J. S. Lansing和J. N. Kremer（1993）为印度尼西亚巴厘岛上的“水庙”网络在水稻梯田的生态管理中的作用创建了一个非线性模型。数千年来，历代巴厘农民逐渐地改造着他们的海岛景观、清理森林、挖掘灌溉渠道，沿山坡修建梯田以种植水稻。与此同时，农民们还建造了圣坛和神庙的复杂网络，由祭司管理着水流。由于考古学关心的是人类社会跨越时间的兴衰，复杂适应系统理论最近也被运用到对西南美洲史前复杂社会的研究当中（Gummerman & GellMann, 1993; Kohler 1992，1993）。

（康敏）

下嫁婚 女人因结婚而降低社会地位的实践。在交换婚姻系统中，这种实践意味着妻子供给者的社会地位高于妻子接受者。此处的文化逻辑是女性在婚姻中作为给下级的礼物，而不是对上级的贡品。相比高攀婚，下嫁婚更易于在不对等的联盟体系中发现，而较少在国家社会中发现。但是，下嫁婚，其中男人会增进社会地位，比如“与上司的女儿结婚”，通常就足以形成它们自己偏见。

（哈彬）

夏威夷式亲属制度（Hawaiian kinship system）亲属称谓制之一，亦称“马来式亲属制”。进化论者认为这是人类社会最原始的亲属制度。在夏威夷和其他马来–波利尼西亚地区普遍存在，但同时也能在其他地方发现。美国人类学家摩尔根（Lewis Henry Morgan）最早提出并加以研究，美国人类学家默多克（George Peter Murdock）在《社会结构》（*Social Structure*，1949）对亲属称谓制的分类也包括夏威夷式亲属制度。以大洋洲夏威夷人中流行的亲属制最为典型。该亲属称谓制对所有血缘关系，不分远近亲疏称谓一律相同，都用同一称呼指称所有同一辈分的同一性别亲属，又称世代制。如父母的任何兄弟姐妹都是自己的亲属群，因而不仅父母的所有兄弟同称，父母的所有姐妹亦同称，同样，在“自我”这一辈里，同胞兄弟和父母亲兄弟的儿子皆称为“兄弟”，同胞姐妹和父亲亲姐妹的女儿皆称为“姐妹”。

这种亲属称谓制属摩尔根提出亲属称谓制两大类中的类分式亲属制度的一种。夏威夷亲属称谓制通常是与两可继嗣联系在一起。因为两可继嗣的规则允许个体可以从家庭的任意一方去追溯自己的世系，并且父亲和母亲双方的成员被视为同等的，所以父亲和母亲双方的同胞兄弟姐妹之间就有一定程度的相似性。这样，他们便同时被识别为相同的亲属关系，并合并在同一个适合于他们性别的称呼之下。同样地，母亲和父亲的同胞兄弟姐妹的子女也以相似的方式与“自我”相联系。因此，他们就被排除在可能的婚姻对象之外。

（刘荣）

先驱人（Homo antecessor） 先驱人（Homo antecessor）化石是1997年贝穆德斯·德卡斯特罗（Bermú dez de Castro）、亚苏阿卡（Arsuaga）、卡博内尔（Carbonell）、罗萨斯（Rosas）、马丁内斯（Martí nez）和莫斯克拉（Mosquera）在《科学》杂志上发表的挖掘报告，将西班牙阿塔普尔卡地区（Atapuerca）下更新世发现的古人类化石。“Antecessor”在拉丁语中的含义为“探险者”“先驱者”或“早期定居者”，强调这些古人类属于欧洲大陆已知的最早的人类群体。

先驱人化石显示出完全现代人化的面中部形态特征，相较其他具备这一特征的化石，先驱人在年代上早了大约65万年。而在匠人（Homo ergaster）中，还没有显示出现代人面中部及鼻下部特征的雏形，因此推测，先驱人可能是现代人和尼安德特人的最后共同祖先。

1994—1996年，在西班牙布尔戈斯省的塞拉利昂德阿塔普尔卡地区（Atapuerca），从格兰多利纳遗址（Gran Dolina，TD）更新世洞穴第6层（震旦纪地层）中，复原了近80处化石遗骸。这些遗骸发现于松山–布容（Matuyama–Brunhes boundary）边界下约1米处的沉积层中。1997年，贝穆德斯·德卡斯特罗等人对TD6的化石进行了描述，并将其定义为一个新的种类。这类化石的颅骨、下颌和牙齿特征的组合非常独特。它们的面中部显示出现代人的特点，且眶下有真正的犬齿窝；眶上隆突是双拱形；颞鳞上缘凸起，并存在茎突。下颌的舌骨沟向前延伸，方向接近水平，并延至下颌体；下颌体厚度明显小于匠人和狭义能人。第一臼齿齿槽突缺失，臼齿外沟窄，侧突平滑且只出现在第二臼齿；内侧部分的构造接近欧洲中更新世化石；相较于狭义能人，先驱人的下颌门齿自颊侧向舌侧扩大，臼齿却较小，属于匠人、直立人和海德堡人的范围；上颌门齿为铲形；下颌犬齿自近中向远中缩短。

先驱人的模式标本为一块包括第一、第二和第三臼齿的右侧下颌骨（ATD6–5）碎片，以及同一个体的牙齿。模式标本和副模标本曾被临时安置在西班牙马德里的国家自然科学博物馆中，现今储藏在西班牙布尔戈斯博物馆。

（谭婧泽、佟欣竹）

现代达尔文主义（Modern Darvinism） 亦称综合进化论（The Synthetic Theory，包括后来的新综合理论），是达尔文主义选择论和新达尔文主义基因论综合和提高的产物。该学派是现代进化论中是最有影响力的一个学派，代表人物有英国学者霍尔丹（J. B. S. Haldane，1892—1924）、费希尔（R. A. Fisher，1890—1962），苏联学者施马里高践（J.F.Schmalhausen）等。其中最突出的是美籍苏联学者杜布赞斯基（Theodosius Dobzhansky，1900—1975）。1937年，杜布赞斯基出版了《遗传学和物种起源》一书，标志着综合理论的形成。

（黄娟）

现代化（Modernization） 指一个经济、社会和文化等领域的更新、改善、重建或稳定的过程，旨在使组织、生产与信仰系统等方面都达到一个新的水平。

现代化的水平高低通常是以西方现代化历程的标准为参照的。人们认为，经由现代化的进程，知识与理性将取得进步，人类生活境遇能得到不断改善——其背后的预设在于，现代化是一个不可避免的、全球化的进程，即主张：不发达地区虽然在许多方面落后于发达地区，但这些地区的传统的社会组织、世界观、文化与个人特质等，必将经由工业化与理性化过程而为现代性的因素所取代，从而最终成为发达地区。

社会科学诸学科都参与了现代化问题的讨论，对于现代化与家庭组织、教育、大众传媒、宗教、个人素质、人口增长等问题表现出了浓厚的兴趣。诸如经济学家主要关心人均生产的增长、盈利、对现代科技的投资以打破传统经济的低增长模式等问题；一些社会学家则关注正式教育机构、大众传媒对传统社会的改造作用等；政治学家则对官僚组织的构成形式、现代民族国家的设置、理性化与民族资产阶级的现代化作用等进行研究。塔尔科特·帕森斯（Talcott Parsons）将现代化视为某种“普遍的进化特质”（evolutionary universals），诸如职业角色与家庭角色的分离、法律原则与宗教的分离等。

对人类学家而言，现代化理论意味着某种早期社会进化论（social evolutionism）与全球扩散论（global diffusionism）的复归，是一个“现代”文化取代“传统”文化的过程，这里的“文化”又包含了物质的和非物质的两种构成；一个非西方社会中的文化变迁，则被视为不同文化特质在特定的文化模式（cultural pattern）或情境形貌（configuration）下被接受或排斥的过程。现代性在全球许多地区亦常常遭遇抵抗，如何找出现代性传播所遭遇的阻碍并加以消解，亦成为了人类学的主要关切之一，也成为整个现代化理论中的重要议题。

然而，亚洲、非洲、大洋洲、拉丁美洲的一些前殖民地区，甚至苏联等开展社会主义社会实验地区，以及中国曲折的现代化进程，出现了有异于西方现代化的具体情况，现代化的具体路径、西方式的现代化是否不可避免等问题，还存在很多争议。现代化逐渐被视为一个具有浓厚西方中心主义色彩的概念，出现了一些针对现代化理论的批判性观点。

20世纪60年代，作为对现代化理论的主要批评，依附理论变得炙手可热。该理论强调现代性在全球范围内的扩散所带来的不平等——不发达地区或殖民地的财富转移到发达地区或宗主国，导致了前者长期的发展迟滞；主张发展中国家和发达国家的差距，并非一种历史时间意义上的滞后，而是“外围”地区被强行整合入资本主义体系而造成的不发达。通常，现代化的倡导者鼓吹革新的传播、规模经济、发展管理、人力资源开发、财政援助和外国援助等；依附理论的倡导者虽然也赞同现代化学说中的“进化”“进步”理念，但侧重不结盟、调整等理念，认为不发达国家只有在“后资本主义”时代方能完成现代化。

20世纪70年代以来，由于贫困国家的生产能力无法持续满足不断增长的人口需求，关于“现代化不可避免”的乐观主义倾向遭遇严重挑战。也正因为当时非洲、南美和亚洲的发展状况不容乐观，人类学家转而更多关注“基本需求”“可持续发展”等理念，而拒绝空谈广义的“发展”问题，并且由于乡村-城市之间、传统-现代之间的界限日益模糊，现代化理论所倚靠的最重要的二元预设遭到排斥，人类学家对现代化问题关切发生了转向。另一方面，近年来东亚的高速增长及苏联及其附属国的重建，也给予了现代化理论以新生。时至今日，现代化问题仍然是社会科学学者最为关心的议题之一。

（黄煦）

参考书目

［1］Esteva, Gustavo. 1992, *Development, in Wolfgang Sachs ed., The development dictionary*. London: Zed, pp. 6–26.

［2］Ferguson, James. 1990, *The anti-politics machine: development, depoliticization and bureaucratic power in Lesotho*, Cambridge: Cambridge University Press.

［3］Geertz, Clifford ed. 1963, *Old societies and new states: the quest for modernity in Asia and Africa*, New York: Free Press.

［4］Sunkel, O.1979, *The development of development thinking, in J. J. Villamil ed.*, Transactional Capitalism and National Development, Hassocks: Sussex.

［5］Wrigley, E. A.1972, *The process of modernization and the industrial revolution in England*, Journal of Interdisciplinary History, I.

现代主义（Modernism）现代主义的概念源于视觉艺术中对具象传统和文学中对现实主义、自然主义的批评，现在主要泛指一个广义上的文化运动，被认为是“现代”与“现代艺术”的根源。其主张具有浓厚的先锋派和精英文化的色彩，但现代主义思潮内部亦存在巨大的差异与分化——现代主义的倡导者中，有的人是政治上的保守主义者或怀旧者，有的则将自己的主张视为社会变革的推动力量。

就现代主义与人类学之间的关系而言，一方面，马林诺夫斯基（Malinowski）、博厄斯（Boas）等现代人类学奠基性人物的实证主义关怀，与一些现代主义作家和画家的“原始主义”倾向有契合之处——如毕加索（Picasso）的非洲人面具、劳伦斯（D. H. Lawrence）有关美国西南部土著居民仪式的创作、马克斯·恩斯特（Max Ernst）的霍皮娃娃收藏等；另一方面，人类学家自己的作品，诸如民族志等，也刻上了自然主义和现实主义的烙印。

文学现实主义的主要特征，与人类学后现代主义的主要特征有大量的交叠之处，因而通常借由后现代主义为参照来对现代主义进行定义：从后现代主义的观点来看，现代主义绝不单单是“西方高等文化”（Western high culture）的其中一个特定发展时期，而是一段具有“启蒙”意义的时期——涵盖近代以来理解人类事务、开展“人类解放”事业的所有努力和尝试。总的来说，即使在晚近的一些研究中仍能看到一些新的现代主义人类学的踪迹，但从民族志研究的层面而言，仍很难界定现代主义的意蕴。

（黄煦）

参考书目

［1］Holston, J. 1989, *The Modernist City: An AnthropologicalCritique of Brasilia*, Chicago: Universityof Chicago Press.

［2］Inda, J.X. 2005, *Anthropologies of Modernity: Foucault,Governmentality and Life-Politics*, Oxford: Blackwell.

［3］Manganaro, M. (ed.). 1990, *Modernist Anthropology: From Fieldwork to Text*, Princeton, NJ:Princeton University Press.

［4］Rabinow, P. 1989, *French Modern: Norms andForms of the Social Environment*, Cambridge, MA: MIT Press.

［5］Rabinow, P. 1992, *Studies in the Anthropology of Reason*, Anthropology Today 8(5): 7–10.

现代主义民族志 受现代主义文学影响的民族志写作法。现代主义文学产生于19世纪末20世纪初，是对19世纪现实主义文学的反叛。现实主义文学的作者总把自己作为讲述者的地位看得很重要，而没有给文本中的性格人物以足够的讲述机会；而现代主义文学主张文学写作应该是作者与主人公之间的信息交流和互惠交换，因此写作任何作品时应该采用对话的方法。现代主义民族志受这一启发，批评马林诺夫斯基（Bronislaw Malinowski）创造的民族志传统，认为这一类民族志没有给被描述者讲话的空间。为了修正这个错误，现代主义人类学者花很多精力去构造自己与访谈对象之间的对话，杜也尔（Kevin Dwyer）的《摩洛哥对话》是其中标志性作品。现代主义民族志文本是从结合民族志研究情境中局内人与局外人的不同透视点而发展起来的。它运用田野调查的访谈记录反映人类学者研究过程中获得资料的手段和对文化的描述的主观性。有的人类学者甚至请被研究者参与民族志的写作，使他们在民族志的创作中有一席之地。

（邹宇灵）

现实主义民族志 是一种寻求表述某一整体社会或生活形式的现实写作模式。现实主义民族志的写作是借助于不断地唤起我们对一种社会和文化整体性的注视，迫使我们用分析的眼光去关注这一整体。它倾向于依据大众常识世界（他们自己的文化或被研究的异文化）来推导其基本分析框架。民族志力图展示的是异文化生活方式的整体图景，因而它所制造的是一种特殊、从文学上看狭隘的现实主义。现实主义民族志与人观研究所发展出来的对个人的强调有密切关系，因此特别重视对生活史、生命周期、仪式、美学和戏剧性的事件和冲突的描写。在某种程度上，现实主义民族志开始直接关注基督教文化和大都市决策所不曾容忍的本土观点。文本构成了20世纪20年代由马林诺夫斯基和拉德克利夫·布朗所创造、具有广泛影响的英国民族志文本传统，直到40—50年代出版的许多英国社会人类学著作中，都还包含了现实主义的特点。例如，埃文思·普里查德（Evans-Pritchard）的《努尔人》和维克多·特纳（Victor Tunner）的《一个非洲社会的分裂与连续》。

（邹宇灵）

现世人文主义（Secular humanism） 虽然“人文主义”（humanism）这个词是最近才出现的，人文主义的观念却是人类历史中最古老以及最跨国族界限的世界观。绝大多数世界观是以其所坚持的信念来定义的，但是人文主义的典型特征却不是其信念，而是其探究世界的方法。

美国哲学家保罗·库尔茨（Paul Kurtz）对人文主义四个特征的定义是对人文主义最好的理解。第一，人文主义是一种探究的手段；第二，它展示了一个宇宙的世界观；第三，它为个人生活的姿态提供了一系列伦理上的建议；第四，人文主义表达了很多社会和政治的理想。对上述特征的排序是很重要的。第四条是最不重要的，当然这并不是因为社会和政治的理想不重要，而是因为这些理想的本质会随着时间和地域而改变。第二条和第三条比较重要，因为世界观的细节和伦理建议在世界各种人文主义文明间有更大的共同性。但是最重要的是第一个特征，因为是最恒定的。人文主义最好理解为一种探究的方式。

从印度的加尔瓦卡到阿基维伽教，从中国的孔夫子到王充，从泰勒斯到希腊思想家们，从文艺复兴到启蒙运动再到21世纪，人文主义都被理解为一种探究方式。这一探究——库尔茨定义的二、三、四条——的结论在不同文化之间、不同时代之间不断变化，但是方法一直没变。

人文主义独特性的征候就在于对于其存在的绝大部分，即使人文主义这个词没有出现，它依然正常发挥作用。人文主义是一个概念，这个概念在古印度、中国、希腊分别独自产生，但人文主义这个词是1808年以后在德国出现的，更令人费解的是，人文主义者这一词产生于文艺复兴，比人文主义这一词出现早很久。

但是人文主义主要因其方法而被定义而不是结论，作为所有结论的笼统语的人文主义这一词存在与否并不造成什么问题。

对人文主义的另一种解释来自于哲学家马里奥·邦格（Mario Bunge）。邦格的解释初看似乎是另外一种视角，事实上，邦格的方法最终所阐述的事物与库尔茨的简短地概括是很相似的。

邦格声称人文主义涉及对人道的关心。他所说的关心用他的话来说就是人文主义七大论点，按顺序来讲：宇宙哲学论点：一切存在的事物要么是自然的要么是人造的；人类学论点：人道的共性比差异的意义更大；价值论论点：存在一些基本的人类价值，例如幸福、城市、忠诚、团结、公平、安全、和平和知识，这些都是值得为之奋斗的；认识论论点：在经验、理性、想象和批判的帮助下我们是可能找到关于世界和我们自身的真相的；道德论点：我们此生应该通过工作和思想来寻求拯救；社会论点：自由、平等、团结和国家（国民）管理的专门知识；政治论点：虽然允许宗教信仰的自由，我们仍应该为世俗国家的达到和维护而努力。

邦格是系统主义的拥护者。系统主义假设所有事物和观念是一个系统或其他系统的组成部分。这样的话，第一个论点涵盖了最广阔的领域，为其他论点提供基础。从另一个角度来看，这些论点从硬科学过渡到了社会科学。

人文主义者向来拒绝思想的静态公式，或是向权威观点低头，抑或是去接受命令式道德。相比于创建在对于思想主体的接受上的体系，人文主义认为既然知识来自人类，那么一定会有错误，这些错误则须通过学习来纠正。如此，当代人文主义可以拒绝那些文艺复兴时期人文主义者的人类中心主义式自负，比如阿基维伽派的享乐主义和斯多葛派的一本正经，而同时也尊重他们长久在人文思想中的角色。另外随着我们的科学与哲学知识的增长，毫无疑问地，21世纪的一些人文主义的重要特点有朝一日也会被取代，但人文主义作为一个探究方法，其重要性将会留存下去。

（李胜）

现象学（Phenomenology） 是由德国哲学家胡塞尔（Edmund Husserl）所开创的哲学理论传统。第二次世界大战期间，现象学运动在欧洲沉寂，直到战后梅洛-庞蒂（Maurece Merleau-Ponty）和萨特（Jean-Paul Sartre）的著作问世，现象学运动才在法国复兴。这一哲学运动思潮的主要目标是在现象经由假设而被定义之前，以现象最为彻底的形式去表述现象本身。

“现象学”这一概念在广义上，包括所有那些符合现象学公认标准但主观上没有参加现象学运动的人的观点，如胡塞尔的老师布伦塔诺（Franz Brentano）、施图普夫（Karl Stumpf）等等，以及胡塞尔所设想和表述的方法意义上的现象学，如某个时期的哈特曼（Karl Robert Eduard von Hartmann）、萨特、海德格尔（Martin Heidegger）以及伽达默尔（Hans-Georg Gadamer）、新现象学创始人施密茨（Hermann Schmitz）、德里达（Jacques Derrida）等等。狭义上，它指研究内容上较多关注意识现象，尤其是关注各种事物的主观显现方式，从而使其有别于广义的现象学，这包括哥廷根学派、慕尼黑学派以及舍勒（Max Scheler）、后期的梅洛-庞蒂等；而最狭义的概念，是指胡塞尔本人所发展起来的现象学，即所谓的“胡塞尔现象学”。

胡塞尔将现象学视为一种描述方法，而非分析性的或经验性的研究。“非经验性”是指现象学描述的真实性不依赖于理性数据或经验性观察，而且也不像逻辑或数学形式那样，依据定义分析来确定描述的真实性。胡塞尔认为，经验主义、心理主义和行为主义等这类归纳科学的主要问题在于它们的假设是无法得到验证的。所有这些科学形式均是以其所声称要解释的世界为前提。尽管他们无视这一事实，但是他们确只是从假设，而不是从自然主义角度去发现世界。自然主义观认为，所有真实的东西都是从客观上真实的，因而对物理现象的理解也必定从物理现象本身理解。要保证现象学描述的真实性，便需要将所有这些假设整体悬置。此时，所剩下的便是没有经过任何干扰的基本形式，即所谓的“现象”。其意图便是将现象回归到最基本形式，或者说是超验的或非偶然形式。换言之，现象学家们的目的是将所有现象归类，删除所有而仅仅保留现象本身。这一过程也便是现象学“简化论”。简而言之，胡塞尔认为，“现象学”应当是一种建立在直接直观和本质认识基础上的严格的哲学方法。然而，胡塞尔之后的现象学研究者们却很少沿着他的这一方向发展。

现象学的许多见解被奥斯汀（John Langshaw Austin）、维特根斯坦（Ludwig Wittgenstein）等人的语言哲学或分析哲学研究所吸纳。虽然这些学者没有为经验社会科学实际从事研究的方法提供直接的指导，但他们却在使社会科学领域摆脱封闭式的实证主义的经验研究方法的束缚上，发挥了重要作用。譬如，社会学家舒茨（Alfred Schutz）将胡塞尔现象学哲学的意向性理论引入社会学研究中，进一步考察了个体如何理解关于社会世界的感觉材料，如何把这些材料作为社会现象分拨给不同的范畴。他使追求研究结果的客观性与科学性而忽视社会现象主观性的社会学，成为一门有关主观意义的科学，并且把重新构建人们在生活世界中解释他们自己世界的方式规定为现象社会学的任务。

相比之下，现象学在现代人类学中的影响不是很大。之所以如此，部分是因为事实上现代人类学是一种经验主义的科学，而现象学则强调非经验性的理解。当然，如果考察列维・斯特劳斯（Claude L é vi-Strauss）的《忧郁的热带》等结构人类学或符号人类学作品，人们也能体察到现象学在人类学领域的运用。尽管斯特劳斯笔下的“结构”没有任何主观性，但是这些“结构”却与现象学的“本质”有很大的共通之处。事实上，如果考虑到社会人类学内在的学术追求以及对其自身为实证主义科学的认定，从总体而言人类学与现象学有很大的相似性。除了强调经验性的田野工作，人类学研究最为显著的标识便是反对民族中心主义，这种从学科上批评忽视他者文化的行为，本身便是现象学“简化论”的一种形式。当然，如果考虑到无论是在社会学还是在心理学领域均有许多现象学学者，人类学对现象学的漠然也令人费解。

中国学者对现象学的广泛关注和研究主要是在1978年之后，并且很长时间处于译介和理论接受期。也有学者开始将作为一种意识哲学的现象学与东方文化中的佛学唯识论以及儒学心学结合起来进行研究，还有许多学者将现象学理论应用于文学、教育、建筑艺术、旅游等领域。

（牛忠光）

参考书目

［1］Iso Kern. 现象学在中国. 倪梁康译.《江海学刊》，2000（5）.

［2］倪梁康. 现象学运动的基本意义：纪念现象学运动一百年.《中国社会科学》，2000（5）.

［3］文军. 西方社会学理论：经典传统与当代转向. 上海：上海人民出版社，2006.

线粒体夏娃（Mitochondrial Eve）　线粒体夏娃的概念是指，所有现代人的线粒体DNA可以追溯到一个单一的遗传世系，一个生活在距今15万～25万年前的非洲女性。这个想法被一些人误解为，所有现代人类可以追溯到一个唯一的人类祖先，如圣经中的“夏娃”。这是不正确的，因为“线粒体夏娃”并不是人类全部核DNA的祖先，而核DNA才是编码人类的关键。

线粒体DNA　线粒体是在真核细胞中负责产能的小型细胞器，有自己的DNA（称为线粒体DNA或mtDNA），和核DNA并存，能够自行复制。它们被认为在15亿年前进入原核细胞而形成共生关系。mtDNA比核DNA更易研究，每个细胞的细胞质中含有数以百计的线粒体，因此很容易提取DNA。人体细胞核DNA中包含形成人类的30亿个碱基对，而mtDNA包含的信息少得多，只1.6万个碱基对，长度约为核DNA的0.05%。但是，mtDNA的两个特点对进化分析特别有用。首先，mtDNA突变积累相比核DNA更快，而且速率恒定；这些突变多半是中性的，持续存在而不会消除。其次，线粒体从母亲一方单独继承，因此不会和核DNA一样发生重组。

母系遗传和“线粒体夏娃”　当男性和女性从他们的父母处继承等量的核DNA并传递下去，他们的线粒体DNA只能源于他们的母亲。回溯一代人，一个人通过核DNA能够追溯到四个祖父母，但通过mtDNA只能追溯到外祖母。mtDNA谱系的这种直接继承，能够用于重构谱系进化树。这意味着，所有活着的人的mtDNA都复制自一个几千代前的女性，尽管带有一些突变。有时谱系会丢失，每代都有一些女性无法传递mtDNA，例如没有孩子或只有儿子的。由于大多mtDNA谱系随着时间逐渐消亡，越来越少，最终将只有一个谱系沿袭下来：这个谱系的始祖，就被称为“线粒体夏娃”。“线粒体夏娃”这个名称带有误导性，她是我们mtDNA的最近共同祖先，但通过上面的外祖母例子可知，她仅仅是同一时期我们无数的核DNA祖先之一。当然，事情没有这么简单，新的mtDNA谱系会随着时间而产生。当突变发生在mtDNA中，这些突变也随着新的mtDNA谱系而遗传。因为这些突变，现代的mtDNA已经从原始的“线粒体夏娃”mtDNA中分化出来。由于这些突变发生速率相当恒定，总的分化程度和时间成比例。这就可以帮助校准分子钟，以便我们确定“线粒体夏娃”的生活时期。

分子钟　分子钟背后的假设是，遗传变化以一个相对恒定的速率发生，因此可用于测定两个物种（或两个种群）从一个共同祖先分化而来的时间。因为mtDNA积聚突变的速率比核DNA更高，它可以用来校准分子钟，追溯几十万年到几百万年前的晚近进化改变。许多物种mtDNA变异的比较表明，人类mtDNA相对其他许多物种变化较小，尤其是黑猩猩。这表明，人类在过去的某个时期经历了人口瓶颈，随后人口激增。对mtDNA而言，这意味着大量谱系的快速丢失，随后新的谱系缓慢积累。由于现代非洲人群比其他人群包含更多突变，含有更多的mtDNA谱系，所以一般认为人口扩张始于非洲。利用分子钟证据表明，“线粒体夏娃”生活于15万～25万年前的非洲。评估这些遗传数据的价值和意义需要探讨几个问题。为探索现代人类的起源，用mtDNA追溯过去的人口流动，厘清现代人最早祖先的居住地和时间。要做到这一点，必须模拟不同区域不同人群的历史基因交流，这十分困难。另一个问题是，随机的谱系丢失可能在一个群体中去除了mtDNA谱系，但保留了核DNA谱系。如果说前两个问题是一些业余人士的担忧，那后两个问题才是关键，即mtDNA中性突变假设可能不正确。如果自然选择倾向于一种或几种mtDNA谱系，这就可能造成分子钟的误差。最后，精子中的线粒体偶然情况下会进入受精卵，这使得某些男性线粒体得以传递；如果这个发现不仅局限于罕见情况，这就会对mtDNA作为纯粹母系标记产生疑问，“线粒体夏娃”的概念也就站不住脚。

“线粒体夏娃”与现代人起源　“线粒体夏娃”是现代人类吗？一些被认为是解剖学现代人的非洲早期化石，所处的时期的确吻合。大多数mtDNA系统发生树表明，最早支系产生于现代非洲人，其他所有现代人类群体都是他们的下游支系。这的确非常可能，“线粒体夏娃”所处的非洲人群，后来离开非洲扩张到全世界其他地区。许多研究者援引该证据，来支持现代人非洲起源模型。然而，也有人批评分子钟的校准问题，认为“线粒体夏娃”生活的年代早于非洲的解剖学现代人。有证据表明，现代人和古老的直立人（Homo erectus）有着共同的线粒体祖先，进而反驳了现代人的晚近非洲起源。

“线粒体夏娃”和“Y染色体亚当”　最近的研究表明，存在一个等同于“线粒体夏娃”的男性，称为“Y染色体亚当”。人类有23对染色体，其中有一对“性染色体”，它有两种类型，X和Y。女性有两个X染色体，而男性有一条X和一条Y。所以，儿子继承的Y染色体完全源于他们的父亲。研究表明，Y染色体谱系的共同祖先，生活在约6万～9万年前的非洲，远远晚于“线粒体夏娃”。如果这两组数据都是正确的，那就表明，人类经历了另一个更晚近的人口瓶颈。这也表明，遗传谱系的产生和消失是完全随机的。另外，人类行为也可能发挥作用；一夫多妻制会限制群体中的后代集中于小部分男性，这可能会加速一些Y染色体谱系的丢失。“线粒体夏娃”的概念，即所有现代人类共享一个非洲女性的mtDNA，非常引人关注。不同于以往的化石祖先，它鼓励我们想象生活于几千代前的曾曾曾祖母。

（谭婧泽、王凌翔）

献祭（Sacrifice）　宗教活动里对杀戮动物或销毁物品的仪式操作。广义的献祭物可以包括任何物品，狭义的献祭物品特指流血的祭品。

威廉姆·史密斯将献祭放在人类学宗教、道德和亲属理论的核心，他认为日常崇拜的中心特征就是将食物献给神明。涂尔干则指出崇拜神明本质上即崇拜社会精神。献祭在埃文斯·普理查德那里则是个体的内在精神与神明通过物理象征物的沟通。列维·斯特劳斯主张动物物种为人类提供了一种符号系统，动物的区分系列成为社会区分系列的图示。很多英美理论家关于献祭的论述有浓厚的基督教神学色彩，比如采用罪、污染和忏悔这类概念来解释。由于在基督教传统里，献祭常常是以自我献身和自我否决精神为底色的。于是在基督教神学的影响下，精神性的自我否定成为社会进化每个阶段的道德基础。

有些文化强调杀戮前的活动，比如努尔人在屠宰牛牲前将灰涂抹到它的后背，通过颂词使得献祭者自我投射到牺牲品上。摩洛哥穆斯林强调杀戮行为本身，血液穿过被刺破的动物的肉流出象征父权社会的暴力。还有一些文化着重杀戮后的仪式过程。

各种献祭在各地表现不一，然而共享一些主要特征。一是沟通交流。沿袭西方神圣世俗二分法，献祭被认为沟通了神圣和世俗世界。献祭人和牺牲品都被引入了神圣领域而暂时取得了神性；二是替代关系。列维·斯特劳斯将献祭看作连接人和神圣的中介。这种联系靠的不是神圣世俗领域之间的来回运动，而是靠一系列物种彼此的可替代性。在埃文斯·普理查德的努尔案例中，牛作为最神圣的献祭物，可以被羊、鸡甚至牛型的蔬菜替代；三是共餐共享。献祭动物的肉总是被分享，标示了社区成员的联结，献祭也把这种联结延伸到了超自然世界。埃蒙德·利奇、玛丽·道格拉斯、迈耶·福特斯都认为动物肉的消费在献祭中是普遍的，只是仪式规矩和情感禁忌的程度不同；四是宣泄。献祭中的暴力流血，被认为是将社会成员彼此间的憎恶释放出来。这种论断受到弗洛伊德理论的启发，但并不被民族志材料所支持；五是礼物馈赠。爱德华·泰勒认为献祭就是把神当作人来看而赠送其礼物。献祭者总是强调赠予的行为，并明确神明是生命和财富的来源，强调交换的不对等性。然而这个理论不能解释为什么只有特定的一些动物或物品被认作是合适的祭品。

（王静）

参考书目

[1] Smith, William Robertson. 1927 [1889], *Lectureson the Religion of the Semites*, 3rd edn, NewYork: Macmillan.

[2] Hubert, Henri and Marcel Mauss. 1964 [1899], *Sacrifice: Its Nature and Function*, Chicago: University of Chicago Press.

[3] Evans-Pritchard, Edward Evans. 1956, *Nuer Religion*, Oxford: Clarendon.

[4] Lévi-Strauss, Claude. 1966 [1962], *The Savage Mind*, London: Weidenfeld and Nicolson.

乡土教材（Regional textbook）　依据各级各类教育目标，以学校所在地区的地方性知识为主要内容，旨在促进学生及当地社会发展的教材。

早在18世纪，法国思想家卢梭（Jean-Jacques Rousseau）就曾主张教给儿童乡土地理知识。在中国，乡土教材已有100多年的历史，其早期发展既受到德国和日本乡土教育的影响，也有中国地方志、乡土志所奠定的前期基础。早在1903年，清政府在《奏定初等小学堂章程》中就写到：历史“尤当先讲乡土历史”，地理“尤当先讲乡土有关系之地理，以养成其爱乡土之心”，格致“宜由近而远，当先以乡土格致”。1905年，清学部《乡土志例目》颁布之后，乡土教材逐渐推广开来，也出现了一些致力于乡土教育理论与实践的著名教育家，比如陶行知、蔡元培、晏阳初、梁漱溟、陈鹤琴、张宗麟等，吴泽霖在抗日战争期间曾经在贵州进行乡土教材调查，并纂修了《定番县乡土教材调查报告》。

历经清末、民国以及中华人民共和国成立之后等发展阶段，中国乡土教材逐渐形成了自己的特色，也呈现出一些变化：首先，乡土教材的内容更为丰富，不再局限于早期的历史、地理、格致等科目，而是涵盖更为丰富的地方性知识。其次，乡土教材的编撰由较为松散的状态逐渐走向规范：形式体例多采用教科书体；主要由当地教育行政部门组织编写；教材的编排方式也更为合理等。最后，乡土教材的适用对象也更为多元，从小学向更高年级拓展。

目前，研究者们已对乡土教材展开了多角度多层次的研究，但乡土教材在发展过程中也存在着一些亟须解决的问题，比如，乡土教材的应然价值与实然图景之间的差距，乡土教材评价体系的建构，乡土教材师资队伍的建设等等。乡土教材在传承地方性知识，促进个体濡化以及服务当地社会发展等方面具有重要的价值。在全球化与本土化的张力中，整合教育人类学与其他学科的力量，将有助于乡土教材应然价值的实现。

（陈雪英、夏懿）

《想象的共同体》（*Imagined Communities: Reflections on the Origin and Spread of Nationalism*，即想象的共同体：民族主义的起源与散布）　美国著名政治学家、东南亚研究学者本尼迪克特·安德森关于民族主义的经典著作。

本尼迪克特·安德森，全名本尼迪克特·理查德·奥格曼·安德森（Benedict Richard O'Gorman Anderson，1936—2015）出生在中国昆明，父母来自爱尔兰，弟弟是知名历史社会学家佩里·安德森。1953年，他进入剑桥大学学习西方古典研究和英法文学，1958年考入美国康奈尔大学专攻印度尼西亚研究，师从东南亚研究学者乔治·卡辛。1966年安德森和同事一起完成关于苏哈托政变的论文，导致其27年（1972—1999）被印度尼西亚当局禁止入境。1967年安德森完成博士论文《革命时期的爪哇》，并因为不能够进入印度尼西亚而将目光转向其他东南亚国家，完成了当代民族主义研究经典《想象的共同体》。

《想象的共同体》出版于1983年，至2007年先后被翻译成29种语言，在33个国家和地区出版。后来安德森撰写《旅行与交通：论〈想象的共同体〉的地理传记》，并于2006年增入《想象的共同体（增订版）》。此书的中文版本由上海人民出版社于2003年和2011年翻译出版。此书熔比较史、历史社会学、文本分析与人类学于一炉，将民族、民族属性与民族主义视为一种"特殊的文化的人造物"，认为民族是一种想象的政治共同体，是民族的想象召唤了人们的历史宿命感，使民族主义一波又一波地涌现。虽然此书受到"现代派与原始派"、杜赞奇的中国史案例等争议，但《想象的共同体》开创了丰富的研究可能性，因此被北欧学者斯坦·东尼生和汉斯·安德洛夫称为"连接现代与后现代研究途径的桥梁"。

（宋潇）

消费（Consumption）　经济学中，消费是社会再生产过程中的一个重要环节，也是最终环节，指利用社会产品来满足人们各种需要的过程。消费可以分为生产性消费和个人性消费。前者指物质资料生产过程中的生产资料的使用和消耗；后者是指人们把生产出来的物质资料和精神产品用于满足个人生活需要的行为和过程。

但是，消费从来都不是一种可以脱离人和社会而独立存在的纯经济行为。人类学家认为消费是一种文化，体现了社会关系，主张要从更广泛的社会文化背景中理解消费。著名例子是夸克鲁特印第安人（Kuakiutl Indians）的夸富宴（potlatch，详见"夸富宴"）。对夸富宴的"消费"体现了处于社会不同地位的人们之间的竞争与牺牲（sacrifice）关系。在夸富宴举行的过程中，人们的需求并不体现在对物质商品的消费上，而更多地体现在对非物质的物品的消费上（如社会声望、地位、权力等）。

最能体现出物质消费之外文化意义的消费行为有：仪式性消费与炫耀性消费（conspicuous consumption）。

仪式性消费是神圣性消费，发生在特定的文化场景中，是人们追求社会荣誉、实现人生目标的一种途径，包括岁时节日的消费和人生礼仪的消费，如婚礼、盖房、拜寿、丧礼、宗教祭祀及偶然的庆祝等。仪式性消费成为人们的一种交流媒介，人们的消费行为被赋予特定象征意义。

炫耀性消费（conspicuous consumption），最早由凡勃伦在其1899年出版的《有闲阶级论：关于制度的经济研究》一书中提出。指富裕的上层阶级通过对物品进行超出实用价值的浪费性消费，以此向他人炫耀和展示自己的金钱和财力，并通过这样的方式为自己带来荣耀、声望、地位等。如在特罗布里恩德岛上，人们把红薯堆在院子里来攀比炫耀自己的红薯堆，以此显示出个人的财富和地位。奇怪的是这些红薯宁可烂掉也没人食用，当地岛民仅仅用红薯来满足自己的攀比心理。

人类学家主张消费体现了社会的认同和资源分配的差异。阿普杜莱（A.Appadural）意识到消费产品的过程，也在消费并生产着文化、身份和权力（庄孔韶，2002）。在米勒（D.Miller）的眼中，人们通过消费，将自己划入不同的群体，消费成为文化建构和认同形成的过程。

西敏司（Sidney Mintz，2010）在其著作《甜蜜与权力：糖在近代历史上的地位》一书中，从政治经济角度研究了加勒比岛的糖生产与欧洲糖的消费，并且把它与资本主义的发展联系起来。在相当长的时间里，糖维护着控制生产和市场的有权阶级的社会地位。同时，因为糖的出现，使得混合了糖的茶和咖啡成为18、19世纪工人阶级的代用营养品。也急剧减少了创造和再生产大都市无产阶级的成本。他认为：烟草、糖、茶是在资本主义中第一次表达了如下复杂思想的物品：人们通过不同的消费可能变成不同的人。

布迪厄用市场语言分析了文化消费的过程，分析了语言的产生、交换和积累。人类学家道格拉斯（Marry Douglas）与伊舍伍德（Isherwood）在《物品世界》（1979）中，通过分析人类学中关于消费问题的描述解读消费行为所反映出的社会结构和物的意义。道格拉斯提出，消费是生产和维持社会关系的一种日常生活实践，体现着符号/象征（symbolic）和交际行为。

从人类学的角度重新审视消费，我们可以发现，消费不仅体现了不同社会的文化，也在一定程度上建构着这个社会的文化，推动着其发展和变迁。

（王晨娜）

参考书目

[1] 西敏司. 甜蜜与权力：糖在近代历史上的地位. 北京：商务印书馆，2000.

[2] 费瑟斯通. 消费文化与后现代主义. 刘精明译. 江苏：译林出版社，2000.

[3] 西莉亚·卢瑞. 消费文化. 张萍译. 南京：南京大学出版社，2003.

[4] 王宁. 消费社会学. 北京：社会科学文献出版社，2001.

邪恶（Evil）　“邪恶”的概念看似复杂，但通常包括四个基本范畴之间的综合作用或相互作用，包括2种不同的原因和起源。两者的影响是痛苦和形而上的邪恶，而这两者的缘起是道德与自然的邪恶。痛苦，既包括身体的也包括心理的痛苦和困扰，而形而上的邪恶则涉及如下事实：世界的无常，尤其是人类的死亡（为简单起见，在下文中，“痛苦”包含这一形而上的邪恶）。

道德上的邪恶，简单来说，大体如基督教的“原罪”，印度教的“爸爸”或“业”（尤其是指人类故意的行动，但有时也指其他生物或超自然的存在）自然的邪恶是自然界自为自受的活动，没有外界的或超自然的干预；它涉及如地震、洪水和饥荒等自然灾害，也有些是个别事件，如闪电和疾病。虽然大多数西方传统的思想集中在道德邪恶的问题上，但其他传统往往更关心的是苦难的发生和程度，以及形而上的邪恶。例如，在佛教传统中，当悉达多平生第一次遇到了老、病、死、苦并意识到“苦”是人生常态时，他便被引导着放弃了世俗奢侈的生活去寻找觉悟。事实上，无论哲学家、神学家和思想家都认为，大多数文化中，普通人都以为问题由其效应引起而非原因；在宗教方面，尤其是痛苦和痛苦的量的发生以及生命的溘然长逝使人们质疑他们的信仰。

两种观念的差别应该划分出来。一种认为邪恶就其本身来说是确定的，另一种则认为是善的轻微匮乏或缺席。在不同的文化中，这一区分需要非常不同的形式，从各种特性之间的概念区别于一个邪恶的存在的具体区别。在任何形式上，这种区别尤其是与道德邪恶和痛苦相关，当然，它也可以适用于其他两类范畴。这一区别是很重要的，因为那些认为邪恶是积极的人通常被认为是在特定的压力下解释它的起源。

（蒋萍）

参考书目

[1] Babuta, S., &Bragard, J.P.1985, *Evil*. London: Weidenfeld& Nicolson.

[2] Garrard, E. 2002, *Evil as an explanatory concept*. The Monist 85, 320–336.

[3] Herman, A.L.1976, *The problem of evil and Indian thought. Delhi*, India: MotilalBanarsidass. King, P.J. 1998, *The problem of evil. PhilosophicalWritings*, 9.

[4] Midgley, M.1979, *Beast and man. Ithaca*, NY: Cornell University Press.

[5] Morton, A. 2004, *On evil*. New York: Routledge.

[6] Obeyesekere, G. 1968, *The odicy, sin, andsalvationin a sociology of Buddhism. In E. R. Leach (Ed.), Practical religion. Cambridge*, UK: Cambridge University Press.

[7] Parkin, D.J. 1985, *The anthropology of evil. Oxford*, UK: Blackwell.

[8] Rorty, A.O. 2001, *The many faces of evil*. NewYork: Routledge.

[9] Sharma, R.P.1977, *The problem of evil inBuddhism. Journal of Dharma*, 2.

[10] Sharma, U.M. 1973, *Theodicy and the*

doctrine of karma. Man, 8,347–364.

《写文化》（*Writing Cultare*） 《写文化——民族志的诗学和政治学》是1984年“民族志文本的打造”（The Making of Ethnographic Texts）研讨会的论文集。与会代表是以詹姆斯·克利福德（James Clifford）和乔治·E·马库斯（George E Marcus）为代表的十位中青年学者，他们在民族志的文本分析和实践创新方面积累了独到的成绩。经过坦率批评和深入探讨，最终将修改后的论文汇编成书，于1986年公开出版。随即在人类学界产生爆炸性的反响，引发人类学家对以参与观察为途径的经验研究的反省。《写文化》主要聚焦于跨文化描述的特殊修辞，作者权威与叙述形式的结合方式，口头话语（包括田野作业的话语）被记录成为代表性的叙述的方式，所描述的对象被分类与组合的方式，权力与知识所处的变化中的历史语境，学科的制约条件，民族志与相互牵涉的一些文体（诸如旅游读物、小说、历史记述）的边界的变动，以及社会科学、文学和文化批评的现实主义和现代主义的风格。他们尝试去做的，既是对文化人类学的过去进行再解释，也是在开启未来的可能性。从1984年的研讨会到1986年《写文化》问世，民族志的主-客体单向关系的科学定位受到强烈的质疑，反思的、多声的、多地点的、主-客体多向关系的民族志具有了实验的正当性。《写文化》的出版标志着民族志进入全新的多元发展的时代。

（刘姝曼）

参考书目

［1］詹姆斯·克利福德，乔治·E. 马库斯. 写文化——民族志的诗学与政治学. 高丙中等译. 北京：商务印书馆，2006.

［2］王铭铭. 西方人类学名著提要. 南昌：江西人民出版社，2004.

心理动力学民族志 特点在于它对不同文化对人观、自我和情感的不同界定和经验，其主要目标是对传统人类学的“集体思维方式”理论的批评。这方面的先驱性研究是莫斯（Marcel Mauss）对人观的跨文化比较，弗洛伊德的心理分析学研究及格尔茨对巴厘岛人的人观、时间和行为的研究，以及施耐德对美国个人与社会关系的研究。

心理动力学民族志较少关心弗洛伊德精神分析及其副产品是否有效的抽象理论争论，而是力图在描述异文化过程中为重新探讨弗洛伊德分析过的领域提供不同的文本策略。心理动力学民族志表现出当代人类学者对于人类学与心理分析结合的重视，它们所试图展示的，是心理过程中的经验、情感和自我及自我反省与文化场合的关系。具有与传统心理人类学不同的特征，如注重充分的经验证据收集、否认文化整体观和作为文化核心内容的公共象征的决定性而偏重人格的多样化和个性化描写、反对把不同的人格与行为“还原”为没有内在差异的“群体人格”。它的贡献在于指出了不同文化内部个人心理历程的独特性以及统一的文化-民族性格的虚无。

心理动力学民族志的3个代表作品是：罗伯特·莱维（Robert Levy）的著作《塔希提人：岛民社会的心智与经验》，奥德·柯累克（Waude Kracke）的作品《力量与劝服：一个亚马孙印第安人社会的领导权》，奥贝耶斯科尔（Gananath Obeyesekere）的《马渡莎的头发：关于个人象征符号与宗教经验的一项研究》。

（邹宇灵）

心理人类学（Psychological Anthropology）是融合文化社会学与心理学，综合考量和比较人类经历、行为、社会现实和文化产物的人类学分支学科。该学科以心理动力学派为理论基础，涵盖多个理论切入点，着眼于以个人真实经历为一手数据和现实基础，深入理解和分析文化活力和社会变迁的规律。心理人类学家既像心理学家那样关注个体，更像人类学家那样注重个体在文化环境中的作用和处境。通过关注真实的人际关系，来分析和理解心灵（psche）与文化（culture）的关系。

心理人类学作为一门交叉学科，最初产生的根本动力在于化解自从笛卡尔提出身心二元论以来，西方世界普遍将心智与身体分开理解和研究而形成的矛盾和问题。由于对于身心的二元理解，针对人类的科学研究被分化为非常细致而相互分离的学科。这不可避免地导致学术研究成果难以交融，对人类的理解也趋于分化和片面。作为文化人类学的一个衍生领域，心理人类学意在调解和融合心理学和人类学这两大学科的问题指向、研究方法和考察成果。通过立足于单独个体的心智如何在文化中逐步成型和体现，来分析个人与社会、心智与文化的关系，从而打破身体和心智必然分开的局限。讨论人格，心智和文化环境之间的关系和作用，将任何针对人类心智、情绪、思维方式的假设和结论都放在不同的文化环境下加以考证和讨论，因而成为心理人类学的重心。

这种打破学科疆界的尝试最早由弗洛伊德（Sigmund Freud）开始。他的《图腾与禁忌》一书，率先使用了精神分析法来解读其他文明的文化元素如何反应潜意识的作用。真正可以称为心理人类学奠基者的是美国人类学之父弗朗兹·博厄斯（Franz Boas）。博厄斯的理论强调文化完整性，呼吁人类学家让事实自我表达，主张文化性高于生物性，对人格的塑造和人类身心的影响多余遗传影响。在博厄斯的推动下，其学生和追随者逐渐形成了儿童社会化比较性研究、精神病及相关意识形态的民族文化分析、文化对直觉与思维影响、文化与人格研究等流派。并在20世纪中期由鲁斯·本尼迪克特（Ruth Benedict）和玛格丽特·米德（Margaret Mead）等人掀起通过研究人格来剖析文化的国民性研究浪潮。文化与人格及其相关研究后来因为其对于婴幼儿时期抚养方式的过度解读，和以在西方发展起来的精神分析理论和人格结构作为未考量过的前提分析其他文化而遭到批判。于70年代逐渐被兴起的心理人类学概念取代。心理人类学对于文化和人格之间的关系做出了调整和重新定义。如美籍华裔学者许烺光等提出应该以动态过程的角度分析人格、心智和文化相互形成和作用的关系。这使得心理人类学为专注于个体的心理学和专注于文化的人类学提供了进一步合作的空间和可能。

在解释心智与文化环境的关系如何这一问题过程中，心理人类学引入了文化习性（habitus）这一概念。文化习性或惯习，是指个体在社会化的过程中被反复灌输而形成的一系列行为倾向。人们在这种倾向性的影响下，对在自己所处的社会文化环境下如何行事有一个大体的概念，并逐渐形成“只有这一类的行为方式才是唯一正确生活方式”的认识。心理人类学家认为，文化是一种通过习知而获得的行为类型和定向的总和。而文化惯习则允许这一种行为类型有主观能动性和相互作用的范围区间。文化惯习这一概念由法国学者布迪厄（Pierre Bourdieu）提出，弥补了文化心理学（cultural psychology）将文化作为一个抽象概念来研究，因而脱离了日常生活这一缺陷。人们不可能在每天纷繁复杂的生活和决策中，完全依赖一套固定不变的规则或者模式来决定自己的行为。因此，一个具有倾向性而允许灵活的主观能动性发挥作用的文化习性联结了心智与文化。在广义的文化习俗下，形成了以个人和社会互动的小文化圈。

这就引入了心理人类学为化解身心二元论矛盾提出的另一个概念，即由身体体现出的心智（Embodied Mind）。身体（body）成为文化的载体，而心智（mind）则在身体将文化习性具象化的过程中构建和显露。这一源于现象学的认知方式为研究文化与意识提供了一个全新的视角。通过详尽深入的田野调查和对调查对象的访谈、交流，心理人类学家立足于真实的个人生活经历，并以此为心智物质化的基础。这样，所谓心智，有别于笛卡尔（Ren é Descartes）二元论下与身体分离的非实体存在，转而包容整合了精神分析学提出本我、自我和超我的心理结构，成为个人经历构建人生意义的载体。区别于文化习性的潜意识性或无意识性，梅洛-庞蒂（MaureceMerleau-Ponty）认为，人们是有选择、有意识地通过知觉（perception）构建心智。进而通过心智的构建和显露来塑造意义和文化。

这也意味着心理人类学在分析和理解人类行为和人类文化的时候，必须有一个清晰的，具有能动性的时间认识，即历史的概念化（conceptualization of history）。因为心智的体现是一个长期持续的过程，而文化结构的形成则需要一定的积淀。心理人类学家指出，历史是指已经过去的，与创造者相分离，但持续对当下生活和社会结构造成影响的人类活动，体现于环境、技术、仪式、口头传统和书面表达等方面。历史承载着意义，在创造历史的过程中，意义也伴随着人类活动自我彰显。

这再次让心理人类学家在对于心智（mind）的定义上显著区别于其他学科。因为强调着个体在与文化环境中互动和创造历史的能动性作用，心理人类学将个人视作人类能因（human agent），突出了个体经历在宏观社会背景下发挥的主观能动性。在享有同一物种，共同的生物基础上，我们通过共同的社会构建，希冀通过经历和行为来证实我们所存在和居住的世界是真实而有价值的。这样的历史认知论和研究范式，也同时要求心理人类学者除了具有敏锐的观察力，严密的逻辑推理之外，还要有研究者的直觉，来感受不同文化在时代的变迁中的转移和维持。

一些后现代主义学者对心理人类学进行了批判和质疑，如奥贝萨克（Gananath Obeyesekere）指出，心理人类学依赖于精神分析理论的研究方法，有将社会问题“心理化”或者“心理病态化”的倾向，过于着眼于分析个体动机而规避了社会结构的问题所在。心理人类学研究中“集体性格论”的假设也是很多当代人类学家批判的重点所在。然而，这些批判对于心理人类学持续推动学科交融，开展对于多种文化状态下的人类心智综合观察起到了积极作用。

在中国，心理人类学研究领域依然处于起步阶段。独特的文化背景、悠久的历史和全球化进程中重要的角色，必然为探讨人类心智和文化环境的研究提供大量具有重要科学价值的素材。为数有限的研究往往借用西方的理论，分析的范围也依然侧重于人格心理层面。因此，结合中国实际情况的心理人类学独创性研究和多学科综合性研究依然有着广阔的前景。

（吴桦）

参考书目

［1］Bock, Philip. 1988, *Rethinking Psychological Anthropology: Continuity and Change in the Study of Human Action*, New York: Freeman.

［2］Bourguignon, Erika. 1979, *Psychological Anthropology: An Introduction to Human Nature and Cultural Differences*, New York: Holt.

［3］Shweder,Richard. 1991,*Thinking Through Culture: Expeditions in Cultural Psychology*, Cambridge, MA: Harvard University Press.

心理语言学（Psycholinguistics）　通过实验性的方法系统地研究语言被掌握、表达与交流的思维过程。作为心理学的一个重要的研究领域，心理语言学于20世纪60年代形成一个单独的学术领域，结合语言学，行为科学和认知科学。主要有以下几个重点研究方面：其一，测试和评估人类语言学习能力的特殊性。该研究与语言人类学有交叉，囊括了对人类语言和其他高级灵长类的呼叫系统进行比较，并对高级灵长类（如黑猩猩，大猩猩等）进行人类语言（语音、语态和肢体语言）的训练；其二，研究儿童的语言学习和发展过程。这是一个与发展心理学、儿童心理学和文化人类学有交叉主题的研究领域。除了研究语言是如何被掌握、理解和表达，还研究不同文化和不同语言对人的思维方式有何影响；其三，对正常成人的语言处理进行研究。即在实验室背景下，对词句等处理模式如何通过与经验相结合，联想、记忆和使用不同的方法去理解和表达；其四，对各种类型的语言病理学进行研究。通过研究语言表达的异常状态，来获取掌握和使用语言所需的必要生理和心理机制；其五，对非母语的第二语言学习进行研究。这样的研究可以论述语言学习的过程，并在教育学、应用心理学和应用人类学中起到关键作用。实验成果一般针对于语言教育的推广。

对于语言的掌握，心理语言学的奠基人、语言学家乔姆斯基（Noam Chomsky）曾提出，人类天生具有习得和掌握基本通用语法（universal grammar）的能力，幼儿注定可以辨认、学习和转换语法模式。然而，在心理语言学、发展心理学等其他相关领域中，亦有人认为所谓基本通用语法是基于以英语为主的西方语言提出的，存在具有文化狭隘性。人类并非天生能够掌握语言，也许只是具有能够被开发语言能力的潜能，这种潜能在关键年龄前被启发则能使人顺利掌握所处文化环境中的语言。而人类的语言本质上有别于灵长类的呼叫系统，过于复杂多变，因而无法通过基因遗传，只能完全靠后天学习来掌握。

对于语言的表达，心理语言学者看重于研究音韵学、语态学等语言结构被解读和转换的思维过程。在实验室环境下，实验人员研究和观察参与者如何将一个句子或一段文字所想传达的信息通过语音、词义的输入，经过个人的理解和重组，并给出相关的反应和连锁思维的过程。这类实验还包括以及对于句子意义的理解、句子处理模型的转换，如在模棱两可的情况下如何通过强调重音或选择性地关注多重可能意义中的一层并做出反应。

语言的交流和社会影响，从心理语言学领域延展至社会心理学、社会学和文化人类学领域。语言表达的方式、口音、相关的肢体语言、面部表情，以及这些因素所折射的性别、地位、文化的差异，都是与心理语言学所研究的语言使用的思维过程相关的文化延展。

（吴桦）

新达尔文主义（Neo-Darwinism） 是达尔文（Charles Darwin）的自然选择理论和魏斯曼（August Weismann）的种质学说相结合的一种生物进化理论。新达尔文主义产生于19世纪末，创立者是德国生物学家魏斯曼，他在1883年用实验来证明获得性遗传的错误，强调达尔文学说中的生存斗争原理，认为自然选择是推动生物进化的动力。此前一些进化论学者强调后天获得性遗传的作用，并认为这是进化的主要因素。魏斯曼提出，生物体由种质和体质所组成。种质即遗传物质，专司生殖和遗传；体质则执行营养和生长等机能。种质包含在性细胞核主要是染色体里，是稳定的、连续的，不受体质的影响。获得性状是体质的变化，因而不能遗传。魏斯曼认为，进化是种质的有利变异经自然选择的结果。他说明了遗传的物质基础及其连续性，在遗传机制上补充了达尔文的观点。1896年，乔治·罗马尼斯（George John Romanes）首次将这种理论称为“新达尔文主义”。美国遗传学家托马斯·亨特·摩尔根（Thomas Hunt Morgan）、英国遗传学家约瑟夫·约翰·汤姆逊（Joseph John Thomson）也是有影响的新达尔文主义者。1917年，摩尔根提出“基因论”，把魏斯曼的种质发展为染色体上直线排列的遗传因子（基因）。

美国遗传学家戈德施米特（Richard Goldschmidt）认为，通常的自然选择只能在物种的范围内，作用于基因而产生小的进化改变，即小进化；而由一个种变为另一个种的进化步骤则需要另一种进化方式，即大进化。所谓大进化就是通过系统突变（涉及整个染色体组的遗传突变）实现的，可以产生出一个新种，甚至一个新属或新科。美国古生物学家辛普森（George Gaylord Simpson）同意把进化的研究分成两大领域：研究种以下的进化改变的小进化和研究种以上层次的进化的大进化，但他并不认为小进化与大进化是各自不同的或彼此无关的进化方式。

从今天生物学和人类学的发展情况看，新达尔文主义并不比达尔文的达尔文主义更加优秀。在后现代主义降温之后，达尔文主义呈现出各种各样的版本，新达尔文主义也是其中的版本之一。但新达尔文主义内部也是门派纷争、阵营林立。在文化进化理论中，社会科学家们几乎完全放弃了将文化单元与基因进行严格类比的做法。

（黄娟）

新进化论（Neo-evolutionsim） 20世纪中期

流行的人类学理论流派。从古典人类学理论开始，人类学家就强调对于人类整体的观察与研究。德国人类学家巴斯蒂安（Adolf Bastian）假设有一些基本思想和概念是全人类所共有的。他提出，文化特征、民间传说、神话、价值均是根据文化的进化法则，在本质上是一样的，导致文化出现差异的唯一原因是地理环境因素。巴斯蒂安的进化论法则和整体性理论在19世纪末到20世纪初的古典人类学理论当中有了进一步的发展。但第一次世界大战之后，博厄斯（Franz Boas）、米德（Margaret Mead）、本尼迪克特（Ruth Benedict）等将目光转向对单一文化的田野调查。

人类文化整体性观察的方法对文化人类学的其他重要宗旨提出了理论挑战，即人类文化差异性的概念。研究单一的文化特质是难以理解文化相对论的。因此，以怀特（Leslie A. White）、斯图尔德（Julian Steward）、萨林斯（Marshall Sahlins）、塞维斯（Elman Service）为首的美国人类学家虽然坚持进化论思想但也注意到这一悖论。他们认为，虽然没有一个单独的、普遍适用于所有民族的进化过程，但是确实存在着全人类学的普遍进化，特定民族所提供的创新可以使得人类战胜自然条件，也使得人类在社会和文化上的进化更加复杂。由于他们坚持进化论思想但是又指出了一些与进化论不同的观点，因此称为"新进化论"。

新进化论在进化的动因与方式上不仅与古典进化论存在着分歧，其内部观点也存在着较大的差异。怀特对于环境的变化没有兴趣，而是认为某一文化的发展与该文化所消耗的总能量有关，因而可以根据文化消耗的总量来划分社会进化的阶段。有学者指出，怀特的"普遍进化论"并不能解释有些社会发展到高度复杂的状态，也不能解释另外一些社会最终走向历史消亡的地步。

斯图尔德将古典进化论称为"单一进化论"，而将怀特的进化论称为"普遍进化论"，把自己的进化论理论称为"多线进化论"。美国人类学家墨菲（Robert Murphy）认为，斯图尔德将文化生态学与多线进化论糅合在自己的理论当中，其文化的核心概念在于：作为劳动的社会组织在特殊的自然环境中其食物生产的标准。原始人进化处于不同的阶段，人类处于直立行走阶段，工具制造、语言的使用和劳动应该具有同等重要的意义。人类进化的条件包括工作与休闲、规训与反规训、生产与再生产、游戏等，任何一个单一的观点来看都是不足的。在小规模社会里，劳动对于整合人们的日常生活是显著的，根据性别和年龄的劳动分配和社会分工开始出现。这一法则是变动和有弹性的，一般认为在小规模社会中，男人负责狩猎，女人负责采集，但相反的情况也会出现。具有变动和弹性的"多线进化论"，不仅可以解释单一文化现象的进化，而且还能具体地解释文化发展的顺序以及平行发展的文化结构的相似与差异。

在《文化变迁论》（1955）中，斯图尔德认为，并不存在一个人类社会体系普遍的发展路线，多线进化论的任务是说明种种不同社会结构之不同发展路线的因果关系。（Steward，1955）由于他特别强调了文化与环境之间的适应关系，因此也被认为是文化生态学的创始人。

作为怀特的学生，萨林斯在反观西方世界中各种观念的缺陷时，提出将怀特的"普遍进化论"与斯图尔德的"多线进化论"作为进化论的两个方面同时并存于自己的理论主张当中，之后，他又相继提出了文化的实践理性与文化的并接结构。

（张猷猷）

参考书目

Steward, Julian. 1955, *Theory of Culture Change. The Methodology of Multilinear Evolution*, Urbana, IL: University of Illinois Press.

新进化学派（new evolutionary school） 美国人类学、民族学流派。20世纪30年代美国出现了一些复兴进化论学说的人物，主要代表有怀特、斯图尔德、萨林斯等。他们坚持进化论思想，同时又指出一些与进化论不同的观点，故被称为新进化学派。

新进化学派在对待社会进化的原因和方式

问题上不仅与进化论有所区别，而且学派内部的观点也有所不同。怀特认为某一文化的发展与该文化所消耗的总能量有关，因而可根据文化所产生的总能量来划分文化阶段。他的观点引起了争论。不少人类学家认为过去时代利用的能量难以测量，因而不可能用此法划分过去的文化阶段。也有人认为这种方法不能解释为什么某些社会演进到高度复杂状态，另一些社会终于消亡的问题。

斯图尔德把古典进化论称为单一进化论，把怀特进化论称为普遍进化论，称自己的理论为多线进化论。他认为他们的共同点是都注意发展的连贯性。不同点是，多线进化论的任务是说明种种不同社会结构之不同发展路线的因果关系。由于他特别强调文化和环境之间适应关系的重要性，因此被公认为文化生态学的创始人。他的主要著作是《文化变迁论》。

萨林斯是怀特的学生，他把怀特的普遍进化论和斯图尔德的多线进化论作为一个进化论的两个方面同时并存于自己的理论主张里。

第十届国际人类学和民族学大会举行的“新进化论与马克思主义”专题讨论会认为，新进化学派是唯物主义的，但有局限性，在发展上有一些障碍。许多人主张只有更多地从历史唯物主义中寻求社会发展的答案，才能克服理论上的不足。

新居制（neolocal residence） 指新婚夫妇与双方的亲属分开单独居住的居住模式。这种形式在不特别强调亲属关系的工业社会和商品社会中很普遍，约占所有社会的5%。大多数社会中新婚夫妇即使不与亲属住在一起，也会居住在附近，但为什么有些社会中新婚夫妇要与亲属分开生活呢？许多人类学家认为，新居制同货币或者商品经济的存在有着某些联系。

有些跨文化证据表明：当人们通过出售劳动力或者劳动产品来获取货币时，可以不依靠亲属得到生活必需品。由于货币可以长久储存，不易损坏，不像在缺乏冷冻设备的世界广大地区的农作物以及其他食物那样易腐化，可以储存起来用于交换。拥有工薪的家庭成员在失业或者丧失劳动力时可以依靠储蓄或者救济过活。但在非工业社会中，人们因为某种原因而无法自给自足时，就必须依靠亲属群体来获得食物和其他生活必需品。新居制往往出现在工业社会，在劳动力个体化、社会服务货币化的情况下，社会成员的依附性从亲属身上转移到雇主和政府身上。有研究者指出，新婚夫妇离开其父母家在一个独立的地点建立一个家庭是当代中国城市中大部分新婚夫妇采用的居处模式，他们这样选择理由之一可能是：夫妻单独生活也许可以避免与亲属居住在一起或者住处靠近时潜在的某些人际关系的紧张。

（刘荣）

新考古学（new archaeology） 是20世纪60年代形成的考古学理论流派，因质疑以器物年代为核心重建文化历史的传统研究路径，而被支持者冠以“新考古学”加以区别。新考古学倡导在不同自然条件与文化环境下对人类的行为过程、文化进程及其动力加以理解和分析，因此亦被称为“过程考古学”（Processual Archaeology）。

早在20世纪50年代，北美及欧洲考古学界就建立在地层学和类型学基础上的文化史研究予以反思，认为以传播、迁徙、冲突解释不同地区之间的文化关系存在局限性。美国考古学家瓦特·泰勒（Walter W. Taylor）在《考古学研究》中，尖锐地指出文化史研究范式不仅限制了考古学研究的视野，对一些具有解释价值的材料也极为漠视。泰勒倡导将考古学文化作为一个系统加以理解，探究考古学遗物之间的功能联系。而以考古学家戈登·威利（Gordon Willey）、格雷厄姆·克拉克（Grahame Clark）则将文化生态学引入考古学研究。一方面，将文化置于其赖以生存的自然环境中加以思考；另一方面，通过研究聚落形态及其变化探讨文化和人类具有的生态环境的适应性。

该研究范式关注社会组织结构和适应方式，无疑延伸了考古学的研究视野。甚至戈登·威利和菲利普·菲利普斯在1958年出版的《美国人类学方法和理论》（*Method and Theory in American Archeology*）以及路易斯·宾福德在《作为人类学的考古学》（*Archaeology as Anthropology*）（1962）中不约而同地表达了考古学研究中的文化人类学取向，甚至直言“考古学要么是人类学，要么什么都不是”。至20世纪60年代，欧美考古学真正地进入了批评与反思的考古学研究时代，而这恰恰是由新考古学的提出揭开序幕。

20世纪60年代，新考古学的代表路易斯·宾福德指出，作为人类学的考古学应当借助系统论来说明和阐释整个时空内的人类生存之物质及文化上的异同，即视文化为系统而非特征的集合，并且观察系统内部彼此联系的变量及其可变因素。宾福德将考古遗存分为三种类型：技术经济类、社会技术类和意识形态类，与之对应的是包含着物质、社会和精神三个子系统的文化系统。其中，人工制品是整个文化系统的产品，它提供了有关经济、社会组织和意识形态的资料。就考古学研究方法而言，新考古学主张使用演绎法进行研究。通过对考古学资料的观察提出假说，用以解释观察到的各种现象，经过与已成体系的经验资料比较，检验假说的准确性。

新考古学于20世纪70年代进一步发展，宾福德将中程理论（Middle-range Theory）引入考古学领域。该理论是宾福德所建立的将动态的古代人类社会和静态的物质文化遗存和考古学记录相联结的模型。中程理论提出从过去的人类行为到现在的考古记录之间共经历3个阶段：（1）遗存的制造和使用的过程；（2）遗存使用后形成堆积的过程；（3）堆积形成到考古发现至形成考古记录的过程。这3个阶段分别对应与之相适应的阐释理论：（1）人类行为与物质文化相互关系理论；（2）废弃物形成堆积的文化转化理论；（3）堆积后的自然转化理论。中程理论暗含着新考古学研究的不同阶段和内容，确定自然因素对考古遗存的影响，确定废弃行为，进而研究物质遗存与人类行为之间的关系。（栾丰实、方辉、靳桂云2002：181）

直至20世纪80年代，中国考古学界才引入新考古学的相关理论和研究，然而这一研究取向却备受争议。这一时期中国考古学研究仍然以文化编年为主要目标，新考古学并未被广泛接受。（徐坚 2011）考古学家夏鼐曾评论，新考古学是对传统考古学流于烦琐的一种反抗，促人深思和反省的同时，也撰造一些难以理解的术语以阐释范例和理论（栾丰实、方辉、靳桂云2002：175）。而进入20世纪90年代，随着科技考古学在中国的发展，生态环境与人类社会组织和行为的关系成为探讨的焦点，并直接推动了中国聚落考古学的研究。

新考古学在考古学史上具有重要的学术地位，在激发考古学者以全新的理论和视角解释考古学现象的同时，也给考古学界造成震荡，并促使他们就考古学本身进行反思。新考古学倡导将考古学研究纳入人类学研究视野之下，将注意力从物转移到人类行为方式和文化变化的过程。考古学研究中暗含的人类学取向造成的后果是考古学定位的模糊与考古学纯洁性的争论。另外，新考古学倡导运用演绎法，而归纳法则适用于研究层次较低的传统考古学。一些研究者认为在实际研究中两种研究方法彼此关联，过分强调任何一种方法都会将研究引入误区。新考古学的提出使考古学成为一门更具包容、批判与反思的学科，同时激发研究者在考古学理论领域展开更深层次的探索。

（杜辉）

参考书目

［1］Binford, Lewis 1962, *Archaeology as Anthropology*, American Antiquity, 28（2）, 217-225.

［2］路易斯·宾福德. 论新考古学. 陈淳译.《东南文化》，1992（1）.

［3］栾丰实，方辉，靳桂云. 考古学理论·方法·技术. 北京：文物出版社，2006.

［4］徐坚. 宾福德. 过程主义和中国考古学.《考古与文物》，2011（3）.

新民族志（New ethnography） 是一种文化描述的方法，侧重于书写知识的本体和用来约束、影响行为的文化规则。这个词可以追溯到

20世纪60年代，一些认知人类学者认为描述知识本身就是描写社会文化。新民族志尝试把语言的严格规范运用到文化描写当中，因此它首先受到结构语言学的影响，其次受到乔姆斯基（Noam Chomsky）语法理论变革的影响。新民族志期望能代表其所描写的文化的本真性，使当地人都能从文本中识别出自己熟悉的文化特征。这将使民族志学者打破欧美中心主义，而以当地人的眼睛来看待该文化。

新民族志作者把文化定义为知识体系，他们发展了一套称为民族科学的方法来记录文化中的部分内容，比如民族植物学。为了使民族志描述能与其他人如出一辙，新民族志的终极目标是明确描写的方法和问题架构，比如民族志作者必须阐述一个人需要具备什么知识才能具有最大可能性制造事件，描述为“均等行为”。新民族志备受行为导向的人类学争议，他们否认其“新”的定义，认为新民族志在文化知识里没有足够的表述多样性和复杂性。所以20世纪60年代新民族志的基本原则和方法现在被视为现代民族志的标准特征。

（邹宇灵）

新石器时代文化　考古学分期中“石器时代”的最后一个阶段，这一名称为英国考古学家卢伯克于1865年首次提出，后被考古学界接受并广泛使用。新石器时代在地质上属全新世，年代为公元前10000年~公元前2500年。新石器时代文化分布范围广泛，在世界各地均有发现。一般而言，这个阶段以磨制石器的流行和陶器的使用为主要标志，出现了农业、畜牧业，但世界各地情况不尽相同。西亚、北非和欧洲的新石器时代发展较早。新石器时代文化在人类文明发展史上具有重要意义：农业、畜牧业的产生则是人类历史上一次巨大的革命，使得人类的经济从旧石器时代以狩猎、采集为主的攫取性经济转变为以农业、畜牧业为基础的生产性经济。人类从食物的采集者变为了食物的生产者，人类获得了较为稳定的食物来源，人口得以获得较大增长。生产方式的改变也改变了人与自然的关系，标志着人类对自然界认识的飞跃，人类从依靠、适应自然更多地转向了利用、改造自然。农业和畜牧业的出现还为以后一系列的社会变革打下了物质基础，如促进了社会分工和交换的产生，还使得某些人有可能聚集财富，最终导致私有制的出现。中国新石器时代文化的遗址和遗物在中国各省各地均有发现，仰韶文化是目前考古所知黄河流域新石器时代较早的一种文化，约为公元前5000年到公元前3000年。在黄河中游一带，较仰韶文化为晚的是龙山文化，距今约为公元前2800年到公元前2000年。在今山东及苏北一带，是大汶口文化的分布区。长江下游的苏南和浙江，也发现了从公元前5000年到公元前2000年这一时期的许多新石器时代文化遗址，年代较早的有浙江余姚河姆渡文化遗址，其次是嘉兴的马家浜、上海崧泽等遗址，较晚的是良渚文化遗址。这些新石器时代遗址和考古资料的发掘，对于了解中国古代先民的社会形态、物质文明、精神文明等具有重要意义。

（唐莉霞）

星命术（Chinese Horoscope Astrology）　星占术可分为军国星占（judicial astrology）和生辰星占（horoscope astrology），前者通过天象预测军国大事，此类占卜往往需要应用包括恒星、行星，日、月运行及交蚀，以及彗星等广泛的天象学知识；后者是以降生时星辰的位置、运行等情况判定命运状况，即星命术，此类占卜仅涉及天象学中的黄道十二宫和五大行星及日、月。有的学者认为中国并未产生“土生土长”的生辰星占学，而是由古巴比伦传入希腊、埃及、印度，中古时期随中西交往通商、佛教东进从印度、西亚传入中国的（江晓原 2005：209；韦兵 2015）。星命术在民间的流传使普通民众得以将自身命运与星宿发生关联。

就西方星占学发展而言，可追溯到古巴比伦，年代最早的军国星占学文献属于古巴比伦王朝时期（约公元前1830—前1531年），内容是据天象预测年成好坏。生辰星占学在波斯入侵时期（公元前539—前331年）已见使用，亦有学者认为生辰星占术发端于新巴比伦王朝时期（公元前611—前540年），后以“迦勒底星占学”（Chaldaean astrology）而著称。约在公元前4世纪，星占学传入埃及，埃及墓室室壁以及纸草书中发现包括算命天宫图等诸多星占文献。“迦勒底星占学”自此直至文艺复兴成为欧洲星占学主流（江晓原 2006：4）。根据已有材料，目前年代最早的算命天宫图是诞于公元前410年的舒玛·乌沙（Shuma-usar）之子推算的。

而中国考古发现的甲骨卜辞、彝器铭文中多次出现“爰（受）命于天”的刻辞。《易·系辞上》中亦有“天垂象，见吉凶”。天人感应、天人合一的思想不仅是中国古代星占学的基础，也是星命术的根基。汉末《论衡》载“天施气而众星布精，天所施气而众星之气在其中矣，人禀气而生，含气而长，得贵则贵，得贱则贱，贵或秩有高下，富或赀有多少，皆星位尊卑小大之所授也”。天、命的必然联系与五行学说、占卜、堪舆等术数的盛行催生了星命术。《汉书·艺文世》中有“星命之说，汉有太乙星于等书推数，引以论凶吉”，因此至迟到汉代已存在推算命禄之术。星命术在唐代正式诞生，晚唐至宋元期间流行，至明代以后逐渐式微。

星命术大致分为两个流派，一是以人出生时星宿（如金、木、水、火、土五星）所在黄道十二宫的位置推算禄命，即“五星术”；二是以人出生时的年、月、日、时四柱八字推算禄命，即“子平术”（张荣明 1994：8）。其中，“五星术”以人诞生时的年、月、日、时干支推算出星神的位置，将有关命运的各种要素标定在星盘上，进而确定星格。《星命溯源》中将五星术追溯至唐代术士张果，并记载“……始知五星光灿，群曜荧辉，遂别辰宿于乾坤，配人身于天地……故将官名以定三元，审元辰而言九事。生煞作吉凶之根，向背为贵贱之本。先看明暗、升沉、顺道、衰旺、掩蚀、冲制、失次、入垣，次看朝拱夹辅、分会引从、漏截守歧，方以格局考评贵贱”（佚名1986（1781）：809-47）。“子平术”是以人诞生之年、月、日、时的纪年、纪月、纪日、纪时四对干支推命，因此称为“四柱八字”。然而“子平术”实际上却与天象并无实质或形式上的关系（江晓原 2005：209）。总体而言，中国星命术是以天人合一思想为基础，涵盖了黄道十二宫、二十八星宿等天象知识，五行寄生十二宫、五行生克、干支配五行等多种知识的术数。

（杜辉）

参考书目

［1］江晓原. 12宫与28宿：世界历史上的星占学. 沈阳：辽宁教育出版社，2005.

［2］韦兵. 黄道十二宫与星命术.《文史知识》，2015（3）.

［3］张荣明. 星命术与中国文化，载于顾颉主编，星命集成（第1册），重庆：重庆出版社，1994.

行动人类学（Action Anthropology）　行动人类学是由1940年美国的索尔塔克斯提出的“建立为人民使用的人类学”，即直接去研究人民在社会文化变迁中遇到的问题，并加以妥善解决而创立的。他呼吁人类学家应该站在人民的一边，在承认人类社会不断向前进步的方向发展的前提下，把人类学家对人类文化、社会的知识和理论，应用于改善和改进人类社会不尽满意的地方，以促进人类社会向进步方向发展。即传统行动人类学利用体质人类学和文化人类学研究的成果并加以选择，分别用作处理社会的、政治的和经济的问题，如殖民地的行政、军事的政府以及劳工关系等等。因此，行动人类学应属于应用人类学的一个分支，有的也倾向于认为是人类学的应用研究。

形成“行动人类学”的观念和学科框架的是20世纪30年代在美国芝加哥大学所从事的“福克斯印第安人计划”和20世纪50年代在康奈尔大学的“维柯斯计划”。在计划中，人类学家采取一种积极参与和介入的态度，以价值中立和社区的自我决定（self-determination）作为行动的原则，参与到社区变化的全过程。人类学家重在教育，而不是指导，他们即是变迁方案的设计者、执行者、行政管理者，也是印第安人的代理人、庇护者、指导者、对话者、仲裁人和方案的评估者。他们通过研究产生变迁方案，并通过不断地与印第安人对话获得反馈并修正变迁方案，连锁反应以滚雪球似的形成一系列小规模的行动，同时也通过引进新技术与新的价值观，逐步引导与指导印第安人，朝人类学家与当事人共同预设的变迁方向发展。行动人类学的计划实施过程中，人类学家不但要了解他们所研究的社区，探索事实和真理，也应该影响社区内社会文化变迁的速度和方向，帮助社区发展和解决某一特定文化限定下的种种问题。

在中国，可以说最早的行动人类学出现在20世纪三四十年代，人类学家杨希枚曾提出“今日边政的改善，已是人类学界所共鉴而不可或缓的事实；而它的改善复需要人类学的辅导。所以今后的人类学界，不仅趋向综合的研究，更应趋于实际问题的研究，始能担负新的任务”。一批人类学家参与了边疆文化教育工作，如凌纯声、吴文藻、刘锡蕃等在国民政府边疆教育委员会中工作，凌纯声还担任了国民政府教育部边疆教育司司长，直接从事边疆教育管理。李安宅在抗战时曾担任教育部视导员，并曾经制定了《边远区域教育视导员暂行规则及劝学暂行办法》《边地教育视导应特别注意事项》等文件，同时部署和领导了边疆教育考察、边疆教育调查等工作，他们曾先后提出“如何推进边地国民教育案”“如何推进边疆教育研究工作案”“编辑边疆学校教材及读物案”“如何优待边疆教育人员案”“推进宗教教育案”等许多关于边疆教育发展的提案。

21世纪初，人类学家又重新开始并深入推进人类学的实践运动。他们不断在政府的政治、经济、文化、教育部门以及NGO组织等机构内发挥积极作用，如参与“富民兴边”工程、政府移民计划、国家重大项目早期论证和后期项目评估等工作。最具有代表性的，如人类学家们亲自参与和指导在四川和云南大小凉山彝族地区以传统家支制度实施民间禁毒的毒品与艾滋病防治项目的工作，2005年3月由人类学家组织成立的“凉山彝族妇女儿童发展中心”，直接参与当时少数民族社区因毒品、艾滋病和贫困导致的以帮助妇女和儿童为主要目的的各项工作。因此，当代行动人类学注重决定、选择以及评估文化变迁过程中可资利用的知识，并将其转化为行动。

20世纪70年代美国肯塔基大学《应用人类学文献计划（Applied Anthropology Documentation Project），进行了一次归纳，认为应用人类学大致有：经济开发、能源开发、农业问题、农村发展、都市发展、人口控制、教育问题、少数民族与少数群落、水资源和野生动物的管理与保护、土地使用等几十个方面的问题，这些都是当今行动人类学参与的主要领域。

总而言之，在今天和将来人类社会生活的各个层面，行动人类学将发挥着越来越重要的作用。

（刘芳）

参考书目

［1］马戎. 社会学的应用研究. 北京：华夏出版社，2002.

［2］Robert F. Murphy, *An Overture to Social Anthropology*, Englewood Cliffs, NJ.: Prentice-Hall, Inc. Available in Chinese as: 1979.

行为规范（norms） 指某一时期在相互交往的人群中形成的制约他们行为的共同规则。该词来源于拉丁文的norma，指木匠、泥瓦匠等匠人用于制作长方形的“规尺”，后被用作标准来研究人的社会行为。

有关行为规范的起源，“工具性”观点坚持“工具合理性”，认为行为规范的出现是为了群体的利益。“功能主义假设”则坚决主张如果有助于社会体系的平衡及维系，行为规范就会出现。社会学家通常用“社会化”观点来解释行为规范，认为它是传承的，既可以通过模仿等方式自发产生，也可以用一种有计划的方式进行，比如父母帮助孩子实现社会化。

规范既是规定性的，又是禁止性的。根据重要性及惩罚的强弱，主要可分为民俗（folkways）、民德（mores）和法律（laws）三类。习俗这一术语由威廉·萨姆纳（William Graham Sumner）引入，指民间的方式，人们据此互相交往并指导自己的生活。人们遵守民俗是因为习惯如此，而并非是由于法律的要求或者有任何机构强制执行。民俗构成了社会结构的重要组成部分，有助于维护社会的秩序以及人际关系的稳定。民德通常表达社会所推崇的价值观，与强烈的是非观和道德判断相联系，其所强调的道德行为与民俗所强调的习惯性行为有所不同。坚持民德对于维持社会的基本结构、增进社会福利非常重要。而违背民德会影响群体的稳定团结，因而会受到某种形式的惩罚。法律一经触犯，当事人会受到为公众所认可的制裁。法律人类学对特定文化中的犯罪概念、案件审判的程序以及适用于特定群体的补救办法进行研究，采取了一系列方法来界定法律的范围以及法律概念在一些缺乏中央政治机构的社会中的运用，比如部落。阿尔弗雷德·拉德克利夫·布朗（Alfred Radcliffe-Brown）认为简单社会尽管存在着习惯，并且违背这些习惯会受到惩罚，但是并没有法律。另一种观点将法律与习惯合并，指出尽管当地人所遵守的规范并无法律之名，但却与法律密不可分。马林诺夫斯基（Bronislaw Malinowski）持有这一观点，将法律等同于有效的社会制约。第三种观点认为法律具有普遍性，但是应与更广义的习惯或社会制裁相区分。比如霍贝尔（E. Adamson Hoebel）就认为，如果一种社会规范在其被忽略或违背时，会遭到来自社会赋予权利的个体或群体的惩罚，那么，该社会规范就具有法律意义。

规范会对人类的行为产生影响，个体可以选择遵守规范或者违背规范。那些违背社会和文化规范的行为被称为异常行为，会受到约束，包括精神失常、犯罪、反抗等。针对行为规范的制裁措施以集体标准为基础，反映了共享的道德价值观，既涉及对异常行为的惩罚，比如不赞同、流言蜚语、监禁甚至处决，也涉及对规范行为的奖励，比如表扬、授予荣誉、追封等。这些制裁的功能在于维护现有社会秩序，增强社会凝聚力。

行为规范是任何文化必不可少的组成部分，能够为人们提供秩序和方向。规范因文化而异，在一种文化中被认为合适的行为在另一种文化中可能引起公愤。人类学家的任务之一就是要描述在特定社会中用以区分异常和规范行为的语境，并且再现做出判断所援引的社会和文化标准。

（陈雪英）

参考书目

Ellickson, R.C. 1991, *Order without Law: How Neighbors Settle Disputes.* Cambridge, MA: Harvard University Press.

形式主义（Formalism）　泛指强调某一现象的形式而非其实质或内容。例如宗教形式主义是指对仪轨、典礼和遵守规则的重视更甚于其意义；法学形式主义是指看重审讯过程中的公平更甚于最后的实质结果；数学中的形式主义主张，数学本身是一堆形式系统，逻辑必须和数学同时加以研究；美学形式主义是一种忽视作品思想内容、强调形式至上的创作倾向和理论倾向，又泛指西方现代主义文学运动中的一种思潮。社会学的形式学派主要与齐美尔（Georg Simmel）有关，他是研究不同社会的明确社会形式（如二人团体、三人团体、合作与冲突）的先驱，利奥波德·冯·威塞（Leopold Von Wiese）将这些思想传播到美国，后来成为美国社会学的一大主流。在齐美尔的形式社会学中出现了形式模型（formal model）的方法，这是根据某种数学或词语表述系统建立起来的一种展示现象的理想类型。在社会学中，最常用的形式模型是普通线性模型。

在经济人类学中，形式主义是指新古典经济学理论在人类社会的应用。形式论认为，不同社会类型中的经济现象就本质而言是一致的，只是发达程度相异而已，因此西方经济学具有普遍的解释力。与之相反的实质主义（substantivism）则主张，经济是嵌入整体的社会文化制度之中的，经济制度及实践根本不能脱离社会中的宗教、礼仪、神话等基本观念的限定，所以狩猎采集和农耕社会的经济不能想当然地被视为资本主义经济的初级版本，西方经济学只适用于市场经济发展以后的社会，即西方社会本身，而对非西方社会的经济现象无法解释。从20世纪60年代起，经济人类学的实质论者与形式论者展开了长期论战，结果是，实质论从此成为经济人类学最重要的理论和方法来源。实质论的代表人物有波兰尼（K.Polanyi）和马歇尔·萨林斯（M.Sahlins）。

总体而言，形式主义从相关的联系中抽去了客体，只能用一种抽象的关系和人为的特征去取代真实的、动态的社会过程，具有形而上学思维的特点。马克思主义则进一步指出，这是资产阶级科学的倾向性特征。

（康敏、郭晏然）

性别（Gender）　是根据人们通常理解的两性之间生理差异来界定的一种社会文化范畴。自20世纪70年代起，人类学界开始对性别关系的构建，以及与性别相关的其他重要因素产生日益浓厚的兴趣。在最近的人类学研究中，性（sex）通常被用来指男性和女性的身体在解剖学、生物学和生理学层面的特点与差异；而性别则是指在文化层面上对这些差异的象征性解读。20世纪80年代初，社会-文化人类学家开始在理论著作和民族志写作当中广泛运用性别概念。性别这一概念原本兼顾男性和女性，强调两性类别的文化建构以及二者之间的关系，然而却从中产生了侧重于“女性问题”的倾向，人类学对于性别的研究往往呈现出一种女性化的局面，尽管有时也会探索男性在性别表现中的一些特定层面，但研究者和读者依然以女性为主。

20世纪70年代以前，很少有人类学家对性别问题给予足够的重视（玛格丽特·米德是研究此问题为数不多的人类学家之一）。但到了20世纪70年代，女性人类学家开始探索女性在不同的社会、政治、经济秩序中的地位，女性从属地位的根源，以及女性在不同的文化和经济模式中扮演的普遍角色。20世纪80年代，人类学关注的重点从“女性（women）”转向了“性别”。伴随着这一转型，“男性（men）”和“男子汉气概（masculinity）”也作为文化构成的一部分成为学者们研究的对象，在学者们看来，二者都是复杂多变的，而“男子汉气概”本身也像女性特质（femininity）一样棘手。20世纪90年代，性和性别的界限变得模糊不清，各项研究也日渐倾向于从历史和文化建构的角度来解读人类身体的性别分化。

性别研究包罗万象，它包括与性别相关的某些行为的起源与延续、性分化（sexual stratification）的根源与意义，以及性别身份（gender identity）的问题——这一点尤其关注体制化的“第三性别”（third gender）身份的形成。关于某一文化中性别劳动分工的起源，通常有以下三种理论解释：

（1）力量理论（Strength theory）：认为在任何社会中，男性的平均体形总是大于女性，因此男性承担的工作自然应该更费力。

（2）适应育儿理论（Compatibility-with-child-care theory）：认为女性往往从事与育儿工作相适应的活动，即可以随意打断，又随意继续的工作，如采集野生植物、打水、做饭、保存食物等。相比之下，男人更有可能从事需要能量的爆发，且有时会很危险的活动，如狩猎大型陆地动物和海洋动物、伐木、开垦、长途贸易，以及战斗。

（3）效率最优理论（Economy-of-effort theory）：认为男女通过性别分工使社会的总生产最大化，不同性别的不同分工取决于该社会的经济结构。

以上三种理论都有不足之处。效率最优理论解释了为什么会有劳动分工，但是在角色是如何分化或如何固定上存有疑问；力量理论似乎说明了男性倾向于从事繁重工作的问题，但却不能很好地解释为什么有些社会是由男性负责采集蜂蜜或制作乐器；无论是力量理论还是适应育儿理论都不能说明为什么是由男性制作轻巧的小型乐器。

性别分化一旦固定就形成了性别角色（Gender roles）。性别角色是人们根据某一社会成员的生理性别而认为其应当具有的能力、社交技巧和行为模式。在西方和一些非西方社会，传统上的性别角色在出生之际就已经分别赋予了男性和女性。强大的文化机制总是确保“男孩是男孩的样子，女孩是女孩的样子”。把男孩训练得有男子汉气概，女孩训练成有女性特质的过程往往是无意识的。男孩理应长成强大、独立、好斗、隐藏弱点、要求严格的样子，适合男性的岗位通常是在政治、经济和体育运动领域。而女孩则被期望成为贤妻良母，为了符合这一性别角色，她们需要牺牲自己的野心和个人需求来取悦和照顾他人，如果她们不遵从这些性别角色的要求，比如成长为野心勃勃、严于律己、坚强粗犷的人，就会被认为是非女性化（unfeminine）。而没有按照预期发展出男性特质的男性则会被称作“女性化（feminine）”或是“女人气（effeminate）”。性别角色分化是一套有等级的体系，具有上述情况的男孩或男人会因此被降级。性别角色实际上限制了男人和女人的感觉、思想和行为。

除了普遍的男女两性区分之外，人类学中还存在所谓的“第三性别”，这主要是指那些感觉自己的真正性别和生理性别不相吻合的人。第三性别主要分为两种情况：第一类是接受了变性手术或医疗处理从而改变性征的人，称作变性人（transsexual）；另外一类是不改变性别却承担起与自身相反的性别角色的人，民族志文献中最典型的例子就是北美的“不戴须人”（berdache），他们扮演了与自身生理性别相反的角色，采用异性的装扮，从事异性所从事的活动。另一个例子是印度北部的“阉人”（hijras），他们是一群穿着女性服饰，行为举止仿效女人的男人，他们通常既不被看作男性，也不被看作女性。除此之外，阿拉伯半岛上阿曼境内的“撒尼斯”（xanith），和塔西提岛上的“玛胡”（mahu）都属于此类。上述案例的发现引发了这样一个问题：我们是该在基本的两性体系内进行考察，只把这种现象看作是个体从一种性别转换为另一种，还是认为这些人全体组成了第三种性别？目前还没有对“第三性（third sex）”或“第三性别”的充分定义。

民族志资料证明了性别是一种跨文化现象，绝大多数个体都可以根据其生殖器官很容易地被区分为不同的性等级。然而，在观察了古往今来的社会之后，人类学家发现，不同社会的性别建构和性别角色都很不同，他们对男女表现行为的评价，以及男女获取重要社会资源的可能性也都各式各样。

如今，人类学中几乎没有哪一个领域还没有从性别的视角进行过探讨。性别成为生物学、文化研究、语言人类学和考古学中必不可少的元素，性别研究所涉及的问题几乎涵盖了整个人类学。目前性别研究的重点落在性别与其他方面的“差异”——如种族、阶级、民族、性取向以及体能差异——的相互交融上。

（康敏、郭晏然）

参考书目

［1］Mascia-Lees, F. E. & Black, N. J. (2000). *Gender and Anthropology*. Prospect Heights,IL:Waveland Press.

［2］Nanda, S. 1999, Gender Diversity: Cross-cultural Variations. Prospect Heights, IL:Waveland Press.

［3］Robertson, J. (Ed.). 2005, Same-sex cultures and Sexualities. *An Anthropological Reader*. Oxford:Blackwell.

性差异（Gender / sex differences） 性指的是自然的，生物学上的人类身体差异，性是先天、自然决定的；而性别指的则是文化构建上进行的区分。然而，在性的定义中关于“自然的”这一点备受争议。

生物学意义上的性与文化意义下划分的性的区别对社会科学领域里女性主义的分析起到极其重要的作用。这一区分让学者们得以分析“男性”和“女性”的区别，以及这一区别的象征意义，即表明这一划分并非是自然的，固定的或先天的。

在许多的社会学著作中，人们认为性别的划定主要是为了从文化层面上区分两性之间显而易见的差异。另外，有部分人类学家则认为男女性别的划分并不来源于生物学，而源自社会生活领域的差异，即精神上的潜力，仪式上的功用或者是道德上的价值。

亚娜基斯科（Yanagisako）和科利尔（collier）认为，性（sex）正如性别一样，都是在文化环境下形成的，因而不可能是自然的，或是前社会（pre-social）的产物。他们认为所谓两性区分中的"自然的"观念是由于人类繁殖需要的生物意义上的男性和女性而不断被加强的。

亚娜基斯科和科利尔提倡的性的自然以及生物学差异被艾林顿（Errington）进一步地阐述。艾林顿把性区分为Sex，性，性别三类。在她的理解里，Sex指的是在欧美国家盛行的一种特殊的人类身体构造，是社会构造的产物，而性则指的是人类身体的物质自然，而性别指的是文化层面上的性别。在一些原始国家或在本地风俗文化控制下的地域（即没有社会构造这一因素影响），只存在Sex这个观念，而没有性（即生物学意义上的性）这一含义，然而人类学家们很晚才意识到这个问题。

与性相关的是性行为方面。人类学对于性行为研究关注的是世界范围内促进性欲唤醒，性吸引以及适当性行为的生理因素、心理因素以及文化因素的相互作用。

20世纪初，在非西方国家开展的关于性行为的研究通常是拼凑的，不成体系的，甚至是错误的。直到20世纪50年代，人类学关于性欲的研究利用跨文化研究以及深入的人类文化学研究去探讨性行为。他们的方法论指导下出现了大量与婚前性行为、色情游戏以及婚外性行为相关的机械数据。但是跨文化研究寻求一般模式这一行为自身就是它的局限性所在——只关注一般行为而忽略外显的差异，使得独特文化下性行为的所有含义被忽视。

人类学家们也在尝试改正这一方法论的不足之处。他们开展一些高度集中的人类文化学实证研究，以探索出性欲的观念如何作为组织日常生活的基本方式。近来，进化心理学家以及人类学家们尝试着去理解不同性别在寻求情欲以及浪漫情趣满足的推动力的普遍性。

早期的研究者并没有把同性恋（homosexuality）即同性之间的性欲归为一个性倾向和一种生活方式。而人类学家们则开始学习研究同性恋这一现象。但是他们的研究是有限制的，由于方法论以及理论上的限制，他们的研究只限于男性同性恋，而忽略了女性同性恋。

（海力波）

性角色（Sex roles）　指归属于不同生理性别个体的身份及该身份应该发挥的各种社会功能，涉及一套相应的思维与行为模式。

性角色是社会角色的一个类别，与个体的再生产潜能、该社会的生计模式及政治角色等有关。首先，个体的再生产潜能是形成性角色的主要方面，与生理性别直接相关。在所有的社会中，生小孩的都是女性，养育小孩也主要是女性的责任。男性在再生产过程中的主要贡献在于使女性怀孕。再者，性角色与该社会的生计模式高度相关。通常情况下，女性在家照看小孩并做家务，而男性多被分派需要离家较远的任务。然而，基于不同的生计活动，存在着不同的劳动性别分工模式。在许多采集社会中，通常是男性捕获大的猎物，女性和小孩采集野生食用植物并猎取小的猎物。比如，在非洲的祖/胡安西人（Ju/Hoansi）中，女性贡献日常食物的大部分，而男性则提供大多数宝贵的肉类。而在菲律宾的阿埃塔人（Agta）中，女性通过自己打猎帮助获取肉类。中国古代文献中记载的"产翁"习俗直到20世纪前半期依然存在于广西、贵州的一些地方。农业社会的生计建立在精耕细作的基础之上，其劳动性别分工也因而呈现出不同模式。女性的任务主要包括：对收获的庄稼进行加工、照料家畜、犁地及其他体力活。劳动性别分工模式也会影响到男性与女性之间的权利关系，因为任何社会的劳动分工都附加有文化信仰，涉及分派给不同性别的任务的相对重要性、这些任务结果的相对价值以及男性与女性的相对地位等。并且，性角色也与政治角色相关。在不同的社会中，女性参与社会决策过程的程度不同。平等的社会倾向于让女性参与这一过程，而等级森严的社会却倾向于将权利最大限度地放在男性的手中。

对性角色问题的争论主要存在于社会生物学与建构主义之间。社会生物学认为个体特征由基于基因的自然选择决定，自的基因造成了性别差异，人仅仅是强大基因的媒介。建构主义则认为性别差异是由社会建构的，强调人是社会存在，性角色是在互动中共同建构的。目前，研究者关注的问题主要包括：性角色教育以及如何促进生产与再生产工作在两性之间的更平等分配等。

（陈雪英）

性认同（Sex identity） 指根据一定的社会标准对男性或女性的性角色进行确认。在个体心理层面，指某一社会中的男性或女性对自身性角色的认定和接受。

尽管生理性别是由生物因素决定的，性认同却是由文化界定的。社会阐明性认同的方式以其文化体系为基础，与该社会的性角色相关，进而与生计模式、经济结构、亲属体系、宗教体系等相互联系。认同与角色密不可分，特定的角色往往是认同的一个组成部分。因此，尽管性认同是由文化界定的，它同时也部分地通过个体对相应性角色的承担而实现。比如，最基本的性角色是生产与再生产的角色。当这些性角色在性认同中必不可少时，未能生儿育女或者未能承担相应性别的生计任务就会被视为耻辱，并且其作为男性或女性的身份也会遭到质疑。

性认同也涉及具有普遍性的性格与行为。在通常情况下，特定的人格特质及其具体表达方式有助于识别个体的性认同。与异性的比较是性认同的一个重要方面，因而男性与女性的认同往往是反向建构的，分别对应于两种性别的人格特征、行为及服饰标志也经常是二元对立的。这种对立虽然很普遍，但不同的社会也存在不同程度的重叠。一些文化进行了严格的区分，男性与女性象征着互不关联的两个类别；在另一些文化中，两性可共享许多特征，而只用少数区分性特质来显示男性气质或女性气质。

通过濡化，个体从父母及其他社会成员那里习得性认同。这可采取多种方式，比如语言教导、观察、模仿、纠错等等，目的在于鼓励个体尽量遵循本文化对性别特征的理想化界定。个体实现性认同的一个主要方法是借助“成年礼”进入成人阶段。该仪式的功能之一就是强化受礼者的性别意识并教其如何承担性角色。受礼者要证明他们能够承担成人角色并达到该社会的性认同标准。在大多数社会中，无论采取哪一种方式，性认同皆为个体认同的必要组成部分。社会成员从儿童期起就学习性认同，并通过各种社会机制持续地进行强化，因而对特定社会的成员而言，性认同往往是正常且自然的。

（陈雪英）

性欲（Sexuality） 性欲作为一种生物学的现实（biological reality）以及繁殖力（reproductive force）影响着芸芸众生，人类学家们对人类性欲的研究有着相当大的兴趣，意欲从生物学及文化因素方面揭开人类性欲动力之谜。结果显示，性欲是人类社会组织的中心因素，影响了社会各个方面的因素，诸如获取食物、家庭结构以及宗教信仰等。

人类进化及性欲（Human evolution & sexuality） 在性欲的模式方面，人类在其他物种中有显著差异。这些差异被许多人类学家以及科学家们认为是人类在长期与自然、生物学以及社会压力的斗争中所具备的适应性策略（adaptive strategies）以及应对机制（coping mechanisms）的代表。例如，不管是否处在繁衍期，人类中的女性全年都是接受交配的，这一点和其他哺乳动物完全不同。产生这一特征的原因是女性没有了固定的发情期——这是人类直立行走以及没有了体毛的缘故。

这些变化造成的间接结果是男性全年内的性欲已经不再仅仅为了繁殖。这一特性直接影响了人类的婚姻，家庭结构，经济结构，等。

人类进化中的身体变化和人类性欲的另一个相互关系是择偶（sexual selection）。择偶指的是某些人体特征给异性带来极大的吸引作用，从而使得拥有这些特征的人更有可能获得一个伴侣并将他所拥有的良好基因遗传给下一代的过程。

一些科学家们认为他们已经找到被普遍认为具有吸引力的一系列特征，如身体匀称，看起来身体健康。这或许会引导人类学家们得出人类生来就渴望性伴侣具有某些特征的结论。然而，文化在择偶过程中同样也有着显著的影响。关于面容美貌的文化理念（Cultural ideals）是决定他是否具有吸引力或是否健康的重要标志之一。纵使是同一个社会，不同时期这些文化理念也会发生改变。

文化与性欲（Culture & sexulity） 对于人类而言，性欲不仅是一种繁衍力。在生理上人们为了愉悦、爱或其他原因而产生性欲，且这些原因通常会互相补充并交织在一起。在社会和文化层面上，性欲包含广泛的人类经验范围，从性关系本身到个体角色与身份。

人类性欲的文化经验相当多样且常常伴随着源于当地各种调整性因素。这包括生存模式（subsistence patterns），亲属系统（kinship system）以及社会价值观（worldview）。社会生存模式，即社会如何获取及分配基本资源，有可能提供人们必须进行调整以生存下去的背景，进而会影响性欲。社会生存模式对劳动力的划分会对社会的亲属系统产生影响，即社会如何管理婚姻和家庭结构。生存模式和亲属系统对某些性行为的实践进行阐释，世界观则赋予性欲以意义。

（海力波）

徐益棠（1896—1953） 浙江崇德县人。中国民族学家、中国最早发起边疆研究的著名学者、中国民族学会创始人。1925年毕业于东南大学教育系。1928年入法国巴黎大学民族学院研究院，师从著名人类学家马塞尔·莫斯（Marcel Mallss）获博士学位，他深受法国学术传统影响，逐步创立起自成体系的田野方法。归国后，曾先后任东南大学、金陵大学教授，在金陵大学开设中国边疆问题讲座，以后参与组建该校社会学系边疆民族组。抗日战争前曾对广西象平一带的瑶族进行调查。曾参与筹备中国民族学会并担任中国民族学学会理事。抗日战争期间在成都华西坝金陵大学开展民族学的研究工作，作为理事主持中国民族学学会的工作。1935年，对广西大藤山瑶族聚居区进行细致而全面的实地调查。1938年，在西康建省委员会的资助下，对甘孜、炉霍、道孚、泰定、康定、汉源、荥经、雅安等县进行为期两月余的调查，并拟定了方案以便边政者研究参考。之后，又参加了四川省边区施教团的调查工作。1940年，随四川边区施教团深入雷波、马边、屏山、峨边等县，对于当地的社会状况、风土民情、古迹名胜、经济物产等做了调查，专注于小凉山彝族的民族学考察。著有《云南三大民族》（法文）和《中国民族学之发展》、《十年来中国边疆民族研究之回顾与前瞻》等重要论文。

（刘姝曼）

参考书目

王建民. 中国民族学史（上卷）. 昆明：云南教育出版社，1997.

许烺光（1909—1999） 著名行为科学家、心理人类学家。辽宁庄河人。1909年生于辽宁庄河，1999年病逝于旧金山，享年91岁。1923年入南开中学，1933年毕业于上海沪江大学社会学系，曾在上海从事国际救援活动，1934—1936年在北京协和医院做社会工作。1937年考取中英庚子奖学金，赴英国伦敦经济学院就读人类学，师从马林诺夫斯基，与费孝通是同门师兄弟。1940年获伦敦大学文化人类学博士学位。1941年回国，担任云南大学副教授、教授，并在云南大学与燕京大学合办的社会学实地调查工作室（魁阁）工作。1943—1944年间曾担任该站代理站长。1944年赴美国哥伦比亚大学任讲师，并随林顿（Ralph Linton）研究心理人类学。以后担任康奈尔大学、位于伊利诺伊州的西北大学、旧金山大学副教授、教授，在伊利诺伊洲的西北大学人类学系主任，1977—1978年担任美国人类学协会主席。许烺光还是《家庭比较研究期刊》副编辑、《社会精神学刊》国际理事会顾问。1978年于伊利诺伊洲的西北大学退休，随即被旧金山大学聘为文化研究中心主任，并且担任夏威夷大学东西方研究中心（East-West Center）资深研究员。1982年再度退休，不过仍坚持从事讲演以及学术工作。1986年心肌梗死后，还持续论文写作，后又两次中风，不得不停止学术研究。

许烺光先生在研究视角上，长期从事人类学教学与研究，尤其在心理人类学和大型社会比较研究方面影响更大，首先提出“心理人类学”概念，对文化与人格研究的方法论进行了更新与换代，将大规模文明社会研究的知识向前推进了一大步。其理论对于本土心理学的发展、心理文化学的产生，具有深刻的影响。提供了非西方世界的、对人类行为研究的视角，这对行为科学研究有重大参考价值。并坚持以“比较分析法（comparative approach）”从事大规模文明社会研究。他最早以中国与美国为研究对象，后来又陆续加入了印度与日本两个国家，曾花大量时间在中国昆明、美国夏威夷、印度、日本等地从事田野调查。得到洛克菲勒基金会、温纳·格林基金会、社会科学研究委员会、卡内基基金会等的资助，从事学术研究。著有《中国南部家庭的功能》《祖荫下：中国的亲属关系、个性和社会流动性》《宗族种姓俱乐部》《美国人和中国人：两种生活方式的比较》《美国人和中国人：伟大文明的目标和实现》《文化人类学新论》《美国梦的挑战》《边缘人》等。

（额日古娜）

畜牧经济文化类型（The Pattern of Animal Husbandry Economic Culture） 是指以畜牧经济以及畜牧文化为轴心的经济文化模式。这一类型曾被林耀华先生视作经济文化类型下的一个子类型，是用作支撑其经济文化类型理论的重要类型之一。在畜牧经济文化类型之下，林耀华先生又划分了几个子类型，如下：以鄂温克族为代表的山林苔原畜牧型、以蒙古族为代表的高原戈壁草原游牧型、以哈萨克族为代表的盆地草原游牧型和以藏族为代表的高山草场畜牧型等四种（林耀华，1991）。

畜牧经济文化类型的分布极为广泛。林耀华先生在划分这一经济文化类型时，所指的分布空间主要在中国东北起自大兴安岭西北麓，西到准噶尔盆地西缘，南到横断山脉中段的干旱、半干旱和高寒地带等广袤的空间之内。但实际上，畜牧经济文化类型不仅在这一大片区域中广泛存在，而且在各流域、山地之中也有零星的分布，与农耕经济文化、采集渔猎经济文化是互为补充的。

值得注意的是，畜牧经济文化类型并不是一个在历史时空固定的子类型，随着历史的演变以及空间的变化，畜牧经济文化也在变化。不仅体现在内容上，也体现在形式、表达方式等层面。此外，在畜牧经济文化类型与农耕经济文化类型之间，存在着一片广袤的过渡地带，拉铁摩尔（Owen Lattimore）（2005）曾就这一过渡地带做过详细的论述。

（黄志辉）

参考书目

[1] 拉铁摩尔. 中国的亚洲内陆边疆. 唐晓峰译. 南京：江苏人民出版社，2005.

[2] 林耀华. 民族学通论. 北京：中央民族大学出版社，1991.

炫耀性消费（Conspicuous Consumption） 指为了显示自身的社会地位，在公开场合展示奢侈品或享受奢侈服务的行为。在资本主义社会中，人的地位由其财产所决定，在此意义上，美国经济学家、制度经济学创始人凡勃伦（Thorstein B. Veblen）于1899年最早提出“炫耀性消费”的概念，以描述19世纪晚期美国富人的消费行为。因此，在夸富宴（potlatch）主要用于小规模社会的同时，炫耀性消费狭义上专用于资本主义社会。但这一概念也可以引申至其他社会，指公开展示超出实际用途的过量的或过于贵重的物品，以标明或声明自身的社会地位。

（彭雅琦）

血盟（Blood pact or blood covenant） 血盟是指两个人或两个人以上割手交换血液后，发誓彼此忠于对方，违者往往以死论处（Beattie 1958）。然而，在某些HIV传染盛行的地区，病毒会通过血液传播，这让血盟产生了医疗风险，因此通常会改变它的仪式。

虽然血盟在全世界普遍存在，但一些最详细的调查是人类学家在非洲进行的。在非洲，血盟成员一般在割手的同时发誓或祷告相互效忠，他们还可能舔对方的伤口（Paulme 1973）。人们会认为，如果有人后来违背了誓言，该成员的血将自动复仇（Evans-Pritchard 1933）。类似的是，当一个成员去世后，该成员依然会以一种神秘的方式加入他们的联盟（Beidelman 1963）。虽然王室成员和平民之间偶尔组成血盟，但它通常多发生在地位相同的人之间（Evans-Pritchard 1933）。Nyoro族和Kaguru族通常会和远方的陌生人达成血盟，以便在旅行时能够获得一个永久的同盟（Beidelman 1963）。在尼日尔的索宁克人中，一个人可能主动变成另一个人的格里奥或颂歌者，这实际上是自愿将自己降为奴隶，而这种安排是通过血盟进行的（Paulme 1973）。通常来讲，血盟一般在两个男人之间达成，但偶尔也会在一个男人和一个女人之间达成，一些阿赞德夫妻就是这样的（Evans-Pritchard 1933）。

（陈蕊）

血盟兄弟（Blood brotherhood） 血盟兄弟是由两个人或两个人以上通过血盟仪式达成的一种信任或合作盟约，血盟仪式包括一些实际行动，比如彼此的刀口处摩擦让血液融合或从伤口取血和喝掉每个成员的血液（直接喝或混入其他食品饮料中）。“身体-物质兄弟姐妹”一词能更准确地表达它的含义，因为在东中非和西中非，血盟的成员可能包括女性或混合性别的人，而且分享的物质不一定是血液。根据公元前5世纪希罗多德对斯基泰人的记载，血盟兄弟在非洲和阿拉伯半岛很普遍，但这种行为并不限于这两个地区。

分享-物质兄弟姐妹一般反映的不是准确的生物学兄弟姊妹关系，一些采取这种行为的人认为，与生物上的兄弟姐妹关系相比，血盟-兄弟姐妹是一种更深层次的结合，赋予了更严格的共同责任。一般，血盟-兄弟姐妹的成员是绝对平等的，而在同一社会中的许多生物上的兄弟姐妹不会如此。虽然大部分情况下分享-物质兄弟姐妹是对亲属关系的一种补充，但在某些情形下，它是对这种“真实的”亲属关系的重复与加强。血盟-兄弟姐妹有时禁止近亲结婚，而且在很多环境中，比如在印度，夫妻之间要交换血液。

血盟兄弟在成员选择、自愿或强制以及行为仅对个人具有约束力还是对整个组织具有约束力等方面差异巨大，形成血盟兄弟的原因包括创造和平、获得战争和复仇同盟、在旅行中提供保护、贸易伙伴建立信任等。有时用献祭动物的形式代替交换人体物质，这种使用替代物的方式在基督教仪式中尤为明显，他们用面包和酒代表身体和血液。

（陈蕊）

血型（Blood groups） 血型指的是红细胞的细胞膜表面受体的类型，根据该受体类型的不同，目前已发现超过30种血型。其中，被人们所熟知同时在输血中被应用较多的是ABO血型和Rh血型。对人群中不同血型的分布的研究不仅有助于增加我们对人类迁徙的认识，同时也在临床医学中有着重要的应用。

人类的血液主要由血浆、红细胞、白细胞以及血小板等成分组成。在输血过程中，如果红细胞表面的抗原与供血中的特异性抗体结合，会导致凝血。更严重的情况，抗体和抗原的反应会导致红细胞破损，出现溶血。因此，理解不同血型的相互作用机理在医学中尤为重要。

在ABO血型系统中，A型血红细胞膜表面有A抗原，血浆中能生成B抗体。B型血红细胞膜表面有B抗原，血浆中能生成A抗体。AB型血红细胞膜表面既有A抗原又有B抗原，血浆中不能生成抗体。O型血红细胞膜表面没有抗原，血浆中既能生成A抗体又能生成B抗体。在输血过程中，当外来的血液进入人体后，人体的免疫系统会被激活来生成以抵御外来物质的抗体。因此，当A型血输入到B型血或者O型血患者身体中时，患者的血浆中会生成A抗体。A抗体与A型血红细胞膜表面的抗原发生反应，造成凝血或者溶血反应，危及患者生命。由于AB型血患者血浆不能产生抗体，故A型血可以输入到AB型血的患者体内。相似的机理，B型血不能输给A型血和O型血患者，可以输给AB型血患者。AB型血不能输给A型、B型和O型血患者。O型血因为红细胞膜表面没有抗原，则可以被输给任何血型的患者。

根据红细胞膜表面有无Rh抗原，ABO血型系统又可以被分为Rh阴性和Rh阳性。当Rh阳性血输入到Rh阴性血患者体内时，Rh阴性血患者会产生抗体与Rh抗原结合，发生溶血反应。而Rh阴性血输入到Rh阳性患者体内时，由于Rh阳性患者体内不能生成相应抗体，不会有类似的免疫反应。

（李辉、余歌）

殉葬（Suttee）　印度教强迫妇女在丈夫死去的时候，要跳进火葬堆活活被烧死。

（蒋萍）

X

Y

牙含章（1916—1989） 著名藏学者。化名康明德、马尔沙，笔名章鲁、子元等。甘肃临夏人。1916年出生于甘肃和政县。1936年初中毕业，入甘肃拉卜楞寺保安司令部工作，并习藏文藏语。1937年前往拉萨，后住在西藏三大寺之一的哲蚌寺中。1938年入陕北公学学习，10月加入中国共产党，后长期任甘肃省委统战部副部长。后在中共中央西北工作委员会从事问题研究。1949年为临夏分区行政督察专员公署专员兼民族事务委员会主任。1950年任中共西藏工作委员会秘书长、研究室主任等职。1958年调入北京后任中国社会科学院民族研究所所长，中国民族研究会理事长，中国民族理论研究会会长，中国无神论学会会长，中国宗教学会常务理事，等。

牙含章长期从事民族理论与民族政策研究。他深入研究西藏历史，1952年到1953年写成26万余字的《达赖喇嘛传》，用大量的事实阐明了历代达赖喇嘛与历代班禅的关系问题，证明西藏是祖国不可分割的一部分。1958年，承担编写中国50多个少数民族《简史》、《简志》的任务，恰在此时，中国学术界在汉民族形成问题上展开了一场历时数载的大论战，牙含章把民族研究的重点放在民族形成问题上，1980年将20多年的研究文章汇编为《民族形成问题研究》一书。1959年在《红旗》杂志上，发表了《论宗教信仰自由》、《关于宗教迷信问题》（美国、日本报刊全文转载）。在70岁高龄时，改写了《达赖喇嘛传》，增写6万余字，改写10万余字，1984年撰写了近30万字的《班禅额尔德尼传》，1987年以多种文字出版。编写国家“七五”重点出版项目《中国无神论史》。

（额日古娜）

亚文化（Subcultures） 从总体上说，亚文化这个概念在社会科学领域极具争议，尤其是在人类学学科中。这个概念形成于早期的社会理论，用以表达囊括在一个整体下的多元社会文化形态，这个整体指的是单一的社会或国家文化。上述文化形态应是国家文化的附属，比如，少数族裔、移民或难民，以及农村或半农村群体文化。亚文化在许多研究者看来是“社会系统的黏合剂”和国家文化的变体，例如，许多研究农村的社区研究被概念化地视为一个高度整合的系统，相对自主的亚文化被视为民族国家的作品。这一观点主要是在现代主义范式影响下形成的，现代主义把社会看作一个被整合的整体，它可以借助一系列表达秩序、系统、规范和价值的观念而得到理解。

美国的大萧条和二战后遗症导致各种人群的大规模迁移和主要城市的结构性转换，这些变化加剧了少数族裔的边缘化，暴力、违禁药物走私和犯罪。它们又为滋生年轻人的挫败感和融入亚文化提供了有利条件，例如帮派，他们制定了一些违背主流社会的复杂规则、结构和行为。亚文化的民族志研究通过对亚文化行为的分析为社会学和人类学研究复杂社会的文化指引方向。事实上，社会科学家有责任针对少数民族及其边缘化问题制定公共政策。在这些研究中亚文化是一个关键词，它被普遍理解为社会病理学的隐喻（对于很多学者来说，分析框架被清晰地表述为“失范现象”或“反常状态”）。它指的是这样一个过程，即被边缘化群体拿边缘化作为犯罪的借口，而不是合法地进行抗议或抵抗。

新马克思主义者主张亚文化的概念的核心是抵抗，他们的观点得到了文化研究学派的支持（该学派由一帮活跃在伯明翰当代文化研究中心的英国学者组成）。借鉴安东尼·葛兰西（Antonio Gramsci）的“霸权”概念和路易斯·阿尔都塞（Louis Althusser）对“意识形态”的定义，它的宗旨是倡导一种研究亚文化的方法，即同时强调亚文化实践的特殊性和这些实践持续的历史进程、社会条件和意识形态。尽管亚文化成为文化研究所喜好的主题，但是人类学的独特贡献在于理解这些与抵抗相关的实践的意义。

亚文化作为一种现象仍然用于理解主流文化。在美国亚文化是关于青年人的文化实践，例如青年人通过说唱音乐融入大众文化中。亚文化的概念是难以界定的，全球化过程中人类学在亚文化概念的界定上扮演着至关重要的角色。

（龚文娟、邹宇灵）

亚细亚生产方式（Asiatic mode of production）东方历史中一个特殊的生产方式。马克思当时主要是根据印度农村公社的土地制度，并联系东方专制制度来论述这一生产方式的，同时也用这一概念来说明埃及、中国、中东和被哥伦布发现以前的美洲，并曾把沙皇俄国视为“半亚细亚”形制。也有人理解这一概念是马克思在19世纪50年代提出用以表达社会经济形态演进的一个特定时代的概念，并不局限于地理范畴。亚细亚生产方式的特征是：公社共同占有和利用土地，分配给成员耕种，凌驾于公社之上的国家或政体是土地的更高的所有者或唯一所有者。公社的一部分剩余产品以贡赋的形式上缴。公社内部成员和家庭一起在分配给他的分地上从事劳动。公社范围内基本上以农业和手工业合一、自给自足的自然经济为主；一般认为，劳动密集型、效率偏低的传统农业，是亚细亚生产方式的代表。政府控制管理水利工程和交通。马克思和恩格斯指出，缺乏私有财富，特别是缺乏土地私有权是亚细亚社会停滞不前的基本原因之一。斯大林领导下的苏联基本上否定了亚细亚生产方式，认为只有原始公社、奴隶社会、封建社会、资本主义社会和社会主义社会5种生产方式。以阿尔都塞为代表的结构主义马克思主义认为亚细亚生产方式对于认识东方社会的特征具有独特作用，并以此为依据，主张历史分段的多元论，反对人类历史上只出现过5种生产方式的“直线决定论”。

亚细亚生产方式里政权直接支配社会生产，个人对集体强烈依附。有人从高度集权政府在亚细亚生产方式的必要性这个角度，由历史上的亚细亚生产方式和社会结构推导出亚洲第三世界的现代化发展需要国家深度参与的观点。亚细亚生产方式中自给自足的经济阻碍了社会劳动分工的复杂发展，是构成经济社会停滞的原因之一。一些人认为这说明受亚细亚生产方式支配的社会经济缺乏自我发展的紧迫动力，必须依靠外力才能真正动摇。

由于马克思原著中没有对亚细亚生产方式做出详细具体的规定，又因涉及对中国历史上社会性质的判定，围绕亚细亚生产方式产生的中外争论较多。有人认为它是原始社会解体阶段的一种特殊形态。有人理解它是带有原始公社制参与的早期奴隶制生产方式，有人则当作是从原始社会向奴隶社会过渡的生产方式，还有人阐释为以灌溉为特征的东方土地国有制的独特生产方式，例如魏特夫（Karl August Wittfogel）从亚细亚生产方式出发考察中国古代经济，认为治水社会是东方专制主义的基础。亚细亚生产方式具体内容虽有争议，多数人同意这个概念揭示出东方社会历史发展的独特性。

（李耕）

燕京大学社会学系　作为现北京大学前身之一的燕京大学，在1922年即创办了社会学系，到1952年在院校大调整中与北京大学合并，共30年的发展历程中，对社会学在中国的传播、建成和普及起着积极的推动作用。

燕京大学社会学系在创办初期是一个由外国人倡办、外国教师授课、以外国宗教和政治服务为主要目的的社会学系。后来发展为以一个中国人主持系务、有相当教学水平的中国教师队伍，以改良中国社会、实现社会学中国化为目的的社会学系。30年来共培养271名毕业生。其中学士249人，硕士22人。到中华人民共和国成立前夕，不少教师接受和开始接受马克思主义新观点，在民主运动和解放斗争中发挥了积极作用。

1922年，在美国普林斯顿——北京基金会（后改为普林斯顿——燕京基金会）派到燕京大学教授社会学的步济时（J.S.Burgess）倡议下，燕京大学社会学系得以成立，学系分理论社会学和应用社会学两科，开设宗教学、社会工作、社会调查等十几门课程，讲授英文版美国教材。

社会学系建立之初，开设了两门课程：一是“社区组织”，由步济时讲授。二是“社会调查”，由甘博（Sidney D. Gamble）与步济时共同讲授。在讲授“社会调查”时，甘博带着学生们，对北京市展开了深入的调查。

1926年步济时去美国后，许仕廉出任系主任，他于1934年离开社会学系，历时8年。这一段在学系历史上是相当稳定的时期。许仕廉强调学术研究，重视社会调查，倡导讲授中国的社会学。为了加强教学实力、扩大教学队伍，燕京大学社会学系增聘著名社会学家来系任教。主要有陈翰笙主讲的“农民运动”，许地山主讲的“人类学”，吴文藻主讲的“社会学原理”，张鸿钧主讲的“社会行政”，严景耀主讲的“犯罪学”及“监狱行政”，雷洁琼主讲的“社会福利事业”。此外，杨开道、言心哲、陶孟和、冯友兰、赵紫宸以及金陵大学社会学系主任倪逢吉均在该系兼课。

1935年，吴文藻继任系主任，直到1938年夏吴文藻去昆明云南大学任教为止。吴文藻在任系主任时期，聘请赵承信主讲“社会学原理”，李安宅主讲“社会人类学”，关瑞梧主讲“社会工作方法”，陶希圣主讲“中国社会史”，并增设“农村研究”、“农村改良运动之比较”课。燕京大学社会学系的社会学理论研究和教学质量均有显著提高，对中国社会学的建设和普及，产生很大的影响。

这一时期开展的主要活动有两方面：一，加强农村调查和农村建设实验。二，引进功能学派，推行社会调查。

吴文藻认为“功能学派是社会人类学中最先进亦是现今学术界最有力的一个学派”。他致力于把功能学派的学说和方法引进到中国，力图把社会学中国化。他集中精力指导系内的研究活动从社会调查转向社区研究，通过实地调查研究提高教学质量。增设了“社区调查”和“社区组织及问题”两门课程。他用功能主义的观点分析中国农村问题，将原来社会学理论研究和农村建设分立并行的关系联结起来。

1920年3月15日燕京大学庆祝男女校合并

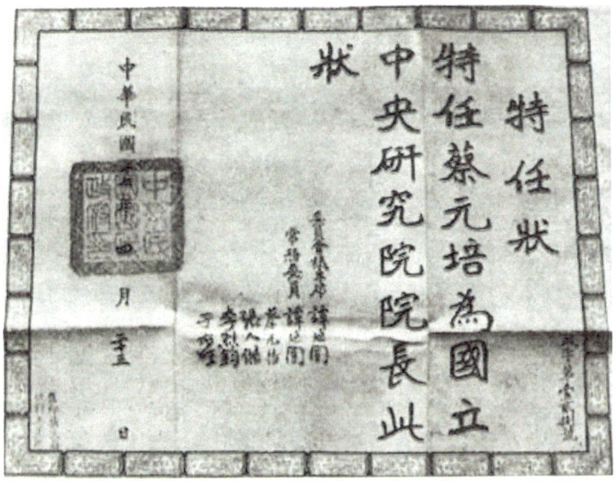

蔡元培任中央研究院院长特任状

在吴文藻的倡导下，燕京大学社会学系形成了当时传播功能学派的中心。

除了亲自撰写许多介绍功能主义学派的文章外，1932年9月，吴文藻还邀请美国芝加哥大学的派克（Robert Park）教授和英国伦敦政经学院的布朗（A. R. Radcliff-Brown）教授来到燕京大学授课。在此期间，派克举办了“集合行为”和“社会学研究班”两个讲座。这两位学者不仅带来西方的理论，甚至亲自指导学生们的学习和调查。并且，燕京大学社会学系还于1933 年编辑了《派克社会学文集》，又将

燕京大学图书馆藏书票

1936 年出版的《社会学界》第九卷命名为“纪念布朗教授来华讲学特辑”，从而在国内掀起了一股宣传、提倡功能派理论的高潮。

1941年，太平洋战争爆发，燕京大学关闭。1942年，燕京大学在成都复校，当时的社会学系主任先后由李安宅、林耀华担任。1943年林耀华任系主任后，重点开展少数民族调查研究。林耀华、吴文藻和李安宅等教师带领学生，先后调查了西南边境地区、新疆等西北地区以及藏区宗教语言等问题。教师由廖泰初、周励秋、徐雍舜、陈舒永、陈永龄等出任，并聘请了李方桂、徐益棠到学系兼课。为适应抗战时期社会服务和社会救济的需求，学系增设专为训练社会救济人才及育人福利事业人才的课程。同时，学系社会工作服务根据战时形势，分为边疆社会调查，城市社会服务和农村社会服务，在少数民族调查和战时服务中，做出了新的成绩和贡献。

1951年，燕京大学进行了课程改革，取消了这门学科，同时成立了民族学系和劳动学系，撤销社会学系。1952年全国高校院系调整，燕京大学并入北京大学，燕京大学的历史至此告终。

（王建民）

言语（parole） 参见语言与言语。

岩画（rock art） 在洞穴、崖壁、岩面上凿刻或彩绘类图像的总称，其产生晚于晚期智人的出现；到目前为止，欧洲、亚洲、美洲、大洋洲、非洲的70多个国家150多个地区有岩画遗存发现，但仅非洲和澳洲少数族群目前还存有岩画制作的传统。在欧洲，岩画多涂绘于洞穴的墙壁或壁顶，故欧洲岩画也称为洞穴艺术，英文为“cave art”；美洲、非洲的岩画多位于裸露的崖壁岩面上，英文名称多用“rock art”；此外，岩画还称为：“rock carvings”“rock engravings”“rock inscriptions”；在中国，20世纪晚期的著作中偶见用“崖画”、“崖绘”、“石刻”指称岩画。按照岩画表现方式的不同，又可分为岩刻（petroglyphs、 rock painting）和岩绘（pictographs、rock engraving）两种类型，岩刻是指用凿刻方式制作的岩画，岩绘是指用色彩进行涂绘制作的岩画。

岩画的发现始于1870年西班牙学者绍托拉（Marcelino de Sautuola）在洞址发掘旧石器文化层时，他5岁女儿偶然的一瞥，看到洞穴岩壁上精美的野牛绘画，这处遗址的岩画被称为阿尔塔米拉（Altamira）洞穴岩画；经考证，绍托拉将其认定为旧石器时代的绘画作品。在中国，关于岩画的最早记载可追溯至北魏地理学家郦道元《水经注》中关于阴山动物图形的描写；而中国近代科学意义上的岩画研究始于1915年黄仲琴对福建华安仙字潭岩画的调查。岩画的大量发现和系统性调查主要在中华人民共和国建立之后，如20世纪50年代中期广西左江花山岩画的发现与研究；20世纪60年代云南沧源岩画的发现与研究；20世纪70年代内蒙古阴山岩画的发现与研究。根据中国岩画的内容与风格，可分为北方、西南、东南3个系统。北方系统的岩画，内容以动物为主，风格较为写实，技法以岩刻为主，系北方草原地区狩猎、游牧民族活动的作品，例如宁夏贺兰山岩画、内蒙古阴山岩画。西南系统的岩画，内容以人物活动为主，特别是宗教活动，作品技法则以红色涂绘为主，例如：广西左江花山岩画。东南沿海系统的岩画，大多与古代先民们的出海活动有关，体现着中国的海洋文化，内容以抽象的图案为主，都采用岩刻的技法，例如江苏连云港将军崖岩画。

在岩画发现的初期，对于岩画的研究主要关注于其产生的动力问题，即艺术的起源问题：狩猎巫术、萨满教、图腾崇拜、交流、教育功能被广泛讨论；在旧石器时代的狩猎-采集时期，存在一种类比思维，或弗雷泽（James G. Frazer）所界定的“模仿巫术”（或称顺势巫术），认为控制了这个图像就控制了这种动物，这个时期的动物岩画十分写实；岩画用于巫术（或仪式）是这一时期的普遍性论调。此外，对岩画功能的解读也常与其族群的意识形态相联系，认为岩画中的主要图形可能用于表达某种集体意识或身份认同，并是这一族群的象征性符号，且与族群的宗教活动密切相关。

随后，岩画研究开始转向与史前艺术或部落艺术之间的比较；艺术风格成为讨论的主题，断代问题也引起了初步的关注；此外，生态人类学家认为末次冰川导致气候恶化引起了食物和其他资源的短缺，导致人们移居到更适宜生存的地带，在他们觅食的区域为了标定界线、加强防卫，用岩画进行标记；而认知心理学把岩画图像作为“信息流”（information flow），认为它们是代际传承的要素。

由于岩画的不可移动性，它们常年暴露在大自然中，受到日照、水侵蚀、风化、地震等自然作用和环境污染、小气候改变等因素的影响，会使岩画发生酥碱、劈裂、蚀空、崩塌、倾覆等现象；鉴于岩画重要的历史人文及艺术价值，岩画保护也成为岩画研究中的重要问题。

岩画作为人类对世界观和自我的表达方式之一，狩猎和食物采集的岩画表征出了特定时代和地方当时人们的生活方式；武器、工具及其他器物表征出了岩画制作群体的技术能力；一些表现神话和信仰的图像其背后根植于当时人的精神世界和对人、自然、超自然关系的认识。在岩画研究中最具代表性的是意大利岩画学家埃马努埃尔·阿纳蒂（Emmanuel Anati），他借用索绪尔（Ferdinand de Saussure）语言学和列维·斯特劳斯（Claude Lévi-Strauss）的结构主义方法寻找根植于世界岩画中通用的图像语言；南非岩画学者路易斯-威廉姆斯（J. David Lewis-Williams）借用马林诺夫斯基有关仪式的社会功能理论研究桑人的社会结构和岩画创作场景下，萨满巫师在仪式中的角色；并从神经心理学的角度研究了在致幻剂作用下产生的图像和萨满教之间的关系。岩画可以被用来理解象征、宗教系统、性别关系、文化边界、文化演变、艺术起源和信仰；岩画的研究会使人们对人类历史的构建、特定族群文化的认知产生重要的影响。

20世纪80年代岩画学者陈兆复把中国岩画向世界介绍，弥补了国际岩画界对中国岩画认识的空白。进入到21世纪，中国岩画与国际岩画的学术交流、考察合作日益增多。

（张嘉馨）

参考书目

［1］Clottes, Jean 2010, *Cave Art*, London: Phaidon Press.

［2］Whitley, David S.2011,*Introduction to Rock Art Research*. Second Edition, Walnut Creek: Left Coast Press.

［3］陈兆复. 中国岩画发现史. 上海：上海人民出版社，2009.

杨成志（1902—1991） 中国民族学家、人类学家。字有竟，广东海丰人。1923—1927年就学于岭南大学。1927年任中山大学助教。1928年受中山大学和中央研究院指派，与史禄国教授夫妇及容肇祖同赴云南调查，深入滇、川交界的彝族聚居区，进行了中国最早的民族学的田野考察。返校后不久，由中山大学派往法国留学，获人类学院高等文凭和巴黎大学民族学博士学位。1932年去法国学习之前，除对云南、四川的彝族等民族的开创性调查外，曾到海南岛对黎族进行了两个月的调查，到韶关考察过瑶族，在广州和海丰考察过疍民。1934年参加在伦敦举办的首届国际人类学民族学科学大会，并宣读了论文。此后，历任中山大学教授及其研究院秘书长、文科研究所所长、人类学部主任、人类学系主任和中央民族学院研究部教授兼文物室主任等职。他的论著在国外的民族学和人类学界有一定影响，对中国民族学的研究以及对人才的培养做出了重要的贡献，在华南形成较为整齐、在学术活动中较为活跃的民族学队伍。主要著作有《云南民族调查报告》、《罗罗族巫师及其经典》、《罗罗太上消灾经对译》、《广东人民与文化》、《人类科学论集》、《广东北江瑶人调查报告》、《人类学与现代生活》、《海南岛苗黎调查》等，曾参加《中国少数民族分布简图》、《中国少数民族文字简表》、《中国少数民族旧有政制概况》及《瑶族简史简志》的编写工作。早年主编《民俗季刊》和民族学刊（《广东日报》副刊）。

（刘姝曼）

参考书目

王建民. 中国民族学史（上卷）. 昆明：云南教育出版社，1997.

杨堃（1901—1998） 又名杨象乾、杨赤民，河北大名人。中国著名社会学家、民族学家、民俗学家。1921年赴法国勤工俭学，就读于法国里昂中法大学、巴黎大学，获理科硕士和文科博士学位。1931年回国，先后任河北大学、中法大学、清华大学、燕京大学讲师、副教授，曾任朝阳大学、华北大学、云南大学、中国社会科学院民族研究所教授、研究员和北平中法汉学研究所研究员，历任云南大学社会学系主任和中国民族学会、中国社会学会、中国人类学会、中国民间文艺研究会的顾问及中国民俗学学会副理事长等职。早年曾参与发起成立中国民族学学会，并任《民族学研究集刊》特约撰述人。他对西方民族学的研究状况较为重视，积极从事对民族学理论流派的介绍，其早期的著作对介绍法国社会学年刊学派的学术观点和研究方法起到重要作用。他主张民族学的对象应是一切民族，但狭义的民族学却不妨仍以初民社会为对象，社会学则以文明社会为研究对象。也从方法上对民族学和社会学进行了分析，认为两者没有明显的区别，但仍是两门独立的科学，关系日趋密切，但不是从属关系，而是平等关系。倡导将历史学和民族学结合起来，进行原始社会史的研究。中华人民共和国成立后，他多次深入西南少数民族聚居地区进行民族史别和实地考察。主要著作有《灶神考》、《葛兰言研究导论》、《莫斯教授的社会学学说与方法论》、《民族学概论》、《民族与民族学》、《民族学调查方法》、《原始社会发展史》等。

（刘姝曼）

参考书目

王建民. 中国民族学史（上卷）. 昆明：云南教育出版社，1997.

杨懋春（1904—1988） 字勉斋，山东胶县人。中国社会学家。山东齐鲁大学社会学系学士，后就读于燕京大学社会学系，攻读社会学硕士学位。抗日战争爆发后，到美国康奈尔大学攻读乡村社会学，先后获硕士、博士学位。他的关于中国乡村文化的研究著作《一个中国村庄——山东台头》，成为美国和西方文化人类学和社会研究者了解中国乡村文化的必读著作。抗日战争胜利后回国，任农林部督察、东北行辕经济委员会副处长和齐鲁大学社会学系教授、系主任、文理学院院长等职。1949年赴美国讲学，曾任康奈尔大学、斯坦福大学、华盛顿大学的客座教授。1958年赴台湾，先后任台湾大学农经学系乡村社会学教授、农业推广系主任和东吴大学社会学系教授、系主任等。长期从事社会学和人类学的教学、研究工作，在乡村社会学的研究和农业推广方面贡献较大。主要著作有《中国的集镇制度与乡村生活》、《勉斋文集》、《农业技术改变对乡村社会之影响》、《乡村社会学与农业发展》、《乡村社会学》、《社会化与生活礼节》、《台湾土地改革的社会经济成果》、《中国的社会结构》、《我们的社会》、《今日台湾乡村生活的透视》、《台湾土地改革对乡村社会制度之影响》、《农业兴衰的社会因素》、《致富有道》、《社会学》、《中国农业社会的变迁与发展》、《当代社会学说》等。

（刘姝曼）

参考书目

王建民. 中国民族学史（上卷）. 昆明：云南教育出版社，1997.

杨庆堃（1911—1999） 美国华裔社会学家，原籍广东南海。1932年毕业于燕京大学社会学系，1934年获该校社会学硕士学位后赴美国留学，1939年获得密执安大学社会学博士学位。其后先后担任美国纽约商报编辑、《华侨日报》主编、华盛顿大学助理教授、麻省理工学院国际研究中心研究员、匹兹堡大学副教授及教授等职。担任广州岭南大学副教授兼社会学系主任，并在广州近郊鹭江村从事农村社区的调查工作，著有《共产党领导下的中国的农村社会及家庭变迁》。被授予香港中文大学荣誉法学博士学位，聘为中山大学社会学名誉教授，任亚洲研究协会理事、美国社会学协会会员、亚洲研究协会会员等。

杨庆堃长期致力于社会学教学和研究，对于中国社会学的重建起到了重要作用。在中国人文区位学研究，特别是中国农村社区研究方面成就较多。著有《革命中的中国农村家庭》、《初期共产主义下的中国社会和家庭》、《过渡期中的中国农村》、《中国社会中的宗教》、《19世纪中国群众行动某些统计模式》等。

（额日古娜）

杨希枚（1916—1993） 生于北京，武汉大学生物系毕业，毕业后约一年进入中央研究院史语所工作。先担任吴定良的助理，后于人类学组，在李济的嘱托下，研究殷墟头骨。在中央研究院，杨希枚先生历任：中央研究院历史语言研究所助理员、助理研究员、副研究员、研究员、人类学组主任。1980年从中央研究院退休，于1981年前往北京定居，并参加中国社会科学院历史研究所工作，继续从事先秦等史学研究。于1993年病逝于北京。

杨希枚从事先秦史和人类学研究，是享誉海内外的著名学者。杨先生在学术上的成就是多方面的，而主要在以下几个方面：一、先秦姓氏制度研究；二、先秦赐姓制度研究；三、联名制研究；四、殷墟头骨的测量与人种的研究；五、古代史事的考证；六、神秘数字研究。杨先生应用文献材料和人类学、考古学证据，探求事物发展轨迹，分析经师旧注的歧异见解，再经深入核证，对前人颇多讨论而迄今未合理解决的，或前人甚少论及的悬案、难题提出了自认可备一说的新解。其中一些看法多获考古、人类和史学界学者的引用和赞同。其中，先秦赐姓制度研究，如《“姓”字古义析证》《先秦赐姓制度理论的商榷》等文章对纳日碧力戈影响很大，对纳日的博士论文写作有所帮助。《杨希枚集》已由中国社会科学出版社于2006年10月出版。《杨希枚集》精选了著名历史学家杨希枚先生20世纪后半叶在海内外用中英文发表的关于中国先秦史研究方面的代表性文章，共计16篇。

杨希枚长期在中研院史语所、哈佛大学和中国社会科学院历史研究所工作，他的研究具有广泛的国际学术视野。他的很多文章具有较强的学术开拓性和创新性，表现为以下4个显著特点：一是注重学术研究的开拓性。二是注重对史料的考据和解读。三是注重对历史传说和文献记载相结合的研究。四是注重对历史研究方法的探索。

1990年1月16日，中国社会科学院历史研究所为杨希枚举办“庆祝杨希枚从事学术活动50周年”纪念会，中国社会科学院副院长丁伟志教授讲话，深情地回顾了杨希枚50余年的学术生涯，学术上披荆斩棘不断进取，对后继学者循循善诱诲人不倦，大力扶植学术新人等事迹。

（刘姝曼）

药物（Drugs）　指可以改善或查明生理功能及病理状态，规定有适应证、用法和用量，而对用药者有益的各种物质产品，亦即用于预防、治疗和诊断疾病的天然植物或化学合成品。人类学家定义其为可以改变人类大脑皮层意识，导致心智活动改变的物理介质。

药物可以分为常用药品和特殊药品，常用药品有不同的分类方法，如中药对与方剂研究中，药物可分为解表类、温里类、寒热类、清热类、泻下类、除湿类、理气类、理血类、润燥类、补益类、咳喘类、消散类、固涩类、安神类共计14个类型。西药很多都是抗生素，名称中的“抗”字包含着强烈的军事隐喻。各民族对药物的发展都有卓著的贡献，世界范围的民族医药保留着对药物的多元见解。特殊药品包括麻醉药、医疗用毒性药、精神药物、放射性药物、戒毒药物等。不论药剂的形态如何改变，人类对药物的需求是永恒的，制药业也因此被称为日不落的“朝阳产业”。

世界上的药物常被归为三大类：诸如麻醉药、安眠药、镇静剂、酒等的止痛镇静药；诸如大麻、古柯、鸦片、吗啡、海洛因等的精神药物；诸如佩奥特仙人掌及其他人造的迷幻药物。大麻、古柯、鸦片、仙人掌、曼陀罗、卡瓦药、咖啡因和酒因其广众性和影响力常被介入学理研究，这些药物对人体本身和社会机体都造成巨大的震荡，以药物大麻为例，新石器时代就有人类吸食大麻的痕迹，在宗教、灵学中应用大麻调整灵魂的境界，大麻也是一度被某些区域禁止的药物。药物的价值在于治疗病痛、维持运动兴奋、提高工作效率、释爱效力、提炼食补价值、促进意识改变、融入宗教仪式、进入另一阈限、巩固社会联结、扩大世界贸易等。

药物兼具物质生命与社会生命。人类学家研究植物的地方性分类，当地人如何利用植物的药物功效。早期的人类学关注超自然的宗教经验中人们对植物的利用，例如探讨烟草与美国印第安人的宇宙观之间的关系，得出烟草在当地的物质生命因为其社会生命而延续。民族志中的大量研究着眼于可以改变人的世界观的精神类植物，包括蘑菇、大麻、麻醉剂和迷幻药的研究，关键论题是用药经历与宗教信仰之间的张力。萨满一直是人类学家的兴趣点，随着替代疗法的复兴与后现代主义握手，人类学家认为，药物在人类对超验世界的信仰中起到驱动作用，药用的特定植物在本土思维中承载着权利与精神，形成一个致幻药物与超自然世界交流的场域。

欧洲扩张之前，药物的文化功能通常用来理解人类如何进入超自然世界和增强人际联系。古代社会的人类认为药物的利用需要制定规则，否则会破坏社会秩序。在阿赞德人和印加社会，药物被置于习俗约束之中，只有担负宗教职责的人才有资格服用可以改变心智的药物。世界文化交流融合之后，药物的引入与使用不再受规则约束，为个人愉悦的药物消费忽视了消极而长远的社会影响。人类学家开始关注药物利用与殖民主义、政治捭阖、结构暴力的联系，食用药物在资本主义的工厂中出现，用于抵抗工人疲劳、提高劳动生产率。

药物是人类应对疾病、预防保健的特殊商品，涉及计划生育、医疗保险、经济贸易、生命伦理（安乐死）等各方政策的制定与实施。药物的安全、合理、经济的应用问题，关系到人类的生命安危和社会秩序的良性运行，各个国家都通过立法制定用药规则而防止药物滥用。药物既能治病亦能致病，药物不仅用于临床医疗和医学科研，药物道德已经成为一个跨学科的命题，认清支配他人、非法牟利和政治霸权（如鸦片输入）的非道德目的，防止药物依赖、抗药性和药源性疾病的增加。

人类学家研究药物多从非生物医学角度，如《全球药物——伦理、市场与实践》，扩展了药物单纯的生物学意义。人类学家重新思考药物的刺激效应及其对躯体的效用。伴随药物有效性的提高，医学人类学家仍不能解释安慰剂效应，人类学家从意义回应角度做出解释。鉴于药物的社会属性，人类学理论中的人-物网络理论、礼物交换理论、仪式理论和惯习理论等都提供了看待药物的新视角。

（夏懿）

一夫多妻（Polygyny） 是指一个男人同时与数个女人成婚的婚姻制度。它是多偶制，即一个男性或者女性同时与数个配偶成婚的婚姻制度形式。这种婚姻形式与一妻多夫制和一夫一妻制相区别，前者是一个女性与数个男性同时成婚，在世界上极少存在；而后者规定一个男性或者女性在同一时间只能有一个配偶。许多一夫一妻制允许一个男性或者女性前后可以与几个配偶成婚，从而产生了一种类似于多偶制的后果。

一夫多妻制的存在使人们认识到“婚姻”这一概念并非普适性的，并非一个不言自明的事实。人类学家在普适的婚姻概念上想要达成一致的定义标准是一件非常困难的事情。被一个人类学家定义为一夫多妻的婚姻形式却被另一个人类学家描述为非法同居。一夫多妻制包括了男性性行为再生产的不平等，但是一夫多妻制在政治和经济上的后果却因社会组织的基础而有不同。如，在北美西北海岸印第安人采集-狩猎部落中尽管一夫多妻制并非普遍，且造成了地位、财产、权利的不平等，但一夫多妻制在建立家庭之间的联盟方面发挥了重要作用，扩展了家户规模、增加了劳动力、提升了家户高级首领组织夸富宴交易的能力、增强了世系群的规模和竞争优势。

一夫多妻制广泛地分布在从史前到有成文记载的人类社会之中。伊布尔-伊贝斯菲尔特（Ireänus Eibl-Eibesfelt）发现，一夫多妻发生在83.5%的现代社会之中，尽管实行一夫一妻制的群体要比一夫多妻制多出2.5倍，许多现当代的农业社会和狩猎采集社会，例如南美、非洲、波利尼西亚，以及澳大利亚这样一些前殖民地，都发现有一夫多妻制的存在。一夫多妻制在古希伯来人（Hebrew）社会有过实践。同时，除了土耳其和突尼斯明确规定了一夫多妻制以外，伊斯兰社会也接受一夫多妻制，或者允许有限制的一夫多妻存在。然而，在古希腊和罗马，或者在基督教社会中，除了早期的摩门教徒（Mormonism）外，一夫多妻制是不被正式许可的。

（朱天谱）

《一个中国村庄——山东台头》（*A Chinese Village-Taitou, Shantung Province*） 中国社会学家杨懋春的代表作，是中国早期人类学的经典作品。

杨懋春在国内时先后就读于齐鲁大学、燕京大学社会学系，后留学美国康奈尔大学，并完成博士论文《中国的集镇制度与乡村生活》。1944年杨懋春在美国参加人类学家林顿领导的“中国乡村文化”研究工作，并撰写《一个中国村庄——山东台头》。该书英文出版后被译为多种文字，江苏人民出版社2001年翻译并出版中文版。

书中杨懋春对其家乡山东省台头村进行了全面详尽的介绍，描写了20世纪三四十年代台头村的自然环境、农业生产、生活水平、婚姻家庭、村庄组织等内容，成为美国研究者研究中国乡村社会的必读书目，与《江村经济》、《金翼》、《祖荫下》并列为早期中国人类学的里程碑作品。后来有不少人类学者开展了对台头村的回访研究，包括戴瑙玛和潘守永。戴瑙玛1979年进入台头村，但当地政治气氛紧张，她的调查无法深入。20世纪90年代潘守永进入该村，完成其博士论文并发表了多篇文章，如《“一个中国的村庄”的跨时空对话——“台头”重访》（2004）等。

写作时杨懋春并未重新回到台头村进行田野工作，而是以回忆为依托。同时书中村名、人名没有匿名，对象设定为不了解中国文化的美国人，这一系列问题使此书遭到了国内人类学界不少读者的质疑。但不可否认，书中杨懋春重视家庭关系和村落关系，向世界展现了中国文化的本质，为海外研究中国贡献了自己的一分力量。（参见“杨懋春”）

（宋潇）

一妻多夫（Polyandry） 多偶制婚姻的一种形式，允许一个妇女在同一时间拥有不止一个丈夫，或者反向地说，允许数个男性分享同一个妻子。一妻多夫只发生在少于5%的社会之中，在这种婚姻形式里，一个女人同时与数个男人成婚。一妻多夫是全世界最稀有的一种婚姻形式，通常仅仅在中国西藏及尼泊尔、印度、斯里兰卡能够发现。每一个践行一妻多夫的群体在丈夫之间的关系、亲子鉴定规则，以及婚姻的社会–经济利益上都或多或少有些差异。

在一妻多夫社会中，例如斯里兰卡的僧伽罗（Sinhalese）人，一个女人与互无关系的男人们成婚。藏族传统的一妻多夫家庭有兄弟共妻、朋友共妻和极个别的父子共妻几种形式，但最主要、最普遍、占绝大多数的一妻多夫制形式为兄弟共妻，即一个妇女与数个兄弟之间的婚姻。通常人们会为新婚妇女以及兄弟群体中最年长的兄弟举行婚礼，但是所有的兄弟，甚至是还未出生的，都将被视为新郎。不过，婚礼形式视其具体情况而定，如兄弟多少、兄弟间年龄差距、长兄弟与新娘年龄差距等，也有兄弟俩或更多兄弟同时参加婚礼的。不管婚礼形式如何，所有人都会以家庭单位的形式生活。

另一种重要的一妻多夫制度的分类标准是着眼于对妇女的性权利以及最终继嗣的确认规则。大多数中国西藏和尼泊尔共妻的丈夫都分享对于妻子的性权利，性行为和生育权利在所有的兄弟之间都是平等的。在这种分享的过程中，忌妒心因兄弟之间的情义似乎消弭。尼泊尔一些一妻多夫家庭中，最年长的兄弟是首要的丈夫和兄弟，妻子有与他进行性行为的义务。但她通常也与其他兄弟发生性行为，但是他们并不被正式认定为是孩子的父亲。相比之下，对于斯里兰卡的僧伽罗人而言，尽管第一个丈夫是主要的丈夫，但是不管实际的继嗣规则如何，所有的兄弟同等地享有父亲的地位。对于印度的一些一妻多夫家庭而言，最年长的兄弟声称拥有父权，但是却将父亲的社会身份以及连带的权利和义务，都平均地分配给所有孩子们。

（朱天谱）

伊斯兰教（Islām） 世界三大宗教之一。或称回教，旧称“清真教”、“回回教”、“天方教”、“大食法”、“大食教度”。是以《古兰经》和圣训为教导的一神论宗教，拥有世界上总数达13亿的信众，占据全世界人口的1/5，是世界上发展最快的宗教。《古兰经》是被信徒视为创世主的安拉命天使给其使者逐字逐句的启示，而“圣训”为先知穆罕默德的言行录（由同伴们转述收集）。伊斯兰这一名称来自闪语字根S–L–M，意为“顺从（真主）”；实际上穆斯林（伊斯兰教徒）的名字也来自这个字根，意为“顺从者”。穆斯林信仰独一且无与伦比的安拉；人生的唯一目的是崇拜安拉；安拉派遣了多位先知给人类，包括易卜拉欣（亚伯拉罕）、穆萨（摩西）、尔撒（耶稣）等，但最终讯息是传达给最后先知穆罕默德，并载于《古兰经》。

伊斯兰经典是《古兰经》，声明所有穆斯林必须相信真主、经典、天使、先知及末日审判和前定。教派之间的信条有所不同，逊尼派的宿命论称为真主旨意，什叶派称为神圣审判。什叶派伊玛目及其政治及宗教领导是什叶派独有的信条。

穆斯林信众相信真主透过天使吉卜利里加百列将启示传示给先知穆罕默德（时间大概在基督信仰中的耶稣升天后的六百年，而天使加百列就是那位在《圣经》四福音出现过并迎接新生耶稣基督的天使），借此传达给人类。穆罕默德是真主的最后使者，而《古兰经》则是穆罕默德在20余年间接受启示所得的神圣之书。据《古兰经》记载，有些先知能在真主襄助下显现一些奇迹，因先知是真主选择而成为使者的人，是人而非神。伊斯兰教先知被认为是所有人类里最接近完美的凡人，是安拉启示的唯一接收者，真主直接或通过使者将启示传达给先知。《古兰经》里提及过许多被视为伊斯兰教先知的人物，包括阿丹（亚当）、努哈（挪亚）、易卜拉欣（亚伯拉罕）、穆萨（摩西）、尔撒（耶稣）等。伊斯兰教神学认为，自亚当在宣扬伊斯兰教的讯息开始，往后所有真主的使者都在宣扬同一讯息，《古兰经》描述伊斯兰教为：“那是安拉赋予人类的天性。安拉在造化上没有改变，这就是正确的宗教，但是大多数人不知道。”又说到穆斯林这个名字是安拉赋予的。

伊斯兰教的宗教习俗包括“五功”，是逊尼派的5个必要仪式。什叶派穆斯林奉行着他们的一套，但大体上与五功重叠。

其一，伊斯兰教的基本信经及教义是“我做证，万物非主，唯有安拉；我又做证，穆罕默德是安拉的使者。”这是伊斯兰教所有信念及仪式的基础，也被称为“清真言”。穆斯林须在礼拜时诵读，一些非穆斯林要皈依伊斯兰教也要吟诵。

其二，萨拉赫即礼拜，穆斯林每天必须礼拜5次，每次礼拜都面向麦加的克尔白进行。礼拜的意义是要专心致志于真主，被视为与真主的私人沟通，以表达感谢及崇拜之意。礼拜是必须履行的，但可视情况行之，如老人、病人、军人、旅宿者、孕妇、残障人士等，可以减免礼拜次数。在许多穆斯林国家，当地的清真寺会适时公开唤礼。祷文以阿拉伯语诵读，由《古兰经》经文组成。

其三，天课即施舍，是所有财政状况许可的穆斯林的义务。将积蓄的固定部分捐献出来，帮助穷人及用于传播伊斯兰教。天课被视为宗教义务，富人的财富是“真主恩惠的信托财产”，故富人有欠于穷人。《古兰经》及“圣训”都认为穆斯林应自愿捐献更多的财富。

其四，穆斯林在斋月（莱麦丹月）的黎明至黄昏期间不吃不喝，并反省过错，实行斋戒，也叫“封斋”。斋戒是要追求靠近真主的感觉，穆斯林在斋月须对真主怀着感恩及依靠之心，以弥补他们过去所犯的过失，关注穷人。对于一些会造成过度负担的人来说，斋戒并不是必需的，也容许根据情况做弹性的处理，孕妇、病人、旅行者或身处战场的士兵等都可以不必封斋。但要求未能恪守斋戒的人应尽快弥补。一些穆斯林如不在莱麦丹月斋戒，会在不同的时间分别封斋。

其五，伊斯兰历都尔黑哲月在麦加进行朝觐。任何体格健全的穆斯林在一生里至少须到麦加朝觐一次。当朝觐者进入麦加10公里范围内时，朝觐者必须穿着受戒服装，由两件无缝的被单构成。朝觐仪式包括围绕克尔白步行7圈、触摸黑石、在萨法山与麦尔卧山之间来回奔走七次及象征性地在米纳（Mina）向魔鬼投石。朝觐者在他们的社区里备受尊重，伊斯兰教认为朝觐是对真主虔诚的表达，不是获取社会地位的手法。

伊斯兰教的历史进程给这个世界带来了深远的政治、经济、文化及军事影响。在伊斯兰教创立后一个世纪内，伊斯兰帝国版图由大西洋伸延至中亚。这个新的政体很快便陷入内战，继承人相互攻伐，又要应付外来的威胁。但伊斯兰教仍继续散播至非洲、印度次大陆及东南亚。伊斯兰文明是中世纪世上最先进的文明之一，近代西方经济及军事上的增长使欧洲超越了伊斯兰世界。在18—19世纪，奥斯曼帝国、蒙兀儿帝国等穆斯林王朝被置于欧洲列强的阴影之下。20世纪新一轮的宗教及政治运动及伊斯兰世界里新发现的财富导致了伊斯兰世界再复兴及新的冲突。

公元19世纪，包括了以殖民和政治控制等形式出现的欧洲扩张影响了伊斯兰世界，欧洲历史学家和宗教学者在研究了阿拉伯和闪米特语言、文化之后，运用进化论将贝都因（Bedouin）等阿拉伯半岛上的游牧社会看作是发展序列上较早的一环，代表着人类历史的过去。宗教人类学奠基者之一史密斯（William Robertson Smith，1846—1894）运用贝都因民族志材料系统地描述了该社会的亲属和政治组织，在关于伊斯兰方面，他的主要兴趣在于将图腾信仰、动物牺牲和一神论编排在一个发展序列中。这一观点曾经具有很大的影响力，弗洛伊德在《图腾与禁忌》的写作中就借鉴了其学说。

第二次世界大战前后，功能主义理论全面取得人类学话语权，当时人类学界普遍流行到小规模、无文字社会进行长时间参与观察，呈现不同于“大传统”社会的地方“小传统”，了解社会的结构、功能。埃文斯·普斯查德在利比亚贝都因人中间所进行的宗教调查，为人们了解无文字社会的宗教，以及人们理解世界的方式提供了民族志材料。

20世纪晚期，萨义德（Edward Said，1935—2003）在《东方学》这部著作中，列举大量西方文学文本并对其中描述的东方形象进行解读分析，“东方主义/东方学”这一术语概括地表述了西方世界与东方世界之间的后殖民关系。在他的理论框架中的“东方”（Orient）和“西方”（Occident）不是一个空泛的地理方位概念，而是一种文化现象。萨义德认为，“东方”几乎是欧洲人的一个发明，它充满浪漫和异国情调，它由于具有极其漫长的思想、意象以及语汇等方面的历史渊源，而得以与“西方”相互依赖和相互反映。

在此之后，更多人类学者进入到东南亚、非洲和阿拉伯半岛等伊斯兰国家进行研究，积累了大量的民族志资料。格尔茨的田野工作大多在伊斯兰国家完成，如摩洛哥和印度尼西亚。人类学家迈克尔·费彻尔（Michael M. J. Fischer）则在伊朗研究什叶派在伊朗改革中起到的作用。

（哈正利）

参考书目

［1］萨义德·侯赛因·纳速尔. 伊斯兰教. 上海：上海古籍出版社，2008.

［2］爱德华·萨义德. 东方学. 王宇根译. 北京：生活·读书·新知三联书店，2007.

［3］金宜久. 伊斯兰教史. 南京：江苏人民出版社，2008.

医疗体系（Medical systems）　医疗人类学的重要研究部分，是包括医疗观念、医疗参与者、医疗行为、医疗政策、医疗设备等要素的社会有机体。每个社会所保有的疾病理论、诊断方法和治疗模式的惯习与实践，是医疗体系的意识研究；特定经济文化背景下的医患双边的社会互动，是医疗体系的行为研究。

医学人类学早期研究非西方社会和异域文化，其中医疗体系的阐述是从属于宗教分析的跨文化研究，病患和治疗仪式称为理解当地人宇宙观和价值观的窗口。比较原始的部落医疗体系是萨满体系，萨满作为主要的疾病治疗者，这种医疗体系通常与当地的宗教体系密不可分。文明社会的医疗体系具有非宗教性，与其他医疗体系同步存在因而是多元体式。

医疗体系是可以区别不同社会知识构建的医学模式，医学模式是指人们的医学观和医学思维方式以及医疗卫生体制结构，核心是医学观，包括人体观、生命观、健康观、疾病观、诊断观、治疗观、预防观、医学教育观，还包括根据医学观建立的医疗卫生和医学教育的体制。医学模式大体经历了古代笼统的整体医学模式、近代的生物医学模式、现代的生物-心理-社会-环境系统医学模式。人类学家旨在对各民族的医疗体系进行跨文化的类分，医学人类学家福斯特（George Foster）区分了拟人论和自然论的医疗体系，归纳出前者的疾病病因为灵魂的困扰，后者的疾病病因为身体要素的不平衡。

医学人类学家指出任何社会的医疗系统都不能与社会分离，尤其与宗教、政治、经济、组织、文化等各方面紧密相连。医者用他们熟悉的方式来处理患者的疾病，患者根据经验拥有不同的求医惯性。医疗体系有两个相互关联的方面，一是文化思维方面，又称为疾病理论系统，包括医疗理论、分类概念、标准惯例、感知认识的模式；二是社会行为方面，又称为卫生保健系统，包括特定角色以及在特定背景中规范这些角色之间关系的规则。

医疗体系有一套社会经济秩序，医者-患者是医疗体系中的两个重要角色。医者需经过专业培训，医治行为通过特定模式展演，患者追求所需的医疗服务，医者获得劳动补偿，医学人类学家关注现代化背景下医疗职业化的社会政治进程。医疗体系可以溯源为文化体系，医学亚文化指那些正规医疗体系的治疗方法之外的一些医药疗法，包括顺势疗法、草药疗法、精神疗法、自然疗法等民族医学。西方的生物医学立足世界而属于支配性医学，但根植于复杂的政治、经济、历史背景下的生物医学也可被视为一种民族医学，医学人类学家认为当地的认识论和文化观使生物医学在世界各地拥有不同的出发点，所有的医疗体系本质上都具有象征治疗的倾向。

广义上每个国家或地区都有自己的医疗体系，如中国医疗体系、美国医疗体系、印度医疗体系、秘鲁医疗体系等。每个医疗体系内部又可分出亚体系和亚卫生机构，如美国医疗体系又可分为基础医学、临床医学、预防医学、特种医学等；中国医疗体系可分为中医学和民族医学。

医疗体系的选择有多种因素，比如经济支出、服务时间、距离成本、社会代价等。现代医学不断发展并竭力满足人类的自身需要，发展传统医学和民间医疗体系也提上日程，便于弥补生物医学的不足。世界性的医疗改革正在逐步推进，多种医疗体系相结合是未来医疗保健的新趋势。

（夏懿）

医学人类学（Medical anthropology） 在广阔的社会与文化背景下研究人类健康、疾病、苦痛、医药以及治愈体系的学科。福斯特（G. M. Foster）和安德森（B. G. Anderson）把医学人类学定义为“一门与生物学方面和人类行为的社会文化方面有关的生物文化学科，这种相互作用包括目前进行着的和已经发生过的”。斯科茨（Scotch）把他的重要研究写成《医学行为科学》，随着读书的问世，医学人类学这个术语得到认定。医学人类学包括民族医学、民族药物学、民族精神病学、生育人类学、临床人类学等。与医学人类学相关的术语包括健康人类学、疾病人类学、医疗人类学等，医学人类学、社会医学、医学社会学是不能互相替代的三门学科。

人类学对宗教与治疗的深描伴随学科的成长，医学人类学的研究可以追溯到人类学的四大分支之一——体质人类学，早年的体质人类学家多是医学工作者。医学人类学集中研究文化对疾病与健康的影响，回答的是病患的文化结构，主要从生物和社会文化两方面进行研究。生物方面探讨人的生长与发育，疾病对人类进化的作用和古病理学；社会文化方面研究传统医学系统（民族医学）、医务人员及其职业准备、疾病行为、医患关系、西医引入传统社会的过程等。

医学人类学的成长源于医学模式的转变。从最初的传统生物医学模式切换到生物-心理-社会三位一体模式，再到生物-心理-社会-环境共振模式。医学人类学可以分为5种基本研究路径：民族医学人类学研究不同社会文化背景下的疾病信仰、分类与治疗体系；生物医学人类学基于科学实验和临床实践，旨在形成对疾病与健康的科学观；生态医学人类学关注自然环境、文化习俗和政治经济多方因素对医学实践的影响；批评医学人类学（CMA）反映了向政治经济学靠拢的立场和后现代主义的理解方式；应用医学人类学聚焦临床应用和公共卫生。

涂尔干的自杀研究、文化与人格学派的研究作为医学人类学的肇始，西方医学人类学在第二次世界大战后空前发展，著名医学人类学家如凯博文，着重探讨苦痛的社会文化背景。

潘光旦、许烺光等早期中国人类学家撰写了民族卫生方面的民族志，中国的医学人类学在改革开放之后日现端倪。随着20世纪80年代后流行病与慢性病的增长，医学人类学又形成了艾滋病、公共卫生等新的谱系。复旦–哈佛医学人类学合作研究中心起了桥梁作用，促进了中国医学人类学的国际化。

文化在医学人类学中是重要因素，要了解不同的文化类型。医学人类学的主要研究方法，一是人种学方法，研究小规模社会，二是比较方法。所谓医学人类学，就是一门生物医学文化学。（杨平等著：《医学人文科学词汇精解》，100页，上海：第二军医大学出版社，2002。）医学人类学家参与基础医学与应用医学的双重研究，旨在促进临床治疗与疾病预防与控制的公共卫生事业的发展。作为文化人类学的分支学科，该亚学科的发展显著，出版物、国际会议、培训项目越来越多，对人类学之外的其他学科的影响深远。

（夏懿）

依附理论（Dependency Theory） 也被称作依赖学派（Dependency School），是指从20世纪60年代后期由拉美学者首先提出的关于国际关系与发展经济学理论，这一理论将国际关系结构与经济社会制度的发展放到同一个背景下加以考虑，认为中心与外围之间的不平等交换使外围国家生产的大量剩余转移到了中心发达国家，中心发达国家以这种剩余向外投资，从而取得更多的剩余。这样，中心越来越富，外围和中心的差距越来越大。因此，外围国家的不发达是由中心发达国家造成的。与帝国主义理论主要研究帝国主义中心的扩张过程和对世界的统治不同，依附理论更侧重于分析资本主义经济体系中居于外围的国家，主要研究垄断资本主义的世界性扩张对外围国家经济和社会结构变化的影响，以及外围国家的变化对世界资本主义积累总进程的影响。从这一点来看，可以把依附理论看成是帝国主义理论的补充和有机组成部分。依附理论的发展经历了一个从悲观的“古典依附论”到具有乐观色彩的“依附发展论”的过程，但总体而言，由于依附理论内部各流派之间存在不同的观点，所以目前还没有一种较为统一和主流的依附理论。保罗·巴兰（Paul Baran）被认为是依附理论之父，弗兰克（Gunder Frank）、阿明（Samir Amin）、卡多索（Fernando Cardoso）和埃文斯（Peter B.Evans）等人是依附理论的代表学者。

马格鲁斯·布鲁姆斯特鲁埃（Magnus Blomstroen）和比约恩·赫特内（Bjorn Hettne）曾将依附理论分为结构主义批评和自我批评派、新马克思主义、最正统的马克思主义派、处在正统马克思主义和新马克思主义传统之外的依附论等主要流派。总体而言，依附理论秉持如下一些核心观点：欠发达是同工业化国家的扩张紧密地联系在一起的；发达与欠发达是同一世界进程的不同侧面；欠发达不能被视为一个进化进程的原始条件；依附不仅是一种外部现象，在内部结构（社会、意识形态和政治领域）中它也以不同的形式表现出来。

由于依附理论最初主要由拉美学者和非洲学者提出，颠覆了以欧美为中心的传统国际关系理论，对发展中国家经济发展问题的研究具有十分重大的现实意义。它唤醒了广大欠发达国家民众在建设国家经济方面的主体意识，但是，在很长一段时间里，该理论所阐释的是拉美和非洲国家的发展与经济体制问题，因此，在该理论的适用范围方面，面临着一个解释视角和范围的可拓展性问题。实际上，尽管该理论并没有直接涉及亚洲国家的问题，但由于包括中国在内的大部分亚洲国家在世界国际分工体系过程中长期占据边缘性位置，并面临着从发展中状态向发达状态转型的问题，而自20世纪70年代以来，以东亚“四小龙”为代表的新兴工业化国家和地区在经济发展上的成功以及当代金砖国家等新兴经济体的经济成就，为依附理论提出了新的挑战，同时也为这一理论的新突破提供了新的实践与阐释空间。

（袁剑）

参考书目

[1] Amin, Samir. 1976, *Unequal Development: An Essay on the Social Formations of Peripheral Capitalism*. New York: Monthly Review Press.

[2] Cardoso, F. H. and Faletto, E. 1979, *Dependency and development in Latin America*. Berkeley: University of California Press.

仪式（Ritual） 狭义的仪式指宗教崇拜中套路化的、正式的行为，例如基督教的弥撒、祭拜祖先等。广义的仪式则指具备高度形式感、无直接功利目的的任何行为，而不局限于宗教活动。在这个意义上，任何人类行为都可以有仪式感的维度。仪式在人类行为光谱中以神圣的、审美的、无用处、充满符号意义为特征，而与功能的、技术的、世俗的行为相对立。仪式相对固定，有历史根源，但也经历演变甚至发明再造。仪式给人类学者提供了丰富的文化讯息，它是人类学最重要的研究对象之一。

人类学者发展了一系列仪式的分类，例如年度仪式、生命周期仪式、世俗典礼、反叛仪式等等。有一类普遍的仪式叫作通过仪式（rites of passage）。通过仪式在改变社会状态的人们穿过状态边界时发生，例如成人礼、婚礼、葬礼。也可以在时空转换时发生，例如新年庆祝仪式。

仪式可以满足个人心理需要。仪式在心理层面上为困扰提供了一个平复的框架。它赋予人们一种面对纷乱和威胁的控制感，也带来了压倒性的个人体验。由于仪式含有很多规定，所以它能匡正社群，规训人类行为，合法化现有秩序。仪式维系并再生产社会秩序，表达社群的整体关切。此外一些新功能主义者将仪式的作用范围从个人、社会拓宽到维系自然生态系统的平衡。仪式也可以具有反叛性，例如狂欢节允许人们在面具、服饰及其他节日设置的遮掩下更换身份，超越平日社会约束，反转社会等级，从而周期性地缓释持续的社会分化带来的张力。维克多・特纳（2006）认为仪式犹如“社会戏剧”，结构性的社会张力得以表达和暂时解决。结构主义的列维・斯特劳斯认为神话与仪式互补，都涉及人类思维结构的普遍统一性。

仪式之所以能高度集中地传达文化特质，也往往仰赖于戏剧化的或者充满符号意味的展演行为，阐明当地的宇宙观、神话观念、社会分类等。仪式不仅是社会秩序的点缀，也能够建构权力。在克利福德・格尔兹（1999）关于巴厘岛政体的分析中，政治行动者需要具有建立仪式和宇宙观框架的能力，让统治者脱离凡俗，变得神圣。另外仪式本身有形成的过程，可称作“仪式化”。

（王静）

参考书目

[1] 克利福德・格尔兹. 尼加拉：十九世纪巴厘剧场国家. 上海：上海人民出版社，1999.

[2] 彭兆荣. 人类学仪式的理论与实践. 北京：民族出版社，2007.

[3] 维克多・特纳. 仪式过程：结构与反结构. 黄剑波， 柳博赟译. 北京：中国人民大学出版社，2006.

移情（Transference） 指在进行精神分析时，病人将自己对过去经历中重要人物（如父母、配偶或兄弟姊妹等）的情感和态度转移到精神分析者的身上，并表现出相应行为的过程。西格蒙德・弗洛伊德（Sigmund Freud）将这一术语正式引入精神医学领域，它被认为是成功治疗的基本组成部分。

从病人对精神分析者的态度来看，可分为积极的移情与消极的移情。前者指对精神分析者产生的依恋、爱慕或敬仰等；后者指对分析者产生的拒绝、抵抗或屈从等。而在精神分析者一方，可能出现反移情，即分析者将其无意识的情感投向病人，如对病人的喜欢或厌恶。反移情可能会影响精神分析者的判断及对信息的解释能力，因而需要采取一些技术保证其能够察觉并应对这种情况。弗洛伊德提供的技术包括：对精神分析者本身进行培训，与病人保持信息传递的非对称性，身体的分离，等。根据病人对移情的自我认知情况，可分为“神经症性移情”与“精神病性移情”。在前一种情况中，转移的情感来源于病人原有的神经症性矛盾冲突，其特点在于它的“可验证性”，只要病人注意到这种情况，就可以自己纠正这种错误感觉。在后一种情况中，这种移情是不能改变的，病人坚信这种转移性感觉的真实性并拒绝现实性检验，此类移情多发生在边缘状态综合征病人中。

弗洛伊德认为移情与病人对以往经历中重要人物的早期情感有关，是其早期生活中矛盾冲突和情感的复现。在治疗过程中，病人会将早期，尤其是童年期的感情无意识地投射到精神分析者的身上，这可以将分析的焦点从探索病人的早期经历转向探究病人与精神分析者之间的即时关系，即“此时此地”的感觉和情感。正是因为移情在心理分析中的重要性，驾驭移情内容的能力往往就成为成功的分析者的重要表征。目前该概念已经被广泛运用于日常生活和其他心理治疗中。

（陈雪英）

遗传漂变（Genetic drift） 在不发生演化的情况下，满足哈迪–温伯格（Hardy–Weinberg Low）定律平衡的一个条件是群体足够大，而且上下代之间基因频率不改变。当群体很小时，其中一个等位基因可能会趋向消失。例如，在一个拥有20位女性的群体中，每个基因具有两个频率相等的常见等位基因，那么一个或另一个等位基因有超过75%的概率会在遗传50代后丢失，而不依赖于任何选择。这种等位基因在小的群体中的偶然变异被称为遗传漂变。

遗传漂变是极其重要的，物种形成通常与群体的地理隔离相关。这通常发生在少数个体侵入一个新的栖息地，或被隔离在一个狭小的范围内。这些分离的种群有可能很小，并且它们可能在遗传漂变发生之前就偶然地丢失掉一些等位基因。这种起始等位基因频率的偏差在亚群中导致的后果被称为奠基者效应。当一个局部的群体因为疾病、气候变化或栖息地等的改变而使群体数量减少，也会导致另一种类似情况发生，即所谓的遗传瓶颈。经历瓶颈事件、奠基者效应或随机遗传漂变后没有存活下来的等位基因就丢失了。

在许多情况下，群体的快速演化（等位基因频率的改变）是由遗传漂变和选择同时造成的：孤立的种群或由于外部因素而使群体大小急剧缩小的种群通常受到不寻常的选择压力。新的或边缘栖息地、不同的疾病和寄生虫，或气候改变等带来的挑战选择了新的等位基因组合。似乎在多数的情况下，选择和遗传漂变是同时发生的，使得分离群体变得无法再与母体群体繁殖。生殖隔离是物种形成的最后关键一步。

（金力、孙畅）

遗传学史（History of genetics） 广义上说，遗传学是关于生物变异的科学。研究侧重于可遗传的变异，性状从父母遗传给后代的过程。遗传往往被放置于环境的对立面，虽然我们知道这两者缺一不可。数千年来，人类对性状是如何在植物、动物和我们人类自身遗传的一直很感兴趣。很多这方面的知识来自几个世纪以来在农业和动物饲养工作的观察和重复实践。19世纪中叶，一位奥地利修道士的工作把性状的传递理论化了。这位修道士就是格里格·孟德尔（Gregor Mendel），他发展出的遗传学这门学科到我现在已经走过一个半多世纪。

遗传学这个领域曾遭受过极端争议。其从业者遭到许多社会争议，被指责只是默默待在他们的实验室开发理论和技术来驱动遗传学发展。科学和社会的关注推动了所谓的自然–培育钟摆的波动。争论的一方认为是遗传而非环境决定性状或行为，另一方则反之。自然–培育钟摆的摆动反映出在那段时期，科学界和社会要么把自然演变，要么把人工培育作为更重要的决定因素。这些波动对遗传学的发展产生了巨大影响。

自然–培育钟摆的波动 遗传学发源于19世纪。在接下来一个时期，1900—1953年，首先是孟德尔的开创性工作的重新发现和推广，再到1953年脱氧核糖核酸（DNA）基本结构的发现，即分子遗传学的开端。其中还包括一个特殊的阶段，即始于19世纪优生学运动，第二次世界大战之后慢慢瓦解。最后，从20世纪50年代到现在，分子遗传学领域的发展极大地影响了遗传学，导致当今基因组学时代的到来。

19世纪3个声名显赫的人物奠定了遗传学的基础，他们就是：查尔斯·达尔文（Charles Darwin）、格里格·孟德尔、弗朗西斯·高尔顿（Francis Galton）。1859年，查尔斯·达尔文首次发表了关于自然选择的巨著《物种起源》。但是，达尔文并没有对遗传变异的来源给出满意的解释。在《物种起源》发表仅仅6年后，孟德尔发表了关于豌豆性状遗传的文章，但并没有得到同时代科学家的认同，直到1900年才被其他3位科学家重新发现。达尔文的侄子高尔顿当时也是一位博物学家，他是优生学的极力推崇者。“优生学”这一术语也是他发明的。1865年，高尔顿提出这样的言论，即如果我们可以像动物育种一样繁殖人类，人类的认知能力就一定会提高。他认为领导品质的生物遗传性决定了英国的社会阶层划分，这似乎是达尔文进化理论的逻辑延伸。而后，赫伯特·斯宾塞（Herbert Spencer）进一步发展了高尔顿的观点，并提出社会达尔文主义。但当时由于缺少关于特定性状遗传的科学证据，公众也逐渐对高尔顿和斯宾塞的理论失去了兴趣。

20世纪上半叶属于经典遗传学时期。20世纪初，胡戈·德弗里斯（Hugo de Vries）和埃里克·冯·丘歇马克（Erich von Tschermak）分别独立重新发现了孟德尔的工作，但也有人认为他们俩都曲解了孟德尔的概念。而第三位科学家卡尔·科伦斯（Carl Correns）才真正在理论上阐明了孟德尔遗传比率。他指出分离单位，即基因，是控制性状传递的因子。而后，遗传学界分化为两派，一派是孟德尔主义学派，认为孟德尔定律是性状遗传的基础；另一派则是生物统计学派，他们的理论建立在高尔顿对度量特征（如身高）的研究，而认为孟德尔准则不能解释这些性状的遗传模式。威廉·贝特森（William Bateson）引领了孟德尔主义的发展，而卡尔·皮尔森（Karl Pearson）和沃尔特F.R.韦尔登（Walter F. R. Weldon）引领了生物统计学的发展。之后，两派的遗传学家不断走向和解。1918年，罗纳德A.费舍尔（Ronald A. Fisher）发表了他的经典文章证明，性状是由多个孟德尔遗传因子（基因）共同控制，因此会在亲代和子代之间表现出连续的数量的分布和关联性，这也正是高尔顿及其后继生物统计学家所描述的。该论文的发表标志着经典数量遗传学的开端，主要侧重于分析度量特征的遗传，如身高、头长等类似性状。

20世纪20年代开始，3位学者进一步发展了群体遗传学的数学基础和理论。1915年，英国生物学家J.B.S.霍尔丹（J. B. S. Haldane）发表了关于哺乳动物的遗传连锁的研究论文，而后又在1932年出版了《进化的因素》（*The Causes of Evolution*）。1930年，费舍尔出版了《自然选择的遗传理论》（*The Genetical Theory of Natural Selection*）一书，阐述了孟德尔遗传与达尔文自然选择相结合的进化理论。休厄尔·莱特（Sewall Wright）是第三位对群体遗传学做出重要贡献的一位美国学者。他也是哈迪-温伯格原理最早的使用者。他提出，在一个小的群体中，基因频率的改变可以解释随机遗传漂变现象。罗纳德A.费舍尔、J.B.S.霍尔丹、休厄尔·莱特这3位科学家对群体遗传学的发展做出了重大贡献，而且他们不仅注重进化遗传学，也考虑到了环境对遗传的影响。相反，优生学家仅仅关注遗传的影响，最后导致了纳粹主义。

同时代的另外一位遗传学家也对遗传学的发展具有重要影响，他就是赫尔曼·穆勒（Hermann J.Muller）。1927年，他在《科学》（*Science*）杂志上发表了一篇题为“基因的人工转化”的论文，阐述了X射线可以导致基因突变，并认为几乎所有突变都是有害的。

多少年来，遗传学家都把孟德尔遗传和达尔文进化看作是两个不同的存在。罗纳德A.费舍尔、J.B.S.霍尔丹和休厄尔·莱特的工作促进了这种观点的转变。但是，由于他们的工作偏重数学理论而不能被生物学家很好地理解。在这种背景下，1937年俄裔博物学家及遗传学家费奥多西·杜布赞斯基（Theodosius Dobzhansky）在他的《遗传学和物种进化》（*Genetics and the Origin of Species*）一书中提出了综合进化论，融合了达尔文和孟德尔的思想。受杜布赞斯基的鼓舞，恩斯特·迈尔（Ernst Mayr）于1942年出版了《系统分类学和物种的起源》（*Systematics and the Origin of Species*）一书，着重探讨了系统分类学和物种分化问题，但这些概念并没有被当时许多生物学家所理解。乔治·盖洛德·辛普森（George Gaylord Simpson）出版了《进化的速度和样式》（*Tempo and Mode in Evolution*）一书（1944），从古生物学的视角探讨了进化问题。而后，1950年G.L.斯特宾斯（G. L. Stebbins）出版《植物的变异和进化》（*Variation and Evolution in Plants*）一书，把综合进化论扩展到植物学研究及植物遗传学。这些工作支持和巩固了杜布赞斯基的原有理论，进一步促进了综合进化论的发展，也影响了其他领域的研究，如生物人类学、人类进化研究等。

20世纪30、40年代，遗传学的发展逐渐由生物化学水平转向分子水平。穆勒基于X射线诱变的工作激励了对突变的化学基础的探索。1940年，夏洛特·奥尔巴赫（Charlotte Auerbach）及其同事在黑腹果蝇中研究了芥子气对突变速率的影响。他们希望找到一种方法直接产生突变从而来研究基因的性质。芥子气也能像X射线一样诱导突变，并且产生的突变更容易致死。另一方面，乔治·比德尔（George Beadle）和爱德华·泰特姆（Edward Tatum）利用X射线照射脉孢菌分生孢子，彻底革新了遗传学家对代谢突变的研究方式。他们的发现表明，一个基因可能对应一个产物，从而提出“一基因一酶”的假说。比德尔和泰特姆的工作至关重要，首先他们为遗传学研究建立了微生物孢子模式生物研究基础，最终把细菌引入实验室遗传学研究。另外，最重要的创新是他们建立了生物体的基因与其生物化学之间的联系，最终促进了分子遗传学或生物化学遗传学的建立和发展。

1953年，DNA（脱氧核糖核酸）过结构的发现标志着分子遗传学时代的开端。罗莎琳·富兰克林（Rosalind Franklin）首先通过X射线衍射技术发现了DNA的B型螺旋结构，而后詹姆斯·沃森（James Watson）和弗朗西斯·克里克（Francis Crick）通过建立模型最终揭示了DNA的双螺旋结构。20世纪50年代，科学家鉴定出了合成蛋白质的核糖体，20世纪60年代初始，传递DNA信息的信使RNA也被发现。1958年，克里克提出了DNA-RNA-蛋白质的中心法则，而后他和悉尼·布伦纳（Sydney Brenner）又于1961年共同揭示了遗传密码是三密码子。直到1965年，20种氨基酸的密码全部被破译。

20世纪50·60年代这个时期，分子遗传学也并不是遗传学研究的唯一方向，二战结束后优生学开始繁荣起来，遗传学领域不断出现新的技术，促进了对人类疾病的研究。1956年，人类正常细胞的染色体数最终被确证，为46条。20世纪60年代，血液淋巴细胞的培养方法建立起来。各项细胞遗传学技术也开始应用于癌症的研究。20世纪70年代，人们发现染色体可以通过与DNA结合的不同的染料进行染色，从而产生不同的结合模式。20世纪70年代也是一个充满争议的时代。1969年，加利福尼亚州伯克利校区的教育生理学家亚瑟·詹森（Arthur Jensen）发表了一篇关于不同人种智力差异的文章，数据来自IQ测试。詹森表示，白色欧洲人群体的IQ的遗传性约为80%，因此他断定黑人和白人之间平均IQ水平差异也是由于群体的遗传差异造成的。詹森的工作招致广大遗传学家的批评，其中一位领头的群体遗传学家是理查德·路翁亭（Richard Lewontin）。路翁亭发表了一系列文章解释了遗传的概念，并指出詹森对群体内遗传差异的估计不能解释群体之间的差异，因为这种差异受到遗传和环境的共同作用。而路翁亭则通过分析人类血液组织及蛋白质，表明85%遗传性状的差异来自于群体内的个体之间，而不是群体之间。20世纪90年代后，分子遗传学家运用DNA标记重新验证了路翁亭的研究，结果惊人的一致。因此，遗传变异的差异主要来自群体内而不是群体之间。

20世纪70年代发展起来的各项技术深深地

影响了分子遗传学在随后数年的走向。如DNA电泳技术（DNA electrophoresis）、蛋白质印记技术（Edward M. Southern）、cDNA克隆技术（complementary DNA cloning）等。1977年，弗雷德里克·桑格（Frederick Sanger）及其同事研究开发出了DNA测序技术，这一技术对后来的人类基因组计划（human genome project, HGP）产生了重大影响。

20世纪80、90年代，大量技术在分子遗传学领域不断涌现，如重组DNA技术（Recombinant DNA technology）。凯利·穆利斯（Kary Mullis）及其同事发明了聚合酶链式反应技术（Polymerase Chain Reaction, PCR），用来快速扩增某一特定DNA序列。PCR技术使得我们能够快速建立DNA标记用来诊断人类疾病。限制性内切酶长度多态性标记技术（Restriction Fragment Length Polymorphism, RFLP）、酵母人工染色体技术（Yeast Artificial Chromosomes, YAC）及转基因技术（Transgene Technology）也相继出现，这一切都为人类走向基因组时代奠定了坚实的基础。1990年，人类基因组计划（Human Genome Project, HGP）正式启动，预算为6000万美元，初期目标是确定人类基因组的30亿个碱基对。

人类基因组测序的完成是生物学、健康和社会的一个重要的里程碑。但遗传信息在疾病预测和预防的作用仍然具有不确定性。这种不确定性表现在，DNA变异是否与疾病如癌症、心血管病和其他复杂的疾病具有充分的关联性。另外，早期检测也是一个问题，因为风险因素的不确定性，某一特定疾病发病模式并不总是能准确预测，许多常见的成人疾病的发病情况依赖于环境的影响，其中包括社会、经济和其他环境暴露。疾病有关易感性信息必将越来越完善，因此，未来人类将不得不采取措施来减少他们的风险。定期的医疗评估，生活方式的改变，饮食或药物治疗等干预措施都有助于减少风险。例如，通过遗传检测来鉴别具有患结肠癌风险的个体，那么这些个体就可以接受结肠定期筛查，从而防止过早死亡。但另一方面的问题也需要关注，即一些人可能难以获得医疗保健来进行药物治疗和基因诊断，这很可能产生遗传性疾病检测服务的歧视。

如今，遗传学已经进入基因组学和生物信息学时代，植物和动物基因组测序工作不断在进行，数据库不断扩大，分子遗传学与计算机技术的融合已经产生了数量惊人的信息。我们知道，破解人类和其他基因组仅仅是我们追求一个更完整的遗传学的开始。接下来的挑战将是了解基因组是如何指导和协调植物和动物的发育，以及环境在发育过程中的作用。然后，终极挑战将是如何利用遗传学知识改善我们自己，同时保护我们目前所居住的唯一星球的生物多样化。

（金力、孙畅）

以物易物（Barter）　一种同步的经济交易，在没有金钱的使用甚至概念的情况下，用一种商品或服务与另一种商品或服务进行直接交换。以物易物也被称为“物物交换”或者“物物交换经济”（barter economy）。与礼物交换的区别在于以物易物缺少参与者之间的债务关系，而且交易双方不期望与对方进行礼物交换，虽然他们可能也会这么做。另外，以物易物与一般的商品交易（或市场交易）的区别在于它没有确定价格的能力，因为没有金钱就没有价格之说。在以物易物中没有中间商品概念，或者说，两种类型的商品或服务的价值交换似乎是没有用社会表达方式建立以物易物物品的价值。公元前18世纪，商部族第七代首领王亥就“服牛马，以为民利”，与周邻部落进行以物易物的贸易活动。直到近代，在游牧民活动的区域依然广泛地存在着牧民与农业居民乃至商队贸易中，以牲畜和皮毛等畜产品换得日常生活用品和布匹绸缎的现象。20世纪50年代末拍摄的中国少数民族纪录片《苦聪人》以云南苦聪人“无言交易”的交换习俗为主题，描述了苦聪人因为不敢出林到坝区勐拉市场交易，背着盛放松鼠、鹿茸和竹器的竹篓与山下的哈尼或傣家交换旧衣服、盐巴或砍刀、铁锄等小农具的情况。以物易物的概念随着货币的诞生而慢慢式微，人类越来越多地利用货币来进行交易，购买不同的商品。

以物易物的空间分布是普遍的，不仅发生在采集渔猎社会和初级农耕及游牧社会，而且也存在于货币化的和市场主导型的案例中。在货币化社会中，以物易物被视同为一种销售行为，是指销售双方不是以货币结算，而是以同等价款的货物相互结算，实现货物购销的一种方式。在非货币性交易中，又分为双方不涉及补付价款和涉及补付价款两种情况。

在网络时代的现代，以物易物并不追求等值交换，而是提倡需求决定价值，重在提高物品的利用效率，并利用网络技术将闲置物品的使用价值进行有效整合。非营利交换平台典型代表的Freecycle（自由圈）成立于2003年，以促进旧物资的循环利用为目的，主要从事的是个人之间的以物易物。其后，网络以物易物的性质从最初的非营利向商业化发展，美国通过以物易物的方式实现交换的物品总金额年均高达数千亿美元，成为互联网行业中受益于金融危机的一个细分增长点。

（张春娥、王建民）

艺术（Art）　是一个含义涣散的常用术语，国内外对其定义颇为不同。在国外，艺术指的是视觉形象的表现，是与音乐、舞蹈等为并列关系的独立学科，而在国内则指涉所有运用技巧的方式，音乐、舞蹈等是被包含其中的。

关于艺术的界定是一个有争议的话题。在西方社会，19世纪以来的欧洲艺术史主要由美术（fine art）的概念所主导，不关乎审美关照，很难摆脱技术技巧的概念意义。艺术被定位于西方语境中，成为一种神秘的知识或社会控制手段，与高度的主观评价标准紧密相关。对于人类学家来说，艺术在本质上被视为是社会的产物。面具、人形图案或是丧葬歌曲传递出的是由艺术作品所产生的地区对社会、仪式和经济等集体的认识。近来人类学家完善了对艺术的跨文化定义，将艺术从西方美术观中远隔开来，将艺术和社会作为一个整体来理解。

人们对艺术的认识，形成于艺术与语言、科学、工艺、宗教或是风俗等多种形式的经验对比，尽管这些对比可能重复或被混淆。列维·斯特劳斯（Claude Levi-Strauss）认为艺术存在于科学知识和神话思想或巫术思想二者之间；朗格（Susanne K.Langer）认为艺术就是创造出来的表现形式或表现人类情感的符号形式。雷德菲尔德（Robert Redfield）则认为艺术是人类经验的拓展。在关于艺术的不同定义中，核心要素是艺术品能否唤起欣赏者多样化的情感反应，即审美感知。古德哈特-林德宪（H. S. Goodhart-Rendel）认为艺术便是美的艺术。贝特森（Gregory Bateson）则认为艺术是人们追求美的基础组成部分。但早在20世纪中叶的欧洲艺术圈，人们便已发现美并不是检验艺术的唯一标准。

艺术风格是指对艺术组成元素的考量以及怎样将这些元素并置。一种风格是经由对特殊的形式成分的周而复始的使用，经由周而复始地把这样的成分结合成特殊的构成来确认的。风格既可以是艺术家个体的，也可以是某一城市或是某个单一社会的。在更抽象的层次上，风格可以是某一历史时期，也可以是某个文化区域。在文化和族群内部相对稳定的艺术风格，一方面与文化其他部分相互影响，受到人们长期形成的观念形态的影响，反过来也影响着人们的观念和行为，另一方面文化间的互动和文化内部诸方面的变革，使得艺术风格充满了变化和发展。

博厄斯（Franz Boas）研究了独特的西北海岸的艺术风格，将风格描述为艺术家在工作中所使用的方法和工具相互作用的结果，认为文化决定了艺术家的行为。艺术史学家夏皮罗（Meyer Schapiro）的研究对人类学家如何看待他们所研究人群的艺术具有重要影响。在他看来，风格构成一种语言，有其自身结构和表现力。一些人类学家也指出了艺术与语言之间的相似性。福奇（Anthony Forge）认为艺术中元素组合的规则相当于语言中的语法，探讨了艺术的社会价值、功能以及社会结构对艺术风格、内容的影响等问题。列维·斯特劳斯运用结构主义对北美西北海岸印第安人面具类型进行对比研究。通过对艺术和神话中关于铜器使用的不同，进行了一系列复杂推理。面具上凸出的双眼、贲张的嘴巴、吐出的舌头与嵌入式的、双目半睁、嘴圆咧而不吐舌头的两种面具，体现了人们对于财富和社会地位的不同态度。参考这两种类型面具的文化背景，它们体现了人们对于富有和贫穷的截然相反的态度，社会地位和资源占有相关的一套复杂的思想观念。

人类学有着长期和持续的艺术研究历史，从不同的角度审视艺术。早期对原始艺术的研究主要是针对作品中的性因素、宗教和美学。艺术逐渐进入到多项人类学研究领域：符号、表演仪式以及宗教图像为宗教研究提供了重要的焦点；艺术已经被视为构成威望与身份的体系；艺术成为在区域体系和殖民地遭遇语境下，分析贸易和交流的主题。最近的研究旨趣体现在感官人类学和体化理论，这也导致人类学对客体和行为的关注。此类研究是艺术人类学在处理人类生活方面，诸如美学、象征、呈现和感官研究的重要组成部分，尽管主要是针对艺术相关性的分析。

（周莹）

参考书目

［1］Coote, Jeremy & Shelton, Anthony eds. 1994, *Anthropology, Art, and Aesthetics*. Oxford: Clarendon Press.

［2］Gell, Alfred 1975, *Metamorphosis of the Cassowaries*: *Umeda Society, Language and Ritual*(LSE Monographs – Social Anthropology) No. 51. London: Athlone.

［3］Goodhart-Rendel, H. S. 1934, *Fine Art*. Oxford: Clarendon Press.

《艺术的起源》（*The Origin of Art*，1894）　格罗塞（Ernst Grosse 1862—1927）　著名德国艺术史学家，毕生从事艺术史研究。其研究的最显著特点是将艺术的发展同社会经济结构和精神生活密切地结合起来，从中考察艺术同社会发展的内在联系。该书是格罗塞艺术史研究的代表作，它集中反映了格罗塞的艺术观。在这本书里，格罗塞对原始艺术的产生、形成和发展做了详尽的探讨和论证，他证明，在社会经济组织和精神生活之间，尤其是在艺术领域，存在着一种密切的相互关系。

格罗塞首先分析了关于艺术科学的目的和方法，认为艺术研究也应从较简单的艺术开始，认为只有先研究艺术现象中最简单的形态，再明白那些简单现象的性质和条件之后，才能解释较复杂的艺术现象。揭示出较简单艺术的规律后也就能够解开整个艺术的规律；他用腓赫纳（Fechner）的分法将艺术分为静态艺术和动态艺术两类。格罗塞在介绍各门类的艺术时，使用了丰富的来自大洋洲、北极、非洲部落的材料，正是根据这些材料格罗塞总结了各艺术门类的特征。最后他得出结论，认为艺术的产生和发展并不来源于特殊的审美动机，艺术也都是拥有实用的意义的，实用意义往往还是早期艺术的主要动机，审美的要求只是满足次要的欲望而已；早期的艺术都具有较强的一致性，节奏、对称、调和等一些形式规律在各民族中也都具有共通性；对于传统的气候直接影响民族精神和艺术特性的观点，格罗塞也提出了新的看法，即生产方式才真正支配艺术，而气候只有通过影响生产方式才能间接地影响艺术的特性。格罗塞的历史功绩在于：他是第一个从艺术领域收集证据来支持上述观念的。不过，格罗塞对原始艺术的研究，也有许多片面的地方。但作为美学的经典著作，它并没有因时间的流逝而黯淡无光。格罗塞对艺术起源的观点及他的研究方法至今仍有巨大的意义。

（刘荣）

艺术人类学（Anthropology of Art）　人类学分支学科。艺术人类学的发展历经100多年的发展历程，经历了一个从对技术和艺术形式的强调到对技术背后的意义的关注的转换过程，呈现出技术和形式背后的思考日益广泛和深入的趋势。

文化人类学者早在19世纪末期便涉及对艺

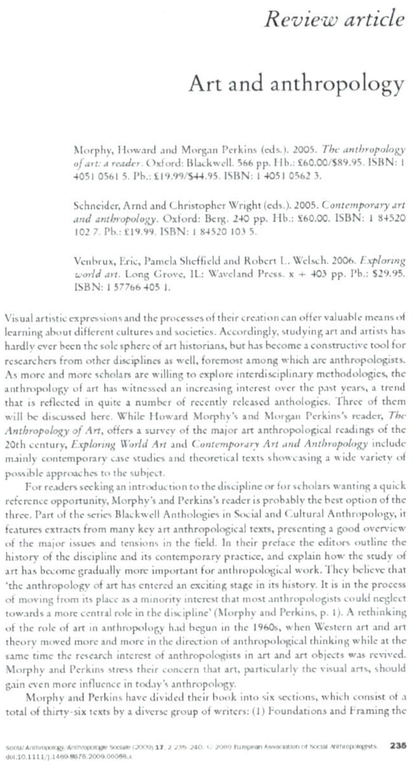

Review article

Art and anthropology

Morphy, Howard and Morgan Perkins (eds.). 2005. *The anthropology of art: a reader*. Oxford: Blackwell. 566 pp. Hb.: £60.00/$89.95. ISBN: 1 4051 0561 5. Pb.: £19.99/$44.95. ISBN: 1 4051 0562 3.

Schneider, Arnd and Christopher Wright (eds.). 2005. *Contemporary art and anthropology*. Oxford: Berg. 240 pp. Hb.: £60.00. ISBN: 1 84520 102 7. Pb.: £19.99. ISBN: 1 84520 103 5.

Venbrux, Eric, Pamela Sheffield and Robert L. Welsch. 2006. *Exploring world art*. Long Grove, IL: Waveland Press. x + 403 pp. Pb.: $29.95. ISBN: 1 57766 405 1.

Visual artistic expressions and the processes of their creation can offer valuable means of learning about different cultures and societies. Accordingly, studying art and artists has hardly ever been the sole sphere of art historians, but has become a constructive tool for researchers from other disciplines as well, foremost among which are anthropologists. As more and more scholars are willing to explore interdisciplinary methodologies, the anthropology of art has witnessed an increasing interest over the past years, a trend that is reflected in quite a number of recently released anthologies. Three of them will be discussed here. While Howard Morphy's and Morgan Perkins's reader, *The Anthropology of Art*, offers a survey of the major art anthropological readings of the 20th century, *Exploring World Art* and *Contemporary Art and Anthropology* include mainly contemporary case studies and theoretical texts showcasing a wide variety of possible approaches to the subject.

For readers seeking an introduction to the discipline or for scholars wanting a quick reference opportunity, Morphy's and Perkins's reader is probably the best option of the three. Part of the series Blackwell Anthologies in Social and Cultural Anthropology, it features extracts from many key art anthropological texts, presenting a good overview of the major issues and tensions in the field. In their preface the editors outline the history of the discipline and its contemporary practice, and explain how the study of art has become gradually more important for anthropological work. They believe that 'the anthropology of art has entered an exciting stage in its history. It is in the process of moving from its place as a minority interest that most anthropologists could neglect towards a more central role in the discipline' (Morphy and Perkins, p. 1). A rethinking of the role of art in anthropology had begun in the 1960s, when Western art and art theory moved more and more in the direction of anthropological thinking while at the same time the research interest of anthropologists in art and art objects was revived. Morphy and Perkins stress their concern that art, particularly the visual arts, should gain even more influence in today's anthropology.

Morphy and Perkins have divided their book into six sections, which consist of a total of thirty-six texts by a diverse group of writers: (1) Foundations and Framing the

Social Anthropology/Anthropologie Sociale (2009) 17, 2 235–240. © 2009 European Association of Social Anthropologists. 235
doi:10.1111/j.1469-8676.2009.00066.x

《艺术人类学读本》书评

术的研究，此时的视角多关注于艺术发生学。古典进化论学派的格罗塞（Ernst Grosse）、哈登（Alfred Haddon）、泰勒（Edward Tylor）、摩尔根（Lewis H.Morgan）、弗雷泽（James Frazer）等更关注社会的性质，通过研究史前艺术（也包括“原始艺术”）提出对艺术起源与进化的看法。他们对诸如劳动说、游戏说等艺术起源理论的提出做出了重要贡献，对中国艺术人类学研究也影响颇深，以至目前国内一些学者，如朱狄、易中天等人的艺术人类学研究仍关注于艺术的起源。传播论理论范式与古典进化论范式一样，是强调时间轴上事物之间的联系观念归类为历时性的观点。传播论更多关注文化，强调艺术的传播特性，认为某种艺术形式起源于某个特定地方，然后再传到其他地方。处在文化圈边缘的艺术形式的具体形态往往是最原始的。

与历时性观点不同，历史特殊论、文化与人格学派、结构主义、结构-功能主义等理论范式更倾向于在同一时间范围内观察和处理艺术作品和艺术现象的共时性研究。进化论势衰之时，人类学开始进入到历史较长的对非西方小规模社会艺术的关注中。20世纪初，历史学派创始人博厄斯（Franz Boas）在对北美印第安人各部落的艺术研究中运用文化相对论，使人们从跨文化视角重新思考美的意义。其弟子克虏伯（Alfred Kroeber）认为艺术是与生存、生计有关的文化因素，有其内在本质与规律，有按照纯粹美学的独立价值发展的特点。露丝·本尼迪克特（Ruth Benedict）、玛格丽特·米德（Margaret Mead）在探讨文化与人格关系时，也将舞蹈等艺术形式视为濡化的重要手段和因素。

绝大多数对艺术的人类学研究出现于20世纪50年代，而这些研究多是基于功能主义和结构主义两种理论（Layton，1996）。功能主义与结构-功能主义和后来的行为中心研究、过程研究和马克思主义研究一样，注意分析社会的功能，对社会的关注超过了文化。马林诺夫斯基（Bronislaw Malinowski）主张把艺术视为感性的表达，对艺术和审美等层面的关注也因此而减弱。艺术人类学强调艺术在维持社会结构中的作用。英国结构-功能主义人类学家弗思（Raymond Firth）承袭了功能主义的传统，重视文化的整体性和场景性，认为艺术与非艺术之间的界限并不是取决于自身的形式，而是倚赖于它所处的环境。结构主义既关注社会也关注文化。列维·斯特劳斯（Claude Levi-Strauss）认为人们借用象征思维的不稳定能指的艺术方式阐发难以明确表达的那部分意义，即剩余所指，阐明了艺术活动与社会的关系。

20世纪50年代末到60年代初，人类学家开始强调对艺术过程和艺术行为的研究，将对艺术的共时性描述转向对过程的研究。更晚近一些产生的互动论、过程论、女性主义、后结构主义和后现代主义都摆脱片面强调单一的路向，采用了互动的观点。

自结构主义之后，许多人类学家开始对不同族群的艺术进行实地考察，20世纪70 年代涌现了以格尔茨（Clifford Geertz）将艺术与国家政治象征、仪式等相结合的阐释人类学研究为代表的大量民族志，运用学科主体的理论方法对不同文化语境中的艺术进行意义的阐释，用以解析复杂的文化意义。

20世纪80年代中期以后，艺术人类学研究的侧重点从非西方小规模社会中的艺术转移到当代文明社会中的艺术。艺术被赋予更多的意义，成为族群认同、身份诉求的表述途径，艺术品的生产和消费体现了不同群体、阶层、文化之间的交流和冲突，尤其是艺术品的收藏集中体现了艺术品、生产者及其所在的文化与消费者之间的微妙关系，将权力话语和意识形态分析贯穿于反思的艺术人类学研究。

结构和能动性之间的关系是艺术人类学争论的一个重要维度。早期艺术被更多地置入结构中加以思考，艺术与社会文化因素联系在一起，艺术家的成就被视为特定社会文化的必然结果。受后结构主义和后现代主义等理论范式的影响，一些人类学家更多强调艺术行为者个人的创造力，而不是受社会文化制约。

近来，通过反思人类学与艺术的关系，艺术人类学成为人类学学科体系中具有更明确地位的一个分支学科。

（周莹）

参考书目

王建民. 艺术人类学理论范式的转换.《民族艺术》，2007（1）.

异常行为（Deviance）　那些违背了社会规范的行为。对于异常行为，社会往往加以制裁以强化社会规范。

根据与社会规范的符合程度，可以对个体行为进行归类。犯罪、精神病、反抗甚至仅仅是违反社会习俗的非规范行为皆被视为异常行为。犯罪指那些触犯了某个社会法律条款的行为，需要用法律手段进行补救，比如惩罚或赔偿等。对不同文化的精神病行为进行描述是医学人类学与心理人类学的任务之一。与普遍的正常行为和特殊的正常行为相对应，人们也用普遍的异常行为和特殊的异常行为来界定异常行为。值得注意的是，在一种文化中被视为正常的行为，在另一种文化中，可能被误解为精神病。反抗是指那些明显对抗权威或者意图推翻等级体系的异常行为。

对异常行为的研究主要聚焦于两大问题：第一，为什么一些个体比其他人更可能做出异常行为？第二，为什么某些行为被划定为异常行为？社会学的解释试图对两个问题都做出回答，而生物学和生理学的解释则关注第一个问题。

生物学的解释试图识别出那些使人倾向于做出异常行为的特征，尤其是与犯罪行为相关的特征。切萨雷·龙勃罗梭（Cesare Lombroso）基于对男犯人身体的测量，指出犯罪者是返祖体，显现隔代遗传的特征。受其影响，人类学家恩斯特·虎顿（Earnest Hooton）也基于对男性犯人的研究指出犯罪者的生理是劣等的，应该被绝育并流放。1949年，威廉·谢尔登（William Sheldon）指出人类的体型会影响其人格进而影响到其可能进行的犯罪活动。尽管这些解释的方法论和结论受到了批评，但是犯罪者在生理上存在着不同的假设却延续了下来。

心理学的解释不仅关注犯罪行为，也关注精神病、性行为异常、物质滥用等。心理学家将异常行为称为“非正常行为”，即对其自身文化适应不良的行为，强调不好的童年经历，特别是家庭内部的经历，是导致后来异常行为的原因。西格蒙德·弗洛伊德（Sigmund Freud）假定所有个体的潜意识中都存在被压抑的原始冲动和欲望，这其中也包括非正常或者异常的倾向。经过童年时期的社会化过程，个人产生了自己的内控机制。社会化不足的孩子则可能产生人格障碍，进而做出异常行为。劳伦斯·科尔伯格（Lawrence Kohlberg）指出个体道德推理能力的发展要经过几个阶段，如果未能完成这些阶段则会导致“良知”的缺失进而做出异常行为。同时，现代心理学也提出了有关人格或性情与异常行为关系的理论。心理学研究因为研究对象的选择，再加上并没有对社会经济地位及教育等变量加以控制，因而被认为只是在个体层面提供了有价值的见解。

在社会学对异常行为的许多研究视角中，有两条路径尤显突出。在第一条路径中，社会学家将异常行为视为客观给定的现象。在第二种路径中，社会学家将异常行为视为主观不确定的现象。前一种倾向的社会学家假定，有关社会规范的构成，在社会中存在着普遍一致的意见，这样就能轻而易举地识别出异常行为。异常行为通常会引起负性制裁，从而有助于重新肯定社会规范。遵循这种路径的社会学家更关注对异常行为产生的条件进行剖析。后一种倾向的社会学家聚焦于社会界定及社会互动。他们持相对主义立场，强调异常行为是特定时空中的一种界定，剖析某个具体的行为是否或者为什么被社会界定为异常，重视过程分析。

相较于起因分析，这种路径更重视研究那些对异常行为进行界定的人，比如警察。基于这两种路径，社会学家们提出了许多有关异常行为的理论，主要包括：功能主义理论；托马斯（W.I.Thomas）和兹纳涅茨基（F. Znaniecki）提出的“社会解组理论”；罗伯特·莫顿（Robert Merton）的“失范理论”；爱德文·苏哲兰（Edwin Sutherland）提出的“差别接触理论”；霍华德·贝克尔（Howard Becker）等提出的“标签理论”；特拉维斯·赫胥（Travis Hirschi）的“社会控制理论”；激进犯罪学理论以及女性主义理论；等。

研究中目前存在两个主要问题：一是研究异常行为的理论之间互相矛盾。二是支持理论的科学证据之间存在矛盾。这同时也揭示了理论发展的新方向。首先，理论的对立引发了理论整合的兴趣。许多研究者认为异常行为的原因是多元而复杂的，整合能够超越古典理论，把握更丰富的因果变量，提供更具解释力的模式。他们强调，有意义的整合应该不仅是变量的结合，更意味着能有效调和理论之间的对立。再者，应该对理论的适用条件进行更详细的说明。在某些条件下，能够找到支撑理论的大量实证证据，而在另外一些条件下，则难以找到。因而，对理论适用条件的详细说明能够进一步澄清现有理论，识别理论运用的有效范围，增强研究的信度和效度。

（陈雪英）

参考书目

［1］Adler, P. A. & Adler, P. 2002, *Constructions of Deviance: Social Power, Context, and Interaction*. Belmont, CA: Wadsworth.

［2］Goode, E. 2004,*Deviant Behavior*. Upper Saddle River, NJ: Prentice Hall.

异装癖（Transvestism） 穿戴异性服饰的行为。异装癖的具体内涵取决于某种文化对性别角色的界定，以及某种服饰是否为一种性别特有。穿女式短裙的苏格兰男人算是异装癖者；但同一个人在穿苏格兰短褶裙时却不能算是异装癖。在跨文化视角下研究异装癖时，它包括了一系列含义各不相同的现象：①宗教仪式中性别角色的短暂反转（Matory，1994）或狂欢节期间的放纵（Babcock，1978）；剧院演出中的性别角色的反转，比如女扮男装登台演出的演员，她们在其他情况下还是保持应有的着装和性别角色（Newton，1972）；个人永久性的、为公众所接受的性别角色反转，如阿曼的“撒尼斯（xanith）”（Wikan，1977）、大平原印第安人中的“不戴须人”（berdache）（Callendar & Kochems，1987），以及像圣女贞德那样选择了承担男性角色的女战士，在这种情况下她们通过异装来标明自己的这一身份；两性畸形，这种情况下的性别和着装往往难以界定（Herdt，1994）。变性人，这类人在改变着装的同时也改变了自己的身体构造，如印度经过阉割的“阉人”（hijras）（Nanda，1990），以及还没有完成变性手术，尚处在性别转换中的变性人（Bolin，1992）；在一对同性伴侣中，双方各按照一种性别角色穿着，以达到互补，在这种情况下也会出现异装。

迄今为止在异装癖的研究上，人类学多侧重在社会层面而非性别层面，因为在任何一种文化中异装癖都就性别角色提供了一种独特的视角，在那些明确划分性别界限的文化中更是如此。

（郭晏然）

参考书目

［1］Babcock,Barbara. (Ed.)1978, *The Reversible World*: *Symbolic Inversion in Art and Society*. Ithaca, NY: Cornell University Press.

［2］Bolin, Anne.1992. Coming of age among transsexuals. In Tony Whitehead &Babara Reid (Eds.), *Gender Constructs and Social Issues*(pp.13–39). Urbana: University of Illinois Press.

［3］Callendar, Charles&Lee M. Kochems. 1987. The North American berdache. *Current Anthropology* 24(4): 443–456.

［4］Herdt, Gilbert H.(Ed.). 1994. *Third Sex, Third Gender*: *Beyond Sexual Dimorphism in Culture and History*. New York: Zone.

［5］Matory, James. 1994. *Sex and the Empire that is No More*: *Gender and the Polotics of Metaphor in Oyo Yoruba Religion*. Minneapolis: University of Minnesota Press.

［6］Nanda, Serena. 1990. *Neither Man nor Woman*: *The Hijras of India*. Belmont, CA: Wadsworth.

［7］Newton, Esther. 1972. *Mother Camp*: *Female Impersonators in America*. Englewood cliffs, NJ: Prentice–Hall.

［8］Wikan, Unni. 1977. Man becomes woman: transsexualism in Oman as key to gender roles. *Man* 12: 304–319.

意识（Consciousness） 在非常宽泛的意义上就是指有所察觉的状态，但来自多个不同领域的研究都对我们如何定义意识做出了巨大贡献，如心理学、精神病学、神经生理学、人类学、行为科学，还有一个被称为“认知科学”的新领域，它们的成果都促进了意识定义的发展。

对意识的一种根深蒂固的定义是指在某一特定时刻对我们的身体感觉、知觉、情绪、思维和回忆的总体察觉。这一定义有心理学倾向。对意识的生物学定义则表明了意识有程度上的不同，Gerald Edelman把意识划分为“初级意识”（primary consciousness）和“高等级意识”（higher–order consciousness）。他认为没有语言和符号的动物只拥有初级意识，而人类同时拥有初级意识和高级意识，这两种意识并存且相互加强。

在人类历史上，出现过各种不同的“意识理论”来说明什么人或什么东西拥有意识。哲学家笛卡尔所坚持的“人类中心主义理论”（anthropistic theory）认为意识是人所特有的。“神经学理论”（neurological theory），又称“达尔文理论”（Darwinian theory）则认为意识是进化的结果（即神经系统的中心化），因此只有人类和符合这种解剖学趋势的高级哺乳动物才有意识。“动物理论”（animal theory）认为，除了昆虫、植物等生命形式以外的所有动物都有意识，但对动物意识的定义目前还很不严谨。“生物学理论”（biologic theory）是又一种更加宽松的定义，它坚持所有有机物都先天地拥有意识。一种走得更远的生物学理论是“细胞理论”（cellular theory），它相信意识是每个细胞的生命属性。最极端的理论则认为，意识是所有原子的一种基本属性，这被称为“原子理论”（atomistic theory）。从哲学上说，原子理论意味着每个DNA分子（由一些原子构成）都可能以我们还未知的方式拥有意识，并且实际地运用自己的意志。因此，很可能存在着“DNA意识”。

关于意识的新问题倾向于更加关注对意识体验的经验主义描述，以及意识体验是什么。最有名的哲学理论是由笛卡尔提出的“笛卡尔二元论”，认为非物质性的思想与物质性的身体共同构成世界的实体。“朴素实在论”（naive realism）则不区分精神体验与物理世界。另一种观点叫作“副现象论”（epiphenomenalism），它认为精神事件是发生在物理世界的一种非物理现象，但精神事件不能直接影响物理世界。

意识的演化最可能被定义为一种从初级形式到高等级形式的进步，意识的演化内在地依赖于神经解剖学和生理学的变化。对人类头盖骨的研究表明，大脑分布在演化过程中有大的转变，例如南猿（australopithecine）头部的枕叶区较大而额叶区较小，相比之下，现代智人的枕叶区明显较小而额叶区较大。这种变化意义重大，因为大脑的额叶区有更高级的认知功能和执行功能（如计划和社会行为）。那么，是什么导致了原始人在神经解剖学和生理学上的这些变化呢？一种假设是，对更复杂社会行为的日益增长的需求刺激了大脑皮层的扩大。早期原始人的合作行为和社会化会带来很多好处，其中之一是更容易获得食物。获得更好食物机会的增加反过来又会为大脑的发展提供更充足的营养。另一个生物学因素是神经可塑性。过去的观点认为大脑在人的生长发育期之后就停止形成新的神经连接，但现在人们知道，即使在人体停止生长以后，大脑也还是会通过形成新的神经连接重组自身，这被称为神经可塑性（neuroplasticity）。神经可塑性不是只在修复神经损伤时才发生，它在刺激增加和执行技能增加时也会发生。于是，神经可塑性和获得更有营养的食物来源的可能性使得智人的额叶扩大，这为意识的新形式铺平了道路。

技术进步和科学研究（尤其是神经科学方面）的积累，已经丰富了我们对意识的神经生物学的理解，包括人类产生意识所不可或缺的神经传递素和大脑不同区域的功能。大脑皮层在人脑中所占面积最大，分为额叶脑、枕叶脑、顶叶脑和颞叶脑四个部分，它们各自具有专门化的神经元，能接收感觉信息，处理和控制不同方面的知觉。大量的神经生理学实验证明，大脑皮层的某些区域受到损伤或被切除，意识仍能存在，但如果丘脑部分受损或被切除，就会丧失意识。

有些人认为做梦是意识的另一种状态，这是一个有趣的话题，也有些新的研究关注这个领域。同样，也已经有很多关于萨满和灵媒有意地进入另一种意识状态的作品，但并没有收集到多少合法的神经学数据。总之，神经科学已经汇集了大量信息，但仍不足以给出一个意识的全面定义。无论如何，技术的发展和思想的开明或许能帮助我们找到答案。

（康敏）

音素（Phone）　是根据语音的自然属性划分出来的最小语音单位。从声学性质来看，音素是从音质角度划分出来的最小语音单位。从生理性质来看，一个发音动作形成一个音素。音素一般用国际音标（IPA）标记，可分为元音和辅音两大类。

音素和音位的区别。音素是根据语音的自然属性划分出来的，音位是根据语音的社会属性划分出来的。人类能够发出的音素是难以计算的，但是特定的语言或方言使用的音素却是有限的；音位是根据这些有限的音素在各自语言或方言中的地位和作用归并出来的音类，一个音位可能实现一个或多个音素。音素是人类语言共通的，音位是属于具体语言的。判断两个语音形式是不是同一个音素，只需看发音动作、声学特征是否相同；而判断两个语音形式是不是同一个音位，主要是看它们的社会属性，看它们能否区分不同语言符号。

（宋荣）

音位（Phoneme）　是一定的语言或方言系统中，能够区别意义的最小语音单位。它是根据语音的社会性质划分或归并出来的最小的语音形式，用双斜线“//”标记。最重要的特征是音位与该语言系统中的其他音位相对立；凡是有对立关系的语音形式，一定属于不同的音位。对立、互补、语音相似是归纳音位的主要原则。音位总是属于一定的语言或方言系统，离开了特定的语言或方言系统，就无法断定语音形式的对立关系。

音位可分音质音位和非音质音位两类。音质音位是以音质为语音形式的音位，在任何语言中都是主要的音位，又叫音段音位。非音质音位是以音高、音长、音强为语音形式的音位，又叫超音质音位或超音段音位。非音质音位包括调位、时位和重位三种。

属于同一个音位的不同语音形式，就是这个音位的语音变体。语音变体可分为条件变体和自由变体两类。属于同一个音位，只能在不同条件下出现的音位变体，就是音位的条件变体。属于同一个音位，可以自由替换的音位变体，就是音位的自由变体。

（宋荣）

音乐（Music） 人类重要的交流和表达方式。在人类学对音乐的分析中，音乐可以定位为两种途径。首先，音乐可以界定为一种交流的实践方式，它通过音高、音长、音色及音量等方面将声音组织在一起。此界定可以涵盖广义的实践，从人类扩展到自然界所有的声音（例如，鸟鸣、海豚和鲸鱼的“语言”）。这种方法使其声音在高度结构化的交流与表现体系中进行社会化分析，而这种方式是人类学家所忽略的。第二个方法是去寻找覆盖大致相同地域环境体验的本土化术语，它类似于“音乐”术语所涵盖的范围一样。这种方法根植于一些讨论社会、文化世界强有力的分析，它揭示了涉及表演与社会文化领域中人与人之间的关系。它使得人们以“音乐”实践的不同方式去观察，这种方式包括了在他者社会、文化实践中的再生产或变革，而非强加一个异质的、不恰当的分析框架。

目前从人类学视角研究音乐，关注音乐作为与社会、文化现象相关的所有因素，这方面的研究集中在民族音乐学学科中。学术界一直在争论如何将音乐研究作为一种社会现象，并与音乐中的声音进行整合，其中存在一系列范式、模式及方法论，大多数学者会从以下四个视角来考虑与之相关（地理或历史）的研究范围：

音乐作为文化和社会进程的中介 过去，民族音乐学家将音乐与文化分离，他们假定文化可以分成政治、经济等若干方面，每一种形式可以与音乐产生某种联系。受英国社会人类学影响，民族音乐学开始研究“文化中的音乐”（Merriam 1964），文化与社会语境不再是模糊的关系，音乐在维护社会一致性方面发挥着一些功能。近期，学者们开始把音乐当作文化来研究。受人类学家克利福德·格尔茨（Clifford Geertz）观点的影响，在人文社会科学中被称为“解释学转向”，研究者们逐渐考虑音乐不再是更为实质的社会结构或现实的次级反映，它本身即是一种社会活动调解其他的社会进程。音乐不是通过语境的一部分来获得其意义，它本身就是一种语境，通过活动的其他方式来获得意义（Herndon 和Mcleod 1981）。

音乐作为话语和音乐意义的本质 关于民族音乐学中的“解释学转向”，它指音乐的意义不再被看作其声音结构的固有化，音乐材料仅仅处于音乐行动体验之中，音乐的“文本”一定是“可读的”。音乐表演的意义总是在不断改变且意外发生的，依靠社会结构和他们帮助界定的权利联系。音乐学界从结构的分析转向对音乐作为话语的解释，在20世纪70年代的人类学和社会学中关于表演理论和民族志中得到了重要发展[如尔文·戈夫曼（Erving Goffman）、戴尔·海姆斯（Dell Hymes）、维克多·特纳（Victor Turner）、理查德·鲍曼（Richard Bauman）、詹姆斯·费尔南德斯（James Fernandez）等观点]。诸多民族音乐学家紧随其后，关注这些与他们真实“生活”的密切联系，与他们的行为方式及表达的文化相关，回答音乐的意义及有效的权利等问题。依据这些发展，学者们逐渐转向将人的身体看作是音乐意义建构的主要场域。近来的研究将身体看作是一种文化现象，不再受意义的影响，而是人类实践的其他方面（Muller 1999）。未来的研究逐渐开始关注社会化的特殊音乐进程以及自我的形塑过程。

音乐与认同 近年来，学者以一种全新的目光重新审视音乐与认同的关系。对音乐与认同相关的联系、对国家主义、种族主义的兴趣成为了音乐制作的核心基础。尽管小规模、乡村社区的研究仍然是音乐民族志研究的重要领域，但现代民族-国家、民族主义以及随之引发的争议、纠缠等话语成为最受关注的话题。同时，种族与族群成为当今民族音乐学关于认同形式的第二个重要研究，族群认同往往被看作是音乐领域中有效的维护。在葛兰西（A. Gramasci）“霸权主义”的概念和皮埃尔·布尔迪厄（Pierre Bourdieu）“习性”概念的影响下，民族音乐学家开始将殖民地化和西方化作为研究议题进行再评价。

所有的认同都可能涉及性别认同。他们在很大程度上受到人类学关于音乐与舞蹈研究的影响（Cowan 1990），学术界开始强调沟通性别认同及构建诸多认同中音乐的作用（Koskoff 1987）。当然，诸如离散、旅行、迁移、移民等术语都是与认同相关的焦点，这些音乐实践在某种程度上被民族音乐学家所关注（Turino 1993）。

音乐与现代性 大多数学者赞成，各地的音乐陷入了现代性的旋涡之中，他们使得自己成为现代性有效的能动。这些学者还没有达到对现代化或现代性分享界定的时候，似乎已经陷入一系列错综复杂的议题和概念的争论之中。其中第一个议题就是全球化，有关全球化的讨论引发对“替代”（displacement）以及音乐与地方性之间关系的再思考（Stokes 1994）。进一步来说，研究流行音乐的学者除了关注诸如城市、国家等抽象的实体外，还可以对诸如工作室、商厦、音乐院系、出租车等其他场所进行调查研究。

现代性的另一方面是控制当下的争论，这是资本主义、商品化向“传统的”文化转型，西方大众媒体的能量可以形塑大规模人口集体的印象。诸如法国社会学家让·鲍德里亚（Jean Baudrillard）等评论家易于用统一的术语思考全球文化流动，假定一种模拟或模拟物的政体作为一种全部囊括的体系。史蒂芬·费尔德（Steven Feld）使用了格雷戈里·贝特森（Gregory Bateson）所创术语“分裂创始”去思考，通过一系列逐步上升的全球化规模关注市场产品与音乐消费（菲尔德 1994）。

（魏琳琳）

参考书目

［1］Barber K, Waterman C. 1995, *Traversing the global and the local: Fuji music and praise poetry in the production of contemporary Yoruba popular culture*. In: Miller D (ed.) *Worlds Apart. Modernity through the Prism of the Local*. London: Routledge.

［2］Blacking, J. 1973, *How Musical is Man?* Seattle, WA: University of Washington Press.

［3］Cowan, J. K. 1990, *Dance and the Body Politic in Northern Greece*. Princeton, NJ: Princeton University Press.

［4］Erlmann, V. 1999, *Music, Modernity and the Global Imagination. South Africa and the West*. New York: Oxford University Press.

［5］Feld, S. 1982, *Sound and Sentiment. Birds, Weeping, Poetics and Song in Kaluli Expression*. Philadelphia, PA: University of Pennsylvania Press.

［6］Feld, S. 1994, *Fromschizophonia to schismogenesis: On the discourses and commodification practices of world music and world beat*. In: Keil C, Feld S (eds.) Music Grooves. Chicago: University of Chicago Press.

［7］Finnegan, R. 1989, *The Hidden Musicians: Music-making in an English Town*. Cambridge, UK: Cambridge University Press.

［8］Gilroy, P. 1993, *The Black Atlantic. Modernity and Double Consciousness*. Cambridge, MA: Harvard University Press.

［9］Gross, J. McMurray. D, Swedenburg, T. 1996, *Arab Noise and Ramadan Nights: Rai, Rap, and Franco-Maghrebi Identities*. In: Lavie S, Swedenburg, T (eds.) *Displacement, Diaspora, and Geographies of Identity*. Durham, NC: Duke University Press.

［10］Herndon M, McLeod N. 1981, *Music as Culture*. PA: Norwood, Darby.

［11］Koskoff E. 1987, *Women and Music in Cross-Cultural Perspective*. New York: Greenwood Press.

［12］Lipsitz, G. 1994, *Dangerous Crossroads: Popular Music, Postmodernism and the Poetics of Place*. London: Verso.

［13］Manuel, P. 1993, *Cassette Culture. Popular Music and Technology in North India*. Chicago: University of Chicago Press.

［14］Merriam, A. P. 1964, *The Anthropology of Music*. Evanston, IL:

Northwestern University Press.

[15] Muller, C. 1999, *Rituals of Fertility and the Sacrifice of Desire: Nazarite Women's Performance in South Africa*. Chicago: University of Chicago Press.

[16] Regev, M. 1986, The musical soundscape as a contested area: 'Oriental music' and Israeli popular music. *Media, Culture and Society* 8: 343–56.

[17] Said, E. 1979, *Orientalism*. New York: Vintage Books.

[18] Slobin, M. 1993, *Subcultural Sounds. Micromusics of the West*. Hanover: Wesleyan University Press.

[19] Stokes, M. 1992, *The Arabesk Debate: Music and Musicians in Modern Turkey*. Oxford, UK: Clarendon Press.

[20] Stokes, M. 1994, *Ethnicity, Identity and Music: The Musical Construction of Place*. Oxford, UK: Berg.

[21] Turino, T. 1993, *Moving Away From Silence. Music of the Peruvian Altiplano and the Experience of Urban Migration*.Chicago: University of Chicago Press.

[22] Wallis, R. Malm, K. 1992, *Media Policy and Music Activity*. London: Routledge.

音乐人类学（Anthropology of Music） 音乐学和人类学的交叉学科，但更偏重人类学方面的研究。从英文词义来理解，是关于“音乐”的“人类学”。从人类学视角出发，以音乐为手段、以音乐学传统意义上对音乐本体的分析为基础，更加注重相关的社会和文化关系研究的人文特征，以此达到人类学研究的目的。

1955年民族音乐学学会（SEM）成立后，学会内部形成了两个不同的倾向。一部分有欧洲血统的学者继承欧洲的传统，更强调其音乐学方面；另一部分有人类学背景的人，则更强调人类学方面。强调人类学的学者认为“民族音乐学”这个名词对文化人类学方面的研究不够，为使其得到进一步的强调，代表人物阿兰·梅里亚姆（Alan P. Merriam）在1964年《音乐人类学》一书中，正式提出了“音乐人类学”的学科名称，这成为人类学模式决定性地进入到民族音乐学领域的标志。在梅里亚姆对巴松叶人（the Basongye）和弗拉塞德（the Flathead）印第安人的大量田野研究中，音乐被视为文化生活中不可分割的一个方面，它可以理解为三维模式，即与音乐相关的概念、与音乐相关的行为以及音声结构。但是，对于像科林斯基（Kolinski）这样始终坚持柏林比较音乐学派的学者而言，他认为梅里亚姆的方法陷入了特定文化的联系之中。由梅里亚姆观点所引发的争论直到今天依然存在。自20世纪70年代以来，音乐人类学受到人类学方法的影响，梅里亚姆的三维模式所暗示的功能主义遭到批评，大家都在讨论更具动态的模式（Rice 1987）。同时，音乐人类学的博厄斯（Boasian）模式在20世纪70、80年代美国得到发展，作为一个“通过把音乐看作一种社会文化现象，从关注音乐的声音结构，转而对音乐情绪、情感、意义的关注”（1975：64）。乔姆斯基（Chomskian）的语言学为音乐人类学提供了大量的范式（Boiles 1967）。人类学对城市化、性别与阶级的分析，从结构-功能主义范式的崩溃，出现了大量有意义的乡村/部落民族志音乐人类学研究（参见Nettl 1978；Koskoff 1989；Pena 1985）。另一方面，音乐人类学对于表演的关注或许早于人类学。安东尼·西格（Anthony Seeger）关于巴西北部苏雅人的研究概括了表演人类学语境下理解音乐的意义。他将音乐人类学界定为“音乐人类学中关于文化中的音乐研究”，将其提到的社会生活看作是发生在音乐表演中的民族志，远离了20世纪80年代的解释性范式。

在欧洲，音乐人类学家要在人类学与音乐学之间做出决定。在英国，约翰·布莱金（John Blacking）主张音乐人类学是体质人类学的一部分。他试图将音乐与身体运动、神经学和生物学相联系，包括在运动体系中的“音乐进程”可以看作是提供基础、矛盾或转化的基本模式。在欧洲大陆，音乐人类学思维容易被受到人类学训练和倾向的人（如Hugo Zemp

和Gilbert Rouget及民俗学家）所影响。其中，鲁热在音乐与迷幻研究（Rouget 1985）中借鉴了大量民族志材料，建构了列维·斯特劳斯的迷幻理论与不同国家、不同音乐、舞蹈之间的象征性关系。

近年来，那些有兴趣理解音乐的人们发现自己面对的任务是通过新兴媒体系统、跨国工业的设备、政治的军事结构完全渗透地理解社会世界，同时还有科学确定性在对社会文化研究中的崩溃。这些问题在音乐人类学家对地方的和小规模的传统研究中得到反映。斯蒂文·菲尔德（Steven Feld）对卡露力人（Kaluli）的研究（Feld 1990）得出了一个冗长的分析。菲尔德从卡露力报道人提供的信息中，在田野调查中听到了不同参与者的声音。他将田野调查作为一种合作的对话进行讨论。观察者的角色在音乐的语境下尤为重要，特别是音乐陷入探索和表演的形式之中，报道人热衷于从他们所研究的人中得以获益。当然，人们也不能忽视全球为基础，音乐产业所推动的特定形式，并指导非欧洲音乐进入其商业范畴。

音乐产业在不同语境下所发挥的作用随后进行着大量的研究，尤其是瓦利斯（Wallis）和马尔默（Malm）关于《小型国家的音乐》研究项目（1984）。彼得·曼努埃尔（Peter Manuel）将北印度流行乐派的调查明确地置于马克思主义文化理论的辩论之中，关注文化产品中技术的影响，尤其是占优势地位模式的再生产或挑战带来的模式。他的结论是基于对北印第安媒介系统进行细致的民族志研究：卡式录音带对文化的影响是复杂的，且不能被复制或分解。曼努埃尔的方法在对可能性的概括方面特别有用，同时他用当代人类学的方法分析音乐问题。

面对全新的权力、控制模式，人类学家通过调查，关注音乐对于形成认同所起的作用，以及在日益更新的世界中音乐的体验。然而，当诸多学科都在关注权力、霸权主义、支配、自省性等话题时（尤其文化研究），它是对社会、文化所做出的重要理解。音乐学家和他们的听众通过民族志进行使用、调适，音乐的概念作为一种创造性的社会实践的形式。近年来，音乐人类学从民族主义（Askew 1992）、全球化（Baulch2002）和城市生活（Cohen 1991;2007）等新的视角发展他们的民族志方法，同时伴随着社会进程来探索音乐创造性的联系。这些著述影响着技术知识，更多地考虑音乐表演与日常生活中的表演、广泛的表演个体形式相关，音乐人类学的视角将从对民间音乐的收集-归类方法转移到理解音乐在现代政治、经济文化中的核心作用。音乐人类学学者涉及的领域宽泛，较多关注音乐（包括音乐形态）的发生、构成及存在的原因，从大文化中寻找影响音乐的因素，落脚点在询问“人是如何创造音乐”。

（魏琳琳）

参考书目

［1］Adler, G.1885, Umfang, Methode und Zielder Musikwissenschaft, *inZeitschriftfürMusikwissenschaft* 1: 5–20.

［2］Askew, K. 1992, *Performing the Nation: SwahiliMusic and Cultural Politics in Tanzania*, Chicago: University of Chicago Press.

［3］Baulch, E. 2002, Creating a Scene: BalinesePunk's Beginnings, *International Journal of Cultural Studies* 5（2）: 153–77.

［4］Blacking, J. 1973, *How Musical Is Man*? . London: Faber.

［5］Boiles, C. 1967, Tepehua Thought-Song. *Ethnomusicology* 11（3）: 267–92.

［6］Cohen, S. 1991, *Rock Culture in Liverpool*. Oxford: Clarendon Press.

［7］2007 *Decline, Renewal and the City in PopularMusic Culture*，Aldershot: Ashgate

［8］Ellis, AJ. 1885, On The Musical Scales ofVarious Nations, *Journal of The Society of Arts* 33: 485–527.

［9］Feld, S. 1990, *Sound and Sentiment: Birds, Weeping, Poetics, and Song in Kaluli Expression*. 2nd edn, Philadelphia: University of Pennsylvania Press.

[10] Kolinski, M. 1967, Recent Trends in Ethnomusicology. *Ethnomusicology1* 1 (1): 1–24.

[11] Koskoff, E. ed.1989, *Women and Music in Cross-Cultural Perspective*. Urbana: University ofIllinois Press.

[12] Lomax, A. 1968, *Folk Song Style and Culture*. Washington, DC: American Association forthe Advancement of Science.

[13] Manuel, P. 1992, *Cassette Culture: Popular Musicand Technology in North India*, Chicago: Universityof Chicago Press.

[14] Merriam, A. P. 1964, *The Anthropology of Music*. Evanston, IL: NorthwesternUniversity Press.

[15] 1975 Ethnomusicology Today. *CurrentMusicology* 20: 50–67.

[16] Nettl, B. ed.1978, *Eight Urban Musical Cultures: Tradition and Change*. Urbana: University ofIllinois Press.

[17] Pena, M. 1985, The *Texas-Mexican Conjunto: History of a Working-Class Music*. Austin: University of Texas Press.

[18] Post, J. 1992, Research Resources in Ethnomusicology, in H. Myers (ed.) *Ethnomusicology: An Introduction*. London: Macmillan.

[19] Rice, T. 1987, Toward a Remodeling of Ethnomusicology, *Ethnomusicology* 31 (3): 469–88.

[20] Rouget, G. 1985, *Music and Trance: A Theory of theRelations Between Music and Possession*. Chicago: University of Chicago Press.

[21] Seeger, A. 1987, *Why Suya Sing: A MusicalAnthropology of an Amazonian People*. Cambridge: Cambridge University Press.

[22] Slobin, M. ed. 1996, *Retuning Culture: MusicalChanges inCentral and Eastern Europe*. Durham, NC: Duke University Press.

[23] Wallis R. and K. Malm. 1984, *Big Sounds FromSmall Peoples: The Music Industry in Small Countries*. New York: Pendragon.

音韵学（Phonology） 语音学和传统小学的一个分支，研究汉语各个时期语音状况及其变化规律的科学，又称“声韵学”。它的两个主要特点是历时性和系统性，两个基础学科是普通语言学和音系学。音韵学研究材料主要有韵书、等韵、反切、韵文、谐声、异文、读若和读如、声训、直音、对音、汉语方言等，研究内容包括汉语语音史、音韵学理论、音韵学史等，研究方法有“丝联绳引”法、反切系联法、谐声推演法、审音法等等。它有传统音韵学和现代音韵学之分。传统音韵学有古音学、今音学和等韵学三个分支，20世纪30年代又增加了“北音学”一支。

（宋荣）

饮食人类学（Anthropology of Food） 从人类学的文化视角去探讨研究饮食行为和饮食文化相关问题的人类学分支学科或专门领域之一。食物是社会关系的象征，如在婚宴、馈赠品、宴席、宴会等的食物；食物是阶级、阶层、等级、层次、身份等的一种符号；食物还隐喻着一种文化的自我解释和族群认同特点。

对食物进行现代人类学研究的奠基者是英国的约翰·伯内特（John Burnett）和法国的列维·斯特劳斯（Claude Lévi–Strauss），他们从20世纪50年代开始研究食物以及进食的社会意义；玛丽·道格拉斯（Mary Douglas）从动物的基本分类原则上来确定宗教仪式中的牺牲以及食品在文化观念中的分类系统，确定动物作为食物的区分原则和关系；80年代，杰克·古迪（Jack Goody）的《烹饪、菜肴与阶级：一项比较社会学的研究》标志着人类学对食物研究的转向，将特定的食物体系作为独立的文化表述范式。（杰克·古迪 2010）此后，人类学对食物的研究延伸至更大的社会领域，也更多地涉及饮食在当代社会的象征性表达等问题，比如政治经济价值的创造、象征价值的建立以及社会对记忆的塑造。

在食物的社会伦理结构和隐喻分类方面，列维·斯特劳斯和道格拉斯的研究特别重要。在《生食与熟食》这部著作中，列维·斯特劳斯通过对食物营养学中“生”与“熟”的分类，揭示“生/熟”关系远不只于对食物的处理方式和食物营养学的意义，并以“生/熟”“新鲜/腐败”“炖煮/熏烤”等对立的烹饪及感官感受建立一套严谨的认知逻辑。道格拉斯在《洁净与危险》中专门论述食物与民族、宗教的关系。她检讨我们生活中的“脏/净”概念，虽然避免肮脏对我们而言与其说具有宗教隐喻，还不如说更接近个人的卫生习惯和美学意义。在我们的文化中，它所扮演的角色与原始文化中的禁忌仪式极其相似，“肮脏其实是一个社会系统和秩序及事物分类的副产品”。这样，禁忌便成了保护纯洁、划清与肮脏的界限、抵御入侵的分类设障。而这样的功能之于社会系统原来就有着传统意义上的经验色彩。

对食物供给与季节性仪式、食物供给与战争爆发的周期性、食物资源的周期性与协作性关系的研究，则加深了对族群和跨族群文化交流的理解。奥德丽·理查兹（Audrey Richards）的民族志《南罗得西亚的土地、劳动力与日常饮食》延续了这一领域的模式化研究，关注食物的生产、准备、交换、偏好、象征、消费等。也有些学者注意将历史融合于民族志中，进行既有宏观视角又兼有细节的描述。

另外，还出现了一种偏重行为生态学的研究模式，即关注人们在采集食物时策略性地选择那些在单位时间里能给身体带来最大热量的食物，“新进化论”的代表人物马歇尔·萨林斯（Marshall Sahlins）在这方面做了有价值的研究。他以非洲的布须曼人和澳大利亚土著的食物系统为例进行阐释，强调土著食物系统中“对物质需求的节制俨然规约：它成为一种积极的文化要素，表现在经济的各个方面”。

近些年来，随着中国人类学的发展，在饮食人类学研究领域也有所拓展。虽然专门从事饮食人类学研究的学者仍为数寥寥，但一批人类学者在其著作或参与的项目中涉及了饮食人类学内容。在许多现代中国研究的民族志作品中都有关于食物的章节，较具代表性的有：吉勒特（Maris B. Gillette）在《北京与麦加之间》中有两个章节谈论饮食，讨论中国城市穆斯林社区现代化与消费之间的问题。景军的《神堂记忆》（*Temple of Memory*）中有“记忆的文化象征”一章，讲述了在大川神庙“孔诞祭”节日中食物是如何按照其“荤素”、烹煮方式、摆放位置等进行象征性的等级划分，而这一整套的仪式象征（包括食物在内）则成为人们构建自己生活的记忆资源。刘新在《在自我的阴影下》（*In Ones Own Shadow*）中重点探讨中国乡土社会的日常实践，该书的第四章深入讨论了一整套食物的“意义体系”是如何沉积到当地人的食物——从生产、加工到食用的实践过程中，而这种意义的体系完全内化在人们行动的轨迹之上，从而用人类学的眼光来审视和理解中国饮食文化。彭兆荣认为，中国的“好客-待客-请客”的饮食叙事形成了一个整体性结构表述，成为一种象征隐喻性表述和表现方式，以饮食之道表达伦理亲情成为维系亲族和睦、稳定家庭团结的最好形式，社会共同体内部的共睦关系和共态结构的既定性、稳定性与不间断的、轮转性的宴请活动之间形成了一种以食物为介体的、维持平衡的交换过程。（彭兆荣 2013）

（蒋萍）

参考书目

[1] 陈运飘、孙箫韵. 中国饮食人类学初论.《广西民族研究》，2005（3）.

[2] 杰克·古迪. 烹饪、菜肴与阶级：一项比较社会学的研究. 王荣欣，沈南山译. 杭州：浙江大学出版社，2010.

[3] 彭兆荣. 饮食人类学. 北京：北京大学出版社，2013.

[4] 彭兆荣、肖坤冰. 饮食人类学研究述评.《世界民族》，2011（3）.

[5] 徐新建、王明珂等. 饮食文化与族群边界——关于饮食人类学的对话.《广西民族学院学报》，2005（6）.

应用人类学（Applied Anthropology） 应用人类学的起源与人类学的起源同步，有些学者甚至把应用人类学的源头追溯到古典时期，古希腊学者希罗多德（Herodotus，公元前485—前325年）就在地中海一带为他的政府收集邻国民族的资料，以供希腊政府制定外交政策使用。人类学作为一门学科始于英国，牛津大学在19世纪80年代首先开设人类学课程。英国人首先认识到人类学的应用价值，并首先雇用人类学家为政府工作。牛津大学所开设的人类学课程就是为英国殖民地培训官员，在其课程介绍中，Applied Anthropology（应用人类学）一词也首次被正式使用。

在美国，人类学曾经被认为是美国民族局（Bureau of American Ethnology，BAE）的同义词。美国民族局成立于1879年，其主要工作是协助联邦政府处理印第安人事务。其第一任局长约翰·鲍威尔（John Wesley Powell）认为，认识并了解印第安部落民族，有利于帮助他们走向文明社会，也解决了“文明”人在同印第安人接触过程中引发的一些问题。在1902年一份给美国民族局的报告里，詹姆斯·穆尼（James Mooney）首先使用applied ethnology（应用民族学）一词。1934年，随着罗斯福总统新政中印第安人条例的实行，美国人类学者充当了印第安人部落和美国印第安人事务局的联系人。他们考察印第安人保留地领导和政府结构，为颁布部落宪章出谋划策。

在西方其他国家或他们的殖民地，人类学也广泛地被政府利用。荷兰从1864年起、南非联盟从1905年起、英属埃及-苏丹从1908年起、比利时属地从1920年起、澳大利亚所控制的新几内亚从1925年起，民族学学习成为他们外交事务培训的一部分。人类学家受雇于殖民政府，人类学的知识被用于殖民地的治理。首批高校人类学系和研究机构的设立正是被应用的需要所推动、正名和组织。

两次世界大战推动了应用人类学的发展。战争期间，人类学家受政府聘请收集敌国和盟国的资料，为到海外作战的士兵提供人类学基本知识培训。美国著名人类学家玛格丽特·米德估计在第二次世界大战中超过95%美国人类学家被卷入战争，从事与战争有关的工作。她所领导的小组为政府制订紧急状况下食品和食品定量配给计划出谋划策，评估美国公众对援助盟国的态度，研究敌国的国情，等等。美国人类学家受政府战争再安置部的委托，调查西海岸日本人强制收容所引发的问题。随着战势的进展，美国政府到大学设立研究机构，雇用人类学家来教育政府工作人员和军人如何应对解放区的德国人或日本人。1941年，为满足对应用人类学的需求，玛格丽特·米德和鲁思·本尼迪克特等人成立了应用人类学学会（Society for Applied Anthropology）。1943年，史密森社会人类学会（the Smithsonian Institute of Social Anthropology）建立。

第二次世界大战之后，很多人类学家回到大学校园。学院人类学（Academic Anthropology）进入繁荣期，但应用人类学并没有凋零。在太平洋美国的托管地，人类学家受聘研究再安置、经济恶化、住房等方面的问题。美国开始实施“开发落后地区”的“第四点计划”（Point Four Program），吸纳应用人类学家用他们知识和技能从事国际发展、国际援助和评估美国外交政策方面的工作。

从20世纪60年代末起，学校的教学工作已无法吸收全部人类学博士毕业生，许多毕业生不得不去学校外寻找就业机会。一些毕业生进入政府部门、国际机构、私营企业或非营利组织机构工作。一些毕业生虽受学校雇用，但却从事非教学工作，用他们所学的知识去解决实际问题。另一些学生认识到拥有第二个研究生学位的重要性，继续在学校攻读公共卫生、社会工作或城市规划等专业硕士学位，提高他们从事跨学科工作的能力。

20世纪末以来，随着多国公司和全球经济的兴起，给应用人类学家提供更多就业机会。人类学家用其专业知识为雇主服务，他们工作重点不再是研究某一文化，而是用他们所掌握的人类学知识和方法去满足雇主的特殊要求，如帮雇主了解工作场所或劳动组织等情况，调查市场和顾客的需求。在这一时期，很多国际组织如世界银行、世界卫生组织、食品和农业组织和联合国教科文组织雇用人类学家从事不同的工作，包括政策的制定和执行、社会需求的评估和项目的社会影响调查等工作。应用人类学的研究领域由此扩大到农业（Agriculture）、社区行动（Community Action）、文化资源管理（Cultural Resource Management）、发展政策和实践（Development Policies and Practices）、灾害研究（Disaster Research）、经济发展（Economic Development）、教育和学校（Education and Schools）、环境（Environment）、卫生和药品（Health and Medicine）、工业和商业（Industry and Business）、土地使用和土地认领（Land Use and Land Claims）、媒体和广播（Media and Broadcasting）、军事（Military）、政策制定（Policy Making）、水资源开发（Water Resources Development）等领域。

进入21世纪后，世界经济日益全球化，更使对以实地研究为基础的应用人类学的需求加大，为应用人类学家提供了更多环境中新的工作机会。与此同时，世界上也出现与全球化相悖的发展趋势，如地方主义、民族沙文主义和仇恨外国人的复苏，这极大地挑战了“国家”的统一和权威，破碎了阶级、性别、性、族群、种族和民族等文化景象。这也给应用人类学家提供了机遇和挑战，使其对传统的研究对象进行重新评估，开发新的研究方法，与更广泛的群众对话。应用人类学涉及的领域得到广泛扩张，从国内到国外，从城里到农村，从政府机构到私营企业，从发展中国家到发达国家都能见到应用人类学家的身影。此时，全球范围内，人类学的应用或实践呈现3个特征：①重心向当代问题主导的跨学科研究转移；②参与式和合作式的方法；③更侧重政策制定和政治影响的研究。

2008年，美国人类学者萨蒂什·南比亚（Satish Kedia）撰文分析推动应用人类学发展因素，指出外部力量（特别是经济、政治、人口变化、特大自然灾害和艾滋病等）的转变所带来的问题，给人类学家制造了新的工作环境和就业机会。同时，人类学内部的变化（如与其他社会科学互补和与研究对象关系的变化），巨大地改变了人类学家研究人类状况的传统方法。针对应用人类学在新世纪的发展趋势，约翰·范威利根（John van Willigen）和南比亚总结了如下结论：

其一，人口变化影响人类学家就业的机会。战争、移民和全球化引起人口的变化，也给应用人类学的发展带来影响。第二次世界大战后生育高峰期出身的人们现正进入退休年龄，老龄问题研究正成为应用人类学的研究热门。美国的移民浪潮使应用人类学家关注移民或少数民族社区的问题。全球化促使大型公司和国际援助组织同时在多个国家里运作，因而需要能了解多种文化、社会和经济的人才。这些人口的变化促使应用人类学的发展，给人类学家提供新的工作岗位和研究课题。

其二，创造性地适应新的工作环境。应用人类学家创造性地面对新的工作环境带来的挑战，探索新的知识和研究方法，如社会发展项目和政策评估工作。面对市场需求，应用人类学家把理论、分析和问题处理结合在一起，争取给人们的生活带来正面影响。应用工作要求人类学家同他人合作，成为包含来自不同学科的科学家、官员和社区人士的研究小组中的一员，共同分享研究资料；还要求人类学家拥有使用其他学科技术能力，并能用新的方式把研究发现传播给新的观众。

其三，应用工作中的跨学科交流。在当今世界，跨学科交流活动日益增多。人类学在影响其他学科的同时，也深受其他学科的影响。人类学最大的变化是引入了一些快速省时的资料收集方法，如快速评估法（rapid assessment procedures）和焦点小组访谈（focus groups）。人类学的民族志方法和对文化的理解也被其他学科广泛引用。为了有效地同其他学科合作，应用人类学家需要掌握不同学科的方法和技术术语，并肩负着向其他学科显示人类学家在不同的研究课题中能做何种具体贡献的责任。

其四，与研究对象的变化关系。在应用人类学的发展过程中，人类学家和他们的研究对象间的关系发生了巨大的变化。人类学是欧洲殖民主义的产物，曾是殖民主义用来控制和统治它的臣民的工具。第二次世界大战后，这种权力关系发生了变化，应用人类学家现通过合作或参与的方式同研究对象一道工作，分享彼此的技能和知识，从而使人类学家的研究目标和他们所研究的社区和个人的目标相吻合。为此目的，人类学家帮助增加个人的权力，辅助自然产生的社区领导，使研究对象从研究客体转变为有控制权的主体。应用人类学家强调其自身文化体系与研究对象文化体系间的平等性，扮演文化中介人（或称为文化共同协调人，co-culture mediators）的角色。

其五，应用工作对基础人类学的贡献。应用人类学的研究课题和方法在人类学界曾被怀疑和边缘化，但它现在已成为人类学不可分割的一部分，有些学者甚至认为应用人类学是生物人类学、考古学、语言学和文化人类学四个分支学科之外的第五个人类学分支学科。与在学校工作的人类学家相比，应用人类学家写作和出版文章较少，这是限制应用人类学在人类学界发挥影响的一个因素。其原因是他们常常没有时间或没有压力：他们的很多作品为私人所有或为保密性文件，不适合公众使用或出版；杂志的编辑或评委也常常认为应用人类学家的文章是非学院性的，拒绝采用。现在，有专门的杂志刊登应用人类学家文章，如《人类组织》（*Human Organization*）和《人类学实践》（*Practicing Anthropology*）等期刊。近年来，互联网站发表应用人类学文章，极大地增加了传播和显现应用人类学的机会。

范威利根和南比亚进一步指出这些发展趋势，显示出应用人类学已成为一个综合性学科，它汇集不同学科的知识、理论和方法，来处理人类在不同的环境中面对的问题和挑战。但应用人类学仍然保持了传统人类学最核心的理论和方法，包括强调地方知识的重要性、深入分析所研究问题的内部结构、关心环境和文化以及国计民生的可持续性发展等等。詹姆斯·皮博思（James Peoples）和加里克·贝利（Garrick Bailey）也指出应用人类学保持了人类学世界观中5个重要元素，即关注小型社区、坚持详细了解现存的资料、关注文化的不同处、欣赏不同看法、承认制度的复杂性。应用人类学的未来应该建立在发展不同领域的理论和实际工作方法、并使其与解决社会问题相联系上。应用人类学家在今天和将来，必须承认研究对象的伙伴关系地位；必须在紧缩的研究计划内工作；必须用后现代术语（postmodern terms）和当代哲学前提（contemporary philosophical premises）来设计研究计划。这对应用人类学的研究方法提出了挑战。

人类学作为一门学科，在20世纪初同其他西方社会科学，如社会学和马克思主义一道传入中国，为中国的强盛和社会发展服务，以使中国摆脱半殖民地的地位。早期人类学家，如费孝通、林耀华等人，继承中国的知识分子国家有难、匹夫有责的传统，运用他们所学的英国功能主义理论去认识中国的社会问题，并寻求解决之道。故人类学作为一门学科在中国建立之初，就具有较强的应用目标。中华人民共和国成立后，由于政治意识形态的关系，人类学在1952年被取消大学学科专业的地位，但许多人类学家被抽调去研究少数民族，投入全国规模的少数民族社会历史调查，为国家的民族政策的制定、民族地区的发展做出了贡献。1978年，中国开始执行改革开放政策，人类学学科地位得到恢复，1981年1月，国家教育部正式批准中山大学重建人类学系，人类学研究在中国的大学里逐渐恢复起来，社会现实问题依然是中国人类学关注的重点。

中国改革开放30多年来，经济飞速发展，人民的生活得到巨大提高，社会和文化发生急剧变化，从农村到城市，从沿海到内地，都出现许多社会问题。另外，全球化产生新的国际地缘政治格局，给中国边疆安全带来巨大压力，边疆民族社区可持续发展关系到中国边境安全。这些现实问题推动了应用人类学在中国的全面发展。2010年，“应用人类学最新发展和在中国的实践学术研讨会”在云南财经大学召开；2012年，“应用人类学高等研究院”在吉首大学成立；近年来，各种与应用人类学相关的学术机构或团体纷纷成立，如中国都市人类学学会、中国人类生态学会等；相关书籍和论文大量出版，专业期刊，如《华人应用人类学学刊》相继问世。这些标志着应用人类学在中国进入繁荣的发展时期。

（陈刚）

参考书目

［1］石奕龙. 应用人类学. 厦门：厦门大学出版社，1996.

［2］谢剑. 应用人类学. 台北：桂冠图书股份有限公司，1989.

［3］陈刚. 西方应用人类学最新发展述评.《民族研究》，2011（2）.

［4］Willigen, John van. *Applied Anthropology: An Introduction* (3rd ed), Westport, CT: Bergin and Garvey, 2002.

［5］Kedia, Satish and Willigen John van, eds. *Applied Anthropology: Domains of Application*, Westport, CT: Praeger, 2005.

［6］Ervin, Alexander M. *Applied Anthropology: Tools and Perspectives for Contemporary Practice* (2nd Edition), Boston: Pearson, 2005.

［7］Willigen, John van. *Disciplinary History and the Struggle for Legitimacy and Effectiveness: Reflections on the Situation of Contemporary Anthropologists*, Human Organization, Vol. 68, No. 4, 2009.

［8］Goldschmidt,Water. ed., *The Uses of Anthropology, Washington*, DC: American Anthropological Association, 1979.

［9］Baba Marietta L. and Hill, Carole E. *What's in the Name of Applied Anthropology? An Encounter with Global Practice*, NAPA Bulletin 25, 2006.

［10］Hackenberg, Robert A. and Hackenberg, Beverly H. Notes Toward a New Future: Applied Anthropology in Century XXI, *Human Organization*, 63（4）, 2004.

［11］Kedia, Satish. *Recent Changes and Trends in the Practice of Applied Anthropology*, NAPA Bulletin 29, 2008.

英国皇家人类学学会（Royal Anthropological Institute of Great Britain and Ireland）　全名大不列颠和爱尔兰皇家人类学学会，是一个历史悠久的人类学专业机构。

1837年，土著人保护协会（The Aborigines' Protection Society）成立。随着协会内部的分化，独立的伦敦民族学学会（The Ethnological Society of London）于1843年成立。1863年，伦敦人类学学会（The Anthropological Society of London）成立。1871年，伦敦民族学会与伦敦人类学学会合并，新成立大不列颠和爱尔兰人类学学会（The Anthropological Institute of Great Britain and Ireland）。1907年，学会冠名"皇家"二字，成为大不列颠和爱尔兰皇家人类学会。

学会办有3种连续性期刊。一是《英国皇家人类学会会刊》（*The Journal of the Royal Anthropological Institute*），同行评议季刊，其前身《人类》（*Man*）创刊于1901年；二是《今日人类学》（*Anthropology Today*），同行评议双月刊，创刊于1985年；三是提供期刊检索服务的《人类学在线索引》（*Anthropological Index Online*），首推于1997年。此外，《印度文物》（*The Indian Antiquary*）在1925—1932年也曾由英国皇家人类学会理事会授权出版。

学会设立了赫胥黎纪念奖章（1900）和里弗斯纪念奖章（1923）。赫胥黎奖章是国际人类学的最高学术荣誉奖之一，该奖项每年评选一次，获奖者均系世界范围内成就卓著的人类学家，如英国的泰勒、弗雷泽、哈登、赛里格曼、马雷特、拉德克利夫・布朗、弗思、埃文思・普里查德、利奇等，法国的莫斯、列维・斯特劳斯等，美国的格尔茨、西敏司、默多克等。费孝通是第一位获此殊荣的中国学者，他于1981年接受赫胥黎奖章，并做了题为"三访江村"的学术讲座。

学会目前会员遍布全球，他们的研究领域涉及生物人类学、进化人类学、社会人类学、文化人类学、视觉人类学、医学人类学等分支学科，在人类遗传学、考古学、语言学等临近学科方面也有关注。学会举办讲座、工作坊及其他学术活动，收藏了大量照片、影视、档案和手稿并向会员及合作研究者免费开放，在民族志影视制作方面非常活跃。总之，英国皇家人类学学会不仅在聚集专业人类学家、促进学院人类学研究方面卓有成效，还增进了人类学对公共事务和社会问题的贡献，同时也促进了公众对人类学的认识和理解。

（张丽梅）

参考书目

Stocking, George W. What's in a Name? The Origins of the Royal Anthropological Institute（1837—71）. *Man, New Series*, 1971（6）.

英国人类学（British Anthropology） 19世纪英国在探险、海上贸易、殖民地扩张方面的角色导致了学界和公众对全球性知识的兴趣与日俱增。尽管19世纪末英国的人类学教学和研究才得以在大学中确立，但在此之前，随着伦敦民族学会（1843年）与伦敦人类学会（1863年）的先后成立，尤其是两个团体在1871年合并成大不列颠及爱尔兰人类学学会（1907年冠名“皇家”二字），人类学在英国的智识发展和制度建设已经具备较好的基础。

早在19世纪60年代，一些学者用进化论的观点研究社会文化现象并发表系列著作。进化论人类学家泰勒（Edward Tylor）和弗雷泽（James Frazer）被视为英国人类学的奠基者。前者更是有“人类学之父”的美誉，他确立了人类学作为文化科学的地位，提出了后来成为人类学“文化”研究之基本框架的文化定义，阐释了比较法、残存法、统计法等学科研究方法。弗雷泽于1908年首先使用“社会人类学”一词，并将社会人类学定义为“社会学的一个分支，主要研究原始社会”。

20世纪初期，尤其是第一次世界大战以来，传播论和功能论先后从不同角度对进化论发起猛烈的抨击。前者强调人类进化并无固有、既定的方向，而是文化传播的结果，具有偶然性。后者则拒斥对人类历史发展进程的一切臆测，强调对特定社区的文化进行具体的、共时性的调查研究，并探寻社会结构各要素之间的功能关联。1922年马林诺夫斯基（Bronislaw Malinowski）《西太平洋的航海者》和拉德克利夫-布朗（Alfred Radcliffe-Brown）《安达曼岛人》出版是英国功能派人类学诞生的重要标志，现代社会人类学田野工作和民族志写作的基本模式也由此而确立。很多学者甚至将1922年视为人类学田野调查的开端。不过，田野调查早已有之，不能将“田野调查革命”和田野调查的起源混为一谈。后来被归功于“马林诺夫斯基革命”的许多东西在1922年之前早就可见于哈登（Alfred C. Haddon）、里弗斯（William Rivers）等人的田野实践和公开著述。

在1922—1970年，功能主义都是英国人类学的主要范式，在国际上具有很大影响力。在此期间，英国人类学的主要学术中心经历了一个从伦敦政治经济学院到牛津大学再到伦敦政治经济学院、牛津大学、剑桥大学、曼彻斯特大学等多中心均势的历史过程。1946年，英国社会人类学家协会（Association of Social Anthropologists）成立，该协会一改皇家人类学会吸纳业余人士、进化论者、体质人类学家、考古学家和传统民族学家的做法，致力于打造一个完全由社会人类学教师和研究人员组成的专业团体。这不仅大大提高了英国社会人类学的专业化程度，也对战后人类学在大学的蓬勃发展起到了推动作用。有研究者认为，英国人类学的国家传统很大程度上就是由功能学派的理论和实践所塑造的。这种传统有若干明显的特征：功能主义的田野作业、个人魅力型的领袖人物、家族特色的学术圈子、“伦敦-剑桥-牛津”三角的学术霸权、与殖民主义的密切关系，等等。

20世纪90年代以后，英国社会人类学进入其当代发展的新阶段，越来越融入日益全球化的世界人类学发展大潮之中：研究主题和理论日趋多样化，田野地点日益扩展至前大英帝国之外的很多地区（如地中海、南美、中亚、东欧等），专业内部的对话圈子日渐扩大且越来越走向公共领域，影视人类学、应用人类学等得到迅猛发展，跨学科的交叉研究也渐成气候。尽管如此，与功能学派密切相关的既有传统及其制度惯性在相当长一段时期之内将继续存在，并成为英国社会人类学当代发展和创新的重要基础。

与美国四分支的“文化人类学”相比，英

国人类学总体上来说对社会结构及其功能的关注更为突出，并因此在很多时候被称为“社会人类学”。但实际情况是，社会人类学从一开始就只是英国人类学的一个分支，并不能视之为整体的英国人类学。四分支框架最初是达尔文（CharlesDarwin）和斯宾塞（Herbert Spencer）进化论在人类学界取得胜利的结果，曾在19世纪下半叶的英国人类学中扮演重要角色。伦敦大学人类学研究委员会提出的关于人类学研究和教学的指南（1909）、哈登的《人类学史》（1910）、马雷特（Rober Marett）的《人类学》（1912）也都表现出这种四分支框架的特征。但当功能论取代进化论成为英国人类学的主导范式时，四分支框架也就失去了支持。在此后的半个世纪中，英国专业人类学的研究和教学基本上被功能主义者所垄断。曾经的那些分支学科，如体质人类学、语言学、史前考古学甚至于对历史感兴趣的民族学，虽然各有其独立的发展进程，但“人类学”“人类学家”这些曾经的通用词汇俨然成了他们的特权。但从学科史的角度来看，“英国人类学”与“英国社会人类学”之间是绝不能等同的。

（张丽梅）

参考书目

[1] Barth, Fredrik, Gingrich, Andre, Parkin, Robert & Silverman, Sydel 2005, *One Discipline, Four Ways: British, German, French, and American Anthropology*, Chicago: University of Chicago Press.

[2] 库珀, 亚当. 英国社会人类学——从马凌诺斯基到今天. 贾士蘅译. 台北：联经出版事业公司，1988.

[3] Radcliffe-Brown, A. R.1952, Historical Note on British Social Anthropology, *American Anthropologist*, 2.

[4] Stocking, George W.1995, *After Tylor: British social anthropology*, 1888—1951. Madison: University of Wisconsin Press.

[5] Urry, James 1993, *Before Social Anthropology: Essays on the History of British Anthropology*. Chur, Switzerland: Harwood Academic Publishers.

[6] 张丽梅，胡鸿保. 功能学派与英国人类学的国家传统. 思想战线，2012（4）.

[7] 张丽梅，胡鸿保. 英国功能主义人类学相关概念辨析——兼谈学术流派与国家传统的关系. 西北民族大学学报，2014（5）.

优生学（Eugenics）　弗朗西斯·高尔顿（Francis Galton）在他1883年出版的《对人类能力的探求》（*Inquiries into Human Faculty*）一书中提出的。该术语取自两个希腊词：eu，在希腊语里作副词，“好”的意思，而gen，是动词gignesthai的根，意思是“变成”。高尔顿用这个词来描述“具有优良种族血统的人优先繁殖从而改善人类体质”的策略。

优生这个概念最早是古希腊哲学家柏拉图（公元前427—347）提出的，后来高尔顿把它命名为优生学。柏拉图在他的言论中谈论过改善人类体质的问题。他是从动物育种的成功例子中获得这个想法的，特别是培育猎犬和家禽。早在他那个时代，人们通过选择性地控制带有某种理想性状的牲畜的交配来获得所需的性状。在他的经典作品《理想国》（第五卷）中，柏拉图提出由国家强制执行措施，以促进“最佳”的生育，并防止“最差”的个体成为父母。因此，他毫不犹豫地推荐哲学王作为领导人国家，用谎言和欺骗来说服人们遵循他们的建议。20世纪初优生学家们在高尔顿的基础上，使用“正优生学”一词来描述通过国家措施培育“最佳”后代，而用“负优生学”来描述防止最差个体成为父母。1900年，科尔朗、切尔麦克和德弗里斯（Correns，Tschermak，de Vries）三位科学家独立地重新发现了孟德尔1866年提出的“遗传法则”。他们认识到了研究遗传和进化理论的意义。这个重新发现使优生的观念变得更强大，以至于世界各地的一些顶尖科学家都开始倡导优生。

为了鉴定“好”与“坏”基因，相关研究项目逐渐在国家支持或私人的实验室开展起来。针对“正优生学”，美国在1924年颁布的移民法中减少了欧洲东部和南部人移民到美国。20世纪30年代，英国和德国也调整了他们的家庭津贴政策。然而，政治议程的真正主题是“负优生学”。因此，带有疾病、障碍或犯罪倾向的人都被强制绝育。1927年在美国，类似的这种法律被最高法院宣布写入宪法。到20年代末，美国各州大部分都颁布了绝育法。同样，在德国国家社会党政府的政治议程中，混杂着种族主义、理想主义和优生的想法。1933年德国颁布了歧视残疾人的法律，1935年颁布了歧视犹太人的法律，数百万犹太人在第二次世界大战期间丧生于毒气室中。对于纳粹分子，“正优生学”成为他们种族政策的理论基础，他们让党卫军军官与雅利安女性交配以求获得优良后代。1945年纳粹政权瓦解后，优生这一概念受到了强烈的质疑。

1962年，在一次主题为“人类及未来”的汽巴学术交流会（Ciba-Symposion）上，27位杰出的科学家重新评估了原有的优生学观念，公开谈论到通过基因诊断（负优生学）和基因工程（正优生学）来改善人类。此次会议因其宗旨而受到了严厉的批判。因此，不同于改善人类的培育计划，优生的想法被重新阐述了：现在的关注点是，家长是否有权利使用基因诊断和基因工程来避免生育带有某些遗传缺陷的孩子，或者选择生育具有优秀特性的孩子。如今，胚胎植入前遗传学诊断技术可以实现这些期望。但是这引发出了一个问题，即自由的优生是否允许，如果许可，那许可的程度呢。另一方面，整个种群的基因筛查（冰岛，爱沙尼亚），以及人类基因组计划也引来了对传统意义上优生的观念的新的冲击及争论。

优生学的举措可以分成两类：经典优生，即建立国家或超国家机构项目来改善人类的基因库；自由优生，即个人或夫妻来决定控制或改善他们的孩子的基因构成。经典及自由主义的优生举措包括两方面的目的：“正优生学”，提高“好”的基因的频率，“负优生学”，降低“坏”的基因的频率。不同方法都实现这些目的：在宏观优生学水平，可以通过财政激励措施鼓励带有“优良基因”的夫妇多生育，从而实现“正优生学”，反之，通过绝育法限制带“坏基因”的夫妻的生育而实现“负优生”。还可通过财政计划鼓励人们进行植入前基因诊断和产前诊断，以防止某些特定的基因传递到下一代。

经典优生的争论主要围绕在隐私权方面：对于“疾病”和“好和坏的基因”，经典优生主义者认为，每对夫妻都应该有权对这些问题做决策。这种主张肯定是正确的，但同时也令人误解。我们可能会争论，特定遗传改变的基因型是否应该被看作是一种疾病。我们承认，有些基因变异确实会危及生命，如第18号染色体三体。然而，即使我们承认基因的改变会危及生命，像亨廷顿舞蹈症，我们还是要回答，国家是否可以实行“负优生学”。天理人情告诉我们不该杀死带这种遗传性状的生命。

另一方面，生殖的自由究竟应该限制在一个什么尺度呢。例如，如果严重弱智的人不能承担后代责任，那么绝育法必须考虑。另外，国家是否有义务来降低环境诱变剂，以避免产生有害的遗传改变，或鼓励早生育从而减少儿童患三体症的风险。未来伦理讨论的一个重点是，国家是否有权力制定法律迫使妇女接受产前诊断，或试管婴儿的植入前遗传学诊断。

至于自由主义的优生，在大多数国家有些形式似乎已被接受。产前诊断发现有遗传改变而人工流产是非常常见的。但在一些国家，如德国，这种堕胎仅仅在危害母亲的健康或生命时才被允许。实际上，流产的原因大多是因为这个孩子遗传性状。自由主义优生的目标之间的差距很大（如第18号染色体导致的三体，或遗传性状的改变引起的兔唇），这正如产前和植入前遗传学诊断之间的区别一样值得伦理关注。因此，也就引出了关于人类桑葚胚、胚胎或胎儿的道德地位问题。值得注意的是：一方面，产前诊断涉及的是一个心脏跳动的人，而胚胎植入前遗传学诊断涉及人类桑葚胚。另一方面，选择不同的人桑葚胚（preembryos）表明父母可以选择具有特定素质的桑葚胚。这引发了广泛的伦理反思。

优生学中使用的一些技术也可能会造成人类桑葚胚、胚胎、或胎儿的破坏。有些人认为人类桑葚胚，胚胎和胎儿具有已出生人类同等道德地位，因此拒绝任何胚胎植入前遗传学诊断对桑葚胚的破坏，或任何形式的有遗传选择目的的流产。唯一的例外是，胚胎植入前遗传学诊断表明桑葚胚有染色体的改变会在怀孕期间或之后立即引起其死亡（例如，15号染色体三体）。相反，有些人认为人类桑葚胚、胚胎、胎儿不具有已出生人类同等道德地位的人，因此可以根据自己的道德框架而拥有更广泛的道德选择。总而言之，若要解答优生学出现的各种形式的问题，我们需要建立一个良好的伦理框架。

（艾斌）

优先婚制度（Preferential marriage system）是依据联姻理论，在这个理论中，婚姻规则是以优先的方式来表示的，而不是依照需求或指定的方式。

首先，联姻理论（Alliance Theory）是由结构主义人类学家列维·斯特劳斯（C. Levi-Strauss）提出的，并在其婚姻与亲属制度学说中得到了进一步的发展。联姻理论适用于其组织单位受制于相互间婚姻关系的社会。婚姻通常来说不是个人之间的契约，它通常代表了两个团体之间的结盟，因此在婚姻关系的基本结构中，有着明确的婚姻规则，如由亲属的身份来限定可以通婚的范围。联姻关系来源于人类社会的一个普遍事实：一个男人若想娶妻，就必须由另一个男人直接地或间接地把一个女人出让给他；在最简单的情形下，另一个男人所处的地位是那个女人的父亲或兄弟。可见，婚生子女的舅父，即一开始就被出让出去的那个女人的兄弟，是以女人的给予者的身份出现的。正常的婚姻是通过交换进行的。

优先婚是指在特定范围内有优先婚媾权利的一种婚姻习俗。有双方面优先婚和单方面优先婚两种。前者如“姑舅表优先婚”，后者如“夫兄弟婚”和“妻姐妹婚”。在中国和世界其他许多民族中均有存在。例如，姑舅表优先婚是指姑舅表亲之间必须优先相互婚配的婚俗，在实行此俗的民族中，或者舅家男孩有优先娶其姑家女儿的权利；或者姑家男孩有优先娶其舅家女儿的权利。中国的苗族、瑶族、土家族等民族中曾盛行舅家优先娶外甥女做儿媳之俗。

例如，在联姻制度的基础上，勒勒人的婚姻交换总是沿着一条横轴线进行的，一位父亲既有了女儿，而且把她给了自己妻子所属的氏族，他就有权反过来索取自己女儿的女儿，即把女孩交还给她们的外祖父的氏族。

（王莎莎）

参考书目

克洛德·列维·斯特劳斯. 结构人类学（1~2）. 张祖建译. 北京：中国人民大学出版社，2006.

犹太人和伪人类学（Jews and Pseudo-anthropology）人类学在19世纪中晚期成为一门社会学科，开始时因人类学鼻祖的偏见而险些被毁。当时，欧洲政治严重偏向排犹主义，而人类学作为新起步的学科，被人们对犹太人的偏见而影响。因此，最初的人种划分中充斥着种族、社会以及宗教等方面的偏见，成为欧洲社会中既定的意识形态，后来被视为伪人类学。

当时持反对观点的人类学家支持者甚少，资金不足，甚至人类学领域中很多犹太人后裔更是因惧怕被进一步压制，不敢发声。这些反对者多数是人类学的革新者，重视文化和社会的作用，而非生物和遗传。弗朗茨·博厄斯（Franz Boas）、梅尔维尔·赫斯科维茨（Melville Herskovits）、玛格丽特·米德（Margaret Mead）等一些人类学家意识到种族歧视不仅被当权者用作政治工具，还歪曲了种族体质形态差异的科学事实。

人类学就这样用来辩护对某些种族的偏见，尤其是犹太人，一些人类学家称犹太人不仅仅低等，甚至不属于人类。这样的极端种族分类使得一些民族因身体差异而更容易被视为“真正”低于人类的群体，甚至连达尔文进化论中的“适者生存”都被断章取义，来支撑犹太人应被驱逐出欧洲社会以富强欧洲的论调。

令人惊讶的是，20世纪20年代出版的一些教科书以相同的方法描述每个种族的特点：每个种族的身体细节都列了出来，包括平均身高、重量，甚至还有头盖骨圆周。这样的测量方法并不科学，尤其是在进化的框架中。在这些书中，阿尔卑斯人及波罗的人经常被描述成外表愚钝，而北欧人和地中海人却被描绘成精致典雅的。显而易见，这些偏见都是从20世纪文学作品中总结出的。犹太人更是被列为每个族群的分支。他们被描绘成上身短而窄，肺活量偏低，肤色黝黑，鹰钩鼻，尖下巴，对犹太人充满了负面的暗示，贬低犹太人在每个社会中的地位。

纳粹党更是利用人类学作为德国政治宣传的工具，以获得人们对排犹主义政策的支持。极端的思想搭配着科学理念，对于一个幼稚的社会来讲，有较强的说服力。更不幸的是，很多体质人类学家及生物学家反而利用科学传播这些偏见，更是无形中帮助了纳粹。

遗传学的出现为反驳这些带有偏见的种族划分带来了曙光。遗传学在种族理论方面的变革是将重点从体质特征（显型）转向DNA分子（遗传型）。然而，第二次世界大战使得除纳粹外的科学家都无法进行这一领域的实验。由于恐惧大屠杀，一些本来压制自己声音的科学家开始行动。因此，遗传学得以发展，并且开始修正公众对于人种及种族歧视的看法。

如今，人类学对人的理解更加全面。通过融入人类体质和文化方面的研究，人类学家视人类为有着共同基因基础的、同一种类的、但是展现着主要社会文化差别的、现代人/晚期智人（Homo sapiens sapiens），体质差异不再被用来划分阶级。

（白蕊）

参考书目

［1］Boas, Franz. *Race, language, and culture*, New York: Macmillan, 1940.

［2］Gershenhorn, Jerry. J, Melville. *Herskovits and the racial politics of knowledge*, Lincoln: University of Nebraska Press, 2004.

［3］Gunther, Hans F.K. *The racial elements of European history*, London: Methuen, 1927.

［4］Ripley, William Z. *The races of Europe: A sociological study*, New York: D. Appleton, 1919.

友谊（Friendship） 一种社会现象，体现为由复杂的社会文化代码所形塑的各种密切关系。作为一种社会文化实践，友谊能使人感受到被肯定和接纳，满足自身的归属需要，体验到必要的社会支持，在人的整个生命历程中都具有重要的价值和功能。

尽管人类学家对友谊的理论化不足，但该概念却是理解权力关系、差异、等级制度以及文化实践等的关键。人类学家与信息提供者的友谊至关重要，不但能帮助人类学家融入田野，而且信息提供者对当地文化的解释直接影响到研究的信度和效度，进而影响民族志写作的质量。此外，两性关系、人类学家在田野点的角色以及所获得的支持等，无不与友谊息息相关。正是与当地人建立的友谊拓宽了人类学家进入田野的渠道，为他们学术洞见的形成提供了关键源泉。同时，田野工作中的境遇能够促使研究者对作为一门学科的人类学进行重新定位。在与研究对象交往的过程中所目睹的压迫、苦难，唤醒了他们对弱者的同情，能淡化人类学主流叙事的民族中心主义色彩。

将友谊与社会文化生活相联系进行概念化的尝试虽是最近的事情，但在重估人类学对社会文化境遇的经典性描述与分析方面，其影响却是深远的。诸如“亲戚朋友”一类范畴的引入，能够凸显社会生活中亲属关系与朋友关系同等重要的地位。将友谊视为社会现象而促成的跨文化概念建构可以丰富人类学话语体系。并且，对友谊进行比较研究，有助于改变西方中心主义倾向，在连续性的序列中而非“我们与他们”的二元结构中去回溯那些妨碍了研究者差异性思维的刻板印象，从而可以深化对该概念的理解。

（陈雪英）

有机团结（Organic solidarity） 复杂社会中的

一种社会结合类型，其特点是集体意识低，个体的独立意识和个性强，人们通过功能上的相互依赖而必须与他人联结起来。

有机团结一词由埃米尔·涂尔干（Emile Durkheim）创造使用，意思与机械团结相反。涂尔干认为，发达的社会就像一个具有各种器官的有机体，其中每个人都按照社会的分工执行着某种专门的职能，因此涂尔干将这种社会结合方式称为有机团结。分工决定着个人的区别，个人不再彼此相似，而是彼此有别。所有人都由分工所造成的社会关系的统一体系联系着，这就造成人们彼此的相互依赖感、团结感和自己与社会的联系感。在有机团结中，集体的"协调一致"即和谐统一产生或表现为分化，正是由于不相同，协调一致才以某种方式得以实现。

有机团结是随着分工的发展而出现的，在现代城市工业社会中占据优势地位。在劳动分工程度提高的背景下，人们的生活差异日趋增大，个体的独特意识和个性越来越强，集体意识逐渐衰弱。这意味着机械团结这种传统社会联结形式正在瓦解，而有机团结作为一种新的社会联结纽带正在形成。这种团结强调了人与人在职能上相互依赖，使人们更深刻地感受到社会团结的存在。与有机团结相适应的是复原性法律，它与机械团结社会中的约束性法律不同，复原性法律的功能是维持和保护社会中各种专门化了的个人和群体之间的相互依赖的复杂模式。它在财产法、契约法、商业法以及行政和程序的规则中有所体现。

在涂尔干对机械团结和有机团结的分析中，暗含着一种社会进步的模式，也得出了他终身恪守的观点，即个人诞生于社会，而不是相反。

有学者认为，改革开放后的中国正在形成有机团结的社会。其表现在于，国家与中间组织互为条件又各自具有自主性的前提下，个人建立横向的社会联系，结成自己的组织，能够主动创造机会建立横向的社会联系以实现自己的目的。以社团合作为例，不论是与政府部门、商业机构还是社会团体、民办非企业单位相互合作，都是以相互独立为前提，以互惠互利为目标，互动协商，分工协作。（参见**机械团结**。）

（张墨北、康敏）

参见书目

[1] 迪尔凯姆. 社会分工论. 渠东译. 北京：三联书店，2000.

[2] 李培林，谢立中. 社会学名著导读. 北京：学习出版社，2012.

[3] 高丙中. 社团合作与中国公民社会的有机团结.《中国社会科学》，2006（3）.

幼嗣继承制（Ultimogeniture） 由最小的子或女继承遗产及地位的制度，相对之于长嗣继承制。这种继承制度在世界范围内分布较为零散，且大多已经消失。典型的有白令海峡的阿拉斯加人、非洲的巴干达人、印度和缅甸的一些部落、日本的近畿、濑户内、九州一带的渔村以及14世纪至20世纪20年代的英格兰。中国的少数民族中也有不少曾长期存在这种继承制度，如蒙古族、彝族、哈萨克、布依族、景颇族。

关于幼嗣继承制产生的原因，一般认为是社会过程中自然形成的。由于年长子女先后离开父母另立家庭，仅幼子女与父母同住一起，担负着赡养父母的义务，所以优先享有继承遗产的权利。也有观点认为在某些地区，这种继嗣制度是与当地的婚姻习俗紧密相关的，而在这些地区多存在较为自由的婚前性关系，为了不使遗产旁落，选择婚姻关系稳定之后所生育的幼子女继承就成为一种必要。如中国景颇族的"干脱总"、摩梭人的走婚制以及曾广泛流行于西南各族的"不落夫家"等婚姻习俗。这一种观点可资依据的典例有，《资治通鉴·汉纪·汉纪二十二》："羌胡尚杀首子以荡肠正世"，颜师古释《汉书·元后传》"言妇初来，所生之子或它姓"。

（陈玉柱）

宇宙观（Cosmology）　宇宙观一词来自希腊词语"kosmos"，根据简明牛津英语词典的翻译，宇宙观是指关于世界或者宇宙作为一个有序的系统运行的学说。宇宙观也意味着宇宙作为一个有序的整体运行，以及它所遵循的一般法则的理论。在哲学上又是形而上学的一部分，它意味着对世界上任何时空中存在的一种观念，根据希腊人的想法，宇宙通过衍化各种不同的元素诞生于混沌——一种无形的真空：完全混乱和无序的状态。这个概念也经常和宇宙进化论（一种关于宇宙产生的理论、系统或者原因）相联系。

在社会人类学里，宇宙观的概念大部分是遵循词典的解释，同时也与宗教的经验研究紧密联系。在很大程度上，宇宙观和宗教两个词可以相互替换，这取决于人类学家的偏好和理论的潮流。一些人认为宇宙观仅仅是宗教。例如，埃德蒙·利奇把它定义为"信念和实践的系统，经常被社会人类学家普遍地指涉原始宗教。"

然而，如果想要遵守更加严格的定义，宇宙观在人类学中的运用既比宗教多又比宗教少。在某种方式上，宇宙观的研究意味着考虑整体和部分的关系，即考虑宏观世界与微观世界的关系。因为希腊的"宇宙（kosmos）"一词不仅指世界的秩序，也指一种抽象的"秩序"的概念。在希腊人看来，微观世界不仅指与宇宙相关的人类，也指任何反映和代表其所属的整体的部分的东西。在人类学里，Hocart是一个早期寻求阐述这个论点的理论家。他的目的是想阐释：人类生存的基本思想就是生命的获得。他声称，这是通过仪式来完成的，这些仪式的意义是从赐予生命的神话中获得的。在谈到吠陀宗教戒律和实践时，他说："参与者通过具有创意的演绎法有意地寻求在人和仪式物体之间、仪式物体和世界之间以及人和世界之间建立一种同一性。"

（海力波）

语法（Grammar）　有时又称文法。有两个含义，一个含义是指语言学家对语法结构规则的认识和体现这种认识的研究成果，相当于语法学；另一个含义是指语言的结构规则，有狭义和广义之分。狭义的语法指的是音义结合的各结构单位之间的组织规则的汇集。广义的语法被视为一种语言结构关系的整个系统，如层次语法、系统语法、生成语法这些名称所示。

语法具有规约性、抽象性、生成性和稳定性。规约性是指语法制约人们的言语交际活动，但语法规则又是社会约定的。抽象性是指语法不能直接感知，它存在于具体的言语活动和作品中。语法的生成性主要体现为类推性和递归性，类推性是指可以用同类词语进行替换，递归性是指同样的结构规则可以反复运用，形成层层相套的复杂结构。虽然语法也在不断变化，但与语音和词汇相比要缓慢得多；而且也正因为语法的稳定性，语言学家才能根据语言的语法形态把语言分成不同的类型。

狭义语法的结构规则主要包括语言单位、语言范畴和语法关系等要素。语法单位有多种划分方式。根据构成形式，可分为词法单位和句法单位。根据层级形式，可分为语素（也叫词素）、词、词组（短语）和句子。根据功能形式，可分为静态的构成单位和动态的表达单位，前者指语素、词和短语（词组）之间逐级组合而形成的单位，是语言的静态语段单位；后者指词、词组（短语）等与语气、语调等构成的句子，句子是语言的动态表达单位。语法范畴分为类别范畴和意义范畴两类。类别范畴包括语素类、词类、短语（词组）类和句类等，其中词类是最重要的类别范畴。意义范畴在形态语言中的形式比较复杂，包括性、数、格、人称、时、体、态、式等，一般通过标记形式加以表现。汉语的意义范畴一般通过成分的次序、位置、有无等隐性形式加以表现。语法关系是最重要的语言结构规则要素，分为组合关系和聚合关系两类。

语法，有两点需要强调。专门研究语法的学科是语法学。语法学有多种划分的依据。从方法上，语法学可分为历史语法学、对比语法学、历史比较语法学、描写语法学。从对象上，可分为个别语法学和普通语法学。从语言学的发展历史来看，又可相应分为传统语法学、历史比较语法学、结构主义语法学、形式语法学、篇章语法学、功能语法学、认知语法学等。传统语法学有两大分支，词法和句法，也有人认为应加上构词法和超语段。

（宋荣）

语法转换（Transformational grammar） 一种语法模式，用转换这一概念进行操作的语法。这类语法最初由诺姆·乔姆斯基在《句法结构》一书中提出，并以此为例说明生成语法的生成力比有限状态语法或短语结构语法要强。它认为，许多不同类型的语言结构是由一个或几个结构通过一定的规则转换而来，因而在短语结构语法的组成规则之外再补充一个句子转换规则就可以经济地派生出许多类型的句子。乔姆斯基关于转换语法的观念受到了法国哲学家笛卡尔、17世纪法国语法学家波尔·洛瓦雅尔及他的老师海里斯的影响。

转换语法是生成语法理论发展过程中最有影响的一类语法，但转换的理论地位仍是个有争议的问题，例如如何限制转换的能力，是否所有转换都必须是保持意义的。转换这个概念的潜在成效仍在继续探索之中。

自最初的纲要提出之后，已有好几种转换语法的模型陆续出现，标准模型以乔姆斯基的《句法理论要略》（1965）为代表。标准模型包括三个组成部分，即句法部分、音系部分和语义部分。

（宋荣）

参考书目

冯志伟. 现代语言学流派. 北京：商务印书馆，2013.

语言（Language） 一种复杂的符号系统，是人类进行社会交际和思维认知的工具。它是人类所独有的，其基本功能是用于交际和思维。语言有口语和书面语、共同语与方言、自然语言与人工语言之分。除了语言以外，人类还有文字系统、手语等辅助性交际工具。

语言的性质 语言具有符号性。语言具有所有符号的共同特征，即任意性和约定性，但也有特殊性。一是语言是社会约定俗成的，个人并不直接参与对语言符号的约定。二是语言与其指称对象从本质上讲是任意的，特别是语言的初始符号具有较大的任意性，但后来所造的词语大都有一定的力矩，起码要符合构词法。三是语言一旦约定俗成之后就具有稳固性，不可随意更改；但是语言符号会因社会的变化发展而发生变化，只是其变化发展要经历一个较长的时期。四是语言是一个复杂庞大的系统，没有任何一种符号能与之相提并论。

语言具有系统性。语言是由符号这种元素构成的系统，语言符号之间在语音、语义、结构、功能等方面有各种各样的联系。语言系统是多层级系统，根据语言单位性质的不同，可分为两个大的层次——上层和下层。语言层级系统的下层是语言符号的形式层，即语音层，包括音位和音节两个语音单位；上层语言系统是语音和语义结合的符号和符号组合层，包括语素、词和句子三个基本语言单位。根据内部的不同结构要素，语言系统又可分为语音系统、语义系统、语汇系统、语法系统等子系统。

语言具有社会性。语言是因为社会成员之间交流信息的需要而产生，由社会群体共同约定俗成的；也是为了满足社会交际需求而发展变化的。一种语言如果不再为社会交际所需要，不再作为社会交际工具使用，就会消亡。由于自然语言从产生、发展到消亡都取决于社会，所以说，社会性是自然语言的本质属性。

语言具有生成性。生成性是指人们可以根据有限的语言符号和组合规则生成无限的句子。语言的语言单位及其构成规则都是有限的，但人们却可以用这些有限的单位和规则造出无限的句子。这一特性是人类语言的重要特征，也是语言能较好地成为人类最重要的交际工具的奥秘所在。

语言具有民族性。不同民族的语言有不同的特点，是各个民族长期的文化习惯、社会生活方式、思维惯性和审美情趣等在语言中的沉淀，反映了一个民族的深层次精神世界。所以语言是民族文化的载体，往往成为一个民族的重要标志。但语言与民族的关系是错综复杂的，同一个民族可以用几种不同的语言，不同的民族也可以用同一种语言。

语言具有模糊性。它是指语音标准附近的语音系统及其变化规律；模糊语义是指语言单位的意义所指对象的范围不易确定，对其所指对象的观照上有朦胧不清的地方。

语言起源与人类起源 关于语言的起源主要有如下几种假说：神授说、手势说、模声说、感叹说、社会契约说和劳动说。现代科技也从动物语言、化石解剖、分子遗传学、儿童语言习得和原始部落语言等几方面展开研究，试图解开人类语言起源之谜。

语言起源是人类起源的一个方面。语言和人类的其他特征一样，是在长期的进化过程中产生的。人类的祖先在200万～500万年前开始直立行走，人类的喉部和声道的结构开始发生变化，口腔逐渐有可能发出越来越复杂的信号。到了晚期智人时期，人脑的中枢基本形成，并且脑容量已接近现代人。这些都为语言的产生提供了必要的条件。最新的研究成果表明，人类的有声胚胎语的出现不会早于10万～15万年前，成熟的有声分节语言的历史可能只有3万～4万年。

（宋荣）

语言和言语（langue and parole） 语言指说话者共同使用的语言系统或结构；言语指是语言体系在实际运用中的体现。语言是社会集团为了使个人有可能行使语言机能而采取的必不可少的规约，为社会成员所共同遵守，通常与言语对立；言语则是人们所说的话的总和，是一种个人的实际话语。

瑞士语言学家菲迪南德·德·索绪尔将这一对术语引入语言学研究，是为了区分语言（language）一词的几种含义，即语言（langue）、言语活动（langage）和言语（parole）。他认为“语言和言语是互相依存的；语言既是言语的工具，又是言语的产物”，明确提出语言研究要注意区分语言和言语，现代语言学研究应重语言，而非言语。

（宋荣）

语言决定论（Linguistic determinism） 一种关于语言和思维关系的观点，认为语言及其结构限制和决定人类知识、思想以及思维过程，如分类、记忆和知觉。这意味着，说不同语言的人有不同的思维过程，即语言决定人们认识和理解外部世界的方式。这个观点最初由德国学者洪堡特提出。他认为，不同的民族从各自语言的角度观察四周物象，所见的世界图景也大不相同；人若不能突破自身语言的拘囿，其认识和思维必受到捆缚。语言哲学家维特根斯坦也表达过类似的思想：“我的语言的界限意味着我的世界的界限。”20世纪时，该理论发展成为了萨丕尔–沃尔夫假说。

（宋荣）

语言年代学（Glottochronology） 是一种通过统计有亲缘关系的语言中基本同源词的共享比例来计算语言分裂年代的方法。1950年美国语言人类学家斯瓦德许（Morris Swadesh）受考古学应用C_{12}裂变测定文物年代的启示，创造此法。他的方法先后用于测定美洲印第安诸语、澳大利亚诸语、新几内亚诸语和南洋群岛诸语的语系分类。

这一方法基于两个假设：一是在语言中确定一组普遍有效、无文化依赖的基础词汇，包括人称代词、人体部位、常见自然客体、常见动作等；二是这些基本词汇是以恒定速度变化的。但是，斯瓦德许所界定的基础词汇中，有一些并非是无文化依赖的；而且他假定每千年有20%的词汇被替换，这被实证主义所质疑。另外，这一方法论还要解决一个现实问题，就是区分词源词和贷词。

语言年代学有时也称为“词汇统计学”（Lexicostatistics），但后者的意义更宽泛，指的是用统计学对词汇做定量分析研究的方法。

（参见词汇统计学）

（宋荣）

语言人类学（Linguistic anthropology） 人类学的分支，从语言的角度研究人类学，处于人类学和语言学之间的综合性边缘学科。语言人类学研究语言如何影响交流、如何形成社会认同和群体成员身份、如何组织大规模的文化信仰和意识形态以及如何发展自然和社会的共同文化表现。当代语言人类学主要研究社会认同、广义上的意识形态以及个人和群体互动中的叙事结构和用途。

语言人类学和人类语言学都是语言学和人类学相结合而出现的边缘学科，研究的领域有交叉，但学科归属不同。语言人类学把语言放到社会和文化环境中研究，认为语言既是一种社会工具又是一种文化实践，从语言本质特征和社会功能的变化上来观察不同人类群体的特征和发展变化的过程及特点，归属于人类学的研究；人类语言学是语言学的一个分支，研究与人类文化模式和宗教信仰有关的语言变异。

语言人类学的思想渊源可追溯到意大利法学家、历史哲学家、美学家维柯的著作《新科学》。德国人类学家威廉·洪堡特的语言学理论为语言人类学的产生提供了思想基础。20世纪初美国人类学家博厄斯、萨皮尔、沃尔夫等人对印地安人语言和文化的研究使人类学和语言学的结合日益紧密，从而促使了语言人类学的诞生。博厄斯的《美洲印第安人语言手册》《种族、语言、文化》等著作是语言人类学的奠基之作。美国学者戴尔·海姆斯，英国学者马林诺夫斯基，法国学者A. 梅耶、E. 迪尔凯姆、M. 莫斯、列维·斯特劳斯等人都对语言人类学的发展产生过重要影响。

中国当代语言人类学的研究可追溯到20世纪初期，大致经历了草创期（20世纪上半叶）和发展期（20世纪下半叶）两个阶段。20世纪上半叶，在新旧文化之争和中西文化之争的学术氛围中，中国的语言学研究搭建起了语言学与人类学之间的桥梁。这一时期主要的研究有从文字研究古代社会文化，如张世禄、王国维、郭沫若、芮逸夫等；从语言研究民族，如林惠祥等；从语言研究民族文化，如罗常培等。罗常培的《语言与文化》是中国第一部综合研究语言与文化关系的专著，堪称中国语言人类学的开山之作。在20世纪下半叶，尤其在80年代以后，由于全球性文化研究热潮的兴起，语言人类学被重新认识。语言与文化、语言与人类相互关系的研究、民族语言个案研究以及学科建设方面的研究蓬勃展开，语言人类学进入快速发展期。

（宋荣）

语言相对论（Linguistic relativity） 参见萨丕尔–沃尔夫假说。

语言学与人类学（Anthropology and linguistics） 语言学是以语言为研究对象的一门独立的学科。从广义上讲，对语言的研究早在2000多年前就开始了。直到19世纪初，欧洲语言学家采用历史比较法研究语言，建立了比较语言学，从而使语言学成为一门独立的学科。20世纪初，瑞士语言学家索绪尔的语言理论奠定了现代语言学的基础。进入20世纪中期，语言学发展迅速，成为一门领先学科。语言学和社会科学、自然科学、思维科学都有紧密的联系。语言学与人类学一向关系密切，其表现形式在不同的时期有所不同。

在19世纪，人类学与语言学共享智力源泉。早期的考古学家和民俗学家以及人类学家的研究动力，也促使语言学家思考探索。在研究过程中，人类学与追溯语言或语系的历史渊源的比较语言学联系尤其紧密，代表人物是威廉·琼斯、威廉·冯·洪堡特、雅可布·格林等学者。

随后，美国的语言人类学研究奠定了两者关系的基础。美国人类学家博厄斯将语言学引入人类学研究。早期在北极圈的工作使博厄斯发现因纽特语是一种微妙而复杂的语言，这一洞见后来融入了他的反进化论理论——历史特殊主义。他将种族、语言、文化区分开，认为人类有学习任何语言和适应任何文化的能力，每个社会都按照其各自的模式适应不同的物质和社会环境，语言也被看作适应模式的一种反映。博厄斯的观点构成了“语言相对论”的理论基础。博厄斯还认为，语言学研究可以使人类学家避免应对“二次加工”的信息——由于报道人的政治、宗教、经济、亲属关系及其他社会习惯等造成的影响，而直接深入地洞察人们的思想。

20世纪20—50年代，美国人类学家萨丕尔、沃尔夫和英国人类学家马林诺夫斯基的研究加深了人类学和语言学的关系。爱德华·萨丕尔从心理和文化两个方面研究语言的功能，尤其注重对音位的研究。他是语言与性别研究、历史语言学、心理语言学的先驱，也是美国土著语言研究的先驱。本杰明·李·沃尔夫继续萨丕尔的研究，他的著作可看作是语言对思维决定性作用的总结。除了以上语言和思维的观点外，萨丕尔和沃尔夫都对美国土著语言进行了描述性的研究，是人类语言学研究的代表。与此同时，英国人类学家马林诺夫斯基也探讨了语言学对人类学研究的作用。他论述了翻译的问题，认为只有深入地了解了其社会文化背景才能准确地翻译。

19世纪50—70年代是一个过渡时期。语言学家和语言人类学家一起开展以语言学为基础的方法论研究，被称作“民族语义学”“新民族志”“民族科学”等。他们认为这种方法有助于了解人们的分类逻辑，从而了解人们隐藏在其文化行为背后的认知过程。约瑟夫·格林伯格对标记理论的发展，是与结构语言学相关的一项重要进展。1957年，乔姆斯基发表了革命性的著作《句法结构》。从此以后，语言人类学开始背离作为学科的语言学，从对音韵学和形态学的描述性研究转为对作为语言形式结构中心的句法的研究。他相信，语言学家发现的句法结构可以反映大脑神经结构的反射。与此同时，人类语言学家将研究转向了社会和文化语境下的语言使用。在音韵学和形态学上的研究大多转到了语群之间历史关系的探究上。霍盖特将语言作为一种奇特的人类现象的研究很重要。他创制了一系列的“模式变量”，用于描述人类语言的重要特征。这份清单为人类学家、形式语言学家和心理学家广泛采用。

1975—1985年，是社会语言学和交流民族志的时期。随着社会语言学的兴起，语言人类学家更关心语言与社会生活的互动关系的模型及其发展。戴尔·海姆斯和约翰·甘柏兹提出了“交流民族志”的研究。最初的交流民族志被视为社会语言学的表现形式，但很快它就呈现出了自己的生命力。它是社会和文化环境中的说话和语言的民族志研究。

1985年至今，对话语和表达性交流的研究兴起。语言人类学家认为，要在文化语境中研究语言，研究高度复杂的语言行为是必需的。这一观点因“话语”而广为人知。话语结构高度模式化，有开头、结尾、过渡和插曲。在社会中，不同的社会群体有不同的话语风格。诗歌、隐语和语言艺术中的表达性交流也成为了人们生活中的重要交流文体，以保尔·弗里德里希、杰姆斯·费尔南德兹、理查德·鲍曼等人的研究为代表。法国人类学家列维·斯特劳斯吸收了结构语言学的思想，将其方法导入初民社会的亲属组织和神话研究，提出了结构人类学的理论。

人类学和语言学将继续发展。可以肯定的是，语言人类学的目标是探讨各种形式和类别的人类沟通能力。尽管语言形式特性的分析将占有一席之地，但它并不处于语言人类学的中心位置，这是与人类语言学的不同之处。新技术不仅快速地增添了调查手段，也提供了新的沟通方式，特别是以计算机为媒介的沟通。使用这些新渠道的群体正在建立沟通规则，这也为未来的研究提供了沃土。

语义民族志（Semantic ethnography）　又称为民族科学或新民族志，是用于揭示文化的某些部分如何被本土参与者描述的方法论。20世纪60年代语义民族学作为认知人类学的分支学科在美国发展起来。有一些人把语义民族志等同于认知人类学，尽管后者现在较为接近于认知科学。

以下几件事情促进了语义民族志的崛起。第一，即使是臭名昭著地米德-弗里曼争议爆发数十年之后，不同的人类学家在相同的田野点得出不同的结论已经不是什么新鲜的事情。

换言之，民族志的可靠性和可复制性都受到了质疑。第二，人类学家对语言问题和文化知识越来越敏感。简而言之，人类学发展了一个全新的兴趣在深层意义上，而不是深层结构。然而语言和文化是与规则相关的，尽管许多当地人对于这些规则很难表述清楚，但他们却能熟练地践行。因此，期望有一种方法能够解决以上两个问题，语义民族志便应运而生。

调查中更多地关注观念体系，如何可以更好地获得这些信息这一问题便产生了。这里假设一个民族志作者知道如何问正确的问题，但是这样未必能获得报道人本身文化的知识结构和组成。因此需要一种严格的、一致的和可靠的方式来提取信息，分类和语义成分分析便是最受青睐的方法。

语义民族志已经被应用于数百种文化领域中，包括美语中的疾病专业词汇、德国的啤酒分类、菲律宾的色彩纹理和动植物分类。支持者认为，分类和语义成分分析表明许多跨文化的相似性，并提供原生词汇学习的通用框架。不过现在看来，人类的分类比原来民族科学家们设想的要复杂得多，语义民族志在今天常被用以补充而不是取代标准的人类学研究。

（邹宇灵）

语义学（Semantics）　有广义和狭义之分。广义语义学是指哲学、语言学、人类学等学科领域通用的意义研究。它有多种分类方法。从研究角度和研究范畴可分为语言语义学、逻辑语义学、普通语义学、文化语义学等；从历史发展角度可分为传统语义学和现代语义学；从理论模式角度可分为结构语义学、解释语义学、生成语义学、逻辑数理语义学、格语法、齐夫语法等。狭义语义学是语言语义学的简称，是从语言学观点研究语言意义的学科，有词汇语义学和句法语义学两大分支。词汇语义学主要研究词汇单位的语义问题，研究词语的语义结构和语义聚合关系，以及语义的发展演变。句法语义学主要研究句子的语义构造和语义组合关系，以及句子之间的意义联系。

语义研究出现得很早，但语义学作为一门系统独立的学科，只有几十年的历史。中国“小学”的语义研究有悠久的历史，传统的训诂学就是汉语的一种语义学。在西方，20世纪以前的传统语言学和历史语言学的语义研究的重点是词语的历史演变，如词义的扩大、缩小和转移等，但研究不成系统。进入20世纪后，语义学的研究有所发展，主要研究词的词汇意义。20世纪50年代，以义素分析和语义场的理论产生为标志，语义学成为了一门相对独立的学科。它打破了词汇意义和语法意义的界限，把语义作为一个统一的系统来研究；用语义特征来描写语义的具体内容和结构，使之形式化、系统化；用适当的转换规则来解释语义、语法和语音之间的关系。近几十年来，语义学与语用学相结合，引入预设、蕴涵等概念，联系语境、交际双反的交际意图等因素来研究语义，进一步拓宽了语义学的研究领域，改进了研究方法。

语义学和人类学的交集是义素分析法。义素分析法是指把词语的义项分解为若干义素的组合。义素分析法是人类学家朗斯伯里和古德纳夫在20世纪50年代提出的，专门用于亲属称谓的指称意义的研究。在20世纪60年代，语言学家采用并将这个方法推广到其他词语的义素分析中。在人类学中，这种分析的目的是从一些信息中推导出一组与特定亲属称谓相对应的对象，然后从这组对象中甄别出具有区别当地亲属关系系统中类别的关键且明显的词义特征（或义素）。这种亲属称谓就定义为语义特征。

（宋荣）

语用学（Pragmatics）　研究语言运用及其规律的学科。它关注特定语言环境中如何得体地进行语言交流，包括表达自己的思想感情、准确地理解对方的思想感情及如何产生较好的效果。简言之，语用学不是研究语言如何构成，而是研究语言如何交际的。其主要研究内容有语言环境、语用原则、言语行为、话语结构和信息结构。它是语言学的一门新兴的学科，也是语言学研究最有发展前景的领域之一。

语用学的概念是美国哲学家莫里斯在《符号理论基础》一书中首先提出来的。20世纪60

年代，英国语言哲学家奥斯汀提出了“言语行为理论”，法国哲学家格赖斯提出了“合作原则”。这些理论让语用学逐渐成为一门独立的学科。1977年《语用学杂志》在荷兰正式出版发行，标志语用学被确认为一门新学科。80年代初，英国语言学家莱文森的《语用学》和利奇的《语用学原则》的出版，使语用学得到了进一步的发展和完善。中国从20世纪70年代末开始引进、介绍语用学的理论方法，比较注重语用学与语义学、语法学和修辞学以及一些综合性语言学科的紧密结合，还比较注重应用研究。

在人类学领域，马林诺夫斯基是将意义研究扩展到纯粹指代之外的重要人物之一。他认为，在条件语境中分析语言符号的使用非常重要。此外，他还描述了语言的意动功能、情态功能以及他认为最重要的交际功能。雅各布森进一步发展了他的阐述，加入了诗学和元语言功能。和马林诺夫斯基一样，他认为语言学不恰当地把自己局限于语言结构的指代功能研究，没有考虑到与语言结构不同的其他的交流目的（也称为“结构-功能方法”）。另外，西尔弗斯坦指出，语言符号的过多使用可能导致大多数的文化意义是构建的。

（宋荣）

阈限（Liminality）　范·甘内普在提出通过仪式时，指出一个状态向另一个状态的转换不是一蹴而就的，而需要一个中间阶段，两种状态中间模糊的状况或阶段，就是阈限。（Limen在拉丁语中有门槛的意思。）维克多·特纳充分发展了这个概念。

处在阈限时期的人不具有以前的状况也不具有未来的特点。其社会特征往往是模糊的，从正常分类的意义网格里逃逸出去。在阈限状态，个人没有名分、时空失去方向感、社会失去结构。世俗的地位、阶层等分化消失或反转了。传统的秩序、将来的情形都变得不确定，充斥着可能性。秩序的无效导致一种流动性的、可延展的情形，为下一个重归与履新，为新秩序确立做准备。阈限不清晰、不确定，总被象征手段表现，“常与死亡、受孕、隐性、黑暗、双性恋、狂野、日食或月食联系在一起。”（特纳 2006：95）阈限阶段的社会是一个没有组织结构的社会，或仅有基本组织结构，相对缺少彼此差别，或由地位平等的人组成共同体。特纳用交融（communitus）来描述这种社会形态，并认为是基本的共有的人类联结。社会生活、每个人的生命体验总在交融与结构、平等与分化、同质与异质之间交替。

阈限的表现形式是多样的。比如成年仪式中的受礼者可能被装扮成怪兽，或赤身裸体，表现他们的非常态或一无所有。同时进入阈限的人彼此往往有亲密的平等关系。个人、群体或整个社会都可以有阈限阶段。例如个人经历的离婚、死亡、洗礼、成年礼和毕业典礼；比如社会经历的战争、灾难、嘉年华、革命、节庆。特定时期特征被放大的少数民族、移民等也可认为是进入阈限阶段的群体。不能明确归入传统标准的事物，中间地带的事物，在平时处在边缘地位或有污染性和有危险性的事物，比如小丑、弄臣、残疾人，在阈限阶段可以变得具有神圣性和优越性。

特纳认为阈限是特殊和危险发挥作用的时段，需要被限制和疏导以维护社会秩序。阈限对于完成仪式过程，激活文化自身却是必要的。玛丽·道格拉斯，埃德蒙德·利奇将阈限看作对立结构的媒介。像特纳一样，这些理论家将阈限视为危险权力的源头，分析不同文化对阈限的观念、控制和宽容。

在特纳看来，阈限无法长期维系，它本身的高密度需要一定的结构来维系，个人要么返回社会结构，要么发展出他们自己的社会结构。阈限的使用范围已经超出了仪式研究，扩展到了政治和文化变迁。阈限因临时悬置或者倒转社会结构，有对主流价值观和垄断地位的文化予以讽刺批判的潜在可能。

特纳针对工业社会提出了liminoid的概念，例如剧院、摇滚音乐会。Liminoid带有阈限特征，但却是选择行为，并不涉及个人危机，象征着从社会的戏剧性的逃离。批评者认为这种后工业社会和小型部落社会的区分没有必要。也有批评者指出阈限在特纳那里总有乐观的结果，总以更新为旨归，这种积极的导向可能并不适用所有情况。

（王静）

参考资料

［1］维克多·特纳. 仪式过程：结构与反结构. 黄剑波，柳博赟译. 北京：中国人民大学出版社，2006.

［2］维克多·特纳. 象征之林——恩登布人仪式散论. 赵玉燕，欧阳敏，徐洪峰译. 北京：商务印书馆，2006.

元谋人（Homo erectus yuanmouensis） 或称元谋猿人、元谋直立人，是生活在距今约170万年前的已灭绝的古人类物种。元谋人化石于1965年为配合成昆铁路建设，在云南省元谋县城东南大约5千米的上那蚌村与大那乌村之间的一个小山包上被发现。除了1965年发现的两颗门齿化石外，在1973年的大规模发掘中，还出土有石器、炭屑和烧骨，以及大量动物化石。

元谋人类化石是两枚单个牙齿，分别是左侧和右侧上颌中央门齿，编号为V1519。根据两枚牙齿的色泽、尺寸及磨耗程度判断，可能属于同一成年个体。

元谋人的门齿切割缘因生前被磨耗，使得齿冠高度有些减小，但仍能明显看出比现代人的门齿粗壮，在形态特征和测量尺寸方面都与周口店直立人相似。两枚门齿齿冠的近中-远中径分别为11.4毫米和11.5毫米，唇-舌径分别为8.1毫米和8.6毫米。元谋人门齿齿冠唇面隆起不显著，但舌面结构相对比较复杂。舌面凹陷明显，基底部有显著的底结节，从底结节的下缘向切缘延伸出三条指状突。齿冠舌面的近中边缘脊和远中边缘脊都很显著，这些结构使得元谋人的门齿呈明显的铲形。在亚洲发现的直立人化石，以及现代亚洲人的上颌门齿大都呈铲形，因此元谋人的铲形门齿被认为是支持“多地区连续进化假说”的证据之一。但近年有些学者的研究注意到，元谋人牙齿与非洲早期直立人（如KNE-WT15000）有相似之处，包括齿冠舌面基底隆起、中央脊，以及复杂的舌面结构。元谋石器以石英和石英岩砾石为原料，加工均采用硬锤直接打击技术。石器种类包括4件刮削器和1件尖状器，其余为石片和石核。这些石器的尺寸偏小，属于轻型工具。工具的加工简单粗糙，说明它们制造工具的技术水平不高。

通过对同一地区出土的哺乳动物化石分析，推测元谋人生活的环境属于森林间稀树草原，出现较多食草的偶蹄类动物，推测元谋人可能使用粗陋的石器进行捕猎。

关于元谋人的生存年代长期存在着争议，1976年和1977年根据古地磁法分别测定的年代为距今170万年和距今163万～164万年；1985年根据地层分析，认为元谋人的地质时代应该在中更新世，很可能在距今50万～60万年；2002年再次依据古地磁分析将牙齿化石确定为松山-布容界限的上方，年代在距今78万～79万年；2008年采用高精度磁性地层分析，将牙齿化石出土的地层层位确定在奥杜威界限的上方，年代在距今170万年。尽管对元谋人的生存年代还有争议，但古人类学界普遍认可距今170万年的年代数据，并将元谋人作为中国最早的直立人。

（谭婧泽、王凌翔）

参考书目

［1］刘武，吴秀杰，邢松，张银运. 中国古人类化石. 北京：科学出版社，2014.

［2］吴汝康，吴新智. 中国古人类遗址. 上海：上海科技教育出版社，1999.

原始富足社会（original affluent society） 对于狩猎-采集社会生活状况的判断。早期的人类学家曾经认为，狩猎-采集（hunter-gatherer）社会的生活是困难的，人们从早到晚辛勤劳作也只能勉强维生，无暇创造文化，是一种“糊口经济”。

但是，人类学家马歇尔·萨林斯（Marshall D. Sahlins）却认为，上述看法只是一种受到文化制约的偏见。他认为，现代资本主义社会不论多么富裕，总要让自己置于短缺之境，而在狩猎-采集社会，人们并未形成对物质的无限欲念，因此他们既没有刻意压制或放弃自身对物质的“追求”，也容易感到满足。为了证明采集狩猎社会是一种“原始富足社会”，萨林斯援引了从卡拉哈里沙漠布须曼人（Bushmen）和澳大利亚原住民那里采集的数据，指出他们每周只要正常劳作15-20小时，就能满足生存需要，他们有大量的闲暇时间休闲娱乐。因此，与人们的印象恰恰相反，文明的发展让人的劳作变多而闲暇变少了。

“原始富足社会”这一概念一经提出，马上就成为人类学中的重要概念。不过，也有不少学者质疑其数据的可靠性。萨林斯所引的关于布须曼人时间分配的数据，出自其支持者理查德·李（Richard Lee）在1968年与欧文·狄摩尔（Irven DeVore）合著的《人与猎人》（Man the Hunter），然而理查德·李却在1984年的一本书中提到，如果在布须曼人外出劳作的时间里加上在家制造、修补工作和做家务的时间，那么成年男性每周工作44.5小时，成年女性为40.1小时，这并不比工业社会的工作时间短。1996年，罗斯·萨科特（Ross Sackett）通过两个汇总分析（meta-analyses）从经验上来检验萨林斯的观点，第一项研究检查了102项时间分配研究，第二项分析了207个能量消耗研究。罗斯·萨科特发现，寻食和园艺农业社会的成年人，平均每天只要工作6.5小时，而农业和工作社会的成年人平均每天要工作8.8小时。在对中国狩猎-采集，乃至游牧、游耕族群研究中一些学者也尝试运用了“原始富足社会”的概念。不过，在当代社会的民族志研究中学者们发现这种“原始富足”由于受到现代化观念和实践的冲击，似乎已经很难寻觅了，甚至有关这些族群“文化特征”的闲暇时间处理方式的叙事在很大程度上也是在当代社会中文化建构的产物。

另一方面，“丰裕”“工作”“闲暇”等概念能否在工业社会和狩猎-采集社会之间通用也是值得质疑的。有批评文章指出，狩猎-采集社会，有婴儿夭折、疾病横行、营养不良、人均寿命短等严重弊病，很难说这种生活是“丰裕”的。但最近也有研究表明，狩猎-采集觅食者的预期寿命出人意料地长，而且比起现代人更不容易因感染而生病，也没有因久坐不动、过量脂肪、精炼食物等引起的疾病。（Gurven & Kaplan，2007）所以，“原始富足社会”既是对狩猎-采集社会的某种描摹，更是对现代工业社会的批判。

（彭雅琦、康敏）

参考书目

［1］Sackett, Ross 1996, Time, energy, and the indolent savage: A quantitative cross-cultural test of the primitive affluence hypothesis. Ph.D. diss. Los Angeles: University of California.

［2］Gurven, Michael & Kaplan, Hillard 2007, “Longevity amongst Hunter-gatherers”, *Population and Development Review*, 33（2）: 319.

《原始人的法——法律的动态比较研究》（*The Law of Primitive Man*，1954） 亚当森·霍贝尔（Adamson Hoebel，1906—1993），20世纪美国最著名的人类学家之一。1954年，霍贝尔在自己的研究和广泛的阅读上，对西方法人类学研究成果的概括和总结，其中在概要地介绍各个法人类学家对当时保留原始痕迹比较多的七个民族或部落的研究成果的基础上，系统地论述了法人类学的观点和研究方法。该书一经出版便受到了学术界的广泛关注，很快就成为人类学和法学专业的重要教材书，被誉为“对原始法进行总检讨的最佳作品”。

在书中，他一方面重新总结了自己的田野研究，另一方面也广泛阅读了其他人关于原始社会的民族志，从中剥离出与法律有关的内容，进行比较研究。他主张“机能主义实在论”，认为要想准确观察人类行为中的法律就得关注人类的相互关系以及自然力对人类的侵害。法律的灵魂不是逻辑，而是经验。

霍贝尔接受了本尼迪克特（Ruth Benedict）的文化类型说，并以此作为出发点，论述了不同文化下的法律与“公规”的一致性。他认为所谓“公规”，即为社会成员通常接受，并视之为不证自明的真理的基本主张。他给法律下定义，并认为原始社会法律存在的必备条件有3个：特殊的物质强制、官吏的权力和规律性。霍贝尔将7个原始社会分成3个发达程度不同的类型：属于渔猎社会低级形态的爱斯基摩人和伊富高人；属于渔猎社会高级形态的3个平原印第安人社会，即科曼契人、晒延人和凯欧瓦人；属于农业部落的特罗布里恩德岛人和非洲的阿散蒂人。他区分这3种类型的最重要的指标是官吏特权的发达程度。霍贝尔在研究前文字社会的法律时，严格遵循先在观念中构思公规，之后研究这些公规规定下的法律模型，最后通过一些具体案例来展现法律适用的过程顺序。但是霍贝尔并没有将目光局限在上述的七个社会，在论述每个类型时，都广泛征引了其他在他看来发达水平相当的原始社会，如加勒比人、安达曼人、阿赞德人等，以深入探析法律的进化及其方向。

（刘荣）

《原始社会的结构与功能》（*Structure and Fanction In Primitive Society*） 该书初版于1952年，是英国结构–功能主义人类学家拉德克利夫·布朗生前出版的最后一部著作。中译本于1999年由中央民族大学出版社出版，共20万字。拉德克利夫·布朗发表于1924—1949年间的12篇较短的论文和演讲稿构成了该书的主体，因为多数文章都是按初版时的原样重印的，故本书可以大致反映拉德克利夫·布朗在此期间思想发展的过程。而该书的“导论”可谓“作者生前对于自己的理论所做的最后概括”。

该书收录文章的主题主要涉及三个方面：原始社会的亲属关系、宗教和法律，还有两篇关于功能与社会结构的理论文章。拉德克利夫·布朗反对将社会人类学定义为文化研究的观点，认为社会人类学是一门研究社会和社会结构的比较社会学。在研究方法方面，必须把对单个社会的深入调研和对许多社会的系统比较结合起来，后者是比较社会学的题中之意，前者则为后者提供素材或假设依据。他反对用简单的因果关系来解释社会与文化的起源，反对各种构建于历史推测方法之上的论点，主张在实地调查的基础上用“过程”“结构”“功能”这几个相互联系的概念来认识和分析社会现象。

（张丽梅）

参考书目

拉德克利夫·布朗. 原始社会的结构与功能. 潘蛟等译. 北京，中央民族大学出版社，1999.

原始思维 作者路先·列维·布留尔（Lucien Levy—Bruhl，1857—1939）早年是研究道德观念的哲学家，他细致地分析过奥古斯特·孔德的哲学理论并发表了《道德与关于道德的科学》一书。当时关于社会与个体孰为研究主体的问题，法国学界产生了激烈的讨论。列维·布留尔转向对“集体表象”的研究以回应这一争论，恰逢收到汉学家沙畹赠送的译著《史记》，引发他对“非西方思维”的兴趣，他借鉴了英国学者泰勒、弗雷泽的人类学材料与方法，针对“初级社会”的“集体表象”问题写出了《初级社会中的智力机能》（1910）、《原始人的心灵》（1922）和《原始人的灵魂》（1927）3部著作，商务印书馆出版的《原始思维》是丁由从俄文译成中文的，内容包括《初级社会中的智力机能》与《原始人的心灵》的一部分。

在原始社会中存在着一种普遍的思维方式，它不受矛盾律的支配，被称为“原逻辑思维”。列维·布留尔认为，原始人从不严格地区分主体和客体，他们不相信有纯物理的事物存在，反而认为万物之间存在着神秘的联系，比如回乔尔人认为喝了鹿肉汤、吃了希库里就能得到玉米的丰收。这一思维规律被叫作“互渗律”，它发生在模仿、转移、感应、远距离接触等方式中。对于我们现代人来说这是无法理解的，但原始人根本不需要寻找解释，因为解释已经包含在集体表象的神秘感之中。列维·布留尔认为原始思维是一种集体表象，它先于个体而产生，具有更大的强制性，深深地烙印在每个成员身上，并根据不同的情况引起成员的尊敬、恐惧、崇拜等不同的情感。这种集体表象不具备逻辑的特征，不受理性的支配，它除了表达事物本身的联系之外，还夹杂着神秘的力量，通常被当作仪式、巫术、图腾或者神话，以证明社会集体的现在、过去以及它周围的事物结成一个文化的整体。然而，原始思维只适用于集体表象，一旦人们不再依赖于集体，它往往迅速地转变为理性的判断和实践。因此，列维·布留尔把原始思维称作“原逻辑”思维，它与逻辑思维之间存在着不可逾越的鸿沟，人们很少形成抽象的概念和语言，他们的思维是具体的、直接的、感性的。

在人类学史上，列维·布留尔是首位以民族志材料对人类思维结构进行研究的学者。与弗雷泽以个体逻辑的错用来解释巫术不同，他主张以社会事实和集体情感来讨论神话主导下的原始思维结构。然而，他把原始思维与现代逻辑截然二分的观点广遭非议。互渗律不会彻底消失，人类学后续的研究表明，原始思维的逻辑是人类精神的普遍特点。

（国曦今）

参考书目

列维·布留尔. 原始思维. 丁由译. 北京：商务印书馆，1985.

《原始文化》（Primitive Culture） 英国著名人类学家爱德华·伯内特·泰勒（Edward Burnett Tylor，1832—1917）于1871年出版的进化学派经典著作。

泰勒是英国文化人类学的奠基人、古典进化论的主要代表人物，被称为“人类学之父”。他多次赴欧美大陆旅行，收集民族学、考古学资料，并出版了一系列与原始文化和原始社会有关的论文。《原始文化》和1881年出版的《人类学——人及其文化研究》是他影响最深远的代表作，尤其是《原始文化》被文化人类学者视为本学科的开山之作。在书中，泰勒第一次简明扼要地阐述了文化人类学的基本“范式”，提出了文化人类学研究的基本对象、范围、原则和方法，至今仍然是我们研究文化人类学的一个重要的方法论原型。

全书共19章，以进化论为依托，详细全面地界定了文化、语言、神话、万物有灵论等内容。他提出，文化是一个复杂的总体，包括知识、信仰、艺术、道德、法律、风俗以及人类在社会里所得到的一切能力与习惯。书中他擅长利用比较法，并创立了遗留法，即利用“文化遗留物”研究文化阶段的进化。泰勒将文化分为蒙昧、野蛮和文明三阶段，他认为社会和文化的进化和生物进化相近，都经历了由简单到复杂的过程。万物有灵是《原始文化》中提出的一个重要概念，他依托现实资料对宗教起源及历史发展进行了研究，认为灵魂观念的产生和万物有灵信仰是原始宗教思维的重要特征，支配着原始宗教观念的产生和发展。

《原始文化》资料丰富，同时包含泰勒对人类学的深刻见解。该书将文化确定为人类学的研究对象，使之逐渐成为一门人文科学，对文化人类学有着里程碑的意义。

（宋潇）

猿类化石（fossil apes） 猿类和人类，通称为猿，是一类亲缘关系密切的灵长类动物，一起归在人猿总科下。现存的人猿总科分为长臂猿科和人科。长臂猿科动物，也称为小猿，有约11种长臂猿，分布在东南亚；人和大猿都属于人科，大猿包括红毛猩猩、大猩猩、黑猩猩和倭猿（倭黑猩猩）。

人类的化石记录相对完整，可以追溯到400万年前；除了人之外，现存的人猿总科动物的化石记录少，所以它们的进化历史不甚明朗。与现存长臂猿相关的最早的猿类化石出土于中国，距今不到150万年；非洲猿类的化石记录仅限于一些零星的碎片发现，出土于东非，可以追溯到600万年前的中新世。红毛猩猩的进化史相对清晰一些。从亚洲山洞出土的100万年前的牙齿化石显示，过去红毛猩猩的体型比现在大，并且分布范围扩大到东南亚，最北曾至中国南部（现存的红毛猩猩只分布在苏门答腊和婆罗洲）。500万年内的猿化石比较缺乏，但中新世时期（2300～500万年前）却有大量发现，可见猿曾经非常常见，也更加多样化。

发现得最早的类猿灵长类化石，是原康修尔猿（Proconsul）化石，在肯尼亚、乌干达和沙特阿拉伯出土，可以追溯到渐新世晚期和中新世早期（距今2800万～1600万年）。原康修尔猿代表了已知最早的猿及始祖型狭鼻猴。

中新世中期（距今1000万～1600万年），东非的生态环境发生了变化，东非土地上出现了各种外形与环境相适应的更高等猿类，这些猿类包括最早的真正意义上的猿以及原始人科。这个时期最著名的化石猿类是肯尼亚古猿（Kenyapithecus），它们的外形比原康修尔猿更适应陆地生存，并且攀爬特征是以前肢为主，更接近现代人科。同一时期（距今约1300万年）在纳米比亚发现的另一种有意思的化石猿类是Otavipithecus，是发现的南非中新世唯一的猿类物种，化石证据表明它们更接近早期的原康修尔猿，而不是东非的现代猿类。

中新世中期以前，猿一直被限制在非洲大陆，但随后它们就首次迁移到了欧亚大陆。最早发现的欧亚大陆猿是土耳其古猿（Griphopithecus），距今1600万—1400万年。进入了欧亚大陆之后（距今1600万—500万年），猿在这块大陆的地理分布范围开始变得广泛并且越来越多元化。这个阶段知名的化石猿类有森林古猿（Dryopithecus）（欧洲中部和西部）、皮尔劳尔猿（Pierolapithecus）（西班牙）、山猿（Oreopithecus）（意大利）、欧兰猿（Ouranopithecus）（希腊）、安卡拉猿（Ankarapithecus）（土耳其）、西瓦古猿（Sivapithecus）（印度、巴基斯坦）、以及禄丰古猿（Lufengpithecus）（中国）。

随着欧亚大陆气候环境的变化，猿的多样性急剧减少。这一历史事件发生在960万年前的西欧，被称为“Vallesian危机”。到了中新世晚期，欧洲唯一的幸存者是山猿，它们被隔离在地中海北部岛屿上。在亚洲，禄丰古猿、西瓦古猿和巨猿（Gigantopithecus）一起生存到了中新世晚期。但中新世结束的时候，这些幸存的欧亚古猿，除了巨猿，也都灭绝了。

中新世晚期，非洲的古猿也变得稀少。科学家从距今1000万—800万年前的一个上颌骨化石推测出一种大型化石猿类（Samburupithecus），是非洲猿类和人类的近亲。在20世纪90年代之前，肯尼亚北部发现的中新世晚期（距今700万—500万年）的牙齿化石是当时已知最早的人类支系记录，出现在约500万年前。到了20世纪90年代中期，在埃塞俄比亚、肯尼亚和乍得工作的古生物学家发现了更多化石，700万—440万年前的地猿（Ardipithcus）、图根原人（Orrorin）（又称千禧人Millennium Man）和乍得沙赫人（Sahelanthropus）（又称图迈人Toumai）可以作为人类支系的代表。大多数研究人员认为这些化石古猿非常接近人类祖先，尽管支持这个观点的证据还存在一些争议。现在能确认与人类关系密切的最早化石古猿是420万—390万年前在肯尼亚出现的湖畔种南方古猿（Australopithecus anamensis）和400万—300万年前在埃塞俄比亚和坦桑尼亚出现的阿法种南方古猿（Australopithecus afarensis）。

（谭婧泽、王凌翔）

猿认知（Ape cognition）　不包括人类的猿类动物的智力水平和行为技巧能力。猿类动物均有着很强的认知能力，能够制作工具以获取食物，拥有复杂的捕猎技巧，能够操作和欺骗同类，同时还能够学习使用符号并能够理解一些人类的语言。

猿类能够很好地理解自己以及周围同类的心理状态。在野外环境中，当猿类首领发现自己的同类不能够看到自己时，会主动选择使用声音或者触碰的方法来给自己的同类发出指令。在一些实验中，人们发现猿能够理解人类的简单动作，以及人类的简单心理行为等。

有许多证据表明，猿类和其他一些灵长类动物都能够使用工具，并制造简单的工具。黑猩猩、大猩猩、红毛猩猩以及狒狒都被发现过使用工具。这些工具多种多样，包括用于捕猎、搜集蜂蜜、处理食物、收集水，用作武器等等。制作武器的例子没有，但是红毛猩猩、倭黑猩猩被发现能够制造简单的工具。

黑猩猩被发现有解决问题的能力。研究者将食物放在高于黑猩猩身高的地方，黑猩猩能够利用木头当作简单的梯子去取到食物。当把食物放在笼子外时，黑猩猩能够利用棍子将食物拨到自己能够拿到的地方。研究者认为黑猩猩还没有解决错误的能力，但是它能够记住经验。当它用一种方法解决问题之后，它会继续尝试用这种方法去解决问题。

黑猩猩被发现能够回答人类的问题，但是不能问自己问题。研究者通过移除黑猩猩日常习惯的东西来诱导黑猩猩问问题，但是一直没有成功。由此，研究者认为，猿类与人类在认知能力上的一个重大的差别在于能不能问自己问题。

（李辉、余歌）

猿语言（Ape language）　语言是一个能够描述物体、行为、思想的标记的集合，能够被书写、讲述，或者用手势表达，从而传递信息。

人类是唯一能够使用语言的动物这一观点一直饱受争议，有研究发现一些类人猿，如黑猩猩、倭猿（旧称倭黑猩猩）、大猩猩，具有类似语言的行为特征。猿类通常会使用气味标记、竖立毛发、面部表情、声音或者视觉信号来进行交流。猿类还能够与人交流，如黑猩猩能够发出不连续的类似人类的声音来回应人类，甚至有些猿类能够做出美国手语里面的某些复杂动作。尽管如此，猿类的语言要比人类的语言简单得多。猿类没有声道，因此不能像人类一样发声，智力水平也不足以理解和创造语言。同时，猿类的语音要比人类的语音简单得多。

关于类人猿是否具有语言能力的研究很多，主要集中在语言进化、语言的学习和创造、语言学习的策略等方面。此方面的一些研究成果已经被用于智力缺陷儿童的语言教学中。

早在20世纪30年代，人类对猿类语言能力的研究便已经开始。1933年，温思罗普（Winthrop）和卢埃拉·凯洛格（Luella Kellogg）养育了一只雌性黑猩猩。他们给这只黑猩猩取名叫Gua，并且让它和他们的儿子唐纳德一起生活。9个月之后，Gua学会了理解70多个语言命令。1966年，一只叫Sarah的黑猩猩参与了大卫·普瑞马克（David Premack）设计的一个实验。Sarah学习将写在塑料板上的单词组成句子。最终，Sarah学会了使用大约130个单词。1967年，两个心理学家，碧翠斯（Beatrice）和艾伦·加德纳（Allen Gardner）开始教一个叫作Washoe的雌性黑猩猩学习使用美国手语。3年后，Washoe学会了大约130个单词。

1979年，赫伯特·特伦斯（Herbert Terrace）在哥伦比亚大学主持了一个语言学实验。一只名叫Nim Chimpsky的黑猩猩被像人类一样养育，并教它手语。经过44个月的训练，Nim学会了125个单词，并且能够用两个或者3个词组成句子。但是，在多年的观察之后，特伦斯发现Nim并不能自主地使用手语，大多数都是简单地模仿。

1979年，林恩·迈尔斯（Lyn Miles）开始教一只叫作Chantek的红毛猩猩学习美国手语，并把它当作自己的孩子一样养育。到1986年，Chantek学会了超过150个单词。随着它的词汇量的增加，它表达的意思开始复杂起来，并且能够使用手语与研究人员交流。而且，Chantek还能够理解英语口语。

1980年，休-萨瓦戈-鲁姆博夫（Sue Savage-Rumbaugh）开始教一只叫作Matata的雌性倭猿学习计算机图形语言。同时，它的孩子，一只叫作Kanzi的倭猿也跟随妈妈Matata生活在一起，并且接受了一些简单的语言训练。起初，研究人员的精力主要集中在Matata身上，因为它才是主要的研究对象。但是，某一天，研究人员意外地发现，当Matata不在的时候，Kanzi也能够使用这种计算机图形语言。研究人员发现，Kanzi学会了将近256个图形单词，并且能够听懂500多个英语单词。

1985年，Kanzi的妹妹，一只叫作Panbanisha的倭猿和一只叫作Panzee的普通黑猩猩在一起接受语言训练。研究者想比较一下不同种类的黑猩猩的语言学习能力。研究发现，这两只黑猩猩在不经过特别训练的情况下都学会了使用语言，但是学习能力有差别。Panbanisha的学习能力要强于Panzee。

尽管关于猿类语言能力的研究已经有了很多成果，但猿类的语言能力究竟如何还存在着较大争议。一些研究表明猿类不能够自然地使用语言（如Nim），但又有其他的证据证明它们可以（如Chantek）。另一个争论是猿类能不能表达合乎语法的句子。虽然猿类确实能够使用多个单词组成句子，但是这些句子通常都不合乎语法。从特伦斯认为Nim Chimpsky能够模仿符号但是不能学会语法之后，关于猿类语言的经费支持就减少了。特伦斯的发现是猿类能够使用语言的主要反对证据，但是休-萨瓦戈-鲁姆博夫和她同事的工作支持了猿类能够使用语言这一观点。

（李辉、余歌）

远距体验（Remote sensing） 又称遥感，是指人们采用大量的技术，从航摄照片、卫星图像到距离不太明显的地面的地图模式。20世纪40年代以来，人类学家尤其是考古学家开始使用航摄照片。即使在今天， 连接卫星数据和地面调查之间的分辨率中，它们仍然提供一种有价值的信息。不仅如此，航摄照片还增加了实用性，因为它们能被数字化，并被合并进GIS系统的数据集中，这样就可以扩展我们处理景观和居住模式变化的能力。

面向生态的人类学家和考古学家已经开始应用这项技术来处理这类数据和提出新课题。研究灵长类动物的生物人类学家也发现这些技术能够以一种非侵入性的方式来研究物种的栖息地。

远距体验的重要贡献之一是给人类学家提供了一个工具来扩展他们的研究，超越单一的社会向更大的有人居住的区域景观发展。传统的地面调查在解决许多变迁问题上耗时费钱，特别是当这些变化可能快速发生时，例如森林砍伐。很少有调查人员能够利用足够的资源来收集超出一个社区的详细的土地利用数据，或测量大量的环境变量。在过去的10年中，没有人类学家利用卫星数据去分析监控种植、土地利用模式、森林砍伐、居住模式和许多其他变量。当前重要的也许是把卫星数据和文化信息结合起来描述处于发展主义势力压力下的原住民的地域。（Wilkie 1987, 1994）

对于生态和农业，人类学家最难的就是实现一个详细的场所特性的研究地域。在田野工作之前使用卫星图像能够检验植被类别的范围、土地类别和该地区的河道。在成像软件程序开发植被类别的初步分类似乎存在的情况下，这种视觉检查可以使用聚类技术进行统计分析。每类的代表可以在地球样本的图像上被标记出来，以用于验证分类的准确性。（Moran et at. 1994; Brondizio et al. 1994）

远程数字数据已成为环境评估和资源管理的不可或缺的工具。使用此技术对于农业研究的可行性已经在其他领域得到证明，人类学家已经开始将这些工具纳入他们的研究。（Guyer & Lambin, 1993）对于在一些交通和访问很困难的地区工作来说，遥感是特别有价值的。地图的规模是有限的，在调查范围上能做的综合研究也极为有限。远距体验的利用对于积极参与有关全球环境变化的跨学科研究是越来越有必要的。

（娄梦玲）

月经（Menstruation） 发生在育龄女性与其他人科动物之间的生理现象。从弗雷泽开始，人类学家关注月经禁忌的跨文化研究，尤其是对月经污染问题的认识。妇女月经的相关知识、处理方式以及看待正常与否的标准在不同社会中具有很大的差异性，人们对经血及经期女性持有积极、消极、中立或矛盾4种态度。经期存在的禁忌意味着人们将经血看作一种蕴含独特力量的特殊物质，而这种力量是被贬毁还是被重视，以及经期是否存在禁忌，则取决于当地人的观念，以及围绕性别关系所形成的权力结构。经血与血管血液的区别不仅是生理上的，也是文化上的，经血经常被视作具有独特力量、被赋予了神秘特质，因此必须被私下处理掉，其他人常被禁止看见或接触它，因此经期通常的禁忌之一便是禁止男女发生性行为。在有些文化群体中，女性身体成了这种禁忌的表征，月经的“不洁”及“污秽”被认为能够危害身体、家庭甚至社会秩序，从而使经期妇女、经血及其相关物成为一种象征性的污染系统。与此同时，在某些文化中，经血由于被看作具备特殊力量，便被赋予了一些特殊用途，如巫术的使用、春药等。在一些地方，当数个经期女性聚集在一处单独的地方（有时被称作“经期营地”），她们将之看作是从日常劳作中的愉快解脱，以及与其他经期女性交际的机会。传统上犹太人将经期女性看作不洁的甚至邪恶的，因此每月要举行为期10天的经期隔离，直到妇女在“洁净池”中沐浴净身为止，尽管一些美国犹太女性近年来挑战了这种观点。其他一些社会通过经期禁忌的存在，显示了关于月经及女性群体结构上的模糊性，如加利福尼亚的尤罗克女性每个月在行经初期10天时进行自我隔离，其月经虽被部分男性视为象征性污染，但也强调月经结束、在净水中沐浴后得到精神能量的焕新。类似地，一些台湾女性将她们的经期看作是保持健康的手段，而不是男人所强调的污染之源。随着人类学田野研究的不断深入，受到女性主义的影响，认为月经禁忌具有普世性的观点已经难以立足。

然而经期的文化性特征并非存在于全世界，例如当今在西方社会流行的经前综合征，其心理征兆至少在一些非工业社会并不常见。同时，在工业社会，一些女性正在发明她们自己的经期仪式，以庆祝其生理周期，并抵抗经前综合征日益强烈地支配。月经的生物和心理方面也随着文化的不同而不同。例如，在人们不刻意避孕的地方，女性很少有月经，她们频繁的哺乳期可将月经周期抑制至产后数年，月经周期如果较长，也可降低来月经的频率。

相比当代西方社会，在非西方和前工业社会中的女性初潮发生得晚得多，因此，月经在她们一生中持续的时长也被缩短。最后，当女性共同居住、或者暴露在月光下的时间相同，月经周期的总体时间会被调适与月运周期相一致，在仪式和神话中，女性倾向于在新月时或满月时来月经都会被加以文化性地阐释。总之，无论是月经的生物机制，还是月经被看待的方式，不同文化间都有很大差异，月经作为一个文化概念，给不同文化的女性带来了各自不同的经历。

（田夏萌）

乐器（Instrument） 泛指可以用各种方法奏出一定音律或节奏的工具。在中国，以五声八音为“乐”，五声为音阶，八音为器乐之分类，即埙、笙、鼓、管、弦、磬、钟、柷等。关于这一术语有着不同的理解，“乐器”这一术语在德国被用来指“键盘乐器”这样更为具体的含义。从16世纪晚期伊莱亚斯·尼古拉斯·阿默巴赫（Elias Nikolaus Ammerbach）和伯恩哈德·施密德（Bernhard Schmid）主编的《德国键盘选集》中可以判断出，“乐器”指非风琴的“弦乐键盘乐器”；也可以用于“风琴与乐器”的记谱法中。德国音乐家普雷托里乌斯（Praetorius）在他的著作《音乐全书》（Syntagma Musicum）第二卷第三十七章中较为赞同以上观点。他认为诸如羽管键琴、古钢琴、小键琴、小型立式钢琴等可以称为“交响乐”，这些应该被视为“乐器”。然而，类似于这样的一些音乐术语，这个词语在不同的时代意味着不同的事物，其使用少见。例如，在17—18世纪，“乐器”有时被特指“古钢琴”，这种说法可以参见贝内迪克特·舒尔特海斯（Benedict Schultheiss）著作中提及的“乐器、小型立式钢琴”（纽伦堡，1679）等。19世纪早期，“乐器”这一术语偶尔用于特指钢琴。

对乐器的界定在不同学科中有不同解释，音乐界认为乐器是用于音乐的发声器；乐器学界则通常将许多非音乐领域中的发声器，如古代战争中的鸣金击鼓、宗教仪式中的祈祷诵经、婚丧节庆中的礼仪信号等，都视为乐器。

将乐器进行分类成为乐器学研究的重要课题，目前现有分类法有两种：其一，民族的、惯用的传统分类法；其二，以声学物理归纳手段作为分类依据的现代分类法。具体而言，传统分类法主要指世界古代高文化地区在历史上形成的惯用分类法，如中国的八音分类法（金、石、丝、竹、匏、土、革、木）；印度的二分类法（弦乐器、气乐器）、五分类法（单皮乐器、双皮乐器、打击乐器和气乐器）和四分类法（皮乐器、弦乐器、金属打击乐器、气乐器）；阿拉伯的二分类法（固体乐器：包括击奏、拨奏、擦奏乐器；空穴乐器：吹奏乐器）以及欧洲的三分类法（管乐器、弦乐器、打击乐器）。这些分类法都有各自的内涵和分类的依据。现代分类法把世界上所有乐器归纳为五大类：体鸣乐器、膜鸣乐器、气鸣乐器、弦鸣乐器和电鸣乐器。

对于乐器的人类学研究被认为是音乐人类学的一部分，主要集中在乐器的分类、制作、演奏等方面。通过地方社会擅长乐器制作和演奏的艺人指引，获得相关知识，搜集关于乐器的种种神话、传说、故事，将乐器与神器、祭器、生活器具关联起来，结合文化习俗进行研究。

（魏琳琳）

参考书目

［1］Sadie, Stanley; Tyrrell John. 2001, The New Grove Dictionary of Music and Musicians. London：Oxford Univorsily Prees.

［2］Kirby, Percival R. 1963, *The Musical Instruments of the Native Races of South Africa*, London: Oxford University Press.

Z

灾难（Disaster） 灾难是随着人类发展过程而产生的概念，专指人力不可抗拒、难以控制，造成众多伤亡及大量财产损失的自然或人为事件。主要有以下几大类：①气象气候灾难。如大风、暴雨、冰雹、低温、寒潮、霜冻、干旱和洪水等；②地质灾难。如火山爆发、地热地火、地震和地裂缝等；③地貌灾难。如泥石流、滑坡、雪崩、水土流失等；④生物灾难。如农作物及植物的病虫害、稀有动物灭绝、流行传染病、天然森林火灾等。⑤水文灾难。如风暴潮、海啸、泥沙淤积、厄尔尼诺现象等。此外，近年来，人类向大气排放的大量二氧化碳等有害气体，向地面、地下排放的大量污水，严重地破坏了环境，造成农作物减产、淡水供应危机、疑难怪病丛生等严重问题。因此，有的学者认为灾难由两部分构成：天灾和人祸。

在西方，众多的灾难定义之中布莱克（Piers Blaikie）给出的定义最具学理性。他认为灾难由危险、脆弱性和风险这3个相互联系的因素构成。其关系可由复合函数："风险（risk）=危险（hazards）+脆弱性（vulnerability）"来表示。其中：危险（H）是灾难所含的物理因素，可以通过统计研究进行预测。但问题是，危险在统计上发生的可能性并不能清楚地显示一个即将遭灾的人群或社会在现实中所面临的风险水平；风险（R）是复杂可知的自然危险和为极端事件发生时空间里的不同程度的脆弱性所选定的人数的一个复合函数；脆弱性（V）被视为源于历史的系列进程的人的脆弱性。灾难的发生是环境脆弱性和人类群体脆弱性相结合的结果，即生态系统中潜在的破坏性因素与处在较为落后社会经济条件下的人口状况是其产生条件。灾难是对人或是关于人的巨大剥夺和损害，其所属社会结构及其功能遭到破坏，而且使惯常的居民行为中断。而造成这一灾难的因素主要来自物理的力量或社会系统及其使人脆弱的历时性诱因。灾难研究需要考察自然和社会两种力量作用所产生的过程及其后果。因此，灾难的定义可用D=H+V（灾难=危险+脆弱性）这一方程式加以表述和确认。

人类学关于灾难问题的学科研究，在"二战"后开始出现，经历了60多年的发展历程，尤其是在西方，成果丰富。在中国，灾难研究中一直以来都存在着重自然科学而轻社会科学和人文科学、重技术而轻社会文化的现象。近年来，在社会学和人类学的共同努力下情况得到相当的改善。云南人类学家开创中国"灾害（难）人类学"的研究先河并具有学科领军的价值和意义。

灾难研究在人类学领域中的发展是人类学家重视灾难研究的结果。人类学家认为，作为自然环境和社会系统的基本特征，灾难从历史到结构均深植于人类的生活世界之中，灾难不仅是一种自然事件，还是一种社会和文化事件，所以体现学科真正价值的是人类学将灾难作为人类文化的必然成分同人类社会的物质和精神文化建构与整合有机地结合在一起，而不是将之放到人类文化的对立面，让人类意识到灾难是人类生存与发展的一部分（很可能是至关重要的一部分）。这一点在方法论上，人类学有相当的贡献。例如，当灾难出现以后如何建立起科学有效的应对措施和机制，总结人类相关的经验性和地方性知识，协助相关组织做好减灾工作、为政府做好决策咨询服务等。

目前，中国人类学界使用频率最高的基础术语是"灾难"和"灾害"，并出现了各自表述的问题，因此，事实上学界存在着灾难人类学和灾害人类学两种研究视域。总体来看，关注灾难后果与影响、灾难意识、灾难心理学、灾后重建、灾后社会变迁等人类学研究多使用“灾难人类学”，而关注自然灾难及其所造成的影响、减灾与预防等人类学研究多使用“灾害人类学”。前者以西南民族大学、重庆大学、台湾文化人类学界为代表，后者以中央民族大学及云南社科院为代表。

（刘芳）

参考书目

[1] 李永祥. 泥石流灾难的人类学研究——以云南省新平彝族傣族自治县“8·14特大滑坡泥石流”为例. 知识产权出版社，2012.

[2] 苏珊娜·M. 霍夫曼. 彰显的关怀：灾难与人类学领域. 彭文斌译.《西南民族大学学报》（人文社会科学版），2011（7）.

[3] 刘芳. 灾难、“灾难”和“灾变”：人类学灾厄研究关键词辨析.《西南民族大学学报》（人文社会科学版），2013（10）.

[4] 张原，汤芸. 面向生活世界的灾难研究——人类学灾难研究及其学术定位.《西南民族大学学报》（人文社会科学版），2011（7）.

[5] Blaikie. Piers M. *At Risk: Natural Hazards, People's Vulnerability, and Disaster*. London: Routledge. 1994.

再分配（Redistribution） 在有充足物品供养的社会中，收入以礼物、赋税和战利品的形式汇集在一起，然后再次分配给需要的人。在处理这种收入时，酋长、国王或从事再分配的代理人有3种动机：第一种，通过展示财富来维护其优越地位；第二种，确保支持代理人的那些人有适当的生活标准；第三种，在代理人领土之外建立联盟（威廉·A. 哈维兰，2006）。

通过政府活动进行的再分配，并不在个人或群体之间流动。为了使再分配成为可能，一个社会必须有一个中央集权的政治组织（political organization），它将一部分产品汇集一起，然后再通过中央政府分配出去（Thomas Barfield editor，1997）。这个政治中心可以聚集社区的食物、奢侈品、工具武器、劳动力、军事力量。它们作为一种经济积累方式，可以用作一种保险（insurance）用于对抗灾害、饥荒（Thomas Barfield editor，1997）。

一般来说，由政府主导的再分配包含着强制因素，如国家通过税收形式聚集的社会财富，然后再通过福利开支、政府贷款、企业补贴或者以服务的形式再分配出去（威廉·A. 哈维兰，2006）。

人类学将“再分配”视为一种社会交换模式。在初民社会中，人们之间的财富差异程度并不大，社会通过调节机制和互惠制度（参见“互惠”）来分配原本就微不足道的财富，以保持社会的公平。凡伯伦（Veblen Thorstein）提出的炫耀型消费（conspicuous consumption）概念可以更好地帮助我们审视初民社会的经济行为，如库拉交换（参见“库拉圈”）、夸富宴（参加“夸富宴”）、跳蚤市场等。能够有效显示社会威望的炫耀型消费，成为初民社会再分配的强有力驱动。

安妮特·韦娜（Annette Weiner）在20世纪20年代在对特罗布里恩德岛“再分配”制度进行研究的时候，指出当一个妇女所在的亚氏族有人去世时，她和亚氏族的其他妇女们会在丧葬的萨嘉礼（sagali）上献出大量妇女用的草裙和香蕉叶。在此过程中，女性为活动的中心人物。作为一种伴随某种仪式或宴会进行的再分配制度，在萨嘉礼中地方领袖送出他得到的奉礼，以获取荣誉和地位的巩固。

波兰尼（Karl Polanyi）认为再分配是一种“支付”与“返还”的连锁系统。社会成员向政治性或宗教性的权力中心义务支付财物与服务（如税收、贡租等），社会财富被敛集于一个权力中心后，依某种目标重新分配给需要的社会成员。

马文·哈里斯（Marvin Harris）指出，再分配是强制交换形式发展的结果。这种交换模式表达出强化的政治权力已经渗入经济领域，经济和政治的体系从群体、村落向国家演化，生产者必须依赖支配者的意愿，奉献自己的经济剩余。

萨林斯（Marshall Sahlins）认为再分配是一种中心化运动。群体成员遵照指令，共同收集，并在群体内重新分派。再分配一方面以物资协调的功能维系了群体或保持了群体的结构性生存，另一方面则作为彼此沟通及次级成员臣服于中心统治者的仪式，维系了合作体系本身，发挥着社会协调的功能。借助仪式和宗教体系，其总体性目标指向了社会秩序的规训与社会行为组织的集中化。

在市场机制逐步占主导的今天，再分配阶层的权力开始向市场让渡，削弱了再分配部门的垄断地位，带来了更多的平等化效应。市场为再分配以外的经济部门获取经济利益提供了越来越多的机会。

（王晨娜）

参考书目

［1］Annette Weine. 1976, *Woman of Value, Men of Renown*. University of Texas Press.

［2］Victor Nee. 1989, *A theory of Market Transition: From Redistribution to Market*, American Sociological Review. Vol.54.

［3］哈维兰. 文化人类学（第十版）. 瞿铁硼，张钰译. 上海社会科学院出版社，2006.

［4］马文·哈里斯. 文化人类学. 李培茱等译. 北京：东方出版社，1988.

［5］马歇尔·萨林斯. 石器时代经济学. 张经纬等译. 北京：生活·读书·新知三联书店，2009.

占卜（Divination） 通过一些不完整的信息对未知事物进行断定或预卜吉凶祸福的一种方法。

占卜习俗从人类社会的远古时期就已经存在了。现有文献证明大约4000年前亚洲西南部的美索不达米亚人便从事占卜活动，当时占卜师或神职人员（priests）常常会通过观察动物牺牲品的肾脏来预测事件的结果，这种方法称之为“肠占卜”（haruspicy）。这一占卜术（augury）也出现在意大利内部的伊特鲁亚文化（etruscan）中。另外，伊特鲁亚人也通过观察闪电效果以及鸟的飞行进行占卜，而这种占卜方法在东南亚半岛也很常见。这两种习俗后来均融入了古罗马文化中。

古代中国普遍存在的占卜术是甲骨占卜（scapulimancy），即将动物牺牲品的肩胛骨或乌龟壳烧热，通过观察其表面的裂纹形状进行占卜，这种方法在亚洲和北美洲的其他地方也存在。中国文明也是最为精致的占卜方法的来源之一。最古老的占卜书《易经》，据信至少有3000年的历史。

另外一种遍布世界各地的、远古遗留下来的占卜术是通过灵魂附体（spirit possession）的方法进行预测。其中一个著名的人物便是希腊特尔斐（Delphi）太阳神殿中名为皮同（Python）的女先知。在印度、中国、美索不达米亚文明、中美洲和撒哈拉非洲等地，还存在一种观天象的占卜术即占星术，这种方法现在在许多地区依旧存在。

在欧洲广为流行的占卜术是借助于塔罗牌（tarot）、水晶球以及一种称之为显灵板（ouija board）的自动占卜法。所有这些占卜方法都可以归属于一个类别，即通过一些程序来预测未来事件。还有第二种类别则通常是存在于小型部落社会中，其所寻求的是解释最近或更远的过去所发生的不幸或厄运的背后原因。人类学家在非洲社会中发现了这种所谓的归咎责任占卜法（blame-allocating divinatory methods）。相对之下，非洲社会中存在一种堪与中国《易经》相比的复杂占卜法，即西非操用约鲁巴语言的民族中所流行的“易发”（ifa）占卜法。

在西方文化中严肃对待这一现象的学者，至少可以追溯到罗马演讲家和作家西塞罗，他在《占卜》（*De Divinatione*）一书中常常会将推演方法和直觉方法进行区分。前者依赖于对客观现象进行毫不模糊的、依据规则的解读；后者则是主观的解释。现代人类学界的田野研究发现无论是逻辑推演还是直观解释，这两种认识模式均具有相同的预测机制。有的神经学家也通过研究人类大脑左右半叶的功能分区，对占卜中的二元认知进行了解释。

在占卜活动实践中，占卜师会使用各种不同的方法来获取来自于普通意识的变化。在美洲社会，使用精神药物的情况很普遍。在非洲和亚洲，他们也通常会通过一种听觉刺激物，如大鼓或拨浪鼓，来达到类似效果。维克特·特纳曾经描绘了中非的恩丹布族的占卜师是如何通过击鼓唱歌来摆脱他的“日常自我”而进入一种亢奋的知觉意识状态的，以及如何在问答之中使用一些古语形式。

与将之视为非理性的观点大不相同，有些人认为占卜术体现了一种不同寻常的、超理性的认知方式，这种认知方式能够更有利于获得背后所隐藏的信息。这一看法也与精神分析学者荣格（C. G. Jung）对于《易经》的解释存在明显的相似性。这一古老的神谕方式中，好似碰运气式的掷硬币或抽签会将被占卜者导向恰当的文字解释。荣格将这种古老神谕方式看作是反映了事件之间“共时性”联系的规则，这种规则是不受时间影响永恒的，是与普遍意识中的因果联系完全不同的。

一些描述中会强调占卜师的不寻常状态。这种人无论是在族籍、职业还是在健康状态或性取向上都通常被认为是处于社会边缘的。一些印第安人社会中的异装癖占卜师、欧洲的罗马预言家、印度的不可触摸魔法占卜师，以及苏丹丁卡族中的盲人占卜师，均是此类人。人们好像会很合理地认为，这些社会边缘性能够帮助占卜师通过一定程度的超然出神和通盘视角，便能够“看清”被占卜者的状况。通常，占卜师也会通过一些程式化且不同寻常的行为去表明他的非正常状态。

（牛忠光）

战争（War）　对于战争，社会科学家已经给出了很多不同的定义。但这些人类学家提出的定义通常把战争想象为一种不同族群间的特殊的政治关系，这些族群使用或威胁使用致命的武力来达成追求的目标。战争因此有别于其他类型的敌意或暴力行为，因为战争是由有组织的集体而不是个人发起的，是集体的目的而不仅仅是个人的。以这种方式定义战争的基本含义，战争具有集体性，而不是个人性。

相应地，人类学家倾向于拒绝在死亡驱动、杀生本能或其他一些先天的破坏性或攻击性倾向概念的基础上形成的理论。这些理论对于回答以下这些人类学家认为是核心的问题时是无用的：为何战争的频率和强度在不同时间和空间不一样，为什么战争根本不会发生在某些社会中，为什么发生，为什么在那里发生，它假定许多不同的形式和含义。确实，侵略的内驱力理论意味着当他们进行如体育、游戏或仪式等活动，可以起到非暴力的作用，从而可以解释在一些社会里战争的缺乏或低发率。但有的证据似乎产生对立作用：例如，有明确的社会实践表明，无论是战争还是任何其他活动都解释为宣泄的一种机制（Howell S., 1989）。

人类学中关于战争的主导性理论是唯物主义，该理论认为战争是一种对稀缺资源的竞争——虽然对这些稀缺资源具体是什么观点不同。对受社会生物学影响的人类学家而言，战争是交配和繁殖的机会，战争的原因在于个人对内含适应度之间的竞争（例如 Chagnon N., 1990）。这种方法本质上是一个旧有“杀生本能”理论代替，和所有基于生物学上的解释有相同的固有弱点。另一个最具影响力和丰富性的学派，从生态人类学的视角，认为食品和贸易机会是关键的稀缺资源（Ferguson R.B, 1984）。这些生态研究使实用主义者认为，通过人口与环境资源的重新分配，战争可能在某些情况下发挥积极作用。

所有资源稀缺理论常见元素是，战争发生率的差异可以解释为具有不确定性的个人或团体行动者理性计算成本和收益的结果。无论如何，战争发生在对于代价的估算上，如果不值当就不会发生战争。

另一种研究战争的路径是关注社会结构方面，并寻求解释社会关系的模式。这一传统的一个共同主题是婚姻联盟、男女混居、贸易、交换礼物或其他形式的社交能力等，在限制战争的频率和强度上发挥着至关重要的作用（Gluckman M.， 1955）。相反，在另外一些部落社会模式中，男性亲属关系结成的紧密群体之间彼此关联性相对较弱，似乎常与高发的战争具有关联性（参见Ferguson R.B.， 1990：36）。实用主义传统认为战争导致社会稳定，认为面对敌人时群体内部可以更好地维持群体团结。

传统的社会结构理论的弱点之一是其基本意图不是为了探讨有关战争的理论，而是讨论社会秩序或社会控制的理论。也就是说，它倾向于把和平当作需要解释的核心问题，把战争作为残留现象，仅仅只是社会彼此之间的关系或秩序缺失。从理论的角度对战争进行理解是令人遗憾的。

人类学的现象学传统关注口译和翻译系统的意义，也有助于对战争的研究。这种方法意味着战争的性质和发生率的差异是由于价值观和信仰文化引起的，依托民族志来解释当地的战争所具有的特别的社会意义。一个例子就是罗萨尔多（Rosaldo M.Z.， 1980）从伊隆戈的概念和参与社会行动的人出发，细腻而生动地描绘了伊隆戈人所经历的世仇、联姻、结盟、骚乱、生计变迁、周边异族以及殖民者、侵略者和外来宗教进入等因素，试图去解释菲律宾伊隆戈人的猎头现象。

弗格森（Ferguson R.B.，1990）建构了一个综合的解释。该解释本质上是一个结合了一些社会结构和意识形态因素的资源稀缺理论。战争问题试图构建一个理论，几乎每一个曾经被提出的因素都作为战争的原因，也可以被解读为战争的结果。某些类型的扩张战争有着各种各样的原因、影响和出现的状态。在更深层次和更普遍的暴力现象里，战争只是一个方面。人类学对暴力具有更强理论解释力的研究是战争理论研究所期待的。

战争通常牵涉复杂的经济、政治及意识形态因素，而绝非单一的原因所能解释。不过，还是可以区分出几种导致战争的一般原因：（1）社会问题。一旦存在社会内部问题，社会领袖就可能将社会挫折转嫁给其他群体，外人成为替罪羊；（2）感到威胁。有时社会感到危险或福利受到威胁时，就会发动战争；（3）政治动机。有时政府发动战争是为了推进自身的政治目标；（4）道德目标。任何战争多少都有点“道德”驱动力，即使主要出于政治或经济理由发动的战争，有时也会利用道德的幌子来进行掩盖。

（蒋萍）

参考书目

［1］Chagnon, N. 1990, *Reproductive and SomaticConflicts of Interest in the Genesis of Violenceand Warfare among Tribesmen*, in J. Haased. The Anthropology of War, Cambridge:Cambridge University Press.

［2］Ferguson, R.B. ed. 1984,*Warfare, Culture*, and Environment, Orlando, FL: Academic Press. Ferguson, R.B. 1990, Explaining War, in J. Haas ed. The Anthropology of War, Cambridge: Cambridge University Press.

［3］Foster, M.L. and R. Rubinstein eds. 1986, *Peaceand War*: *Cross-Cultural Perspectives*, New Brunswick, NJ: Transaction Books.

［4］Gluckman, M. 1955, *Custom and Conflict in Africa*, Glencoe, IL: Free Press.

［5］Harrison, S. 1993, The Mask of War: Violence,Ritual and the Self in Melanesia, Manchester:Manchester University Press.

［6］Howell, S. 1989, *To be Angry is not to be Human, but to be Fearful is*: *Chewong Concepts of Human Nature*, in S. Howelland R. Willis eds. Societies at Peace: Anthropological Perspectives, London: Routledge.

［7］Rosaldo, M.Z. 1980, *Knowledge and Passion*: *Ilongot Notions of Self and Social Life*, Cambridge:Cambridge University Press.

［8］Simons, Anna. 1999 *War*: *Back to the*

Future, Annual Review of Anthropology, 28: 73–108.

哲学人类学（Philosophical anthropology） 以人为主体、专门对人进行研究的哲学分支。然而，它不研究人的某一特殊方面，而是从哲学上、从思辨的角度去研究“整体的人”，关注于不确定的人的天性（nature），认为人是在很大程度决定其自身的动物。

哲学人类学的来源比较分散。追本溯源，它发轫于古希腊哲学家苏格拉底思想。苏格拉底与柏拉图一样，反对政治机会主义的诡辩论派，而致力于探索人类自身与其所处世界的关系。哲学人类学与存在主义、现象学以及德国哲学家狄尔泰（Wilhelm Dilthey）的“生活哲学”密切相连。在其发展过程中，它也吸引了众多著名哲学思想家，其中包括存在主义哲学的先驱克尔恺郭尔（Søren Aabye Kierkegaard），尼采（Friedrich W.Nietzsche），17世纪法国思想家帕斯卡（Blaise Pascal），德国思想家和哲学家赫尔德（Johann Gottfried von Herder）、康德（Immanuel Kant）、黑格尔（Wilhelm Friedrich Hegel）、费尔巴哈（Ludwig Andreas Feuerbach）以及洪堡特（Wilhelm von Humboldt）。

一般认为，作为一门现代哲学学科的哲学人类学，通常被认为肇始于20世纪20年代，其创始人为德国哲学家舍勒（Max Scheler）。其代表人物包括普列斯纳（Helmuth Plessner）、波特曼（Adolf Portmann）、格伦（Arnold Gehlen）、拜登狄克（F.J.J. Buytendijk）、施特劳斯（Erwin Straus）和兰德曼（Michael Landmann）。哲学人类学在20世纪20年代的复兴，并非是源于其内在的哲学危机，它其实是作为对19世纪实证主义及其肢解世界倾向的一种反动而出现的，是经过一个世纪的自然科学盛行，人们自我觉醒之后将人类学整体论观点引入哲学领域的需要。

从方法论上而言，哲学人类学这门学科所遵循的基本方法是现象学的方法，即在单个事例的基础上，达到对本质的把握；从个别现象，从人所表现出来的某种显著特征出发，去寻求现象和特征背后的本质。

在研究内容上，哲学人类学最与众不同之处在于，它在本体论上将人当作主体，看成是其自身本性的中介（mediator）。但是它不像古典哲学那样仅仅把人作为认识的主体，也把人作为存在的主体。它的对象不是抽象的人，不是“我思故我在”的“我”，而是要探讨人生存的处境，探讨人的自然环境和文化环境，探讨历史、社会、文化和传统对人的自我塑造的影响。这就使得哲学人类学不同于过去形而上学的思辨哲学，它要将人作为一种由其生活环境和人的自我塑造来决定的生物加以研究，力图建立现代人的“完整形象”。这种完整形象在哲学人类学家兰德曼那里，便是将人具象为一种文化生物，人创造了文化，又为文化所创造。并且，他把人的生物性与社会性、人的主观性与文化的客观性、人的个体与群体、历史与未来、传统与创造、自由与必然等有机地统一在一起。

从人制造意义的角度来看，人自身要借助于阐释（interpretation）而非解释（explanation）。因此，与启蒙思想的浪漫主义相一致，哲学人类学倾向于质疑科学的支配地位。哲学人类学借助于科学研究，但是潜在地反对科学知识的霸气。从严格的逻辑观点来看，心智和身体之间的关系最终会遭遇到某种困境，一种存在主义的开放性会唤起对世界的积极参与。因此，对于哲学人类学而言，人通常被描绘成为具有逻辑上的不确定性，并且实际上从科学角度来看是高深莫测的。哲学人类学强调作为生物存在的人类必定决定其自身的命运，而非是科学的研究对象，它通常将人类的自我理解作为其研究的焦点。因而，哲学人类学视域下的人的形象，也远远超越了存在主义哲学所描绘的具有悲观主义色彩的人的个体形象，超越了科学主义所描绘的支离破碎的人的形象。

综观现代文化人类学各理论流派，即历时视野中的进化论、传播论、文化区域理论和马克思主义理论；共时视野中的相对论、结构主义、功能主义与结构功能主义；以及交互视野下的过程论（processualism）、交易论（transactionalism）、女性主义、后结构主义与后现代主义，它们从不同角度阐释了人类自身与其所处社会和文化体系，或与外部客观世界之间的关系，体现着人类的哲思。哲学人类学与这些理论视野，互为借鉴，相互影响。然而，哲学人类学明确从本体论上研究人，以及相关非经验性的“灵魂”问题，从这一点上，它又与重经验或实验的现代人类学有着较为明显的学科区分，简言之，即它常常被认为是现代哲学的学科分支之一。

（牛忠光）

参考书目

［1］兰德曼. 哲学人类学（第二版）. 阎嘉译. 贵州人民出版社，2006.

［2］莫迪恩. 哲学人类学. 李树琴，段素革译. 黑龙江人民出版社，2004.

整体论（Holism） 各种系统（包括物理系统、生态系统、化学系统、经济系统等）及其组成部分应当被视为一个整体，而不是各部分的集合。

1926年，南非政治家斯马茨（J.Smuts）在《整体论与进化》（*Holism and Evolution*）一书首先使用了holism一词。但类似整体论的思想早在亚里士多德的《形而上学》中就有所体现：“整体大于各部分的总和。”整体论的概念在斯宾诺莎哲学、黑格尔哲学和胡塞尔哲学中都占有十分重要的位置，它也被广泛应用于医学、生物学、社会学、人类学和政治学。

在人类学中，整体论可以有4层含义。首先，在解释层面上是指人类学家要设法从整体上去认知和理解每种体验，需要不断把人类社会的过去、现在和将来视为一个动态的整体，关注对其共时性和历时性的双重观察，做生物性与文化上的综合分析，以不断认识田野工作中的较小的区域社会与更大的人类社会的总体。其次，在方法论层面上是指人类学研究过程中应当持有的态度和观察方法，即最具特色的民族志方法。民族志方法以“田野工作”为基础，对某一群体的生活方式进行整体描述，拒绝将社会拆分成组成部分。整体论既是民族志研究的一个假定前提，也是它的结论。再次，在学科层面上，人类学作为一门学科，将学科内涉及人类生活方方面面的诸多专门研究领域——如政治、经济、宗教信仰等——统一到一起。最后，就单个人类学家的活动而言，每一个人类学家都需要具有多种才能和整体性视角，这在人类学奠基之父之一阿尔弗莱德·克鲁伯身上得到了最好的展现。

与整体论相对的是还原主义（Reductionism），即把一个问题简化为少数可以观察、控制的因素或变量来看待。还原论是西方认识客观世界的主流哲学观，认为万物均可通过分割成部分的途径了解其本质。但近百年来，整体论在科学发展前沿则尽显风流，相对论的发明，量子力学的建立，复杂科学的兴起等均是其杰出代表。

也有学者认为，整体论在方法论上与个体主义相对。个体主义将整体看成是由部分组成，认为只有从个人行为角度出发，以个人作为分析基点，才能对社会现象做出合理的解释。17世纪英国哲学家霍布斯（Thomas Hobbes）的《列维坦》（*Leviathan*）是个体主义哲学的典型代表，这也被称为社会唯名论。方法论整体主义则认为，至少有一些社会“整体”不能简单还原为个体或完全从个人行为的角度加以解释，有一些社会现象必须在其独立自主的宏观层面上进行研究分析，即认为只有从社会环境角度出发，以群体、制度和社会为分析基点，才能对社会现象做出合理的解释。其典型代表是著名的社会学家涂尔干（Émile Durkheim），他也是社会唯实论的代表。

（康敏、王璐）

参考书目

詹姆斯·皮科克. 人类学透镜（第2版）. 汪

丽华译. 北京：北京大学出版社，2009.

正常行为（Normal behavior） 符合社会规范的行为。通常认为所有行为都处于一个连续体上，正常行为与异常行为各执一端，每个行为皆能在这个连续体上找到一个相应的点。对正常行为与异常行为的界定是一个非常复杂的过程，涉及许多因素。

在心理学与精神病学领域，决定一个人的行为是正常还是异常，较少依靠客观的实物证据，比如血液测试、X光以及造影扫描等。更多的是依靠临床判断，那需要对一系列因素加以考虑，比如：个体在特定环境中的行为是否合适、行为是否具有持续性、其行为对他人的影响、个体所处的文化等。

社会心理学家则关注行为与社会规范之间的关系，在他们看来，许多正常行为皆是规范行为，大致可分为3种行为模式：服从、顺从与遵守。服从指个体因为外在权威的强制性影响，而采取符合社会规范的行为，行为者的内在观念较少发生变化，而是因为怕受到惩罚，而压抑自己的愿望，表现出社会所界定的正常行为；顺从是指个体改变自己的行为模式，以与大多数人保持一致，这种改变具有持续性，一旦做出改变，就很难再回到以前的行为模式；遵守是指个体依照公众所认为的正常行为模式行事，同时也保留个体的价值判断，在特定情况下，存在着行为模式变化的可能性。

（陈雪英）

正义和人类学（Justice and anthropology） 正义是人类社会普遍认可的崇高的价值，是法律事件合理、公正的处理和每个人利益的保证。"正义"一词源于希腊语言"dike"，指的是一个稳定的地方或某个固定的角色。希腊哲学家柏拉图（Plato）和亚里士多德（Aristotle）完善了正义的概念。柏拉图认为，正义是维持社会的最高秩序。亚里士多德对正义做了全面深入的研究，认为是上帝赋予的相同的权利，每个人生来平等。

尽管法律和正义概念相关，但定义却不同。在一般意义上，法律被认为是一个控制权力和有法律约束力的规则、行动和实施的主体。而正义强调的是公平和权利，有道德地和公正地对待所有人，尤其是一个社会的法律制度。然而，正义的观念可能与一个社会的法律制度发生冲突。例如，现代的法律学者和社会科学家认为支持奴隶制的法律是不公正的法律。人类学家和法律学者曾经就正义来源于道德相对主义还是道德的客观主义的观点进行了辩论。道德相对主义认为，正义在不同的社会中有不同的意义，一个社会的不公正可能无法应用在另外一个社会中。因此，人类学家必须在特定的社会里寻求理解正义的含义。道德客观主义者认为正义的标准可以用来解决任何一个社会中的个人问题。然而，人类学家传统的价值取向研究遭到了批评，人类学领域开始出现支持道德客观主义立场和道德相对主义的人类学家。

学者把正义分为3种主要类型：分配正义、交换正义和矫正正义。分配正义主要分析社会利益和负担的区分，讨论的是社会资源分配的比例平等。如需要、等级、协议或价值。交换正义指当人们在互惠关系中，实现人们之间一个公平的结果。矫正正义指的是如何严惩不当行为，当正义被社会成员违反时，要求对过失做出赔偿或剥夺一方当事人的不当得利。它关注的是惩处的公平和施加惩罚的过程公平。

人类学家调查正义的3种范式：功能主义、冲突、多元化。功能主义的范式认为社会是由一群志同道合的人组成的社区，法律在社会中的统治力量，是一个用于解决纠纷、实现正义的工具。冲突的范式依赖于马克思主义观念，认为法律是维持社会现状的重要工具。冲突论者认为法律是为个人的利益而写的，因此导致了社会现有系统中包含许多不公正的法律。多元化范式试图提供一个更复杂的社会正义问题的理解，多元论者强调正义被定义为可以随着时间而改变社会团体的利益。这个观点还认为，正义的利益集团可能持有不同的想法，可能是相互矛盾的。

早期人类学对正义的研究是在非西方社会

中开始的，主要是发现解决争端的规则。例如，马林诺夫斯基（Bronislaw K. Malinowski）研究了美拉尼西亚的特罗布里恩群岛，他发现互惠原则的重要性，一个基于个人和团体之间的相互服务的交换系统，既作为基础法律也作为社会秩序。马林诺夫斯基得出的结论是义务与互惠的维护是特罗布里恩群岛的基本社会关系，具有重要的社会功能。20世纪70年代，人类学家研究了一个社区社会文化背景之下解决争端的过程。通过观察，人类学家们了解到人们经常设法处理他们的法律纠纷，最后达成的结果是通常是在非正式的体系中团体协商解决而来的，并非以法院为中心的解决方法。例如，纳德（Laura Nader）使用“和谐思想”的概念来解释她在墨西哥波特山村的纠纷调解工作。纳德认为，人们提出自己解决所有的争端的原因是将自己解决所有的争端视为一种政治策略，以避免殖民当局对村里的事务进行干涉。20世纪80年代末，人类学家继续从解决争端的角度研究正义，但是这项研究开始强调关注分层和权力的问题，包括人权领域、囚犯、移民、难民和其他方面。随着调查范围的扩大，人类学家研究了法律作为一种有意义的制度体系，是如何构建社会结构的。也就是说，法律如何作为一种意识形态嵌入一个社会文化之中的。20世纪90年代末，这种研究方法用于探讨在全球化背景下的正义问题。例如，人类学家记录迫害和其他暴行，分析当地制定的人权和全球其他法律，也就是国际人权的意识形态之间的关系。此外，一些人类学家支持把人权当作一个可以提供权利的政治体系特定的定义，这些人类学家希望为建设一个公正的世界做出贡献。

（薛其龙）

政府（Government）　政府最宽泛的定义是维持社会秩序的一套规则体系。这些规则可以是隐含的或明晰的，可以是以文字形式记录在案，或者仅仅是口口相传的。研究政府是政治学的核心，但在政治学内部，对于应当如何研究政府、政府存在的类型和形态等问题的观点并不一致。在人类学领域，大部分讨论都集中在政府是否需要借助有形的权力机构来实现其统治，或者说，那些有着特殊权威结点的社会是否存在政府？这一讨论的关键问题之一就是对政府与国家之间界限的认定（或混淆）。

亨利·梅恩（Sir Henry Maine, 1861）和摩尔根（Lewis Henry Morgan, 1877）等19世纪的理论家们认为，人类社会是从以血缘和亲属关系为基础的、财产公有的简单社会进化为以契约关系和领土管辖为基础的、财产私有的复杂社会的。在这种理论体系中，可识别的政府机构是“文明”社会的特征，它们在“初民”社会里是没有的。

英国功能主义人类学家福特斯（Meyer Fortes）和埃文思·普里查德（E.E. Evans-Pritchard）摒弃了其前辈的进化图式，但保留了其中的一些范畴。他们致力于搞清楚两种截然不同的非洲社会类型（“集权”和“非集权”）的动力学。集权社会的特征是“集中化的权威、行政机构以及司法制度，简言之，有一个政府”，另外，“财富、特权和地位上的差别与权力和威望的分配相对应”。非集权社会“包括了那些缺乏集中化的权威、行政机构以及司法制度，简言之，没有政府的社会”，“社会中没有明显的等级、地位和财富上的差别”（Fortes & Evans-Pritchard, 1940a：5）。

但是，这一区分并不表示非集权社会里不存在政治。事实上，福特斯和埃文思·普里查德激发了整整一代田野工作者去探究政治在无政府的社会里如何运作。然而，他们的研究成果却颠覆了自己的类型划分和对“政府”的严格界定。随着对松散社会中的政治体系的描写日渐增多，福特斯和埃文思·普里查德对于政府构成的衡量标准也越发远离政府本身，而开始靠近于国家。他们俩对努尔人和塔伦西人的无政府社会的研究也表明，即使没有官僚系统，人们也可以根据清晰的规则有效地管理他们自己和日常事务（Evans-Pritchard, 1940; Fortes, 1945 ）。那么，这些社会缺少的究竟是政府还是国家呢？

梅尔（Lucy Mair, 1962：16）认为福特斯

和埃文思·普里查德忽视了政府职能这一基本问题，从而制造了一个伪二分法。梅尔不认为存在无政府的社会。即便是最“原始”状态的社会也有自己的政府，只是由于社群规模较小，缺少可辨识的长期领袖，或领袖无能力始终实施其权威，从而导致政府规模过小。为了证明自己的观点，梅尔选择将游牧的努尔人社会作为拥有简单政府的“极端例子”，尽管埃文思·普里查德就是研究努尔人的民族志者，并且宣称努尔人没有政府。梅尔利用埃文思·普里查德的数据指出，努尔人拥有共同的清晰规则去纠正错误，也拥有受到爱戴的公认领袖（即便领袖无法要求别人服从自己），他们的确是有政府的（1962：61–2）。

在上述讨论中未被提及的一个更微妙的问题是，适用于个体的规则是什么，政府的合法性又如何构成。例如，爱德蒙·利奇（Edmund Leach, 1954）指出，缅甸北部低地的掸人有一个社会角色固定的分层社会，而其邻近高地的克钦人的社会却在等级制和平等主义这两种状态之间摆动，他们各有一套不同的社会规则。对于克钦人来说，由什么人和哪些东西构成政府，要取决于个人在那一特定时刻在整个系统中碰巧所处的位置。当然，这也引出了一个国家体系中的居民很熟悉的问题：不管国家声称自己的规则如何一致，绝大多数居民都要受制于其他规则体系（宗教、文化、民族等），它们往往以相互矛盾的方式管理着人们的行为。这样，人类学关于政府本质的讨论完成了一个循环。早期人类学家认为，国家体系中的政府显而易见，因为它是制度化的，而且毫无疑问是必要的，而缺少正式制度的社会则需要仔细审视才能明白它们如何运作。如今，人类学家们已经意识到，在国家体系中的政府的正式制度，远没有人们之前以为的那样固定和明了，它们同样需要高度关注。

（贾云龙）

参考书目

［1］Evans–Pritchard, E. E.1940, *The Nuer. Oxford*: Clarendon.

［2］Fortes, Meyer. 1945, *Tit dynamics of Clanship among the Tallensi*. London: Oxford University Press.

［3］Fortes, Meyer & E. E. Evans–Pritchard. 1940a, *Introduction. In Meyer Fortes & E. E. Evans-Pritchard (Eds.)*, African Political Systems. London: Oxford University Press.

［4］Edmund, Leach. 1954, *Political Systems of Highland Burma: a Study of Kachin Social Structure*. London: London School of Economics and Political Science.

［5］Maine, Henry S. 1861, *Ancient law, its Connection with the Early History of Society and Its Relation to Modern Ideas*. London: Murray.

［6］Mair, Lucy. 1962, *Primitive Government: a Study of Traditional Political Systems in Eastern Africa*. Baltimore: Penguin［rev. edn., Indiana University Press, 1977］.

［7］Morgan, Lewis Henry. 1877, *Ancient Society*. New York: Holt.

政治经济学派（Political and Economic School）20世纪70年代末到80年代初，随着国际交往的更加频繁、全球化步伐的加快、第三世界力量的兴起，世界政治经济体系出现了从区域性向全球性的转变趋势。在美国人类学中开始出现了一种反思“文化孤岛”、单一文化生态环境和相对离散的社会或文化的学术思想，学者们汲取世界体系理论和社会学发展理论，结合人类学在特定区域和小地方的田野调查，进而关注跨地区发展，强调社会外部力量的冲击和社区面对冲击力量所具有的承受能力和地方适应性。

马克思力求使被压迫的人民明白自己所受压迫的性质及其产生原因，并就相关人类学问题进行了讨论。人类学政治经济学派的出现也与新进化论有密切关系。

当代政治经济学派反映了人类学对世界一体化的看法和假设，它认为资本主义经济和文化在世界各地占尽了优势，世界上不存在绝对孤立的村落和文化。政治经济学派把注意力集中在跨地区的政治经济体系上，认为人类学所讨论的个别文化之特殊传统实质上是经济体系分工结构下的产物。社区内部的历史和文化在很大程度上都是舶来品，因为世界是一体的。由此可见，世界体系的历史观对于这一学派的影响不容小觑。同时，也体现了政治经济学派思想源头的多元性和复杂性。一方面，它吸收了传统美国人类学的观点，不以孤立的视角来看待文化，而是通过社会媒介来观察个体、群体之间的关系。在此，社会媒介无疑是政治、经济、权力、市场；另一方面，古典人类学、政治经济学派和结构马克思主义的理论假说基本一致，人类历史进程受制于某些结构性和系统性的力量。在这一历史观的背后，其实包含着主体与客体、主位与客位方法论上的断裂，即一个文化系统的研究者无法真实地理解另一个社会体系的文化。

埃克·沃尔夫（Eric Wolf）是美国政治经济学派的集大成者，以其拉丁美洲研究和在人类学研究中提倡马克思主义和历史视角而享誉世界。在《欧洲与没有历史的人们》一书中，他继承了马克思主义关于生产关系和劳动价值的基本观点，认为在18世纪晚期发端于英国的资本家通过购买劳动使得人们在资本主义运作模式中变得一无所有，仅有劳动可以出售。英国之所以会发生自由主义政治革命、工业革命和自由贸易是因为其独特的历史与地理。英国的成功导致了世界分工，从而满足于英国资本主义的利益。欧洲被视为一个世界性的核心变化力量，而美洲和欧洲以外的地区和族群被逐渐卷入资本主义的全球关系过程当中，历史发展过程被看作一个物质关系的演化过程（沃尔夫，2004）。而几乎与其同时代的阐释人类学大师格尔兹（Clifford Geertz）则将历史视为文本来研究；文化理论大师萨林斯（Marshall Sahlins）认为历史与文化是在相互界定中形成的。布迪厄（Pierre Bourdieu）曾经使用“统一的政治经济学”的概念。他承袭了法国结构主义传统，在吸收并批判前人思想的基础上形成了自己的经济社会学理论。强调以经济现象和社会现象的相互关系为研究对象，运用社会学的观点和方法，把经济现象置于广阔的社会背景中进行分析研究。

政治经济学派作为人类学的一个理论流派将政治、经济、权力、市场放置在一个更加广阔的社会和文化背景中来阐释，加入了跨文化的比较视野，使得人们更容易理解从最广泛的文化差异到世界一体化的历史文化过程。政治经济学派某些理论推理，对于欧洲农民、英国资本主义发展来说，似乎有可取之处，但是却忽视了远离“中心”区域、偏远社会所独有的历史、社会结构，并且把它们放大到资本主义关系及其作用当中去，在一定程度上忽略了小民族和社会内部结构的特征研究，在材料阐释方面显得不足。这对于关注地方性知识的传统人类学来说又显得难以接受。批评他们“愿意把己身定位在资本主义的历史航船上，而不是下船上岸扮演行动者的角色，了解当地人和固有活动。……西方人类学家能够看到他们的文化体系对海外土著产生的不良后果，据此预测当地社会的前景，却不能看到研究对象接触西方文化以前的情形，似乎土著没有文字，也就没有历史。这种观点延续至今，更像是一种充满愤怒或绝望的发泄。”（奥特纳，2010）

（张猷猷）

参考书目

［1］埃里克·沃尔夫. 欧洲与没有历史的人们. 赵丙祥等译. 上海：上海人民出版社，2004.

［2］谢丽·奥特纳. 上世纪下半叶的欧美人类学理论. 何国强译.《青海民族研究》，2010（2）.

政治人类学（Political anthropology） 研究范畴包括法律、秩序、冲突、统治与权力。主要观点是政治不能在其他社会子系统外孤立存在。政治人类学通过探讨权力如何在社会及文化环境中被使用来明确其旨趣。权力被定义为实现特定目标的政治影响力。通过文化诠释，政治文化规定某些目标为可被接受的。政治系统在历史情境中运行。

政治人类学的理论源泉可以追溯至19世纪的社会进化理论，如梅因（Henry Maine，1861）把社会分为按社会地位组织的社会和按法律契约组织的社会，摩尔根（Henry Morgan，1877）把政府组织的基础划分为亲属关系和领土。此外，政治人类学还借鉴了涂尔干（Emile Durkheim，1933）、韦伯（Max Weber，1968）和马克思（Karl Marx，1887）关于道德秩序和社会组织之间关系的论述。更晚近的理论来自社会科学家对社会权力结构的观察，如福柯（Michel Foucault，1977）、布迪厄（Pierre Bourdieu，1977）以及吉登斯（Anthony Giddens，1984）。当今的政治人类学受惠于两个不同的理论脉络。首先，在美国文化人类学视野下，政治人类学仍旧从比较的、历史的角度关注政治系统如何演化以及为什么演化。而在英国社会人类学传统中，政治人类学研究政治如何在不同社会中运行以及个体在其中发挥的作用。

由于深受社会模式变化的吸引，人类学家一直以来都将国家的起源作为理论兴趣。几十年来，持进化论观点的人类学家与考古学家将社会划分为家族群、部落、酋长制国家、国家等几个类别，并且对不同分类方式进行讨论。冲突基本上在所有的社会类别中都被赋予了核心作用。然而传统的研究方法还是认为战争是实现进化的手段。直到最近，研究者才逐渐将战争内部和战争本身作为一种机制进行研究。人类学家以这种新视角看待当代社会中的暴力冲突，让政治人类学这一分支与过去相比具有更加鲜明的特点。举例来说，虽然世仇（作为一种可控的冲突形式）曾经是政治人类学家最早研究的习俗制度之一，可直到最近，这种有组织的冲突形式在民族、政治、教派、宗教和经济领域展现出的不可控影响（不光是原因）以及调解、冲突解决等可能的解决途径才被纳入研究范畴。

政治人类学的第二个，同时也更有影响力的理论脉络起源于人类学田野调查经验以及在非西方社会中定位秩序过程中产生的现实关切。这也正是田野奠基之作《非洲政治体系》（Fortes & Evans-Pritchard, 1940）最明确的目标。基于对一系列非洲集权与非集权统治制度的描述和分析，社会被分为两大类：拥有政府机构的“原始国家”以及没有政府机构的“无国家社会”。这部作品以及其他对政治体系的详细田野调查，例如埃文思·普里查德对努尔人的调查，以及福特斯对塔伦西人的研究，激励了一代田野工作者聚焦于政治秩序如何以不同形式嵌入亲属关系、宗教仪式、年龄系统及其他不需要独立政府机构的秩序维持机制中。这些研究内容同时也是殖民统治者的关注重点，他们急于了解如何统治、控制受殖民约束的人民。人类学家在辅助殖民主义扩展的进程中可能扮演的角色已成为近几十年来广泛讨论的主题（Asad，1973；Kuklik，1991）。但不可否认的是，这些著作产生的结果在一些新方向上推动了人类学的发展，在非洲尤其如此。

曼彻斯特学派对于冲突和冲突解决的研究就是这些新方向之一。该学派由格拉克曼（Max Gluckman）及其学生开创，并鼓舞了一批人类学家对社会机制进行研究，从而应对跨社会张力和变化。格拉克曼既受过法律教育也经受过人类学训练，他对法律人类学的发展也做出过突出贡献。因为这两个人类学分支都研究冲突调解以及社会秩序的维持，二者常常紧密相关。虽然“二战”之后反殖民主义浪潮高涨，但种族分界线依旧未被动摇。曼彻斯特学派的人类学者实验性地运用了包括情境分析以及网络分析等新方法，试图解释非政治事件和组织如何能被赋予政治含义。其他一些学者发现，政治被嵌入了仪式等社会生活的方方面面。例如，特纳（Victor Turner，1957）就描述了赞比亚的恩登布人如何以一种仪式的方式解决村落层面的政治危机。另外，科恩（Abner Cohen，1969）则揭示了在尼日利亚的优鲁巴兰，仪式如何在豪萨民族性的发展过程中扮演角色。

当然，政治人类学也不仅仅局限在非洲或是曼彻斯特学派中。利奇（Edmund Leach，1954）就解释了缅甸克钦人的仪式、认同和民族性之间的联系，这些联系体现了在等级与均等的社会组织形式（贡劳、贡撒）之间摆动的政治制度。利奇首先指出了个人在政治中的能动性角色，这一观点随后被贝利（F.G.Bailey，1960）在印度的研究和弗雷德里克·巴特（Fredrik Barth，1959）关于帕坦人的研究进一步拓展，并且继续探索了政治操控的总体效果。

20世纪60—70年代，大人物网络、附庸关系、农民，还有精英成为研究焦点。借用博弈论的观点，政治人类学在更广的范畴里，仍旧着眼于分析竞争、特权和权力。直到20世纪80年代，在全球化的语境下，随着政治经济学和世界体系理论的发展，分析政治变迁和阶级关系的新变量被引入政治人类学（E.Wolf，1982；Mintz，1985）。

除了尝试用大模型来解释政治制度，人类学家也特别关注个人与社会在抵抗资本主义、集权权威和霸权权威等外部势力的渗透时所使用的策略。政治人类学家试图解释不同群体如何做出抵抗，同时又与这些权威或国家系统合谋。在研究中，人类学者既使用自上而下也使用自下而上的研究方法来理解权力。随着时间的推移，这一领域的研究内容也不断发生变化，逐渐从对静态的，界线清楚的领土国家或正式的政治制度的研究转变为针对难民等属于政治范畴的人群以及对发展项目、多边合作引发的政治经济进程进行研究。

如果说早期政治人类学家所面对的个案在大多数情况下是异域的、在远方的，那么当前的研究则是比较的、包容的。通过使用非西方的参照，政治人类学家调查“继承高位”等政治科学家长期以来感兴趣的西方实践。例如戴维·科泽（David Kertze，1988）对比分析了意大利、美国、苏联和阿兹特克、布尼奥罗、斯威士的政治传统，这与政治人类学最初的目标完全一致。对政府制度的超越使得这一研究领域获得了全新的生机与能力，从而能够应对秩序、混乱和权力投射等新的话题，而这些话题将会塑造政治人类学未来的研究维度。

（贾云龙）

芝加哥大学人类学系（Department of Anthropology in the University of Chicago） 芝加哥大学人类学系隶属于社会科学部，拥有令人引以为傲且源远流长的学术传统，在美国学界独领风骚。在坚持传统研究领域的同时，也发展了新的学术兴趣点。当下，考古人类学、语言人类学和社会人类学在各个研究领域都吸引了大量的研究人员，如符号学、后殖民主义、人权和原住民权利、全球化、对新自由主义的评论、种族政治、性别和性、位置和空间分析、多媒体和视觉文化、历史和历史学的想象力和对科学与技术的人类学研究。以上领域的拓展得益于人类学系长期以来在社会和文化理论基础上不断训练学生专注研究。在研究小组、工作坊、学术会议和每周的学术讨论会上，基于严谨的调查研究和学术构想的各种讨论自由而激烈。人类学系教员和历届学生见证了该系的风采。芝加哥大学的人类学受芝加哥学派启发，在量化泛滥的今天，芝加哥学派的理论与方法再次成为人们反思的对象。科马罗夫（Comaroff）夫妇的后殖民主义研究极大推进了近世人类学及社会科学的后殖民主义反思。派克（R.Park）主导的美国芝加哥学派，主张将社会人类学的方法用于城市的社区调查，而芝加哥大学人类学系的雷德菲尔德（R.Redfield）则主张将社会学小型社区的政体研究的方法用于原始部落的人类学研究。

（蒋萍）

知情同意（Informed consent） 以人为对象的人类学研究必须确保当事人对研究知情，并获得其同意。人类学者在进行研究前（主要指田野调查时），必须让研究对象清楚地知晓研究的性质、动机与目标，主题、方法、经费来源，以及未来研究成果可能将以何种形式发表等，研究者还必须告知被研究者在研究中的基本权利，例如，可以自由决定是否参与研究、随时有权利退出研究等，以便使被研究者在清楚状况的情形下自主决定是否参与研究。简言之，秘密开展研究是不符合人类学研究伦理的。

常见的知情同意形式包括口头、书面，或社群集体的方式。尽管越来越多的书面文件已经用于确认知情同意，但人类学研究中对于当事人的知情同意，却不限于签署形式化的“知情同意书”，而是更为强调动态且持续不断的沟通过程。此过程随着研究进行展开，随时可能需要调整，并通过不断与研究对象的对话及协商来达成。原则上，人类学的田野调查方法，能够进入社群并为当地人所接受，亦可能为一种同意形式。因此，人类学研究应视计划的性质，除了符合所在国家法律与行政机关规约的最基本规范和所研究族群的基本文化规则之外，应追求最为适情合理的知情同意执行方法。另外，研究者有责任了解并遵守各地方、各族群知情同意的规范、法律与准则。

（康敏）

知识社会学（Sociology of knowledge） 对观念的社会起源和影响进行的社会学研究。从广义上来讲，马克思意识形态的研究以及涂尔干在《宗教生活的基本形式》和《原始分类》中对认知的基本范畴的研究都属于知识社会学。从狭义上来讲，知识社会学是20世纪20年代在西方诞生的一门社会学的分支学科，其先驱者是现象学家麦克斯·舍勒，而卡尔·曼海姆（karl Manheim）的《意识形态与乌托邦》则是这一分支学科的奠基之作。

康德在《纯粹理性批判》中对认知的形成做了系统的论述。在他看来，认知的形成首先需要先验的感性要素，即时间和空间。此外，认知的形成需要纯粹的知性概念，“赋予一个判断中的各种不同表象以统一性的那同一个机能，也赋予一个直观中各种不同表象的单纯综合以统一性，这种统一性用普遍的方式来表达，就叫作纯粹知性概念。”（康德，2004：71）他按照亚里士多德的说法将这些概念称为范畴，并划分了量的范畴、质的范畴、关系的范畴、模态的范畴几个类别。认知只有在这些纯粹知性范畴综合直观的杂多基础上才能成为可能。

涂尔干在《宗教生活的基本形式》以及与莫斯合著的《原始分类》中对范畴的起源进行了探索。他的核心观点就是范畴起源于社会：“类别范畴起初与人类群体的概念没有什么分别；时间范畴以社会生活的节奏为基础；社会所占据的地域为空间范畴提供了物质基础；而集体力不仅是有效力量的原型，而且也是因果范畴的基本要素。”（涂尔干，1999：605）《原始分类》则对分类范畴的社会起源进行了专门的论述，他们指出，最初的分类是人的分类，分类范畴的原型只能从社会群体的划分中去寻找。

马克思对意识形态的论述也可以看作是知识社会学的理论来源。马克思认为意识形态的产生最终是由经济基础决定的。人们的认知在社会实践中形成并在实践中被检验和修正。马克思的这一论点一直是知识社会学的中心问题，它直接导致了对于文化生产问题的一些典型的社会学分析。

麦克斯·舍勒最先提出了知识社会学这一概念。舍勒用“实际因素”（realfaktoren）这一概念扩大了马克思的经济基础概念，他认为“实际因素”在不同的历史时期，在不同社会和文化中以各种特定的方式决定着人们的思想。同时舍勒坚持认为，存在这一个永久的价值和思想的领域，这就限制了他的“实际因素”这一概念在解释社会和文化变迁中的应用。

卡尔·曼海姆则对影响知识生产的因素做了更进一步的论述。他跟舍勒一样，对影响知识生产的因素进行了进一步的扩展，他认为生物因素、心理成分以及精神的甚至超自然的因素都有可能代替经济基础的作用影响知识的生产。他反复论述了各种观念，尤其是哲学和政治观念之间的联系，论述了他们的社会基础以及这种关系的可能的相对主义的含义。这种对知识生产的社会基础的研究一直是知识社会学的中心议题。

后来知识社会学的发展将研究领域扩展到了对自然科学知识的研究上来，这个新的研究领域使得知识社会学有了新的发展。

（张文潇）

参考书目

［1］康德. 纯粹理性批判. 邓晓芒译. 北京：人民出版社，2004.

［2］涂尔干. 宗教生活的基本形式. 渠东，汲喆译. 上海：上海人民出版社，1999.

［3］涂尔干，莫斯. 原始分类. 汲喆译上海：上海人民出版社，2000.

［4］卖克斯·舍勒. 知识社会学的问题. 艾

彦译. 北京：华夏出版社，1999.

［5］卡尔·曼海姆. 意识形态与乌托邦. 黎鸣译. 北京：商务印书馆，2000.

直接观察法 指身临其境的观察，也称为“现场观察”。观察是人类学收集第一手资料的最基本方法。初到一个地方，调查者不能像普通人一样随便看看，也不能“走马观花”，而是有目的地细致观察。当地的自然地理、人工建筑等均一目了然，这是对静态的物的观察。另一方面，对当地人的日常活动、生活礼仪、人际交往等更要留心，这是对动态的人的观察。观察是否细致入微往往是能否发现问题的关键。观察要深入，更要全面，特别是对于某项活动要看得全，又要自始至终，把握全过程。一个人一次很难观察细致全面，这要多人配合，或者多次反复观察。

（邹宇灵）

直立人（Homo erectus） 生活在180万—5万年前的已灭绝的古人类物种。这个物种的第一个化石（模式标本）是一块头盖骨，由欧仁·杜布瓦（Eugène Dubois）于1891年发现。直到1894年，在这块头盖骨出土地附近又发现了一根股骨，才正式确定了这个物种。这根股骨与现代人的几乎相同，因此杜布瓦将其命名为“直立猿人（Pithecanthropus）。这两块直立人化石均发现于印度尼西亚爪哇岛梭罗河边的特里尼尔村，分别被命名为头盖骨“Trinil 2”和股骨“Trinil 3”，更广为人知的名字是“爪哇猿人”。

1927年，戴文森·布莱克（Davidson Black，步达生）在中国北京周口店地区发现了一颗牙齿，命名为“北京猿人”，后又在此处发现了若干头骨、肢骨和牙齿等化石，包括著名的“北京猿人头盖骨”。随着越来越多“直立猿人”化石的出土，古人类学者发现它们与真人属其他成员有许多共同特征，因此这些化石被统一归属于直立人（Homo erectus）。

直立人在其存在的180万年间在体质形态上没有发生太大变化。与南方古猿和早期真人属成员相比，直立人拥有较小的牙齿、短缩的吻部和突出的鼻骨。直立人的头骨增大、脑量明显增加，变异范围是750～1250毫升，平均约900毫升。直立人的平均身高为170厘米。

与现代人相比，直立人的颅骨、脸部和牙齿更强健，更接近猿类。它们颅骨通常较长，前额很低，并且颅骨后有一个明显突起，用来连接强劲的颈部肌肉。它们的头盖骨骨壁也比现代人更厚。很多亚洲直立人样本的颅骨顶部有一条突出的中线，称为矢状脊。所有的直立人样本都不具有现代人前突的下颌。直立人颈部以下的骨骼结构很接近现代人，只是更加健壮。直立人已经完全适应双足直立行走，不像之前的古人类还有一些树居的迹象。直立人的臀部更窄，这使它们的双足直立行走比现代人更省力。

直立人使用的工具也更加先进，并且掌握了如何控制火。直立人使用的工具被称为阿舍利文化（Acheulean culture），在非洲、欧洲、以及西亚和南亚都有大量发现，在东亚比较少见。直立人最典型的工具是阿舍利手斧，是一种梨形，边缘锋利尖锐，可以用来切割、敲打或挖掘的工具。除了手斧，阿舍利工具还包括刀片、刮片和有缺口的工具。工具的多样化表明直立人对它们的依赖性很大。

直立人是除智人外，在世界范围内扩散最广的古人类，它们的遗骸和工具化石在欧洲、南亚印度、东亚和东南亚地区都有发现。直立人可能是第一批走出非洲的古人类。爪哇的化石显示直立人的生活年代距今约180万年，并一直在东南亚存活到距今5.3万—2.7万年前，那时现代人也已经到达了东南亚，两个物种曾共存过一段时间。

其实直立人在分类学上的定位一直存在争议。广义的直立人包括非洲的匠人（Homo ergaster）、欧洲的海德堡人（Homo heidelbergensis）、以及亚洲的直立人（Homo erectus）；狭义的直立人则专指亚洲的直立人，它们是由匠人演化而来，扩散到亚洲，最后灭绝。而匠人演化出的另一支海德堡人，成为尼安德特人的祖先。

（谭婧泽、佟欣竹）

参考书目

H. James Birx, editor. *Encyclopedia of anthropology*(*Vol*. 3). Sage Publications, 2006, 1187−1188.

直系亲属制度（lineal kinship system） 亲属称谓制度之一。在世界上采用较多的是父母辈亲属称谓制，这类亲属称谓制又可以分为4个不同的类型。其中第一种就是直系亲属称谓制（第二种为分合亲属称谓制、第三种是辈分亲属称谓制、第四种是交叉旁系亲属称谓制）。直系亲属称谓制的基础是核心家庭，在许多采食社会和工业化社会中都采用这种亲属称谓制。存在直系亲属称谓的社会的特征是核心家庭是建立在亲属关系上的最重要的群体。

自我为中心的亲属分类体系被称为“直系体系”。直系亲属称谓与世系完全没有关系，世系存在于极其不同的社会背景中。直系亲属称谓的名称来自于它能将直系亲属和旁系亲属区分开来。一个直系亲属就是自我的祖先或者后代，可沿着一条直线向上或者向下连接到自我的任何一位亲属。因而，一个人的直系亲属指的是一个人的父母、祖父母、曾祖父母以及其他的直系前辈，直系亲属也包括子女、孙子女、曾孙子女。旁系亲属是其他的亲属，包括兄弟姐妹、侄子外甥和侄女外甥女、阿姨和叔叔、堂表兄弟姐妹。姻亲是通过婚姻结成的亲属，它或者是通过直系亲属的婚姻（例如儿子的配偶），或者是通过旁系亲属的婚姻（姐妹的配偶）。这里的直系亲属是指对个人说来从祖先以下与自己有直接继嗣联系的任何人。

（刘荣）

《殖民情景——民族志知识情景化论集》（*Colonial Situations: Essays on the Contextualization of Ethnographic Knowledge*） 这本论文集由乔治·斯托金（George Stocking，1928—2013）主编，是反思人类学与殖民主义关系的一本力作。作为美国著名的人类学史研究者，斯托金还致力于推动美国学界人类学史研究的发展，并为此做出了重要的贡献。

本书包含《马克莱、库贝瑞、马林诺夫斯基——人类学黄金时期的原型》《阿尔冈昆人狩猎领地的建构——作为道德训诫、政策宣传和民族志过失的私有财产》《殖民情境下建立友善关系的力量——大卫·施耐德的Yap田野》《表述、抵抗、反思——Kayapo文化的历史变迁及人类学的自觉》《Mois人和游击队员——从萨巴蒂埃到美国中情局对越南山地民族的发明和占用》等7篇文章，关注探讨的主题是权力和知识生产的关系，共同回应了一个马克思主义式的主题：时代造就人物，时代决定了知识的生产。通过7位作者笔下不同时空学者的不同学术人生经历，知识与权力、知识人与知识、知识人与权力等错综复杂下的人类学史得以复原；对殖民时代政治经济力量和人类学之间关系的梳理，亦是对政治经济力量是诸多决定知识生产的时代因素的承认和强调与揭露。注重多重情景下人类学殖民遭遇的阐释正是这本论文集最重要的意义所在。斯托金注重在特定的民族志场景（ethnographic locales）下，不同人类学家各具特色的活动。这些面向需要用一种复数性的“殖民情景”概念（pluralization of the colonial situation concept）方能全面地解释。全书不同文章从不同角度展现了不同时空里人类学发展过程中无处不在的殖民情景（colonial situations），促使我们反思人类学者思想和行为中的殖民性、民族志知识中的民族性。学者能动地参与了学科历史的塑造，这是斯托金借助多重情景化的学科史想要表达的一个意思。他主编的这本书及其提倡的多重情景人类学史研究法，至今仍在为今后的研究提供启示。

（刘荣）

殖民主义（Colonialism） 一个主权国家对其他国家通过军事占领、经济扩张等手段取得另一个国家或地区的控制权。殖民特点包括对一个异国社会政治的、合法的占领，殖民地丧失了政治经济的独立性并为帝国主义经济利益和需要服务，种族和文化不平等的制度化。殖民主义是帝国主义的一个变种。

殖民主义兴起于16世纪封建制度并持续了3个世纪。殖民主义伴随着新航路的开辟，最先由葡萄牙、西班牙、荷兰等国开始，并因18世纪在欧洲各国兴起的资本主义而加快了殖民过程。如英国、法国等资本主义国家开始大肆扩张殖民地。1820年到第一次世界大战期间欧洲确立对世界贸易、金融、造船业以及各种政治和军事形势的霸权地位，这是基于其技术、应用科学和情报学而形成的。第二次世界大战结束后随着民族解放运动的高涨，殖民体系逐渐瓦解。

早期西方国家殖民的直接原因可以说是埃里克·沃尔夫（Eric Wolf，1982）所说的“寻金热”，其有着更深层次的社会原因，如西方国家的市场竞争、宗教和意识形态的动力、封建制的衰弱和地区政治等等。西方国家之所以能展开殖民活动，是因其有强大的技术和政治力量的支持，更重要的是当时西方国家资本主义的普遍发展。

殖民国家和殖民地存在着不平等的关系，殖民国家取得殖民地经济、政治、军事、外交等方面的控制权，殖民地成为殖民国家附属。殖民主义在不同的历史时期有不同的表现，但都离不开殖民地为殖民国家服务的性质，如殖民地向殖民国家出口单一的经济作物、开采矿藏，贩卖黑奴满足北美地区劳动力需求。这样的不平等关系对殖民地产生了深刻影响，并使得现在已经获得独立的国家长期落后于西方。

鲍尔（Bauer，1976）认为殖民主义是促使经济现代化和社会进步的积极力量，保证了法律和秩序、私有财产、基础设施和现代政治法律文化组织。殖民主义也被马克思主义者（Rodney，1972; Baran，1957; A. Frank，1967）和新马克思主义者（B. Warren，1980）视为是大规模的破坏、依附、系统性的剥削，产生了扭曲的经济、社会心理的困惑及大量贫困及新殖民主义。一些新马克思主义者认为殖民资本主义是“进步的”，就像促进社会转变有力的引擎一样；人类学与殖民主义的关系是密不可分的。随着殖民主义的扩展，殖民国家对殖民地的管理因文化差异而出现了许多问题，殖民者经常雇用人类学家。人类学家对“他者”文化的研究，特别是功能主义学派如马林诺夫斯基对土著人的田野作业，一方面促进了殖民者理解当地文化，便于殖民管理；另一方面也使得人类学家走出书斋式的研究，对研究对象进行实地考察，逐渐确立学科原则。人类学家与殖民者的关系复杂，早期人类学家被阿萨德（Talal Asad，1974）等人批评与当局采取合作的态度，这一观点被凯瑟琳·高夫（Kathleen Gough，1968）发扬，她认为早期人类学家与帝国主义串通而忽略了资本主义扩张对其研究对象的影响。但是温迪·詹姆斯（Wendy James）并不这么认为，她指出人类学家对殖民地人民的同情不是偶然，而是基于人类学学科原则产生的，并且人类学理论研究与殖民政府政策的矛盾、民族学家与当局关心事物的利益冲突等表明，人类学很少服务于殖民政府。

总之，人类学的发展离不开殖民主义的扩张，正是殖民主义给人类学提供了一个研究“他者”文化的机会，但是这并不代表人类学仅仅为殖民当局服务。殖民者、殖民地、殖民过程对殖民地的影响同样也进入了人类学家研究的视野。

（杨修业）

指定婚制度（Prescriptive marriage system）依据联姻理论，婚姻规则是强制性的，而不是可选择的或简单的优先。

首先，联姻理论（alliance theory）是由结构主义人类学家列维·斯特劳斯（C. Levi-Strauss）提出的，并在其婚姻与亲属制度学说中得到了进一步的发展。联姻理论适用于其组织单位受制于相互间婚姻关系的社会。婚姻通常来说不是个人之间的契约，它通常代表了两个团体之间的结盟，因此在婚姻关系的基本结构中，有着明确的婚姻规则，如由亲属的身份来限定可以通婚的范围。联姻关系来源于人类社会的一个普遍事实：一个男人若想娶妻，就必须由另一个男人直接地或间接地把一个女人出让给他；在最简单的情形下，另一个男人所处的地位是那个女人的父亲或兄弟。可见，婚生子女的舅父，即一开始就被出让出去的那个女人的兄弟，是以女人的给予者的身份出现的。正常的婚姻是通过交换进行的。

指定婚是指某人娶某一特别范围内的女子为妻的婚俗。等级内婚、家族内婚都属于这一范畴。原始社会时期的族内婚，进入阶级社会后仍有存在，如王族内婚和等级内婚，都是在同一血亲家族内寻求配偶。实行家族内交换婚一般都是为了维护本家族地位、等级和财产不被分割。

（王莎莎）

参考书目

克洛德·列维·斯特劳斯. 结构人类学（1~2）. 张祖建译. 北京：中国人民大学出版社，2006.

《制度如何思考》（How Institutions Think）英国社会人类学家玛丽·道格拉斯（Mary Douglas, 1986）所著，是道格拉斯学术生涯晚期的一本讲演集，为她究其一生所关注的认知和社会的关系问题提供了理论框架。它一方面阐明了社会制度与个体心智之间的关系，奠定了道格拉斯学术思考方法论的基础；另一方面书中对于自然与社会关系的考察，对于“思考世界”和“思考样式”的阐述等，都是道格拉斯其他著作的理论框架和前提。

本书要考察的主题是心智（mind）与制度之间的关系。首先，道格拉斯提出的问题是：制度是否有自己的心智，制度是否会思考，这两个问题似乎是荒谬的，因为只有人才拥有思考的能力。而道格拉斯用“思考世界”（thought world）的概念来说明现代社会中存在着各式各样的“思考世界”，如科学、艺术、神学、人类学等，这些独特的“思考样式”会嵌在更大范围内的“思考世界”及其制度之中。她认为，在现代社会中，有很多“潜在群体”（latent group），在某些特定事件发生的时候，他们会浮出水面，组成可见的群体并共同行动。但是，这样的群体不仅具有“弱领导和强边界”这两个特征，而且只是暂时的，并不会持续个体的一生。在阐明了“潜在群体”的形成和消失之后，才能回答“社会如何可能”，对个体进行限制的制度的合法性来自何处。

道格拉斯认为制度是某两样东西相似的原因，她从历史的层面说明制度不仅仅对事物进行分类，还从事记忆和遗忘的动作。制度性思考的最大胜利就在于让制度完全隐形，当社会情景发生变化的时候，会出现改变社会控制的可能，即新选择的可能，进一步回答制度对个体心智的控制，然而个体在做重要的决定时（主要指道德问题），会诉诸制度。道格拉斯为避免使自己陷入道德相对主义的窠臼之中，又对道德观念之间进行比较或判断树立了3个标准。最后，道格拉斯认为“岩洞困境”这个问题是无解的，因为这件事发生在所有的制度情景之外，除非依靠制度，个体无法进行思考。

（刘荣）

质性方法（Qualitative method） 用非定量、非量化的方式进行考察和解释的方法。又译为“定性方法”。目的在于发现内在的意义和关系模式，较多应用在实地研究和历史研究中。质性方法使用的原始材料可以是预先存在的，如存在于历史文件中的，也可以是通过调查、访谈得到的。在质性研究中，数据收集和分析并不具有标准化的模式，各种方法经常被交叉使用以契合研究问题。其中，非正式的方法包括参与式观察和开放式访谈；正式的方法包括结构式访谈、文本分析、概念图、推理模型等。

质性研究的理论基础包括建构主义、后实证主义、解释学、现象学等各种理论流派。社会文化人类学的人文属性表现在对时空情境、社会文化多元性和相对主义的强调。总的来说，质性研究相信，社会现实的本质并不是客观存在的，而是由不同的人在不同的时空中赋予各不相同的意义。由此，对知识的认识不是唯一不变的，而是对具体社会文化情境的建构，是各方面的参与者通过互动而达到的一种暂时的共识。质性研究关注人的价值、意义、态度与理解，关注价值世界，注重情感、创造性的智慧和对生命的感受。这一切是无法用数学的语言以数据的形式来表现的，只能通过描述性、解释性的语言来实现。质性研究致力于深入研究对象的具体特征或行为，进一步探讨其产生的原因。如果说定量研究解决的是“是什么”的问题，那么质性研究解决的就是“为什么”的问题。不仅需要具有“科学”象征的数字研究，也需要具有“人文”象征的社会文化描述和意义分析。在当下中文语境下的“科学”，既包括英文“Science”的含义，也包括英文“Humanity”的含义。两者分属不同的范畴。前者依赖于科学理性和逻辑，后者则基于思想理念、道德伦理和文化意义。（翁乃群，2007）

质性研究与量化研究不同，无法对不同单位的特征作数量上的比较和统计分析，只是对观察资料进行归纳、分类、比较，进而对某个或某类现象的性质和特征化做出概括。质性研究不要求具有统计意义，但是凭借研究者的经验、敏感以及相关技术，能有效地洞察研究对象的行为与动机，以及他们可能带来的影响等。认可质性方法的学者认为，主观洞察的方法并不是非科学的，相反，它是获取科学知识的重要手段，因为社会是由活生生的人和具体的社会活动组成的，对它必须根据社会成员的动机和主观意义来理解。但不可否认的是，质性方法也存在着局限。它的主要缺陷在于，质性分析是依据典型的或少量的个案资料进行总结分析的，因此，这种“典型”或“特殊”并不一定具有普遍性的意义，不一定适合将研究结论进行推广。此外，主观洞察性的分析难免会带有学者个人的判断，因此，对这种主观性的分析或结论往往缺乏客观的评价标准，很难对不同的研究结论进行检验。

人类学的参与观察方法与社会学的非正式访谈是典型的质性方法。一般来说，质性研究的重点是数据采集的问题，包括进入田野之后的采访技巧、民族志方法等。但近年来，学界也开始强调发展质性数据分析方法的必要性。正式的质性和量化方法之间的差异体现于它们不同的分析“导向”上。标准的量化研究并不聚焦于个案，而是主要集中在挑选相似案例最重要的特征；质性研究则关注理论与分析之间的持续互动，注重于挖掘案例中各种因素的结构性关系，了解个案的内在价值，试图发现历时变化的模式或变量之间可能的因果联系，而非超越个案进行概括。

长期以来，人们一直认为数字可能会撒谎，由此对量化方法提出批评，然而，20世纪80年代的后现代主义革命之后，人们也开始认识到，文字和图片也可能伪造或被曲解。任何一项研究都需要对其效度与信度进行考量，但在质性研究中，这些问题却往往被忽视。

近年来，计算机在质性分析中变得越来越重要。除了随机抽样与重复抽样软件的扩展，用于可视化数据分析的软件也有了实质性的发展。虽然图片数据分析在社会科学中仍然是在探索阶段，但具有创造性的社会科学工作者与程序员正在不断取得新的技术上的发展，应用于质性研究领域。

（刘琪、金怡）

参考书目

［1］艾尔·巴比. 社会研究方法. 邱泽奇译. 北京：华夏出版社，2005.

［2］翁乃群. 重新认识质性研究在当下中国研究中的重要性——以人类学应用研究为例.《民族研究》，2007（6）.

［3］袁方. 社会研究方法教程. 北京：北京大学出版社，1997.

智力（Intelligence）　个体获取信息并运用信息解决问题的能力。该概念来源于拉丁文的“intelligentia”或“intellegentia”，意思是“理解的能力或行动”。

智力存在个体差异，通常包括一系列的能力，比如观察力、注意力、记忆力、想象力和思维力等。雷蒙德·卡特尔（Raymond Cattell）区分了“流体智力”与“晶体智力”。“流体智力”是个体天生的内在认知能力，不受文化与教育背景的影响。“晶体智力”指个体通过教育、经验及社会化后天习得的知识与技能。

西方有关智力的观点可以追溯到柏拉图（Plato），他认为人类灵魂由智力、情感和德行组成。圣·奥古斯丁（St. Augustine）将智力界定为快速的理解力和敏锐的洞察力。早期东方对智力的观念建立在哲学的基础之上，最初起源于印度的“智慧”与“谨慎”两个概念。随着时间的推移，这个概念也得到拓展，包括人类情感、社会价值以及人际关系等。识别并量化人类智力的科学研究早在1869年就开始了，弗朗西斯·高尔顿（Francis Galton）通过对个体反应时间进行测量，指出所有的人都具有一种普遍的智力能力。到20世纪初，德国心理学家施特恩（Wilhelm Stern）以及路易斯·特曼（Lewis Terman）将这种智力可以用分数量化的观念加以推广。1905年，为了对智力落后儿童与正常儿童的智力分数进行比较，法国心理学家阿尔弗雷德·比奈（Alfred Binet）与泰奥多尔·西蒙（Theodore Simon）合作制定了比奈–西蒙智力量表，后经亨利·哥达德（Henry Goddard）和路易斯·特曼等修订，至今仍是最流行的量表之一。与此同时，瑞士心理学家让·皮亚杰（Jean Piaget）则认为智力不是一种普遍的能力，而是人类发展过程中的一种连续体和生物适应，具有可塑性。直到20世纪30年代，科学家们开始将智力视为一系列的认知过程，而非仅仅是一种普遍的能力。路易斯·瑟斯顿（Louis Thurstone）假定智力由7种独立的能力组成。1939年，美国心理学家大卫·韦克斯勒（David Wechsler）编制了韦克斯勒–贝勒维智力量表，获取并测量那些潜在的不同的智力能力。1983年，霍华德·加德纳（Howard Gardner）提出了多元智力理论。不久之后，威廉·斯腾伯格（William Sternberg）将智力理论拓展为也包括人类行动与交往的社会文化环境。

智力测验是为了对个体智力进行更客观、系统的评价。然而，这种量化的方法也存在一些问题。首先，某些智力能力是难以量化的，特别是个体运用环境与个体资源去适应这个世界的能力。再者，智力测验会受到文化的影响。比如，移民的孩子在测试时，新的语言与文化也会增加难度进而影响分数。如何整合量化与质性的方法，更好地理解智力，是目前研究者所关注的问题。

（陈雪英）

智人（Homo sapiens）　一般分为早期智人和晚期智人。早期智人也称作古老型智人（archaic homo sapiens），或“古人”“旧人”。晚期智人也称作现代智人（modern homo sapiens），或“新人”，即解剖结构上的现代人（anatomically modern humans）。早期智人处于直立人和晚期智人之间的过渡阶段，属于更新世中期至晚期的人类。而晚期智人则处于人类发展的最后阶段，属于更新世晚期和全新世的人类，即距今20万—10万年前开始直至现在的人类。

有学者认为智人即指现代智人，包括非洲的奥莫人、长者智人、边界洞人，以及扩张到世界各地的现存的人类物种（homo sapiens sapiens）及其祖先，如欧洲的克罗马农人（Cromagnon）、亚洲的河套人、柳江人、山顶洞人等。他们在演化过程中可能存在着继承关系，在体质特征上已没有明显差异，因此也被称为“解剖学意义上现代人”（anatomically modern humans）。

但一些古人类学家认为，年代更久远的先驱人（Homo antecessor）、海德堡人（Homo heidelbergensis），以及稍晚期的尼安德特人（Neanderthals）、罗德西亚人（Homo rhodesiensis）、丹尼索瓦人（Denisovans）、大荔人、金牛山人、马坝人等也应归到智人的谱系中，属于古老型智人（archaic Homo sapiens）。但是，这一观点仍存在争议，现代分子遗传学则将这些古老型智人归属于一个独立的物种。

长期以来，关于现代智人起源问题存在较大的争论，关于其进化模式一直存在两种假说：“出非洲假说”和“多地区假说”。非洲起源说认为所有现代人都起源于非洲，现在形态上的多样性都是近期分化的结果。而多地区起源说认为各地区的现代人都是由当地古人类独立演化而成，欧洲和亚洲的现代人就是当地早期古人类的后代。“同化模型”则结合了这两种假说，认为现代人是从非洲迁徙而来的人群与各地区的原住人类交流混合的结果。

最早的现代智人化石是来自非洲埃塞俄比亚的奥莫标本（Omo I和Omo II），化石年代距今约19.5万年。随后是在埃塞俄比亚阿瓦什地区发现的距今约16万年的长者智人（Homo sapiens idaltu）头骨，以及南非边界洞（Border Cave）发现的距今超过10万年的化石遗骸。这些人类化石的发现也为现代人类在20万～10万年前起源于非洲提供了新的证据。而分子人类学的最新研究成果表明，约5万年前曾出现过一次全球范围的遗传瓶颈效应，也进一步反驳了多地区起源的观点。

分子人类学家认为，现代智人在大约20万～10万年前出现在非洲，随后由于环境的变化，扩张到非洲以外地区，扩张的时间不早于10万年前。他们首先到达中东地区，而后在大约6万年之内向世界各地扩散。智人大约在6万年前到达亚洲，约5万年前到达大洋洲，4万～3.5万年前到达欧洲，3.5万～1.5万年前到达美洲。

智人并不是一个纯粹由解剖学特征定义的物种分类概念，种类的划分还与行为模式有关。从颅部形态来看，智人与其他人属成员相比具备以下特点：颅骨整体外观更加柔和，枕部圆隆，前额直立，眉脊不明显突出，面部更扁平，牙齿减小。这些形态的改变主要来自于咀嚼方式改变，以及脑的增大。从精神文化层面来看，智人的大脑和语言的发展逐渐完善，抽象思维和创造能力逐渐发展，开始懂得用某种艺术方式表现，并且开始具有某种较原始的宗教意识，出现了对死者埋葬的习俗。

（谭婧泽、佟欣竹）

参考书目

［1］吴汝康，吴新智，张森水. 中国远古人类. 北京：科学出版社，1989.

中产阶级（Middle classes）　一个含混的术语，但在英美通俗文化中却引起了巨大反响，它相当于欧洲大陆对资产阶级一词的广泛使用。

所谓“中产”是指：（1）处于工人阶级（通常被理解为体力劳动者）和上层阶级（既认为有大资本家也认为有统治精英阶层）之间的阶层。由于上层阶级的数量小，致使查明总人口在各阶级中的分布状况的调查，常常用“中产阶级”一词指所有的非体力劳动者，使之和（体力的）工人阶级相区别；（2）一种含糊的说法，它设想在平民中存在这样的阶级。这种说法因频繁地交换使用单数的中产阶级和复数的中产阶级而被强化。此模糊观念反映了被视为是20世纪社会的重要发展的社会学的不确定性；社会阶层中无资产的被雇用者这个中间阶层人数的巨大增长。他们实际上或潜在地是工人阶级，或者是资本家/统治精英必不可少的同盟者，或者是独特的第三个主要阶级？他们是否会形成几个不同的中产阶级或者仍会进一步分解成为（资本主义社会）的三大阶级的组成部分？然而，大多数作者都更赞同“分解”观，因为非体力的被雇用者的经历，已经多样化了。

在中产群体中，存在着较大的差异性和较为复杂的层次，使得在此给中产阶级加上集体性的复数标志（middle classes）要比在阶级结构的任一端加上复数标志更为合适。把中产阶级同无产阶级分离开来的最恰当的区别点，已不再是（如果曾经是的话）体力和非体力劳动之分。在一个存在着两分或三分的阶级结构的范围内，较低层次或最低层次的阶级，必须按照对生产资料的控制这个最明显的区别从更广的角度来加以规定。这包括处于较低层次的、与体力工人的地位非常相同的白领雇员。要在前述的各中产阶级中间确定一个区别点，是相当困难的，这部分是因为我们越向高层探索，所发现的差异就越大；另一部分原因则是因为资本家阶级与工人阶级不同，他们大都没有集体组织（中产群体可能属于也可能不属于这种组织）。这个阶级主要是通过一个分散、弥漫和竞争性的市场体系——亚当·斯密的“看不见的手”——进行统治的。在市场体系中，资本的所有制、企业、科层制以及国家利益，都处于一种无计划状态；因此，阶级结构并不是对称的。在底层，工人阶级是从控制中集体地分离出来的，其核心是集体地组织了起来的。在上层和总体上，虽然存在一个资本主义的体系，但并不存在一个集体的、组织起来的资本家阶级。在中产群体内对这些不同的分层原则，一次一次地忽视了，从而使得在这里无法对阶级做出单纯的鉴别。

（李索菲）

中国都市人类学学会（The Chinese Urban Society）　成立于1992年。1995年12月，中国都市人类学学会正式以团体会员身份加入国际人类学与民族学联合会，成为中国大陆民族学、人类学界加入该国际组织的第一个团体会员。1993年，第十三届国际人类学与民族学大会在墨西哥城召开，中国都市人类学学会会长李德洙率团参加了“国际都市人类学学会的发展”“中国人类学民族学的发展”两个专题讨论，费孝通被接纳为终身名誉会员，中国都市人类学学会副会长阮西湖被选为联合会执行委员。

1993年5月，由中国都市人类学学会召开的中国都市人类学第一届全国学术讨论会在山东淄博市举行。国际都市人类学委员会主席安萨里先生专程从奥地利维也纳赶来参加会议并向大会致开幕词。此次会议的讨论议题包括：大城市中的民族关系和民族社区，都市对民族聚居地区的经济发展的作用、淄博的都市模式等问题。1993年11月，第一届第二次全国都市人类学学术研讨会在丹东召开，这次会议以研讨“边疆城市”专题为中心，探讨并初步提出了一些对边疆城市在规模、布局、环境与发展建设、文化结构等方面具有理论意义和实践价值的观点。

中国都市人类学学会关注城市对民族地区经济发展的作用、边疆城市、都市里的少数民族等。学会对国际学术交流颇为重视，以超出其他学术团体的姿态积极进入国际学术舞台，参与国际学术活动。

开展都市人类学研究，正适应中国改革开放和社会主义现代化建设的形势、符合世界的发展趋势。现在都市人类学已经有了一支基本队伍。到1997年年终，该会已经拥有会员420多人，包括来自10多个学科的研究人员和政府部门的工作人员，成员结构打破了行业、专业、民族、地域的界限，成为一个开放性的学术团体。中国都市人类学已开始走进国际人类学研究领域。

（马丹丹）

中国社会科学院民族学与人类学研究所（The Institute of Ethnology and Anthropology, Chinese Academy of Social Sciences）　中国社会科学院民族学与人类学研究所是多学科、综合性、国家级的民族问题专业研究机构。其前身是1956年成立的中国科学院少数民族语言研究所和1958年成立的中国科学院民族研究所，1962年两所合并为中国科学院民族研究所，1977年归属新成立的中国社会科学院，2002年更名为中国社会科学院民族学与人类学研究所。

研究所以民族学、人类学为平台，以人类社会民族现象及其发展规律为研究对象，以马克思主义和中国特色社会主义理论体系为指导，通过田野调查、文献研究、实验研究和现代信息技术等手段，开展我国民族历史、语言、政治、经济、社会、生态、文化、宗教、文字文献和世界民族问题等学科基础理论与应用对策的研究。

研究所核定编制170人。在研究所50多年的发展历程中，涌现出一大批著名学者，他们是包尔汉、翁独健、牙含章、费孝通、傅懋勣、王均、秋浦、黄静涛、杨堃、王静如、冯家昇、金鹏、柳陞祺、刘荣焌、陈述、罗致平、王森、罗季光、李有义、喻世长、王辅世、刘尧汉、照那斯图等。现任学部委员史金波，荣誉学部委员胡庆钧、杜荣坤、道布、孙宏开。

研究所历任党委（组）书记（负责人）：云北峰、严雄克、照那斯图、吕明常、李希、张友坤、揣振宇、张昌东。历任所长：包尔汉、刘春、云北峰、牙含章、照那斯图、杜荣坤、郝时远。现任党委书记方勇、所长王延中。

研究所下设14个研究室：民族理论研究室、民族历史研究室、民族经济研究室、民族社会研究室、民族文化研究室、资源环境与生态人类学研究室、影视人类学研究室、民族语言研究室、民族语言应用研究室、民族语言实验研究室、民族文字文献研究室、新疆历史与发展研究室、藏学与西藏发展研究室、世界民族研究室。另设图书馆（院图书馆民族学与人类学分馆、网络售息中心、《民族研究》编辑部、《民族语文》编辑部、《世界民族》编辑部，以及办公室、科研处、人事处（含离退休干部办公室）。

研究所承担管理职责的院管全国性学术团体9个：中国民族研究团体联合会、中国民族理论学会、中国民族学学会、中国世界民族学会、中国民族史学会、中国民族语言学会、中国民族古文字研究会、中国突厥语研究会、中国西南民族研究学会。院属研究中心5个：中国少数民族语言研究中心、西夏文化研究中心、海外华人研究中心、中国蒙古学研究中心和藏族历史文化研究中心。所属研究中心3个：加拿大研究中心、声纹研究中心、羌学研究中心。

建所以来，研究所按照党和国家及院部的工作部署，完成了大量科研任务。20世纪50—70年代，参与组织完成了大规模的民族识别、少数民族社会历史和语言调查，编写出版了《民族问题五种丛书》中的主要著作。改革开放以来，围绕民族区域自治制度和民族地区经济社会发展，进行了大量实地调查和科学研究，承担多项中央部委及地方政府交办委托的科研任务。与国内民族学人类学教学科研单位联系密切，与世界上20余个国家、国际组织及港澳台地区有关科研机构保持着广泛的学术交流与合作关系。

（李耕）

中国社会科学院民族研究所　（The Institute of Nationality Studies, Chinese Academy of Social Scierices）参见中国社会科学院民族学与人类学研究所、中国科学院民族研究所。

中国民族学学会（Chinese Ethnological Association）中国民族学学会是全国性的民族学群众性学术团体。第一届理事会成立于1980年10月26日。它由中国社会科学院民族学与人类学研究所主管。主要任务是组织会员积极开展民族学研究，尤其重视当前民族地区存在的现实问题的研究。前身为1934年成立的中国民族学会。改革开放初期，民族学重建以后，1980年10月在贵阳召开了中国民族学界的代表大会，并成立了“中国民族学研究会”。1984年10月后，改名称为“中国民族学学会”，由中国社会科学院民族学与人类学研究所主管。宗旨为“广泛团结全国的民族学教学和研究人员，积极开展民族学调查与研究，发展和完善有中国特色的民族学事业，为国家统一和民族团结、为民族地区的现代化做出自己的贡献。”主要职责为：①组织会员积极开展民族学研究，尤其重视当前民族地区存在的现实问题的研，究；②开展多种形式的学术活动；③协助有关单位制定民族学研究的规划；④编辑和出版民族学的研究成果；⑤国际国内学术交流活动。第一、二届理事会会长：秋浦；第三、四、五届理事会会长：宋蜀华；第六届第七届事会会长：郝时远。第八届理事会会长：杨圣敏，执行会长王适中。下设组织有：汉民族分会、回族分会、影视人类学分会、中国民族服饰研究分会和昭君文化研究会、生态民族学专业委员会、边境民族学专业委员会、东北亚民族文化与社会发展研究中心、民族地区社会治理理论与实践创新研究中心等。

（李耕）

中国科学院民族研究所（The Institute of Nationality Studies, Chinese Academy of Sciences）　中国国家级民族问题专业研究机构。1958年6月23日成立，中国科学院和中央

民族事务委员会双重领导。由中央民族事务委员会副主任刘春担任首届所长，苏克勤、牙含章、翁独健、夏康农为副所长。包尔汉、云北峰、严雄克等人也担任过该所领导职务。包尔汉、翁独健、牙含章、费孝通、傅懋勣、王均、秋浦、黄静涛、杨堃、王静如、冯家昇、金鹏、柳陞祺、刘荣焌、陈述、罗致平、王森、罗季光、李有义、喻世长、王辅世、刘尧汉、照那斯图等著名民族学、民族语言学、民族历史学家都在该所从事研究工作。

中国科学院民族研究所的任务是开展和推动全国的少数民族研究工作，培养这一方面的专业工作者，协助国家民族机构解决科学研究方面的有关问题，宣传党和国家的民族政策，巩固祖国的统一和各民族的团结，促进祖国社会主义事业的发展。公开出版民族学术刊物《民族研究》。主要在民族问题、民族学和民族史三方面开展工作。特别是从全国人大民族事务委员会中接手了始于1956年的全国少数民族社会历史调查的日常业务领导工作，抽调研究人员与各地研究机构和大学联合进行少数民族的社会历史大调查。1962年，与1956年成立的中国科学院少数民族语言研究所合并。后隶属于中国科学院哲学社会科学部，下设社会历史研究室、民族语言研究和民族理论研究室。1977年，中国社会科学院成立，改称中国社会科学院民族研究所，2002年10月更名为中国社会科学院民族学与人类学研究所。

（耿静）

中国民族学会（The Ethnological Society of China） 中国人类学民族学学术团体。1934年夏，国内民族学调查和研究活动日益频繁，凌纯声、邱长康、徐益棠、孙本文、何联奎、胡鉴民、卫惠林、黄文山等发起召开了中国民族学会筹备会，并通函蔡元培、杨堃、杨成志等海内外民族学家。经讨论拟定了学会的简章草案，提出学会的宗旨是“研究中国民族及其文化”。并规定了学会的5项任务是搜集民族文化的实物、调查中国民族及其文化、研究中国民族及其文化、讨论中国民族及其文化问题以及编辑刊物与丛书。筹备会还拟定了民族文化调查问题格，以供讨论修正。

1934年12月16日，该学会在南京中央大学中山学院成立。学会共有会员33人，实行理监事制，推选何联奎、黄文山、孙本文、商承祖、徐益棠、胡鉴民、吴定良为理事，蔡元培、杨堃、刘国钧为监事，吴文藻、何联奎、杨成志、刘咸、杨堃、吴定良、凌纯声、商承祖、黄文山为出版委员会委员。至1936年增至51人，汇聚了各大学及研究机构的民族学、人类学家。学会的建立是中国民族学、人类学家们由个人探索向集体研究和调查的转变，加强了学者相互间的联络，实现了全国民族学、人类学研究的整体协调。学会具有专业精英学术团体特色，促进了人类学学科在中国的发展。

1935年、1936年、1948年，学会先后召开3次年会。抗日战争爆发后，由在成都的徐益棠负责学会的日常联络工作，在昆明创办的《西南边疆》杂志也由成都中国民族学会西南边疆研究社接办，并曾出版《中国民族学会十周年纪念论文集》。20世纪40年代后期，学会西南分会和华北分会也曾先后召开会议，组织开展研究活动。

1949年，该学会迁往台湾。1954年举行学会复会成立大会及第一次会员大会。此后，该学会定期召开会员大会，人类学在台湾得到了稳定发展，并发展出本土化的特色。2005年6月，鉴于人类学在台湾发展的新态势，经过讨论与决议，改组并更名为“台湾人类学与民族学学会”。

（王建民、马丹丹）

中国民族学学会年会（The annual conference of Association of Chinese Ethnology） 中国民族学界规模较大、层次最高的学术交流活动。由国家一级学术团体中国民族学学会主办。1979年4月，中国社会科学院在云南昆明组织召开了“全国民族研究工作规划会议”，民族学作为民族研究学科群中的一个独立学科开始拟定发展规划，开展学术研讨活动。1980年，在贵阳召开的首届全国民族学学术讨论会上，中国民族学研究会正式宣告成立。此后，学会以年会形式，开展了诸多的学术活动，开展规模不一，有鲜明主题的学术讨论会。主题如："民族学与现代化建设"（1982年，西宁）、"传统文化与民族繁荣发展"（1989年，北京）、"中国民族学学会学科建设"（1991年，延吉）、"民族学与社会主义建设"（1993年，乐山）、"中国民族学如何面向21世纪"（1995年，大连）、"世纪之交的中国民族学"（1997年，景洪）、"西部大开发与民族学面临的任务"（2001年，兰州）、"民族学与21世纪"（2002年，恩施）、"文化遗产与民族服饰"（2004年，北京）、"少数民族与中华民族的复兴"（2010年，武汉）、"文化交流与中华民族繁荣发展"（2013年，银川）、"经济社会发展与民族文化变迁"（2014年，呼和浩特）等，学会使民族学在各地的发展发挥了重要的作用，对中国民族学发展产生了很大影响。（参见中国民族学学会。）

（耿静）

中国人类学民族学研究会（China Union of Anthropological and Ethnological Sciences） 国家民委主管的全国性人类学民族学研究机构。成立于2007年。国家民委原主任李德洙为研究会会长，全国政协民族宗教委员会副主任周明甫为常务副会长。研究会的工作目标是为中国国内学术组织、学界与政界以及国内外学界搭建交流合作的桥梁，为中国的社会主义现代化建设贡献力量。研究会是从事人类学、民族学研究的全国性、非营利性社会组织。

学会的业务范围包括：组织会员开展人类学、民族学的跨学科、多领域研究，组织相关的学术会议，编辑出版相关的学术成果；与国外有关机构和人士建立联系，开展国际交流与合作，参加国际人类学与民族学联合会及相关组织召开的国际会议；组织召开相关领域的国际会议；向有关领导机关、政府部门反映社情民意，协助政府有关部门工作；接受政府有关部门的委托课题研究，为政府提供咨询服务，为民族工作及其他一些社会工作提出建议和意见。

研究会内设四个专门委员会，分别为都市人类学专业委员会、法律人类学专业委员会、民族节庆专业委员会和民族文化遗产专业委员会。中国人类学民族学研究会心理人类学专业委员会于2015年成立。

2009年7月27—31日，由中国人类学民族学研究会承办、云南大学和云南民族大学协办的国际人类学与民族学联合会第十六届世界大会在云南昆明成功举行。来自全球近100个国家和地区的4300多名专家学者，参加了165场学术专题会议、22场影视专题会议、6个文化展览和23场影视展映，围绕"人类、发展与文化多样性"的主题，开展了深入而广泛的交流。第十六届世界大会为宣传中国的民族理论和民族政策、促进人类学民族学研究、提升中国学界的国际话语权产生了积极而深远的影响，在国内和国际学界具有广泛的知名度。

2010年8月，首届中国人类学民族学学科负责人联席会议在广州中山大学召开，隆重纪念国际人类学与民族学联合会第十六届大会召开一周年，并就"十二五"规划期间的中国人类学民族学发展，进行了热烈讨论、广泛交流和深入研究。

2011—2014年分别举行了4次年会。年会主题分别是"社会转型、民族和睦与可持续发展""民族和睦与文化发展""文化理解、多元共生与和谐中国梦""民族复兴与文化交融"。四次年会尤其关注城市化、工业化进程中的民族生存现状。针对目前工业化社会已经基本形成的现状从人类学民族学的视角进行了深入研讨，开始更多的关注经济社会发展中的现实性问题。

（马丹丹）

中国人类学（Chinese Anthropology） 关于中国的人类学研究。19世纪末，人种学观念传入中国，与当时学科界限并不十分清晰的社会学（最早翻译为群学）一起成为中国现代学科体系的一部分。中国人类学从发轫就呈现出社会学、人类学与民族学之间相互混融，没有绝对的边界。从蔡元培的“说民族学”开始，到20世纪20—30年代渐渐形成中国功能学派、中国历史学派和中国文化学派3种具有学派雏形的学术倾向：以燕京大学为中心的功能学派，以英国功能学派的学术为依据，开展社区研究；以中央研究院民族学组/人类学组为中心的历史学派，以法国的民族学理论和美国的历史学派为理论指导，并结合了中国史学传统和新史学研究；文化学派则倡导文化学，奠定学术基础，建构系统的研究体系。这些学术思潮平行发展，到1937年达到学科成熟的阶段。抗日战争爆发后，学术机构向西南边疆转移，中国功能学派开始将研究对象从汉人社会转向少数民族，吴文藻在社区研究的基础上确立了“边政学”的地位和作用。这一时期呈现出进一步的学术思想和学派相互融合的趋势，研究人员相互混杂、相互交流，形成了活跃的学术交流和边疆田野调查的兴盛。

中华人民共和国建立后，社会学、人类学取消，仅保留民族学，受到苏联民族学影响，被改造为马克思主义民族学，以往的学术传统被批判为资产阶级民族学，遭到否定。“文化大革命”时期民族学的合法性也被否定，仅以“民族问题”之名存留。改革开放以来，中国社会学、民族学、人类学的学科先后恢复，其中民族学仍旧延续的是马克思主义民族学的理论指导思想和学术传统，社会文化人类学被认为是民族学的同义词。在中国民族学学会建立之后，中国人类学学会于1981年成立，由厦门大学、中山大学等南派学术传统的阵地和上海体质人类学的学术力量共同参与。人类学的学科力量先后在中山大学、厦门大学恢复。曾经是社区学派阵地的北京大学直到1992年才在费孝通的领导下成立社会学人类学研究所，人类学的活力恢复并迅速扩展。不同于发轫时期社会学、民族学、人类学的边界相互混融，在国家学科目录体系调整后，社会学、人类学与民族学形成了学科分离的态势。按照学科代码的归属现状，人类学为社会学的二级学科，民族学为一级学科。以2008年在昆明举行国际人类学民族学大会为契机，人类学与民族学又有了进一步的联合。学科恢复以来，人类学不断为一级学科努力，并且取得了极大的发展和卓著的成果。

中国人类学自发轫以来致力于人类学中国化的发展目标，改革开放以来又提出人类学本土化的学科目标。经过近百年的历程，中国人类学的研究成果表现出本土化的诸多特点：①分支学科逐渐建立起来。②在国际人类学民族学界产生一定的理论影响力。③结合实际的应用成果突出。④人类学与历史的结合。

一些学者主张，中国人类学正在形成人类学的中国学派，表现为两个重要特点：其一是费孝通开拓的历史功能学派的学术贡献瞩目。其次，在实际的研究中综合运用民族学、人类学与社会学的理论与方法，在这3个学科之间没有明显的界线。（杨圣敏、胡鸿保，2012）

（马丹丹）

参考书目

［1］王建民. 中国民族学史·上卷. 昆明：云南教育出版社，1997.

［2］王建民，张海洋，胡鸿保. 中国民族学史·下卷. 昆明：云南教育出版社，1998.

［3］杨圣敏，胡鸿保. 中国民族学六十年. 北京：中央民族大学出版社，2012.

中国人类学学会（The Chinese Anthropological Society） 中国从事人类学研究与教学的群众性自愿性学术团体，是全国性一级学会。中国人类学学会原隶属于国家教委，挂靠厦门大学。1999年重新明确隶属关系，确定该会业务领导为教育部，挂靠厦门大学党委。

中国人类学学会的前身是“中国解剖学和人类学学会”（Anatomical and Anthropological Association of China），又名“中国解剖学会”（Chinese Society for Anatomical Sciences）。该会于1920年在北京协和医学院创建，是中国历史最为悠久的自然科学学会之一。

1980年，开始筹建中国人类学学会的工作。1981年5月，首届全国人类学学术会议在厦门大学召开，推选第一届理事会。会址设在厦门大学人类博物馆。2011年10月，“纪念中国人类学学会成立30周年——中国人类学研究的理论与方法学术研讨会”在厦门大学举行，选举中国社会科学院学部委员郝时远研究员为会长，马戎、杨圣敏为副会长，邓晓华、王铭铭为秘书长。

该会的创办是中国人类学重建的重要标志之一，是中国重要的人类学学术平台，对厦门大学人类学、民族学博士点的申报成功有重要贡献，促进了人类学学科发展。中国人类学会先后设立了3个分会：中国“野人”考察研究会（1981）、东北人类学分会（1983）、上海人类学学会（1983）。上海人类学会作为地方性学会组织年度人类学日等学术活动。中国各民族体质调查组也是该会的团体成员。

到1997年底为止，中国人类学学会先后召集了五次全国性的学术讨论会（其中两次为笔会），将会员的研究成果汇集为《人类学研究》《人类学研究续集》《婚姻与家庭》《人类学与应用》《当代中国人类学》《建设中国人类学》《中国人类学的发展》等，并先后出版。学会曾编印《中国人类学学会通讯》和《国外人类学》资料集。

（马丹丹）

中国少数民族社会历史调查（The investigation into the societies and histories of Chinese minorities） 20世纪50年代中期至60年代中期，在中华人民共和国学术史上组织的大规模全国少数民族社会历史状况调查研究活动。此次调查对于中国民族学、人类学的发展产生了重要影响。

中华人民共和国成立以前，国内外一些学者对中国某些少数民族做过田野考察，也发表了一些专著和论文。但是因为当时群体性研究组织规模非常有限，中央研究院民族学组虽有系统研究中国少数民族的计划，但受阻于战争和其他因素，调查只能零星、片断进行，难以形成大规模覆盖。中国共产党运用马克思主义观点对国内少数民族社会历史的调查研究主要是抗日战争时期在延安开展的回族问题、蒙古民族问题等。中华人民共和国成立后，从1950年到1952年，中央人民政府及各大区、省政府先后派出有学者和专业人员参加的民族访问团和民族工作视察组、调查组，到西北、西南、中南、东北和内蒙古等地区慰问，也开展了有关少数民族的生产、生活状况、社会制度和风俗习惯调查。

20世纪50年代中期，随着新民主主义革命的完成，中国少数民族地区同汉族地区一样处于社会改革和建设的高潮之中，各少数民族的面貌将很快发生变化。及时、迅速地完成对少数民族社会历史调查，成为民族研究工作的一项紧迫任务。在“抢救落后”，即记录整理少数民族地区社会历史和经济形态的原有状况和变革过程，除调查少数民族中不同社会形态，将这样“一部活的社会发展史”视为研究社会发展和历史唯物主义的活的宝贵科学资料之外，更重要的是提供给中央人民政府作为制定民族政策的依据，从而变革少数民族中保留的落后经济形态。1954年，第一届全国人民代表大会民族委员会建立后不久，即提出了开展全国性少数民族调查的建议，随即得到了中国共产党和中国政府高层的支持。

1956年春，在全国人民代表大会常务委员会副委员长彭真指导下，成立了由全国人大民族委员会主任委员刘格平、中央民族事务委员会副主任刘春和中央民族学院副院长费孝通组成的调查领导小组，在全国人大民委成立了调查办公室。1956年4月，全国人大民委遵照彭真副委员长于3月31日会议指示，制定了《关于在少数民族地区进行各民族社会历史情况的调查研究工作的初步规划》，拟定筹建云南、四川、西北、贵州、广东、广西、西藏、内蒙古、东北等少数民族社会历史调查组，分别由费孝通、夏康农、冯家升、吴泽霖、岑家梧、黄现璠、李有义、翁独健等专家及相关党政干部负责，计划在4～7年内基本弄清各主要少数民族的情况，搜集和积累中国民族问题研究所必需的资料，即有关原始社会形态、奴隶社会形态、封建社会形态和上述各种社会的过渡形态的具体资料。调查最初由全国人民代表大会民族委员会主持，由中央民族事务委员会和中央民族学院协同工作，调查组成员约200人，调查了蒙古、藏、维吾尔、壮、苗、布依、瑶、傣、彝、黎、景颇、怒、傈僳、独龙、佤、鄂伦春、鄂温克等20个少数民族，整理出从原始社会末期到封建社会末期的第一手资料，约1500万字。

1958年，全国少数民族社会历史调查工作改由新成立的中国科学院民族研究所主持，将调查组由原来的8个增加到16个，新设了甘肃、青海、宁夏、辽宁、吉林、黑龙江、湖南、福建8个调查组。不派调查组的省由各省民族事务委员会负责调查和提供所需的资料。同年8月，中国科学院民族研究所、中央民族学院、中国人民大学、北京大学、北京师范大学的部分师生，以及中国科学院历史研究所、经济研究所、文化部等有关单位的干部，分赴16个省区，开展实地调查，调查组成员最多时达千人以上，在少数民族人口较多的省区建立了一批专门研究少数民族和民族问题的研究机构，在调查中锻炼和培养了一批专门从事中国少数民族研究的学者，以后成长为这一领域的专家。

至1964年，调查任务基本结束，据不完全统计，写出调查资料340多种，计2900多万字；整理档案资料和文献摘录100多种，计1500多万字；拍摄少数民族科学纪录片十几部。此外还搜集了一批少数民族的历史文物。在调查研究的基础上，编写出少数民族的《简史》《简志》和《简史简志合编》初稿57本。

1979年1月，由中华人民共和国国家民族事务委员会重新规划，在上述调查基础上发展成为《中国少数民族》《中国少数民族简史丛书》《中国少数民族语言简志丛书》《中国少数民族自治地方概况丛书》和《中国少数民族社会历史调查资料丛刊》五种丛书。

在全国少数民族社会历史调查过程中，强调“深入进行对表现在民族社会历史研究工作领域中的资产阶级道路和资产阶级思想的批判”，“维护民族社会历史稠查研究工作的社会主义路线”，“保证党对历史科学的绝对领导”，费孝通、黄现璠等研究人员被打成“右派”，在大跃进浪潮之中调查任务也纳入了“跃进计划”突击进行，调查受到了一定的冲击，最初的学术性诉求难以得到完整的贯彻和实现。

（王建民）

参考书目

[1] 底润昆，张正明. 全国少数民族社会历史调查的前前后后.《民族团结》，1999（4）.

[2] 黄现璠. 民族调查与研究40年的回顾与思考（下）. 甘文杰整理.《广西民族研究》，2007（4）.

[3] 王建民，张海洋，胡鸿保. 中国民族学史下卷. 昆明：云南教育出版社，1998.

中国少数民族语言调查（Survey of languages of Chinese minorities） 通过实地调查，记录现实语言材料，搜集文字和口头的社会历史资料，对中国少数民族语言进行综合分析研究的一项科学研究工作。这一概念也特指20世纪50年代在全国范围内进行的少数民族语言专项调查。

自古以来就有一些文献记录描述了中原周边各民族语言的读音、语法和语义，如图弥三菩札的《授记根本三十颂》和《性入法》、马合木德·喀什噶里的《突厥语大词典》、搠思吉斡节儿的《蒙文启蒙》、司都·却吉久赞的《司都藏文文法》等。中华人民共和国建立前，中国学者赵元任、李方桂、罗常培、闻宥、傅懋勣、张琨、马学良等对中国某些少数民族的某个地方或某些地方的语言进行过调查，写过语音或语法的专著和论文，编过词汇或词典，做出了奠基性和开创性的贡献。但当时，由于各种条件的限制，没有对任何一种语言进行普遍的实地调查。中华人民共和国建立后，随着中国共产党少数民族政策的制定，对于少数民族语言文字使用情况也进行了更大规模的调查和研究。

20世纪50年代初，中国科学院语言研究所建立了少数民族语言研究组，并创办了培训民族语言调查干部夜校。在全国一些高等院校设立少数民族语言专业，中央民族学院1951年筹办少数民族语言专业，1952年从北京大学抽调相关专业师生正式组建了语文系；北京大学开设了培养民族语言调查研究干部的语言专修科。1956年，中国科学院少数民族语言研究所成立。该所与中央民族学院合办了民族语言调查训练班。1950年至1955年，中国的语言工作者先后对西南、中南、西北一些省区的壮、布依、水、苗、瑶、彝、傣、傈僳、景颇、哈尼、佤、蒙古、维吾尔等十多个少数民族的语言进行了初步调查。

1956年5月，中国科学院、中央民族学院及各地相关研究机构和高等院校组织了700多人的7个少数民族语言调查组，分赴15个省、自治区，对壮、布依、侗、水、傣、彝、毛南、仫佬、苗、瑶、畲、藏、羌、土家、白、哈尼、傈僳、拉祜、纳西、景颇、阿昌、仡佬、佤、蒙古、达斡尔、东乡、土、保安、维吾尔、哈萨克、柯尔克孜、乌孜别克、塔塔尔、撒拉、裕固、锡伯、赫哲、鄂温克、鄂伦春、塔吉克、黎和京42个民族的语言及其方言的音位系统、词汇和语法结构进行了调查研究。此后又对朝鲜语和青海省河南蒙古自治县的蒙古族语言，以及西藏阿里地区的藏族语言进行了调查研究。

通过调查实现了三个方面的研究收获：一是对一个语言内部方言土语的情况有了基本了解，对需要划分方言的语言提出了划分意见；二是就已调查民族中存在的一个民族使用两种以上语言的情况提出了确定的意见；三是将某些调查研究成果运用于少数民族文学创制工作。通过调查比较系统地了解少数民族语言文字的全面情况，使少数民族文字创制和改革工作得以顺利地进行，也成为中国少数民族大规模调查的重要组成部分。

1960年以后，在前10年调查研究取得的成绩和经验的基础上继续开展调查研究。调查了过去未曾普查或调查较为薄弱的一些语言，并对有方言的语言进行了方言划分；发现了一些同一个民族说两种语言的新情况；进行了新词术语、语言相互影响、藏族书面语口语化、语言规范、语言系属、混合语言、双重语言制及语言研究的新问题等方面的专题调查。

一大批出版物直接体现出了中国少数民族语言调查的丰硕成果，包括具体语言的调查报告、语法纲要、双语词典、中国少数民族语言简志丛书和各种专题的论文。在中国少数民族语言调查中注意将语言学和民族学相结合，不仅有利于语言学问题的解决，更促进了语言人类学等方面的研究，为中国语言人类学研究奠定了扎实的基础。

（王建民）

中国艺术人类学学会（China Society for Anthropology of Art） 国家一级学会。由中华人民共和国文化部直接管理，2006年12月成立。秘书处设在中国艺术研究院艺术人类学研究中心。该学会是一个全国性、非营利性、专门从事艺术人类学专业研究的社会学术团体，其宗旨是“遵守国家宪法、法律、法规和国家政策、遵守国家道德风尚；广泛团结和联络全国艺术人类学领域的学者，开展艺术人类学理论与实践的深入研究，注重实地的田野考察，更进一步地认识与弘扬中国自己的民族文化和艺术，为增强中华民族的自信心和凝聚力，为中国艺术人类学学科的发展而努力。”

自成立以来，学会吸收了国内大批从事艺术人类学研究的相关大专院校、学术研究机构的教师、学者及专业研究人员，他们积极开展艺术人类学理论方法与实践的深入研讨，重视田野调查，从口头传统和行为传统中发掘各民族艺术的创造力本源，成果累累，彰显出中国多民族艺术的文化多样性。学会办有会刊《中国艺术人类学学会通讯》，定期或不定期举办国内、国际有关艺术人类学领域的研讨会，致力相关学术成果的出版与宣传，为艺术人类学的学术研究搭建了一个交流的平台。不仅为中国非物质文化遗产保护工作提供了可靠资料与必要的理论支持，促进艺术人类学学科建设的不断发展，而且推动了人类学、民俗学、艺术学等多学科的交叉和互融。

（耿静）

中世纪考古学（Medieval Archaeology） 欧洲中世纪开始于欧洲民族大迁徙，又因缺乏史料被称“黑暗时代”。在大迁徙期间，野蛮的日耳曼部落占领了西罗马帝国大片领土。罗马城镇沦陷，陶瓷等罗马在英国的行业都被迫停止。罗马帝国被一些更小的王国取代。

早期取代罗马的王国应该算作酋邦而非国家。西罗马帝国之外的波兰和斯堪的纳维亚半岛等地区，到公元800年一直处于铁器时代。

公元8世纪，中世纪欧洲的许多地区经历了实质性的社会、政治和经济转变。国内外贸易网络开始扩张，城镇加速建设，约到公元1000年，北欧多国成立。人类学家对于这些发展颇感兴趣，可以把它们与世界其他复杂社会的发展进行比较。中世纪考古学历史不像欧洲史前史，欧洲史前史可追溯到17~18世纪早期，欧洲中世纪考古学直到第二次世界大战后才开始发展。英国伦敦和德国科隆等许多欧洲城市都是在中世纪建立起来的。第二次世界大战期间的战乱引起考古学界开始探索这些现代城市的中世纪文化。

早期研究欧洲民族大迁徙及其他中世纪早期遗址的考古学家一般是史前史学家。中世纪早期的文字记录相当有限，黑暗时代考古学家几乎完全依赖于对史前古器物、生态证据等遗迹的分析来重建欧洲中世纪早期居民的生活方式和历史文化。

20世纪五六十年代，研究中世纪晚期的考古学家试图利用考古数据找出实质的历史问题，例如，研究中世纪村庄遗址判断人口大减是否是因为14世纪的黑死病（鼠疫），这些村庄的废弃是否是中世纪后期经济和农业变化的结果。

然而，中世纪考古学的学术位置并不高，只有少数欧洲大学开设独立的中世纪考古学科。在欧洲，大多数中世纪考古学家都附属于历史或考古学科部门，北美也存在类似的情况。中世纪考古学家，特别是研究欧洲民族大迁徙或者中世纪早期的学者，通常都属于人类学学院下的考古学科。然而，一些北美中世纪考古学家归于历史和艺术史学院。

中世纪考古学家在现代人类学中的地位日渐重要。考古学家认为，欧洲中世纪时期丰富的考古和历史资料能解决关于文化变迁的重要问题。通过对欧洲许多城市进行大规模、长期的挖掘，已经掌握了欧洲中世纪的起源和城市发展历史。

1961年到1971年在英格兰南部温彻斯特的遗址发掘，为许多其他城市挖掘项目奠定了基础。项目主任马丁·比德尔（Martin Biddle），与英国和美国大学的志愿者们合作，共同探索了前罗马到中世纪后期的历史。直到20世纪60年代，学者们都认为现代温彻斯特保留着罗马街的规划。比德尔和他的同事们根据整个城镇的遗址考古资料得出，维京人于9世纪后期控制了英格兰东部，重新规划了温彻斯特。

温彻斯特项目开始以来，北欧许多重要的中世纪国家开展大型的遗址挖掘项目。俄罗斯诺夫哥罗德的遗址中出土了一批写在桦树皮的文字资料，还有许多乐器及其他精致的木制品。这些文件有助于我们对斯拉夫语言历史的理解，并且体现了中世纪俄罗斯的手工业专业化。在德国东部特隆赫姆挪威和吕贝克遗址中发现了一些中世纪城市的居民日常生活遗迹，体现了中世纪城镇的贸易发展、手工艺专业化和政治巩固。

考古学家在研究英国的伊普斯维奇和荷兰的多城等城市的同时，也研究了北欧750—1050年之间，远程贸易和区域贸易在城镇重建中扮演的角色。伊普斯维奇和多城是沿着北海和波罗的海的两个商业中心或交易城镇，在查理曼大帝统治时期是制造业和贸易中心。

一个重要的研究是对公元800年维京人在北大西洋殖民地的研究，在约克、英格兰、都柏林和爱尔兰都发掘出了维京人不列颠群岛统治时建立的城镇。都柏林是由维京人建立的；而约克是罗马和盎格鲁-撒克逊人建立，公元866年被维京人攻陷。约克遗址展示了居住在约克的维京人从事大量的手工业，包括土木、金属和纺织业。约克维京人中心公布了这些研究结果，并利用考古信息重现了约克维京人的过去。考古学家还研究了维京人在冰岛和格陵兰岛的殖民化。20世纪70年代之前，主要根据

12世纪中后期，也就是公元874年维京人在冰岛定居后和公元975年在格陵兰岛定居后，出现的一系列传奇作品。

考古研究还发现了许多早期冰岛遗址。这些遗址位于岛屿南北海岸以及冰岛北部内陆。最初的聚居地出现了大规模森林砍伐，后引起大量的水土流失，使许多地方变得不适合畜牧业和农业。

对格陵兰岛的考古调查和发掘后，发现了两个公元10世纪晚期建立的维京人聚居地，东部的较大，西部的较小。格陵兰岛东部的挪威人无法种植粮食，以饲养牛、羊和狩猎海豹、驯鹿，并与欧洲进行贸易往来为生。但他们最终并未成功，西部聚居地于公元1350年消失，东部则于15世纪中期消失。

这些重要的研究揭示了北欧对畜牧业和农业的限制。北欧建立几千年的农业模式相对较脆弱，在寒冷的冰岛和格陵兰岛是不可持续的。

（刘青）

中心地区论（Central place theory） 由德国地理学家沃尔特·克里斯塔勒（Walter Christaller）1933年创立，该理论提出在节点周围的聚落被称为中心地区，每一个中心地区在功能上与周围的区域相关联。这些地区在规模上根据高等级地区向低等级地区提供的物品和服务组成“包含型等级系统”。这一等级的逻辑是人们将会到更远的地方获得更多专业化的物品和服务。因此聚落模型的主要组织原则通向市场。在清一色的平原上，没有与这一模型不一致的地形特征，地区的等级采取相扣的六边形形式，这是理想的最短路程安排。

克里斯塔勒的假说包含了三个有影响的观点。第一是一个城市聚落的主要功能是作为特定区域的组织中心。第二是功能的排他性：较高等级中心拥有下一等级和再下一等级中心的所有功能。第三个概念是几何空间：克里斯塔勒的假说是在抽象而不是距离的空间里检验，以比较不同经济互动体系中的空间多样性。克里斯塔勒假说尤其成功的地方在于引发了对于经济过程和聚落等级的空间构成方面的研究（B.Berry & Pred，1961）。对这一假设的实质检验提出有文化变异的聚落等级大体上与克里斯塔勒的建构相符，但是涉及个人为物品和服务所走的路程的行为假设是变化的，实际的空间模型很少与这一理论的假设一致。

美国学者施坚雅（William Skinner）从该理论中发展出区域系统分析理论，在国际学术界区域研究中极具影响力。施坚雅的三级市场理论是以中国乡村为基础的，他将清代以来的中国区域社会划分成九大中心区。这些均为中国区域社会研究提供了理论模式。20世纪80年代，这些理论被介绍进中国，对于区域社会史研究有一定的启发、借鉴作用。如赵世瑜尝试以中地学说概括庙会发展规律。王笛的《跨出封闭的世界——长江上游区域社会研究》（王笛，1644—1911）中也可以看到施坚雅理论的影响。20世纪80年代中期以来，区域社会研究借鉴人类学的理论方法并进行田野调查引起较多学者的重视，最明显地体现在对华南社会史的研究上。这种借鉴还伴随着大陆学者与海外学者交流、合作进行，特别是与人类学等不同学科的学者一起开展社会历史学的田野调查，进行不同学科之间的对话。从事珠江三角洲研究的中国学者注意到人类学、社会学和文化阐释学的理论方法在社会历史研究中的应用，如陈春声强调小社区的研究和田野调查。郑振满也和美国、加拿大及台港地区学者多次合作，将田野调查和文献资料结合，把人类学理论置于历史过程中检视，对人类学的“祭祀圈”理论重新探讨。中国社会史学会1994年西安年会和1996年重庆年会将区域社会及其比较研究作为会议主题讨论，以推动区域社会史研究。

（黄娟）

中央集权（centralized system） 指复杂社会内部围绕一些中心节点将商品、物资、信息、决策和权力组织起来的联结体系。该体系的结构能让某些个人或团体从其所处的中心位置上施展权力。因此，试图建立并控制中央集权体系就会牵涉到政治斗争。各集权体系在组织规模、结构的制度化上都有所不同，不同集权体系之间的重叠范围也不一样。

对于复杂社会来说，向心性是一个重要的政治维度。当一个中央集权系统引导商品和信息流经一个中心节点时，对这些节点的控制就直接转化为社会权力。这类集中化的管道在人类社会中以多种形式存在，一个简单的具体例子就是灌溉渠及其配套的水利系统，水从一条溪流或泉眼汇聚到一条总渠，然后再通过多条分渠流入农田。管理灌溉系统也就意味着能即时而直接地控制那些系统中的农民的生产。当农民们为了使用灌溉系统而支付“租金”时，对水流的控制就成为用来调动劳动力和商品的工具。

通过社会网络进行交换的商品和物资多多少少都可以被集中起来。再分配就是制度化地向某个中心——如酋长——交付商品和服务，酋长随后会根据自己的政治策略再分发出去（K. Polanyi，1957）。市场则是通过中心地等级体系将商品的流通集中起来（Carol Smith，1976；参见中心地理论）。政治与宗教的等级体系也是一种涉及集中决策、知识掌控、拥有特殊物品与财产的制度（Maquet，1961）。与经济、社会、政治和宗教的集权制相关联的是定居点等级制。

在资本主义制度下，政治统治制度的基础是对生产技术的阶级所有（Marx & Engels，1888）。阿尔都塞（Althusser，1971）认为，诸如学校、教堂之类的作为意识形态的国家机器，是统治精英为了发展和传播统治阶级意识形态而创建的一种正规组织。学校和宗教机构的管理者掌握着代表某种意识形态的指令和仪式展演，这种意识形态使社会分层得以合法化。因此，国家的中央集权体制维持并再生产着不平等的各种系统。政治（阶级）冲突就是试图控制那些支持统治阶级进行权力区分和领导的经济与意识形态集权体制。巴尼斯（Barry Barnes，1988）认为，社会权力源于知识分配，对知识的集中控制支撑着集权政体。相对地，对社会知识缺乏控制会导致分权政体。

在对人类社会的比较研究中，一个最吸引人的要素就是规模与等级之间的关系。政治整合规模的扩大要求建设与重建决策者的中央等级制（G.Johnson，1982）。要发展出更复杂的制度则需要中央财政系统，通过这种系统，商品得以流通和分配，从而支持了统治机构的活动及其功能的实现（D'Altroy & Earle，1985）。一种制度的规模通常可转换为资源和信息流通渠道的集中程度。

要了解任何一个社会的活动特点都需要研究不同集权系统之间的重叠。在规模较小的酋长制社会，只要有一个大体上的酋长等级制就能够处理各种经济、政治和宗教事务。酋长们努力成为全方位的领导者，集中地指导着政治体的各项活动（Earle，1978）。随着更加复杂的国家系统的发展，为了解决规模的问题，集权机构就要变得专业化，并且从内部分化开（H. Wright，1984）。其后才可能论及与国家的各种中央系统相关联的不同权力（如经济、军事、政治、宗教）的来源。于是，权力可以变成有多个中心，而且在不同层面上相互竞争（Mann，1986），这样的体系被称作变态分层制（heterarchy）（Crumley，1987）。

（贾云龙）

参考书目

[1] Althusser, Louis. 1971, *Ideology and ideological state apparatuses* (Notes to-wards an investigation). In L. Althusser (Ed.), Lenin and philosophy and other essays (pp. 121–173). London: New Left.

[2] Barnes, Barry. 1988, *The nature of power*. Cambridge: Polity.

[3] Crumley, Carole. 1987, *Dialectical critique of hierarchy*, In T. Patterson &C. W, Gailey (Eds.), Power relations and state formation (pp.155–169). Washington, DC: American Anthropological Association.

[4] D'Altroy, Terence &Timothy Earle. (1985). *Staple finance, wealth finance, and storage in the Inka political economy*. Current Anthropology 26: 187– 206.

Z

[5] Earie, Timothy. 1978, *Economic and social organization of a complex chiefdom*: the Halelea district, Kauai, Hawaii. Ann Arbor: Museum of Anthropology, University of Michigan.

[6] Johnson, Gregory A. 1982, Organizational structure and scalar stress. *In Colin Renfrew, M. Rowlands & B. Segraves (Eds.)*, Theory and explanation in archaeology (pp. 389–421). New York: Academic.

[7] Mann, Michael. 1986, *The sources of so- cial powel': a history ofpowerfrom the beginning to A. D.* 1760, vol. I. Cambridge: Cambridge University Press.

[8] Maquet, Jacques. 1961, *The premise of inequality in Ruanda: a study of political relations in a central African kingdom*. London: Oxford University Press.

[9] Marx, Karl &Friedrich Engels. 1888, *The Communist manifesto* (*Manifest der Kommunistischen Partei*, London, 1848). Chicago, IL: Kerr.

[10] Polanyi, Karl. 1957, *The economy as instituted process. In Karl Polanyi*, Conrad Arensberg & Harry Pearson (Eds.), Trade and markets in the early empires (pp. 243–270). Glencoe, IL: Free Press.

[11] Smith, Carol. (Ed.). 1976, *Regional analysis*. New York: Academic.

[12] Wright, Henry. 1984, *Prestate political formations*. In Timothy Earle (Ed.), On the evolution of complex societies (pp. 41–77). Malibu, CA: Undena.

扩展阅读

[1] Glassman, Ronald. 1986, *Democracy and despotism in primitive societies: a neo-Weberian approach to political theory*. New York: Associated Faculty Press.

[2] Johnson, Allen &Timothy Earle. 1987, *The evolution of human societies: from foraging group to agrarian state*. Stanford, CA: Stanford University Press.

[3] Lenski, Gerhard E. 1966, *Power and privilege: a theory of social stratification*. New York: McGraw–Hill.

[4] Wolf, Eric.*Europe and the people without history*. Berkeley: University of California Press.

中央研究院历史语言研究所民族学组（Anthropogy Department, Instory and Philology, Academia, sinica） 中央研究院历史语言研究所民族学组成立于1927年冬，由中央研究院社会科学研究所的民族学组归并而来。由蔡元培兼任组主任。研究的对象，以中国东北及西南边疆地区各民族的原始文化为主。曾先后举行广西凌云瑶人、台湾番族、松花江下游赫哲族、湘西苗族、浙南畲民的调查。1934年7月改隶史语所为第四组，研究的对象，文化与体质并重在文化方面， 因东北沦陷，乃专重西南。1934年曾举行云南民族调查。1935年至1936年曾参加中英会勘滇缅，南段界务，从事该段当时未定界内各民族的调查、1929年史语所迁入北平，为集中工作，将原设8个组归并为历史、语言、考古3个学术组。第一组从事史学及文籍考订，第二组从事语言学及民间艺文研究，第三组从事考古学、人类学及民俗学的研究，并分别聘请陈寅恪、赵元任、李济为一、二、三组主任。同时决定史禄国在广州的工作至旧有材料整理工作完成为止，完成后，亦迁到北平。史禄国在完成关于华南和西南的有关体质人类学的研究后，并没有继续参加历史语言研究所的工作。以后因为第三组以考古学为主，体质人类学、民物学的部分工作渐被忽视。在中央研究院的有关民族学的工作就全由社会科学研究所的民族学承担了。

1933年史语所一度与社会科学研究所合并，改称“历史语言社会研究所”，复于1934年4月分开，1934年5月又增设人类学组。历史、语言、考古和人类学这四个分支机构即奠定了后来史语所的学术规模。研究范围包括体质与文化两方面，附有标本陈列室。1946年夏，中央研究院因经费不足， 体质所暂停筹备， 器材由史语所接收。

第四组主任——民族学组改由凌纯声兼任。在民族学组成员中，专任研究员有傅斯年、岑仲勉、丁声树等。

中央研究院迁台后，为了对当时为数约二十万的台湾南岛民族以及在人数上占优势的汉族社会与文化进行研究，遂于1955年8月1日成立民族学研究所筹备处，并于1965年4月间正式设所，创所所长为凌纯声。

民族学研究所自筹备阶段开始，即以中国民族文化史的研究，台湾土著民族社会文化的研究，台湾汉人社会及民俗的研究，及东南亚华人社会的研究为长期研究重点。目前该所是国内外学术界公认的台湾人类学研究的重镇。对于国内人类学界而言，该所在研究议题开拓、学术人才培育与教学机构设置方面，扮演领导与枢纽的角色；对国际人类学界而言，该所也被视为台湾南岛民族研究和汉人社会研究的重镇。该所研究人员的研究专业与学术声望，以及该所的资源设备，长年以来成为国际学者访问研究首选的接待机构，也是各种合作计划、学术研讨会与知识交流激荡的基地。

中央研究院历史语言研究所人类学与民物学组（Academia Sinica and Institute of History and Humanities）中央研究院历史语言研究所隶属于当时的国立中央研究院，1928年10月22日成立于广州中山大学。下设史料、汉语、文籍考订、民间文艺、汉字、考古、人类学及民物学组、敦煌材料研究等8个组。人类学及民物学组是第七组，设在广州柏园。涉及范围之广，学科项目之全，皆属当时全国之冠。

民物即“民俗”，名异而实同，或许傅斯年有心要同语史所立异，确实也有所不同，体现为人类学与民俗学并举，但民俗学讲求精严，人类学则推崇史禄国的体质人类学。

史语所初设人类学及民物学组，由史禄国任人类学工作，特约研究员辛树帜、特约编辑员容肇祖等负责搜集各种民物标本。此外，还有若干名助理员，辛树帜也担任文字编辑工作。不久之后，该组由史禄国在广州测量学校进行华南人体发育研究；自云南调查回穗后，他又对广州驻军士兵进行体质测量。该组还陆续购得广西、云南、安南（今越南）等地各项服饰用物。中山大学语言历史研究所与中央研究院历史语言研究所合作，以广州为活动基地进行了民族学旅行（调查）等工作。

1928年8月底，中研院历史语言研究所派遣籍贯四川灌县的助理员黎光明到川边做民物学调查。黎光明于8月自上海出发，12月再由成都西行，调查了灌县、汶川等地的“羌民土民及杂谷人”。1929年4月又到松潘，调查了“西番等民情风俗”，6月初调查结束，返回成都。

（马丹丹）

中央研究院社会科学研究所民族学组（Institute of Ethnology，Institute of Social Sciences，Academia Sinica） 中国研究院社会科学所民族学组成立于1928年。1934年民族学组改隶属历史语言研究所。

社会科学研究所分四组，其中第一组就是民族学组，组长由蔡元培亲自兼任。该组最初的研究人员除蔡元培外，有1929年由法国学习归来的专任研究院凌纯声、德国籍的研究员颜复礼（F.Jaeger）、商承祖、林惠祥。颜复礼后来回到德国，1929年底，林惠祥被改聘为民族学组专任研究员。在中央研究院社会科学研究所最初的民族学研究工作中，受德国的影响较大。这种影响和蔡元培的学术经历有关。不久，该组又聘请德国人史图博（H.Stubel）为特约研究员。

社会科学研究所在初建所时，计划在几年之内先后对西南各省的苗族、瑶族进行调查，对江苏的农业进行调查，对上海的社会进行调查，对长江各省的农业及社会进行调查，对中国的人口进行统计研究，对中国工资及失业进行统计之研究和对筹设民族学博物馆等项进行可行性研究。对苗族、瑶族等民族的调查和筹设民族学博物馆是民族学组的主要任务。

1928年夏，社会科学研究所派遣颜复礼与商承祖，随地质研究所和中央研究院联合组成的广西科学调查团，前往广西对瑶族进行调查。颜复礼、商承祖由百色到凌云，集中时间进行实地调查。他们的调查包括广西的一般情况（广西凌云瑶族的语言、来源、分布情况及其与广东韶州瑶族的关系）。同时拍摄了一些

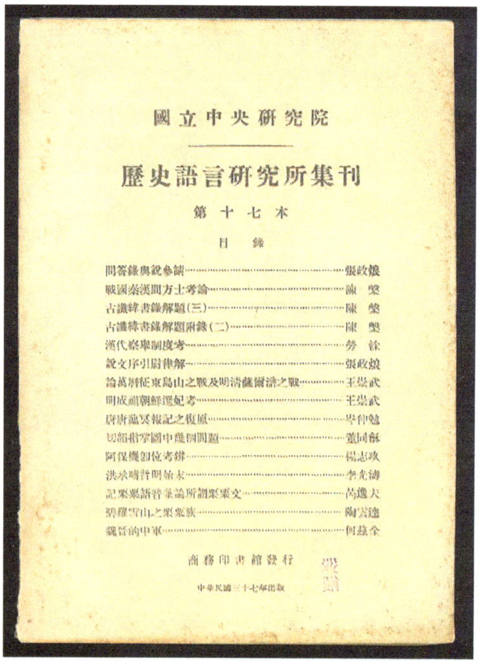

國立中央研究院

歷史語言研究所集刊

第十七本

目錄

商務印書館發行

中華民國三十七年出版

《国立中央研究院历史语言研究所集刊第十七本》

20世纪40年代中央研究院总办事处

中央研究院历史语言研究所旧址

中央研究院旧址

中央研究院社会科学研究所旧址

各民族的人物照片，以后发表的有70余张。调查时间为6个月，至1929年1月结束。以后，将调查结果加以整理，著有《广西凌云瑶人调查报告》，1929年由中央研究院社会科学研究所作为专刊底二号印行。

（马丹丹）

种姓（Caste） 源于葡萄牙语“casta”，意为种族、血统和纯种家畜，而“casta”则又派生自拉丁语“castus”，意为清楚的、纯的或可靠的。由此而形成的caste一词，是葡萄牙旅行者首创的，用来指他们在印度看到的以传统印度教为基础的社会、经济和宗教系统。

种姓的传统印度教术语是瓦尔纳（varna），它最早的意思包括肤色、遮盖物、部落和种族，种姓制度是早期印度教传统中最有争论的方面。种姓制度起源于公元前2000年或1000年，并在公元500年前后大规模地形成。最早的印度教典籍《梨俱吠陀》（Rg Veda, c.1500 BC）把婆罗门作为最纯正的血统置于种姓之首，紧接着是武士（刹帝利）、平民（吠舍）和希洛人（首陀罗）。其实，还有第五类种姓——不可接触者（哈牙斯），但这群人是在四类种姓确定很久之后才被指定的，大约是在公元1世纪或2世纪，这类人被置于社会的最底层。

婆罗门是祭司和博学之人的种姓。婆罗门成员的职责是教其他人知识和智慧，监督和领导社团的宗教生活。至于武士和统治者的种姓刹帝利，它的成员的职责是保护和统治，目的是维持一个安全稳定的社会。吠舍是农民和商人，他们为社会种植并提供食物和生活必需品。等级最低的是首陀罗，由劳动者和仆役组成，他们的职责是通过做那些卑微的、艰辛的体力活动服务其他种姓成员。后来又增加了第五等级——不可接触者（哈牙斯），这个等级的成员实际上被置于种姓系统之外，他们的职责涉及为其他种姓清理打扫，承担那些肮脏的活计。

五个种姓中只有前四个种姓的成员被视为瓦尔纳印度教人。前四个种姓中，只有前三个被称作“再生族的”。而前三个再生族种姓中，前两个又被叫作“高级种姓”，一些宗教仪式和机构被限定只允许这两个高级种姓的男性成员参加。

至于一个人的种姓什么时候由出身决定，而不是由他在社会中的职业和角色，这是不确定的。然而，在声称包含佛陀的话语和教诲的早期作品中，早已经有对于种姓制度由出身而不是行为成就决定一个人的价值的批判。而且，一旦出身成为首要因素，甚至成为唯一的、决定性的因素，那么，种姓就会成为一种封闭系统，也会在极大程度上决定一个人的职业和经济发展的潜力、一个人的社交范围、社交途径以及择偶范围，最终决定一个人在宗教等级制度和宗教活动、宗教仪式中的地位。

种姓制度在印度日常生活中的真实功能是划分阶级，各个种姓显著比低于它的种姓更为“纯正”，而且只有不纯的种姓排除由于它们卷入自然世界而不可避免地引起的污染，纯正的种姓才能保持其纯粹性。因此，自然而然就有了在这些种姓之间的劳动分工，而这种分工造成了他们之间的相互依赖。这种污染是可以传染的，因此一个种姓必须限制它与较低种姓的接触，以保持其地位。这样就划分了不同的等级。

因为，种姓限制其成员与较低种姓成员的接触，因此，种姓中个体的上升运动在理论上是不可能的，在经验上也是罕见的。但作为整体的团体也许可以透过极力效仿高级种姓的风俗和实践来提出其对于较高地位的追求，并且可以利用某种新发现的政治或经济的影响去追逐高级种姓，以便能与它在一个新的基础上接触。

直到现在仍有人在支持种姓制度，尤其是在乡村地区，尤其是那些处于等级制度顶层的人，他们把种姓制度视为社会稳定的必需品以及维护传统价值和制度的必需品。问题是潜在种姓的职业排他性自19世纪以来已经逐渐消失。然而，尽管种姓制度的职业排他性已经逐渐消失，固有的社会偏见却依然难以改变。

研究种姓制度的主要困难，在于印度教的反历史偏见，它将自身看作是一种永恒的制度。韦伯的《印度的宗教》和其他许多学者均注意到了信仰达摩和喀摩对维护种姓制度的重要性。“达摩”是指自然和社会事物的秩序以及与每一种姓成员相适应的行为方式。如果某人在生活中遵循了其种姓的规范，便可获得死后转世于更高种姓的权益。另一方面，“喀摩”的教条则指出，谁若违背了“达摩”的规范，来世只能置身于较低种姓之中。那些在不断的再生中永远恪守“达摩”的人，才能最终从生死轮回中获得解脱。然而，无论是维贝尔还是赫顿（Hutton）的《印度的种姓制度》（1946），都将种姓制度的历史解释为两种主要动态过程独一无二的整体化，即不断增长的分工与此起彼伏的部落和宗教征服运动。但最终从理论上讲，人们在这种生活中既不能进入某种种姓之中，也不可能超脱它。在这种制度中，处于社会下层的人们将其屈从的地位视为道德无偏和万世不朽。而一些唯物主义者则把它看作一种极为残酷的阶级剥削方式，是一种精心设计的骗局，如迈莱索克思（Meillaissoux）的《经济和社会》（Economy and Society，1973）。

（单慧玲）

参考书目

［1］Kolenda, P.1981, *Caste, cult, and hierarchy. Merrut*, India: Folklore Institute.

［2］Sharma, K. L.1986, *Caste, class, and socialmovements. Jaipur*, India: Rawat.

［3］Zinkin, T.1962, *Caste today*. London: OxfordUniversity Press.

［4］Béteille, A.1969, *Castes, Old and New: Essays inSocial Structure and Social Stratication*, Bombay: Asia Publishing House.

［5］Beteille, Andre. 1977, *Inequality among Men*. London: Blackwell.

［6］韦伯. 印度的宗教. 桂林：广西师范大学出版社，2010.

种族（Race）　又称人种，指由有共同起源的人组成的群体类别。该词自16世纪初开始在英语中出现，主要用来指因血统相同而具有共同特征的人，但也在较不严格的意义上用以指人们在其他方面的相似性。在新航路开辟时代，原来被海洋隔离分开的人群被聚集在一起，他们之间的语言、风俗习惯及经济条件的差异，使种族概念和种族主义逐渐萌芽。一方面来自于殖民者的民族优越感，另一方面是为了将对被殖民地的掠夺和剥削合法化。

“种族”一词的第二个重要含义与“类型”相同，指一类具有永久性有别于他人特征的人。自19世纪早期以来，人们一直在这种意义上使用“种族”，但这一含义被达尔文的自然界里没有一成不变的生物形态的论证所否定。在他看来，每一物种都通过自然选择适应自己的环境。因此，一种类型种族的人迁居一个新环境后，将要在这个新环境里产生适应性的改变。达尔文把“地理上的种族或其亚种”看作是地方形式，而生物学则仍在此意义上使用种族一词，即“人种”，它是用来指对物种的进一步分类。虽然对于同种间的精细分类的观点不尽相同，但有时还是有着相当普遍的一致性，即认为，“人种”是一个有效的生物学概念，通过可观察的体质结构来识别不同的人种。

长期以来，体质人类学家依靠肤色、眼睛、毛发、脸型、鼻型、唇型等形态特征，将人类分成一些大的地理上的人种，大多数分类法承认以下三个主要分支：黑色人种、蒙古人种和高加索人种。一些研究者还指出了其他几个较大的人种，如印第安人种和大洋洲人种。

自20世纪30年代初群体遗传学（population genetics）产生以来，生物学家不仅研究人种间的形态差异，还注意到了许多不同的遗传特征，例如血型和特殊蛋白质的基因。然而这些遗传特征的研究揭示，人种之间并不存在固定的界限。在不同人群中某个给定的遗传特征出现的频数沿着一条曲线分布，这条曲线跨越了由形态所限定的人种的界限，不同的遗传标记可能沿着不同的曲线而变化，它们与环境中自然选择的过程有关。也就是说，通过地理的、生态的和形态的因素结合划分出的人种间的界限，由于本质上的生物化学成分的相似性而模糊不清，从而人种概念被逐渐冲淡。现在生物学家更多使用“种群”（population）来描述所研究的群体或类别，“人种”作为分类术语，在群体遗传学中缺乏解释能力，因此在生物学中已很少使用。

然而在社会生活中，19世纪关于种族特征的观点，仍被一些较强大群体的成员用来确定他们同那些较弱小群体成员之间的差距。20世纪上半叶，弗朗茨·博厄斯（Franz Boas）首先反对将“人种”的生物学概念和“种族主义”混为一谈。随后在1966年，由美国体质人类学家协会（American Association of Physical Anthropologists）提议，将联合国教科文组织文件中的“人种”概念进行了更新。文件指出：“在所有的人类中，任意两个种群在遗传上都不是完全相同的。但所有人都拥有共同的祖先，属于同一个物种。绝大多数体质上的差异来自于营养摄入、生活作息方式或其他的环境因素，遗传基础上的差异仅属于不同地理种群之间的差异”。

时至今日，围绕着人种概念仍然存在各种错误观念，包括“优劣人种”思想、人种与精神的差别思想、人种和文化的思想等。对于人种概念的正确解读，以下观点反映了当代大多数人类学家和生物学家的看法：①人种是一个借自生物学的概念。②人种研究主要是形态学上的研究，其目标主要是在分类层面上，人种概念有助于对智人现存的这一物种和更早期的人类物种的巨大多样性进行分类。随着遗传差异分析的进展，想象中的人种“界限”被超越了，可以看到人种概念被削弱了。③在群体遗传学研究中，一些遗传学家认为人种间的遗传差异虽然很小，但是客观存在的，是有统计学意义的；而另一些人认为人种概念在这些研究中的价值是微不足道的，因此将其摒弃；还有一些人认为，人种概念在政治上的滥用，是导致它从研究者和教科书作者的厚爱中衰落的主要原因。④为了研究目的，如果我们承认人的种族的客观存在，就必须注意，人种的区别不是绝对的，而是存在于不同形态或遗传特征在不同群体中出现的频率差异中的。⑤人类物种区别于其他物种或古人类物种的遗传基础，为全人类所共有，只有相当小的一部分基因决定了人种间差别的特征。⑥现代人种的形成是一个相对较近的事件，回溯的时间不会多于十万年。而所有人类祖先的出现可以追溯到距今至少二十万年前。⑦种族歧视的实行制造出关于人种的某些假设，有些是公开的，有些是心照不宣的。这些假设包括：（i）人种是纯粹的和有区别的实体；（ii）一个人种的所有成员具有相似的外貌和类似的思想，这个假设又以这样的思想为基础：人们的信念完全或主要地依赖于自己的基因；（iii）有些人种比其他人种更优秀。⑧对人类群体的科学研究并未提供证据证明上述任何一个假设。⑨关于人类群体在遗传上和形态上的分析不能证实某些人种是优越的，另一些是低劣的。⑩对于许多特征来说，人种内的差异大于人种间的差异。不同人种间不存在任何生殖隔离。⑪文化、语言和世界观与形态上或遗传上的特征并没有密不可分的关系。⑫人种的分类是纯粹建立在体质特征和遗传特性的基础上的，没有使用精神上的特点，也没有发现有精神上的特点能适用于这个目的。⑬科学研究认为，没有证据证明不同人种成员的各种神经系统有遗传变异差异；也没有证据证明不同人种成员的行为模式有遗传上的差别。⑭把智力包括到由遗传决定的人种差异中是没有根据的。

（谭婧泽、佟欣竹）

众数人格（Model personality）　众数人格概念由美国人类学家杜波伊斯（Cora Dubois）于1944年提出，并成为人类学文化与人格学派的重要理论根据之一。杜波伊斯等人类学者将众数人格界定为：“基本的心理因素与神经系统相互作用而形成的倾向与经验，这些基本的倾向与经验为人类所共有，却借助文化得以满足，在不同的社会背景下，它们被满足、约束乃至被拒绝的方式各不相同。”该概念假设人类的生物–心理结构赋予人们先天的基本“人类心灵统一体”（psychic unity of mankind）即共有的潜在的人格范畴，但特定的社会文化体系为了适应所处的环境会从这一范畴中有选择地强化某些特定的心理倾向、行为、信仰与价值观，从而塑造、改造与操弄其成员具体的人格特征。人格是普同人性的组成部分，但具体的人格范式则是特定社会文化的产物。特定的文化背景和社会结构与特定的人格结构存在着一定程度的对应关系。社会文化对成员人格的塑造主要通过婴幼儿时期的母婴关系得以实现，母亲对子女的爱抚、约束与照料方式对其后期人格发展产生极大的影响。

众数人格是一个统计性概念而非经验性表述。人类学家在田野调查中借助来自心理分析学的调查方法如自传、生命周期描述、个性发展观察、心理投射测试等获得第一手资料并通过后期的统计分析与跨文化比较对特定社会文化体中众数人格的表现做出结论。众数人格概念对20世纪40—60年代的人类学理论影响较大，在此基础上生发出“基本人格结构”（basic personality structure）、“民族性格”（national personality）、“社会特性”（social character）等概念。但也有德弗罗（George Devereux）等学者质疑该概念混淆了个体心理现象与社会文化现象两个不同领域的界限，从而在研究方法、问题与结论上产生误解。尽管如此，众数人格概念仍然是人类学理论发展史上首次结合定性（田野访谈）与定量（心理分析测试与统计方法的运用）研究所取得的理论成果，体现出人类学勇于打破学科边界与心理分析学、精神病学等其他学科合作的跨学科追求，也对后续的心理人类学的发展起到一定的促进作用。

（海力波）

主体民族（majority） 往往与“非主体民族”对称，泛指多民族国家中人口占全国人口多数或在国家政治生活或资源分配格局中起主导作用的民族。一般而言，由于具有天然的人口和文化层面的优势，主体民族在国家内部拥有天然的政治和文化优势，往往会被视作国家的主体部分或代表，并形成对于国家的高度认同。在当今世界的民族国家中，除了美国、澳大利亚等缺乏历史民族的移民国家以及如朝鲜、韩国、日本等公认的单一民族国家之外，通常都是以某个主体民族为基础，再辅之以其他一些少数民族建立起来的。

在中国语境中，因为不存在官方层面对于主体民族的界定，因此目前对于主体民族的具体含义在学术界依然存在争论。有一种观点认为，主体民族在中国存在，但存在于特定的地理区域内，汉族不能被称为主体民族，实行民族区域自治的民族在其自治区域内是主体民族。另一种观点则认为，对于主体民族的界定主要应从民族人口结构上来看，应将一个民族在全国总人口中所占比例是否是多数，作为衡量是否是主体民族的一个重要特征，在这种界定下，汉族是中国和中华民族的主体民族。

总体而言，主体民族作为一个具有明确内涵的学术术语，在阐释不同民族人口数量差异以及与之相关的社会发展程度方面，具有一定的学术价值，也是一个可以在特定条件下使用的学术概念。

（袁剑）

参考书目

［1］Gagnon, Alain-G. 2011, *Studies in Nationalism and Ethnic Conflict: Contemporary Majority Nationalism*, Kingston: McGill-Queen’s University Press.

［2］Dumas, Charles 2010, *Globalisation Fractures: How Major NationsInterests Are Now in Conflict*, London: Profile Books Ltd.

主位（emic） 一些文化人类学家在研究文化时所用的一个术语，意指研究者从文化的本土实践者的角度对当地人的信念和行为做出描述和解释的分析视角。研究者需要对研究对象有深入的了解，熟悉他们的知识体系、分类系统，明了他们的概念、话语及意义，通过深入的参与观察，尽量像本地人那样去思考和行动。

语言学家肯尼斯·派克（Kenneth Pike）在《语言与人类行为结构统一理论的关系》（Language in relation to a unified theory of the structure of human behavior，1954）一书中提

出，人类语言行为与非语言行为之间存在一致性，他从语言学的术语“音位”（phonemics）中类推出了主位（emic）这一概念，以将语言学研究与非语言研究进行类比，力求找到能够统和两种研究的宏观理论。出现于20世纪60年代的“认知人类学”（cognitive anthropology）、“新民族志”（the new ethnography）、“民族科学”（ethnoscience）都起源于派克最初关心的问题。

马文·哈里斯（Marvin Harris）及其他文化唯物主义者通过用主位指代本土或民间对于文化信念和行为的解释，使这一术语在人类学领域得到普及。对此，哈里斯的一个最著名的案例就是他对于印度教中崇拜牛的分析。印度教徒视牛为神圣的存在，并且宣称他们的宗教阻止其宰杀牛或者食用牛肉。从哈里斯的角度来看，这就是针对印度教徒对待牛的一个主位解释。对应有意识的信念和行为，主位层次的解释可以进一步分为两类：主位精神（emic-mental，因为印度教已经公开宣布牛是神圣的而不会宰杀牛或食用牛肉）和主位行为（emic-behavioral，不会宰杀也不允许饿死牛）。

然而，马文·哈里斯一派并不完全赞成主位视角的解释，他们反对以古迪纳夫（Ward Goodenough）为代表的将语言学研究方法带入人类学研究的做法，认为语言并不能等同于文化，在人类学中并不存在语言学中“母语使用者”（native-speakers）的同义词，或者说并不存在可以与“拥有语言能力”相类比的“拥有文化能力”的人。古迪纳夫认为在“主位”的研究中，本地的“权威”们需要得到重视，而他们的观点具有重要的意义。马文·哈里斯则认为这一过程中存在诸多问题。首当其冲的就是文化“权威”是否真的存在？如果存在，这些人应该如何被如何界定？同时在该文化当中的“普通人”的想法又是否应该加以考虑？

与文化唯物主义者不同，列维·斯特劳斯（Claude Lévi-Strauss）认为理解一种行为或言语必须将其放置于文化之中，因而文化唯物主义者基于主位仅仅适用于特定的文化及其并非基于客观原则的观点而对主位提出的批判并不成立。必须认识到，在派克的原初概念中主位-客位代表着一种层面上的描述。派克将行为像语言一样视作波浪的组成，人类是根据点或者对比性单位认识行为，从而对其做出分类和反应；二者之间的关系就如同语言与音素的关系。派克对于任何人类行为做出主位解释的目标就是呈现出与本土参与者相关的行为。哈里斯及其他人类学家用这个术语呈现出一个整体层面上的解释。这种主位的解释与其他人类学家所提出的“本地模型”或者民间“解释”十分相近。

需要注意的是，即使是主位分析，也是由研究者主导的。“主位模型”（emic model）始终是分析者基于在本地风俗中的区别性特征而形成的外部结构，未必是本土人有意识地持有的，因而与“本地模型”（native model）不尽相同。比如康克林（Harold Conklin）在对菲律宾的汉努诺奥人（Hanunoo）语进行研究时，就发现传统语言学的区分方法无法适用于当地情况，进而重构了一套合于当地的主位区分，但对于本地人而言这套规则是隐而不现的。

由于是从“内部看文化”，研究者因为与被研究者之间有相似的情感体验更易产生共鸣，而去挖掘“局外人”无法获得的重要信息，发现和领悟当地的文化内涵；但也可能习惯性地将许多文献现象视为理所当然。相较以往，学界很少对主位进行讨论，它依然暗含于更多晚近的人类学方法当中，甚至是在后现代的和反思性的研究当中。在区域分析和地区比较研究中，这种主位的视角也被赋予了新的意义。

（张文潇）

参考书目

［1］Goodenough, W.H.1956, *ComponentialAnalysis and the Study of Meaning*, Language, 32.

［2］Headland, T. N., Pike, K. L., & Harris, M. eds.1990, *Emics and etics: The insider/outsider debate*, Newbury Park: Sage.

［3］Pike, K. L.1971, *Language in relation to a unified theory of the structure of human behavior*, The Hague: Mouton.

[4] 马文·哈里斯. 文化唯物主义. 张海洋，王曼萍译. 北京：华夏出版社，1988.

住宅形式（house form） 又译“住宅原型”。美国人类学家摩尔根（Lewis Morgan）的最后一部学术著作《美洲土著的房屋和家庭生活》（Houses and House-Life of the American Aborigines， 1881）把房屋建筑的发展与社会的发展相联系，认为从居住方式和建筑中也可以看到人类社会存在顺序相承的家族形态的发展过程。阿摩司·拉波波特（Amos Rapoport）著有《住宅形式与文化》（House Form and Culture，1969）一书，汇集人类学田野民族志文献中的资料，有条不紊地进行了住宅形式与文化关系的说明与讨论，认为“住居的不同形式是不能用单一理由进行解释的复杂现象”。住居如同环境和其他不可胜数的文化因素一样，对于人类生活具有重要价值和意义。（参见建筑。）

（蒋萍）

转世（reincarnation） 相信人的灵魂或意识会在死时离开肉体，后来进入一个尚未诞生的胎儿体内，随之一起诞生。转世信仰在世界上极为普遍，它流行于南亚的印度教和佛教信徒中，也流行于多种东亚文化和非洲多个地区（尤其是西非），它还是北美洲原住民的传统宗教的基本成分。虽然正统的伊斯兰逊尼派没有转世信仰，但在什叶派穆斯林中却很普遍，如叙利亚和黎巴嫩的德鲁兹派（Druse），以及土耳其的阿拉维派。类似地，虽然现代基督教也没有转世观念，但有调查表明，欧洲和北美地区约有25%的人相信转世一说，这个地区的绝大多数人口都是基督徒。

虽然转世观念普遍存在，但各个文化对于转世的条件和具体过程都有不同理解和实践。印度教及大乘佛教认为，转世后的灵魂是完整不变的，仅仅是从一个肉体转移到了另一个肉体，因此，西藏以挑选转世灵童的办法来挑选新的达赖喇嘛。南传佛教则认为，灵魂不会从一个肉体转移到另一个肉体，但在一个人死的时候，其人格特质会引发另一个新生儿的灵魂具备同样特质，这好比一支蜡烛点燃另一支蜡烛。南传佛教的这种观念更近于“重生”，而非“转世”。

除此之外，在前一肉体死亡和灵魂进入另一肉体的时间差上，各文化也有不同的看法。印度的耆那教（Jain）和黎巴嫩的德鲁兹派认为，灵魂不能脱离肉体单独存在，所以一定要在离开第一具肉体的同时就进入第二具肉体，但耆那教认为灵魂进入第二具肉体是在其成为受精卵的那一刻，而德鲁兹派认为灵魂进入第二个肉体是在其作为新生儿诞生的那一刻。印度教和佛教一般认为，在前一肉体死亡和灵魂转世之间有一个时间差。中国的民间宗教信仰也有类似看法，人们认为人死后灵魂会暂时进入阴间，甚至可能在阴间停留相当长时间，并非死后立刻投胎转世。

第三个问题是，灵魂转世后是否可以改换性别。缅甸和泰国的佛教认为，改换性别在灵魂转世中是经常发生的。黎巴嫩德鲁兹派以及一些北美原住民则认为，更换性别是不可能的。中国民间认为，灵魂转世后性别是可以改的，且男性优于女性，托生成男体比托生成女体需要更高的修行。

第四个相关问题是，灵魂能否在人和动物之间转移。在印度教和佛教当中，人与动物能够相互转世是一种很重要的观点，其他文化则一般不相信这一点。

另外要强调的是今生与来世的因果报应问题。奥比耶斯科尔（Obeyesekere，1968）曾做过区分，他认为，不相信有因果报应的转世信仰属于“原始型”信仰，如特洛布里恩岛民和尼日利亚的伊博族人；而掺杂了因果报应的转世信仰则属于“伦理化型”信仰。但这一区分不是绝对的，转世信仰中的伦理成分未必就是印度教和佛教中讲的“业果”，例如黎巴嫩的德鲁兹派认为善恶之报不在来世，而是集中在末日审判之时。

不同文化中对今生和来世的评价也是造成对转世的不同理解的原因。印度教和佛教认为人生有许多苦，摆脱轮回方为解脱，因此灵魂转世是不幸的，生即是人一生痛苦的开始。尼日利亚的伊博族人则赞美人生，享受尘世，他们认为死亡之后灵魂不得入世是很痛苦的，灵魂要尽快转世才能重享幸福。

关于人能否回忆前生的问题，很早以前就有人讨论过，但直到目前才有系统性的研究，也才开始引起人类学界的关注（Stevenson，1975—1983）。

（彭雅琦）

参考书目

［1］Obeyesekere, Gananath. 1968, *Theodicy, sin and salvation in a socialy of Buddhism. In Edmund R. Leach (ed.), Dialectic in practical religion*. London: Cambridge University Press.

［2］Stevenson, Ian. 1975, *Cases of the reincarnation type* (4 vols.). Charlottesville: University Press of Virginia.

资本主义（Capitalism）　一种生产资料私人占有、资本高度集中并用以创造和积累利润、而雇用工人则为自由工资劳动者的经济制度。马克思通过资本主义生产方式的理论，详尽地阐述了这些特征，并力图揭示这一制度在当代世界的早期发展阶段时的剥削本质。资本主义是社会经济发展的必然产物。它是在封建社会末期，由于商品经济的发展引起小生产者的两极分化而产生的。早在14、15世纪，地中海沿岸的某些城市就已出现了资本主义生产关系的萌芽。从15世纪最后30多年一直延续到19世纪初，西欧各国先后进行了资本的原始积累。在这一过程中，实现了生产者与生产资料的分离，对内是对小生产者进行剥夺（特别是对农民土地的剥夺），对外则是进行残酷的殖民掠夺。随着资本原始积累的加紧进行，西欧各国的资本主义有了迅速的发展。在此基础上，尼德兰、英国先后爆发了资产阶级革命；18世纪末，则爆发了法国大革命。与此同时，从18世纪30年代开始至19世纪中叶，欧美各国先后完成了产业革命。产业革命的完成标志着资本主义制度的最终确立。此后，随着资本主义制度向全世界扩展，又逐步形成了资本主义的世界体系。

资本主义的发展经历了两个阶段：19世纪70年代以前处于自由竞争阶段，称为自由资本主义;19世纪70年代以后，它逐渐向垄断阶段过渡，到19世纪末、20世纪初，垄断取代了自由竞争而成为主要特征，称为垄断资本主义或帝国主义。许多学者认为，第二次世界大战后，资本主义又进入了一个新阶段，即国家垄断资本主义阶段（也有人认为国家垄断资本主义是垄断资本主义中的一个小阶段）。

有关资本主义起源的争论，涉及一个相当广泛的领域，包括从新教伦理理论和社会变迁中唯物与唯心因素对立的争论，到封建主义的崩溃及其向资本主义过度的论战。论战双方的鼎力，实际上是对术语各自做出了不同的规定或其定义不够精确。这一论战的现实意义，正如S.艾森施塔特所编的《新教伦理与现代化》（The Protestant Ethic and Modernization，1968）一书用维贝尔学派的观点所阐述和提出的问题那样：为什么世界上非资本主义地区至今尚未能成功地发展为资本主义呢？非维贝尔学派对这一问题回答集中在资本主义作为一个世界体系的发展上，而不是集中在预期的资本家的人格结构上。

最近的民族志的研究表示，资本主义在20世纪末期经历了一个非常关键的转变，形成了很多形式，比如新自由主义全球化、后现代或者“新经济”。

人类学家对资本主义的研究是在第二次世界大战后，受到在被马克思主义理想所激化的农民中间实行田野工作和1960年代末的学生反抗活动的刺激。和法国马克思主义人类学家相结合，英国社会人类学家质疑是否这个不平等的结构已经领先于资本主义社会经济的发展，产品的资本主义生产模式是否和没有利润的模式有很大的不同。美国文化唯物主义者争辩到，利润市场在世界各地建造了一个新的社会层面。学术会议、刺激的模式以及研究的开始使资本主义的作用成为焦点。新韦伯式的思想给韦伯的定义和市场起源和新教民族的研究带来了新的生命。除了马克思和韦伯，莫斯的“礼物经济”也被重新考虑，人们从面对面经济转移到市场体系的改变也被发现。

对于资本主义过程的研究，无论是前景还是背景，都将人类学探究领域从对非白人社会中移除，并且将西方和非西方社会放在一个更加平等的地位。马克思、韦伯和莫斯都不能为更加宽泛的研究提供唯一的焦点。关于钱、商品、宗教反抗和身份构成的问题，通过大量市场的建立，可以非常容易地定义资本主义，人类学家的案例研究揭示了现象的多样性，与此同时，它拥有特定的规律。

（李索菲）

参考书目

[1] Alan Barnard、Jonathan Spencer, 2010, *The Routledge Encyclopedia of Social and Cultural Anthropology*.

[2] Thomas Barfield, 1997, *The Dictionary of Anthropology*.

资产阶级（bourgeoisie） 源于法语bourg（城镇）一词。最初是指欧洲封建时期和后封建时期那些有别于别的主要阶级或其他封建社会等级（农民、贵族、牧师等）的商人和主要城镇居民。经由若干作家相继地引申，资产阶级这一概念又指一般资本的所有者，有时还把占有生产资料的所有者与其他形式资本的所有者区别开来；那些尽管并非是法律上的资本所有者但却履行资本的功能的人（如经理人员）和高级文职人员（对此有很多争论）以及所有非体力劳动的雇员。

这些引申，使得资产阶级一词含义不清，故需对它作进一步区分，以显示其中的巨大差别。大资产阶级系指主要的资产阶级集团，小资产阶级则指那些次要的集团（尤其是指店主和其他小产业所有者），某些人坚持主张，按资金的水平差别去区分工业资本家和其他资本家，有时这被称为“阶级细分”（Class fractions）。“资产阶级”这一术语尤为马克思主义者和欧洲大陆的学者频繁使用，而拥有英美社会学传统的作家则乐于使用“中产阶级”一词。

（李索菲）

自然群体（natal group） 人类从产生时就开始有组织，这种组织是为了生存而结成的集合体，通常是亲属集团，是一种纯粹状态下的自然组织，或称为自生组织，组织中不断有新成员诞生。

人类最初的组织形式——原始社群应是自生组织。这种原始社群是杂婚的，内部结构由母亲带有子女的群落，通过身份识别和相应的行为模式存续而共同生活。这种组织内的个体，由识别身份来确定各自和他人的自然属性和社会属性，只具有维持生存和繁殖的纯粹自然意义。

（李亚）

《自然象征》（*Natural Symbols: Explorations in Cosmology*） 英国著名女人类学家玛丽·道格拉斯（Mary Douglas）的象征人类学名著。该书初版于1970年，1973年出版了修订的第2版。

自然象征，即利用自然物象作为象征符号，来表达社会结构和人们的宇宙观。此书中所谓自然物象即人的身体。人的身体作为一个系统，反映着作为系统的社会。人的生理过程反映着社会过程，人的身体边界反映着社会的边界，人利用身体来理解社会。

该书指出，必须打破诸如现代社会的“圣事”“斋戒”与原始社会的“巫术”“禁忌”在宗教比较上的人为割裂状态，用一套统一的话语研究两者，以有利于宗教社会学的发展。

在该书中，道格拉斯有两个重要贡献，一是应用“格栅-群体”（grid and group）分析框架对社会进行类型学划分。她把社会划分为四个类型：强格栅-强群体、强格栅-弱群体、弱格栅-强群体、弱格栅-弱群体的社会。人们的宇宙观是由社会结构所决定的，四种类型的社会结构分别对应四种不同的宇宙观。

道格拉斯批评了宗教分析中的压力理论。压力理论认为，之所以会爆发教派运动或千禧年运动是因为人们处在比较弱势的地位，受到了压迫，产生了心理压力，为了调适这种压力，而产生了教派运动或千禧年运动。道格拉斯批评了这一论断，她认为很多人在社会中并没有受到压迫，但是仍然倾向于参加某种教派或团体，其原因不是受到压力或是心理上的失调，而是社会结构的原因。

道格拉斯的第二个贡献是论证了社会结构决定了人们对身体的态度。四种不同社会结构下的人们，对身体有着各自不同的应对方式。人的身体象征了整个社会的形态。在高分类社会，人们的行为是形式主义的，人们表现出对洁净的极大关注；在强格栅社会，人们一般对身体是一种实用主义的念度，但是在下层发动千禧年运动的时候，又会表现出强烈的对身体的放纵，如滥交等；在小群体社会，人们关注身体的空穴，食物禁忌和性禁忌较多；在弱格栅弱群体社会，人们对身体的态度更加实用主义，更强烈的放纵倾向。

在《自然象征》中，道格拉斯批判了席卷全球的革命运动和意识形态对立。她分别用“千禧年运动”和“清巫运动”来指称，且认为两者都是有害的。她认为，人们离不开仪式，更离不开秩序。我们需要的不是打碎制度，而是修补制度。道格拉斯理想的社会结构是一个等级主义的，但是又具有一定弹性的结构。

道格拉斯的学术受到了两方面的影响：一是她自己对天主教的虔诚信仰，另一个是她对涂尔干思想的深刻认同。在这两方面的影响下，该书体现了道格拉斯文化上的保守主义和政治上的改良主义倾向，这也引发了进步主义人士对该书的批评。

（赵金虎）

参考书目

Fardon, Rrichard. 1999, *Mary Douglas:An Intellectual Biography*. London and NewYork: Routledge.

自然主义（naturalism）　强调客观、自然的思想倾向。普遍存在于世界各大洲文化传统以及大多数现代学科思想中。在西方社会黑暗中世纪结束、文艺复兴之后，自然主义思想才重新回归到了知识和科学界的中心，相继发生了哥白尼革命、19世纪末20世纪初的达尔文主义革命以及21世纪的基因和神经哲学革命等三次自然主义革命，使得自然主义提升到了更重要地位。

自然主义思想的特征具体包括：重视推理和理性经验，将其看作是获得知识的最可信赖方法；相信知识并非是神秘的、天生的或直观的；认为人类所处的外在世界是客观的、脱离于任何人的意识而存在的；世界呈现出秩序性和规律性，这种秩序仅仅靠思想、魔力、牺牲或祈祷是无法改变的，而是需要以某种物理的方式对外在的世界进行实际的操控；反对超自然的目的论，认为世界发展是由世界本身所决定的；秉持人本主义思想，认为人类并非是某个神灵或绝对原则的映像，而是一个实在的生物体，其目的是做适合于人类存在和持续发展的事情。

当代学界争论围绕自然主义的特征所展开，包括了宇宙自然主义和方法论自然主义两方面内容。前者提出了一个连贯一致、基于可靠知识的宇宙世界观图景，试图不借助于超自然或主观主义，去理解这种事物之间的互联性；后者关注于获得可靠知识的有效方法，而不是去构建世界观，这在过去常被称为“科学方法”。进入21世纪最引人关注的是自然主义伦理学与第三次自然主义革命对基因、大脑、人类存在的真正意义等问题的相关研究。自然主义伦理学主张依据事物的事实评判善恶，但伦理学主观主义者认为这是“自然主义的谬论”，否认能够据此对事物做出评价。

（牛忠光）

自杀（suicide）　人以自己选择的方式结束自己生命的行为。此概念来源于拉丁文的suicidium（杀害自己）和sui caedere（杀害他或她），于中世纪的1177年首次被提及。

社会学有关自杀的理论受到17世纪和18世纪启蒙运动的影响。研究自杀的真正意义的社会学专著是埃米尔·涂尔干的《自杀论》。

在此书中，他将自杀界定为“任何由死者自己完成并知道会产生这种结果的某种积极或消极的行动直接或间接地引起的死亡”。主张把一个特定社会在一段特定时间里发生的自杀当作一个整体来考虑。基于个体与社会的整合程度，涂尔干划分了四种自杀类型：利己型自杀（egoistic suicide）源于社会整合度过低，个体化程度过高，个体与社会相疏离；利他型自杀（altruistic suicide）的原因在于社会整合度过高，个体化程度太低；失范型自杀（anomic suicide）发生于社会发生快速变化且规范力度不够时；宿命型自杀（fatalistic suicide）的原因则在于社会规范的制约性太强。

19世纪后半期，心理学家从心理学和精神分析等方面进行了探究。弗洛伊德（Sigmund Freud）研究了“悲痛与忧郁”时的自杀行为，指出自杀的心理动力与抑郁很难区分。阿伦·贝克（Aaron Temkin Beck）也强调自杀行为与抑郁的深层联系，指出抑郁症患者因为扭曲的认知图式，产生无助感、绝望感和无力感，最终觉得自杀可能是结束悲惨人生的唯一方式。此外，心理学家们对自恋危机、情感纽带的断裂、对自杀行为的模仿等方面也进行了研究。

20世纪后半期，脑科学研究促进了与自杀相关的生物学理论的发展。埃斯基罗尔（Jean-Étienne Dominique Esquirol）早在19世纪就发现了自杀行为在家族内的沿袭，因而假定自杀行为是一种精神病。后来，有关家族、双胞胎和收养的研究都暗示了自杀行为受遗传因素影响。另外，通过对自杀者进行验尸和活体研究，自杀行为的“血清素假设”得到了支持，即冲动、对内或对外指向的侵略性以及暴力性自杀行为与大脑内血清素传递系统的功能障碍有关。

对自杀的预防可分为一级预防、二级预防和三级预防。一级预防指采取措施阻碍个体自杀倾向的发展，比如改善生活条件和社会经济状况，治疗精神方面的疾病，管理好枪支等危险物品，提高个体抵御自杀倾向的能力，提供察觉和治疗自杀者的相关教育等。二级和三级预防指采取措施防止处于自杀边缘或自杀未遂的人再次自杀。与自杀行为相关的疗法可分为危机干预、心理疗法和药物疗法。危机干预主要针对即将发生的自杀行为。心理疗法可分为心理动力法和认知—行为法，关注对抑郁、行为障碍等精神病理状态的治疗。药物治疗主要是针对潜在的精神疾病，比如精神分裂症、抑郁症、焦虑症以及上瘾等。

研究者们早已尝试用单一原因来解释自杀行为，比如埃斯基罗尔的生物学解释、弗洛伊德的心理学解释以及涂尔干的社会学解释等。现在看来，这种解释方式并不合适，因为，自杀行为实际上是由多因素决定的。“自杀学”的建立让自杀成为了一个专门的研究领域，多学科交叉视角与视域融合变得越来越重要，也有来自世界各地的研究者参与。考虑到自杀现象在一些群体尤其是青少年群体中的严重性，来自各个学科的自杀研究者不再满足于仅仅对这一现象进行研究，而是更重视社会行动，致力于通过干预防止自杀行为。同时，与自杀有关的伦理问题也引起了社会的广泛关注和激烈争论。

（陈雪英）

参考书目

［1］埃米尔·迪尔凯姆. 自杀论. 冯韵文译. 北京：商务印书馆，1996.

［2］Lester, D. 1989, *Suicide from a Sociological Perspective*. Springfield, IL: Thomas.

自我（self） 自我或自我意识是人格的重要组成部分，也是人类所有文化观念体系中不可或缺的概念，是人类学与其他社会科学与人文学科研究的重要对象之一。尽管自我（self）这一概念直到17世纪才在欧洲文明中首次出现，但在此之前的西方文化以及各种非西方文化中，都存在着某种表述，令该文化中的成员能够认识到自身作为某种既包容了肉体存在但又超越其上的存在体，并在与他人的互动中将自身视为具有一定的独特性与活力的实际存在，类似的跨文化表述即广义上的自我意识。自我的表述形式在不同文化中各不相同，但心理学研究表明，自我意识可以划分为：“主体我”与“客体我”两个层面，主体我是指自我所具备的主体性与能动性及对自我的心灵认知；客体我是在社会交往互动中我通过了解他人对自身的态度而形成的对自身的认知及所做出的回应，这一回应也被称为社会角色扮演。对自我的两个层面的相互关系的探讨构成了大多数自我研究理论与实践的主要内容。

人的自我是否是一个与生俱来的超越变化的感官意识统一体？抑或人的感官、意识与行为倾向是其所处的社会角色与环境所造的产物？这一争论最后落实为人究竟是受制于（under-）还是超越（over-）其社会属性的理论之争。启蒙时代的人文主义哲学家主张自我的独立、完整与先天性，受其影响，自由主义与现代主义倾向的学者也强调自我的理性、自由、自我选择和主体性。但随着乔治·霍伯特·米德（George Herbert Mead）所开创的社会心理学的发展，包括人类学在内的学术界与社会思潮逐渐接受其观点，认为自我意识在社会互动中形成，不同的社会语境下自我的概念也会变化。在强调自我的社会建构性的同时也保持对自我的主体性与能动性的关注，将自我研究的重点从自我的属性等哲学问题的探讨转移到对自我被形塑的社会语境的分析上。解构主义与后现代主义思潮更强调自我与他者的互动在自我意识得以确立的过程中所必不可少的价值以及自我的非本质性、变化性与建构性。

人类学对不同文化中自我意识的调查与研究对西方思想界关于自我的思考具有不可或缺的价值与意义。人类学田野调查证实自我意识并非西方文明独有的产物，即使在被西方世界视为高度集体主义的文化如中国、日本的传统社会文化中，人们也存在着明晰的自我意识，对自我的抽象思考也并非西方哲学界所独有，而是借由宗教仪式、文学艺术、超自然体验等多种形式表现于各种非西方文化中。人类学跨文化比较研究证明，自我的表现形式与内容在不同文化中具有不同的体现。本尼迪克特在《菊花与刀》中对日本文化中的自我观的研究、米德在《萨摩亚人的成年》对萨摩亚人的自我观、格尔茨在《巴厘人、时间和行为》对巴厘岛民的自我观及其与“羞感文化”的关系等，都是人类学自我研究中的经典之作。杜蒙（Louis Dumont）在其对印度种姓制度的经典研究中更是对西方自我观念中将自我视为一个独立于社会关系之外的精神实体这一观念加以批驳。对中国、日本等古老文明体的研究表明，在东方传统哲学中早已存在将自我视为“我中有他”（the other in me）、“物我合一”（two -in-one）等观念存在，从人类学的视角来看，解构主义与后现代主义的自我观是对西方文化个体主义自我观的反思并企图回归到某种更具普世性的自我观的理论尝试。

人类学认为，自我意识的研究需要更进一步地将心理学与精神分析学等学科的研究成果与人类学等更为关注宏大政治经济-历史文化背景的学科理论相结合，并高度重视自我表述内容与形式上的跨文化的多元性特征。

（*海力波*）

《自由与文明》（*Freedom and Civilization*）该书写于1944年，是马林诺夫斯基遗著，后由其遗孀于1947年整理出版。本书言辞激昂，思想深邃，融汇了马林诺夫斯基一生漂泊的洞察。

马林诺夫斯基对战争以及极权主义表现出深深困扰和道德责任，他以丰富的人类学知识和深厚的人生积淀，试图在这场世界危机中挽救文明的沦陷。他选择“人类的本质、文化和自由”为题，精心有序地编排好材料，试图拨散战争阴云，这部著作虽然文采隽永，资料翔实，但缺失了马林诺夫斯基一贯清晰的思想脉络。此书大致可分为两个部分，第一部分（第一章至第四章）是理论阐述，层层深入地解析了自由与文明的共生关系。自由出现于具有一定整合度和规模性的部落，繁荣于工业文明社会，却遭到现代文明的威胁。第二部分（第五章至第七章）是政治诉求，呼吁建立民主制度和世界联盟。马林诺夫斯基认为民主制度是对抗极权制度、保证自由、延续文明的关键。在当今技术水平下和依靠控制、暴力和毁灭带来的发展中，不可避免会导致自由的缺席。只有在国内建立民主制度，在国际建立世界联盟才能将自由置于稳妥的基础之上。

马林诺夫斯基将前人对自由定义的庞杂丛林做了三个层面的划分，每个层面都由两个极端所定位，分别是以宗教为中心、以政治为中心、以文化为中心。这三个层面统一于一个核心：绝对无束缚状态（core of freedom：absolute absence of all restraint）。他破中有立，在否定前人的定义之后，试图给出自己的定义。自由的本质是实用主义的，自由表现为一种可以控制所有类型的人类行动以使其具有高效率和高回报率的文化结构。存在是自由的前提，文化是存在的工具，是自由诞生的土壤，并通过一套相关制度发挥功能。马林诺夫斯基认为，民主制度是实践中的自由，是对抗极权主义的法宝。民主带来最大限度的自由。马林诺夫斯基对民主制度的迷恋归因于第二次世界大战时期亲历的美国的欣欣向荣与欧洲的腐败没落之间的强烈反差，三权分立的联邦制度成为了他心中的自由女神。

（刘荣）

宗法封建制（Feudalist System on Patriarchal Clan） 依据宗亲血缘关系的基础而建立的土地、财产以及身份地位尊卑的分封统治制度。宗法封建制承接父系家长制，在中国三代之时便产生了，以西周为盛。在周代王室的宗法制度之中，王室宗族被分为大宗与小宗，周王天子为天下大宗，与天子血缘关系愈近，身份地位以及享受的其他分封权力越高。例如，在最高一级的王室中，天子一脉为大宗，天子以外的子嗣被封为封建诸侯，乃天下小宗；同理，在诸侯国内又存在相应的大宗小宗，诸侯本身为大宗，诸侯子嗣为小宗，即卿大夫，拥有诸侯下的采邑；采邑同样采取此类的宗亲分封制度。在这种宗法分封制度之中，有一条重要的继承制度，即嫡长子继承制：嫡长子享有大宗的继承权。虽然在中国长期的宗法封建时期内，经常在事实上出现废弃嫡长子继承权的案例，但嫡长子在形式上的继承权无可置疑。

王国维认为，夏、商无大宗，“殷唯有小宗，而周立大宗”（王国维，2009）。另外根据瞿同祖（2003，2005）的研究，在西周以前，宗法分封并不盛行，土地、财产、荣誉共同所有，兄弟次第排序；而自西周始，嫡长子开始具有绝对继承权。宗法封建制主要由氏族社会父系家长制演变而来，按照血缘关系封疆建土，分配国家权力，将封建国家的统治方式与宗族家系结合，家国合一，实现世袭统治。通过由上而下的方式，广泛实现了父系单系世系原则，深化加强了中国“家国同构”的特征，并且这一特征被长期保留下来。所谓“家国同构”，是指国家与家族之间在宗法组织结构上具有一致性，“家是小国，国是大家”。具体体现在天子、诸侯、大夫乃至普通百姓家庭的组织系统和权力结构，都是严格的父权家长制。但是，与父权家长制不同，在三代及以后的整个宗法封建制内部，家系之间也存在等级或支配关系。也就是说，依附乃至剥削关系不仅在血缘组织内部产生，在各社会组织之间也存在。总体来上看，宗法封建制比父权家长制更为繁复，是一个立体且广阔的社会支配体系。

（黄志辉）

参考书目

［1］瞿同祖. 中国法律和中国社会. 北京：中华书局，2003.

［2］瞿同祖. 中国封建社会. 上海：上海人民出版社，2005.

［3］王国维. 观堂集林. 卷十. 殷周制度论，《王国维全集》（第八卷）. 杭州：浙江教育出版社，2009.

宗教（Religion） 人类表达超越性和神圣性的活动。作为一个意义极为丰富的现象，我们很难用一个简单定义对宗教进行概括。宗教是人类发展史上的一个重要现象，是人类对不可知的、超自然的、神圣性认知客体的回应。与信仰（faith）不同，信仰概念起源于古希腊语pístis或拉丁语fides，而宗教一词来源于拉丁语的动词形式re-legere，包含了重复地去做某事，勤勉地不断地做而再做。加上前缀re-字面意思是“不断地，重复地，不厌其烦做某事”，隐含的意思就是按照规定的仪轨去重复性地执行祭拜。在拉丁语境中，religio传递出古罗马人经典的文化特点，即拘泥于宗教仪式细节，注重仪轨，对人的尊重源于其对神的不断膜拜。德国宗教历史学家席勒（Friedrich Heiler 1892—1967）准确地将名词的re-legere和动词的neg-legere进行对比，来源于religare的名词形式religio一般并不指人们发自内心地对超越性事物的神圣感体验，对于古罗马人而言，与其说religio是指对内在感觉的陈述，不如说就是指一种勤勉伺神的美德。虔诚的敬畏体现在仪式过程中的勤勉表现，而不是发自内心的冲动。

宗教学家菲厄（Feil）说，“通过对词源学的考察，我们事实上很难理解古罗马人，他们将对上帝的敬畏与敬仰仅维系到仪式，而无关内心，这对于现代人来说很难接受。”经过后来的逐渐演化，出现了homo religiosus一词，意思是“秩序的个体”，指以谦卑、虔敬的方式生活的个体，意图通过宗教生活来成为别人的榜样。从这个词的意思推断，该词可能来源于“虔敬”（pious），已经具有了早期基督教形态的意味。此后，宗教一词的意义逐渐发展出了包括虔敬在内的内心体验。从基督教早期到中世纪时期，宗教（religio）一词仅仅指基督教，其他的非基督教宗教只能被称作lex（正如我们表达主导或生命的整体结构一样，lex是指一个普遍意义上的概念）、secta或fides。

超越基督教意义上的宗教概念，可以将宗教定义为一种人类表达对某种神圣性和超越性现象的惯习，不管这种现象是以人或非人的形态呈现，这种对于规律和永恒不灭的结构性超越体验是宗教诉诸的对象。宗教是一种有思想又有实践的意识形态。人们在宗教信仰与宗教仪式中建构起世界创生与延续的图景，确立人与超越人的存在或力量的关系，塑造人的道德规范与行为准则，规训社会群体的生活模式。宗教哲学家斯特伦（Frederick J. Streng，1933—1995）认为，宗教是人的动态转变过程，这个过程的一端是人类境遇中的问题，另一端则是所谓终极实体（或为神圣存在，或为宇宙法则），将此两端连接起来的是解决问题的手段或途径。而整个过程的意旨就在于人们由此获得超越此时此境的根本转变。

鲁道夫·奥托（Rudolf Otto，1869—1937）认为，“神圣—神圣性”是界定宗教概念时一个不可或缺的要素，但是思想家们却常常用神圣概念来指一种绝对的道德属性，如“至善的”。在康德的体系中，那种出于义务而绝对服从道德律的意志，便被称为“神圣意志”，但是这个层面的神圣与宗教原有的含义相去甚远。于是，奥托选取了另一个概念来更为准确地界定“宗教”，这就是“神秘”或“神性”（numen）。奥托指出，在所有强烈而真诚的宗教情感中有这样一种最深切、最基本的要素对信仰者具有极大的影响，能以一种近乎神魂颠倒的力量占据整个精神，奥托用“战栗感”（tremendum）来呈现人类进入宗教激情的状态，这是激发人类宗教意念的直接刺激。根据奥托的阐释，与“战栗感”同时发生的是“敬畏感”（awefulness），这是动摇人世俗之心、领会上帝神圣存在的第一步。接下来的情感是“崇高感”（majesty），能使人感到上帝的“威力”“力量”“绝对之强大”。第三种情感是“活力感”，人们领略在宗教中获得新生，拥有激情和爱的体验。

施莱尔马赫（Friedrich E.D.Schleiermacher，1768—1834）在其研究中，同样认为宗教是一种情感“feeling”，卢梭（Jean-Jacques Rousseau，1712—1778）也认同这个说法。在施莱尔马赫的演讲“论宗教”（On Religion，1799）中，说宗教是一种“无限的情感”，在《基督徒信仰》（The Christian Faith，1821/1822）第四章中，又将宗教看作是“与上帝相关联的一种绝对的情感”。对于施莱尔马赫而言，“宗教的本质既非思维也非行动，而是直观和情感。……宗教在人身上所看见的，就像在所有其他的个别东西和有限东西身上所想看见的，是无限的。”施莱尔马赫非常注重宗教的情感体验，“无情感的直观什么也不是，既不会有合理的起源，也不会有正当的力量，无直观的情感也什么也不是：两者存在着并所以是某种东西，只是因为它们原始地是一个东西，是不可分离的。”

从文艺复兴直至今天，宗教与科学之争成为宗教学家绕不开的话题。在科学家看来，宗教只是一定历史阶段的产物，是人在缺乏科学支撑时代的精神迷思，科学昌盛必然取代宗教。神学家蒂利希从另外一个角度来论述了宗教的必然性。蒂利希论述道：“宗教是人类精神的底层”，宗教深深根植于人类精神生活的一切特殊功能中，所谓整个人类精神的底层就是指宗教信仰所探究的是人类精神生活中终极的、无限的、无条件的方面。“宗教，就该词最宽泛、最基本的意义而论，就是终极的关怀（ultimate concern）”。终极关怀就是决定着我们是生存还是毁灭意义的事物来加以解释的陈述，在人类精神所有基本功能、所有创造活动中均深藏着这样一种终极的关怀。

人类与超越现实感知建立联系并且发生互动是宗教具有的核心价值。超越所指的不仅是宗教的决定性标准，同时也与宗教相关联的其他一些意识形态现象有关，如道德、审美等，宗教不仅仅是信仰的另一个名词，它更为广泛地表达着人类关注超越性的内在渴望。

（哈正利）

参考书目

［1］吕大吉. 宗教学通论. 北京：中国社会科学出版社，1989.

［2］孙亦平. 西方宗教学名著提要. 南昌：江西人民出版社，2002.

［3］F. M. 缪勒. 宗教学导论. 陈观胜，李培茱译. 上海：上海人民出版社，1989.

宗教人类学（Anthropology of Religion）　文化人类学的重要分支，主要研究宗教与其他社会制度的关系，并对不同文化的宗教信仰与实践进行比较。宗教人类学将存在于人类历史中的宗教视为一种信仰行为和过程加以研究和探讨，并非研究神的旨意，而是研究宗教信仰与仪式是如何产生的，人在宗教生活中对世界、对自身是如何理解的，如何付诸个人行为，又如何在理解和行动中形成了社会运动，以及如何实现个人和群体的超越性体验。

人类学对宗教的研究始于19世纪后期，马克斯·穆勒（Max Muller）、罗伯逊·史密斯（W. Robertson Smith）、爱德华·泰勒（Edward B. Tylor）和詹姆斯·弗雷泽（James G. Frazer）等人最早提出，可以遵循科学方法的准则来研究部落社会的宗教，也提出了分析比较宗教信仰与实践的具体方法论程序。他们的理论被认为是“知性论的”，因为他们最初都对人的思维感兴趣，都试图理解最根本、最原初阶段的宗教信仰与实践。在《原始文化》一书中，泰勒对世界各民族历史上的灵魂观念进行研究，并探索从原始宗教到一神教的发展脉络。泰勒认为，一切宗教，无论是哪个民族的还是处于何种发展阶段的，归根结底都是对某种“灵魂”或“精灵”的信仰，因而宗教的起源，说到底是要探究灵魂观念的起源。缪勒在《宗教的起源与发展》（1878）和《人类的宗教》（1882）两部著作中运用大量的比较语言学的方法，对宗教的起源和发展脉络提出独到的见解。他认为宗教产生于人所固有的对“无限”的追求中，是人类普遍存在的心理能力。弗雷泽认为，最好把人类思想理解为从巫术到宗教再到科学的进步。他主张，基于接触律和相似律的巫术是人类思维的最初形式，它会被宗教取代，而宗教又会被科学取代。

19世纪的人类学家难免会受到自身的基督教传统影响，他们所依据的资料也充满着西方中心主义的偏见，再加上当时占据主导地位的进化论模式的妨碍，但令人惊讶的是，他们对部落宗教的解释也闪烁着富有同情心和洞察力的火花。穆勒、史密斯、泰勒和弗雷泽等人克服了自己的欧洲中心主义和犹太—基督教偏见，为宗教研究做出了重大贡献，其著作至今仍让人受益匪浅。

20世纪20年代之后，人类学家们放弃了对宗教起源的探讨，转而讨论宗教的功能，关注宗教在人类生活中发挥的作用。马林诺夫斯基（Bronislaw K. Malinowski）开创了英国的功能学派，在他看来，工具、习惯和思想等，皆因其对人类以某种方式直接或间接地有用才得以存留和传播，也就是说，它们能满足一些生物的、社会的或整体的需要。在功能主义者看来，宗教在个体而言，可以增加自信，发展道德，保持积极心态；就社会群体而言，宗教是一种组织力量，供给自然领袖，把社会生活引入规律与秩序。涂尔干对宗教的研究更侧重宗教的集体性，甚至在他给宗教下的定义中，是把集体作为概念界定的前提：“（宗教）是一种统一的信仰和行为体系，这些信仰和行为与神圣的事务有关，这些信仰和行为把所有信奉者团结到一个称为教会的同一的道德性团体中。”宗教的每一个基本因素，诸如禁忌、崇拜、礼仪、象征，都在群体内部发挥着这种统一的作用。

尽管人类学对宗教有着持久而强烈的兴趣，但并没有一个统一的人类学宗教理论或某种研究宗教信仰与实践的共同方法。研究者们无法就“宗教”应该如何定义、“宗教”这个词包含了哪些内容等问题达成一致。人类学家一直在为宗教下定义，但是从泰勒1871年的定义“对精神性存在的信仰”开始，到克利福德·格尔茨（Clifford Greetz）和梅尔福德·斯皮罗（Melford Spiro）更加复杂的定义，都遭到了相当多的反对。尽管如此，格尔茨对宗教的人类学定义是20世纪里影响最大的：“一个象征的体系；其目的是确立人类强有力的、普遍的、恒久的情绪与动机；其建立方式是系统阐述关于一般存在秩序的观念；给这些观念披上实在性的外衣；使得这些情绪和动机仿佛具有独特的真实性。”而20世纪里其他的宗教定义基本上都遵循着涂尔干的方式，在所谓的“超自然”与“自然”之间做了二分。这些定义都没有比格尔茨的更令人满意，因为超自然与自然之间的区别极少是一目了然的，每个人和每种文化的看法也都不一样。定义宗教的主要困难在于，宗教不是一个“事物”，而是一种抽象。格尔茨的宗教的定义，为宗教研究开辟了新的路径。

21世纪初，宗教人类学研究的焦点从部落宗教转向现代宗教。许多受到好评的研究分析的是欧洲和美国等发达社会里的宗教。宗教人类学的领军人物有约翰·鲍恩（John R.Bowen）、托马斯·科达斯（Thomas J. Csordas）、汤娅·鲁赫曼（Tonya Luhrmann）、罗伯特·赫夫纳（Robert Hefner）、莫里斯·布洛克（Maurice Bloch）、乔纳森·弗里德曼（Jonathan Friedman）、文森特·克莱潘扎诺（Vincent Crapanzano）、埃迪斯·特纳（Edith L. B. Turner）、詹姆斯·费尔南德兹（James W. Fernandez）、雪莉·奥特纳（Sherry B. Ortner）、玛丽·道格拉斯（Mary Douglas）、琼·科马罗夫（Jean Comaroff）、本森·塞勒（Benson Saler）和斯坦利·坦比亚（Stanley J. Tambiah）等。他们关注的是佛教、伊斯兰教、印度教和基督教等主要世界性宗教的地方变体，以及世界性宗教对爪哇、印度尼西亚、摩洛哥、斯里兰卡、南非和尼泊尔等发展中国家和地区的影响，而不是那些偏远部落社会的宗教。目前，民族志者全神贯注于审视复杂社会里的宗教多样性，而不再是详细记录部落社会里具有统一性的宗教。

宗教人类学仍然没有解决的一个议题是自然与宗教信仰本身的问题。“信仰”（皈依）是基督新教的核心，但部落宗教却显然较少加以考虑，也很少提出正统的问题。学者中延伸出的讨论是一个非信徒是否有可能正确地宣告他人的宗教信仰。一种宗教只能被信奉它的人所理解吗？尽管有许多重要的宗教心理学家和宗教社会学家都是自己所研究的信仰的追随者，但绝大多数人类学家都是怀疑论者。信仰对人类学家而言是一个很特殊的问题，因为对一个研究部落宗教的局外人而言，皈依很少是可行的。尽管如此，有一些人类学家坚持认为，宗教只能从“内部”加以领会，这对于那些研究五旬节派和原教旨主义的民族志者，还有那些专门研究新宗教运动如新萨满教和巫术崇拜（witchcraft）的当代人类学者来说尤其如此。人类学中的“主位”与“客位”研究方法在宗教研究中形成了特别有启发性的张力。

20世纪人类学的标志是提倡亲自参与观察和田野作业，这永久地改变了宗教研究的特点和范围，也迫使人类学家要大大缩小自己的目标，也比较不那么笼统地进行概括。当前的人类学的论断都更倾向于表现特定时空中的特定宗教，而不是去推测某种抽象的“宗教”。埃文思·普里查德（Edward E. Evans-Prichard）从民族志考察中认识到对无文字社会的研究不能仅仅止步于结构性的描述，去发现社会的结构秩序，建构一套只有学界才能理解的抽象观念，而是应该通过理解信仰者的心态去呈现事实。在《阿赞德人的巫术》一书中，他从阿赞德人的立场，描述了他们对于死亡的真实理解："死总是有原因的，没有一个人会是无缘无故的。"阿赞德人把自然的作用与巫术、鬼和魔法的作用区别开来，用后者来解释某些特殊的事件，如为什么某些特定的人在粮仓倒塌的时候正坐在这个特定的粮仓下。

人类学其他分支领域（语言、经济、亲属制度、生态）提出的理论已经被运用到宗教人类学研究。结果，宗教就可以从各种不同的角度进行分析：功能的、心理学的、生态的、结构的、跨文化的、认知的和象征的。在这些新的视角中，功能主义的各种变形最为持久。但认知和象征角度的研究似乎在新世纪里会成为主流。

一些很有前途的研究聚焦于仪式和仪式实践，他们认为，仪式是宗教表达的基本单位，也是所有宗教的基石。人类学在研究仪式时区分了节庆仪式与危机仪式，个体仪式与集体仪式。或许19世纪里最有影响的仪式研究是范·盖纳普（Arnold van Gennep）的《通过仪式》（The Rites of Passage， 1909[1960]），他指出了过渡仪式的重要性，他把过渡仪式区分为不变的三个阶段：分离、阈限和重新融入。维克多·特纳（Victor Witter Turner）的《仪式过程》（The Ritual Process， 1969）一书进一步发展了范·盖纳普的"阈限"概念，并把它运用到对恩登布人（Ndembu）部落和现代欧洲社会的研究。罗伊·拉帕波特（Roy A. Rappaport）的《献给祖先的猪》（Pigs for the Ancestors，1968）证实了仪式如何调节着与环境的关系。

人类学家早就注意到宗教是高度变动的，宗教在促进社会变迁中的作用也已经得到了广泛揭示。在泰勒和弗雷泽的进化论，还有20世纪莱斯利·斯皮尔（Leslie Spier）与克虏伯（Alfred L. Kroeber）的传播论中，都可以看到他们对宗教变迁的兴趣。华莱士（Anthony F. C. Wallace）根据态度和组织上的报告，鉴别出宗教运动渐次发展的五个阶段：预言、乌托邦、救世主、千禧年或太平盛世。他最出名的地方是提出了"复兴运动"概念，并将之运用到平原印第安人的鬼舞和美拉尼西亚的船货崇拜研究中。

大量新近的宗教人类学研究都把注意力放在象征和认知上，如格尔茨、维克多·特纳、埃迪斯·特纳、詹姆斯·费尔南德兹、詹姆斯·布恩（James Boon）、雪莉·奥特纳、玛丽·道格拉斯等人的作品。但仍有一些研究关注宗教的生物学模式和体验模式。认知与神经科学已经在行为生物学领域产生了许多洞见，它们被扩展运用到宗教研究。宗教人类学协会（Society for the Religion）和意识人类学协会（Society for the Anthropology of Consciousness）等学术组织都致力于严格地、科学地探索宗教经验，包括迷幻剂在宗教中的使用、意识状态变化的分类、萨满主义、催眠状态、神灵附身的跨文化研究等。在斯图尔特·格瑟里（Stewart Elliott Guthrie）和帕斯卡尔·波耶（Pascal Boyer）的作品中重新复活了宗教的自然主义理论。另外，一些人类学研究生项目也在宗教人类学方面扩大了资助，如芝加哥大学和加利福尼亚大学圣迪戈分校。

总之，随着研究者越来越关心意义的概念，功能主义、认知主义和象征主义在20世纪末的宗教人类学研究中占据了主导地位。但无疑，生物学、神经学和认知学的方法在今后将更加重要。宗教人类学不再关注各种部落社会里的宗教，自20世纪70年代开始，主要的人类学研究都是研究发达国家或发展中国家的宗教。

（康敏、哈正利、邵朱帅）

参考书目

克利福德·格尔茨. 文化的解释. 纳日碧力戈等译. 上海：上海人民出版社，1999.

族谱（Uncountable genealogy） 族谱，也称宗谱、家谱、家乘、房谱、支谱、谱碟、家碟、家传、谱系、氏谱等。《白虎通》曰"族者，何也，族者凑也，聚也。谓恩爱相依凑也。上奏高祖，下至玄孙，一家有吉，百家聚之，合而为亲。生相亲爱，死相哀痛，有会聚之道，故谓之族”。一部完整的族谱，通常由这几个部分组成谱名、祖宗像赞、目录、谱序、恩荣录、姓氏源流、世系考、人物传记、家训族规、祠堂、墓地、风俗礼仪、领谱字号、纂修人名、后记等。

所谓“谱”，指按照对象类别或系统，采取表格或其他比较整齐的形式，编辑起来供人参考的书或表册。族谱是一种采用图、表兼与文字的方式，记载一个以血缘关系为主体的家族世系本源、繁衍发展、迁徙分布、婚配嫁娶、行业职业、教育程度、经济状况、社会地位、人物传记等方面情况的历史典籍，是家族的档案资料、百科全书，也是中国传统的人文历史文献之一，具有重要的学术价值与人文价值，发挥着一定的社会教育功能。

（陈凌）

族群（Ethnic group） 人类学最初用族群指生活在同一个社会或者有共同文化的一群人，特别是使用共同语言、拥有传统文化的群体。通常情况下，“族群”与“他者”和“异族”（otherness）有关。学者们对族群如何形成存在不同观点：有的强调族群认同，有的关注文化特性，还有的突出历史和过程。多数学者认为族群是特定社会发展阶段上的产物。

“族群”这个词源于希腊语。它在《荷马史诗》中的意思是一群动物，以后用来描述人类，指的是有血缘继嗣关系的人群。这个词的形容词形式“ethnikos”来源于拉丁语“ethnicus”，通常指那些异教徒或无宗教信仰的人，也指那些没有主流信仰的人。早在15世纪的英国已经出现同样意义的词，用来描述那些既不是基督徒又不是犹太教徒的异教徒。到20世纪，这个词的意义又一次发生改变，意义更接近于最初希腊语的概念。“ethnic”一开始指的就是“他者”。直到1961年“族群性”（ethnicity）和“族群”这两个词才出现在英语字典中。1972年，在牛津字典的增补中可以看到这个词，第一次使用这个词可以追溯到1953年，使用者是大卫·理斯曼（David Riesman）。

20世纪50年代中期以前，人类学很少用“族群”（ethnic group）一词；它的出现部分上是为了取代“种族”（race）和“部落”（tribe）这两个词，并且成为“文化群体”的同义词。众所周知，在非洲背景下，由外部命名的“部落”与殖民主义联系密切，不利于新兴非洲国家的内部团结，而“种族”与纳粹主义联系在一起，采用“族群”一词可一举两得，既找到了有利于内部团结的概念工具，又避免了负面的社会记忆。不过，“族群”始终不能摆脱“他族”的含义，即我族不是“族群”，他族才是“族群”；也就是说，我族是“无标记的”，“族群”是“有标记的”。

约翰·哈钦森（John Hutchinson）和安东尼·史密斯（Anthony D. Smith）采用法语ethnie指称“族群”，提出它的六个特征：族名，用来指称族群，表达共同本质；起源神话，用来建构拟制亲属关系；共同记忆，包括英雄、事件及其纪念活动；一种或多种文化要素，包括宗教、习俗、语言等；家乡情结，家乡可以是真实的，也可以是虚拟的；凝聚感。这个定义更多关注心理、感情和文化，和韦伯的风格接近。马克思主义通常把族群文化放在次要地位，更突出经济和政治利益，认为阶级意识终究要取代族群意识。滕尼斯和涂尔干的理论注重传统与现代的比较，而韦伯的理论克服了时代局限，直接应对族群，并把族群和阶级（class）、地位（status）、党派（party）联系起来。韦伯指出，族群作为群体，其成员根据相同的体质特征或相同的风俗，或兼而有之，或者根据他们共同的殖民或移民的记忆，相信他们拥有共同的祖先。

族群研究已经形成四大流派：原生论、工具论、建构论、神话符号论。原生论认为族群认同建立在群体成员对本族和本文化的深度依恋之上；工具论把族群性看作是精英们用来谋利的政治工具；建构论强调族群认同的随机和流动，是具体社会和历史脉络下的产物，而非既定不变；神话符号论认为族群的核心是神话、记忆、价值和符号。

原生论的主要代表是希尔斯（Edward Shils）、菲什曼（Joshua Fishman）和范登伯格

（Pierre L. Vanden Burghe）。他们认为，族群自古就是人类的自然单位，语言、宗教、种族、族属和居地是具有凝聚力的“原生纽带”（primordial ties），族群是亲族乃至基因的延伸。范登伯格采取极端立场，坚持说生存资源的个人竞争是族群关系的本质，族群内亲外斥有生物学基础。

工具论的代表是保罗·布拉斯（Paul Brass）和艾伯纳·科恩（Abner Cohen）。他们认为，族群是社会、政治和文化资源，可为不同利益群体和阶层服务，精英们利用族群符号，争取群众支持，实现自己的政治目的。科恩让族群与文化脱钩，强调文化只为政治操作服务，因而，在他看来，族群是一种非正规的政治组织，族群成员建构文化差异，为本族群提供符号资本。

埃德蒙德·利奇（Edmund Leach）和弗雷德里克·巴特（Fredrik Barth）是边界—建构论的代表。他们认为社会组织比文化特征重要，研究族群就要研究边界，而不是研究具体内容。巴特将族群和文化脱钩，指出文化是互动的结果，而不是一成不变的原生要素，因此文化特征本身不足以区分族群；族群靠和他族的关系来定义自己，即用边界来定义自己，而边界是社会互动的产物；不能说边界内存在于文化，而应当说社会互动使文化差异产生意义。边界—建构论族群从静态研究中解放出来，把族群看作是互动社会组织的一个类型。不过，巴特的观点强调边界的持续存在，族群的成员和物品可以跨界流动，但边界却并不因此而消失。所以，他的理论是一种“边界原生论”或者“关系原生论”。

神话符号论的主要代表是安东尼·史密斯。他认为族群的核心是神话、记忆、价值和符号，提出体现民族深层信仰和感情的“神话—符号丛”和“要素神话”（Mythmoteur）这两个关键概念。史密斯指出，生态环境、阶级格局、军事、政治关系等，均不能表现族群生命力和族群特性；族群生命力和族群特征最终要取决于神话和符号的性质。稳定的神话、记忆、价值及其符号载体也保证了族群的稳定性， 成为包容和适应各种环境和压力的人群模式。他认为东方的民族是在西方影响下， 在原有族群基础上产生的，属于族群民族（Ethnic Nation）。马库斯·班克斯（Marcus Banks）认为，研究“族群”的着眼点不同，得出的结论也会有所不同。相对于观察者来说，存在三种立场：一是“心中的族群”观（ethnicity in the heart），即被观察者认为族群性是生来具有的，是原生的；再是“头脑中的族群”观（ethnicity in the head），即被观察者对于族群性采取实用主义的态度，有用的时候它就存在，没有用的时候它就不存在；三是研究者头脑中的族群观（ethnicity in the analyst’s head），即“族群”不过是研究者用来做学问的工具，是一种概念，不一定是现实。

罗伯特·帕克（Robert E. Park）的研究使用人种（race）、民族（nationality）、群体（group）等词，没有使用族群（ethnicity）。例如，他提出非常著名的“人种关系圈”（race relations cycle）。20世纪初，大量移民从欧洲涌入美国，墨西哥革命也迫使大量人口迁入美国。与此同时，美国南方有很多黑人迁往北方城市，白人也陆续离开农场、小城市，进入大城市。帕克和他的学生在这个时候对这些族群的定居模式做了大量深入研究。族群（ethnic）一词被再度使用，以描述这些都市群体的生活特征和群体身份。帕克的社会同化模式（assimilationist model）暗示：“族群”（ethnic）应该融入“非族群”（non-ethnic）；他不把“多数人”（majority）当作“族群”，“族群”仅指“少数群体”（minority）。不过，纳什·格雷泽（Nathan Glazer）和丹尼尔·莫尼汉（Daniel P. Moynihan）提出，族群的重要性已经超越了少数群体，开始涉及以文化和“血缘”自立的各个群体。在美国，“民族”（nation）和“国籍”（nationality）比较接近北欧和南欧人所用的国家（state）和公民身份（citizenship），“民族”（nation）和“state”（国家）可以互换使用。但是，在中欧和东欧大部分地区，“民族”和“民族性”不同于国家（state），用来指跨国文化共同体。例如，不管匈牙利人生活在哪个国家，匈牙利的匈牙利人和罗马尼亚、塞尔维亚、美国或澳大利亚的匈牙利人都属于同一个文化共同体。在匈牙利，吉普赛人也同样被称为“民族”（nationality）。

在欧洲社会学中，马克斯·韦伯（Max Weber）强调族群的基础是对血缘的认知；普遍存在的血缘认知与文化相联系，只是不同的族群对于文化要素的侧重点不同；人种和族群属于同一个范畴。按照韦伯的理解，族群和族群性出现是社会演进的结果。他认为，族群认同可能与历史上偶发的习惯特征有关，也可能涉及遗传特征。他指出，胡须、发型、衣着、食物、饮食习惯、劳动的性别分工以及所有可见的差异，都可以用来构筑族群边界。

罗杰·布鲁贝克（Roger Brubaker）提出了有关族群的基本分类方法，认为族群是随情景变化的概念而不是一个实体。

当代人类学对于族群的研究侧重于族群边界的构建，并不关注族群特征本身。托马斯·许兰德·埃里克森（T. H. Eriksen）根据族群生成的分类，制作了一幅现代世界的族群地图，其中包括由美国和欧洲城市移民劳动者构成的少数群体；新兴工业化和传统社会中的少数贸易群体，如亚洲的中国商人，欧洲早期历史上的犹太人、希腊人和美国人；各民族和各原始民族；以及那些以共同祖先和同质文化为基础并且要求从人权到自治权的群体。民族就是那些成功地建立了民族国家的群体，而原始民族就是那些与其他国家（state）合并的群体（如加拿大的魁北克人）或者领土被分割成不同的领邦（譬如，法国和西班牙的巴斯克人，土耳其、伊朗、叙利亚和伊拉克的库尔德人）；多元社会中那些由自愿、半强迫和被迫的移民后裔组成的族群（如马来西亚和新加坡的中国人，或者新加坡和一些非洲国家的印度人）；被殖民的原住民族，如澳大利亚的原住民，新西兰毛利人，或美洲大陆的美国印第安人。在此基础上，斐顿（Fanton）增加了后奴隶制少数群体（post-slavery minorities），如美洲大陆的非洲奴隶后裔。

简言之，族群是一种政治组织形式，在许多情况下，其产生和发展与民族国家的产生和发展联系在一起，其中贯穿了价值体系和政治、经济、文化等方面的不平等：欧洲对大部分非洲、亚洲和“新大陆”的殖民统治过程；对非洲人的奴役和后殖民社会秩序的建构过程；移民劳工和商人；海外离散群体的产生以及对原住民的剥削过程。

历史和现实表明，族群不会因现代化而消失，例如20世纪70年代和80年代，美国出现了不少“新族群”，种族问题也挥之不去。只要有社会互动和文化影响存在，族群必将继续存在和发展下去。从拉丁裔美国人到波黑和黑塞哥维那的波斯尼亚穆斯林或巴勒斯坦人，民族识别、政治冲突和领土争端不断创造出新的族群和民族。

在中国大陆，20世纪90年代“族群”概念进入学界，与“民族”交叉重叠，学界就如何区分这两个概念进行了热烈争论，学者们在延伸和扩展原有“民族”译名讨论的同时，也使问题变得更加复杂。有的学者把“族群”等同于“民族”；有的把“族群”看成是“民族”的分支或者是“文化群体”；也有的认为“民族”是中国官方确认的稳定群体，有历史背景，是中国特色，而“族群”是西欧北美概念，有主体性和流动性的特点。现代意义上的“族群”和“民族”都是外来概念，它们的定义和使用涉及语言、文化和历史的特殊性，也涉及全球化、跨语言、跨文化交流的普遍性，涉及情感，也涉及政治，需要综合考量，坚持对话，长期探讨，在社会实践中达成某种默认的重叠共识。

（曹锐）

参考书目

[1] 范可. 中西文语境的“族群”和“民族”.《广西民族学院学报》，2003（4）.

[2] 郝时远. 对西方学界有关族群（ethnic group）释义的辨析.《广西民族学院学报》，2002（4）.

[3] 金炳镐，毕跃光，韩艳伟. 民族与族群：是概念的互补还是颠覆？——民族理论前沿研究系列论文之二.《黑龙江民族丛刊》，2012（2）.

［4］纳日碧力戈. 现代背景下的族群建构. 昆明：云南教育出版社，2000.

［5］潘蛟. 族群及相关概念在西方的流变. 《广西民族学院学报》，2003（5）.

［6］Barth,Frederic, ed. 1969, *Ethnic Groups and Boundaries: The Social Organization of Culture Difference*. London:Allen & Unwin.

［7］Brubacker, Roger. 2004, *Ethnicity Without Groups*. Cambridge, MA: Harvard University Press.

［8］Eriksen, T. H. 1993, *Ethnicity and Nationalism: Anthropological Perspective*. London. Pluto Press.

［9］Fenton, Steve 2003, *Ethnicity*. Cambridge, UK. Polity Press.

［10］Glazer, Nathan and Daniel P. Moynihan, eds. 1975, *Ethnicity: Theory and Experience. Cambridge*, MA: Harvard University Press.

［11］Malesevic, Sinisa. 2004, *The Sociology of Ethnicity*. Thousand Oaks, CA: Sage.

［12］Park, E. Robert. 1914, *Racial Assimilation in Secondary Groups*. American Journal of Sociology 19:1606–623.

［13］Weber, Max. 1922 [1978], *Economy and Society, edited by G. Roth and C.* Wittich. Berkeley: University of California Press.

族群边界理论（theory of ethnic boundaries）强调族界的重要性，主张族群边界是利用文化差异所做的社会建构的族群理论。其开创者是挪威社会人类学家弗里德里克·巴特（Thomas Fredrik Weybye Barth）。

在巴特之前，人们往往将族群和文化联系在一起，甚至认为一个族群对应一种文化、一种语言，甚至对应一种社会，由此推论族群差异来自对于其他文化的排斥或者对于其他群体的拒绝和歧视。1969年，由巴特主编的《族群与族界——社会对于文化和差异的组织》出版，他在导言以及后来的1998年该书序言中，提出影响深远的族群边界（ethnic boundaries）理论，认为族群性是超越具体文化差异的社会操作，其关键在于社会如何对文化差异进行组织，它涉及对差异因素的排列组合，而非差异因素本身；族群身份取决于互动中的自我认同和他者归类，而非研究者的建构；族群成员通过遵守本族区分于他族的“文化标准”而产生族群边界，族群边界解释和定义重要文化特征。

族群边界理论认为，族群并非是在共同文化特征的基础上形成的群体，而是涉及族群成员的主观归属和他者对我族的归类，是利用组合生成的文化差异进行的社会建构，族群与族群之间的互动为这样的组合排列或者“想象风格”，提供原始动力。语言、文化、血缘等要素本身不会产生族群边界，地理边界也不一定和族群边界重合。族群边界是一种“社会边界”，遵循的是一种“社会语法”，突出的是一种组织风格，讲的是一种“范儿”。特定的族群价值标准支配和组织包括“舶来品”在内的具体文化特征，产生族群认同，维持族群边界。“族群语法”能够根据不同的环境产生符合“语法”的各种“言语行为”，而族群或者文化的边界，不会随着“言语行为”的变化而变化，而是“以不变应万变”。在生态性的资源竞争中，族群会强调特定的文化特征，限定本族边界，内聚外斥。族群边界理论不强调族群关系的类型和分类，也不关注不同群体的内部构成和历史，而是关注族群得以产生和存在的过程。实质上，巴特的族群边界理论用族群的排他性和归属性的规则来分析族群认同，突出了族群之间的超越具体文化特征的边界问题。

边界理论把族群和文化区分开来，把族群从静态研究中解放出来，把族群看作是互动社会组织的一个类型，而不与文化直接挂钩，这是他的创意。但他的理论也受到间接批评。首先，如果边界是族群的首要区分特征，那么，其他社会组织也是用边界来区分的，而它们毕竟和族群有所不同。因此，尤金·罗森斯（Eugeen E. Roosens）认为，巴特的边界隐喻需要配合亲族隐喻，二者相加才能把族群边界说清楚。其次，巴特没有提到历史和个人，也没有提到意识。民族国家的族群和前民族国家的族群有何异同？此外，族群边界的本质是意识边界。最后，把文化完全排除在族群之外也是值得商榷的，应该说族群性也是文化意识，它要利用文化，而本身又是文化的一部分。对于文化差异的意识有强弱之分：一方面，从对于文化差异的弱意识看，由于族群文化特征鲜明，族际关系稳定，人们对于文化差异司空见惯，见怪不怪，因此不会有强烈的意识形态，更没有族群运动；另一方面，从对于文化差异的强弱意识看，族际交流让弱势族群感到丧失文化特征威胁，他们开始意识到本族文化的重要，开始着手“修补”自己的文化，要求得到文化权利。

（王徽、纳日碧力戈）

参考书目

［1］Barth, Fredrik Ed. 1998 [1969], *Ethnic groups and boundaries: the social organization of cultural difference*. Prospect Heights, Illinois: Waveland Press.

［2］Vermeulen, Hans, and Govers, Cora Eds. 1994, *The Anthropology of ethnicity: beyond Ethnic groups and boundaries*. Amsterdam: Het Spinhuis.

《族群与边界——文化差异下的社会组织》（*Ethnic Group and Boundaries: The Social Organization of Culture and Difference, 1969*） 弗雷德里克·巴斯（Fredrik Barth）主编的一本论文集，是一部族群研究的典范性著作，标志着族群研究的一个新的时代。其中巴斯的同书名文章如今已成为引用率极高的经典文献。这篇文章首次提出了族群的边界理论，澄清了族群分析中的重要理论问题。

巴斯在这本书的绪论中，通过族群边界的概念，来讨论族群的范围及界定范围的基础。同时他也对族群做了定义，认为族群是包括其人口在生物学意义上的延续性“共享的文化和价值”构成一个联系与互动的范围并且拥有自我认定和他者认定的成员资格的人们共同体。也就说族群是由其本身组成成员认定的范畴，构成族群最主要的是边界，而不是语言、文化血缘等内涵；一个族群的边界不一定是地理的边界，而主要是“社会边界”；族群认同是一套特定文化同价值标准相结合的。族群并非在共同文化基础上形成的固定化群体，而是在文化差异基础上的群体建构过程；族群认同并不是独立的，它形成于各种吸纳和排斥的过程之中。他提出通过人类群体的持续的协商和接触来解决边界问题。书中收入的其余七篇论文则是运用巴斯的分析视角论述族群问题的精彩的民族志个案，阐述了挪威、苏丹等不同地区多民族组织不同方面的问题。巴斯等人类学家的研究贯穿着这种对族群的理解视角，并由此将族群互动作为讨论的中心，共同关注族群认同的互联性以及族群边界和文化认同问题。尽管所收录的论文较少，但所涉及的田野点包括亚洲、非洲、欧洲和美洲的族群社会。这种新的视角以及由此产生的新的研究方法所引发的关于族群、族群性、族群认同等问题的广泛讨论，延续至今。

（刘荣）

祖先崇拜（Ancestor Worship） 人们基于相信人死后灵魂会继续存在并对活人的命运拥有一定影响力的观念而形成的信仰。那些被崇拜的祖先有些是属于一个家庭、与崇拜者有直接血缘纽带，有些是社区的开基者或对该群体形成精神影响力的人物。世界上，许多文化中都有类似祖先崇拜的现象。如在非洲东部以及非裔群体中，人们认为祖先能够持续地护佑活着的人，并通过祈求希望祖先给予后代好运或帮助。祖先崇拜的社会功能在于它培养人们尊重亲属关系，孝敬长辈，忠于家庭，延续家庭的世系关系。人类学往往把祖先崇拜的起源和万物有灵论（animism）联系起来。

人类学最早对祖先崇拜的解说是斯宾塞（Spence）、泰勒（Trlor）等进化论者创立的。他们认为，原始人具有灵魂观念，基于灵魂观念之上形成了对死者的祭祀，后发展为祖先崇拜。到了20世纪50—60年代，迈耶·福蒂斯（Meyer Forters，1906—1983）用功能视角阐释祖先崇拜，认为祖先崇拜有助于维系亲属社会纽带。而弗洛伊德的精神分析学说则认为，崇拜祖先的心理源于子女对父母既爱又怕的矛盾情感，为了缓解因父母死亡而带来的内疚，产生了安抚亡灵的仪式。涂尔干和拉德克利夫·布朗的“结构功能主义”认为祖先崇拜是建立亲属集团领导权威及相应的服从秩序的手段。拉德克利夫·布朗认为，人们通过祖先崇拜而获得依赖社会的归属感，同时又被社会所控制，祖先崇拜就是这种社会要求的典型事例。

祖先崇拜与神灵信仰不同的是，人们将祖先看作是介于人和神之间的媒介，能够代表活人（通常是其后代）向神灵斡旋，如在非洲裔群体中，人们认为作为曾经是人存在过的祖先，他们能够比神灵更好地理解人类的需求。祖先崇拜在许多宗教传统中具有显著地位，尤其是在世界宗教以外的地域性民间宗教中更为明显。

在另外一些文化中，祖先崇拜的意义并不在于向祖先索取，而是仅仅尽孝道之责。在某些文化中，人们相信祖先需要后辈不断的供养，后辈要定期为祖先提供食物和其他生活必需品。在受儒教影响的国家，如中国、韩国和一些东南亚国家，人们对祖先表达尊重和敬意，会定期地去祖先坟上拜祭，用仪式的形式来表达与祖先的血缘与情感的联系，他们大多数时候并不是将祖先作为神灵来崇拜，而是将孝道礼仪延续到祖先死后。

中国最晚在周代（公元前1045—前256年）就出现了以父系继嗣群体为轴心的家族与宗族社会，周代晚期直至汉代，儒家学说用“孝道”赋予了该制度以伦理依据，到了宋代，家族、宗族群体成为民间构筑基本社区单位的纽带，祖先崇拜成为维系整个家族、宗族成员的仪式和精神手段。重视丧葬仪轨、墓葬规模大及祭拜仪式发达都是中国祖先崇拜的外在呈现。宋代的程颐、朱熹等人，都认真讨论过墓地的选择、墓位的安排、神主牌位的样式，祭祖的仪式和制度。因为这系列活动，都是儒教关于祖先崇拜的最重要的礼仪和物质外壳。借助祖先崇拜，有血缘关系的家庭组织到一起，成为古代中国重要的社会组织，同一宗祖的人们，有共同的墓地。祖先的神主牌位放在一起，有条件的，还为这些牌位盖起庙宇，叫作“祠堂”，并会购买田地作为“族田”，以支付宗族的公共开支。

与中国不同，受到佛教影响，日本的祖先崇拜并不从长辈过世时开始，而是要经历一个被称为“祖灵化”过程，是指人死后其子孙在30年、50年等岁月中对其进行不断祭祀过程中才成为神灵的过程。

子孙为了和祖先沟通交流，为了得到祖先的庇佑经常需要向祖先贡献祭品、举行相应仪式并诵唱祷词，这种带有仪式性的行为，人类学称为祭祖仪式。人们大多相信祖先与神灵类似，有降福或降祸的能力，所以子孙如果不祭拜或得罪祖灵的话，将受到惩罚，拜祖既不是单纯的爱，又不是单纯的惧而是爱和惧的调和。祭祖是表达祖先崇拜的最为常用的手段，在中国，许多民族都拥有祭祖仪式。彝族在人死后有两大祭奠仪式，一是作祭，追悼死者指引死者赴阴间的路程；二是作斋，超度阴鬼化为仙灵，与始祖同登仙域。作斋是彝族最隆重的祭祖大典。苗族祭祖仪式的核心是作为祭品的“鼓”，苗族认为“鼓”可以通神，通过鼓祭来唤起枫树妈妈的灵魂。在举行“鼓社祭”前，要先进行“醒鼓”“砍树”“凿鼓”“换鼓”等活动，然后，“引鼓”（把寄附在一棵大树上的祖先灵魂“引回”入鼓），“祭鼓”（祭祖灵）、“送鼓”（送祖灵），最后“洗鼓”，把神器供奉起来，完成仪式。

（哈正利）

参考书目

［1］金泽. 宗教人类学导论. 北京：宗教文化出版社，2001.

［2］乌丙安. 中国民俗学. 沈阳：辽宁大学出版社，1999.

［3］吕大吉，何耀华. 中国各民族原始宗教资料集成. 北京：中国社会科学出版社，1999.

《作品与生活——人类学家作为作者》（*Works and Lives: The Anthropologist as Author, 1988*）作者为克利福德·格尔兹（Clifford Geertz，1929—2006），20世纪后期最有创见的人类学

家之一。这本讨论文化理论的文集，属于他稍微晚近的著作，可视为格尔兹创立其解释人类学之努力的最后一个阶段的代表。他从自身的经验的文化解释研究转向了对人类学民族志文本的关注，从理论上再度阐发其“解释之解释”的重要特点，即将其他者与自身都纳入到一个多重交织的解释过程，不仅要从当地人的观点出发去解释当地人的文化，还有对我们所提供的这个解释，进行再度解释，以洞察作为现代人类学之基石的民族志是如何被建构，而这一人类学的知识生产过程又是如何被形塑的；并在瓦解民族志迷思的过程中，提出我们应该如何树立一种新的民族志。

全书通过《在别处：人类学及其写作的场景》《文本中的世界：如何阅读《忧郁的热带》《幻灯片放映：埃文思·普里查德的非洲幻灯片》《我见证：马林诺夫斯基的孩子们》《我们/我们：本尼迪克特的旅行》以及《在此处：究竟是谁的生活？》六章内容，一是廓清了本书所讨论的“人类学”之范围，指的是“民族志”或称“基于民族志方法的作品”；二是说明他所采取的方法，是一种修辞学的艺术，不同于文学或历史学，修辞是由民族志作者、他者和读者在不同的关系中所共享的。格尔兹认为，要解决的核心问题是从文本出发（textually oriented）去考察人类学者是如何写作的，而且要进一步讨论民族志是什么？何谓作为作者（author）的人类学家？格尔兹通过四个个案研究体现他对后现代主义和实验民族志的详细批评，也是对80年代西方知识界批评浪潮的反思。格尔兹探索的意义在于对知识生产进行去魅化的探讨，但是又并非将其肢解破碎。通过作品看人生，通过人生理解时代和历史，他摒弃主客二分的通常观念，试图将文本（text）与情境（context）视为合而为一的集体呈现。

（刘荣）

长子继承制（Primogeniture） 长嗣继承制的一种，即由长子继承父辈财产及其他一切权益的制度，是父系社会的继承方式之一。其目的在于保障长子获得比其他诸子更多的财产，以防止财产化整为零，削弱家族的势力和特权，但长子也因此而负有维持家庭中其他成员生活的责任。据现有资料可知，世界上许多地区都存在或者曾经存在过这种继承制度，典型的有：中世纪的欧洲，古代的中国、日本、朝鲜等东亚各国。值得注意的是，世界各地的长子继承制也多有不同之处。如中世纪欧洲的封建贵族传继给长子的一般都包括身份（如爵位）和财产（如土地），大洋洲波利尼西亚地区的土著领袖则还包括自身所拥有附于身份之上的“灵力”；而古代中国则多是长子继承身份（如爵位、宗室身份），诸子均分财产，且这种继承制度常以国家律令形式加以强化，典例有《大明令·户令》：“凡嫡庶子男，除有官荫袭，先尽嫡长子孙，其分析家财田产，不问妻、妾、婢生，只依子数均分。”另外，由于东亚各国在古时多施行一夫多妻制，这种长子继承制度也相应表现为嫡长子继承制。如中国儒家经典《公羊传·隐公元年》记载：“立适以长不以贤，立子以贵不以长”，则是长子继承制在中国古代宗法制度中的具体表现。

（陈玉柱）

条目内容分析索引

说　明

一、本索引是全书条目和条目内容的主题分析索引。索引主题按汉语拼音字母顺序排列，首字相同时，则以第二字排序，余类推。

二、设有条目的索引主题页码用黑体字。

A

B

C

D

E

F

G

H

J

K

L

M

N

O

P

Q

R

S

T

W

X

Y

Z